THE
OXFORD DICTIONARY OF
MODERN GREEK

ENGLISH–GREEK

THE
OXFORD DICTIONARY OF
MODERN GREEK

ENGLISH–GREEK

Compiled by

J. T. PRING

Reader in Phonetics, University College, London

CLARENDON PRESS · OXFORD
1982

Oxford University Press, Walton Street, Oxford OX2 6DP

London Glasgow New York Toronto
Delhi Bombay Calcutta Madras Karachi
Kuala Lumpur Singapore Hong Kong Tokyo
Nairobi Dar es Salaam Cape Town
Melbourne Wellington

and associate companies in
Beirut Berlin Ibadan Mexico City

Published in the United States
by Oxford University Press, New York

British Library Cataloguing in Publication Data
Pring, J. T.
The Oxford dictionary of modern Greek:
English – Greek.
1. Greek language, Modern - Dictionaries - English
2. English language - Dictionaries - Greek
language, Modern
I. Title
489' . 3'321   PA1139 . E5
ISBN 0-19-864136-2

Set by Fotron S.A.
Printed in Great Britain
at the University Press, Oxford
by Eric Buckley
Printer to the University

PREFACE

Vocabulary

The aim of this book is to give Greek equivalents of English words and phrases with illustrations of their idiomatic usage. In principle the renderings are into colloquial language of everyday use, varying from subtle to commonplace, from the polite or profound to the trivial and unbuttoned. Colloquial language does not exclude formal expressions, which are given a place here in due proportion where the context is appropriate.

The Greek of daily use is based broadly on *demotic* (or 'common Greek') rather than the more formal *katharevusa* (or 'puristic Greek'), which is by tradition the language of Law, the Church, the official world, and the domains of science and technology. But the terms demotic and katharevusa (D and K hereinafter) have another, separate, meaning. Besides indicating degrees of formality in the manner of expression, they also designate more precise differences arising in morphology and syntax. For instance, a typical D-feature is the conditioned elision of final -ν, and a typical K-feature is the retention of unstressed verbal augment. Dative case forms are exclusively K, as is the genitive absolute construction. Paratactic constructions are typically D. However, this dualism is not fully realized in Greek grammar. When it does occur it may be marked in the primary form of a word but not oblique forms, or vice versa. It is marked, for example, in κρύϐω (D) / κρύπτω (K) *(I hide,* v.t.), but not in ἔκρυψα (DK) *(I hid),* but again in κρύφτηκα (D) / ἐκρύφθην (K) *(I hid,* v.i.). Of eighteen forms of the definite article (excluding dative), dualism is found in two feminine plurals: οἱ (D) / αἱ (K) and τίς (D) / τάς (K). It is also potential in two accusative singulars: τό(ν) (D) / τόν (K) and τή(ν) (D) / τήν (K). The remaining forms of the article are common to D and K. In adjectives where the suffix -ος follows stem-final ρ, dualism may be shown in feminine forms: δεύτερη (D) / δευτέρα (K) *(second),* etc. The above are but token instances of a widespread and striking feature of modern Greek.

Another function of the terms D and K is to convey the 'feel' that some words acquire from their position on the stylistic scale. Thus θύρα *(door)* is felt to be a puristic word and πόρτα a demotic one. But in many cases such a classification is not feasible. Although, in a general way, D-features are typical of colloquial style and K-features of formal style, the correspondences are not absolute; and K-features have no small place in the composition of colloquial Greek. Moreover there is, historically, a large element of common ground. Many classical words have been transmitted unchanged and remain in general use, the same for all Greek. Such are: ἄνθρωπος *(man)*, σῶμα *(body)*, θάλασσα *(sea)*, μικρός *(small)*, καί *(and)*. Others may have lost currency in daily speech but retain a place in formal or less prosaic styles, e.g. δύναμαι *(can)*, τέκνον *(child)*, as against common Greek μπορῶ, παιδί. Some ancient words, long obsolete, have been revived in officialese, e.g. ἑκατέρωθεν *(on both sides)* as against κι' ἀπό τίς δυό μεριές.

Thus the terms D and K have disparate ranges of meaning, and may not always prove adequate signposts for those who explore the paths of Greek. In common parlance *water* is νερό rather than ὕδωρ, *red* is κόκκινος rather than ἐρυθρός, *horse* is ἄλογο rather than ἵππος, and *to fly* is πετῶ rather than ἵπταμαι, (the first series being D and the second K). But it is also understood that the second series would apply when referring to such things as the *Water Board*, or the *Red Cross*, or *horsepower*, or the *Flying Dutchman*. By the same token, *to wash one's hands* is πλένω τά χέρια μου (D) while *to wash one's hands of it* is νίπτω τάς χεῖρας μου (K). Or again: *with the doors closed* is μέ κλειστές τίς πόρτες (D), but *behind closed doors* is κεκλεισμένων τῶν θυρῶν (K). All the above items are proper to colloquial usage.

This being so, too much concern with ideas of a 'demotic versus katharevusa' conflict may bring more confusion than clarity to the matter. The dictionary's function is to reflect usage without being committed to either one or other of these philological watchwords; and any preemptive application of D or K labels to headwords would be too suggestive of a dichotomy that belongs rather to the 'language question' than to the language, and too likely to obscure the interplay of those variegated strands of usage from which the fabric of Greek is woven.

Arrangement of entries

Entries are arranged under headwords, which are in bold type. The headword is followed by an abbreviation in italic denoting part of speech. Any further indications as to part of speech under the same word are enclosed in brackets. The body of an article consists of the Greek renderings of the headword, with indications of gender, number, etc., in italic. Uses of the headword are illustrated by phrases and idioms in Roman type, with their Greek equivalents. Explanations of or comments on the English and Greek material are given in italic within brackets. Words in Roman type within brackets form part of the material being rendered.

A swung dash is used in the body of an article to represent either the headword or that part of it preceding a vertical line. Derivatives given under headwords are shown by the swung dash with termination in bold type. Some other derivatives are entered as separate headwords, their location being governed by alphabetical order. Where a 'headword' comprises more than one word (e.g. a phrasal verb), a swung dash within the article stands for the whole phrase. Phrasal verbs, when given as separate headwords, are entered immediately after the simple verb, overriding the general alphabetical order. Thus *go* is followed by all its phrasal combinations from *go about* to *go up,* which are then followed by *goad, goal,* etc.

When a word functions as more than one part of speech, or a verb as both transitive and intransitive, these are either taken together as a single entry or given separately, as convenient. Designation of a verb as transitive or intransitive may be omitted if its function is clear in the context of the entry. A few longer entries are divided for convenience into numbered sections. Users of the Greek-English volume of this dictionary should note that some derivatives which are not given there can be found by reference to the present volume.

The problem of handling variant forms in Greek has been alluded to in the Preface to the Greek-English volume. Many words occur

with variant spellings, as ἔχομε/ἔχουμε, σβήνω/σβύνω, χαλῶ/
χαλνῶ, νταντέλα/δαντέλα, πανί/παννί. There are also variations in
the use of accents and iota subscript. The K/D distinction gives rise to
other formal differences, among the commonest of which are the
following types:

K-form		D-form
τό	ἔργον	ἔργο
τό	ποτήριον	ποτήρι
τό	ἐμπόριον	ἐμπόριο
ὁ	φύλαξ	φύλακας
ὁ	συγγραφεύς	συγγραφέας
ὁ	ῥήτωρ	ῥήτορας
ὁ	σωτήρ	σωτῆρας
ὁ	χειμών	χειμώνας
ὁ	γείτων	γείτονας
ἡ	εἰκών	εἰκόνα
ἡ	πλάξ	πλάκα
ἡ	ὁμάς	ὁμάδα
ἡ	θέσις	θέση, θέσι
ἡ	πατρίς	πατρίδα
ἡ	ταυτότης	ταυτότητα
	δηλῶ	δηλώνω

Examples of such variations will be found in this dictionary. In
some entries both K and D forms of a word are given; or a phrase may
be varied in different places. Thus *rally round* is given as συσ-
πειροῦμαι περί (K) in the Greek-English volume and συσ-
πειρώνομαι γύρω ἀπό (D) in the English-Greek.

Note on Adverbs. Adverbs are derivable from adjectives in -ος by
means of the suffix -α (D) or -ως (K). In general either form may be
used colloquially, as βέβαια or βεβαίως *(certainly)*. Some words give
only one adverbial form: ὄμορφα *(nicely)*, κυρίως *(chiefly)*. In cer-
tain other cases the two forms have different meanings: εὐχάριστα
(pleasantly), εὐχαρίστως *(with pleasure)*. The general term for *well*

is *καλά,* but *καλῶς* figures in colloquial idioms like *καλῶς ἦρθες (welcome!).* Adjectives of the type *πλήρης* give adverbs in *-ως: πλήρως (fully).* The type *βαρύς* gives *-ιά* (D) or *-έως* (K): *βαριά* or *βαρέως (heavily), μακριά (far), ταχέως (quickly).* The type *εὐγνώμων* gives *-όνως* (rare): *εὐγνωμόνως (gratefully).* It is often preferable to avoid an adverbial form in favour of a phrase, e.g. *μέ θρασύτητα* rather than *θρασέως (cheekily).* But no precise rule can be given.

Within an article comment in italic offers the reader various hints about meaning and usage. It might be, for example, a synonym, or a typical subject or object of the verb in question, or a person or thing to which an adjective could be applied. Some meanings are to be inferred from a related entry. Thus under *lighted* (a.) the distinction between *ἀναμμένος* and *φωτισμένος* is inferable from the entry under *light* (v.). Likewise a noun *ἐσφαλμένη ἰδέα (misconception)* can be inferred from the entry under *misconceive* (v.).

Where Greek affords no direct translation of the English, a definition or explanation is attempted, as in *all-rounder, clannish, coroner, cubist, countrified, drop-out, enclave, exoticism, purdah, urbanization, vegetate, be in at the kill, get outside help, have a one-track mind, improve on nature, keep up with the Joneses.* The device of parataxis is useful for items such as *he funked going, it grows on you, live it down, outgrow one's clothes, you did well to come, what grounds have they?* In some cases an idiomatic near-equivalent, or similar proverb, is preferred, as in *be a bad sailor, can't hold a candle to, spare the rod and spoil the child, that's an understatement.*

Certain derivative adjectives and adverbs are best rendered periphrastically, e.g. *allusive, draughty, impressionable, inky, possessive, ideally, proverbially, reluctantly, suspiciously, widely.* Similar treatment of abstract nouns is exemplified in *confrontation, draughtsmanship, inability, inclusion, neighbourliness, retirement.* Some adjectives call for different renderings in respect of (a) things, acts, states, ideas, and (b) persons, e.g. *chivalrous, comatose, English, patriotic.* On the whole, Greek prose uses abstraction and metaphor less boldly than English does; and a figurative turn of phrase often goes better into Greek if recast by means of 'like' or 'as if' or some other softening effect; see *baffle description, be dwarfed by, presidential timber, shoot past, a stone's throw, zigzag down, be at the end of one's tether.*

It is hoped that the selection of examples given in this dictionary will provide readers with many useful grammatical hints, and may help to communicate something of the flavour of Greek idiom.

I wish to express my warm thanks to Dr P. Mackridge, who has painstakingly read through the manuscript of the dictionary and given me the benefit of his perceptive criticism and advice on many points. Thanks are also due to all my Greek informants for their kind help; and to the British Academy and the University of London for grants in aid of research. Above all I am indebted to my wife Eleni, without whose collaboration the work could not have been accomplished.

J.T.P.

ABBREVIATIONS

a., adjective
acc., accusative
adv., adverb
aero., aeronautical
aor., aorist
archit., architecture
biol., biology
bot., botanical
chem., chemistry
conj., conjunction
D., Dutch
dat., dative
E., English
eccl., ecclesiastical
esp., especially
etc., etcetera
F., French
f., feminine
fam., familiar
fig., figurative
G., German
gen., genitive
geom., geometry
Gk., Greek
gram., grammatical
I., Italian
i., intransitive
imper., imperative
int., interjection

joc., jocular
iron., ironic
lit., literally
m., masculine
math., mathematics
mech., mechanics
med., medical
mil., military
mus., music
n., neuter
naut., nautical
neg., negative
nom., nominative
num., numeral
part., participle
pass., passive
pej., pejorative
phys., physics
pl., plural
prep., preposition
pron., pronoun
s., substantive
sing., singular
sthg., something
subj., subjunctive
T., Turkish
t., transitive
v., verb

A

a, an *article* ἕνας *m.*, μία, μιά *f.*, ἕνα *n.* I have ~ house ἔχω (ἕνα) σπίτι. I haven't got ~ house δέν ἔχω σπίτι. she is ~ nurse εἶναι νοσοκόμα. he was ~ friend of mine ἦταν φίλος μου. half ~ hour μισή ὥρα. twice ~ week δύο φορές τήν ἑβδομάδα. £1 ~ metre μία λίρα τό μέτρο. what ~ lovely day! τί ὡραία μέρα!

aback *adv.* take ~ ξαφνιάζω.

abacus *s.* ἄβαξ *m.*

abandon *v.* ἐγκαταλείπω. ~ed *(deserted)* ἐγκαταλελειμμένος, *(depraved)* ἀκόλαστος. ~ment *s.* ἐγκατάλειψις *f.*

abase *v.* ταπεινώνω. ~ment *s.* ταπείνωσις *f.*

abash *v.* feel ~ed τά χάνω, ντρέπομαι.

abate *v.i.* κοπάζω. *(v.t.)* ἐλαττώνω, *(law)* ἀκυρῶ. ~ment *s.* ἐλάττωσις *f.*, ὕφεσις *f.*

abattoir *s.* σφαγεῖον *n.*

abbess *s.* ἡγουμένη *f.*

abbey *s.* μοναστήρι *n.*, ἀββαεῖον *n.*

abbot *s.* ἡγούμενος *m.*

abbreviat|e *v.* συντομεύω, συντέμνω. ~ion *s.* συντόμευσις *f.*, σύντμησις *f. (form of word)* συντετμημένη λέξις.

ABC *s.* ἀλφαβήτα *f. (fig., rudiments)* στοιχειώδεις βάσεις.

abdicat|e *v.t.* παραιτῶ. *(v.i.)* παραιτοῦμαι. ~ion *s.* παραίτησις *f.*

abdom|en *s.* κοιλιά *f.* ~inal *a.* κοιλιακός.

abduct *v.* ἀπάγω. ~ion *s.* ἀπαγωγή *f.* ~or *s.* ἀπαγωγεύς *m.*

abed *adv.* στό κρεββάτι.

aberration *s.* παρεκτροπή *f.*

abet *v.* ὑποβοηθῶ.

abeyance *s.* be in ~ *(custom, law)* δέν ἰσχύω, *(question)* ἐκκρεμῶ.

abhor *v.* ἀποτροπιάζομαι. ~rence *s.* ἀποτροπιασμός *m.* ~rent *a.* ἀποτροπιαστικός.

abide *v. (dwell)* διαμένω, *(last)* διαρκῶ, *(bear)* ἀνέχομαι. I can't ~ him *(fam.)* δέν τόν χωνεύω. ~ by *(keep)* τηρῶ, ~ by the consequences ὑφίσταμαι τίς συνέπειες.

abiding *a.* διαρκής, μόνιμος.

ability *s. (power)* δυνατότης *f. (competence)* ἱκανότης *f. (talent)* ταλέντο *n.*

abject *a.* ἄθλιος, *(servile)* δουλοπρεπής.

abjure *v.* ἀπαρνοῦμαι.

ablative *s. (gram.)* ἀφαιρετική *f.*

ablaze *a.* φλεγόμενος, *(fig.)* λάμπων. be ~ φλέγομαι. the garden is ~ with colour ὁ κῆπος εἶναι πνιγμένος στό χρῶμα.

able *a. (capable)* ἱκανός, ἄξιος. be ~ μπορῶ, δύναμαι. ~-bodied *a.* εὔρωστος.

ablution *s.* perform one's ~s νίπτομαι.

abnegation *s.* αὐταπάρνησις *f.*

abnormal *a.* ἀφύσικος, ἀνώμαλος. ~ity *s.* ἀνωμαλία *f.* ~ly *adv.* ἀφύσικα. the weather is ~ly hot κάνει ἀφύσικη ζέστη.

aboard *adv. & prep.* ~ the ship ἐπί τοῦ πλοίου, μέσα στό πλοῖο. go ~ ἐπιβιβάζομαι. go ~ the ship ἐπιβαίνω τοῦ πλοίου, μπαίνω στό πλοῖο.

abode *s.* κατοικία *f.*

abol|ish *v.* καταργῶ. ~ition *s.* κατάργησις *f.*

abominab|le *a.* ὀδελυρός. *(fam., very nasty)* ἀπαίσιος. ~ly *adv.* ἀπαίσια.

abominat|e *v.* ἀπεχθάνομαι. ~ion *s. (feeling)* ἀπέχθεια *f. (thing)* use abominable.

aborigin|al *a.* αὐτόχθων. ~es *s.* αὐτόχθονες *m.pl.*

abort *v.i.* ἀποβάλλω, κάνω ἀποβολή. ~ion *s. (act)* ἔκτρωσις *f. (fig.) (ugly person)* ἔκτρωμα *n.*, *(person or thing)* ἐξάμβλωμα *n.* ~ive *a.* be ~ive ἀποτυγχάνω.

abound *v.i. (be plentiful)* ἀφθονῶ. ~ in *(teem with)* βρίθω *(with gen.)*, εἶμαι γεμάτος *(with acc. or ἀπό & acc.)*.

about *prep. & adv.* 1. *(prep.) (in, on)* γύρω σέ. the books were scattered ~ the room τά βιβλία ἦταν σκορπισμένα γύρω στό δωμάτιο. have you any money ~ you? ἔχεις λεφτά ἐπάνω σου; *(concerning)* γιά *(with acc.)*, περί *(with gen.)*. what is it ~ ? περί τίνος πρόκειται; how ~ a drink? τί θά ἔλεγες γιά ἕνα ποτό; yes, you can go, but what ~ us? καλά, σεῖς μπορεῖτε νά πᾶτε, ἀλλά ἐμεῖς; 2. *(adv.) (approximately)* περίπου, πάνω κάτω. he is ~ my age εἶναι περίπου *(or πάνω κάτω)* στήν ἡλικία μου. *(of time)* ~ 10 o'clock γύρω στίς δέκα, κατά *(or περί)* τίς δέκα. it's ~ time καιρός εἶναι. 3. be ~ to μέλλω νά *(formal)*. I was ~ to ring you when you turned up πήγαινα νά σοῦ τηλεφωνήσω ὅταν παρουσιάστηκες. just as he was ~ to become a minister he died πάνω πού θά γινότανε ὑπουργός πέθανε. 4. *(here and there)* γύρω, leave rubbish ~ ἀφήνω σκουπίδια γύρω. the news is going ~ κυκλοφοροῦν τά νέα. there is a lot of flu ~ σέρνεται γρίππη. 5. come ~ *(v.i.)* συμβαίνω. bring ~ *(v.t.)* προξενῶ. ~ turn *(s. & int.)* μεταβολή *f.*

above *adv. & prep. 1. (adv.)* ἀπάνω, (ἐ)πάνω, the floor ~ τό πάνω πάτωμα. the ~ statement ἡ ἀνωτέρω *(or παραπάνω)* δήλωσις. as was stated ~ ὡς ἀνεφέρθη ἀνωτέρω. from ~ ἄνωθεν. ~-mentioned προαναφερθείς. *2. (prep.)* πάνω ἀπό *(with acc.),* ὑπεράνω *(with gen.).* ~ all πάνω ἀπ' ὅλα, πρό παντός, πρό πάντων. he is ~ all suspicion εἶναι ὑπεράνω πάσης ὑποψίας. ~ average ἄνω τοῦ μετρίου. he got ~ himself *(fam.)* πῆραν τά μυαλά του ἀέρα.

above-board *a.* τίμιος.

abras|ion *s.* ἐκδορά *f.* ~**ive** *a.* λειαντικός, *(fig.)* τραχύς.

abreast *adv.* δίπλα-δίπλα. *(naut.)* in line ~ κατά μετωπικήν γραμμήν. keep ~ of the times εἶμαι συγχρονισμένος.

abridge *v.* συντέμνω. ~**ment** *s. (of book)* συντετμημένη ἔκδοσις.

abroad *adv.* ἔξω, στό ἐξωτερικό. go *(to live)* ~ ξενητεύομαι, ἀποδημῶ. spread *or* noise ~ διαδίδω.

abrogat|e *v.* ἀκυρῶ. ~**ion** *s.* ἀκύρωσις *f.*

abrupt *a.* ἀπότομος. ~**ly** *adv.* ἀπότομα. ~**ness** *s. (of manner)* σκαιότης *f.*

abscess *s.* ἀπόστημα *n.*

abscond *v.* φεύγω κρυφά, *(fam.)* τό σκάω. *(law)* φυγοδικῶ.

absence *s. (being away)* ἀπουσία *f. (lack)* ἔλλειψις *f.* ~ of mind ἀφηρημάδα *f.* leave of ~ ἄδεια *f.*

absent *a.* ἀπών. be ~ *(away)* ἀπουσιάζω, *(lacking)* λείπω. ~**ee** *s.* ἀπών, ἀπουσιάζων *a.*

absent-minded *a.* ἀφηρημένος. ~**ness** *s.* ἀφηρημάδα *f.*

absolute *a.* ἀπόλυτος. ~**ly** *adv.* ἀπολύτως.

absolution *s.* ἄφεσις ἁμαρτιῶν.

absolutism *s.* ἀπολυταρχία *f.*

absolve *v.* ἀπαλλάσσω.

absorb *v.* ἀπορροφῶ. ~**ent** *a.* ἀπορροφητικός. ~**ing** *a.* ἐνδιαφέρων.

absorption *s.* ἀπορρόφησις *f.*

abstain *v.* ~ from ἀπέχω *(with gen.),* ἀποφεύγω *(with acc. or νά).*

abstemious *a. (person)* ἐγκρατής, *(in eating)* λιτοδίαιτος. *(meal)* λιτός. ~**ly** *adv.* λιτά.

abstention *s.* ἀποχή *f.*

abstinence *s.* ἐγκράτεια *f.,* ἀποχή *f. (with ἀπό).*

abstract *a.* ἀφηρημένος.

abstract *s.* περίληψις *f.*

abstract *v.* ἐξάγω. *(filch)* σουφρώνω.

abstracted *a.* ἀφηρημένος, become ~ θυθίζομαι.

abstraction *s. (idea)* ἀφηρημένη ἔννοια. *(state of mind)* ἀφηρημάδα *f.*

abstruse *a.* δυσνόητος.

absurd *a.* παράλογος, γελοῖος. ~**ity** *s.* ἀνοησία *f.* ~**ly** *adv.* γελοίως.

abundance *s.* ἀφθονία *f.*

abundant *a.* ἄφθονος. ~**ly** *adv.* ἄφθονα.

abuse *v.* (ὑ)θρίζω. *(misuse)* καταχρῶμαι.

abuse *s.* θρισιές, ὕθρεις *f.pl. (misuse)* κατάχρησις *f.*

abusive *a.* ὑθριστικός. ~**ly** *adv.* ὑθριστικά.

abut *v.* ~ on *(of land)* συνορεύω μέ, *(of building)* ἀκουμπῶ σέ.

abysmal *a. (fam.)* ἀπερίγραπτος. ~**ly** *adv.* ἀπερίγράπτως.

abyss *s.* ἄβυσσος *f.*

acacia *s.* ἀκακία *f.,* γαζία *f.*

academic *a.,* ~**ian** *s.* ἀκαδημαϊκός.

academy *s.* ἀκαδημία *f.*

acanthus *s.* ἄκανθα *f. (archit.)* ἄκανθος *f.*

accede *v.i.* ~ to *(join)* προσχωρῶ εἰς, ἐντάσσομαι σέ. *(assent)* συναινῶ εἰς. ~ to throne ἀνεβαίνω στό θρόνο.

accelerat|e *v.t.* ἐπιταχύνω. *(v.i.)* ἐπιταχύνομαι. ~**ion** *s.* ἐπιτάχυνσις *f.* ~**or** *s.* ἐπιταχυντήρ *m. (fam.)* γκάζι *n.*

accent *s. (stress, mark)* τόνος *m. (pronunciation)* προφορά *f. (v.)* τονίζω. ~**ual** *a.* τονικός.

accentuat|e *v.* τονίζω. ~**ion** *s.* τονισμός *m.*

accept *v.* (ἀπο)δέχομαι. be ~ed *(agreed to)* γίνομαι δεκτός.

acceptable *a. (welcome)* εὐπρόσδεκτος, *(allowable)* παραδεκτός.

accept|ance, ~**ation** *s.* ἀποδοχή *f.*

accepted *a. (usual)* παραδεδεγμένος, *(admitted)* δεκτός.

access *s. (entrance)* εἴσοδος *f. (free use)* ἐλευθέρα χρῆσις. give ~ to *(place)* ὁδηγῶ σέ. obtain ~ to *(person)* γίνομαι δεκτός ἀπό. enjoy free ~ ἔχω τό ἐλεύθερο *(with σέ or νά).* difficult of ~ δυσπρόσιτος. *(attack)* παροξυσμός *m.*

accessary *s.* συνεργός *m.*

accessible *a. (place)* προσιτός, *(person)* εὐπρόσιτος.

accession *s. (joining)* προσχώρησις *f.,* ἔνταξις *f. (to throne)* ἀνάρρησις *f. (thing added)* προσθήκη *f.*

accessory *a.* συμπληρωματικός. *(s., adjunct)* ἐξάρτημα *n.*, *(women's)* ἀξεσουάρ *n.*

accidence *s.* *(gram.)* τυπικόν *n.*

accident *s.* *(chance event)* σύμπτωσις *f.* *(mishap)* ἀτύχημα *n.*, *(serious)* δυστήχημα *n.* *(collision)* σύγκρουσις *f.* by ~ κατά τύχην.

accidental *a.* τυχαῖος. ~**ly** *adv.* τυχαίως, κατά τύχην.

accidented *a.* ἀνώμαλος.

acclaim *v.* ζητωκραυγάζω. *(declare)* ἀνακηρύσσω. *(approve of)* ἐπιδοκιμάζω.

acclamation *s.* ζητωκραυγές *f. pl.*

acclimatiz|e *v.* ἐγκλιματίζω. ~**ation** *s.* ἐγκλιμάτισις *f.*

accommodat|e *v.* *(hold)* παίρνω, *(put, lodge)* βάζω, τακτοποιῶ. *(put up)* βολεύω, φιλοξενῶ, *(fix up)* ἐξοικονομῶ, *(oblige)* διευκολύνω. *(adapt)* προσαρμόζω. ~**ing** *a.* βολικός.

accommodation *s.* *(lodging)* κατάλυμα *n.*, they found no ~ δέν βρῆκαν ποῦ νά μείνουν. *(adaptation)* προσαρμογή *f.* *(compromise)* συμβιβασμός *m.*

accompany *v.* συνοδεύω.

accompan|iment *s.* *(consequence)* ἐπακόλουθον *n.* *(trimming)* γαρνιτούρα *f.* *(mus., etc.)* συνοδ(ε)ία *f.* ~**ist** *s.* ἀκομπανιατέρ *m.*

accomplice *s.* συνεργός *m.*

accomplish *v.* ἐκτελῶ, *(bring off)* ἐπιτυγχάνω.

accomplished *a.* *(socially)* μέ πολλά χαρίσματα. an ~ pianist σπουδαῖος πιανίστας. ~ fact τετελεσμένον γεγονός.

accomplishment *s.* *(doing)* ἐκτέλεσις *f.* *(feat)* κατόρθωμα *n.* *(gift)* χάρισμα *n.*

accord *v.t.* *(give)* παρέχω. *(v.i.)* *(agree)* συμφωνῶ.

accord *s.* ὁμοφωνία *f.* with one ~ ὁμοφώνως. of his own ~ ἀφ' ἑαυτοῦ, μόνος του.

accordance *s.* in ~ with σύμφωνα μέ.

according *adv.* ~ as καθόσον. ~ to κατά, σύμφωνα μέ *(with acc.)*.

accordingly *adv.* *(as may be required)* ἀναλόγως. *(therefore)* ἐπομένως.

accordion *s.* ἀκκορντεόν *n.*, *(fam.)* φυσαρμόνικα *f.*

accost *v.* πλευρίζω, διπλαρώνω.

account *s.* *(fin.)* λογαριασμός *m.*, keep ~s κρατῶ βιβλία. put it on my ~ γράψτε το. *(estimation)* take ~ of ὑπολογίζω, παίρνω ὑπόψη. it is of no ~ δέν ἔχει σημασία. *(reason)* λόγος *m.* on ~ of λόγω *or* ἕνεκα *(with gen.)*, γιά *or* διά *(with acc.)*. on that ~ γιά αὐτό, on no ~ ἐπ' οὐδενί λόγω. *(profit)* on my own ~ γιά λογαριασμό μου. turn to good ~

account *v.* *(deem)* θεωρῶ, λογαριάζω. ~ for *(answer for)* δίδω λόγον *(with gen.)*, *(explain)* ἐξηγῶ.

accountable *a.* ὑπεύθυνος, ὑπόλογος.

accountan|cy *s.* λογιστική *f.* ~**t** *s.* λογιστής *m.*

accoutrements *s.* ἐξοπλισμός *m.*

accredit *v.* διαπιστεύω, ~**ed** *a.* *(person)* διαπεπιστευμένος, *(idea)* παραδεδεγμένος.

accretion *s.* ἐπαύξησις *f.*

accrue *v.* προκύπτω.

accumulat|e *v.t.* συσσωρεύω. *(v.i.)* συσσωρεύομαι. ~**ion** *s.* *(act)* συσσώρευσις *f.* *(mass)* σωρός *m.* ~**or** *s.* συσσωρευτής *m.*

accuracy *s.* ἀκρίβεια *f.*

accurate *a.* ἀκριβής. ~**ly** *adv.* ἀκριβῶς.

accursed *a.* καταραμένος.

accusation *s.* κατηγορία *f.*

accusative *s.* *(gram.)* αἰτιατική *f.*

accuse *v.* κατηγορῶ. ~**d** *s.* *(law)* κατηγορούμενος *m.* ~**r** *s.* κατηγορῶν *m.*, *(esp. law)* κατήγορος *m.*

accustom *v.t.* συνηθίζω *(also* be *or* get ~ed *or* ~ oneself to). ~**ed** *a.* συνηθισμένος.

ace *s.* ἄσσος *m.* he was *(or* is) within an ~ of winning παρά τρίχα νά κερδίση.

acerbity *s.* δριμύτης *m.*

acetic *a.* ὀξικός.

acetylene *s.* ἀσετυλίνη *f.*

ach|e *s.* πόνος *m.* *(v.)* πονῶ. be ~ing for λαχταρῶ *(with acc. or* νά).

achieve *v.* κατορθώνω, πετυχαίνω. ~**ment** *s.* *(success)* κατόρθωμα *n.* *(fulfilment)* ἐπίτευξις *f.* *(thing achieved)* ἐπίτευγμα *n.*

Achilles *s.* ~' heel ἡ ἀχίλλειος πτέρνα.

acid *s.* ὀξύ *n.* citric ~ ξινό *n.* *(a.)* ξινός. ~**ity** *a.* ὀξύτης *f.*, ξινίλα *f.*

acknowledge *v.* *(recognize)* ἀναγνωρίζω, *(admit)* παραδέχομαι. ~ receipt βεβαιῶ λῆψιν. ~**ment** *s.* ἀναγνώρισις *f.* *(reply)* ἀπάντησις *f.*

acme *s.* ἀκμή *f.*, ἀποκορύφωμα *n.*

acne *s.* ἀκμή *f.*

acolyte *s.* *(assistant)* βοηθός *m.*

acorn *s.* βελανίδι *n.*

acoustic *a.* ἀκουστικός. ~**s** *s.* ἀκουστική *f.*

acquaint *v.* εἰδοποιῶ. be *or* get ~ed with *(person)* γνωρίζω. I am ~ed with the case ἔχω γνῶσιν τῆς ὑποθέσεως. they got ~ed γνωρίστηκαν.

acquaintance *s.* γνωριμία *f.* *(knowledge)* γνῶσις *f.* an ~ of mine γνωστός *(or* γνώριμος *or* γνωριμία) μου. make ~ of *see* acquaint.

acquiesce *v.* συγκατατίθεμαι. ~**nce** *s.* συγκατάθεσις *f.*

acquire *v.* ἀποκτῶ. ~**d** *a.* ἐπίκτητος. it is an ~d taste πρέπει νά τό συνηθίση κανείς. ~**ment** *s.* *(skill)* προσόν *n.*

acquisition *s.* *(getting)* ἀπόκτησις *f.* *(thing got)* ἀπόκτημα *n.*

acquisitive *a.* φιλοκτήμων.

acquit *v.* ἀθωώνω. he ~ted himself bravely φέρθηκε γενναίως. ~**tal** *s.* ἀθώωσις *f.*

acre *s.* τέσσερα στρέμματα. *(fig.)* ~s στρέμματα *n.pl.*

acrid *a.* δριμύς.

acrimon|y *s.* δριμύτης *f.* ~**ious** *a.* δριμύς.

acrobat *s.* ἀκροβάτης *m.* ~**ic** *a.* ἀκροβατικός. ~**ics** *s.* ἀκροβασία *f.*

acropolis *s.* ἀκρόπολις *f.*

across *prep.* & *adv.* *1.* *(beyond)* πέρα ἀπό *(with acc.),* πέραν *(with gen.).* ~ the river the forest begins πέρα ἀπ' τό ποτάμι *(or* πέραν τοῦ ποταμοῦ*)* τό δάσος ἀρχίζει. he swam ~ the river πέρασε τό ποτάμι κολυμπῶντας. a bridge ~ the Thames γεφύρι πάνω στόν Τάμεση. the house ~ the street τό ἀπέναντι σπίτι. 2. *(adv.)* ἀπέναντι. send *(or* take*)* ~ *(v.t.)* περνῶ ἀπέναντι. go ~ *(v.t.&i.)* περνῶ, διαβαίνω. I came ~ a very interesting book ἔπεσε στά χέρια μου ἕνα πολύ ἐνδιαφέρον βιβλίο. I came ~ somebody I hadn't seen for a long time βρέθηκε μπροστά μου κάποιος πού εἶχα νά δῶ πολύν καιρό.

acrostic *s.* ἀκροστιχίς *f.*

act *s.* πρᾶξις *f.* ~ of Parliament νομοθέτημα *n.* *(music-hall, etc.)* νούμερο *n.* as I was in the ~ of phoning you ἀπάνω πού σοῦ τηλεφωνοῦσα. *(caught)* in the ~ *(a.)* αὐτόφωρος, *(adv.)* ἐπ' αὐτοφώρω, στά πράσα.

act *v.i.* *(take action)* πράττω, ἐνεργῶ. *(function, go)* λειτουργῶ, δουλεύω. *(pretend)* προσποιοῦμαι, ὑποκρίνομαι. ~ on *(affect)* ἐπιδρῶ *(or* ἐπενεργῶ*)* ἐπί *(with gen.).* ~ as *(deputize for)* ἀναπληρώνω. *(v.t.)* *(a play, role)* παίζω, παριστάνω, *(a role)* ὑποδύομαι, ὑποκρίνομαι.

acting *s.* *(performance)* παίξιμο *n.* *(art, profession)* θέατρο *n.* *(a.)* *(as deputy)* ἀναπληρωματικός.

action *s.* *(general)* ἐνέργεια *f.*, δρᾶσις *f.* *(deed)* πρᾶξις *f.*, ἔργον *n.* *(battle)* μάχη *f.* *(bodily movements)* κινήσεις *f.pl.* *(of machine)* μηχανισμός *m.* *(of drug)* ἐνέργεια *f.* man of ~ ἄνθρωπος δράσεως. line of ~ γραμμή *f.*, τακτική *f.* go into ~ *(act)* ἐνεργῶ, *(set to work)* καταπιάνομαι μέ, *(join battle)* συνάπτω μάχην. put into ~ βάζω σέ ἐνέργεια, θέτω εἰς πρᾶξιν. put out of ~ ἀχρηστεύω, *(damage)* προκαλῶ βλάβη σέ, *(mil.)* θέτω

ἐκτός μάχης. what ~ will the government take? τί μέτρα θά πάρη *(or* πῶς θά ἐνεργήση*)* ἡ κυβέρνησις; *(law)* bring an ~ against κάνω ἀγωγή ἐναντίον *(with gen.).*

actionable *a.* *(law)* ὑποκείμενος εἰς ποινικήν ἀγωγήν.

activate *v.* δραστηριοποιῶ.

active *a.* ἐνεργητικός, δραστήριος. be ~ *or* take ~ part in ἀσχολοῦμαι ἐνεργῶς μέ. he was ~ during the revolution ἔδρασε κατά τήν ἐπανάστασιν. *(gram.)* ~ voice ἐνεργητική φωνή.

activit|y *s.* δραστηριότης *f.*, ἐνέργεια *f.* *(social, business)* κίνησις *f.* ~**ies** ἀπασχολήσεις *f. pl.*

act|or *s.* ἠθοποιός *m.*, θεατρίνος *m.* ~**ress** *s.* ἠθοποιός *f.*, θεατρίνα *f.*

actual *a.* πραγματικός. ~**ly** *adv.* πραγματικά, συγκεκριμένως.

actuary *s.* ἐμπειρογνώμων ἀσφαλίσεων.

actuate *v.* *(machine)* κινῶ, *(person)* κινῶ, ὠθῶ.

acuity *s.* ὀξύτης *f.*

acumen *s.* ὀξύνοια *f.*

acupuncture *s.* βελονισμός *m.*

acute *a.* ὀξύς. *(clear-sighted)* διορατικός, *(great)* μεγάλος, ἔντονος, *(clever)* ἔξυπνος. ~ angle ὀξεῖα γωνία. ~ accent ὀξεῖα *f.*

adage *s.* παροιμία *f.*

Adam *s.* ~'s apple μῆλον τοῦ Ἀδάμ.

adamant *a.* ἄκαμπτος.

adapt *v.* προσαρμόζω, *(book, music)* διασκευάζω. ~**ation** *s.* προσαρμογή *f.* διασκευή *f.*

adaptab|le *a.* *(person)* προσαρμόσιμος. ~**ility** *s.* ἱκανότης προσαρμογῆς.

add *v.* προσθέτω. ~ up ἀθροίζω. ~ up to ἀνέρχομαι εἰς. ~ to *(increase)* αὐξάνω.

adder *s.* ὀχιά *f.*

addict *s.* drug ~ τοξικομανής. coffee *or* tobacco ~ θεριακλῆς *m.* ~**ed** *a.* be ~ed to ἔχω μανία μέ. ~ed to drink ἔκδοτος εἰς τήν μέθην. ~**ion** *s.* μανία *f.* drug ~ion τοξικομανία *f.*

addition *s.* *(process)* πρόσθεσις *f.* *(thing added)* προσθήκη *f.* in ~ ἐπί πλέον, κοντά στά ἄλλα.

additional *a.* πρόσθετος. ~**ly** *adv.* ἐπί πλέον.

addled *a.* κλούβιος. make *or* become ~ κλουβιαίνω.

address *s.* *(speech)* προσφώνησις *f.* *(petition)* αἴτησις *f.* *(residence)* διεύθυνσις *f.*

address *v.* *(words)* ἀποτείνω. *(deliver ~ to)* προσφωνῶ. *(speak to)* ἀποτείνομαι πρός *(with acc.).* ~ oneself to *(task)* ἐπιδίδομαι εἰς. *(send)* ἀπευθύνω. ~**ee** *s.* παραλήπτης *m.*

adept *a.* εἰδήμων.

adequ|acy s. ἐπάρκεια f. **~ate** a. ἐπαρκής, ἀρκετός, (suitable) κατάλληλος. **~ately** adv. ἀρκετά, καταλλήλως.

adhere v. (stick) κολλῶ. ~ to (abide by) ἐμμένω εἰς.

adheren|ce s. ἐμμονή f. **~t** s. ὀπαδός m.f.

adhes|ion s. προσκόλλησις f. **~ive** s. κολλητική οὐσία.

adieu int. ἀντίο.

adjacent a. παρακείμενος.

adjective s. ἐπίθετον n.

adjoin v.i. συνέχομαι. (v.t.) εἶμαι πλάι σέ. **~ing** a. συνεχόμενος, παρακείμενος.

adjourn v.t. διακόπτω. (v.i.) διακόπτομαι. (go elsewhere) ἀποσύρομαι. **~ment** s. διακοπή f.

adjudge v. (judge) κρίνω, (award) ἀπονέμω.

adjudicat|e v.i. (give judgement) βγάζω ἀπόφαση. **~ion** s. ἀπόφασις f. **~or** s. κριτής m.

adjunct s. ἐξάρτημα n.

adjure v. ἐξορκίζω.

adjust v. (adapt) προσαρμόζω. (set right) σιάζω, τακτοποιῶ, (clock) ρυθμίζω, (seat) κανονίζω. **~able** a. ρυθμιζόμενος. it is **~able** κανονίζεται. **~ment** s. προσαρμογή f. διάξιμο n. τακτοποίησις f. ρύθμισις f. κανονισμός m.

adjutant s. ὑπασπιστής m.

ad lib. adv. κατ' ἀρέσκειαν. (v., fam.) αὐτοσχεδιάζω.

administer v. (manage) διαχειρίζομαι, (govern) διοικῶ, (dispense) ἀπονέμω. ~ oath to ὁρκίζω. ~ medicine to δίνω φάρμακο σέ.

administrat|ion s. διαχείρισις f., διοίκησις f., ἀπονομή f. (Government) κυβέρνησις f. **~ive** a. διοικητικός. **~or** s. διαχειριστής m.

admirab|le a. θαυμαστός. **~ly** adv. θαυμάσια, μιά χαρά.

admiral s. ναύαρχος m. **~ty** s. ναυαρχεῖον n.

admiration s. θαυμασμός m.

admir|e v. θαυμάζω. **~er** s. θαυμαστής m., θαυμάστρια f. **~ing** a. θαυμαστικός. **~ingly** adv. μέ θαυμασμό.

admissible a. παραδεκτός.

admission s. (acknowledgement) ἀναγνώρισις f. (entry) εἴσοδος f., no ~ ἀπαγορεύεται ἡ εἴσοδος.

admit v. (acknowledge) ἀναγνωρίζω, παραδέχομαι. ~ of ἐπιδέχομαι. (let in) βάζω μέσα. be **~ted** (gain entry) μπαίνω, εἰσάγομαι, γίνομαι δεκτός.

~tedly adv. ὁμολογουμένως.

admon|ish v. νουθετῶ. **~ition** s. νουθεσία f.

ad nauseam adv. κατά κόρον.

ado s. φασαρία f.

adolescen|ce s. ἐφηβική ἡλικία. **~t** a. ἐφηβικός. (s.) ἔφηβος m.

adopt v. υἱοθετῶ. **~ion** s. υἱοθεσία f. **~ive** a. θετός.

ador|e v. λατρεύω. **~ed** λατρευτός. **~able** a. ἀξιολάτρευτος. **~ation** s. λατρεία f.

adorn v. στολίζω. **~ment** s. στολισμός m.

adrift a. ἀκυβέρνητος. (fig.) turn ~ ἀποδιώκω.

adroit a. ἐπιδέξιος.

adulation s. θυμίαμα n.

adult a.&s. ἐνῆλιξ, ἐνήλικος.

adulterat|e v. νοθεύω. **~ed** a. νοθευμένος. **~ion** s. νόθευσις f.

adulter|er s. μοιχός m. **~ess** s. μοιχαλίς f. **~y** s. μοιχεία f. commit **~y** μοιχεύω.

advance s. πρόοδος f. (mil.) προέλασις f. (increase) αὔξησις f. (loan) δάνειον n. make **~s** to κάνω προτάσεις σέ. in ~ (ahead) ἐμπρός, (beforehand) ἀπό πρίν, (paid) προκαταβολικῶς. in ~ of (time) πρίν ἀπό, (place) ἐμπρός ἀπό.

advance v.i. προχωρῶ, (mil.) προελαύνω. (v.t.) (suggest) ὑποβάλλω, (promote) προάγω, (increase) αὐξάνω, (lend) δανείζω. ~ (date of) ἐπιταχύνω.

advanced a. (modern) προηγμένος. (of studies) ἀνώτερος. (in age, development) προχωρημένος. (mil.) προκεχωρημένος.

advancement s. προαγωγή f.

advantage s. (superior quality) πλεονέκτημα n. (interest) συμφέρον n. (profit) ὄφελος n., ὠφέλεια f., it is to my ~ εἶναι πρός ὄφελός μου, μέ συμφέρει. take ~ of ἐπωφελοῦμαι (with gen.), (exploit) ἐκμεταλλεύομαι. have the ~ (over person) βρίσκομαι σέ πλεονεκτική θέση. to the best ~ ἐπί τό συμφερότερον.

advantageous a. πλεονεκτικός, ἐπωφελής. **~ly** adv. ἐπωφελῶς.

advent s. ἄφιξις f. (eccl.) σαραντάμερο n.

adventitious a. τυχαῖος.

adventur|e s. περιπέτεια f. **~er**, **~ess** s. τυχοδιώκτης m.f.

adventurous a. (life, action, tale) περιπετειώδης. (person) τολμηρός, (taking risks) ριψοκίνδυνος.

adverb s. ἐπίρρημα n.

adversary s. ἀντίπαλος m.

advers|e a. (conditions) δυσμενής, ἀντίξοος. (weather) δυσμενής, ἐνάντιος. (criticism) δυσμενής. **~ely** adv. ἐνάντια, δυσμενῶς. ~ity s. κακοτυχία f.

advertise v. διαφημίζω, (fam.) ρεκλαμάρω. ~**ment** s. διαφήμισις f. ρεκλάμα f. (small) ἀγγελία f.

advice s. συμβουλή f. (notice) εἰδοποίησις f. I seek his ~ τόν συμβουλεύομαι.

advisable a. I don't think it ~ for you to go there δέν θά συνιστοῦσα νά πᾶς ἐκεῖ.

advise v.t. (person) συμβουλεύω, (course of action) συνιστῶ. (inform) εἰδοποιῶ. you would be well ~d to... θά κάνατε καλά νά.

advis|er s. σύμβουλος m. ~**ory** a. συμβουλευτικός.

advoca|te s. συνήγορος m. (v.) συνηγορῶ ὑπέρ (with gen.) ~**cy** s. συνηγορία f.

adze s. σκεπάρνι n.

aegis s. αἰγίς f.

aeon s. αἰών m.

aerated a. ἀεριοῦχος.

aerial a. ἐναέριος. (s.) κεραία f., ἀντένα f.

aerie a. ἀϊτοφωλιά f.

aerodrome s. ἀεροδρόμιον n.

aerodynamics s. ἀεροδυναμική f.

aeronaut s. ἀεροναύτης m. ~**ics** s. ἀεροναυτική f.

aeroplane s. ἀεροπλάνον n.

aesthet|e s. ἐστέτ m. ~**ic** a. αἰσθητικός. ~**ics** s. αἰσθητική f.

afar adv. μακριά.

affable a. προσηνής.

affair s. ὑπόθεσις f., πρᾶγμα n. δουλειά f. they are having an ~ τά ἔχουν, ἔχουν σχέσεις. Ministry of Home A~s Ὑπουργεῖον Ἐσωτερικῶν. in the present state of ~s ὅπως ἔχουν τά πράγματα.

affect v. ἐπηρεάζω. ἐπιδρῶ (with ἐπί & gen.). (move) συγκινῶ. (upset or ~ health of) πειράζω. (feign) προσποιοῦμαι.

affectation s. προσποίησις f.

affect|ed a (pretended) προσποιητός. (in manner) ἐπιτηδευμένος. be ~ed ἔχω προσποιητούς τρόπους. ~**ing** a. συγκινητικός.

affection s. ἀγάπη f., συμπάθεια f. (malady) πάθησις f.

affectionate a. τρυφερός, στοργικός.

affidavit s. ἔνορκος κατάθεσις.

affiliat|e v. (attach) συνδέω. ~**ion** s. σύνδεσις f.

affinity s. συγγένεια f.

affirm v. βεβαιώνω. ~**ation** s. βεβαίωσις f. ~**ative** a. καταφατικός.

affix v. ἐπιθέτω.

afflict v. θλίβω. ~**ion** s. (sorrow) θλίψις

f., πίκρα f. (misfortune, blow) πλῆγμα n.

affluen|t a. πλούσιος. ~**ce** s. πλούτη n.pl., ἀφθονία f.

afford v. (give) παρέχω. I can't ~ it δέν ἔχω τά ἀπαιτούμενα χρήματα. I can't ~ to vote no δέν εἶμαι εἰς θέσιν νά ψηφίσω ὄχι.

afforestation s. δάσωσις f.

affray s. συμπλοκή f.

affront s. προσβολή f. (v.) προσβάλλω.

afield adv. μακριά.

aflame a. φλεγόμενος.

afloat adv. (at sea) στή θάλασσα. stay ~ κρατιέμαι στήν ἐπιφάνεια.

afoot adv. (on foot) πεζῆ. (fig.) what's ~? τί τρέχει; there's mischief ~ (fam.) κάτι λάκκον ἔχει ἡ φάβα.

aforesaid a. προαναφερθείς.

a fortiori adv. κατά μείζονα λόγον, τοσούτω μᾶλλον.

afraid a. φοβισμένος. be ~ (of) φοβοῦμαι. I'm ~ it will rain φοβοῦμαι μή (or μήπως or πώς θά) βρέξη. I was ~ he wouldn't come φοβήθηκα μή δέν (or μήπως δέν or πώς δέν θά) ἔρθη. I was ~ it might turn out bad for me φοβήθηκα μήπως θά μοῦ ἔβγαινε σέ κακό. I'm ~ he's lost the way (possibly) φοβοῦμαι πώς (or μήπως or μήν) ἔχασε τό δρόμο. I'm ~ he's not at home (regrettably) λυποῦμαι ἀλλά δέν εἶναι σπίτι.

African a. ἀφρικανικός. (person) Ἀφρικανός m. Ἀφρικάνα f.

after prep. μετά, ὕστερα ἀπό (with acc.). one ~ another ἀπανωτός, ὁ ἕνας πίσω ἀπ' τόν ἄλλο. the day ~ tomorrow μεθαύριο. ~ all, he's only a child εἶναι παιδί ἐπί τέλους. I was right ~ all τελικά εἶχα δίκιο.

after conj. ἀφοῦ, μετά πού.

after adv. μετά, ὕστερα, κατόπιν.

after-effect s. συνέπεια f.

aftermath s. παρεπόμενα n.pl.

afternoon s. ἀπόγευμα n. good ~ καλησπέρα. (a.) ἀπογευματινός.

afterthought s. μεταγενεστέρα σκέψις.

afterwards adv. μετά, ὕστερα, κατόπιν.

again adv. πάλι, ξανά. marry ~ ξαναπαντρεύομαι. ~ and ~ ἐπανειλημμένως. as much ~ ἄλλος τόσος.

against prep. (opposition) κατά, ἐναντίον (with gen.). (proximity) κοντά σέ. lean ~ ἀκουμπῶ σέ. I knocked ~ a chair χτύπησα πάνω σέ μία καρέκλα. ~ one's will ἀκουσίως. ~ receipt ἔναντι ἀποδείξεως. ~ a rainy day γιά ὥρα ἀνάγκης.

agape *adv.* μέ ἀνοικτό τό στόμα.

age *s.* ἡλικία *f. (old* ~) γῆρας *n.*, γεράματα *n.pl.* come of ~ ἐνηλικιοῦμαι. of the same ~ ὁμῆλιξ, under ~ ἀνῆλιξ. *(period)* ἐποχή *f.*, αἰών *m.* middle ~s μεσαίων *m.* I haven't seen him for ~s ἔκανα μαῦρα μάτια νά τόν δῶ. ~s ago πρό πολλοῦ καιροῦ.

age *v.t.&i.* γερνῶ, γηράσκω.

aged *a. (very old)* πολύ ἡλικιωμένος. middle-~ μεσόκοπος, μεσῆλιξ. a boy ~ ten ἀγόρι δέκα ἐτῶν.

ageless *a. (eternal)* αἰώνιος. *(always young)* ἀγέραστος, ἀειθαλής.

agency *s.* πρακτορεῖον *n. (instrumentality)* μεσιτεία *f.*, μεσολάβησις *f.*

agenda *s.* ἡμερησία διάταξις.

agent *s.* πράκτωρ *m.*, μεσίτης *m. (commercial)* παραγγελιοδόχος *m. (representative)* ἀντιπρόσωπος *m.* ~ provocateur προβοκάτορας *m.* ~'s μεσιτικός.

agglomeration *s.* ἀνομοιογενής σωρός.

aggrandizement *s.* αὔξησις προσωπικοῦ πλούτου καί ἰσχύος.

aggravat|e *v.* ἐπιδεινώνω. *(annoy)* ἐκνευρίζω. ~**ing** *a.* ἐκνευριστικός. ~**ion** *s.* ἐπιδείνωσις *f.* ἐκνευρισμός *m.*

aggregate *a.* συνολικός. *(s.)* σύνολον *n.* in the ~ ἐν συνόλω. *(v.t.)* ἀθροίζω.

aggression *s.* ἐπίθεσις *f.*

aggressive *a.* ἐπιθετικός. ~**ness** *s.* ἐπιθετικότης *f.*

aggressor *s.* ὁ ἐπιτιθέμενος.

aggrieved *a.* πικραμένος.

aghast *a.* κατατρομαγμένος. I was ~ when I heard it ἔφριξα ὅταν τἄκουσα.

agil|e *a.* εὔστροφος, σβέλτος. ~**ity** *s.* εὐστροφία *f.*

agitat|e *v.t.* ταράζω. *(v.i.) (campaign)* κινοῦμαι. ~**ed** *a.* ταραγμένος. ~**ion** *s.* ταραχή *f. (campaign)* ἐκστρατεία *f.* ~**or** *s.* ταραξίας *m.*

aglow *a. (with fire)* φλογισμένος. be ~ λάμπω.

agnail *s.* παρωνυχίς *f.*

agnostic *s.* ἀγνωστικιστής *m.* ~**ism** *s.* ἀγνωστικισμός *m.*

ago *adv.* long ~ πρό πολλοῦ. some days ~ πρό ἡμερῶν. a month ~ πρό ἑνός μηνός *or* πρίν (ἀπό) ἕνα μῆνα *or* ἐδῶ κι' ἕνας μῆνας. how long ~ ? πρίν πόσον καιρό;

agog *a. & adv.* be (all) ~ βράζω ἀπό ἀναμονή.

agon|y *s.* ἀγωνία *f.* be in ~y ἀγωνιῶ. ~**izing** *a. (decision)* ἀγωνιώδης, *(pain)* τρομερός.

agrarian *a.* ἀγροτικός.

agree *v.* συμφωνῶ. ~ on terms συμφωνῶ τούς ὅρους. he ~d to do it δέχτηκε νά τό κάνη. he ~d to take the house ἔκλεισε τό σπίτι. ~ to *(a proposal)* συναινῶ εἰς. it ~s with me μοῦ κάνει καλό. it doesn't ~ with me μέ πειράζει.

agreeab|le *a. (pleasant)* εὐχάριστος. *(in agreement)* σύμφωνος. is that ~le to you? συμφωνεῖτε σ' αὐτό; ~**ly** *adv.* εὐχάριστα.

agreement *s.* συμφωνία *f. (pact)* σύμβασις *f.* reach an ~ συμβιβάζομαι. in ~ σύμφωνος. in ~ with *(adv.)* σύμφωνα μέ.

agricultur|e *s.* γεωργία *f.* ~**al** *a.* γεωργικός.

aground *adv.* run ~ *(v.t.)* ρίχνω ἔξω. *(v.i.)* ἐξοκέλλω.

ague *s.* πυρετός *m.*, θέρμες *f.pl.*

ahead *adv.* ἐμπρός, μπρός, μπροστά. ~ of ἐμπρός *(etc.)* ἀπό. get ~ of προσπερνῶ.

aid *s.* βοήθεια *f.* in ~ of ὑπέρ *(with gen.)*. *(v.)* βοηθῶ.

aide-de-camp *s.* ὑπασπιστής *m.*

ail *v.* what ~s him? τί ἔχει; ~**ing** *a.* ἄρρωστος. ~**ment** *s.* ἀρρώστια *f.*

aim *v.* ~ at *(target)* σκοπεύω, σημαδεύω. he ~ed the gun at me, ἔστρεψε τό ὅπλο ἐναντίον μου. *(a blow)* καταφέρω. *(intend)* σκοπεύω *(with νά)*.

aim *s. (act of* ~*ing)* σκόπευσις *f. (purpose)* σκοπός *m.* miss one's ~ ἀστοχῶ.

aimless *a.* ἄσκοπος. ~**ly** *adv.* ἀσκόπως.

air *s.* ἀέρας *m.*, ἀήρ *m.* by ~ ἀεροπορικῶς. in the ~ *(uncertain)* φλού. *(tune)* σκοπός *m. (manner)* ὕφος *n.* put on ~s τό παίρνω ἀπάνω μου.

air *a. (base, raid etc.)* ἀεροπορικός. ~ force ἀεροπορία *f.* ~ hostess ἀεροσυνοδός *f.*

air *v.t.* ἀερίζω. *(show off)* ἐπιδεικνύω, *(express)* ἐκφράζω.

air-conditioning *s.* κλιματισμός *m.*

aircraft *s.* ἀεροσκάφος *n.* ~-**carrier** *s.* ἀεροπλανοφόρον *n.*

airlift *s.* ἀερογέφυρα *f.*

airline *s. (company)* ἀεροπορική ἑταιρία, *(route)* γραμμή *f.*

airmail *s.* by ~ ἀεροπορικῶς.

airman *s.* ἀεροπόρος *m.*

airport *s.* ἀερολιμήν *m.*, ἀεροδρόμιο *n.*

airtight *a.* ἀεροστεγής.

airy *a.* εὐάερος. *(fig., carefree)* ξέγνοιαστος.

aisle *s*. διάδρομος *m*.

ajar *adv*. leave the door ~ ἀφήνω τήν πόρτα μισάνοικτη.

akimbo *adv*. with arms ~ μέ τά χέρια στή μέση.

akin *a*. συγγενής *(with* μέ).

alabaster *s*. ἀλάβαστρον *n*.

alacrity *s*. προθυμία *f*.

à la mode *adv*. τῆς μόδας.

alarm *s*. συναγερμός *m*. *(fear)* τρόμος *m*. ~ clock ξυπνητήρι *n*.

alarm *v*. *(also* feel ~) τρομάζω, ἀνησυχῶ. ~ing *a*. ἀνησυχητικός. ~ist *s*. πού ὅλο προβλέπει καταστροφές.

alas *int*. ἀλλοίμονο.

albatross *s*. ἄλμπατρος *m*.

albeit *conj*. ἄν καί.

albino *s*. ἀλμπίνος *m*.

album *s*. λεύκωμα *n*., ἄλμπουμ *n*.

alchem|y *s*. ἀλχημεία *f*. ~ist *s*. ἀλχημιστής *m*.

alcohol *s*. οἰνόπνευμα *n*. ~ic *a*. *(liquor)* οἰνοπνευματώδης, *(person)* ἀλκοολικός. ~ism *s*. ἀλκοολισμός *m*.

alcove *s*. *(for statue)* ἀχηβάδα *f*. *(for bed, etc.)* ἐσοχή *f*.

alder *s*. κλήθρα *f*.

ale *s*. μπίρα *f*. ~ house καπηλειό *n*.

alert *s*. συναγερμός *m*. on the ~ ἐν ἐπιφυλακῇ. be on the ~ for ἔχω τό νοῦ μου γιά. *(v.)* προειδοποιῶ.

alert *a*. ἄγρυπνος, ξύπνιος. ~ness *s*. ἐπαγρύπνησις *f*.

algebra *s*. ἄλγεβρα *f*. ~ic *a*. ἀλγεβρικός.

alibi *s*. ἄλλοθι *n*.

alien *a*. *(thing)* ξένος, *(person)* ἀλλοδαπός. ~ate *v*. ἀποξενώνω. ~ism *s*. φρενολογία *f*. ~ist *s*. φρενολόγος *m*.

alight *a*. *(on fire)* φλεγόμενος. *(lamp, stove etc.)* ἀναμμένος. *(illuminated)* φωτισμένος. *(fig., face, etc.)* λάμπων.

alight *v*. *(get down)* κατεβαίνω, *(settle)* κάθομαι.

align *v*. εὐθυγραμμίζω. ~ment *s*. εὐθυγράμμισις *f*.

alike *a*. ὅμοιος. they look ~ μοιάζουν. *(adv.)* τό ἴδιο.

alimony *s*. διατροφή *f*.

alive *a*. ζωντανός. be ~ ζῶ, εὑρίσκομαι ἐν ζωῇ. *(fig.)* be ~ with βρίθω *(with gen.)*. be ~ to ἀντιλαμβάνομαι.

alkali *s*. ἄλκαλι *n*. ~ne *a*. ἀλκαλικός.

all *s*. *(everything)* τό πᾶν, τά πάντα.

all *a*. & *pron*. ὅλος, πᾶς. ~ (the) children ὅλα τά παιδιά. ~ of you ὅλοι σας. he ate it ~ *(or* ~ of it) τό 'φαγε ὅλο. it's ~

gone *(used up)* τελείωσε. ~ day ὅλη μέρα. he grumbles ~ the time ὅλο *(or* ὁλοένα) γκρινιάζει. ~ the time I was sitting there ὅσο καθόμουν ἐκεῖ. ~ the year (round) ὅλο τό χρόνο. ~ night long ὁλονυχτίς. with ~ speed μέ πλήρη ταχύτητα. ~ those present ὅλοι *(or* πάντες) οἱ παρόντες. in ~ probability κατά πᾶσαν πιθανότητα. for ~ his money *(in spite of)* παρ' ὅλα τά λεφτά του. ~ (that) you told me ὅλα ὅσα μοῦ εἴπατε. ~ I ask is this δέν ζητῶ παρά τοῦτο. that's ~ αὐτά εἶναι ὅλα. for ~ I care πολύ πού μέ νοιάζει. ~ in ~ *(or* when ~'s said and done) στό κάτω κάτω.

all *adv*. ~ right καλά, ἐν τάξει. ~ in *(inclusive)* ὅλα μαζί, *(exhausted)* ἐξαντλημένος. ~ the same *(yet)* παρ'ὅλα αὐτά. (not) at ~ καθόλου. ~ the better τόσο τό καλύτερο. ~ over Europe παντοῦ στήν Εὐρώπη. it's ~ over mud εἶναι γεμάτο λάσπη. I'm ~ wet μούσκεψα. it's ~ crooked εἶναι ὅλο στραβά. that's ~ very well *(but...)* καλά καί ἅγια. it's ~ one *(or* the same) to me τό ἴδιο μοῦ κάνει. ~ lit up ὁλόφωτος, ~ gold ὁλόχρυσος.

Allah *s*. Ἀλλάχ *m*.

allay *v*. *(fear)* καθησυχάζω, *(pain)* καταπραΰνω.

alleg|e *v*. ἰσχυρίζομαι. the ~ed thief ὁ ὑποτιθέμενος *(or* δῆθεν) κλέφτης. ~ation *s*. ἰσχυρισμός *m*.

allegiance *s*. πίστις *f*.

allegor|y *s*. ἀλληγορία *f*. ~ical *a*. ἀλληγορικός.

alleluia *int*. ἀλληλούια.

allerg|y *s*. ἀλλεργία *f*. ~ic *a*. ἀλλεργικός.

alleviat|e *v*. ἀνακουφίζω. ~ion *s*. ἀνακούφισις *f*.

alley *s*. στενοσόκακο *n*. blind ~ ἀδιέξοδον *n*.

alliance *s*. δεσμός *m*. *(of states)* συμμαχία *f*. *(by marriage)* συμπεθεριά *f*.

allied *a*. *(of allies)* συμμαχικός. *(related)* συγγενής. see ally *v*.

alliteration *s*. παρήχησις *f*.

allocat|e *v*. *(duties)* καθορίζω, *(funds)* διαθέτω, χορηγῶ. ~ion *s*. *(act)* καθορισμός *m*. χορήγησις *f*. *(share)* μερίδιον *n*.

allot *v*. see allocate. ~ment *s*. μικρό κομμάτι γῆς ἐνοικιαζόμενο πρός καλλιέργεια.

allow *v*. *(let)* ἀφήνω, ἐπιτρέπω. not ~ed δέν ἐπιτρέπεται. *(own)* παραδέχομαι. *(give)* δίνω. *(grant funds)* χορηγῶ. the appeal was ~ed ἡ προσφυγή ἔγινε δεκτή.

~ for *(take into account)* παίρνω ὑπ' ὄψη.

allowance *s. (grant)*, ἐπίδομα *n. (deduction)* ἔκπτωσις *f.* make ~(s) for παίρνω ὑπ' ὄψη.

alloy *s.* κρᾶμα *n.*

all-powerful *a.* παντοδύναμος.

all-rounder *s.* μέ πολλά ἐνδιαφέροντα καί πολλές ἱκανότητες.

allude *v.* ~ to ἀναφέρομαι εἰς.

allur|e *v.* δελεάζω. ~ing *a.* δελεαστικός.

allus|ion *s.* ὑποδήλωσις *f.*, νύξις *f.* make ~ion to ἀναφέρομαι εἰς. ~ive *a. (style, etc.)* μέ πλάγιες ἀναφορές.

alluvial *a.* προσχωματικός.

ally *s.* συνδέω. be allied to *(by marriage etc.)* συνδέομαι μέ. *(s.)* σύμμαχος *m.*

almanac *s.* ἡμερολόγιον *n.*, καζαμίας *m.*

almighty *a.* παντοδύναμος. *(fam.)* ~ row τρικούβερτος καβγάς.

almond *s.* ἀμύγδαλο *n. (a.)* made of ~s or ~-shaped ἀμυγδαλωτός. ~-tree *s.* ἀμυγδαλιά *f.*

almost *adv.* σχεδόν, *see* nearly.

alms, ~-giving *s.* ἐλεημοσύνη *f.*

aloe *s.* ἀλόη *f.* American ~ ἀθάνατος *m.*

aloft *adv.* ψηλά.

alone *a.* μόνος, μοναχός. they left him ~ *(by himself)* τόν ἄφησαν μόνο, *(in peace)* τόν ἄφησαν ἥσυχο. I did it ~ *(unaided)* τό ἔκανα μόνος μου. let *(sthg.)* ~ ἀφήνω. *(adv.)* μόνο(ν).

along *prep.* ἀπό *(with acc.).* I was going ~ Stadium street περνοῦσα ἀπ' τήν ὁδόν Σταδίου. (all) ~ the river κατά μῆκος τοῦ ποταμοῦ.

along *adv. (on, onward)* ἐμπρός. move ~ προχωρῶ. it's coming ~ well προχωράει. we get ~ well τά πᾶμε καλά. farther ~ παραπέρα. ~ with μαζί μέ. all ~ ἀπ' τήν ἀρχή.

alongside *adv.* δίπλα. *(prep.)* δίπλα σέ. come ~ *(v.i.)* διπλαρώνω, πλευρίζω *(with* σέ).

aloof *a. (of manner)* ἀδιάφορος. *(adv.) (apart)* χωριστά. hold ~ μένω εἰς ἀπόστασιν.

aloud *adv.* δυνατά.

alpaca *s.* ἀλπακᾶς *m.*

alpha *s.* ἄλφα *n.* A~ and Omega τό ἄλφα καί τό ὠμέγα.

alphabet *s.* ἀλφάβητον *n.* ~ic(al) *a.* ἀλφαβητικός. in ~ical order κατ' ἀλφαβητικήν σειράν.

Alps *s.* Ἄλπεις *f.pl.* ~ine *a.* ἄλπειος.

already *adv.* κιόλας, ἤδη. are you leaving

~? ἀπό τώρα θά φύγης;

also *adv.* καί, ἐπίσης. not only ... but also ὄχι μόνο ... ἀλλά καί. *(fam.)* ~-ran ἀποτυχημένος.

altar *s.* βωμός *m. (in Christian churches)* ἁγία τράπεζα.

alter *v.t. & i.* ἀλλάζω. *(v.t.)* μεταβάλλω, *(clothes)* μεταποιῶ. that ~s matters ἀλλάζει.

alteration *s.* ἀλλαγή *f. (of clothes)* μεταποίησις *f.*

altercation *s.* λογομαχία *f.*

alternat|e *v.t.* ἐναλλάσσω. *(v.i.)* ἐναλλάσσομαι. ~ing current ἐναλλασσόμενον ρεῦμα. ~ion *s.* ἐναλλαγή *f.*

alternate *a.* ἐναλλασσόμενος. on ~ days μέρα παρά μέρα. ~ly *adv.* ἐναλλάξ, μιά ὁ ἕνας μιά ὁ ἄλλος.

alternative *a.* ἄλλος. *(s.)* κάτι ἄλλο, ἄλλη λύσις, ἄλλη ἐκλογή. ~ly *adv.* ἤ *(conj.).*

although *conj.* μολονότι, ἄν καί, παρ' ὅλο πού, μ' ὅλο πού.

altitude *s.* ὑψόμετρον *n.*

altogether *adv. (wholly)* ὅλως διόλου, πέρα γιά πέρα, τελείως. I don't ~ agree δέν συμφωνῶ ἀπολύτως. *(on the whole)* ἐν τῷ συνόλω, συνολικά.

altru|ism *s.* ἀλτρουισμός *m.* ~ist *s.* ἀλτρουιστής *m.* ~istic *a.* ἀλτρουιστικός.

alum *s.* στύψη *f.*

aluminium *s.* ἀλουμίνιον *n.*

always *adv.* πάντα, πάντοτε. he is ~ grumbling ὅλο *(or* ὁλοένα *or* διαρκῶς) γκρινιάζει.

am *v.* I ~ εἶμαι.

amalgam *s.* ἀμάλγαμα *n.*

amalgamat|e *v.t.* συγχωνεύω. *(v.i.)* συγχωνεύομαι. ~ion *s.* συγχώνευσις *f.*

amanuensis *s.* βοηθός συγγραφέως.

amass *v.* συσσωρεύω.

amateur *s.* ἐρασιτέχνης *m.* ~ish *a. (thing)* κακότεχνος, *(person)* τοῦ γλυκοῦ νεροῦ.

amatory *a.* ἐρωτικός.

amaz|e *v.* καταπλήσσω. I was ~ed ἔμεινα κατάπληκτος. ~ement *s.* κατάπληξις *f.*, θάμβος *n.* ~ing *a.* καταπληκτικός.

Amazon *s.* ἀμαζών *f.*

ambassador *s.* πρέσβυς *m.*, πρεσβευτής *m.*

amber *s.* κεχριμπάρι *n.*, ἤλεκτρον *n.*

ambidextrous *a.* ἀμφιδέξιος.

ambience *s.* ἀτμόσφαιρα *f.*

ambigu|ity *s.* ἀμφιβολία *f.* ~ous *a.* διφορούμενος, ἀμφίβολος.

ambit *s. (range)* ἔκτασις *f.*, σφαῖρα *f.*

ambiti|on *s.* φιλοδοξία *f.* ~ous *a.* φιλόδοξος, be ~ous φιλοδοξῶ.

ambivalent *a.* διφορούμενος.
amble *v.* (*stroll*) σεργιανίζω.
ambrosia *s.* ἀμβροσία *f.*
ambulance *s.* ἀσθενοφόρον *n.*
ambush *s.* ἐνέδρα *f.* (*v.t.*) ἐνεδρεύω (*also* lie in ~). lay an ~ στήνω ἐνέδρα.
ameliorat|e *v.* βελτιώνω. ~ion *s.* βελτίωσις *f.*
amen *int.* ἀμήν.
amenable *a.* (*tractable*) εὐάγωγος, (*to law*) ὑποτεταγμένος. ~ to reason λογικός.
amend *v.* (*correct*) διορθώνω, (*alter in detail*) τροποποιῶ. ~ment *s.* τροπολογία *f.*
amends *s.* ἀποζημίωσις *f.* make ~ to *or* for ἀποζημιώνω.
amenit|y *s.* (*pleasant surroundings*) πολιτισμός *m.* (*of character, climate, etc.*) γλυκύτης *f.* ~ies *s.* (*comforts*) βολές *f. pl.*, εὐκολίες *f.pl.*
American *a.* ἀμερικανικός. (*person*) ᾽Αμερικανός *m.*, ᾽Αμερικανίδα *f.*
amethyst *s.* ἀμέθυστος *m.*
amiable *a.* προσηνής, εὐγενικός.
amicabl|e *a.* φιλικός. ~y *adv.* φιλικά.
amid, ~st *prep.* ἀνάμεσα σέ.
amiss *adv.* κακῶς, στραβά. I take it ~ μοῦ κακοφαίνεται. (*a.*) στραβός.
amity *s.* φιλικές σχέσεις.
ammonia *s.* ἀμμωνία *f.*
ammunition *s.* πυρομαχικά *n.pl.* (*fig., for argument*) ὅπλα *n. pl.*
amnesia *s.* ἀμνησία *f.*
amnesty *s.* ἀμνηστία *f.* (*v.*) ἀμνηστεύω.
amoeba *s.* ἀμοιβάς *f.*
amok *adv.* he ran ~ τόν ἔπιασε ἀμόκ.
among, ~st *prep.* (*location*) ἀνάμεσα σέ, μέσα σέ (*with acc.*), (*division, distribution*) μεταξύ (*with gen.*). ~ the crowd ἀνάμεσα στό πλῆθος. ~ the trees μέσα στά δέντρα. they came out from ~ the trees βγῆκαν μέσα ἀπ᾽ τά δέντρα. ~ other things μεταξύ ἄλλων. not one ~ them κανένας ἀπ᾽ αὐτούς. he fell ~ thieves ἔπεσε στά χέρια κλεφτῶν. (*the property*) was divided ~ the five children μοιράστηκε ἀνάμεσα στά πέντε παιδιά.
amoral *a.* χωρίς συνείδησιν τῆς ἠθικῆς. ~ism *s.* ἀμοραλισμός *m.*
amorous *a.* (*person*) ἐρωτύλος, (*behaviour*) ἐρωτικός.
amorphous *a.*. ἄμορφος.
amortization *s.* χρεολυσία *f.*
amount *s.* (*sum*) ποσόν *n.* (*quantity*) ποσότης *f.* he has any ~ of money (*fam.*) ἔχει λεφτά μέ οὐρά.

amount *v.* (*add up to*) ἀνέρχομαι εἰς. (*fig.*) it ~s to this, that ... σημαίνει ὅτι.
amour *s.* δεσμός *m.*
amphibi|an *s.* ἀμφίβιον *n.* ~ous *a.* ἀμφίβιος.
amphitheatre *s.* ἀμφιθέατρον *n.* (*sited or built*) like an ~ ἀμφιθεατρικῶς.
amphora *s.* ἀμφορεύς *m.*
ampl|e *a.* ἄφθονος. ~y *adv.* ἄφθονα.
amplif|y *v.* (*sound*) ἐνισχύω. (*story*) διευρύνω. ~ication *s.* ἐνίσχυσις *f.* διεύρυνσις *f.* ~ier *s.* ἐνισχυτής *m.*
ampoule *s.* ἀμπούλα *f.*
amputat|e *v.* ἀκρωτηριάζω. ~ion *s.* ἀκρωτηριασμός *m.*
amuck *adv. see* amok.
amulet *s.* φυλαχτό *n.*
amuse *v.* διασκεδάζω (*also* ~ oneself *or* be ~d). I was ~d at his stories διασκέδασα (*or* ἔκανα γοῦστο) μέ τίς ἱστορίες του.
amus|ement *s.* διασκέδασις *f.* for ~ement γιά γοῦστο. ~ing *a.* διασκεδαστικός, γουστόζικος.
an *see* a.
anachronis|m *s.* ἀναχρονισμός *m.* ~tic *a.* ἀναχρονιστικός.
anaemi|a *s.* ἀναιμία *f.* ~c *a.* ἀναιμικός.
anaesthesia *s.* ἀναισθησία *f.*
anaesthet|ic *s.* ἀναισθητικόν *n.* ~ist *s.* ἀναισθησιολόγος *m.* ~ize *v.* ἀναισθητίζω.
anagram *s.* ἀναγραμματισμός *m.*
analogous *a.* παρόμοιος.
analogy *s.* παραλληλισμός *m.* draw an ~ between A and B παραλληλίζω τό A μέ τό B.
analy|se *v.* ἀναλύω. ~sis *s.* ἀνάλυσις *f.* ~tic(al) *a.* ἀναλυτικός.
anarch|y *s.* ἀναρχία *f.* ~ic(al) *a.* ἀναρχικός. ~ism *s.* ἀναρχισμός *m.* ~ist *s.* ἀναρχικός *m.*
anathema *s.* it is ~ to me (*fam.*) τό σιχαίνομαι σάν τίς ἁμαρτίες μου.
anatom|y *s.* ἀνατομία *f.* ~ic(al) *a.* ἀνατομικός. ~ist *s.* ἀνατόμος *m.*
ancest|or *s.* πρόγονος *m.* ~ral *a.* προγονικός. ~ry *s.* γενεαλογική σειρά.
anchor *s.* ἄγκυρα *f.* (*v.i.*) ἀγκυροβολῶ. ~age *s.* ἀγκυροβόλιον *n.*
anchorite *s.* ἀναχωρητής *m.*
anchovy *s.* ἀντζούγια *f.*
ancient *a.* ἀρχαῖος.
ancillary *a.* βοηθητικός.
and *conj.* καί. ten ~ a half δεκάμιση. one hundred ~ ten ἑκατόν δέκα. for hours ~

hours ὧρες ὁλόκληρες. now ~ then κάθε τόσο. women ~ children γυναικόπαιδα *n.pl.* night ~ day μέρα νύχτα. it is nice ~ warm in here κάνει ὡραία ζέστη ἐδῶ μέσα. come ~ see me ἔλα νά μέ δῆς. try ~ come προσπάθησε νά'ρθης.

anecdote *s.* ἀνέκδοτον *n.*

anemone *n.* ἀνεμώνη *f.*

anew *adv.* ἐκ νέου, ξανά.

angel *s.* ἄγγελος *m.* ~ **ic(al)** *a.* ἀγγελικός.

anger *s.* θυμός *m.* (*v.t.*) θυμώνω, ἐξοργίζω.

angle *s.* γωνία *f.* (*point of view*) ἄποψις *f.*

angle *v.* ψαρεύω. ~**r** *s.* ψαρᾶς *m.*

anglicize *v.* ἐξαγγλίζω.

angling *s.* ψάρεμα *n.*

angr|y *a.* θυμωμένος. get ~ θυμώνω. ~**ily** *adv.* θυμωμένα.

anguish *s.* ἀγωνία *f.*

angular *a.* γωνιώδης.

animadvert *v.* ~ on ἐπικρίνω.

animal *s.* ζῶον *n.* (*a.*) ζωικός, (*carnal*) σαρκικός.

animat|e *a.* ἔμψυχος. (*v.t.*) ἐμψυχώνω. ~**ed** *a.* ζωηρός. ~**ion** *s.* ζωηρότης *f.*

animosity *s.* ἔχθρα *f.*

ankle *s.* ἀστράγαλος *m.*

annal|s *s.* χρονικά *n.pl.* ~**ist** *s.* χρονικογράφος *m.*

annex *v.* προσαρτῶ. ~**ation** *s.* προσάρτησις *f.* ~**e** *s.* προσάρτημα *n.*, παράρτημα *n.*

annihilat|e *v.* ἐκμηδενίζω. ~**ion** *s.* ἐκμηδένισις *f.*

anniversary *s.* ἐπέτειος *f.*

Anno Domini *adv.* μετά Χριστόν. (*fam., advancing years*) ἡ πάροδος τῆς ἡλικίας.

annotat|e *v.* σχολιάζω. ~**or** *s.* σχολιαστής *m.*

announce *v.* ἀναγγέλλω. ~**ment** *s.* ἀγγελία *f.* ~**r** *s.* (*radio*) ἐκφωνητής *m.*

annoy *v.* ἐνοχλῶ, ἐκνευρίζω. ~**ance** *s.* ἐνόχλησις *f.* ~**ing** *a.* ἐνοχλητικός.

annual *a.* ἐτήσιος. (*s., year-book*) ἐπετηρίς *f.* ~**ly** *adv.* ἐτησίως, κάθε χρόνο.

annuity *s.* ἐτησία πρόσοδος.

annul *v.* ἀκυρώνω. ~**ment** *s.* ἀκύρωσις *f.*

Annunciation *s.* (*eccl.*) Εὐαγγελισμός *m.*

anodyne *a.* παυσίπονος. (*s.*) παυσίπονον *n.*

anomal|y *s.* ἀνωμαλία *f.* ~**ous** *a.* ἀνώμαλος.

anoint *v.* χρίω. ~**ing** *s.* χρῖσμα *n.*

anonym|ous *a.* ἀνώνυμος. ~**ity** *s.* ἀνωνυμία *f.*

anopheles *s.* ἀνωφελής κώνωψ.

another *pron. & a.* (*different*) ἄλλος. ~ time μία ἄλλη φορά. I've read this book, give me ~ διάβασα τοῦτο τό βιβλίο, δῶστε μου ἕνα ἄλλο. (*one more*) would you like ~ cup? θέλετε ἄλλο (*or* ἀκόμα) ἕνα φλυτζάνι; one ~ *see* one. one after ~ *see* after.

answer *v.i.* ἀπαντῶ, ἀποκρίνομαι. (*v.t.*) he ~ed my letter ἀπάντησε στό γράμμα μου. (*solve*) λύω. it doesn't ~ my purpose δέν μοῦ κάνει. ~ back (*rudely*) ἀντιμιλῶ. ~ for εὐθύνομαι γιά. ~ to (*treatment*) ἀντιδρῶ σέ, (*description*) συμφωνῶ μέ. ~ to the name of... ἀκούω στό ὄνομα.

answer *s.* ἀπάντησις *f.*, ἀπόκρισις *f.* (*solution*) λύσις *f.* ~**able** *a.* ὑπόλογος.

ant *s.* μυρμήγκι *n.* ~**hill** *s.* μυρμηγκοφωλιά *f.*

antagonis|m *s.* ἐχθρότης *f.* ~**t** *s.* ἀντίπαλος *m.* ~**tic** *a.* ἐχθρικός. be ~**tic** to ἐναντιοῦμαι εἰς.

antagonize *v.* you ~ him τόν διαθέτεις ἐχθρικῶς.

antarctic *a.* ἀνταρκτικός.

antecedent *a.* προηγούμενος. his ~s τό παρελθόν του, (*forbears*) οἱ πρόγονοί του.

antechamber *s.* προθάλαμος *m.*

antedate *v.* προχρονολογῶ. (*precede*) προηγοῦμαι (*with gen.*).

antediluvian *a.* προκατακλυσμιαῖος.

antenna *s.* κεραία *f.*

antepenultimate *a.* ~ syllable προπαραλήγουσα *f.*

anterior *a.* προηγούμενος.

ante-room *s.* προθάλαμος *m.*

anthem *s.* ὕμνος *m.* (*eccl.*) ἀντίφωνον *n.*

anthology *s.* ἀνθολογία *f.* make an ~ of ἀνθολογῶ.

anthracite *s.* ἀνθρακίτης *m.*

anthrax *s.* ἄνθραξ *m.*

anthropoid *a.* ἀνθρωποειδής.

anthropolog|y *s.* ἀνθρωπολογία *f.* ~**ist** *s.* ἀνθρωπολόγος *m.*

anthropomorphous *a.* ἀνθρωπόμορφος.

anti-aircraft *a.* ἀντιαεροπορικός. ~ defence ἀεράμυνα *f.*

antibiotic *a.* ἀντιβιοτικός.

anti-body *s.* ἀντίσωμα *n.*

anticipate *v.* (*expect*) περιμένω, προσδοκῶ. (*forestall*) προλαβαίνω.

anticipation *s.* (*expectation*) προσδοκία *f.*

anticlimax *s.* ἀπογοητευτική μετάπτωσις.

antics *s.* κόλπα *n.pl.*

antidote *s.* ἀντίδοτον *n.*

antimony *s.* ἀντιμόνιον *n.*

antipath|y *s.* ἀντιπάθεια *f.* ~**etic** *a.* be ~etic τὸ ἔχω ἀντιπάθεια σέ.

antipodes *s.* ἀντίποδες *m.pl.*

antiquar|ian *a.* εἰδικευμένος στίς ἀντίκες. ~**y** *s.* ἀρχαιοδίφης *m.*

antiquated *a.* ἀπαρχαιωμένος.

antique *a.* παλαιός. *(s.)* ἀντίκα *f.*

antiquit|y *s.* ἀρχαιότης *f.* ~**ies** *s.* ἀρχαῖα *n.pl.*, ἀρχαιότητες *f.pl.*

anti-rabies *a.* ἀντιλυσσικός. ~ clinic λυσσιατρεῖον *n.*

anti-semitism *s.* ἀντισημιτισμός *m.*

antiseptic *a.* ἀντισηπτικός.

antisocial *a.* ἀντικοινωνικός.

anti-tank *a.* *(mil.)* ἀντιαρματικός.

antithesis *s.* *(contrast)* ἀντίθεσις *f.* *(the opposite)* ἀντίθετον *n.*

antler *s.* κέρας *n.*

anus *s.* πρωκτός *m.*

anvil *s.* ἀμόνι *n.*

anxiety *s.* ἀνησυχία *f.* *(with impatience)* ἀδημονία *f.* *(desire)* ἐπιθυμία *f.*

anxious *a.* *(uneasy)* ἀνήσυχος. feel ~ ἀδημονῶ, λαχταρῶ. be ~ *(eager)* to ἐπιθυμῶ νά. ~**ly** *adv.* μέ ἀνησυχία, μέ ἀδημονία.

any *a. & pron.* 1. *(corresponding to partitive article* some). did you buy ~ cheese? ἀγόρασες τυρί; there isn't ~ δέν ἔχει. *(for* a, an) there isn't ~ road δέν ἔχει δρόμο. 2. *(one or other, some)* if ~ other person comes ἄν ἔρθη κανένας ἄλλος. do you know of ~ house to let? μήπως ξέρεις νά νοικιάζεται κανένα σπίτι; if you find ~ tomatoes ἄν βρῆς τίποτα ντομάτες *(or* καμμιά ντομάτα). will ~ of these do? σᾶς κάνει τίποτα *(or* κανένα) ἀπ' αὐτά; in case of ~ complaint διά πᾶν παράπονον. 3. *(none)* there isn't ~ hope δέν ὑπάρχει καμμιά ἐλπίδα. there aren't ~ *(emphatic)* δέν ὑπάρχουν καθόλου. I don't like ~ of these δέν μ' ἀρέσει κανένα *(or* τίποτα) ἀπ' αὐτά. not on ~ account ἐπ' οὐδενί λόγω. 4. *(no matter which)* it can be had from ~ kiosk πουλιέται στό κάθε περίπτερο. ~ of these ties will suit me ὁποιαδήποτε ἀπ' αὐτές τίς γραβάτες μοῦ κάνει. come ~ time you like ἐλᾶτε ὅτι *(or* ὁποιαδήποτε) ὥρα θέλετε. if at ~ time you need me ἄν καμμιά φορά μέ χρειασθῆς. 5. in ~ case ὁπωσδήποτε. at ~ rate τουλάχιστον.

any *adv.* he's not working ~ longer δέν ἐργάζεται πιά. is that ~ better? εἶναι

καθόλου *(or* κάπως) καλύτερα; it isn't ~ good *(doesn't serve)* δέν κάνει, *(is valueless)* δέν ἀξίζει τίποτα.

anybody *n.* 1. κανείς, κανένας. as soon as ~ comes μόλις ἔρθη κανείς. I can't see ~ δέν βλέπω κανέναν. did you see ~? εἶδες κανέναν; 2. *(everybody, the first comer)* ὁ καθένας, ὁποιοσδήποτε, *(fam.)* ὅποιος κι' ὅποιος. ~ can do it ὁ καθένας μπορεῖ νά τό κάνη. he doesn't keep company with just ~ δέν κάνει παρέα μέ τόν καθένα *(or* μέ ὁποιονδήποτε *or* μέ ὅποιον κι' ὅποιον). it's not a place where just ~ goes ἐκεῖ δέν πάει ὅποιος κι' ὅποιος. 3. ~ interested should apply to the management πᾶς ἐνδιαφερόμενος νά ἀποτανθῆ εἰς τήν διεύθυνσιν. ~ desiring information οἱ ἐπιθυμοῦντες πληροφορίας.

anyhow *adv.* *(in any case)* ὁπωσδήποτε, *(by any means)* μέ κανένα τρόπο, *(negligently)* ὅπως ὅπως.

anyone *see* anybody.

anything *n.* τίποτα. if ~ happens ἄν συμβῆ τίποτα. he didn't say ~ δέν εἶπε τίποτα. she hasn't ~ to wear δέν ἔχει τί νά φορέση. *(no matter what)* τό κάθε τί, ὁτιδήποτε, he'll eat ~ αὐτός τρώει τό κάθε τί *(or* ὁτιδήποτε). ~ you may say ὅτι καί νά πῆς. he is ~ but stupid εἶναι κάθε ἄλλο ἀπό κουτός. *(adv.)* is he ~ like his father? μοιάζει καθόλου μέ τόν πατέρα του;

anyway *adv.* ὁπωσδήποτε.

anywhere *adv.* πουθενά. are you going ~ θά πᾶτε πουθενά; I couldn't see it ~ δέν τό εἶδα πουθενά. I haven't got ~ to sleep δέν ἔχω ποῦ νά κοιμηθῶ. *(no matter where)* ὁπουδήποτε, ~ you like ὁπουδήποτε θέλεις.

aorist *s.* *(gram.)* ἀόριστος *m.*

aorta *s.* ἀορτή *f.*

apace *adv.* μέ γοργό ρυθμό.

apache *s.* ἀπάχης *m.*

apart *adv.* χωριστά, χώρια, ξέχωρα. they live ~ ζοῦν χωριστά. with one's feet ~ μέ τά πόδια ἀνοιχτά. I can't tell them ~ δέν τούς ξεχωρίζω. it came ~ in my hands ἔμεινε στά χέρια μου. how far ~ are the two houses? πόσο ἀπέχει τό ἔνα σπίτι ἀπ' τό ἄλλο; set ~ βάζω στή μπάντα *(or* κατά μέρος). take ~ *(to pieces)* λύνω. ~ from *(prep.)* χώρια, χωριστά, ἐκτός *(all with* ἀπό & *acc.)*, πλήν *(with gen.)*, ~ from the fact that ἐκτός τοῦ ὅτι.

apartment s. *(room)* δωμάτιο *n. (flat)* διαμέρισμα *n.*

apath|y s. *(lack of emotion)* ἀπάθεια *f.* *(lack of interest)* ἀδιαφορία *f.* ~**etic** *a.* ἀπαθής, ἀδιάφορος. ~**etically** *adv.* μέ ἀπάθεια, μέ ἀδιαφορία.

ape s. πίθηκος *m. (v.)* πιθηκίζω.

aperient *a.* εὐκοίλιος. *(s.)* καθαρτικόν *n.*

aperitif s. ἀπεριτίφ *n.*

aperture s. ὀπή *f.*

apex s. *(lit. & fig.)* κορυφή *f. (only fig.)* κορύφωμα *n.*

aphorism s. ἀφορισμός *m.*

aphrodisiac s. ἀφροδισιακόν *n.*

apiary s. μελισσοκομεῖον *n.*

apiece *adv.* they got 10 drachmas ~ πῆραν ἀπό δέκα δραχμές. they cost 10 drachmas ~ κοστίζουν 10 δραχμές τό ἕνα.

aplomb s. αὐτοκυριαρχία *f.*

apocalypse s. ἀποκάλυψις *f.*

apocryphal *a.* πλαστός.

apogee s. ἀπόγειον *n.*

apologetic *a.* he was ~ ζήτησε συγγνώμη. he wrote me an ~ letter μοῦ ἔγραψε ζητῶντας συγγνώμη.

apolog|ia s. ἀπολογία *f.* ~**ist** s. ἀπολογητής *m.*

apologize *v.* ζητῶ συγγνώμη.

apology s. make an ~ ζητῶ συγγνώμη. *(defence)* δικαιολογία *f.*

apopl|ectic *a.* ἀποπληκτικός. ~**exy** s. ἀποπληξία *f.*

apost|asy s. ἀποστασία *f.* ~**ate** s. ἀποστάτης *m.*

a posteriori *adv.* ἐκ τῶν ὑστέρων.

apost|le s. ἀπόστολος *m.* ~**olic** *a.* ἀποστολικός.

apostrophe s. *(gram.)* ἀπόστροφος *m. (rhetorical)* ἀποστροφή *f.*

apothecary s. φαρμακοποιός *m.*

apotheosis s. ἀποθέωσις *f.*

appal *v.* προκαλῶ φρίκη σέ. be ~led φρίττω. ~**ling** *a.* φρικτός, φρικώδης. ~**lingly** *adv.* φρικτά.

apparatus s. συσκευή *f.*

apparel s. ἀμφίεσις *f.*

apparent *a. (clear)* προφανής, φανερός, *(seeming)* φαινομενικός. ~**ly** *adv.* καθώς φαίνεται.

apparition s. ὀπτασία *f.*

appeal s. *(request)* ἔκκλησις *f. (law)* ἔφεσις *f. (attraction)* ἕλξις *f.* she has a lot of ~ εἶναι πολύ ἑλκυστική.

appeal *v.i. (ask)* κάνω ἔκκληση. *(law)* κάνω ἔφεση. ~ to *(move)* συγκινῶ, *(attract)* ἑλκύω.

appealing *a. (moving)* συγκινητικός, *(attractive)* ἑλκυστικός.

appear *v. (come into view, present oneself)* φαίνομαι, ἐμφανίζομαι, παρουσιάζομαι. *(seem)* φαίνομαι. *(of advocate for client)* παρίσταμαι. *(of actor)* ἐμφανίζομαι. *(of book)* βγαίνω.

appearance s. ἐμφάνισις *f. (person's presence)* παρουσιαστικόν *n. (outward ~)* ἐξωτερικόν *n. (look)* ὄψις *f.*, he has the ~ of a sick man ἔχει ὄψη ἀρρώστου. to all ~s κατά τά φαινόμενα. for the sake of ~ γιά τά μάτια τοῦ κόσμου, πρός τό θεαθῆναι. keep up ~s σώζω τά προσχήματα.

appease *v.* κατευνάζω, *(satisfy)* ἱκανοποιῶ. ~**ment** s. κατευνασμός *m.*

appellant s. *(law)* ἐκκαλῶν *m.*

appellation s. ὀνομασία *f.*

append *v.* ἐπισυνάπτω. ~**age** s. προσάρτημα *n.* ~**ed** *a.* συνημμένος.

appendicitis s. σκωληκοειδῖτις *f.*

appendix s. *(of book)* παράρτημα *n.*

appertain *v.* ἀνήκω.

appetite s. ὄρεξις *f.* lack of ~ ἀνορεξιά *f.*

appetiz|er s. *(to eat)* ὀρεκτικόν *n.* ~**ing** *a.* ὀρεκτικός.

applau|d *v.* ἐπευφημῶ, *(praise)* ἐπαινῶ. ~**se** s. ἐπευφημία *f.*

apple s. μῆλο(ν) *n.* ~ of discord μῆλον τῆς ἔριδος. it is the ~ of my eye τό προσέχω ὡς κόρην ὀφθαλμοῦ. ~-**tree** s. μηλιά *f.*

appliance s. *(tool)* σύνεργο *n. (mechanical)* μηχάνημα *n.* see apparatus.

applicable *a.* ἐφαρμόσιμος. is it ~ to me? ἐφαρμόζεται σέ μένα;

applicant s. ὑποψήφιος *m.*

application s. *(using)* ἐφαρμογή *f. (putting)* ἐπίθεσις *f. (request)* αἴτησις *f. (diligence)* ἐπιμέλεια *f.*

applied *a.* ἐφηρμοσμένος.

apply *v.t. (put)* βάζω. *(put into use)* ἐφαρμόζω. ~ oneself to *(task)* ἐπιδίδομαι εἰς. *(v.i.) (be valid)* ἰσχύω. *(make an application)* κάνω αἴτηση, ~ for a post ζητῶ θέση. ~ to *(address oneself)* ἀπευθύνομαι εἰς. *(concern)* ἀφορῶ *(v.t.).*

appoint *v. (person)* διορίζω, *(time, task etc.)* καθορίζω. well ~ed καλοβαλμένος.

appointment s. *(of person)* ·διορισμός *m. (post)* θέσις *f. (rendezvous)* συνέντευξις *f.*, ραντεβού *n.*

apportion *v.* μοιράζω, διανέμω. ~ blame κατανέμω τάς εὐθύνας. ~**ment** s. μοιρασιά *f.*, διανομή *f.*

apposite *a. (suitable)* κατάλληλος, *(well put)* εὔστοχος.

apposition *s. (gram.)* παράθεσις *f.*

apprais|e *v.* ἐκτιμῶ. ~al *s.* ἐκτίμησις *f.*

appreciab|le *a.* αἰσθητός. ~ly *adv.* αἰσθητῶς.

appreciate *v.t. (value)* ἐκτιμῶ, *(enjoy)* ἀπολαμβάνω, *(understand)* ἀντιλαμβάνομαι. I ~ what he did for me τόν εὐγνωμονῶ γιά ὅσα ἔκανε γιά μένα. *(v.i.)* it has ~ed in value ἀνέβηκε ἡ τιμή του.

appreciation *s.* ἐκτίμησις *f. (enjoyment)* ἀπόλαυσις *f. (rise in value)* ἀνατίμησις *f.* show one's ~ δείχνω τήν εὐγνωμοσύνη μου.

appreciative *a.* he had an ~ audience τό ἀκροατήριον τόν ὑπεδέχθη εὐνοϊκῶς.

apprehend *v. (understand)* ἀντιλαμβάνομαι, *(arrest)* συλλαμβάνω.

apprehens|ion *s. (worry)* ἀνησυχία *f. (arrest)* σύλληψις *f.* ~ive *a.* ἀνήσυχος.

apprentice *s.* μαθητευόμενος *m. (v.)* be ~d μαθητεύω. ~ship *s.* μαθητεία *f.*

apprise *v.* ~ *(person)* of πληροφορῶ γιά.

approach *v.t. & i.* πλησιάζω, ζυγώνω. winter ~es πλησιάζει *(or* κοντεύει) ὁ χειμώνας.

approach *s. (act)* προσπέλασις *f. (entrance)* εἴσοδος *f. (way, path, lit. & fig.)* δρόμος *m.* the ~ of spring τό πλησίασμα τῆς ἀνοιξης. difficult of ~ δυσπρόσιτος. make ~es κάνω προτάσεις. his ~ to the matter ὁ τρόπος μέ τόν ὁποῖον ἀντιμετωπίζει τήν ὑπόθεσιν.

approachable *a.* εὐπρόσιτος.

approbation *s.* ἔγκρισις *f.*, ἐπιδοκιμασία *f.*

appropriate *a.* κατάλληλος. ~ly *adv.* καταλλήλως.

appropriat|e *v. (take)* οἰκειοποιοῦμαι, *(devote)* προορίζω. ~ion *s.* οἰκειοποίησις *f.* προορισμός *m.*

approval *s.* ἔγκρισις *f.*, ἐπιδοκιμασία *f.* on ~ ἐπί δοκιμή.

approv|e *v.* ἐγκρίνω. ~e of ἐγκρίνω, ἐπιδοκιμάζω. ~ing *a.* ἐπιδοκιμαστικός.

approximate *a.* the ~ number ὁ κατά προσέγγισιν ἀριθμός. ~ly *adv.* κατά προσέγγισιν, περίπου.

approximat|e *v.i.* ~ to πλησιάζω, προσεγγίζω. ~ion *s.* προσέγγισις *f.*

appurtenance *s.* ἐξάρτησις *f.*

apricot *s.* βερύκοκκο *n.* ~-tree *s.* βερυκοκκιά *f.*

April *s.* Ἀπρίλιος, Ἀπρίλης *m.* ~ fool's day prank πρωταπριλιάτικο ψέμα.

a priori *adv.* ἐκ τῶν προτέρων.

apron *s.* ποδιά *f.* he is tied to her ~ strings εἶναι κολλημένος στά φουστάνι της.

apse *s.* ἁψίς *f.*

apt *a. (to the point)* εὔστοχος. an ~ pup μαθητής μέ ἀντίληψη. he is ~ to catc cold ἔχει προδιάθεση στά κρυολογήματο ~ly *adv.* καλά.

aptitude *s.* ἱκανότης *f.*

aquarium *s.* ἐνυδρεῖον *n.*

aqueduct *s.* ὑδραγωγεῖον *n.*

aquiline *a.* ἀέτειος, *(nose)* γρυπός.

Arab *a.* ἀραβικός. *(person)* Ἄραψ *m.*

arabesque *s.* ἀραβούργημα *n. (mus.* ἀραμπέσκ *n.*

Arab|ian, ~ic *a.* ἀραβικός. ~ic *(language* ἀραβική *f.*

arable *a.* καλλιεργήσιμος.

arbiter *s. (judge)* κριτής *m. (lord)* κύριο *m.*

arbitrar|y *a. (despotic)* δεσποτικός, *(high handed)* αὐθαίρετος. ~ily *adv.* αὐθαιρέ τως, *(fam.)* μέ τό ἔτσι θέλω. *(at random* στήν τύχη.

arbitrat|e *v.i.* ἐνεργῶ διαιτησίαν. ~ion *s* διαιτησία *f.* submit *(case)* for ~ion ὑπο βάλλω εἰς διαιτησίαν. ~or *s.* διαιτητή *m.*

arbour *s.* σκιάδα *f.* vine ~ κληματαρι *f.*

arc *s.* τόξον *n.* ~-light *s.* λυχνία βολταϊ κοῦ τόξου.

arcade *s.* στοά *f.*

arch *s.* ἁψίς *f.*, καμάρα *f.*, τόξον *n.*

arch *v.i. (form an ~)* σχηματίζω ἁψῖδα *(v.t.) (make like an ~)* καμπουριάζω.

arch *a.* τσαχπίνης.

archaeolog|ical *a.* ἀρχαιολογικός. ~ist *s* ἀρχαιολόγος *m.* ~y *s.* ἀρχαιολογία *f.*

archa|ic *a.* ἀρχαϊκός. ~ism *s.* ἀρχαϊσμό *m.*

archangel *s.* ἀρχάγγελος *m.*

archbishop *s.* ἀρχιεπίσκοπος *m.* ~ric *s* ἀρχιεπισκοπή *f.*

archduke *s.* ἀρχιδούξ *m.*

arched *a.* καμαρωτός, τοξοειδής.

archer *s.* τοξότης *m.* ~y *s.* τοξοβολία *f.*

archetype *s.* ἀρχέτυπον *n.*

archimandrite *s.* ἀρχιμανδρίτης *m.*

archipelago *s.* ἀρχιπέλαγος *n.*

architect *s.* ἀρχιτέκτων *m.* ~ural *a.* ἀρχι τεκτονικός. ~ure *s.* ἀρχιτεκτονική *f.*

architrave *s.* ἐπιστύλιον *n.*

archives *s.* ἀρχεῖον *n.*

arctic *a.* ἀρκτικός.

rdent *a.* θερμός, διακαής. ~ly *adv.* θερμῶς.

rdour *s.* θέρμη *f.*, ζέσις *f. (zeal)* ζῆλος *m.*

rduous *a.* σκληρός, κοπιαστικός.

re *v.* we ~ εἴμαστε, εἴμεθα. you ~ εἶστε, εἶσθε. they ~ εἶναι.

rea *s. (measurement)* ἐμβαδόν *n. (region)* περιοχή *f.*

rena *s.* παλαίστρα *f.*

Areopagus *s.* Ἄρειος Πάγος *m.*

Argentine *a.* ἀργεντινός.

argue *v. (maintain)* ὑποστηρίζω, *(discuss)* συζητῶ *(also ~* about). *(prove)* δεικνύω. don't ~! μή συζητᾶς *or* μήν ἀντιλέγης.

argument *s. (discussion)* συζήτησις *f. (reason)* ἐπιχείρημα *n. (plot)* ὑπόθεσις *f.*

argumentative *a.* ~ person ἀντιρρησίας *m., (fam.)* πνεῦμα ἀντιλογίας.

aria *s. (mus.)* ἄρια *f.*

arid *a.* ξηρός, *(waterless)* ἄνυδρος. ~ity *s.* ξεραΐλα *f.*

aright *adv.* καλά.

arise *v. (come about)* προκύπτω, παρουσιάζομαι, γίνομαι. *(get up)* σηκώνομαι.

aristocra|cy *s.* ἀριστοκρατία *f.* ~t *s.* ἀριστοκράτης *m.* ~tic *a.* ἀριστοκρατικός.

arithmetic *s.* ἀριθμητική *f.* ~al *a.* ἀριθμητικός.

ark *s.* κιβωτός *f.*

arm *s.* χέρι *n.*, μπράτσο *n.*, with open ~s μέ ἀνοικτάς ἀγκάλας. she fell into his ~s ἔπεσε στήν ἀγκαλιά του. keep at ~'s length κρατῶ σέ ἀπόσταση. --in-~ ἀγκαζέ. *see* arms.

arm *v.t.* ὁπλίζω, ἐξοπλίζω. *(v.i.)* ὁπλίζομαι. ~ed ὁπλισμένος. ~ed forces ἔνοπλοι δυνάμεις.

armada *s.* ἀρμάδα *f.*

armament *s. (arming)* ἐξοπλισμός *m.* ~s ὁπλισμός *m.*

arm-chair *s.* πολυθρόνα *f.*

Armenian *a.* ἀρμενικός. *(person)* Ἀρμένης *m.*, Ἀρμένισσα *f.*

armful *s.* ἀγκαλιά *f.*

arm-hole *s.* μασχάλη *f.*

armistice *s.* ἀνακωχή *f.*

armour *s.* suit of ~ πανοπλία *f.* ~ed *a. (mil.)* τεθωρακισμένος. ~-plate *s.* χαλύβδινα ἐλάσματα.

armoury *s.* ὁπλοστάσιον *n.*

armpit *s.* μασχάλη *f.*

arms *s.* ὅπλα *n.pl.* take up ~ παίρνω τά ὅπλα. lay down ~ καταθέτω τά ὅπλα. be up in ~ ἐπαναστατῶ.

army *s.* στρατός *m.* ~ corps σῶμα στρα-

τοῦ. *(fig., horde)* ἀσκέρι *n.* serve in ~ στρατεύομαι.

aroma *s.* ἄρωμα *n.* ~tic *a.* ἀρωματικός.

around *adv.* γύρω, all ~ γύρω γύρω. somewhere ~ here κάπου ἐδῶ γύρω. *(prep.)* γύρω ἀπό, περί *(with acc.).* walk ~ the room κόβω βόλτες μέσα στό δωμάτιο. walk ~ the house φέρνω γύρω τό σπίτι.

arouse *v.* ἐγείρω, *(pity, etc.)* κινῶ, προκαλῶ, *(waken)* ξυπνῶ.

arrack *s.* ρακί *n.*

arraign *v.* κατηγορῶ.

arrange *v. (agree on, fix)* συμφωνῶ, κανονίζω. *(set in order, put right)* τακτοποιῶ, σιάζω. *(place in position)* τοποθετῶ. *(settle matter)* κανονίζω, τακτοποιῶ. *(mus.)* διασκευάζω. *(see* adjust).

arrangement *s.* τακτοποίησις *f.*, σιάξιμο *n.*, τοποθέτησις *f. (agreement)* συμφωνία *f. (mus.)* διασκευή *f.* make ~s κανονίζω.

arrant *a.* ~ liar ἀρχιψεύταρος *m.* ~ fool θεόκουτος *m.* ~ nonsense κολοκύθια μέ τή ρίγανη.

array *v. (marshal)* παρατάσσω, *(clothe)* περιβάλλω. ~ed *(clothed)* περιβεβλημένος. *(s.) (order)* παράταξις *f. (clothes)* περιβολή *f. (display)* ἔκθεσις *f.*

arrear *s.* ~s of rent καθυστερούμενα ἐνοίκια. be in ~ with taxes καθυστερῶ φόρους.

arrest *v. (seize)* συλλαμβάνω, *(stop)* σταματῶ. it ~ed my attention τράβηξε τήν προσοχή μου. *(s.)* σύλληψις *f.* under ~ ὑπό κράτησιν. ~ing *a.* ἐντυπωσιακός.

arriv|e *v.* φθάνω, ἀφικνοῦμαι. ~al *s.* ἄφιξις *f.* ~iste *s.* ἀρριβίστας *m.*

arrogan|ce *s.* ἀλαζονεία *f.* ~t *a.* ἀλαζών.

arrogate *v.* ~ to oneself διεκδικῶ παρ' ἀξίαν.

arrow *s.* βέλος *n.*, σαΐτα *f.*

arsenal *s.* ὁπλοστάσιον *n.*

arson *s.* ἐμπρησμός *m.*

art *s. (~istic creativeness)* καλλιτεχνία *f. (skill, branch of ~)* τέχνη *f.* he devoted himself to ~ ἀφοσιώθηκε στήν καλλιτεχνία. work of ~ ἔργον τέχνης, καλλιτέχνημα *n.* fine ~s καλαί τέχναι. ~s *(ruses)* κόλπα *n.pl.* Faculty of A~s Φιλοσοφική Σχολή.

artefact *s.* χειροποίητον ἀντικείμενον.

arter|ial *a.* ἀρτηριακός. ~y *s.* ἀρτηρία *f.*

artesian *a.* ~ well ἀρτεσιανόν φρέαρ.

artful *a.* πονηρός. ~ly *adv.* πονηρά.

arthrit|is *s.* ἀρθρῖτις *f.* ~ic *a.* ἀρθριτικός.

artichoke *s. (globe)* ἀγκινάρα *f.*

article s. *(thing)* πρᾶγμα n. *(item)* εἶδος n., ~s of clothing εἴδη ρουχισμοῦ. *(in press & document & gram.)* ἄρθρον n.

articled a. μαθητευόμενος, *(to solicitor)* ἀσκούμενος.

articulat|e v. ἀρθρώνω. *(a.)* ἔναρθρος. *(of person)* be ~e ἔχω εὐχέρεια λόγου. ~ed a. ἀρθρωτός. ~ion s. ἄρθρωσις f.

artifact see artefact.

artifice s. τέχνασμα n. ~r s. τεχνίτης m.

artificial a. τεχνητός, *(fam.)* ψεύτικος. ~ity s. ἐπιτήδευσις f. ~ly adv. τεχνητῶς.

artillery s. πυροβολικόν n.

artisan s. τεχνίτης m.

artist s. καλλιτέχνης m. *(painter)* ζωγράφος m. ~e s. ἀρτίστας m., ἀρτίστα f.

artistic a. *(artist's, of ~ merit)* καλλιτεχνικός. *(with good taste)* καλαίσθητος. ~ally adv. καλλιτεχνικῶς.

artistry s. καλλιτεχνία f.

artless a. ἀφελής, ἀθῶος. ~ly adv. ἀφελῶς.

Aryan a. ἰαπετικός.

as adv. & conj. 1. ~ ... ~ *(comparative)* τόσο(ς)... ὅσο(ς) (καί) or ἐξ ἴσου ... μέ. we haven't had ~ many bathes this year ~ last δέν κάναμε τόσα *(or* τόσο πολλά) μπάνια φέτος ὅσα *(or* ὅσο) πέρσι. does Mary talk ~ quickly ~ you? μιλάει ἡ Μαίρη τόσο γρήγορα ὅσο ἐσύ or ἐξ ἴσου γρήγορα μέ σένα or γρήγορα σάν καί σένα or γρήγορα ὅπως (κι) ἐσύ or γρήγορα ὅσο (κι) ἐσύ; *(simile)* he is ~ strong ~ a lion εἶναι δυνατός σά λιοντάρι. it's ~ sweet ~ honey εἶναι γλυκό μέλι. *(various)* come ~ soon ~ possible ἐλᾶτε ὅσο τό δυνατό νωρίτερα or ὅσο πιό νωρίς μπορεῖτε. ~ soon ~ we arrived μόλις *(or* ἅμα) φτάσαμε. ~ long *(or* much) ~ you like ὅσο θέλετε. I can eat fish ~ long ~ it isn't frozen τρώω ψάρι, ἀρκεῖ νά μήν εἶναι κατεψυγμένο. she brought figs ~ well ~ grapes ἔφερε καί σταφύλι καί σῦκα. let's go ~ far ~ the shops πᾶμε ὥς *(or* μέχρι) τά μαγαζιά. ~ far ~ I know ἀπ' ὅτι ξέρω. ~ far ~ I'm concerned ὅσον ἀφορᾶ ἐμένα. ~ far ~ the eye can see ὥσπου φτάνει τό μάτι. 2. *(while)* καθώς, ἐνῶ. *(because)* ἀφοῦ, ἐπειδή, μιά πού. rich ~ he is *(being rich)* ὄντας πλούσιος or σάν πλούσιος πού εἶναι, *(although rich)* παρόλο πού εἶναι πλούσιος. so ~ to *(purpose)* γιά νά, *(effect)* ὥστε νά. 3. *(various)* ~ you wish ὅπως θέλεις. do ~ I told you κάνε ὅπως σοῦ εἶπα. I regard

him ~ a brother τόν ἔχω σάν ἀδελφ speaking as a father μιλῶντας σάν ι ὡς) πατέρας. such influence ~ I posse ὅση ἐπιρροή διαθέτω. he came dresse ~ Pierrot ἦρθε ντυμένος πιερρότος. for me ὅσο γιά μένα. ~ it were σά ν λέμε. ~ it is στήν πραγματικότητα. ~ ι ~ though σά νά.

asbestos s. ἀμίαντος m.

ascend v. ἀνεβαίνω. ~ the stairs ἀνεβαίν τή σκάλα. ~ the throne ἀνεβαίνω στ θρόνο.

ascendan|cy s. have ~cy over κυριαρχ *(with gen.)*. ~t s. be in the ~t κι ριαρχῶ.

Ascension s. *(eccl.)* Ἀνάληψις f.

ascent s. ἄνοδος f., ἀνάβασις f., ἀνέβα σμα n. *(upward slope)* ἀνήφορος m.

ascertain v.t. ἐξακριβώνω. *(v.i.)* πληροφο ροῦμαι.

ascetic a. & s. ἀσκητικός. ~ism s. ἀσκη τισμός m.

ascrib|e v. ἀποδίδω. it is ~able to ἀποδι δεται σέ.

aseptic a. ἀσηπτικός.

ash,~es s. στάχτη f., τέφρα f. reduce t ~es ἀποτεφρώνω. A~ Wednesday Κα θαρά Τετάρτη. ~tray s. τασάκι n.

ashen a. σταχτής, *(with fear, etc.)* λευκά ὡς σουδάριον.

ashore adv. στήν ξηρά. go ~ ἀποβιβάζα μαι. *(of ship)* run ~ ἐξοκέλλω.

Asi|an,~atic a. ἀσιατικός. *(person)* Ἀσιά της m.

aside adv. κατά μέρος. put ~ *(save)* βάζ στή μπάντα. set ~ *(nullify)* ἀκυρώνα move or thrust ~ παραμερίζω *(v.t. & i.)* *(s.)* παρατήρησις κατ' ἰδίαν.

asinine a. *(fig.)* ἠλίθιος.

ask v. *(enquire)* (ἐ)ρωτῶ. *(~ for, seek* ζητῶ. *(request person)* παρακαλᾶ *(invite)* (προσ)καλῶ. he ~ed me what wanted μέ ρώτησε τί θέλω. he ~ed fo me μέ ζήτησε. he ~ed me for mone μοῦ ζήτησε λεφτά. he ~ed to see me ζή τησε νά μέ δῆ. he ~ed me to see him μ παρακάλεσε νά τόν δῶ. he ~ed me te tea μέ (προσ)κάλεσε γιά τσάι. he ~e me a question μοῦ ἔκανε μία ἐρώτηση.

askance adv. look ~ at κοιτάζω καχύπο πτα.

askew adv. λοξά, στραβά.

aslant adv. λοξά.

asleep a. κοιμισμένος. be ~ κοιμᾶμαι. fa ~ ἀποκοιμοῦμαι, μέ παίρνει ὁ ὕπνος.

asp s. ἀσπίς f.

asparagus s. σπαράγγι n.

aspect s. (look) ὄψις f., (point of view) ἄποψις f. the house has a north ~ τό σπίτι βλέπει πρός τό βοριά. (gram.) ποιόν ἐνεργείας.

asperity s. τραχύτης f. speak with ~ μιλῶ μέ τραχύ τόνο.

asperse v. (slander) κακολογῶ. (besprinkle) ῥαντίζω.

aspersion s. cast ~s on κακολογῶ. casting of ~s κακολογία f.

asphalt s. ἄσφαλτος f.

asphodel s. ἀσφόδελος m., (fam.) σφερδούκλι n.

asphyxi|a s. ἀσφυξία f. ~ate v.t. πνίγω. be ~ated ἀσφυξιῶ. ~ation s. πνίξιμο n.

aspirant s. ὑποψήφιος m.

aspirate v. (gram.) δασύνω. (s.) δασύ σύμφωνον.

aspiration s. (wish) φιλοδοξία f. ~s βλέψεις f.pl.

aspir|e v. ~e to φιλοδοξῶ (with acc. or νά). (covet) ἀποβλέπω σέ. he is an ~ing actor φιλοδοξεῖ νά γίνη ἠθοποιός.

aspirin s. ἀσπιρίνη f.

ass s. γάιδαρος m. (person) βλάκας m.

assail v. ἐπιτίθεμαι κατά (with gen.). (fig.) be ~ed with κατέχομαι ἀπό. ~ant s. ὁ ἐπιτιθέμενος.

assassin s. δολοφόνος m. ~ate v. δολοφονῶ. ~ation s. δολοφονία f.

assault s. (general) ἐπίθεσις f. (bodily) βιαιοπραγία f. (rape) βιασμός m. (mil.) ἔφοδος f. it was taken by ~ κατελήφθη ἐξ ἐφόδου.

assault v. ἐπιτίθεμαι κατά (with gen.). (rape) βιάζω.

assemblage s. συγκέντρωσις f., συνέλευσις f.

assemble v.t. (gather) συναθροίζω, συγκεντρώνω. (put together) συναρμολογῶ. (v.i.) συναθροίζομαι, συγκεντρώνομαι.

assembly s. συνέλευσις f. ~ line χῶρος συναρμολογήσεως.

assent s. συγκατάθεσις f. (v.) συγκατατίθεμαι.

assert v. (declare) ἰσχυρίζομαι. ~ one's right διεκδικῶ τό δικαίωμά μου. ~ one's authority ἐπιβάλλομαι.

assert|ion s. (statement) ἰσχυρισμός m. ~ive a. δογματικός.

assess v. (value) ἐκτιμῶ, (fix) ὁρίζω. ~ment s. ἐκτίμησις f. ~or s. (law) πάρεδρος m.

asset s. (good thing) ἀγαθόν n. ~s (possessions) ἀγαθά n.pl., (fin.) ἐνεργητικόν

n. (fam.) it's a great ~ having the telephone εἶναι μεγάλο πράμα νά ἔχης τηλέφωνο.

assidu|ity s. ἐνδελέχεια f. ~ous a. ἐνδελεχής. ~ously adv. ἐνδελεχῶς.

assign v. (make over) ἐκχωρῶ. (fix) ὁρίζω. (give) παραχωρῶ. (duty to person) ἀναθέτω, I was ~ed to look after the children μοῦ ἀνέθεσαν τήν ἐπίβλεψη τῶν παιδιῶν.

assignation s. ῥαντεβού n.

assignment s. (mission) ἀποστολή f. (task) καθῆκον n.

assimilat|e v. ἀφομοιώνω. ~ion s. ἀφομοίωσις f.

assist v. βοηθῶ. ~ance s. βοήθεια f. ~ant s. βοηθός m. (shop) ὑπάλληλος m.f.

assizes s. συνεδριάσεις δικαστηρίων.

associate v.t. & i. (link) συνδέω. ~ (mix) with συναναστρέφομαι. ~ oneself or be ~d with ἔχω νά κάνω μέ.

associat|e s. συνέταιρος m. ~ion s. (link) σχέσις f. (partnership) συνεταιρισμός m. ~ion of ideas συνειρμός παραστάσεων.

assort|ed a. διάφορος, ποικίλος. ~ment s. ποικιλία f.

assuage v. ἀνακουφίζω.

assum|e v. (appearance) προσλαμβάνω. (undertake) ἀναλαμβάνω. (feign) προσποιοῦμαι. (suppose) ὑποθέτω, ~ing that... ἄν ὑποτεθῆ ὅτι. ~ed a. προσποιητός.

assumption s. (supposition) ὑπόθεσις f. (eccl.) A~ of the Virgin Mary Κοίμησις τῆς Θεοτόκου.

assurance s. (statement) βεβαίωσις f. (certainty) βεβαιότης f. (confidence) αὐτοπεποίθησις f. (fin.) ἀσφάλισις f.

assure v. (tell) βεβαιώνω, (make sure of) ἐξασφαλίζω. ~d a. βέβαιος. ~dly adv. βεβαίως.

asterisk s. ἀστερίσκος m.

astern adv. ὄπισθεν, go ~ ἀνακρούω ὄπισθεν.

asthma s. ἄσθμα n.

astir adv. (up) στό πόδι. (a., excited) ξεσηκωμένος.

astonish v. ἐκπλήσσω. ~ed a. ἔκπληκτος. ~ing a. ἐκπληκτικός. ~ment s. ἔκπληξις f.

astound v. καταπλήσσω. ~ed a. κατάπληκτος, ἐμβρόντητος. ~ing a. καταπληκτικός.

astray adv. lead ~ παραπλανῶ. go ~ παραπλανῶμαι, (get mislaid) παραπέφτω.

astride *adv.* καβάλλα.

astringent *a. (to skin)* στυπτικός, *(to taste)* στυφός. *(severe)* δριμύς.

astrolog|er *s.* ἀστρολόγος *m.* ~y *s.* ἀστρολογία *f.*

astronaut *s.* ἀστροναύτης *m.*

astronom|er *s.* ἀστρονόμος *m.* ~ic(al) *a.* ἀστρονομικός. ~y *s.* ἀστρονομία *f.*

astute *a.* ξύπνιος, ἀνοιχτομάτης. ~ness *s.* ἐξυπνάδα *f.*

asunder *adv.* χωριστά, *(into pieces)* σέ κομμάτια.

asylum *s.* ἄσυλον *n.* lunatic ~ φρενοκομεῖον *n.*

at *prep.* σέ, εἰς. ~ home (στό) σπίτι. ~ my uncle's στοῦ θείου μου. ~ two o'clock στίς δύο, ~ Easter τό Πάσχα, ~ night τή νύχτα. ~ that time ἐκείνη τήν ἐποχή. ~ his expense *(detriment)* εἰς βάρος του, ~ the company's expense μέ ἔξοδα τῆς ἑταιρίας. ~ the first opportunity μέ τήν πρώτη εὐκαιρία. ~ a profit μέ κέρδος. I laughed ~ his jokes γέλασα μέ τά ἀστεῖα του. get in ~ the window μπαίνω ἀπ' τό παράθυρο. call ~ the office περνῶ ἀπ' τό γραφεῖο. ~ once ἀμέσως, all ~ once ξαφνικά. ~ one go μονορρούφι. ~ hand κοντά. ~ a run τροχάδην, τρεχάλα. (not) ~ all καθόλου. ~ that *(thereupon)* ὁπότε, πάνω σ' αὐτό. *(there was only one hotel)* and a poor one ~ that οὔτε κι' αὐτό τῆς προκοπῆς. they are selling ~ 10 drachmas each πουλιοῦνται δέκα δραχμές τό ἕνα. what is he ~? *(doing)* μέ τί ἀσχολεῖται; *(up to)* τί μαγειρεύει; he is hard ~ it ἐργάζεται ἐντατικά. he is ~ it again πάλι ξανάρχισε τά ἴδια. she is always on ~ him ὅλο τά ἔχει μαζί του.

atavism *s.* ἀταβισμός *m.*

athe|ism *s.* ἀθεϊσμός *m.* ~ist *s.* ἄθεος *m.* ~istic *a.* ἀθεϊστικός.

Athenian *a.* ἀθηναϊκός. *(person)* 'Αθηναῖος *m.,* 'Αθηναία *f.*

athirst *a.* διψασμένος.

athlet|e *s.* ἀθλητής *m.* ~ic *a. (also* ~e's) ἀθλητικός. ~ics *s.* ἀθλητισμός *m.*

atlas *s.* ἄτλας *m.*

atmospher|e *s.* ἀτμόσφαιρα *f.* ~ics *s.* παράσιτα *n.pl.*

atom *s.* ἄτομον *n.* ~ic *a.* ἀτομικός.

atone *v.* ~ for *(put right)* ἐπανορθώνω, *(expiate)* ἐξιλεώνομαι γιά. ~ment *s. (eccl.)* ἐξιλέωσις *f.*

atroci|ous *a.* φρικαλέος, *(fam.)* φοβερός. ~ties *s.* ὠμότητες *f.pl.* ~ty *s. (fam., awful object)* ἐξάμβλωμα *n.*

atrophy *s.* ἀτροφία *f. (v.)* ἀτροφῶ.

attach *v.* προσκολλῶ. *(tie)* δένω. *(law)* κατάσχω. ~ importance to δίδω σημασία εἰς. be ~ed to *(linked with)* συνδέομε μέ, *(fond of)* ἀγαπῶ. ~ oneself to προσκολλῶμαι εἰς, κολλάω σέ.

attachment *s. (act)* προσκόλλησις *f. (love)* ἀγάπη *f. (linking)* σύνδεσις *f. (accessory)* ἐξάρτημα *n. (law)* κατάσχεσις *f.*

attaché *s.* ἀκόλουθος *m.* ~-case *s.* χαρτοφύλαξ *m.*

attack *v.t.* ἐπιτίθεμαι κατά *(with gen.* ρίχνομαι σέ. *(not physically)* προσβάλλ *(criticize)* χτυπῶ. *(s.)* ἐπίθεσις *f. (fi* κρίσις *f.* ~er *s.* ὁ ἐπιτιθέμενος.

attain *v. (gain)* ἐπιτυγχάνω. ~ to φθάν εἰς. ~able *a.* ἐφικτός.

attainment *s. (achieving)* ἐπίτευξις *f. (t lent)* ταλέντο *n.*

attar *s.* ~ of roses ροδέλαιον *n.*

attempt *v.i. (try)* προσπαθῶ, πασχίζ *(v.t.) (undertake)* ἐπιχειρῶ. *(s.)* ἀπόπειρ *f.* they made an ~ on his life ἀπεπειρά θησαν νά τόν δολοφονήσουν.

attend *v.i. (be present)* παρίσταμαι, *(pa attention)* προσέχω. *(v.t.) (escort)* συνc δεύω. *(patient)* κουράρω. *(classes, etc* παρακολουθῶ. it is ~ed by danger εἶνα ἐπικίνδυνο. ~ to *(listen, etc.)* προσέχ *(see to sthg.)* φροντίζω γιά, *(show a tentions to)* περιποιοῦμαι, *(serve)* ὑπ ρετῶ.

attendance *s. (presence)* παρουσία *f. (a school, etc.)* φοίτησις *f. (medical)* παρα κολούθησις *f. (service)* ὑπηρεσία *f.,* b in ~ εἶμαι τῆς ὑπηρεσίας. there was good ~ εἶχε πολύν κόσμο.

attendant *a.* ἐπακόλουθος. *(s.) (employee* ὑπάλληλος *m.f. (of car-park, etc.)* φύλα κας *m. (of personage)* ἀκόλουθος *m* medical ~ θεράπων ἰατρός.

attention *s.* προσοχή *f.* pay ~ προσέχω don't pay any ~ to him μήν τοῦ δίνη σημασία. *(care)* περιποίησις *f.* stand t ~ στέκομαι εἰς προσοχήν.

attentive *a. (heedful)* προσεκτικός, *(polite* περιποιητικός. ~ly *adv.* προσεκτικά, πε ριποιητικά.

attenuate *v. (weaken)* ἐξασθενίζω. ~d *a (reduced)* μειωμένος, *(tapering)* κοντυλέ νιος.

attest *v.t. (show)* ἀποδεικνύω, *(put o oath)* ὁρκίζω. *(v.i.) (swear)* ὁρκίζομαι. ~ to μαρτυρῶ.

attic *s.* σοφίτα *f.*

attire s. περιβολή f. ~d a. ντυμένος.

attitud|e s. (of body, mind) στάσις f. (of mind) θέσις f. strike an ~e ποζάρω. ~inize v. ποζάρω.

attorney s. (lawyer) δικηγόρος m. (proxy) πληρεξούσιος m. warrant of ~ πληρεξούσιον n.

attract v. (draw) προσελκύω. (charm) ἑλκύω, τραβῶ.

attraction s. ἕλξις f. ~s (pleasures) τέρψεις f.pl., (charms) θέλγητρα n.pl. she has great ~ for him τόν τραβάει πολύ.

attractive a. ἑλκυστικός. ~ness s. ἑλκυστικότης f.

attribute s. ἰδιότης f. (symbol) ἔμβλημα n.

attribut|e v. ἀποδίδω. ~able a. it is ~able to ἀποδίδεται σέ.

attrition s. κατατριβή f.

attuned a. προσαρμοσμένος.

aubergine s. μελιτζάνα f.

auburn a. καστανόξανθος.

auction s. πλειστηριασμός m. put up to ~ βγάζω σέ πλειστηριασμό.

audaci|ous a. τολμηρός, θρασύς. ~ty s. τόλμη f., θράσος n.

audible a. he was scarcely ~ μόλις ἀκουγότανε.

audience s. (listeners) ἀκροατήριον n. (interview) ἀκρόασις f.

audit v. ἐλέγχω. (s.) A~ Board ἐλεγκτικόν συνέδριον. ~or s. (of accounts) ἐλεγκτής m. (hearer) ἀκροατής m.

audition s. ὀντισιόν f. have an ~ πάω γιά ὀντισιόν.

auditorium s. αἴθουσα f.

auditory a. ἀκουστικός.

aught s. for ~ I know πολύ πού ξέρω. for ~ I care πολύ πού μέ νοιάζει.

augment v. αὐξάνω. (s., gram.) αὔξησις f. ~ation s. αὔξησις f.

augur v. προοιωνίζομαι. it ~s well εἶναι καλός οἰωνός. ~y s. (omen) οἰωνός m.

August s. Αὔγουστος m.

august a. ἀξιοσέβαστος.

aunt s. θεία f.

aura s. ἀτμόσφαιρα f.

aureole s. φωτοστέφανος m.

au revoir int. καλή ἀντάμωση.

aurora s. ~ borealis βόρειον σέλας.

auscultate v. (med.) ἀκροάζομαι.

auspices s. under the ~ of ὑπό τήν αἰγίδα (with gen.)

auspicious a. αἴσιος, εὐοίωνος. ~ly adv. αἰσίως.

auster|e a. αὐστηρός, (plain) λιτός. ~ely adv. αὐστηρά, λιτά. ~ity s. αὐστηρότης f. λιτότης f.

Australian a. αὐστραλιανός. (person) Αὐστραλός m., Αὐστραλέζα f.

Austrian a. αὐστριακός.

autarchy s. αὐταρχία f.

autarky s. αὐτάρκεια f.

authentic a. αὐθεντικός. ~ate v. ἐπιβεβαιώνω. ~ity s. αὐθεντικότης f.

author s. (writer) συγγραφεύς m.f. (creator) δημιουργός m.

authoritarian a. ἀπολυτόφρων.

authoritative a. (commanding) ἐπιτακτικός, (valid) ἔγκυρος.

authorit|y s. (power) ἐξουσία f. (delegated) ἐξουσιοδότησις f. (weight, validity) κῦρος n. (an expert) αὐθεντία f. the ~ies αἱ ἀρχαί. (be) under the ~y of ὑπό τάς διαταγάς, (act) on the ~y of κατ' ἐντολήν (both with gen.).

authorize v. (sanction) ἐγκρίνω, (give authority to) ἐξουσιοδοτῶ, (permit) ἐπιτρέπω.

authorization s. ἔγκρισις f. ἐξουσιοδότησις f. (permission) ἄδεια f.

autobiography s. αὐτοβιογραφία f.

autocrat s., ~ic a. αὐταρχικός.

autograph s. αὐτόγραφον n.

automat|ic a. αὐτόματος. ~ically adv. αὐτομάτως. ~ion s. αὐτοματισμός m. ~on s. αὐτόματον n.

automobile s. αὐτοκίνητο n.

autonom|ous a. αὐτόνομος. ~y s. αὐτονομία f.

autopsy s. (post-mortem) νεκροτομία f.

auto-suggestion s. αὐθυποβολή f.

autumn s. φθινόπωρο n. ~al a. φθινοπωρινός.

auxiliary a. βοηθητικός.

avail v.t. (help) ὠφελῶ. ~ oneself of ἐπωφελοῦμαι (with gen.). (s.) it is of no ~ δέν ὠφελεῖ.

available a. (at disposal) διαθέσιμος. nothing was ~ in the shops τίποτα δέν βρισκόταν στά μαγαζιά.

avalanche s. χιονοστιβάς f.

avant-gard|e s. πρωτοπορία f. ~ist s. πρωτοπόρος m.

avaric|e s. φιλαργυρία f. ~ious a. φιλάργυρος.

aveng|e v.t. (person, act) (also ~e oneself on) ἐκδικοῦμαι. ~er s. ἐκδικητής m. ~ing a. ἐκδικητικός.

avenue s. λεωφόρος f. (of trees) δενδροστοιχία f. (fig.) δρόμος m.

aver v. διατείνομαι.

average a. μέσος. (s.) μέσος ὅρος, on the

~ κατά μέσον δρον. (v.) (come to) ἀνέρχομαι κατά μέσον δρον εἰς.

avers|e a. be ~e to ἔχω ἀντιπάθεια σέ. ~**ion** s. ἀντιπάθεια f.

avert v.t. (eyes, etc.) ἀποστρέφω, (ward off) ἀποτρέπω.

aviat|ion s. ἀεροπορία f. ~**or** s. ἀεροπόρος m.

avid a. ἄπληστος. ~**ity** s. ἀπληστία f. ~**ly** adv. ἀπλήστως.

avocation s. πάρεργον n.

avoid v. ἀποφεύγω. ~**ance** s. ἀποφυγή f.

avow v. ὁμολογῶ. ~**al** s. ὁμολογία f. ~**edly** adv. ὁμολογουμένως.

await v. περιμένω, ἀναμένω.

awake a. ξύπνιος. stay ~ ἀγρυπνῶ. be ~ to ἔχω συναίσθηση (with gen.).

awake, ~**n** v.t. & i. ξυπνῶ. (fig.) (v.t., rouse) ἐγείρω, (v.i.) ~ to (realize) καταλαβαίνω.

award v. ἀπονέμω. (grant) χορηγῶ. (law) ἐπιδικάζω. (s.) ἀπονομή f. χορήγησις f. (prize) βραβεῖον n. (law) ἐπιδίκασις f.

aware a. (informed) ἐνήμερος. be ~ of γνωρίζω. see awake.

awash a. πλημμυρισμένος.

away adv. be ~ (from home, etc.) λείπω. it is 10 minutes ~ from here ἀπέχει δέκα λεπτά ἀπό ἐδῶ. the house is ~ from the road τό σπίτι εἶναι μακριά ἀπ' τό δρόμο. go or get ~ φεύγω, gone ~ φευγάτος. throw ~ πετῶ. far and ~ κατά πολύ. explain (sthg.) ~ δίνω ἐξηγήσεις γιά. look ~ κοιτάζω ἀλλοῦ. work ~ (v.i.) ἐργάζομαι ἐντατικά. see die, take ~, etc.

aw|e s. δέος n. ~**ful** a. τρομερός. ~**fully** adv. τρομερά.

awhile adv. γιά λίγο.

awkward a. (inconvenient) ἄβολος, (maladroit) ἀδέξιος, (embarrassing) δύσκολος. ~**ness** s. ἀβολιά f. ἀδεξιότης f. δυσκολία f.

awl s. σουβλί n.

awning s. τέντα f.

awry adv. (crookedly) στραβά. go ~ πηγαίνω ἀνάποδα.

axe s. τσεκούρι n. have an ~ to grind ἔχω δικά μου συμφέροντα. (v.t.) (expenditure) περικόπτω, (staff) ἀπολύω.

axiom s. ἀξίωμα n. ~**atic** a. αὐταπόδεικτος.

axis s. ἄξων m.

axle s. ἄξων m.

aye adv. (yes) ναί, (always) πάντα.

azalea s. ἀζαλέα f.

azure a. γαλάζιος, κυανοῦς.

B

baa v. βελάζω. ~**ing** s. βέλασμα n.

babble v.i. φλυαρῶ, (of water) κελαρύζω. (s.) φλυαρία f. κελάρυσμα n. ~**r** s. φλύαρος a.

babe s. νήπιον n., μωρό n.

babel s. βαβυλωνία f.

baboon s. πίθηκος m.

baby s. μωρό n., (fam.) μικρό n. (fig.) I was left holding the ~ μοῦ φόρτωσαν ἄθελά μου τήν εὐθύνη. (a.) μικρός. ~**hood** s. νηπιακή ἡλικία. ~**ish** 'a. μωρουδίστικος.

baccarat s. μπακαράς m.

bacchanal a. βακχικός. (s.) βακχίς f. ~**ia** s. βακχικόν ὄργιον.

bacchante s. βάκχη f., βακχίς f.

bacchic a. βακχικός.

bachelor a. ἄγαμος. (s.) ἐργένης m. old ~ γεροντοπαλλήκαρο n.

bacillus s. βακτηρίδιον n.

back s. (of person, animal, chair etc.) ράχη f., πλάτη f. (of person, animal) νῶτα n. pl. (far end) βάθος n. (hinder part, reverse side) τό πίσω μέρος. ~ to ~ πλάτη μέ πλάτη. put his ~ up τόν πικάρω. I turn my ~ on him τοῦ γυρίζω τίς πλάτες. at the ~ of (behind) πίσω ἀπό. on one's ~ ἀνάσκελα.

back v.i. (go ~wards) κάνω ὄπισθεν. ~ water σιάρω. ~ out ἀποσύρομαι. ~ down (fig.) ἀνακρούω πρύμναν. ~ on to συνορεύω μέ. (v.t.) (support) ὑποστηρίζω, (horse) ποντάρω σέ.

back a. πισινός, ὀπίσθιος. the ~ room τό πισινό (or πίσω) δωμάτιο. take a ~ seat μπαίνω στό περιθώριο. ~ number παλαιό φύλλο, (fig.) be a ~ number ἔχω περάσει στό περιθώριο.

back adv. (ὀ)πίσω. move ~ κάνω πίσω. go or come or give ~ ἐπιστρέφω, γυρίζω (πίσω). get ~ (regain) ξαναπαίρνω. go ~ to (date from) ἀνάγομαι εἰς. go ~ on one's word πατῶ τό λόγο μου. get one's own ~ ἐκδικοῦμαι. ~ to front ἀνάποδα.

backache s. have a ~ πονάει ἡ πλάτη μου.

back-bencher s. ἀπλός βουλευτής.

backbit|e v. κακολογῶ. ~**ing** s. κακολογία f.

backbone *s.* ραχοκοκκαλιά *f. (also fig., main support)* σπονδυλική στήλη. *(fig., spirit)* ψυχή *f.*

backchat *s.* αντιμιλιά *f.* indulge in ~ γλωσσεύω, αντιμιλώ.

backer *s.* υποστηρικτής *m. (of horse)* ποντάδορος *m.*

backfire *s.* επιστροφή φλογός. *(v.) (fam., of engine)* κλωτσώ. *(fig.)* his attempt ~d ή απόπειρα ξέσπασε στό κεφάλι του.

backgammon *s.* τάβλι *n.*

background *s.* φόντο *n.,* βάθος *n.*

backhanded *a. (equivocal)* διφορούμενος. ~ slap *or* stroke ανάποδη *f.*

backing *s.* υποστήριξις *f.*

backlash *s. (fig.)* αντίδρασις *f.*

backside *s.* πισινός *m.*

backsight *s.* κλισιοσκόπιον *n.*

backslide *v.* ξαναπαίρνω στραβό δρόμο.

backstage *a.* παρασκηνιακός. *(adv.)* στά παρασκήνια.

backstair|s *s.* σκάλα υπηρεσίας. *(a.)* ~(s) ύπουλος. ~(s) influence τά μέσα.

backward *a. (retarded)* καθυστερημένος, *(in season)* όψιμος. *(shy)* ντροπαλός. *(towards the back)* πρός τά πίσω.

backwards *adv.* πρός τά πίσω, όπισθεν. go ~ κάνω όπισθεν. *(the wrong way round)* ανάποδα. go ~ and forwards πηγαινοέρχομαι. fall over ~ πέφτω ανάσκελα.

backwash *s.* κύματα προκαλούμενα από διερχόμενο πλοίο. *(fig.)* επακόλουθα *n. pl.*

backwater *s. (fig.)* in a ~ μακριά από τό κύριο ρεύμα.

backwoods *s.* απομακρυσμένη περιοχή.

bacon *s.* μπέϊκον *n.*

bacteri|a *s.* βακτήρια *n. pl.* ~ology *s.* βακτηριολογία *f.*

bad *a.* άσχημος. *(esp. morally ~)* κακός *(also ~ of luck, omen, temper, technique). (harmful)* βλαβερός, it's ~ for you βλάπτει. *(decayed)* χαλασμένος, go ~ χαλώ. feel ~ αισθάνομαι άσχημα. have a ~ throat πονάει ό λαιμός μου. a ~ lot *(fam.)* εξώλης καί προώλης. ~ luck to him! κακό χρόνο νάχη! too ~ ! τί κρίμα! not ~ όχι κι' άσχημος.

badge *s.* σήμα *n.*

badger *s.* ασβός *m.*

badger *v.t.* ενοχλώ, φορτώνομαι, *(fam.)* τρώω.

badly *adv.* άσχημα, κακώς, *(hurt, beaten, etc.)* σοβαρώς. need *(sthg.)* ~ έχω μεγάλη ανάγκη από. I want it ~ τό θέλω

πολύ. *(of project)* it turned out ~ ήταν αποτυχία. be ~ off *(poor)* απορώ χρημάτων. ~ made κακοφτιαγμένος.

bad-tempered *a. (person)* ανάποδος, ζόρικος, γρουσούζης.

baffle *v.t. (thwart person)* εμποδίζω. *(prevent action)* ματαιώνω. *(perplex)* ξενίζω. it ~s description δέν περιγράφεται.

bag *s. (hand, shopping, travelling)* τσάντα *f. (paper, plastic)* σακκούλα *f. (valise)* βαλίτσα *f. (large ~ or sack)* σάκκος *m.*

bag *v. (game)* χτυπώ. *(fam.) (steal)* σουφρώνω, *(secure)* παίρνω.

baggage *s.* αποσκευές *f. pl.*

baggy *a.* σακκουλιασμένος.

bagpipe *s.* γκάιδα *f.*

bail *s.* εγγύησις *f.* release on ~ απολύω επί εγγυήσει. go ~ for ~ εγγυώμαι διά *(with acc.).*

bailiff *s. (law)* κλητήρας *m. (land-agent)* επιστάτης *m.*

bairn *s.* παιδί *n.*

bait *s.* δόλωμα *n. (v.)* δολώνω, *(tease)* πειράζω.

baize *s.* τσόχα *f.*

bake *v.* ψήνω ~d *a.* ψητός.

bake-house *s.* φούρνος *m.,* ψωμάδικο *n.*

baker *s.* ψωμάς *m.* ~y *s. see* bake-house.

balance *s. (scales)* ζυγαριά *f. (steadiness)* ισορροπία *f. (remainder)* υπόλοιπον *n.* ~ of trade εμπορικόν ισοζύγιον. ~ of power ισορροπία τών δυνάμεων.

balance *v. t. & i. (make or remain steady)* ισορροπώ. *(v.t.) (weigh up)* ζυγίζω. *(match, make up for)* αντισταθμίζω. *(budget)* ισοσκελίζω. well ~d ισορροπημένος.

balance-sheet *s.* ισολογισμός *m.*

balcony *s.* μπαλκόνι *n. (of theatre)* εξώστης *m.*

bald *a.* φαλακρός, go ~ φαλακραίνω. *(style)* ξηρός. ~ly *adv.* ξηρώς. ~ness *s. (also ~ patch)* φαλάκρα *f.*

balderdash *s.* ανοησίες *f. pl.*

bale *s.* μπάλλα *f.*

bale *v.* ~ out *(aero.)* ρίχνομαι μέ αλεξίπτωτο.

baleful *a.* βλοσυρός.

balk *v.t. (obstruct)* εμποδίζω. *(v.i.) (shy)* σκιάζομαι. ~ at δειλιάζω μπροστά σέ.

Balkan *a.* βαλκανικός.

ball *s.* σφαίρα *f. (in games)* μπάλλα *f. (child's)* τόπι *n. (wool etc.)* κουβάρι *n. (dance)* χορός *m.* roll up into a ~ *(v.i.)* γίνομαι κουβάρι. *(fig.)* set the ~ rolling δίνω τήν πρώτη ώθηση.

ballad s. μπαλάντα f.

ballast s. σαβούρα f., έρμα n. (v.) σαβουρώνω, ερματίζω.

ball-bearing s. ρουλεμάν n.

ballet s. μπαλέτο n.

ballistic a. βλητικός.

balloon s. αερόστατον n. (toy) μπαλόνι n., φούσκα f.

ballot s. ψηφοφορία f. put to the ~ θέτω εις ψηφοφορίαν. (v.) ψηφίζω. ~-box s. ψηφοδόχος f., κάλπη f.

ballyhoo s. (fam., publicity) θορυβώδης διαφήμισις.

balm s. βάλσαμον n. ~y a. μυρωμένος, άβρός. (breeze) ηδύπνους.

balsam s. βάλσαμον n.

balustrade s. κιγκλίδωμα n.

bamboo s. ινδοκάλαμος m., μπαμπού n.

ban v. απαγορεύω. (s.) απαγόρευσις f.

banal a. τετριμμένος.

banana s. μπανάνα f.

band s. (strip) λουρίδα f. (rubber) λαστιχάκι n. (mus. & design) μπάντα f. (gang) συμμορία f.

band v.i. (unite) ενώνομαι.

bandage s. επίδεσμος m. (v.) επιδένω. ~d δεμένος.

bandit s. ληστής m. ~ry s. ληστεία f.

bandolier s. φυσεκλίκι n.

band|y v. ~y words λογομαχώ. his name is ~ied about τόν κουτσομπολεύουν.

bandy-legged a. στραβοκάνης.

bane s. κατάρα f. the ~ of my life ὁ εφιάλτης μου. ~ful a. βλαβερός.

bang s. & int. βρόντος m. ~! μπούμ!

bang v.t. & i. βροντώ. he ~ed (on) the door βρόντησε τήν πόρτα.

bangle s. βραχιόλι n.

banish v. εξορίζω, (idea etc.) βγάζω, διώχνω. ~ment s. εξορία f.

banister s. κάγκελο n. ~ rail κουπαστή τῆς σκάλας.

bank s. (of river) όχθη f. (sloping ground) πλαγιά f. (heap, clump) στοίβα f. (of earth) ανάχωμα n.

bank v.t. ~ up (stream etc.) προσχώνω, (form into pile) συσσωρεύω, (v.i.) συσσωρεύομαι. ~ up the fire σκεπάζω τή φωτιά.

bank v.i. (also be ~ed) (of car, road) γέρνω. ~ed a. επικλινής.

bank s. (fin.) τράπεζα f. ~ employee τραπεζιτικός m. (a.) (banker's, of banking) τραπεζιτικός. (v.t.) (deposit) καταθέτω. (v.i.) ~ on βασίζομαι σέ. ~-book s. βιβλιάριον n. ~er s. τραπεζίτης m.

~-note s. χαρτονόμισμα n.

bankrupt a. χρεοκοπημένος. go ~ χρεοκοπώ, φαλίρω. ~cy s. χρεοκοπία f.

banner s. μπαϊράκι n., (μ)παντιέρα f.

banquet s. δείπνον n., συμπόσιον n. (v.) συμποσιάζομαι.

banter s. άκακο πείραγμα.

bapt|ism s. βάπτισμα n. certificate of ~ism βαπτιστικόν n. ~ismal a. βαπτιστικός. ~ist s. βαπτιστής m. ~ize v. βαπτίζω.

bar s. (gold) ράβδος f. (soap etc.) πλάκα f. (bolt of door) αμπάρα f. (mus.) μέτρο n. (for drinks) μπάρ n. (fig., obstacle) εμπόδιο n. ~s (of window, prison) σίδερα n. pl. (legal profession) δικηγορικόν επάγγελμα.

bar v. (door) αμπαρώνω. (close) κλείνω, (prevent) εμποδίζω, (exclude, forbid) αποκλείω, απαγορεύω.

bar, ~ring prep. εκτός, πλήν (with gen.), εκτός από (with acc.).

barb s. αντίστροφος αιχμή αγκίστρου. (fig.) βέλος n. ~ed a. (fig., of words) αιχμηρός. ~ed wire ακιδωτόν σύρμα, (fence) ακιδωτόν συρματόπλεγμα.

barbar|ian a. & s. βάρβαρος. ~ic a. βαρβαρικός. ~ism s. βαρβαρισμός m. ~ity s. βαρβαρότης f. ~ous a. (savage) άγριος, (cruel) ωμός, (awful) απαίσιος.

barbecue s. ψησταριά f. (v.t.) ψήνω στή σούβλα.

barber s. κουρέας m. ~'s shop κουρείον n.

bard s. αοιδός m. βάρδος m.

bare a. γυμνός, (mountain) φαλακρός. (empty) άδειος. make a ~ living φυτοζωώ. (v.t.) (also lay ~) αποκαλύπτω, (show) δείχνω. ~ness s. γυμνότης f.

barefaced a. αναιδής.

barefoot a. ξυπόλυτος.

bareheaded a. ασκεπής, ξεκαπέλλωτος.

barely adv. (scarcely) μόλις, (poorly) φτωχά. (simply) απλά, απέριττα.

bargain s. (agreement) συμφωνία f. (good purchase) κελεπούρι n., ευκαιρία f. (fam.) into the ~ επί πλέον.

bargain v. i. κάνω παζάρια. (v. i. & t.) (also ~ about) παζαρεύω. (fam.) I didn't ~ for it δέν τό περίμενα. ~ing s. παζάρεμα n., παζάρι n.

barge s. (river) σλέπι n. (lighter) μαούνα f.

barge v. ~ into or against χτυπώ. ~ in πλακώνω, (verbally) πετιέμαι.

baritone s. βαρύτονος m.

bark *s. (of tree)* φλοιός *m. (v.t.) (strip)* ξεφλουδίζω. *(graze)* γδέρνω.
bark *v.i. (of dog)* γαυγίζω. *(s.)* γαύγισμα *n.*
bark *s. (vessel)* μπάρκο *n.*
barley *s.* κριθάρι *n.*
barmy *a. (fam.)* τρελλός.
barn *s.* ἀχυρών(ας) *m.*
barnacle *s.* ὄστρακον *n.*
barometer *s.* βαρόμετρον *n.*
baron *s.* βαρῶνος *m.*
barracks *s.* στρατών(ας) *m.*
barrage *s. (dam)* φράγμα *n.*, ὑδροφράκτης *m. (mil.)* φραγμός πυρός.
barrel *s.* βαρέλι *n. (of gun)* κάννη *f.* ~-**organ** *s.* λατέρνα *f.*
barren *a.* στεῖρος, ἄγονος. ~**ness** *s.* στειρότης *f. (only of land)* ἀφορία *f.*
barricade *s.* ὁδόφραγμα *n. (v.) (street)* φράζω, *(door)* ἀμπαρώνω. ~ oneself ἀμπαρώνομαι, κλείνομαι.
barrier *s.* φράγμα *n. (fig.)* ἐμπόδιο *n.*
barrister *s.* δικηγόρος *m. f.*
barrow *s.* καρροτσάκι *n.*
barter *v.* ἀνταλλάσσω. *(s.)* ἀνταλλαγή *f.*
basalt *s.* βασάλτης *m.*
base *a.* ἄτιμος, ποταπός. *(metal)* εὐτελής, *(coin)* κίβδηλος.
base *s.* βάσις *f. (v.)* βασίζω. ~**less** *a.* ἀβάσιμος.
basement *s.* ὑπόγειον *n.*
bash *v. (hit)* χτυπῶ. *(of object)* get ~ed *(in)* βουλιάζω. *(s.)* χτύπημα *n. (fam.)* have a ~ κάνω μία προσπάθεια.
bashful *a.* ντροπαλός.
basic *a.* βασικός, θεμελιώδης. ~**ally** *adv.* βασικά.
basil *s.* βασιλικός *m.*
basin *s.* λεκάνη *f.* wash-hand ~ νιπτήρ(ας) *m. (geog.)* λεκανοπέδιον *n.*
basis *s.* βάσις *f.*, θεμέλιον *n.*
bask *v. i.* λιάζομαι. *(fig.)* ~ in *(enjoy)* ἀπολαμβάνω.
basket *s.* καλάθι *n.*, *(big, deep)* κόφα *f.*, κοφίνι *n. (open, flat)* πανέρι *n.*
bass *a. & s. (mus.)* βαθύφωνος, μπάσσος.
bass *s. (fish)* λαβράκι *n.*
bassoon *s.* φαγκότο *n.*
bastard *a.* ἐξώγαμος, νόθος. *(s.) (fam., term of abuse)* κερατάς *m.*
bastion *s.* προπύργιον *n.*
bat *s. (animal)* νυχτερίδα *f. (implement)* ρόπαλον *n. (fig.)* off one's own ~ μόνος μου.
batch *s.* φουρνιά *f.*
bated *a.* with ~ breath μέ ἀγωνία.

bath *s.* λουτρό *n.*, μπάνιο *n.* have a ~ κάνω μπάνιο, λούζομαι. she is ~ing the baby κάνει μπάνιο (σ)τό μωρό. Turkish ~ χαμάμ(ι) *n.* ~-**tub** *s.* μπανιέρα *f.*
bath|e *v. t.* πλένω, λούω. *(v. i.)* κάνω μπάνιο. ~**er** *s.* λουόμενος *m.* ~**ing** *s.* κολύμπι *n.* ~-**ing-dress** *s.* μαγιό *n.*
bathos *s.* ἀπογοητευτική μετάπτωσις ὕφους (ὁμιλίας ἤ γραπτοῦ λόγου).
bathroom *s.* λουτρό *n.*, μπάνιο *n.*
batman *s.* ὀρντινάντσα *f.*
baton *s. (mus.)* μπαγκέτα *f. (mil.)* ράβδος *f.*
battalion *s.* τάγμα *n.*
batten *v.i.* ~ on παχαίνω εἰς βάρος *(with gen.).*
batten *s.* σανίδα *f. (v.)* ~ down ἀσφαλίζω.
batter *s. (cookery)* κουρκούτι *n.*
batter *v.* βροντοκτυπῶ, κοπανῶ. ~**ed** *a.* χτυπημένος, στραπατσαρισμένος. ~**ing-ram** *s.* κριός *m.*
battery *s. (electric)* μπαταρία *f. (mil.)* πυροβολαρχία *f.*
battle *s.* μάχη *f. (v.) (also* ~ against*)* πολεμῶ. ~-**cry** *s.* ἰαχή *f.* ~-**field** *s.* πεδίον μάχης. ~**ship** *s.* θωρηκτόν *n.*
battlement *s.* ἔπαλξις *f.*
battue *s.* παγάνα *f.*
bauble *s.* μπιχλιμπίδι *n.*
baulk *see* balk.
bauxite *s.* βωξίτης *m.*
Bavarian *a.* βαυαρικός. *(person)* Βαυαρός.
bawdy *a.* ἄσεμνος. ~ talk ὁμιλία γεμάτη αἰσχρολογίες. ~-**house** *s.* οἶκος ἀνοχῆς.
bawl *v.* κραυγάζω.
bay *s. (of sea)* κόλπος *m. (laurel)* δάφνη *f. (recess)* ἐσοχή *f.* ~-**window** *s.* προεξέχον παράθυρο.
bay *v.* οὐρλιάζω. *(s.) (fig.)* at ~ κολλημένος στόν τοῖχο.
bayonet *s.* ξιφολόγχη *f.*
bazaar *s.* ἀγορά *f.*
be *v.* εἶμαι. *(exist)* ὑπάρχω, *(become)* γίνομαι, *(be situated)* βρίσκομαι. so ~ it ἔστω. it was not to ~ ἦταν μοιραῖον νά μή γίνη. it is a thing to ~ avoided πρέπει νά ἀποφευχθῆ. it is not to ~ borne δέν ὑποφέρεται. greatly to ~ desired λίαν ἐπιθυμητός. the amount to ~ paid τό πληρωτέον ποσόν. *(notice of sale)* to ~ sold πωλεῖται. he was not to ~ seen δέν ἐθεάθη. it is to ~ published next year θά *(or* πρόκειται νά*)* ἐκδοθῆ τοῦ χρόνου. when will you ~ back? πότε θά γυρίσης; *or* πότε θά εἶσαι πίσω; that is

the ~-all and end-all *(of the matter)*, αὐτό εἶναι τό πᾶν. *(a.)* to-~ μέλλων, the bride to-~ ἡ μέλλουσα νύφη. would-~ ὑποψήφιος. *see also* been, being.

beach *s.* παραλία *f. (bathing)* πλάζ *f. (v.t.)* ἀνελκύω.

beacon *s.* πυρσός *m. (naut.)* φάρος *m.*

bead *s.* χάντρα *f. (drop)* σταγόνα *f.* string of ~s κομπολόι *n.* ~y *a.* ~y eyes μάτια σάν χάντρες.

beading *s.* κορδόνι *n.*

beak *s.* ράμφος *m.*

beaker *s.* κύπελλον *n.*

beam *s. (structural)* δοκός *f.,* δοκάρι *n. (of balance)* ζυγός *m. (naut.)* ζυγόν *n. (ray)* ἀκτίς *f., (electronic)* δέσμη *f. (smile)* χαμόγελο *n. (fam.)* on one's ~ ends ἀπένταρος. be broad in the ~ ἔχω περιφέρειες. *(v.i.)* ἀκτινοβολῶ, λάμπω.

beans *s. (broad)* κουκκιά *n.pl. (green)* φασο(υ)λάκια *n. pl. (haricot)* φασόλια *n. pl. (kidney)* λόπια *n. pl. (coffee)* κόκκοι *m. pl.* bean soup φασο(υ)λάδα *f. (fig.)* full of ~ κεφάτος. *(fam.)* he spilt the ~ τοῦ ξέφυγε τό μυστικό.

bear *s.* ἄρκτος *f.,* ἀρκούδα *f.*

bear *v.t. & i. (child)* γεννῶ. *(carry)* φέρ(ν)ω, βαστάζω, βαστῶ. *(lean)* ἀκουμπῶ, *(proceed)* τραβῶ, *(produce)* κάνω, *(endure)* ὑποφέρω. *(tolerate)* ἀνέχομαι. I can't ~ him *(fam.)* δέν τόν χωνεύω. ~ oneself φέρομαι. ~ in mind ἔχω ὑπ' ὄψιν. bring to ~ ἐξασκῶ. please ~ with me νά ἔχετε ὑπομονή.

bear down *v. (crush)* συντρίβω. ~ on *(approach)* πλησιάζω, *(attack)* ἐπιτίθεμαι ἐναντίον *(with gen.)*.

bear in *v.* it was borne in on him that... ἀντιλήφθηκε ὅτι.

bear out *v.t.* ἐπιβεβαιώνω.

bear up *v.i.* ἀντέχω.

bearable *a.* ὑποφερτός.

beard *v.* ἀντιμετωπίζω.

beard *s.* γένεια *n. pl., (long)* γενειάδα *f. (small pointed)* μούσι *n.* grow a ~ ἀφήνω γένεια. ~less *a.* ἀγένειος.

bearer *s. (of letter)* ὁ κομίζων.

bearing *s. (mech.)* τριβεύς *m.,* κουζινέτο *n.*

bearing *s. (manner)* παράστημα *n.* have a ~ on ἔχω σχέση μέ. ~s *s.* προσανατολισμός *m.* get one's ~s προσανατολίζομαι, κατατοπίζομαι.

beast *s. (lit. & fig.)* ζῶον *n.,* κτῆνος *n.* ~ of burden ὑποζύγιον *n.* ~ly *a.* σιχαμερός, ἀηδής.

beat *v.t. & i. (strike, pulsate)* χτυπῶ. *(v.t.)*

(thrash) ξυλοκοπῶ. *(excel)* περνῶ. *(defeat)* νικῶ, be ~en ἡττῶμαι. ~ time κρατῶ τό χρόνο. ~ down *(price)* κατεβάζω. ~ down on δέρνω. ~ off ἀποκρούω. ~ up *(eggs)* χτυπῶ, *(person)* ξυλοκοπῶ.

beat *s. (stroke)* χτύπος *m.,* παλμός *m.* go on one's ~ κάνω τήν περιπολία μου.

beaten *a. (metal)* χτυπητός, σφυρήλατος. *(egg)* χτυπητός. keep to the ~ track ἀκολουθῶ τήν πεπατημένην. *(defeated)* ἡττημένος.

beatif|ic *a.* πανευτυχής. ~y *v.t.* ἀνακηρύσσω εἰς ἅγιον.

beating *s.* χτύπημα *n. (thrashing)* δαρμός *m.* he got a ~ *(fam.)* ἔφαγε ξύλο.

beatitude *s.* μακαριότης *f.*

beau *s.* δανδῆς *m.*

beautiful *a.* ὡραῖος, ὄμορφος. become ~ ὀμορφαίνω. ~ly *adv.* ὡραῖα, ὄμορφα.

beautify *v.* ὀμορφαίνω, ἐξωραΐζω.

beauty *s.* ὀμορφιά *f.,* ὡραιότης *f.,* κάλλος *n. (beautiful woman)* καλλονή *f. (fine specimen)* ἀριστούργημα *n.,* ὄνειρο *n.* ~ contest καλλιστεῖα *n. pl.* ~ queen *(fam.)* μίς *f.* ~ parlour ἰνστιτοῦτο καλλονῆς.

beaver *s.* καστόρι *n.*

becalm *v.* be ~ed πέφτω σέ νηνεμία.

because *conj.* γιατί, διότι, ἐπειδή. *(prep.)* ~ of λόγω, ἐξ αἰτίας *(with gen.)*, γιά *(with acc.)*.

beck *s.* be at his ~ and call εἶμαι στίς διαταγές του.

beckon *v.i.* γνέφω, κάνω νόημα *(with σέ)*.

become *v.i.* γίνομαι. *(often by -ίζω, -εύω, -αίνω or pass.)* ~ white ἀσπρίζω, ~ better καλυτερεύω, ~ dearer ἀκριβαίνω, ~ blind στραβώνομαι. ~ of ἀπογίνομαι, what became of your plan? τί ἀπέγινε τό σχέδιό σου;

become *v.t. (suit)* ἁρμόζω, πρέπει. such behaviour does not ~ you δέν σοῦ ἀρμόζει *(or πρέπει)* τέτοια συμπεριφορά. *(of dress)* πηγαίνω, πάω. the hat ~s you σοῦ πάει τό καπέλλο.

becoming *a. (proper)* πρέπων. *(looking well) see* become *(v.t.)*.

bed *s.* κρεββάτι *n.,* κλίνη *f.* confined to one's ~ κλινήρης. *(base)* βάσις *f. (of flowers)* παρτέρι *n. (of river)* κοίτη *f.* ~**bug** *s.* κοριός *m.* ~**-clothes**, ~**ding** *s.* κλινοσκεπάσματα *n. pl.* ~**-pan** *s.* πάπια *f.* ~**ridden** *a.* κατάκοιτος. ~**room** *s.* κρεββατοκάμαρα *f.* ~**-sitter** *s.* δωμάτιο νοικιασμένο γιά διαμονή. ~**spread** *s.* κουβρ-λί *n.*

bedeck v. καλλωπίζω.

bedevil v. μπερδεύω, τυραννῶ.

bedlam s. τρελλοκομείο n.

bedraggled a. λασπωμένος.

bee s. μέλισσα f. swarm of ~s μελίσσι n. keep ~s ἔχω μελίσσι(α). (fam.) make a ~ line for τραβῶ κατ' εὐθεῖαν γιά. ~hive s. κυψέλη f.

beech s. ὀξυά f.

beef s. βοδινό n.

been v. where have you ~? ποῦ ἦσουν; have you ~ there? ἔχετε πάει ἐκεῖ; it's ~ sold πουλήθηκε or ἔχει πουληθεῖ. has the postman ~? ἦρθε (or πέρασε) ὁ ταχυδρόμος; what have you ~ reading? τί διάβαζες; I've ~ here about a year βρίσκομαι ἐδῶ κάπου ἕνα χρόνο. I haven't ~ here since April δέν ἔχω ἔρθει ἐδῶ ἀπό τόν 'Απρίλιο. I haven't ~ there for six months ἔχω νά πάω ἕξη μῆνες ἐκεῖ. he's ~ and got married πῆγε καί παντρεύτηκε. he's a has-~ αὐτός πάει πιά.

beer s. μπίρα f., ζῦθος m. (fig.) small ~ ἀσήμαντο πράμα.

beet, ~root s. παντζάρι n., τεῦτλον n. sugar ~ σακχαρότευτλον n.

beetle s. κάνθαρος m., σκαθάρι n.

befall v. (happen) συμβαίνω. (happen to) what befell him? τί τοῦ συνέβη; τί τοῦ ἔτυχε;

befit v. it ~s you σοῦ ἁρμόζει. ~ting a. πρέπων. ~tingly adv. πρεπόντως.

before adv. (earlier) πρίν, πρωτύτερα. (in front) μπροστά, ἐμπρός. (formerly) προηγουμένως, πρίν. long ~ πρό πολλοῦ. has he been here ~? ἔχει ξανάρθει ἐδῶ; I had never seen him ~ δέν τόν εἶχα ξαναδεῖ. on the day ~ τήν προηγούμενη (μέρα).

before conj. πρίν (νά), προτοῦ (with subj.) ~ I leave home I will phone you πρίν (νά) φύγω ἀπ' τό σπίτι θά σοῦ τηλεφωνήσω. (by the time that) it was past twelve ~ they left ὥσπου νά φύγουν ἦταν περασμένες δώδεκα. on the day ~ he departed τήν προηγουμένη τῆς ἀναχωρήσεώς του.

before prep. πρίν ἀπό (with acc.), πρό (with gen.). ~ long σέ λίγο. (in presence of) μπροστά σέ (with acc.), ἐνώπιον (with gen.).

beforehand adv. ἐκ τῶν προτέρων.

befriend v. (help) βοηθῶ.

beg v.i. & t. (~ alms) ζητιανεύω. (ask) ζητῶ, παρακαλῶ. (entreat) ἱκετεύω, I ~ to differ θά μοῦ ἐπιτρέψετε νά διαφω-

νήσω. I ~ to inform you λαμβάνω τήν τιμήν νά σᾶς πληροφορήσω. it's going ~ging, δέν τό θέλει κανείς. ~ the question θεωρῶ ὡς ἀποδεδειγμένον τό ἀποδεικτέον.

beget v. γεννῶ.

beggar s. ζητιάνος m., διακονιάρης m. (fam.) poor ~ φουκαράς m. ~ly a. πενιχρός. ~y s. διακονιά f.

begin v. & i. ἀρχίζω, ἀρχινῶ. (v.t., work, conversation etc.) πιάνω. ~ again ξαναρχίζω. to ~ with πρῶτα πρῶτα. ~ner s. ἀρχάριος m.

beginning s. ἀρχή f. (opening) ἔναρξις f. in or at the ~ στήν ἀρχή, κατ' ἀρχάς.

begone int. φύγε, ἄπαγε.

begrudge v. ζηλεύω. I don't ~ him his holiday δέν τόν ζηλεύω πού ἔχει διακοπές.

beguile v. (cheat) ἐξαπατῶ. (amuse) διασκεδάζω, we ~d the journey with talk διασκεδάσαμε στό δρόμο κουβεντιάζοντας. ~ the time σκοτώνω τήν ὥρα μου.

behalf s. on ~ of ὑπέρ (with gen.), (in the name of) ἐκ μέρους, ἐξ ὀνόματος, γιά λογαριασμό (all with gen.).

behave v. φέρομαι, συμπεριφέρομαι. ~ yourself! φρόνιμα! (function) λειτουργῶ. well ~d φρόνιμος.

behaviour s. συμπεριφορά f., διαγωγή f. ~ism s. ψυχολογία τῆς συμπεριφορᾶς.

behead v. ἀποκεφαλίζω.

behest s. διαταγή f.

behind adv. (ἀπό) πίσω, ὄπισθεν. stay or be left ~ μένω πίσω. be ~ (in arrear) καθυστερῶ.

behind prep. (ἀπό) πίσω ἀπό (with acc.). ~ the times ἀσυγχρόνιστος.

behind s. πισινός m.

behindhand a. καθυστερημένος.

behold v. βλέπω. ~! ἰδού! a joy to ~ χάρμα ἰδέσθαι.

beholden a. ὑπόχρεος.

behove v. it ~s you to do it πρέπει νά τό κάνης.

beige a. & s. μπέζ.

being s. (existence) εἶναι n., ὕπαρξις f. (creature) ὄν n. human ~ ἀνθρώπινον ὄν. come into ~ γίνομαι. in ~ ὑπάρχων. for the time ~ πρός τό παρόν. (v.) (participle) ὄντας (indeclinable). the house is ~ built τό σπίτι χτίζεται. that ~ so οὕτως ἐχόντων τῶν πραγμάτων. he entered without ~ noticed μπῆκε χωρίς νά γίνη ἀντιληπτός. by ~ patient he achieved his aim ἐπέτυχε τό σκοπό του μέ τό νά εἶναι ὑπομονητικός. ~ very tall is a disadvantage τό νά εἶναι κανείς πολύ ψηλός εἶναι μειονέκτημα.

belabour *v.* ξυλοκοπῶ.

belated *a.* καθυστερημένος, *(overtaken by night)* νυχτωμένος. ~**ly** *adv.* ἀργά.

belch *v.i.* ρεύομαι. *(v.t., send forth)* ξγάζω. *(s.)* ρέψιμο *n.*

beldam παλιόγρια *f.*

beleaguer *v.* πολιορκῶ.

belfry *s.* καμπαναριό *n.*

belie *v.* διαψεύδω.

belief *s.* *(faith)* πίστις *f.* *(opinion)* γνώμη *f.* beyond ~ ἀπίστευτος. to the best of my ~ ἀπ' ὅτι ξέρω. folk ~s λαϊκές δοξασίες.

believable *a.* πιστευτός.

believe *v.* πιστεύω. I ~ he's gone νομίζω *(or* μοῦ φαίνεται) πώς ἔχει φύγει. make ~ that κάνω πώς. ~**r** *s.* πιστός *a.*

belittle *v.* *(undervalue)* ὑποτιμῶ, *(disparage)* κριτικάρω.

bell *s.* κουδούνι *n.* *(church)* καμπάνα *f.* alarm ~ κώδων κινδύνου. he rang the ~ or the ~ rang χτύπησε τό κουδούνι. ringing of ~s κωδωνοκρουσία *f.* ~-shaped κωδωνοειδής.

belle *s.* καλλονή *f.*

bellicose *a.* φιλοπόλεμος.

belligeren|cy *s.* ἐμπόλεμος κατάστασις. ~**t** *a.* ἐμπόλεμος.

bellow *v.* μουγγρίζω. *(s.)* μούγγρισμα *n.*

bellows *s.* φυσερό *n.*

belly *s.* κοιλιά *f.* eat one's ~ful τρώω τό καταπέτασμα. *(v.)* φουσκώνω. ~-**ache** *s.* κοιλόπονος *m.*

belong *v.* ἀνήκω. ~ under *(be classified)* ὑπάγομαι εἰς. ~**ings** *s.* ὑπάρχοντα *n. pl.*

beloved *a.* ἀγαπημένος.

below *adv.* (ἀπό) κάτω.

below *prep.* κάτω ἀπό, ὑπό *(with acc.),* κάτω *(with gen.).* ~ the surface ὑπό τήν ἐπιφάνειαν. ~ zero κάτω τοῦ μηδενός, ὑπό τό μηδέν.

belt *s.* ζώνη *f.* *(mech.)* ἱμάς *m.* *(v.t.)* ζώνω, *(thrash)* δέρνω.

bemoan *v.* θρηνῶ.

bemuse *v.* ζαλίζω.

bench *s.* *(park, work)* πάγκος *m.* *(schoolroom)* θρανίο *n.* *(parliamentary)* ἑδώλιον *n.* *(fig., lawcourt)* δικαστήριον *n.*

bend *v.t.* κάμπτω, λυγίζω. *(head)* σκύβω, *(eyes, steps)* στρέφω. *(v.i.)* *(stoop)* σκύβω. *(lean, give way, also fig.)* κάμπτομαι, λυγίζω. *(change direction)* στρίβω. ~ down σκύβω. on ~ed knee

γονατιστός. be bent on εἶμαι ἀποφασισμένος *(with* νά *or* γιά).

bend *s.* καμπή *f.,* στροφή *f.*

beneath *(adv.)* (ἀπό) κάτω. *(prep.)* (ἀπό) κάτω ἀπό, ὑπό *(with acc.)* ~ consideration ἀναξιόλογος. it is ~ you *(unworthy)* δέν στέκει σέ σένα.

benediction *s.* εὐλογία *f.*

benefact|ion *s.* εὐεργεσία *f.* make ~ion εὐεργετῶ. ~**or** *s.* εὐεργέτης *m.* ~**ress** *s.* εὐεργέτισσα *f.*

benefice *s.* θέσις ἐφημερίου μέ κατοικία καί ἀπολαβάς.

benefic|ence *s.* ἀγαθοεργία *f.* ~**ent** *a.* ἀγαθοεργός. ~**ial** *a.* ὠφέλιμος. ~**iary** *s.* *(one entitled)* ὁ δικαιοῦχος.

benefit *v.t.* ὠφελῶ. *(v.i.)* ὠφελοῦμαι. *(s.)* ὠφέλεια *f.,* ὄφελος *n.* I got much ~ εἶδα μεγάλη ὠφέλεια. ~ performance εὐεργετική παράστασις.

benevolen|t *a.* *(person, sentiment)* φιλάνθρωπος, *(institution, purpose)* φιλανθρωπικός. ~ **ce** *s.* φιλανθρωπία *f.*

benighted *a.* *(backward)* θεοσκότεινος. get ~ *(overtaken by dark)* νυχτώνομαι.

benign *a.* πρᾶος, *(med.)* καλοήθης.

bent *s.* κλίσις *f.* to the top of one's ~ ὅσο τραβάει ἡ καρδιά μου.

bent *a.* στραβός, κεκαμμένος, λυγισμένος become ~ στραβώνω. *(body)* κυρτός *(head)* σκυμμένος.

benumb *v.* ναρκώνω, ξυλιάζω.

benzine *s.* βενζίνη *f.*

beque|ath *v.* κληροδοτῶ. ~**st** *s.* κληροδότημα *n.*

bereave *v.* ~ *(person)* of στερῶ *(with gen.).* be ~d *(or* bereft) of χάνω, στεροῦμαι. the ~d relatives οἱ τεθλιμμένο συγγενεῖς. ~**ment** *s.* ἀπώλεια *f.*

bereft *a.* στερημένος.

beret *s.* μπερές *m.*

berry *s.* καρπός *m.* *see* mul~, straw~ *etc.*

berth *v.t. & i.* ἀράζω. *(s.)* *(mooring)* ἀγκυροβόλιον *n.* *(at wharf)* θέσις *f.* *(situation)* θέσις *f.* *(sleeping-place)* κουκέτα *f.* give a wide ~ to ἀποφεύγω.

beseech *v.* ἱκετεύω. ~**ing** *a.* παρακλητικός ἱκετευτικός.

beseem *see* befit.

beset *v.* περικυκλώνω. his ~ting sin το μεγάλο ψεγάδι του.

beside *prep.* *(next to)* δίπλα *or* πλάι σέ *(compared with)* ἐν συγκρίσει μέ, *(apart from)* ἐκτός ἀπό *(all with acc.).* ~ the point ἐκτός θέματος. be ~ oneself *(with* *anger*) εἶμαι ἔξω φρενῶν, *(with joy)* πετῶ ἀπ' τή χαρά μου.

besides *(adv.) (moreover)* ἐξ ἄλλου, *(as well)* ἐπί πλέον. *(prep.) (as well as)* ἐκτός ἀπό.

besiege *v.* πολιορκῶ.

besmear *v.* ἀλείφω.

besmirch *v.* λερώνω, *(fig.)* κηλιδώνω.

besom *s.* σκούπα ἀπό κλαδιά.

besot *v.* ἀποβλακώνω.

bespatter *v.* πιτσιλίζω.

bespeak *v. (order)* παραγγέλλω, *(engage)* κρατῶ, *(show)* δείχνω.

bespoke *a.* ἐπί παραγγελία.

besprinkle *v.* ραντίζω.

best *a.* ὁ καλύτερος. do one's ~ βάζω τά δυνατά μου. make the ~ of it τό παίρνω ἀπόφαση. be at one's ~ *(mood)* εἶμαι στίς καλές μου. ~ man κουμπάρος *m.*

best *adv.* καλύτερα. the ~ dressed man ὁ πιό καλοντυμένος.

best *v.t.* βάζω κάτω, *(fam.)* τρώω.

bestial *a.* κτηνώδης. ~ity *s.* κτηνωδία *f.*

bestow *v.* ἀπονέμω.

bestrew *v. (scatter)* σκορπίζω. the street was ~n with flowers γέμισε ὁ δρόμος λουλούδια.

bestride *v.* καβαλλικεύω. *(fig.)* ~ the scene *(be dominating figure)* κατέχω κυριαρχική θέση.

bet *s.* στοίχημα *n. (v.)* στοιχηματίζω, βάζω στοίχημα.

betake *v.* ~ oneself to *(go)* κατευθύνομαι πρός *(with acc.), (have recourse)* καταφεύγω εἰς.

bethink *v.* ~ oneself of ἀναλογίζομαι.

betide *v.* συμβαίνω. woe ~ you! ἀνάθεμά σε! ἀλίμονό σου!

betimes *adv.* νωρίς.

betoken *v.* σημαίνω, *(portend)* προμηνύω.

betray *v.* προδίδω. ~al *s.* προδοσία *f.* ~er *s.* προδότης *m.*

betroth *v.* ἀρραβωνιάζω, μνηστεύω. ~al *s.* ἀρραβώνες *m. pl.,* μνηστεία *f.* ~ed *s.* μνηστήρ *m.,* μνηστή *f.*

better *a. & n.* καλύτερος. my ~s οἱ ἀνώτεροί μου. ~ half *(wife)* τρυφερόν ἥμισυ. for the ~ πρός τό καλύτερον. for ~ for worse καί γιά τίς καλές καί γιά τίς κακές μέρες. get ~ καλυτερεύω, *(regain health)* ἀναλαμβάνω. get the ~ of *(outwit)* βάζω κάτω, *(defeat)* νικῶ.

better *adv.* καλύτερα. ~ and ~ ὅλο καί καλύτερα. you will be all the ~ for it θά σοῦ κάνει καλό. the sooner the ~ ὅσο γρηγορώτερα τόσο καλύτερα. you had ~

(not) got there καλύτερα νά *(μήν)* πᾶς ἐκεῖ. think ~ of it ἀλλάζω γνώμη.

better *v.t. (improve)* βελτιώνω, *(excel)* ξεπερνώ. ~ oneself *(socially/financially)* βελτιώνω τήν κοινωνική/οἰκονομική θέση μου. ~ment *s.* βελτίωσις *f.*

between *adv.* ἀνάμεσα, *(ἀνα)μεταξύ.*

between *prep.* ἀνάμεσα σέ *(with acc.),* μεταξύ *(with gen.),* ~ ourselves μεταξύ μας. ~ 2 and 3 o'clock δύο μέ τρεῖς. *(he was looking at me)* from ~ the curtains ἀνάμεσα ἀπό τίς κουρτίνες.

bevelled *a.* μπιζουτέ.

beverage *s.* ποτόν *n.*

bevy *s.* ὁμάδα *f.*

bewail *v.* θρηνῶ.

beware *v. (also* ~ of) προσέχω, ἔχω τό νοῦ μου *(σέ),* φυλάγομαι *(ἀπό).*

bewilder *v. (also be* ~ed) σαστίζω.

bewitch *v.* μαγεύω. ~ing *a.* μαγευτικός.

bey *s.* μπέης *m.*

beyond *adv.* πέρα, πέραν. *(prep.)* πέρα ἀπό *(with acc.),* πέραν *(with gen.).* be or go ~ *(exceed)* ὑπερβαίνω. it's ~ me δέν τό καταλαβαίνω.

bias *v,* προκαταλαμβάνω. he is ~sed εἶναι προκατειλημμένος. *(s.) (prejudice)* προκατάληψις *f.* cut on the ~ κόβω λοξά. ~-fold λούκι *n.*

bib *s.* σαλιάρα *f.*

bibelot *s.* μπιμπελό *n. (indeclinable).*

Bible *s.* Βίβλος *f.* ~ical *a.* βιβλικός.

biblio|graphy *s.* βιβλιογραφία *f.* ~phile *s.* βιβλιόφιλος *m.*

bibulous *a.* ~ person μπεκρής *m.,* μπεκροῦ *f.*

biceps *s.* δικέφαλος βραχιόνιος μῦς, *(fam.)* μῦς τοῦ μπράτσου.

bicker *v.* μαλώνω.

bicycle *s.* ποδήλατο *n.* ride a ~ κάνω ποδήλατο.

bid *v. (tell, say)* λέω. *(invite)* καλῶ. *(offer price)* προσφέρω. ~ for *(lot at auction)* χτυπῶ, ~ highest πλειοδοτῶ. *(at cards)* δηλώνω.

bid *s. (offer)* προσφορά *f. (effort)* προσπάθεια *f.* make a ~ for freedom προσπαθῶ νά δραπετεύσω.

bidder *s.* ὁ προσφέρων. highest ~ πλειοδότης *m.*

bidding *s. (at auction)* οἱ προσφορές *f.pl.* I do his ~ τόν ἀκούω, ἐκτελῶ τίς διαταγές του.

bide *v.* ~ one's time καιροσκοπῶ.

bidet *s.* μπιντές *m.*

biennial *a. (lasting 2 years)* διετής, *(every*

2 years) ἀνά διετίαν. ~ly adv. κάθε δύο ἔτη, ἀνά διετίαν.
bier s. βάθρον φερέτρου.
bifocal a. διεστιακός.
bifurcat|e v. διακλαδώνω. ~ion s. διακλάδωσις f.
big a. μεγάλος. ~ with child ἔγκυος. grow or make ~ger μεγαλώνω. ~ words παχιά λόγια. (fam.) talk ~ κάνω τόν καμπόσο. he is too ~ for his boots πῆρε ὁ νοῦς του ἀέρα. (by suffix) ~ man ἀντρακλας m. ~ woman γυναικάρα f. ~ dog σκύλαρος m. ~ house σπιταρόνα f., etc.
bigam|ist s., ~ous a. δίγαμος. ~y s. διγαμία f.
bigot s., ~ed a. μισαλλόδοξος. ~ry s. μισαλλοδοξία f.
bigwig s. μεγαλουσιάνος m.
bike s. ποδήλατο n.
bilateral a. διμερής.
bile s. χολή f.
bilge s. (fam., nonsense) ἀνοησίες f.pl. ~-water s. σεντίνα f.
bilingual a. δίγλωσσος. ~ism s. διγλωσσία f.
bilious a. have a ~ attack κάνω ἐμετό. (peevish) πικρόχολος.
bilk v. κλέβω.
bill s. (account) λογαριασμός m. (parliamentary) νομοσχέδιον n. (banknote) χαρτονόμισμα n. (poster) τοιχοκόλλημα n. (bird's) ράμφος n. ~ of exchange συναλλαγματική f. ~ of fare κατάλογος m. ~ of lading φορτωτική f. ~-hook s. κλαδευτήρι n. ~-posting, ~-sticking s. τοιχοκόλλησις f.
billet s. (lodging) κατάλυμα n. (v.t.) στρατωνίζω. be ~ed καταλύω. ~ing s. κατάλυσις f.
billet-doux s. ραβασάκι n.
billiards s. μπιλιάρδο n.
billion s. (UK) τρισεκατομμύριον n., (USA) δισεκατομμύριον n.
billow s. κῦμα n. (v.) κυματίζω. ~y a. κυματοειδής.
billy-goat s. τράγος m.
bimetallism s. διμεταλλισμός m.
bin s. δοχεῖον n. litter ~ κάλαθος ἀχρήστων, (fam.) καλάθι n.
binary s. δυαδικός.
bind v. δένω. (oblige) ὑποχρεώνω, δεσμεύω. see bound a.
binding a. δεσμευτικός. (s.) δέσιμο n.
binge s. (fam.) γλέντι n. go on a ~ γλεντῶ.
binoculars s. κιάλια n. pl.

binomial s. διώνυμον n.
biochem|ical a., ~ist s. βιοχημικός. ~istry s. βιοχημεία f.
biograph|er s. βιογράφος m. ~ical a. βιογραφικός. ~y s. βιογραφία f.
biolog|ical a. βιολογικός. ~ist s. βιολόγος m. ~y s. βιολογία f.
biopsy s. βιοψία f.
bipartisan a. δικομματικός.
bipartite a. διμερής.
biped n. δίπους a.
biplane s. δίπλανον n.
birch s. (tree) σημύδα f. (rod) βέργα f. (v.) ραβδίζω μέ βέργα.
bird s. πουλί n., πτηνόν n. ~ of passage ἀποδημητικόν πτηνόν, (fig.) περαστικός ἐπισκέπτης. ~'s eye view θεά ἐξ ὕψους. kill two ~s with one stone μ' ἕνα σμπάρο δυό τρυγόνια. a ~ in the hand... κάλλιο ἕνα καί στό χέρι.
birth s. γέννησις f. give ~ (to) γεννῶ. from or by ~ ἐκ γενετῆς. ~-control s. πρόληψις συλλήψεως. ~-rate s. ποσοστόν τῶν γεννήσεων.
birthday s. γενέθλια n. pl.
birthplace s. γενέτειρα f.
birthright s. πρωτοτόκια n.pl.
biscuit s. μπισκότο n. ship's ~ γαλέτα f. (fam.) take the ~ see cake s.
bisect v. διχοτομῶ. ~ion s. διχοτόμησις f.
bishop s. ἐπίσκοπος m. ~ric s. ἐπισκοπή f.
bit s. (piece) κομμάτι n. a ~ of (some) λίγος a. a good ~ of money κάμποσα (or ἀρκετά) λεφτά. a ~ (adv.) (rather) λιγάκι, κομμάτι. not a ~ καθόλου. ~ by ~ κομμάτι κομμάτι. fall to ~s καταρρέω. break or tear to ~s κομματιάζω. (horse's) χαλινάρι n. take the ~ between one's teeth (lit. & fig.) ἀφηνιάζω. see brace.
bitch s. σκύλα f. ~y a. κακεντρεχής.
bite v. δαγκώνω, (of insects) τσιμπῶ. (take bait) τσιμπῶ. (fam.) the ~r bit πῆγε γιά μαλλί καί βγῆκε κουρεμένος.
bite s. (act, wound) δάγκωμα n. (wound, mouthful) δαγκανιά f. (insect's) τσίμπημα n. have a ~ of food τσιμπῶ κάτι.
biting a. δηκτικός, φαρμακερός.
bitter a. πικρός, (cold) δριμύς, (hate, enemy) ἄσπονδος, (person) πικραμένος. (mordant) δηκτικός. (disappointment) σκληρός. make or become ~ πικραίνω. ~ly adv. πικρά, σκληρά. ~ness a. (feeling) πικρία f. (taste) πίκρα f., πικρίλα f.

bitter-sweet *a.* γλυκόπικρος.

bitumen *s.* ἄσφαλτος *f.*

bivouac *s.* καταυλισμός *m.* *(v.)* καταυλίζομαι.

bizarre *a.* ἀλαμπουρνέζικος.

blab *v.i.* ἀκριτομυθῶ. *(v.t.)* ~ the secret *(fam.)* τό κάνω τούμπανο.

black *a.* μαῦρος, jet ~ κατάμαυρος. make or become ~ μαυρίζω. *(fig.)* ~ sheep καλό κουμάσι. ~ Maria κλούβα *f.* ~-and-blue μελανιασμένος. in ~ and white *(drawn)* μέ μελάνι, *(in writing)* γραπτῶς. things are looking ~ σκοῦρα τά πράματα. I got ~ looks μέ ἀγριοκοίταξαν.

blackball *v.* μαυρίζω.

blackberry *s.* βατόμουρο *n.*

blackbird *s.* κότσυφας *m.*

blackboard *s.* μαυροπίνακας *m.*

blacken *v.t.& i.* μαυρίζω. *(v.t.)* *(defame)* δυσφημίζω, *(sully)* ἀμαυρώνω.

black-eyed *a.* μαυρομάτης.

blackguard *s.* παλιάνθρωπος *m.* ~**ly** *a.* βρώμικος.

black-haired *a.* μαυρομάλλης.

blacking *s.* μαῦρο βερνίκι.

blackleg *s.* ἀπεργοσπάστης *m.*

blacklist *v.t.* γράφω στό μαυροπίνακα.

blackmail *v.* ἐκβιάζω. *(s.)* ἐκβιασμός *m.* ~**er** *s.* ἐκβιαστής *m.*

black-marketeer *s.* μαυραγορίτης *m.*

blackness *s.* *(also* ~ colour *or* spot) μαυρίλα *f.*

blackout *s.* *(no lights)* συσκότισις *f.* *(of person)* λιποθυμία *f.*

blacksmith *s.* σιδηρουργός *m.*

bladder *s.* κύστις *f.* *(of ball)* σαμπρέλα *f.*

blade *s.* *(of knife)* λεπίδα *f.* *(of safety razor)* ξυραφάκι *n.*, λάμα *f.* *(of oar)* πλάτη *f.* *(of grass, corn)* φύλλο *n.*

blah *s.* *(fam.)* ἀερολογίες *f.pl.*

blame *v.* μέμφομαι. be to ~ φταίω.

blame *s.* *(censure)* μομφή *f.* *(fault)* φταίξιμο *n.* ~**less** *a.* ἄμεμπτος. ~**worthy** *a.* ἀξιόμεμπτος.

blanch *v.i.* *(grow pale)* χλωμιάζω. *(v.t.)* *(make white)* ἀσπρίζω, *(almonds)* ξεφλουδίζω.

bland *a.* πρᾶος, ἀπαλός. ~**ly** *adv.* he ~**ly** announced εἶχε τό τουπέ νά ἀναγγείλη.

blandishment *s.* καλόπιασμα *n.*

blank *s.* κενόν *n.* draw a ~ δέν ἐπιτυγχάνω.

blank *a.* κενός. *(not written on)* ἄγραφος. *(expressionless)* ἀνέκφραστος. *(cheque)* ἀνοικτός. *(wall, window)* τυφλός. *(shot)* ἄσφαιρος. *(unrhymed)* ἀνομοιοκατάλη-

κτος. ~ refusal ὠμή ἄρνησις. ~**ly** *adv.* ἀνεκφράστως, ἀπολύτως.

blanket *s.* κουβέρτα *f.* *(hand-woven)* χράμι *n.* *(v.)* *(fig.)* σκεπάζω.

blare *v.* βουΐζω. ~**ing** *a.* στή διαπασῶν.

blasphem|e *v.* βλασφημῶ. ~**y** *s.* βλασφημία *f.*

blast *v.* *(ruin)* ρημάζω, *(blow up)* ἀνατινάζω, *(burn, shrivel)* καίω. *(int., fam.)* ~! νά πάρη ὁ διάολος! ~**ed** *a.* *(fam.)* παλιο-, βρωμο-.

blast *s.* *(wind)* ριπή *f.* *(explosion)* ἔκρηξις *f.* blow a ~ *(on whistle, etc.)* σφυρίζω. at full ~ *(of sound)* στή διαπασῶν, *(of works, engine)* φούλ. ~-**furnace** *s.* ὑψικάμινος *f,*

blatant *a.* *(deed)* κατάφωρος, *(person)* ξετσίπωτος. ~**ly** *adv.* καταφώρως, ἀδιάντροπα.

blaze *v.i.* *(burn)* φλέγομαι, *(be brilliant)* φεγγοβολῶ. ~ up *(in anger)* ξεσπῶ. ~ away *(shoot)* πυροβολῶ συνεχῶς, *(fig.)* ἐργάζομαι πυρετωδῶς. *(v.t.)* ~ a trail ἀνοίγω δρόμο. ~ abroad διατυμπανίζω.

blaze *s.* *(flame)* φλόγα *f.* *(conflagration)* πυρκαϊά *f.* *(outburst)* ξέσπασμα *n.* ~ of publicity τό φῶς τῆς δημοσιότητος.

blazon *s.* οἰκόσημον *n.* *(v.)* *(decorate)* διακοσμῶ, *(proclaim)* διακηρύσσω.

bleach *v.t.& i.* ξασπρίζω. *(v.t.)* *(linen)* λευκαίνω, *(hair)* ξανοίγω. *(s.)* λευκαντικόν *n.*

bleak *a.* *(exposed)* ἐκτεθειμένος, *(desolate)* ἔρημος, *(cheerless)* ψυχραντικός.

bleary *a.* τσιμπλιάρης.

bleat *v.* βελάζω. *(s.)* βέλασμα *n.*

bleed *v.i.* ματώνω. *(v.t.)* they bled him τοῦ πῆραν αἷμα, *(also fig.)* τοῦ ἔκαναν ἀφαίμαξη. ~**ing** *s.* μάτωμα *n.* ἀφαίμαξις *f.*

blemish *s.* ἐλάττωμα *n.* *(v.)* χαλῶ.

blench *v.* ξαφνιάζομαι.

blend *s.* χαρμάνι *n.* *(v.t.)* *(mix)* συμμιγνύω. *(v.i.)* *(go well together)* ταιριάζω.

bless *v.* εὐλογῶ. be ~ed with ἀπολαμβάνω. ~**ed** *a.* εὐλογημένος, *(epithet of holy man)* ὅσιος. *(in Beatitudes)* μακάριος. ~**ing** *s.* εὐλογία *f.*

blight *s.* σκουριά *f.* *(v.)* χαλῶ, καταστρέφω. ~**er** *s.* *(fam.)* μασκαράς *m.*

blind *s.* *(of window)* στόρ *n.* *(stratagem)* κόλπο *n.*

blind *a.* στραβός, τυφλός. become ~ στραβώνομαι, τυφλώνομαι. be ~ to δέν βλέπω. turn a ~ eye κάνω στραβά μάτια. ~ alley ἀδιέξοδον *n.* ~ man's buff τυφλόμυγα *f*. ~ drunk τύφλα στό μεθύσι.

blind *v.t.* στραβώνω, τυφλώνω. ~ing *a*. ἐκτυφλωτικός. ~ly *adv*. τυφλῶς. ~ness *s*. τύφλα *f*., στραβομάρα *f*.

blindfold *a*. μέ δεμένα τά μάτια.

blink *v.i.* ἀνοιγοκλίνω τά μάτια μου. *(of distant lights)* τρεμοσβήνω. *(as warning signal)* ἀναβοσβήνω.

bliss *s*. εὐδαιμονία *f*. ~ful *a*. πανευτυχής. *(delightful)* τερπνότατος.

blister *s*. φουσκάλα *f*. *(v.i.)* φουσκαλιάζω. ~ing *a*. δριμύς.

blithe *a*. χαρούμενος.

blizzard *s*. χιονοστρόβιλος *m*.

bloated *a*. φουσκωμένος.

bloater *s*. καπνιστή ρέγγα.

blob *s*. σταγόνα *f*. *(of colour)* δούλλα *f*.

bloc *s*. μπλόκ *n*.

block *s*. *(piece)* τεμάχιον *n*. *(log)* κούτσουρο *n*. *(unhewn stone)* ὀγκόλιθος *m*. *(cut stone)* κυβόλιθος *m*. *(ice)* κολόνα *f*. *(buildings)* τετράγωνο *n*. *(flats)* πολυκατοικία *f*. *(pulley)* τροχαλία *f*. *(obstruction)* ἐμπόδιο *n*. *(traffic jam)* μποτιλιάρισμα *n*.

block *v*. *(hinder)* ἐμποδίζω, *(road etc.)* φράζω. *(stop up, also* become ~ed) δουλλώνω. ~age *s*. δούλλωμα *n*., ἀπόφραξις *f*.

blockade *s*. ἀποκλεισμός *m*. *(v.)* μπλοκάρω.

blockhead *s*. κούτσουρο *n*., τοῦβλο *n*.

blond(e) *a*. ξανθός.

blood *s*. αἷμα *n*. bad ~ ἔχθρα *f*. in cold ~ ἐν ψυχρῷ. his ~ is up ἀνάψανε τά αἵματά του. ~ red αἱματόχρους. covered in ~ αἱμόφυρτος. ~-curdling *a*. φρικιαστικός. ~-donation *s*. αἱμοδοσία *f*. ~-feud *s*. βεντέτα *f*. ~less *a*. ἀναίμακτος. ~-letting *s*. ἀφαίμαξις *f*. ~-orange *s*. σαγκουίνι *n*. ~-pressure *s*. πίεσις *f*. ~shed *s*. αἱματοχυσία *f*. ~shot *a*. κόκκινος. ~stained *a*. ματωμένος. ~thirsty *a*. αἱμοβόρος. ~-vessel *s*. ἀγγεῖον *n*.

bloody *a*. αἱματηρός, *(bleeding)* ματωμένος. *(fam.)* βρωμο-, παλιο-. ~ swine βρωμόσκυλο *n*. ~-minded *a*. στραβόξυλο *n*.

bloom *s*. *(flower)* ἄνθος *n*. *(flowering)* ἄνθησις *f*. *(on fruit)* χνούδι *n*. *(prime)* ἀκμή *f*. in ~ ἀνθισμένος. in full ~ εἰς πλήρη ἀκμήν.

bloom *v*. ἀνθίζω. ~ing *a*. *(girl)* δροσερός, *(old person)* ἀνθηρός.

bloomer *s*. *(fam.)* γκάφα *f*. ~s *s*. βράκα *f*.

blossom *s*. *see* bloom. *(v.)* ἀνθίζω, *(come out)* ἀνοίγω.

blot *v*. *(stain)* κηλιδώνω, *(dry ink)* στουπώνω. ~ out *(erase)* ἐξαλείφω, *(hide)* καλύπτω. *(s.)* *(lit. & fig.)* κηλίς *f*. *(ink)* μελανιά *f*.

blotch *s*. λεκές *m*. *(on skin)* πανάδα *f*.

blotting-paper *s*. στουπόχαρτο *n*.

blouse *s*. μπλούζα *f*.

blow *s*. *(stroke)* χτύπημα *n*. *(with fist)* μπουνιά *f*. *(shock)* πλήγμα *n*. it was a great ~ to him τοῦ κόστισε πάρα πολύ come to ~s ἔρχομαι στά χέρια. at one ~ διά μιᾶς.

blow *v.t.& i*. φυσῶ. *(v.i.)* *(of flag, hair, etc. in wind)* ἀνεμίζω. *(of trumpet)* ἠχῶ. *(of whistle, siren)* σφυρίζω. *(of fuse)* καίομαι. ~ hot and cold ταλαντεύομαι. the door blew open ὁ ἀέρας ἄνοιξε βιαίως τήν πόρτα. dust blew in our faces ὁ ἀέρας μᾶς ἔφερε σκόνη στό πρόσωπό μας. it blew away *or* off τό πῆρε ὁ ἄνεμος. it blew down τό ἔρριξε ὁ ἄνεμος. ~ in *(turn up)* πλακώνω. ~ over *(cease)* κοπάζω. ~ out *(v.t.& i.)* σβήνω. ~ up *(v.t.)* *(inflate)* φουσκώνω, *(scold)* λούζω, *(shatter)* τινάζω στόν ἀέρα, *(v.i., explode)* τινάζομαι.

blow-out *s*. *(fam.)* I had a ~ *(food)* ἔφαγα τόν περίδρομο, *(a puncture)* μ' ἔπιασε λάστιχο.

blowzy *a*. a ~ female μία τσούλα.

blubber *v*. *(cry)* κλαίω μέ πολλά δάκρυα.

blubber *s*. λίπος φάλαινας.

bludgeon *v*. ξυλίζω. *(s.)* ρόπαλον *n*.

blue *a*. μπλέ, *(azure)* γαλάζιος, κυανοῦς *(esp. eyes)* γαλανός. *(dark)* μαβής. *(fam.)* feel ~ βαρυθυμῶ. ~ jokes σόκιν *n. pl.* out of the ~ ἀπροσδόκητα. ~-and-white *s*. *(Gk. flag)* κυανόλευκος *f*, ~-blooded *a*. γαλαζοαίματος. ~-book *s*. κυανή βίβλος. ~-bottle *s*. κρεατόμυγα *f*. ~-print *s*. σχέδιον *n*. ~-stocking *s*. λογία *f*.

bluff *s*. *(cliff)* κρημνός *m*. *(a.)* *(abrupt)* ἀπότομος, *(frank)* ντόμπρος.

bluff *s*. *(deception)* μπλόφα *f*. *(v.i.)* μπλοφάρω.

blunder *s*. γκάφα *f*. *(v.)* κάνω γκάφα. ~er *s*. γκαφαδόρος *m*.

blunderbuss *s*. τρομπόνι *n*.

blunt *v*. ἀμβλύνω, *(also* get ~) στομώνω

blunt *a*. *(not sharp)* ἀμβλύς, στομωμένος it is ~ δέν κόβει. make *or* get ~ στο μώνω. ~ refusal ὠμή ἄρνησις. *(person)* ντόμπρος, ἀπότομος. ~ly *adv*. ντόμπρα ἀπότομα.

blur v. (make dim) (also become ~red) θολώνω. ~red a. θολός, ἀμυδρός, ἀόριστος.

blurt v. ~ it out μοῦ ξεφεύγει.

blush v. κοκκινίζω. (s.) κοκκίνισμα n. at first ~ ἐκ πρώτης ὄψεως.

bluster v. (of wind) μαίνομαι, (of person) ἀπειλῶ θεούς καί δαίμονες. (s.) (of wind) φυσομανητό n. (bombast) μεγαλαυχία f. ~er s. φανφαρόνος m. ~y a. θυελλώδης.

boa s. (snake) ὅάς m.

boar s. (wild) κάπρος m., ἀγριογούρουνο n. (domestic) χοῖρος m.

board s. (plank) σανίδι n. (black ~, notice ~) πίνακας m. (council) συμβούλιον n. (committee) ἐπιτροπή f. (food) τροφή f. ~ and lodging οἰκοτροφία f. on ~ ship ἐπί τοῦ πλοίου. go on ~ ἐπιβιβάζομαι (with σέ). above ~ (a.) τίμιος, (adv.) τίμια. across the ~ γενικά. sweep the ~ κερδίζω τά πάντα.

board v. (put ~s over) σανιδώνω. (feed) ταΐζω, (be fed) οἰκοσιτῶ. (go on ~) ἐπιβαίνω (with gen). ~er s. οἰκότροφος m.f., (at school) ἐσωτερικός m. ~inghouse s. πανσιόν f. ~ing-school s. σχολεῖο μέ ἐσωτερικά παιδιά.

boast v.i. κομπάζω, καυχιέμαι. (v.t.) our town ~s a fine park ἡ πόλις μας εἶναι περήφανη γιά τό ὡραῖο πάρκο της. (s.) καυχησιά f. (thing one is proud of) καύχημα n. ~ing s. κομπασμός m.

boastful a. καυχησιάρης. ~ly adv. μέ κομπασμό. ~ness s. κομπασμός m.

boat s. βάρκα f. (skiff, lifeboat, etc.) λέμβος f. (large) καράβι n. we are all in the same ~ ὅλοι βράζομε στό ἴδιο καζάνι. burn one's ~s (fig.) παίρνω ἀμετάκλητη ἀπόφαση. (v.) go ~ing πηγαίνω βαρκάδα. ~hook s. κοντάρι n., γάντζος m. ~man s. βαρκάρης, λεμβοῦχος m. ~-race s. λεμβοδρομία f. ~swain s. λοστρόμος m.

boater s. (hat) ψαθάκι n.

bob v.i. ~ up and down χοροπηδῶ. (v.t.) ~bed hair τά μαλλιά κομμένα κοντά.

bobbin s. μασούρι n.

bode v.t.& i. προμηνύω.

bodice s. μπούστος m.

bodiless a. ἀσώματος.

bodily a. σωματικός. (adv.) (all together) ὅλοι μαζί, (by force) διά τῆς βίας.

bodkin s. βελόνα f.

body s. (human, animal) σῶμα n., κορμί n. (corpse) πτῶμα n. (group, institution, thing) σῶμα n. (team) ὁμάς f. (mass) ὄγκος m. (of vehicle) ἀμάξωμα n., καροσερί f. (main part) κύριον μέρος. (substantial character) οὐσία f. ~ politic κράτος n. in a ~ ὁμαδικῶς. ~ and soul (adv.) ψυχῆ τε καί σώματι. ~guard s. σωματοφυλακή f., (one man) σωματοφύλαξ m.

Boeotian a.& s. Βοιωτός.

bog s. ἕλος n., βάλτος m. get ~ged down (fig.) σκαλώνω. ~gy a. ἑλώδης.

boggle v.i. δειλιάζω.

bogus a. ψεύτικος.

bogy(man) s. μπαμπούλας m.

bohemian s. βοημός, μποέμ m. (a.) μποέμικος.

boil s. δοθιήν m. (fam.) καλόγερος m.

boil v. βράζω, come to the ~ παίρνω βράση. ~ over ξεχειλίζω. ~ away ἐξατμίζομαι. (fig.) it ~s down to this ἐν περιλήψει ἔχει ὡς ἑξῆς. ~ed a. βραστός.

boiler s. καζάνι n., (ἀτμο)λέβης m.

boiling a. (liquid) βράζων. (fig.) (very hot) καυτός.

boiling s. βρασμός m., βράσιμο n. ~ point σημεῖον ζέσεως.

boisterous a. θορυβώδης.

bold a. τολμηρός, (vivid) ἔντονος, (distinct) εὐκρινής. (type) μαῦρος. make ~ τολμῶ. ~ as brass ἀναιδής. ~ly adv. τολμηρῶς. εὐκρινῶς. ~ness s. τόλμη f.

bole s. κορμός m.

bollard s. δέστρα f.

bolster s. κεφαλάρι n. (v.) ~ (up) ὑποστηρίζω.

bolt s. (on door) σύρτης m. (with nut) μπουλόνι n. (cloth) τόπι n. like a ~ from the blue αἰφνιδιαστικῶς. (v.t.) (door) μανταλώνω.

bolt v.i. (run off) τό σκάω, (of horse) ἀφηνιάζω. (v.t., swallow) χάφτω.

bolt adv. ~ upright ὀλόρθος.

bomb s. βόμβα f.

bomb, ~ard v. βομβαρδίζω. ~ardment s. βομβαρδισμός m. ~er s. (aero.) βομβαρδιστικόν n.

bombast s. κομπορρημοσύνη f. ~ic a. κομπαστικός.

bombshell s. it came as a ~ to me μοῦ ἦρθε κεραμίδα.

bona fide a. σοβαρός, πραγματικός, καλῆς πίστεως.

bonbon s. καραμέλα f.

bond s. (tie) δεσμός m. ~s (fetters) δεσμά n.pl. (contract) συμβόλαιον n. (debenture) ὁμολογία f. (promissory note)

ὁμόλογον *n*. in ~ ὑπό διαμετακόμισιν.
bond *v.t.* *(bind)* δένω.
bondage *s*. δουλεία *f*.
bone *a*. κοκκαλένιος, ἀπό κόκκαλο. **~less** *a*. ἀκόκκαλος.
bone *s*. κόκκαλο *n*., ὀστοῦν *n*. **~s** *(remains)* ὀστᾶ *n. pl*. ~ of contention μῆλον τῆς ἔριδος. make no ~s *(about)* δέν διστάζω *(νά)*. I have a ~ to pick with you ἔχω παράπονα μαζί σου. *(v.)* ξεκοκκαλίζω. **~-dry** *a*. κατάξερος. **~-headed** *a*. κουτός. **~-idle** *a*. ἀρχιτεμπέλαρος.
bone-shaker *s*. *(fam.)* σακαράκα *f*.
bonfire *s*. φωτιά *f*.
bonnet *s*. σκούφια *f*.
bonny *a*. ὄμορφος.
bonus *s*. δῶρον *n*. *(also on shares, etc.)* ἔκτακτον μέρισμα.
bony *a*. κοκκαλιάρης.
boo *v*. γιουχαΐζω. *(s.)* γιούχα *n*. **~ing** *s*. γιουχάισμα *n*.
booby *s*. βλάκας *m*. **~-trap** *s*. παγίδα *f*.
book *v.t.* *(enter)* καταγράφω, *(reserve)* κρατῶ, κλείνω, *(performer)* ἀγκαζάρω. *(v.i., take ticket)* βγάζω εἰσιτήριο.
book *s*. βιβλίο *n*. *(bank-~, etc.)* βιβλιάριον *n*. **~s** *(accounts)* κατάστιχα *n.pl*. I bring him to ~ τοῦ ζητῶ εὐθύνας. I am in his good ~s μέ καλοβλέπει. it doesn't suit my ~ δέν μοῦ κάνει. **~-case** *s*. βιβλιοθήκη *f*. **~ing-office** *s*. ταμεῖον *n*. **~-keeper** *s*. λογιστής *m*. **~-keeping** *s*. λογιστική *f*. **~-let** *s*. φυλλάδα *f*. **~-maker** *s*. πράκτωρ στοιχημάτων στίς κούρσες. **~-seller** *s*. βιβλιοπώλης *m*. **~-shop** *s*. βιβλιοπωλεῖον *n*. **~-worm** *s*. *(fig.)* βιβλιοφάγος *m.f*.
bookbind|ery *s*. βιβλιοδετεῖον *n*. **~ing** *s*. βιβλιοδεσία *f*.
bookie *s*. see bookmaker.
boom *s*. *(barrier)* ζεύγμα *n*. *(noise)* βρόντος *m*. *(trade)* οἰκονομικός ὀργασμός. *(v.i.)* *(sound)* βροντῶ, *(thrive)* εὐδοκιμῶ.
boon *s*. *(favour)* χατίρι *n*. *(sthg. useful)* εὐλογία *f*.
boor *s*., **~ish** *a*. ἀγροῖκος. **~ishness** *s*. ἀγροικία *f*.
boost *v.t.* *(lift)* σηκώνω, *(increase)* αὔξάνω, *(publicize)* διαφημίζω, *(advance)* προωθῶ, *(strengthen)* ἐνισχύω. *(s.)* σπρώξιμο *n*. διαφήμισις *f*. ἐνίσχυσις *f*. **~er** *s*. *(mech.)* ἐνισχυτής *m*. *(dose)* συμπληρωματική δόσις.
boot *s*. μπότα *f*. *(soldier's)* ἀρβύλα *f*. top-~ στιβάλι *n*. *(of car)* πόρτ-μπαγκάζ *n*. he got the ~ *(fam.)* τόν ἔδιωξαν.

(adv.) to ~ εἰς ἐπίμετρον. *(v.) (kick)* κλωτσῶ. ~ out πετῶ ἔξω.
bootblack *s*. λοῦστρος *m*.
booth *s*. μπάγκος *m*. *(telephone, etc.)* θάλαμος *m*.
bootlace *s*. κορδόνι *n*.
bootlegging *s*. λαθρεμπόριο οἰνοπνευματωδῶν ποτῶν.
booty *s*. λάφυρα *n.pl*. λεία *f*.
booz|e *v*. *(fam.)* τό τσούζω. *(s.)* ποτό *n*. **~ing** *s*. μεθοκόπι *n*.
border *v*. *(adjoin)* συνορεύω μέ, γειτνιάζω μέ. *(lie along edge of)* βρίσκομαι στήν παρυφή *(with gen.)*. **~ed** with lace μέ μπορντούρα ἀπό νταντέλα.
border *s*. *(edge)* παρυφή *f*, *(edging)* μπορντούρα *f*. *(frontier)* σύνορα *n. pl*. *(a.)* *(of the frontier)* παραμεθόριος.
borderland *s*. παραμεθόριος περιοχή. *(fig.)* μεταίχμιον *n*.
borderline *s*. σύνορον *n*. *(fig.)* ~ case ἀμφισβητήσιμος ὑπόθεσις. it is on the ~ βρίσκεται στή διαχωριστική γραμμή.
bore *s*. *(calibre)* ὁλκή *f*. *(nuisance)* μπελᾶς *m*.
bor|e *v*. *(hole, tunnel etc.)* ἀνοίγω. *(for oil etc.)* κάνω γεωτρήσεις. *(weary)* κουράζω. be **~ed** βαριέμαι, πλήττω. he **~es** me μέ κάνει καί πλήττω. **~edom** *s*. πλῆξις *f*, ἀνία *f*. **~ing** *a*. πληκτικός, ἀνιαρός.
born *a*. γεννημένος. be ~ γεννιέμαι. ~ and bred γέννημα καί θρέμμα.
borough *s*. δῆμος *m*. ~ council δημοτικόν συμβούλιον.
borrow *v*. δανείζομαι. **~ed** *a*. δανεικός. **~er** *s*. ὁ δανειζόμενος.
bosh *s*. *(fam.)* ἀνοησίες *f. pl*.
bosom *s*. στῆθος *n*. *(fig.)* in the ~ of his family στούς κόλπους τῆς οἰκογενείας του. ~ friend ἐπιστήθιος φίλος.
boss *s*. *(protuberance)* προεξοχή *f*. *(on shield)* ἐπίσημον *n*.
boss *v.t.* *(bungle, miss)* δέν πετυχαίνω. *(s.)* make a ~ shot τά κάνω σαλάτα. **~-eyed** *a*. στραβός.
boss *s*. *(fam., master)* ἀφεντικό *n*. *(v.t.)* *(control, run)* διευθύνω. ~ *(person)* around ἐξουσιάζω. who is the ~ here? ποιός ἐξουσιάζει ἐδῶ; **~y** *a*. ἐξουσιαστικός.
botan|ic(al) *a*. βοτανικός. **~ist** *s*. βοτανολόγος *m*. **~y** *s*. βοτανική *f*.
botch *v*. *(repair)* μπαλώνω. *(bungle)* τά κάνω σαλάτα. a ~ed job τσαπατσούλικη δουλειά.
both *a. & pron*. καί οἱ δύο, ἀμφότεροι. ~

of us καί οἱ δύο μας. on ~ sides καί
ἀπό τίς δύο μεριές. ~... and καί... καί.
you can't have it ~ ways ἤ τό ἕνα ἤ τό
ἄλλο.
bother *v.t. & i. (give trouble to)* ἐνοχλῶ.
(take trouble) κοπιάζω, σκοτίζομαι,
κάνω τόν κόπο (νά). I can't be ~ed *(to)*
βαριέμαι (νά). ~! νά πάρη ἡ ὀργή! *(s.)*
μπελᾶς *m.* ~some *a.* ἐνοχλητικός.
bottle *s.* μπουκάλι *n.*, φιάλη *f. (v.)* ἐμφια-
λώνω, μποτιλιάρω. ~ up *(block)* μποτι-
λιάρω, *(repress)* συγκρατῶ. ~-**neck** *s.*
μποτιλιάρισμα *n.*
bottom *s. (of sea, well)* βυθός *m.*, πάτος
m., πυθμήν *m. (of hole, garden, street)*
βάθος *n. (of stairs)* βάση *f. (of page)*
κάτω μέρος. *(of receptacle, list, class, &*
general) πάτος *m. (buttocks)* πισινός *m.*,
(fam.) ποπός *m.* at ~ κατά βάθος. touch
~ πατῶ, *(fig.)* φθάνω στό κατώτερο ση-
μεῖο. get to the ~ of ἐξηγῶ. be at the ~
of εἶμαι πίσω ἀπό. knock the ~ out of
ἀνατρέπω.
bottom *a. (lowest)* ὁ κατώτερος, *(last)* τε-
λευταῖος. he came ~ ἦρθε πάτος.
bottomless *a.* ἀπύθμενος.
bough *s.* κλάδος *m.*
bought *a. (lit.)* ἀγοραστός, *(bribed)* ἀγο-
ρασμένος.
boulder *s.* κοτρόνι *n.*
boulevard *s.* λεωφόρος *f.*
bounc|e *v.i.* πηδῶ. *(s.)* πήδημα *n. (swag-*
ger) κομπασμός *m. (fam., of ball)* γκέλ
n. ~**er** *s.* μπράβος *m.* ~**ing** *a.* ζωηρός.
~ing girl *(fam.)* κόμματος *m.*
bound *v.i. (leap)* πηδῶ, *(esp. with emo-*
tion) σκιρτῶ. *(s.)* ἄλμα *n.* by leaps and
~s ἁλματωδῶς.
bound *v.t. (limit)* ὁρίζω, περιορίζω. be
~ed by περιβάλλομαι ἀπό. *(s.)* ὅριον *n.*
beyond *(or within)* the ~s of πέραν *(or*
ἐντός) τῶν ὁρίων *(with gen.)*. his ef-
frontery knows no ~s τό θράσος του δέν
ἔχει ὅρια. it is out of ~s ἀπαγορεύεται.
bound *a. (of book)* δεμένος. *(connected)*
be ~ up with ἔχω σχέση μέ. *(occupied)*
be ~ up in ἀπασχολοῦμαι μέ. *(going)* be
~ for προορίζομαι γιά. *(obliged)* I am ~
to go εἶμαι ὑποχρεωμένος νά πάω. *(sure)*
he is ~ to be late ἀσφαλῶς θά ἀργήση.
boundary *s.* ὅριον *n.*, σύνορον *n.*
bounden *a.* ~ duty ἐπιβεβλημένον καθῆ-
κον.
bounder *s. (fam.)* παλιάνθρωπος *m.*
boundless *a.* ἀπέραντος.
bount|eous, ~**iful** *a.* γενναιόδωρος. ~**y** *s.*

γενναιοδωρία *f. (reward)* ἀμοιβή *f.*
bouquet *s.* μπουκέτο *n. (of wine)* ἄρωμα *n.*
bourgeois *s.* ἀστός *m. (fam.)* μπουρζουάς
m. (a.) (ideas, etc.) μικροαστικός. ~**ie** *s.*
ἀστική τάξις.
bout *s. (fit)* κρίση *f.* he had a ~ of drink-
ing τό ἔρριξε στό ποτό.
bovine *a.* βόειος.
bow *v.i. (lit. & fig.)* ὑποκλίνομαι.
(v.t. & i.) (bend) λυγίζω, γέρνω. *(v.t.)*
(one's head) σκύβω, *(one's knee)* κλίνω.
~ down *(oppress)* καταθλίβω. be ~ed
(with age) ἔχω γείρει. *(s.) (salute)* ὑπό-
κλισις *f.*
bow *s. (of ship)* πρῶρα *f.*, πλώρη *f.*
bow *s. (weapon & mus.)* τόξον *n. (mus.)*
δοξάρι *n.* have two strings to one's ~ τό
ἔχω δίπορτο. *(knot)* φιόγκος *m.* ~-**legged**
a. στραβοκάνης.
bowdlerize *v.* ἀποκόπτω τά ἀκατάλληλα
χωρία.
bowel *s.* ἔντερον *n.* ~s *(entrails, compas-*
sion) σπλάχνα *n.pl. (depths)* ἔγκατα *n.pl.*
pass motion of ~s ἐνεργοῦμαι.
bower *s. (arbour)* σκιάδα *f.*
bowl *s. (basin)* λεκάνη *f.*, *(small)* μπόλ *n.*
(of ceiling light) πλαφονιέρα *f.*
bowl *v.t. & i.* κυλῶ. *(fig.)* ~ *(person)* over
καταπλήσσω. ~ along *(v.i.)* τρέχω. *(s.)*
(ball) μπάλλα *f.* ~s παιχνίδι τῆς μπάλ-
λας.
bowler *s.* ~ hat μπομπέ *m.*, σκληρό *n.*
bowman *s.* τοξότης *m.*
bowsprit *s.* πρόβολος *m.*, μπομπρέσο *n.*
box *s.* κουτί *n. (chest, also gear* ~, *letter*
~, *etc.)* κιβώτιον *n. (theatre)* θεωρεῖον
n., ~-office ταμεῖον *n. (on ear)* χαστούκι
n. (shrub) πυξάρι *n. (v.t.)* βάζω σέ
κουτί. ~ in *or* up *(confine)* περιορίζω.
box *v.i.* πυγμαχῶ. ~**er** *s.* πυγμάχος *m.*
~**ing** *s.* πυγμαχία *f.*, μπόξ *n*, ~ing ring
ρίγκ *n.*
boy *s.* ἀγόρι *n.*, *(little)* ἀγοράκι *n.* ~s'
(school) ἀρρένων. ~**hood** *s.* παιδική ἡλι-
κία. ~**ish** *a.* ἀγορίστικος, σάν ἀγοριοῦ.
boycott *s.* μποϋκοτάζ *n. (v.)* μποϋκοτάρω.
bra *s. (fam.)* σουτιέν *n.*
brace *s. (support)* στήριγμα *n. (pair)* ζευ-
γάρι *n. (tool)* ~ and bit χειροδράπανο *n.*
~s *s.* τιράντες *f. pl.*
brac|e *v. (tighten)* σφίγγω, *(support)* στη-
ρίζω. *(invigorate)* ζωογονῶ, τονώνω.
~**ing** *a.* τονωτικός.
bracelet *s.* βραχιόλι *n.*
bracken *s.* φτέρη *f.*
bracket *s.* κονσόλα *f.*, φουρούσι *n.*

(gram.) ~s παρένθεσις *f.* square ~s
ἀγκύλαι *f.pl.* in ~s ἐν παρενθέσει.
(v.) (couple) ἑνώνω.
brackish *a.* γλυφός.
bradawl *s.* σουβλί *n.*
brag *v.* καυχιέμαι. ~**gart** *s.* καυχησιάρης
m. ~**ging** *s.* καυχησιά *f.*
braid *s. (trimming)* γαλόνι *n.,* γαϊτάνι *n.*
(tress) πλεξούδα *f. (v.)* πλέκω.
brain *s. (lit. & fig.)* μυαλό *n., (lit.)* ἐγκέ-
φαλος *m.* ~s *(intellect)* μυαλό *n. (as
eaten or blown out)* μυαλά *n.pl.* he's got
it on the ~ τοῦ ἔχει γίνει ἔμμονος ἰδέα.
rack one's ~s σπάζω τό κεφάλι μου. he's
a first-class ~ εἶναι ἐγκέφαλος. *(v.t.) (kill
person with blow)* τοῦ ἀνοίγω τό κεφάλι.
~**less** *a.* ἠλίθιος. ~-**washing** *s.* πλύσις τοῦ
ἐγκεφάλου. ~-**wave** *s.* φαεινή ἰδέα. ~**y**
a. ἔξυπνος.
braise *v.t.* ψήνω στήν κατσαρόλα.
brake *s. (of wheels)* τροχοπέδη *f. (lit. &
fig.)* φρένο *n. (v.)* φρενάρω.
bramble *s.* βάτος *m.*
bran *s.* πίτουρο *n.*
branch *s. (of tree)* κλάδος *m.,* κλαρί *n.,*
κλαδί *n. (subdivision)* κλάδος *m. (of
army)* ὅπλον *n.* (~ *line or road)* δια-
κλάδωσις *f.* (~ *office)* ὑποκατάστημα *n.*
branch *v.i. (diverge)* διακλαδίζομαι. ~ out
(expand) ἐπεκτείνομαι.
brand *s. (torch)* δαυλός *m. (stigma)*
στίγμα *n. (make)* μάρκα *f. (v.) (mark)*
σημαδεύω, *(fig.)* στιγματίζω. ~-**new** *a.*
κατακαινούργιος.
brandish *v.* κραδαίνω.
brandy *s.* κονιάκ *n.*
brash *a.* αὐθάδης.
brass *s.* ὀρείχαλκος *m., (fam.)* μπροῦντζος
m. (fig.) (effrontery) αὐθάδεια *f., (mo-
ney)* παράδες *m.pl. (mus.)* the ~ τά
χάλκινα. *(fam.)* top ~ ἀνώτεροι ἀξιωμα-
τικοί.
brass *a.* ὀρειχάλκινος, *(fam.)* μπρούντζι-
νος. get down to ~ tacks ἔρχομαι στό
ψαχνό. ~**y** *a. (fig.)* χτυπητός καί χυ-
δαῖος.
brassière *s.* σουτιέν *n.*
brat *s.* κουτσούβελο *n.*
bravado *s.* ἀποκοτιά *f.*
brave *v.* ἀψηφῶ.
brave *a.* ἀνδρεῖος, γενναῖος. ~ person
παλληκάρι *n.* ~**ly** *adv.* γενναῖα, παλλη-
καρίσια. ~**ry** *s.* ἀνδρεία *f.*
bravo *s.* μπράβος *m. (int.)* μπράβο!
brawl *s.* καβγᾶς *m. (v.)* καβγαδίζω. ~**er**
s. καβγατζῆς *m.*

brawn *s. (meat)* πηχτή *f. (strength)* ρώμη
f. ~**y** *a.* νευρώδης.
bray *v.* γκαρίζω. *(s.)* γκάρισμα *n.*
brazen *a.* ὀρειχάλκινος. *(fig.)* ξεδιάντρο-
πος. *(v.)* ~ it out προσπαθῶ νά ξεμ-
πλέξω ἀπό μία δύσκολη θέση μέ θρασύ-
τητα.
brazier *s.* μαγκάλι *n.*
breach *s. (hole)* ρῆγμα *n. (rupture)* ρῆξις
f. (of rule) παράβασις *f. (of agreement)*
ἀθέτησις *f.* ~ of the peace διατάραξις
τῆς ἡσυχίας. *(v.)* κάνω ρῆγμα σέ, παρα-
βαίνω.
bread *s.* ψωμί *n.,* ἄρτος *n.* ~ and cheese
ψωμοτύρι *n.* earn one's ~ βγάζω τό
ψωμί μου. ~-crumbs γαλέτα *f.* ~-winner
προστάτης οἰκογενείας.
breadth *s.* πλάτος *n.,* εὐρύτης *f.,* φάρδος *n.*
break *s. (interruption, pause)* διακοπή *f.*
(interval) διάλειμμα *n. (gap)* κενόν *n.*
(opening) ἄνοιγμα *n. (rupture)* ρῆξις *f.*
there's a ~ in the wire ἔσπασε τό σύρμα.
~ of day χαράματα *n.pl.*
break *v.t. (lit. & fig.)* σπάζω, *(put out of
order)* χαλῶ, *(a rule)* παραβαίνω, *(an
agreement)* ἀθετῶ. *(a journey)* διακόπτω.
~ the news *(of)* ἀναγγέλλω μέ τρόπο
(ὅτι). ~ one's word πατῶ τό λόγο μου.
~ the force of *(the wind)* κόβω, *(an at-
tack)* ἀναχαιτίζω.
break *v.i. (lit. & fig.)* σπάζω, *(go wrong)*
χαλῶ. day ~s χαράζει. ~ even ἔρχομαι
ἴσα-ἴσα. ~ loose ξεφεύγω. ~ with *(per-
son)* τά χαλῶ μέ. ~ away from *(group)*
ξεκόβω ἀπό.
break down *v.t. (resistance)* κάμπτω,
(analyse) ἀναλύω. *(v.i.) (collapse)* κα-
ταρρέω. *(of vehicle)* παθαίνω βλάβη,
χαλῶ. *(come to nothing)* ἀποτυχαίνω.
breakdown *s. (nervous)* νευρικός κλονι-
σμός. *(stoppage)* διακοπή *f. (of vehicle)*
βλάβη *f. (analysis)* ἀνάλυσις *f.*
break in *v.t. (accustom)* ἐξοικειώνω. *(v.i.)*
(of thieves) κάνω διάρρηξιν. *(interrupt)*
somebody broke in κάποιος πετάχτηκε.
break-in *s.* διάρρηξις *f.*
break into *v. (laughter)* ξεσπάζω σέ,
(premises) διαρρηγνύω.
break off *v.t. (detach)* κόβω, *(a betrothal)*
διαλύω, *(relations)* διακόπτω. *(v.i.)*
(come off) σπάζω, *(stop talking)* διακό-
πτω.
break out *v.i. (escape)* δραπετεύω. *(of
fire, war)* ἐκρήγνυμαι. *(exclaim)* ξε-
σπάζω. ~ in spots βγάζω σπυριά.
break-out *s.* δραπέτευσις *f.*

break through v.t. (mil.) διασπῶ. the sun broke through the clouds ὁ ἥλιος ξεπρόβαλε μέσα ἀπό τά σύννεφα. (make hole in) τρυπῶ. (v.i.) (advance) ἀνοίγω δρόμο.

break-through s. (mil.) διάσπασις f. (success) ἐπίτευγμα н.

break up v.t. (divide) διαιρῶ. (dissolve, disperse, demolish) διαλύω. (v.i.) (of school) διακόπτω. (be dissolved, etc.) διαλύομαι.

break-up s. διάλυσις f.

breakable a. εὔθραυστος.

breakage s. σπάσιμο n.

breaker s. μεγάλο κῦμα.

breakfast s. πρωινό n.

breakneck a. at ~ speed μέ ἰλιγγιώδη ταχύτητα.

breakwater s. κυματοθραύστης m.

breast s. (chest) στῆθος n., (pl. στήθη). (woman's) στῆθος n., (pl. στήθη or στήθια), (fam.) βυζί n. make a clean ~ of ὁμολογῶ. (v.t.) (face) ἀντιμετωπίζω, (climb) ἀνεβαίνω σέ. ~-bone s. στέρνον n. ~-plate s. θώραξ m. ~work s. πρόχωμα n.

breath s. πνοή f., ἀναπνοή f., ἀνάσα f. all in one ~ ἀπνευστί. be out of ~ λαχανιάζω. it took my ~ away μοῦ 'κοψε τήν ἀνάσα. speak under one's ~ μιλῶ μέσ' στό στόμα μου. hold one's ~ κρατῶ τήν ἀναπνοή μου. not a ~ of suspicion οὔτε ἴχνος ὑποψίας. there isn't a ~ of wind δέν φυσάει τίποτε.

breathe v.t. & i. ἀναπνέω. (v.i.) (also get one's breath) ἀνασαίνω. ~ one's last πνέω τά λοίσθια. don't ~ a word μή βγάλης κίχ (or ἄχνα).

breather s. ἀνάπαυλα f.

breathing s. ἀναπνοή f. ~-space ἀνάπαυλα f.

breathless a. (panting) λαχανιασμένος, (tense) ἀγωνιώδης.

breech s. (of gun) θαλάμη f. ~es s. κυλότα f., βράκα f.

breed s. ράτσα f. (v.t.) (livestock) τρέφω, (give birth to, lit. & fig.) γεννῶ. (bring up) ἀνατρέφω. ~ing s. ἀνατροφή f. of good ~ing μέ καλή ἀνατροφή.

breeze s. αὖρα f., ἀεράκι n. sea-~e μπάτης m. ~y a. ~y day μέρα μέ αὖρα. this is a ~y spot ἐδῶ πάντα φυσάει. (person) ζωηρός, χωρίς τύπους.

breviary s. σύνοψις f.

brevity s. συντομία f. (of speech only) βραχυλογία f.

brew v. (prepare) παρασκευάζω. (fig.) be ~ing ἐπικρέμαμαι. ~ery s. ζυθοποιεῖον n. ~ing s. ζυθοποιία f.

bribe s. δωροδόκημα n. (fam.) petty ~ τραμπούκο n. take ~s δωροδοκοῦμαι, χρηματίζομαι. (v.t.) δωροδοκῶ.

bribery s. δωροδοκία f. (taking of bribes) δωρoληψία f.

brick s. τοῦβλο n., πλίνθος f. (sunbaked) πλίθ(ρ)α f. built of ~ πλινθόκτιστος. (fam.) drop a ~ κάνω γκάφα. he's a ~ εἶναι ἐν τάξει ἄνθρωπος. ~work s. πλινθοδομή f. ~yard s. τουβλάδικο n.

brid|e s. νύφη f. ~al a. νυφικός. ~egroom s. γαμπρός m.

bridge s. γέφυρα f., γεφύρι n. (cards) μπρίτζ n. (v.) γεφυρώνω. ~head s. προγεφύρωμα n.

bridle s. χαλινάρι n. (v.t.) (horse) χαλινώνω, (temper) χαλιναγωγῶ. (v.i., show resentment) τινάζω τό κεφάλι μου θιγμένος. ~-path s. μονοπάτι γιά ἵππεῖς.

brief a. σύντομος. in ~ see briefly. ~ly adv. ἐν συντομία, μέ λίγα λόγια.

brief s. (law) δικογραφία f., φάκελλος m. (fig.) hold no ~ for δέν πρόσκειμαι εἰς. (v.t.) (law) ἀναθέτω ὑπόθεσιν εἰς. (inform) \ ἐνημερώνω. ~ing s. ἐνημέρωσις f.

brief-case s. τσάντα f., χαρτοφύλαξ m.

brier s. ἀγριοτριανταφυλλιά f.

brig s. (naut.) μπρίκι n.

brigad|e s. (mil.) ταξιαρχία f. ~ier s. ταξίαρχος m.

brigand s. ληστής m. ~age s. ληστεία f.

bright a. (full of light) φωτεινός, (shining ~ly) λαμπερός, (colour) ζωηρός, (cheerful) γελαστός, (clever) ἔξυπνος. ~ idea φαεινή ἰδέα. ~en v.t. & i. ζωηρεύω. ~ly adv. λαμπερά, ζωηρά.

brightness s. λαμπεράδα f. (cleverness) ἐξυπνάδα f.

brilliance s. λάμψις f. (talent) ἰδιοφυΐα f.

brilliant a. (light) πολύ λαμπερός. give ~ light φεγγοβολῶ. (fig.) λαμπρός. ~ly adv. λαμπρῶς. (very well) λαμπρά. shine ~ly φεγγοβολῶ.

brilliantine s. μπριγιαντίνη f.

brim s. χεῖλος n. (of hat) μπόρ n., γῦρος m. full to the ~ ξέχειλος.

brim v. ~ over ξεχειλίζω. ~ming over ξεχειλισμένος. ~-full a. γεμᾶτος.

brimstone s. θεῖον n.

brin|e s. ἅλμη f., σαλαμούρα f. ~y a. ἁλμυρός. (s., fam.) θάλασσα f.

bring v.t. φέρνω ~ oneself (to do sthg.)

ἀποφασίζω. ~ about ἐπιφέρω. ~ back (restore) ἐπαναφέρω, (return) φέρνω πίσω, (call to mind) θυμίζω. ~ down (régime, temperature) ῥίχνω, (prices) κατεβάζω, (aircraft) ῥίχνω, καταρρίπτω. ~ forward (adduce) παρουσιάζω, (accounts) μεταφέρω. ~ in (yield) ἀποφέρω, (introduce) εἰσάγω. ~ off πετυχαίνω. ~ on (cause) προκαλῶ. ~ out βγάζω, (show) δείχνω. ~ round (revive) συνεφέρνω, (persuade) καταφέρνω. ~ under (category) ὑπάγω εἰς. ~ up (child) ἀνατρέφω, (mention) ἀναφέρω, (vomit) κάνω ἐμετό. ~ to bear ἐξασκῶ. ~ to an end θέτω τέρμα εἰς. ~ to light φέρω εἰς φῶς.
brink s. χεῖλος n.
brisk a. ζωηρός. business is ~ ἡ ἀγορά ἔχει κίνηση. ~ly adv. ζωηρά. ~ness s. ζωηρότης f.
bristl|e s. τρίχα f. (hog's) γουρουνότριχα f. ~y a. ἄγριος, σκληρός. (touchy) εὔθικτος.
bristle v. i. (stand up) σηκώνομαι. ~ with anger ἐξαγριώνομαι. ~ with (be full of) βρίθω (with gen.).
British a. βρεταννικός, (person) Βρεταννός.
brittle a. εὔθραυστος.
broach v. ἀνοίγω.
broad a. φαρδύς, πλατύς, εὐρύς. (coarse) χοντρός. in ~ outline σέ γενικές γραμμές. in ~ daylight μέρα μεσημέρι. it is 50 metres~ἔχει 50 μέτρα πλάτος. have a ~ Scotch accent μιλῶ μέ ἔντονη σκωτσέζικη προφορά. ~ly adv. (speaking) γενικά.
broadcast s. ἐκπομπή f. (v.) ἐκπέμπω, μεταδίδω. ~ing service ῥαδιοφωνία f. ~ing station ῥαδιοφωνικός σταθμός.
broaden v.t. & i. φαρδαίνω, πλαταίνω. (v.t.) (esp. fig.) διευρύνω, ἀνοίγω.
broad-minded a. εὐρύνους. ~ness s. εὐρύνοια f.
broadside s. (fig.) (attack) ἐπίθεσις f. ~ on ἀπό τήν πλευρά.
brocaded a. χρυσοΰφαντος.
brochure s. φυλλάδιο n.
broil v. ψήνω στή σχάρα. ~ed τῆς σχάρας.
broke a. (fam.) ἀπένταρος. go ~ ῥίχνω κανόνι.
broken a. σπασμένος, (out of order) χαλασμένος. ~ health κλονισμένη ὑγεία. he was ~-hearted τσάκισε ἡ καρδιά του. ~ in (fig.) ἐξοικειωμένος.
broker s. (middleman) μεσίτης m. (fin.) χρηματιστής m. ~age s. μεσιτεία f.

bronch|ial a. βρογχικός. ~ial tube βρόγχος m. ~itis s. βρογχῖτις f.
bronze s. μπροῦντζος m. (a.) μπρούντζινος. B~ Age ἐποχή τοῦ χαλκοῦ.
brooch s. καρφίτσα f.
brood s. (birds) κλωσσόπουλα n. pl. (fig.) φάρα f. (v.i.) (of hen) κλωσσῶ. (fig., of person) κάθομαι καί σκέπτομαι καί στενοχωριέμαι. ~y a. (fig.) μελαγχολικός.
brook s. ρυάκι n.
brook v. ἀνέχομαι.
broom s. σκούπα f. (fig.) new ~ νέος προϊστάμενος μέ ὑπερβολικό ζῆλο. ~stick s. σκουπόξυλο n.
broth s. ζουμί n.
brothel s. πορνεῖον n.
brother s. ἀδελφός m. ~s and sisters ἀδέρφια n. pl. ~-in-law (spouse's ~) κουνιάδος m., (sister's husband) γαμπρός m., (wife's sister's husband) μπατζανάκης m. ~hood s. ἀδελφότης f. ~ly a. ἀδελφικός.
brow s. (eyebrow) φρύδι n. (forehead) μέτωπο n. (of hill) κορυφή f.
browbeat v. ἐκφοβίζω.
brown a. καφέ, (eyes, hair) καστανός, (bread) μαῦρος. ~ paper χαρτί περιτυλίγματος. (v. i. & t.) (also get ~) μαυρίζω, (in oven) ροδοκοκκινίζω. (fam.) ~ed off βαργιεστισμένος.
browse v. (lit.) βόσκω. (fig.) ~ among (books) ξεφυλλίζω.
bruise s. μελανιά f. (v.) (also get ~d) μελανιάζω. ~r s. σκληρός πυγμάχος.
brunette s. μελαχροινή f.
brunt s. bear the ~ ὑφίσταμαι τό κύριον βάρος.
brush s. βούρτσα f. (skirmish) ἀψιμαχία f.
brush v. βουρτσίζω. ~ against περνῶ ξυστά ἀπό. ~ away (flies) διώχνω, (tears) σκουπίζω. ~ up ξεσκονίζω. ~ (dust, etc. off) one's clothes τινάζομαι.
brushwood s. χαμόκλαδα n. pl.
brusque a. ἀπότομος. ~ly adv. ἀπότομα.
brutal a. (cruel) ὠμός. ~ity s. ὠμότης f. ~ize v. ἀποκτηνώνω. ~ly adv. ἀνηλεῶς.
brut|e s. κτῆνος n. ~ish a. κτηνώδης ~ishly adv. κτηνωδῶς. ~ishness s. κτηνωδία f.
bubble s. φουσκάλα f. (v.) κοχλάζω (effervesce) ἀφρίζω. ~ over ξεχειλίζω. ~ up ἀναβλύζω.
bubonic a. βουβωνικός.
buccaneer s. κουρσάρος m. (fig.) ἀσυνείδητος τυχοδιώκτης.

uck s. *(dandy)* δανδής m. *(male)* ἀρσενικός a. *(fam.)* pass the ~ φορτώνω τήν εὐθύνη σέ ἄλλον.

uck v. i. *(of horse)* χοροπηδῶ. ~ up *(v.t. (encourage)* ἐμψυχώνω, *(revive)* ἀναζωογονῶ, *(v.i.)* ἐμψυχώνομαι, *(hasten)* κάνω γρήγορα. *(int.)* ~ up!΄κουνήσου.

bucket s. κουβᾶς m.

buckle s. ἀγκράφα f. *(v.t.)* κουμπώνω. ~ on ζώνομαι. *(v.i.)* *(crumple)* κάμπτομαι.

bucolic a. βουκολικός.

bud s. *(flower)* μπουμπούκι n. *(shoot)* μάτι n. *(v. i.)* μπουμπουκιάζω. *(fig.)* ~ding poet ἐκκολαπτόμενος ποιητής.

Buddhist s. βουδιστής m.

budge v. t. & i. κουνάω. he won't ~ from here δέν τό κουνάει ἀπό δῶ.

budget s. προϋπολογισμός m. *(v.)* ~ for κάνω προϋπολογισμό γιά.

buffalo s. βουβάλι n.

buffer s. προφυλακτήρ m. ~ state μικρό κράτος μεταξύ δύο μεγάλων.

buffet s. *(collation)* μπουφές m. *(bar)* κυλικεῖον n.

buffet v. χτυπῶ. be ~ed *(by wind, fortune)* ἀνεμοδέρνω, *(by waves, fortune)* θαλασσοδέρνω. *(s.)* χτύπημα n.

buffoon s. καραγκιόζης m. ~ery s. καραγκιοζλίκια n. pl.

bug s. κοριός m.

bugbear s. ἐφιάλτης m.

bugging s. *(fam.)* παγίδευσις f. ~ of phone-calls ὑποκλοπή τηλεφωνημάτων.

bugle s. σάλπιγξ f.

build s. κατασκευή f., καμωσιά f.

build v. κτίζω. ~ up *(create)* δημιουργῶ, *(increase)* αὐξάνω. ~ on *(rely)* βασίζομαι σέ. well built καλοφτιαγμένος. built-up area οἰκοδομημένη περιοχή.

builder s. κτίστης m. *(contractor)* οἰκοδόμος m. ~'s yard μάντρα f.

building s. κτίριο n. *(official or imposing)* μέγαρον n. *(under construction)* οἰκοδομή f. *(act of ~)* οἰκοδόμησις f. ~ site γιαπί n. ~ plot οἰκόπεδον n.

bulb s. βολβός m. *(lamp)* λάμπα f. ~ous a. βολβοειδής.

bulge v. φουσκώνω. *(s.)* φούσκωμα n.

bulk s. ὄγκος m. in ~ χονδρικῶς. the ~ of *(most)* τό μεγαλύτερο μέρος. ~y a. ὀγκώδης.

bull s. ταῦρος m. hit the ~s-eye βρίσκω τή διάνα. *(fig.)* take the ~ by the horns ἀντιμετωπίζω ἀποφασιστικά μία δύσκολη θέση.

bulldozer s. μπουλντόζα f.

bullet s. σφαῖρα f. ~-proof a. ἀλεξίσφαιρος.

bulletin s. δελτίον n.

bullfight s. ταυρομαχία f. ~er s. ταυρομάχος m.

bullion s. gold ~ χρυσός εἰς ράβδους.

bullock s. βόδι n.

bully s. θρασύδειλος a. *(ruffian)* ψευτοντατής m. *(v.)* ἐκφοβίζω. ~ing s. ἐκφοβισμός m.

bulrush s. βοῦρλο n.

bulwark s. προπύργιον n.

bump s. *(blow)* χτύπημα n. *(jolt)* τράνταγμα n. *(on head)* καρούμπαλο n.

bump v. *(proceed with jolts)* τραντάζομαι. ~ against or into χτυπῶ, πέφτω ἀπάνω σέ. I ~ed my head on the door χτύπησα τό κεφάλι μου στήν πόρτα. *(fam.)* ~ off ξεκάνω.

bumper s. *(fender)* προφυλακτήρ m. *(glass)* γεμᾶτο ποτήρι. *(a.)* ἔξτρα.

bumpkin s. βλάχος m.

bumptious a. αὐτάρεσκος.

bumpy a. a ~ road δρόμος μέ πολλές γούβες. we had a ~ ride τρανταχτήκαμε στό δρόμο.

bun s. τσουρέκι n.

bunch s. *(grapes)* τσαμπί n. *(keys)* ἀρματός m. *(flowers)* μάτσο n. *(people)* ὀμάδα f.

bunch v. ~ed up στρυμωγμένος.

bundle s. δέμα n. *(clothes etc.)* μπόγος m. *(papers etc.)* μάτσο n. *(v.)* *(thrust)* χώνω.

bung s. τάπα f.

bung v. *(fam.)* *(thrust)* χώνω. ~ed up βουλωμένος.

bungalow s. μονόροφο σπίτι.

bungle v. he ~d it τά΄κανε θάλασσα *(or* σαλάτα*)*. ~r s. μαστροχαλαστής m.

bunion s. κότσι n.

bunk v. *(fam., run off)* τό κόβω λάσπη.

bunk s. *(bed)* κουκέτα f.

bunk(um) s. *(fam.)* κολοκύθια n. pl.

buoy s. σημαδούρα f. *(v.)* ~ up *(fig.)* ἀναπτερώνω. ~ant a. cork is ~ant ὁ φελλός ἐπιπλέει. *(fig., in disposition)* ἀμέριμνος. with a ~ant step μέ ἐλαστικό βῆμα.

burden s. βάρος n., φορτίον n. *(tonnage)* χωρητικότης f. *(theme)* θέμα n. *(refrain)* ἐπωδός f.

burden v. φορτώνω, ἐπιβαρύνω. ~some a. βαρετός, ἐπαχθής.

bureau s. γραφεῖον n.

bureaucra|cy s. γραφειοκρατία f. ~t s. γραφειοκράτης m. ~tic a. γραφειοκρατικός.

burgeon v. βλαστάνω.

burgess s. δημότης m.

burg|lar s. διαρρήκτης m. ~lary s. διάρρηξις f. ~le v. διαρρηγνύω.

burial s. θάψιμο n., ταφή f.

burke v. ~ the issue τά φέρνω βόλτα.

burlesque s. παρωδία f. (v.) παρωδῶ.

burly a. ρωμαλέος, γεροδεμένος.

burn v.t. καίω. (v.i.) (be alight or hot) καίω. (be on fire, get scorched or spoilt) καίομαι. (be combustible) καίομαι. be ~ing (of person, feel hot) καίομαι, (with emotion) φλέγομαι. get ~t to ashes ἀποτεφρώνομαι. ~ one's fingers (fig.) καίομαι. he is burnt out (creatively) ἐξόφλησε.

burn s. ἔγκαυμα n. (stream) ρυάκι n.

burner s. (of stove) ἑστία f., μάτι n. (jet) μπέκ n.

burning s. κάψιμο n. (sensation) καούρα f.

burning a. (alight) ἀναμμένος, (hot) καυτός, (ardent) διακαής. ~ question φλέγον ζήτημα.

burnish v. στιλβώνω.

burnt a. καμένος.

burr s. (plant) κολλιτσίδα f.

burrow s. τρύπα f. (v.) σκάβω. ~ into (fig.) ἐρευνῶ.

bursar s. ταμίας m. ~y s. (grant) ὑποτροφία f.

burst v.t. σκάζω. (v.i.) σκάζω, κρεπάρω. (bubble, bud) σκάζω, (boil) ἀνοίγω. (bomb, boiler) ἐκρήγνυμαι, (storm) ξεσπάζω. (be over-full) ξεχειλίζω. I am nearly ~ing πάω νά σκάσω. be ~ing with laughter σκάζω στά γέλια. ~ out crying ξεσπάζω σέ κλάματα. the door ~ open ἡ πόρτα ἄνοιξε μέ βία. he is ~ing to tell τόν τρώει ἡ γλῶσσα του. the mountains ~ into view τά βουνά ξανοίχτηκαν μπροστά μας. we had a ~ tyre μᾶς ἔπιασε λάστιχο. ~ in ὁρμῶ μέσα. ~ upon the scene ἐνσκήπτω. ~ through see break.

burst s. (anger) ξέσπασμα n. (firing) ριπή f. there was a ~ of flame ξεπετάχτηκε μία φλόγα. there was a ~ of applause ξέσπασαν σέ χειροκροτήματα.

bursting s. σκάσιμο n.

bur|y v. θάβω, (thrust, hide) χώνω. ~ied in thought βυθισμένος σέ σκέψεις.

bus s. λεωφορεῖο n. miss the ~ (fig.) χάνω τήν εὐκαιρία.

bush s. θάμνος m. ~y a. θαμνώδης (brows, etc.) δασύς.

bushel s. μόδιον n. (fig.) ~s of πολλά.

busily adv. μέ δραστηριότητα.

business s. 1. (matter, affair) ὑπόθεσις ƒ (duty, work, concern) δουλειά f. min your own ~ νά κοιτᾶς τή δουλειά σου send (person) about his ~ ξαποστέλνω 2. (commercial enterprise: particular ἐπιχείρησις f., (in general) ἐπιχειρήσεις pl., (fam.) δουλειές pl. on ~ γιά δου λειές. (trade) ἐμπόριο n. be in ~ ἐμπο ρεύομαι. ~ dealings συναλλαγές f. pl 3. (right) you have no ~ (to) δέν ἔχετ κανένα δικαίωμα (νά).

business a. ἐμπορικός. ~-like a. μεθοδι κός. ~-man s. ἐπιχειρηματίας m.

buskin s. κόθορνος m.

bust s. (woman's) μπούστος m (sculptured) προτομή f.

bust v.t. & i. (fam.) σπάζω. go ~ ρίχνε κανόνι.

bustle v. ~ about ἔχω τρεχάματα. (s.) κι νησις f., πηγαινέλα n.

busy a. (occupied) ἀπασχολημένος. be ~ with καταγίνομαι μέ. keep (person) ~ ἀπασχολῶ. (street, etc.) περαστικός. had a ~ day ἡ μέρα μου ἦταν γεμάτη the shops are ~ τά μαγαζιά ἔχουν κί νηση. a ~ man πολυάσχολος ἄνθρωπος

busybody s. be a ~ χώνω τή μύτη μο παντοῦ.

but conj., adv. & prep. ἀλλά, μά, παρά last ~ one προτελευταῖος. last ~ three τρίτος πρό τοῦ τελευταίου. next-door ~ one παραδιπλανός. all ~ one ὅλοι ἐκτό ἑνός. he cannot ~ agree δέν μπορε παρά νά συμφωνήση. we can ~ try μπο ροῦμε τουλάχιστον νά ἐπιχειρήσωμε. ἱ takes ~ an hour παίρνει μόνο μία ὥρα not a day passes ~ they have a quarre δέν περνάει μέρα πού νά μή μαλώσουν it is all ~ finished σχεδόν τελείωσε. we all ~ lost the train παρά λίγο νά χάσουμ τό τραῖνο. ~ for your help... ἄν δέι ἤσουν ἐσύ... I've heard nothing ~ goo of him δέν ἄκουσα παρά (μόνον) ἐπαί νους γιά αὐτόν. she eats nothing ~ frui δέν τρώει (τίποτ') ἄλλο ἀπό φροῦτα ο δέν τρώει παρά (μόνο) φροῦτα. he i anything ~ stupid κάθε ἄλλο παρά βλά κας εἶναι. (I can agree to) anything ~ that ὅλα κι' ὅλα μά ὄχι αὐτό.

butcher s. χασάπης m. ~'s shop χασάπικο n., κρεοπωλεῖον n. (v.) κατακρεουργῶ ~y s. (carnage) μακελλειό n.

butler s. μαίτρ ντ'ὁτέλ m., μπάτλερ m.

butt s. (cask) βαρέλι n. (of gun) (ὑπο)κόπανος m., κοντάκι n. the ~s σκοπευτήριον n. (target, fig.) στόχος m. (of cigarette) ἀποτσίγαρο n.

butt v. κουτουλῶ. ~ in πετάγομαι.

butter s. βούτυρο n. (v.) ἀλείβω μέ βούτυρο. ~ up κολακεύω. ~y a. σάν βούτυρο.

buttercup s. νεραγκούλα f.

butterfly s. πεταλούδα f.

buttery s. ἀποθήκη τροφίμων.

buttock s. γλουτός m.

button s. κουμπί n. (v.) κουμπώνω.

buttonhole s. κουμπότρυπα f. (flower) μπουτονιέρα f. (v.) (fam.) he ~d me μέ στρύμωξε καί ἄρχισε τό βιολί του.

buttress s. ἀντέρεισμα n. (v.) στηρίζω.

buxom a. ~ woman κόμματος m.

buy v. ἀγοράζω. ~ back ξαναγοράζω. ~ off or out ἐξαγοράζω. ~ oneself out of the army ἐξαγοράζω τή στρατιωτική μου θητεία. ~er s. ἀγοραστής m. ~ing s. ἀγορά f.

buzz, ~ing s. βόμβος m., βουητό n.

buzz v. βομβῶ, βουΐζω. (fam.) ~ off τό σκάω. ~er s. βομβητής m.

by prep. 1. (agent) ἀπό (with acc.), ὑπό (with gen.). (near) κοντά σέ. stand ~ (person) παραστέκομαι (with gen.). (past) see past. (time) ~ moonlight μέ τό φεγγάρι, ~ night νύχτα, ~ tomorrow ὥς (or μέχρι) αὔριο. ~ the time he arrives ὥσπου (or μέχρι) νά φτάση. (measure) multiplied ~ ἐπί (with acc.), divided ~ διά (with gen.), ~ the kilo μέ τό κιλό. (means, manner) ~ gas μέ γκάζι, ~ ship μέ βαπόρι, ~ post ταχυδρομικῶς, ~ the arm ἀπό τό μπράτσο, ~ heart ἀπ' ἔξω. (in accordance with) σύμφωνα μέ. 2. (with gerund) you caught cold ~ going out without an overcoat γιά νά βγῆς (or μέ τό νά βγῆς or βγαίνοντας) ἔξω χωρίς παλτό κρυολόγησες. 3. (various) ~ sight ἐξ ὄψεως, ~ profession ἐξ ἐπαγγέλματος, ~ force διά τῆς βίας, ~ sea διά θαλάσσης, ~ land and sea κατά ξηράν καί θάλασσαν, ~ mistake κατά λάθος, ~ God! μά τό Θεό!

by adv. see aside, near, past. ~ and ~ ὕστερα. ~ the ~ (or way) ἀλήθεια. ~ and large γενικά.

bye-bye s. (fam.) go to ~ κάνω νάνι. (int.) ἀντίο.

by-election s. ἀναπληρωματικές ἐκλογές.

bygone a. ~ days τά παλιά χρόνια. let ~s be ~s περασμένα ξεχασμένα.

by-law s. δημοτική ἀπόφασις.

by-pass s. (road) περιφερικός m. (v.) παρακάμπτω, (fig., dodge) καταστρατηγῶ.

by-product s. ὑποπροϊόν n.

byre s. βουστάσιον n.

by-road s. δρομάκι n.

bystander s. παριστάμενος m.

by-street s. πάροδος f.

by-way s. (fig.) ~s of history ἱστορικά γεγονότα δευτερευούσης σημασίας.

by-word s. he is a ~ for stinginess ἡ τσιγγουνιά του εἶναι παροιμιώδης.

Byzantine a. βυζαντινός.

C

cab s. (horse) ἄμαξα f. (taxi) ταξί n. ~man s. ἀμαξᾶς m.

cabal s. φατρία f., κλίκα f.

cabaret s. καμπαρέ n.

cabbage s. λάχανο n.

cabin s. (hut) καλύβα f. (ship's) καμπίνα f. ~ed a. στρυμωγμένος.

cabinet s. (display) βιτρίνα f. (storage) ντουλάπι n. (political) στενόν ὑπουργικόν συμβούλιον. ~-maker s. καλλιτέχνης ἐπιπλοποιός.

cable s. (rope, wire) καλώδιον n. (message) τηλεγράφημα n. (v.) τηλεγραφῶ.

cabotage s. ἀκτοπλοΐα f.

cache s. κρυψώνας m.

cachet s. (distinction) κασέ n.

cackle v. κακαρίζω. (s.) κακάρισμα n.

cacophony s. κακοφωνία f. ~ous a. κακόφωνος.

cactus s. κάκτος f.

cad s. παλιοτόμαρο n., μοῦτρο n. ~dish a. βρωμερός.

cadaverous a. κατάχλωμος.

cadence s. (mus.) πτῶσις f. (of voice) διακύμανσις f.

cadet s. (naut.) δόκιμος m. (mil.) εὔελπις m. (aero.) ἴκαρος m. (younger son) νεώτερος γιός.

cadge v. σελεμίζω. ~r s. σελέμης m.

cadre s. (mil.) στέλεχος m.

caesura s. τομή f.

café s. καφενεῖον n.

caftan s. καφτάνι n.

cage s. κλουβί n. (v.) ἐγκλωβίζω.

cagey *a.* ἐπιφυλακτικός.
caique *s.* καΐκι *n.*
cairn *s.* σωρός λίθων.
caisson *s.* κιβώτιον *n.*
cajole *v.* καλοπιάνω. ~**ry** *s.* καλόπιασμα *n.*, χάδια *n.pl.*
cake *s. (general)* γλύκισμα *n. (slab)* κέκ, κέικ *n. (layer)* τούρτα *f. (pastry)* πάστα *f. (soap, etc.)* πλάκα *f. (fam.)* they sold like hot ~s ἔγιναν ἀνάρπαστα. it takes the ~ αὐτό εἶναι τό ἄκρον ἄωτον.
caked *a. (hardened)* πηγμένος. *(coated)* γεμάτος, πασαλειμμένος.
calamit|y *s.* συμφορά *f.* ~**ous** *a.* ὀλέθριος.
calcium *s.* ἀσβέστιον *n.*
calculat|e *v.* ὑπολογίζω. ~**ed** *a.* μελετημένος. ~**ing** *a.* συμφεροντολόγος. ~**ion** *s.* ὑπολογισμός *m.* ~**or** *s.* ἀριθμομηχανή *f.*
calculus *s. (math.)* λογισμός *m.*
calendar *s.* ἡμερολόγιον *n.*
calf *s. (animal)* μοσχάρι *n. (leather)* δι-δέλο *n. (of leg)* γάμπα *f.*
calibre *s.* διαμέτρημα *n. (fig.)* ἀξία *f.*
calico *s.* τσίτι *n.*
caliph *s.* χαλίφης *m.*
call *s. (shout)* φωνή *f. (summons)* φωνή *f.*, κλῆσις *f. (bird's)* κραυγή *f. (trumpet)* σάλπισμα *n. (phone)* τηλεφώνημα *n. (visit)* ἐπίσκεψις *f.* pay a ~ κάνω ἐπίσκεψη. on ~ διαθέσιμος. there is no ~ δέν ὑπάρχει λόγος.
call *v.i. (shout, cry)* φωνάζω. *(visit)* περνῶ. *(v.t.) (name)* καλῶ, ὀνομάζω, λέω, *(only persons)* βγάζω. *(by epithet, nickname)* ἀποκαλῶ. *(summon)* καλῶ, *(convoke)* συγκαλῶ, *(send for)* φωνάζω, *(waken)* ξυπνῶ, *(consider)* θεωρῶ. I ~ your attention to ἐφιστῶ τήν προσοχήν σας εἰς.
call at *v.* περνῶ ἀπό, *(of ship)* πιάνω σέ.
call for *v. (demand)* ζητῶ, *(need)* ἀπαιτῶ. I will ~ you θά περάσω νά σέ πάρω.
call forth *v.* προκαλῶ.
call in *v.t. (send for)* καλῶ, *(withdraw)* ἀποσύρω.
call off *v.* ματαιώνω.
call on (upon) *v. (require)* καλῶ, *(appeal to)* ζητῶ ἀπό. he called on me *(as visitor)* πέρασε νά μέ δῆ.
call out *v.i.* φωνάζω. *(v.t.)* καλῶ.
call up *v.t. (mil.)* καλῶ ὑπό τά ὅπλα. *(phone to)* τηλεφωνῶ σέ.
call-up *s.* κλῆσις ὑπό τά ὅπλα.
caller *s.* ἐπισκέπτης *m.*
calling *s.* ἐπάγγελμα *n.*
callipers *s.* διαβήτης *m.*

callous *a.* ἄπονος, σκληρός. ~**ly** *ad* ἄπονα. ~**ness** *s.* ἀπονιά *f.*, σκληρότης *s*
callow *a.* ἄβγαλτος.
callus *s.* κάλος *m.*
calm *v.t. & i. (also ~ down)* ἠρεμῶ, ἡσυ χάζω, καλμάρω. *(s.)* γαλήνη *f.*, ἠρεμία *(weather)* νηνεμία *f. (a.)* γαλήνιος, ἤρε μος. *(composed)* ψύχραιμος. ~**ly** *ad* ἤρεμα, μέ ψυχραιμία.
calor|ie *s.* θερμίς *f.* ~**ific** *a.* θερμικός.
calumn|y *s.* συκοφαντία *f.* ~**iate** *v.* συκο φαντῶ. ~**iator** *s.* συκοφάντης *m.*
Calvary *s.* Γολγοθᾶς *m.*
calve *v.* γεννῶ.
camber *s.* καμπυλότης *f.*
cambric *s.* βατίστα *f.*
camel *s.* γκαμήλα *f.*
camellia *s.* καμέλια *f.*
cameo *s.* καμέα *f.*
camera *s.* φωτογραφική μηχανή. in ~ κε κλεισμένων τῶν θυρῶν.
camomile *s.* χαμομήλι *n.*
camouflage *v.* καμουφλάρω. *(s.)* καμου φλάζ *n.*
camp *s.* στρατόπεδον *n. (holiday, etc.* κατασκήνωσις *f. (v.)* στρατοπεδεύω *(pitch tent)* στήνω σκηνή. go ~**ing** κάνω κάμπιγκ.
camp-bed *s.* ράντζο *n.*
camp-follower *s. (fig.)* κολλιτσίδα *f.*
campaign *s.* ἐκστρατεία *f. (press)* καμπά νια *f. (v.)* ἐκστρατεύω, κάνω ἐκστρατεί κάνω καμπάνια.
campanile *s.* καμπαναριό *n.*
camphor *s.* καμφορά *f.*
cam-shaft *s.* ἐκκεντροφόρος ἄξων.
can *s. (jug)* κανάτι *n. (tin, large)* τενεκέ *m., (small)* κουτί *n. (of food)* κονσέρβ *f. (v.t.)* βάζω στό κουτί. ~**ning** industr κονσερβοποιΐα *f.* ~**ned** *a.* τοῦ κουτιοῦ ~-**opener** *s.* ἀνοιχτήρι *n.*
can *v. (be able)* μπορῶ νά. ~ you see it τό βλέπεις; I ~'t hear you δέν σ' ἀκούω it ~'t be done δέν γίνεται. you ~'t ima gine δέν φαντάζεστε, δέν μπορεῖτε νά φανταστῆτε.
Canadian *a.* καναδικός, *(person)* Καναδός
canal *s.* διώρυξ *f.* ~**ize** *v.* διοχετεύω.
canard *s.* ψευδής εἴδησις.
canary *s.* καναρίνι *n.*
cancel *v.t.* ἀκυρώνω, ματαιώνω. *(cross out)* διαγράφω. ~ out *(math.)* ἀπαλείφω. they ~ *(each other)* out ἐξουδετερώνον ται. ~**lation** *s.* ἀκύρωσις *f.*, ματαίωσις *f.*
cancer *s.* καρκίνος *m.* ~**ous** *a.* καρκινώ δης, *(fig.)* σάν καρκίνωμα.

candelabrum s. πολυέλαιος m., πολύφωτον n.

candid a. εἰλικρινής, ντόμπρος. ~ly adv. εἰλικρινά.

candidat|e s. ὑποψήφιος a. ~ure s. ὑποψηφιότης f.

candle s. κερί n., (large) λαμπάδα f. (fig.) can't hold a ~ to δέν πιάνει χαρτωσιά μπροστά σέ. ~-stick s. καντηλέρι n., κηροπήγιον n.

candour s. εἰλικρίνεια f.

candy s. κάντιο n. (sweets) καραμέλες f.pl.

cane s. κάλαμος m. (switch) βέργα f. ~ sugar καλαμοσάκχαρον n. (a.) καλαθένιος.

cane v. δέρνω μέ βέργα. get ~d τρώω ξύλο.

canine a. κυνικός. ~ tooth κυνόδους m.

canister s. κουτί n.

canker s. γάγγραινα f.

cannabis s. χασίς n.

cannibal s. καννίβαλος m., ἀνθρωποφάγος m. ~ism s. ἀνθρωποφαγία f.

cannon s. κανόνι n. τηλεβόλον n. ~ade s. κανονιοβολισμός m.

canny a. προσεκτικός.

canoe s. κανό n. (dug-out) μονόξυλο n.

canon s. κανών m. (a.) κανονικός. ~ical a. κανονικός. ~ize v. ἀνακηρύσσω ἅγιον.

cant v.t. & i. (tilt) γέρνω. (s.) κλίσις f.

cant s. (hypocrisy) ὑποκρισίες (f. pl.) (thieves') ἀργκό f. ~ing a. ὑποκριτικός.

cantankerous a. στρυφνός, τζαναμπέτης.

canteen s. καντίνα f. (mess tin) καραβάνα f. (water-bottle) παγούρι n. ~ of cutlery σερβίτσιο μαχαιροπήρουνων ἐντός εἰδικοῦ ἐπίπλου.

canter s. μικρός καλπασμός. preliminary ~ (fig.) δοκιμαστική διαδρομή.

canticle s. ὕμνος m.

cantilever s. πρόβολος m., φουρούσι n.

canton s. καντόνιον n. ~ment s. ἐπισταθμία f.

cantor s. πρωτοψάλτης m.

canvas m. κανναβάτσο n. (artist's) καμβάς m. under ~ (camping) σέ σκηνές, (sailing) μέ σηκωμένα πανιά.

canvass v.t. (discuss) συζητῶ. (v.i.) (solicit votes) ψηφοθηρῶ, (seek custom) ἀναζητῶ πελατείαν.

canyon s. φαράγγι n.

cap s. σκοῦφος m. (peaked) κασκέτο n., πηλήκιον n. bathing ~ σκούφια f. (cover) κάλυμμα n., καπάκι n. (fig.) set

one's ~ at βάζω στό μάτι. (v.) σκεπάζω. (outdo) ξεπερνῶ.

capability s. ἱκανότης f.

capab|le a. ἱκανός, ἄξιος. (thing) ~ of improvement ἐπιδεκτικός βελτιώσεως. ~ly adv. μέ ἱκανότητα.

capacious a. εὐρύχωρος.

capacity s. (content) χωρητικότης f. (ability) ἱκανότης f. (understanding) ἀντίληψις f. with a seating ~ of 100 μέ ἑκατό θέσεις. in my ~ as a doctor ὑπό τήν ἰδιότητά μου ὡς ἰατροῦ. in a private ~ ὄχι ἐπαγγελματικῶς.

caparisoned a. στολισμένος.

cape s. (garment) κάπα f. (geog.) ἀκρωτήριον n.

caper s. (edible) κάππαρη f.

caper v. χοροπηδῶ. (s.) χοροπήδημα n.

capital s. (city) πρωτεύουσα f. (letter) κεφαλαῖον n. (archit.) κιονόκρανον n. (fin.) κεφάλαιον n. make ~ out of ἐκμεταλλεύομαι.

capital a. (chief) κεφαλαιώδης, (punishment) θανατικός. (first rate) πρώτης τάξεως. (int.) θαυμάσια! ~ly adv. θαυμάσια, μιά χαρά.

capital|ism s. κεφαλαιοκρατία f. ~ist s. κεφαλαιοκράτης m. (a.) κεφαλαιοκρατικός.

capitalize v. (fin.) κεφαλαιοποιῶ. ~ (on) (profit by) ἐπωφελοῦμαι (with gen.).

capitation s. ~ tax κεφαλικός φόρος.

capitulat|e v. συνθηκολογῶ. ~ion s. συνθηκολόγησις f. C~ions διομολογήσεις f.pl.

capon s. καπόνι n.

capric|e s. καπρίτσιο n. ~ious a. καπριτσιόζος. ~iously adv. καπριτσιόζικα.

capsize v.t. & i. μπατάρω.

capstan s. ἀργάτης m.

capsule s. (med.) καψούλα f. (of bottle) πῶμα n.

captain s. (naut.) πλοίαρχος m., (fam.) καπετάνιος m. (mil.) λοχαγός m. (of team) ἀρχηγός m. (of irregulars) καπετάνιος m.

caption s. ἐπικεφαλίς f., τίτλος m. (of picture) λεζάντα f.

captious a. γκρινιάρης.

captivat|e v. γοητεύω. ~ing s. γοητευτικός.

captiv|e a. & s. αἰχμάλωτος, δέσμιος, ὑπόδουλος. ~ity s. αἰχμαλωσία f.

captor s. ὁ συλλαμβάνων.

capture v. (men, beasts, ideas) συλλαμβάνω, (cities) κυριεύω, καταλαμβάνω, (hearts) κατακτῶ. (s.) σύλληψις f. κατά-

κτησις f. (of cities) πάρσιμο n.
car s. (motor) αὐτοκίνητο n.
carafe s. καράφα f.
caramel s. καμένη ζάχαρη, (sweet) καραμέλα f.
carat s. καράτι n.
caravan s. (company) καραβάνι n. (cart) τροχόσπιτο n. ~serai s. χάνι n.
caraway s. εἶδος κυμίνου.
carbine s. καραμπίνα f.
carbohydrates s. ἀμυλοῦχοι τροφαί.
carbon s. ἄνθραξ m. ~ paper καρμπόν n. ~ copy ἀντίγραφον μέ καρμπόν. ~ic a. ἀνθρακικός.
carbuncle s. (boil) δοθιήν m.
carburettor s. καρμπυρατέρ n.
carcass s. ψοφίμι n. (meat) σφάγιον n.
card s. (fam., odd person) τύπος m.
card s. (substance) χαρτόνι n. (filing) καρτέλα f. (post) δελτάριον n., (picture) κάρτα f. (visiting) κάρτα f. (ration, identity, etc.) δελτίον n. (playing) τραπουλόχαρτο n. play ~s παίζω χαρτιά. put one's ~s on the table παίζω μέ ἀνοιχτά χαρτιά. it's on the ~s εἶναι πιθανόν.
cardboard s. χαρτόνι n. (a.) ἀπό χαρτόνι.
cardigan s. κάρντιγκαν n., πλεκτό γιλέκο μέ μανίκια.
cardinal s. (eccl.) καρδινάλιος m. (a.) κύριος, (number) ἀπόλυτος.
card-index s. εὑρετήριον καρτελῶν.
cardiolog|y s. καρδιολογία f. ~ist s. καρδιολόγος m.
card-sharper s. χαρτοκλέφτης m.
care s. (attention) προσοχή f. (charge) φροντίς f. (worry) ἔγνοια f. take ~ (of) (be careful, mind) προσέχω, (see to) φροντίζω γιά, (look after, keep safely) φυλάω. take ~! τό νοῦ σου! πρόσεχε! (as threat) ἔννοια σου!
care v.i. (be concerned, mind) νοιάζομαι. I don't ~ δέν μέ νοιάζει. little he ~s or he couldn't ~ less πολύ πού τόν νοιάζει, σκοτίστηκε. (be interested) ἐνδιαφέρομαι. (like) I don't ~ for it δέν μοῦ ἀρέσει. would you ~ to ...? θά σᾶς ἄρεσε νά...; ~ for (look after) φροντίζω, περιποιοῦμαι. the child was well ~d for τό φροντίσανε καλά τό παιδί. the garden looks well ~d for ὁ κῆπος φαίνεται περιποιημένος.
careen v. καρενάρω.
career s. σταδιοδρομία f., καρριέρα f.
career v. τρέχω ὁρμητικά.
carefree a. ξέγνοιαστος, ἀμέριμνος.
careful a. προσεκτικός. be ~ (of) προ-

σέχω. ~ly adv. προσεκτικά, μέ προσοχή.
careless a. ἀπρόσεκτος, ἀμελής. be ~ (of) δέν προσέχω, ἀμελῶ. ~ly adv. ἀπρόσεκτα, μέ ἀμέλεια. ~ness s. ἀπροσεξία f., ἀμέλεια f.
caress v. χαϊδεύω, θωπεύω. (s.) χάδι n., θωπεία f. ~ing a. χαϊδευτικός, θωπευτικός.
caretaker s. ἐπιστάτης m. (door-keeper) θυρωρός m. ~ government ὑπηρεσιακή κυβέρνησις.
careworn a. ταλαιπωρημένος.
car-ferry s. ὀχηματαγωγόν n., φερρυμπότ n.
cargo s. φορτίον n. ~-vessel s. φορτηγόν n.
caricature s. καρικατούρα f.
carnage s. μακελλειό n.
carnal a. σαρκικός.
carnation s. γαρύφαλλο n.
carnival s. καρναβάλι n. (before Lent) ἀποκριές f.pl.
carnivorous a. σαρκοβόρος.
carob s. χαρούπι n. (tree) χαρουπιά f.
carol v. κελαϊδῶ. (s.) ~(s) κάλαντα n.pl.
carouse v. μεθοκοπῶ.
carp s. κυπρῖνος m.
carp v. ~ (at) κατακρίνω. ~ing a. γκρινιάρικος. (s.) γκρίνια f.
carpent|er s. μαραγκός m. ~ry s. ξυλουργική f.
carpet s. χαλί n., τάπης m. fitted ~ μοκέττα f. take up the ~s ξεστρώνω. (fig.) put on the ~ (censure) ἐπιπλήττω, παρατηρῶ. (v.) ντύνω μέ χαλί, (fig., cover) στρώνω.
carriage s. (vehicle) ὄχημα n. (railway) βαγόνι n. (transport) μεταφορά f., (charges) μεταφορικά n.pl. (bearing) παράστημα n.
carrier s. μεταφορεύς m. (of germs, etc.) φορεύς m. ~ pigeon ταχυδρομική περιστερά.
carrion s. ψοφίμι n.
carrot s. καρότο n.
carry v.t. (bring) φέρω, (take, convey) πηγαίνω, (transport) μεταφέρω, μετακομίζω, κουβαλῶ. (accommodate) παίρνω. (be holding) κρατῶ, κουβαλῶ, βαστάζω. (money) κρατῶ, (a mark, etc.) φέρω. (support) βαστάζω, φέρω. (entail) συνεπάγομαι. (capture) καταλαμβάνω. (math.) ~ five πέντε τά κρατούμενα. ~ (joke, etc.) too far παρατραβῶ. ~ the day νικῶ. ~ one's point ἐπιβάλλω τήν ἄποψή

μου. be carried *(voted)* ἐγκρίνομαι, *(held up)* ὑποστηρίζομαι. ~ oneself well ἔχω καλό παράστημα. *(v.i.) (reach)* φθάνω. his voice carries well ἡ φωνή του ἀκούγεται καλά.

carry away v. *(win)* ἀποκομίζω. get carried away παρασύρομαι.

carry forward v. *(fin.)* μεταφέρω. carried forward εἰς μεταφοράν.

carry off v. *(abduct)* ἀπάγω, κλέβω, *(win)* ἀποκομίζω. carry it off *(succeed)* τά βγάζω πέρα.

carry on v. *(continue)* συνεχίζω, ἐξακολουθῶ. *(conduct)* διεξάγω. *(behave)* φέρομαι, συμπεριφέρομαι. *(make scenes)* κάνω σκηνές. he is carrying on with a married woman τά ἔχει μέ μία παντρεμένη.

carry out v. *(do)* ἐκτελῶ, ἐφαρμόζω, πραγματοποιῶ.

carry through v. *(complete)* φέρω εἰς πέρας, *(help)* βοηθῶ.

cart s. κάρρο n. *(v.)* κουβαλῶ.

cartilage s. χόνδρος m.

cartography s. χαρτογραφία f.

carton s. κουτί n.

cartoon s. γελοιογραφία f.

cartridge s. φυσίγγι n.

carve v. *(meat)* κόβω, *(engrave)* χαράζω, *(sculpt)* σκαλίζω, γλύφω. ~ing s. γλυπτόν n.

caryatid s. καρυάτις f.

cascade s. καταρράκτης m. *(v.)* τρέχω καταρρακτωδῶς.

case s. *(circumstance)* περίπτωσις f. *(affair)* ὑπόθεσις f. it is a ~ of πρόκειται γιά. it is often the ~ συμβαίνει συχνά. it is not the ~ δέν εἶναι ἔτσι. in that ~ ἐν τοιαύτῃ περιπτώσει. in any ~ ἐν πάσῃ περιπτώσει, ὁπωσδήποτε. such being the ~ ὁπότε, οὕτως ἐχόντων τῶν πραγμάτων. just in ~ γιά καλό καί γιά κακό. in ~ it does not happen σέ περίπτωση πού δέν *(θά)* συμβῆ. in ~ it rains μή τυχόν καί βρέξη. in ~ of fire σέ περίπτωση πυρκαϊᾶς. *(of disease, theft)* κροῦσμα n. *(patient)* ἀσθενής m. *(gram.)* πτῶσις f. have a strong ~ ἔχω πιθανότητες νά κερδίσω. make (out) one's ~ δικαιολογοῦμαι. make (out) a ~ *(for, against)* παραθέτω ἐπιχειρήματα *(ὑπέρ, κατά with gen.)* ~ history ἱστορικόν n.

case s. *(packing)* κασόνι n. *(glass)* βιτρίνα f. *(protective cover)* θήκη f. *(type)* lower ~ μικρά γράμματα, upper ~ κεφαλαῖα n.pl.

casement s. κορνίζα f. ~ window παράθυρο μέ μεντεσέδες.

cash s. μετρητά n.pl. *(money in general)* λεφτά n.pl. in ~ τοῖς μετρητοῖς. *(v.)* ἐξαργυρώνω. *(fig.)* ~ in on ἐπωφελοῦμαι *(with gen.)*.

cashier s. ταμίας m.

cashier v. *(mil.)* ἀποτάσσω.

cashmere s. ὑπερεκλεκτόν εἶδος μαλλιοῦ.

casing s. περίβλημα n.

casino s. καζίνο n.

cask s. βαρέλι n.

casket s. κασετίνα f.

casserole s. γκιουβέτσι n.

cassette s. κασέτα f.

cassock s. ράσο n.

cast s. *(throw)* ριξιά f. *(mould)* καλούπι n. *(type)* τύπος m. *(of play)* οἱ ἠθοποιοί. plaster ~ ἐκμαγεῖον n.

cast v. *(throw, also lots, light, anchor, vote)* ρίχνω, *(shed)* βγάζω, *(metal)* χύνω. ~ an eye ρίχνω μία ματιά. ~ about ψάχνω. ~ one's mind back στρέφω τή σκέψη μου. he is ~ as Macbeth θά ὑποδυθῆ τόν Μάκβεθ. be ~ in the form of ἔχω τό σχῆμα *(with gen.)*. be ~ down ἀποθαρρύνομαι. be ~ away *(naut.)* ναυαγῶ. ~ing vote ἀποφασιστική ψῆφος. ~ iron χυτοσίδηρος m. ~-iron a. *(fig.)* *(case)* ἀκλόνητος, *(constitution)* σιδερένιος.

cast off v. *(abandon)* ἀποβάλλω, *(disinherit)* ἀποκηρύσσω. *(rope)* ἀμολάρω. cast-off clothing παλιά ροῦχα.

cast up v. *(reckon)* ὑπολογίζω. *(wash ashore)* ἐκβράζω.

castanets s. καστανιέτες f.pl.

castaway s. ναυαγός m.

caste s. κάστα f. lose ~ ξεπέφτω.

castigate v. *(verbally)* ἐπιτιμῶ αὐστηρά. *(thrash)* τιμωρῶ μέ ξύλο.

castle s. πύργος m. *(fort)* κάστρο n.

castor s. *(wheel)* καρούλι n. sugar ~ ζαχαριέρα f. ~ oil ρετσινόλαδο n. ~ sugar ψιλή ζάχαρη.

castrate v. εὐνουχίζω. ~ion s. εὐνουχισμός m.

casual a. *(by chance)* τυχαῖος, *(careless)* ἀδιάφορος. ~ labourer μεροκαματιάρης m. ~ly adv. ἀδιάφορα.

casualty s. δυστύχημα n. *(victim)* θῦμα n. ~ies *(losses)* ἀπώλειαι f.pl.

casuist s. καζουιστής f.

cat s. γάτα f. tom ~ γάτος m. wild ~ or member of the ~ family αἴλουρος m. *(pej., woman)* στρίγγλα f. be like a ~ on hot bricks κάθομαι στά κάρβουνα. they live a ~-and-dog life ζοῦνε σάν τό σκύλο μέ τή γάτα.

cataclysm s. κατακλυσμός m. ~**ic** a. κατακλυσμιαῖος.

catacomb s. κατακόμβη f.

catalogue s. κατάλογος m.

catalyst s. καταλύτης m.

catapult s. καταπέλτης m. (boy's) σφεντόνα f. (v.t.) ἐκτοξεύω.

cataract s. καταρράκτης m.

catarrh s. κατάρρους m.

catastroph|e s. καταστροφή f. ~**ic** a. ὀλέθριος.

catcall s. σφύριγμα n.

catch s. (of ball) πιάσιμο n. (fastening) μάνταλο n. with a ~ in one's voice μέ σπασμένη φωνή. we had a good ~ (of fish) πιάσαμε πολλά ψάρια. there's a ~ in it ἔχει κάτι τό ὕποπτο.

catch v.t. (seize, grasp) (also ~ hold of) πιάνω. (meaning, fugitive) συλλαμβάνω, (illness) κολλῶ, ἁρπάζω. (be in time for) προφταίνω. it caught my eye (or attention) τράβηξε τήν προσοχή μου. we got caught in the rain μᾶς ἔπιασε ἡ βροχή. he caught his breath πιάστηκε ἡ ἀναπνοή του. I caught my sleeve (on a nail, etc.) πιάστηκε τό μανίκι μου. I caught my hand (in the door) μάγγωσα τό χέρι μου. he caught me a blow μοῦ κατέφερε μιά. (fam.) you'll ~ it! θά φᾶς ξύλο! (v.i.) (burn) ἁρπάζω, πιάνω.

catch on v.i. (succeed) πιάνω, (understand) μπαίνω.

catch out v.t. (surprise) τσακώνω.

catch up v. ~ (with) προφταίνω.

catching a. κολλητικός.

catchment s. ~ area λεκάνη ἀπορροῆς.

catchword s. σύνθημα n.

catchy a. (tune) πού σ' ἑλκύει.

catech|ize v. κατηχῶ. ~**ism** s. κατήχησις f.

categorical a. κατηγορηματικός ~**ly** adv. κατηγορηματικῶς.

categor|y s. κατηγορία f. ~**ize** v. (classify) ταξινομῶ, (distinguish) διακρίνω.

catenation s. σύνδεσις f.

cater v. ~ for (feed) τροφοδοτῶ. (fig.) προβλέπω γιά. ~**er** s. προμηθευτής τροφίμων. ~**ing** s. which firm is doing the ~ing for the reception? ποιό κατάστημα ἀνέλαβε τόν μπουφέ τῆς δεξιώσεως;

caterpillar s. κάμπια f. (of vehicle) ἑρπύστρια f.

caterwaul v. οὐρλιάζω.

catgut s. χορδή f.

cathar|sis s. κάθαρσις f. ~**tic** a. καθαρτικός.

cathedral s. μητρόπολις f., καθεδρικός ναός.

catholic a. καθολικός.

cat's-paw s. ὄργανον n.

cattle s. βόδια n.pl. (pej., people in bond age) ῥαγιάδες m.pl.

catty a. κακεντρεχής, κακός.

caucus s. ἐπιτροπή κόμματος.

cauldron s. καζάνι n.

cauliflower s. κουνουπίδι n.

caulk v. καλαφατίζω.

cause s. αἰτία f., αἴτιον n. (reason) λόγ(m. (purpose) σκοπός m. make commo ~ ἐνεργῶ ἀπό κοινοῦ. (v.) προξενῶ προκαλῶ, δημιουργῶ. (be responsib for) γίνομαι αἴτιος γιά. (make) κάνω.

causeway s. ὑπερυψωμένος δρόμος.

caustic a. καυστικός.

cauterize v. καυτηριάζω.

caution s. ἐπιφυλακτικότης f., προσοχή ((reprimand) ἐπίπληξις f. (warning προειδοποίησις f. (v.) ἐπιπλήττω, προει δοποιῶ.

cautious a. προσεκτικός, ἐπιφυλακτικός.

cavalcade s. παρέλασις f.

cavalier s. ἱππότης m. (a.) ἀγενής.

cavalry s. ἱππικόν n.

cave s. σπηλιά f., σπήλαιον n. ~ ma ἄνθρωπος τῶν σπηλαίων. (v.) ~ in κα ταρρέω, (fig.) ὑποτάσσομαι.

cavern s. ἄντρον n. ~**ous** a. (sound) σπη λαιώδης, (eyes) βαθουλός, (mouth) σά πηγάδι.

caviar s. χαβιάρι n. (red) μπρίκ n.

cavil v. μικρολογῶ. ~**ling** a. μικρολόγος.

cavity s. κοιλότης f. (in tree, tooth) κου φάλα f.

cavort v. χοροπηδῶ.

caw v. κρώζω. ~**ing** s. κρωγμός m., κρώ ξιμο n.

cease v. παύω. ~-**fire** s. κατάπαυσις πυ ρός.

ceaseless a. ἀκατάπαυστος. ~**ly** adv. ἀκα τάπαυστα.

cedar s. κέδρος m.

cede v. ἐκχωρῶ.

ceiling s. ταβάνι n. (also fig.) ὀροφή f.

celebrant s. the ~ was the Archbishop ἱε ρούργησε ὁ ἀρχιεπίσκοπος.

celebrate v.t. (praise) ὑμνῶ, (honour) τιμῶ (rejoice over) πανηγυρίζω. (an anniver sary) ἑορτάζω. (perform) τελῶ. ~**d** a ὀνομαστός, (persons only) διάσημος.

celebration s. (of rite) τέλεσις f. (of feast,

event) ἑορτασμός *m.,* πανηγυρισμός *m.*
celebrity *s.* διασημότης *f.*
celerity *s.* ταχύτης *f.*
celery *s.* σέλινο *n.*
celestial *a.* οὐράνιος.
celiba|cy *s.* ἀγαμία *f.* ~**te** *a.* ἄγαμος.
cell *s.* κελλί, κελλίον *n.* (*biol.*) κύτταρον *n.* (*electric*) στοιχεῖον *n.* (*of activists*) πυρήν *m.*
cellar *s.* ὑπόγειον *n.* (*wine*) κάβα *f.*
cello *s.* βιολοντσέλλο *n.*
cellophane *s.* σελλοφάν *n.*
cellular *a.* κυτταρώδης.
Celtic *a.* κελτικός, (*person*) Κέλτης.
cement *s.* τσιμέντο *n.* (*v.*) τσιμεντάρω, (*fig.*) παγιώνω.
cemetery *s.* νεκροταφεῖον *n.*
censer *s.* θυμιατό *n.*
censor *s.* λογοκριτής *m.* (*v.*) λογοκρίνω. ~**ship** *s.* λογοκρισία *f.*
censorious *a.* φιλοκατήγορος.
censure *v.* ἐπικρίνω. (*s.*) ἐπίκρισις *f.*
census *s.* ἀπογραφή *f.*
cent *s.* σέντ *n.* (*fig.*) πεντάρα *f.* per ~ τοῖς ἑκατόν.
centaur *s.* κένταυρος *m.*
centenarian *s.* ἑκατοντούτης *m.*
centenary *s.* ἑκατονταετηρίς *f.*
centigrade *a.* Κελσίου.
centimetre *s.* ἑκατοστόμετρον *n.* (*fam.*) πόντος *m.*
centipede *s.* σαρανταποδαροῦσα *f.*
central *a.* κεντρικός. ~**ly** *adv.* κεντρικῶς.
centraliz|e *v.* συγκεντρώνω. ~**ation** *s.* συγκέντρωσις *f.*
centre *s.* κέντρον *n.* (*of infection, etc.*) ἑστία *f.* (*politician*) of the C~ κεντρῶος.
centrifugal *a.* φυγόκεντρος.
centripetal *a.* κεντρομόλος.
centurion *s.* ἑκατόνταρχος *m.*
century *s.* αἰών *m.*
ceramic *a.* κεραμικός. (*s.*) ~**s** (*art*) κεραμική *f.* (*objects*) κεραμικά *n. pl.*
Cerberus *s.* Κέρβερος *m.*
cereal *s.* δημητριακόν *n.*
cerebral *a.* ἐγκεφαλικός.
ceremonial *a.* ἐπίσημος. (*s.*) (*ritual*) ἱεροτελεστία *f.*
ceremon|y *s.* τελετή *f.* (*formal behaviour*) ἐπισημότης *f.,* τύποι *m.pl.* stand on ~y εἶμαι τῶν τύπων. Master of C~ies τελετάρχης *m.*
certain *a.* (*unspecified*) a ~ gentleman κάποιος κύριος. of a ~ age κάποιας ἡλικίας. ~ doctors think μερικοί (*or* ὡρισμένοι) γιατροί νομίζουν. on ~ con-

ditions ὑπό ὡρισμένους ὅρους. at ~ times σέ ὡρισμένα διαστήματα. to a ~ extent μέχρις ἑνός σημείου, μέχρι τινός.
certain *a.* (*convinced*) σίγουρος, βέβαιος. (*reliable*) σίγουρος, ἀσφαλής. for ~ μετά βεβαιότητος. make ~ (*about, that*) βεβαιώνομαι. make ~ of (*seats, supplies, etc.*) ἐξασφαλίζω. he is ~ to know the answer ἐκεῖνος ἀσφαλῶς (*or* σίγουρα) θά ξέρη τή λύση. ~**ly** *adv.* σίγουρα, βέβαια, βεβαίως, ἀσφαλῶς.
certainty *s.* βεβαιότης *f.* bet on a ~ στοιχηματίζω στά σίγουρα. for a ~ ἐκτός πάσης ἀμφιβολίας.
certificate *s.* πιστοποιητικόν *n.* (*diploma*) πτυχίον *n.* ~**d** *a.* πτυχιοῦχος.
certif|y *v.* πιστοποιῶ, βεβαιώνω. ~**ication** *s.* πιστοποίησις *f.* ~**ied** *a.* (*as correct*) ἐπικυρωμένος.
certitude *s.* βεβαιότης *f.*
cerulean *a.* οὐρανής.
cessation *s.* παῦσις *f.*
cess|pit, ~**pool** *s.* βόθρος *m.*
cetacean *a.* κητώδης. (*s.*) κῆτος *n.*
chafe *v.t.* τρίβω, γδέρνω. (*v.i.*) τρίβομαι, (*fig.*) ἐκνευρίζομαι.
chaff *v.* πειράζω. (*s.*) πειράγματα *n.pl.*
chaff *s.* (*winnowed*) ἀνεμίδια *n.pl.* (*straw*) ἄχυρο *n.*
chagrin *s.* στενοχώρια *f.* ~**ed** *a.* στενοχωρημένος.
chain *s.* ἁλυσίδα *f.* (*watch*) καδένα *f.* ~**s** (*fetters*) δεσμά *n.pl.* in ~s (*captive*) δέσμιος. (*v.*) ἁλυσοδένω.
chair *s.* καρέκλα *f.,* (*of office*) ἕδρα *f.,* take the ~ προεδρεύω, κατέχω τήν ἕδραν.
chairman *s.* πρόεδρος *m.f.* ~**ship** *s.* προεδρία *f.*
chalice *s.* (*eccl.*) δισκοπότηρον *n.*
chalk *s.* κιμωλία *f.* (*geology*) ἀσβεστόλιθος *m.* (*fam.*) by a long ~ κατά πολύ, (*after neg.*) μέ κανένα τρόπο.
challenge *v.* προκαλῶ, (*dispute*) ἀμφισβητῶ. (*s.*) πρόκλησις *f.*
chamber *s.* αἴθουσα *f.* (*anatomy, etc.*) θάλαμος *m.* (*of gun*) θαλάμη *f.* (*of Parliament*) Βουλή *f.* ~ music μουσική δωματίου.
chamberlain *s.* ἀρχιθαλαμηπόλος *m.*
chambermaid *s.* καμαριέρα *f.*
chamber-pot *s.* καθήκι *n.*
chameleon *s.* χαμαιλέων *m.*
chamois *s.* αἴγαγρος *m.* (*leather*) σαμουά *n.*

champ v. μασουλίζω. *(the bit)*, δαγκώνω, *(be impatient)* ἀνυπομονῶ.

champagne s. σαμπάνια f.

champion s. *(defender)* ὑπέρμαχος m.f. *(winner)* πρωταθλητής m. *(v.)* μάχομαι ὑπέρ *(with gen.).* ~ship s. *(defence)* ὑποστήριξις f. *(contest)* πρωτάθλημα n.

chance s. *(fortune, accident)* τύχη f. by ~ τυχαίως, κατά τύχην, κατά σύμπτωσιν. *(probability)* πιθανότης f. *(opportunity)* εὐκαιρία f. do you by any ~ know? μήπως ξέρετε κατά τύχην; take a ~ τό ἀφήνω στήν τύχη. game of ~ τυχερό παιχνίδι. *(a.)* τυχαῖος.

chance v.t. *(risk)* διακινδυνεύω. *(v.i.)* I ~d to be there ἔτυχε νά εἶμαι ἐκεῖ, ἔλαχα ἐκεῖ. ~ upon βρίσκω κατά τύχην.

chancellor s. καγκελλάριος m.

chancy a. a ~ business ἐπιχείρησις ἀμφιβόλου ἐκβάσεως.

chandelier s. πολύφωτον n.

chandler s. ship ~ προμηθευτής πλοίων.

change s. ἀλλαγή f. *(money due back)* ρέστα n.pl. small ~ ψιλά n.pl. ~ of clothes ἀλλαξιά f. ring the ~s ἀλλάζω τή σειρά. for a ~ χάριν ἀλλαγῆς.

change v.t.&i. ἀλλάζω. *(banknote into coins)* χαλῶ, κάνω ψιλά. *(convert, alter)* *(v.t.)* μεταβάλλω, μετατρέπω, *(v.i.)* μεταβάλλομαι, μετατρέπομαι. ~ one's mind ἀλλάζω γνώμην, μετανοῶ. ~ one's tune ἀλλάζω τροπάρι. ~ hands ἀλλάζω χέρια.

changeab|le a. εὐμετάβλητος. ~ility s. ἀστάθεια f.

channel s. *(sea)* πορθμός m. English C~ Μάγχη f. *(for irrigation, etc.)* αὐλάκι n. *(way)* δρόμος m. *(medium)* μέσον n. *(for trade)* διέξοδος f. *(TV)* κανάλι n. *(v.)* *(direct)* διοχετεύω, *(groove)* αὐλακώνω.

chant v. ψάλλω. *(s.)* ψάλσιμο n., ψαλμωδία f.

cha|os s. χάος n. ~otic a. χαώδης.

chap v. *(also get ~ped)* σκάζω.

chap s. *(fam.)* παιδί n.

chapel s. παρεκκλήσιον n.

chaperon s. συνοδός f. *(v.)* συνοδεύω.

chaplain s. ἱερεύς m.

chapter s. *(of book)* κεφάλαιον n. give ~ and verse ἀναφέρω λεπτομερειακῶς τίς πηγές μου.

char v. μισοκαίω.

character s. χαρακτήρ m. *(person)* πρόσωπον n. *(eccentric)* τύπος m. ~istic a. χαρακτηριστικός. *(s.)* χαρακτηριστικόν n.

characteriz|e v. χαρακτηρίζω. ~ation s. χαρακτηρισμός m.

charade s. συλλαβόγριφος m.

charcoal s. ξυλοκάρβουνο n. ~-burner s. καρβουνιάρης m.

charge v.i. *(rush)* ἐπιτίθεμαι, ὁρμῶ *(with* ἐναντίον & gen.). *(v.t.)* *(fill)* γεμίζω *(with electricity)* φορτίζω. *(ask as price* παίρνω, ζητῶ. *(debit)* χρεώνω. *(adjure* ἐξορκίζω. *(accuse)* κατηγορῶ. he was ~ with theft κατηγορήθη ἐπί κλοπῆ *(entrust)* he was ~d with an importan mission τοῦ ἀνετέθη μία σπουδαία ἀπο στολή.

charge s. *(attack)* ἔφοδος f., ἐπίθεσις f *(of gun)* γόμωσις f. *(accusation)* κατηγο ρία f. *(liability)* βάρος n. *(price)* τιμή f is there any ~ ? πληρώνει κανείς; free of ~ δωρεάν. *(fee)* ἀμοιβή f. list of ~ τιμολόγιον n. *(care)* take ~ of ἀναλαμ βάνω. they left the baby in ~ of α neighbour ἄφησαν τό μωρό ὑπό τ φροντίδα μίας γειτόνισσας. who is in ~ here? ποιός εἶναι ὑπεύθυνος *(or ἐπί κε φαλῆς)* ἐδῶ;

chargé d'affaires s. ἐπιτετραμμένος m.

chariot s. ἅρμα n. ~eer s. ἡνίοχος m.

charitable a. ἐλεήμων, *(lenient)* ἐπιεικής *(philanthropic)* φιλανθρωπικός. ~ instit ution εὐαγές ἵδρυμα.

charity s. *(love)* ἀγάπη f. *(leniency)* ἐπιεί κεια f. *(almsgiving)* ἐλεημοσύνη f. giv money to ~ δίνω γιά φιλανθρωπικού σκοπούς.

charlatan s. κομπογιαννίτης m., τσαρλα τάνος m.

charm s. χάρη f., *(stronger)* γοητεία f θέλγητρον n. *(spell)* μάγια n.pl. *(trinket* φυλαχτό n. *(v.)* γοητεύω, θέλγω, μαγεύω ~er s. γόης m., γόησσα f. ~ing a. χαρι τωμένος, *(stronger)* γοητευτικός, θελκτι κός.

charnel-house s. ὀστεοφυλάκιον n.

chart s. χάρτης m. *(statistical)* παραστα τικός χάρτης. *(v.)* χαρτογραφῶ.

charter s. καταστατικός χάρτης m. *(hire* ναύλωσις f. *(v.)* *(hire)* ναυλώνω. ~ed ac countant ὁρκωτός λογιστής.

charwoman s. παραδουλεύτρα f.

chary a. ἐπιφυλακτικός.

chase v. κυνηγῶ. ~ away διώχνω. *(s.)* κυ νήγι n. give ~ to καταδιώκω.

chased a. *(embossed)* ἀνάγλυφος.

chasm s. χάσμα n.

chassis s. πλαίσιον n., σασσί n.

chaste a. ἁγνός.

chasten v. φρονηματίζω. in ~ed mood μ πεσμένα τά φτερά.

chastise *v.* τιμωρῶ. **~ment** *s.* τιμωρία *f.*

chastity *s.* ἁγνότης *f.*

chat *s.* κουβέντα *n*, we had a ~ πιάσαμε τό κουβεντολόγι. **~ty** *a.* ὁμιλητικός.

chatelaine *s.* πυργοδέσποινα *f.*

chattel *s.* κινητόν *n.*

chatter *v.* φλυαρῶ, *(of teeth)* χτυπῶ. *(s.)* φλυαρία *f.* **~box** *s.* φλύαρος *a.*

chauffeur *s.* ὁδηγός *m.*, σωφέρ *m.*

chauvinism *s.* σωβινισμός *m.*

cheap *a.* φτηνός, on the ~ φτηνά. *(poor)* εὐτελής, *(mean, petty)* μικροπρεπής. ~ jack γυρολόγος *m. (adv.) (also ~ly)* φτηνά. he got off ~ly φτηνά τή γλύτωσε. **~ness** *s.* φτήνεια *f.*

cheapen *v.* φτηναίνω, *(fig.)* ἐξευτελίζω.

cheat *v.t.* ἐξαπατῶ, γελῶ, ξεγελῶ. *(v.i.) (at cards, etc.)* κλέβω, *(crib)* ἀντιγράφω. *(s.)* ἀπατεών *m.* **~ing** *s.* ἀπάτη *f.*, κλέψιμο *n. (in games)* ζαβολιές *f.pl.*

check *v. (examine)* ἐλέγχω. *(restrain)* ἀναχαιτίζω, συγκρατῶ. *(list, etc.)* τσεκάρω, ἐλέγχω. ~ up on ἐλέγχω. ~ in φτάνω. ~ out φεύγω.

check *s. (control)* ἔλεγχος *m. (stoppage)* ἐμπόδιο *n.* keep a ~ on ἐλέγχω. hold in ~ συγκρατῶ. **~-up** *s.* ἐξέτασις *f.*, *(fam.)* τσεκάπ *n.*

check *s. & a. (pattern)* καρρό *n.*

checkmate *v. (chess)* κάνω μάτ. *(fig.)* φέρω εἰς ἀδιέξοδον.

cheek *s.* μάγουλο *n. (effrontery)* θράσος *n.* **~y** *a.* θρασύς. be ~y ὀγάζω γλῶσσα.

cheer *v.t. (acclaim)* ἐπευφημῶ, ζητωκαυγάζω. *(gladden)* δίνω κουράγιο σέ. *(v.i.)* ~ up παίρνω κουράγιο. ~ up! κουράγιο! **~ing** *a.* ἐνθαρρυντικός.

cheer *s. (acclamation)* ζητωκραυγή *f.* be of good ~ παίρνω κουράγιο. make good ~ καλοτρώγω.

cheerful *a. (person)* κεφάτος, *(willing)* πρόθυμος. *(atmosphere)* χαρούμενος. **~ly** *adv.* μέ κέφι, πρόθυμα. **~ness** *s.* εὐδιαθεσία *f.*

cheerless *a.* καταθλιπτικός.

cheery *a.* πρόσχαρος.

cheese *s.* τυρί *n.* ~ pie τυρόπηττα *f.* **~-paring** *a.* τσιγγούνης.

chef *s.* ἀρχιμάγειρος *m.*

chemical *a.* χημικός. *(s.)* χημική οὐσία.

chemise *s.* πουκαμίσα *f.*

chemist *s.* χημικός *m. (druggist)* φαρμακοποιός *m.* **~'s shop** φαρμακεῖον *n.* **~ry** *s.* χημεία *f.*

cheque *s.* ἐπιταγή *f.*, τσέκ *n.*

chequered *a. (with light & shade)* ἡμισκιασμένος. *(fig.)* ~ career βίος καί πολιτεία.

cherish *v.* περιποιοῦμαι μέ ἀγάπη, *(hope, etc.)* τρέφω.

cherry *s.* κεράσι *n. (tree)* κερασιά *f. (a.)* κερασένιος. **~-brandy** *s.* τσέρι *n.*

cherub *s.* ἀγγελούδι *n.* **~ic** *a.* χερουβικός.

chess *s.* σκάκι *n.*

chest *s. (of body)* στῆθος *n. (box)* κασέλλα *f.* ~ of drawers κομμό *n.*

chestnut *s.* κάστανο *n.* horse-~ ἀγριοκάστανο *n. (tree)* (ἀγριο)καστανιά *f. (a.)* καστανός.

chevron *s.* γαλόνι *n.* σειρήτι *n.*

chew *v.* μασῶ, μασουλῶ. ~ the cud μηρυκῶμαι, *(fig., ponder)* σκέπτομαι. **~ing-gum** *s.* τσίκλα *f.*

chiaroscuro *s.* φωτοσκίασις *f.*

chic *a.* κομψός. *(s.)* κομψότης *f.*

chicanery *s.* στρεψοδικία *f.*

chick *s.* νεοσσός *m.*

chicken *s.* κόττα *f.*, κοτόπουλο *n.* **~pox** *s.* ἀνεμοβλογιά *f.*

chick-pea *s.* ρεβίθι *n. (roasted)* στραγάλι *n.*

chicory *s. (endive)* ἀντίδι *n.*

chide *v.* μαλώνω.

chief *a.* κύριος. *(in rank)* πρῶτος, ἀρχι-. *(s.)* ἀρχηγός *m. (superior)* προϊστάμενος *m. (mil.)* ~ of staff ἐπιτελάρχης *m.* **~ly** *adv.* κυρίως.

chieftain *s.* ἀρχηγός *m. (of band)* ὁπλαρχηγός *m.*

chignon *s.* κότσος *m.*

chilblain *s.* χιονίστρα *f.*

child *s.* τέκνον *n.*, παιδί *n.*, μικρό *n.* **~'s play** παιγνιδάκι *n.* with ~ ἔγκυος. **~'s, ~rens'** *a.* παιδικός.

child|bed, ~birth *s.* τοκετός *m.* in ~birth στή γέννα.

childhood *s.* παιδική ἡλικία.

childish *a.* παιδικός, *(pej.)* παιδαριώδης.

childless *a.* ἄτεκνος.

childlike *a.* ἀφελής.

chill *s. (coldness)* ψυχρότης *f.*, κρυάδα *f. (illness)* κρυολόγημα *n.* take the ~ off κόβω τήν κρυάδα. *(v.)* παγώνω. ~ *(or* be ~ed) to the bone ξυλιάζω. *(a.)* ψυχρός. **~y** *a.* ψυχρός. it's ~y κάνει ψύχρα.

chime *v.i.* ἠχῶ. ~ the hour χτυπῶ τήν ὥρα. ~ in παρεμβαίνω. ~ in with συμφωνῶ μέ. *(s.) (of clock)* κουδούνι *n.* **~s** *(of bells)* καμπάνες *f. pl.*

chimera *s.* χίμαιρα *f.*

chimney *s.* καπνοδόχος *f.*, καμινάδα *f.*,

(tall) φουγάρο *n*. ~ corner γωνιά τοῦ τζακιοῦ.

chimpanzee *s*. χιμπαντζῆς *m*.

chin *s*. πηγούνι *n*. *(fig.)* keep one's ~ up δέν ἀποθαρρύνομαι, δέν τό θάζω κάτω.

china *s*. πορσελάνη *f*. *(crockery)* πιατικά *n*. *pl*. *(a.)* ἀπό πορσελάνη.

chine *s*. ράχη *f*.

Chinese *a*. κινέζικος, *(person)* Κινέζος.

chink *s*. *(gap)* χαραμάδα *f*. *(sound)* κουδούνισμα *n*. *(v.i.)* κουδουνίζω.

chip *s*. *(fracture)* τσάκισμα *n*. *(fragment of marble, wood)* πελεκούδι *n*. ~s *(potatoes)* πατάτες τηγανητές. he has a ~ on his shoulder εἶναι εὐθικτος, δέν μπορεῖ νά σκεφθῆ ἀμερόληπτα. ~ off the old block γιός τοῦ πατέρα του. *(v.)* *(cut)* πελεκῶ. ~ped *(damaged)* χτυπημένος, τσακισμένος. ~ in πετάγομαι.

chiropody *s*. θεραπεία κάλων καί ἄλλων παθήσεων τοῦ ποδιοῦ.

chirp *v*. τερετίζω. ~y *a*. καλόκεφος.

chisel *s*. σμιλάρι *n*. cold ~ καλέμι *n*. *(v.)* σμιλεύω.

chit *s*. *(note)* σημείωμα *n*. ~ of a girl κοριτσόπουλο *n*.

chit-chat *s*. ψιλοκουβέντα *f*.

chivalr|y *s*. ἱπποτισμός *m*. ~ous *a*. *(deed)* ἱπποτικός, *(man)* ἱππότης *m*.

chivvy *v*. κυνηγῶ.

chlorine *s*. χλώριον *n*.

chloroform *s*. χλωροφόρμιον *n*.

chlorophyll *s*. χλωροφύλλη *f*.

chock *s*. τάκος *m*.

chock|-a-block, ~-full *a*. παραγεμισμένος.

chocolate *s*. σοκολάτα *f*. *(a.)* σοκολατένιος.

choice *s*. ἐκλογή *f*. *(variety)* ποικιλία *f*. *(preference)* προτίμησις *f*. have no ~ δέν ἔχω περιθώριο ἐκλογῆς, δέν μπορῶ νά κάνω ἀλλοιώς. *(a.)* ἐκλεκτός, διαλεχτός.

choir *s*. χορωδία *f*.

choke *v.t*. πνίγω, *(v.i.)* πνίγομαι. *(v.t., block)* *(also* ~ up*)* φράζω, βουλώνω. ~ down καταπίνω. ~ off ἀποθαρρύνω.

choking *a*. πνικτικός. *(s.)* πνίξιμο *n*.

choler *s*. ὀργή *f*. ~ic *a*. ὀργίλος.

cholera *s*. χολέρα *f*.

choos|e *v*. διαλέγω, ἐκλέγω. do as one ~es κάνω ὅπως μοῦ ἀρέσει. ~y *a*. ἐκλεκτικός, δύσκολος.

chop *v*. *(cut)* κόβω, *(with axe)* τσεκουρώνω. ~ to pieces κατακόβω. ~ up small ψιλοκόβω. ~ off ἀποκόπτω. ~ and change ὅλο ἀλλάζω. *(s.)* *(lamb)* παϊδάκι

n., *(pork, veal)* μπριζόλα *f*. *(blow)* χτύπημα *n*. ~per *s*. μπαλντᾶς *m*.

choppy *a*. the sea is ~ ἔχει κυματάκι.

chop-sticks *s*. ξυλαράκια *n*. *pl*.

choral *a*. *(composition)* χορωδιακός, *(with ~ accompaniment)* μέ χορωδία.

chord *s*. *(mus.)* συγχορδία *f*. *(fig., string)* χορδή *f*. it strikes a ~ *(in memory)* κάτι μοῦ φέρνει στό νοῦ.

chore *s*. ἀγγαρεία *f*.

choreography *s*. χορογραφία *f*.

chorister *s*. ψάλτης *m*.

chorus *s*. χορός *m*. *(of song)* ρεφραίν *n*. a ~ of protest ἔντονες διαμαρτυρίες.

chosen *a*. ἐκλεκτός. ~ people περιούσιος λαός.

chrism *s*. χρῖσμα *n*.

christen *v*. βαπτίζω. ~ing *s*. βάπτισις *f*., βαφτίσια *n*. *pl*.

Christendom *s*. χριστιανοσύνη *f*.

Christian *a*. χριστιανικός, *(person)* χριστιανός. ~ name βαπτιστικόν *(or* μικρό*)* ὄνομα. ~ity *s*. χριστιανισμός *m*.

Christmas *s*. Χριστούγεννα *n*. *pl*. Father C~ Ἅη-Βασίλης. *(a.)* χριστουγεννιάτικος.

chromatic *a*. χρωματικός.

chromium *s*. χρώμιον *n*.

chronic *a*. χρόνιος.

chronicle *s*. χρονικόν *n*. *(v.)* καταγράφω, ἐξιστορῶ. ~r *s*. χρονικογράφος *m*.

chronolog|y *s*. χρονολογία *f*. ~ical *a*. χρονολογικός.

chronometer *s*. χρονόμετρον *n*.

chrysalis *s*. χρυσαλλίς *f*.

chrysanthemum *s*. χρυσάνθεμον *n*.

chubby *a*. στρογγυλπουλός.

chuck *v*. πετῶ, ρίχνω. ~ *(up)* *(abandon)* παρατῶ, ἀφήνω. ~ out *(person)* βγάζω ἔξω, *(thing)* πετῶ. ~er out μπράβος *m*.

chuckle *v*. γελῶ συγκρατημένα.

chug *v*. κινοῦμαι ξεφυσώντας.

chum *s*. φίλος *m*. ~ up πιάνω φιλίες. ~my *a*. φιλικός. be ~my with ἔχω φιλίες μέ.

chump *s*. *(log, fool)* κούτσουρο *n*. *(meat)* ἀπό μπούτι. *(fam.)* off one's ~ τρελλός.

chunk *s*. κομματάρα *f*. ~y *a*. χοντρός.

church *s*. ἐκκλησία *f*. *(building only)* ναός *m*. *(fig.)* enter the ~ περιβάλλομαι τό σχῆμα. ~ service λειτουργία *f*. ~warden *s*. ἐπίτροπος *m*.

churlish *a*. κακότροπος, στρυφνός.

churn *s*. καρδάρα *f*.

chute *s*. *(slide)* τσουλίστρα *f*.

cicada *s*. τζίτζικας *m*.

cicatrice s. οὐλή f.

cicerone s. ξεναγός m.

cider s. μηλίτης m.

cigar s. ποῦρο n.

cigarette s. τσιγάρο n. ~-case s. ταμπακιέρα f. ~-end s. ἀποτσίγαρο n. ~-holder s. πίπα f.

cinder s. ~s στάχτες f. pl. it was burnt to a ~ (food) ἔγινε κάρβουνο, (house) ἀπανθρακώθηκε.

Cinderella s. Σταχτοπούτα f.

cinema s. κινηματογράφος m.

cinnamon s. κανέλλα f.

cipher s. (nought) μηδενικό n. (numeral) ἀριθμός m. (code) κρυπτογραφία f. telegram in ~ κρυπτογραφικόν τηλεγράφημα. (v.) κρυπτογραφῶ.

circle s. κύκλος m. (theatre) ἐξώστης m. come full ~ διαγράφω πλήρη κύκλον. in a ~ σέ σχῆμα κύκλου, κυκλικά. (v.i.) διαγράφω κύκλους. (v.t.) κάνω τό γύρο (with gen.).

circuit s. (journey round) γῦρος m., κύκλος m. (district) περιφέρεια f. (electric) κύκλωμα n. short ~ βραχυκύκλωμα n. ~ous a. take a ~ous route κάνω κύκλο. by ~ous means διά πλαγίων μέσων.

circular a. κυκλικός. (s.) (letter) ἐγκύκλιος f. (leaflet) διαφημιστικόν ἔντυπον. ~ize v. they were ~ized τούς ἐστάλησαν ἔντυπα.

circulat|e v.t. & i. κυκλοφορῶ. ~ion s. κυκλοφορία f. ~ory a. κυκλοφοριακός.

circumcis|e v. περιτέμνω. ~ion s. περιτομή f.

circumference s. περιφέρεια f.

circumflex a. (gram.) περισπωμένη f.

circumlocution s. περίφρασις f.

circumnavigation s. περίπλους m.

circumscribe v. περιορίζω.

circumspect a. προσεκτικός. ~ion s. περίσκεψις f.

circumstance s. (case) περίπτωσις f. (event) περιστατικόν n. ~s (situation) περιστάσεις f. pl., (conditions) συνθῆκαι f. pl. financial ~s οἰκονομική κατάστασις. be in reduced ~s τά ἔχω στενά. in no ~s σέ καμμιά περίπτωση. under the ~s οὕτως ἐχόντων τῶν πραγμάτων.

circumstantial a. (detailed) λεπτομερής, ἐμπεριστατωμένος. ~ evidence περιστατική ἔνδειξις.

circumvent v. παρακάμπτω. (law, etc.) καταστρατηγῶ.

circus s. τσίρκο n.

cirrhus s. θύσανος m.

cistern s. δεξαμενή f., στέρνα f. (tank) ντεπόζιτο n. (w.c.) καζανάκι n.

citadel s. ἀκρόπολις f.

cit|e v. (quote) παραθέτω. ~ation s. (mention) μνεία f.

citizen s. πολίτης m. (inhabitant) κάτοικος m. (subject) ὑπήκοος m.f. (burgess) δημότης m. ~ship s. ὑπηκοότης f.

citric a. κιτρικός. ~ acid ξινό n.

citron s. κίτρον n.

citrus s. ~ fruit ἐσπεριδοειδῆ n. pl., (fam.) ξινά m. pl.

city s. πόλις f. (great) μεγαλούπολις f. C~ (of London) Σίτυ n.

civic a. (citizen's) πολιτικός, (municipal) δημοτικός.

civil a. (civilian) πολιτικός, (polite) εὐγενικός. ~ law ἀστικόν δίκαιον. ~ list βασιλική χορηγία. ~ servant δημόσιος ὑπάλληλος. ~ service δημόσιαι ὑπηρεσίαι. ~ war ἐμφύλιος πόλεμος. ~ly adv. εὐγενικά.

civilian a. πολιτικός. (s.) πολίτης m.

civility s. εὐγένεια f.

civiliz|e v. ἐκπολιτίζω. ~ation s. πολιτισμός m. ~ed a. πολιτισμένος.

clack s. κλίκ-κλάκ n.

clad a. ντυμένος.

claim v.t. (demand) ἀπαιτῶ, ἀξιῶ, (lay to) διεκδικῶ, (seek) ζητῶ. (v.i.) (assert, profess) ἰσχυρίζομαι. (s.) (demand) ἀξίωσις f., διεκδίκησις f. (right) δικαίωμα n. (assertion) ἰσχυρισμός m. lay ~ to διεκδικῶ. make a ~ (insurance, etc.) ζητῶ ἀποζημίωση. ~ant s. διεκδικητής m.

clairvoyance s. μαντική ἱκανότης.

clamber v. σκαρφαλώνω.

clammy a. ὑγρός, (sweaty) ἱδρωμένος.

clam|our s. φωνές, κραυγές f. pl. (v.) φωνάζω, κραυγάζω. ~orous a. κραυγαλέος.

clamp v.t. σφίγγω, συνδέω. ~ down on χτυπῶ, ἀπαγορεύω. (s.) (tool) νταβίδι n.

clan s. πατριά f.

clandestine s. λαθραῖος.

clang v.i. (of bells) κουδουνίζω, (of gates, etc.) ἠχῶ, βροντῶ. (s.) κουδούνισμα n., μεταλλικός ἦχος. ~er s. (fam.) γκάφα f.

clank s. μεταλλικός ἦχος, (of arms) κλαγγή f.

clannish a. δεμένος μέ τό σόι μου.

clap v.t. (strike) χτυπῶ. (fam., put, stick) κολλῶ. (v.t. & i.) (applaud) χειροκροτῶ. (s.) (of thunder) βροντή f. ~ping s. χειροκροτήματα n. pl.

claptrap s. ἀνοησίες f. pl.

claque s. κλάκα f.

claret s. μπορντό n.

clarif|y v.t. (make plain) ἀποσαφηνίζω, διευκρινίζω. ~ication s. ἀποσαφήνισις f., διευκρίνισις f.

clarinet s. κλαρῖνο n.

clarion s. σάλπιγξ f. ~ call σάλπισμα n.

clarity s. διαύγεια f. (of meaning only) σαφήνεια f.

clash v.t. (beat) χτυπῶ. (v.i.) (resound) ἀντηχῶ, (conflict) συγκρούομαι, (of colours) δέν ταιριάζω. (s.) (noise) μεταλλικός ἦχος, (of arms) κλαγγή f. (conflict) σύγκρουσις f. (affray) συμπλοκή f.

clasp v. σφίγγω. (s.) (buckle) πόρπη f. (of handbag, etc.) σούστα f. (squeeze) σφίξιμο n.

class s. (grade, form) τάξις f. (social) κοινωνική τάξις f. (sort) εἶδος n. (fam., style) στύλ n. (biol. & mil.) κλάσις f. (lesson) μάθημα n. first ~ πρώτης τάξεως. ~ distinction κοινωνική διάκρισις. ~ struggle or war ταξικός ἀγών. (v.) κατατάσσω.

classic a. κλασσικός. ~s κλασσικαί σπουδαί. ~al a. κλασσικός.

classif|y v. ταξινομῶ. ~ication s. ταξινόμησις f.

classy a. (fam.) στυλάτος, κλάσεως.

clatter s. θόρυβος m. (v.t.) χτυπῶ. (v.i.) ~ along περνῶ μέ θόρυβο.

clause s. (proviso) ρήτρα f. (article) ἄρθρον n. (gram.) πρότασις f.

claustrophobia s. κλειστοφοβία f.

claw s. νύχι n. (of shellfish) δαγκάνα f. (v.) νυχιάζω, ξεσκίζω μέ τά νύχια.

clay s. ἄργιλος f., πηλός m. (a.) (soil) ἀργιλώδης, (made of ~) πήλινος.

clean a. καθαρός, (seemly) εὐπρεπής, (not indecent) ἄθωος. with ~ lines μέ λιτές γραμμές. come ~ ὁμολογῶ τά πάντα. (adv.) πέρα γιά πέρα, ὅλως δι' ὅλου. (v.t. & i.) (also ~ up, out) καθαρίζω.

clean, ~ing s. καθάρισμα n.

cleaner s. (woman) καθαρίστρια f. dry ~'s καθαριστήριον n.

clean|liness, ~ness s. καθαρότης f., πάστρα f.

cleanse v. καθαρίζω, (morally) ἐξαγνίζω.

clear a. (transparent) διαυγής, διαφανής. (weather, sky) αἴθριος, καθαρός, (day) φωτεινός, (night) ξάστερος. (voice, tone, view, photo, case, mind, conscience, profit) καθαρός. (sound) εὐκρινής, (image, meaning) σαφής. (evident) καταφανής, φανερός, (certain) βέβαιος.

(unobstructed) ἐλεύθερος. make oneself ~ γίνομαι σαφής. I am not ~ about it δέν ἔχω σαφή ἰδέα τοῦ θέματος. ~ of (free) ἀπηλλαγμένος ἀπό, the ship was ~ of the harbour τό πλοῖο εἶχε βγῆ ἀπ' τό λιμάνι.

clear adv. καθαρά, εὐκρινῶς. keep or steer ~ of ἀποφεύγω. get ~ of (free) ἀπαλλάσσομαι ἀπό, (away from) φεύγω ἀπό. stand ~ στέκομαι σέ ἀπόσταση, stand ~ of στέκομαι μακριά ἀπό.

clear v.t. (make tidy) καθαρίζω, (empty, unblock) ἀδειάζω, ἐλευθερώνω, (acquit) ἀθωώνω. (jump over) ὑπερπηδῶ, (get round) περνῶ ξυστά ἀπό. (a profit) καθαρίζω. (goods through customs) ἐκτελωνίζω. (free, rid) ἀπαλλάσσω (with ἀπό). ~ oneself ἀπαλλάσσομαι. ~ the table (after meal) σηκώνω τό τραπέζι. ~ the table of books καθαρίζω τό τραπέζι ἀπό βιβλία or παίρνω τά βιβλία ἀπ' τό τραπέζι. ~ a way or passage ἀνοίγω δρόμο. (v.i., of weather) καθαρίζω.

clear away v.t. μαζεύω, (after meal) σηκώνω τό τραπέζι. (v.i.) (clouds) καθαρίζω, (mist) διαλύομαι.

clear off v.t. (debt) ἐξοφλῶ. (v.i.) (fam.) τό σκάω.

clear out v.t. (empty) ἀδειάζω. (v.i.) (fam.) τό σκάω.

clear up v.i. (mess) καθαρίζω, (mystery) ξεδιαλύνω. (v.i.) (weather) καθαρίζω, ξανοίγω.

clearance s. (of departing ship) ἄδεια ἀπόπλου, (customs) ἐκτελωνισμός m. (clearing up) καθάρισμα n.

clearing s. (in weather) ξάνοιγμα n. (in forest) ξέφωτο n. ~-house γραφεῖον συμψηφισμῶν.

clearness s. see clarity.

cleav|e v. (split) σχίζω, (cling) προσκολλῶμαι. ~age s. σχίσμα n.

clef s. κλειδί n.

cleft s. σχισμή f. (a.) σχιστός.

clematis s. κληματίς f., ἀγράμπελη f.

clemen|cy s. ἐπιείκεια f. ~t a. ἐπιεικής, (weather) μαλακός.

clench v. σφίγγω.

clergy s. κλῆρος m. ~man s. κληρικός, ἱερωμένος m.

cleric s., ~al a. κληρικός.

clerk s. γραφεύς m. (bank, etc.) ὑπάλληλος m. (of court, council) γραμματεύς m. (eccl.) κληρικός m.

clever a. ἔξυπνος, (adroit) ἐπιδέξιος, ἐπιτήδειος, (witty) εὐφυής. ~ness s.

ἐξυπνάδα f, δεξιότης f. εὐφυΐα f.
clew s. (of Ariadne) μίτος m.
cliché s. κοινοτοπία f.
click v.t. (tongue) πλαταγίζω, (heels) χτυπῶ. (v.i.) κάνω κλίκ.
client s. πελάτης m. ~ele s. πελατεία f.
cliff s. ἀπότομος βράχος, γκρεμός m. ~s βραχώδης ἀκτή.
climacteric a. κλιμακτηρικός.
climate s. κλῖμα n.
climax s. (ἀπο)κορύφωμα n. reach a ~ φθάνω στό κατακόρυφο.
climb v.i. (also ~ up) ἀνεβαίνω, (of road) ἀνηφορίζω, (fig.) ἀναρριχῶμαι. (v.t.) ἀνεβαίνω or σκαρφαλώνω (with σέ). ~ down (v.t.) κατεβαίνω, (v.i.) (fig.) ὑποχωρῶ, κάνω νερά. ~er s. ὀρειβάτης m.
climbing s. ὀρειβασία f. (a.) (equipment, club) ὀρειβατικός, (plant) ἀναρριχητικός.
clime s. (fig.) τόπος m.
clinch v. (a deal) κλείνω. (s.) ἀγκάλιασμα n. (wrestling) μεσολαβή f.
cling v.i. ~ to (ideas) ἐμμένω εἰς, (ideas, family, etc.) εἶμαι (προσ)κολλημένος σέ. (for support) εἶμαι πιασμένος ἀπό. (hold tightly) κρατῶ σφιχτά, ἁρπάζομαι ἀπό. (fit closely) κολλῶ σέ. we clung together μείναμε κολλημένοι ὁ ἕνας στόν ἄλλον. ~ing a. κολλητός.
clinic s. κλινική s. ~al a. κλινικός.
clink v.i. κουδουνίζω. (v.t.) (glasses) τσουγκρίζω.
clink s. (fam., prison) φρέσκο n.
clip v. ψαλιδίζω, (hair) κουρεύω, (ticket) τρυπῶ, (fasten) συνδέω. (s.) (shearing) κούρεμα n. (blow) φάπα f. (fastener) συνδετήρ m. hair-~ τσιμπιδάκι n.
clippers s. κουρευτική μηχανή.
clipping s. (from paper) ἀπόκομμα n.
clique s. κλίκα f.
cloak s. κάπα f., μπέρτα f. (fig.) μανδύας m., (of darkness) πέπλον n. (v.) (cover) σκεπάζω, (fig.) καλύπτω. ~room s. ἱματιοφυλάκιον n., γκαρνταρόμπα f. (w.c.) τουαλέττα f.
clock s. ὡρολόγιον n., ρολόι n. (of stocking) μπαγκέτα f. (v.) ~ in or out χτυπῶ καρτέλα. ~wise a. δεξιόστροφος. ~work a. κουρδιστός. go like ~work πάω ρολόι.
clod s. σβῶλος m. (fig.) (also ~-hopper) χοντράνθρωπος m.
clog s. τσόκαρο n.
clog v.t. (block) φράζω, βουλώνω, (with mud, etc.) γεμίζω.
cloister s. περιστύλιον n. (fig.) μοναστήρι

n. live a ~ed life ζῶ ἀποτραβηγμένος.
close a. (kinship) κοντινός, στενός, (friend, connexion) στενός. (weather) βαρύς. (scrutiny) ἐπιμελημένος. (secretive) κλειστός, (stingy) σφιχτός, (strict) αὐστηρός. at ~ quarters ἀπό κοντά. ~ combat μάχη ἐκ τοῦ συστάδην. ~ resemblance μεγάλη ὁμοιότης. with ~ attention ἐπισταμένως. a ~ contest σχεδόν ἰσόπαλος ἀγών. keep a ~ watch on παρακολουθῶ προσεκτικά. he had a ~ shave (fig.) φτηνά τή γλύτωσε. they stood ~ together στάθηκαν κοντά ὁ ἕνας στόν ἄλλον.
close adv. (also ~ by) κοντά, πλησίον. (prep.) ~ to or by κοντά σέ (with acc.), πλησίον (with gen.).
close v.t.& i. κλείνω, (end) τελειώνω. ~ ranks πυκνώνω τούς ζυγούς. ~ down κλείνω. ~ in (on quarry) περισφίγγω τόν κλοιόν, (get shorter) μικραίνω. ~ up (gap, etc.) κλείνω. ~ with (opponent) πιάνομαι μέ, (over bargain) συμφωνῶ μέ.
close s. (end) τέλος n. bring to a ~ θέτω τέρμα εἰς.
closed a. κλειστός. behind ~ doors κεκλεισμένων τῶν θυρῶν. with one's eyes ~ μέ κλειστά τά μάτια.
closely adv. (near) ἀπό κοντά, (tightly) σφιχτά, (thickly) πυκνά, (attentively) προσεκτικά. (in resemblance) πολύ.
closet s. (room) μικρό δωμάτιο, (store) ἀποθήκη f. (w.c.) ἀποχωρητήριον n. (v.) be ~ed κλείνομαι.
closing s. κλείσιμο n. (being shut for holiday, etc.) ἀργία f. (a.) τελευταῖος.
closure s. see closing.
clot v.i. πήζω, (of blood) θρομβοῦμαι. (s.) θρόμβος m.
cloth s. (material) ὕφασμα n. (piece of ~) πανί n. (fig., clerical) σχῆμα n. floor-~ σφουγγαρόπανο n.
clothe v. ἐνδύω, ντύνω. ~d ντυμένος.
clothes s. ἐνδύματα n.pl., ρούχα n.pl. ~-brush s. βούρτσα τῶν ρούχων. ~-horse s. ἁπλώστρα f. ~-peg s. μανταλάκι n.
clothier s. ὑφασματέμπορος m. ~'s shop ἐμπορικόν n.
clothing s. (outfit) ρουχισμός m. (clothes) ρούχα n.pl.
cloud s. νέφος n., σύννεφο n. (fig.) be under a ~ εἶμαι ὑπό δυσμένειαν. ~burst s. νεροποντή f.
cloud v.i. (of sky, face, also ~ over) συννεφιάζω. (v.i. & t.) (of eyes, liquid) θολώνω, (dull) θαμπώνω. (v.t., spoil) χαλῶ.

~ed *a.* θαμπός, θολωμένος. ~y *a.* νεφελώδης. ~y weather συννεφιά *f.*

cloud-cuckoo-land *s.* νεφελοκοκκυγία *f.*

clout *s. (blow)* καρπαζιά *f. (rag)* κουρέλι *n.*

clove *s.* γαρύφαλλο *n.*

cloven *a.* ~ hoof δίχηλος ὁπλή.

clover *s.* τριφύλλι *n. (fig.)* live in ~ περνῶ ζωή καί κότα.

clown *s.* παλιάτσος *m., (circus)* κλόουν *m. (boor)* βλάχος *m. (v.)* κάνω τόν καραγκιόζη. ~ish *a.* χοντρός, γελοῖος.

cloy *v.t.&i. (also* become ~ed) μπουχτίζω. it ~s the appetite κόβει τήν ὄρεξη. ~ing *a.* μπουχτιστικός.

club *s. (stick)* ρόπαλον *n. (institution)* ὅμιλος *m., λέσχη *f. (cards)* σπαθί *n. (v.t.) (hit)* χτυπῶ. *(v.i.)* ~ together κάνω ρεφενέ. ~**bable** *a.* κοινωνικός.

cluck *v.* κακαρίζω.

clue *s.* ἴχνος *n.,* στοιχεῖον *n.* not have a ~ *(fam.)* δέν ἔχω ἰδέα.

clump *s.* τοῦφα *f. (trees)* συστάς *f. (v.i.)* περπατῶ βαριά.

clums|y *a. (person)* ἀδέξιος, *(object)* χονδροειδής. ~y piece of work χοντροκοπιά *f.* ~**iness** *s.* ἀδεξιότης *f. (of shape)* Ἑλλειψις κομψότητος.

cluster *s. (people, houses, etc.)* ὁμάς *f. (curls)* τοῦφα *f. (trees, growing flowers)* συστάς *f. (grapes)* τσαμπί *n. (v.i.)* μαζεύομαι, συγκεντρώνομαι.

clutch *v.* κρατῶ σφιχτά, *(grab)* πιάνομαι ἀπό. *(s.) (mech.)* ἀμπραγιάζ *n.* fall into the ~es of πέφτω στά νύχια *(with gen.).*

clutter *v.* γεμίζω. ~ed γεμάτος.

coach *s. (carriage)* ἅμαξα *f. (railway)* βαγόνι *n. (motor)* πούλμαν *n.* ~**man** *s.* ἀμαξᾶς *m.*

coach *v.* προγυμνάζω, προπονῶ. *(s.) (teacher)* προγυμναστής *m. (in sports)* προπονητής *m.* ~**ing** *s.* προγύμνασις *f.* προπόνησις *f.*

coadjutor *s.* βοηθός *m.*

coagulat|e *v.* πήζω. ~**ion** *s.* πῆξις *f.*

coal *s.* κάρβουνο *n. (fig.)* haul over the ~s κατσαδιάζω. carry ~s to Newcastle κομίζω γλαῦκα εἰς Ἀθήνας. *(v.i.)* ἀνθρακεύω. ~**-mine** *s.* ἀνθρακωρυχεῖον *n.*

coalesc|e *v.* ἑνώνομαι. ~**ence** *s.* ἕνωσις *f.*

coalition *s.* συνασπισμός *m.*

coarse *a.* χονδρός, χοντρός. *(language)* χυδαῖος. ~**ly** *adv.* χοντρά, ~ly cut χοντροκομμένος. ~**n** *v.t. & i.* σκληραίνω, τραχύνω, *(of looks)* ἀγριεύω. ~**ness** *s.* τραχύτης *f. (of manners)* χυδαιότης *f.*

coast *s.* ἀκτές *f.pl.,* παράλια *n.pl.* Blue C~ κυανή ἀκτή. *(fig.)* the ~ is clear τό πεδίον εἶναι ἐλεύθερον. *(v.)* παραπλέω ~**er** *s. (naut.)* ἀκτοπλοϊκόν *n.* ~**wise** *adv.* παραλιακῶς.

coast *v.i. (on cycle, etc.)* ρολάρω. *(fig.* προχωρῶ χωρίς νά καταβάλλω μεγάλη προσπάθεια.

coastal *a.* παράκτιος, παραλιακός. ~ shipping ἀκτοπλοῖα *f. (fort, guns, etc.,* ἐπάκτιος.

coastguard *s.* ἀκτοφυλακή *f.*

coastline *s.* παραλιακή γραμμή.

coat *s. (over~)* παλτό *n.,* πανωφόρι *n. (man's jacket)* σακκάκι *n., (woman's* ζακέτα *f. (animal's)* τρίχωμα *n. (layer,* στρῶμα *n. (of paint)* χέρι *n.* ~ of arms οἰκόσημον *n. (v.)* ἐπιχρίω, *(cover, fill,* σκεπάζω, γεμίζω.

coat-hanger *s.* κρεμάστρα *f.*

coating *s.* ἐπίστρωμα *n.*

coax *v.* καταφέρνω, *(wheedle)* καλοπιάνω. ~**ingly** *adv.* μέ καλοπιάσματα.

cob *s. (nut)* φουντούκι *n.* corn-~ κούκλα *f.*

cobble, ~-stone *s. (also* ~d path) καλντερίμι *n.*

cobble *v.* μπαλώνω. ~**r** *s.* μπαλωματής *m.*

cobra *s.* κόμπρα *f.*

cobweb *s.* ἀράχνη *f.*

cocaine *s.* κοκαΐνη *f.*

cochineal *s.* κοχενίλλη *f.*

cochlea *s.* κοχλίας *m.*

cock *s.* πετεινός *m.,* κόκορας *m. (tap)* κάνουλα *f. (of gun)* λύκος *m.* ~**-and-bull** story παραμύθι *n. (v.) (raise)* σηκώνω. ~ one's eye ρίχνω μία ματιά. ~ed hat τρικαντό *n.*

cockade *s.* κονκάρδα *f.*

cock-a-hoop *a.* be ~ ἀγαλλιῶ.

cock-crow *s.* χαράματα *n.pl.*

cockerel *s.* πετεινάρι *n.*

cock-eyed *a.* στραβός.

cockle *s. (shellfish)* κυδώνι *n.* ~**-shell** *(boat)* καρυδότσουφλο *n.*

cockney *s.* λαϊκός τύπος τοῦ Λονδίνου. *(speech)* λαϊκή προφορά τοῦ Λονδίνου.

cockpit *s.* στίβος κοκκορομαχιῶν, *(fig.)* πεδίον πολλῶν μαχῶν. *(aero.)* θάλαμος διακυβερνήσεως.

cockroach *s.* κατσαρίδα *f.*

cockscomb *s.* λειρί *n.*

cocksure *a.* he's a ~ fellow πιστεύει πώς τά ξέρει ὅλα.

cocktail *s.* κοκτέιλ *n.*

cocky *a.* see cocksure.

cocoa *s.* κακάο *n.*

coconut s. καρύδα f. ~ palm κοκκοφοίνιξ m.

cocoon s. κουκούλι n. (v.) κουκουλώνω.

cocotte s. κοκότα f.

cod s. μπακαλιάρος m. ~-liver oil μουρουνόλαδο n.

coddle v. χαϊδεύω, κανακεύω.

cod|e s. κῶδιξ m. (secret writing) κρυπτογραφία f. write in ~e κρυπτογραφῶ. ~e name συνθηματικόν ὄνομα. ~ing s. κρυπτογράφησις f.

codex s. κῶδιξ m.

codicil s. κωδίκελλος m.

codify v. κωδικοποιῶ.

co-education s. μικτή ἐκπαίδευσις.

coefficient s. συντελεστής m.

coequal a. ἰσότιμος.

coerc|e v. ἐξαναγκάζω, ζορίζω. ~ion s. ἐξαναγκασμός m.

coeval a. (of same epoch) τῆς αὐτῆς ἐποχῆς, (of same duration) τῆς αὐτῆς διαρκείας.

coexist v. συνυπάρχω. ~ence s. συνύπαρξις f. ~ent a. συνυπάρχων.

coextensive a. (in space) ἴσης ἐκτάσεως, (in time) ἴσης διαρκείας (both with μέ).

coffee s. καφές m. ~-coloured a. καφετής. ~-house s. καφενεῖον n. ~-pot s. καφετιέρα f.

coffer s. χρηματοκιβώτιον n.

coffin s. φέρετρον n.

cog s. δόντι n. (fig.) ~ in the machine ὁ πέμπτος τροχός τῆς ἁμάξης. ~-wheel ὀδοντωτός τροχός, γρανάζι n.

cogent a. σοβαρός, ἰσχυρός.

cogitat|e v. συλλογίζομαι. ~ion s. συλλογισμός m.

cognate a. συγγενής.

cognition s. ἀντίληψις f.

cogniz|ance s. γνῶσις f., take ~ance λαμβάνω γνῶσιν. ~ant a. ἐν γνώσει.

cohabit v. συζῶ.

coher|e v. ἔχω συνοχή. ~ence s. συνοχή f., συνειρμός m. ~ent a. (consistent) συνεπής, (clear) καθαρός.

cohes|ion s. συνοχή f. ~ive a. συνεκτικός.

cohort s. (fig.) ὁμάς f.

coiffure s. χτένισμα n.

coil v.t. κουλουριάζω. (v.i.) κουλουριάζομαι, συσπειρώνομαι. (s.) σπεῖρα f. (electric) πηνίον n.

coin s. κέρμα n., νόμισμα n. (v.) κόβω. (fig.) ~ money κόβω μονέδα. (concoct) κατασκευάζω. ~age s. (currency) νόμισμα n. (coined word) νεολογισμός m. ~er s. παραχαράκτης m.

coincid|e v. συμπίπτω. ~ence s. σύμπτωσις f. ~ental a. συμπτωματικός.

coition s. συνουσία f.

coke s. κώκ n.

col s. διάσελο n.

colander s. σουρωτήρι n.

cold a. κρύος, ψυχρός. (temperament, mood) ψυχρός. feel ~ κρυώνω. (weather) it is ~ κάνει κρύο. get or make ~ (lit. & fig.) κρυώνω, ψυχραίνω. in ~ blood ἐν ψυχρῷ. get ~ feet (fig.) τά χρειάζομαι. pour ~ water on ἀποδοκιμάζω.

cold s. κρύο n., ψῦχος n. (illness) κρυολόγημα n., (in nose) συνάχι. n. catch ~ κρυολογῶ, κρυώνω. have a ~ εἶμαι κρυολογημένος or κρυωμένος.

cold-blooded a. (fish, etc.) ψυχρόαιμος, (cruel) ἀπηλεής, (premeditated) προμελετημένος. see cold a.

cold-shoulder v.t. γυρίζω τίς πλάτες σέ.

cold-storage s. in ~ στό ψυγεῖο.

colic s. (med.) κωλικός m.

collaborat|e v. συνεργάζομαι. ~ion s. συνεργασία f. ~or s. συνεργάτης m. (with enemy) δοσίλογος m.

collaps|e v.i. καταρρέω, σωριάζομαι. (s.) κατάρρευσις f. ~ible a. (folding) πτυσσόμενος.

collar s. κολλάρο n. (of coat) γιακάς m. (animal's) περιλαίμιον n.

collar v. (seize) ἁρπάζω, (steal) σουφρώνω.

collate v. παραβάλλω.

collateral a. (kinship) πλάγιος, (security) ἐπιβοηθητικός.

collation s. (comparison) παραβολή f. (meal) κολατσιό n.

colleague s. συνάδελφος m.f.

collect v.t. μαζεύω, (contributions, people, signatures) συνάζω, (revenue) εἰσπράττω, (specimens) συλλέγω, (one's thoughts, strength) συγκεντρώνω. (come and get) παίρνω. (v.i.) μαζεύομαι, (people only) συγκεντρώνομαι, συναθροίζομαι. (for charity) κάνω ἔρανον. ~ed a. (cool) ψύχραιμος. ~ed works τά ἅπαντα.

collection s. (of revenue) εἰσπραξις f. (of specimens) συλλογή f. (pile) σωρός m. (for charity) ἔρανος m. (receipt of goods) παραλαβή f.

collective a. συλλογικός.

collector s. συλλέκτης m. (of taxes) εἰσπράκτωρ m.

college s. κολλέγιον n., σχολή f.

collide v. συγκρούομαι.

collier s. (miner) ἀνθρακωρύχος m. (ship)

καρβουνιάρικο *n.* ~ **y** *s.* ἀνθρακωρυχεῖον *n.*·

collision *s.* σύγκρουσις *f.*

colloquial *a.* ~ speech καθομιλουμένη γλῶσσα.

colloquy *s.* συνομιλία *f.*

collusion *s.* συμπαιγνία *f.*

colon *s.* *(anatomy)* κόλον *n.* *(mark)* δύο τελεῖες.

colonel *s.* συνταγματάρχης *m.*

colonial *a.* ἀποικιακός. ~**ism** *s.* ἀποικιοκρατία *f.*

colonist *s.* ἄποικος *m.*

coloniz|e *v.* ἀποικίζω. ~**ation** *s.* ἀποίκισις *f.*

colonnade *s.* κιονοστοιχία *f.*

colony *s.* ἀποικία *f.* *(of foreign residents, etc.)* παροικία *f.* *(biol.)* κοινωνία *f.*

coloss|us *s.* κολοσσός *m.* ~**al** *a.* κολοσσιαῖος.

colour *s.* χρῶμα *n.* ~ scheme συνδυασμός τῶν χρωμάτων. feel off ~ δέν εἶμαι στά καλά μου. ~**s** *(flag)* σημαία *f.*, join the ~s κατατάσσομαι εἰς τόν στρατόν. come off with flying ~s σημειώνω λαμπρή ἐπιτυχία. show one's true ~s ἀποκαλύπτομαι αὐτός πού εἶμαι.

colour *v.t.* χρωματίζω, *(dye, paint)* βάφω, *(fig., influence)* ἐπηρεάζω. *(v.i.)* *(turn red)* κοκκινίζω.

colour-bar *s.* φυλετική διάκρισις.

colour-blind *a.* be ~ δέν διακρίνω τά χρώματα. ~**ness** *s.* δαλτωνισμός *m.*

colourful *a.* γεμάτος χρῶμα.

colouring *s.* *(matter, complexion)* χρῶμα *n.* *(artist's use of colour)* χρώματα *n.pl.*

colourless *a.* ἄχρωμος. *(chem.)* ἄχρους.

colt *s.* πουλάρι *n.*

column *s.* *(archit.)* κίων *m.*, κολόνα *f.*, στήλη *f.* *(of spine, air, print)* στήλη *f.* *(mil.)* φάλαγξ *f.* ~**ist** *s.* ἀρθρογράφος *m.*

coma *s.* κῶμα *n.* in a ~ σέ κωματώδη κατάσταση. ~**tose** *a.* *(state)* κωματώδης.

comb *s.* χτένι *n.*, τσατσάρα *f.* *(cock's)* λειρί *n.* *(v.)* *(lit. & fig.)* χτενίζω. ~ one's hair χτενίζομαι.

combat *s.* ἀγών *m.* single ~ μονομαχία *f.* *(v.i.)* ἀγωνίζομαι. *(v.i. & t.)* πολεμῶ. *(a.)* μάχιμος. ~**ant** *a.* μάχιμος. *(s.)* μαχόμενος *m.* ~**ive** *a.* μαχητικός.

combe *s.* *(valley)* αὐλών *m.*

combination *s.* συνδυασμός *m.*

combine *v.t.* συνδυάζω. *(v.i.)* συνενώνομαι. ~**d** συνδυασμένος.

combustible *a.* καύσιμος.

combustion *s.* καῦσις *f.*

come *v.* ἔρχομαι, *(arrive)* φτάνω. ~! ἔλα *(sing.)*, ἐλᾶτε *(pl.)*. *(become)* γίνομαι, ~ undone λύνομαι. *(occur, be found)* βρίσκομαι, *(quotation)* συναντῶμαι. ~ from *(be descended)* κατάγομαι ἀπό, *(spring)* προέρχομαι ἀπό. that ~s of disobeying αὐτά εἶναι τά ἀποτελέσματα τῆς ἀνυπακοῆς. ~ to *(throne, total)* ἀνέρχομαι εἰς. it ~s to the same thing καταλήγει στό ἴδιο συμπέρασμα. I have ~ to realize ἔφτασα στό συμπέρασμα. it came to nothing δέν βγῆκε τίποτα ἀπ' αὐτό. he won't ~ to much δέν θά κάνη πολλά. if it ~s to that ἄν τά πράγματα ἔχουν ἔτσι. ~ to pass συμβαίνω. in years to ~ στό μέλλον. ~ what may ὅ,τι καί νά συμβῆ. ~ of age ἐνηλικιώνομαι. ~ and go πηγαινοέρχομαι.

come about *v.i.* γίνομαι, συμβαίνω.

come across *v.t.* *(find)* βρίσκω, *(meet)* συναντῶ. *(v.i.)* see come over.

come along *v.i.* *(progress)* προχωρῶ, πάω καλά. ~! ἄντε, βιάσου!

come away *v.i.* *(get detached)* ξεκολλῶ, *(depart)* φεύγω.

come back *v.i.* ἐπανέρχομαι, ἐπιστρέφω, *(to memory)* ξανάρχομαι. stage a comeback ξαναβγαίνω στό προσκήνιο.

come before *v.t.* *(precede)* προηγοῦμαι *(with gen.)*.

come between *v.i.* *(intervene)* παρεμβαίνω. *(in time or space)* μεσολαβῶ. *(v.t.)* *(separate)* χωρίζω.

come by *v.i.* *(pass)* περνῶ. *(v.t., get)* βρίσκω, ἀποκτῶ.

come down *v.t. & i.* κατεβαίνω. *(v.i.)* *(in status)* ξεπέφτω, *(fall)* πέφτω. *(from former times)* ἔχω διατηρηθῆ. ~ to earth *(lit. & fig.)* προσγειώνομαι. ~ on λαμβάνω αὐστηρά μέτρα ἐναντίον *(with gen.)*, ἐπιπλήττω, *(rebuke)* κατσαδιάζω.

come-down *s.* ταπείνωσις *f.*, ξεπεσούρα *f.*

come forward *v.i.* *(offer)* προσφέρομαι.

come-hither *a.* *(fam.)* προκλητικός.

come in *v.i.* *(enter)* μπαίνω, ~! ἐμπρός. *(participate)* συμμετέχω, *(have part to play)* παίζω ρόλο, *(take office)* ἔρχομαι στά πράγματα, *(start being used)* εἰσάγομαι, *(into fashion)* γίνομαι τῆς μόδας, *(in a race)* ἔρχομαι. *(of income)* he has a lot coming in from rents εἰσπράττει πολλά ἀπό ἐνοίκια. ~ useful πιάνω τόπο. ~ for *(undergo)* ὑφίσταμαι, *(get)* παίρνω. ~ on μετέχω εἰς.

come into *v.t.* *(inherit)* κληρονομῶ.

come off *v.i.* βγαίνω. *(succeed)* πετυχαίνω,

(happen? γίνομαι, *(become fact)* πραγματοποιοῦμαι. he came off well βγῆκε κερδισμένος. ~ it! *(fam.)* ἄς τά λούσα.

:ome on *v.i. (progress)* προχωρῶ, πάω καλά, *(make good)* προκόβω. *(start)* rain came on *or* it came on to rain ἔπιασε βροχή, night comes on νυχτώνει. the lights came on *(in theatre, etc.)* ἄναψαν τά φῶτα, *(after power-cut)* ἦρθε τό φῶς. I feel a cold coming on θά μέ πιάση *(or* θά μοῦ κατέβῃ) συνάχι. when does the case ~? πότε δικάζεται ἡ ὑπόθεσις; when does the play ~? πότε θά ἀνέβη *(or* θά παιχθῆ) τό ἔργο; ~! ἄντε, μπρός.

:ome out *v.i.* βγαίνω, *(of blossom)* ἀνοίγω. *(make début)* βγαίνω στόν κόσμο. *(be revealed)* ἀποκαλύπτομαι, γίνομαι γνωστός. ~ in spots βγάζω σπυριά.

:ome over *v.i. (be heard)* ἀκούομαι. the message didn't ~ to the audience τό ἀκροατήριο δέν μπῆκε στό νόημα. *(feel)* ~ faint μέ πιάνει *(or* μοῦ ἔρχεται) ζαλάδα. what has ~ you ? τί σ' ἔπιασε;

:ome round *v.i. (agree)* πείθομαι, *(recover)* συνέρχομαι. *(call at house)* περνῶ.

:ome through *v.t. (experience)* περνῶ. *(v.i.) (survive)* τή γλυτώνω, τή σκαπουλάρω. *(of news)* γίνομαι γνωστός.

:ome to *v.i. (also* ~ oneself, ~ one's senses) συνέρχομαι.

:ome under *v.t. (be classed)* ὑπάγομαι εἰς.

:ome up *v.t.* & *i.* ἀνεβαίνω. *(v.i.) (of plants)* βγαίνω. *(arise)* προκύπτω, *(for discussion)* συζητοῦμαι, *(for trial)* δικάζομαι. ~ against ἀντιμετωπίζω. ~ to *(approach)* πλησιάζω, *(reach as far as)* φτάνω μέχρι, *(satisfy)* ἱκανοποιῶ. ~ with *(draw level)* προφταίνω, *(find)* βρίσκω.

:ome upon *v.t. (find)* βρίσκω, *(meet)* συναντῶ.

comed|y *s.* κωμωδία *f.* ~**ian** *s.* κωμικός *m.*

comely *a.* ὄμορφος.

:omer *s.* late ~s καθυστερημένοι *m.pl.* take on all ~s μετριέμαι μέ ὅποιον τύχη. the first ~ *(anybody)* ὁ πρῶτος τυχών.

:omet *s.* κομήτης *m.*

comfort *s. (consolation)* παρηγορία *f. (ease)* ἄνεσις *f.* with all ~s μέ ὅλες τίς ἀνέσεις, μέ ὅλα τά κομφόρ. that is a great ~ *(fam.)* εἶναι μεγάλο πράμα. cold ~ μαύρη παρηγοριά. *(v.)* παρηγορῶ, *(ease)* ἀνακουφίζω.

comfortab|le *a.* ἄνετος, *(chair, etc.)* ἀναπαυτικός. feel ~le αἰσθάνομαι ἄνετα.

~**ly** *adv.* ἄνετα, ἀναπαυτικά. be ~ly off ἔχω οἰκονομική ἄνεση.

comforter *s.* (Job's) ~ (Ἰώβειος) παρηγορητής *m.*

comforting *a.* παρηγορητικός, ἀνακουφιστικός.

comfortless *a.* χωρίς ἀνέσεις.

comic, ~**al** *a.* κωμικός.

coming *a.* ἐρχόμενος, *(to be)* μέλλων. the ~ generation ἡ μέλλουσα γενεά. a ~ man ἄνθρωπος μέ μέλλον.

coming *s.* ἐρχομός *m.* ἔλευσις *f.* Second C~ δευτέρα παρουσία. *(introduction)* ἐμφάνισις *f.* ~(s) and going(s) πηγαινέλα *n.*

comma *s.* κόμμα *n.* inverted ~s εἰσαγωγικά *n.pl.*

command *v. (order)* διατάζω, προστάζω. *(be in* ~ *of) (army)* διοικῶ, *(ship)* κυβερνῶ. *(be master of)* κυριαρχῶ. *(have at disposal)* διαθέτω. *(overlook)* δεσπόζω *(with gen.).* ~ respect ἐπιβάλλομαι.

command *s. (order)* διαταγή *f.*, προσταγή *f. (of army, etc.)* διοίκησις *f.* take ~ ἀναλαμβάνω τήν διοίκησιν. in ~ ἐπί κεφαλῆς. under his ~ ὑπό τάς διαταγάς του. at my ~ *(disposal)* στή διάθεσή μου. *(of sea, etc.)* κυριαρχία *f.* have ~ of *(languages, etc.)* κατέχω. have ~ over oneself εἶμαι κύριος τῶν παθῶν μου.

commandant *s.* διοικητής *m. (of garrison)* φρούραρχος *m.*

commandeer *v.* ἐπιτάσσω.

commander *s.* ἀρχηγός *m. (of order of chivalry)* ταξιάρχης *m. (naut.)* ἀντιπλοίαρχος *m.* ~-**in-chief** *(mil.)* ἀρχιστράτηγος *m.*

commanding *a. (site)* δεσπόζων, *(of person)* ἐπιβλητικός. ~ officer ἀξιωματικός ἐπί κεφαλῆς.

commandment *s.* ἐντολή *f.*

commando *s.* στρατιώτης καταδρομῶν, *(fam.)* κομμάντο *m.*

commemorat|e *v.* ἑορτάζω. ~**ion** *s.* ἑορτασμός *m.* ~**ive** *a.* ἀναμνηστικός.

commence *v.* ἀρχίζω. ~**ment** *s.* ἔναρξις *f.*

commend *v. (praise)* ἐπαινῶ, *(recommend)* συνιστῶ. *(entrust)* ἐμπιστεύομαι. it does not ~ itself to me δέν τό ἐγκρίνω. ~**able** *a.* ἀξιέπαινος. ~**ation** *s.* ἐπιδοκιμασία *f.*

commensurable *a. (number)* σύμμετρος. be ~ ἔχω κοινόν μέτρον.

commensurate *a.* ἀνάλογος.

comment *s.* σχόλιον *n.*, παρατήρησις *f. (v.) (also* ~ on) σχολιάζω. ~**ator** *s.* σχολιαστής *m.*

commentary s. *(written)* ὑπομνήματα *n.pl.* *(spoken)* σχόλια *n.pl.*

commerc|e s. ἐμπόριον *n.* Chamber of C~e ἐμπορικόν ἐπιμελητήριον. ~ial *a.* ἐμπορικός. ~ial traveller πλασιέ *m.*

commiserate *v.* ~ with συλλυποῦμαι.

commissar *s.* κομμισάριος *m.* ~iat *s.* *(mil.)* ἐπιμελητεία *f.*

commission *s.* *(order)* ἐντολή *f.* *(to artist, etc.)* παραγγελία *f.* *(body)* ἐπιτροπή *f.* *(payment)* προμήθεια *f.* ~ agent παραγγελιοδόχος *m.* *(mil.)* get one's ~ ὀνομάζομαι ἀξιωματικός.

commission *v.* *(person)* δίνω ἐντολή σέ, *(thing)* δίνω παραγγελία γιά. I ~ed him to find me a house τοῦ ἀνέθεσα νά μοῦ βρῆ σπίτι.

commissionaire *s.* θυρωρός μέ λιβρέα.

commissioner *s.* ἐπίτροπος *m.* High C~ Ὕπατος Ἁρμοστής.

commit *v.* *(entrust)* ἐμπιστεύομαι, *(consign)* παραπέμπω, *(bind)* δεσμεύω, *(perpetrate)* διαπράττω. ~ to memory ἀποστηθίζω, μαθαίνω ἀπ' ἔξω. ~ment *s.* ὑποχρέωσις *f.* ~tal *s.* παραπομπή *f.*

committee *s.* ἐπιτροπή *f.*

commodious *a.* εὐρύχωρος.

commodity *s.* προϊόν *n.*, εἶδος ἐμπορίου.

commodore *s.* *(naut.)* *(commander of squadron)* μοίραρχος *m.*

common *s.* *(land)* ἐξοχικός κοινοτικός χῶρος. out of the ~ ἀσυνήθιστος. in ~ ἀπό κοινοῦ, we have many things in ~ ἔχουμε πολλά κοινά σημεῖα.

common *a.* κοινός, *(used jointly)* κοινόχρηστος, *(usual)* συνηθισμένος, *(vulgar)* χυδαῖος. ~ ground κοινά σημεῖα. ~ly *adv.* κοινῶς, συνήθως.

commoner *s.* κοινός ἀστός.

commonplace *a.* τετριμμένος. *(s.)* κοινοτοπία *f.*

common-room *s.* *(senior)* αἴθουσα καθηγητῶν, *(junior)* αἴθουσα φοιτητῶν.

commons *s.* ἀστική τάξις. House of C~ Βουλή τῶν Κοινοτήτων. be on short ~ δέν ἔχω ἀρκετή τροφή.

commonwealth *s.* κοινοπολιτεία *f.*

commotion *s.* φασαρία *f.*, ἀναστάτωσις *f.*

communal *a.* *(used jointly)* κοινόχρηστος.

commune *s.* *(district)* κοινότης *f.* *(group living communally)* κοινόβιον *n.* *(of 1871)* Κομμούνα *f.*

commune *v.* ἐπικοινωνῶ. ~ with nature γίνομαι ἕνα μέ τή φύση.

communicate *v.t.* μεταβιβάζω. *(v.i.)* ἐπι-

κοινωνῶ. *(receive Communion)* μεταλαμβάνω.

communication *s.* *(transmission)* μεταβίβασις *f.* *(message)* μήνυμα *n.* *(contact)* *(also* ~s*)* ἐπικοινωνία *f.*

communicative *a.* ὁμιλητικός.

communion *s.* ἐπικοινωνία *f.* hold ~ *see* commune. Holy C~ Θεία Κοινωνία.

communiqué *s.* ἀνακοινωθέν *n.*

commun|ism *s.* κομμουνισμός *m.* ~ist *s.* κομμουνιστής *m.* *(a., ideas, etc.)* κομμουνιστικός.

community *s.* *(having in common)* κοινότης *f.* *(the public)* κοινόν *n.* *(colony)* παροικία *f.*, *(biol.)* κοινωνία *f.*

commute *v.t.* *(change)* μετατρέπω. *(v.i.)* πηγαίνω τακτικά στή δουλειά μου μέ τή συγκοινωνία.

compact *s.* *(agreement)* σύμβασις *f.* *(lady's)* πουδριέρα *f.*

compact *a.* *(dense)* συμπαγής, *(style)* λιτός, *(convenient)* βολικός. ~ly *adv.* λιτά, βολικά.

companion *s.* σύντροφος *m.f.* *(one of a pair)* ταίρι *n.* ~able *a.* εὐχάριστος. ~ship *s.* συντροφιά *f.*

company *s.* συντροφιά *f.* *(group at party, outing, etc.)* παρέα *f.* *(business)* ἑταιρία *f.* *(theatre)* θίασος *m.* *(mil.)* λόχος *m.* keep ~ with κάνω παρέα μέ. part ~ with χωρίζω μέ. he is good ~ κάνει καλή παρέα.

comparable *a.* παρόμοιος, παρεμφερής they are not ~ δέν συγκρίνονται.

comparative *a.* σχετικός, *(studies)* συγκριτικός. *(s., gram.)* συγκριτικός *m.* ~ly *adv.* σχετικά, συγκριτικῶς.

compare *v.t.* συγκρίνω, *(liken)* παρομοιάζω *(with* πρός *&* acc.*)*. *(v.i.)* *(bear comparison)* συγκρίνομαι. ~d to ἐν συγκρίσει μέ.

comparison *s.* σύγκρισις *f.* in ~ with ἐν συγκρίσει μέ. *(gram.)* degrees of ~ παραθετικά *n.pl.*

compartment *s.* διαμέρισμα *n.* *(of drawer, handbag)* χώρισμα *n.*

compass *s.* *(range)* ἔκτασις *f.* *(instrument)* πυξίς *f.*, μπούσουλας *m.* points of the ~ σημεῖα τοῦ ὁρίζοντος. (pair of) ~es διαβήτης *m.*

compass *v.* *(surround)* περικυκλώνω, *(grasp mentally)* συλλαμβάνω, *(engineer)* μηχανεύομαι.

compassion *s.* εὐσπλαχνία *f.* take ~ on εὐσπλαχνίζομαι. ~ate *a.* (εὐ)σπλαχνικός.

compatible *a.* σύμφωνος. be ~ συμβιβάζομαι, συμφωνῶ.

compatriot *s.* συμπατριώτης *m.*

compel *v.* ἀναγκάζω, *(enforce)* ἐπιβάλλω. ~**ling** *a.* ἐπιτακτικός.

compendious *a.* ἐπίτομος.

compensat|e *v.t.* *(person for loss)* ἀποζημιώνω. *(mech.)* ἀντισταθμίζω. *(v.i.)* ~e for *(deficiency)* ἀναπληρώνω. ~**ion** *s.* ἀποζημίωσις *f.*

compet|e *v.* *(also* ~e with*)* συναγωνίζομαι. ~**ition** *s.* συναγωνισμός *m.* ~**itive** *a.* συναγωνιστικός. ~**itor** *s.* συναγωνιζόμενος *m.*

compet|ence *s.* ἱκανότης *f.* *(official capacity)* ἀρμοδιότης *f.* ~**ent** *a.* ἱκανός, *(properly qualified)* ἀρμόδιος. ~**ently** *adv.* μέ ἱκανότητα.

compil|e *v.* συντάσσω. ~**ation** *s.* σύνταξις *f.* ~**er** *s.* συντάκτης *m.*

complacen|t *a.* αὐτάρεσκος, εὐχαριστημένος ἀπό τόν ἑαυτό μου. ~**cy** *s.* αὐταρέσκεια *f.*

complain *v.* παραπονοῦμαι. ~**t** *s.* παράπονον *n.* lodge a ~t ὑποβάλλω παράπονον. *(malady)* ἀσθένεια *f.*

complaisant *a.* ὑποχρεωτικός.

complement *v.* συμπληρώνω. *(s.)* συμπλήρωμα *n.* ~**ary** *a.* συμπληρωματικός.

complete *v.* *(make whole)* ὁλοκληρώνω, συμπληρώνω. *(a form, etc.)* συμπληρώνω. *(finish)* (ἀπο)τελειώνω, (ἀπο)περατώνω.

complete *a.* τέλειος, πλήρης. *(intact)* ἀκέραιος, *(entire)* ὁλόκληρος. he is a ~ stranger to me μοῦ εἶναι τελείως ἄγνωστος. ~**ly** *adv.* τελείως, πλήρως, ἐντελῶς.

completion *s.* συμπλήρωσις *f.*, ἀποπεράτωσις *f.*

complex *a.* περίπλοκος. *(s.)* σύμπλεγμα *n.* *(fam., mental)* κόμπλεξ *n.* ~**ity** *s.* περιπλοκή *f.* a matter of some ~ity μία περιπεπλεγμένη ὑπόθεσις.

complexion *s.* χρῶμα *n.*, *(fam.)* δέρμα *n.* *(fig.)* ὄψις *f.*, μορφή *f.*

compli|ant *a.* ὑπάκουος. ~**ance** *s.* συμμόρφωσις *f.* in ~ance with σύμφωνα μέ.

complicat|e *v.* περιπλέκω. ~**ed** *a.* περίπλοκος. ~**ion** *s.* περιπλοκή *f.*, μπέρδεμα *n.* *(med.)* ἐπιπλοκή *f.*

complicity *s.* συνενοχή *f.*

compliment *s.* φιλοφρόνημα *n.* *(honour)* τιμή *f.* pay ~s κάνω κομπλιμέντα. my ~s to your mother τά σέβη μου στή μητέρα σας. *(v.)* συγχαίρω.

complimentary *a.* φιλοφρονητικός, ἐγκω-

μιαστικός. *(free)* δωρεάν. ~ ticket πρόσκλησις *f.*

comply *v.* συμμορφώνομαι.

component *a.* συστατικός. *(s.)* συστατικόν *n.* *(part of appliance)* ἐξάρτημα *n.*

comport *v.* ~ oneself φέρομαι. ~ with ταιριάζω μέ. ~**ment** *s.* συμπεριφορά *f.*

compose *v.* *(form)* ἀπαρτίζω, ἀποτελῶ, *(write)* γράφω, συγγράφω, *(music)* συνθέτω, *(set up type)* στοιχειοθετῶ, *(a dispute)* ῥυθμίζω. *(get under control)* συγκεντρώνω, ~ oneself ἡσυχάζω. be ~ed of ἀπαρτίζομαι *or* ἀποτελοῦμαι ἀπό, συνίσταμαι ἐκ *(with gen.).*

composed *a.* ἥρεμος.

composer *s.* συνθέτης *m.*

composite *a.* σύνθετος.

composition *s.* σύνθεσις *f.* *(of substance)* σύστασις *f.* *(essay)* ἔκθεσις *f.* *(psychological)* ψυχοσύνθεσις *f.*

compositor *s.* στοιχειοθέτης *m.*

compost *s.* φουσκί *n.*

composure *s.* ἠρεμία *f.*

compound *a.* σύνθετος. ~ interest ἀνατοκισμός *m.* *(s.)* *(gram.)* σύνθετον *n.* *(chem.)* ἕνωσις *f.* *(enclosure)* περίβολος *m.*

compound *v.t.* *(make)* ἑτοιμάζω, κάνω, παρασκευάζω. *(v.i.)* *(come to terms)* συμβιβάζομαι.

comprehend *v.* *(grasp)* κατανοῶ. *(include)* περιλαμβάνω.

comprehens|ion *s.* κατανόησις *f.* ~**ible** *a.* καταληπτός. ~**ive** *a.* περιληπτικός.

compress *s.* κομπρέσσα *f.*

compress *v.* συμπιέζω, *(ideas)* συμπυκνώνω. ~**ed** *a.* συμπεπιεσμένος. ~**ion** *s.* συμπίεσις *f.* σύμπύκνωσις *f.* ~**or** *s.* συμπιεστής *m.*

comprise *v.* *(include)* περιλαμβάνω, *(consist of)* ἀποτελοῦμαι ἀπό.

compromise *s.* συμβιβασμός *m.* *(v.i.)* *(agree)* συμβιβάζομαι. *(v.t.)* *(expose)* ἐκθέτω, be ~d ἐκτίθεμαι.

compuls|ion *s.* ἀναγκασμός *m.* ~**ive** *a.* a ~ive liar παθολογικός ψεύτης. ~**ory** *a.* ἀναγκαστικός, ὑποχρεωτικός.

compunction *s.* ἐνδοιασμός *m.*, τύψεις *f.pl.*

compute *v.* ὑπολογίζω. ~**r** *s.* ἠλεκτρονικός ὑπολογιστής *m.*

comrade *s.* σύντροφος *m.* ~**ship** *s.* ἀδελφοσύνη *f.*

con *v.* *(study)* μελετῶ, *(fam., cheat)* ἐξαπατῶ. ~**-man** *s.* ἀπατεώνας *m.*

concatenation *s.* ἀλληλουχία *f.*

concave *a.* κοῖλος.

conceal *v.* ἀποκρύπτω. ~ed κρυμμένος. ~ment *s.* ἀπόκρυψις *f.* in ~ment κρυμμένος.

concede *v.* *(admit)* παραδέχομαι, *(grant)* παραχωρῶ.

conceit *s.* ἔπαρσις *f.*, οἴησις *f.* *(of style)* ἐπιτήδευσις ὕφους.

conceited *a.* ματαιόδοξος, ἐπηρμένος, *(fam.)* φουσκωμένος γάλλος. he is ~ *(fam.)* ἔχει ἰδέα γιά τόν ἑαυτό του, τό ἔχει πάρει ἀπάνω του.

conceivab|le *a.* νοητός. by every ~le means μέ κάθε δυνατόν μέσον. ~ly *adv.* πιθανῶς. not ~ly μέ κανένα τρόπο.

conceive *v.* συλλαμβάνω. I can't ~ why ... δέν μπορεῖ νά συλλάβῃ ὁ νοῦς μου γιατί *or* δέν μπορῶ νά διανοηθῶ γιατί. I have ~d a dislike for it ἄρχισε νά μή μοῦ ἀρέση.

concentrate *v.t.* συγκεντρώνω. *(chem.)* συμπυκνώνω. *(v.i.)* συγκεντρώνομαι.

concentration *s.* συγκέντρωσις *f.* ~ camp στρατόπεδον συγκεντρώσεως.

concentric *a.* ὁμόκεντρος.

concept *s.* ἔννοια *f.* ~ion *s.* σύλληψις *f.* *(idea)* ἰδέα *f.*

concern *v.* *(relate to)* ἀφορῶ. *(interest)* ἐνδιαφέρω, all those ~ed οἱ ἐνδιαφερόμενοι. as far as the government is ~ed ὅσον ἀφορᾷ τήν κυβέρνησιν. be ~ed in *or* with *(occupied)* ἀσχολοῦμαι μέ, *(be about)* ἀναφέρομαι εἰς. be ~ed about *(anxious)* ἀνησυχῶ γιά, it ~s me *(worries)* μέ ἀνησυχεῖ.

concern *s.* *(interest)* ἐνδιαφέρον *n.* *(care)* φροντίδα *f.* *(worry)* ἀνησυχία *f.* *(matter)* ὑπόθεσις *f.*, δουλειά *f.* *(undertaking)* ἐπιχείρησις *f.* it is a going ~ βρίσκεται ἐν πλήρει λειτουργίᾳ. it's no ~ of his δέν εἶναι δική του δουλειά.

concerned *a.* *(worried)* ἀνήσυχος.

concerning *prep.* γιά, σχετικῶς πρός *(with acc.)*, περί *(with gen.)*, ὅσον ἀφορᾷ.

concert *s.* *(mus.)* συναυλία *f.* in ~ ἐκ συμφώνου.

concerted *a.* take ~ action ἐνεργῶ ἀπό κοινοῦ.

concertina *a.* *(fam.)* φυσαρμόνικα *f.*

concerto *s.* κοντσέρτο *n.*

concession *s.* *(giving way)* παραχώρησις *f.* *(of right)* ἐκχώρησις *f.* *(right)* δικαίωμα *n.*

conch *s.* κόγχη *f.*

concierge *s.* θυρωρός *m. f.*

conciliat|e *v.* *(calm)* κατευνάζω, *(reconcile)* συμφιλιώνω. ~ion *s.* κατευνασμός *m.*

συμφιλίωσις *f.* ~ory *a.* κατευναστικός συμφιλιωτικός.

concise *a.* ἐπίτομος, σύντομος. ~ly *adv.* μ συντομία. ~ness *s.* συντομία *f.*

conclave *s.* *(fig.)* σύσκεψις *f.*

conclud|e *v.t.* *(end)* τελειώνω, τερματίζω *(an agreement)* συνάπτω. *(v.i.)* τελειώνω τερματίζομαι. *(infer)* συμπεραίνω. ~in *a.* *(final)* τελικός.

conclusion *s.* *(end)* τέλος *n.*, τέρμα *n.* *(inference)* συμπέρασμα *n.* come to the ~ φτάνω στό συμπέρασμα. a foregone ~ γνωστόν ἐκ τῶν προτέρων. in ~ ἐν κα τακλεῖδι.

conclusive *a.* ἀδιαμφισβήτητος.

concoct *v.* κατασκευάζω. ~ion *s.* κατα σκεύασμα *n.*

concomitant *a.* συνακόλουθος.

concord *s.* ὁμόνοια *f.* ~ant *a.* σύμφωνος

concourse *s.* *(throng)* συρροή *f.*

concrete *a.* *(not abstract)* συγκεκριμένος.

concrete *s.* μπετόν *n.* *(a.)* ἀπό μπετόν.

concubine *s.* παλλακίς *f.*

concur *v.* *(of persons)* συμφωνῶ, *(o things)* συμπίπτω. ~rence *s.* συμφωνία *f* σύμπτωσις *f.* ~rent *a.* ταυτόχρονος ~rently *adv.* ταυτοχρόνως.

concussion *s.* διάσεισις *f.*

condemn *v.* καταδικάζω. the ~ed ma *(to death)* ὁ μελλοθάνατος. ~ation *s.* κα ταδίκη *f.*

condens|e *v.t.* συμπυκνώνω. *(v.i.)* συμπυ κνώνομαι. ~ed συμπεπυκνωμένος. ~atio *s.* συμπύκνωσις *f.* ~er *s.* συμπυκνωτής *m.*

condescen|d *v.* καταδέχομαι. ~ding *a* *(pej.)* καταδεκτικός σέ σημεῖο περιφρο νήσεως. ~sion *s.* *(pej.)* συγκατάβασις σ σημεῖο περιφρονήσεως.

condiment *s.* καρύκευμα *n.*

condition *s.* *(state)* κατάστασις *f.* *(term* ὅρος *m.* ~s *(circumstances)* συνθῆκε *f.pl.*

condition *v.* *(regulate)* ρυθμίζω, *(ac custom)* συνηθίζω. be ~ed by ἐξαρτῶμα ἀπό. well ~ed σέ καλή κατάσταση.

conditional *a.* ὑπό ὅρους. *(gram.)* ὑποθε τικός. be ~ on προϋποθέτω. ~ly *adv* ὑπό ὅρους.

condole *v.* ~ with συλλυπούμαι. ~nces *s* συλλυπητήρια *n.pl.*

condone *v.* παραβλέπω.

conduce *v.* ~ to συμβάλλω εἰς.

conduct *v.* *(manage)* διαχειρίζομαι, *(hold* διεξάγω, *(escort)* ὁδηγῶ. *(mus.)* διευ θύνω. ~ oneself συμπεριφέρομαι.

conduct *s.* διαχείρισις *f.* διεξαγωγή *f*

(behaviour) συμπεριφορά *f.*, διαγωγή *f.*

onductor *s. (mus.)* διευθυντής *m. (bus)* εἰσπράκτωρ *m. (phys.)* ἀγωγός *m.*

onduit *s.* ἀγωγός *m.*

one *s.* κῶνος *m. (of tree)* κουκουνάρι *n.*

oney *s.* κουνέλι *n.*

onfabulation *s.* συνομιλία *f.*

onfection *s. (sweetmeat)* γλυκό *n. (dress)* κομψό ροῦχο. ~er's *s.* ζαχαροπλαστεῖον *n.* ~ery *s.* γλυκά *n.pl.*

onfeder|ate *a. & s.* ὁμόσπονδος, *(accomplice)* συνεργός *m.* ~acy, ~ation *s.* ὁμοσπονδία *f.*

onfer *v.t. (bestow)* παρέχω, ἀπονέμω. *(v.i.) (deliberate)* συσκέπτομαι. ~ence *s.* διάσκεψις *f.* ~ment *s.* ἀπονομή *f.*

onfess *v.t.* ὁμολογῶ. *(eccl.) (v.i.)* ἐξομολογοῦμαι. ~or *s.* ἐξομολογητής *m.*

onfession *s.* ὁμολογία *f. (eccl.)* ἐξομολόγησις *f.* go to ~ πάω νά ἐξομολογηθῶ.

onfetti *s.* χαρτοπόλεμος *m.*

onfidant *s.* ἔμπιστος φίλος *m.*

onfide *v.t. (secret)* ἐκμυστηρεύομαι, *(entrust)* ἐμπιστεύομαι. *(v.i.)* ~ in *(trust)* ἐμπιστεύομαι, ἔχω ἐμπιστοσύνη σέ.

confidence *s. (trust)* ἐμπιστοσύνη *f. (assurance)* πεποίθησις *f. (secret)* μυστικό *n.* ~ trick ἀπάτη *f.* in ~ ὑπό ἐχεμύθειαν. take into one's ~ ἀνοίγω τήν καρδιά μου σέ.

confident *a.* βέβαιος. ~ly *adv.* μέ βεβαιότητα.

confidential *a.* ἐμπιστευτικός. ~ly *adv.* ἐμπιστευτικῶς.

configuration *s.* διαμόρφωσις *f.*

confine *v. (limit)* περιορίζω, *(enclose)* ἐγκλείω, *(shut up)* κλείνω. ~d *a. (in space)* στενός, κλειστός. *(to house)* κλεισμένος. *(of woman)* be ~d γεννῶ.

confinement *s.* περιορισμός *m. (birth)* τοκετός *m.* solitary ~ ἀπομόνωσις *f.*

confines *s.* ὅρια *n. pl.*

confirm *v.* ἐπιβεβαιώνω. ~ation *s.* ἐπιβεβαίωσις *f.* ~ed *a. (inveterate)* ἀμετάπειστος.

confiscat|e *v.* κατάσχω. ~ion *s.* κατάσχεσις *f.*

conflagration *s.* μεγάλη πυρκαϊά *f.*

conflict *s.* διαμάχη *f.*, σύγκρουσις *f. (v.)* συγκρούομαι. ~ing *a.* συγκρουόμενος.

confluence *s.* συμβολή *f.*

conform *v.i.* συμμορφώνομαι. ~able *a.* σύμφωνος.

conformation *s.* διαμόρφωσις *f.*

conformity *s.* συμφωνία *f.*, προσαρμογή *f.* in ~ with συμφώνως πρός.

confound *v. (mix)* μπερδεύω, συγχέω, *(amaze)* καταπλήσσω. *(fam.)* ~ it! νά πάρη ἡ ὀργή. ~ed *a. (fam.)* διαβολεμένος, παλιο-. ~edly *adv.* διαβολεμένα.

confront *v. (also* be ~ed with*)* ἀντιμετωπίζω. ~ation *s.* ἀντιμετώπισις *f.* have a ~ation ἔρχομαι ἀντιμέτωπος.

confuse *v. (mix)* μπερδεύω, συγχέω. *(disconcert, also* get ~d*)* σαστίζω.

confused *a. (mixed up)* μπερδεμένος, *(obscure)* ἀσαφής, *(dim)* θαμπός.

confusion *s. (mixing)* σύγχυσις *f. (disorder)* ἀνακατωσούρα *f. (embarrassment)* σαστισμάρα *f.*, σύγχυσις *f.*

confute *v.* ἀντικρούω.

congeal *v.* πήζω. ~ed *a.* πηχτός.

congenial *a.* εὐχάριστος.

congenital *a.*, ~ly *adv.* ἐκ γενετῆς.

congested *a.* ~ traffic πυκνή κυκλοφορία. *(overpopulated)* πυκνοκατοικημένος.

congestion *s.* συμφόρησις *f. (med.)* ὑπεραιμία *f.*

conglomeration *s.* συσσώρεμα *n.*

congratulat|e *v.* συγχαίρω. ~ions *s.* συγχαρητήρια *n. pl.*

congregat|e *v.i.* συναθροίζομαι. ~ion *s. (eccl.)* ἐκκλησίασμα *n.*

congress *s.* συνέδριον *n. (USA)* Κογκρέσσον *n.*

congru|ent, ~ous *a.* σύμφωνος.

conifer *s.* κωνοφόρον *n.* ~ous *a.* κωνοφόρος.

conjectur|e *s.* εἰκασία *f. (v.)* εἰκάζω. ~al *a.* εἰκαστικός.

conjointly *adv.* ἀπό κοινοῦ.

conjugal *a.* συζυγικός.

conjugat|e *v. (gram.)* κλίνω. ~ion *s.* συζυγία *f.*

conjunction *s. (gram.)* σύνδεσμος *m.* in ~ with *(persons)* ἀπό κοινοῦ μέ.

conjuncture *s.* συγκυρία *f.*

conjure *v. (appeal to)* ἐξορκίζω. *(produce)* παρουσιάζω, βγάζω. ~ up ἐπικαλοῦμαι, *(bring back)* ἐπαναφέρω.

conjur|ing *s. (also* ~ing trick*)* ταχυδακτυλουργία *f.* ~or *s.* ταχυδακτυλουργός *m.*

conk *s. (fam.)* μύτη *f. (v.)* it has ~ed out πάει περίπατο.

connect *v.t.* συνδέω. ~ed *a.* συνδεδεμένος, *(related)* συγγενής, *(adjoining)* συνεχόμενος. be well ~ed ἔχω γερές πλάτες, ἔχω ὑψηλές σχέσεις.

connection *s. (act)* σύνδεσις *f. (union)* ἕνωσις *f. (relation)* σχέσις *f.* in ~ with ἐν σχέσει μέ. run in ~ with *(of transport)* ἔχω ἀνταπόκριση μέ.

conniv|e v. κάνω στραβά μάτια. ~e at παραβλέπω. ~ance s. with his ~ance μέ τήν ἀνοχή του.

connoisseur s. γνώστης m.

connot|e v. (mean) σημαίνω. ~ation s. σημασία f.

connubial a. συζυγικός.

conquer v. νικῶ, (country, hearts) κατακτῶ. ~ing a. νικηφόρος. ~or s. νικητής m. κατακτητής m.

conquest s. κατάκτησις f.

conscience s. συνείδησις f. in all ~ εἰλικρινῶς. ~less or without ~ ἀσυνείδητος.

conscientious a. εὐσυνείδητος. ~ objector ἀντιρρησίας συνειδήσεως. ~ly adv. εὐσυνειδήτως. ~ness a. εὐσυνειδησία f.

conscious a. be ~ (with faculties awake) ἔχω τίς αἰσθήσεις μου, (aware) ἔχω συνείδηση, ἀντιλαμβάνω, νοιώθω. (of action, feeling) συνειδητός. ~ly adv. συνειδητῶς.

consciousness s. (awareness) συνείδησις f. (realization) ἐπίγνωσις f. (feeling) συναίσθησις f. lose ~ χάνω τίς αἰσθήσεις μου.

conscript v. στρατολογῶ. (s.) κληρωτός m. ~ion s. στρατολογία f.

consecrat|e v. καθιερώνω, (anoint) χρίω. ~ion s. καθιέρωσις f. χρίσις f.

consecutive a. συνεχής, συναπτός. ~ly adv. συναπτῶς.

consensus a. γενική γνώμη.

consent v. συγκατατίθεμαι, συναινῶ. (s.) συγκατάθεσις f., συναίνεσις f. age of ~ ἐνηλικιότης f. (divorce) by mutual ~ κοινῇ συναινέσει.

consequence s. συνέπεια f. in ~ of συνεπεία (with gen). (importance) person of ~ σημαῖνον πρόσωπον. it is of no ~ δέν ἔχει σημασία.

consequent a. ἐπακόλουθος. ~ly adv. ἐπομένως, συνεπῶς.

consequential a. σπουδαιοφανής.

conservancy s. ὑπηρεσία συντηρήσεως. ~ of forests δασονομία f.

conservation s. διατήρησις f.

conservat|ive a. συντηρητικός. ~ism s. συντηρητικότης f.

conservatoire s. ὠδεῖον n.

conservatory s. σέρρα f., θερμοκήπιον n.

conserve v. διατηρῶ.

consider v. (think about) σκέπτομαι, (study) μελετῶ, ἐξετάζω. (take account of) λαμβάνω ὑπ' ὄψιν, ὑπολογίζω. (be of opinion) νομίζω. (regard) θεωρῶ, ἔχω. I ~ it my duty τό θεωρῶ καθῆκον μου.

I ~ it good luck τό ἔχω γιά γούρι. all things ~ed σέ τελευταία ἀνάλυση.

considerab|le a. (noteworthy) σημαντικός ὑπολογίσιμος. (no little) ἀρκετός. ~ly adv. ἀρκετά.

considerate a. στοχαστικός.

consideration s. (thoughtfulness) στόχασ f. (thought) σκέψις f. (study) μελέτη f. ἐξέτασις f. (factor) πρᾶγμα n. under ~ ὑπό ἐξέτασιν. take into ~ λαμβάνω ὑπ ὄψιν, λογαριάζω. for a ~ (money) ἀντ πληρωμῆς.

considering prep. ὅταν λάβη κανείς ὑπ ὄψιν (with acc. or ὅτι), ἐάν ληφθῇ ὑπ ὄψιν (with nom. or ὅτι). δεδομένου (with ὅτι). he did quite well ~ τά κατάφερ καλά ἀναλόγως.

consign v. (despatch) ἀποστέλλω, (hand over) παραδίδω, (relegate) ἐξαποστέλνω ~ment s (despatch) ἀποστολή f. (load, φορτίον n.

consist v. ~ of ἀποτελοῦμαι ἀπό, συνίσταμαι ἐκ (with gen.). ~ency s. (thickness) σύστασις f. (being the same) συνέπεια f.

consistent a. συνεπής. ~ with σύμφωνος μέ. ~ly adv. μέ συνέπεια.

consol|e v. παρηγορῶ. ~ation s. παρηγορία f.

consolidat|e v. (strengthen) σταθεροποιῶ (unify) ἑνοποιῶ. ~ed a. πάγιος. ~ion s σταθεροποίησις f., ἑνοποίησις f.

consommé s. κονσομέ n.

conson|ant a. σύμφωνος. (s.) σύμφωνον n. ~ance s. συμφωνία f.

consort s. σύζυγος m.f. (v.) ~ with (be compatible) συμβιδάζομαι μέ, (mix with, συναναστρέφομαι, (pej.) συμφύρομαι μέ.

consortium s. κονσόρτιουμ n.

conspectus s. σύνοψις f.

conspicuous a. (easily seen) εὐδιάκριτος ἐμφανής. (talent, courage, etc.) διακεκριμένος, ἐξέχων. play a ~ part παίζω σημαντικό ρόλο, διακρίνομαι. be or make oneself ~ ξεχωρίζω. a ~ colour χρῶμα πού ξεχωρίζει. ~ly adv. ἐμφανῶς.

conspir|e v. συνωμοτῶ. ~acy s. συνωμοσία f. ~ator s. συμνωμότης m.

constab|le s. ἀστυφύλαξ m. ~ulary s. ἀστυνομία f.

constancy s. (stability) σταθερότης f. (fidelity) πίστις f.

constant a. (stable) σταθερός, (true) πιστός, (recurring) συνεχής. ~ly adv. συνεχῶς, ὅλο. (see continually.)

constellation s. ἀστερισμός m.

onsternation s. κατακεραύνωσις f. filled with ~ καταταραγμένος.

onstipat|ed, ~ing a. δυσκοίλιος. ~ion s. δυσκοιλιότης f.

constituency s. ἐκλογική περιφέρεια.

constituent a. συστατικός. (s.) συστατικόν n. (elector) ψηφοφόρος m.

constitute v. (appoint) διορίζω, (set up) συγκροτῶ, (form, be) ἀποτελῶ. be so ~d as to εἶμαι καμωμένος ἔτσι πού.

constitution s. (political) σύνταγμα n. (bodily) ὀργανισμός m., κρᾶσις f. (composition) σύστασις f. (of society, etc.) καταστατικόν n.

constitutional a. συνταγματικός. (s.) (fam., walk) περίπατος m. ~ly adv. συμφώνως πρός τό σύνταγμα.

constrain v. ἀναγκάζω. ~ed a. βεβιασμένος, ἀμήχανος. ~t s. (restriction) περιορισμός m. (awkwardness) ἀμηχανία f.

constrict v. σφίγγω, συσφίγγω. ~ion s. σφίξιμο n., σύσφιγξις f. ~or s. συσφιγκτήρ m.

construct v. (building, triangle) κατασκευάζω. (make) φτιάνω, (assemble) συναρμολογῶ, (plot of play, novel) πλέκω. (gram.) συντάσσω. well ~ed καλοφτιαγμένος. ~or s. κατασκευαστής m.

construction s. (making) κατασκευή f. (thing made) κατασκεύασμα n. (gram.) σύνταξις f. (fig.) put a wrong ~ on παρεξηγῶ. put another ~ on δίδω ἄλλην ἑρμηνείαν εἰς.

constructive a. θετικός. ~ly adv. θετικά.

construe v. (interpret) ἐκλαμβάνω. (gram.) (analyse) ἀναλύω, (combine) συντάσσω.

consul s. πρόξενος m. (Roman, French Republican) ὕπατος m. ~ar a. προξενικός. ~ate s. προξενεῖον m.

consult v.t. συμβουλεύομαι. (v.i.) συσκέπτομαι.

consultant s. ἐμπειρογνώμων m. (med.) εἰδικός ἰατρός.

consultation s. σύσκεψις f. (with doctor) ἐπίσκεψις f. doctors' ~ ἰατροσυμβούλιον n.

consultative a. συμβουλευτικός.

consulting-room s. (med.) ἰατρεῖον n.

consume v. (use) καταναλίσκω, (use up) ξοδεύω, τρώω. it was ~d by fire ἔγινε παρανάλωμα τοῦ πυρός. (fig.) be ~d by (envy, etc.) κατατρώγομαι ἀπό.

consumer s. καταναλωτής m. ~ goods καταναλωτικά ἀγαθά.

consummate a. τέλειος.

consummat|e v. ὁλοκληρώνω. ~ion s. ὁλοκλήρωσις f.

consumption s. κατανάλωσις f. (med.) φυματίωσις f., φθίσις f.

consumptive a. φυματικός, φθισικός.

contact s. ἐπαφή f. (communication) ἐπικοινωνία f. make (or come into) ~ with ἔρχομαι σ' ἐπαφή μέ, (touch) ἀγγίζω. be in ~ (touching) ἐφάπτομαι. (v.t.) (communicate with) ἐπικοινωνῶ μέ.

contagi|on s. μετάδοσις f. (also fig.) μόλυνσις f. ~ous a. μεταδοτικός.

contain v. (have, hold) περιέχω, περιλαμβάνω. (have room for) χωράω. (hold back) συγκρατῶ, ἀναχαιτίζω.

container s. κιβώτιον n.

containment s. συγκράτησις f., ἀνάσχεσις f.

contaminat|e v. μολύνω. ~ion s. μόλυνσις f.

contemplate v. (look at) κοιτάζω, (reflect on) συλλογίζομαι, (have in view) σκέπτομαι (with νά).

contemplat|ion s. στοχασμός m., σκέψις f. ~ive a. συλλογισμένος.

contemporaneous a. σύγχρονος.

contemporary a. σύγχρονος, (of today) σημερινός.

contempt s. περιφρόνησις f., καταφρόνησις f. hold in ~ περιφρονῶ. ~ of court ἀσέβεια πρός τό δικαστήριον.

contemptib|le a. ἄξιος περιφρονήσεως, ἀξιοκαταφρόνητος. ~ly adv. ἐλεεινά.

contemptuous a. περιφρονητικός. ~ly adv. μέ περιφρόνηση.

contend v. (fight) ἀγωνίζομαι, (compete) διαγωνίζομαι. (assert) ἰσχυρίζομαι. ~er s. (fighter) ἀγωνιστής m. (competitor) διαγωνιζόμενος m.

content v. ἱκανοποιημένος. be ~ (with, to) ἱκανοποιοῦμαι (with μέ, νά), ἀρκοῦμαι (with εἰς, νά).

content v. ἱκανοποιῶ. ~ oneself see content a.

content s. (satisfaction) ἱκανοποίησις f.

content s. (that contained) περιεχόμενον n. (capacity) περιεκτικότης f.

contented a. see content a.

contention s. (dispute) φιλονικία f. (assertion) ἰσχυρισμός m. bone of ~ μῆλον τῆς ἔριδος.

contentious a. (person) φιλόνικος, φίλερις, (topic) ἀμφισβητούμενος.

contentment s. εὐδαιμονία f.

contest s. (struggle) ἀγών m. (competition) διαγωνισμός m.

contest v.t. (challenge) ἀμφισβητῶ, (a will, etc.) προσβάλλω. (lay claim to) διεκδικῶ. (v.i.) (quarrel) φιλονικῶ. ~ant s.

διεκδικητής *m. (competitor)* διαγωνιζόμενος *m.*

context *s. (of words)* συμφραζόμενα *n. pl. (fig., framework)* πλαίσιον *n.*

contiguous *a.* συνεχόμενος, κολλητός. be ~ συνέχομαι.

continent *s.* ήπειρος *f. (fam., mainland Europe)* ήπειρωτική Εὐρώπη. ~**al** *a.* ήπειρωτικός.

continen|t *a.* ἐγκρατής. ~**ce** *s.* ἐγκράτεια *f.*

contingency *s.* ἐνδεχόμενον *n.*, ἀπρόοπτον γεγονός.

contingent *a.* be ~ on ἐξαρτῶμαι ἀπό. *(s.) (mil.)* δύναμις *f.*

continual *a.* συνεχής, ἐπανειλημμένος. ~**ly** *adv.* συνεχῶς, ἐπανειλημμένως. he is ~ly interrupting me ὅλο μέ διακόπτει.

continuance *s. (of action)* συνέχισις *f. (of person)* παραμονή *f.*

continuation *s. (part that follows)* συνέχεια *f. (prolongation)* παράτασις *f. (resumption)* ἐπανάληψις *f.*

continue *v.t. & i.* ἐξακολουθῶ. *(v.t.)* συνεχίζω. *(v.i.)* συνεχίζομαι. ~ to be ἐξακολουθῶ *(or* συνεχίζω*)* νά εἶμαι.

continuity *s.* συνειρμός *m.*

continuous *a.* συνεχής, ἀδιάκοπος. ~**ly** *adv.* συνεχῶς, ἀδιάκοπα.

contort *v.* συσπῶ. ~**ed** συσπασμένος. ~**ions** *s.* go through ~ions στρεβλώνω τό κορμί μου.

contour *s.* ἰσοϋψής καμπύλη. ~ map ὑψομετρικός χάρτης. *(outline)* περίγραμμα *n.*

contraband *s.* λαθρεμπόριον *n. (goods)* λαθραῖα ἐμπορεύματα.

contracept|ion *s.* ἀντισυλληπτικαί μέθοδοι. ~**ive** *a.* ἀντισυλληπτικόν *n.*

contract *s.* συμβόλαιον *n. (for construction work)* ἐργοληψία *f.*

contract *v.i. (undertake)* κάνω συμβόλαιο, συμφωνῶ. *(v.t.) (marriage, debts)* συνάπτω, *(habit)* ἀποκτῶ, *(illness)* παθαίνω, προσβάλλομαι ὑπό *(with gen.).* ~**or** *s.* ἐργολάβος *m.*

contract *v.t. (draw together)* συστέλλω. *(v.i.)* συστέλλομαι. ~ one's brow συνοφρυοῦμαι. ~**ed** *a. (gram.)* συνηρημένος. ~**ion** *s.* συστολή *f. (gram.)* συναίρεσις *f.*

contradict *v.* διαψεύδω, *(say the opposite)* ἀντιλέγω. ~ oneself ἀντιφάσκω. ~**ion** *s.* διάψευσις *f.* ἀντιλογία *f.* ἀντίφασις *f.* ~**ory** *a.* ἀντιφατικός.

contradistinction *s.* ἀντιδιαστολή *f.*

contralto *a.* βαθύφωνος, κοντράλτο.

contraption *s.* πράμα *f.*, κατασκεύασμα *n. (pej.)* κολοκύθι *n.*

contrapuntal *a.* ἀντιστικτικός.

contrariness *s.* ἀναποδιά *f.*

contrary *a.* ἀντίθετος, ἐνάντιος. *(pervers* ἀνάποδος. ~ to ἀντίθετος πρός *(w acc.), (adv.)* ἀντιθέτως πρός.

contrary *s.* ἐναντίον *n.*, ἀντίθετον *n.* the ~ ἀπ' ἐναντίας. to the ~ ἀντιθέτω

contrast *s.* ἀντίθεσις *f.* in ~ to ἐν ἀντιθ σει μέ. *(v.t.)* ἀντιπαραβάλλω, συγκρίν *(v.i.)* ~ with κάνω ἀντίθεση μέ. ~**ing** ἀντίθετος.

contraven|e *v. (infringe)* παραβαίνω, *(co flict with)* ἀντιβαίνω εἰς. ~**tion** *s.* παρ βασις *f.*

contretemps *s.* κάζο *n.*, ἀναποδιά *f.*

contribut|e *v.t.* συνεισφέρω. *(v.i.)* ~e *(play a part in)* συμβάλλω εἰς, συντελ εἰς, *(write for)* συνεργάζομαι σέ. ~**ory** συντελεστικός.

contribut|ion *s. (thing given)* συνεισφορ *f. (part played)* συμβολή *f. (article)* ἄ θρο *n.*, συνεργασία *f.* ~**or** *s.* συνεισφ ρων *m. (to journal)* συνεργάτης *m.*

contrit|e *a.* συντετριμμένος. ~**ion** *s.* συ τριβή *f.*

contriv|e *v. (devise)* ἐπινοῶ, ἐφευρίσκω, plot)* μηχανεύομαι. *(manage)* καταφέρν ~**ance** *s.* ἐφεύρεσις *f.*

control *v. (have power over)* ἐξουσιάζ *(check, keep under ~)* ἐλέγχω, συ κρατῶ. *(direct)* διευθύνω, *(govern)* κι βερνῶ.

control *s. (power)* ἐξουσία *f. (restrain supervision)* ἔλεγχος *m. (direction)* διεύ θυνσις *f.* be in ~ of ἔχω ὑπό τήν ἐξι σία *(or* τόν ἔλεγχο *or* τή διεύθυνσή) μο lose ~ of oneself χάνω τόν ἔλεγχο το ἐαυτοῦ μου.

controls *s. (restraints)* περιορισμοί *m.* p *(of machine)* σύστημα ἐλέγχου.

controller *s. (of funds)* διαχειριστής *m (director)* διευθυντής *m.*

controvers|y *s.* ἀντιγνωμία *f.*, συζήτησις *f* ~**ial** *a. (topic)* ἀμφισβητήσιμος, *(speech* ἐπίμαχος. a ~ial character πολυσυζητού μενο πρόσωπο.

controvert *v.* ἀμφισβητῶ, διαψεύδω.

contumacy *s.* ἰσχυρογνωμοσύνη *f.*

contumely *s.* περιφρόνησις *f.*

contusion *s.* μωλωπισμός *m.*

conundrum *s.* αἴνιγμα *n.*

conurbation *s.* ἀστικόν συγκρότημα.

convalesc|ence *s.* ἀνάρρωσις *f.* ~**ent** *a* ἀναρρωνύων. be ~ent βρίσκομαι ἐ ἀναρρώσει.

convector *s.* ἀερόθερμον *n.*

onvene *v.t.* συγκαλῶ. *(v.i.)* συνέρχομαι.

onvenience *s.* εὐκολία *f.*, ἄνεσις *f.* at your ~ ὅποτε *(or* ὅπως) σᾶς διευκολύνει, μέ τήν ἄνεσή σας. it is a great ~ εἶναι μεγάλο πρᾶμα. marriage of ~ γάμος ἐκ συμφέροντος. flag of ~ σημαία εὐκαιρίας. *(w.c.)* ἀποχωρητήριον *n.*

onvenient *a.* βολικός. it is ~ for me μοῦ ἔρχεται εὔκολο *(or* βολικό), μέ βολεύει. find a ~ opportunity βρίσκω τήν κατάλληλη εὐκαιρία.

onvent *s.* μονή γυναικῶν.

onvention *s. (meeting)* συνέδριον *n. (diplomatic)* σύμβασις *f.* ~s *(rules of behaviour)* τύποι *m.pl.*, κοινωνικές συμβάσεις. ~al *a.* συμβατικός, τυπικός.

onverge *v.* συγκλίνω.

onversant *a.* be ~ with γνωρίζω ἀπό, ἔχω γνώση *(with gen.)*.

onversation *s.* κουβέντα *f.*, συνομιλία *f.* ~al *a. (he spoke)* in a ~al manner σά νά συζητοῦσε.

onverse *v.* κουβεντιάζω, συνομιλῶ.

onverse *s. (opposite)* ἀντίστροφον *n.* ~ly *adv.* ἀντιστρόφως.

onversion *s.* μετατροπή *f. (to faith)* προσηλυτισμός *m. (change of faith)* ἀλλαξοπιστία *f. (embezzlement)* σφετερισμός *m.*

onvert *v.t.* μετατρέπω, *(to faith)* προσηλυτίζω, *(embezzle)* σφετερίζομαι.

onvert *s. (to faith)* προσήλυτος *m. (to ideology)* νεοφώτιστος *a.*

onvertible *a. (fin.)* μετατρέψιμος. it is ~ μετατρέπεται.

onvex *a.* κυρτός.

onvey *v. (transport)* μεταφέρω, *(message)* διαβιβάζω, *(idea, feelings)* ἐκφράζω, ἀποδίδω. *(law)* μεταβιβάζω.

onveyance *s. (vehicle)* μεταφορικόν μέσον, ὄχημα *n. (carrying)* μεταφορά *f.* διαβίβασις *f. (law)* μεταβίβασις *f.*

onvince *v.* πείθω. ~ed πεπεισμένος. ~ing *a.* πειστικός.

onvict *v.* καταδικάζω. *(s.)* κατάδικος *m.* ~ion *s. (law)* καταδίκη *f. (belief)* πεποίθησις *f.* carry ~ion εἶμαι πειστικός.

onvivial *a.* γεμάτος κέφι. ~ity *s. (mood)* κέφι *n. (merrymaking)* γλέντι *n.*

onvoke *v.* συγκαλῶ. ~cation *s.* σύγκλησις *f.*

onvoluted *a.* συνεστραμμένος, στριφτός. *(fig.) (difficult)* στριμμένος, *(elaborate)* πολύπλοκος.

onvolvulus *s.* περικοκλάδα *f.*

onvoy *v.* συνοδεύω. *(s.) (ships)* νηοπομπή *f. (supplies)* ἐφοδιοπομπή *f.*

(column) φάλαγξ *f. (escort)* συνοδεία *f.*

convulse *v.* συνταράσσω, *(med.)* συσπῶ. be ~ed with laughter σκάω στά γέλια. ~ion *s.* σπασμός *m. (seismic, political)* ἀναταραχή *f.* ~ive *a.* σπασμωδικός.

coo *v.* κουκουρίζω. *(fig.)* μιλῶ χαϊδευτικά. bill and ~ γλυκοσαλιάζω. ~ing *s.* κουκούρισμα *n.*

cook *v.t. & i.* μαγειρεύω. *(of food, v.i.)* μαγειρεύομαι, ψήνομαι. *(falsify)* μαγειρεύω, ~ up μαγειρεύω. ~shop *s.* μαγερειό *n.*

cook *s.* μάγειρος *m.*, μάγερας *m.*, μαγείρισσα *f.*

cooker *s. (stove)* κουζίνα *f.*

cookery *s. (also* ~ book) μαγειρική *f.*

cookie *s. (Scots)* κουλουράκι *n.*, *(USA)* μπισκότο *n.*

cooking *s.* μαγείρεμα *n. (a.)* ~ utensils μαγειρικά σκεύη.

cool *a.* δροσερός, *(calm)* ἤρεμος, *(indifferent)* ψυχρός, χλιαρός. *(impudent)* ἀναιδής. it is ~ weather ἔχει ψυχρούλα. keep ~ *(fig.)* διατηρῶ τήν ψυχραιμία μου.

cool *v.t.* δροσίζω. *(v.i.)* ~ (down, off) *(weather)* δροσίζω, *(excited person)* ἠρεμῶ, καλμάρω, *(friendship, etc.)* κρυώνω, ψυχραίνομαι. ~ing *a.* δροσιστικός.

cool-headed *a.* ψύχραιμος.

coolly *adv.* ψυχρῶς, *(cheekily)* ἀναιδῶς.

coolness *s.* δροσιά *f. (calm)* ψυχραιμία *f. (cheek)* ἀναίδεια *f.*

coomb *s. (valley)* αὐλών *m.*

coop *s.* κουμάσι *n. (v.)* ~ up *(fig.)* κλείνω.

co-op *s.* συνεργατική *f.*

cooper *s.* βαρελάς *m.*

cooperate *v.* συνεργάζομαι. ~ion *s.* συνεργασία *f.*, σύμπραξις *f.* ~ive *a.* συνεργάσιμος. *(s.)* συνεργατική *f.*

co-opt *v.* ἐκλέγω.

coordinate *v. (ideas)* συντονίζω, *(movements)* συνδυάζω. ~ion *s.* συντονισμός *m.* συνδυασμός *m.*

cop *v. (fam.) (nab)* τσιμπῶ. he ~ped it τήν ἔπαθε. *(s.) (fam.)* ἀστυνομικός *m.*

cope *v.* ~ with κάνω μέ, τά καταφέρνω μέ, τά βγάζω πέρα μέ, *(face)* ἀντιμετωπίζω.

coping *s. archit.* σαμάρι *n.* ~-stone *(fig.)* ἀποκορύφωμα *n.*

copious *a.* ἄφθονος, πλούσιος. ~ly *adv.* ἄφθονα.

copper *s.* χαλκός *m.*, μπακίρι *n. (fam.)* ἀστυνομικός *m. (a.)* χάλκινος.

copperplate *a.* ~ engraving χαλκογραφία *f.* *(fig.)* ~ writing καλλιγραφία *f.*

coppersmith *s.* χαλκωματᾶς *m.* μπακιρτζῆς *m.*

coppice, copse *s.* δασύλλιον *n.*

Coptic *a.* κοπτικός.

copulat|e *v.* συνουσιάζομαι. ~ion *s.* συνουσία *f.*

copy *v.* ἀντιγράφω. *(s.)* ἀντίγραφον *n.* *(of book)* ἀντίτυπον *n.* *(of paper)* φύλλο *n.*

copyright *s.* κοπυράιτ *n.*, πνευματική ἰδιοκτησία.

coquetry *s.* φιλαρέσκεια *f.*, κοκεταρία *f.*

coquett|e *s.* φλερτατζοῦ *f.* ~ish *a.* φιλάρεσκος.

coral *s.* κοράλλι(ον) *n.* *(a.)* κοράλλινος.

cord *s.* κορδόνι *n.* *(vocal)* χορδή *f.* *(umbilical)* λῶρος *m.* *(v.)* δένω.

cordial *a.* ἐγκάρδιος, *(dislike)* ἔντονος. ~ity *s.* ἐγκαρδιότης *f.* ~ly *adv.* ἐγκαρδίως. I ~ly dislike him μοῦ εἶναι πολύ ἀντιπαθητικός.

cordon *s.* *(of police, etc.)* κλοιός *m.* *(v.)* ~ off ἀποκλείω.

corduroy *s.* βελοῦδο κοτλέ.

core *s.* πυρήν *m.* *(fig.)* to the ~ μέχρι μυελοῦ ὀστέων, ὥς τό κόκκαλο. *(v.)* ξεκουκουτσιάζω.

co-religionist *s.* ὁμόθρησκος *m.*

co-respondent *s.* συγκατηγορούμενος *m.*

Corinthian *a.* κορινθιακός.

cork *s.* φελλός *m.* *(a.)* ἀπό φελλό. *(v.)* βουλλώνω. *(fig.)* ~ up καταπνίγω. ~screw *s.* τιρμπουσόν *n.*

corm *s.* βολβός *m.*

corn *s.* *(cereals)* σιτηρά *n.pl.*, δημητριακά *n.pl.* *(wheat)* σῖτος *m.*, σιτάρι *n.* *(oats)* βρώμη *f.* *(maize)* καλαμπόκι *n.*, ἀραβόσιτος *m.*

corn *s.* *(on foot)* κάλος *m.*

cornea *s.* κερατοειδής χιτών.

corner *s.* γωνία *f.* out of the ~ of one's eye μέ τήν ἄκρη τοῦ ματιοῦ. just round the ~ ἐδῶ παρακάτω. *(fig.)* turn the ~ καβατζάρω. *(monopoly)* μονοπώλιο *n.* *(a.)* γωνιαῖος, γωνιακός.

corner *v.t.* *(drive into ~)* στρυμώχνω στή γωνιά, κολλῶ στόν τοῖχο. *(monopolize)* μονοπωλῶ.

cornerstone *s.* ἀγκωνάρι *n.*, γωνιόλιθος *m.* *(fig.)* ἀκρογωνιαῖος λίθος.

cornet *s.* *(mus.)* κορνέτα *f.* *(ice-cream)* χωνάκι *n.*

cornice *s.* κορνίζα *f.*

cornucopia *s.* κέρας τῆς 'Αμαλθείας.

corollary *s.* πόρισμα *n.*

coronary *a.* *(anat.)* στεφανιαῖος.

coronation *s.* στέψις *f.*

coroner *s.* ὑπάλληλος μέ ἀνακριτικά κα θήκοντα εἰς περιπτώσεις βιαίου θανα του.

coronet *s.* διάδημα *n.*

corporal *a.* σωματικός. *(s., mil.)* δεκανεύ *m.*

corporat|e *a.* σωματειακός, *(joint)* συλλο γικός. ~ion *s.* *(company)* ἑταιρία *(civic)* δημοτικόν συμβούλιον.

corporeal *a.* σωματικός.

corps *s.* σῶμα *n.* *(mil.)* ~ commander σα ματάρχης *m.*

corpse *s.* πτῶμα *n.*

corpul|ent *a.* σωματώδης. ~ence *s.* παχυ σαρκία *f.*

corpuscle *s.* αἱμοσφαίριον *n.*

correct *a.* ἀκριβής, ὀρθός, σωστός. *(man ners, dress, etc.)* καθώς πρέπει. ~ly adv ὀρθῶς, σωστά. ~ness *s.* ἀκρίβεια *f.*, ὀς θότης *f.*

correct *v.* διορθώνω. ~ion *s.* διόρθωσις ~ive *a.* διορθωτικός.

correlat|e *v.t.* συσχετίζω. ~ion *s.* συσχέτ σις *f.*

correspond *v.* *(in value, degree)* ἀντι στοιχῶ *(with πρός & acc.)*. *(agree, b consistent)* ἀνταποκρίνομαι *(with σέ* συμφωνῶ *(with μέ)*. *(write)* ἀλληλογραφ *(with μέ)*.

correspond|ence *s.* ἀντιστοιχία *f.* συμφω νία *f.*, σχέσις *f.* ἀλληλογραφία *f.* ~ent *s* ἐπιστολογράφος *m.f.* *(of journal)* ἀντα ποκριτής *m.*

corresponding *a.* ἀντίστοιχος. ~ly adv ἀναλόγως.

corridor *s.* διάδρομος *m.*

corroborat|e *v.* ἐπιβεβαιώνω. ~ion *s.* ἐπι βεβαίωσις *f.*

corro|de *v.t.* διαβιβρώσκω, τρώγω. ~sio *s.* διάβρωσις *f.*, φάγωμα *n.* ~sive a διαβρωτικός.

corrugated *a.* *(metal)* αὐλακωτός, *(paper* κυματοειδής.

corrupt *v.* διαφθείρω. *(a.)* διεφθαρμένος σάπιος. *(dishonest)* ἀνέντιμος. *(linguisti cally)* παρεφθαρμένος. ~er *s.* φθορεύ *m.*

corruption *s.* διαφθορά *f.*, σαπίλα *f.* *(bri bery)* δωροδοκία *f.*

corsair *s.* κουρσάρος *m.*

corset *s.* κορσές *m.*

cortège *s.* πομπή *f.*

coruscate *v.* σπιθοβολῶ.

cosh s. μαγκούρα f., ρόπαλον n. (v.) χτυπῶ μέ ρόπαλον.

cosily adv. ἀναπαυτικά.

cosmetic s. καλλυντικόν n.

cosmic a. κοσμικός.

cosmopolitan a. κοσμοπολιτικός, (person) κοσμοπολίτης m.

cosset v. παραχαϊδεύω.

cost s. κόστος n. (price) τιμή f. ~s (expenses) ἔξοδα n.pl. to my ~ εἰς βάρος μου. at all ~s πάσῃ θυσίᾳ. at great ~ (expense) ἀντί μεγάλης δαπάνης. at what ~! (suffering) τί μοῦ κόστισε!

cost v.i. κοστίζω, στοιχίζω. (v.t.) (assess price of) κοστολογῶ.

costive a. δυσκοίλιος.

costly a. ἀκριβός.

costume s. ἐνδυμασία f.

cosy a. ἀναπαυτικός.

cot s. κρεββατάκι n.

coterie s. κύκλος m.

cottage s. ἐξοχικό σπιτάκι.

cotton s. βαμβάκι n. βάμβαξ m. (a.) μπαμπακερός, βαμβακερός. ~-wool s. μπαμπάκι n.

couch s. ἀνάκλιντρον n.

couch v.t. (express) διατυπώνω.

couchette s. κουκέτα f.

cough v. βήχω. ~ up (phlegm) φτύνω, (money) σκάζω. (s.) βήχας m.

could v. she ~ go tomorrow θά μπορούσε νά πάῃ αὔριο. I ~n't find it δέν μπορούσα νά τό βρῶ. if only I ~ find the time νά μπορούσα μόνο νἄβρισκα τόν καιρό. he ~n't swim δέν ἤξερε κολύμπι. it ~n't be heard δέν ἀκουγότανε.

council s. συμβούλιον n. ~lor s. σύμβουλος m.

counsel s. συμβουλή f. take ~ συσκέπτομαι. keep one's ~ κρύβω τίς προθέσεις μου. (law) συνήγορος m.

counsel v. συμβουλεύω. ~lor s. σύμβουλος m.

count s. (title) κόμης m.

count s. (counting) μέτρημα n. lose ~ χάνω τό λογαριασμό. on all ~s ἀπό πάσης ἀπόψεως. (law) κεφάλαιον κατηγορίας.

count v.t. (add up) μετρῶ, (reckon, consider) θεωρῶ, λογαριάζω. (v.i.) (be taken into account) ὑπολογίζομαι, ἔχω σημασία.

count in v.t. (include) λογαριάζω.

count on v. βασίζομαι σέ, ὑπολογίζω σέ.

count out v. (one by one) μετρῶ ἕνα-ἕνα. (the House) was counted out ἀνεβλήθη ἡ

συνεδρίασις ἐλλήψει ἀπαρτίας, (of boxer) ἔπαθε νοκάουτ. count me out μή μέ ὑπολογίζετε.

count-down s. ἀντίστροφος μέτρησις.

countenance s. ὄψις f., ἔκφρασις f. keep one's ~ μένω ἀτάραχος. lose ~ τά χάνω. put out of ~ σαστίζω. (v.) ἀνέχομαι, ἐγκρίνω.

counter s. (in shop) πάγκος m. (fig.) under the ~ κρυφά. (disc) μάρκα f. (meter) μετρητής m.

counter v. ἀποκρούω. (prep.) ~ to ἐναντίον (with gen.)

counteract v. ἐξουδετερώνω. ~ion s. ἐξουδετέρωσις f.

counter-attack v. ἀντεπιτίθεμαι. (s.) ἀντεπίθεσις f.

counter-attraction s. be a ~ to συναγωνίζομαι.

counterbalance v. ἀντισταθμίζω.

counterblast s. βιαία ἀνταπάντησις.

countercharge s. ἀντικατηγορία f.

counter-espionage s. ἀντικατασκοπεία f.

counterfeit a. προσποιητός, (money) κίβδηλος. (v.) (feign) προσποιοῦμαι, (forge) παραποιῶ, (money) παραχαράσσω. ~er s. παραχαράκτης m.

counterfoil s. στέλεχος n.

countermand v. ἀκυρώνω.

counter-offensive s. ἀντεπίθεσις f.

counterpane s. κουβρ-λί n.

counterpart s. ἀντίτυπον n. ἀντίστοιχον n. (person) ἀντίστοιχος m.

counterplot s. ἀντιστρατήγημα n. (of play) δευτερεύουσα πλοκή.

counterpoint s. (mus.) ἀντίστιξις f., κοντραπούντο n.

counterpoise s. ἀντιστάθμισμα n.

counter-productive a. ἀντιπαραγωγικός.

counter-revolution s. ἀντεπανάστασις f. ~ary a. ἀντεπαναστατικός.

countersign v. προσυπογράφω. (s.) παρασύνθημα n.

countess s. κόμησσα f.

counting-house s. λογιστήριον n.

countless a. ἀμέτρητος, ἀναρίθμητος.

countrified a. μέσα στήν ἐξοχή. (person) μέ γοῦστα καί συνήθειες τῆς ἐξοχῆς.

country s. (land) χώρα f., τόπος m. (native land) πατρίδα f. (rural parts) ἐξοχή f., (opposed to town) ὕπαιθρος f.

country a. ἐξοχικός. ~ house πύργος m.

countryman s. ἄνθρωπος πού ζεῖ στήν ἐξοχή. fellow ~ (συμ)πατριώτης m.

countryside s. ἐξοχή f.

county s. κομητεία f.

coup s. ἐπιτυχία f. ~ d'état πραξικόπημα n. ~ de grâce χαριστική βολή.

couple s. ζεῦγος n., ζευγάρι n. married ~ ἀντρόγυνο n. a ~ of times κάνα δυό φορές.

couple v.t. συνδέω. (v.i.) ζευγαρώνομαι. ~ing s. σύνδεσις f. ζευγάρωμα n.

couplet s. δίστιχον n.

coupon s. δελτίον n., κουπόνι n.

courage s. θάρρος n., κουράγιο n., ~ous a. θαρραλέος, γενναῖος. ~ously adv. θαρραλέως, μέ κουράγιο.

courgette s. κολοκυθάκι n.

courier s. ἀγγελιαφόρος m. (escort) συνοδός m.f.

course s. (march, way, advance) πορεία f., δρόμος m. (direction) κατεύθυνσις f. (of study) κούρ n. (of lectures) κύκλος m. (of treatment) θεραπεία f. (of injections) σειρά f. (at meal) πιάτο n., (archit.) στοῖχος m. of ~ φυσικά, βεβαίως. as a matter of ~ φυσικῶ τῶ λόγω, εἶναι αὐτονόητο ὅτι. in due ~ ἐν εὐθέτω χρόνω. in the ~ of time μέ τόν καιρό, μέ τήν πάροδον τοῦ χρόνου. in the ~ of the week ἐντός τῆς ἑβδομάδος, κατά τό διάστημα τῆς ἑβδομάδος. in the ~ of conversation κατά τήν διάρκεια τῆς συνομιλίας. in the ordinary ~ of events κανονικῶς. the illness will run its ~ ἡ ἀρρώστεια θά κάνη τόν κύκλο της. justice will take its ~ ἡ δικαιοσύνη θά ἀκολουθήση τό δρόμο της. be off one's ~ παρεκκλίνω τῆς πορείας μου. in ~ of construction ὑπό κατασκευήν. what ~ (of action) shall we take? πῶς θά ἐνεργήσωμε; or τί μέτρα θά λάβωμε; the right ~ ὁ σωστός δρόμος.

course v.t. κυνηγῶ. (v.i.) τρέχω.

court s. (yard, King's) αὐλή f. (law) δικαστήριον n. criminal ~ κακουργοδικεῖον n, ~ of appeal ἐφετεῖον n. (tennis) γήπεδον n. ~ shoe γόβα f.

court v. (lit. & fig.) ἐρωτοτροπῶ μέ. (favours, etc.) ἐπιδιώκω. ~ disaster πάω γυρεύοντας τήν καταστροφή μου. ~ing couple ἐρωτικό ζευγάρι. (s.) pay ~ to ἐπιδιώκω τήν εὔνοιαν (with gen.) ~ship s. ἐρωτοτροπία f.

courteous a. εὐγενικός. ~ly adv. εὐγενικά.

courtesan s. ἑταίρα f.

courtesy s. εὐγένεια f. ~ies φιλοφρονήματα n.pl.

courtier s. αὐλικός m.

courtly a. μέ ἀριστοκρατικόν ὕφος.

court-martial s. στρατοδικεῖον n. be ~led δικάζομαι ἀπό στρατοδικεῖον.

courtyard s. αὐλή f.

cousin s. ἐξάδελφος, ξάδερφος m. ἐξ δέλφη, ξάδερφη f. ~s ξαδέρφια n.pl.

cove s. λιμανάκι n.

covenant s. συμφωνητικόν n. (v.) συμβάλλομαι.

cover v. σκεπάζω. (protect, conceal suffice for, deal with) καλύπτω. (aim gu at) σημαδεύω. (travel a distance) διανύω, κάνω. ~ with (fill) γεμίζω, ~e with γεμάτος (ἀπό). ~ up (conceal) συγκαλύπτω.

cover s. σκέπασμα n., κάλυμμα n. (shelter, protection) κάλυψις f. (refuge) καταφύγιον n. (lid) καπάκι n. (of book) ἐξώφυλλο n. take ~ καλύπτομαι, κρύβομαι. under ~ of (protection) καλυπτόμενος ἀπό, (pretence) ὑπό τό πρόσχημα (with gen.)

coverage s. κάλυψις f. have a wide ~ καλύπτω πολλά.

covering s. κάλυμμα n. (a.) ~ fire προστατευτικά πυρά.

coverlet s. κουβρ-λί n.

covert a. (glance) κρυφός, (threat) συγκεκαλυμμένος.

covet v. ζηλεύω, (long for) ἐπιθυμῶ πολύ ~ed περιπόθητος.

covetous a. πλεονέκτης. ~ness s. πλεονεξία f.

cow s. ἀγελάδα f. (female of species) θηλυκός a.

cow v. ἐκφοβίζω.

coward s., ~ly a. δειλός, ἄνανδρος. ~ice s. δειλία f., ἀνανδρία f.

cower v. ζαρώνω ἀπό φόβο.

cowherd s. βουκόλος m.

cowl s. κουκούλα f.

coxcomb s. μορφονιός m.

coxswain s. πηδαλιοῦχος m.

coy a. ντροπαλός.

cozen v. (inveigle) τυλίγω. (person out of money) he ~ed me out of a tenner (fam.) μ' ἔβαλε στό χέρι καί τοῦδωσα ἕνα χιλιάρικο.

crab s. καρκίνος m., καβούρι n.

crabbed a. στρυφνός.

crack s. (in cup, dish) ράγισμα n. (in wall, etc.) ρωγμή f., χαραμάδα f., σκάσιμο n. (noise) κράκ n., (of whip) στράκα f. (joke) ἐξυπνάδα f. he got a ~ on the head ἔφαγε μιά στό κεφάλι.

crack v.t. & i. ραγίζω, (nuts) σπάζω. (v.t.) (head) σπάζω, (whip) κροταλίζω. ~

jokes λέω ἀστεῖα. *(v.i.) (of paint, skin)* σκάζω, *(of voice)* σπάζω. *(make noise)* κάνω κράχ. get ~ing! ἄντε μπρός! ~ up *(v.t.)* ἐκθειάζω, ρεκλαμάρω, *(v.i.)* καταρρέω. ~ down on χτυπῶ, ἀπαγορεύω.

rack *a. (expert)* ἄσσος *m.* a ~ shot ἄσσος στό σημάδι. *(choice)* ἐπίλεκτος.

racked *a.* ραγισμένος. *(fam., mad)* τρελλός, παλαβός.

rackle *v.* τρίζω ὅπως τά ξύλα στή φωτιά. *(s.)* τρίξιμο *n.*

rackling *s.* ξεραμένη πέτσα ψητοῦ γουρουνόπουλου.

rackpot *s. & a.* παλαβός.

racksman *a.* διαρρήκτης *m.*

radle *s.* κούνια *f., (also fig.)* λίκνον *n. (v.)* κρατῶ στήν ἀγκαλιά μου. *(fig., put)* τοποθετῶ.

raft *s. (art, skill)* τέχνη *f. (cunning)* πονηριά *f. (trade)* ἐπάγγελμα *n. (guild)* σινάφι *n. (boat)* σκάφος *n., (pl.)* σκάφη.

raftsman *s.* τεχνίτης *m.* ~**ship** *s.* τέχνη *f.*

raft|y *a.* πονηρός. ~**ily** *adv.* πονηρά.

rag *s.* βράχος *m.* ~**gy** *a.* βραχώδης, *(face)* χαραγμένος.

ram *v.t. (thrust)* χώνω, *(fill)* γεμίζω. ~ with food μπουκώνω, he ~med all the bread into his mouth μπούκωσε ὅλο τό ψωμί. *(v.i.)* they ~med (themselves) into the bus στρυμώχτηκαν μέσα στό λεωφορεῖο. *(v.i., prepare for exam)* προγυμνάζομαι.

ram-full *a.* φίσκα, τίγκα *(adv.).*

rammer's *s.* φροντιστήριον *n.*

ramp *s. (of muscles)* γράμπα *f. (v.)* ἐμποδίζω. ~**ed** *a. (confined)* στρυμωγμένος. *(style)* στρυφνός.

rane *s. (bird, machine)* γερανός *m. (v.) (also* ~ *one's neck)* τεντώνω τό λαιμό μου.

ranium *s.* κρανίον *n.*

crank *s. (handle)* μανιβέλλα *f. (v.)* βάζω μπρός.

crank *s. (eccentricity)* μανία *f.,* βίδα *f. (person)* λόξας *m.,* ἐκκεντρικός *a.* ~**y** *a.* be ~y ἔχω βίδα, εἶμαι λοξός.

cranny *s.* χαραμάδα *f.,* ἄνοιγμα *n.*

crape *s.* κρέπ *n.*

crapulous *a. (person)* μέθυσος, μπεκρῆς.

crash *v.i. (collapse)* καταρρέω, γκρεμίζομαι, *(fall)* πέφτω. *(of business)* φαλλίρω, *(of plane)* συντρίβομαι. ~ into πέφτω ἀπάνω σέ, *(of car)* τρακάρω μέ. *(v.t.) (one's fist, stick, etc.)* βροντῶ, χτυπῶ, *(a car)* τρακάρω.

crash *s. (noise)* βρόντος *m.,* πάταγος *m.*

(fin.) κράχ *n. (of plane)* πτῶσις *f. (collision)* σύγκρουσις *f.,* τρακάρισμα *n.* ~ programme ἐντατικό πρόγραμμα.

crass *a. (person)* θεόκουτος. *(complete)* πλήρης, ἀπύθμενος.

crate *s.* κασόνι *n. (for fruit)* καφάσι *n.*

crater *s.* κρατήρ *m.*

cravat *s.* γραβάτα *f.*

crav|e *v. (beg for)* he ~ed my forgiveness μέ ἐκλιπάρησε νά τόν συγχωρήσω. ~**e** for *(desire)* διψῶ γιά. ~**ing** *s.* δίψα *f.*

craven *a.* δειλός.

crawl *v.* σέρνομαι, ἕρπω, *(of infant)* μπουσουλῶ, *(of vehicle)* προχωρῶ ἀργά. *(abase oneself)* προσκυνῶ. *(fam.)* ~ing with γεμάτος ἀπό. *(s.) (swimming)* κρόουλ *n.*

crayfish *s.* καραβίδα *f.*

crayon *s.* κραγιόνι *n.*

craz|e *v.* τρελλαίνω. *(s.)* μανία *f.,* λόξα *f.* ~**y** *a.* τρελλός. be ~y about τρελλαίνομαι γιά, ἔχω μανία μέ.

creak *v.* τρίζω. *(s.)* τρίξιμο *n.* ~**y** *a.* ~**y** stairs σκάλες πού τρίζουν.

cream *s.* κρέμα *f. (of milk & fig.)* ἀφρόγαλα *n. (thick)* καϊμάκι *n. (whipped)* σαντιγύ *f. (a.) (colour)* κρέμ. *(v.t.)* ~ *(off)* παίρνω τήν ἀφρόκρεμα.

creamy *a. (rich)* παχύς, *(complexion)* βελουδένιος, *(voice)* ἁπαλός.

crease *v.* τσαλακώνω, ζαρώνω. *(s.)* τσαλάκωμα *n.* ζαρωματιά *f. (of trousers)* τσάκιση *f.,* κώχη *f.*

creat|e *v.* δημιουργῶ, *(world, man)* πλάθω. *(cause)* προκαλῶ. *(give rank to)* κάνω. ~**ive** *a* δημιουργικός.

creation *s. (act)* δημιουργία *f. (thing)* δημιούργημα *n. (the Universe)* πλάση *f.*

creator *s.* δημιουργός *m. (God)* Πλάστης *m.*

creature *s.* πλάσμα *n. (being)* ὄν *n. (animal)* ζῶο *n. (tool)* ἐνεργούμενον *n.,* τσιράκι *n.*

crèche *s.* βρεφικός σταθμός.

credence *s.* πίστις *f.* give ~ to δίδω πίστιν εἰς. letters of ~ διαπιστευτήρια *n.pl.*

credentials *s. (paper)* συστατική ἐπιστολή. have good ~ χαίρω καλῆς φήμης.

credib|le *a.* πιστευτός. ~**ility** *s.* ἀξιοπιστία *f.* ~**ly** *adv.* be ~ly informed πληροφοροῦμαι ἀπό ἀξιόπιστη πηγή.

credit *s. (credence)* πίστις *f. (good name)* ὄνομα *n. (honour)* τιμή *f.* give ~ for *(approve)* ἀναγνωρίζω. he's cleverer than I gave him ~ for εἶναι πιό ἔξυπνος ἀπ' ότι τόν θεωροῦσα. it does you ~ σέ τιμᾶ. he did me ~ μ' ἔβγαλε ἀσπροπρόσωπο. he emerged without loss of ~ ἀγῆκε ἀσπροπρόσωπος. he acquitted himself with ~ τἄβγαλε πέρα καλά. (fin.) (advance) πίστωσις f. (balance) ἐνεργητικόν n. (solvency) φερεγγυότης f. his ~ is good εἶναι φερέγγυος. on ~ ἐπί πιστώσει. to his ~ (morally) πρός τιμήν του, (of his doing) εἰς τό ἐνεργητικόν του. take the ~ for it ἀποκομίζω τόν ἔπαινο.

credit a. (also of ~) (fin.) πιστωτικός.

credit v. (believe) πιστεύω. I did not ~ him with so much sense δέν τόν θεωροῦσα τόσο λογικό. he is ~ed with great eloquence τοῦ ἀποδίδεται μεγάλη εὐγλωττία. (fin.) πιστώνω.

creditab|le a. ἀξιέπαινος. ~ly adv. καλά.

creditor s. πιστωτής m.

credo s. my ~ τό πιστεύω μου.

credul|ous a. εὔπιστος. ~ity s. εὐπιστία f.

creed s. (eccl.) σύμβολον τῆς πίστεως, τό πιστεύω. (credo) πιστεύω n. (religion) θρήσκευμα n.

creek s. κολπίσκος m.

creep v. ἔρπω, σέρνομαι. ~ in (to room) μπαίνω συρτά, (to hole) χώνομαι, (penetrate) εἰσχωρῶ. ~ away or out φεύγω ἀθόρυβα. ~ over (possess) καταλαμβάνω. ~ up (rise) ἀνεβαίνω σιγά-σιγά, (approach) πλησιάζω ἀθόρυβα.

creeper s. ἀναρριχητικόν φυτόν.

creep|s s. (fam.) have the ~s ἀνατριχιάζω. ~y a. ἀνατριχιαστικός.

cremat|e v. καίω. ~ion s. ἀποτέφρωσις f.

crêpe s. κρέπ n.

crescent s. ἡμισέληνος f., μισοφέγγαρο n.

cress s. κάρδαμο n.

crest s. (bird's) λοφιά f. (of helmet) λόφος m. (heraldic) ἐπίσημον θυρεοῦ. (of hill) ὀφρύς f. (of wave) κορυφή f. ~-fallen a. μέ πεσμένα φτερά.

cretinous a. (fam.) ἠλίθιος.

cretonne s. κρετόν n.

crevasse s. ρωγμή παγετῶνος.

crevice s. ρωγμή f.

crew s. πλήρωμα n. (pej., lot, gang) παλιοπαρέα f.

crib s. (manger) φάτνη f. (cradle) λίκνον n. (cabin) καλύβα f. (v.) (confine) περιορίζω, (copy) ἀντιγράφω.

crick s. I've got a ~ in my neck (or back) πιάστηκε ὁ λαιμός μου (or ἡ μέση μου).

cricket s. γρύλλος m.

crier s. ντελάλης m.

crime s. ἔγκλημα n. (commission of ~ ἐγκληματικότης f.

criminal a. (act) ἐγκληματικός. (of crim ποινικός. (s.) ἐγκληματίας m.

crimp v. (hair) κατσαρώνω, (cloth) πλι σάρω.

crimson a. βαθυέρυθρος, (cardinal's) πο φυροῦς. (fam.) κόκκινος.

cringe v. ζαρώνω, (fig.) ἔρπω. he did n ~ δέν φοβήθηκε.

crinkle v.t. & i. ζαρώνω. (v.t.) τσαλ κώνω.

crinoline s. κρινολίνο n.

cripple v. καθιστῶ ἀνάπηρον, σακατεύ (also fig.) παραλύω. (immobilize) ἀκιν τοποιῶ.

cripple s., ~d a. ἀνάπηρος.

crisis s. κρίσις f.

crisp a. τραγανός, ξεροψημένος, (ha σγουρός. (air) ξερός καί δροσερό (manner) κοφτός, ξερός. ~s s. (potat τσίπς n.pl.

criss-cross a. & adv. μέ διασταυρούμεν γραμμές.

criterion s. κριτήριον n.

critic s. (judge) κριτής m. (reviewer) κρ τικός m. art ~ τεχνοκρίτης m., music μουσικοκριτικός m.

critical a. (of criticism) κριτικός. ~ min κριτικόν πνεῦμα. (demanding) ἀπαιτητ κός. (fault-finding) ἐπικριτικός, αὐστη ρός. (crucial) κρίσιμος. ~ly adv. αἰ στηρά, κρισίμως.

criticism s. κριτική f.

criticize v. (judge) κρίνω. (find fault with ἐπικρίνω, κριτικάρω.

critique s. (review) κριτικόν ἄρθρον.

croak v. (frog) κοάζω, (bird) κρώζω. (fig γκρινιάζω. (s.) κοασμός m. κρώξιμο n ~y a. βραχνός.

crock s. (jar) στάμνα f. (for cooking τσουκάλι n. (fam., ruin) σαράβαλο n ~ery s. πιατικά n.pl.

crocodile s. κροκόδειλος m.

crocus s. κρόκος m.

Croesus s. Κροῖσος m.

crofter s. μικροκαλλιεργητής m.

cromlech s. μεγαλιθικόν μνημεῖον.

crone s. μπαμπόγρια f.

crony s. παλιόφιλος m. a ~ of mine ἔνα ἀπ' τήν παρέα μου.

crook s. (bishop's) ράβδος f. (shepherd's γκλίτσα f. (bend) καμπή f. (swindler ἀπατεώνας m., (fam.) μοῦτρο n. (v. κάμπτω.

crooked a. (bent) στραβός, ~ stree

σκολιά όδός, (dishonest) ἀνέντιμος, (act) κατεργάρικος.

croon v. σιγοτραγουδῶ.

crop s. σοδειά f., (yield) παραγωγή f. ~s (sown) σπαρτά n.pl., (harvested) σοδειά f., συγκομιδή f. (of rumours, etc.) σωρός m. (bird's) γούλα f. (haircut) κούρεμα n.

crop v.t. (graze on) βόσκω. (sow) σπέρνω. (cut off) κόβω, (hair) κουρεύω. (v.i.) our apples ~ped well εἴχαμε καλή παραγωγή ἀπό μῆλα. ~ up προκύπτω.

cropper s. (fam.) come a ~ (fall) κουτρουβαλιάζομαι, (fail) σπάζω τά μοῦτρα μου.

croquette s. κροκέτα f.

cross s. σταυρός m. make sign of ~ κάνω τό σταυρό μου. (hybrid) διασταύρωσις f. (cut) on the ~ λοξά.

cross a. (transversal) διαγώνιος. (angry) θυμωμένος, be ~ θυμώνω. we are at ~ purposes ἔχουμε παρεξηγηθῆ. ~ly adv. θυμωμένα.

cross v.t. (legs, etc.) σταυρώνω, (swords) διασταυρώνω. (go across) (desert, ocean) διασχίζω, (river, bridge) διαβαίνω, περνῶ. ~ the road περνῶ ἀπέναντι. it ~ed my mind πέρασε ἀπ' τό μυαλό μου, μοῦ κατέβηκε. ~ oneself σταυροκοπιέμαι. our letters ~ed τά γράμματά μας διασταυρώθηκαν. ~ off or out διαγράφω. ~ed a. σταυρωτός.

cross-examine v. ἐξετάζω κατ' ἀντιπαράστασιν.

cross-eyed a. ἀλλοίθωρος.

cross-fire s. διασταυρούμενα πυρά.

cross-grained a. ~ person στραβόξυλο n.

crossing s. πέρασμα n., διάβασις f. (of ways) διασταύρωσις f.

cross-legged adv. σταυροπόδι.

cross-question v. see cross-examine.

cross-reference s. παραπομπή f.

crossroads s. σταυροδρόμι n. (fig.) ἀποφασιστικό σημεῖο.

cross-section s. ἐγκαρσία τομή, (fig.) ἀντιπροσωπευτικό δεῖγμα.

cross-stitch s. σταυροβελονιά f.

crosswise adv. σταυρωτά.

crossword s. σταυρόλεξο n.

crotch s. (of trousers) καβάλλος m.

crotchet s. (mus.) τέταρτον n. (fad) λόξα f. ~y a. ἰδιότροπος.

crouch v. (huddle) ζαρώνω, (squat) κάθομαι ἀνακούρκουδα, (for spring) συσπειροῦμαι.

croupier s. κρουπιέρης m.

crow v. λαλῶ. (fig.) ~ over one's success

θριαμβολογῶ γιά τήν ἐπιτυχία μου.

crow s. κουρούνα f. (fig.) as the ~ flies σέ εὐθεία γραμμή.

crowbar s. λοστός m.

crowd s. πλῆθος n. great ~s κοσμοσυρροή f. (fam., set) κύκλος m.

crowd v.i. (collect) συναθροίζομαι, (into) στριμώχνομαι (μέσα σέ). (v.t.) (fill) γεμίζω, (thrust) χώνω. get ~ed out μένω ἀπ' ἔξω. ~ed a. γεμάτος.

crown s. (king's) στέμμα n. (martyr's, victor's) στέφανος m. (of tooth, coin) κορώνα f. (of hill, head) κορυφή f.

crown v. (king) στέφω, (victor) στεφανώνω (pass. στέφομαι). be ~ed with success στέφομαι ὑπό ἐπιτυχίας. to ~ all κοντά σ' ὅλα τά ἄλλα. (the hill) is ~ed with a chapel ἔχει ἐκκλησάκι στήν κορυφή του.

crowned a. ἐστεμμένος.

crowning s. στέψις f. (a.) ~ touch κορύφωμα n. the ~ folly τό κορύφωμα τῆς βλακείας.

crozier s. ποιμαντορική ράβδος.

crucial a. κρίσιμος.

crucible s. χωνευτήριον n.

crucifix s. Ἐσταυρωμένος m. ~ion s. σταύρωσις f.

cruciform a. σταυροειδής.

crucify v. σταυρώνω.

crude a. (material) ἀκατέργαστος, ~ oil ἀκάθαρτον (or ἀργόν) πετρέλαιον. (primitive) πρωτόγονος, (behaviour) χοντρός, (workman, work) ἄτεχνος, κακότεχνος. ~ bit of work χοντροκοπιά f. ~ly adv. χοντρά, ἄτεχνα, κακότεχνως.

crud|eness, ~ity s. χοντράδα f. κακοτεχνία f.

cruel a. σκληρός, ἄσπλαχνος. ~ly adv. σκληρά. ~ty s. σκληρότης f., ἀσπλαχνία f.

cruet s. λάδι καί ξύδι

cruise κρουαζιέρα f. (v.) (go on ~) κάνω κρουαζιέρα. (of vehicle) πηγαίνω μέ μέτρια ταχύτητα, (patrol) περιπολῶ.

cruiser s. (naut.) καταδρομικόν n.

crumb s. ψίχουλο n. (soft part of loaf) ψίχα f.

crumble v.t. θρυμματίζω, τρίβω. (v.i.) θρυμματίζομαι, τρίβομαι, (of power, buildings) καταρρέω. ~ into dust γίνομαι σκόνη, κονιορτοποιοῦμαι.

crumbly a. εὔθρυπτος.

crumple v.t. & i. (crease) ζαρώνω, τσαλακώνω. (fall down) σωριάζομαι, (of resistance) διαλύομαι. (get squashed) συνθλίβομαι, γίνομαι φυσαρμόνικα (or πήττα).

crunch v. τραγανίζω. (s.) (fam.) when the ~ comes στήν κρίσιμη στιγμή.

crusade s. σταυροφορία f. (v.) (fig.) κάνω σταυροφορία. ~r s. σταυροφόρος m.

crush v.t. συνθλίβω, ζουλῶ, (also fig.) συντρίβω. (cram) στρυμώχνω. (crumple) τσαλακώνω. (v.i.) (get crumpled) τσαλακώνομαι. ~ into (room, etc.) στρυμώχνομαι μέσα σέ.

crush s. (crowd) συνωστισμός m. (fam.) have a ~ on εἶμαι τσιμπημένος μέ.

crushing a. συντριπτικός.

crust s. (of loaf) κόρα f. I prefer a ~ προτιμῶ μία γωνιά. (of pie) κρούστα f. (on liquids) τσίπα f. (earth's) φλοιός m. (fig.) not even a ~ of bread οὔτε ἕνα ξεροκόμματο.

crustacean a. ὀστρακόδερμος.

crusty a. ξεροψημένος, (person) ἀπότομος.

crutch s. δεκανίκι n., πατερίτσα f.

crux s. this is the ~ of the problem ἐδῶ εἶναι ὁ κόμπος.

cry s. κραυγή f., φωνή f. (watchword) σύνθημα n. (tears) have a ~ κλαίω. be a far ~ from ἀπέχω πολύ ἀπό. he fled with the police in full ~ τόσκασε μέ τήν ἀστυνομία καταπόδι.

cry v.i. (also ~ out) κραυγάζω, φωνάζω. (weep) κλαίω. (v.t.) (wares) διαλαλῶ, (news) ἀναγγέλλω. ~ down ἐκφράζομαι ὑποτιμητικά γιά. ~ up διαφημίζω. ~ off (v.i.) ἀποσύρομαι.

crying s. κλάμα n., κλάματα n.pl., κλάψιμο n. start ~ βάζω τά κλάματα. (a.) (need) κατεπείγων.

crypt s. κρύπτη f.

cryptic a. (obscure) δυσνόητος, (enigmatic) αἰνιγματικός.

crystal s. (chem.) κρύσταλλος m.f. (glass) κρύσταλλον n.

crystal a. κρυσταλλένιος. ~line a. κρυστάλλινος. ~lize v.i. ἀποκρυσταλλοῦμαι.

cub s. μικρό n., νεογνόν n. (unmannerly youth) γαϊδούρι n.

cubby-hole s. τρύπα f.

cub|e s. κύβος m. ~ic a. κυβικός.

cubicle s. χώρισμα n.

cub|ism s. κυβισμός m. ~ist s. καλλιτέχνης ἀσχολούμενος μέ κυβισμό.

cuckold s. κερατᾶς m. (v.) κερατώνω.

cuckoo s. κοῦκος m.

cucumber s. ἀγγούρι n.

cud s. chew the ~ μηρυκάζω, (fig.) συλλογίζομαι.

cuddl|e v.t. ἀγκαλιάζω. (v.i.) ~e up to κουλουριάζομαι στήν ἀγκαλιά (with

gen.) ~y a. πού προκαλεῖ τό χάδι.

cudgel s. ρόπαλον n. (fig.) take up the ~s ξεσπαθώνω (with ὑπέρ & gen.). (v.) ξυλοκοπῶ. ~ one's brains σπάω τό κεφάλι μου.

cue s. (billiards) στέκα f. (signal) σύνθημα n. take one's ~ from ἀκολουθῶ.

cuff s. (blow) μπάτσος m. (v.) μπατσίζω.

cuff s. (of sleeve) μανικέτι n. (fig.) off the ~ ἐκ τοῦ προχείρου. ~-links s. μανικετόκουμπα n.pl.

cul-de-sac s. ἀδιέξοδον n.

culinary a. μαγειρικός.

cull v. (pick) δρέπω, (choose) ἐπιλέγω.

culminat|e v. κορυφοῦμαι. ~ion s. κορύφωμα n.

culpab|le a. ἔνοχος. ~ility s. ἐνοχή f.

culprit s. ἔνοχος a.

cult s. λατρεία f. (fad) the newest ~ ὁ τελευταῖος συρμός.

cultivable a. καλλιεργήσιμος.

cultivat|e v. καλλιεργῶ. ~ed a. καλλιεργημένος. ~ion s. καλλιέργεια f. ~or s. καλλιεργητής m.

cultur|e s. πολιτισμός m., κουλτούρα f. (growing) καλλιέργεια f. ~al a. πολιτιστικός, μορφωτικός. ~al ties πνευματικο δεσμοί. ~ed a. πολιτισμένος, καλλιεργημένος.

culvert s. ὀχετός m. (conduit) ἀγωγός m.

cumb|ersome, ~rous a. βαρύς, ἄβολος.

cumulative a. σωρευτικός.

cuneiform a. σφηνοειδής.

cunning a. πονηρός, πανοῦργος. (s.) πονηριά f., κατεργαριά f.

cup v. (bleed) βάζω βεντοῦζες σέ. ~ one's hands to drink water πίνω νερό μέ τή χούφτα μου.

cup s. φλυτζάνι n. (trophy, chalice) κύπελλον n. (of wine, sorrow) ποτήριον n ~-bearer s. οἰνοχόος m. ~ful s. φλυτζάνι n.

cupidity s. πλεονεξία f.

cupola s. τροῦλλος m.

cupping-glass s. βεντούζα f.

cupboard s. ντουλάπι n. (fig.) ~ love ἀγάπες ἀπό συμφέρον.

curate s. βοηθός ἐφημερίου.

curative a. θεραπευτικός. (s.) θεραπευτικόν μέσον.

curator s. διευθυντής m.

curb s. χαλινός m. (v.) (fig.) χαλιναγωγῶ συγκρατῶ.

curdle v.t. & i. πήζω. (v.i.) κόβω, (fig., o blood) παγώνω.

curds s. ξινόγαλα n., κομμένο γάλα.

urfew s. (mil.) ἀπαγόρευσις τῆς κυκλοφορίας.

ure v. (person, illness) θεραπεύω, γιατρεύω, (correct) διορθώνω, (preserve) διατηρῶ. (s.) (remedy) θεραπεία f., γιατρειά f. (treatment) κούρα f., θεραπευτική ἀγωγή f.

urio s. περίεργο ἔργο τέχνης.

uriosity s. περιέργεια f. (thing) κάτι τό ἀξιοπερίεργο.

urious a. περίεργος, (strange only) παράξενος. ~ly adv. περίεργα. ~ly shaped μέ περίεργο σχῆμα. ~ly enough περιέργως.

url s. (hair) βόστρυχος m., μπούκλα f., κατσαρό n. (smoke) τολύπη f. (bend) στροφή f.

url v.t. & i. (hair) κατσαρώνω. (wind) (v.t.) τυλίγω, (v.i.) τυλίγομαι, (of river, road) στρίβω. ~ one's lip στραβώνω τό στόμα μου περιφρονητικά. ~ up (v.i.) κουλουριάζομαι, (of paper, etc.) στρίβω.

curling-tongs s. ψαλίδι n.

curly a. (hair) κατσαρός, σγουρός. (winding) ἑλικοειδής. ~-haired a. σγουρομάλλης.

curmudgeon s. (miser) σπαγγοραμμένος a. (churl) στρυφνός a.

currant s. κορινθιακή σταφίδα.

currency s. (money) νόμισμα n. foreign ~ συνάλλαγμα n. (use) χρῆσις f. give ~ to θέτω εἰς κυκλοφορία. gain ~ ξαπλώνω.

current s. ρεῦμα n. (fig., of events) πορεία f.

current a. be ~ κυκλοφορῶ. during the ~ month κατά τόν τρέχοντα μῆνα, κατά τό μῆνα πού διατρέχομε. ~ rate (of exchange) τρέχουσα τιμή. ~ events τά ἐπίκαιρα. ~ issue (of paper) τελευταῖο φύλλο. ~ account τρεχούμενος λογαριασμός.

currently adv. (now) σήμερον, τώρα.

curriculum s. πρόγραμμα μαθημάτων. ~ vitae βιογραφικόν σημείωμα.

curry v. κάρρυ n.

curry v. ~ favour with κολακεύω, καλοπιάνω.

curse s. κατάρα f. (oath) βλαστήμια f. (v.t.) καταριέμαι, ἀναθεματίζω. (v.i., swear) βλαστημῶ, βρίζω. ~d a. καταραμένος.

cursing s. βλαστήμιες f.pl., βρισιές f.pl.

cursive a. συνεχής.

cursory a. βιαστικός. give a ~ glance to κοιτάζω στά πεταχτά.

curt a. ἀπότομος. ~ly adv. ἀπότομα, κοφτά.

curtail v. (journey) συντομεύω, (speech, expenses) περικόπτω. ~ment s. συντόμευσις f. περικοπή f.

curtain s. κουρτίνα f. (stage) αὐλαία f. (fig.) παραπέτασμα n. (v.t.) βάζω κουρτίνες σέ. ~ off χωρίζω μέ κουρτίνα.

curtsey s. ὑπόκλισις f. (v.) ὑποκλίνομαι.

curve s. καμπύλη f. (in road) στροφή f., καμπή f. (v.i.) κάνω καμπύλη. ~d a. καμπύλος.

cushion s. μαξιλλάρι n. (v.. fig.) προστατεύω.

cushy a. ~ job ραχατλήδικη δουλειά.

cussed a. ~ person στραβόξυλο n. ~ness s. στραβοξυλιά f.

custard s. κρέμα f.

custodian s. φύλαξ m. (fig., of traditions, etc.) θεματοφύλαξ m.

custody s. (keeping) φύλαξις f. (of children) κηδεμονία f. take into ~ (arrest) συλλαμβάνω. detain in ~ προφυλακίζω.

custom s. (tradition) ἔθιμο n. (habit) συνήθεια f. (patronage) πελατεία f. ~-made ἐπί παραγγελία.

customar|y a. συνήθης, συνηθισμένος. ~ily adv. συνήθως.

customer s. πελάτης m. (fam., person) τύπος m.

custom-house s. τελωνεῖον n.

customs s. (duties) δασμοί m.pl. C ~ (service) τελωνεῖον n. C ~ official τελωνειακός ὑπάλληλος.

cut s. κόψιμο n. (incision) τομή f. (excision) περικοπή f. (with whip) καμτσικιά f. (with sword) σπαθιά f. ~ and thrust (fig.) διαξιφισμοί m.pl. short ~ see short. a ~ above ἀνώτερος (with ἀπό or gen.).

cut a. κομμένος. ~ and dried ἕτοιμος, στερεότυπος.

cut v.t. & i. κόβω. ~ in two κόβω στά δύο. it ~s easily (of knife) κόβει εὔκολα, (of meat) κόβεται εὔκολα, ~ one's teeth βγάζω δόντια. have one's hair ~ κόβω τά μαλλιά μου. (lawn, hair) κουρεύω. (a hole, road, etc.) ἀνοίγω. (expenditure) περικόπτω. (of wind, cold) ξουρίζω. (offend) θίγω, ἀγγίζω. (not be present) κάνω σκασιαρχείο. ~ and run τό κόβω λάσπη. ~ short see curtail. ~ corners (fig.) κάνω τσαπατσούλικη δουλειά. ~ it fine προλαμβάνω μετά βίας. ~ a (fine) figure κάνω φιγούρα. it ~s both ways εἶναι δίκοπο μαχαίρι. he ~ me (dead) ἔκανε πώς δέν μέ εἶδε. he doesn't ~ any ice with me (impress) δέν μοῦ γεμίζει τό

μάτι. his views don't ~ much ice ὁ λόγος
του δέν ἔχει πέραση.
cut across v.t. (traverse) διασχίζω, (clash
with) συγκρούομαι μέ, (transcend) ὑπερβαίνω.
cut back v.t. (prune) κλαδεύω, (reduce)
περικόπτω.
cut in v.i. (interrupt) διακόπτω, (of car)
κόβω ἀντικανονικά.
cut off v.t. κόβω. (intercept) ἀποκόπτω,
(isolate) ἀπομονώνω, (disinherit) ἀποκληρώνω, (interrupt, disconnect) διακόπτω.
cut out v.t. (with scissors) κόβω, (a rival)
ἐκτοπίζω, (take out) βγάζω, κόβω, (stop)
~ smoking κόβω τό τσιγάρο. cut it out!
κόφ' το! be ~ for εἶμαι κομμένος καί
ραμμένος γιά. he had his work ~ to find
it εἶδε καί ἔπαθε γιά νά τό βρῆ. (v.i.,
stop) σταματῶ.
cut up v.t. κόβω. (in pieces) τεμαχίζω,
(meat) λιανίζω. (v.i.) (of cloth) κόβομαι.
~ rough θυμώνω. be ~ στενοχωριέμαι,
πικραίνομαι.
cut up a. (distressed) στενοχωρημένος, πικραμένος, φαρμακωμένος.
cute a. (sharp) ἔξυπνος (attractive) χαριτωμένος, ὄμορφος. a ~ little kitten ἕνα
γατάκι γλύκα.
cuticle s. πετσάκια τῶν νυχιῶν.
cutlass s. ναυτικό σπαθί.
cutlery s. μαχαιροπήρουνα n.pl.
cutlet s. κοτολέτα f. (lamb) παϊδάκι n.
cutter s. (naut.) κότερο n.
cut-throat s. μαχαιροβγάλτης m. (razor)
ξυράφι n.
cutting s. (act) κόψιμο n. (from newspaper, cloth) ἀπόκομμα n. (of plant) ξεμασκαλίδι n. (of railway) ὄρυγμα n.
cutting a. (remark) δηκτικός, (also wind)
τσουχτερός.
cuttlefish s. σουπιά f.
cyanide s. κυανιοῦχον ἅλας.
cybernetics s. κυβερνητική f.
cyclamen s. κυκλάμινο n.
cycl|e s. κύκλος m. (bicycle) ποδήλατο n.
(v.) κάνω ποδήλατο, (go by bike) πάω μέ
ποδήλατο. ~ic a. κυκλικός. ~ing s. ποδηλασία f. ~ist s. ποδηλάτης m.
cyclone s. κυκλών m.
cyclop|s s. κύκλωψ m. ~ean a. κυκλώπειος.
cyclostyle v. πολυγραφῶ.
cygnet s. μικρός κύκνος.
cylind|er s. κύλινδρος m. ~rical a. κυλινδρικός.

cymbal s. κύμβαλον n., τάσι n.
cynic s., ~al a. κυνικός. ~ism s. κυνισμός m.
cynosure s. ἐπίκεντρον προσοχῆς.
cypress s. κυπαρίσσι n.
Cypriot a. κυπριακός. (person) Κύπριος
m., Κυπρία f.
Cyrillic a. κυριλλικός.
cyst s. κύστις f.
czar s. τσάρος m.
Czech a. τσεχικός. (person) Τσέχος.

D

dab v.t. (put) ἐπιθέτω, βάζω. (one's eyes)
σκουπίζω. ~ with powder πουδράρω. ~
with paint ἐπαλείφω μέ χρῶμα. (s.) it
needs a ~ of paint θέλει ἕνα χέρι λαδομπογιά. there's a ~ of paint on my
coat τό παλτό μου ἀλείφτηκε μπογιά.
dab s. (fam., expert) μάνα f.
dabble v.i. (in water) πλατσουρίζω. (fig.)
ἀνακατεύομαι (with μέ).
dactyl s. δάκτυλος m.
dad, ~dy s. μπαμπᾶς m.
dado s. πασαμέντο n.
daffodil s. κίτρινος νάρκισσος.
daft a. τρελλός. don't be ~ δέν εἶσαι μέ
τά καλά σου.
dagger s. ἐγχειρίδιον n. look ~s ἀγριοκοιτάζω. at ~s drawn στά μαχαίρια.
dago s. (pej.) νοτιοαμερικανός m.
dahlia s. ντάλια f.
daily s. καθημερινός, ἡμερήσιος. ~ bread
ἐπιούσιος ἄρτος (s.) (fam.) (paper)
ἡμερήσια ἐφημερίδα. (woman) παραδουλεύτρα f. (adv.) καθημερινῶς, ἡμερησίως.
daint|y a. (fine, delicate) κομψός, λεπτός,
λεπτοκαμωμένος. (fastidious) δύσκολος.
(tasty) νόστιμος. ~ies λιχουδιές f.pl. ~ily
adv. κομψά, ὄμορφα. (carefully) μέ προσοχή.
dairy s. γαλακτοκομεῖον n. (shop) γαλακτοπωλεῖον n. ~-farming s. γαλακτοκομία f.
dais s. ἐξέδρα f.
daisy s. μαργαρίτα f.
dale s. κοιλάδα f.
dall|iance s. (delay) χασομέρι n. (trifling)
ἐρωτοτροπίες f.pl. ~y v.i. (delay)

χασομερῶ. *(trifle)* ἐρωτοτροπῶ.

dam v. φράσσω. *(fig.)* θέτω φραγμόν εἰς. *(s.)* φράγμα n.

dam s. *(animal's)* μάνα f.

damage s. ζημιά f. *(items of ~)* ζημιές f.pl. *(to ship, cargo)* ἀβαρία f. ~s *(law)* ἀποζημίωσις f. *(v.)* προξενῶ ζημιά σέ. get ~d παθαίνω ζημιά. *(a.)* ~d χαλασμένος.

damask s. δαμάσκο n.

dame s. *(fam.)* κυρά f. old ~ γριά f.

damn v.t. καταδικάζω. *(critically)* ἐπικρίνω. *(curse)* διαολοστέλνω. ~**able** a. ἀπαίσιος. ~**ation** s. καταδίκη f. *(int.) see* damn *(int.)*. ~**ed** a. καταδικασμένος, *(in hell)* κολασμένος.

damn int. νά πάρη ὁ διάολος!

damn a. & s. in this ~(ed) weather μ' αὐτό τό βρωμόκαιρο *(or* παλιόκαιρο). I don't care a ~ σκοτίστηκα, δέν δίνω πεντάρα.

damp s. *(also* ~ness) ὑγρασία f. *(a.)* ὑγρός, νοτισμένος become ~ *(of wall, etc.)* ποτίζω.

damp v. βρέχω, ὑγραίνω. *(fire, sound)* μετριάζω τήν ἔνταση *(with gen.)*. *(fig.)* ~ his enthusiasm μαραίνω *(or* βάζω πάγο σ')* τόν ἐνθουσιασμό του.

dampen v. see damp v.

damper s. *(mus.)* σουρντίνα f. *(of chimney)* καπνοσύρτης m. *(on spirits)* ψυχρολουσία f.

damsel s. νεαρά κόρη.

damson s. εἶδος δαμασκήνου.

danc|e s. *(also* ~ing) χορός m. she led me a ~e μοῦ ἔβγαλε τήν ψυχή ἀνάποδη. *(a.)* χορευτικός.

dance v. χορεύω. ~ attendance on ἀκολουθῶ ὑποτακτικά. ~**r** s. χορευτής m. χορεύτρια f.

dandelion s. ἀγριοραδίκι n.

dandle v. χορεύω.

dandruff s. πιτυρίδα f.

dand|y s. δανδῆς m. ~**ified** a. κομψευόμενος.

danger s. κίνδυνος m. be in ~ *(of)* κινδυνεύω *(νά).* ~**ous** a. ἐπικίνδυνος. ~**ously** adv. ἐπικινδύνως.

dangle v.t. κουνῶ. ~ one's legs ἀφήνω τά πόδια μου νά κρέμωνται. ~ prospects before δελεάζω. *(v.i.)* κρέμομαι. ~ after *(person)* περιτριγυρίζω, *(also thing)* κυνηγῶ.

dank a. ὑγρός.

dapper a. ~ little man καλοβαλμένο ἀνθρωπάκι.

dappled a. παρδαλός, μέ βοῦλλες.

dare v.t. *(challenge)* προκαλῶ. *(v.i.)* τολμῶ, κοτῶ. *(fam.)* if you ~ ἄν σοῦ κοτάει, ἄν σοῦ βαστάει. I ~ say you are right *(without reservation)* πιθανῶς ἔχεις δίκιο *or* μπορεῖ νά ἔχης δίκιο. he had his merits, I ~ say, but... δέ λέω, ἦταν ἄνθρωπος ἀξίας, μά.

daredevil s. ἀπόκοτος a.

daring s. τόλμη f. ἀποκοτιά f. *(a.)* τολμηρός, ἀπόκοτος.

dark a. *(day, room, thoughts)* σκοτεινός. *(colour, shade)* σκοῦρος. *(complexion)* μελαχροινός, *(swarthy)* μελαψός. make or get ~ σκοτεινιάζω, σκουραίνω. it was ~ *(not daylight)* ἦταν σκοτεινά. things are looking ~ ἡ κατάστασις εἶναι ζοφερά. keep it ~ τό κρατῶ μυστικό. ~ green *(a.)* βαθυπράσινος.

dark, ~**ness** s. σκότος n., σκοτάδι n., σκοτεινιά f. ~ colour σκοῦρο χρῶμα, be in the ~ βρίσκομαι στό σκοτάδι. before ~ πρίν νά σκοτεινιάση *(or* νά βραδιάση).

darken v.t. & i. *(in colour)* κάνω *(or* γίνομαι) πιό σκοῦρο, σκουραίνω. *(complexion)* μαυρίζω. *(room, sky, countenance, situation)* σκοτεινιάζω.

darkly adv. σκοτεινά, *(with threats)* ἀπειλητικά.

darling a. ἀγαπημένος, χαριτωμένος. *(as endearment)* ἀγάπη μου.

darn v. καρικώνω, μαντάρω. *(s.)* *(also* ~ing) καρίκωμα n., μαντάρισμα n.

dart s. βέλος n. *(in dressmaking)* πένσα f.

dart v.t. ρίχνω *(v.i.)* *(run)* τρέχω. ~ up *or* out ξεπετιέμαι.

dash v.t. *(throw)* ρίχνω, πετῶ, *(strike)* χτυπῶ. *(hopes, etc.)* συντρίβω. *(v.i., rush)* ὁρμῶ. *(int.)* ~! νά πάρη ἡ ὀργή!

dash s. *(rush)* ὁρμή f. *(energy)* ζωντάνια f., μπρίο n. cut a ~ κάνω φιγούρα. *(in writing)* παῦλα f. *(fam.)* *(small amount)* μία ἰδέα.

dashboard s. ταμπλό n.

dashing a. *(outfit)* φιγουράτος, ἐντυπωσιακός. ~ young man παλληκάρι n.

dastardly a. ἀπαίσιος.

data s. δεδομένα n.pl., στοιχεῖα n.pl.

date s. *(fruit)* χουρμᾶς m.

date s. *(chronological)* χρονολογία f. *(day of month)* ἡμερομηνία f. what ~ is it today? πόσες τοῦ μηνός ἔχουμε σήμερα; *(time, period)* ἐποχή f. *(appointment)* ραντεβού n. to ~ μέχρι σήμερον. out-of-~ *(timetable, etc.)* μή ἐνημερωμένος,

(idea, etc.) ξεπερασμένος. up-to-~ ἐνημερωμένος. bring up-to-~ ἐνημερώνω.
date *v.t.* χρονολογῶ. *(v.i.)* ~ back to *or* from χρονολογοῦμαι ἀπό. be ~ed φαίνομαι ἀπαρχαιωμένος.
dative *s.* δοτική *f.*
daub *v.* πασαλείβω.
daughter *s.* κόρη *f.* ~-in-law *s.* νύφη *f.*
daunt *v.* ἀποθαρρύνω. *(scare)* ἐκφοβίζω. ~ing *a.* δύσκολος. ~less *a.* ἀτρόμητος.
davit *s.* ἐπωτίς *f.*, καπόνι *n.*
dawdl|e *v.* χασομερῶ. ~er *s.* χασομέρης *a.* ~ing *s.* χασομέρι *n.*
dawn *s.* αὐγή *f.*, ξημέρωμα *n.*, χάραμα *n.*, χαράματα *n.pl. (fig.)* ἀρχή *f. (v.)* day ~s χαράζει, ξημερώνει. *(fig., begin)* ἀρχίζω. it ~s on me that καταλαβαίνω ὅτι ...
day *s.* ἡμέρα *f.*, μέρα *f.* ~ of the month ἡμερομηνία *f.*, in the old ~s τόν παλιό καιρό. in those ~s ἐκείνη τήν ἐποχή. win the ~ νικῶ, κερδίζω. my ~ off ἡ ἐλεύθερη μέρα μου. let's call it a ~ ἄς μείνωμε ἐδῶ. it's had its ~ ἔφαγε τά ψωμιά του. he was before my ~ δέν τόν ἔφτασα. all ~ long ὁλημερίς. ~ and night νυχθημερόν, μέρα-νύχτα. per ~ *or* by the ~ τήν ἡμέρα, ἡμερησίως. this ~ week σήμερα ὀκτώ. the other ~ προχθές, τίς προάλλες, πρό ἡμερῶν. every other ~ μέρα παρά μέρα. ~ after ~ κάθε μέρα. ~ by ~ *or* any ~ now μέρα μέ τή μέρα. ~ in ~ out μέρα μπαίνει μέρα βγαίνει. from ~ to ~ ἀπό τή μία μέρα στήν ἄλλη. a ~-to-~ existence μεροδούλι μεροφάι. (on) the ~ before τήν προηγουμένη. the ~ before the wedding τήν παραμονή τοῦ γάμου. the ~ before yesterday προχθές. the ~ after τήν ἐπομένη, the ~ after tomorrow μεθαύριο.
daybreak *s. see* dawn.
daydream *v.* ὀνειροπολῶ.
daylight *s.* φῶς τῆς ἡμέρας. *(fig.)* see ~ ἀρχίζω νά καταλαβαίνω.
daytime *s.* in the ~ τήν ἡμέρα, ὅσο διαρκεῖ τό φῶς τῆς ἡμέρας.
daze *v.* ζαλίζω, ἀποβλακώνω.
dazzl|e *v.* θαμπώνω. ~ed *a (enraptured)* ἔκθαμβος. ~ing *a. (lit. & fig.)* ἐκθαμβωτικός, *(only of light)* ἐκτυφλωτικός.
deacon *s.* διάκ(ον)ος *m.*
dead *a.* νεκρός, πεθαμένος. *(animal)* ψόφιος. *(plant)* ξερός. *(silence)* νεκρικός. *(inactive)* νεκρός. *(numb)* μουδιασμένος. *(muffled)* ὑπόκωφος, πνιγμένος. fall ~ πέφτω ξερός. go ~ *(numb)* μουδιάζω, *(not work)* δέν λειτουργῶ. ~ end ἀδιέ-

ξοδον *n.* ~ heat ἰσοπαλία *f.* ~ loss πλήρη ἀποτυχία. ~ drunk στουπί *(or* σκνίπα) στό μεθύσι. ~ tired *(or* ~-beat) ψόφιος στήν κούρασῃ. it has become a ~ letter περιέπεσεν εἰς ἀχρηστίαν. make a ~ set at ἐπιτίθεμαι ἐναντίον *(with gen.)*. in the ~ of winter στήν καρδιά τοῦ χειμώνα.
dead *adv. (entirely)* ἀπολύτως, *(exactly)* ἀκριβῶς.
deaden *v. (sound)* καταπνίγω, *(pain)* ἀμβλύνω, νεκρώνω.
deadline *s.* what's the ~? πότε τελειώνει ἡ προθεσμία;
deadlock *s.* ἀδιέξοδον *n.*
deadly *a.* θανάσιμος.
deadpan *a.* ἀνέκφραστος.
deaf *a.* κουφός. ~ and dumb κωφάλαλος. become ~ κουφαίνομαι. turn a ~ ear κωφεύω. ~en *v.* ξεκουφαίνω. ~ening *a.* ἐκκωφαντικός. ~ness *s.* κουφαμάρα *f.*
deal *s. (wood)* ἄσπρο ξύλο.
deal *v.t. (distribute, also* ~ out) μοιράζω. *(a blow)* καταφέρω. *(v.i.)* ~ at *(shop)* ψωνίζω ἀπό. ~ in *(wares)* ἐμπορεύομαι. ~ with *(handle)* χειρίζομαι, *(settle)* κανονίζω, *(be occupied with)* ἀσχολοῦμαι μέ, *(touch on)* θίγω, ἀναφέρομαι εἰς, *(be about, come in contact with)* ἔχω νά κάνω μέ. ~ harshly with μεταχειρίζομαι σκληρά.
deal *s. (agreement)* συμφωνία *f. (piece of business)* δουλειά *f.* it's a ~! σύμφωνοι. it's my ~ *(cards)* ἐγώ μοιράζω *(or* κάνω).
deal *s. (quantity)* a good *(or* great) ~ (of) *(as a.)* πολύς, *(adv.)* πολύ.
dealer *s.* ἔμπορος *m.*, ἐμπορευόμενος *m.*
dealings *s.* δοσοληψίες *f.pl. (fam.)* have ~ ἔχω πάρε-δῶσε, ἔχω νταραβέρια. *(fin.)* ἀγοραπωλησίες *f.pl.*, συναλλαγαί *f.pl.*
dean *s. (of faculty)* κοσμήτωρ *m.*
dear *a. (costly)* ἀκριβός, δαπανηρός. get ~er ἀκριβαίνω.
dear *a. (loved)* ἀκριβός, ἀγαπητός, προσφιλής. my ~ ἀγαπητέ μου, ἀγάπη μου, my ~est (πολυ)ἀγαπημένε μου. ~ me! μή μοῦ λές! ~ me no! ὄχι δά. oh ~ ὤχ, Θεέ μου.
dear, ~ly *adv. (at high cost)* ἀκριβά, *(much)* πολύ.
dearness *s. (costliness)* ἀκρίβεια *f.* her ~ to me τό νά μοῦ εἶναι προσφιλής.
dearth *s.* ἔλλειψις *f.*
death *s.* θάνατος *m.* D~ *(personified)* χάρος *m.* at ~'s door ἑτοιμοθάνατος. be in

the throes of ~ ψυχορραγῶ. put to ~ θανατώνω. be bored to ~ πλήττω θανασίμως. (fam.) be the ~ of πεθαίνω. be in at the ~ παρίσταμαι στήν τελική ἔκβαση.

death-duty s. φόρος κληρονομίας.

deathless a. ἀθάνατος.

deathly a. νεκρικός.

death-rate s. θνησιμότης f.

débâcle s. ξαφνική κατάρρευσις.

debar v. ἀποκλείω.

debag v. (fam.) ξεβρακώνω.

debark v.t.&i. ξεμπαρκάρω.

debase v. ἐξευτελίζω ~d a. (morally) ποταπός. ~ment s. ἐξευτελισμός m.

debat|e v. συζητῶ. (s) συζήτησις f. ~able a. συζητήσιμος.

debauch s. ὄργιον n. (esp. drinking) κραιπάλη f. (v.) διαφθείρω, ἐκμαυλίζω. ~ed a. διεφθαρμένος. ~ery s. ἀκολασία f., ὄργια n.pl.

debenture s. ὁμολογία f.

debilit|y s. ἀδυναμία f. ~ate v. ἐξασθενίζω.

debit s. δοῦναι n., παθητικόν n. ~ balance χρεωστικόν ὑπόλοιπον. (v.) χρεώνω.

debonair a. πρόσχαρος.

debouch v.i. (river, road) ἐκβάλλω, (troops) ξεχύνομαι.

debris s. συντρίμματα n.pl.

debt s. χρέος n. incur ~s χρεώνομαι, κάνω χρέη. be in ~ εἶμαι χρεωμένος. ~or s. ὀφειλέτης m.

debunk v. (fam.) ξεφουσκώνω.

debut s. ντεμποῦτο n. ~ante s. δεσποινίς πού βγαίνει στόν κόσμο.

decade s. δεκαετία f.

decad|ence s. παρακμή f. ~ent a. become ~ent παρακμάζω. a ~ent age ἐποχή παρακμῆς.

decalogue s. δεκάλογος m.

decamp v. τό σκάω.

decant v.t. μεταγγίζω. (fam., unload) ξεφορτώνω. ~er s. καράφα f.

decapitate v. ἀποκεφαλίζω.

decay v. (decompose) ἀποσυντίθεμαι, (of tooth, wood, etc.) σαπίζω, (of beauty) χαλῶ, μαραίνομαι. (decline) ξεπέφτω, παρακμάζω. (s.) ἀποσύνθεσις f., σάπισμα n., χάλασμα n., παρακμή f.

deceased a. ἀποθανών. (s.) the ~ ὁ μακαρίτης.

deceit s. ἀπάτη f. ~ful a. ἀπατηλός.

deceive v. ἀπατῶ, ξεγελῶ, παραπλανῶ.

December s. Δεκέμβριος, Δεκέμβρης m.

decency s. (propriety) εὐπρέπεια f. (civility) ἀνθρωπιά f. common ~ στοιχειώδης εὐγένεια.

decent a. (proper) εὐπρεπής, ~ people καθώς πρέπει ἄνθρωποι, a ~ fellow καλός τύπος. (of quality) τῆς ἀνθρωπιᾶς. quite ~ καλούτσικος. ~ly adv. εὐπρεπῶς. (well) καλά.

decentraliz|e v. ἀποκεντρώνω. ~ation s. διοικητική ἀποκέντρωσις f.

decept|ion s. ἐξαπάτησις f. ~ive a. it is ~ive σέ γελάει.

decide v. ἀποφασίζω. ~d jcéa. (determined) ἀποφασισμένος, (definite) ἀναμφισβήτητος, καθαρός. ~dly adv. ἀποφασιστικά, ἀναμφισβήτητως.

deciduous a. φυλλοβόλος.

decimal a. δεκαδικός. ~ point κόμμα n., ὑποδιαστολή f.

decimat|e v. ἀποδεκατίζω. ~ion s. ἀποδεκατισμός m.

decipher v. ἀποκρυπτογραφῶ. (fam., make out) βγάζω. ~ment s. ἀποκρυπτογράφησις f.

decisive a. ἀποφασιστικός. ~ly adv. ἀποφασιστικά. ~ness s. ἀποφασιστικότης f.

deck v. στολίζω.

deck s. κατάστρωμα n., (of bus, etc.) ὄροφος m. (cards) τράπουλα f. clear the ~s προετοιμάζομαι γιά δράση. ~-chair s. ξαπλώ(σ)τρα f.

declaim v. ἀπαγγέλλω μέ στόμφο. ~ against καταφέρομαι ἐναντίον (with gen.).

declamat|ion s. στομφώδης ἀπαγγελία. ~ory a. στομφώδης.

declar|e v.t. (proclaim) κηρύσσω. (goods, etc.) δηλώνω. (v.i.) (assert) ἰσχυρίζομαι. ~ation s. κήρυξις f. δήλωσις f. ἰσχυρισμός m.

declension s. (gram.) κλίσις f.

declinable a. κλιτός.

decline v.i. (in health, etc.) ἐξασθενίζω, (in power, etc.) παρακμάζω, πέφτω. (v.t., gram.) κλίνω. (v.t. & i., refuse) ἀρνοῦμαι.

decline s. (physical, moral) κατάπτωσις f., (power) παρακμή f., (activity) κάμψις f.

declivity s. κατωφέρεια f., κατήφορος m.

declutch v. ντεμπραγιάρω.

decoction s. ἀφέψημα n.

decode v. ἀποκρυπτογραφῶ.

décolleté a. ντεκολτέ.

decolonize v. ἀποαποικιοποιῶ.

decompos|e v.i. (rot) ἀποσυντίθεμαι.

σαπίζω. *(dissolve)* διαλύομαι ~**ition** *s.*
άποσύνθεσις *f.,* διάλυσις *f.*
decompression *s.* άποσυμπίεσις *f.*
deconsecrate *v.* καταργῶ.
decontaminate *v.* άπολυμαίνω.
decontrol *v.t.* αἴρω τόν ἔλεγχον ἐπί *(with gen.).*
décor *s.* διάκοσμος *m.,* ντεκόρ *n.*
decorate *v.* διακοσμῶ, *(paint)* βάφω. *(with medal, etc.)* παρασημοφορῶ.
decoration *s.* διακόσμησις *f.* ~s *(festive)* διάκοσμος *m.,* *(with flags)* σημαιοστολισμός *m. (honour)* παράσημον *n.*
decorative *a.* διακοσμητικός. *(fam., smart)* κομψός.
decorator *s.* interior ~ διακοσμητής *m.* we've got the ~s in ἔχομε βαψίματα.
decorous *a.* κόσμιος, εὐπρεπής.
decorum *s.* εὐπρέπεια *f.*
decoy *s.* κράχτης *m., (trap)* παγίς *f., (bait)* δέλεαρ *n. (v.)* παρασύρω, δελεάζω.
decrease *v.t.* μειώνω, ἐλαττώνω. *(v.i.)* μειοῦμαι, ἐλαττώνομαι, πέφτω. *(s.)* μείωσις *f.,* ἐλάττωσις *f.,* πτῶσις *f.*
decree *v.* θεσπίζω, διατάζω. *(s.)* θέσπισμα *n.* διάταγμα *n. (law)* ἀπόφασις *f.*
decrepit *a.* ἐρείπιο *n.*
decry *v.* κρίνω δυσμενῶς.
dedicat|e *v.* ἀφιερώνω. ~**ion** *s.* ἀφιέρωσις *f., (devotion)* ἀφοσίωσις *f.*
deduce *v.* συνάγω, βγάζω τό συμπέρασμα (ὅτι).
deduct *v.* ἀφαιρῶ, *(withhold)* κρατῶ.
deduction *s. (inference)* συμπέρασμα *n., (subtraction)* ἀφαίρεσις *f., (from pay)* κράτησις *f.*
deed *s. (act)* πρᾶξις *f.* brave *or* daring ~ ἀνδραγάθημα *n.* ~s *(law)* τίτλοι *m.pl.*
deem *v.* θεωρῶ.
deep *a.* βαθύς, it is ten metres ~ ἔχει βάθος δέκα μέτρα. ~ in debt βουτηγμένος στά χρέη, ~ in thought βυθισμένος σέ σκέψεις. *(secretive)* κρυψίνους. *(great)* μεγάλος. *(serious)* σοβαρός. *(absorbed)* ἀπορροφημένος. in ~ water *(fig.)* σέ δύσκολη θέση. go in off the ~ end γίνομαι ἔξω φρενῶν. *(adv.)* βαθιά.
deep *s. (sea)* βυθός *m.*
deep-dyed *a.* βαμμένος.
deepen *v.t.* & *i.* βαθαίνω. *(intensify)* *(v.t.)* ἐντείνω, *(v.i.)* ἐντείνομαι.
deep-freeze *s.* κατάψυξις *f.*
deep-laid *a.* καταχθόνιος.
deeply *adv.* βαθιά.
deep-rooted, ~**-seated** *a.* βαθιά ῥιζωμένος.
deer *s.* ἔλαφος *f.,* ἐλάφι *n.*

deescalate *v.t.* ἀποκλιμακώνω.
deface *v.* προξενῶ ζημιές σέ. *(make illegible)* ἐξαλείφω.
de facto *a.* & *adv.* ντέ φάκτο.
defalcation *s.* κατάχρησις *f.*
defam|e *s.* δυσφημῶ. ~**ation** *s.* δυσφήμησις *f.* ~**atory** *a.* δυσφημιστικός.
default *v.* φυγοδικῶ, ἀθετῶ τό λόγο μου *(fin.)* δέν πληρώνω τά χρέη μου. *(s.)* ἀθέτησις *f.* by ~ ἐρήμην, in ~ of ἐλλήψει *(with gen.).* ~**er** *s.* φυγόδικος *m. (mil.)* ἔνοχος παραπτώματος.
defeat *v.* νικῶ, be ~ed νικῶμαι, ἡττῶμαι *(thwart)* ματαιώνω. *(s.)* ἧττα *f.,* ματαίωσις *f.*
defeat|ism *s.* ἡττοπάθεια *f.* ~**ist** *a.* ἡττοπαθής.
defecat|e *v.* ἀποπατῶ, ἐνεργοῦμαι. ~**ion** *s.* ἀποπάτησις *f.*
defect *s.* ἐλάττωμα *n.* ~**ive** *a.* ἐλαττωματικός.
defect *v.* ἀποστατῶ. ~**ion** *s.* ἀποστασία *f.* ~**or** *s.* ἀποστάτης *m.*
defence *s. (protection)* προστασία *f. (justification)* δικαιολογία *f. (law)* ὑπεράσπισις *f. (mil.)* ἄμυνα *f.,* ~s *(works)* ἀμυντικά ἔργα. *(a.)* ἀμυντικός. ~**less** *a.* ἀνυπεράσπιστος, *(unarmed)* ἄοπλος.
defend *v.* προστατεύω, ὑπερασπίζω, ὑπεραμύνομαι *(with gen.).* *(justify)* δικαιολογῶ. ~ oneself ἀμύνομαι, δικαιολογοῦμαι.
defendant *s.* ἐναγόμενος *m., (accused)* κατηγορούμενος *m.*
defender *s.* ὑπερασπιστής *m.*
defensible *a. (in argument)* ὑποστηρίξιμος, *(in war)* πού ἐπιδέχεται ὑπεράσπιση.
defensive *a.* ἀμυντικός. be on the ~ εὑρίσκομαι ἐν ἀμύνη.
defer *v.t. (put off)* ἀναβάλλω. *(v.i.)* *(yield)* ἐνδίδω.
deferen|ce *s.* σεβασμός *m.* ~**tial** *a.* be ~tial δείχνω σεβασμό. ~**tially** *adv.* μέ σεβασμό.
deferment *s.* ἀναβολή *f.*
defiance *s.* περιφρόνησις *f.,* πρόκλησις *f.* in ~ of *(of person)* περιφρονῶντας *(with acc.),* *(of law)* κατά παράβασιν *(with gen.).*
defiant *a.* προκλητικός, ἀπειθής. ~**ly** *adv.* προκλητικά.
deficiency *s.* ἀνεπάρκεια *f., (deficit)* ἔλλειμμα *n.* mental ~ διανοητική καθυστέρησις *f.*
deficient *a. (faulty)* ἐλλιπής, ἐλαττωματικός. be ~ in μοῦ λείπει, στεροῦμαι *(with*

gen.). mentally ~ διανοητικά καθυστερημένος.
deficit s. Έλλειμμα n.
defile s. στενό n., δερβένι n., κλεισούρα f.
defile v. ρυπαίνω, (profane) βεβηλώνω.
~**ment** s. ρύπανσις f., βεβήλωσις f.
define v. (determine) προσδιορίζω, καθορίζω. (make clear in outline) χαράσσω.
(give meaning of) δίδω τόν όρισμόν
(with gen.).
definite a. (article, answer) όριστικός,
(time, place) προσδιορισμένος, (sure)
σίγουρος. (distinct) καθαρός. ~**ly** adv.
σίγουρα, δίχως άλλο.
definition s. όρισμός m. (clarity) καθαρότης f.
definitive a. όριστικός.
deflat|e v. ξεφουσκώνω. I ~ed him τοῦ
ἔκοψα τόν ἀέρα. ~**ion** s. (fin.) ἀντιπληθωρισμός m.
deflect v.t. ἐκτρέπω. be ~ed παρεκκλίνω,
(of bullet) ἐποστρακίζομαι. ~**ion** s.
ἐκτροπή f.
deflower v. διακορεύω.
deforest v. ἀποδασώνω, ἀποψιλώνω.
deform v. παραμορφώνω. ~**ity** s. παραμόρφωσις f.
defraud v. ἐξαπατῶ, ξεγελῶ. they ~ed
him of his money τοῦ ἔκλεψαν τά λεφτά
του.
defray v. καλύπτω.
defrost v. ξεπαγώνω. ~**ing** s. (of fridge)
ἀπόψυξις f.
deft a. ἐπιδέξιος.
defunct a. be ~ (of usage) ἀτονῶ. the ~
ὁ ἐκλιπών.
defuse v. καθιστῶ ἀκίνδυνον.
defy v. (ignore) ἀψηφῶ, δέν λογαριάζω.
(despise) περιφρονῶ. (challenge) προκαλῶ. (not admit of) δέν ἐπιδέχομαι.
degener|ate a. ἔκφυλος. (v.) ἐκφυλίζομαι.
~**ate** into καταντῶ. ~**ation**, ~**acy** s. ἐκφυλισμός m.
degrad|e v. ἐξευτελίζω. ~**ation** s. ἐξευτελισμός m., ξεπεσμός m. ~**ing** a. ἐξευτελιστικός.
degree s. βαθμός m. (social position) κοινωνική θέσις. (diploma) πτυχίον n.
(geom.) μοῖρα f. to a ~ ἐξαιρετικά, to
some ~ μέχρις ἑνός σημείου, by ~s
βαθμηδόν, σιγά-σιγά.
dehydrat|e v. ἀφυδατώνω. ~**ion** s. ἀφυδάτωσις f.
de-ice v. ἀποπαγώνω.
deif|y v. θεοποιῶ. ~**ication** s. θεοποίησις f.
deign v.i. καταδέχομαι. not ~ ἀπαξιῶ.

deity s. θεότης f. (God) Θεός m.
deject|ed a. ἄθυμος, ἀποθαρρυμένος. ~**ion**
s. ἀποθάρρυνσις f.
de jure adv. ντέ γιοῦρε.
delator s. καταδότης f.
delay v.t. & i. καθυστερῶ, (put off) ἀναβάλλω. (s.) καθυστέρησις f., ἀναβολή f.
delect|able a. ὑπέροχος, (fam.) μούρλια.
~**ation** s. τέρψις f., ἀπόλαυσις f.
delegate v.t. (depute person) ἀποστέλλω,
δίδω ἐντολήν εἰς. (entrust task) ἀναθέτω.
~ authority ἀναθέτω ὑπεύθυνες ἐργασίες
στούς ὑφισταμένους μου.
delegat|e s. ἀπεσταλμένος m. ~**ion** s.
ἀντιπροσωπεία f.
delet|e v. σβήνω, διαγράφω. ~**ion** s. διαγραφή f.
deleterious a. βλαβερός, ἐπιβλαβής.
deliberate a. (intentional) σκόπιμος, προμελετημένος, ἐσκεμμένος. (careful) προσεκτικός. ~**ly** adv. σκοπίμως, ἐπίτηδες,
ἐκ προμελέτης, ἐσκεμμένως. προσεκτικά.
deliberat|e v.i. (alone) διαλογίζομαι, (together) συσκέπτομαι. ~**ion** s. σκέψις f.,
συζήτησις f. with ~ προσεκτικά, (slowly)
ἀργά. ~**ive** a. συμβουλευτικός.
delicacy s. λεπτότης f. (food) λιχουδιά f.
delicate a. λεπτός, ντελικάτος. (easily broken) εὔθραυστος. (of colour) ἀπαλός.
(sensitive) εὐαίσθητος, εὐπαθής. ~**ly** adv.
λεπτά, ἀπαλά.
delicatessen s. ὀρεκτικά n.pl.
delicious a. νοστιμώτατος, ὑπέροχος.
delight s. (pleasure) τέρψις f., ἀπόλαυσις
f. (joy) χαρά f. Turkish ~ λουκούμι n.
delight v.t. (please) τέρπω, (charm) γοητεύω, (give joy to) δίνω μεγάλη χαρά σέ.
(v.i.) ~ in (doing sthg.) μοῦ δίνει μεγάλη
εὐχαρίστηση (with νά). be ~ed χαίρομαι
(or εὐχαριστιέμαι) πολύ.
delightful a. γοητευτικός, ὑπέροχος. it's ~!
(fam.) εἶναι τρέλλα (or ὄνειρο or μούρλια). it's ~ to be here εἶναι ἀπόλαυσις
γιά μένα νά βρίσκομαι ἐδῶ. ~**ly** adv.
ὑπέροχα. it's ~ly cool here ἔχει μία
ἀπολαυστική δροσιά ἐδῶ.
delimitation s. ὁροθεσία f.
delineat|e v. ἀπεικονίζω. ~**ion** s. ἀπεικόνισις f.
delinqu|ency s. ροπή πρός τό ἔγκλημα.
~**ent** a. be ~ent παραμελῶ τά καθήκοντά μου, ἀψηφῶ τούς ἠθικούς νόμους.
delirious a. be ~ παραληρῶ. (fam.) be ~
with joy εἶμαι ἔξαλλος ἀπό τή χαρά μου.
delirium s. παραλήρημα n. (only lit.)
παραμιλητό n.

deliver v.t. (save, rid) σώζω, ἀπαλλάσσω, (send) στέλνω, (bring) φέρνω, (give) δίνω, (transmit) διαβιβάζω, (utter) ἀπαγγέλλω, (a lecture) κάνω, (a blow) καταφέρω, (letters) μοιράζω, διανέμω. ~ up παραδίδω. ~ oneself of (opinion) ἐκφράζω. be ~ed of (child) γεννῶ.
deliverance s. ἀπαλλαγή f. (rescue) σωτηρία f.
deliverer s. σωτήρ m.
delivery s. (handing over) παράδοσις f. (of letters) διανομή f. (birth) γέννα f. (speaker's) ἀπαγγελία f.
dell s. μικρή δασώδης κοιλάδα.
delouse v. ξεψειριάζω, ψειρίζω.
delta s. δέλτα n.
delude v. ἐξαπατῶ, ξεγελῶ. ~ onself αὐταπατῶμαι, ξεγελῶ τόν ἑαυτό μου.
deluge s. κατακλυσμός m. (v.t.) κατακλύζω.
delusion s. αὐταπάτη f., ἐσφαλμένη ἰδέα. suffer from ~s ὑποφέρω ἀπό παραισθήσεις.
delusive a. ἀπατηλός.
de luxe a. πολυτελείας.
delve v.i. (dig) σκάβω. ~ into ἀνασκαλεύω, σκαλίζω, (only papers) ἀναδιφῶ, (bag, etc.) ψάχνω σέ.
demagog|ue s. δημαγωγός m. ~ic a. δημαγωγικός. ~y s. δημαγωγία f.
demand s. (request) ἀπαίτησις f., (claim) ἀξίωσις f. (for goods or services) ζήτησις f. be in ~ ἔχω ζήτηση, in great ~ περιζήτητος. on ~ εἰς πρώτην ζήτησιν. he makes too many ~s on my patience καταχρᾶται (or κάνει κατάχρηση) τῆς ὑπομονῆς μου. he makes many ~s on me ζητάει πολλά ἀπό μένα. the strikers' ~s τά αἰτήματα τῶν ἀπεργῶν.
demand v. (request) ἀπαιτῶ, (claim) ἀξιῶ, (need) χρειάζομαι. ~ing a. ἀπαιτητικός.
demarcation s. ὁροθεσία f. (separation) διαχωρισμός m.
démarche s. διάβημα n.
demean v. ~ oneself ταπεινώνομαι. ~ing a. ταπεινωτικός.
demeanour s. συμπεριφορά f.
demented a. παράφρων.
demerit s. μειονέκτημα n.
demi- prefix ἡμι-.
demigod s. ἡμίθεος m.
demijohn s. νταμιτζάνα f.
demilitarize v. ἀποστρατικοποιῶ.
demimonde s. ἡμίκοσμος m.
demise s. θάνατος m.

demobiliz|e v. ἀποστρατεύω. ~ation s. ἀποστράτευσις f.
democracy s. δημοκρατία f.
democrat s. δημοκράτης m. (in politics) δημοκρατικός a. ~ic a. δημοκρατικός. ~ically adv. δημοκρατικῶς. ~ize v. ἐκδημοκρατικοποιῶ.
demographic a. δημογραφικός.
demol|ish v. γκρεμίζω, (only building) κατεδαφίζω. ~ition s. κατεδάφισις f.
demon s. (spirit) δαίμων m. (monster) τέρας n. (fig.) (forceful person) θηρίο n.
demonstrable a. εὐαπόδεικτος, δυνάμενος νά ἀποδειχθῇ.
demonstrate v.t. (prove) ἀποδεικνύω, (explain) ἐπιδεικνύω, δείχνω. (v.i.) (protest) διαδηλώνω.
demonstration s. ἐπίδειξις f., (protest) διαδήλωσις f.
demonstrative a. ἐκδηλωτικός, (gram.) δεικτικός.
demonstrator s. (protester) διαδηλωτής m.
demoralization s. (defeatism) ἡττοπάθεια f. (degeneration) ἐκφυλισμός m.
demoralize v. (corrupt) χαλῶ, (hurt morale of) σπάω τό ἠθικό (with gen.). become ~d χάνω τό ἠθικό μου.
demot|e v. ὑποβιβάζω. ~ion s. ὑποβιβασμός m.
demotic a. δημοτικός, ~ Greek δημοτική f. ~ally adv. δημοτικά. ~ist s. δημοτικιστής m.
demur v. φέρω ἀντιρρήσεις. (s.) without ~ χωρίς ἀντιρρήσεις.
demure a. κόσμιος, (coy) σεμνοφανής. (fam.) ~ miss φραγκοπαναγιά f.
den s. (beasts') φωλιά f., (robbers') ἄντρον n. (secret resort) λημέρι n., κρησφύγετον n. (opium) τεκές m. (work room) καταφύγιον n.
denationalize v. ἀποκρατικοποιῶ.
dengue s. (med.) δάγγειος m.
denial s. ἄρνησις f. (of rumour) διάψευσις f.
denigrat|e v. δυσφημῶ. ~ion s. δυσφήμησις f.
denizen s. κάτοικος m. the ~s of the jungle τά ζῶα τῆς ζούγκλας.
denominat|e v. καλῶ, ὀνομάζω. ~ion s. (sect) αἵρεσις f. (money) ἀξία f. ~or s. (math.) παρονομαστής m.
denote v. δείχνω, σημαίνω.
dénouement s. λύσις f.
denounce v. καταγγέλλω.
dens|e a. πυκνός, (stupid) χοντροκέφαλος. ~ely adv. πυκνῶς, ~ely populated

πυκνοκατοικημένος. ~**ity** *s.* πυκνότης *f.*

lent *s.* χτύπημα *n.* (*v.*) χτυπῶ.

lental *a.* (*of teeth*) ὀδοντικός, (*of dentistry*) ὀδοντιατρικός.

lentist *s.* ὀδοντογιατρός, ὀδοντίατρος *m.f.* ~**ry** *s.* ὀδοντιατρική *f.*

lenture *s.* ὀδοντοστοιχία *f.*, μασέλλα *f.*

lenude *v.* ἀπογυμνώνω.

lenunciation *s.* καταγγελία *f.*

len|y *v.t.* (*guilt, charge, fact*) ἀρνοῦμαι, (*rumour, etc.*) διαψεύδω. he was ~ied entry τοῦ ἀρνήθηκαν τήν εἴσοδο. he ~ies himself nothing δέν ἀρνεῖται τίποτα στόν ἑαυτό του.

leodorant *s.* ἀποσμητικόν *n.*

lepart *v.* φεύγω, (*set out*) ἀναχωρῶ, ξεκινῶ. ~ from (*abandon*) ἐγκαταλείπω. the ~ed (*dead*) οἱ ἀποθανόντες.

lepartment *s.* (*governmental*) ὑπηρεσία *f.*, διεύθυνσις *f.* (*ministry*) ὑπουργεῖον *n.* (*of university*) τμῆμα *n.* (*prefecture*) νομός *m.* (*area of activity*) σφαῖρα *f.*, εἰδικότης *f.* (*of shop, etc.*) τμῆμα *n.* ~ store μεγάλο κατάστημα.

lepartmental *a.* ὑπηρεσιακός.

leparture *s.* (*setting out*) ἀναχώρησις *f.* (*deviation*) παρέκκλισις *f.* (*change*) ἀλλαγή *f.* new ~ (*fig.*) νέος προσανατολισμός. make new ~s ἀνοίγω νέους ὁρίζοντας.

lepend *v.* (*be contingent*) ἐξαρτῶμαι (*with* ἀπό), it all ~s ἐξαρτᾶται. (*rely*) βασίζομαι, στηρίζομαι (*with* σέ). ~ upon it! νά εἴστε βέβαιος.

lependable *s.* (*person, news*) ἀξιόπιστος. is (*person*) ~ ? μπορεῖ νά βασιστῆ κανείς σέ...;

depend|ant, ~ent *s.* προστατευόμενον μέλος τῆς οἰκογενείας.

depend|ent *a.* be ~ent see depend. (*gram.*) ἐξηρτημένος. ~**ence** *s.* ἐξάρτησις *f.* ~**ency** *s.* χώρα ὑπό ξένην ἐξάρτησιν.

lepict *v.* παριστάνω. ~**ion** *s.* παράστασις *f.*

depilatory *s.* ἀποτριχωτικόν *n.*

depleted *a.* (*empty*) ἄδειος, (*less*) μειωμένος. become ~ ἀδειάζω, λιγοστεύω.

deplorab|le *a.* ἀξιοθρήνητος, ἐλεεινός, οἰκτρός. ~**ly** *adv.* ἐλεεινά, φοβερά.

deplore *v.t.* (*regret*) λυποῦμαι γιά, (*protest against*) διαμαρτύρομαι κατά (*with gen.*).

deploy *v.* ἀναπτύσσω. ~**ment** *s.* ἀνάπτυξις *f.*

deponent *a.* (*gram.*) ἀποθετικός.

depopulation *s.* μείωσις τοῦ πληθυσμοῦ.

deport *v.* (*expel*) ἀπελαύνω. ~ oneself

(*behave*) φέρομαι. ~**ation** *s.* ἀπέλασις *f.* ~**ment** *s.* συμπεριφορά *f.*

depose *v.* (*remove*) ἐκθρονίζω. (*state*) καταθέτω.

deposit *v.* (*lay, put*) βάζω, ἀποθέτω, (*leave*) ἀφήνω, (*in bank*) καταθέτω, (*pay as earnest*) προκαταβάλλω. (*s.*) κατάθεσις *f.* προκαταβολή *f.*, καπάρο *n.* (*mud, etc.*) ἴζημα *n.* (*of mineral*) κοίτασμα *n.*

deposition *s.* (*of Christ*) ἀποκαθήλωσις *f.* (*dethronement*) ἐκθρόνισις *f.* (*statement*) κατάθεσις *f.*

depot *s.* (*goods*) ἀποθήκη *f.* (*bus*) γκαράζ *n.*

deprav|e *v.* διαφθείρω. ~**ed** *a.* διεφθαρμένος. ~**ity** *s.* διαφθορά *f.*

deprecat|e *v.* εἶμαι ἐναντίον (*with gen.*). ~**ion** *s.* ἀποδοκιμασία *f.* ~**ory** *a.* ἀποδοκιμαστικός.

depreciat|e *v.t.* ὑποτιμῶ. (*v.i.*) πέφτω. ~**ion** *s.* ὑποτίμησις *f.* πτῶσις *f.* ~**ory** *a.* ὑποτιμητικός.

depredation(s) *s.* λῃστεία *f.*

depress *v.* (*press down*) πατῶ, (*make gloomy*) στενοχωρῶ, καταθλίβω. ~**ing** *a.* στενόχωρος, καταθλιπτικός. ~**ion** *s.* (*gloom*) κατάθλιψις *f.* (*barometric, economic*) ὕφεσις *f.* (*hollow*) βαθούλωμα *n.*, γούβα *f.*

deprivation *s.* στέρησις *f.*

deprive *v.* στερῶ. he was ~d of his pension τόν στέρησαν τῆς συντάξεώς του *or* τοῦ στέρησαν τή σύνταξή του. he was ~d of his livelihood στερήθηκε τά πρός τό ζῆν.

depth *s.* βάθος *n.* it is ten metres in ~ ἔχει βάθος δέκα μέτρων. in the ~ of winter στήν καρδιά τοῦ χειμῶνος. ~s of the earth τά ἔγκατα τῆς γῆς. get out of one's ~ χάνω τά νερά μου.

deputation *s.* ἀντιπροσωπεία *f.*

depute *v.* ἐξουσιοδοτῶ. I ~d him to... τοῦ ἀνέθεσα νά.

deput|ize *v.i.* ~ize for ἀντιπροσωπεύω, ἀναπληρώνω. ~**y** *s.* ἀντιπρόσωπος *m.* ἀναπληρωτής *m.*

derail *v.* ἐκτροχιάζω. ~**ment** *s.* ἐκτροχίασις *f.*

derange *v.* (*upset*) ἀναστατώνω. he is ~d τό μυαλό του ἔχει διασαλευθῆ. ~**ment** *s.* διασάλευσις *f.*

derelict *a.* ἐγκαταλελειμμένος. ~**ion** *s.* παράλειψις *f.*

derequisition *v.* αἴρω τήν ἐπίταξιν (*with gen.*).

deride *v.* κοροϊδεύω, χλευάζω.

derision *s.* ἐμπαιγμός *m.* χλευασμός *m.* hold in ~ κοροϊδεύω.

deris|ive, ~**ory** *a. (mocking)* χλευαστικός, *(ridiculous)* ἐξευτελιστικός, γελοῖος. ~**ively** *adv.* κοροϊδευτικά.

derivation *s.* παραγωγή *f.*

derivative *s.* παράγωγον *n. (a.) (of creative work)* it is ~ δέν διακρίνεται γιά τήν πρωτοτυπία του.

derive *v. (obtain)* ἀποκομίζω. be ~d παράγομαι.

derogatory *a.* μειωτικός.

derrick *s. (crane)* γερανός *m. (of well)* ἱκρίωμα γεωτρήσεως.

dervish *s.* δερβίσης *m.*

desalinization *s.* ἀφαλάτωσις *f.*

descant *v.* ~ on ἐξυμνῶ.

descend *v.i. & t.* κατεβαίνω, κατέρχομαι. ~ upon *(attack)* ἐπιπίπτω κατά *(with gen.). (v.i.) (fall)* πέφτω, *(lower oneself)* καταντῶ. be ~ed from κατάγομαι ἀπό *(or ἐκ).*

descendant *s.* ἀπόγονος *m.*

descent *s. (going down)* κατέβασμα *n.,* κάθοδος *f. (slope)* κατωφέρεια *f. (attack)* ἐπίθεσις *f. (ancestry)* καταγωγή *f.*

describe *v.* περιγράφω.

descript|ion *s.* περιγραφή *f.* ~**ive** *a.* περιγραφικός.

descry *v.* διακρίνω.

desecrat|e *v.* βεβηλώνω. ~**ion** *s.* βεβήλωσις *f.*

desert *s.* ἔρημος *f.*

desert, ~**ed** *a.* ἔρημος, ἐγκαταλελειμμένος.

desert *v.t.* ἐγκαταλείπω, ἀφήνω. *(v.i.) (mil.)* λιποτακτῶ. ~**er** *s.* λιποτάκτης *m.* ~**ion** *s.* ἐγκατάλειψις *f.* λιποταξία *f.*

deserts *s.* ὅτι μοῦ ἀξίζει.

deserve *v.* δικαιοῦμαι *(with νά or gen.),* he ~s punishment τοῦ ἀξίζει τιμωρία *(or* νά τιμωρηθῇ). ~**dly** *adv.* δικαίως.

deserving *a.* ἄξιος.

desiccat|e *v.* ἀποξηραίνω. ~**ion** *s.* ἀποξήρανσις *f.*

desiderate *v.* ἐπιθυμῶ.

design *s.* σχέδιον *n. (intent)* σκοπός *m.,* by ~ σκοπίμως. have ~s on ἔχω βλέψεις ἐπί, *(for evil)* ἔχω κακές προθέσεις ἐπί *(with gen.).*

design *v.t.* σχεδιάζω, *(destine)* προορίζω. *(v.i.) (intend)* σκοπεύω. ~**edly** *adv.* σκοπίμως.

designat|e *v. (name)* ὀνομάζω, *(fix)* διορίζω. *(a.)* νεοεκλεγείς. ~**ion** *s.* ὀνομασία *f.* διορισμός *m.*

designer *s.* σχεδιαστής *m., (stage)* σκηνογράφος *m.*

designing *a.* ραδιοῦργος.

desirab|le *a.* ἐπιθυμητός. it is very ~ that θά ἦτο εὐκταῖον *(or* εὐχῆς ἔργον νά. ~**ility** *s.* ἐπιθυμητόν *n.*

desire *v.* ἐπιθυμῶ, *(crave)* ποθῶ, *(request* παρακαλῶ. *(s.)* ἐπιθυμία *f.,* πόθος *m* have no ~ δέν ἔχω καμμία ὄρεξη *(wi* νά *or* γιά).

desirous *a.* be ~ *(of)* ἐπιθυμῶ.

desist *v.i.* παύω, σταματῶ.

desk *s.* γραφεῖον *n., (school)* θρανίον *n (teacher's)* ἕδρα *f.*

desolate *a.* ἔρημος, παντέρημος. *(v.)* b ~d *(grieved)* εἶμαι κατασυντετριμμένος.

desolation *s. (of place)* ρήμαγμα *n., (c person)* συντριβή τῆς καρδιᾶς.

despair *s.* ἀπελπισία *f.* be filled with ~ μ πιάνει ἀπελπισία. in ~ ἀπελπισμένος.

despair *v.* ~ of ἀπελπίζομαι *(with γιά σ* πῶς). his life is ~ed of τόν ἔχουν ἀπο φασισμένο. ~**ing** *a.* ἀπελπισμένος. ~**in ly** *adv.* ἀπελπισμένα.

despatch *v. see* dispatch.

desperado *s.* παλληκαράς *m.,* μπράβος *m*

desperate *s.* ἀπεγνωσμένος, *(violent)* ἀπο φασισμένος γιά ὅλα. *(grave, extreme* ἀπελπιστικός, φοβερός. *(remedy)* τῆ ἀπελπισίας. ~**ly** *adv.* ἀπεγνωσμένα, φο βερά.

despicab|le *a.* ἄξιος περιφρονήσεως. ~● *adv.* αἰσχρά.

despise *v.* περιφρονῶ, καταφρονῶ.

despite *prep. (also* in ~ of) ~ his ag παρά τήν ἡλικία του. ~ our having bee away so long παρ' ὅλο πού λείψαμε τό σον καιρό.

desp|oil *v.* ληστεύω, ἀπογυμνώνω. ~**oli tion** *s.* λήστευσις *f.*

despond *v.* ἀποθαρρύνομαι. ~**ency** s ἀποθάρρυνσις *f.* ~**ent** *a.* ἀποθαρρυμ νος.

despot *s.* τύραννος *m.,* δεσποτικός *c (fam.)* σατράπης *m.* ~**ic** *a.* δεσποτικός ~**ically** *adv.* δεσποτικά. ~**ism** *s.* δεσπο τισμός *m.*

dessert *s.* ἐπιδόρπια *n.pl.* ~-**spoon** *s.* κου τάλι τῆς κομπόστας.

destination *s.* προορισμός *m.*

destine *v.* προορίζω. he was ~d to d poor ἦταν τῆς μοίρας του *(or* γραφτ του) νά πεθάνη φτωχός.

destiny *s.* πεπρωμένον *n.,* μοῖρα *f.* se destine.

destitut|e *a.* ἄπορος, ἀπένταρος. be ~e c στεροῦμαι *(with gen.).* ~**ion** *s.* ἔνδεια *f.* πενία *f.*

destroy v. καταστρέφω, (wipe out) αφανίζω, (kill) σκοτώνω.

destroyer s. καταστροφεύς m. (naut.) αντιτορπιλλικόν n.

destruction s. καταστροφή f. (wiping out) αφανισμός f. (damage) καταστροφές, ζημίες f.pl.

destructive a. καταστρεπτικός. ~ child παιδί πού καταστρέφει τά πάντα.

desuetude s. αχρηστία f.

desultory a. ξεκάρφωτος, χωρίς σύστημα.

detach v. βγάζω, αποσυνδέω, (men) αποσπώ. ~ed a. (impartial) αμερόληπτος. ~ed house σπίτι χωρίς μεσοτοιχία. get ~ed (come off) βγαίνω.

detachment s. αμεροληψία f. (lack of interest) αδιαφορία f. (mil.) απόσπασμα n.

detail s. λεπτομέρεια f. in ~ λεπτομερώς. relate the ~s (of event) διηγούμαι τά καθέκαστα. (v.) (describe) εκθέτω λεπτομερώς. (order) διατάσσω. ~ed a. λεπτομερής.

detain v. κρατώ, (delay) καθυστερώ. ~ in custody προφυλακίζω. ~ee s. κρατούμενος m.

detect v. ανακαλύπτω, (distinguish) διακρίνω. ~ion s. ανακάλυψις f., ανίχνευσις f.

detective s. ντέτεκτιβ m. ~ story αστυνομικό μυθιστόρημα.

detector s. (electrical) ανιχνευτής m.

détente s. ύφεσις f.

detention s. κράτησις f. (school) he got an hour's ~ έμεινε μία ώρα τιμωρία.

deter v. αποτρέπω. ~rent a. αποτρεπτικός.

detergent s. απορρυπαντικόν n.

deteriorat|e v.i. (spoil) χαλώ, αλλοιώνομαι, (get worse) χειροτερεύω. ~ion s. αλλοίωσις f., χειροτέρευσις f.

determinate a. ωρισμένος.

determination s. (fixing) καθορισμός m. (resoluteness) αποφασιστικότης f. (decision) απόφασις f.

determine v. (fix) καθορίζω, (verify) εξακριβώνω, (decide) αποφασίζω, (make person do sthg.) κάνω, πείθω. (end) (v.t.) διαλύω, (v.i.) λήγω.

determined a. (resolved on sthg.) αποφασισμένος, make ~ efforts ενεργώ αποφασιστικώς.

detest v. απεχθάνομαι, μισώ. ~able a. απεχθής, αντιπαθέστατος. ~ably adv. μέχρις αηδίας. ~ation s. απέχθεια f., μίσος n.

dethrone v. εκθρονίζω. ~ment s. εκθρόνισις f.

detonat|e v.t. πυροδοτώ. (v.i.) εκπυρσοκροτώ. ~ion s. εκπυρσοκρότησις f. (bang) έκρηξις f. ~or s. πυροκροτητής m.

detour s. make a ~ βγαίνω (or αποκλίνω) από τό δρόμο μου.

detract v. ~ from μειώνω. ~ion s. επίκρισις f. ~or s. επικριτής m.

detrain v.i. αποβιβάζομαι από τό τραίνο.

detriment s. βλάβη f. to his ~ (materially) πρός βλάβην του, (morally) εις βάρος του. ~al a. επιβλαβής. ~ally adv. επιβλαβώς.

detritus s. συντρίμματα n.pl.

deuce s. (fam.) διάβολος m. (cards) δυάρι n. ~d a. (fam.) διαβολεμένος.

devalu|e v. υποτιμώ. ~ation s. υποτίμησις f.

devastat|e v. καταστρέφω, ρημάζω. (emotionally) συγκλονίζω. ~ing a. καταστρεπτικός, (remark) συντριπτικός, (beauty) εκθαμβωτικός. ~ion s. καταστροφή f., ρήμαγμα n.

develop v.t. (body, faculties, talent, idea, heat) αναπτύσσω, (natural resources) αξιοποιώ, (film) εμφανίζω, (spread, broaden) επεκτείνω. he ~ed an ulcer τού παρουσιάστηκε έλκος. (v.i.) (grow) αναπτύσσομαι, μεγαλώνω, (unfold, of events) εξελίσσομαι, (take shape) σχηματίζομαι, (spread) επεκτείνομαι.

developing s. (of film) εμφάνισις f.

development s. ανάπτυξις f., αξιοποίησις f., επέκτασις f., εξέλιξις f., σχηματισμός m.

deviat|e v. παρεκκλίνω, αποκλίνω. ~ion s. παρέκκλισις f., απόκλισις f. (altered route) παρακαμπτήριος f.

device s. (invention) επινόημα n. (trick) τέχνασμα f., κόλπο n. (apparatus) συσκευή f. (emblem) έμβλημα n. leave him to his own ~s άφησέ τον νά κάνη ότι τού αρέσει.

devil s. διάβολος m. poor ~ φουκαράς m. between the ~ and the deep sea μπρός γκρεμός καί πίσω ρέμα. ~ish a. (of hunger, cold) διαβολεμένος, (wicked) διαβολικός.

devil-may-care a. ξένοιαστος, αψήφιστος.

devil|ment, ~ry s. (devil's work) διαβολοδουλειά f. (mischief) διαβολιά f. (daring) παρατολμία f.

devious a. (means) πλάγιος, (sly) πονηρός. take a ~ route κάνω κύκλο.

devise v. ἐπινοῶ, ἐφευρίσκω, μηχανεύομαι.
devoid a. ~ of χωρίς *(with acc.)*, he is ~ of common sense τοῦ λείπει ὁ κοινός νοῦς.
devolution s. *(decentralization)* ἀποκέντρωσις f. ~ of power μεταβίβασις ἐξουσιῶν.
devolve v.t. μεταβιβάζω. *(v.i.)* περιέρχομαι. all the work ~d upon me ὅλη ἡ δουλειά ἔπεσε στίς πλάτες μου.
devote v. ἀφιερώνω, ~ oneself ἀφοσιώνομαι. ~d a. ἀφοσιωμένος. ~dly adv. μέ ἀφοσίωση.
devotee s. λάτρης m. *(follower)* ὀπαδός m., πιστός a.
devotion s. ἀφοσίωσις f. ~s προσευχές f.pl
devour v. καταβροχθίζω, *(fig.)* (κατα)τρώγω.
devout a. εὐσεβής, *(sincere)* εἰλικρινής, θερμός. ~ly adv. εὐσεβῶς, θερμῶς. ~ness s. εὐσέβεια f.
dew s. δροσιά f. ~-drop s. δροσοσταλίδα f. ~y a. δροσόλουστος.
dexter|ous a. ἐπιδέξιος. ~ity s. ἐπιδεξιότης f.
diabet|es s. διαβήτης m. ~ic a. διαβητικός.
diabolic, ~al a. σατανικός.
diacritic, ~al a. διακριτικός.
diadem s. διάδημα n.
diaeresis s. *(gram.)* διαλυτικά n.pl.
diagnos|e v. κάνω διάγνωση. what did he ~e? τί διάγνωση ἔκανε; he ~ed TB διέγνωσε φυματίωσιν. ~is s. διάγνωσις f.
diagonal a. διαγώνιος. *(s.)* διαγώνιος f. ~ly adv. διαγωνίως.
diagram s. σχεδιάγραμμα n. ~matically adv. σχηματικῶς.
dial s. καντράν n. *(v.)* *(phone)* παίρνω, καλῶ.
dialect s. διάλεκτος f. ~al a. διαλεκτικός.
dialectic s. διαλεκτική f.
dialogue s. διάλογος m.
diamet|er s. διάμετρος f. ~rically adv. ἐκ διαμέτρου, διαμετρικά.
diamond s. διαμάντι n., ἀδάμας m. *(cards)* καρρό n. rough ~ *(fig. of person)* ἄξεστος ἀλλά καλός. *(a.)* ἀδαμάντινος. ~-shaped a. ρομβοειδής, *(fam.)* μπακλαβαδωτός.
diapason s. διαπασῶν f.n.
diaper s. *(baby's)* πάνα f., πανιά n.pl.
diaphanous sa. διαφανής.
diaphragm s. διάφραγμα n.
diarchy s. διαρχία f.

diarrhoea s. διάρροια f.
diary s. ἡμερολόγιον n. *(pocket)* ἀτζέντα f
diaspora s. διασπορά f.
diatribe s. διατριβή f.
dice s. ζάρια n.pl. *(v.)* *(play ~)* παίζω ζάρια, *(fig.)* ριψοκινδυνεύω. *(cut up* λιανίζω. ~y a. παρακινδυνευμένος.
dichotomy s. *(bot.)* διχοτόμησις f. *(divi sion)* διαχωρισμός m.
dickens s. *(fam.)* διάβολος m. the ~ o a... διαβολεμένος.
dick(e)y s. *(shirt-front)* πλαστρόν n. *(a. (shaky)* ἀσταθής, feel a bit ~ δέν εἶμα στά καλά μου. ~-bird s. πουλάκι n.
dictaphone s. ντικταφόν n.
dictate v. ὑπαγορεύω. ~ to *(order about* ἐπιβάλλομαι εἰς. ~s s. προσταγαί f.pl.
dictation s. ὑπαγόρευσις f. from ~ καθ ὑπαγόρευσιν, do ~ *(exercise)* κάνω ὀρθογραφία.
dictator s. δικτάτωρ m. ~ial a. δικτατορικός. ~ship s. δικτατορία f.
diction s. *(style)* ὕφος n. *(enunciation* ἀπαγγελία f.
dictionary s. λεξικόν n.
dictum s. ρητόν n.
didactic a. διδακτικός.
diddle v. ξεγελῶ, he ~d me out of a ten ner μοῦ δούτηξε ἕνα χιλιάρικο.
did see do.
die v. *(person)* πεθαίνω, *(animal)* ψοφῶ *(plant)* μαραίνομαι. *(fig.)* σβήνω. neve say ~! κουράγιο! a custom that ~s hard ἔθιμο πού δέν χάνεται εὔκολα. he ~d o laughing πέθανε *(or ξεράθηκε or ψόφησ or ἔσκασε)* στά γέλια. be dying to *(de sire)* ψοφῶ νά, ἔχω σφοδρή ἐπιθυμία νά he is dying to tell τόν τρώει ἡ γλῶσσα του, he is dying to get away δέν βλέπ τήν ὥρα νά φύγη, he is dying for a ci garette εἶναι ξεψυχισμένος γιά τσιγάρο ~ away or down *(of storm, row)* κο πάζω, *(of breeze)* πέφτω, *(of fire, inte rest)* σβήνω, *(of sound)* σβήνω, χάνομαι ~ out ἐκλείπω, *(of fire)* σβήνω. ~ οb πεθαίνω ἕνας-ἕνας. see dying.
die s. κύβος m., ζάρι n. the ~ is cast ἐρρίφθη ὁ κύβος. *(for engraving)* μήτρα f ~-casting s. χύσιμο ὑπό πίεσιν.
diehard a. ἀδιάλλακτος, *(only politically* θαμμένος.
diesel a. ντῆζελ.
diet s. *(political, nutritional)* δίαιτα f. *(v.* κάνω δίαιτα. ~etics s. διαιτητική f ~ician s. διαιτολόγος m.
differ v. *(be unlike)* διαφέρω. *(not agree*

we ~ διαφέρομε, οἱ γνῶμες μας διαφέρουν.
difference *s.* διαφορά *f.* that makes a ~ αὐτό ἀλλάζει τά πράματα. it makes no ~ to me τό ἴδιο μου κάνει. does it make any ~? ἀλλάζει τίποτα; split the ~ μοιράζω τή διαφορά. make a ~ *(draw distinction)* κάνω διάκριση.
different *a.* *(general)* διαφορετικός, *(other)* ἄλλος, *(various)* διάφοροι *(pl.).* that's a ~ matter *(or* story) αὐτό εἶναι ἄλλη ὑπόθεσις *(or* παράγραφος). a ~ kind of car ἄλλο εἶδος *(or* ἄλλου εἴδους) αὐτοκίνητο. they sell ~ kinds of merchandise πουλᾶνε διαφόρων εἰδῶν ἐμπορεύματα. they have ~ tastes ἔχουν διαφορετικά γοῦστα, διαφέρουν τά γοῦστα τους. ~ly *adv.* διαφορετικά.
differential *a.* διαφορικός. *(s.)* διαφορικόν *n.*
differentiate *v.t.* *(see or show to be different)* διακρίνω, ξεχωρίζω. *(v.i.)* ~ between *(treat differently)* κάνω διακρίσεις μεταξύ *(with gen.).*
difficult *a.* *(thing, person)* δύσκολος, *(person)* σκολιός. *(of achievement)* δυσχερής. make *or* become ~ δυσκολεύω.
difficulty *s.* δυσκολία *f.* δυσχέρεια *f.* have ~y δυσκολεύομαι. make ~ies φέρω δυσκολίες.
diffid|ence *s.* διστακτικότης *f.* ~ent *a.* διστακτικός. ~ently *adv.* διστακτικά.
diffraction *s.* διάθλασις *f.*
diffuse *a.* *(style)* πολύλογος, φλύαρος.
diffus|e *v.* διαχέω. ~ed *a.* διάχυτος. ~ion *s.* διάχυσις *f.*
dig *v.* σκάβω, *(a hole, well, etc.)* ἀνοίγω, *(thrust)* χώνω, *(prod)* σπρώχνω, *(excavate)* ἀνασκάπτω. ~ *(oneself)* in *(shelter)* ὀχυρώνομαι. ~ one's heels *(or* toes) in μένω ἀκλόνητος. ~ into the food πέφτω μέ τά μοῦτρα στό φαΐ. ~ over *(garden)* σκαλίζω, σκάβω. ~ out βγάζω, *(find)* ξετρυπώνω. ~ up *(plant)* βγάζω, the tree must be dug up τό δέντρο πρέπει νά βγῆ.
dig *s.* *(archaeological)* ἀνασκαφές *f.pl.* *(nudge)* σκουντιά *f.* *(hint)* that was a ~ at me αὐτό ἦταν πετριά γιά μένα.
digest *v.* χωνεύω. *(s.)* περίληψις *f.* ~ible *a.* εὔπεπτος. ~ive *a.* πεπτικός.
digestion *s.* πέψις *f.*, χώνευσις *f.*, χώνεψη *f.*, good for the ~ χωνευτικός.
digger *s.* *(mech.)* ἐκσκαφεύς *m.*
diggings *s.* live in ~ μένω σέ νοικιασμένο δωμάτιο.

digit *s.* ψηφίον *n.* ~al *a.* ψηφιακός.
dignif|y *v.* ἐξευγενίζω, *(joc.)* ἐξωραΐζω. ~ied *a.* ἀξιοπρεπής.
dignitary *s.* ἀξιωματοῦχος *m.*
dignity *s.* ἀξιοπρέπεια *f.* stand on one's ~ παίρνω ὕφος. it is beneath my ~ εἶναι κατώτερον τῆς ἀξιοπρεπείας μου.
digress *v.* φεύγω ἀπό τό θέμα μου. ~ion *s.* παρέκβασις *f.*
digs *s. see* diggings.
dike *s.* ἀνάχωμα *n.* *(ditch)* τάφρος *m.*
dilapidated *a.* σαραβαλιασμένος, *(building)* ἑτοιμόρροπος.
dilat|e *v.i.* *(expand)* διαστέλλομαι. ~e upon ἐπεκτείνομαι ἐπί *(with gen.).* ~ion *s.* διαστολή *f.*
dilatory *a.* ἀναβλητικός.
dilemma *s.* δίλημμα *n.*
dilettante *s.* ντιλετάντης *m.* *(a.)* ντιλετάντικος.
dilig|ence *s.* ἐπιμέλεια *f.* ~ent *a.* ἐπιμελής. ~ently *adv.* ἐπιμελῶς.
dill *s.* ἄνηθο *n.*
dilly-dally *v.* χρονοτριβῶ.
dilut|e *v.* διαλύω, ἀραιώνω, *(wine)* νερώνω. ~e(d) *a.* διαλελυμένος, ἀραιωμένος, *(wine)* νερωμένος. ~ion *s.* *(act)* διάλυσις *f.* *(product)* διάλυμα *n.*
dim *v.t.* *(lights)* χαμηλώνω, *(outshine)* σκιάζω. *(v.i.)* *(grow* ~) θολώνω, ἀδυνατίζω, ἀμβλύνομαι.
dim *a.* *(light)* θαμπός, ἀμυδρός, *(eyes, sight)* θολός, ἀδύνατος, *(memory, wits)* ἀμβλύς, θαμπός, ἀδύνατος. *(vague)* ἀόριστος. take a ~ view of ἀποδοκιμάζω.
dimension *s.* διάστασις *f.* three-~al τρισδιάστατος.
diminish *v.t.* & *i* μικραίνω, λιγοστεύω. *(v.t.)* μειώνω, ἐλαττώνω. *(v.i.)* μειώνομαι, ἐλαττώνομαι.
diminution *s.* μείωσις *f.*, ἐλάττωσις *f.*, σμίκρυνσις *f.*, λιγόστεμα *n.*
diminutive *a.* μικρούλικος, τόσος δά, τοσοδούλης. *(s.)* *(gram.)* ὑποκοριστικόν *n.*
dimly *adv.* θολά, θαμπά, ἀμυδρῶς, ἀορίστως.
dimness *s.* ἀμυδρότης *f.*, ἀοριστία *f.*
dimple *s.* λακκάκι *n.*
dim-witted *a.* χαζός.
din *s.* ἀντάρα *f.*, βουητό *n.*, σαματᾶς *m.* *(v.i.)* βουίζω, ἀντηχῶ. *(v.t.)* he ~ned it into me μοῦφαγε ταὐτιά.
dine *v.i.* δειπνῶ.
dinghy *s.* βαρκάκι *n.*
dingy *a.* μαυρισμένος, βρώμικος.
dining-car *s.* βαγκόν-ρεστοράν *n.*

dining-room *s.* τραπεζαρία *f.*

dinky *a.* (*fam.*) κομψούλικος.

dinner *s.* δεῖπνον *n.* we had him to ~ yesterday τόν εἴχαμε τραπέζι χτές τό βράδυ. ~-**jacket** *s.* σμόκιν *n.*

dint *s.* by ~ of χάρις εἰς, χάρη σέ.

diocese *s.* ἐπισκοπή *f.*

dip *v.t.* βουτῶ, (*flag*) κατεβάζω, (*headlights*) χαμηλώνω. (*v.i.*) (*go lower*) βουτῶ, (*of balance*) γέρνω, (*of road, etc.*) κατηφορίζω. ~ into (*a book*) ξεφυλλίζω, ~ into one's pocket ξοδεύω.

dip *s.* βούτηγμα *n.* (*in ground*) κατηφοριά *f.* (*in sea*) βουτιά *f.*

diphtheria *s.* διφθερίτις *f.*

diphthong *s.* δίφθογγος *f.*

diploma *s.* δίπλωμα *n.* holder of ~ διπλωματοῦχος *m.f.*

diplomacy *s.* διπλωματία *f.*

diplomat, ~**ist** *s.* διπλωμάτης *m* ~**ic** *a.* διπλωματικός, (*person*) διπλωμάτης *m.*

dipsomaniac *s.* διψομανής *a.*

diptych *s.* δίπτυχον *n.*

dire *a.* τρομερός, (*need*) ἔσχατος.

direct *v.* (*not indirect*) ἄμεσος, (*straight*) κατ' εὐθεῖαν, ἴσιος, (*frank*) ντόμπρος, εὐθύς. in ~ contact with σέ ἄμεση ἐπαφή μέ. the most ~ route ὁ πιό σύντομος δρόμος. (*orders, etc.*) ~ from London ἀπ' εὐθείας ἀπ' τό Λονδίνο.

direct *v.* (*show way to*) ὁδηγῶ, (*turn*) στρέφω, (*address*) ἀπευθύνω, (*order*) διατάσσω, (*manage*) διευθύνω.

direction *s.* (*course*) κατεύθυνσις *f.* sense of ~ αἴσθησις προσανατολισμοῦ. (*management*) διεύθυνσις *f.* (*guidance*) καθοδήγησις *f.* (*order*) διαταγή *f.* ~**s** (*instructions*) ὁδηγίες *f.pl.*

directive *s.* κατευθυντήριος γραμμή.

directly *adv.* (*straight*) κατ' εὐθεῖαν, (*at once*) ἀμέσως. ~ opposite ἀκριβῶς ἀπέναντι. (*conj., as soon as*) ἀμέσως μόλις.

director *s.* διευθυντής *m.* ~**y** *s.* ὁδηγός *m.*

dirge *s.* θρῆνος *m.*, μοιρολόι *n.*

dirigible *s.* πηδαλιουχούμενον *n.*

dirt *s.* βρῶμα *f.*, ἀκαθαρσία *f.* (*earth*) χῶμα *n.* (*fig.*) throw ~ at συκοφαντῶ. treat (*person*) like ~ μεταχειρίζομαι σά σκουπίδι. show the ~ λερώνω εὔκολα. ~ road χωματόδρομος *m.* ~ cheap πάμφθηνος, τζάμπα.

dirty *a.* βρώμικος, ἀκάθαρτος, (*body, clothes*) λερωμένος. get ~ (*of clothes*) λερώνω, (*of persons*) λερώνομαι. give (*person*) a ~ look ἀγριοκοιτάζω. ~

business (*or* trick) βρωμοδουλειά *f.* ~ dog βρωμόσκυλο *n.*

dirty *v.t.* & *i.* λερώνω, βρωμίζω.

dis- *prefix* ἀ-, ἀν-, ἀπο-, ἀφ-, ἐκ-, ἐξ-, ξε-.

disability *s.* (*disqualification*) ἀνικανότης *f.* (*disablement*) ἀναπηρία *f.*

disable *v.* καθιστῶ ἀνάπηρον, (*prevent*) ἐμποδίζω (*with* νά). ~**d** *s.* ἀνάπηρος. (*ship*) πού ἔχει ἀχρηστευθῆ. ~**ment** *s.* ἀναπηρία *f.*

disabuse *v.* I ~d him of the idea τόν ἔβγαλα ἀπό τήν πλάνη.

disadvantage *s.* μειονέκτημα *n.* it turned out to my ~ ἡ ὑπόθεσις βγῆκε πρός ζημίαν μου. ~**ous** *a.* μειονεκτικός.

disaffect|ed *a.* δυσαρεστημένος. ~**ion** *s.* δυσαρέσκεια *f.*, δυσφορία *f.*

disafforest *v.* ἀποψιλώνω, ἀποδασώνω.

disagree *v.* διαφωνῶ, δέν συμφωνῶ. ~ with (*upset*) πειράζω. ~**able** *a.* δυσάρεστος, ἀντιπαθητικός. ~**ment** *s.* διαφορά *f.*, διαφωνία *f.*

disallow *v.* ἀπορρίπτω.

disappear *v.* ἐξαφανίζομαι, χάνομαι. ~**ance** *s.* ἐξαφάνισις *f.*

disappoint *v.* ἀπογοητεύω, (*hopes*) διαψεύδω. ~**ing** *a.* ἀπογοητευτικός. ~**ment** *s.* ἀπογοήτευσις *f.*

disapprobation *s.* ἀποδοκιμασία *f.*

disapprov|e *v.* (*also* ~e of) ἀποδοκιμάζω, δέν ἐγκρίνω. ~**al** *s.* ἀποδοκιμασία *f.* ~**ing** *a.* ἀποδοκιμαστικός. ~**ingly** *adv.* μέ ἀποδοκιμασία.

disarm *v.i.* ἀφοπλίζομαι. (*v.t.*) (*lit.* & *fig.*) ἀφοπλίζω. ~**ament** *s.* ἀφοπλισμός *m.* ~**ing** *a.* ἀφοπλιστικός.

disarrange *v.* ἀναστατώνω, κάνω ἄνω κάτω.

disarray *s.* in ~ ἀναστατωμένος, ἄνω κάτω, (*half dressed*) μισοντυμένος.

disassociate *f.* *see* dissociate.

disast|er *s.* συμφορά *f.* καταστροφή *f* (*failure*) φιάσκο *n.* ~**rous** *a.* καταστροφικός, ὀλέθριος, φιάσκο *n.* ~**rously** *adv.* καταστροφικῶς.

disavow *v.* ἀπαρνοῦμαι. ~**al** *s.* ἀπάρνησις *f.*

disband *v.t.* διαλύω. (*v.i.*) διαλύομαι. ~**ment** *s.* διάλυσις *f.*

disbel|ief *s.* δυσπιστία *f.* (*in God*) ἀπιστί *f.* ~**ieve** *v.* δέν πιστεύω.

disburse *v.* δαπανῶ.

disc *s.* δίσκος *m.*

discard *v.* ἀπορρίπτω, πετῶ.

discern *v.* διακρίνω, (*by insight*) δια βλέπω. ~**ible** *a.* be ~ible διακρίνομα

~ing *a.* διορατικός, *(in taste)* ἐκλεκτικός.

~ment *s.* διορατικότης *f.*

ischarge *v.t.* *(give forth)* θγάζω, *(unload)* ἐκφορτώνω, *(let fly)* ἐκτοξεύω. *(send away)* ἀπολύω, *(accused person)* ἀπαλλάσσω. *(perform)* ἐκτελῶ, *(pay off)* ἐξοφλῶ. *(fire)* he ~d his gun at the lion ἄδειασε τό ὅπλο του ἀπάνω στό λιοντάρι. *(flow out)* the river ~s itself... τό ποτάμι ἐκβάλλει.

ischarge *s.* ἐκφόρτωσις *f.* ἐκτόξευσις *f.* ἀπόλυσις *f.* ἀπαλλαγή *f.* ἐκτέλεσις *f.* ἐξόφλησις *f.* *(secretion)* ἔκκρισις *f.* *(electric)* ἐκκένωσις *f.* ~ papers ἀπολυτήριον *n.*

isciple *s.* μαθητής *m.*

isciplinarian *s.* he is a ~ ἀπαιτεῖ αὐστηρή πειθαρχία.

isciplinary *a.* πειθαρχικός.

iscipline *s.* πειθαρχία *f.* *(branch)* κλάδος *m.* *(v.)* ἐπιβάλλω πειθαρχία εἰς, *(punish)* τιμωρῶ.

isclaim *v.* ἀρνοῦμαι. **~er** *s.* *(of responsibility)* ἄρνησις εὐθύνης. *(of right)* παραίτησις *f.*

isclos|e *v.* ἀποκαλύπτω. **~ure** *s.* ἀποκάλυψις *f.*

iscobolus *s.* δισκοβόλος *m.*

iscol|our *v.t.& i.* ξεβάφω. *(v.i.)* ξεθωριάζω. **~oration** *s.* ἀποχρωματισμός *m.*

iscomfit *v.* be ~ed θρίσκομαι σέ ἀμηχανία. **~ure** *s.* ἀμηχανία *f.*

iscomfort *s.* *(hardship)* ταλαιπωρία *f.* *(lack of amenities)* ἔλλειψις ἀνέσεων. *(bodily)* δυσφορία *f.*, στενοχώρια *f.*

iscommode *v.* ἐνοχλῶ.

isconcert *v.* ἀναστατώνω, σαστίζω. I found his behaviour ~ing ἡ συμπεριφορά του μέ τάραξε.

isconnect *v.* ἀποσυνδέω, κόβω. **~ed** *a.* ἀποσυνδεδεμένος, κομμένος, *(speech)* ἀσυνάρτητος. **~edly** *adv.* ξεκάρφωτα, ἀσυνάρτητα.

isconsolate *a.* ἀπαρηγόρητος, *(disappointed)* ἀπογοητευμένος.

iscontent *s.* δυσαρέσκεια *f.*, δυσφορία *f.* *(grievance)* παράπονο *n.* **~ed** *a.* δυσαρεστημένος.

iscontinu|e *v.* σταματῶ, διακόπτω. **~ance** *s.* διακοπή *f.* **~ous** *a.* διακεκομμένος, ἀσυνεχής.

iscord *s.* δυσαρμονία *f.* *(strife)* ἔρις *f.*, διχόνοια *f.* *(mus.)* διαφωνία *f.* **~ant** *a.* κακόφωνος.

iscount *s.* ἔκπτωσις *f.* σκόντο *n.* at a ~ μέ ἔκπτωση. *(fig.)* it is at a ~ *(not wanted)* δέν ζητιέται, *(not valued)* δέν ἐκτιμᾶται.

discount *v.t.* *(lessen effect of)* μειώνω, *(disbelieve)* δέν δίνω πίστη σέ.

discountenance *v.* δέν ἐγκρίνω.

discourag|e *v.* ἀποθαρρύνω, *(persuade not to)* ἀποτρέπω. **~ement** *s.* ἀποθάρρυνσις *f.* **~ing** *a.* ἀποθαρρυντικός.

discourse *s.* ὁμιλία *f.*, λόγος *m.* *(converse)* συνομιλία *f.* *(v.)* ὁμιλῶ, συνομιλῶ.

discourt|eous *a.* ἀγενής. **~esy** *s.* ἀγένεια *f.*

discover *v.* ἀνακαλύπτω. **~er** *s.* ὁ ἀνακαλύψας. **~y** *s,* ἀνακάλυψις *f.*

discredit *v.t.* *(not believe)* δέν δίνω πίστη σέ, *(old theory, etc.)* θέτω ὑπό ἀμφισβήτηση. *(put to shame)* ντροπιάζω. *(s.)* ντροπή *f.* fall into ~ χάνω τήν ὑπόληψή μου. **~able** *a.* ντροπιαστικός, ἀναξιοπρεπής.

discreet *a.* διακριτικός, ἐχέμυθος. **~ly** *adv.* διακριτικά.

discrepancy *s.* ἀντίφασις *f.*, διαφορά *f.*

discretion *s.* *(tact)* διακριτικότης *f.*, ἐχεμύθεια *f.*, *(prudence)* φρόνησις *f.* *(judgement, pleasure)* διάκρισις *f.* **~ary** *a.* διακριτικός.

discriminate *v.i.* *(in favour of or against)* κάνω διακρίσεις *(with ὑπέρ or εἰς βάρος & gen.).* *(perceive difference in)* ~ between A and B ξεχωρίζω τόν Α ἀπό τόν Β.

discriminating *a.* ἐκλεκτικός.

discrimination *s.* *(judgement)* κρίσις *f.* *(partiality)* διάκρισις *f.*

discursive *a.* πολύλογος καί ἀσυνάρτητος.

discus *s.* δίσκος *m.*

discuss *v.* συζητῶ, κουβεντιάζω. **~ion** *s.* συζήτησις *f.*, κουβέντα *f.*

disdain *v.* περιφρονῶ. *(to do sthg.)* ἀπαξιῶ *(νά).* *(s.)* περιφρόνησις *f.* **~ful** *a.* περιφρονητικός.

disease *s.* *(general)* ἀσθένεια *f.*, ἀρρώστια *f.*, νόσος *f.* *(malady)* νόσημα *n.*, ἀρρώστια *f.* **~d** *a.* ἄρρωστος, *(organ)* προσβεβλημένος.

disembark *v.t.* ἀποβιβάζω. *(v.i.)* ἀποβιβάζομαι. *(v.t. & i.)* ξεμπαρκάρω. **~ation** *s.* ἀποβίβασις *f.*, ξεμπαρκάρισμα *n.*

disembodied *a.* ἄυλος.

disembowel *v.* ξεκοιλιάζω.

disenchantment *s.* ἀπογοήτευσις *f.*

disengage *v.t.* ἀποσυνδέω. *(withdraw)* ἀποσύρω, *(troops)* ἀπαγκιστρώνω. **~d** *a.* *(free)* ἐλεύθερος. **~ment** *s.* *(mil.)* ἀπαγκίστρωσις *f.*

disentangle *v.t.* ξεμπερδεύω, *(also ~ one-*

self) ξεμπλέκω. ~**ment** s. ξέμπλεγμα n.

disestablish v. (eccl.) χωρίζω ἀπό τό κράτος.

diseuse s. ντιζέζα f.

disfavour s. δυσμένεια f.

disfigure v. (persons) παραμορφώνω, (objects) προξενῶ ζημιές εἰς, (landscape) ἀσχημίζω. ~**ment** s. παραμόρφωσις f. (scar, etc.) σημάδι n.

disfranchise v. στερῶ πολιτικῶν δικαιωμάτων.

disgorge v. ξερνῶ.

disgrace s. (shame) ντροπή f., αἶσχος n. in ~ ὑπό δυσμένειαν. (downfall) πτῶσις f., ταπείνωσις f. (v.) ντροπιάζω.

disgraceful a. αἰσχρός, φοβερός. it is ~ εἶναι ντροπή (or αἶσχος). ~**ly** adv. αἰσχρά, φοβερά.

disgruntled a. μουτρωμένος.

disguise s. μεταμφίεσις f. (v.) μεταμορφώνω, (hide) κρύβω. ~ oneself μεταμφιέζομαι.

disgust s. ἀηδία f., σιχαμάρα f. (v.t.) ἀηδιάζω. be ~ed by ἀηδιάζω μέ, σιχαίνομαι. ~**ing** a. ἀηδιαστικός, σιχαμερός, σιχαμένος. it is ~ing εἶναι ἀηδία.

dish s. πιατέλλα f. (food) πιάτο n. wash the ~es πλένω τά πιάτα. (fam., pretty woman) μπουκιά καί συχώριο.

dish v. ~ out μοιράζω, ~ up σερβίρω. (fam.) I ~ed him τοῦ τήν ἔφερα.

dishabille s. in ~ ἀτημέλητος, μισοντυμένος.

dishcloth s. πιατόπανο n.

disharmony s. δυσαρμονία f.

dishearten v. ἀποκαρδιώνω. ~**ing** a. ἀποκαρδιωτικός.

dishevelled a. ξεμαλλιασμένος, ἀτημέλητος.

dishonest a. ἀνέντιμος. he is ~ δέν ἔχει τιμιότητα. ~**ly** adv. ἀνέντιμα, ὄχι τίμια. ~**y** s. ἔλλειψις ἐντιμότητος.

dishonour s. ἀτιμία f., ντροπή f. (v.) ἀτιμάζω, ντροπιάζω. ~**able** a. ἄτιμος, αἰσχρός. ~**ably** adv. ἄτιμα, αἰσχρά.

dishwasher s. πλυντήριον πιάτων.

dishwater s. ἀπόπλυμα n. (fig.) like ~ νερομπούλι n.

disillusion v. ἀπογοητεύω. be ~ed βγαίνω ἀπό τήν πλάνη μου. ~**ment** s. ἀπογοήτευσις f.

disinclin|ed a. ἀπρόθυμος. ~**ation** s. ἀπροθυμία f.

disinfect v. ἀπολυμαίνω. ~**ant** s. ἀπολυμαντικόν n. ~**ion** s. ἀπολύμανσις f.

disingenuous a. ἀνειλικρινής.

disinherit v. ἀποκληρώνω.

disintegrat|e v.i. διαλύομαι. ~**ion** s. διάλυσις f.

disinter v. ξεθάβω.

disinterested a. ἀνιδιοτελής.

disjointed a. ἀσυνάρτητος.

disjunctive a. (gram.) διαζευκτικός.

disk s. δίσκος m.

dislike v. ἀντιπαθῶ, δέν μοῦ ἀρέσει. (s.) ἀντιπάθεια f.

dislocat|e v. ἐξαρθρώνω, βγάζω. ~**ion** s. ἐξάρθρωσις f.

dislodge v. ἐκτοπίζω, βγάζω.

disloyal a. ἄπιστος, (of troops, political followers) μή νομιμόφρων. ~**ty** s. ἀπιστία f. ἔλλειψις νομιμοφροσύνης

dismal a. (sad) μελαγχολικός, (dreary) καταθλιπτικός, ἄθλιος.

dismantle v.t. (take to pieces) ξηλώνω, λύω, (take down) διαλύω. (ship) ξαρματώνω, παροπλίζω.

dismay v. τρομάζω. (s.) τρομάρα f.

dismember v. διαμελίζω. ~**ment** s. διαμελισμός m.

dismiss v. ἀπολύω, διώχνω, (from mind) βγάζω. ~**al** s. ἀπόλυσις f., διώξιμο n.

dismount v.i. κατεβαίνω. (from horse) ξεπεζεύω.

disobedi|ence s. ἀνυπακοή f., ἀπείθεια f. ~**ent** a. ἀνυπάκουος, ἀπειθής. be ~ent ἀπειθῶ.

disobey v.t. παρακούω, (infringe) παραβαίνω.

disobliging a. ἀγενής, μή ἐξυπηρετικός.

disorder s. ἀκαταστασία f., ἀταξία f (commotion) ταραχές f.pl. (med.) πάθησις f. ~**ed** a. ταραγμένος.

disorderly a. (untidy) ἀκατάστατος (unruly) θορυβώδης. ~ house οἶκος ἀνοχῆς.

disorganiz|e v. ἀναστατώνω. ~**ation** s ἀναστάτωσις f.

disorient(at)ed a. become ~ μπερδεύομαι χάνω τόν μπούσουλα.

disown v. ἀποκηρύσσω, δέν ἀναγνωρίζω.

disparage v. ὑποτιμῶ. ~**ment** s. ὑποτίμησις f.

dispar|ate a. ἀνόμοιος, διάφορος. ~**ity** ἀνομοιότης f, διαφορά f.

dispassionate a. ἀμερόληπτος. ~**ly** ad ἀμερολήπτως.

dispatch v. ἀποστέλλω, (business) διεκπεραιώνω. (kill) ἀποτελειώνω.

dispatch s. (sending) ἀποστολή f. (spee with ~ γρήγορα. (journalist's) ἀνταπόκρισις f. ~ box or case χαρτοφύλαξ n ~**er** s. ἀποστολεύς m.

dispel v. διαλύω, διασκορπίζω.

dispensary s. φαρμακεῖον n.

dispensation s. (exemption) ἀπαλλαγή f. (of providence) θέλημα n. (distribution) ἀπονομή f.

dispense v. ἀπονέμω, (medicine) παρασκευάζω, (prescription) ἐκτελῶ. ~ with κάνω χωρίς.

dispers|e v.t. διασκορπίζω. (v.i.) διασκορπίζομαι. ~al s. διασκορπισμός m. ~ion s. (of light) ἀνάλυσις f. (of Jews, Gks.) διασπορά f.

dispirited a. ἄθυμος.

displace v. (take place of) ἐκτοπίζω, (shift) μετακινῶ. ~d persons ἐκτοπισμένα ἄτομα. ~ment s. (naut.) ἐκτόπισμα n.

display v. (show, show off) ἐπιδεικνύω, (exhibit) ἐκθέτω, (allow to appear) δείχνω. (feelings) ἐκδηλώνω.

display s. (ostentation) ἐπίδειξις f. (exhibition, show) ἔκθεσις f. (of emotion) ἐκδήλωσις f.

displeas|e v. δυσαρεστῶ, δέν ἀρέσω σέ. ~ing a. δυσάρεστος. ~ure s. δυσαρέσκεια f.

disport v. ~ oneself διασκεδάζω, (frolic) χοροπηδῶ.

disposable a. (available) διαθέσιμος, (made of paper) χάρτινος.

disposal s. διάθεσις f. have at one's ~ διαθέτω, ἔχω στή διάθεσή μου. have for ~ διαθέτω, ἔχω γιά πούλημα. ~ of sewage ἀποχέτευσις f. ~ of rubbish συγκέντρωσις καί πέταμα σκουπιδιῶν. waste ~ unit σκουπιδοφάγος m.

dispose v. (arrange) διατάσσω, (incline) προδιαθέτω. feel ~d ἔχω διάθεση. well ~d (favourable) εὐνοϊκά διατεθειμένος, (in good mood) εὐδιάθετος. ~ of (get rid) ξεφορτώνομαι, (throw away) πετῶ, (settle, deal with) κανονίζω, (sell) πουλῶ.

disposition s. (arrangement) διάταξις f., (temperament, control over) διάθεσις f.

dispossess v. (oust) ἐκδιώκω. he was ~ed of the house τοῦ ἀφαίρεσαν τό σπίτι.

disproportionate a. δυσανάλογος. ~ly adv. δυσαναλόγως.

disprove v.t. ἀποδεικνύω ὡς ἀνακριβές.

disputable a. ἀμφισβητήσιμος.

disputat|ion s. συζήτησις f. ~ious a. φιλόνεικος.

dispute v.i. (quarrel) μαλώνω. (v.t.) (challenge) διαμφισβητῶ, (strive for) διαφιλονικῶ, διαμφισβητῶ. (resist) ἀνθίσταμαι εἰς. (s.) συζήτησις f. it is beyond ~ εἶναι

ἐκτός ἀμφισβητήσεως, οὔτε συζήτησις.

disqualif|y v. (render ineligible) καθιστῶ ἀκατάλληλον, (prevent) ἐμποδίζω, (a player) ἀποκλείω. ~ication s. (being ~ied) ἀποκλεισμός m. (cause of this) αἰτία ἀποκλεισμοῦ.

disquiet v.t. (also be ~ed) ἀνησυχῶ. (s.) ἀνησυχία f. ~ing a. ἀνησυχητικός.

disregard v. ἀγνοῶ, δέν δίνω σημασία σέ.

disrepair s. be in ~ θέλω ἐπισκευή.

disreputable a. (person) ὕποπτος, ἀνυπόληπτος. (haunt) ὕποπτος, κακόφημος. (shabby) ἐλεεινός, ~ overcoat παλιοπαλτό n.

disrepute s. κακή φήμη. fall into ~ βγάζω κακό ὄνομα.

disrespect s. ἔλλειψις σεβασμοῦ. ~ful a. ἀσεβής. ~fully adv. ἀσεβῶς.

disrobe v.i. γδύνομαι.

disrupt v. (break up) διαλύω, (interrupt) διακόπτω. ~ion s. διάλυσις f., διακοπή f. ~ive a. διαλυτικός.

dissatisf|y v. δέν ἱκανοποιῶ. ~ied a. δυσαρεστημένος. ~action s. ἀπαρέσκεια f.

dissect v. (biol.) ἀνατέμνω, (fig.) ἐξετάζω. ~ion s. ἀνατομή f. ἐξέτασις f.

dissemble v.t. κρύβω. (v.i.) προσποιοῦμαι, ὑποκρίνομαι. ~r s. ὑποκριτής m.

disseminat|e v. διασπείρω, διαδίδω. ~ion s. διάδοσις f.

dissension s. διάστασις f., διαίρεσις f.

dissent v. διαφωνῶ. (s.) διαφωνία f. ~ient a. διαφωνῶν.

dissertation s. διατριβή f.

disservice s. be or do a ~ to βλάπτω.

dissid|ence s. διαφωνία f. ~ent a. διαφωνῶν, διιστάμενος.

dissimilar a. ἀνόμοιος. ~ity s. ἀνομοιότης f.

dissimilation s. (gram.) ἀνομοίωσις f.

dissimulat|e v. see dissemble. ~ion s. προσποίησις f., ὑπόκρισις f.

dissipat|e v.t. (squander) σπαταλῶ, (scatter) διασκορπίζω. (v.i.) διασκορπίζομαι. ~ed a. ἄσωτος. ~ion s. ἀσωτία f.

dissociat|e v. χωρίζω. ~e oneself from ἀρνοῦμαι κάθε σχέση μέ. ~ion s. χωρισμός m. (chem.) διάστασις f.

dissolute a. ἄσωτος.

dissolution s. διάλυσις f.

dissolve v.t. διαλύω. (v.i.) διαλύομαι, (into tears) ἀναλύομαι.

disson|ance s. δυσαρμονία f. ~ant a. κακόφωνος.

dissua|de v. μεταπείθω, ἀποτρέπω. ~sion s. ἀποτροπή f.

distaff s. ρόκα f. on the ~ side από τή μητρική πλευρά.

distance s. απόστασις f. at ten metres ~ σέ απόσταση δέκα μέτρων. in the ~ μακριά, στό βάθος. it is within walking ~ μπορεῖ κανείς νά πάη μέ τά πόδια. keep one's ~ τηρῶ τάς αποστάσεις. keep (person) at a ~ κρατῶ εἰς απόστασιν.

distant a. (place, journey, etc.) μακρινός, (aloof) ψυχρός. there is a ~ view of the sea ή θάλασσα διακρίνεται από μακριά. the ~ future τό απώτερον μέλλον. ~ly adv. (coldly) ψυχρῶς. we are ~ly related έχομε μακρινή συγγένεια.

distaste s. αντιπάθεια f. ~ful a. δυσάρεστος.

distemper s. (paint) ασβεστόχρωμα n. (n.) ασβεστώνω.

distemper s. (illness) αρρώστια f. (animals') μόρβα f.

distend v. φουσκώνω.

distich s. δίστιχον n.

distil v.t. αποστάζω, διυλίζω. (v.i.) (drip) στάζω. ~lation s. (process) απόσταξις f. (product) απόσταγμα n. ~led a. αποσταγμένος. ~lery s. οἰνοπευματοποιεῖον n.

distinct a. (clear to senses) εὐδιάκριτος, ξεκάθαρος, (to mind) σαφής, ξάστερος. (noticeable) αἰσθητός. (different) διαφορετικός. (apart) χωριστός, as ~ from έν αντιθέσει πρός (with acc.).

distinction s. (differentiation, high quality) διάκρισις f. (difference) διαφορά f. (of appearance) αρχοντιά f. ~s (awards) τιμητικές διακρίσεις. of ~ διακεκριμένος, (esp. socially) περιωπῆς. without ~ αδιακρίτως.

distinctive a. (mark, sign) διακριτικός, (characteristic) χαρακτηριστικός. ~ly adv. καθαρά.

distinctly adv. (clearly) ξεκάθαρα, καθαρά. (without doubt) αναμφισβητήτως.

distinctness s. εὐκρίνεια f., καθαρότης f.

distinguish v. διακρίνω, ξεχωρίζω. ~ oneself διακρίνομαι.

distinguishable a. εὐδιάκριτος. it is barely ~ μόλις διακρίνεται.

distinguished a. διαπρεπής, διακεκριμένος. (in appearance) φίνος, αρχοντικός.

distort v. διαστρεβλώνω, παραμορφώνω. ~ion s. διαστρέβλωσις f., παραμόρφωσις f.

distract v. (divert from worry) διασκεδάζω. (drive mad) τρελλαίνω, I am ~ed by the noise ὁ θόρυβος μοῦ ἔχει πάρει

τό κεφάλι. ~ attention of αποσπῶ τή προσοχή (with gen.).

distracted a. be ~ τά ἔχω χαμένα. ~ adv. σάν τρελλός (or τρελλή f.).

distraction s. (amusement) διασκέδασις, (being anxious) ανησυχία f. (frenzy) τρέλλα f. love to ~ αγαπῶ μέχρι τρέλλας. drive to ~ κάνω ἔξω φρενῶν, τρελλαίνω.

distrain v. κάνω κατάσχεσιν. ~t s. κατάσχεσις f.

distraught a. ἔξαλλος, αλλόφρων.

distress s. (trouble) στενοχώρια f. (sorrow) λύπη f. (exhaustion) εξάντλησις f. (in agence) πενία f. (danger) κίνδυνος n (v.) στενοχωρῶ. ~ed a. στενοχωρημένος εξαντλημένος. ~ing a. οδυνηρός, θλιβερός.

distribut|e v. μοιράζω, διανέμω, (spread about) απλώνω. ~ion s. διανομή (classificatory) κατανομή f. ~or s. διανομεύς m.

district s. περιφέρεια f. (postal) τομεύς r (region) περιοχή f. (a.) περιφερειακός.

distrust v. δέν ἐμπιστεύομαι. (s.) δυσπιστία f. ~ful a. δύσπιστος.

disturb v. (intrude on) ενοχλῶ, (displace) αναστατώνω, πειράζω, (make uneasy) ανησυχῶ. (peace, quiet) διαταράσσω. ~ance s. (of person) ενόχλησις f. (things) ανάστάτωμα n. (of peace) φασαρία f., ταραχή f. ~ing a. ανησυχητικός.

disun|ion s. διχασμός m. ~ite v. διχάζω ~ity s. διχασμός m.

disuse s. αχρηστία f. fall into ~ περιπίπτω εἰς αχρηστίαν, αχρηστεύομαι. ~d αχρηστευμένος.

disyllab|ic a. δισύλλαβος. ~le s. δισύλλαβος λέξις.

ditch s. χαντάκι n. die in the last ~ ανθίσταμαι μέχρις εσχάτων.

ditch v.t. (a car) ρίχνω στό χαντάκι. ~ (an aeroplane) προσθαλασσώνomai αναγκαστικῶς. (fam., dismiss) he got ~ed τ ἔδωσαν τά παπούτσια στό χέρι.

dither v. αμφιταλαντεύομαι. (s.) be in a τά ἔχω χαμένα.

dithyramb s. διθύραμβος m.

ditty s. τραγουδάκι n.

divagation s. παρέκβασις f.

divan s. ντιβάνι n.

dive v.i. βουτῶ, (naut.) καταδύομαι. (fig (rush, thrust oneself) ὁρμῶ, χώνομαι. (s βουτιά f., κατάδυσις f. (aero.) vertical κάθετος ἐφόρμησις. (low resort) ὑπόγα ~r s. βουτηχτής m.

diverg|e v. ἀποκλίνω, ἀπομακρύνομαι, 6γαίνω. **~ence** s. ἀπόκλισις f. **~ent** a. ἀντίθετος, διαφορετικός.

divers a. διάφοροι pl.

divers|e a. ποικίλος. **~ify** v. ποικίλλω. **~ity** s. ποικιλία f.

diversion s. (turning aside) διοχέτευσις f. (altered route) παρακαμπτήριος f. (amusement) διασκέδασις f., (distraction & mil.) ἀντιπερισπασμός m.

divert v. (turn aside) διοχετεύω, (amuse) διασκεδάζω. **~** attention ἀποσπῶ τήν προσοχήν. **~ing** a. διασκεδαστικός.

divest v. I **~** him of the right τοῦ ἀφαιρῶ τό δικαίωμα. **~** oneself of ἀπεκδύομαι (with gen.).

divid|e v.t. (into component parts) διαιρῶ, (share out) μοιράζω, (take share of) μοιράζομαι, (separate) χωρίζω, διαχωρίζω. **~e** by 1,000 διαιρῶ διά τοῦ χίλια. (v.i.) χωρίζομαι. **~ed** a. διῃρημένος, χωρισμένος. **~ing** a. διαχωριστικός.

dividend s. μέρισμα n. **~** coupon τοκομερίδιον n.

divination s. μαντική f.

divine a. (lit. & fig.) θεῖος, (fig.) θεϊκός θεοπέσιος. (s.) (theologist) θεολόγος m. **~ly** adv. **~ly** beautiful (woman) ὄμορφη σάν θεά, she sings **~ly** τραγουδάει θεσπέσια (or ὑπέροχα).

divin|e v. μαντεύω. **~er** s. ῥαβδοσκόπος m. **~ing** s. ῥαβδοσκοπία f.

diving s. κατάδυσις f., δουτιές f.pl. **~** apparatus σκάφανδρον n.

divinity s. θεότης f. (theology) θεολογία f.

divisib|le a. διαιρετός. **~ility** s. διαιρετόν n.

division s. (into components) διαίρεσις f. (sharing) μοιρασιά f., καταμερισμός m. (separation) (δια)χωρισμός m. (disagreement) διχασμός m. (grade) βαθμός m. (mil.) μεραρχία f. **~al** commander μέραρχος m.

divisive a. **~** measures μέτρα πού προκαλοῦν διχόνοια.

divisor s. math. διαιρέτης m.

divorce s. διαζύγιον n., (also fig.) χωρισμός m. (v.t.) χωρίζω. get **~d** χωρίζω, διαζευγνύομαι, παίρνω διαζύγιο.

divorced a. διεζευγμένος, (fam.) ζωντοχῆρος m., ζωντοχήρα f.

divulge v. ἀποκαλύπτω.

izz|y a. (height, speed) ἰλιγγιώδης, (of person) ζαλισμένος. make **~y** ζαλίζω, get **~y** ζαλίζομαι. **~iness** s. ζαλάδα f.

jinn s. τζίν n.

do v. (anomalous) **~** you like it? σᾶς ἀρέσει; no I don't ὄχι, δέν μοῦ ἀρέσει. did he go home? πῆγε σπίτι; yes he did ναί, πῆγε. but you did tell me! μά μοῦ τό εἶπες. (question-tags) **~**/don't you? did/didn't they? etc. ἔτσι; δέν εἶν' ἔτσι; ἔ; (as response to statement) ἄ ἔτσι; ἀλήθεια; (other responses) (who said so?) I did ἐγώ. (he speaks French) so **~** I κι' ἐγώ. (he likes French) so **~** I κι' ἐμένα. nor **~**/did I οὔτ' ἐγώ, οὔτ' ἐμένα. I feel better than I did yesterday αἰσθάνομαι καλύτερα ἀπό χτές (or ἀπ' ὅτι χτές). they left before we did φύγανε πρίν ἀπό μᾶς. **~** pay attention! γιά πρόσεχε σέ παρακαλῶ. **~** please come! ἔλα, νά χαρῇς (or νά ζήσῃς). don't! μή! don't listen μήν ἀκοῦς. you don't say! μή μοῦ πῆς!

do v.t. (work, lessons, accounts, portrait, favour, etc.) κάνω, (music, a play) παίζω, (writing) γράφω. **~** one's hair χτενίζω τά μαλλιά μου, χτενίζομαι. **~** the cooking μαγειρεύω. **~** the washing up πλένω τά πιάτα. be done (happen) γίνομαι, (finished) τελειώνω, it can't be done δέν γίνεται, what is done can't be undone ὅτι ἔγινε δέν ξεγίνεται. no sooner said than done ἅμ' ἔπος ἅμ' ἔργον. the meat isn't done (not finished cooking) τό κρέας δέν ψήθηκε ἀκόμα, (is underdone) δέν εἶναι ψημένο. my work is never done ἡ δουλειά μου δέν τελειώνει ποτέ. **~** one's best δάζω τά δυνατά μου. **~** good (to) ὠφελῶ. **~** harm (to) 6λάπτω. (suit, satisfy) will this **~** (for) you? αὐτό σᾶς κάνει; they did us very well μᾶς περιποιήθηκαν πολύ. he does himself well ζεῖ καλά. what do you **~** with yourself all day? πῶς περνᾶς τή μέρα σου; it isn't done (is not the right thing) δέν ἐπιτρέπεται. (cheat) I've been done μέ γέλασαν. well done! μπράβο!

do v.i. (fare, prosper) how do you **~** ? χαίρω πολύ. it/he is **~ing** well (of undertaking) πάει καλά, (thriving in career, soil) εὐδοκιμεῖ. (be suitable, proper) it won't **~** δέν κάνει, this will **~** excellently αὐτό θά κάνῃ θαυμάσια. that will **~** (is enough) ἀρκετά, φτάνει. nothing **~ing** δέν γίνεται τίποτα. make **~** (get along) τά φέρνω βόλτα, τά βολεύω, 6ολεύομαι, (make shift) I must make **~** with my old coat πρέπει νά περάσω μέ τό παλιό μου παλτό, (be satisfied) ἀρκοῦμαι (with σέ). have to **~** with ἔχω σχέση μέ, ἔχω νά κάνω μέ. I could ~ with some more money χρειάζομαι κι' ἄλλα λεφτά. I could ~ with a beer γουστάρω (or κάνω γοῦστο) μία μπίρα. ~ without κάνω χωρίς. have done with τελειώνω μέ. have you done? τελείωσες; **do** s. (fam.) (party) πάρτυ n., γλέντι n. (let-down) χοροϊδία f. ~s-and-dont's κανόνες συμπεριφορᾶς.

do away v. ~ with (abolish) καταργῶ, (throw out) πετῶ, (get rid of) ξεφορτώνομαι, (kill) καθαρίζω.

do by v. he does well by his employees μεταχειρίζεται καλά τούς ὑπαλλήλους του. he was hard done by τόν ἀδίκησαν.

do down v. (cheat) ἐξαπατῶ.

do for v. it is done for (no good) πάει αὐτό or πάει περίπατο. done for (of person) (ruined) κατεστραμμένος, χαμένος, (exhausted) ἀποκαμωμένος, (not expected to live) καταδικασμένος.

do in v. (kill) καθαρίζω. I feel done in εἶμαι ἐξαντλημένος.

do out v. (tidy) σιάζω. (deprive) he did me out of the money μοῦ ἔφαγε τά λεφτά. their visit did me out of my siesta ἡ ἐπίσκεψή τους μ' ἔκανε νά χάσω τόν ὕπνο μου.

do up v. (button) κουμπώνω, (repaint) βάφω, (repair) φτιάνω, (wrap) τυλίγω, (tie) δένω. I feel done up αἰσθάνομαι χάλια.

docile a. ἤρεμος, πειθήνιος. ~ity s. εὐπείθεια f.

dock s. (prisoner's) ἐδώλιον n.

dock v.t. (cut) κόβω, (wages) κάνω κράτησιν ἀπό.

dock v.i. (naut.) προσορμίζομαι, ἀράζω. (s.) (repair) δεξαμενή f., (loading) νεωδόχος m., ντόκ n. ~er s. λιμενεργάτης m.

docket s. (label) ἐτικέτα f. (voucher) ἀποδειξις f.

dockyard s. νεώριον n. (naval) ναύσταθμος m.

doctor s. γιατρός, ἰατρός m. (degree title) διδάκτωρ m. (v.) (treat) κουράρω, (neuter) εὐνουχίζω, (falsify) μαγειρεύω, (dope) ρίχνω ναρκωτικό σέ.

doctrine s. δόγμα n. ~aire, ~al a. δογματικός.

document s. ἔγγραφον n. (v.) ντοκουμεντάρω. ~ary a. ἔγγραφος. ~ary film ντοκυμανταίρ f.

dodder v. περπατῶ μέ κλονιζόμενο βῆμα. ~ing, ~y a. ξεμωραμένος.

dodge v.t. (elude) ξεφεύγω. (v.i.) (slip) πετάγομαι.

dodge s. κόλπο n. ~er s. artful ~er μάρκα f. ~y a. ἀμφίβολος, δύσκολος.

dodo s. dead as the ~ ἀπαρχαιωμένος.

doe s. (deer) ἐλαφίνα f. (rabbit) κουνέλα f. (hare) λαγίνα f.

doer s. (perpetrator) δράστης m. (man of deeds) ἄνθρωπος τῶν ἔργων.

doff v. βγάζω.

dog v. κυνηγῶ, ἀκολουθῶ κατά πόδας.

dog s. σκύλος m., σκυλί n., κύων m. (fig.) lucky ~ τυχεράκιας m. gay ~ γλεντζές m. sly ~ κατεργάρης a., dirty ~ βρωμόσκυλο n. go to the ~s πάω κατά διαβόλου. let sleeping ~s lie δέν θίγω τά κακῶς κείμενα. not have a ~'s chance δέν ἔχω τήν παραμικρή ἐλπίδα. ~'s σκυλήσιος. ~-days s. κυνικά καύματα. ~-eared a. (book) μέ σελίδες τσακισμένες. ~-fight s. σκυλοκαβγᾶς m. ~-fish s. σκυλόψαρο n. ~sbody s. κλωτσοσκούφι n. ~-star s. Σείριος m. ~-tired a. ψόφιος στήν κούραση.

doge s. δόγης m.

dogged a. ἐπίμονος. ~ly adv. ἐπιμόνως. ~ness s. ἐπιμονή f.

doggerel s. στίχοι τῆς κακιᾶς ὥρας.

doggo adv. lie ~ λουφάζω.

dogma s. δόγμα n. ~tic a. δογματικός. ~tism s. δογματισμός m. ~tize v. δογματίζω.

do-gooder s. ἀφελής φιλάνθρωπος.

doing s. (action) that was your ~ ἐσύ τό ἔκανες. tell me about your recent ~s πές μου μέ τί ἀσχολεῖσαι τελευταίως. ~s s. (fam., thing) give me the ~s δός μου τό ἀποτέτοιο.

doldrums s. ζώνη τῶν νηνεμιῶν. (fig.) the market is in the ~ ὑπάρχει ἀπραξίο στήν ἀγορά. he is in the ~ εἶναι στίς κακές του.

dole s. (charity) βοήθημα n. be on the ~ παίρνω ἐπίδομα ἀνεργίας. (v.t.) ~ ou μοιράζω.

doleful a. μελαγχολικός.

doll s. κούκλα f. (v.t.) ~ up στολίζω.

dollar s. δολλάριον n.

dollop s. κομμάτι n.

dolorous a. μελαγχολικός, λυπηρός.

dolphin s. δελφίνι n.

dolt s. μποῦφος m.

domain s. βασίλειον n. (fig.) σφαῖρα f. τομεύς m.

dome s. θόλος m., τροῦλλος m. ~d a θολωτός.

domestic *a.* *(of family)* οἰκογενειακός, *(of household)* οἰκιακός. *(not foreign)* *(product)* ἐγχώριος, *(affairs, airline)* ἐσωτερικός. *(animal)* κατοικίδιος. ~ science οἰκοκυρική *f.* ~ servant ὑπηρέτης *m.*, ὑπηρέτρια *f.*

domesticate *v.* *(animal)* ἐξημερώνω, *(plant)* ἐγκλιματίζω. ~d *a.* *(man)* νοικοκύρης *m.* *(woman)* νοικοκυρά *f.*

domesticity *s.* ἀγάπη πρός τήν οἰκογενειακή ζωή.

domicile *s.* διαμονή *f.*, τόπος διαμονῆς. *(v.)* be ~d διαμένω.

dominant *a.* *(prevailing)* κυριαρχῶν, *(of heights & mus.)* δεσπόζων.

dominat|e *v.* *(overlook)* δεσπόζω *(with gen.)*. *(control)* κυριαρχῶ *(with gen. or πάνω σέ)*. ~ion *s.* κυριαρχία *f.*

domineer *v.i.* ~ over φέρομαι αὐταρχικῶς σέ. she ~s over him τόν κάνει ὅτι θέλει, τόν ἔχει ὑποχείριο. ~ing *a.* κυριαρχικός, αὐταρχικός.

dominion *s.* κυριαρχία *f.*, ἐξουσία *f.* ~s *(possessions)* κτήσεις *f.pl.*

domino *s.* *(dress)* ντόμινο *n.* ~s *(game)* ντόμινο *n.*

don *s.* καθηγητής πανεπιστημίου.

don *v.* φορῶ.

donat|e *v.* δωρίζω. ~ion *s.* δωρεά *f.*

done *v.* see do.

donkey *s.* γάιδαρος *m.*, γαϊδούρι *n.* *(fig., fool)* χαζός *a.* I haven't been there for ~'s years χρόνια καί ζαμάνια ἔχω νά πάω ἐκεῖ. ~-work *s.* ἀγγαρίες *f.pl.*

donnish *a.* *(fig.)* σχολαστικός.

donor *s.* δωρητής *m.*

doodle *v.i.* τραβῶ γραμμές ἀφηρημένα.

doom *s.* μοῖρα *f.* *(destruction)* καταστροφή *f.* *(v.)* καταδικάζω. ~sday *s.* till ~sday μέχρι δευτέρας παρουσίας.

door *s.* πόρτα *f.*, θύρα *f.* front ~ ἐξώπορτα *f.* behind closed ~s κεκλεισμένων τῶν θυρῶν. lie at the ~ of βαρύνω. show the ~ to διώχνω. next ~ στό διπλανό σπίτι. next ~ to πλάι σέ, δίπλα σέ. three ~s away τρία σπίτια πιό πέρα. out of ~s ἔξω, στό ὕπαιθρο. out-of-~ *(a.)* see outdoor. ~-keeper *s.* θυρωρός *m.*

doornail *s.* dead as a ~ ψόφιος.

doorstep *s.* κατώφλι *n.*

doorway *s.* *(entrance)* εἴσοδος *f.* in a ~ κάτω ἀπό μία πόρτα.

dope *s.* ναρκωτικό *n.* *(fam.)* *(information)* πληροφορία *f.*, *(v.t.)* ρίχνω ναρκωτικό σέ, *(horse)* ντοπάρω. ~y *a.* σάν ναρκωμένος.

doric *a.* δωρικός.

dormant *a.* *(in abeyance)* ἐν ἀχρηστία, *(latent)* λανθάνων. *(in winter)* ἐν νάρκη.

dormitory *s.* ὑπνωτήριον *n.*

dose *s.* δόσις *f.* *(v.)* he was ~d with quinine τόν πότισαν κινίνο.

doss *v.* ~ *(down)* κοιμᾶμαι. ~-house *s.* ἄσυλον ἀστέγων.

dossier *s.* φάκελλος *m.*

dot *s.* κουκίδα *f.*, στιγμή *f.* on the ~ ἀκριβῶς στήν ὥρα. *(v.)* *(place ~ on)* βάζω στιγμή σέ. fields ~ted with poppies χωράφια μέ σκόρπιες παπαρούνες *(or* διάσπαρτα μέ παπαρούνες).

dot|e *v.* ~e on *(thing)* τρελλαίνομαι γιά, *(person)* κάνω σάν τρελλός γιά. ~age *s.* ξεμώραμα *f.* in ~ard *s.* ξεμωραμένος γέρος. become a ~ard ξεμωραίνομαι.

dotted *a.* πουαντιγέ. see dot.

dotty *a.* παλαβός. he is ~ χρωστάει τῆς Μιχαλοῦς.

double *a.* διπλός.

double *adv.* διπλά, *(twice as much)* διπλάσια, διπλάσιος ἀπό. see ~ τά βλέπω διπλά, bent ~ διπλωμένος στά δύο. *(we gave a lot for our house)* but theirs cost ~ μά τό δικό τους κόστισε διπλάσια. he gets ~ my salary παίρνει τό διπλάσιο μισθό ἀπό μένα *(or* δύο φορές ὅσο ἐγώ). Olympus is ~ the height of Parnes ὁ Ὄλυμπος εἶναι διπλάσιος εἰς τό ὕψος ἀπό τήν Πάρνηθα.

double *s.* *(person)* σωσίας *m.* *(running)* at the ~ τροχάδην, τρέχοντας.

double *v.i.* *(become ~ in size, etc.)* διπλασιάζομαι. *(v.t.)* *(make ~)* διπλασιάζω, *(fold)* διπλώνω, *(go round)* κάμπτω, καβαντζάρω, *(clench)* σφίγγω. ~ back *(v.i.)* γυρίζω πίσω. ~ up *(v.i.)* διπλώνομαι στά δύο.

double-barrelled *a.* ~ shot-gun δίκαννο *n.*

double-bass *s.* κοντραμπάσσο *n.*

double-breasted *a.* σταυρωτός.

double-cross *v.* προδίδω, ἐξαπατῶ.

double-dealing *s.* δι(πλο)προσωπία *f.*

double-dutch *s.* ἀλαμπουρνέζικα, κινέζικα *n.pl.*

double-dyed *a.* τοῦ αἰσχίστου εἴδους.

double-edged *a.* δίκοπος.

double-entry *a.* ~ bookkeeping διπλογραφία *f.*

double-faced *a.* διπρόσωπος.

double-quick *adv.* γρήγορα-γρήγορα, *(στό)* ἄψε-σβύσε.

double-talk *s.* παραπλανητικές κουβέντες.

double-width *a.* *(cloth)* διπλόφαρδος.

doubly *adv.* διπλά. you must make ~ sure πρέπει νά είστε ύπερβέβαιοι. what makes it ~ important έκεϊνο πού τού δίνει ηὐξημένη σπουδαιότητα.

doubt *s.* άμφιβολία *f.* cast ~ on άμφισβητῶ. when in ~ σέ περίπτωση άμφιβολίας. there is no (room for) ~ δέν χωράει άμφιβολία. no ~, without ~ άναμφιβόλως, άσφαλῶς.

doubt *v.i.* άμφιβάλλω. *(v.t.)* άμφιβάλλω γιά. I ~ his word δέν τόν πιστεύω. ~ing Thomas άπιστος Θωμάς.

doubtful *a. (of things)* άμφίβολος, άβέβαιος, *(shady)* ὔποπτος. be ~ *(of persons)* άμφιβάλλω, ἔχω άμφιβολίες. ~ly *adv. (he replied)* ~ly σάν νά εἶχε άμφιβολίες.

doubtless *adv.* άναμφιβόλως.

douceur *s.* I gave him a ~ τοῦ ἔβαλα κάτι στό χέρι.

douche *s.* ντούς *n.* cold ~ *(lit. & fig.)* ψυχρολουσία *f.*

dough *s.* ζύμη *f.*, ζυμάρι *n.* ~nut *s.* εἶδος λουκουμά.

doughty *a.* άνδρεῖος, ἡρωικός. ~ deed άνδραγάθημα *n.*

dour *a.* αὐστηρός.

douse *v. (drench)* μουσκεύω, *(extinguish)* σβήνω.

dove *s.* περιστέρι *n. (also fig.)* περιστερά *f.* ~cote *s.* περιστεριώνας *m.* ~tail *s.* χελιδονουρά *f. (v.i.) (fig.)* συμφωνῶ, συνδυάζομαι.

dowager *s.* χήρα εὐγενοῦς. ~ duchess χήρα δούκισσα. *(fam.)* άρχοντική ἡλικιωμένη κυρία.

dowdy *a. (clothes)* ἄχαρος, *(person)* ἄχαρα ντυμένος.

dower *v.* προικίζω. *(s.)* μερίδιον χήρας.

down *s. (plumage)* πούπουλο *n. (hair)* χνούδι *n.*

down *prep.* go ~ the river κατεβαίνω τό ποτάμι. go ~ the mine κατεβαίνω στό ὀρυχεῖο. fall ~ a hole πέφτω σ' ἔνα λάκκο. fall ~ the stairs πέφτω ἀπό τίς σκάλες. tears were running ~ her face τά δάκρυα κυλοῦσαν στό πρόσωπό της.

down *adv.* κάτω, *(on the ground)* χάμω, *(low)* χαμηλά. ~ to here ὡς ἐδῶ. ~ to the present day ὡς τά σήμερα. ~ to her waist μέχρι τή μέση της. from the head ~ ἀπό τό κεφάλι καί κάτω. cash ~ μετρητά. ~-and-out στό δρόμο, στήν ψάθα. ~-at-heel κουρελιασμένος. ~-in-the-mouth ἀποκαρδιωμένος. ~-to-earth προσγειωμένος. ~ with slavery! κάτω ἡ

σκλαβιά. go ~ with *(illness)* πέφτω ἄρρωστος μέ, άρρωσταίνω ἀπό. be ~ ο δείχνομαι ἀμείλικτος ἐναντίον *(wit gen.).* κυνηγῶ. be ~ on one's luck ἔχ ἀτυχίες. get ~ to business *(or to bra tacks)* ἔρχομαι εἰς τό προκείμενον. com ~ in the world ξεπέφτω. he's not ~ ye δέν κατέβηκε ἀκόμα. you are ~ to spea tomorrow εἶσαι στό πρόγραμμα νά μιλ σης αὔριο. it suits me ~ to the grour μοῦ ἔρχεται μιά χαρά. *see also* ben come, fall, go, knock, lie, put, run, shou take, *etc.*

down *v.t. (fam.)* ρίχνω, κατεβάζω, ~ too τά βροντάω κάτω.

down *s. (fam.)* I have a ~ on him τ ἔχω στό μάτι, τά ἔχω μαζί του.

downcast *a.* ἄθυμος. with eyes ~ μέ χ μηλωμένα τά μάτια.

downfall *s.* πτώσις *f.*, καταστροφή *f.*

downgrade *v.* ὑποβιβάζω. *(s.)* be on the ~ παίρνω τήν κάτω βόλτα.

downhearted *a.* ἀποκαρδιωμένος.

downhill *a.* κατηφορικός. *(adv.)* go ~ κ τηφορίζω, κατεβαίνω, *(fig.)* παίρνω τ κάτω βόλτα.

downpour *s.* νεροποντή *f.*

downright *a. (blunt)* ντόμπρος, *(veritabl* πραγματικός, σωστός, a ~ idiot βλάκ μία φορά. *(adv.)* πραγματικά.

downs *s.* λοφώδης ἔκτασις.

downstairs *adv.* κάτω, go ~ κατεβαίνω τ σκάλα, in a ~ room σ' ἔνα ἀπό τά κάτ δωμάτια.

downstream *adv. (movement)* μέ τό ρεῦμ *(situation)* πιό κάτω.

downtown *adv.* στό κέντρο. *(a.)* κεντρικό

downtrodden *a.* καταπιεσμένος.

downward *a.* ~ slope κατήφορος *m.* l on the ~ path παίρνω τόν κατήφορο. ~ movement μία κίνησις πρός τά κάτ ~(s) *adv.* πρός τά κάτω.

downy *a. (face, plant)* χνουδωτός, *(pillo* πουπουλένιος. *(fam., sly)* πονηρός.

dowry *s.* προῖκα *f.*

dowse *v.* ραβδοσκοπῶ. ~r *s.* ραβδοσκ πος *m.*

doxology *s.* δοξολογία *f.*

doyen *s. (of diplomatic corps)* πρύταν *m. (leading figure)* κορυφαῖος *a.*

doze *v.* μισοκοιμοῦμαι. have a ~ τ παίρνω.

dozen *s.* ντουζίνα *f.* about a ~ καμμ δωδεκαριά. I saw ~s εἶδα ἔνα σωρό.

drab *s.* τσούλα *f.*

drab *a. (scene, life)* ἄχρωμος, πληκτικό

(colour) μουντός. ~**ness** *s. (of scene)*
μονοτονία *f. (of life)* ἀνιαρότης *f.*
drachma *s.* δραχμή *f.*
draconian *a.* δρακόντειος.
draft *s. (of plan)* προσχέδιον *n. (of MS)*
πρόχειρο *n. (detachment)* ἀπόσπασμα *n.*
(fin.) ἐπιταγή *f. (v.)* προσχεδιάζω, σχεδιάζω τό πρόχειρο *(with gen.),* ἀποσπῶ.
drag *v.t.* τραβῶ, σέρνω. ~ the bottom *(of lake, etc.)* ἐρευνῶ τόν βυθόν. ~ one's feet *(fig.)* χασομερῶ. ~ in *(introduce)* φέρνω, εἰσάγω. ~ out *(prolong)* παρατραβῶ. *(v.i.)* ~ on *(proceed slowly)* σέρνομαι, *(of discussion)* παρατραβῶ, *(of life)* τραβῶ, κρατῶ.
drag *s. (net)* γρῖπος *m. (impediment)* ἐμπόδιο *n. (on wheel)* τροχοπέδη *f.*
dragée *s.* κουφέτο *n.*
draggled *a.* λασπωμένος.
dragoman *s.* δραγουμάνος *m.*
dragon *s.* δράκων *m.* ~**fly** *s.* λεβελούλη *f.*
dragoon *s.* δραγόνος *m. (v.)* ἐξαναγκάζω.
drain *s.* ὀχετός *m. (small drop)* σταλίτσα *f.,* γουλιά *f. (on resources)* ἀφαίμαξις *f. (fig.)* it's down the ~ πῆγε χαράμι.
drain *v.t.* ἀποχετεύω, *(dry, reclaim)* ἀποξηραίνω, *(leave to dry)* στραγγίζω, *(empty)* ἀδειάζω. *(fig.) (exhaust)* στραγγίζω, ἐξαντλῶ. *(v.i.)* ἀποχετεύομαι, στραγγίζω.
drainage *s.* ἀποχέτευσις *f. (a.)* ἀποχετευτικός.
drainpipe *s.* σωλήν ἀποχετεύσεως.
dram *s.* δράμι *n. (small amount)* pour me a ~ βάλε μου ἕνα δαχτυλάκι.
drama *s. (lit. & fig.)* δρᾶμα *n. (~tic art)* θέατρο *n.* ~**tist** *s.* δραματουργός *m.*
~**tize** *v.* δραματοποιῶ.
dramatic *a.* δραματικός. ~**ally** *adv.* κατά δραματικόν τρόπον.
drape *v.t. (cover)* ἐπενδύω, καλύπτω, *(arrange)* τακτοποιῶ. ~ oneself τυλίγομαι.
draper *s.* ~'s *(shop)* κατάστημα νεωτερισμῶν καί ψιλικῶν. ~**y** *s.* νεωτερισμοί *m.pl. (in sculpture, etc.)* πτυχές *f.pl.*
drastic *a. (strong)* δραστικός, *(stern)* αὐστηρός, *(extraordinary)* πρωτοφανής.
~**ally** *adv.* δραστικά.
draught *s. (air)* ρεῦμα *n. (of drink)* ρουφηξιά *f.,* at a ~ μονορρούφι. *(of chimney)* τράβηγμα *n. (of ship)* βύθισμα *n.* ~ animal ὑποζύγιον *n.* ~ beer μπίρα τοῦ βαρελιοῦ. ~**y** *a.* ~y room δωμάτιο μέ ρεύματα.
draughts *s.* ντάμα *f.*
draughtsman *s.* σχεδιαστής *m.* a good ~ δυνατός στό σχέδιο. ~**ship** *s.* it suffers

from bad ~**ship** ὑστερεῖ στό σχέδιο.
draw *s. (in lottery)* κλήρωσις *f. (in game)* ἰσοπαλία *f. (centre of interest)* ἐπίκεντρον ἐνδιαφέροντος, *(success)* ἐπιτυχία *f.*
draw *v. (with pen, etc.)* σχεδιάζω, *(a line)* τραβῶ. *(depict)* ἀπεικονίζω, ζωγραφίζω.
draw *v.t. (pull, haul)* τραβῶ, ἕλκω, σέρνω. *(extract)* βγάζω. *(curtain, sword, cork, card, lots, etc.)* τραβῶ. *(vehicle)* τραβῶ, ἕλκω. *(nail, tooth, moral, conclusion)* βγάζω, ἐξάγω. *(liquid)* τραβῶ, ἀντλῶ. *(bow)* τεντώνω, *(bill, cheque)* ἐκδίδω, *(cash, strength)* παίρνω, *(tears, applause)* ἀποσπῶ, *(support)* προσελκύω. *(a fowl)* καθαρίζω. *(attract)* τραβῶ, προσελκύω, I feel ~n to her μέ ἑλκύει. ~ breath παίρνω ἀναπνοή, ~ one's last breath πνέω τά λοίσθια. ~ inspiration ἐμπνέομαι. ~ a distinction κάνω διάκρισιν. I ~ the line at that δέν τό ἀνέχομαι. ~ it mild! μήν τά παραλές. he drew my attention to the danger μοῦ ἐπέστησε τήν προσοχήν ἐπί τοῦ κινδύνου. *(v.i.)* *(chimney, pipe)* τραβῶ. *(be equal)* they drew βγῆκαν ἰσόπαλοι, ἦσθαν ἰσοπαλία.
draw aside *v.t.* παίρνω κατά μέρος. *(v.i.)* παραμερίζω.
draw away *v.i.* ἀπομακρύνομαι.
draw back *v.t. (one's hand, etc.)* ἀποτραβῶ, *(curtains)* ἀνοίγω. *(v.i.)* ἀποσύρομαι.
draw in *v.t. (claws)* μαζεύω. *(v.i.) (get shorter)* μικραίνω. *(of train)* μπαίνω στό σταθμό.
draw level *v.* ~ with προφταίνω.
draw near *v.i. (be not far off)* κοντεύω, πλησιάζω. *(v.t.) (get close to)* πλησιάζω.
draw on *v. (use) (experience, source)* καταφεύγω εἰς, *(savings)* ἀντλῶ ἀπό. *(allure)* δελεάζω, *(to wrongdoing)* παρασύρω. *(get nearer)* πλησιάζω, κοντεύω. *(proceed)* προχωρῶ.
draw out *v.t. (money)* ἀποσύρω, *(prolong)* παρατείνω. *(encourage)* I drew him out τόν ἔκανα νά μιλήσῃ. *(v.i.) (get longer)* μεγαλώνω. long drawn out *(story, etc.)* παρατραβηγμένος, *(winter, suffering)* παρατεταμένος.
draw up *v.t. (range)* παρατάσσω, *(compile)* συντάσσω, *(a boat)* τραβῶ ἔξω. draw oneself up τεντώνομαι. *(v.i.) (stop)* σταματῶ.
drawback *s.* μειονέκτημα *n.*
drawbridge *s.* κινητή γέφυρα.
drawer *s.* συρτάρι *n.* chest of ~s κομμό *n.*

drawers s. *(man's)* σώβρακο *n.*, *(woman's)* κυλότα *f.*, βρακί *n.*

drawing s. *(art)* σχέδιο *n.* *(as school subject)* ἰχνογραφία *f.* *(sketch, plan)* σχέδιο *n.* he is fond of ~ τοῦ ἀρέσει νά σχεδιάζη.

drawing-pin s. πυναίζα *f.*

drawing-room s. σαλόνι *n.*

drawl v.i.. σέρνω τή φωνή μου. *(s.)* συρτή φωνή.

drawn a. *(sword)* γυμνός, *(face)* τραβηγμένος, *(game)* the game was ~ βγῆκαν ἰσόπαλοι.

dray s. κάρρο *n.*

dread s. τρόμος *m.* *(v.)* τρέμω, φοβοῦμαι.

dreadful a. φοβερός. ~ly adv. φοβερά.

dream s. ὄνειρο *n.* *(unrealizable)* ὀνειροπόλημα *n.* have a ~ βλέπω ὄνειρο. ~**like** a. ὀνειρώδης. ~**y** a. *(person)* ὀνειροπόλος *m.f.* *(music, etc.)* ἁπαλός, *(dim)* θολός.

dream v. *(also* ~ about) ὀνειρεύομαι, *(daydream)* ὀνειροπολῶ. *(suppose, imagine)* φαντάζομαι. I shouldn't ~ of it οὔτε θά μποροῦσα νά τό διανοηθῶ. ~ up ἐπινοῶ, σκαρφίζομαι. ~**er** s. ὀνειροπόλος *m.f.*

dreary a. καταθλιπτικός, ἀνιαρός, πληκτικός.

dredge v. βυθοκορῶ. ~ up γρι πίζω. ~**r** s. βυθοκόρος *f.*, φαγάνα *f.*

dregs s. κατακάθι *n.*, κατακάθια pl. ὑποστάθμη *f.*

drench v. μουσκεύω. get ~ed μουσκεύω, γίνομαι μούσκεμα *(or* λούτσα). he ~ed the salad with oil πλημμύρισε τή σαλάτα μέ λάδι.

dress s. *(attire)* ἐνδυμασία *f.*, *(way of* ~ing) ντύσιμο *n.* *(woman's)* φουστάνι, φόρεμα *n.*, *(formal)* τουαλέττα *f.* full ~ *(uniform)* μεγάλη στολή. ~ coat *or* suit φράκο *n.* fancy ~ ἀποκριάτικα ροῦχα, fancy ~ ball χορός μετημφιεσμένων. ~ circle ἐξώστης *m.* ~ rehearsal γενική δοκιμή.

dress v.t. ἐνδύω, ντύνω, *(food)* ἑτοιμάζω, *(wound)* ἐπιδένω, *(wood, stone)* πελεκῶ, *(hair)* χτενίζω. *(adorn)* στολίζω. *(v.i.)* *(also* get ~ed) ντύνομαι. *(mil.)* ζυγῶ, right ~! ζυγεῖτε ἀπό δεξιά.

dresser s. *(furniture)* μπουφές μέ ράφια.

dressing s. *(getting dressed)* ντύσιμο *n.* *(med.)* *(bandage)* ἐπίδεσμος *m.*, *(putting it on)* ἐπίδεσις *f.* *(for salad)* λαδολέμονο *n.*, λαδόξυδο *n.* *(of textiles)* κολλάρισμα *n.* *(manure)* λίπασμα *n.*

dressing-down s. κατσάδα *f.*

dressing-gown s. ρόμπα *f.*

dressing-room s. τουαλέττα *f.*, *(stage)* καμαρίνι *n.*

dressing-table s. τουαλέττα *f.*

dressmak|er s. μοδίστρα *f.*, ράφτρα ~**ing** s. ραπτική *f.*

dressy a. κομψός. *(woman)* κοκέτα, *(gamet)* κοκέτικος.

dribble v.i. βγάζω σάλια, *(drip)* στάζω. ~s τρέχουν τά σάλια του.

driblet s. in ~s μέ τό σταγονόμετρο.

dried a. *(fruits, etc.)* ξερός, *(liquid* σκόνη *f.*

drier s. see dryer.

drift v. *(be carried)* παρασύρομαι, *(wander)* περιφέρομαι ἀσκόπως. *(s.)* *(movement)* κίνησις *f.* *(course)* πορεία *f.* *(snow)* στιβάς *f.* *(meaning)* ἔννοια *f.*

drift|er, ~**-net** s. ἀνεμόστρατα *f.* ~**woc** s. ἐκβρασμένα συντρίμματα ξύλου.

drill s. *(tool)* τρυπάνι *n.* *(v.)* *(make ho in)* τρυπῶ, τρυπανίζω. ~ a hole ἀνοίγ τρύπα.

drill s. *(mil. & gym)* ἄσκησις *f.* *(fig* what's the ~? τί κάνομε τώρα; *(v.t* γυμνάζω. *(v.i.)* γυμνάζομαι.

drill s. *(cloth)* ντρίλι *n.*

drily adv. ξερά, κάπως εἰρωνικά.

drink v. πίνω. ~ in ρουφῶ. *(s.)* *(bev rage)* ποτόν *n.* he has taken to ~ τόχ ρίξει στό πιοτό. ~**er** s. *(habitual)* πότ m. *(patron of bar, etc.)* ὁ πίνων.

drinkable a. πόσιμος. it is not ~ δέν π νεται.

drinking s. πιοτό *n.* ~**-water** s. πόσιμ νερό.

drip v.t. & i. στάζω. *(s.)* στάλα *f.*, στ γόνα *f.* ~**ping** s. στάξιμο *n.* *(fat)* λίπc *n.* *(a.)* ~ping (wet) μούσκεμα, παπί.

drip-dry a. πού δέν χρειάζεται σιδέρωμα

driv|e v.i. *(be driver)* ὁδηγῶ, *(be co veyed)* πηγαίνω μέ αὐτοκίνητο *(by ca or* μέ ἁμαξάκι *(by carriage).* he let ~ at me μοῦ ἔδωσε μία. what are you ~in at? τί ὑπονοεῖς; *(v.t.)* *(beasts, vehicl* ὁδηγῶ. *(convey)* πηγαίνω, *(activate* κινῶ, *(thrust)* σπρώχνω, ρίχνω, *(expe* διώχνω, ἀπωθῶ, *(compel)* ἀναγκάζc *(force to work hard)* ξεθεώνω, βγάζω λάδι *(with gen.).* *(a road, tunnel)* δια νοίγω, *(a nail)* καρφώνω, *(a screw)* βι δώνω. ~e a hard bargain διαπραγμα τεύομαι σκληρά. ~e mad τρελλαίνω. ~e into a corner στρυμώχνω. I drove home to him τοῦ τό ἔβαλα μέσα στ κεφαλι, τόν ἔκανα νά καταλάβη.

drive s. (excursion) περίπατος m., 6όλτα f., (by car) αὐτοκινητάδα f., (by carriage) ἁμαξάδα f. (course covered) διαδρομή f. an hour's ~ μία ὥρα μέ τό αὐτοκίνητο. (mech.) κίνησις f. (energy) δραστηριότης f. (campaign) καμπάνια f.

drivel v. μωρολογῶ. ~ling idiot 6λακόμετρο n. (s.) σαλιαρίσματα n.pl.

driver s. ὁδηγός m. (of coach, carriage) ἁμαξᾶς m. (of car) σωφέρ m.

driving s. ὁδήγησις f., σωφάρισμα n. have ~ lessons μαθαίνω νά ὁδηγῶ. ~ licence ἄδεια ὁδηγήσεως.

drizzle s. & v. ψιχάλα f. it ~s ψιχαλίζει, ψιλοβρέχει.

droll a. κωμικός, ἀστεῖος. ~ery s. ἀστειότης f.

dromedary s. δρομάς f.

drone s. κηφήν m. (fig.) κηφήνας m. (hum) 6όμβος m. (of voices) μουρμουρητό n. (v.) 6ομβῶ, μουρμουρίζω.

drool v. σαλιαρίζω.

droop v.i. (of head) γέρνω, (of flowers) γέρνω, μαραίνομαι. his spirits ~ed ἔχασε τό ἠθικόν του.

drop s. σταγών f., σταγόνα f., στάλα f. not a ~ οὔτε (μία) στάλα. (fall) πτῶσις f. at the ~ of a hat ἀμέσως, χωρίς πολλά παρακάλια. a hundred-foot ~ γκρεμός ὕψους ἑκατό ποδῶν. he's had a ~ too much τό ἔχει τραβήξει λίγο.

drop v.i. πέφτω. (fall in ~s) στάζω. (of person, collapse) σωριάζομαι, ~ dead μένω στόν τόπο. (of voice) χαμηλώνω. he let ~ a remark πέταξε μία κουβέντα.

drop v.t. (let fall) I ~ped the book μοῦ ἔπεσε τό 6ι6λίο. I ~ped a stitch μοῦ ἔφυγε ἕνας πόντος. (passenger, parcel, message) ἀφήνω. (men, supplies from air) ρίπτω. (bomb, anchor, hint) ρίχνω. (voice) χαμηλώνω, κατεβάζω. (knock down) ρίχνω κάτω. (give up) ἐγκαταλείπω, παρατῶ, ἀφήνω. ~ smoking κό6ω τό τσιγάρο. (cease to be friends with) κό6ω (or διακόπτω) σχέσεις μέ. (exclude from office) 6γάζω, ἀφήνω ἔξω. (not pronounce) δέν προφέρω. ~ me a line γράψε μου δύο λόγια. ~ it! ἄς το, σταμάτα.

drop away v.i. (scatter) σκορπίζω, (get less) πέφτω, λιγοστεύω.

drop back, behind v.i. μένω πίσω.

drop in v.i. I will ~ this evening θά περάσω ἀπόψε.

drop off v.i. (come off) 6γαίνω, (sleep) τόν παίρνω. see also drop away.

drop on v. (deal severely with) κυνηγῶ, δείχνομαι ἀμείλικτος ἐναντίον (with gen.).

drop out v.i. ἀποσύρομαι, (of ranks) μένω πίσω. (abandon studies) ἐγκαταλείπω τίς σπουδές μου. (socially) ἀρνοῦμαι νά ζήσω σύμφωνα μέ τό κατεστημένο.

drop-out s. ὁ ἀρνούμενος νά ζήση σύμφωνα μέ τό κατεστημένο.

dropper s. σταγονόμετρον n.

droppings s. (of candle) σταξίματα n.pl. (sheep's, rabbit's) 6ερ6ελιά f. (cow's) σ6ουνιά f. (horse's) (γ)κα6αλλίνα f. (bird's) κουτσουλιά f. (all also in pl.)

dropsy s. ὑδρωπικία f.

dross s. (fig.) παλιόπραμα n., σκουπίδι n.

drought s. ἀνομ6ρία f., ξηρασία f.

drove s. ἀγέλη f. in ~s ἀγεληδόν. ~r s. 6οσκός m.

drown v.t. πνίγω. (v.i.) (also get ~ed) πνίγομαι. ~ing s. πνιγμός m., πνίξιμο n.

drowse v. μισοκοιμοῦμαι. ~ily adv. νυσταγμένα. ~iness s. νύστα f. ~y a. μισοκοιμισμένος, νυσταλέος.

drubbing s. give (person) a ~ ξυλοκοπῶ.

drudge s. εἵλωτας m. (v.) μοχθῶ. ~ry s. μόχθος m., ἀγγαρεία f.

drug s. φάρμακον n. (narcotic) ναρκωτικόν n. it is a ~ on the market δέν ἔχει ζήτηση. ~ addict τοξικομανής m. (v.) they ~ged him τόν πότισαν ναρκωτικό. they ~ged his food τοῦ ἔβαλαν ναρκωτικό στό φαΐ του.

drugget s. φτηνό κάλυμμα τοῦ πατώματος.

druggist s. φαρμακοποιός m. ~'s s. φαρμακεῖον n.

drugstore s. φαρμακεῖον n.

druid s. δρυΐδης m.

drum s. τύμπανον n., τούμπανο n. (of cable) καρούλι n. (barrel) 6αρέλι n. (of column) σπόνδυλος m. beating of ~s τυμπανοκρουσία f.

drum v. (also play ~) κρούω τύμπανον. (fig., beat) χτυπῶ, (with fingers) παίζω ταμπούρλο μέ τά δάχτυλα. ~ up συγκεντρώνω. I ~med it into him τό ἔχωσα στό μυαλό του. ~mer s. τυμπανιστής m.

drunk a. μεθυσμένος. get ~ μεθῶ. ~ard s. μέθυσος m., μπεκρῆς m.

drunken a. μεθυσμένος. ~ orgy ὄργιον μέθης, ~ brawl κα6γάς μεθυσμένων. ~ness s. μέθη f., μεθύσι n.

dry a. (body, hair, clothes, etc.) στεγνός.

(skin, mouth, soil, climate, vegetation, battery) ξερός. *(wine)* μπρούσκος, *(manner, book, facts)* ξερός. *(thirsty)* διψασμένος, feel ~ διψῶ. run ~ *(river, well & fig.)* στερεύω. go ~ *(ban liquor)* ἐφαρμόζω ποταπαγόρευσιν. ~ as a bone κατάξερος. ~ cleaning στεγνό καθάρισμα. ~ dock ξηρά δεξαμενή. ~ land ξηρά *f.* ~ nurse νταντά *f.* ~ rot σῆψις ξυλείας κτιρίων, *(fig.)* λανθάνουσα σῆψις. ~ walling ξερολιθιά *f.*

dry *v.t.* στεγνώνω, ξεραίνω, *(drain)* ἀποξηραίνω. *(v.i.)* *(also* get ~*)* στεγνώνω, ξεραίνομαι. ~ up *(fam.)* τό βουλώνω.

dryad *s.* δρυάς *f.*

dryer *s.* στεγνωτήριον *n.* *(for hair)* σεσουάρ *n.*

dryness *s.* ξηρότης *f.* *(of earth)* ξηρασία *f.*

dual *a.* *(control, ownership)* διπλός. *(gram.)* δυϊκός. **~-purpose** *a.* διπλῆς χρήσεως.

dub *v.* *(fam., call)* βαφτίζω, ὀγάζω. *(film)* ντουμπλάρω.

dubiety *s.* ἀμφιβολία *f.*

dubious *a.* *(mistrustful)* δύσπιστος. *(causing doubt)* ἀμφίβολος, *(suspect)* ὕποπτος. I am ~ ἀμφιβάλλω, ἔχω ἀμφιβολίες. **~ly** *adv.* δύσπιστα, σά νά εἶχα ἀμφιβολίες.

ducal *a.* δουκικός.

ducat *s.* δουκάτον *n.*

duchess *s.* δούκισσα *f.*

duchy *s.* δουκάτον *n.*

duck *s.* πάπια *f.*, νῆσσα *f.* *(fam., attractive child, etc.)* κούκλα *f.*, *(score of nil)* μηδέν *n.* lame ~ *(person)* ἄνθρωπος ἀνάπηρος, *(firm)* ἐπιχείρησις πού χωλαίνει.

duck *v.i.* σκύβω. *(v.t.)* *(put under water)* βουτῶ. *(fam., avoid)* ἀποφεύγω. **~ing** *s.* he got a ~ing τόν βούτηξαν στό νερό.

duckboards *s.* σανίδωμα πρός ἀποφυγήν λασπῶν.

duckling *s.* παπάκι *n.*

duct *s.* ἀγωγός *m.* *(anat.)* πόρος *m.* **~ile** *a.* ὅλκιμος, *(fig.)* μαλακός.

dud *a. & s.* *(thing)* σκάρτος, *(person)* μηδενικό *n.*, ντενεκές *m.*

dudgeon *s.* in *(high)* ~ φουρκισμένος.

duds *s.* *(fam., clothes)* κουρέλια *n.pl.*

due *a.* *(payable)* ὀφειλόμενος, πληρωτέος. *(necessary, proper)* δέων, ἀπαιτούμενος. *(just)* δίκαιος. *(expected)* the train is ~ in at any moment now τό τραῖνο ἀναμένεται ὅπου νἄναι. the performance is ~ to start at ten ἡ παράστασις πρόκειται νά ἀρχίση στίς δέκα. *(owed or caused)* in is ~ to the fact that... ὀφείλεται στό ὅτι in ~ form κανονικῶς. *(adv.)* ~ to *(because of)* ἐξ αἰτίας, λόγω *(with gen.)*. *(of points of compass)* κατ' εὐθεῖαν.

due *s.* ὀφειλόμενον *n.* to give the devil his ~ νά ποῦμε καί τοῦ στραβοῦ τό δίκαιο ~s δικαιώματα *n.pl.*, τέλη *n.pl.*

duel, ~ling *s.* μονομαχία *f.* fight a ~ μονομαχῶ. **~list** *s.* μονόμαχος *m.*

duenna *s.* συνοδός *f.*

duet *s.* δυωδία *f.*, ντουέτο *n.*

duffer *s.* ἀτζαμής *m.*

dug *s.* μαστάρι *n.*

dug-out *s.* ἀμπρί *n.* ~ canoe μονόξυλο *n.*

duke *s.* δούξ *m.* **~dom** *s.* δουκᾶτον *n.*

dulcet *a.* γλυκόηχος.

dull *a.* *(obtuse)* βραδύνους. *(depressed,* ἄκεφος, feel ~ πλήττω. *(bored)* βαργιεστισμένος, *(boring)* πληκτικός. *(colour, weather)* μουντός, *(sound)* ὑπόκωφος *(market)* ἀδρανής. *(not shiny)* θαμπός *(not sharp)* ἀμβλύς.

dull *v.t. & i.* θαμπώνω. *(v.t.)* *(blunt)* ἀμβλύνω, *(lessen)* ἐλαφρώνω. *(v.i.)* *(cloud over)* συννεφιάζω.

dullard *s.* βραδύνους *a.*

dullness *s.* *(of wits)* βραδύνοια *f.* *(being bored)* βαργιεστιμάρα *f.* *(monotony)* μονοτονία *f.*

dully *adv.* *(not brightly)* θαμπά, *(in dull mood)* βαργιεστημένα.

duly *adv.* δεόντως, κανονικῶς.

dumb *a.* βουβός. he was struck ~ ἔμεινε ἄναυδος. become ~ βουβαίνομαι. ~ show παντομίμα *f.* *(silly)* χαζός. **~ly** *adv* σιωπηλά. **~ness** *s.* βουβαμάρα *f.* *(silliness)* χαζομάρα *f.*

dumb-bells *s.* ἀλτῆρες *m.pl.*

dumbfound *v.* κατακεραυνώνω. be ~ε μένω ἐμβρόντητος *(or* ἐνεός*)*.

dummy *s.* ὁμοίωμα *n.* *(tailor's)* κούκλα *f (baby's)* πιπίλα *f.* *(at bridge)* μόρ. *(a. τεχνητός, ψεύτικος. ~ run δοκιμή *f.*

dump *v.* πετῶ, ἀπορρίπτω, ξεφορτώνω *(s.)* *(supplies)* ἀποθήκη *f.* *(rubbish* σκουπιδότοπος *m.* *(pej., place)* παλιότο πος *m.* **~ing** *s.* *(trade)* ντάμπινγκ *n.*

dumps *s.* *(fam.)* be *(down)* in the ~ εἶμα στίς μαῦρες μου.

dumpy *a.* κοντόχοντρος.

dun *a.* γκρί-καφέ.

dun *v.* πιέζω. *(s.)* πιεστικός δανειστής.

dunce *s.* κούτσουρο *n.*

dunderhead *s.* ντουβάρι *n.*

dune *s.* ἀμμόλοφος *m.*

dung *s.* κοπριά *f. see* droppings.

dungarees *s.* ἐργατική φόρμα.

dungeon *s.* μπουντρούμι *n.*

dunk *v.* βουτῶ.

duodecimal *a.* δωδεκαδικός.

duodenal *a.* δωδεκαδακτυλικός.

dupe *v.* κοροϊδεύω, πιάνω κορόιδο. *(s.)* κορόιδο *n.*

duple *a.* διμερής.

duplicate *a.* *(same)* ὅμοιος. we have ~ keys ἔχομε ἀπό τά ἴδια κλειδιά. in ~ εἰς διπλοῦν. *(s.) (of bill, etc.)* διπλότυπον *n.* *(similar specimen)* ἀκριβές ἀντίγραφον.

duplicat|e *v.t.* *(repeat)* ἐπαναλαμβάνω, *(make copies of)* βγάζω ἀντίγραφα *(with gen.)* ~**ion** *s.* ἐπανάληψις *f.* ~**or** *s.* πολύγραφος *m.*

duplicity *s.* διπροσωπία *f.*

durab|le *a.* ἀνθεκτικός, γερός, ἀντοχῆς. ~**ility** *s.* ἀνθεκτικότης *f.*, ἀντοχή *f.*

durance *s.* φυλάκισις *f.*

duration *s.* διάρκεια *f.* for the ~ of the war *(looking back)* ὅσο διήρκεσε *or (looking forward)* ὅσο διαρκέση ὁ πόλεμος.

duress *s.* under ~ ὑπό πίεσιν.

during *prep.* κατά *(with acc.),* κατά τό διάστημα *or* κατά τή διάρκεια *(with gen.).*

dusk *s.* σούρουπο *n.,* λυκόφως *n.* ~**y** *a.* σκοτεινός, *(in colour)* μελαψός.

dust *s.* σκόνη *f.,* κονιορτός *m.* throw ~ in his eyes ῥίχνω στάχτη στά μάτια του. bite the ~ πέφτω ἡττημένος. shake the ~ off one's feet ῥίχνω μαύρη πέτρα πίσω μου. they raised the ~ *or* had a ~-up ἔγινε καβγᾶς, χάλασαν τόν κόσμο. ~**bin** *s.* σκουπιδοτενεκές *m.* ~**cart** *s.* αὐτοκίνητο τῶν σκουπιδιῶν. ~-**jacket** *s.* κάλυμμα βιβλίου. ~**man** *s.* σκουπιδιάρης *m.* ~**pan** *s.* φαράσι *n.*

dust *v.t.* ξεσκονίζω, *(powder)* πουδράρω. ~**er** *s.* ξεσκονόπανο *n.* ~**ing** *s.* ξεσκόνισμα *n.*

dusty *a.* γεμᾶτος σκόνη, *(object)* σκονισμένος, get ~ γεμίζω σκόνη, σκονίζομαι. *(fam.)* not so ~ ἀρκετά καλός.

Dutch *a.* ὁλλανδικός. *(person)* Ὁλλανδός *m.,* Ὁλλανδέζα *f.* *(fam.)* go ~, have a ~ treat πληρώνω μέ ρεφενέ. double ~ ἀλαμπουρνέζικα *n.pl.*

dutiable *a.* φορολογήσιμος.

dutiful *a.* ὑπάκουος, πιστός, εὐπειθής. ~**ly** *adv.* εὐπειθῶς.

duty *s.* καθῆκον *n.* *(obligation)* ὑποχρέωσις *f.* *(function, service)* ὑπηρεσία *f.* be on ~ εἶμαι τῆς ὑπηρεσίας, off ~ ἐκτός ὑπηρεσίας. be in ~ bound ἔχω ὑποχρέωση. do ~ for *(be used as)* χρησιμεύω γιά. present one's ~ *(respects)* ὑποβάλλω τά σέβη μου.

duty *s.* *(tax)* δασμός *m.,* φόρος *m.* free of ~ *(a.)* ἀτελής, ἀφορολόγητος, *(adv.)* ἀτελῶς.

dwarf *s. & a.* νᾶνος *m.* *(v.)* our house is ~ed by the block of flats next door τό σπίτι μας φαίνεται σάν νᾶνος μπροστά στή διπλανή πολυκατοικία.

dwell *v.* *(live)* ζῶ, διαμένω, κατοικῶ. ~ on *(treat at length)* ἐπιμένω εἰς, ἐνδιατρίβω εἰς, *(stress)* τονίζω, *(hold note, etc.)* κρατῶ. ~**er** *s.* town-~ers κάτοικοι πόλεων. ~**ing** *s.* σπίτι *n.,* κατοικία *f.*

dwindle *v.* ἐλαττώνομαι, λιγοστεύω, πέφτω. *(waste away)* φθίνω.

dye *s.* βαφή *f.,* μπογιά *f.* *(fig.)* of the deepest ~ τοῦ αἰσχίστου εἴδους. *(v.)* βάφω. *(fig.)* ~d-in-the-wool βαμμένος. ~**ing** *s.* βαφή *f.,* βάψιμο *n.*

dyer's *s.* βαφεῖον *n.*

dying *s.* θάνατος *m.* *(a.)* *(on point of death)* ἑτοιμοθάνατος, *(last)* τελευταῖος. *(~ out)* ἐκλείπων, a ~ art μία τέχνη πού ἐκλείπει.

dyke *s.* ἀνάχωμα *n.* *(ditch)* τάφρος *m.*

dynam|ic *a.* δυναμικός. ~**ics** *s.* δυναμική *f.* ~**ism** *s.* δυναμισμός *m.*

dynamite *s.* δυναμῖτις *f.*

dynamo *s.* γεννήτρια *f.,* δυναμό *n.*

dynast|y *s.* δυναστεία *f.* ~**ic** *a.* δυναστικός.

dysentery *s.* δυσεντερία *f.*

dyspep|sia *s.* δυσπεψία *f.* ~**tic** *a.* δυσπεπτικός.

E

each *a.* κάθε, ~ time κάθε φορά. *(pron.)* ~ one ὁ καθείς, ὁ καθένας, ~ of us ὁ καθένας μας, ~ in turn ὁ καθένας μέ τή σειρά του. they cost 10 drachmas ~ κοστίζουν δέκα δραχμές τό ἕνα *(or* τό καθένα). I gave them 10 drachmas ~ τούς ἔδωσα ἀπό δέκα δραχμές. ~ and every εἷς ἔκαστος. ~ *(of two)* ἑκάτερος, on ~ side κι' ἀπ' τή μία κι' ἀπ' τήν ἄλλη πλευρά, ἑκατέρωθεν. they help ~ other βοηθάει ὁ ἕνας τόν ἄλλον *or* βοηθοῦνται μεταξύ τους *or* ἀλληλοβοηθοῦνται. we see ~ other often βλεπόμαστε συχνά.

eager *a. (to please, etc.)* πρόθυμος, ὁλοπρόθυμος. be ~ ἀνυπομονῶ, ἐπιθυμῶ. he is ~ *(anxious)* to leave δέν βλέπει τήν ὥρα νά φύγη. ~**ly** *adv.* προθύμως, μέ ἀνυπομονησία. ~**ness** *s.* προθυμία *f.*, ἀνυπομονησία *f.*

eagle *s.* ἀετός *m.*

ear *s.* αὐτί *n. (of corn)* στάχι *n.* give *(or* lend an*)* ~ ἀκούω. up to the ~s in work πνιγμένος στή δουλειά. set them by the ~s σπέρνω ζιζάνια ἀνάμεσά τους. keep an ~ to the ground ἔχω τό αὐτί μου τεντωμένο γιά τό τί λέγεται καί γίνεται. lend a favourable ~ τείνω εὐήκοον οὖς. he got a thick ~ ἔφαγε μία καρπαζιά. ~**-drum** *s.* τύμπανον *n.* ~**-wax** *s.* κυψέλη *f.*

earl *s.* κόμης *m.* ~**dom** *s.* κομητεία *f.*

earlly *a. (in the day)* πρωινός, *(in season)* πρώιμος, *(in good time)* ἔγκαιρος. from an ~y age ἀπό πολύ νωρίς. we had an ~y meal φάγαμε νωρίς. it is ~y closing day τά μαγαζιά εἶναι κλειστά τό ἀπόγευμα. *(adv.)* (ἐ)νωρίς, *(in the morning)* πρωί, *(in season)* πρώιμα. ~y in May στίς ἀρχές τοῦ Μάη. ~**ier** *adv.* νωρίτερα, *(in the day)* πιό πρωί. ~**iest** *a.* at the ~iest opportunity ὅσο τό δυνατόν νωρίτερα. my ~iest memories οἱ πιό παλιές μου ἀναμνήσεις.

earmark *v.* προορίζω.

earn *v.* κερδίζω. ~**ings** *s.* κέρδη *n.pl.*

earnest *a. (serious)* σοβαρός, *(ardent)* θερμός. ~**ly** *adv.* σοβαρῶς, θερμῶς.

earnest *s. (money)* καπάρο *n. (example)* δεῖγμα *n.*

earring *s.* σκουλαρίκι *n.*

earshot *s.* within *(or* out of*)* ~ ἐντός *(or* ἐκτός*)* ἀκτίνος ἀκοῆς.

earth *s.* γῆ *f. (soil)* χῶμα *n. (electric)* προσγείωσις *f.* down to ~ προσγειωμένος. the biggest on ~ ὁ μεγαλύτερος τοῦ κόσμου. run *(person)* to ~ ἀνακαλύπτω. why on ~ did you do that? γιατί στήν ὀργή τὄκανες αὐτό; the ~'s sphere γήινη σφαίρα.

earthen *a. (made of earth)* χωματένιος. *(made of clay)* πήλινος. ~**ware** *s. (collective)* πήλινα σκεύη. *(a.)* πήλινος.

earthly *a.* γήινος, ἐπίγειος. *(fam.)* that is no ~ use δέν χρησιμεύει σέ τίποτα. for no ~ reason γιά κανένα λόγο. have no ~ chance δέν ἔχω τήν παραμικρή ἐλπίδα.

earthquake *s.* σεισμός *m.*

earthwork *s.* πρόχωμα *n.*

earthy *a.* it has an ~ smell μυρίζει χῶμα. *(fig.)* χοντρός, χοντροκομμένος.

ease *s.* εὐκολία *f.*, εὐχέρεια *f. (comfort)* ἄνεσις *f.* feel at ~ νοιώθω ἄνετα. he put me at my ~ μ' ἔκανε νά νοιώθω ἄνετα.

ease *v.t. (relieve)* ἀνακουφίζω, *(assist)* διευκολύνω, *(loosen)* χαλαρώνω. *(v.i.)* ~ *(off) (become less)* κόβω, πέφτω.

easel *s.* καβαλλέτο *n.*, ὀκρίβας *m.*

easily *adv.* εὔκολα, ἄνετα.

east *s.* ἀνατολή *f.* to the ~ of Athens ἀνατολικῶς τῶν Ἀθηνῶν. Near *(or* Far*)* E~ ἐγγύς *(or* ἄπω*)* ἀνατολή.

east, ~erly, ~ern, ~ward *a.* ἀνατολικός. ~ wind λεβάντες *m.*, ἀπηλιώτης *m.* ~**wards** *adv.* πρός ἀνατολάς.

Easter *s.* Πάσχα *n.*, Λαμπρή *f. (a.)* πασχαλινός.

easy *a.* εὔκολος, εὐχερής, *(comfortable)* ἄνετος. *(free from worry)* ἥσυχος. *(not tiring)* ~ work ξεκούραστη δουλειά. have an ~ conscience ἔχω τή συνείδησή μου ἥσυχη *(or* ἀναπαυμένη*)*. *(the room)* is ~ to heat θερμαίνεται εὔκολα. *(adv.)* take things ~ ζῶ λιγώτερο ἐντατικά. ~ does it! σιγά σιγά! ~ on the wine! σιγά τό κρασί! ~**-chair** *s.* πολυθρόνα *f.* ~**-going** *a.* ἀκόλλος.

eat *v.* τρώ(γ)ω, μασῶ. he had ~en εἶχε φάει *or* ἦταν φαγωμένος. *(fig.)* ~ one's words παίρνω πίσω τά λόγια μου. ~**able** *a.* φαγώσιμος. it isn't ~able δέν τρώγεται. ~**er** *s.* meat~er κρεοφάγος *a.*

eating *s.* τό τρώγειν. he likes ~ τοῦ ἀρέσει νά τρώη. ~ and drinking φαγοπότι *n.*

eau-de-Cologne *s.* κολόνια *f.*

eaves *s.* γεῖσον *n.*

eavesdrop *v.i.* ὠτακουστῶ, *(also* ~ on*)* κρυφακούω. ~**per** *s.* ὠτακουστής *m.*

ebb *s. (tide)* ἄμπωτις *f. (fig.)* παρακμή *f.*, on the ~ σέ κάμψη. *(v.) (of tide)* πέφτω. *(fig.)* παρακμάζω, *(of life, daylight)* σβήνω.

ebony *s.* ἔβενος *m.f.*

ebullient *a.* be ~ ξεχειλίζω ἀπό ἐνθουσιασμό.

eccentric *a.* ἐκκεντρικός. ~**ity** *s.* ἐκκεντρικότης *f.*

ecclesiastic *s.* κληρικός *m.* ~**al** *a.* ἐκκλησιαστικός.

echelon *s. (mil.)* κλιμάκιον *n. (of civil service, etc.)* βαθμίς *f.*

echo *s.* ἠχώ *f.*, ἀντίλαλος *m. (v.i.)*

άντηχῶ, άντιλαλῶ. *(v.t.)* άπηχῶ. *(fig., repeat)* έπαναλαμβάνω.

eclectic *a.* be ~ in one's tastes δέν ἔχω περιορισμένα γοῦστα.

eclipse *s.* ἔκλειψις *f.*, there is an ~ of the moon τό φεγγάρι κάνει ἔκλειψη. *(v.t., fig.)* ἐπισκιάζω.

ecolog|y *s.* οἰκολογία *f.* ~**ical** *a.* οἰκολογικός.

economic *a.* οἰκονομικός. ~**s** *s.* οἰκονομολογία *f.*, οἰκονομικά *n.pl.*, οἰκονομική *f.*

economical *a. (thing)* οἰκονομικός, *(person)* οἰκονόμος *m.f.* ~**ly** *adv. (inexpensively)* οἰκονομικά, *(from an economic point of view)* οἰκονομικῶς.

economist *s.* οἰκονομολόγος *m.f.*

economize *v.i.* κάνω οἰκονομίες.

economy *s.* οἰκονομία *f. (fig., of style)* λιτότης *f.*

ecsta|sy *s.* ἔκστασις *f.* ~**tic** *a.* ἐκστατικός.

ecumenical *a.* οἰκουμενικός.

eczema *s.* ἔκζεμα *n.*

eddy *s.* δίνη *f.*, στρόβιλος *m. (v.)* στροβιλίζομαι.

Eden *s.* Ἐδέμ *f.*

edge *s.* ἄκρη *f. (of blade)* κόψη *f. (rim)* χεῖλος *n.* at the very ~ ἄκρη-ἄκρη. take the ~ off *(knife)* στομώνω, *(appetite)* κόβω. I have' the ~ on him τόν ἔχω ξεπεράσει. on ~ ἐκνευρισμένος.

edge *v.t. (push slowly)* σπρώχνω σιγά-σιγά. ~ one's way forward προχωρῶ βαθμιαίως. *(of material, etc.)* ~d with yellow μέ κίτρινη μπορντούρα. *(of hat, border, etc.)* it is ~d with flowers ἔχει μπορντούρα ἀπό λουλούδια.

edgeways *adv.* πλαγίως.

edging *s.* μπορντούρα *f. (only of cloth)* ρέλι *n.*, τελείωμα *n.*

edgy *a.* νευρικός.

edible *a.* φαγώσιμος. it is not ~ δέν τρώγεται.

edict *s.* διάταγμα *n.*

edification *s.* ἠθική ἐξύψωσις. for your ~ πρός γνῶσιν σας.

edifice *s.* οἰκοδόμημα *n.*

edify *v.* ἐξυψώνω ἠθικῶς. ~**ing** *a.* ἐποικοδομητικός.

edit *v. (prepare for publication)* ἐτοιμάζω πρός ἔκδοσιν. he ~s the «Times». εἶναι συντάκτης τῶν Τάιμζ. *(critically)* ἐπιμελοῦμαι *(with gen.)*. who ~ed the work? ποιός εἶχε τήν ἐπιμέλειαν τῆς ἐκδόσεως; *(a book)* ~ed by J. Vlachos ὑπό τήν ἐπιμέλειαν τοῦ Ἰ. Βλάχου. ~**ion** *s.* ἔκδοσις *f.*

editor *s. (of paper)* συντάκτης *m. (of criti-*

cal edition) ἐπιμελητής *m.* ~**ial** *s.* συντακτικός. ~**ial** staff σύνταξις *f. (s.)* κύριον ἄρθρον.

educat|e *v.* ἐκπαιδεύω, μορφώνω. ~**ed** *a.* μορφωμένος. ~**or** *s.* ἐκπαιδευτικός *m.*

education *s.* παιδεία *f.*, ἐκπαίδευσις *f.*, μόρφωσις *f.* ~**al** *a.* ἐκπαιδευτικός, μορφωτικός. ~**alist** *s.* εἰδικός στά ἐκπαιδευτικά ζητήματα.

eel *s.* χέλι *n.*

eerie *a.* μυστηριώδης.

efface *v.* ἐξαλείφω. ~ oneself μένω ἐθελοντικῶς παράμερα.

effect *s. (result)* ἀποτέλεσμα *n. (influence)* ἐπίδρασις *f. (consequence)* συνέπεια *f. (impression)* ἐντύπωσις *f.*, *(in art)* ἐφφέ *n.* have an ~ on ἐπηρεάζω. put into ~ or give ~ to ἐφαρμόζω. come into ~ τίθεμαι ἐν ἰσχύι. take ~ *(bring results)* φέρνω ἀποτέλεσμα. in ~ οὐσιαστικά. to no ~ χωρίς ἀποτέλεσμα. to the same ~ μέ τό ἴδιο νόημα.

effect *v.* πραγματοποιῶ, ἐπιτυγχάνω. they ~ed an entry κατόρθωσαν νά μποῦν μέσα. ~ an insurance policy κάνω ἀσφάλεια.

effective *a.* ἀποτελεσματικός, *(striking)* πετυχημένος, *(actual)* πραγματικός, *(operative)* ἰσχύων, *(of armed forces)* μάχιμος. ~**ly** *adv.* ἀποτελεσματικῶς, πετυχημένα, πραγματικῶς, ~**ness** *s.* ἀποτελεσματικότης *f.* ἐπιτυχία *f.*

effectual *a.* τελεσφόρος.

effectuate *v.t.* see effect.

effemin|ate *a.* θηλυπρεπής. ~**acy** *s.* θηλυπρέπεια *f.*

effervesc|e *v.* ἀφρίζω. *(fig.) (of person)* ξεχειλίζω ἀπό ζωή. ~**ence** *s.* ἄφρισμα *n.* ~**ent** *a. (drink)* ἀεριοῦχος.

effete *a.* ἐξηντλημένος.

efficac|y *s.* ἀποτελεσματικότης *f.* ~**ious** *a.* ἀποτελεσματικός.

effici|ent *a. (person)* ἱκανός, ἄξιος, *(thing)* ἀποτελεσματικός, *(both)* ἀποδοτικός. ~**ency** *s.* ἱκανότης *f.*, ἀποδοτικότης *f.* ~**ently** *adv.* μέ ἱκανότητα, ἀποτελεσματικῶς.

effigy *s.* ὁμοίωμα *n.*

effluent *s.* ἐκροή *f. (sewage, etc.)* ἀπόβλητα *n.pl.*, λύματα *n.pl.*

effort *s. (attempt)* προσπάθεια *f. (trouble)* κόπος *m.*

effortless *a.* ἀβίαστος. ~**ly** *adv.* ἀκόπως.

effrontery *s.* αὐθάδεια *f.*

effusive *a.* ὑπερβολικά διαχυτικός. ~**ness** *s.* ὑπερβολική διαχυτικότης.

egalitarian *s.&a.* ὑπέρμαχος τῆς κοινωνικῆς ἰσότητος.

egg *s.* αὐγό *n.* bad ~ *(lit.)* κλούβιο αὐγό, *(fig.)* παλιάνθρωπος *m.* put all one's ~s in one basket διακυβεύω τά πάντα σέ μία ἐπιχείρηση. ~-**cup** *s.* αὐγουλιέρα *f.,* αὐγοθήκη *f.* ~-**head** *s. (fam.)* διανοούμενος *m.* ~-**plant** *s.* μελιτζάνα *f.* ~-**shaped** *f.* ὠοειδής. ~-**shell** *s.* αὐγότσουφλο *n.*

egg *v.* ~ on παρακινῶ, σπρώχνω.

ego *s.* ἐγώ *n.* ~**centric** *a.* ἐγωκεντρικός.

ego|ism *s.* ἐγωισμός *m.* ~**ist** *s.* ἐγωιστής *m.* ~**istic** *a.* ἐγωιστικός.

egot|ism *s.* περιαυτολογία *f.* ~**ist** *s.* περιαυτολόγος *a.*

egregious *a.* an ~ fool ὁλάκας μέ πατέντα.

egress *s.* ἔξοδος *f.*

Egyptian *a.* αἰγυπτιακός. *(person)* Αἰγύπτιος.

eh *int.* ἔ.

eight *num.* ὀκτώ, ὀχτώ, ~ hundred ὀκτακόσιοι *a.* ~**h** *a.* ὄγδοος.

eighteen *num.* δεκαοκτώ. ~**th** *a.* δέκατος ὄγδοος.

eight|y *num.* ὀγδόντα. ~**ieth** *a.* ὀγδοηκοστός.

either *adv.* & *a.* ~ ... or ἤ ... ἤ, εἴτε... εἴτε. *(he doesn't like it)* and nor do I ~ οὔτε ἐγώ. ~ *(of two)* ἑκάτερος. ~ of them you can have ~ of these books μπορεῖς νά πάρης ὅποιο ἀπό τά δύο βιβλία προτιμᾶς. on ~ side ἑκατέρωθεν, κι' ἀπό τίς δύο πλευρές.

ejaculat|e *v.* φωνάζω. ~**ion** *s.* φωνή *f.*

eject *v.t.* ἐκβάλλω, ὁγάζω. *(person)* πετῶ ἔξω. *(from machine)* ἐκτινάσσω. ~**ion** *s.* *(of person)* ἐκδίωξις *f.* *(from machine)* ἐκτίναξις *f.*

eke *v.* ~ out συμπληρώνω. ~ out a living ἀποζῶ.

elaborat|e *a.* *(complicated)* πολύπλοκος, *(detailed)* λεπτομερής. *(of thing made)* πολυδουλεμένος. *(v.t.)* ἐπεξεργάζομαι, ἐκπονῶ. ~**ely** *adv.* *(in detail)* λεπτομερῶς. ~**ion** *s.* *(working out)* ἐκπόνησις *f.* *(in art)* ὁαριά διακόσμησις.

elapse *v.* παρέρχομαι, περνῶ.

elastic *a.* ἐλαστικός, *(made of ~)* λαστιχένιος. *(s.)* λάστιχο *n.* ~**ity** *s.* ἐλαστικότης *f.*

elat|e *v.* κατενθουσιάζω. ~**ed** *a.* feel ~ed πετάω ἀπ' τή χαρά μου. ~**ion** *s.* ἐνθουσιασμός *m.*

elbow *s.* ἀγκώνας *m. (fam.)* ~ grease

γερό καθάρισμα καί γυάλισμα. I haven't got ~ room εἶμαι στρυμωγμένος *(v.t.)* παραγκωνίζω. ~ one's way διαγκωνίζομαι.

elder *a.* μεγαλύτερος. ~ statesman παλαίμαχος πολιτικός. *(s.)* my ~s οἱ μεγαλύτεροί μου. *(church)* πρεσβύτερος *m.* ~**ly** *a.* ἡλικιωμένος.

eldest *a.* ὁ μεγαλύτερος.

elect *a.* *(best)* ἐκλεκτός. the mayor ~ ὁ μέλλων δήμαρχος.

elect *v.t.* ἐκλέγω. *(v.i., decide)* ἀποφασίζω. ~**ed** *a.* αἱρετός.

election *s.* ἐκλογή *f.,* ἐκλογές *f.pl.* ~**eer** *v.i.* ψηφοθηρῶ. ~**eering** *s.* ψηφοθηρία *f.*

elector *s.* ἐκλογεύς *m.* ~**al** *a.* ἐκλογικός. ~**ate** *s.* οἱ ψηφοφόροι.

electric *a.* ἠλεκτρικός. ~ atmosphere *(fig.)* ἠλεκτρισμένη ἀτμόσφαιρα. ~ lighting ἠλεκτροφωτισμός *m.* ~ shock ἠλεκτροπληξία *f.* I got an ~ shock *(fam.)* μέ χτύπησε τό ρεῦμα.

electrical *a.* ἠλεκτρικός, *(fig., tense)* ἠλεκτρισμένος. ~ engineering ἠλεκτρομηχανολογία *f.* ~ engineer ἠλεκτρολόγος μηχανικός. ~**ly** *adv.* μέ ἠλεκτρισμό.

electrician *s.* ἠλεκτρολόγος *m.*

electricity *s.* ἠλεκτρισμός *m.* the ~ is cut off *(fam.)* κόπηκε τό ἠλεκτρικό *(or* τό ρεῦμα*).*

electrif|y *v.* *(railway, etc.)* ἐξηλεκτρίζω, *(audience)* ἠλεκτρίζω, γαλβανίζω, ~**ication** *s.* ἐξηλεκτρισμός *m.* ~**ying** *a.* he gave an ~ying performance ἠλέκτρισε τό ἀκροατήριο.

electrocut|e *v.* θανατώνω δι' ἠλεκτροπληξίας. ~**ion** *s.* ἠλεκτροπληξία *f.*

electron *s.* ἠλεκτρόνιον *n.* ~**ics** *s.* ἠλεκτρονική *f.*

electroplated *a.* ἐπάργυρος.

elegance *s.* κομψότης *f.* *(of language)* γλαφυρότης *f.* *(of line, fam.)* γάρμπος *n.*

elegant *a.* κομψός, *(of style)* γλαφυρός ~**ly** *adv.* κομψά, μέ κομψότητα, μέ γλαφυρότητα.

eleg|y ἐλεγεῖον *n.* ~**iac** *a.* ἐλεγειακός.

element *s.* στοιχεῖον *n.* ~**ary** *a.* στοιχειώδης. ~**ary** school δημοτικῶν σχολεῖον.

elephant *s.* ἐλέφας *m. (fig.)* white ~ ὀγκῶδες καί ἄχρηστον ἀντικείμενον. ~**ine** *a.* *(unwieldy)* ἐλεφαντοειδής.

elevat|e *v.* ἀνυψώνω, *(promote)* προάγω. ~**ed** *a.* *(style, etc.)* ὑψηλός, *(railway)* ἐν ἀέριος. ~**ing** *a.* ἠθοπλαστικός. ~**or** *s.* ἀνελκυστήρ *m.*

elevation *s.* *(raising)* ἀνύψωσις *f.* *(height*

ὕψος *n. (promotion)* προαγωγή *f. (archit.)* πρόσοψις *f. (high ground)* ὕψωμα *n.*

eleven *num.* ἕνδεκα, ἕντεκα. ~**th** *a.* ἐνδέκατος.

elf *s. (sprite)* σκανταλιάρικο ἀγερικό. *(child)* σκανταλιάρικο παιδί. ~**in** *a.* γοητευτικά σκανταλιάρης.

elicit *v. (response)* προκαλῶ, *(the truth)* ἀποσπῶ.

elide *v.* ἐκθλίβω.

eligible *a.* κατάλληλος, ἔχων τά προσόντα. be ~ for pension δικαιοῦμαι συντάξεως. *(fam.)* ~ young man καλός γαμπρός.

eliminat|e *v.* ὀγάζω, ἀποκλείω. *(from body)* ἀποβάλλω. *(math.)* ἐξαλείφω. ~**ion** *s.* ἀποκλεισμός *m.* ἀποβολή *f.*

elision *s.* ἐκθλιψις *f.*

élite *s.* οἱ ἐκλεκτοί.

elixir *s.* ἐλιξήριον *n.*

ellip|se *s.* ἔλλειψις *f.* ~**tical** *a.* ἐλλειπτικός.

elm *s.* φτελιά *f.*

elocution *s.* ὀρθοφωνία *f.*

elongat|e *v.* ἐπιμηκύνω. ~**ion** *s.* ἐπιμήκυνσις *f.*

elope *v.* he ~d with her τήν ἔκλεψε. they ~d κλέφτηκαν, ἀλληλοαπήχθησαν. ~**ment** *s.* ἑκουσία ἀπαγωγή.

eloqu|ence *s.* εὐφράδεια *f.* εὐγλωττία *f.* ~**ent** *a.* εὐφραδής, εὔγλωττος. ~**ently** *adv.* μέ εὐφράδεια.

else *adv.* someone ~ κάποιος ἄλλος, nothing ~ τίποτ' ἄλλο, where ~? ποῦ ἀλλοῦ; how ~? πῶς ἀλλιῶς; or ~ εἰδάλλως, εἰδεμή, ἀλλιῶς. ~**where** *adv.* (κάπου) ἀλλοῦ.

elucidat|e *v.* ἀποσαφηνίζω. ~**ion** *s.* ἀποσαφήνισις *f.*

elu|de *v.* ξεφεύγω ἀπό. it ~des me μοῦ διαφεύγει. ~**sive** *a. (of fugitive)* ἄπιαστος, *(of idea)* ἀσύλληπτος. be ~sive *(hard to find)* δέν ὀρίσκομαι εὔκολα.

emaciated *a.* κάτισχνος. become ~ *(fam.)* σουρώνω.

emanate *v.* προέρχομαι, πηγάζω.

emancipat|e *v.* χειραφετῶ. ~**ion** *s.* χειραφέτησις *f.*

emasculat|e *v.* εὐνουχίζω. ~**ion** *s.* εὐνουχισμός *m.*

embalm *v.* ὀαλσαμώνω, ταριχεύω. ~**ment** *s.* ὀαλσάμωμα *n.*

embankment *s.* ἐπιχωμάτωσις *f.*

embargo *s.* ἐμπάργκο *n.*

embark *v.t.* ἐπιβιβάζω, παίρνω. *(v.i.)* ἐπιβιβάζομαι. *(v.t.&i.)* μπαρκάρω. ~ on *(begin)* ἀρχίζω. ~**ation** *s.* ἐπιβίβασις *f.*

embarrass *v.* στενοχωρῶ, φέρνω σέ δύσκολη θέση. be ~ed στενοχωριέμαι, ὀρίσκομαι σέ δύσκολη θέση. ~**ment** *s.* στενοχώρια *f.* ἀμηχανία *f.*

embassy *s.* πρεσβεία *f.*

embattled *a.* ἕτοιμος πρός μάχην.

embedded *a.* σφηνωμένος, μπηγμένος.

embellish *v.* ἐξωραΐζω, στολίζω, καλλωπίζω. ~**ment** *s.* ἐξωραϊσμός *m.*, στολισμός *m.*, καλλωπισμός *m.*

embers *s.* θράκα *f.*

embezzle *v.* καταχρῶμαι. ~**ment** *s.* κατάχρησις *f.* ~**r** *s.* καταχραστής *m.*

embitter *v.* πικραίνω. ~**ed** *a.* πικραμένος.

emblem *s.* ἔμβλημα *n.*

embod|y *v. (include)* περιλαμβάνω, *(give tangible form to)* ἐνσαρκώνω. *(render, express)* ἀποδίδω. ~**iment** *s.* ἐνσάρκωσις *f.*, προσωποποίησις *f.*

embolden *v.* ἐνθαρρύνω.

embossed *a.* ἀνάγλυφος, *(print)* ἔκτυπος.

embrace *v.* ἀγκαλιάζω, ἐναγκαλίζομαι. *(adopt)* ἀσπάζομαι. *(include)* περιλαμβάνω. *(s.)* ἀγκαλιά *f.*, ἀγκάλιασμα *n.*, ἐναγκαλισμός *m.*

embrasure *s. (for gun)* πολεμίστρα *f. (in room)* κούφωμα *n.*

embroider *v.* κεντῶ, *(fig.)* στολίζω. ~**ed** *a.* κεντητός. ~**y** *s.* κέντημα *n.*

embroil *v. (also get ~ed)* μπλέκω.

embryo *s.* ἔμβρυον *n.* ~**nic** *a.* ἐμβρυώδης.

emend *v.* διορθώνω. ~**ation** *s.* διόρθωσις *f.*

emerald *s.* σμαράγδι *n. (a.)* σμαραγδένιος.

emerg|e *v. (from water)* ἀναδύομαι, *(come out)* ὀγαίνω, *(come to light)* ἀνακύπτω, *(crop up, result)* προκύπτω. ~**ence** *s.* ἐμφάνισις *f.* ~**ent** *a.* ~ent countries ἀναπτυσσόμενες χῶρες.

emergency *s.* κρίσιμος περίστασις. state of ~ κατάστασις ἀνάγκης. ~ exit ἔξοδος κινδύνου.

emery *s.* σμύρις *f.* ~-**paper** *s.* σμυριδόχαρτο *n.*

emetic *a.* ἐμετικός.

emigr|ant *s.* μετανάστης *m.* ~**ate** *v.* μεταναστεύω. ~**ation** *s.* μετανάστευσις *f.*

émigré *s.* ἐμιγκρές *m.*

emin|ence *s. (height)* ὕψος *n. (high ground)* ὕψωμα *n. (distinction)* διασημότης *f.* ~**ent** *a.* διάσημος, διαπρεπής. ~**ently** *adv.* ἐξαιρετικά, ἀπολύτως.

emir *s.* ἐμίρης *m.*

emissary *s.* ἀπεσταλμένος *m.*

emission *s.* ἐκπομπή *f.*

emit *v.* ἐκπέμπω.

emoluments *s.* ἀπολαβαί *f.pl.*, ἀποδοχαί *f.pl.*

emotion *s.* συγκίνησις *f.* the ~s αἰσθήματα, συναισθήματα *n.pl.*

emotional *a.* συναισθηματικός, *(easily moved)* εὐσυγκίνητος, *(moving)* συγκινητικός. ~ly *adv.* μέ συγκίνηση. ~ly unstable συναισθηματικῶς ἀσταθής.

emotive *a.* συγκινητικός.

empathy *s.* βαθιά κατανόησις.

emperor *s.* αὐτοκράτωρ *m.*

emphas|is *s.* ἔμφασις *f.* ~ize *v.* τονίζω.

emphatic *a.* ἐμφατικός. ~ally *adv.* ἐμφατικῶς, μέ ἔμφαση. ~ally agree συμφωνῶ ἀπολύτως.

empire *s.* αὐτοκρατορία *f.*

empiric, ~al *a.* ἐμπειρικός. ~ally *adv.* ἐμπειρικῶς. ~ism *s.* ἐμπειρισμός *m.* ~ist *s.* ἐμπειρικός *m.*

employ *v. (use)* χρησιμοποιῶ, *(keep busy, give work to)* ἀπασχολῶ. be ~ed in *(doing sthg.)* ἀσχολοῦμαι μέ, *(a bank, etc.)* δουλεύω σέ. *(s.)* be in the ~ of ἐργάζομαι γιά. ~ee *s.* ὑπάλληλος *m.f.* ~er *s.* ἐργοδότης *m.*

employment *s.* χρησιμοποίησις *f.* ἀπασχόλησις *f.*, ἀσχολία *f. (work)* ἐργασία *f. (see* employ). ~ agency γραφεῖον εὑρέσεως ἐργασίας.

emporium *s. (market)* ἀγορά *f. (shop)* κατάστημα *n.*

empower *v. (enable)* ἐπιτρέπω *(with* σέ *or gen.). (authorize)* ἐξουσιοδοτῶ.

empress *s.* αὐτοκράτειρα *f.*

emptiness *s.* κενόν *n.*

empty *a.* ἄδειος, ἀδειανός, *(vain, void)* κενός. ~-handed *a.* μέ ἄδεια χέρια. ~-headed *a.* ἄμυαλος.

empty *v.t. & i.* ἀδειάζω. *(v.t.)* ἐκκενώνω. *(v.i.) (of river)* ἐκβάλλω.

emulat|e ἁμιλλῶμαι, συναγωνίζομαι. παραβγαίνω μέ. ~ion *s.* ἅμιλλα *f.* in ~ion of ἁμιλλώμενος.

emulous *a.* be ~ of *(person) see* emulate, *(honours, etc.)* ἐπιζητῶ.

emulsion *s.* γαλάκτωμα *n.*

enable *v.* ἐπιτρέπω *(with* σέ *or gen.).*

enact *v.* θεσπίζω, *(play)* παίζω, παριστάνω. ~ment *s.* θέσπισις *f.* παίξιμο *n.*

enamel *s.* σμάλτο *n. (v.)* σμαλτώνω. *(a.) (also* ~led) ἐμαγιέ.

enamoured *a.* ἐρωτευμένος. become ~ of ἐρωτεύομαι.

encamp *v.* στρατοπεδεύω. ~ment *s.* κατασκήνωσις *f.*

encase *v.* ἐγκιβωτίζω, *(fig.)* περικαλύπτω.

enchain *v.* ἁλυσοδένω, *(fig.)* αἰχμαλωτίζω

enchant *v.* μαγεύω, γοητεύω. ~ing *a.* μαγ γευτικός. ~ment *s.* μαγεία *f.* ~ress *s* μάγισσα *f.* γόησσα *f.*

encirc|le *v.* περικυκλώνω, ζώνω. ~lemen *s.* περικύκλωσις *f.* ~ling *a.* κυκλωτικός

enclave *s.* ἔδαφος *(territory) or* κρατίδι *(state)* περικλεισμένο μέσα σέ ξένη χώρα

enclose *v. (shut in)* ἐγκλείω, *(surround* περικλείω, *(fence)* περιφράσσω, *(in let ter)* ἐσωκλείω.

enclosure *s. (fencing)* περίφραξις *f (ground)* περίβολος *m. (in letter)* ἐσώ κλειστον *n.,* συνημμένον *n.*

encomium *s.* ἐγκώμιον *n.*

encompass *v.* περιστοιχίζω.

encore *int.* μπίς. *(v.)* μπιζάρω. *(s.)* μπίς ἀγκόρ *n.*

encounter *v.* ἀντιμετωπίζω, συναντῶ. *(s.* συνάντησις *f.*

encourage *v.* ἐνθαρρύνω. ~ement *s.* ἐν θάρρυνσις *f.* ~ing *a.* ἐνθαρρυντικός.

encroach *v.* ~ on καταπατῶ. ~ment *s.* καταπάτησις *f.*

encumb|er *v.* ἐμποδίζω, (παρα)φορτώνω ~rance *s.* ἐμπόδιο *n.,* βάρος *n.*

encyclopaedia *s.* ἐγκυκλοπαιδεία *f.*

end *s. (extremity)* ἄκρη *f.* at the ~ of the street στήν ἄκρη τοῦ δρόμου. *(finish* τέρμα *n.,* πέρας *n.,* τέλος *n.* bring to an ~ θέτω τέρμα εἰς, φέρω εἰς πέρας. the ~s of the earth τά πέρατα τῆς γῆς. the ~ of the world ἡ συντέλεια τοῦ κόσμου make both ~s meet τά οἰκονομάω, τά φέρνω βόλτα. keep one's ~ up δέν τά βάζω κάτω. think no ~ of θαυμάζω πολύ, ἔχω μεγάλη ἰδέα γιά. *(object)* σκοπός *m.* appointed ~ προορισμός *m.* on ~ ὄρθιο, for hours on ~ ἐπί ὥρες ὁλόκληρες. in the ~ (στό) τέλος, τελικά, ἐν τέλει.

end *a.* ἀκρινός. the ~ house τό ἀκρινό σπίτι.

end *v.t. & i.* τελειώνω, τερματίζω. *(v.i.) (cease, expire)* λήγω. ~ up *(as, by, in)* καταλήγω. he ~ed up as a doorkeeper κατέληξε κλητήρας. *(gram.)* ~ in λήγω *(or* τελειώνω) σέ.

endanger *v.* (δια)κινδυνεύω, θέτω εἰς κίνδυνον.

endear *v.* ~ *(person)* τό καθιστῶ προσφιλῆ εἰς. ~ oneself to γίνομαι ἀγαπητός σέ. ~ing *a.* ἀξιαγάπητος. ~ments *s.* γλυκόλογα *n.pl.*

endeavour *v.* προσπαθῶ, πασχίζω. *(s.)* προσπάθεια *f.*

endemic *a.* ἐνδημικός.

ending *s.* τέλος *n.* *(gram.)* κατάληξις *f.*

endive *s.* ἀντίδι *n.*

endless *a.* ἀτελείωτος, πού δέν τελειώνει ποτέ. *(patience, etc.)* ἀπεριόριστος, πού δέν ἔχει ὅρια. go to ~ trouble τσακίζομαι, σκοτώνομαι, χαλάω τόν κόσμο.

endorse *v.* ὀπισθογραφῶ, *(confirm)* ἐπιδοκιμάζω. ~ment *s.* ὀπισθογράφησις *f.* ἐπιδοκιμασία *f.*

endow *v.* *(with money)* κληροδοτῶ. *(fig.)* προικίζω. ~ment *s.* κληροδότημα *n.*, *(act)* κληροδότησις *f.* *(fig.)* χάρισμα *n.*

endule *v.* δίνω σέ. ~ed with προικισμένος μέ.

endurance *s.* ἀντοχή *f.* *(patience)* καρτερία *f.* past ~ ἀνυπόφορος.

endurle *v.i.* *(last)* ἀντέχω, βαστῶ, κρατῶ. *(v.t.)* *(bear, undergo)* ὑποφέρω, ἀντέχω. *(stand up to)* ἀντέχω σέ. ~able *a.* ὑποφερτός. ~ing *a.* διαρκής, μόνιμος.

enema *s.* κλύσμα *n.*

enemy *s.* ἐχθρός *m.* *(a.)* ἐχθρικός.

energly *s.* *(phys.)* ἐνέργεια *f.* *(person's)* δύναμις *f.*, ἐνεργητικότης *f.* ~etic *a.* ἐνεργητικός. ~etically *adv.* μέ ἐνεργητικότητα.

enervatle *v.* ἐξασθενίζω, ἀποχαυνώνω. ~ing *a.* ἀποχαυνωτικός.

enfant terrible *s.* τρομερό παιδί.

enfeeble *v.* ἐξασθενίζω.

enfold *v.* ἀγκαλιάζω, τυλίγω.

enforce *v.* ἐπιβάλλω, ἐφαρμόζω ἀναγκαστικῶς. ~ment *s.* ἐπιβολή *f.*, ἐφαρμογή *f.*

enfranchise *v.* παρέχω πολιτικά δικαιώματα σέ.

engage *v.t.* *(hire)* συμφωνῶ, νοικιάζω, *(book)* πιάνω, κλείνω, *(a performer)* ἀγκαζάρω, *(staff)* προσλαμβάνω. *(attention)* προσελκύω. *(the enemy)* συμπλέκομαι μέ. ~ first gear βάζω πρώτη. he ~d me in conversation μ' ἔπιασε στίς κουβέντες. *(v.i.)* *(undertake)* ἀναλαμβάνω, ὑπόσχομαι. *(guarantee)* ἐγγυῶμαι. ~ in *(occupy oneself)* ἀσχολοῦμαι μέ. be ~d in εἶμαι ἀπασχολημένος μέ or καταγίνομαι μέ. get ~d ἀρραβωνιάζομαι.

engaged *a.* *(busy)* ἀπασχολημένος, *(betrothed)* ἀρραβωνιασμένος, *(taken)* κατειλημμένος, πιασμένος. the *(phone)* number is ~ ἡ γραμμή εἶναι κατειλημμένη.

engagement *s.* *(of staff)* πρόσληψις *f.* *(with enemy)* συμπλοκή *f.* *(promise)* ὑποχρέωσις *f.* *(betrothal)* ἀρραβών *m.*, ἀρραβῶνες *m.pl.* *(meeting)* ραντεβού *n.* have a

previous ~ ἔχω μίαν ἀνειλημμένην ὑποχρέωσιν.

engaging *a.* γοητευτικός.

engender *v.* γεννῶ.

engine *s.* μηχανή *f.* ~-driver μηχανοδηγός *m.*

engineer *s.* μηχανικός *m.* *(mil.)* E~s μηχανικόν *n.* *(v.t.)* *(arrange)* μηχανεύομαι. ~ing *s.* μηχανική *f.*

English *a.* ἀγγλικός, ἐγγλέζικος. *(person)* Ἄγγλος *m.*, Ἀγγλίδα *f.* *(s.)* *(language)* ἀγγλικά, ἐγγλέζικα *n.pl.* in ~ ἀγγλικά, ἀγγλιστί. the ~ *(people)* οἱ Ἄγγλοι. ~man *s.* Ἄγγλος, Ἐγγλέζος *m.* ~woman *s.* Ἀγγλίδα, Ἐγγλέζα *f.*

engraft *v.* *(fig.)* ἐμφυτεύω.

engravle *v.* χαράσσω. ~er *s.* χαράκτης *m.* ~ing *s.* *(art)* χαρακτική *f.* *(print)* γκραβούρα *f.*

engross *v.* *(absorb)* ἀπορροφῶ.

engulf *v.* καταπίνω.

enhance *v.* *(pleasure, beauty)* προσθέτω εἰς, *(value)* ἀνεβάζω.

enigma *s.* αἴνιγμα *n.* ~tic *a.* αἰνιγματικός.

enjoin *v.t.* *(impose)* ἐπιβάλλω, *(counsel)* συνιστῶ.

enjoy *v.t.* ἀπολαμβάνω, χαίρομαι. *(use or fruits of)* καρποῦμαι, νέμομαι. *(health, respect, etc.)* ἀπολαύω, χαίρω *(both with gen.).* *(doing sthg.)* μοῦ ἀρέσει νά. I ~ reading poetry ἀπολαμβάνω διαβάζοντας ποίηση. ~ oneself εὐχαριστιέμαι, διασκεδάζω. when I retire I shall sit back and ~ myself ὅταν θά πάρω τή σύνταξή μου θά κάθομαι καί θά ἀπολαμβάνω.

enjoyablle *a.* ἀπολαυστικός, εὐχάριστος. ~y *adv.* εὐχάριστα.

enjoyment *s.* ἀπόλαυσις *f.* *(recreation)* ψυχαγωγία *f.*

enlarge *v.t.* μεγεθύνω, *(widen)* διευρύνω, *(extend)* ἐπεκτείνω. become ~d *(med.)* διογκοῦμαι. *(v.i.)* ~ upon ἐπεκτείνομαι ἐπί *(with gen.).* ~ment *s.* μεγέθυνσις *f.*, ἐπέκτασις *f.*, διόγκωσις *f.*

enlighten *v.* διαφωτίζω. ~ed *a.* φωτισμένος. ~ment *s.* διαφώτισις *f.* *(philosophy of reason)* διαφωτισμός *m.*

enlist *v.t.* *(men)* στρατολογῶ, *(support)* ἐπιτυγχάνω, ἐξασφαλίζω. *(v.i.)* κατατάσσομαι. ~ment *s.* κατάταξις *f.*

enliven *v.* ζωηρεύω.

en masse *adv.* ὁμαδικῶς.

enmesh *v.* τυλίγω, μπερδεύω.

enmity *s.* ἔχθρα *f.*

ennoble *v.* ἐξευγενίζω.

ennui *s.* ἀνία *f.*, πλῆξις *f.*

enormity s. (of crime) τό τερατῶδες.

enormous a. τεράστιος, πελώριος. ~ly adv. τεραστίως, (fam.) καταπληκτικά, πάρα πολύ. ~ness s. τεράστιο μέγεθος.

enough a. ἀρκετός. adv. ἀρκετά. be ~ φθάνω, ἀρκῶ. I have had ~ of him τόν ἔχω βαρεθεῖ.

enquire v. see inquire.

enrage v. ἐξαγριώνω. (fam.) he got ~d ἔγινε σκυλί.

enrapture v. συναρπάζω, ξετρελλαίνω, καταγοητεύω.

enrich v.t. ἐμπλουτίζω. ~ oneself πλουτίζω. ~ment s. ἐμπλουτισμός m.

enrol v.t. ἐγγράφω. (v.i.) ἐγγράφομαι, (mil.) κατατάσσομαι. ~ment s. ἐγγραφή f.

en route adv. στό δρόμο. ~ to καθ' ὁδόν πρός (with acc.).

ensconce v. τοποθετῶ. ~ oneself στρώνομαι.

ensemble s. σύνολον n.

enshrine v. φυλάσσω.

enshroud v. σκεπάζω.

ensign s. (flag) σημαία f. (officer) σημαιοφόρος m.

enslave v. σκλαβώνω, ὑποδουλώνω, ἐξανδραποδίζω. ~d a. ὑπόδουλος, σκλαβωμένος. ~ment s. σκλάβωμα n. ὑποδούλωσις f.

ensnare v. παγιδεύω.

ensue v. ἐπακολουθῶ. ~ing a. (resultant) ἐπακόλουθος, (next) ἑπόμενος, ἀκόλουθος.

ensure v.t. (make sure of) ἐξασφαλίζω. (guarantee) ἐγγυῶμαι (with ὅτι or γιά). (v.i.) (against) ἀσφαλίζομαι.

entail v.t. (have as consequence) συνεπάγομαι, (necessitate) θέλω. (law) ἀφήνω σάν καταπίστευμα. (s.) κληρονομία ὑπό τόν ὅρον ἀναπαλλοτριώτου.

entangle v. μπλέκω, μπερδεύω. get ~d μπλέκω, μπερδεύομαι. ~ment s. μπλέξιμο n.

enter v.t. & i. (go or come in) μπαίνω, εἰσέρχομαι. (a profession) ἀκολουθῶ. he ~ed the room μπῆκε στό δωμάτιο. (inscribe, insert) καταχωρῶ. (enrol) (v.t.) ἐγγράφω, (v.i.) ἐγγράφομαι, γράφομαι. ~ for (v.i.) (race, competition) δηλώνω συμμετοχήν εἰς. ~ into (relations, contract) συνάπτω. ~ into details μπαίνω σέ λεπτομέρειες. that does not ~ into the matter αὐτό εἶναι ἄσχετο. ~ upon ἀρχίζω, ἀναλαμβάνω.

enterpris|e s. ἐπιχείρησις f. (initiative)

πρωτοβουλία f. ~ing a. ἐπιχειρηματικός

entertain v.t. φιλοξενῶ, ξενίζω. we ~ed them to dinner τούς εἴχαμε τραπέζι (amuse, also be ~ed) διασκεδάζω, (re create) ψυχαγωγῶ. (hopes, feelings, τρέφω, ἔχω, (a proposal) μελετῶ. (v.i. they ~ a lot δέχονται συχνά.

entertaining a. διασκεδαστικός, γουστόζι κος. ~ly adv. διασκεδαστικά.

entertainment s. φιλοξενία f. διασκέδασις f. ψυχαγωγία f. (show) θέαμα n.

enthral v. σκλαβώνω, συναρπάζω. ~ling a. συναρπαστικός.

enthrone v. ἐνθρονίζω. ~ment s. ἐνθρόνισις f.

enthuse v.i. ἐνθουσιάζομαι.

enthusiasm s. ἐνθουσιασμός m. fill with ~ ἐνθουσιάζω. inspiring ~ ἐνθουσιαστικός.

enthusiast s. he is a gardening ~ εἶναι ἐνθουσιώδης κηπουρός, ἔχει μανία μέ τήν κηπουρική.

enthusiastic a. ἐνθουσιώδης. ~ally adv. ἐνθουσιωδῶς.

entic|e v. δελεάζω, (lead astray) παρασύρω. ~ement s. δελέασμα n. ~ing a. δελεαστικός.

entire a. ὁλόκληρος. ~ly adv. ὁλότελα, ἐξ ὁλοκλήρου. ~ty s. ὁλότης f.

entitle v. (call) τιτλοφορῶ. (allow) ἐπιτρέπω (with σέ or gen.). be ~d to δικαιοῦμαι (with νά or gen. or acc.). person ~d ὁ δικαιοῦχος. ~ment s. δικαίωμα n.

entity s. ὀντότης f.

entomb v. ἐνταφιάζω. ~ment s. ἐνταφιασμός m.

entomolog|ist s. ἐντομολόγος m.f. ~y s. ἐντομολογία f. ~ical a. ἐντομολογικός.

entourage s. περιβάλλον s., κύκλος m.

entrails s. σωθικά, ἐντόσθια, σπλάγχνα n. pl.

entrance s. εἴσοδος f. ~ examination· εἰσαγωγικές ἐξετάσεις.

entranc|e v. μαγεύω, καταγοητεύω. ~ing a. μαγευτικός, θελκτικός.

entrant s. ὑποψήφιος m.

entreat v. ἱκετεύω, ἐκλιπαρῶ. ~y s. παράκλησις f., ἱκεσία f. ~ingly adv. ἱκετευτικά.

entrench v. περιχαρακώνω. ~ oneself ὀχυρώνομαι. ~ on καταπατῶ. ~ment s. περιχαράκωμα n.

entrepreneur s. ἐπιχειρηματίας m.

entresol s. ἡμιόροφος m.

entrust v. (sthg. to person) ἐμπιστεύομαι.

entry s. (entrance) εἴσοδος f. (in ledger)

καταχώρησις f. *(in notebook)* σημείωμα n. *(in dictionary)* λῆμμα n. *(for contest)* δήλωσις συμμετοχῆς.

ntwine v. περιτυλίσσω.

numerat|e v. ἀπαριθμῶ. ~**ion** s. ἀπαρίθμησις f.

nunciat|e v. δηλώνω, διατυπώνω. *(pronounce)* προφέρω. ~**ion** s. δήλωσις f. προφορά f.

nvelop v. καλύπτω, περιβάλλω. ~**e** s. φάκελλος m.

nvenom v. δηλητηριάζω, πικραίνω.

nviable a. ἐπίζηλος, ζηλευτός.

nvious a. ζηλιάρης, φθονερός. ~**ly** adv. μέ ζήλεια.

nviron v. περιβάλλω. ~**s** s. περίχωρα n. pl., τά πέριξ. ~**ment** s. περιβάλλον n.

nvisage v. *(face)* ἀντιμετωπίζω, *(imagine)* φαντάζομαι.

nvoy s. ἀπεσταλμένος m.

nvy s. ζήλεια f. *(malicious)* φθόνος m., ζηλοφθονία f. *(v.)* ζηλεύω, φθονῶ. I ~ him his money τόν ζηλεύω γιά τά λεφτά του.

eparchy s. ἐπαρχία f.

epaulette s. ἐπωμίς f.

ephemeral a. ἐφήμερος.

epic a. ἐπικός. ~ poet ἐπικός m. *(s.)* *(poem, story)* ἔπος n.

epicure s. καλοφαγᾶς m. ~**an** a. *(philosophy)* ἐπικούρειος, *(meal)* ἐκλεκτῆς ποιότητος, *(person)* τρυφηλός.

epidemic a. ἐπιδημικός. *(s.)* ἐπιδημία f.

epigram s. ἐπίγραμμα n. ~**matic** a. ἐπιγραμματικός.

epigraphy s. ἐπιγραφική f.

epilep|sy s. ἐπιληψία f., σεληνιασμός m. ~**tic** a. ἐπιληπτικός.

epilogue s. ἐπίλογος m.

Epiphany s. Θεοφάνεια n. pl.

episcopal a. ἐπισκοπικός.

episod|e s. ἐπεισόδιον n. ~**ic** a. ἐπεισοδιακός.

epistle s. ἐπιστολή f.

epitaph s. ἐπιτάφιον ἐπίγραμμα n.

epithet s. ἐπωνυμία f.

epitom|e s. ἐπιτομή f. ~**ize** v. συνοψίζω. *(fig. represent in miniature)* παρουσιάζω ἐν μικρογραφία.

epoch s. ἐποχή f. ~-**making** a. κοσμοϊστορικός.

equable a. *(temper)* ἤρεμος, *(climate)* εὔκρατος.

equal a. ἴσος, ὅμοιος *(with μέ)*. *(in ability)* ἰσάξιος, *(in number)* ἰσάριθμος, *(in rights, rank, value)* ἰσότιμος. *(~ly*

matched)* ἰσόπαλος. on ~ terms ἐπί ἴσοις ὅροις. with ~ politeness μέ τήν ἴδια εὐγένεια. ~ to the occasion ἀντάξιος τῶν περιστάσεων. ~ to *(having the ability)* ἄξιος *(with γιά or νά)*, not feel ~ to δέν ἔχω τό κουράγιο *(with γιά or γιά νά)*. *(s.)* *(peer)* ταίρι n. he has no ~ δέν ἔχει τό ταίρι του. one's ~s οἱ ὅμοιοί μου. ~**ly** adv. ἐξ ἴσου, τό ἴδιο.

equal v. *(in amount)* ἰσοφαρίζω. *(be as good as)* εἶμαι ἴσος μέ. *(come up to)* φθάνω, no one can ~ him κανείς δέν τόν φθάνει, δέν ἔχει τόν ὅμοιό του *(or τό ταίρι του)*, δέν τοῦ θγαίνει κανείς. *(math.)* ἰσοῦμαι πρός, see also equals.

equality s. ἰσότης f.

equalize v.t. ἐξισώνω. *(v.i.)* ἰσοφαρίζω.

equals s. *(math. symbol)* ἴσον n. 2 + 2 = 4 δύο καί δύο ἴσον τέσσερα.

equanimity s. ἀταραξία f.

equat|e v. ἐξισώνω. ~**ion** s. ἐξίσωσις f.

equator s. ἰσημερινός m. ~**ial** a. ἰσημερινός.

equestrian a. ἰππικός, *(on horseback)* ἔφιππος.

equidistant a. βρισκόμενος εἰς ἴσην ἀπόστασιν.

equilateral a. ἰσόπλευρος.

equilibrium s. ἰσορροπία f.

equino|x s. ἰσημερία f. ~**ctial** a. ἰσημερινός.

equip v. ἐφοδιάζω. *(ship)* ἁρματώνω, ἐφοπλίζω.

equipment s. ἐφοδιασμός m. *(ship's)* ἁρμάτωμα n., ἐφοπλισμός m. *(supplies)* ἐφόδια n. pl. *(gear)* ἐξαρτήματα n. pl. *(soldier's)* ἐξάρτυσις f. *(technical)* ἐξοπλισμός m.

equitabl|e a. δίκαιος. ~**y** adv. δικαίως.

equity s. δικαιοσύνη f.

equival|ent a. *(of same value, power, etc.)* ἰσότιμος, ἰσοδύναμος. *(corresponding)* ἀντίστοιχος. be ~ent to ἰσοδυναμῶ, ἀντιστοιχῶ *(both with πρός & acc.)*. *(s.)* ἰσότιμον n., ἰσοδύναμον n., ἀντίστοιχον n. ~**ence** s. ἰσοτιμία f., ἰσοδυναμία f.

equivoc|al a. διφορούμενος, *(dubious)* ἀμφίβολος. ~**ation** s. ὑπεκφυγή f.

era s. ἐποχή f.

eradicat|e v. ξερ(ρ)ιζώνω, ἐκριζῶ. ~**ion** s. ξερ(ρ)ίζωμα n.

eras|e v. σβήνω, ἐξαλείφω. ~**ure** s. σβήσιμο n., ἐξάλειψις f.

erect a. ὀλόρθος, στητός. *(bearing)* εὐθυτενής. become ~ ὀρθώνομαι, stand ~ στέκομαι ὄρθιος. *(adv.)* ὄρθια.

erect v. ἀνεγείρω. ~**ion** s. (act of building) ἀνέγερσις f. (thing built) κτίριο n.

ero|de v. διαβιβρώσκω, κατατρώγω. ~**sion** s. διάβρωσις f.

erotic a. ἐρωτικός. ~**ism** s. ἐρωτισμός m.

err v. σφάλλω, ἀπατῶμαι, λαθεύω, κάνω λάθος. ~**ant** a. the ~ant party ὁ ἔνοχος.

errand s. θέλημα n. I must do some ~s ἔχω νά κάνω μερικές δουλειές. on a fool's ~ ἄδικα.

erratic a. (changeable) ἄστατος. the train service is ~ τά τραῖνα δέν εἶναι τακτικά. his visits are ~ δέν εἶναι τακτικός στίς ἐπισκέψεις του. ~**ally** adv. ἄτακτα, χωρίς σύστημα.

erratum s. παρόραμα n.

erroneous a. λανθασμένος, ἐσφαλμένος. ~**ly** adv. ἐσφαλμένως, (by mistake) κατά λάθος.

error s. λάθος n., σφάλμα n. in ~ κατά λάθος, make an ~ of judgement πέφτω ἔξω.

erudit|e a. πολυμαθής. ~**ion** s. πολυμάθεια f.

erupt v.i. ἐκρήγνυμαι, (fig.) ξεσπάω. ~**ion** s. ἔκρηξις f., (fig.) ξέσπασμα n.

escalat|e v.t. ἐντείνω, (fam.) κλιμακώνω. (v.i.) ἐντείνομαι, κλιμακώνομαι. ~**ion** s. ἔντασις f., κλιμάκωσις f. ~**or** s. κυλιομένη κλίμαξ.

escapade s. περιπέτεια f., τρέλλα f.

escape v.t. & i. ξεφεύγω, γλυτώνω. (v.i.) (of prisoner) δραπετεύω, (fam.) τό σκάω. he narrowly ~d drowning παρά λίγο νά πνιγῆ. it ~d his notice διέφυγε τήν προσοχή του. it ~d me (I forgot it or did not notice it) μοῦ διέφυγε. (a groan) ~d his lips ξέφυγε ἀπ' τά χείλη του.

escape s. διαφυγή f. (of prisoner) δραπέτευσις f. he had a narrow ~ φτηνά τή γλύτωσε.

escarpment s. γκρεμός m.

eschew v. ἀποφεύγω.

escort s. (person) συνοδός m.f. (company) συνοδία f. (lady's) καβαλιέρος m. (v.) συνοδεύω.

Eskimo s. Ἐσκιμῶος m.

esoteric a. δυσνόητος γιά τούς πολλούς.

especial a. ἰδιαίτερος. ~**ly** adv. ἰδιαιτέρως.

espionage s. κατασκοπεία f.

espous|e v. (fig.) ἀσπάζομαι. ~**al** s. (adoption) υἱοθέτησις f.

espy v. I ~ her τήν παίρνει τό μάτι μου.

essay s. δοκίμιο n. (v.t., test) δοκιμάζω. (v.i., attempt) προσπαθῶ.

essence s. οὐσία f. (extract) ἐκχύλισμα n ἀπόσταγμα n.

essential a. οὐσιώδης, (indispensabl ἀπαραίτητος. (s.) the ~s of the case τ πλέον οὐσιώδη τῆς ὑποθέσεως. the ~ (equipment) τά ἀπαραίτητα. ~**ly** ad κατά βάθος.

establish v. (settle) ἐγκαθιστῶ, (foun ἱδρύω, (determine) προσδιορίζω. (one innocence) ἀποδεικνύω, (a custom) κ(θιερώνω.

establishment s. (act) ἐγκατάστασις ἵδρυσις f. (thing) ἵδρυμα n. κατάστημ n. the E~ τό κατεστημένον. (staff) πρ(σωπικόν n. (of facts) προσδιορισμός n (of innocence) ἀπόδειξις f. (of custon καθιέρωσις f.

estate s. (landed property) κτῆμα n. ἀγρόκτημα n., ὑποστατικόν n. (assets περιουσία f. real ~ ἀκίνητα n.pl. mova ble ~ κινητά n.pl. ~ agent κτηματομεσ της m. man's ~ ἀνδρική ἡλικία.

esteem v. (value) ἐκτιμῶ, (consider θεωρῶ. (s.) ὑπόληψις f.

estimable a. ἀξιότιμος.

estimate v. (reckon) ὑπολογίζω, (for wor to be done) προϋπολογίζω. (s.) (recko ning) ὑπολογισμός m. (idea) form an ~ of σχηματίζω γνώμη γιά. (for work submit an ~ ὑποβάλλω προϋπολογισ μόν.

estimation s. ἐκτίμησις f., κρίσις f.

estrange v. ἀποξενώνω. ~**ment** s. ἀποξέ νωσις f.

estuary s. ἐκβολή f.

etcetera καί τά λοιπά, καί ἄλλα. (s.) th ~s τά διάφορα.

etch v. χαράσσω. ~**ing** s. χαλκογραφία f.

eternal a. αἰώνιος. ~**ly** adv. αἰωνίως.

eternity s. αἰωνιότης f.

ether s. αἰθήρ m. ~**eal** a. αἰθέριος.

ethic|s s. ἠθική f. (moral aspect of sthg. ἠθική πλευρά. ~**al** a. ἠθικός. ~**ally** adv ἠθικῶς.

ethn|ic a. ἐθνικός. ~**ic** minority ἐθνικότη τες f.pl. ~**ology** s. ἐθνολογία f.

etiquette s. ἐθιμοτυπία f., ἐτικέττα f breach of ~ παρατυπία f.

etymology s. ἐτυμολογία f.

eucalyptus s. εὐκάλυπτος m.

Eucharist s. Εὐχαριστία f.

eugenics s. εὐγονισμός m.

eulog|ize v. ἐγκωμιάζω. ~**y** s. ἐγκώμιον n.

eunuch s. εὐνοῦχος m.

euphemis|m s. εὐφημισμός m. ~**tic** a. εὐ φημιστικός.

uphon|ic, **~ious** *a.* εὐφωνικός. **~y** *s.* εὐφωνία *f.*

uphoria *s.* αἴσθημα εὐφορίας.

:uropean *a.* εὐρωπαϊκός, *(fam.)* φράγκικος. *(person)* Εὐρωπαῖος.

uthanasia *s.* εὐθανασία *f.*

vacuat|e *v.t.* ἐκκενώνω. **~e** bowels ἐνεργοῦμαι, ἀποπατῶ. **~ion** *s.* ἐκκένωσις *f.* ἀποπάτησις *f.*

:vade *v. (person, duty)* ἀποφεύγω, *(a blow)* ξεφεύγω, *(arrest, attention)* διαφεύγω. **~** the question *(or payment)* ἀποφεύγω νά ἀπαντήσω *(or* νά πληρώσω).

evaluat|e *v.* ἐκτιμῶ. **~ion** *s.* ἐκτίμησις *f.*

evanescent *a.* φευγαλέος.

evangel|ical *a.* εὐαγγελικός. **~ist** *s.* εὐαγγελιστής *m.*

evaporat|e *v.t.* ἐξατμίζω. *(v.i.)* ἐξατμίζομαι. **~ed** milk γάλα ἐβαπορέ. **~ion** *s.* ἐξάτμισις *f.*

evasion *s. (avoidance)* ἀποφυγή *f.* *(subterfuge)* ὑπεκφυγή *f.* tax **~** φοροδιαφυγή *f.*

evasive *a.* give an **~** answer ἀπαντῶ μέ ὑπεκφυγές. **~** action ἑλιγμός διαφυγῆς. **~ly** *adv.* μέ ὑπεκφυγές.

eve *s.* παραμονή *f.*, προτεραία *f.*

even *a. (equal)* ἴσ(ι)ος, *(regular, steady)* κανονικός. *(surface)* ὁμαλός, *(colour, temperature, development)* ὁμοιόμορφος, *(temper)* ἤρεμος, *(number)* ζυγός. *(quits)* πάτσι *(adv.)*. *(~ly matched)* ἰσόπαλος. break **~** εἶμαι στά λεφτά μου. get **~** with ἐκδικοῦμαι.

even *v.* ἰσ(ι)ώνω, ἰσ(ι)άζω. **~** *(things)* up *(restore balance of)* φτιάνω, διορθώνω.

even *adv.* ἀκόμα καί. *(with comparative)* John is **~** taller than you ὁ Γιάννης εἶναι ἀκόμα πιό ψηλός κι' ἀπό σένα. **~** if *or* though (ἔστω) καί νά, ἀκόμα κι' ἄν. not **~** οὔτε καί, οὔτε κἄν. **~** so ἀκόμα κι' ἔτσι.

even-handed *a.* ἀμερόληπτος.

evening *s.* βραδυ *n.*, βραδιά *f. (early ~)* βραδάκι *n.* in the **~** (τό) βράδυ, to-morrow **~** αὔριο (τό) βράδυ. good **~** καλησπέρα. **~** falls βραδιάζει.

evening *a.* βραδινός. **~** dress βραδινό ἔνδυμα. **~** meal βραδινό *n.* **~** paper ἀπογεματινή ἐφημερίδα. **~** party ἑσπερίς *f.* **~** star ἔσπερος *m.*, ἀποσπερίτης *m.*

evenly *adv.* ὁμαλά, *(equally)* ἴσα.

evenness *s.* ὁμαλότης *f.*

event *s.* γεγονός *n.*, συμβάν *n.*, συμβεβηκός *n.*, περιστατικό *n.* in the **~** of war

εἰς περίπτωσιν πολέμου. at all **~s** πάντως, ἐν πάση περιπτώσει. in any **~** ὅ,τι καί νά συμβῆ.

eventful *a.* περιπετειώδης. I have had an **~** day ἡ μέρα μου ἦταν γεμάτη γεγονότα.

eventual *a.* τελικός. **~ity** *s.* ἐνδεχόμενον *n.* **~ly** *adv.* τελικά.

ever *adv. (always)* πάντοτε, πάντα. for **~** γιά πάντα, he is for **~** grumbling ὅλο *(or* διαρκῶς) γκρινιάζει. as good as **~** ὅπως πάντοτε καλός. **~** since *(adv.)* ἔκτοτε, ἀπό τότε κι' ἔπειτα, *(conj.)* ἀπό τότε πού. he gets **~** more crotchety γίνεται ὅλο καί πιό ἀνάποδος. *(at any time)* ποτέ. has it **~** happened? συνέβη ποτέ; better than **~** καλύτερα ἀπό ποτέ, ὑπέρποτε καλά. no one **~** listens to me ποτέ δέν μ' ἀκούει κανείς. if **~** he comes ἄν ἔρθη ποτέ. hardly **~** σχεδόν ποτέ. *(fam.)* **~** so (much) πάρα πολύ.

evergreen *a.* ἀειθαλής.

everlasting *a.* αἰώνιος. **~ly** *adv.* διαρκῶς, αἰωνίως.

evermore *adv.* for **~** γιά πάντα.

ever-remembered *a.* ἀείμνηστος.

every *a.* κάθε, πᾶς. **~** day κάθε μέρα, καθ' ἑκάστην. **~** so often κάθε τόσο. **~** other day μέρα παρά μέρα. **~** one of them ὅλοι τους. **~** man ὁ καθένας, ἕκαστος. in **~** way ἀπό κάθε ἄποψη.

everybody *pron.* ὁ κάθενας, ὅλοι, ὅλος ὁ κόσμος. **~** who wishes ὅποιος θέλει, ὅσοι ἐπιθυμοῦν, οἱ ἐπιθυμοῦντες.

everyday *a.* καθημερινός.

everyone *pron. see* everybody.

everything *pron.* τό κάθε τί, ὅλα, τά πάντα. **~** you do τό κάθε τί πού κάνεις *or* ὅλα ὅσα κάνεις *or* ὅ,τι καί νά κάνης. money is not **~** τά λεφτά δέν εἶναι τό πᾶν.

everywhere *adv.* παντοῦ. **~** you go ὅπου καί νά πᾶς.

evict *v.* ἐκδιώκω, *(tenant)* κάνω ἔξωση σέ. **~ion** *s.* ἔξωσις *f.*

evidence *s. (testimony)* μαρτυρία *f. (indication)* ἔνδειξις *f.* piece of **~** ἐνδεικτικόν σημεῖον. be **~** of μαρτυρῶ. give **~** *(in court)* μαρτυρῶ, καταθέτω. be in **~** φαίνομαι, θεῶμαι, εἶμαι θεατός.

evident *a.* προφανής, καταφανής. **~ly** *adv.* προφανῶς.

evil *a.* κακός, κακοήθης. **~** eye κακό μάτι, βάσκανος ὀφθαλμός. *(s.)* κακό *n.* *(sin)* ἁμαρτία *f.* **~-doer** *s.* κακοποιός *m.*

evince *v.* δείχνω.

evocative *a.* ὑποβλητικός.

evoke *v.t. (call up image)* ξαναφέρνω στό νοῦ. *(produce response)* προκαλῶ.

evolution *s.* ἐξέλιξις *f.* ~ary *a.* ἐξελικτικός.

evolve *v.t.* ἀναπτύσσω. *(v.i.)* ἐξελίσσομαι.

ewe *s.* προβατίνα *f.* ~-lamb ἀμνάς *f.*

ewer *s.* κανάτα *f.*

exacerbate *v. (person)* ἐρεθίζω, *(make worse)* ἐπιδεινώνω.

exact *a.* ἀκριβής. ~ly *adv.* ἀκριβῶς. ~ness *s.* ἀκρίβεια *f.*

exact *v.* ἀπαιτῶ. ~ing *a.* ἀπαιτητικός, *(task)* δύσκολος.

exaggerat|e *v.* ὑπερβάλλω, μεγαλοποιῶ, ἐξογκώνω. ~ed *a.* ὑπερβολικός. ~ion *s.* ὑπερβολή *f.*, ἐξόγκωσις *f.*

exalt *v. (raise)* ἐξυψώνω. *(extol)* ἐκθειάζω. ~ation *s. (of spirits)* ἔξαρσις *f.* ~ed *a.* ὑψηλός.

exam *s.* ἐξετάσεις *f.pl.* sit for ~ δίνω ἐξετάσεις. ~ fees ἐξέταστρα *n.pl.*

examination *s.* ἐξέτασις *f.*, ἔλεγχος *m.* *(law, interrogation)* ἀνάκρισις *f.* *see also* exam.

examine *v.* ἐξετάζω. *(inspect)* ἐλέγχω, *(minutely)* ἐξονυχίζω. *(law, interrogate)* ἀνακρίνω. ~r *s.* ἐξεταστής *m.*

example *s.* παράδειγμα *n. (of excellence)* ὑπόδειγμα *n.* for ~ παραδείγματος *(or* λόγου*)* χάριν. make an ~ of παραδειγματίζω.

exarch *s.* ἔξαρχος *m.*

exasperat|e *v.* νευριάζω *(also* get ~ed*)*. *(fam.)* he ~es me μοῦ δίνει στά νεῦρα. ~ing *a.* ἐκνευριστικός. ~ion *s.* ἐκνευρισμός *m.*

excavat|e *v.* ἀνασκάπτω. ~ion *s.* ἀνασκαφή *f.* ~or *s. (machine)* ἐκσκαφεύς *m.* who was the ~or? *(of archaeological site)* ποιός ἔκανε τίς ἀνασκαφές;

exceed *v.t.* ὑπερβαίνω, ξεπερνῶ. ~ingly *adv.* πάρα πολύ, ὑπερβολικά. he is ~ingly stingy παραεῖναι τσιγγούνης.

excel *v.t.* ὑπερέχω *(with gen.)*, ὑπερτερῶ. *(v.i.)* διαπρέπω, διακρίνομαι.

excellen|ce *s.* ἐξαιρετική ποιότης. ~cy *s.* His E~cy ἡ αὐτοῦ ἐξοχότης.

excellent *a.* ὑπέροχος, ἄριστος, ἐξαίρετος, ἔξοχος, ἔκτακτος. ~ly *adv.* ὑπέροχα, ἄριστα, ἐξαίρετα.

except *prep. & conj.* ἐκτός, πλήν *(with gen.)*. ἐκτός ἀπό. παρά *(with νά)*. he does nothing ~ sleep δέν κάνει ἄλλο παρά νά κοιμᾶται. I like the house, ~ that it is too dear μοῦ ἀρέσει τό σπίτι,

μόνο πού εἶναι πολύ ἀκριβό. I learn nothing ~ that he had got married δέ ἔμαθα τίποτ' ἄλλο ἐκτός τοῦ ὅτι παν τρεύτηκε.

except *v.* ἐξαιρῶ. present company ~e οἱ παρόντες ἐξαιροῦνται. ~ing *prep.* ἐ *conj. see* except.

exception *s.* ἐξαίρεσις *f.* by way of ~ κατ ἐξαίρεσιν. without ~ ἀνεξαιρέτως. tak ~ φέρνω ἀντιρρήσεις, *(be offended)* θί γομαι.

exceptional *a.* ἐξαιρετικός, *(unusual)* ἀσυ νήθης. ~ly *adv.* ἐξαιρετικά.

excerpt *s.* ἀπόσπασμα *n.*

excess *s.* ὑπερβολή *f. (sensual)* καταχρή σεις *f.pl.* an ~ of caution ὑπερβολικ προσοχή. in ~ of *(more than)* πάνω ἀπό in ~ καθ' ὑπερβολήν.

excess *a.* ~ weight ἐπί πλέον βάρος. ~ fare πρόσθετο εἰσιτήριο.

excessive *a.* ὑπερβολικός, ὑπέρμετρος. ~ly *adv.* ὑπερβολικά, καθ' ὑπερβολήν.

exchange *v. (blows, glances)* ἀνταλλάσσω *(seats, etc.)* ἀλλάζω. *(I took it back to the shop and)* they ~d it for a new one μοῦ τό ἄλλαξαν μέ ἕνα ἄλλο.

exchange *s.* ἀνταλλαγή *f.* in ~ εἰς ἀντάλ λαγμα. *(fin.)* συνάλλαγμα *n.* rate of ~ τιμή συναλλάγματος. stock ~ χρηματι στήριον *n.* bill of ~ συναλλαγματική *f* telephone ~ τηλεφωνικόν κέντρον.

exchequer *s.* δημόσιον ταμεῖον *n.*, θησαυ ροφυλάκιον *n.*

excise *s.* φόρος παραγωγῆς.

excis|e *v.* κόβω, βγάζω. ~ion *s.* περικοπ *f.*

excitable *a.* be ~ ἐξάπτομαι εὔκολα, *etc. (see* excite*)*.

excite *v. (cause)* προκαλῶ, *(inflame)* ἐξά πτω, ἐρεθίζω, *(pleasurably)* συναρπάζω. get ~d *(inflamed)* ἐξάπτομαι, *(expect antly)* ξεσηκώνομαι, *(pleasurably)* ἐνθου σιάζομαι.

excited *a. (emotionally)* συγκινημένος, *(ex pectantly)* ξεσηκωμένος, *(pleasurably)* ἐν θουσιασμένος. ~ly *adv.* μέ θέρμη, μέ ἔξαψη.

excitement *s.* συγκίνησις *f. (joy)* χαρά *f.* *(commotion)* ἀναστάτωσις *f.*, φασαρία *f.*

exciting *a.* συναρπαστικός.

excla|im *v.* ἀναφωνῶ. ~mation *s.* ἀναφώ νημα *n. (gram.)* ἐπιφώνημα *n.* ~matior mark θαυμαστικόν *n.*

exclu|de *v.* ἀποκλείω. ~sion *s.* ἀποκλει σμός *m.* to the ~sion of all others ἐξαι ρουμένων ὅλων τῶν ἄλλων.

xclusive *a.* ἀποκλειστικός. *(club, etc.)* γιά τούς λίγους ἐκλεκτούς. ~ of ἐκτός ἀπό. ~ly *adv.* ἀποκλειστικά.

xcommunicat|e *v.* ἀφορίζω. ~ion *s.* ἀφορισμός *m.*

xcoriate *v.* γδέρνω. *(fig., censure)* ἐπικρίνω δριμέως.

xcrement *s.* περιττώματα, κόπρανα *n. pl.*

xcrescence *s.* ἐξάμβλωμα *n.*

xcret|e *v.* ἀπεκκρίνω. ~a *s.* περιττώματα *n. pl.* ~ion *s.* ἀπέκκρισις *f.*

xcruciating *a.* φρικτός. ~ly *adv.* φρικτά.

xculpate *v.* ἀθωώνω.

xcursion *s.* ἐκδρομή *f. (a.)* ~ train ἐκδρομικό τραῖνο. ~ist *s.* ἐκδρομεύς *m.*

xcus|e *v. (justify)* δικαιολογῶ, *(exempt)* ἐξαιρῶ, *(pardon)* συγχωρῶ. ~e me μέ συγχωρεῖτε. ~able *a.* that is ~able δικαιολογεῖται αὐτό. ~ably *adv.* δικαιολογημένα.

xcuse *s.* δικαιολογία *f. (pretext)* πρόφασις *f.* make ~s δικαιολογοῦμαι.

xecrab|le *a.* ἀπαίσιος, φρικτός. ~ly *adv.* ἀπαίσια, φρικτά.

xecrat|e *v.i.* καταριέμαι. *(v.t., hate)* ἀπεχθάνομαι. ~ion *s.* κατάρα *f.* ἀπέχθεια *f.*

xecut|e *v.* ἐκτελῶ. *(law) (a deed)* ἐπικυρῶ, *(a will)* ἐκτελῶ. ~ant, ~or *s.* ἐκτελεστής *m.*

xecution *s.* ἐκτέλεσις *f.* ~er *s.* δήμιος *m.*

xecutive *a.* ἐκτελεστικός. *(s.) (official)* ἀνώτερος ὑπάλληλος.

xemplary *a.* ὑποδειγματικός.

xemplify *v. (be example of)* εἶμαι παράδειγμα, *(give example of)* δίδω παράδειγμα *(both with gen.).*

xempt *v.* ἐξαιρῶ, ἀπαλλάσσω. *(a.)* ἀπηλλαγμένος *(with gen.)* ~ion *s.* ἀπαλλαγή *f.*, ἐξαίρεσις *f.*

xercise *s.* ἄσκησις *f.*, ἐξάσκησις *f. (physical* ~s) γυμναστική *f. (task)* γύμνασμα *n.* ~ book τετράδιο *n. (mil.)* ~s γυμνάσια *n. pl.*

xercise *v.t.* ἀσκῶ, ἐξασκῶ. *(train)* γυμνάζω. *(perplex)* ἀπασχολῶ. *(v.i.) (take* ~*)* γυμνάζομαι.

xert *v. (use)* ἀσκῶ. ~ oneself κοπιάζω, καταβάλλω προσπάθειες.

xertion *s. (use)* ἄσκησις *f. (trouble)* κόπος *m. (attempt)* προσπάθεια *f.*

xhal|e *v.t.* ἀναδίδω, ὀγάζω. *(v.i.) (breathe out)* ἐκπνέω. ~ation *s. (effluvium)* ἀναθυμίασις *f. (breath)* ἐκπνοή *f.*

xhaust *s. (of motor)* ἐξάτμισις *f.*

xhaust *v.* ἐξαντλῶ, ~ one's talent

ἐξοφλῶ. ~ed *a.* ἐξαντλημένος. ~ing *a.* ἐξαντλητικός. ~ion *s.* ἐξάντλησις *f.*

exhaustive *a.* ἐξαντλητικός, ἐξονυχιστικός. ~ly *adv.* ἐξονυχιστικῶς.

exhibit *v.* ἐπιδεικνύω, *(put on show)* ἐκθέτω. *(s.)* ἔκθεμα *n.* ~or *s.* ἐκθέτης *m.*

exhibition *s.* ἐπίδειξις *f. (show)* ἔκθεσις *f.* make an ~ of oneself γελοιοποιοῦμαι. ~ism *s. (showing off)* φιλεπιδειξία *f.* ~ist *s.* φιγουρατζής *m.*

exhilarat|e *v.* ζωογονῶ. ~ing *a.* ζωογόνος, τονωτικός. ~ion *s.* αἴσθημα εὐεξίας.

exhort *v.* παραινῶ. ~ation *s.* παραίνεσις *f.*

exhum|e *v.* ἐκθάπτω. ~ation *s.* ἐκταφή *f.*

exigen|t *a.* ἀπαιτητικός, *(urgent)* ἐπείγων. ~ce, ~cy *s. (need)* ἀνάγκη *f.* ~cies ἀπαιτήσεις *f. pl.*

exile *s.* ἐξορία *f. (person)* ἐξόριστος *m. f. (v.)* ἐξορίζω. *(only of political* ~*)* ἐκτοπίζω.

exist *v.* ὑπάρχω, ὑφίσταμαι. *(live)* ζῶ. ~ent *a.* ὑπαρκτός. ~ing *a* ὑπάρχων, ὑφιστάμενος.

existence *s.* ὕπαρξις *f. (being)* ὑπόστασις *f.* come into ~ πρωτοπαρουσιάζομαι, πρωτοεμφανίζομαι, κάνω τήν ἐμφάνισή μου.

existential|ism *s.* ὑπαρξισμός *m.* ~ist *s.* ὑπαρξιστής *m.*

exit *s.* ἔξοδος *f.*

exodus *s.* ἔξοδος *f.*

exonerat|e *v.* ἀθωώνω, ἀπαλλάσσω. ~ion *s.* ἀπαλλαγή *f.*

exorbitant *a.* ὑπερβολικός. ~ price *(fam.)* φωτιά καί λάβρα. ~ly *adv.* ὑπερβολικά.

exorc|ism *s.* ἐξορκισμός *m.* ~ize *v.* ἐξορκίζω.

exotic *a.* ἐξωτικός. ~ism *s.* εἰσαγωγή ἐξωτικῶν στοιχείων στήν τέχνη.

expand *v.t. (substance)* διαστέλλω, *(activity)* ἐπεκτείνω, *(story)* ἀναπτύσσω. *(v.i.) (of substance)* διαστέλλομαι, *(swell)* φουσκώνω. *(of activity)* ἐπεκτείνομαι. *(of flower)* ἀνοίγω. *(of person)* ξανοίγομαι. *(of river, lake)* διευρύνομαι. *(of city)* ἁπλώνω.

expanse *s.* ἔκτασις *f.*

expansion *s. (of substance)* διαστολή *f. (of activity, territory, etc.)* ἐπέκτασις *f. (of story, etc.)* ἀνάπτυξις *f.*

expansive *a. (wide)* εὐρύς. *(of substance)* διασταλτικός. *(of person)* become more ~ γίνομαι λιγώτερο συγκρατημένος, ξεκουμπώνομαι.

expatiate *v.* μακρηγορῶ.

expatriate v.t. ἐκπατρίζω. ~ oneself ἐκπατρίζομαι, ἀποδημῶ. (a. & s.) ἀπόδημος.

expatriation s. ἐκπατρισμός m., ἀποδημία f.

expect v. περιμένω, ἀναμένω, (hope for) προσδοκῶ. (suppose) φαντάζομαι, ὑποθέτω.

expect|ant a. προσδοκῶν. (mother) ἐγκυμονοῦσα. ~antly adv. μέ προσδοκία. ~ancy s. προσδοκία f.

expectation s. προσδοκία f. contrary to ~ παρά προσδοκίαν. ~ of life πιθανή διάρκεια ζωῆς.

expector|ant a. ἀποχρεμπτικός. ~ate v. φτύνω.

expedi|ent a. σκόπιμος. (s.) μέσον n. (recourse) διέξοδος f. ~ency s. σκοπιμότης f.

expedite v. ἐπισπεύδω.

expedition s. ἀποστολή f. (mil.) ἐκστρατεία f. (speed) ταχύτης f.

expeditious a. ταχύς. ~ly adv. ταχέως.

expel v. διώχνω, ἐκδιώκω, ἐκβάλλω, ὅγάζω. (from school) ἀποβάλλω.

expend v. ξοδεύω. ~able a. (funds) ἀναλώσιμος. (men, supplies, etc.) δυνάμενος νά θυσιασθῆ.

expenditure s. (spending of money) ἔξοδα n.pl., δαπάναι f.pl. ~ of time δαπάνη χρόνου.

expense s. δαπάνη f., ἔξοδον n. at the public ~ δημοσία δαπάνη. at my ~ μέ δικά μου ἔξοδα, (to my detriment) εἰς ὅάρος μου. ~s ἔξοδα n.pl.

expensive a. ἀκριβός, δαπανηρός. ~ly adv. ἀκριβά.

experience s. πεῖρα f. (knowledge gained) ἐμπειρία f. I had a strange ~ κάτι παράξενο μοῦ συνέβη or εἶχα μία παράξενη ἐμπειρία. (v.) (undergo) δοκιμάζω, ὑφίσταμαι, περνῶ. ~d a. πεπειραμένος, ἔμπειρος.

experiment s. πείραμα n. (v.) πειραματίζομαι. ~al a. πειραματικός. ~ally adv. πειραματικῶς, δοκιμαστικῶς.

expert a. πεπειραμένος, ἔμπειρος. get ~ advice παίρνω γνώμη εἰδικοῦ. (s.) εἰδικός m. (professional adviser) ἐμπειρογνώμων m. ~ise s. (skill) (ἐπι)δεξιότης f. (knowledge) εἰδικές γνώσεις.

expiat|e v. ἐκτίω ποινήν γιά, ἐξιλεώνομαι γιά. ~ion s. ἐξιλέωσις f.

expir|e v. λήγω, ἐκπνέω. ~ation, ~y s. λῆξις f.

explain v.t. ἐξηγῶ, (justify) δικαιολογῶ. (v.i.) (make oneself clear) ἐξηγοῦμαι.

explanat|ion s. ἐξήγησις f. δικαιολογία ~ory a. ἐπεξηγηματικός.

expletive s. ὅλαστήμια f.

explicit a. (of order, statement) (defin ρητός, συγκεκριμένος, (clear) σαφής, κάθαρος, (frank) ξέσκεπος. (of perso σαφής. be ~! πές τό ξεκάθαρα. ~ly a ρητῶς, συγκεκριμένα, σαφῶς, ξεκάθα ξέσκεπα. ~ness s. σαφήνεια f.

explode v.t. ἀνατινάζω. (a theory) ἀν τρέπω. (v.i.) ἀνατινάζομαι, ἐκρήγνυμ (with anger, etc.) ξεσπάω.

exploit s. κατόρθωμα n., ἄθλος m.

exploit v. ἐκμεταλλεύομαι, (develop) ἀξ ποιῶ. ~ation s. ἐκμετάλλευσις f. ἀξ ποίησις f.

explorat|ion s. ἐξερεύνησις f. ~ory a. ἐ ρευνητικός.

explor|e v. ἐξερευνῶ. ~er s. ἐξερευνητ m.

explos|ion s. (act) ἀνατίναξις f. (eve ἔκρηξις f. (of anger) ξέσπασμα n. ~ a. ἐκρηκτικός. (s.) ἐκρηκτική ὕλη.

exponent s. ἑρμηνευτής m. (math.) ἐκθέ m.

export v. ἐξάγω. (s.) ἐξαγωγή f. ~er ἐξαγωγεύς m.

expose v. ἐκθέτω, (show up) ἀποκαλύπτ ~ oneself ἐκτίθεμαι. ~d a. ἐκτεθειμέν

exposition s. ἀνάπτυξις f. (exhibition) θεσις f.

expostulat|e v. διαμαρτύρομαι. ~ion διαμαρτυρία f.

exposure s. ἔκθεσις f. (showing up) ἀπ κάλυψις f. (photographic) πόζα f.

expound v. ἀναπτύσσω.

express v. ἐκφράζω, (formulate) δια πώνω. (squeeze out) ἐκθλίβω. ~ ones ἐκφράζομαι.

express a. (explicit) ρητός, σαφής. (fast) train ταχεῖα f. ~ letter κατεπεῖ γράμμα.

expression s. ἔκφρασις f. (formulatic wording) διατύπωσις f. ~less a. ἀνί φραστος.

expressive a. ἐκφραστικός. ~ly adv. φραστικῶς. ~ness a. ἐκφραστικότης f.

expressly adv. ρητῶς, σαφῶς. (on purpo ἐπίτηδες, εἰδικῶς.

expropriat|e v. (land) ἀπαλλοτριώνω. ~ s. ἀπαλλοτρίωσις f.

expulsion s. διώξιμο n., ἐκδίωξις f. (e of pupil) ἀποβολή f.

expunge v. ἐξαλείφω, διαγράφω, σὅήνω

expurgate v. ~ a book ἀφαιρῶ ἄσεμ ἀποσπάσματα ἀπό ἕνα ὅιβλίο.

xquisite *a.* θεσπέσιος, ἐξαίσιος. *(of manners, food, etc.)* θαυμαστός, ὑπέροχος. *(acute)* ὀξύς, ἔντονος. ~**ly** *adv.* ὑπέροχα. **xquisite** *s.* *(fop)* κομψευόμενος *m.*, δανδής *m.*

xtant *a.* σωζόμενος, be ~ σώζομαι. ~ works τά σωζόμενα.

xtempor|e *a.* αὐτοσχέδιος, πρόχειρος. *(adv.)* ἐκ τοῦ προχείρου. ~**ize** *v.* αὐτοσχεδιάζω.

xtend *v.t.* *(size, boundaries, activities)* ἐπεκτείνω. *(prolong duration of)* παρατείνω. *(stretch forth)* ἁπλώνω, τείνω. ~ a welcome to ὑποδέχομαι. *(v.i.)* *(reach, stretch)* ἐκτείνομαι.

extension *s.* *(in size, area, scope)* ἐπέκτασις *f.* *(of leave, permit, term)* παράτασις *f.* *(stretching forth, lengthening)* προέκτασις *f.* build an ~ κάνω ἐπέκταση. *(of phone)* ἐσωτερική γραμμή, ~ 12 ἐσωτερικό δώδεκα.

extensive *a.* ἐκτεταμένος, εὐρύς. ~**ly** *adv.* εὐρέως, πολύ.

extent *s.* ἔκτασις *f.* the ~ of his knowledge τό μέγεθος τῶν γνώσεών του. to some ~ μέχρις ἑνός σημείου. to a large ~ σέ μεγάλο βαθμό.

extenuat|e *v.* ἐλαφρύνω. ~**ing** *a.* ἐλαφρυντικός. ~**ing** circumstances ἐλαφρυντικά *n.pl.* ~**ion** *s.* in ~ion of ὡς ἐλαφρυντικόν γιά.

exterior *a.* ἐξωτερικός. *(s.)* ἐξωτερικόν *n.*

exterminat|e *v.* ἐξολοθρεύω, ξεπαστρεύω, ἐξοντώνω. ~**ion** *s.* ἐξολόθρευσις *f.*, ξεπάστρεμα *n.*, ἐξόντωσις *f.*

external *a.* ἐξωτερικός. *(s.)* judge by ~s κρίνω ἀπό τά φαινόμενα. ~**ly** *adv.* ἐξωτερικῶς.

extinct *a.* *(crater)* ἐσβεσμένος, *(species, etc.)* ἐκλείψας. become ~ χάνομαι, ἐξαφανίζομαι. ~**ion** *s.* ἐξαφάνισις *f.*

extinguish *v.* *(also* become ~ed*)* σβήνω.

extirpat|e *v.* ξερριζώνω. ~**ion** *s.* ξερρίζωμα *n.*

extol *v.* ἐξαίρω, ἐξυμνῶ.

extort *v.* ἀποσπῶ ἐκβιαστικά, ἐκβιάζω. ~**ion** *s.* ἐκβιασμός *m.* ~**ionate** *a.* ληστρικός. ~**ionate** shop, *etc.*, *(fam.)* ληστάρχειο *n.*

extra *adv.* παραπάνω, ἐπί πλέον. πολύ-, ὑπέρ-. ~ big ἐξαιρετικά μεγάλος. *(a.)* *(over and above)* παραπανήσιος, *(added)* πρόσθετος. *(specially provided)* ἔκτακτος. *(s.)* ἔξτρα *n.* ~s τά ἐπί πλέον.

extract *v.* βγάζω, *(press out)* ἐκχυλίζω, *(drag out)* ἀποσπῶ. *(s.)* *(passage)*

ἀπόσπασμα *n.* *(essence)* ἐκχύλισμα *n.*

extraction *s.* βγάλσιμο *n.* English by ~ ῎Αγγλος τήν καταγωγήν.

extradit|e *v.* ἐκδίδω. ~**ion** *s.* ἔκδοσις *f.*

extra-marital *a.* ἐξωσυζυγικός.

extra-mural *a.* ~ studies ἔκτακτα πανεπιστημιακά μαθήματα γιά μή φοιτητές.

extraneous *a.* ξένος.

extraordinar|y *a.* *(special)* ἔκτακτος. *(surprising)* καταπληκτικός, ἀπίθανος. *(strange)* παράξενος. ~**ily** *adv.* καταπληκτικά, ἀπίθανα, ἐξαιρετικά.

extra-sensory *a.* ~ perception παραψυχολογία *f.*

extraterritorial *a.* ~ rights ἑτεροδικία *f.*

extravagan|t *a.* σπάταλος, πολυέξοδος. *(immoderate)* ὑπερβολικός. *(unreasonable)* παράλογος. ~**tly** *adv.* ὑπερβολικά, *(of spending)* ἀλογάριαστα. ~**ce** *s.* σπατάλη *f.* ὑπερβολή *f.*

extravaganza *s.* μπουρλέσκο *n.*

extreme *s.* ἄκρον *n.* go to ~s φθάνω εἰς τά ἄκρα. in the ~ εἰς τό ἔπακρον.

extreme *a.* ἄκρος, ἔσχατος. man of ~ opinions ἄνθρωπος τῶν ἄκρων. ~**ly** *adv.* εἰς ἄκρον, πάρα πολύ.

extremist *s.* & *a.* (ἄνθρωπος) τῶν ἄκρων. *(violent)* ἐξτρεμιστής *m.*

extremit|y *s.* *(end)* ἄκρον *n.* ἐσχατιά *f.* *(adversity)* ἐσχάτη ἀνάγκη. ~**ies** τά ἄκρα.

extricat|e *v.* βγάζω. *(also* ~ oneself*)* ξεμπλέκω. ~**ion** *s.* ξεμπέρδεμα *n.*

extrinsic *a.* ξένος, ἄσχετος.

extrovert *s.* ἐξωστρεφής *a.*

exuber|ant *a.* *(animated)* ζωηρός, be in ~ant spirits ξεχειλίζω ἀπό χαρά. *(vegetation)* ὀργιώδης. ~**ance** *s.* ζωηρότης *f.* ~**antly** *adv.* ζωηρά, διαχυτικά.

exult *v.* ἀναγαλλιάζω. ~**ant** *a.* ἀγαλλιῶν. ~**ation** *s.* ἀγαλλίασις *f.*

eye *v.* *(favourably)* καλοκοιτάζω, *(suspiciously)* λοξοκοιτάζω.

eye *s.* μάτι *n.*, ὀφθαλμός *m.* evil ~ (κακό) μάτι, μάτιασμα *n.*, βάσκαμα *n.* cast evil ~ on ματιάζω, βασκαίνω. turn a blind ~ κλείνω τά μάτια. he caught my ~ τόν πῆρε τό μάτι μου. keep your ~s skinned! τά μάτια σου τέσσερα! keep an ~ on the child ρίχνε μιά ματιά (*or* ἔχε τό νοῦ σου) στό παιδί. an ~ for an ~ ὀφθαλμόν ἀντί ὀφθαλμοῦ. see ~ to ~ with συμφωνῶ μέ. *(fam.)* all my ~ *(nonsense)* κολοκύθια *n.pl.* ~**ball** *s.* βολβός τοῦ ὀφθαλμοῦ. ~**brow** *s.* φρύδι *n.* ~**lash** *s.* βλεφαρίδα *f.*, ματόκλαδο *n.*, τσίνουρο

n. ~**less** *a.* ἀόμματος. ~**lid** *s.* βλέφαρο
n. ~**sight** *s.* ὅρασις *f.* ~**sore** *s.* ἀσχημία
f. ~**wash** *s.* (*fam.*) μπούρδες *f.pl.* ~-**wit-
ness** *s.* αὐτόπτης μάρτυς.
eyeful *s.* (*fam.*) I got an ~ κάτι πολύ ἐν-
τυπωσιακό χτύπησε τό μάτι μου.
eye-opener *s.* that was an ~ to me αὐτό
μοῦ ἄνοιξε τά μάτια.
eyrie *s.* ἀϊτοφωλιά *f.*

F

fable *s.* μῦθος *m.* ~**d** *a.* μυθικός.
fabric *s.* (*textile*) ὕφασμα *n.* (*structure*)
οἰκοδόμημα *n.*
fabricat|e *v.* (*make, concoct*) κατα-
σκευάζω, χαλκεύω. (*forge*) πλαστο-
γραφῶ, παραποιῶ. ~**ion** *s.* (*act*) κατα-
σκευή *f.* (*thing concocted*) κατασκεύασμα
n.
fabulous *a.* μυθικός, (*untold*) ἀμύθητος,
(*marvellous*) θαυμάσιος, ἀφάνταστος. ~**ly**
adv. ἀφάνταστα.
façade *s.* πρόσοψις *f.* (*fig.*) προσποιητή
ἐμφάνισις.
face *s.* πρόσωπο *n.* (*fam.*) μοῦτρο *n.*,
μοῦτρα *pl.* (*of clock*) καντράν *n.* (*of
coin*) ὄψις *f.* (*outward surface*) φάτσα *f.*
make ~(s) μορφάζω. put a good ~ on it
κάνω τήν ἀνάγκη φιλοτιμία. set one's ~
against ἀντιτίθεμαι σέ. fly in the ~ of
δέν λογαριάζω, ἀψηφῶ. come ~ to ~
(with) ἔρχομαι φάτσα μέ φάτσα (μέ). tell
him to his ~ τοῦ τά λέω κατάμουτρα.
keep a straight ~ κρατῶ τή σοβαρότητά
μου. pull (*or* wear) a long ~ τά κατε-
βάζω. have the ~ to ἔχω τά μοῦτρα νά.
save ~ σώζω τά προσχήματα. lose ~ ρε-
ζιλεύομαι. on the ~ of it ἐκ πρώτης
ὄψεως. in the ~ of (*danger, etc.*) ἐνώ-
πιον (*with gen.*), (*in spite of*) παρά (*with
acc.*). ~ downwards (*adv.*) μπρούμυτα. ~
value ὀνομαστική ἀξία.
fac|e *v.t. & i.* (*meet*) ἀντιμετωπίζω, (*turn
towards*) στρέφομαι πρός, (*look on to*)
ἀντικρύζω, βλέπω σέ. ~e the music
ἀντιμετωπίζω τίς συνέπειες. ~e forwards
βλέπω μπρός. the house ~es north τό
σπίτι ἔχει φάτσα στό βοριά. the house
~ing us τό ἀπέναντι σπίτι. (*of wall*) ~ed

with marble μέ ἐπίστρωση μαρμάρου.
facet *s.* (*of stone*) ἕδρα *f.* (*fig.*) ὄψις *f.*
facetious *a.* (*funny*) ἀστεῖος, (*silly*) σαχλός
facial *a.* τοῦ προσώπου.
facil|e *a.* εὔκολος, (*fluent*) εὐχερής. ~**itat**
v. διευκολύνω. ~**ity** *s.* εὐκολία *f.*, εὐχέ
ρεια *f.* ~**ities** εὐκολίες *f.pl.*
facing *s.* (*of wall, etc.*) ἐπίστρωσις *f.* (*o
garment*) φάσα *f.*
facsimile *s.* πανομοιότυπον *n.*
fact *s.* γεγονός *n.* (*reality*) πραγματικότη
f. in ~ *or* as a matter of ~ στήν πραγ
ματικότητα, πράγματι. the ~ is ἡ ἀλή
θεια εἶναι. in view of (*or* apart from) th
~ that λόγω (*or* ἐκτός) τοῦ ὅτι.
facti|on *s.* φατρία *f.* ~**ous** *a.* φατριαστι
κός.
factitious *a.* τεχνητός.
factor *s.* συντελεστής *m.* (*also math.*)
παράγων *m.*
factory *s.* ἐργοστάσιον *s.*
factual *a.* συγκεκριμένος, θετικός.
faculty *s.* (*power*) ἱκανότης *f.* (*school o
university*) σχολή *f.*
fad *s.* ἰδιοτροπία *f.*, μανία *f.* ~**dy** *a*
ἰδιότροπος, τιτίζης.
fade *v.t. & i.* (*colour*) ξεβάφω, ξεθω
ριάζω. (*v.i.*) (*flowers, beauty*) μαραίνο
μαι. ~ away *or* out (*of sound, light*
σβήνω, χάνομαι.
faeces *s.* περιττώματα *n.pl.*
fag *v.t.* (*tire*) κουράζω. (*v.i.*) (*work hard*
also ~ away) κουράζομαι. I am ~ge
κουράστηκα.
fag *s.* (*tiring job*) ἀγγαρεία *f.* (*fam., ciga*
rette) τσιγάρο *n.* ~-**end** *s.* ὑπόλειμμα *n*
(*of cigarette*) ἀποτσίγαρο *n.*, γόπα *f.*
faggot *s.* δεμάτι *n.*
fail *s.* without ~ χωρίς (*or* δίχως) ἄλλο.
fail (*v.i.*) (*not succeed*) ἀποτυγχάνω, (*b
unable*) δέν μπορῶ, (*lose strength*) ἀδυ
νατίζω, ἐξασθενῶ, (*get less*) λιγοστεύω
(*neglect, omit*) παραλείπω, (*go bankrupt*
χρεοκοπῶ. I ~ to understand δέν κατα
λαβαίνω. (*of engine*) σταματῶ, (*o
supply*) κόβομαι, (*in exam*) μένω. (*v.t.*
(*desert*) ἐγκαταλείπω, (*in exam*) ἀπορρί
πτω.
failing *s.* ἐλάττωμα *n.*
failure *s.* ἀποτυχία *f.* (*omission*) παράλει
ψις *f.* (*of supply*) διακοπή *f.* (*fin.*) χρεο
κοπία *f.* be a ~ εἶμαι ἀποτυχημένος.
faint *v.* λιποθυμῶ. ~**ing** fit λιποθυμία *f*
(*s.*) fall down in a ~ πέφτω λιπόθυμος
faint *a.* (*dim*) ἀμυδρός, (*pale*) ὠχρός
(*weak*) ἀδύνατος, ἀσθενής. (*slight*

ἐλαφρός, *(vague)* ἀσαφής. I haven't the ~est idea δέν ἔχω τήν παραμικρή ἰδέα. feel ~ ἔχω τάση γιά λιποθυμία. ~ly *adv*. ἀμυδρῶς, ἀδύνατα, ἐλαφρῶς.

faintness *s*. *(dimness)* ἀμυδρότης *f*. *(swoon)* λιποθυμία *f*.

fair *s*. πανηγύρι *n*. *(exhibition)* ἔκθεσις *f*.

fair *a*. *(beautiful)* ὡραῖος, *(blond)* ξανθός, *(just)* δίκαιος, *(honest)* τίμιος, ἔντιμος. *(of medium quality)* καλούτσικος. *(of price)* λογικός, *(weather)* αἴθριος, *(wind)* οὔριος. a ~ amount of ἀρκετός. ~ *(specious)* words παχιά λόγια. it isn't ~ δέν εἶναι σωστό *(or* ἐν τάξει). make a ~ copy of καθαρογραφῶ. *(adv.)* bid ~ to φαίνομαι σά νά.

fairly *adv*. *(justly)* δικαίως, *(honestly)* τίμια, *(of degree)* ἀρκετά. ~ and squarely *(exactly)* ἀκριβῶς, *(frankly)* ντόμπρα. ~ well καλούτσικα. *(fam.)* it ~ took my breath away μούκοψε κυριολεκτικά τήν ἀνάσα.

fair-haired *a*. ξανθομάλλης.

fairness *s*. *(honesty)* ἐντιμότης *f*. *(impartiality)* ἀμεροληψία *f*. in ~ to him γιά νά εἴμαστε δίκαιοι ἀπέναντί του.

fair-spoken *a*. πειστικός.

fairway *s*. δίοδος *f*.

fairy *s*. νεράιδα *f*. ~-tale *s*. παραμύθι *n*. *(a.)* παραμυθένιος.

fait-accompli *s*. τετελεσμένον γεγονός.

faith *s*. *(belief)* πίστις *f*. *(religion)* θρήσκευμα *n*. *(trust)* ἐμπιστοσύνη *f*. in good ~ καλῇ τῇ πίστει.

faithful *a*. πιστός, *(exact)* ἀκριβής. ~ly *adv*. πιστά, μέ ἀκρίβεια. *(of promising)* εἰλικρινά. yours ~ly μετά τιμῆς.

faithless *a*. ἄπιστος. ~ness *s*. δολιότης *f*.

fake *a*. & *s*. ψεύτικος. *(v.t.)* παραποιῶ.

fakir *s*. φακίρης *m*.

falcon *s*. γεράκι *n*.

fall *s*. πτῶσις *f*. *(tumble)* πέσιμο *n*. *(autumn)* φθινόπωρο *n*. ~s *(water)* καταρράκτης *m*.

fall *v.i.* *(also* ~ down, over*)* πέφτω. ~ to bits καταρρέω. ~en *a*. πεσμένος, *(deposed)* ἔκπτωτος. the ~en *(in battle)* οἱ πεσόντες.

fall away *v*. *(defect)* ἀποστατῶ, ἀποσκιρτῶ.

fall back *v*. ἀποσύρομαι. ~ on καταφεύγω εἰς.

fall behind *v.i.* μένω πίσω, *(be late)* καθυστερῶ.

fall for *v*. ἐνθουσιάζομαι γιά. he fell for it *(was tricked)* τυλίχτηκε.

fall in *v.i.* *(mil.)* παρατάσσομαι.

fall into *v*. *(hands, coma, sin, etc.)* περιπίπτω εἰς.

fall off *v.i.* *(decline)* ξεπέφτω.

fall out *v*. *(of hair, etc.)* πέφτω, *(happen)* συμβαίνω, *(quarrel)* τσακώνομαι. *(mil.)* λύω τούς ζυγούς.

fall-out *s*. *(nuclear)* διαρροή *f*.

fall over *v*. πέφτω κάτω. ~ the cliff πέφτω ἀπό τό βράχο. I fell over a stone σκόνταψα σέ μία πέτρα καί ἔπεσα. ~ oneself *or* ~ backwards *(do utmost)* τσακίζομαι.

fall through *v.i.* *(fail)* ματαιώνομαι.

fall to *v*. *(begin)* ἀρχίζω. *(food, work)* πέφτω μέ τά μοῦτρα *(with* σέ).

fall under *v*. *(category)* ὑπάγομαι εἰς. ~ the spell of καταγοητεύομαι ἀπό.

fall upon *v*. *(of responsibility)* βαρύνω *(v.t.)*. *(attack)* ἐπιτίθεμαι εἰς.

fall within *v*. *(belong to)* ἀνήκω σέ.

fallac|y *s*. πλάνη *f*. ~ious *a*. ἐσφαλμένος.

fallible *a*. man is ~ ὁ ἄνθρωπος δέν εἶναι ἀλάνθαστος.

fallow *a*. χέρσος.

false *a*. ψευδής, ψεύτικος, *(erroneous)* ἐσφαλμένος, *(faithless)* ἄπιστος. ~ note παραφωνία *f*. ~ step γκάφα *f*. play *(person)* ~ ἀπατῶ. give ~ evidence ψευδομαρτυρῶ. by ~ pretences δι' ἀπάτης. ~hood *s*. *(lie)* ψεῦδος *n*., ψευτιά *f*.

falsify *v*. παραποιῶ.

falsity *s*. *(wrongness)* ψεῦδος *n*. *(treachery)* δολιότης *f*.

falter *v*. *(in speech)* κομπιάζω, *(waver)* διστάζω.

fame *s*. φήμη *f*. ~d *a*. φημισμένος.

familiar *a* *(intimate)* οἰκεῖος, *(known)* γνωστός. be ~ with ξέρω, be on ~ terms ἔχω οἰκειότητα. be too ~ *(cheeky)* παίρνω οἰκειότητα. ~ity *s*. *(intimacy)* οἰκειότης *f*. *(knowledge)* γνῶσις *f*. ~ize *v*. ἐξοικειώνω.

family *s*. οἰκογένεια *f*. ~ man οἰκογενειάρχης *m*. *(a.)* οἰκογενειακός.

famine *s*. λιμός *m*.

famish *v*. be ~ed *or* ~ing πεινῶ λυσσωδῶς, πεθαίνω τῆς πείνας.

famous *a*. *(person)* διάσημος, *(thing)* ξακουστός. *(notorious)* περιβόητος. ~ly *adv*. *(fam.)* μία χαρά.

fan *s*. ἀνεμιστήρ *m*. *(hand)* βεντάλια *f*. *(admirer)* λάτρης *m*. *(v.)* φυσῶ, ~ oneself φυσιέμαι. ~ the flames *(fig.)* ρίχνω λάδι στή φωτιά.

fanatic *s*., ~al *a*. φανατικός. make ~al

φανατίζω. ~ism s. φανατισμός m.
fancier s. εἰδικός (with σέ).
fanciful a. φαντασιώδης, παράδοξος.
fancy s. (imagination) φαντασία f. (idea) ἰδέα f. (whim) καπρίτσιο n. take a ~ to συμπαθῶ. it took my ~ μέ εἵλκυσε.
fanc|y v. (imagine) φαντάζομαι, ~y that! γιά φαντάσου! he ~ies himself as νομίζει πώς εἶναι. (desire) γουστάρω (v.t.). I don't ~y it δέν μ' ἀρέσει.
fancy a. (not plain) πολυτελείας. (of design) φανταιζί. ~ goods νεωτερισμόι m. pl. in ~ dress μεταμφιεσμένος.
fanfare s. φανφάρα f.
fang s. κυνόδους m. (snake's) φαρμακερό δόντι.
fanlight s. φεγγίτης m.
fantasia s. φαντασία f.
fantastic a. (strange) φανταστικός, (wonderful) ὑπέροχος, (absurd) ἐξωφρενικός. ~ally adv. ὑπέροχα, ἐξωφρενικά.
fantasy s. (imagination) φαντασία f. (false idea) φαντασίωσις f.
far a. (distance) μακριά, (degree) πολύ. ~ and away, by ~ κατά πολύ. so ~ ὥς τώρα, γιά τήν ὥρα. in so ~ as ἐφ' ὅσον. ~ from it! κάθε ἄλλο! it is ~ from true πολύ ἀπέχει ἀπό τήν ἀλήθεια. go too ~ (fig.) τό παρακάνω. as ~ as the station μέχρι τό σταθμό. as ~ as I know ἀπ' ὅ,τι ξέρω. as ~ as I'm concerned ὅσον ἀφορᾶ ἐμένα. (so) ~ from admiring it I don't like it ὄχι μόνο δέν τό θαυμάζω, δέ μ' ἀρέσει.
far a. (also ~-off, ~-away) μακρινός. few and ~ between ἀραιοί. F~ East ῎Απω Ἀνατολή. at the ~ end στήν ἄλλη ἄκρη. a ~-away look ὀνειροπόλο βλέμμα.
farc|e s., ~ical a. φάρσα f.
fare v.i. (get on) τά πάω, περνῶ. (be fed) τρώγω. how did it ~ with you? πῶς τά πῆγες;
fare s. (cost of travel) ναῦλα n.pl. (in bus, etc.) εἰσιτήριο n. (in taxi) what is the ~? πόσα γράφει τό ρολόι; (passenger) πελάτης m. (food) τροφή f. bill of ~ κατάλογος m.
farewell s. ἀποχαιρετισμός m. bid (person) ~ ἀποχαιρετῶ. ~! χαῖρε! ἀντίο! (a.) ἀποχαιρετιστήριος.
far-fetched a. παρατραβηγμένος.
far-flung a. ἐκτεταμένος.
far-gone a. πολύ προχωρημένος.
farm s. ἀγρόκτημα n., φάρμα f. (v.t.) (land) καλλιεργῶ. ~ out ἐκμισθώνω. ~er s. ἀγρότης m.

farrago s. συνονθύλευμα n.
far-reaching a. εὐρείας ἐκτάσεως.
far|-seeing, ~-sighted a. προνοητικός.
farther adv. πιό μακριά, μακρύτερα. ~ on πιό πέρα. ~ back πιό πίσω. (a.) ἀπώτερος. at the ~ end στήν ἄλλη ἄκρη.
farthest a. ἀπώτατος, ὁ πιό μακρινός. (adv.) πιό μακριά, μακρύτερα.
fascinat|e v. (allure) σαγηνεύω. (interest greatly) γοητεύω. ~ing a. σαγηνευτικός, γοητευτικός. ~ion s. σαγήνη f. γοητεία f. have a ~ion for γοητεύω.
fasc|ism s. φασισμός m. ~ist s. φασίστας m. (a.) φασιστικός.
fashion s. (way) τρόπος m. (custom, style) μόδα f., in ~ τῆς μόδας. after a ~ κατά κάποιον τρόπο, ὅπως ὅπως. (book of) ~ plates φιγουρίνι n. (v.) (of clay) πλάθω, (wood, stone) σκαλίζω. (create) δημιουργῶ.
fashionab|le a. (person, resort) κοσμικός, (clothes, resort) τῆς μόδας. ~ly adv. μέ τήν τελευταία λέξη τῆς μόδας.
fast v. νηστεύω. (s.) νηστεία f.
fast a. (firm) στερεός, make ~ στερεώνω, (tie up) δένω. (of colour) ἀνεξίτηλος. (quick) ταχύς, γρήγορος. (of clock) it is ~ πάει μπρός. play ~ and loose with κάνω κατάχρηση (with gen.), (person's affections) παίζω μέ.
fast adv. (firmly) στερεά, (tightly) σφιχτά. (quickly) γρήγορα. be ~ asleep κοιμᾶμαι βαθιά. it is raining ~ βρέχει δυνατά.
fasten v.t. (secure) ἀσφαλίζω, στερεώνω. (affix) κολλῶ, (tie up) δένω, (tighten) σφίγγω. ~ together συνδέω. (v.t. & i.) (shut) κλείνω, (do up) κουμπώνω. ~ upon (pretext, etc.) ἁρπάζω. he always ~s on me ὅλο τά βάζει μαζί μου (or μέ μένα).
fastener s. (press) σοῦστα f. (hook & eye) κόπιτσα f. (zip) φερμουάρ n. (paper) συνδετήρ m.
fastening s. (of window, etc.) ἀσφάλεια f. (of bag) κλείσιμο n. (of garment) κούμπωμα n.
fastidious a. (of fine taste) ἐκλεκτικός, (fussy) δύσκολος, σχολαστικός.
fasting s. νηστεία f.
fastness s. ὀχυρόν n.
fat a. παχύς, χοντρός. (greasy) λιπαρός (salary) παχυλός. (fam.) a ~ lot he knows! τά πολλά πού ξέρει.
fat s. λίπος n., πάχος n. (fig.) the ~ is in the fire προμηνύεται φασαρία. live off

the ~ of the land περνῶ ζωή καί κόττα. ~ness s. πάχος n.

atal a. *(causing failure, appointed by destiny)* μοιραῖος. *(causing death)* θανατηφόρος. ~**ly** adv. θανασίμως.

atal|ism s. μοιρολατρεία f. ~**ist** s. μοιρολάτρης m. ~**ity** s. *(event)* δυστύχημα n. *(person killed)* θῦμα n.

ate s. *(destiny)* μοῖρα f., πεπρωμένον n. *(one's personal* ~) ριζικό n. *(what may happen)* τύχη f. they left him to his ~ τόν ἄφησαν στήν τύχη του. he met a tragic ~ εἶχε τραγικό τέλος. it was ~d that ἦταν μοιραῖο *(or* πεπρωμένο *or* γραφτό) νά.

athead s., ~**ed** a. μάππας m., κουτορνίθι n.

ather s. πατέρας m. *(eccl.)* πατήρ m. *(v.) (lit. & fig.)* γεννῶ. ~ on (to) *(of child, idea, book)* ἀποδίδω τήν πατρότητα εἰς, *(of responsibility)* ἀποδίδω τήν εὐθύνη εἰς. ~**hood** s. πατρότης f. ~**-in-law** s. πεθερός m. ~**land** s. πατρίδα f. ~**ly**, ~**'s** a. πατρικός.

athom s. ὀργυιά f. *(v.)* κατανοῶ. ~**less** a. ἀπύθμενος.

atigu|e s. κόπωσις f. *(mil.)* ἀγγαρεία f. *(v.)* κουράζω. ~**ing** a. κουραστικός.

att|en v. παχαίνω, *(cattle)* σιτεύω. ~**ed** calf ὁ μόσχος ὁ σιτευτός.

atu|ous a. βλακώδης. *(purposeless)* μάταιος. ~**ity** s. ἀνοησία f.

aucet s. κάνουλα f.

ault s. *(defect)* ἐλάττωμα n. *(blame)* φταίξιμο n. *(wrong act)* σφάλμα n. be at ~ *(to blame)* φταίω. find ~ with *(person)* ἐπικρίνω. she finds ~ with everything ὅλα τά βρίσκει στραβά. *(in rock)* γεωτεκτονικόν ρῆγμα. *(v.)* βρίσκω ἐλάττωμα σέ. ~**less** a. ἄψογος. ~**y** a. ἐλαττωματικός.

aun s. φαῦνος m.

auna s. πανίς f.

aux pas s. γκάφα f.

avour s. *(approval, goodwill)* εὔνοια f. *(partiality)* μεροληψία f. *(kind act)* χάρη f., χατίρι n., *(political)* ρουσφέτι n. *(badge)* κονκάρδα f. in ~ of ὑπέρ *(with gen.)* in our ~ πρός ὄφελός μας.

avour v. εὐνοῶ, προτιμῶ. ~ *(person)* with *(oblige)* τιμῶ μέ.

avourab|le a. εὐνοϊκός, εὐμενής. *(wind)* οὔριος, *(weather)* αἴθριος. ~**ly** adv. εὐνοϊκά, εὐμενῶς.

avourit|e a. & s. εὐνοούμενος, *(best liked)* (πιό) ἀγαπημένος. ~**ism** s. εὐνοιοκρατία f.

fawn s. ἐλαφάκι n. *(a.) (colour)* κιτρινόφαιος.

fawn v. ~ on κάνω τοῦμπες μπροστά σέ. ~**ing** a. δουλοπρεπής.

fear s. φόβος m. no ~! δέν ὑπάρχει φόβος. I did not go in for ~ of disturbing him δέν μπῆκα μέσα ἀπό φόβο μή τυχόν *(or* μήπως) τόν ἐνοχλήσω. *(v.)* φοβᾶμαι, φοβοῦμαι.

fearful a. *(afraid)* ἀνήσυχος, *(awful)* φοβερός. be ~ φοβᾶμαι. ~**ly** adv. *(with fear)* φοβισμένα, *(awfully)* φοβερά.

fearless a. ἄφοβος. ~**ly** adv. ἄφοβα. ~**ness** s. ἀφοβία f.

fearsome a. τρομακτικός.

feasib|le a. ἐφικτός. ~**ility** s. ἐφικτόν n.

feast s. *(eccl.)* ἑορτή f. *(banquet, lit. & fig.)* πανδαισία f. *(v.t.) (regale)* γλεντῶ, χορταίνω. ~ one's eyes on δέν χορταίνει τό μάτι μου νά βλέπη. *(v. i.)* εὐωχοῦμαι. ~**-day** s. ἑορτή f. ~**ing** s. εὐωχία f.

feat s. κατόρθωμα n.

feather s. φτερό n. ~ in one's cap ἐπίτευγμα n. show the white ~ δειλιάζω. birds of a ~ flock together ὅμοιος ὁμοίῳ. in high ~ κεφάτος. *(v.)* ~ one's nest κάνω τήν μπάζα μου. ~**ed** a. πτερωτός.

feather-brained a. κοκκορόμυαλος.

feather-duster s. φτερό n.

feather-weight s. βάρος πτεροῦ, *(fig.)* ἀσήμαντος a.

feathery a. *(light & soft)* ἀφράτος.

feature s. χαρακτηριστικόν n. *(element)* στοιχεῖον n. *(article in journal)* εἰδικόν ἄρθρον. *(v.i.)* παίζω ρόλο. *(v.t.)* παρουσιάζω. ~**less** a. μονότονος.

February s. Φεβρουάριος m., Φλεβάρης m.

feckless a. ἀχαΐρευτος.

fecund a. γόνιμος. ~**ity** s. γονιμότης f.

fed part. get ~ up (with) βαργεστίζω.

feder|al a. ὁμοσπονδιακός. ~**ate** v.i. σχηματίζω ὁμοσπονδίαν. ~**ation** s. ὁμοσπονδία f.

fee s. *(professional)* ἀμοιβή f. tuition ~ δίδακτρα n.pl. exam ~ ἐξέταστρα n.pl.

feeb|le a. ἀδύνατος, ἀδύναμος. *(joke)* σαχλός. ~**ly** adv. ἄτονα, χωρίς δύναμη. ~**le-minded** a. διανοητικά καθυστερημένος.

feed v.t. ταΐζω, *(nourish)* τρέφω, *(keep supplied)* τροφοδοτῶ. *(v.i.)* ~ on τρέφομαι μέ. *(s.) (animals')* ζωοτροφή f. have a ~ τρώω. *(mech.)* τροφόδοσις f. ~**ing** s. τάισμα n., τροφοδότησις f.

feedback s. *(technical)* ἀνάδρασις f. *(response)* ἀνταπόκρισις f.

feel v.t. & i. *(by touch)* ψαύω, πιάνω. ~ how heavy it is! πιάσε νά δῆς πόσο βαρύ εἶναι. ~ one's way περπατῶ ψηλαφώντας. ~ *(search)* for ψάχνω γιά. *(have emotion, sensation)* αἰσθάνομαι, νοιώθω. it ~s as if φαίνεται σά νά. how does it ~? πῶς σοῦ φαίνεται; it ~s rough εἶναι τραχύ στήν ἀφή. I don't ~ myself *(up to form)* δέν εἶμαι ὁ ἑαυτός μου. I ~ the heat μέ πειράζει ἡ ζέστη. I ~ for him τόν συμπονῶ. ~ equal *(or up)* to αἰσθάνομαι ἱκανός νά *(or γιά)*. ~ like *(be in mood for)* ἔχω διάθεση *(or ὄρεξη)* γιά, γουστάρω. *(think)* νομίζω.

feel s. I can tell by the ~ of it καταλαβαίνω ἀπό τήν ἀφή του *(or τό πιάσιμό του)*.

feeler s. *(antenna)* κεραία f. *(fig.)* put out ~s κάνω βολιδοσκοπήσεις, βολιδοσκοπῶ.

feeling s. *(touch)* I've lost the ~ in my right leg ἔχασα τήν αἴσθηση τοῦ δεξιοῦ ποδιοῦ μου. *(awareness, emotion)* αἴσθημα n. person of ~ ἄνθρωπος μέ αἰσθήματα. he does not show much ~ εἶναι ἀναίσθητος. hurt *(person's)* ~s προσβάλλω τά αἰσθήματά του. I have no hard ~s δέν κρατῶ κακία. ~ runs high τά πνεύματα εἶναι ἐξημμένα. *(presentiment)* προαίσθημα n. *(opinion)* γνώμη f.

feign v. προσποιοῦμαι. ~ indifference προσποιοῦμαι τόν ἀδιάφορον. ~ed a. προσποιητός.

feint s. ψευδεπίθεσις f.

felicitat|e v. συγχαίρω. ~ion(s) s. συγχαρητήρια n.pl.

felicit|ous a. εὔστοχος. ~y s. *(happiness)* εὐδαιμονία f.

feline a. αἰλουροειδής. ~ grace χάρις αἰλούρου.

fell v. ρίχνω κάτω. ~ing of trees ὑλοτομία f.

fell a. δεινός, *(disease)* ἐπάρατος.

fell s. *(hide)* τομάρι n. *(hill)* λόφος m.

fellow s. *(comrade)* σύντροφος m. *(equal)* ὅμοιος m. *(one of pair)* ταίρι n. *(chap)* παιδί n. *(of college, etc.)* ἑταῖρος m. ~-citizen s. συμπολίτης m. ~-countryman s. ὁμοεθνής m. ~-traveller s. συνταξιδιώτης m. *(also politically)* συνοδοιπόρος m. ~-sufferer s. ὁμοιοπαθής m.

fellowship s. συντροφιά f.

felon s. κακοῦργος m. ~ious a. ἐγκληματικός. ~y s. κακούργημα n.

felt s. τσόχα f. *(for hats)* φέτρ n.

felucca s. φελούκα f.

female a. θηλυκός. *(s.)* θῆλυ n. *(fam.)* θηλυκό n.

feminin|e a. *(gram.)* θηλυκός. *(charm, curiosity, etc.)* γυναικεῖος. she is very ~e εἶναι πραγματικό θηλυκό *(or πολύ γυναῖκα)*. ~ity s. θηλυκότης f.

femin|ism s. φεμινισμός m. ~ist s. φεμινιστής m., φεμινίστρια f.

fen s. βάλτος m.

fenc|e s. φράκτης m. *(receiver)* κλεπταποδόχος m. *(fig.)* sit on the ~e καιροσκοπῶ. *(v.)* *(put ~e round)* περιφράσσω. ~ing s. περίφραξις f.

fenc|e v. *(fight)* ξιφομαχῶ. *(fig.)* ἀποφεύγω. ~ing s. ξιφομαχία f.

fend v. ~ off ἀποκρούω. ~ for oneself τά βγάζω πέρα μόνος μου.

fender s. προφυλακτήρ m. *(naut.)* στρωμάτσο n.

fennel s. μάραθο n.

ferment s. *(leaven)* μαγιά f. *(fig.)* state of ~ ἀναβρασμός m. *(v.t.)* ζυμώνω. *(v.i.)* ζυμώνομαι. ~ation s. ζύμωσις f.

fern s. φτέρη f. ~y a. γεμάτος φτέρες.

feroci|ous a. θηριώδης. ~ously adv. θηριωδῶς, ἄγρια. ~ty s. θηριωδία f.

ferret s. νυφίτσα f. *(v.)* *(rummage)* σκαλίζω, ~ out ἀνακαλύπτω.

ferro-concrete s. μπετόν ἀρμέ n.

ferrous a. σιδηροῦχος.

ferry s. πορθμεῖον n. *(v.t.)* διαπορθμεύω. *(v.i.)* διαπορθμεύομαι. ~-boat s. φερρυμπώτ n.

fertil|e a. γόνιμος. ~ity s. γονιμότης f.

fertiliz|e v. γονιμοποιῶ, *(soil)* λιπαίνω. ~ation s. γονιμοποίησις f. λίπανσις f. ~er s. χημικό λίπασμα.

ferven|t a. *(love)* θερμός, *(support)* ἔνθερμος. ~cy s. θέρμη f. ~tly adv. θερμά, μέ θέρμη.

fervid a. φλογερός, παθιασμένος. ~ly adv. φλογερά, μέ πάθος.

fervour s. θέρμη f., πάθος n.

fester v. μολύνομαι, ἀφορμίζω. *(fig., or insult, etc.)* it ~s in my mind μέ καίει ~ing a. μολυσμένος, ἀφορμισμένος.

festiv|al s. *(feast)* ἑορτή f. *(of music, etc.)* φεστιβάλ n. ~e a. ἑορταστικός, *(music, bells)* χαρμόσυνος.

festivit|y s. ἑορτασμός m., γλέντι n. ~ies ἑορταστικές ἐκδηλώσεις.

festoon s. γιρλάντα f. *(v.)* στολίζω.

fetch v. παίρνω, φέρνω. I ~ed him from the station τόν πῆρα ἀπό τό σταθμό. ~ me the book φέρε μου τό βιβλίο. sh makes him ~ and carry τόν ἔχει σάν ὑπηρέτη. (a price) πιάνω, (a blow) καταφέρω. ~ up (arrive) καταλήγω.

etching a. χαριτωμένος.

ete s. πανηγύρι n. (v.) ἀποθεώνω.

etid a. βρώμιος, δύσοσμος. ~**ness** s. βρῶμα f.

etish s. φετίχ n. (fig.) make a ~ of ἔχω μανία μέ.

etter v. δένω, δεσμεύω. (s.) (shackle) πεδούκλι n. ~s (lit. & fig.) δεσμά n.pl.

ettle s. in good ~ σέ καλή φόρμα.

eud s. ἔχθρα f., βεντέττα f.

eudal a. φεουδαρχικός.

ever s. πυρετός m. ~**ish** a. πυρετώδης. ~**ishly** adv. πυρετωδῶς.

ew a. λίγοι, ὀλίγοι. a good ~ ἀρκετοί, not a ~ οὐκ ὀλίγοι. ~**er** a. λιγότεροι. he ate no ~er than five cakes ἔφαγε πέντε πάστες, ἄν ἀγαπᾶς (or παρακαλῶ).

ey a. ἀλαφροΐσκιωτος.

ez s. φέσι n.

iancé s. μνηστήρ, ἀρραβωνιαστικός m. ~**ée** s. μνηστή, ἀρραβωνιαστικιά f.

iasco s. φιάσκο n.

iat s. φετφᾶς m.

ib s. ψεμματάκι n.

ibre s. ἴνα f. vegetable ~ φυτική ἴνα. moral ~ ἠθική ὑπόστασις. ~**-glass** s. ὑαλοβάμβαξ m.

ibrous a. ἰνώδης.

ickle a. ἀσταθής, ἄστατος, (person only) ἄπιστος. ~**ness** s. ἀστάθεια f.

iction s. (fabrication) ἀποκύημα τῆς φαντασίας. (novels) μυθιστορήματα n.pl. (law) legal ~ πλάσμα δικαίου. ~**al** a. φανταστικός.

ictitious a. πλαστός. (law, of sale, etc.) εἰκονικός. (imaginary) φανταστικός.

iddle s. βιολί n. (fig.) play second ~ παίζω δευτερεύοντα ρόλο. (v.) παίζω βιολί. ~**r** s. βιολιστής m.

iddle v. (waste time) χασομερῶ. (falsify) μαγειρεύω. ~ with σκαλίζω, πασπατεύω. (s.) (fam., sharp practice) κομπίνα f. be on the ~ κάνω κομπίνες.

idelity s. πίστις f. (accuracy) ἀκρίβεια f.

idget (v.i.) δέν κάθομαι ἥσυχα. stop ~ing! κάτσε ἥσυχα. (get nervous) νευριάζω. ~ with παίζω μέ, πασπατεύω. (s.) (person) νευρόσπαστο n. have the ~s see fidget v.

ief s. φέουδον n.

ield s. χωράφι n., ἀγρός m. (of vision, activity, battle) πεδίον n. ~**-artillery** s. πεδινόν πυροβολικόν. ~**-day** s. ἡμέρα

γυμνασίων. (fig.) μία πολύ γεμάτη μέρα. ~**-glasses** s. κιάλια n.pl. ~**-marshal** s. στρατάρχης m. ~**-work** s. (research) ἐπιτόπιος ἐπιστημονική ἔρευνα. (mil.) πρόχειρον ὀχύρωμα.

fiend s. (fig.) τέρας n. ~**ish** a. σατανικός. ~**ishly** adv. σατανικά. (fam.) it is ~ishly cold κάνει διαβολεμένο κρύο.

fierce a. ἄγριος, (struggle) σκληρός, λυσσώδης, (heat, cold) δυνατός. ~**ly** adv. ἄγρια, σκληρά, λυσσωδῶς, δυνατά.

fiery a. φλογερός, (speech) πύρινος, (temper) παράφορος.

fife s. φλογέρα f.

fifteen num. δεκαπέντε. 15-syllable line (verse) δεκαπεντασύλλαβος m. ~**th** a. δέκατος πέμπτος.

fifth a. πέμπτος. ~ column πέμπτη φάλαγξ.

fift|**y** num. πενήντα. go ~y-~y πάω μισάμισά. ~**ieth** a. πεντηκοστός.

fig s. σῦκο n. (tree) συκιά f. wild ~ ὀρνιός m. (fam.) not care a ~ δέν δίνω δεκάρα.

fight v.i. μάχομαι, (of dogs, etc.) μαλώνω. (struggle) ἀγωνίζομαι, (wrestle) παλεύω. (v.i. & t.) πολεμῶ. (v.t.) (a fire, illness, proposal) καταπολεμῶ. ~ down ὑπερνικῶ. ~ off (repel) ἀπωθῶ. ~ shy of ἀποφεύγω. (s.) μάχη f., ἀγώνας m., πάλη f. (row) καβγάς m.

fighter s. πολεμιστής m., ἀγωνιστής m. (aero.) καταδιωκτικόν n.

fighting a. (combative) μαχητικός, (forces, etc.) μάχιμος. (s.) μάχη f. street ~ ὁδομαχίες f.pl. there was hard ~ ἔγινε σκληρή μάχη.

figment s. ~ of the imagination πλάσμα τῆς φαντασίας.

figurative a. μεταφορικός.

figure s. (number) ψηφίον n. (diagram & geom.) σχῆμα n. (amount) ποσόν n. (dance, mus.) φιγούρα f. (human form) ἀνθρώπινη μορφή. (bodily) have a good ~ εἶμαι σιλουέτα, ἔχω καλό κορμί. fine ~ of a man (or woman) λεβέντης m., λεβέντισσα f. cut a fine ~ κάνω ὡραία φιγούρα. cut a sorry ~ κάνω θλιβερή ἐντύπωση. leading ~ σημαίνον πρόσωπον. ~ of speech σχῆμα λόγου. (v.) (appear) ἐμφανίζομαι, (calculate) ὑπολογίζω.

figure-head s. (naut.) γοργόνα f. (fig.) προσωπικότης κατέχουσα ὑψηλόν ἀξίωμα κατ' ὄνομα.

filbert s. φουντούκι n.

filch v. βουτώ.

file s. (tool) λίμα f. (v.t.) λιμάρω.

file s. (for papers) φάκελλος m. (v.t.) (in folders) κατατάσσω, (in archives) βάζω στό ἀρχεῖον. (submit) ὑποβάλλω.

file s. (row) στοῖχος m., γραμμή f. in single ~ ὁ ἕνας πίσω ἀπ' τόν ἄλλον, (mil.) ἐφ' ἑνός ζυγοῦ. (v.i.) ~ in μπαίνομε ἕνας-ἕνας.

filial a. υἱικός.

filibuster v.i. κωλυσιεργῶ.

filings s. ῥινίσματα n. pl.

fill v.t. & i. (make or become full) γεμίζω. (a tooth) σφραγίζω, (a vacancy) συμπληρώνω. ~ up (a form) συμπληρώνω, (a vessel) γεμίζω. ~ out (enlarge) γεμίζω, φουσκώνω. it ~s the bill εἶναι ὅ,τι χρειάζεται.

fill s. have one's ~ of μπουχτίζω ἀπό. eat one's ~ τρώω καλά, χορταίνω.

filling s. γέμιση f. (in tooth) σφράγισμα n. ~ station πρατήριον βενζίνης.

fillip s. (with finger) μικρό τίναγμα μέ τό δάχτυλο. (fig.) give a ~ to (stimulate) τονώνω, κεντρίζω, (speed up) ἐπιταχύνω.

filly s. φοραδίτσα f. (fam., girl) mettlesome ~ ζωντανό κοριτσόπουλο.

film s. (haze) θαμπάδα f. (layer) στρῶμα n. (photo.) φίλμ n. (cinema) ταινία f., ἔργο n. (v.t.) (make ~ of) γυρίζω, κινηματογραφῶ.

filter s. φίλτρο n. (v.t.) διυλίζω, φιλτράρω. (v.i.) ~ through (leak) διεισδύω, (of coffee, light) περνῶ, (of news) διαρρέω. ~ing s. διύλισις f., φιλτράρισμα n.

filth, ~iness s. βρωμιά f. ~y a. βρωμερός, ρυπαρός.

fin s. πτερύγιον n.

final a. (in end position) τελικός. (last possible, e.g. edition, day, word) τελευταῖος. (definite) ὁριστικός. (unalterable) τελεσίδικος. (s.) ~s (sport) τελικά n.pl. (exams) πτυχιακές ἐξετάσεις. ~ly adv. τελικά, ἐν τέλει, (definitely) ὁριστικά.

finale s. φινάλε n.

finality s. ὁριστικότης f. with (an air of) ~ity μέ ὕφος τελειωτικό. ~ize v. ὁριστικοποιῶ.

finance s. (also ~es) οἰκονομικά n. pl. (v.) χρηματοδοτῶ. ~ial a. οἰκονομικός, (pecuniary) χρηματικός. ~ier s. κεφαλαιοῦχος m.

finch s. σπῖνος m.

find v.t. βρίσκω. (provide) προμηθεύω, all found μέ ὅλα τά ἔξοδα. ~ (person) guilty κηρύσσω ἔνοχον. ~ out (learn) μαθαίνω,

(uncover, discover) ἀνακαλύπτω. how did it ~ its way into my pocket? πῶς βρέθηκε στήν τσέπη μου; (v.i.) (give verdict, ἀποφαίνομαι. ~er s. ~er will be rewarded ὁ εὑρών ἀμοιφθήσεται.

finding s. ἀνεύρεσις f. (conclusion of committee, etc.) πόρισμα n. (law) ἀπόφασις f.

fine s. πρόστιμο n. (v.) βάζω πρόστιμο σέ.

fine s. in ~ ἐν συντομία.

fine a. (pleasing) ὡραῖος, (excellent) ἐκλεκτός, (thin, keen) λεπτός, (delicate, refined) λεπτός, φίνος. (of particles) ψιλός (of gold) καθαρός, (of weather) ὡραῖος ~ arts καλαί τέχναι.

fine adv. (well) πολύ καλά, μιά χαρά (thinly, delicately) (also ~ly) ψιλά, λεπτά. ~ly chopped, cut up ~ ψιλοκομμένος. ~ly cut (features) λεπτοκαμωμένος ~ly made (furniture, etc.) ὡραῖα καμωμένος. cut it ~ τά καταφέρνω ἴσα-ἴσα.

finery s. στολίδια n.pl.

finesse s. λεπτότης f., φινέτσα f.

finger s. δάχτυλο n., δάκτυλος m. have a one's ~ tips παίζω στά δάχτυλά μου she twists him round her little ~ τόν κάνει ὅ,τι θέλει. have a ~ in every pie ἔχω παντοῦ τό δάχτυλό μου. keep one's ~ crossed χτυπῶ ξύλο. put one's ~ on προσδιορίζω ἀκριβῶς. (v.) ψηλαφῶ, πασπατεύω. ~-mark s. δαχτυλιά f. ~nail s. νύχι n. ~print s. δακτυλικόν ἀποτύπωμα. ~stall s. δακτυλήθρα f.

finicky a. (person) ἰδιότροπος. ~ piece of work ψιλοδουλειά f.

finish v.t. & i. τελειώνω. ~ up (v.t.) τελειώνω, (v.i.) καταλήγω. ~ off (v.t.) (consume, complete) τελειώνω, (kill) ξεκάνω, καθαρίζω. he's ~ed! (done for, πάει κι' αὐτός. (s.) (end) τέλος n. (of workmanship) τελείωμα n., λεπτότης ἐργασίας.

finite a. πεπερασμένος.

fir s. ἔλατο n. ~-cone s. κουκουνάρι n.

fire s. φωτιά f. (outbreak) πυρκαϊά f. (passion) φλόγα f. (fervour) θέρμη f. be on ~ καίομαι, catch ~ πιάνω φωτιά, set ~ to βάζω φωτιά σέ. (mil.) βολή f., πῦρ n. be under ~ βάλλομαι, under enemy ~ ὑπό τά ἐχθρικά πυρά. open ~ ἀνοίγω πῦρ. by ~ and sword διά πυρός καί σιδήρου.

fire v.i. ~e (at) πυροβολῶ (κατά with gen.). guns are ~ing τά κανόνια ρίχνουν. ~e away! δός του! (v.t.) (shoots, τραβῶ, ρίχνω. *(rocket, arrow)* ἐκτοξεύω, *(torpedo)* ἐκσφενδονίζω. ~e a revolver at him τοῦ ρίχνω μέ περίστροφο, τοῦ ρίχνω πιστολιές. ~e questions at him τόν βομβαρδίζω μέ ἐρωτήσεις. *(set on* ~e*)* πυρπολῶ, *(inspire)* ἐμπνέω, *(bake)* ψήνω. *(fam.) (dismiss)* διώχνω.

fire-arms s. πυροβόλα ὅπλα.

fire-brand s. δαυλί n. *(fig.)* ταραχοποιός m.

fire-break s. ζώνη προστασίας ἐναντίον πυρκαϊᾶς.

fire-brigade s. πυροσβεστική ὑπηρεσία.

fire|-engine s. πυροσβεστική ἀντλία. ~**man** s. πυροσβέστης m.

fireplace s. τζάκι n.

fireproof a. πυρίμαχος.

fire-raising s. ἐμπρησμός m.

fire-ship s. πυρπολικόν n.

firewood s. *(kindling)* προσάναμμα n. *(logs)* καυσόξυλα n. pl.

firework s. πυροτέχνημα n.

firing s. πυροβολισμός m. ~ squad ἐκτελεστικόν ἀπόσπασμα.

firm s. φίρμα f., ἐταιρία f. ~ of solicitors δικηγορικόν γραφεῖον.

firm a. *(steady)* σταθερός, στερεός, *(hard)* σφιχτός, *(strict)* αὐστηρός, *(resolute)* ἀποφασιστικός. *(adv.)* stand ~ *(on feet, base)* στέκομαι καλά, *(on principles)* μένω ἀκλόνητος. hold ~ κρατιέμαι γερά. ~**ness** s. ἀποφασιστικότης f.

firman s. φιρμάνι n.

firmly adv. σταθερά, αὐστηρά, γερά. be ~ resolved to... τό ἔχω πάρει ἀπόφαση νά. ~ believe *(that)* εἶμαι πεπεισμένος *(ὅτι).*

first a. πρῶτος, *(initial)* ἀρχικός. ~ aid πρῶται βοήθειαι, ~ night *(of play)* πρεμιέρα n. ~ rains *(of autumn)* πρωτοβρόχια n. pl. at ~ hand ἀπό πρῶτο χέρι, at ~ sight ἐκ πρώτης ὄψεως, at the ~ attempt μέ τήν πρώτη. ~ thing tomorrow αὔριο πρωΐ πρωΐ. he was the ~ to understand πρῶτος αὐτός *(or* ἦταν ὁ πρῶτος πού*)* κατάλαβε. the very ~ ὁ πρῶτος πρῶτος, ὁ ἀρχικός. *(s.)* at ~ στήν ἀρχή, from the ~ ἀπό τήν ἀρχή.

first adv. πρῶτα, *(for the* ~ *time)* γιά πρώτη φορά. ~ of all πρῶτα πρῶτα, πρῶτα ἀπ' ὅλα. ~ come ~ served προηγοῦνται οἱ πρῶτοι. ~**ly** adv. πρῶτον *(μέν).*

fiscal a. οἰκονομικός.

fish s. ψάρι n. like a ~ out of water σάν ψάρι ἔξω ἀπό τό νερό. pretty kettle of ~ μπλέξιμο n. have other ~ to fry ἔχω

ἄλλες ἀσχολίες. queer ~ ἀλλόκοτος ἄνθρωπος. *(v.) (also* ~ for*)* ψαρεύω. ~ up *or* out βγάζω.

fish-bone s. ψαροκόκκαλο n.

fisher s. ἁλιεύς m. ~**man** s. ψαρᾶς m. ~**y** s. ἁλιεία f. *(place)* ψαρότοπος m.

fish-glue s. ψαρόκολλα f.

fish-hook s. ἀγκίστρι n.

fishing s. ψάρεμα n., ἁλιεία f. *(a.)* ἁλιευτικός. ~-**boat** s. ψαράδικο n. ~-**net** s. δίχτυ n. *(seine)* τράτα f. ~-**rod** s. καλάμι n.

fishmonger s. ψαρᾶς m. ~'s shop ψαράδικο n., ἰχθυοπωλεῖον n.

fishy a. ~ smell *or* taste ψαρίλα f. *(fig.)* ὕποπτος.

fissure s. ρωγμή f.

fist s. γροθιά f.

fit s. *(attack)* κρίσις f., παροξυσμός m. have a ~ παθαίνω κρίση, *(fam.)* he'll have a ~! θά μείνη. *(of anger, etc.)* ξέσπασμα n. *(of activity)* ἔκρηξις f. by ~s and starts χωρίς σύστημα.

fit a. *(suitable)* κατάλληλος, *(competent)* ἱκανός, *(worthy)* ἄξιος. be ~ *(well)* εἶμαι καλά. it is not ~ to eat δέν τρώγεται. see ~ *(to)* κρίνω σκόπιμο *(νά).* he is as ~ as a fiddle εἶναι περίκαλα στήν ὑγεία του. *(s.) (of garment)* it is a good ~ ἔρχεται καλά.

fit v. *(go into)* ταιριάζω σέ, χωράω σέ. *(the key)* ~s the lock ταιριάζει στήν κλειδαριά. *(the book)* doesn't ~ my pocket δέν χωράει στήν τσέπη μου. *(of garment)* it ~s you σοῦ ἔρχεται, σοῦ πάει, σοῦ ἐφαρμόζει. *(apply)* προσαρμόζω, ράζω, *(equip)* ἐφοδιάζω, *(train)* γυμνάζω. ~ **in** v.i. *(tally, agree)* συμφωνῶ. ~ **on** v.t. *(a garment)* προβάρω. ~ **out, up** v.t. ἐφοδιάζω, *(a ship)* ἀρματώνω. ~ **together** v.t. συναρμολογῶ.

fitful a. διακεκομμένος. ~**ly** adv. διακεκομμένα.

fitly adv. καταλλήλως, πρεπόντως, ὅπως πρέπει *(or* ἔπρεπε*).*

fitness s. καταλληλότης f. ἱκανότης f. *(health)* ὑγεία f.

fitted a. be ~ for εἶμαι ἱκανός *(with* γιά *or* νά*).*

fitter s. *(mech.)* ἐφαρμοστής m.

fitting a. *(proper)* πρέπων, ἁρμόζων. it is not ~ *(that)* δέν κάνει *(νά).* ~**ly** adv. πρεπόντως, ὅπως πρέπει *(or* ἔπρεπε*).*

fitting s. *(tailor's)* πρόβα f., δοκιμή f. ~s s. ἐξαρτήματα n. pl.

five num. πέντε. ~ hundred πεντακόσιοι a.

fix v. *(place)* τοποθετῶ, *(make fast)* στερεώνω, *(one's eyes, etc.)* καρφώνω. *(put right)* φτιάνω, *(appoint, arrange)* ὁρίζω, *(decide)* ἀποφασίζω. ~ *(person)* up βολεύω, get ~ed up βολεύομαι. why do you ~ on me? γιατί τά βάζεις μέ μένα; *(s.)* be in a ~ βρίσκομαι σέ δύσκολη θέση.

fixed a.- *(price, etc.)* ὡρισμένος, *(permanent)* μόνιμος, *(immobile)* σταθερός, *(of property)* ἀκίνητος. *(idea)* ἔμμονος. ~ly adv. *(gaze)* ἀτενῶς.

fixture s. *(household)* ἐξάρτημα n. *(fam.)* he's a ~ here ἔχει κολλήσει ἐδῶ. *(sports)* ἀθλητικόν γεγονός.

fizz v. ἀφρίζω. ~y a. ἀφρώδης.

fizzle v. συρίζω. ~ out ξεθυμαίνω.

flabbergast v. I was ~ed ἔμεινα κόκκαλο.

flabb|y a. πλαδαρός. *(fam., spineless)* λαπᾶς m. ~iness s. πλαδαρότης f.

flaccid a. πλαδαρός. ~ity s. πλαδαρότης f.

flag v.i. πέφτω, ἐξασθενῶ, μειώνομαι. *(of plants)* μαραίνομαι.

flag s. σημαία f. ~ of convenience σημαία εὐκαιρίας. *(v.)* the streets were ~ged οἱ δρόμοι ἦταν σημαιοστολισμένοι. ~ship s. ναυαρχίς f. ~staff s. κοντάρι n.

flagellat|e v. μαστιγώνω. ~ion s. μαστίγωσις f.

flagon s. καράφα f.

flagrant a. κατάφωρος. ~ly adv. it is ~ly unjust εἶναι κατάφωρος ἀδικία.

flagstone s. πλάκα f.

flail v.t. κοπανῶ. *(v.i.)* χτυπιέμαι.

flair s. ~ for languages ἐπίδοση στίς γλῶσσες. he has a ~ for bargains μυρίζεται τίς εὐκαιρίες. she has ~ ἔχει φλαίρ.

flak|e s. *(snow)* νιφάς f. *(loose bit of paint, etc.)* φλούδα f. *(v.i.)* *(also* ~e off) ξεφλουδίζω. ~y a. ~y pastry ζύμη σφολιάτα.

flamboyant a. *(person)* φιγουράτος, *(colour)* φανταχτερός. ~ly adv. φανταχτερά.

flame s. φλόγα f. go up in ~s ἀναφλέγομαι. *(fig., sweetheart)* ἔρωτας m. *(v.i.)* *(burn)* φλέγομαι.

flaming a. *(on fire)* φλεγόμενος, *(fiery)* φλογερός, *(very red)* κατακόκκινος.

flammable a. εὔφλεκτος.

flange s. φλάντζα f.

flank v. the road is ~ed by trees ὁ δρόμος ἔχει δέντρα κι' ἀπό τίς δύο πλευρές.

flank s. *(of body)* λαγών f. *(of hill)* πλαγιά f. *(of building)* πλευρά f. *(mil.)* πλευρόν n.

flanking a. πλευρικός. make a ~ attack πλευροκοπῶ.

flannel s. φανέλλα f. *(a.)* φανελλένιος.

flap v.t. χτυπῶ. *(v.i.)* πλαταγίζω, *(flutter)* φτερουγίζω. *(s.)* *(blow)* χτύπημα n. *(of wing)* φτερούγισμα n. *(of sail, etc.)* πλατάγισμα n. *(of pocket)* καπάκι n. *(of table)* πτυσσόμενο φύλλο. *(fuss)* ταραχή f. get in a ~ ἀναστατώνομαι.

flare v.i. *(widen)* ἀνοίγω. *(blaze, also* ~ up) φουντώνω, *(in anger)* ἀφαρπάζομαι. *(s.)* *(widening)* ἄνοιγμα n. *(mil.)* φωτοβολίς f. ~-up s. φούντωμα n.

flash v.i. ἀστράφτω. the lighthouse ~es ὁ φάρος ἐκπέμπει ἀναλαμπές. *(pass rapidly)* περνῶ ἀστραπιαίως. *(v.t.)* ~ the torch on it τό φωτίζω μέ τό φακό.

flash s. ἀναλαμπή f., λάμψις f. *(lightning)* ἀστραπή f. in a ~ ἀστραπιαίως. be a ~ in the pan βγαίνω τζίφος. ~-back s. ἀναδρομή στό παρελθόν. ~light s. *(photo.)* φλάς n. ~y a. χτυπητός.

flask s. φιάλη f.

flat s. *(level ground)* πεδινή περιοχή, *(apartment)* διαμέρισμα n. *(mus.)* ὕφεσις f.

flat a. *(level)* ἐπίπεδος, *(horizontal)* ὁριζόντιος, *(in shape)* πλακωτός, πλακέ. *(below pitch)* χαμηλός, *(insipid)* ἀνούσιος, *(downright)* κατηγορηματικός. *(omelet, etc.)* πεσμένος, *(battery)* ἄδειος, *(paint)* θαμπός, μάτ. ~ chest στῆθος πλάκα. ~ nose πλακουτσή μύτη. ~ rate ἑνιαῖον μισθολόγιον. have a ~ tyre μ' ἔπιασε λάστιχο. fall ~ *(fail)* ἀποτυγχάνω, fall ~ on one's back πέφτω ἀνάσκελα. that's ~! οὔτε συζήτησις. I knocked him ~ τόν ἔρριξα κάτω.

flat adv. *(plainly, frankly)* ὀρθά κοφτά, *(exactly)* ἀκριβῶς, *(of refusal)* κατηγορηματικῶς. it won't lie ~ δέν στρώνει. go ~ out *(to achieve sthg.)* κάνω τά ἀδύνατα δυνατά. ~ly adv. κατηγορηματικῶς.

flatten v. *(level)* ἰσοπεδώνω, *(squash)* πλακώνω, *(make lie flat)* στρώνω, ἰσιώνω.

flatter v. κολακεύω. ~er s. κόλαξ m. ~ing a. κολακευτικός. ~y s. κολακεία s.

flatulence s. ἀέρια n. pl.

flaunt v.t. ἐπιδεικνύω. *(v.i.)* *(of flag)* κυματίζω, *(of person)* ἐπιδεικνύομαι.

flavour s. γεύσις f. *(of wine, tea, ice)* ἄρωμα n. *(v.)* ~ed with ἀρωματισμένος μέ. ~ing s. καρύκευμα n. ~less a. ἄνοστος.

aw s. ἐλάττωμα n. (crack) ρωγμή f. ~less a. τέλειος.

ax s. λινάρι n.

ay v. γδέρνω.

ea s. ψύλλος m. (fig.) it's a mere ~-bite δέν εἶναι τίποτα.

leck v. πιτσιλίζω. hair ~ed with white μαλλιά μέ ἄσπρες τοῦφες. waves ~ed with foam ἀφρισμένα κυματάκια. (s.) πιτσιλιά f., κηλίδα f., στίγμα n.

ledge v. they are not ~d δέν ἔχουν βγάλει ὅλα τά φτερά τους. fully ~d (fig.) φτασμένος. ~ling s. ξεπεταρούδι n.

lee v.i. τρέπομαι εἰς φυγήν. (v.t.) φεύγω ἀπό, (shun) ἀποφεύγω.

leec|e s. μαλλί n. Golden F~ε χρυσόμαλλον δέρας. (v.) (swindle) γδέρνω. ~y a. σάν μαλλί.

leet s. στόλος m.

leet a. ~ of foot, ~-footed γοργοπόδαρος. ~ing a. φευγαλέος. ~ly adv. γοργῶς.

lesh s. σάρκα f. put on ~ παίρνω κρέας. in the ~ ζωντανός. ~ and blood ἡ ἀνθρώπινη φύσις. my own ~ and blood τό αἵμα μου. the spirit is willing but the ~ is weak τό μέν πνεῦμα πρόθυμον ἡ δέ σάρξ ἀσθενής. ~ly a. σαρκικός. ~-pots s. τρυφηλός βίος. ~y a. σαρκώδης.

lex s. καλώδιο n. (v.) κάμπτω. ~ible a. εὔκαμπτος. ~ibility s. εὐλυγισία f. εὐελιξία f.

lick v.t. (strike) χτυπῶ. (a whip, speck of dust, etc.) τινάζω, (an insect) διώχνω. (propel with a ~) πετῶ. (s.) τίναγμα n.

licker v.i. (of light) τρεμοσβήνω, (of eyelid) παίζω, (of smile) φτερουγίζω. (s.) (of light) τρεμούλιασμα n. (of eyelid) παίξιμο n. ~ of hope ἀμυδρή ἐλπίδα.

light s. (running away) φυγή f. put to ~ τρέπω εἰς φυγήν. (escape) διαφυγή f. (in air) πτῆσις f. (of fancy) πέταγμα n. (group of birds, planes) σμῆνος m. ~ of stairs σειρά σκαλοπατιῶν. ~y a. ~ girl τρελλοκόριτσο n.

limsy a. (thin) λεπτός, (weak) ἀδύνατος.

linch v. δειλιάζω.

ling v.t. ρίχνω. (v.i.) (rush)' ὁρμῶ. (s.) ρίξιμο n. have one's ~ τό ρίχνω ἔξω.

lint s. (of lighter) τσακμακόπετρα f. ~-lock s. καρυοφύλλι n. ~y a. σκληρός.

lip v.&s. see flick.

lipp|ant a. ἐπιπόλαιος. ~ancy s. ἐπιπολαιότης f.

lipper s. πτερύγιον n.

flirt v.i. κάνω κόρτε, (also fig.) ἐρωτοτροπῶ. (lit. only) (also ~ with) φλερτάρω. (v.t.) (a fan) παίζω μέ. (s., also ~atious) φλερτατζοῦ f. ~ation, ~ing s. φλέρτ, κόρτε n.

flit v. (fly) πετῶ, (pass) περνῶ φευγαλέα. (s., fam.) do a ~ τό σκάω.

float s. (support) φλοττέρ n. (fisherman's) φελλός m. (on wheels) ἅρμα n.

float v.i. (be on surface) ἐπιπλέω, (drift) πλέω. (v.t.) (lift) σηκώνω, (move) κινῶ. (fin.) (a company) ἱδρύω, (a loan) ἐκδίδω. ~ing a. (that ~s) πλωτός, (variable) κυμαινόμενος.

flock s. κοπάδι n. (of small birds) σμῆνος n. (eccl.) ποίμνιον n. (v.) (throng) συρρέω, ~ together συναθροίζομαι, μαζεύομαι.

flog v. μαστιγώνω. (fam.) πουλῶ. ~ a dead horse ματαιοπονῶ. ~ging s. μαστίγωμα n.

flood s. πλημμύρα f. (v.t.&i.) πλημμυρίζω. ~gate s. open the ~gates for all kinds of abuses ἀνοίγω τό δρόμο γιά κάθε εἴδους παρανομία.

flood|light s. (lamp) προβολεύς m. (v.) φωταγωγῶ. ~lit a. φωταγωγημένος.

floor s. πάτωμα n. take the ~ (to speak) λαμβάνω τόν λόγον, (of dancers) μπαίνω στήν πίστα. wipe the ~ with κατατροπώνω. (v.) (knock down) ρίχνω κάτω, (confound) ἀποστομώνω. ~board s. σανίδα f. ~ing s. πάτωμα n.

flop v.i. (move) κουνιέμαι ἀδέξια, (drop) σωριάζομαι. (fail) ἀποτυγχάνω. (s.) ἀποτυχία f. ~py a. μαλακός.

flora s. χλωρίς f.

floral a. μέ λουλούδια.

florid a. (colour) κατακόκκινος, (style) περίκομψος.

florin s. (gold) φλουρί n.

florist s. ἀνθοπώλης m. ~'s shop ἀνθοπωλεῖον n.

flotilla s. στολίσκος m.

flotsam s. ἔκβρασμα n.

flounce v. βολάν n. (v.i.) τινάζομαι. ~ out ἀποσύρομαι μέ θυμό.

flounder v.i. τσαλαβουτῶ, (in speech) κομπιάζω.

flour s. ἀλεύρι n. ~y a. ἀπό (or σάν) ἀλεύρι.

flourish v.i. (of arts, trade) ἀνθῶ, (of plants) εὐδοκιμῶ. (in health) εἶμαι καλά. (be in one's prime) ἀκμάζω. (v.t.) κραδαίνω.

flourish s. (ornament) ποίκιλμα n. (gest-

ure) ἐντυπωσιακή χειρονομία. *(of trumpets)* φανφάρα *f.*

flout *v.* ἀψηφῶ.

flow *v.* ῥέω, *(of tears, traffic)* κυλῶ. ~ into *(of river)* ἐκβάλλω εἰς. *(s.)* ῥοή *f.* *(tide)* πλημμυρίς *f.* *(copious supply)* πλημμύρα *f.*

flower *s.* λουλούδι *n.*, *(also fig.)* ἄνθος *n.* in ~ ἀνθισμένος. *(v.)* ἀνθίζω, *(fig.)* ἀνθῶ. ~-**bed** *s.* παρτέρι *n.* ~**pot** *s.* γλάστρα *f.* ~**y** *a.* *(fig.)* ~y language ὡραῖες φράσεις.

flowing *a.* *(clothes, hair, lines)* χυτός, *(style)* ῥέων. ~ beard μακριά γένεια. be ~ with πλημμυρίζω ἀπό.

flu *s.* γρίππη *f.*

fluctuat|e *v.* διακυμαίνομαι. ~**ion** *s.* διακύμανσις *f.*

flue *s.* μπουρί *n.*

fluen|t *a.* *(speech)* εὐχερής, *(person)* be ~t ἔχω εὐχέρεια, μιλῶ μέ εὐχέρεια. ~**cy** *s.* εὐχέρεια *f.* ~**tly** *adv.* εὐχερῶς.

fluff *s.* χνούδι *n.* *(v.t.)* φουσκώνω. ~**y** *a.* χνουδωτός. ~y hair ἀφράτα *(or* φουσκωτά*)* μαλλιά.

fluid *a.* ρευστός. *(s.)* ὑγρόν *n.* ~**ity** *s.* ρευστότης *f.*

fluke *s.* *(of anchor)* νύχι *n.* *(stroke of chance)* εὔνοια τῆς τύχης, by a ~ τυχαίως.

flume *s.* τεχνητό αὐλάκι γιά ὕδρευση.

flummox *v.* ἀποστομώνω.

flunkey *s.* λακές *m.*

fluorescent *a.* ~ lamp λαμπτήρ φθορισμοῦ.

flurr|y *s.* *(of wind & rain)* μπουρίνι *n.* *(excitement)* ἀναστάτωσις *f.* get ~**ied** ἀναστατώνομαι.

flush *v.i.* *(become red)* κοκκινίζω, *(flow)* ξεχύνομαι. *(v.t.)* *(cleanse)* ξεπλένω μέ καταιονισμό. ~ the w.c. τραβῶ τό καζανάκι. *(put up)* σηκώνω, *(drive out)* διώχνω. be ~**ed** *(with anger)* γίνομαι κατακόκκινος *(ἀπό θυμό)*.

flush *s.* *(also* ~ing*)* κοκκίνισμα *n.*, ἔξαψις *f.* in the ~ of victory στή μέθη τῆς νίκης.

flush *a.* *(level)* στήν ἴδια ἐπιφάνεια, *(with money)* γεμάτος λεφτά.

fluster *v.* σαστίζω, ἀναστατώνω.

flute *s.* φλάουτο *n.* *(ancient)* αὐλός *m.*

flut|ed *a.* ραβδωτός. ~**ing** *s.* ραβδώσεις *f.pl.*

flutter *v.i.* *(of winged creature)* πεταρίζω, φτερουγίζω, *(of flag)* κυματίζω, *(of heart)* χτυπῶ. *(v.t.)* *(wings)* χτυπῶ, *(handkerchief)* κουνῶ. *(upset)* ἀναστα-

τώνω, ~ the dovecotes δημιουργῶ θό ρυβο. *(s.)* *(of wings)* φτερούγισμα *n.* *(eyelid)* παίξιμο *n.* be in a ~ εἶμαι ἄνα κάτω. have a ~ δοκιμάζω τήν τύχη μου.

fluvial *a.* ποτάμιος.

flux *s.* ῥοή *f.* state of ~ ρευστή κατάστα σις.

fly *a.* *(knowing)* ξύπνιος.

fly *s.* μῦγα, μυῖα *f.* ~ in the ointmen *(fig.)* παραφωνία *f.* there are no flies c him δέν χάφτει μῦγες. ~**blown** *a.* μυγο χεσμένος. ~-**swatter** *s.* μυγοσκοτώστρα *f* **fly** *v.t.* *(a plane)* ὁδηγῶ, κυβερνῶ *(traverse)* περνῶ. *(convey)* μεταφέρω ἀε ροπορικῶς. *(a kite)* πετῶ, *(a flag* ὑψώνω. *(v.i.)* πετῶ, ἵπταμαι. *(travel b air)* ταξιδεύω ἀεροπορικῶς. *(rush)* ὁρμῶ *(flee)* τρέπομαι εἰς φυγήν. *(of flag, ha etc.)* ἀνεμίζω. let *(sthg.)* ~ ἐκτοξεύι (let) ~ at ἐπιτίθεμαι *(with κατά & gen.* ~ away φεύγω. ~ in the face of ἀψηφῶ *(be contrary)* εἶμαι ἀντίθετος πρός. into a rage ἐξοργίζομαι. ~ off the ham dle γίνομαι θηρίο. ~ high ψηλαρμενίζα ἔχω φιλοδοξίες. ~ open ἀνοίγω ἀπό τομα. send ~ing *(expel)* πετῶ ἔξα *(upset)* ἀνατρέπω.

flyer *s.* ἀεροπόρος *m.*

flying *s.* *(act of* ~*)* πτῆσις *f.* night ~ νι κτερινή πτῆσις. he has taken up ~ πάε γιά πιλότος. he is mad about ~ ἔχει μα νία μέ ἀεροπλάνα.

flying *a.* *(that flies)* ἱπτάμενος. ~ squac ἄμεσος δράσις, ~ visit βιαστική ἐπί σκεψη. take a ~ jump πηδῶ μέ φόρα come off with ~ colours σημειώνω λαμ πρή ἐπιτυχία.

fly-wheel *s.* σφόνδυλος *m.*

foal *s.* πουλάρι *n.*

foam *s.* ἀφρός *m.* *(v.)* ἀφρίζω.

fob *v.* ~ *(sthg.)* off on *(person)* πασσάρω σέ. he ~bed me off with excuses μο πάσσαρε *(or* μέ ξεγέλασε μέ *)* διάφορε δικαιολογίες.

focus *s.* ἑστία *f.*, in ~ ρυθμισμένος, *(o photo)* καθαρός. *(of attention)* κέντρον *n.* *(v.t.)* *(adjust)* ρυθμίζω, *(concentrate* συγκεντρώνω.

fodder *s.* φορβή *f.* *(fig., of humans)* βορά *f.*

foe *s.* ἐχθρός *m.*

foetus *s.* ἔμβρυον *n.*

fog *s.* ὁμίχλη *f.* ~**ged** *a.* θαμπός. ~**gy** *a.* ὁμιχλώδης. it is ~gy *(weather)* ἔχει ὁμί χλη.

fogey *s.*, ~**ish** *a.* μέ περιορισμένες ἀντι λήψεις. old ~s *(fam.)* γερουσία *f.*

foible s. ἀδυναμία f.

oil s. (wrapping) ἀλουμινόχαρτο n. be a ~ to τονίζω, δείχνω.

oil s. (weapon) ξίφος n.

oil v. (a plan) ματαιώνω, (a person) ἐμποδίζω, be ~ed ἀποτυγχάνω.

oist v. πασσάρω.

old s. (sheep) στάνη f. (fig., bosom of Church) κόλποι τῆς Ἐκκλησίας.

old v. διπλώνω. ~ one's arms σταυρώνω τὰ χέρια (μου). (s.) δίπλα f., πτυχή f. ~er s. φάκελλος m. ~ing a. πτυσσόμενος.

foliage s. φύλλωμα n.

folk, ~s s. ἄνθρωποι m.pl.

folk a. (popular) λαϊκός. ~-dance s. λαϊκός χορός. ~lore s. λαογραφία f.

follow v. ἀκολουθῶ, (understand, observe) παρακολουθῶ. (a fugitive) καταδιώκω. (as result) ἔπομαι, προκύπτω, (signify) σημαίνω. ~ up (exploit) ἐκμεταλλεύομαι. ~ suit κάνω τὰ ἴδια. as ~s ὡς ἐξῆς.

follow|er s. ὀπαδός m. ~ing s. (supporters) ὀπαδοί m.pl. (votaries) θιασῶται m.pl.

following a. (next) ἐπόμενος. the ~ (items) τὰ ἐξῆς, τὰ ἐπόμενα, τὰ κατωτέρω, τὰ ἀκόλουθα. (prep.) ~ the minister's decision κατόπιν τῆς ἀποφάσεως τοῦ ὑπουργοῦ.

folly s. (also act of ~) τρέλλα f.

foment v. (fig.) ὑποδαυλίζω.

fond a. (loving) τρυφερός. be ~ of (person) συμπαθῶ, μοῦ εἶναι ἀγαπητός, (thing) μοῦ ἀρέσει, ἀγαπῶ. ~ly adv. τρυφερά. he ~ly believes ἔχει τήν ἀπλοϊκότητα νά πιστεύη. ~ness s. συμπάθεια f., ἀγάπη f. (weakness) ἀδυναμία f.

fondle v. χαϊδεύω.

font s. κολυμβήθρα f.

food s. (nourishment, lit. & fig.) τροφή f. (victuals) τρόφιμα n.pl. (prepared) φαΐ n., φαγητό n. ~stuff s. εἶδος διατροφῆς.

fool s. βλάκας m. make a ~ of γελοιοποιῶ. live in a ~'s paradise ζῶ στά σύννεφα. (v.t.) (trick) ξεγελῶ. (v.i.) (meddle) παίζω. ~ around σαχλαμαρίζω.

foolery s. σαχλαμάρες f.pl.

foolhard|y a. παράτολμος. ~iness s. παρατολμία f.

foolish a. ἀνόητος. ~ly adv. ἀνόητα. ~ness s. ἀνοησία f.

foolproof a. (plan) ἀλάνθαστος. (of implement) it is ~ κανείς δέν μπορεῖ νά τό χαλάση.

foot s. πόδι n. (metrical) πούς m. (infantry) πεζικόν n., ~-soldier ὁπλίτης m. on ~ μέ τά πόδια. set on ~ βάζω μπροστά. rise to one's feet σηκώνομαι ὀρθιος. be on one's feet (busy) εἶμαι στό πόδι. find one's feet ἀποκτῶ πεῖρα. put one's ~ down πατῶ πόδι. put one's ~ in it κάνω γκάφα. trample under ~ τσαλαπατῶ. sweep (person) off his feet συνεπαίρνω. (of hill) πρόποδες m.pl. (of page) τέλος n. (of bed) πόδια n.pl. (v.) ~ it περπατῶ. ~ the bill πληρώνω.

foot-and-mouth a. ἀφθώδης.

football s. (game) ποδόσφαιρο n., (ball) μπάλλα f.

foothills s. πρόποδες m.pl.

foothold s. πάτημα n. get a firm ~ (fig.) ἐγκαθίσταμαι γερά.

footing s. (foothold) πάτημα n. (fig.) on an equal ~ ὑπό ἴσους ὅρους, on a war ~ σέ κατάσταση πολέμου. put on a firm ~ σταθεροποιῶ.

footlights s. φῶτα τῆς ράμπας.

footling a. ἀσήμαντος.

footman s. λακές m.

footmark s. ἴχνος n.

footnote s. ὑποσημείωσις f.

footpath s. μονοπάτι n.

footsore a. I am ~ ξεποδαριάστηκα.

footstep s. πάτημα n.

footstool s. σκαμνάκι n.

fop s., ~pish a. δανδῆς m.

for prep. 1. (general) γιά (with acc.), ~ me γιά μένα, he's leaving ~ Paris φεύγει γιά τό Παρίσι. ask, look, wait, pay ~ (use v. with direct object), he asked ~ money ζήτησε λεφτά. go ~ a walk πάω περίπατο, see ~ yourself νά δῆς καί μόνος σου. weep ~ joy κλαίω ἀπ' τή χαρά μου. wait ~ hours περιμένω ἐπί ὦρες. ~ my part ὅσο γιά μένα. what is it ~? σέ τί χρησιμεύει; I haven't seen him ~ a week ἔχω νά τόν δῶ μία ἑβδομάδα. he's been absent ~ two days εἶναι δύο μέρες πού λείπει. they won't be back ~ a month δέν θά γυρίσουν πρίν ἀπό ἕνα μήνα. I shall wait ~ him to come θά τόν περιμένω νά ἔρθη. it is right ~ you to go τό σωστό εἶναι νά πᾶς. it is too late ~ you to leave εἶναι πολύ ἀργά γιά νά φύγης. ~ all I care πολύ πού μέ νοιάζει. ~ all that (in spite of that) παρ' ὅλα αὐτά, (although) παρ' ὅλο πού. 2. (in favour of) ὑπέρ (with gen.). I'm ~ staying on εἶμαι ὑπέρ τοῦ νά μείνωμε. 3. (exchange, price) μέ (with acc.). exchange it ~ a new one τό ἀνταλλάσσω μ' ἕνα καινούργιο. I got it ~ ten pounds τό πῆρα (μέ) δέκα λίρες. 4. (purpose) πρός (with acc.). ~ your sake πρός χάριν σας. ~ the convenience of the public πρός ἐξυπηρέτησιν τοῦ κοινοῦ.

for conj. (because) ἐπειδή, γιατί, διότι.

forage s. ζωοτροφαί f.pl. (v.) ψάχνω.

foray s. ἐπιδρομή f.

forbear s. πρόγονος m.

forbear v.i. ἀποφεύγω (with νά). I could not ~ to protest δέν μποροῦσα νά μή διαμαρτυρηθῶ. ~ance s. ὑπομονή f.

forbid v. ἀπαγορεύω (with acc. of thing, σέ or gen. of person). God ~! Θεός φυλάξοι! ὅ μή γένοιτο! ~den fruit ἀπηγορευμένος καρπός. ~ding a. (severe) αὐστηρός, (threatening) ἀπειλητικός, (wild) ἄγριος.

force v. (oblige) ἀναγκάζω, (impose) ἐπιβάλλω, (thrust) χώνω, (press) πιέζω, (shove) σπρώχνω. (a door) παραβιάζω, (one's voice) φορτσάρω. ~ one's way in εἰσέρχομαι διά τῆς βίας. I ~d his hand τόν ζόρισα νά πάρη ἀπόφαση. ~d a. (unnatural) βεβιασμένος.

force s. (strength) δύναμις f. (violence) βία f. (mil.) ~s δυνάμεις f.pl. by ~ διά τῆς βίας, μέ τό ζόρι. in ~ (valid) ἐν ἰσχύι, be in ~ ἰσχύω. the family turned up in ~ ἡ οἰκογένεια παρουσιάστηκε ἐν σώματι. join ~s ἑνώνομαι. through ~ of circumstances λόγω τῶν περιστάσεων. by sheer ~ of habit ἀπό ἁπλή συνήθεια. ~ majeure s. ἀνωτέρα βία.

forceful a. (person) δυναμικός, (argument) πειστικός. ~ly adv. μέ δύναμη, πειστικά.

forceps s. λαβίς f.

forcible a. (violent) βίαιος, (persuasive) πειστικός. ~ibly adv. βιαίως, μέ τό ζόρι, πειστικά.

ford s. πέραμα n. (v.) περνῶ ἀπό τό πέραμα. ~able a. διαβατός.

fore a. πρόσθιος, μπροστινός. (naut.) πλωριός. (adv.) ~ and aft πρύμα-πλώρα. (s.) to the ~ εἰς τό προσκήνιον.

forearm s. πῆχυς m.

forebode v. προοιωνίζομαι. ~ing s. προαίσθημα n.

forecast s. πρόγνωσις f.)v.) προβλέπω.

forefathers s. πρόγονοι m.pl.

forefinger s. δείκτης m.

forefront s. πρώτη γραμμή.

foregoing a. προαναφερθείς. ~ne a. a ~ne conclusion γνωστόν ἐκ τῶν προτέρων.

foreground s. πρῶτο πλάνο.

forehead s. μέτωπο n.

foreign a. ξένος, (affairs, trade) ἐξωτερικός. ~ subject ἀλλοδαπός m. ~ parts τό ἐξωτερικό. ~-speaking ξενόφωνος. ~er s. ξένος m., ξένη f.

foreman s. ἀρχιεργάτης m.

foremost a. πρῶτος, (leading) κορυφαῖος. (adv.) μπροστά. first and ~ πρῶτον καί κύριον.

forename s. βαφτιστικό ὄνομα, μικρό ὄνομα.

forensic a. δικανικός. ~ medicine ἰατροδικαστική f.

forerunner s. πρόδρομος m.

foresee v. προβλέπω. in the ~able future ὅσο μπορεῖ νά προβλέψη κανείς.

foreshadow v. προμηνύω.

foreshore s. ἀκτή f.

foreshortening s. ἀλλαγή διαστάσεων λόγω προοπτικῆς.

foresight s. πρόνοια f., προνοητικότης f. (of gun) στόχαστρον n.

forest s. δάσος n. ~ed a. δασώδης. ~er s. δασοκόμος m. ~ry s. δασολογία f.

forestall v. προλαβαίνω.

foretaste s. have a ~ of δοκιμάζω προκαταβολικῶς.

foretell v. προλέγω.

forethought s. προνοητικότης f.

foreword s. πρόλογος m.

forfeit v. χάνω. (s.) (penalty) τίμημα n. (in games) τιμωρία f. ~ure s. ἀπώλεια f.

forgather v. συνέρχομαι, μαζεύομαι.

forge s. σιδηρουργεῖον n.

forge v.t. (metal & fig.) σφυρηλατῶ, (counterfeit) πλαστογραφῶ. (v.i.) ~ ahead πάω μπρός, προπορεύομαι. ~d a. πλαστός. ~ry s. (act) πλαστογραφία f. (thing) πλαστό g.

forget v. ξεχνῶ, λησμονῶ. ~ oneself (act badly) συμπεριφέρομαι ἀπρεπῶς. ~ful a. ξεχασιάρης.

forgive v. συγχωρῶ, (remit) χαρίζω. ~able a. συγχωρητέος. ~eness s. συγχώρησις f. ~ing a. ἀνεξίκακος.

forgo v. παραιτοῦμαι (with gen.), κάνω χωρίς.

fork s. (digging) δικέλλα f. (table) πηρούνι n. (of trousers) καβάλλος m. (in road) διακλάδωσις f. (v.i.) διακλαδίζομαι. (v.t., fam.) ~ out πληρώνω. ~ed a. διχαλωτός.

forlorn a. ἔρμος. ~ hope ἀμυδρά ἐλπίδα.

form s. (shape, appearance) μορφή f. (kind) εἶδος n. (manner) τρόπος m.

(gram.) τύπος *m.* *(conventions)* τύποι *m.pl.* *(printed paper)* ἔντυπον *n.* *(bench)* μπάγκος *m.* *(of school)* τάξις *f.* *(mould)* καλούπι *n.* be in good ~ εἶμαι σέ φόρμα. for ~'s sake γιά τόν τύπο. **orm** *v.t.* *(organize, give shape to)* σχηματίζω. *(develop, mould)* διαμορφώνω, διαπλάθω. *(make)* φτιάνω. *(be, constitute)* ἀποτελῶ. *(an alliance)* συνάπτω, *(a plan)* καταστρώνω. *(v.i.)* *(take shape)* σχηματίζομαι, διαμορφώνομαι. *(be produced)* γίνομαι.

ormal *a.* *(conventional)* τυπικός, *(official)* ἐπίσημος. ~**ly** *adv.* τυπικῶς, ἐπισήμως.

ormalit|y *s.* τυπικότης *f.* a mere ~y ἁπλός τύπος. ~**ies** διατυπώσεις *f.pl.*

ormat *s.* σχῆμα *n.*

ormation *s.* σχηματισμός *m.* *(of body, character, rocks)* διάπλασις *f.*, διαμόρφωσις *f.*

ormative *a.* διαμορφωτικός.

ormer *a.* *(earlier)* παλαιός, *(of ~ times)* ἀλλοτινός. *(not latter)* ὁ πρῶτος. the ~ ... the latter ὁ μέν... ὁ δέ. ~ spouse πρώην σύζυγος. ~**ly** *adv.* ἄλλοτε.

ormidab|e *a.* τρομερός. ~**ly** *adv.* τρομερά.

ormless *a.* ἄμορφος.

ormula *s.* τύπος *m.*, φόρμουλα *f.* ~**te** *v.* διατυπώνω. ~**tion** *s.* διατύπωσις *f.*

ornication *s.* κλεψιγαμία *f.*

orsake *v.* ἐγκαταλείπω.

or|swear *v.* ἀπαρνοῦμαι. ~**swear** oneself ἐπιορκῶ. ~**sworn** *s.* ἐπίορκος.

ort *s.* φρούριον *n.*

orth *adv.* ἐμπρός. go back and ~ πηγαινοέρχομαι. from this time ~ ἀπ' ἐδῶ κι' ἐμπρός. and so ~ καί οὕτω καθ' ἑξῆς. come ~ βγαίνω. bring *or* put ~ βγάζω.

orthcoming *a.* *(imminent)* ἐπικείμενος, προσεχής. *(helpful)* πρόθυμος. the money was not ~ δέν βρέθηκαν τά χρήματα.

orthright *a.* ντόμπρος.

orthwith *adv.* πάραυτα, ἀμέσως.

fortif|y *v.* ὀχυρώνω. *(fig., strengthen)* δυναμώνω, στηλώνω. ~**ication** *s.* ὀχύρωσις *f.*

fortissimo *adv.* *(fam.)* στή διαπασῶν.

fortitude *s.* καρτερία *f.*

fortnight *s.* δεκαπενθήμερον *n.* a ~ *(from or ago)* today *(σάν)* σήμερα δεκαπέντε. ~**ly** *a.* δεκαπενθήμερος.

fortress *s.* φρούριον *n.*

fortuitous *a.* τυχαῖος. ~**ly** *adv.* τυχαίως.

fortunate *a.* *(person)* τυχερός, *(choice, etc.)* εὐτυχής. we had a ~ escape σωθήκαμε ὡς ἐκ θαύματος. ~**ly** *adv.* εὐτυχῶς.

fortune *s.* *(chance, luck)* τύχη *f.* *(wealth)* περιουσία *f.* ~**-hunter** *s.* προικοθήρας *m.* ~**-teller** *s.* *(from cards)* χαρτορρίχτρα *f.* *(from palm)* χειρομάντις *f.*

fort|y *num.* σαράντα. have ~y winks παίρνω ἕνα ὑπνάκο. ~**ieth** *a.* τεσσαρακοστός.

forum *s.* τόπος ὅπου συζητοῦνται δημόσια θέματα.

forward *a.* *(in front)* πρόσθιος, μπροστινός. *(early in development)* *(plants)* πρώιμος, *(children)* πρόωρος. *(prompt)* πρόθυμος, *(pert)* βέβαιος γιά τόν ἑαυτό μου.

forward, ~**s** *adv.* ἐμπρός, μπρός, μπροστά. go ~ προχωρῶ. *see* forth.

fossil *s.* ἀπολίθωμα *n.* ~**ized** *a.* ἀπολιθωμένος.

foster *v.* τρέφω, *(cultivate)* καλλιεργῶ. *(a.)* *(adoptive)* θετός. ~**-child** *s.* ψυχοπαίδι *n.*

foul *v.t.* *(pollute)* ρυπαίνω. *(get tangled with)* μπερδεύομαι μέ, *(collide with)* συγκρούομαι μέ.

foul *a.* ρυπαρός, βρωμερός, *(language)* αἰσχρός, *(atrocious)* ἀπαίσιος. ~ play δόλιον τέχνασμα, *(crime)* ἔγκλημα *n.* fall ~ of ἔχω τραβήγματα μέ. ~**ly** *adv.* αἰσχρά, *(of violent attack)* θηριωδῶς.

found *v.* ἱδρύω, *(base)* στηρίζω. ~**er** *s.* ἱδρυτής *m.*

foundation *s.* *(act)* ἵδρυσις *f.*, *(thing)* ἵδρυμα *n.*, *(base, basis)* θεμέλιον *n.*

foundling *s.* ἔκθετον *n.* ~ hospital βρεφοκομεῖον *n.*

fountain *s.* σιντριβάνι *n.*, πίδαξ *m.* ~**-head** *s.* πηγή *f.* ~**-pen** *s.* στυλό *n.*

four *num.* τέσσερα. *(a.)* τέσσερ(ε)ις. on all ~s μέ τά τέσσερα. in ~s κατά τετράδας. ~ hundred τετρακόσιοι. ~**fold** *a.* τετραπλάσιος. ~**th** *a.* τέταρτος.

four-footed *a.* τετράπους.

four-square *a.* σταθερός.

fourteen *num.* δεκατέσσερα. *(a.)* δεκατέσσερ(ε)ις. ~**th** *a.* δέκατος τέταρτος.

fowl *s.* *(bird)* πτηνόν *n.* *(chicken)* κόττα *f.* wild~ ἀγριοπούλια *n.pl.*

fox *s.* ἀλεποῦ *f.* *(v.)* *(fam.)* ξεγελῶ. ~**y** *a.* *(fam.)* πονηρός.

fracas *s.* καβγάς *m.*

fraction *s.* *(bit)* κομματάκι *n.* *(math.)* κλάσμα *n.* *(fam.)* just a ~ μία ἰδέα.

fractious *a.* δύστροπος. ~**ness** *s.* δυστροπία *f.*

fracture *s.* θραῦσις *f.* *(med.)* κάταγμα *n.* *(crack)* ρωγμή *f.* ~**d** *a.* σπασμένος.

fragil|e *a.* εΰθραυστος, *(person)* λεπτεπίλεπτος. *(insecure)* άνασφαλής. ~**ity** *s.* εΰθραυστον *n.* άνασφάλεια *f.*
fragment *s. (bit)* κομμάτι *n. (of bomb)* θραΰσμα *n. (of glass, china)* θρΰψαλο *n. (v.i.)* θραΰομαι, θρυμματίζομαι. ~**ary** *a.* άποσπασματικός.
fragran|t *a.* εΰώδης. ~**ce** *s.* εΰωδία *f.*
frail *a. (weak)* άδΰνατος, *(in health)* λεπτής ΰγείας. *(insecure)* άνασφαλής. ~**ness**, ~**ty** *s.* άδυναμία *f.* άνασφάλεια *f.*
frame *v.t. (shape, build)* διαμορφώνω, *(formulate)* διατυπώνω, *(devise)* σκαρώνω. be ~d for *(suited)* είμαι φτιαγμένος γιά. *(a picture, etc.)* πλαισιώνω. *(fam.)* he was ~d τοΰ σκηνοθέτησαν κατηγορία. *(v.i.) (develop)* άναπτΰσσομαι.
frame *s. (of structure, spectacles)* σκελετός *m. (picture)* κορνίζα *f. (door, window)* κάσσα *f. (body)* κορμί *n.* ~ of mind ψυχική διάθεση. ~**work** *s.* πλαίσιον *n.*
franc *s.* φράγκο *n.*
franchise *s.* δικαίωμα ψήφου.
frank *a.* είλικρινής, ίσιος, ντόμπρος. ~**ly** *adv.* είλικρινώς. ~**ness** *s.* είλικρίνεια *f.*
frankincense *s.* λιβάνι *n.*
Frankish *a.* φράγκικος, *(person)* Φράγκος.
frantic *a. (person)* τρελλός, έξαλλος, *(applause)* φρενιτιώδης. *(desperate)* άπεγνωσμένος. it drives me ~ μέ κάνει έξω φρενών. ~**ally** *adv.* φρενιτιωδώς, μέχρις άπελπισίας. *(fam., very)* άπίστευτα.
fratern|al *a.* άδελφικός. ~**ity** *s. (group)* άδελφότης *f. (feeling)* άδελφοσΰνη *f.* ~**ize** *v.* έχω φιλικές σχέσεις. *(of troops, etc.)* συναδελφώνομαι.
fratricide *s.* άδελφοκτονία *f.*
fraud *s.* άπάτη *f. (person)* άπατεώνας *m.* by ~ διά δόλου, μέ άπάτη. ~**ulent** *a. (promise, deal)* άπατηλός. ~**ulent** person άπατεώνας *m.*
fraught *a.* γεμάτος.
fray *s.* άγών *m.*
fray *v.i. (also* become ~**ed)** ξεφτίζω, τρίβομαι. my nerves are ~ed τά νεΰρα μου είναι σμπαραλιασμένα *(or* είναι σμπαράλια).
freak *s. (natural)* τέρας *m. (man-made)* τερατοΰργημα *n. (queer person)* άλλόκοτος άνθρωπος. *(a.)* ~ storm θΰελλα πρωτοφανοΰς έντάσεως. ~**ish** *a.* τερατώδης, *(queer)* άλλόκοτος.
freckle *s.* πιτσιλάδα *f.*, φακίδα *f.* ~**d** *a.* μέ φακίδες *f.*
free *v.t. (liberate)* έλευθερώνω, *(rid)*

άπαλλάσσω. ~ oneself from άπαλλάσσομαι άπό, γλυτώνω άπό.
free *a. (not restricted)* έλεΰθερος, *(with money, advice)* σπάταλος *(with* σέ). *(to familiar in speech)* άθυρόστομος. *(gratis* δωρεάν *(adv.).* ~ from *or* of άπαλλαγμένος άπό, χωρίς. have a ~ hand έχε έλευθερία δράσεως. make ~ with *(per son)* παίρνω θάρρος μέ, *(thing)* βάζω χέρι σέ.
free-and-easy *a.* χωρίς τΰπους.
freebooter *s.* πειρατής *m.*
freedom *s.* έλευθερία *f.*
freelance *a.* άνεξάρτητος.
freely *adv.* έλεΰθερα.
freemason *s.* τέκτων *m.* μασόνος *m.* ~**r** *s.* τεκτονισμός *m. (fig.)* άλληλεγγΰη *f.*
free-wheel *v.* ρολάρω. *(fig.)* ένεργώ χωρί νά καταβάλλω μεγάλη προσπάθεια.
freez|e *v.t.&i.* παγώνω. *(fam., of persons* make *or* feel very cold)* ξεπαγιάζω πουντιάζω. I am ~ing ποΰντιασα. it i ~ing *(weather)* κάνει παγωνιά. *(v.t.) (o food)* καταψΰχω, *(of prices)* καθηλώνω *(s.) (frost)* παγωνιά *f.* deep ~ο κατάψυ ξις *f.* ~**er** *s.* ψυκτικός θάλαμος.
freezing *s.* πάγωμα *n.* ~ point σημείο πήξεως. *(a.) (icy) (wind, look)* παγερός *(path, hand, object)* παγωμένος. *(for* ~ ψυκτικός. *see* frozen.
freight *v. (charter)* ναυλώνω, *(load)* φορ τώνω. *(s.) (charter)* ναΰλωσις *f. (load* φορτίον *n. (charge)* ναΰλος *m.* ~**er** *s* φορτηγόν *n.*
French *a.* γαλλικός. *(person)* Γάλλος *m.* Γαλλίδα *f.* ~ window μπαλκονόπορτα *f* ~ bean φραγκοφάσουλο *n.* take ~ leav στρίβω άλά γαλλικά.
frenetic *a.* έξαλλος. ~**ally** *adv.* φρενιτιω δώς.
frenz|y *s.* φρενίτις *f.* ~**ied** *a.* φρενιασμέ νος, φρενήρης. become ~**ied** φρενιάζω.
frequency *s.* συχνότης *f.*
frequent *a.* συχνός, *(usual, common)* συ νηθισμένος, κοινός. a ~ visitor τακτικός έπισκέπτης. *(v.t.) (cafés, theatres, etc.* συχνάζω σέ, *(company)* συναναστρέφο μαι. a ~ed road περαστικός δρόμος. ~**l** *adv.* συχνά.
fresco *s.* τοιχογραφία *f.*
fresh *a. (not stale)* φρέσκος, νωπός. *(new* καινοΰργιος, νέος. *(air)* καθαρός, *(water* γλυκός, *(complexion, breeze)* δροσερός he is ~ from college μόλις άποφοίτησε *(fam.)* get ~ *(cheeky)* παίρνω άέρα. fee ~ *(rested)* αίσθάνομαι ξεκοΰραστος.

fresh, ~**ly** adv. ἄρτι, προσφάτως, νεο-, φρεσκο. ~(**ly**) baked φρεσκοψημένος, ~**ly** arrived (person) νεοφερμένος, ἄρτι ἀφιχθείς.

freshen v.t. (revive) φρεσκάρω. (v.i., of weather) δροσίζω. ~**ing** s. (brightening up) φρεσκάρισμα n.

freshness s. φρεσκάδα f. he has a ~ of approach to his subject ἐξετάζει τό θέμα ὑπό νέο πρίσμα.

fret v.t. τρώγω. (v.i.) τρώγομαι. ~**ful** a. γκρινιάρης.

fretwork s. διάτρητος ξυλοκοπτική.

friable a. εὔθρυπτος.

friar s. καλόγερος m.

fricative a. προστριβόμενος.

friction s. τριβή f. (disagreement) προστριβή f.

Friday s. Παρασκευή f. Good ~ Μεγάλη Παρασκευή. Man ~ Παρασκευᾶς m.

fridge s. ψυγεῖο n.

fried a. τηγανητός.

friend s. φίλος m., φίλη f. make ~s again (v.i.) φιλιώνω. they made ~s ἔπιασαν φιλίες. a ~'s house φιλικό σπίτι.

friend|ly a. φιλικός. ~**iness** s. φιλικότης f.

friendship s. φιλία f.

frieze s. (in room) κορνίζα f. (of building) διάζωμα f. (sculptured) ζωφόρος f.

frigate s. φρεγάδα f.

fright s. τρόμος m. I got a ~ πῆρα μία τρομάρα. he looked a ~ ἔμοιαζε σά σκιάχτρο.

frighten v. τρομάζω, φοβίζω. be ~ed (of) φοβοῦμαι. become ~ed μέ πιάνει φόβος. ~**ed** a. τρομαγμένος. ~**ing** a. τρομακτικός.

frightful a. τρομερός. ~**ly** adv. τρομερά.

frigid a. ψυχρός. ~**ity** s. ψυχρότης f.

frill s. φρίλι n., βολάν n. (fig.) στολίδι n. without ~s χωρίς καλλωπισμούς. ~**y** a. μέ φρίλια.

fringe s. φράντζα f., κρόσσι n. (of hair) ἀφέλεια f. (outskirts) περίχωρα n.pl. (of group, party) περιθώριον n. (of forest, etc.) ἄκρη f., παρυφή f. ~ benefits πρόσθετα ὀφέλη (ἐργαζομένου).

frippery s. μπιχλιμπίδια n.pl.

frisk v.i. σκιρτῶ. (v.t.) (fam., search) ψάχνω. (s.) κούνημα n. ~**y** a. ζωηρός.

fritter s. εἶδος τηγανίτας. (v.t.) ~ away σκορπίζω, (one's time) χάνω.

frivol|ity s. ἐπιπολαιότης f. ~**ous** a. ἐπιπόλαιος. ~**ously** adv. ἐπιπόλαια.

frizzle v.i. (in cooking) τσιτσυρίζω. (v.t. & i.) (of hair) κατσαρώνω.

fro adv. to and ~ πέρα δῶθε. go to and ~ πηγαινοέρχομαι.

frock s. φουστάνι n. (child's) φουστανάκι n. ~-**coat** s. ρετιγκότα f.

frog s. βάτραχος m. ~-**march** v.t. they ~-marched him τόν κουβάλησαν σπρώχνοντας.

frolic v. (of animals) χοροπηδῶ, (of people) διασκεδάζω μέ χαρούμενα παιχνίδια. (s.) παιχνίδι n. ~**some** a. παιχνιδιάρικος.

from prep. ἀπό (with acc.), ἐξ, ἐκ (with gen.). ~ spite ἀπό κακία, ~ experience ἐκ πείρας, ~ earliest childhood ἐξ ἁπαλῶν ὀνύχων. ~ now (or here) on ἀπό δῶ καί πέρα. a week ~ today σήμερα ὀκτώ. tell him ~ me πές τοῦ ἐκ μέρους μου. (painted) ~ nature (or life) ἐκ τοῦ φυσικοῦ. we parted ~ our friends χωρίσαμε μέ τούς φίλους μας. it prevented me ~ coming μ' ἐμπόδισε νἄρθω. ~ 3 till 4 o'clock τρεῖς μέ τέσσερεις. ~ being first in the class he has ended up bottom ἀπό πρῶτος στήν τάξη κατάντησε τελευταῖος. he's got fat ~ too much eating πάχυνε ἀπ' τό πολύ φαΐ. I caught cold ~ not putting on an overcoat γιά νά μή φορέσω παλτό ἅρπαξα κρυολόγημα.

frond s. φύλλον n.

front s. (fore part) μπροστινό μέρος, (of building) πρόσοψις f., φάτσα f. sea-~ παραλία f. (boldness) θράσος n. (mil.) μέτωπον n. on the political ~ στήν πολιτική ἀρένα. (disguise, bluff) βιτρίνα f.

front adv. & prep. in ~ μπροστά, ἐμπρός, ἔμπροσθεν. in ~ of (ahead of) μπροστά ἀπό, (facing, in presence of) μπροστά σέ, ἐνώπιον (with gen.).

front a. ἐμπρόσθιος, μπροστινός. ~ row or rank πρώτη σειρά, ~ entrance κυρία εἴσοδος. ~ organization μετωπική ὀργάνωσις.

front v.t. (face) βλέπω σέ. ~ed with stone μέ πέτρινη πρόσοψη.

frontage s. πρόσοψις f.

frontal a. (of forehead) μετωπιαῖος, (archit.) τῆς προσόψεως. ~ attack μετωπική ἐπίθεσις.

frontier s. σύνορα n.pl., μεθόριος f. (a.) (town, people) παραμεθόριος, (matters) μεθοριακός.

frontispiece s. προμετωπίς f.

frost s. παγωνιά f. hoar ~ πάχνη f., ἀγιάζι n. (fam.) it was a ~ ἀπέτυχε. ~**ed** a. (opaque) θαμπός. become ~ed (over) σκεπάζομαι μέ παγωνιά.

frost|-bite s. κρυοπάγημα n. his fingers got
~-bitten ἔπαθε κρυοπαγήματα στά δά-
χτυλα. the plants are ~-bitten τά φυτά
εἶναι καμμένα ἀπό τήν παγωνιά.

frosty a. (cold, lit. & fig.) ψυχρός. see
also frosted.

froth s. ἀφρός m. (on coffee) καϊμάκι n.
(v.) ἀφρίζω. ~y a. ἀφρώδης.

frown v. συνοφρυοῦμαι, κατσουφιάζω.
~ing a., ~ingly adv. (also with a ~)
συνοφρυωμένος, κατσουφιασμένος.

frowsty a. πού μυρίζει κλεισούρα.

frowzy a. (squalid) βρώμικος. see also
frowsty.

frozen a. παγωμένος. I am ~ πάγωσα.
deep-~ κατεψυγμένος.

fructify v.t. γονιμοποιῶ. (v.i.) καρποφο-
ρῶ.

frugal a. λιτός. (of person) οἰκονόμος
s.m.f. ~ity s. λιτότης f. (thrift) οἰκονο-
μία f. ~ly adv. λιτά, οἰκονομικά.

fruit s. (lit. & fig.) καρπός m. (edible)
φροῦτο n., (collective) φροῦτα n.pl.,
ὀπωρικά n.pl. bear ~ καρποφορῶ.
~-tree ὀπωροφόρον δένδρον.

fruitful a. γpof?orow, g?onimow. ~ness s.
γονιμότης f.

fruition s. come to ~ ἀποφέρω καρπούς.

fruitless a. (fig.) ἄκαρπος, μάταιος. ~ly
adv. ματαίως.

fruity a. it has a ~ smell μυρίζει φροῦτο.
(mature) ὥριμος. (suggestive) σκαμπρό-
ζικος.

frump s., ~ish a. κάρρο n.

frustrat|e v. (a plan) ματαιώνω, (a person)
ἐμποδίζω. ~ed a. ἀνικανοποίητος. ~ion
s. ἀπογοήτευσις f. (of expectations) μα-
ταίωσις f.

fry v.t. τηγανίζω. (s.) small ~ (people of
no importance) ἀσημαντότητες f.pl.,
(children) μαρίδα f.

frying s. τηγάνισμα n. ~-pan s. τηγάνι n.

fuchsia s. φούξια f.

fuddle v. ζαλίζω. (s.) in a ~ ζαλισμέ-
νος.

fuddy-duddy s. γεροπαράξενος m.

fudge v. ψευτοκάνω. (s., nonsense) κολο-
κύθια n.pl.

fuel s. καύσιμα n.pl. ~ tank (of car) ντε-
πόζιτο βενζίνης. add ~ to the fire ρίχνω
λάδι στή φωτιά. (v.i.) (with coal) ἀνθρα-
κεύω, (with petrol) παίρνω βενζίνη.

fug s. ἀποπνιχτική ἀτμόσφαιρα λόγω
κλεισούρας.

fugitive a. φευγαλέος. (s.) φυγάς m., δρα-
πέτης m.

fulfil v. (carry out) ἐκτελῶ, ἐκπληρώνω,
(realize) πραγματοποιῶ. ~ment s. ἐκτέ-
λεσις f. πραγματοποίησις f.

full a. (filled) γεμᾶτος, πλήρης. (complete)
πλήρης. ~ of γεμᾶτος (with acc.). ~ fa-
re ὁλόκληρο εἰσιτήριο. ~ figure γεμᾶτο
κορμί. ~ house γεμάτη αἴθουσα. ~
moon πανσέληνος f. ~ stop τελεία f. ~
trousers φαρδύ παντελόνι. to the ~ πλή-
ρως. (payment) in ~ εἰς τό ἀκέραιον. ~
up γεμᾶτος, ~ to overflowing ξέχειλος.
in ~ awareness ἐν πλήρει συνειδήσει, at
~ speed ὁλοταχῶς. ~y adv. πλήρως, τε-
λείως. (write) more ~y ἐκτενέστερα.

full-blooded a. δυνατός, ρωμαλέος.

full-blown a. (flower) ὁλάνοιχτος, (fig.) τέ-
λειος.

full-dress a. ἐπίσημος. ~ uniform μεγάλη
στολή.

full-face a. (portrait) ἀν-φάς.

full-grown a. (person) ἐνήλικος, (tree,
animal) σέ πλήρη ἀνάπτυξη.

full-length a. (portrait) ὁλόσωμος.

full-scale a. σέ φυσικό μέγεθος.

full-time a. τακτικός.

fuller s. ~'s earth σαπουνόχωμα f.

fulminate v. ἐξακοντίζω μύδρους.

fulsome a. ὑπερβολικός.

fumble v, ψαχουλεύω.

fume s. (smoke) καπνός m. (of roast
meat) κνίσα f. ~s (noxious) ἀναθυμιά-
σεις f.pl. (petrol) καυσαέρια n.pl. (v.i.)
(chafe) ἐκνευρίζομαι.

fumigat|e v. ἀπολυμαίνω μέ κάπνισμα.
~ion s. ἀπολύμανσις f.

fun s. διασκέδασις f. have ~ διασκεδάζω.
in or for ~ στ'ἀστεῖα. make ~ of κοροϊ-
δεύω.

function s. (official duty) λειτούργημα n.,
καθῆκον n. (purpose of sthg.) σκοπός
m., λειτουργία, δουλειά f. (ceremony)
τελετή f. (reception) δεξίωσις f. (math.)
συνάρτησις f. (v.i.) λειτουργῶ.

functional a. (of disorders) λειτουργικός,
(practical) πρακτικός.

functionary s. ἀξιωματοῦχος m.

fund s. (stock, supply) ἀπόθεμα n. (money
collected) ἔρανος m. (for pensions, etc.)
ταμεῖον n. ~s χρήματα n.pl., (stock)
χρεόγραφα n.pl.

fundamental a. θεμελιώδης. (s.) ~s βασι-
καί ἀρχαί. ~ly adv. βασικά.

funeral s. κηδεία f. (a.) (march, bell) πέν-
θιμος. ~ service νεκρώσιμος ἀκολουθία
~ oration ἐπικήδειος λόγος, ~ proces-
sion νεκρική πομπή.

ereal *a.* πένθιμος, *(pace)* ἀργός.

agus *s.* μύκης *m.*

aicular *s.* σιδηροδρομικά ὀχήματα ἑλκό-ενα μέ καλώδια, *(fam., incorrectly)* ελεφερίκ *n.*

ak *s. & v. (fam.)* he was in a ~ τά ρειάστηκε. he ~ed going δείλιασε καί έν πῆγε.

anel *si (utensil)* χωνί *n. (of engine)* ουγάρο *n.*, καπνοδόχος *f.*

any *a. (amusing)* ἀστεῖος, *(peculiar)* ιαράξενος, περίεργος. ~y business ὑπο-τη δουλειά. ~ily *adv.* ἀστεῖα, παρά-ενα. ~ily enough κατά περίεργη σύμ-τωση, περιέργως.

r *s. (on animal)* τρίχωμα *n. (dressed)* ούνα *f. (as article of attire)* γουναρικό . *(in kettle, etc.)* πουρί *n. (a.) (made of* -) γούνινος.

rbelow *s.* φραμπαλᾶς *m.*

rbish *v. (polish)* γυαλίζω, *(fig.)* φρε-κάρω.

rious *a.* μανιώδης, λυσσώδης. become ~ ίνομαι θηρίο *(or* ἔξω φρενῶν). ~ly *adv.* ανιωδῶς, λυσσωδῶς, *(of pace)* δαιμονι-μένα.

rl *v.* διπλώνω.

rlough *s.* ἄδεια *f.*

rnace *s.* κάμινος *f.*, καμίνι *n.*

rnish *v.t. (a person)* ἐφοδιάζω, *(a ouse)* ἐπιπλώνω. *(make available)* supplies) προμηθεύω, *(opportunity, evi-ence, etc.)* παρέχω, δίνω. ~ing(s) *s.* πίπλωσις *f.*

rniture *s.* ἔπιπλα *n.pl.* piece of ~ ἔπι-τλο *n.*

rore *s.* cause a ~ ξετρελλαίνω *(or* χα-ᾶω) τόν κόσμο.

rred *a. (animal)* τριχωτός, *(tongue)* ἄσπρος. the pipes are ~ οἱ σωλῆνες ἔχουν πιάσει πουρί.

rrier *s.* γουναρᾶς *m.*

rrow *s. (ploughed)* αὐλάκι *n. (wrinkle)* αὐλακιά *f.*, ρυτίδα *f. (v.)* αὐλακώνω.

rry *a.* τριχωτός, *(like fur)* σάν γούνα.

rther *adv.* πιό μακριά. ~ on πιό πέρα, ~ back πιό πίσω. *(in addition)* ἐπί πλέον, *(more)* περισσότερο. *(a.) (more distant)* ἀπώτερος. *(additional)* περισσό-τερος, κι' ἄλλος, νεώτερος, ἐπί πλέον. for ~ action *(in office, etc.)* διά τά πε-ραιτέρω.

rther *v.* προάγω, προωθῶ. ~ance *s.* προαγωγή *f.*

rthermore *adv.* ἐπί πλέον.

rthermost *a.* ὁ πιό μακρινός.

furthest *a.* ἀπώτατος, ὁ πιό μακρινός, *(adv.)* πιό μακριά.

furtive *a. (act)* κρυφός, κλεφτός. *(person)* ὕπουλος. ~ly *adv.* κρυφά.

fury *s.* μανία *f.*, λύσσα *f.*, παραφορά *f. (of storm)* μανία *f.* be in a ~y εἶμαι ἔξω φρενῶν. F~ies Ἐρινύες *f.pl.*

furze *s.* ἀσπάλαθος *m.*

fuse *v.t. & i. (melt)* λειώνω, *(v.t.) (blend)* συγχωνεύω. the lights have ~d κάηκε ἡ ἀσφάλεια. *(s.) (for explosion)* φιτίλι *n. (electric)* ἀσφάλεια *f.*

fuselage *s.* ἄτρακτος *f.*

fusillade *s.* τουφεκίδι *n.*

fusion *s.* συγχώνευσις *f.*

fuss *s.* φασαρία *f.* make a ~ of περι-ποιοῦμαι. *(v.i.) (worry)* ἀνησυχῶ, *(make difficulties)* φέρνω τόν κατακλυσμό. *(v.t.)* ἐνοχλῶ.

fussy *a. (person)* τιτίζης, ἰδιότροπος. *(of style)* παραφορτωμένος. ~iness *s.* ἰδιο-τροπία *f.*

fustian *s. (fig., bombast)* μεγάλα κούφια λόγια.

fusty *a.* μουχλιασμένος.

futile *a.* μάταιος, *(person)* ἀνίκανος. ~ity *s.* ματαιότης *s.*

future *s.* μέλλον *n. (gram.)* μέλλων *m. (a.)* μελλοντικός. my ~ husband ὁ μέλλων σύζυγός μου.

futuristic *a.* φουτουριστικός.

fuzzy *a. (blurred)* θαμπός. ~ hair ἀράπικα σγουρά μαλλιά.

G

gab *s. (fam.)* have the gift of the ~ ἔχω λέγειν.

gabardine *s.* (γ)καμπαρντίνα *f.*

gabble *v.* μιλῶ *(or* λέω) γρήγορα-γρήγορα. *(s.)* γρήγορη καί ἀκατάληπτη ὁμιλία.

gable *s.* ἀέτωμα *n.*

gad *v.i. (also ~ about)* γυρίζω γλεντοκο-πώντας. ~about *s.* be a ~about *see* gad.

gadfly *s.* οἶστρος *m.*

gadget *s.* μικροεφεύρεσις *f.* σύνεργο *n.*, μαραφέτι *n.*

gaff *s. (fisherman's)* γάντζος *m. (fam.)* blow the ~ φανερώνω τό μυστικό.

gaffe *s.* γκάφα *f.*

gaffer s. μπάρμπας m.

gag s. φίμωτρον n. (joke) ἀστεῖο n. (v.t.) φιμώνω. (v.i., make jokes) κάνω ἀστεῖα.

gaga a. ξεμωραμένος.

gage s. τεκμήριον n., ἐγγύησις f. (v.) δίδω ὡς ἐγγύησιν.

gaiety s. εὐθυμία f., κέφι n.

gaily adv. μέ κέφι. ~ dressed ντυμένος μέ χαρούμενα (or ζωηρά) χρώματα.

gain v. (profit, ground, esteem, etc.) κερδίζω, (one's object) πετυχαίνω. ~ strength ἀποκτῶ δύναμη, (after setback) ἀνακτῶ δύναμη. I have ~ed 2 kilos (weight) πῆρα (or ἔβαλα) δύο κιλά. he ~ed recognition by his work τό ἔργον του τοῦ ἀπέφερε φήμη. (one's destination) φθάνω εἰς. ~ on (quarry) πλησιάζω, (pursuer) ἀφήνω πίσω. ~ (person) over παίρνω μέ τό μέρος μου. (s.) (profit) κέρδος n. (increase) αὔξησις f.

gainer s. ὁ κερδισμένος.

gainful a. ἐπικερδής.

gainsay v. ἀμφισβητῶ, ἀρνοῦμαι.

gait s. περπατισιά f., βάδισμα n.

gaiter s. γκέττα f.

gala s. γκαλά f., ἑορτασμός m.

galantine s. γαλαντίνα f.

galaxy s. γαλαξίας m.

gale s. θύελλα f.

gall s. (bile, also fig.) χολή f. (fam., impudence) θράσος n. ~-bladder s. χοληδόχος κύστης.

gall s. (sore) ἐρεθισμός ἀπό τριβή. (v.) ἐρεθίζω. ~ing a. ἐκνευριστικός.

gallant a. (brave) ἀνδρεῖος, γενναῖος. (fine) ὡραῖος, περήφανος, λεβέντικος. (ladies' man) γαλάντης m. ~ly adv. γενναίως, περήφανα. ~ry s. ἀνδρεία f. (chivalry) ἱπποτισμός m.

galleon s. γαλιόνι n.

gallery s. (portico, arcade) στοά f. (balcony) ἐξώστης m. (corridor) διάδρομος m. (picture-~) πινακοθήκη f. (showroom) γκαλερί f. (of mine) στοά f. (of theatre) ὑπερῷον n., (fam.) γαλαρία f. (press, visitors') θεωρεῖον n.

galley s. γαλέρα f. (ship's) μαγειρεῖον n. ~s (prison) κάτεργα n. pl. ~ slave κατάδικος τῶν γαλερῶν.

galley-proof s. ἀσελιδοποίητο δοκίμιο.

Gallic a. γαλλικός. ~ism s. γαλλισμός m.

gallimaufry s. σύμφυρμα n.

gallipot s. βαζάκι γιά ἀλοιφή.

gallivant v.i. γυρίζω γλεντοκοπώντας.

gallon s. γαλόνι n.

gallop v. καλπάζω. (s.) καλπασμός m.

gallows s. κρεμάλα f.

galore adv. ἐν ἀφθονία, καί κακό, κ ἄλλο τίποτα.

galoshes s. γαλότσες f. pl.

galvanize v. γαλβανίζω.

gambit s. (fig.) μανούβρα f.

gamble v. παίζω, ~le away χάνω στά τι χερά παιγνίδια. (s.) it's a ~le εἶναι κο θαρό παιγνίδι (or ζήτημα τύχης). ~ler s (χαρτο)παίκτης m. ~ling s. παιγνίδι n τζόγος m., χαρτοπαιξία f.

gambol v. σκιρτῶ. (s.) (also ~ling) σκίς τημα n.

game s. παιγνίδι n. (round) παρτίδα j (jest) we were only having a ~ τά κό ναμε γιά πλάκα. ~s (contests) ἀγῶνε m.pl., (sports) σπόρ n.pl. (fig.) play th ~ παίζω τίμιο παιγνίδι, δέν κάνω ζαβα λιές. the ~ is up τό παιγνίδι χάθηκ give the ~ away προδίδω τό μυστικ make ~ of κοροϊδεύω, he's having a ~ with us μᾶς κοροϊδεύει. (trick) κόλπο n he's at the same old ~ ξανάρχισε τ δικά του.

game s. (hunted) θήραμα n. (also as foo κυνήγι n. (fig.) fair ~ ἐκτεθειμένος εἰ καταχρήσεις.

game a. ἕτοιμος, πρόθυμος. ~ly adv. μ κουράγιο.

gamekeeper s. φύλαξ ἀγροκτήματος ἐπ θηραμάτων.

gaming s. παιγνίδι n.

gammon s. χοιρομέρι παστό ὄχι ψημένο (fam.) σαχλαμάρες f. pl.

gamut s. the whole ~ ὅλη ἡ κλῖμαξ.

gander s. χήν m.

gang s. (of workmen) ὁμάδα f., συνεργεῖ n. (of criminals) συμμορία f., σπεῖρα j (fam., company) συντροφιά f., παρέα j the old ~ ἡ παλιοπαρέα. (v.) (fam.) ~ up on συνενώνομαι ἐναντίον (with gen. ~ up with πάω μαζί μέ.

gangling a. ψηλόλιγνος.

ganglion s. γάγγλιον n.

gangplank s. σανιδόσκαλα f.

gangrene s. γάγγραινα f.

gangster s. συμμορίτης m., γκάγκστερ m

gangway s. διάδρομος m. (naut.) διαβό θρα f.

gaol s. φυλακή f. (v.) φυλακίζω. ~er s δεσμοφύλαξ m.

gap s. κενόν n., χάσμα n. (in fence, etc. ἄνοιγμα n. (deficiency) ἔλλειψις f (difference) διαφορά f.

gape v.i. (be wide open) χάσκω, (ο wound, abyss) χαίνω. ~ at κοιτάζω μ ἀνοικτό στόμα. *(yawn)* χασμουριέμαι.

arage *s.* γκαράζ *n.* *(v.)* δάζω στό γκαράζ.

arb *s.* ἐνδυμασία *f.*, στολή *f.* *(v.)* ντύνω. ~ed ντυμένος.

arbage *s.* σκουπίδια *n.pl.*

arble *n.* *(distort)* διαστρεβλώνω, *(mix up)* μπερδεύω.

arden *s.* κῆπος *m.*, περιβόλι *n.* kitchen ~ λαχανόκηπος *m.* *(fam.)* lead up the ~ path παραπλανῶ. *(v.)* ἀσχολοῦμαι μέ τόν κῆπο. ~ing *s.* κηπουρική *f.* ~-suburb *s.* κηπούπολις *f.*

ardener *s.* κηπουρός *m.* be an enthusiastic ~ ἔχω μανία μέ τήν κηπουρική.

argantuan *a.* τεράστιος.

argle *s.* γαργάρα *f.* *(v.)* κάνω γαργάρα.

argoyle *s.* τερατόμορφον στόμιον ὑδρορρόης.

arish *a.* φανταχτερός, χτυπητός.

arland *s.* γιρλάντα *f.* *(v.)* στολίζω μέ γιρλάνδες.

arlic *s.* σκόρδο *n.* ~ sauce σκορδαλιά *f.*

arment *s.* ροῦχο *n.*

arner *v.* μαζεύω.

arnet *s. & a.* γκρενά *n.*

arnish *v.* γαρνίρω. *(s.)* γαρνιτούρα *f.*

arret *s.* σοφίτα *f.*

arrison *s.* φρουρά *f.* *(v.t.)* *(troops)* ἐγκαθιστῶ, *(city)* ἐγκαθιστῶ φρουράν εἰς.

arrotte *v.* στραγγαλίζω. *(s.)* στραγγάλη *f.*

arrul|ous *a.* φλύαρος. ~ity *s.* φλυαρία *f.*

arter *s.* καλτσοδέτα *f.* *(Order)* Περικνημίς *f.*

as *s.* ἀέριον *n.* *(domestic)* γκάζι *n.* *(fam.)* step on the ~ πατῶ γκάζι. *(v.t.)* δηλητηριάζω δι' ἀερίου. *(v.i.)* φλυαρῶ. ~bag *s.* *(fam.)* φαφλατᾶς *m.* ~eous *a.* ἀεριώδης. ~light *s.* ἀεριόφως *n.*

ash *s.* κόψιμο *n.*, ἐγκοπή *f.* *(v.)* κόβω.

asket *s.* παρέμβυσμα *n.*, φλάντζα *f.*

asoline *s.* βενζίνη *f.*

asp, ~ing *s.* κομμένη ἀνάσα. at one's last ~ στά τελευταῖα μου, *(fig.)* ἐξαντλημένος. *(v.)* κόβεται ἡ ἀναπνοή μου, λαχανιάζω. ~er *s.* *(fam.)* τσιγάρο *n.*

assy *a.* ἀεριοῦχος.

astr|ic *a.* γαστρικός. ~itis *s.* γαστρῖτις *f.* ~onomic *a.* γαστρονομικός.

ate *s.* *(of city, palace, & fig.)* πύλη *f.* *(of garden, field)* καγκελόπορτα *f.* *(of courtyard)* αὐλόπορτα *f.* *(way in)* εἴσοδος *f.* *(barrier)* φράγμα *n.* ~post *s.* παραστάτης *m.* ~way *s.* εἴσοδος *f.* *(fig.)* πύλη *f.*

gateau *s.* τούρτα *f.*

gate-crash *v.* μπαίνω ἀπρόσκλητος *(σέ).* ~er *s.* ἀπρόσκλητος *a.*

gather *v.t.* *(flowers, people, belongings, etc.)* μαζεύω, *(crops)* συγκομίζω, *(revenue)* εἰσπράττω, *(experience, impressions)* ἀποκτῶ. ~ speed ἀναπτύσσω ταχύτητα. ~ together συγκεντρώνω, *(what is scattered)* περιμαζεύω. *(sewing)* κάνω σοῦρες σέ. *(infer)* I ~ that... ἔχω τήν ἐντύπωση ὅτι. *(v.i.)* μαζεύομαι, συναθροίζομαι. ~ed *a.* *(sewing)* σουρωτός, *(brow)* συνοφρυωμένος. ~ing *s.* συγκέντρωσις *f.*

gauche *a.* κοινωνικῶς ἀδέξιος.

gaudy *a.* χτυπητός.

gauge *s.* *(criterion)* κριτήριον *n.* *(thickness)* πάχος *n.* *(instrument)* μετρητής *m.*, δείκτης *m.* take the ~ of μετρῶ, ζυγίζω. broad ~ line γραμμή μεγάλου πλάτους. *(v.)* μετρῶ, *(fig.)* ἐκτιμῶ, ζυγίζω.

gaunt *a.* ἀποστεωμένος, *(place)* γυμνός.

gauntlet *s.* γάντι *n.* *(fig.)* throw down the ~ ρίχνω τό γάντι. run the ~ of the critics ἀντιμετωπίζω δυσμενῆ κριτική.

gauze *s.* γάζα *f.* *(a.)* ἀπό γάζα.

gavel *s.* σφυρί *n.*

gawky *a.* ~ fellow μαντράχαλος *m.*

gay *a.* χαρούμενος, εὔθυμος, *(colours, etc.)* ζωηρός. lead a ~ life γλεντοκοπῶ. *(fam., homosexual)* ὁμοφυλόφιλος.

gaze *v.* ~ at κοιτάζω ἐπιμόνως, ἀτενίζω. *(s.)* βλέμμα *n.*

gazebo *s.* περίπτερο κήπου μέ ὡραία θέα.

gazelle *s.* γκαζέλλα *f.*

gazette *s.* ἐφημερίς *f.*

gazetteer *s.* γεωγραφικόν λεξικόν.

gear *s.* *(equipment)* ἐξοπλισμός *m.*, σύνεργα *n.pl.* *(clothes)* ροῦχα *n.pl.* *(goods)* εἴδη *n.pl.* *(apparatus)* συσκευή *f.* *(of motor)* ταχύτης *f.* engage first ~ δάζω πρώτη. is the car in ~ or out of ~ ? εἶναι ἡ ταχύτητα μέσα ἤ δέν εἶναι; *(v.t.)* *(adapt)* προσαρμόζω. ~-box *s.* κιβώτιον ταχυτήτων. ~-wheel *s.* γρανάζι *n.*

gelatine *s.* ζελατίνη *f.*

geld *v.* μουνουχίζω.

gelignite *s.* ζελινῖτις *f.*

gem *s.* πολίτιμος λίθος, *(also fig.)* κόσμημα *n.* *(fig., of persons)* διαμάντι *n.* *(fam., funny joke)* ἀμίμητο ἀστεῖο.

gendarmerie *s.* χωροφυλακή *f.*

gender *s.* γένος *n.*

gene *s.* *(biol.)* γονίδιον *n.*

genealog|y *s.* γενεαλογία *f.* ~ical *a.* γενεαλογικός.

general *a.* γενικός. in ~ use γενικῆς

χρήσεως. in ~ γενικῶς. the ~ reader ὁ κοινός ἀναγνώστης, the ~ public τό εὐρύ κοινόν. ~ post *(fig.)* ἀνασχηματισμός *m. (med.)* ~ practitioner ἰατρός παθολόγος. *(s.) (mil.)* στρατηγός *m.*

generalit|y *s.* the ~y of οἱ περισσότεροι. ~ies γενικότητες *f.pl.*

generaliz|e *v.* γενικεύω. ~ation *s.* γενίκευσις *f.*

generally *adv. (in general)* γενικῶς, γενικά. *(usually)* κατά κανόνα, συνήθως.

generat|e *v.* γεννῶ, *(heat, current, etc.)* παράγω. ~ion *s.* γενεά *f.* παραγωγή *f.* ~ive *s. (of procreation)* γενετήσιος, *(productive)* παραγωγικός. ~or *s.* γεννήτρια *f.*

generic *a.* γενικός.

gener|ous *a.* γενναιόδωρος, ἀνοιχτοχέρης. *(magnanimous)* μεγαλόψυχος, *(ample)* γενναῖος. ~ously *adv.* γενναιόδωρα. ~osity *s.* γενναιοδωρία *f.*, ἁπλοχεριά *f.* μεγαλοψυχία *f.*

genesis *s.* γένεσις *f.*

genetic *a.* γενετικός. ~s *s.* γενετική *f.*

genial *a.* πρόσχαρος, ἐγκάρδιος. *(mild)* ἥπιος. ~ily *s.* ἐγκαρδιότης *f.* ~ly *adv.* ἐγκάρδια.

genital *a.* γεννητικός. ~s *s.* γεννητικά ὄργανα.

genitive *s. (gram.)* γενική *f.*

genius *s.* μεγαλοφυΐα *f. (spirit)* πνεῦμα *n.* evil ~ κακός δαίμων. of ~ *(as a.)* μεγαλοφυής. have a ~ for ἔχω ταλέντο σέ.

genocide *s.* γενοκτονία *f.*

genre *s. (painting)* μέ σκηνές ἀπό τήν καθημερινή ζωή.

gent|eel *a. (iron.)* καθώς πρέπει. ~ility *s.* εὐγένεια *f.*, ἀρχοντιά *f. (iron.)* ψευτοαριστοκρατικότης *f.*

gentile *s.* ὁ μή Ἰουδαῖος.

gentl|e *a. (by birth)* εὐγενής, *(not rough)* ἥμερος, μειλίχιος, *(manners)* ἁβρός. *(breeze, touch)* ἁπαλός, *(reproof)* μαλακός, ἤπιος, *(animal)* ἥμερος. ~y *adv.* ἁβρά, ἁπαλά, μαλακά, ἤπίως.

gentleman *s.* κύριος *m.* ~ly *a.* κύριος, καθώς πρέπει, *(bearing)* ἀρχοντικός. in a ~ly way σάν κύριος.

gentleness *s.* ἁβρότης *f.* ἁπαλότης *f.* ἠπιότης *f.*

gentlewoman *s.* κυρία *f.*

gentry *s.* τάξις τῶν ἀρχόντων, ἀρχοντολόι *n.*

genuflect *v.* κλίνω τό γόνυ. ~ion *s.* γονυκλισία *f.*

genuine *a.* γνήσιος, ἀληθινός. *(serious)*

σοβαρός, *(sincere)* εἰλικρινός. ~ly *ad* ἀληθινά, εἰλικρινά.

genus *s.* γένος *n.*

geograph|y *s.* γεωγραφία *f.* ~er *s.* γεω γράφος *m.* ~ic, ~ical *a.* γεωγραφικός.

geolog|y *s.* γεωλογία *f.* ~ical *a.* γεωλογ κός. ~ist *s.* γεωλόγος *m.*

geometr|y *s.* γεωμετρία *f.* ~ic, ~ical *a.* γεωμετρικός.

geophysics *s.* γεωφυσική *f.*

geopolitics *s.* γεωπολιτική *f.*

geranium *s.* γεράνιον *n.*

geriatrics *s.* γηριατρική *f.*

germ *s. (biol. & fig.)* σπέρμα *n. (microb* μικρόβιον *n.* ~icide *s.* μικροβιοκτόνον *r*

German *a.* γερμανικός. *(person)* Γερμαν *m.,* Γερμανίδα *f. (language)* γερμανικ *n.pl.*

germane *a.* be ~ to ἔχω σχέση μέ.

germinat|e *v.i.* βλαστάνω. *(v.t.)* γονιμ ποιῶ. *(v.i. & t., fig.)* γεννῶ. ~ion *s* βλάστησις *f.*

gerontology *s.* γεροντολογία *f.*

gerrymander *v.* ~ an election νοθεύ ἐκλογές. ~ing *s.* ἀπάτη *f.*

gerund *s. (gram.)* γερούνδιον *n.*

gestation *s.* κύησις *f.*

gesticulat|e *v.* κάνω χειρονομίες. ~ion *s* χειρονομία *f.*

gesture *s. (lit. & fig.)* χειρονομία *f. (no sign)* νεῦμα *n.,* νόημα *n. (v.)* χειρονομ γνέφω, κάνω νόημα.

get *v.i. (become)* γίνομαι, ~ rich γίνομ πλούσιος, ~ angry θυμώνω, ~ marrie παντρεύομαι, ~ dressed ντύνομαι, broken σπάζω. he got trapped in the li κλείστηκε στό ἀσανσέρ, we got caught the rain μᾶς ἔπιασε ἡ βροχή. ~ int routine μπαίνω στή ρουτίνα, ~ into con versation πιάνω κουβέντα, ~ going βάζ μπρός. it ~s hot in July πιάνει ζέστη τό Ἰούλιο, I'm ~ting hungry ἄρχισα να πεινῶ. *(come)* they got to know eac other γνωριστήκανε, ~ to know *(learr* μαθαίνω, he got to like it in the end στ νήθισε καί στό τέλος τοῦ ἄρεσε. *(go* πηγαίνω, *(arrive)* ~ here/there φτάνω. home γυρίζω σπίτι, ~ nowhere δέν κα ταλήγω πουθενά. have got *(possess)* ἔχ have got to *(must)* I've got to leave πρέ πει νά φύγω, has it got to be done now πρέπει νά γίνη τώρα; no, it hasn't got t be ὄχι δέν εἶναι ἀνάγκη. *see also* bette cold, drunk, late, ready, tired, used, wel' *etc.*

get *v.t. (acquire)* ἀποκτῶ, *(obtain*

παίρνω, *(earn, gain, win)* κερδίζω, *(fetch)* φέρνω, *(receive)* λαμβάνω, παίρνω. *(an illness)* κολλῶ, ἁρπάζω, *(a bus, train)* παίρνω. *(make, cause)* κάνω, I can't ~ the door (to) shut δέν μπορῶ νά κάνω νά κλείση ἡ πόρτα, *(of persons)* they got him to speak to the boss τόν ἔβαλαν νά μιλήση στόν προϊστάμενο, ~ *(woman)* with child καθιστῶ ἔγκυον. ~ one's hair cut κόβω τά μαλλιά μου, ~ a suit made ράβω κοστούμι, ~ it dry-cleaned τό στέλνω γιά στεγνό καθάρισμα, I must ~ the roof mended πρέπει νά φέρω ἄνθρωπο νά ἐπισκευάση τή στέγη. *(enjoy, suffer)* you ~ a good view from here ἔχει ὡραία θέα ἀπό δῶ, our house ~s the sun τό σπίτι μας τό βλέπει ὁ ἥλιος. I got my feet wet βράχηκαν τά πόδια μου, we got a puncture μᾶς ἔπιασε λάστιχο. he got 6 months in jail ἔφαγε *(or* τοῦ κοπάνησαν) ἕξη μῆνες φυλακή. *(find)* βρίσκω, ~ the right answer *(to sum, etc.)* βρίσκω τή λύση, you can't ~ it in the shops δέν βρίσκεται *(or* δέν ὑπάρχει) στά μαγαζιά. I don't ~ it *(see the point)* δέν μπῆκα, I've got it! τό βρῆκα. *(put)* ~ *(sthg.)* in/on βάζω, ~ *(sthg.)* out/off βγάζω. (pass *or* make sthg. go through, over, *etc.)* περνῶ. *(see also below.)*

et about *v.i.* κυκλοφορῶ.

et across *v.i.* περνῶ, *(fig.)* γίνομαι ἀντιληπτός. *(v.t.)* I got it across to him τόν ἔκανα νά καταλάβη.

et along *v.i. (fare)* πηγαίνω, πάω. we ~ well τά πᾶμε καλά. *(depart)* φεύγω. *(fam.)* ~ with you! ἄντε ρέ!

et at *v.t. (reach)* φτάνω, *(find)* βρίσκω, *(approach)* πλησιάζω, *(bribe)* δωροδοκῶ. what is he getting at? τί ὑπονοεῖ;

et-at-able *a.* is the place ~? εἶναι εὔκολο νά πάει κανείς ἐκεῖ; he's not ~ in the mornings δέν εἶναι εὔκολο νά τόν πλησιάση κανείς τά πρωινά.

et away *v.i. (escape)* ξεφεύγω, τό σκάω, *(depart)* φεύγω, ~ with it *(act successfully)* τά καταφέρνω, ~ with *(steal)* κλέβω. *(fam.)* ~ with you! ἄντε ρέ!

etaway *s.* δραπέτευσις *f.*

et back *v.i.* ἐπιστρέφω, γυρίζω. *(v.t.)* I never got back the book I lent him δέν μοῦ ἐπέστρεψε τό βιβλίο πού τοῦ δάνεισα. ~ one's own back παίρνω πίσω τό αἷμα μου.

et by *v.* περνῶ, *(fig.)* περνῶ, τά βολεύω.

et down *v.t.* κατεβάζω, *(swallow)* κατα-

πίνω. it gets me down μέ ἐκνευρίζει. *(v.i.)* κατεβαίνω, ~ to work στρώνομαι στή δουλειά.

get in *v.i. (enter)* μπαίνω (μέσα), *(find room)* χώνομαι μέσα, *(return home)* γυρίζω, *(arrive)* φτάνω, *(be elected)* ἐκλέγομαι, ~ with συνδέομαι μέ. *(v.t.) (insert)* βάζω, χώνω (μέσα). *(obtain supply of)* παίρνω, *(summon)* φωνάζω, φέρνω, *(collect)* μαζεύω. *(bring inside)* παίρνω μέσα. *(find time for)* προφταίνω νά. *(find room for)* χωρῶ. I couldn't get a word in δέν μ' ἄφησαν νά πῶ λέξη.

get into *v.* μπαίνω σέ, *(clothes)* φορῶ, *(habits)* ἀποκτῶ. ~ trouble ἔχω μπλεξίματα. ~ bed πέφτω στό κρεββάτι.

get off *v.t. (remove)* βγάζω, *(dispatch)* στέλνω, *(save, avoid)* γλυτώνω. *(v.i.) (alight)* κατεβαίνω, βγαίνω, *(depart)* ξεκινῶ. *(escape)* γλυτώνω, he got off lightly φτηνά τή γλύτωσε. ~ with *(start affair)* τά φτιάνω μέ.

get on *v.t. (mount)* ἀνεβαίνω σέ, they ~ my nerves μοῦ δίνουν στά νεῦρα. *(v.i.) (fare)* πηγαίνω, πάω, we ~ well τά πᾶμε καλά. *(advance)* προχωρῶ, be getting on *(in age)* μεγαλώνω, it's getting on for midday πλησιάζει *(or* κοντεύει) μεσημέρι. *(continue)* ~ with the job ἐξακολουθῶ τή δουλειά μου.

get out *v.t. (remove, publish)* βγάζω, *(extract)* ἀποσπῶ. *(v.i.) (come out, alight)* βγαίνω, *(become known)* did it ~? ἔγινε γνωστό; *(go away)* φεύγω, τό σκάω. ~ of *(avoid)* ἀποφεύγω, *(a habit)* ἀποβάλλω, ~ of practice ξεσυνηθίζω.

get over *v.t. (fence, etc.)* περπηδῶ, *(fig., surmount)* ξεπερνῶ. *(conquer)* κατανικῶ, *(recover from)* συνέρχομαι ἀπό. let's get it over quickly ἄς τό τελειώσωμε γρήγορα. he can't ~ his chagrin τό φυσάει καί δέν κρυώνει.

get round *v.t. (dodge, go round)* παρακάμπτω, *(circumvent)* καταστρατηγῶ. *(persuade)* φέρνω βόλτα, καταφέρνω. *(v.i.)* ~ to *(doing sthg.)* βρίσκω τήν εὐκαιρία νά.

get through *v.t. (fence, etc.)* περνῶ ἀπό, *(a test)* περνῶ, *(a job)* τελειώνω, *(get sthg. accepted)* περνῶ. *(v.i.) (pass, be accepted)* περνῶ. ~ to *(reach)* φτάνω *(σέ), (on phone)* συνδέομαι μέ.

get under *v.t. (subdue)* καταστέλλω.

get up *v.i. (rise)* σηκώνομαι, *(mount)* ἀνεβαίνω. *(v.t.) (raise)* σηκώνω, *(climb)* ἀνεβαίνω σέ, *(dress)* ντύνω, *(organize)*

όργανώνω. *(do, tidy, arrange)* φτιάνω,
(merchandise) συσκευάζω. *(study)* με-
λετώ, *(prepare a topic)* προετοιμάζω. she
was got up as Columbine ήταν ντυμένη
Κολομπίνα. ~ to *(tricks, etc.)* μαγει-
ρεύω, σκαρώνω.
get-up *s.* ντύσιμο *n.,* εμφάνισις *f. (dis-
guise)* μεταμφίεσις *f.*
gew-gaw *s.* μπιχλιμπίδι *n.*
geyser *s. (natural)* θερμοπίδαξ *m. (heater)*
θερμοσίφων *m.*
ghastly *a. (awful)* φρικτός, *(livid)* πελιδ-
νός, ~ pallor νεκρική ωχρότης.
gherkin *s.* (pickled) ~ αγγουράκι *n.*
(τουρσί).
ghetto *s.* γκέτο *n.*
ghost *s. (spectre)* φάντασμα *n.,* στοιχειό
n. (spirit) πνεύμα *n.,* Holy G~ Άγιον
Πνεύμα. give up the ~ ξεψυχώ, I
haven't the ~ of an idea δέν έχω τήν
παραμικρή ιδέα. *(v.t., fam.)* συγγράφω
(βιβλίον, ομιλία) γιά άλλον πτει πληρω-
μής. **~ly** *a. (spectral)* πού μοιάζει μέ
φάντασμα, *(spiritual)* πνευματικός.
ghoul *s.* τέρας *n.* **~ish** *a. (idea, action,
etc.)* μακάβριος.
giant *s.* γίγας *m. (a.)* γιγαντιαίος.
giaour *s.* γκιαούρης *m.*
gibber *v.* παραληρώ. **~ish** *s.* αλαμπουρνέ-
ζικα *n.pl.*
gibbet *s.* κρεμάλα *f.*
gibe *v.* σκώμμα *n. (v.)* ~ at σκώπτω.
giblets *s.* εντόσθια *n.pl.*
gidd|y *a. (height, pace)* ιλιγγιώδης, *(per-
son)* ζαλισμένος, make ~y ζαλίζω, feel
~y ζαλίζομαι. *(flighty)* αλαφρόμυαλος,
τρελλάρα *f.* **~ily** *adv.* ιλιγγιωδώς. **~iness**
s. ζάλη *f.,* ζαλάδα *f.,* ίλιγγος *m.*
gift *s.* δώρον *n. (accomplishment)* χάρι-
σμα *n. (talent)* ταλέντο *n.* **~ed** *a.* προι-
κισμένος.
gigantic *a.* γιγαντιαίος.
giggle *v.* γελώ πνιχτά. *(s.)* πνιχτό νευρικό
γέλιο.
gigolo *s.* ζιγκολό *n.*
Gilbertian *a.* κωμικός καί εξωφρενικός,
άνω ποταμών.
gild *v.* (επι)χρυσώνω. *(fig.)* ~ the pill
χρυσώνω τό χάπι. ~ the lily προσπαθώ
νά καλλωπίσω κάτι πού είναι τέλειο.
~ed youth χρυσή νεολαία.
gills *s.* βράγχια *n.pl.,* σπάραχνα *n.pl.*
gilt *a.* χρυσός, επιχρυσωμένος. *(s.)* επι-
χρύσωσις *f.* it took the ~ off the ginger-
bread αυτό χάλασε τήν υπόθεση.
~-edged *a. (fin.)* ασφαλής.

gimcrack *a.* παλιοπράμα *n.*
gimlet *s.* τρυβέλι *n.*
gimmick *s. (fam.)* τέχνασμα *n.,* κόλπο *n*
gin *s. (trap)* παγίδα *f. (liquor)* τζίν *n.*
ginger *a. (hair)* πυρρός. **~-haired** *a.* κο-
κινομάλλης.
ginger *s.* ζιγγίβερις *f. (fam., fig.)* ζωντ(
νια *f. (v.)* ~ up δραστηριοποιώ, τονώνω
δίνω ζωή σέ. **~-beer** *s.* τζιτζιμπίρα
~-group *s.* ομάς ακτιβιστών.
gingerly *adv.* προσεχτικά.
gipsy *s.* ατσίγγανος, γύφτος *m.* τσιγγάνε
γύφτισσα *f. (a.) (also* ~'s) τσιγγάνικο
γύφτικος.
giraffe *s.* καμηλοπάρδαλις *f.*
gird *v.* ~ on ζώνομαι, ~ up one's loir
(fig.) ανασκουμπώνομαι. ~ at σκώπτυ
(encircle) περιβάλλω, sea-girt περιβαλ
λόμενος από τή θάλασσα.
girder *s.* δοκός *f.*
girdle *s.* ζώνη *f. (corset)* κορσές *m. (v*
περιζώνω.
girl *s.* κορίτσι *n.,* κοπέλλα *f.* νέα, νεαρ
f. ~ friend φιλενάδα *f.* **~hood** *s. (youtl*
νιάτα *n.pl.* **~ish** *a.* κοριτσίστικος.
girth *s.* περιφέρεια *f.*
gist *s.* ουσία *f.*
give *v.t.* δίδω, δίνω, *(offer)* προσφέρυ
(make present of) χαρίζω, δωρίζω
(cause, create) προκαλώ, δημιουργώ.
(person) a ring κάνω ένα τηλεφώνημ
σέ, ~ a cry βγάζω ένα ξεφωνητό, ~
battle συγκροτώ μάχην, ~ birth t
γεννώ. I'll ~ it to you! θά σέ δείρω.
away *(bestow)* χαρίζω, *(betray)* προδίδ
see also ground, place, rise, tongue, *etc*
give *v.i. (bend)* κάμπτομαι, λυγίζω, *(of*
substance) έχω ελαστικότητα. ~ wa
(yield) υποχωρώ, *(collapse)* καταρρέα
βουλιάζω. ~ way to *(succumb)* υποκύ
πτω εις, *(passions)* παρασύρομαι από
(be succeeded by) αντικαθίσταμαι από
his grief gave way to joy ή λύπη του με
τεβλήθη εις χαράν, ή λύπη του έγιν
χαρά.
give *s.* ελαστικότης *f.* ~ and take αμοι
δαίες υποχωρήσεις.
give back *v.t.* επιστρέφω, ξαναδίνω.
give forth *v.t.* βγάζω, αναδίδω, *(sounds*
εκπέμπω.
give in *v.i. (yield)* υποχωρώ, ενδίδω. *(v.t.*
(hand in) παραδίδω.
give off *v.t.* αναδίδω.
give on *v. (also* ~ to) *(face)* βλέπω σέ *(o*
πρός).
give out *v.t. (distribute)* μοιράζω, διανέμα

(announce) ἀναγγέλλω. *(v.i.)* **(end)** τελειώνω, ἐξαντλοῦμαι.

ive over *v.* *(stop)* παύω. the flower garden has been given over to vegetables ὁ ἀνθόκηπος μετετράπη εἰς λαχανόκηπον, τόν ἀνθόκηπο τόν κάναμε λαχανόκηπο.

ive up *v.t.* *(abandon)* παρατῶ, ἐγκαταλείπω, *(surrender)* παραδίδω, *(a habit)* κόβω, *(write off)* ξεγράφω. *(the doctors)* have given him up *(as incurable)* τόν ἔχουν καταδικάσει, τόν ἔχουν ἀποφασισμένο. *(devote)* ἀφιερώνω. give oneself up *(surrender)* παραδίδομαι, *(devote oneself)* ἀφοσιώνομαι, δίνομαι, *(indulge immoderately in)* τό ρίχνω σέ. *(v.i.)* I won't ~! δέν τό βάζω κάτω.

iven *a.* *(specified)* δεδομένος. ~ that... δεδομένου ὅτι. ~ the opportunity δοθείσης τῆς εὐκαιρίας, ἄν δοθῆ ἡ εὐκαιρία. *(inclined)* be ~ to ἔχω τάση πρός, ρέπω πρός.

iver *s.* ὁ δίδων.

izzard *s.* στομάχι *n.*

lacial *a.* παγετώδης.

lacier *s.* παγετών *m.*

lad *a.* be or feel ~ χαίρομαι, εἶμαι εὐχαριστημένος. *(willing)* πρόθυμος. *(of news, sound)* χαρμόσυνος. I should be ~ to know θά ἐπιθυμοῦσα *(or θά ἤθελα)* νά μάθω. I should be ~ to help you πολύ εὐχαρίστως *(or μέ χαρά μου)* θά σᾶς βοηθοῦσα. ~**den** *v.t.* χαροποιῶ. my heart is ~dened ἀνοίγει ἡ καρδιά μου. ~**ly** *adv.* εὐχαρίστως, μέ χαρά. ~**ness** *s.* χαρά *f.*

lade *s.* ξέφωτο *n.*

ladiator *s.* μονομάχος *m.*

ladiolus *s.* γλαδιόλα *f.*

lam|our *s.* *(allure)* σαγήνη *f.* ~**orous** *a.* σαγηνευτικός, μέ ψεύτικη αἴγλη. ~**orize** *v.* δίνω ψεύτικη αἴγλη σέ.

lanc|e *s.* βλέμμα *n.*, ματιά *f.* *(of light)* λάμψις *f.* at a ~e μέ μία ματιά. *(v.)* *(gleam)* λάμπω. ~e at ρίχνω ἕνα βλέμμα *(or μία ματιά)* σέ. ~e off *(be deflected)* γλιστρῶ καί ξεφεύγω *(ἀπό)*. ~**ing** *a.* πλάγιος.

land *s.* ἀδήν *m.* ~**ular** *a.* ἀδενικός.

lar|e *v.* *(stare, also* ~e at*)* ἀγριοκοιτάζω. *(be dazzling)* λάμπω ἐκτυφλωτικά. *(s.)* *(stare)* ἄγριο βλέμμα, *(light)* ἐκτυφλωτικό φῶς. ~**ing** *a.* *(dazzling)* ἐκτυφλωτικός, *(gaudy)* χτυπητός. *(gross)* καταφανής.

lass *s.* *(substance)* γυαλί *n.*, ὕαλος *f.* *(~ware)* γυαλικά *n.pl.* *(vessel)* ποτήρι *n.* *(mirror)* καθρέφτης *m.* *(barometer)*

βαρόμετρον *n.* *(lens)* φακός *m.* ~**es** *(spectacles)* γυαλιά *n.pl.*, *(binoculars)* κιάλια *n.pl.*

glass *a.* γυαλένιος, γυάλινος, ὑάλινος. ~ case βιτρίνα *f.* ~ jar γυάλα *f.* ~**house** *s.* σέρρα *f.* ~**paper** *s.* γυαλόχαρτο *n.*

glassy *a.* *(vitreous, lustreless)* ὑαλώδης. *(shiny)* στιλπνός, *(slippery)* γλιστερός. a ~ sea θάλασσα γυαλί *(or λάδι)*.

glaucoma *s.* γλαύκωμα *n.*

glaucous *a.* γλαυκοπράσινος. *(bloomy)* χνοώδης.

glaz|e *v.i.* *(grow dull)* θαμπώνω. *(v.t.)* *(fit panes to)* βάζω τζάμια σέ, *(coat surface of)* ὑαλοβερνικώνω. *(fig., conceal)* ~e over συγκαλύπτω. *(s.)* *(of pottery)* ὑαλοβερνίκωμα *n.* ~**ed** *a.* *(with glass)* τζαμωτός, ὑαλόφρακτος, *(of picture)* μέ τζάμι. *(pottery)* μέ ὑαλῶδες ἐπίχρισμα. ~**ier** *s.* τζαμιτζῆς, τζαμᾶς *m.*

gleam *v.* λάμπω, γυαλίζω, *(of subdued light)* φέγγω, *(with cleanness)* ἀστράφτω. *(s.)* λάμψις *f.* *(fig., of hope, etc.)* ἀχτίδα *f.* ~**ing** *a.* γυαλιστερός, ἀστραφτερός.

glean *v.* σταχυολογῶ, μαζεύω. ~**ings** *s.* σταχυολογήματα *n.pl.*

glee *s.* ἀγαλλίασις *f.*, χαρά *f.* *(mus.)* καντάδα *f.* ~**ful** *a.* γεμάτος χαρά. ~**fully** *adv.* μέ χαρά.

glen *s.* λαγκάδι *n.*

glib *a.* *(facile)* εὐχερής, *(plausible)* ἀνειλικρινῶς γλυκομίλητος. ~**ly** *adv.* εὐχερῶς.

glide *v.i.* *(also* ~ along, by*)* γλιστρῶ, περνῶ ἀθόρυβα. *(of time)* κυλῶ. ~**r** *s.* *(aero.)* ἀνεμοπλάνον *n.*

glimmer *v.* τρεμοσβήνω. *(s.)* μαρμαρυγή *f.* *(fig., of hope)* ἀχτίδα *f.* not a ~ of interest οὔτε τό παραμικρό ἐνδιαφέρον.

glimpse *s.* I caught a ~ of him τόν πῆρε τό μάτι μου. let me have a ~ of your paper γιά νά ρίξω μιά ματιά στήν ἐφημερίδα σου. *(v.)* see above.

glint *v.* λάμπω, ἀστράφτω. *(s.)* ἀνταύγεια *f.*, λάμψις *f.*

glisten *v.* γυαλίζω. ~**ing** *a.* γυαλιστερός.

glitter *v.* ἀστράφτω, σπιθοβολῶ. *(s.)* λάμψις *f.* *(fig.)* αἴγλη *f.* ~**ing** *a.* ἀστραφτερός, *(fig.)* λαμπρός.

gloaming *s.* σούρουπο *n.*, λυκόφως *n.*

gloat *v.* ~ over *(with avarice)* χαίρομαι ἄπληστα μέ, *(with malice)* χαίρομαι ἀπό κακεντρέχεια μέ. ~**ing** *a.* θριαμβευτικός.

global *a.* παγκόσμιος.

globe *s.* *(sphere)* σφαῖρα *f.* terrestrial ~ ὑδρόγειος σφαῖρα. *(light)* γλόμπος *m.* ~**-trotter** *s.* κοσμογυρισμένος *a.*

globul|e *s.* σταγονίδιον *n.* blood ~e αἱμοσφαίριον *n.* **~ar** *a.* σφαιρικός.

gloom *s.* σκοτάδι *n.* (*fig.*) κατάθλιψις *f.* **~y** *a.* (*dark*) σκοτεινός, (*depressing*) βαρύς, καταθλιπτικός. **~ily** *adv.* μελαγχολικά.

glorif|y *v.* ἐξυμνῶ, ἐκθειάζω, **~ication** *s.* ἐξύμνησις *f.*

glor|y *s.* δόξα *f.* (*v.*) ~y in ὑπερηφανεύομαι γιά. **~ious** *a.* ἔνδοξος, λαμπρός. (*wonderful*) ὑπέροχος, θαυμάσιος.

gloss *s.* (*shine*) γυαλάδα *f.* (*fig.*, *of respectability, etc.*) ἐπίφασις *f.* (*comment*) σχόλιον *n.* (*v.*) (*comment on*) σχολιάζω. ~ over συγκαλύπτω. **~y** *a.* στιλπνός, (*paper*) γκλασέ.

glossary *s.* γλωσσάριον *n.*

glove *s.* γάντι *n.* hand-in-~ κῶλος καί βρακί.

glow *v.* λάμπω. (*s.*) λάμψις *f.* (*reflected light*) ἀνταύγεια *f.* (*bodily*) ξάναμμα *n.* **~ing** *a.* πυρωμένος, κόκκινος, (*rosy*) ρόδινος. (*enthusiastic*) θερμός, ἐνθουσιώδης, in ~ing colours μέ ἐνθουσιασμό. **~-worm** *s.* πυγολαμπίς *f.*

glower *v.* ~ at ἀγριοκοιτάζω. **~ingly** *adv.* ἄγρια.

glucose *s.* γλυκόζη *f.*

glue *s.* κόλλα *f.* (*v.*) (*lit.* & *fig.*) κολλῶ. ~ together συγκολλῶ.

glum *a.* κατσουφιασμένος, κακόκεφος. **~ly** *adv.* κακόκεφα.

glut *v.t.* (*market*) πλημμυρίζω, (*appetite*) χορταίνω. ~ oneself, be ~ted (with) χορταίνω. (*s.*) ὑπεραφθονία *f.* **~ted** *a.* χορτάτος.

glutinous *a.* γλοιώδης.

glutton *s.*, **~ous** *a.* λαίμαργος, (πολυ)φαγᾶς *m.* (*fig.*) a ~ for work ἀχόρταγος στή δουλειά. (*fam.*) a ~ for punishment καρπαζοεισπράχτορας *m.* **~y** *s.* λαιμαργία *f.*

glycerine *s.* γλυκερίνη *f.*

gnarled *a.* ροζιάρικος.

gnash *v.* τρίζω.

gnat *s.* σκνίπα *f.*

gnaw *v.* ροκανίζω, (*fig.*) βασανίζω. **~ing** of hunger νυγμοί τῆς πείνας, λιγούρα *f.*

gnome *s.* νάνος *m.*

go *v.i.* 1. (*move, proceed*) πηγαίνω, πάω, (*depart*) φεύγω, (*pass, go by*) περνῶ, (*find room, fit*) χωρῶ. ~ for a walk πάω περίπατο, ~ for a bathe πάω γιά μπάνιο, ~ shopping πάω γιά ψώνια. ~ to bed πάω γιά ὕπνο (*or* νά κοιμηθῶ). ~ and see who it is πήγαινε νά δῆς ποιός

εἶναι. he went and got married πῆγε κο παντρεύτηκε. it won't ~ in my bag δέ χωράει μέσ' στήν τσάντα μου. keep th conversation ~ing κρατῶ τήν κουβέντ ~ one's own way κάνω τοῦ κεφαλιο μου. as things ~ ἔτσι πού εἶναι τά πρά ματα. get ~ing ξεκινῶ, ἀρχίζω. who ~ε there? τίς εἶ; 2. (*extend, reach*) ἐκτείνο μαι εἰς, φτάνω σέ. ~ far (*succeed*) προ κόβω, πάω μπρός, a pound used to ~ long way ἀγόραζες πολύ μέ μία λίρα, h ~es too far τό παρακάνει, that's ~in too far αὐτό πάει πολύ. he has 2 month to ~ ἔχει ἀκόμα δύο μῆνες (μπροστ του). ~ one better (*than him*) τόν ξε περνῶ. 3. (*become, be*) γίνομαι. ~ wrong or bad χαλῶ, ~ red κοκκινίζω, ~ to sleep μέ παίρνει ὁ ὕπνος, ~ on strik ἀπεργῶ, ~ mad τρελλαίνομαι, ~ sca free βγαίνω λάδι, ~ hungry πεινῶ, the are ~ing cheap πουλιοῦνται φτηνά, the are ~ing begging θά πάνε χαμένα (ο ἄδικα). 4. (*function, work*) δουλεύω, λει τουργῶ. ~ easy! σιγά, ἀγάλι' ἀγάλια! ~ easy on the wine μέ οἰκονομία τό κρασί ~ it τό ρίχνω ἔξω, ~ it! ἐμπρός, δῶσ του! ~ it alone τά βγάζω πέρα μόνο μου. it ~es without saying κοντά στό νο (κι' ἡ γνώση). what he says ~es ὅτι π εἶναι νόμος. 5. (*give sound, sign*) th phone went χτύπησε τό τηλέφωνο, ι went bang ἔκανε μπούμ, he went lik that ἔκανε ἔτσι. the story ~es that... λέ γεται (*or* θρυλεῖται) ὅτι. it ~es as fol lows ἔχει ὡς ἑξῆς. 6. (*fail, collapse*) th light bulb has gone κάηκε ἡ λάμπα. m wallet's gone χάθηκε (*or* πάει *or* ἔκαν φτερά) τό πορτοφόλι μου. the wine's a gone τέλειωσε (*or* πάει) τό κρασί. it" gone for a burton πάει περίπατο. (g broken) σπάζω, (*be abolished*) καταρ γοῦμαι, φεύγω. 7. (*release*) let ~ (ol ἀφήνω. let oneself ~ (*be merry*) τό ρί χνω ἔξω, (*burst out*) ξεσπῶ, (*lose mo rale*) ἐγκαταλείπω τόν ἑαυτό μου. se also going, gone.

go *s.* (*fam.*) (*animation*) ζωντάνια *f.* ο the ~ στό πόδι, all the ~ τῆς μόδας, a at one ~ μονομιᾶς, at the ~ μέ τή πρώτη. it's no ~ δέν γίνεται, it's a ~ σύμφωνο! have a ~ κάνω μία προσπό θεια. from the word ~ ἀπό τήν ἀρχή.

go about *v.i.* (*circulate*) κυκλοφορῶ. (*v.t* (*deal with, do*) καταπιάνομαι μέ, κάνω

go after *v.t.* (*chase*) κυνηγῶ, (*a job*) ἐπ διώκω.

) **against** *v.t.* *(oppose)* ἀντιτάσσομαι εἰς. *(affect adversely)* ζημιώνω, ἔρχομαι ἀνάποδα σέ. *(be contrary to)* προσκρούω εἰς.

o **ahead** *v.i.* *(advance)* προχωρῶ, *(do well)* προοδεύω.

ɔ-**ahead** *a.* προοδευτικός. *(s.)* he got the ~ πῆρε ἄδεια νά προχωρήση.

o **along** *v.i.* *(proceed)* προχωρῶ. ~ with *(accompany)* συνοδεύω, *(agree)* συμφωνῶ μέ, I ~ with him πάω μέ τά νερά του. *(v.t.)* *(the street, etc.)* περνῶ *(ἀπό).*

o **at** *v.* *(attack)* ρίχνομαι σέ.

ɔ **back** *v.* *(return)* γυρίζω πίσω. ~ on *(break)* παραβαίνω, *(desert)* ἐγκαταλείπω. ~ to *(be descended from)* κατάγομαι, *(date from)* χρονολογοῦμαι ἀπό.

o **before** *v.t.* *(precede)* προηγοῦμαι *(with gen.),* *(appear before)* παρουσιάζομαι ἐνώπιον *(with gen.).*

o **beyond** *v.t.* *(orders)* ὑπερβαίνω, *(bounds)* ξεπερνῶ.

o **by** *v.* *(pass)* περνῶ, ~ the church περνῶ μπρός ἀπό τήν ἐκκλησία. *(be guided by)* στηρίζομαι ἀπό, *(judge by)* κρίνω ἀπό. he goes by the name of Smith φέρει τό ὄνομα Σμίθ.

ɔ-**by** *s.* give *(person)* the ~ *(ignore)* ἀγνοῶ, *(leave out)* ἀφήνω ἔξω.

o **down** *v.i.* κατεβαίνω, *(of ship)* βυθίζομαι, *(of sun)* δύω, *(of wind, prices, curtain)* πέφτω, *(of swelling, fever)* ὑποχωρῶ. *(be defeated)* ἡττῶμαι, *(be accepted)* γίνομαι δεκτός, ~ well ἀρέσω, *(be noted)* σημειώνομαι. ~ to *(reach)* φθάνω μέχρι. ~ with *(illness)* ἀρρωσταίνω μέ. ~ in history περνῶ εἰς τήν ἱστορίαν, μένω ἀξέχαστος.

o **for** *v.t.* *(to fetch)* πάω νά φέρω, *(attack)* ρίχνομαι σέ. it went for nothing *(was in vain)* πῆγε ἄδικα. that goes for me too κι' ἐγώ *(or* κι' ἐμένα).

o **in** *v.t.* & *i.* μπαίνω *(with* σέ), *(go indoors)* πάω μέσα. the key won't ~ τό κλειδί δέν μπαίνει. the joint won't ~ the oven τό κρέας δέν χωράει στό φοῦρνο. *(of sun, moon)* κρύβομαι. ~ for *(hobby)* ἀσχολοῦμαι μέ, *(exam)* δίνω, *(contest)* συμμετέχω εἰς. ~ for politics πολιτεύομαι, ἀναμιγνύομαι εἰς τήν πολιτικήν. ~ for medicine σπουδάζω γιατρός, ~ for teaching γίνομαι ἐκπαιδευτικός, ~ for the civil service πάω γιά δημόσιος ὑπάλληλος. I don't ~ for that δέν εἶναι τοῦ γούστου μου.

o **into** *v.t.* *(enter)* ~ the room μπαίνω *(μέσα)* στό δωμάτιο. ~ the army γίνομαι στρατιωτικός, ~ business γίνομαι ἐπιχειρηματίας, ~ mourning πενθῶ, ~ fits of laughter ξεσπῶ σέ γέλια. *(investigate)* ἐξετάζω.

go off *v.i.* *(go away)* φεύγω, *(start)* ξεκινῶ, *(abscond)* τό σκάω. *(deteriorate)* χαλῶ, *(in performance)* δέν εἶμαι σέ φόρμα. *(of gun)* βαρῶ, *(of pistol)* παίρνω *(φωτιά).* ~ to sleep ἀποκοιμοῦμαι. it went off well πῆγε καλά. *(v.t.)* I've gone off it δέν μοῦ ἀρέσει πιά.

go-off *s.* at the first ~ μέ τήν πρώτη.

go on *v.i.* *(advance)* προχωρῶ, *(continue, also* ~ with) συνεχίζω, ἐξακολουθῶ. *(behave)* φέρομαι, *(argue)* συζητῶ, *(complain, nag)* παραπονιέμαι, γκρινιάζω. *(fit)* μπαίνω, χωράω. *(happen)* συμβαίνω, γίνομαι, it's been going on for years αὐτό κρατάει χρόνια τώρα. he is going on for 50 κοντεύει πενῆντα. to ~ with γιά τήν ὥρα. ~ (with you)! ἄσ' τα αὐτά! *(v.t.)* *(rely on)* στηρίζομαι σέ.

go out *v.i.* βγαίνω, *(to functions)* βγαίνω ἔξω. *(be extinguished)* σβήνω. *(end)* τελειώνω, *(of fashion)* περνῶ, πέφτω. the colour went out of her cheeks ἔχασε τό χρῶμα της. a call went out *(appeal)* ἔγινε ἔκκλησις.

go over *v.t.* *(cross)* περνῶ, *(do again)* ξανακάνω, *(scrutinize)* ἐξετάζω, ἐλέγχω, *(revise)* διορθώνω. *(see premises)* πάω νά ἐπισκεφθῶ. *(v.i.)* *(make effect)* κάνω καλή ἐντύπωση. ~ to *(join)* προσχωρῶ εἰς. ~ from gas to electricity ἀλλάζω ἀπό γκάζι σέ ἠλεκτρισμό.

go round *v.t.* περνῶ γύρω ἀπό, *(get past)* παρακάμπτω. *(visit gallery, etc.)* ἐπισκέπτομαι, ~ the world κάνω τό γῦρο τοῦ κόσμου. *(v.i.)* *(revolve)* γυρίζω, περιστρέφομαι, *(circulate)* κυκλοφορῶ. *(be enough)* φτάνω γιά ὅλους.

go through *v.t.* *(pass through)* περνῶ μέσα ἀπό, *(traverse)* διασχίζω, *(pierce)* διατρυπῶ. *(scrutinize)* ἐξετάζω, *(search)* ἐρευνῶ, ψάχνω. *(study)* μελετῶ, *(discuss)* συζητῶ. *(perform)* ἐκτελῶ. *(endure)* τραβῶ. *(use up)* ξοδεύω. *(v.i.)* *(be concluded)* γίνομαι, *(be approved)* περνῶ. ~ with it προχωρῶ ὡς τό τέλος.

go under *v.i.* *(sink)* βυθίζομαι, *(succumb)* ὑποκύπτω, *(fail)* ἀποτυγχάνω.

go up *v.t.* & *i.* ἀνεβαίνω, *(the stairs)* τή σκάλα, *(the mountain)* στό βουνό. *(v.i.)* *(explode)* ἀνατινάζομαι. ~ in flames παίρνω φωτιά. ~ to *(approach)* πλησιάζω. I'll ~ to ten pounds for it θά ἀνέβω μέχρι δέκα λίρες.

goad s. βουκέντρα f. (fig.) κίνητρον n. (v.) (lit. & fig.) κεντρίζω. (fig.) παρακινῶ, ὠθῶ.

goal s. σκοπός m., στόχος m. (football) τέρμα n., γκώλ n. ~-**keeper** s. τερματοφύλαξ m.

go-as-you-please a. μέ τήν ἄνεσή σου.

goat s. αἴξ f., κατσίκα f., γίδα f. (he-~) τράγος m. ~**herd** s. γιδοβοσκός m. ~'s a. (milk, etc.) κατοικήσιος.

gobbet s. κομμάτι n.

gobble v.t. καταβροχθίζω. (v.i., of turkey) γλουγλουκίζω. ~**dygook** s. (fam.) ἀκαταλαβίστικη φρασεολογία.

go-between s. μεσολαβητής m., ὁ μεσάζων.

goblet s. κύπελλον n.

goblin s. καλλικάντζαρος m.

go-cart s. καρροτσάκι n.

god s. θεός m., θεότης f. G~ knows ἕνας θεός ξέρει, Κύριος οἶδε. G~ willing Θεοῦ θέλοντος, G~ forbid Θεός φυλάξοι, by G~ γιά τό Θεό, in G~'s name γιά ὄνομα τοῦ Θεοῦ, for G~'s sake πρός Θεοῦ, thank G~ δόξα τῶ Θεῶ, δόξα σοι ὁ Θεός. ~**fearing** a. θεοφοβούμενος. ~**less** a. ἄθεος. ~**like** a. θεϊκός. ~**ly** a. θεοσεβής.

god|child s. βαφτιστήρι n. ~**daughter** s. βαφτισιμιά f., ἀναδεξιμιά f. ~**father** s. νονός m. ~**mother** s. νονά f. fairy ~mother καλή νεράιδα. ~**parent** s. ἀνάδοχος m.f. ~**son** s. βαφτισιμιός m., ἀναδεξιμιός m.

goddess s. θεά f.

godforsaken a. ἄθλιος. what a ~ hole! τί βρωμότοπος!

godhead s. θεότης m.

godsend s. it was a ~ to me μοῦ ἦρθε ἀπ' τόν οὐρανό.

god-speed s. wish ~ το κατευοδώνω.

go-getter s. καταφερτζῆς m.

goggle v.i. γουρλώνω τά μάτια. ~-**eyed** a. γουρλομάτης.

goggles s. χοντρά γυαλιά.

going s. πηγαιμός m. coming(s) and ~(s) πηγαινέλα n. while the ~ is good πρίν παρουσιαστοῦν ἐμπόδια. (v.) it is ~ to rain θά βρέξη, he was ~ to be a doctor ἐπρόκειτο νά γίνη (or ἦταν νά γίνη or θά γινότανε) γιατρός. be still ~ strong κρατιέμαι καλά. see also go.

going-over s. (scrutiny) ἐξέτασις f., ἔλεγχος m. (revision) διόρθωσις f. (tidying) τακτοποίησις f. (ransacking) λεηλάτησις f.

goings-on s. (pej.) ἔκτροπα n.pl.

goitre s. βρογχοκήλη f.

gold s. χρυσός m., χρυσάφι n., μάλαμα (colour) χρυσό n. heart of ~ χρυσή (μαλαματένια) καρδιά. (a.) (in substanc χρυσός, (in colour) χρυσαφένιος, χρυσ φής.

gold-digger s. χρυσοθήρας m. (fig., woman) κόφτρα f.

golden a. see gold. (age, calf, Hord Horn, number, rule) χρυσοῦς.

goldfinch s. καρδερίνα f.

goldfish s. χρυσόψαρο n.

gold-mine s. χρυσωρυχεῖον n.

goldsmith s. χρυσοχόος m.

golf s. γκόλφ n.

golliwog s. κούκλα ἀραπίνα.

gondol|a s. γόνδολα f. ~**ier** s. γονδολιέρ m.

gone a. far ~ προχωρημένος. he's ~ Mary πονεῖ τό δόντι του γιά τή Μαρί I'm rather ~ on this picture μέ ἑλκύ αὐτός ὁ πίνακας. it's ~ twelve o'cloc εἶναι περασμένες δώδεκα. see also go.

goner s. (fam.) he's a ~ πάει αὐτός.

gong s. γκόγγκ n.

gonorrhoea s. βλεννόρροια f.

good a. καλός, (person only) ἀγαθ (well-behaved) φρόνιμος. it is ~ for μ μοῦ κάνει καλό. it is ~ (valid) for month ἰσχύει γιά ἕνα μήνα. a ~ way (α stance) ἀρκετά μακριά, a ~ time (dur tion) κάμποση ὥρα, in ~ time ἐγκαίρω a ~ deal of ἀρκετός, a ~ many (or fe ἀρκετοί. as ~ as new σχεδόν καινού γιος. is it ~ to eat? τρώγεται; it's a thing (or job) we didn't go καλά (or ε τυχῶς) πού δέν πήγαμε. so ~ of you (write, etc.) καλωσύνη σας, πολύ εὐγ νικό ἐκ μέρους σας. have a ~ tim περνῶ καλά, (as wish) καλή διασκέδασ make ~ (v.t.) (promises) ἐκπληρών (damage) ἀποζημιώνω γιά, (fill holes i βουλλώνω, σπατουλάρω. make ~ on losses ἀνακτῶ τά χαμένα. make ~ on escape κατορθώνω νά δραπετεύσω. ma ~ (v.i.) προκόβω, εὐδοκιμῶ.

good s. καλόν n. (advantage, profit) ὄφ λος·n. for ~ γιά πάντα, for the ~ of γ τό καλό (or πρός ὄφελος) (with gen.). does me ~ μοῦ κάνει καλό, μέ ὠφελ he is up to no ~ κάτι κακό σκαρών it's no ~ (worthless) δέν ἀξίζει τίποτ (profitless) δέν ὠφελεῖ. what's the ~ it? σέ τί θά ὠφελήση αὐτό; or τί ὀφελ θά βγῆ ἀπ' αὐτό;

ods *s. (possessions)* ἀγαθά *n.pl. (merhandise)* ἐμπορεύματα *n.pl.* leather ~ δερμάτινα εἴδη, worldly ~ περιουσία *f.*

odbye *int.* ἀντίο, γειά σας. say ~ to ἀποχαιρετῶ.

od-for-nothing *a.* ἀχαΐρευτος.

od-humoured *a.* πρόσχαρος, ἀνοιχτόκαρδος.

odish *a.* καλούτσικος. a ~ way from here ἀρκετά μακριά ἀπό δῶ.

od-looking *a.* ὡραῖος.

odly *a. (big)* μεγάλος.

od-natured *a.* καλοκάγαθος, μαλακός.

odness *s.* καλωσύνη *f. (nutritional value)* θρεπτική οὐσία. my ~! for ~ sake! γιά ὄνομα τοῦ Θεοῦ! thank ~! δόξα νἄχῃ ὁ Κύριος!

od-tempered *a.* πρόσχαρος, *(animal)* ἥμερος.

odwill *s.* φιλική διάθεσις. *(trade)* ἀέρας *n.,* πελατεία *f.*

ody *s. (edible)* λιχουδιά *f.*

ody-goody *a.* μέ αὐτάρεσκη σεμνοπρέπεια.

oey *z.* γλοιώδης.

ose *s.* χήνα *f. (fam., fig.)* κουτορνίθι *n.* ~ that lays the golden eggs ὄρνις χρυσοτόκος. *(fam.)* I'll cook his ~ for him θά τόν θάψω. **~-flesh** *s.* ἀνατριχίλα *f.* **~-step** *s.* βάδισμα τῆς χήνας.

ordian *a.* ~ knot γόρδιος δεσμός.

ore *s.* αἷμα *n.*

ore *v.* διαπερῶ μέ κέρατα.

orge *s. (ravine)* φαράγγι *n. (gullet)* my ~ rises ἀηδιάζω.

orge *v.i.* τρώω τό καταπέτασμα. *(v.t.)* καταβροχθίζω. **~d** *a.* χορτάτος.

orgeous *a. (dazzling)* ἐκθαμβωτικός. *(excellent)* ὑπέροχος, θαῦμα *n. (fam.)* we had ~ weather εἴχαμε καιρό μαγεία, we had a ~ time περάσαμε ὑπέροχα.

orgon *s. (fig.)* τερατώδης γυναῖκα.

orilla *s.* γορίλλας *m.*

ormardize *v. see* gorge.

ormless *a.* κουτός.

orse *s.* ἀσπάλαθος *m.*

ory *a.* αἱμόφυρτος.

osh *int.* Θεέ μου!

osling *s.* χηνάκι *n.*

o-slow *s.* λευκή ἀπεργία.

ospel *s.* εὐαγγέλιον *n.*

ossamer *s. & a. (like)* ~ ἀραχνοΰφαντος.

ossip *s. (talk)* κουβεντολόι *n. (scandal)* κουτσομπολιό *n. (person)* κουτσομπόλης *n.* κουτσομπόλα *f. (v.) (also ~ about)* κουτσομπολεύω. *(chat)* κουβεντιάζω.

got *see* get.

Gothic *a.* γοτθικός.

gouge *s.* σκαρπέλο *n. (v.)* ~ out βγάζω.

gourd *s.* κολοκύθα *f. (as receptacle)* φλασκί *n.*

gourmet *s.* καλοφαγᾶς *m.*

gout *s.* οὐρική ἀρθρίτις, ποδάγρα *f.*

govern *v. (rule)* κυβερνῶ, *(a province)* διοικῶ, *(master)* κυριαρχῶ *(with gen.). (determine)* ῥυθμίζω, κανονίζω. *(gram.)* συντάσσομαι μέ. **~ance** *s.* διακυβέρνησις *f.* **~ing** *a.* διευθύνων, ~ing body διοικητικόν συμβούλιον.

governess *s.* γκουβερνάντα *f.*

government *s.* κυβέρνησις *f.* form of ~ πολίτευμα *n.* G~ House κυβερνεῖον *n. (a., also* ~al) κυβερνητικός.

governor *s. (of colony)* κυβερνήτης *m. (of bank, military)* διοικητής *m. (of prison)* διευθυντής *m. (of school, hospital)* μέλος τῆς ἐφορίας. *(mech.)* ῥυθμιστής *m. (fam.)* the ~ *(dad)* ὁ γέρος μου, *(boss)* τό ἀφεντικό. **~-general** *s.* γενικός διοικητής.

gown *s.* τουαλέττα *f. (official robe)* τήβεννος *f. (house* ~) ῥόμπα *f.* **~ed** *a.* ντυμένος.

grab *v. (also* ~ at) ἁρπάζω. ~ hold of ἁρπάζομαι ἀπό. *(snatch for oneself)* βουτῶ. *(s.)* make a ~ at ἁρπάζω. *(mech.)* ἁρπάγη *f.* **~ber** *s.,* **~bing** *a.* ἁρπακτικός.

grace *s. (charm, elegance, mercy)* χάρις *f.* **~s** *(goddesses)* Χάριτες *f.pl., (social)* χαρίσματα *n.pl. (delay)* προθεσμία *f.* be in the good ~s of ἔχω τήν εὔνοια *(with gen.).* with a bad ~ ἀπρόθυμα. he had the ~ to apologize εὐδόκησε νά ζητήσῃ συγγνώμη. *(the Virgin)* full of ~ Μεγαλόχαρη. his G~ *(eccl.)* ἡ Αὐτοῦ Μακαριότης. *(v.) (adorn)* κοσμῶ, *(honour)* τιμῶ.

graceful *a.* κομψός, ἁρμονικός, γεμᾶτος χάρη. *(esp. of body)* καλλίγραμμος. *(act)* εὐγενικός. **~ly** *adv.* μέ χάρη, εὐγενικά.

graceless *a. (lacking grace)* ἄχαρος, *(shameless)* ἀδιάντροπος.

gracious *a. (polite)* εὐγενής, *(condescending)* καταδεκτικός. *(Sovereign)* χαριτόβρυτος. *(int.)* good ~! Θεέ μου! μή χειρότερα! **~ly** *adv.* μέ καταδεκτικότητα. **~ness** *s.* καταδεκτικότης *f.*

gradation *s.* βαθμαία ἀλλαγή.

grade *s. (step, rank)* βαθμός *m. (quality)* ποιότης *f. (school form)* τάξις *f. (slope)* κλίσις *f.* be on the up ~e ἀνεβαίνω,

πάω πάνω. make the ~e πετυχαίνω. (v.)
διαβαθμίζω. ~ing s. διαβάθμισις f.
gradient s. κλίσις f.
gradual a. βαθμιαῖος. ~ly adv. βαθμηδόν,
σιγά-σιγά.
graduat|e v.t. (mark in degrees) βαθμο-
λογῶ, (apportion on scale) κλιμακώνω.
(v.i.) (get degree) ἀποφοιτῶ, παίρνω τό
δίπλωμά μου. (s.) ἀπόφοιτος m.f. ~ed a.
βαθμολογημένος. κλιμακωτός. ~ion s.
βαθμολόγησις f. κλιμάκωσις f. ἀποφοί-
τησις f.
graft s. ἐμβόλιον n. μπόλι n. (med.) μό-
σχευμα n. (influence) ρουσφετολογία f.
(v.) ἐμβολιάζω, μπολιάζω. (med.) μετα-
μοσχεύω. (use influence) ρουσφετολογῶ.
~ing s. ἐμβολιασμός m. μπόλιασμα n.
μεταμόσχευσις f.
grain s. (wheat, corn) σιτηρά n.pl. (single
seed) κόκκος m., σπυρί n. (of salt, sand
& fig.) κόκκος m. (weight) σπυρί n.
(texture) ὑφή f. (pattern in wood) νερά
n.pl. (cut) with the ~ στά ἴσια, against
the ~ στό κόντρα. (fig.) it goes against
the ~ for me (to do that) εἶναι ἐνάντια
στίς ἀρχές μου.
grammar s. γραμματική f. ~-school s. γυ-
μνάσιον n. ~ian s. γραμματικός m.
grammatical a. γραμματικός. ~ly adv.
γραμματικῶς.
gramme s. γραμμάριον n.
gramophone s. γραμμόφωνον n.
granary s. σιτοβολών m.
grand a. (in titles) μέγας. (most important)
μεγάλος, (splendid) μεγαλοπρεπής, (im-
pressive) ἐπιβλητικός, (puffed up) ἐπηρ-
μένος. (fam., good) περίφημος. ~ piano
πιάνο μέ οὐρά. ~ly adv. μεγαλοπρεπῶς.
grand|child s. ἐγγόνι n. ~daughter s. ἐγ-
γονή f. ~father s. παππούς m. ~mother
s. μάμμη f., γιαγιά f. ~son s. ἐγγονός
m.
grandee s. μεγιστάν m.
grandeur s. (of Alps, Rome, etc.) μεγα-
λεῖον n. (of occasion) μεγαλοπρέπεια f.
grandiloquent a. (language) στομφώδης,
φουσκωμένος.
grandiose a. μεγαλειώδης, (plans) μεγαλε-
πήβολος.
grandstand s. ἐξέδρα f.
grange s. (barn) σιτοβολών m. (house)
ἐξοχικό σπίτι μέ φάρμα.
granite s. γρανίτης m.
granny s. (fam.) γιαγιά f.
grant v.t. (give) δίνω, (a wish) ἱκανοποιῶ,
(a right) παραχωρῶ, (a diploma) ἀπο-

νέμω, (funds) χορηγῶ. (admit) ἀναγνω-
ρίζω, παραδέχομαι. the request was ~ε
ἡ αἴτησις ἔγινε δεκτή. (s.) ἐπιχορήγησι
f., ἐπίδομα n. ~ing s. χορήγησις f.
granted a. ~ that... δεδομένου ὅτι. take
for ~ that... τό θεωρῶ ὡς βέβαιον ὅτι
granul|ar a. κοκκώδης. ~ated a. ~ate
sugar χοντρή ζάχαρη.
grape s. ρώγα f. ~s σταφύλι n., σταφύλι
pl. sour ~! ὄμφακες εἰσίν. ~-hyacinth .
μούσκαρι n. ~-shot s. βολιδοθήκη .
~-vine s. κλῆμα n. (fig.) I heard it ο
the ~-vine τό ἔμαθα ἐκ φήμης.
grapefruit s. γκρέιπ-φρούτ n.
graph s. διάγραμμα n. ~ic a. γραφικό
παραστατικός. ~ically adv. γραφικά.
graphite s. γραφίτης m.
grapnel s. ἄρπάγη f.
grappl|e v.t. γραπώνω. (v.i.) ~e with (pe
son) ἀρπάζω, γραπώνω, (problem) κατα
πιάνομαι μέ. ~ing-iron s. ἀρπάγη f.
grasp v.t. πιάνω, ἀρπάζω, (take firm hol
of) πιάνομαι ἀπό. ~ the opportuni
δράττομαι τῆς εὐκαιρίας. (understan
συλλαμβάνω, ἀντιλαμβάνομαι. (s.) (ac
ion) πιάσιμο n. he has a powerful ~
(with hands) ἔχει δυνατά χέρια. (fig
grip, power) χέρι n. (understandin
ἀντίληψις f. it is beyond my ~ δέ
μπορῶ νά τό καταλάβω. ~ing a. ἀρπα
χτικός.
grass s. χορτάρι n., γρασίδι n., χλόη
overgrown with ~ χορταριασμένος. she
a ~ widow ὁ σύζυγός της ἀπουσιάζε
προσωρινῶς. (fig.) ~ roots οἱ ψηφοφό
ροι. put out to ~ βόσκω, (fig.) θέτω εἴ
σύνταξιν. ~hopper s. ἀκρίδα f. ~y a
σκεπασμένος μέ γρασίδι.
grate s. ἐσχάρα f., τζάκι n.
grate v.t. (rub) τρίβω, ξύνω, (one's teeth
τρίζω. (v.i.) (creak, squeal) τρίζω. ~ ο
(fig.) ἐρεθίζω, it ~s on my nerves μο
δίνει στά νεῦρα. ~r s. τρίφτης m.
grateful a. εὐγνώμων, (pleasant) εὐχάρι
στος. ~ly adv. μέ εὐγνωμοσύνη, εὐχάρι
στα.
gratif|y v. ἱκανοποιῶ. ~ication s. ἱκανο
ποίησις f. ~ying a. ἱκανοποιητικός.
grating s. (at window) καφασωτό n. (i
pavement) ἐσχάρα f.
gratis adv. δωρεάν, (fam.) τζάμπα.
gratitude s. εὐγνωμοσύνη f.
gratuitous a. (free) δωρεάν. (uncalled-for
ἀδικαιολόγητος. ~ly adv. ἄνευ λόγου.
gratuity s. (tip) φιλοδώρημα n. (bounty
ἐπίδομα n.

rave v. χαράσσω. ~n image εἴδωλον n.
rave s. τάφος m. ~stone s. ταφόπετρα f.
rave a. & s. (gram.) ~ accent βαρεῖα f.
rave a. σοβαρός. ~ly adv. σοβαρά.
ravel s. χαλίκι n. (v.t.) στρώνω μέ χαλίκι. (fam., nonplus) φλομώνω. ~led a. (path) χαλικοστρωμένος.
ravid a. ἔγκυος.
ravitat|e v. ἕλκομαι. ~ion s. ἕλξις f.
ravity s. (weight) βαρύτης f. force of ~ ἕλξις τῆς βαρύτητος. (chem.) specific ~ εἰδικόν βάρος. (seriousness) σοβαρότης f.
ravy s. σάλτσα f.
raz|e v.t. & i. (pasture) βόσκω. (v.t.) (bark) γδέρνω, (touch in passing) περνῶ ξυστά ἀπό. ~ing s. ~ing (land) βοσκοτόπι n.
rease s. λίπος n. (lubricant) γράσο n. (dirt) λίγδα f. (v.) λιπαίνω, γρασάρω. (fig.) ~ the palm of λαδώνω. ~proof a. ~proof paper λαδόχαρτο n.
reas|y a. λιπαρός, (slippery) γλιστερός, (dirty) λιγδιασμένος, (unctuous) γλοιώδης. ~iness s. λιπαρότης f.
reat a. μεγάλος. a ~ many πάρα πολλοί, a ~ deal (adv.) πάρα πολύ. Alexander the G~ ὁ Μέγας 'Αλέξανδρος. he is a ~ reader διαβάζει πολύ. he's ~ at mending things εἶναι μοναδικός στό νά διορθώνη τό κάθε τί. he's a ~ one for dropping bricks δέν τόν φτάνει κανείς στίς γκάφες. the ~ thing is to act in time τό σπουδαιότερο πράμα εἶναι νά ἐνεργήσης ἐγκαίρως. (fam., fine) περίφημος, we had a ~ time περάσαμε περίφημα. (fam., pej.) a ~ big lout κοτζάμ γάιδαρος. ~ly adv. πολύ.
reatcoat s. πανωφόρι n. (mil.) χλαίνη f.
reater a. μεγαλύτερος. G~ London ἡ μείζων περιοχή τοῦ Λονδίνου.
reat-granddaughter s. δισέγγονη f. ~-grandfather s. πρόπαππος m. ~-grandmother s. προμάμμη f. ~-grandson s. δισέγγονος m.
reat-hearted a. μεγαλόψυχος.
reatness s. (size) μέγεθος n. (eminence) μεγαλεῖον n.
Grecian a. ἑλληνικός.
reed, ~iness s. πλεονεξία f. (for food) λαιμαργία f. ~y a. πλεονέκτης, λαίμαργος, κοιλιόδουλος m. ~ily adv. ἄπληστα, λαίμαργα.
Greek a ἑλληνικός, (person) Ἕλλην(ας), Ρωμιός m., Ἑλληνίς, Ρωμιά f. (s.) (language) ἑλληνικά n.pl. (fam.) it's all ~ to

me εἶναι κινέζικα γιά μένα. ~ key pattern μαίανδρος m., γκρέκα f.
green a. πράσινος, (unripe) ἄγουρος, (novice) ἄψητος, (gullible) χαζός, (fresh, alive) θαλερός, ζωντανός. make or become ~ πρασινίζω. (fam.) get the ~ light παίρνω ἄδεια νά προχωρήσω. (s.) (colour) πράσινο n. (grassy spot) πελούζα f. ~s (edible) πράσινα χορταρικά. ~ery s. πρασινάδα f.
greengage s. πράσινο δαμάσκηνο.
greengrocer s. μανάβης m. ~'s shop μανάβικο n., ὀπωροπωλεῖον n.
greenhorn s. πρωτάρης m.
greenhouse s. θερμοκήπιον n.
greenwood s. (fig.) take to the ~ βγαίνω στό κλαρί.
greet v. (salute) χαιρετῶ, (receive) ὑποδέχομαι. (fig.) strange sounds ~ed my ears παράξενοι ἦχοι ἔφτασαν στά αὐτιά μου. ~ing s. χαιρετισμός m.
gregarious a. ἀγελαῖος.
Gregorian a. γρηγοριανός.
grenad|e s. χειροβομβίς f. ~ier s. γρεναδιέρος m.
grey a. γκρίζος, σταχτής, (hair) ψαρός. ~ matter φαιά οὐσία. become ~ ἀσπρίζω. (s. horse) ψαρής m. ~beard s. μπάρμπας m. ~-haired a. ψαρός, ψαρομάλλης. ~hound s. λαγωνικό n.
grid s. ἐσχάρα f. (of maps) δικτυωτόν n. ~iron s. σκάρα f.
grief s. λύπη f. come to ~ ἀποτυγχάνω, τήν παθαίνω. ~-stricken a. συντετριμμένος.
grievance s. παράπονο n.
grieve v.i. μέ τρώει ἡ λύπη. ~ for (lament loss of) θρηνῶ. (v.t.) λυπῶ, θλίβω. his conduct ~s me ἡ συμπεριφορά του μέ λυπεῖ (or μέ κάνει νά λυποῦμαι or μοῦ προξενεῖ λύπη). I am ~d by your news λυποῦμαι μέ τά νέα σου.
grievous a. ὀδυνηρός, σοβαρός, βαρύς. ~ly adv. βαρειά.
griffin s. γρύψ m.
grill s. σκάρα f. (v.) ψήνω στή σκάρα, (fig.) ἀνακρίνω αὐστηρά. ~ed a. (food) στή σκάρα.
grille s. γρίλλια f.
grim a. (fierce, desolate) ἄγριος, (relentless) σκληρός, (awful) φρικτός. like ~ death ἀπελπισμένα, μέχρις ἐσχάτων.
grimace s. μορφασμός m. (v.) κάνω γκριμάτσες.
grim|e s. βρώμα f. ~y a. βρώμικος. make or become ~y βρωμίζω.

grin s. χαμόγελο n. (v.) χαμογελῶ. (fig.) ~ and bear it τό παίρνω φιλοσοφικά (or στωικά).

grind v.t. (in mill) ἀλέθω, κόβω, (in mortar) κοπανίζω. (knives) τροχίζω, (teeth) τρίζω. (crush) συντρίβω, (thrust) χώνω. (fig.) (oppress) καταπιέζω. (turn) γυρίζω. (v.i.) (scrape) τρίζω, (toil) μοχθῶ. (s.) (drudgery) ἀγγαρεία f. (fam.) the daily ~ τό μαγγανοπήγαδο. ~er (mill) μύλος m. (knife-~) ἀκονιστήρι n. (man who ~s knives) τροχιστής m. ~ing s. ἄλεσμα n. κοπάνισμα n. τρόχισμα n. τρίξιμο n. καταπίεσις f. (a., oppressive) συντριπτικός.

grindstone s. ἀκονόπετρα f. (fig.) keep one's nose to the ~ δέν σηκώνω κεφάλι ἀπό τή δουλειά. he keeps them with their noses to the ~ δέν τούς ἀφήνει νά πάρουν ἀνάσα.

grip v. (seize) πιάνω, (clasp) σφίγγω, (hold on to) πιάνομαι ἀπό. (compel attention of) καθηλώνω.

grip s. (action) πιάσιμο n., σφίξιμο n. (clutches) νύχια n.pl. have a strong ~ ἔχω δυνατά χέρια. have a firm ~ of the situation εἶμαι κύριος τῆς καταστάσεως. have a good ~ of (understand) κατέχω καλά. be in the ~ of election fever ἔχω καταληφθῆ ἀπό προεκλογικό πυρετό. come to ~s with (fight) συμπλέκομαι μέ, get to ~s with (problem) καταπιάνομαι μέ. lose one's ~ (lit.) γλιστρῶ, (fig.) κάμπτομαι. get a ~ on oneself συνέρχομαι.

gripe v.i. γκρινιάζω. (s.) ~s κοιλόπονος m.

gripping a. συναρπαστικός, συγκινητικός.

grisly a. φρικιαστικός.

grist s. ἄλεσμα n. (fig.) it's all ~ to his mill ὠφελεῖται ἀπό ὅλα αὐτά.

grist|le s. χόνδρος m. ~ly a. it is ~ly ἔχει χόνδρους.

grit s. ἄμμος m.f., ψιλό χαλίκι. (in one's eye) κόκκος σκόνης, σκουπιδάκι n. (pluck) ψυχή f. he's got ~ εἶναι ψυχωμένος ἄνθρωπος. (v.t) (one's teeth) σφίγγω. ~ty a. ἀμμώδης.

groan v.i. βογγῶ. (fig.) ~ under the yoke στενάζω ὑπό τόν ζυγόν. (s.) (also ~ing) βόγγος m., βογγητό n.

grocer s. μπακάλης m. ~'s shop μπακάλικο n., παντοπωλεῖον n. ~ies s. εἴδη μπακαλικῆς.

grog s. γκρόγκ n.

grogg|y a. ἀσταθής. ~iness s. ἀστάθεια f.

groin s. βουβών m.

groom s. ἱπποκόμος m. (bride~) γαμπρ[ός m. (v.) (tend) περιποιοῦμαι, (fig., pre pare) προετοιμάζω. well ~ed περιποι μένος. ~sman s. παράνυμφος m., κουμ πάρος m.

groove s. αὐλάκι n. (fig.) get into a ~ ἀποτελματώνομαι. ~d a. αὐλακωτός.

grope v. (blindly) ψηλαφῶ, (in pocke etc.) ψάχνω. ~ one's way πηγαίνω ψη λαφητά.

gross s. δώδεκα δωδεκάδες.

gross v.t. (bring in) ἀποφέρω.

gross a. (total) συνολικός, (not net) ἀκα θάριστος. ~ weight μικτόν βάρος. i (the) ~ χονδρικά, συνολικά.

gross a. (fat, coarse, rude) χονδρός, (per son only) ἄξεστος. (flagrant) καταφανής (crass) πλήρης. (vegetation) ὀργιώδης ~ness s. χοντράδα f.

grossly adv. (exaggerated, ignorant) τε λείως, πέρα γιά πέρα. (insulting) εἰ ἄκρον.

grotesque a. (ludicrous) γελοῖος, (strange ἀλλόκοτος. (of situation) τραγελαφικός (in art) γκροτέσκ. ~ly adv. γελοῖα, ἀλ λόκοτα.

grotto s. σπηλιά f.

grouch v.i. γκρινιάζω.

ground a. ἀλεσμένος, κομμένος, τριμμένος

ground v.t. (a ship) καθίζω, ρίχνω ἔξω (base) στηρίζω. (instruct) see grounding (v.i.) (of ship) προσαράσσω, καθίζω.

ground s. (earth) γῆ f., ἔδαφος n. to or on the ~ χάμω, κατά γῆς, above ~ στή ἐπιφάνεια. piece of ~ κομμάτι γῆ (sports, parade) γήπεδον n. (battle) πε δίον n. (hunting, etc.) περιοχή f. ~ (of house) πάρκο n., κῆποι m.pl. (back ground) φόντο n. common ~ κοινά ση μεῖα. fall to the ~ ἀποτυγχάνω, get of the ~ πραγματοποιοῦμαι. gain (or lose ~ κερδίζω (or χάνω) ἔδαφος, give ~ ὑποχωρῶ. shift one's ~ ἀλλάζω τακτική stand one's ~ κρατῶ γερά. be on firm ~ πατῶ γερά. keep one's feet on the ~ εἶ μαι προσγειωμένος. break new ~ ἀνοίγω νέους δρόμους. go to ~ (fig.) κρύβομαι run to ~ ξετρυπώνω. cover much ~ (travel) καλύπτω μεγάλο διάστημα, (dea with) διατρέχω εὐρύ πεδίον. it suits me down to the ~ μοῦ ἔρχεται κουτί (or περίφημα). ~ floor ἰσόγειον n. ~ nuts φυστίκια ἀράπικα.

ground s. (reason) λόγος m., αἰτία f. ~ for divorce λόγος διαζυγίου, on ~s o illness γιά λόγους ὑγείας. what ~s have hey for claiming such an amount? ποῦ στηρίζονται καί διεκδικοῦν ἕνα τέτοιο ποσό; ~less a. ἀβάσιμος, ἀδικαιολόγητος.

-ounding s. get a good ~ in παίρνω γερές βάσεις σέ.

-ound-plan s. κάτοψις f.

-ound-rent s. ἐνοίκιον γῆς.

-ounds s. (dregs) κατακάθι n. (coffee) στελβές m.

-oundwork s. βάσις m.

-oup s. ὁμάς f. (companies, buildings) συγκρότημα n. (people in company) παρέα f., ὁμάδα f., ὅμιλος m., γκρούπ n. (statuary) σύμπλεγμα n. in the same age ~ τῆς αὐτῆς ἡλικίας. (v.t.) συγκεντρώνω, διατάσσω, (classify) ταξινομῶ. ~ing s. συγκέντρωσις f. διάταξις f.

-oup-captain s. (aero.) σμήναρχος m.

-ouse v.i. γκρινιάζω. (s.) παράπονο n.

-outs s. κατακάθια n.pl.

-ove s. ἄλσος n.

-ovel v. (fig.) ἕρπω. ~ling a. χαμερπής.

-ow v.i. (of plants) φυτρώνω, φύομαι. get bigger) μεγαλώνω, (increase) αὐξάνω, (develop) ἀναπτύσσομαι, (spring) προέρχομαι. ~ into (become) γίνομαι, ~ up μεγαλώνω. ~ out of (habit) ξεπερνῶ, ne's ~n out of his clothes δέν τοῦ χωροῦν πιά τά ροῦχα του. it grew dark σκοτείνιασε. it ~s on you συνηθίζεις καί τοῦ ἀρέσει. ~ accustomed (to) συνηθίζω, ~ old γερνῶ. (v.t.) (cultivate) καλλιεργῶ. ~ a beard ἀφήνω γένεια. ~er s. καλλιεργητής m. ~ing s. καλλιέργεια f.

-owl v. γρυλλίζω.

-own-up a.&s. μεγάλος, (mature) ὥριμος.

-owth s. (increase) αὔξησις f. (development) ἀνάπτυξις f. (cultivation, yield) παραγωγή f. there is a thick ~ of weeds ἔχουν φυτρώσει πολλά ἀγριόχορτα. he has three days' ~ of beard ἔχει νά ξυρισθῆ τρεῖς μέρες. (med.) ὄγκος m.

-oyne s. κυματοθραύστης m.

-ub s. σκουλήκι n. (fam., food) φαγητό n.

-ub v.i. σκαλίζω. ~ up ξερριζώνω.

-ubb|y a. βρώμικος. ~iness s. βρώμα f.

-udge s. I bear him a ~ τοῦ κρατῶ κακία. (v.) I ~ having to pay for it μοῦ κακοφαίνεται πού ἔχω νά τό πληρώσω. I don't ~ him his success δέν ζηλεύω τήν ἐπιτυχία του.

-udging a. (stingy) φειδωλός. be ~ of one's money εἶμαι σφιχτοχέρης. ~ly adv. μέ τό ζόρι.

-uel s. κουρκούτι n.

gruelling a. ἐξαντλητικός. (s.) they gave him a ~ τόν ξεθέωσαν, τοῦ ἔβγαλαν τήν πίστη ἀνάποδη.

gruesome a. φρικιαστικός, μακάβριος.

gruff a. (manner) ἀπότομος, (voice) τραχύς.

grumb|le v. παραπονιέμαι, γκρινιάζω. ~ler s., ~ling a. γκρινιάρης. ~ling s. γκρίνια f.

grump|y a. κατσούφης, μουτρωμένος. ~iness s. γκρίνια f.

grundyism s. σεμνοτυφία f.

grunt v. γρυλλίζω. (s.) γρύλλισμα n.

gruyère s. γραβιέρα f.

guarant|ee v. ἐγγυῶμαι (with ὅτι or γιά). ~eed ἐγγυημένος. (s.) ἐγγύησις f. ~or s. ἐγγυητής m.

guard s. (body of men) φρουρά f. (man) φρουρός m. (posture) ἄμυνα f. keep ~ (over) φρουρῶ. stand ~ φυλάω σκοπός. be on one's ~ ἔχω τό νοῦ μου. be caught off one's ~ καταλαμβάνομαι ἐξ ἀπροόπτου. (protective device) προφυλακτήρ m.

guard v.t. φυλά(γ)ω, (mil.) φρουρῶ. (protect) προστατεύω. (v.i.) ~ against φυλάγομαι ἀπό, προφυλάσσομαι ἀπό. ~ed a. ἐπιφυλακτικός. ~edly adv. ἐπιφυλακτικά.

guardian s. φύλαξ m. (protector) προστάτης m. (of minor) κηδεμών m. ~ship s. προστασία f. κηδεμονία f.

guerdon s. ἀνταμοιβή f.

guerrilla s. ἀντάρτης m. (a.) ἀντάρτικος. ~ war(fare) ἀνταρτοπόλεμος m.

guess v. μαντεύω, (calculate) ὑπολογίζω. (think) I ~ it's going to rain θαρρῶ πώς θά βρέξη. I ~ so ἔτσι λέω. (s.) that was a good ~ of yours καλά τό μάντεψες. ~ing, ~work s. εἰκασία f. by ~work κατ' εἰκασίαν.

guest s. φιλοξενούμενος m., προσκεκλημένος m. (at hotel) πελάτης m. ~-house s. ξενών m., πανσιόν f.

guffaw (v.) χάχανο n. χαχανίζω.

guichet s. θυρίδα f.

guidance s. καθοδήγησις f.

guide s. ὁδηγός m.f. (tourists') ξεναγός m.f. (adviser) σύμβουλος m. (example) παράδειγμα n. (girl~) προσκοπίνα f. (v.) (conduct) ὁδηγῶ, (instruct) καθοδηγῶ, (direct) κατευθύνω, (advise) συμβουλεύω. (show round) ξεναγῶ. be ~d by ἀκολουθῶ. ~-book s. ὁδηγός m. ~-lines s. κατευθυντήριες γραμμές.

guild s. συντεχνία f., σινάφι n., σωματεῖον n.

guile s. δόλος m. by ~ μέ δόλο. ~ful a. δόλιος. ~fully adv. δολίως. ~less a. ἀπονήρευτος. ~lessly adv. ἀφελῶς.

guillotine s. λαιμητόμος f. (v.) καρατομῶ.

guilt s. ἐνοχή f. ~less a. ἄθῷος.

guilt|y a. ἔνοχος. be found ~y κηρύσσομαι ἔνοχος. plead not ~y ἀρνοῦμαι τήν ἐνοχή μου. ~ily adv. μέ ὕφος ἐνόχου, ἔνοχα.

guinea s. γκινέα f.

guinea-pig s. ἰνδικόν χοιρίδιον, (fig.) πειραματόζωον n.

guise s. (form) he appeared in the ~ of a beggar ἐνεφανίσθη ὡς ζητιάνος. (fig.) under the ~ of friendship προσποιούμενος τόν φίλον.

guitar s. κιθάρα f.

gulf s. (of sea) κόλπος m. (fig., gap) χάσμα n. G~ Stream Κόλπιον Ρεῦμα.

gull s. (bird) γλάρος m.

gull v. (fam.) ἐξαπατῶ.

gullet s. οἰσοφάγος m. (throat) γούλα f.

gully s. ρείθρον n.

gulp v.t. χάφτω, καταπίνω. ~ down or back (suppress) καταπίνω, πνίγω. (v.i.) (from embarrassment) ξεροκαταπίνω. (s.) χαψιά f. at one ~ μονορρούφι.

gum s. (of mouth) οὖλον n. ~boil s. παρουλίς f.

gum v. κολλῶ. ~med up (eyes) τσιμπλιασμένος. (s.) (sticky) γόμμα f. ~ mastic μαστίχα f. (chewing) τσίκλα f., μαστίχα f. (secretion of eyes) (fam.) τσίμπλα f. ~ boots ψηλές μπόττες ἀπό καουτσούκ. (fam.) up a ~ tree σέ δύσκολη θέση. ~my a. γεμάτος γόμμα (or ρετσίνι).

gum s. (fam., int.) by ~ γιά τό Θεό!

gumption s. πρακτικό μυαλό.

gun s. (heavy) πυροβόλον n. (firearm) ὅπλον n. spray-~ πιστόλι n. (fig.) stick to one's ~s δέν ὑποχωρῶ. (see rifle, revolver, cannon, etc.) (v.) (fam.) be ~ning for κυνηγῶ, ~ down φονεύω μέ ὅπλο. ~boat s. κανονιοφόρος f. ~fire s. πυροβολισμοί m.pl. ~man s. γκάγκστερ m. ~powder s. μπαρούτι n., πυρῖτις f. ~smith s. ὁπλοποιός m.

gunner s. πυροβολητής m. ~y s. πυροβολική f.

gun-running s. λαθρεμπόριον ὅπλων.

gunshot s. τουφεκιά f. out of ~ ἐκτός βολῆς.

gunwale s. κουπαστή f.

gurgle v. γουργουρίζω, κάνω γλου-γλού. (s.) γουργουρητό n.

gush v. ξεχύνομαι, πηδῶ. (fig.) μιλῶ μέ

ὑπερβολική διαχυτικότητα. (s.) (flov ὁρμητική ροή. ~ing a. (fig.) ὑπερβολικ διαχυτικός.

gusset s. τσόντα f.

gust s. (wind) σπιλιάδα f. (rain) μπόρα (fig., outburst) ξέσπασμα n. ~y a. μ δυνατόν ἀέρα.

gusto s. ὄρεξη f., κέφι n.

gut v. (fish, etc.) καθαρίζω. be ~ted t fire κατακαίομαι.

gut s. ἔντερο n. (narow passage) στενό ~s (substance) οὐσία f. (fam., bowels ἔντερα n.pl. (spirit) θάρρος n. he has ~ τό λέει ἡ καρδιά του. have no ~s εἶμ λαπᾶς. ~less a. ψόφιος, λαπᾶς m.

gutter v. (of candle) στάζω.

gutter s. (of roof) ὑδρορρόη f. (of stree ρείθρον n. (fig.) βούρκος m. ~ press κ τρινος τύπος. ~snipe s. ἀλήτης m., γοι ρούνι n.

guttural a. τραχύς. (gram.) λαρυγγικός. s

guvnor s. (fam.) see governor.

guy s. (rope) σχοινίον στηρίξεως. (grotes que figure) καραγκιόζης m. (chap) τύπc m. (v.) κοροϊδεύω.

guzzle v. (food) χάφτω, (drink) ρουφῶ.

gym s. (place) γυμναστήριον n. (practice γυμναστική f. ~nasium s. γυμναστήριο n.

gymnast s. γυμναστής m. ~ic a. γυμνc στικός, ~ics s. γυμναστική f.

gynaecolog|y s. γυναικολογία f. ~ical c γυναικολογικός. ~ist s. γυναικολόγος n

gyp v. (fam.) κλέβω, γδύνω.

grizz|led, ~ly a. ψαρός, γκριζομάλλη ~ly bear φαιά ἄρκτος.

gypsum s. γύψος m.

gypsy s. see gipsy.

gyrat|e v. περιστρέφομαι. ~ion s. περ στροφή f.

gyroscop|e s. γυροσκόπιον n. ~ic a. γυρc σκοπικός.

gyves s. δεσμά n.pl.

H

haberdasher s. ψιλικατζῆς m. ~y s. ψιλ κατζήδικα n.pl.

habiliments s. ἐνδυμασία f.

habit s. συνήθεια f. form a ~ ἀποκτ

συνήθεια. from force of ~ ἀπό συνήθεια. be in the ~ of συνηθίζω νά. *(dress)* ἐνδυμασία *f.*

habitable *a.* κατοικήσιμος.

habitat *s.* φυσικόν περιβάλλον. ~**ion** *s.* κατοικία *f.*

habitual *a.* συνηθισμένος. a ~ liar καθ' ἕξιν ψεύτης. ~**ly** *adv.* ἀπό συνήθεια.

habituate *v.t. (also* ~ oneself) συνηθίζω.

habitude *s.* συνήθεια *f.*

habitué *s.* θαμών *m.*

hack *v.t.* πετσοκόβω, *(kick)* κλωτσῶ, *(s.) (cut)* κοψιά *f. (kick)* κλωτσιά *f.*

hack *s. (horse)* ἄλογο *n. (fig., pen-pusher)* καλαμαρᾶς *m. (a.)* τῆς ρουτίνας. ~**ing** *s.* ἱππασία *f. (a.)*~ing cough ξερόβηχας *m.*

hackles *s.* with ~ up ἀγριεμένος.

hackney *a. (carriage)* ἀγοραῖος.

hackneyed *a.* τετριμμένος.

had *v. see* have.

Hades *s.* ἅδης *m.*

haemophilia *s.* αἱμοφιλία *f.*

haemorrhage *s.* αἱμορραγία *f.*

haemorrhoids *s.* αἱμορροΐδες *f.pl.*

haft *s.* λαβή *f.*

hag *s.* μέγαιρα *f. (old)* μπαμπόγρια *f.* ~**-ridden** *a.* βασανισμένος.

haggl|e *v.i.* κάνω παζάρια. *(also* ~e over) παζαρεύω. ~**ing** *s.* παζάρεμα *n.*

hagiographer *s.* συγγραφεύς βίων ἁγίων.

hail *s.* χαλάζι *n. (v.)* it is ~ing πέφτει χαλάζι.

hail *v. (greet)* χαιρετίζω, *(summon)* φωνάζω. within ~ing distance εἰς ἀπόστασιν φωνῆς. ~ from προέρχομαι ἀπό.

hair *s. (single)* τρίχα *f. (collective) (of head)* μαλλί *n.*, μαλλιά *pl. (on body)* τρίχες *f.pl. (animal's)* μαλλί *n.*, τρίχωμα *n.* do one's ~ χτενίζομαι, get one's ~ cut κόβω τά μαλλιά μου. tear one's ~ τραβῶ τά μαλλιά μου. my ~ stood on end σηκώθηκαν οἱ τρίχες τοῦ κεφαλιοῦ μου. keep your ~ on! μήν ἐξάπτεσαι. he didn't turn a ~ ἔμεινε ἀτάραχος. let one's ~ down *(fig.)* ἀποβάλλω τούς τύπους. split ~s λεπτολογῶ. ~**-brush** *s.* βούρτσα τῶν μαλλιῶν. ~**-cut** *s.* κούρεμα *n.* ~**-do** *s.* χτένισμα *n.* ~**-dresser** *s.* κομμωτής *m.*, κομμώτρια *f.* ~**-dresser's** *s.* κομμωτήριον *n.* ~**-grip** *s.* τσιμπιδάκι *n.* ~**pin** *s.* φουρκέτα *f.* ~**pin** bends κορδέλλες *f.pl.* ~**-raising** *a.* ἀνατριχιαστικός. ~**'s-breadth** *s.* he escaped drowning by a ~'s-breadth παρά τρίχα νά πνιγῇ. ~**-shirt** *s.* τρίχινος χιτών. ~**y** *a.* τριχωτός, μαλλιαρός.

halcyon *a.* ~ days ἀλκυονίδες ἡμέραι.

hale *a.* ~ (and hearty) κοτσονάτος.

hale *v.t.* σύρω.

half *a. & s.* μισός *a.*, μισό *n.*, ἥμισυ *n.* cut in ~ κόβω στά δύο *(or* στή μέση). ~ the people were foreigners ὁ μισός κόσμος ἦταν ξένοι. ~ (of) my day was wasted ἡ μισή μου μέρα πῆγε χαμένη. ~ an hour μισή ὥρα. three and a ~ hours τρεῖς ὧρες καί μισή *or* τρεῖς ἥμισυ ὧρες. it is ~ past three ἡ ὥρα εἶναι τρεῖς ἥμισυ. we will go halves θά τά μοιρασθοῦμε μισά-μισά. I don't do things by halves δέν μ' ἀρέσει νά κάνω μισές δουλειές.

half *adv.* μισό-, ἡμί-. ~**-dressed** μισοντυμένος, ~**-finished** ἡμιτελής. ~ way along the road στά μισά τοῦ δρόμου, ~ way through the piece στά μισά τοῦ ἔργου. ~**-and-**~ μισό-μισό, ~**-yearly** κάθε ἕξη μῆνες. *(fam.)* not ~! πολύ. he didn't ~ catch it τήν ἔπαθε γιά καλά.

half-baked *a. (fig.)* ἀνόητος.

half-breed *s.* μιγάς *m.f.*

half-brother *s.* ἑτεροθαλής ἀδελφός.

half-caste *s.* μιγάς *m.f.*

half-hearted *a.* χλιαρός. ~**ly** *adv.* μέ μισή καρδιά.

half-holiday *s.* ἡμιαργία *f.*

half-mast *s.* at ~ μεσίστιος.

half-moon *s.* ἡμισέληνος *f.*

half-pay *s.* on ~ εἰς διαθεσιμότητα.

half-seas-over *a. (fam.)* μισομεθυσμένος.

half-time *s.* ἡμιχρόνιον *n.*

half-witted *a.* χαζός.

hall *s. (entrance)* χώλ *n. (large room)* αἴθουσα *f. (country house)* πύργος *m.*

hallmark *s.* σφραγίς *f.*

hallo *int. (greeting)* γειά σου. *(summons)* ἔ! *(surprise)* μπά! *(on telephone)* ἐμπρός.

hallow *v.* ἁγιάζω. ~**ed** *a.* ἱερός.

Hallowe'en *s.* παραμονή τῶν Ἁγίων Πάντων.

hallucination *s.* παραίσθησις *f.*

halo *s.* φωτοστέφανος *m.*

halt *v.t. & i.* σταματῶ. ~! *(s.) (stop)* στάσις *f. (station)* σταθμός *m.* call *or* come to a ~ σταματῶ.

halt *a. (lame)* χωλός. *(v.i.) (limp)* κουτσαίνω, *(hesitate)* διστάζω. ~**ing** *a.* διστακτικός.

halter *s.* καπίστρι *n. (noose)* βρόχος *m.*

halve *v.t. (divide)* χωρίζω στή μέση, *(reduce)* περικόπτω στό ἥμισυ.

ham *s.* ζαμπόν *n.* ~**-fisted**, ~**-handed** *a.* ἀδέξιος.

hamlet s. χωριουδάκι n.
hammer s. σφυρί n. (fig.) come under the ~ βγαίνω στό σφυρί. (fam.) ~ and tongs μέ μανία. (v.) κοπανῶ, χτυπῶ. ~ out (a plan) ἐκπονῶ. ~-and-sickle s. σφυροδρέπανον n.
hammock s. ἀμάκ n.
hammy a. (fam.) ὑπερβολικός.
hamper s. σκεπαστό κοφίνι.
hamper v.t. παρεμποδίζω.
hamstring v.t. (fig.) παραλύω.
hand v.t. (give) δίνω. he ~ed her out of the carriage τή βοήθησε νά κατέβη ἀπό τήν ἅμαξα. (fam.) I've got to ~ it to him τόν ἀναγνωρίζω. ~ down or on μεταδίδω. ~ in (petition) ὑποβάλλω, (exam paper) παραδίδω. ~ over παραδίδω, ~ out διανέμω, ~ round προσφέρω.
hand s. χέρι n. (of clock) δείκτης m. (worker) ἐργάτης m. (crew member) μέλος τοῦ πληρώματος. (fig.) (influence) δάκτυλος m. on the one ~ ἀπ' τή μία (μεριά), ἀφ' ἑνός. on the other ~ ἀπ' τήν ἄλλη (μεριά), ἀφ' ἑτέρου. an old ~ παλιά καραμπίνα, he's an old ~ at this game εἶναι πεπειραμένος σέ τέτοιες δουλειές. she's a good ~ at embroidery εἶναι πολύ καλή στό κέντημα. give or lend a ~ βοηθῶ, take in ~ ἀναλαμβάνω. take (or have) a ~ in ἀνακατεύομαι σέ. have a lot on one's ~s, have one's ~s full εἶμαι πολύ ἀπασχολημένος. turn one's ~ to ἐπιδίδομαι εἰς. put one's ~ on βρίσκω. lay ~s on (seize) ἁρπάζω. keep one's ~ in διατηρῶ τή δεξιότητά μου. play into his ~s παίζω τό παιχνίδι του. get out of ~ γίνομαι ἐκτός ἐλέγχου. it has come to ~ παρελήφθη. win ~s down νικῶ χωρίς κόπο. the matter in ~ τό ὑπό συζήτησιν θέμα. have an hour in ~ ἔχω μία ὥρα ἀκόμα. be on ~ εἶμαι διαθέσιμος. (bound) ~ and foot χειροπόδαρα. (sink) with all ~s αὐτανδρος a. she waits on him ~ and foot τοῦ τά δίνει ὅλα στό χέρι. from ~ to mouth μεροδούλι μεροφάι. ~ in ~ χέρι-χέρι. ~ in glove κώλος καί βρακί. (fight) ~ to ~ ἐκ τοῦ σύνεγγυς. (close) at ~ κοντά. by ~ (made) μέ τό χέρι, (delivered) ἰδιοχείρως. ~s off! κάτω τά χέρια. ~s up! ψηλά τά χέρια. ready to ~ πρόχειρος. ~-bag s. τσάντα f. ~bill s. φέιγ-βολάν n. ~book s. ἐγχειρίδιον n. ~brake s. χειρόφρενο n. ~cart s. χειράμαξα f. ~cuff s. χειροπέδη f. (v.) βάζω χειροπέδες σέ.

~ful s. φούχτα f. (fig., child) ζωηρός (a.). ~kerchief s. μαντήλι n. ~-made a χειροποίητος, καμωμένο μέ τό χέρι ~maid(en) s. ὑπηρέτρια f. ~-picked a ἐπίλεκτος. ~shake s. χειραψία f. ~writ ting s. γραφικός χαρακτήρας.
handicap s. ἐμπόδιον n., μειονέκτημα n. (sport) ἰσοζυγισμός m. (v.) παρεμποδίζω (sport) βάζω χάντικαπ σέ.
handicraft s. χειροτεχνία f.
handiwork s. my ~ ἔργον τῶν χειρῶν μου. (iron.) that's his ~! αὐτό εἶναι κατόρθωμά του.
handl|e s. (of tool) μανίκι n. (of weapon, cutlery) λαβή f. (of cup, door) χερούλι n (knob) πόμολο n. starting ~e μανιβέλα f (v.) (manage, use) χειρίζομαι, (touch, πιάνω, ψαύω, (treat) μεταχειρίζομαι, (trade in) ἐμπορεύομαι. ~er s. χειριστής m. ~ing s. χειρισμός m., μεταχείρισις f. ~ebar(s) s. τιμόνι n.
handout s. (alms) ἐλεημοσύνη f. (statement) ἀνακοίνωσις f. (notes) σημειώσεις f.pl. (leaflet) ἔντυπος διαφήμισις.
handsome a. ὡραῖος, (gift) γενναῖος, (sum) σεβαστός. ~ly adv. μέ γενναιοδωρία.
handy a. (ready) πρόχειρος, (convenient) βολικός, (clever) ἐπιδέξιος. (fam.) come in ~ πιάνω τόπο. ~man s. ἄνθρωπος γιά ὅλες τίς δουλειές.
hang v.t. κρεμῶ, (person) ἀπαγχονίζω. (one's head) σκύβω. ~ out (flag) βγάζω, (washing) ἁπλώνω. ~ up κρεμῶ, (phone) κλείνω. (v.i.) κρέμομαι. ~ about or around (wait) περιμένω, (loiter) τριγυρίζω. ~ back μένω πίσω. ~ down (below proper level) κρεμῶ. ~ fire χρονίζω. ~ out (live) κάθομαι, (frequent) συχνάζω. ~ out of the window κρεμιέμαι ἔξω ἀπ' τό παράθυρο. ~ on (not give up) κρατιέμαι, (wait) περιμένω. ~ on to (keep) κρατῶ, (persist in) ἐμμένω εἰς, ~ on to me! (for support) πιάσου ἐπάνω μου. ~ together (be united) εἵμαστε ἡνωμένοι, (be consistent) συμφωνοῦμε. ~ upon his lips κρέμομαι ἀπό τά χείλια του. ~ it! νά πάρη ὁ διάολος. (s.) (fam.) get the ~ of καταλαβαίνω. not care a ~ δέν δίνω δεκάρα. ~dog a. with a ~dog look σάν δαρμένο σκυλί. ~er s. κρεμάστρα f. ~er-on s. παρακεντές m., κολλιτσίδα f. ~man s. δήμιος m. ~nail s. παρωνυχίς f.
hanging s. κρέμασμα n. ~s κουρτίνες f.pl. (a.) κρεμαστός.
hangover s. ἀδιαθεσία μετά ἀπό μεθύσι.

(fig.) a ~ from pre-war days κατάλοιπο τῆς προπολεμικῆς ἐποχῆς.
hank s. (skein) κούκλα f.
hanker v. ~ for ἐπιθυμῶ. ~ing s. ἐπιθυμία f.
hanky-panky s. ἀπάτη f.
hap s. τύχη f. (v.) τυχαίνω.
ha'penny s. μισή πέννα.
haphazard a. τυχαῖος. ~ly adv. στήν τύχη.
hapless a. ἀτυχής.
happen v. (occur) συμβαίνω, γίνομαι. (of mischance) what ~ed to him? τί ἔπαθε; (chance) τυχαίνω, I ~ed to be there ἔτυχα (or ἔλαχα) ἐκεῖ, I ~ed to be away ἔτυχε (or ἔλαχε) νά λείπω. ~ on (find) βρίσκω κατά τύχην. ~ing s. συμβάν n., γεγονός n.
happ|y a. εὐτυχής, (persons only) εὐτυχισμένος. (pleased) εὐχαριστημένος, (merry) χαρούμενος. (apt) ἐπιτυχημένος. ~y Easter! καλό Πάσχα. ~ily adv. εὐτυχισμένα, (luckily) εὐτυχῶς. ~iness s. εὐτυχία f. ~y-go-lucky a. ξέ(γ)νοιαστος.
harangue s. κραυγαλέα ἐκφώνησις λόγου. (v.) βγάζω κραυγαλέο λόγο (σέ).
harass v. (attack) παρενοχλῶ, (trouble) βασανίζω. ~ment s. παρενόχλησις f.
harbinger s. προάγγελος m.f.
harbour s. λιμάνι n. (fig.) καταφύγιον n. (v.t.) (shelter) παρέχω ἄσυλον εἰς. (thoughts, etc.) τρέφω. (contain) ἔχω. ~-master s. λιμενάρχης m.
hard a. (not soft, severe) σκληρός, (not easy) δύσκολος, (strong) δυνατός, βαρύς, (intensive) σύντονος. be ~ on him τόν μεταχειρίζομαι σκληρά, εἶμαι αὐστηρός ἀπέναντί του. he finds it ~ to wake up ξυπνάει δύσκολα, δυσκολεύεται νά ξυπνήση. have a ~ job (to) βλέπω καί παθαίνω (νά). try one's ~est βάζω τά δυνατά μου.~ and fast ἀμετάβλητος, ~ of hearing βαρήκοος. ~ luck γκίνια f. (also by δυσ-, δύσκολο-), ~ to understand δυσνόητος, ~ to believe δυσκολοπίστευτος. ~board s. πεπιεσμένο ξύλο, νοβοπάν n. ~-bound a. δεμένος. ~-headed a. πρακτικός. ~-hearted a. σκληρόκαρδος. ~ness s. σκληρότης f. ~ware s. εἴδη κιγκαλερίας.
hard adv. (work, fight) σκληρά, (pull, rain) δυνατά, (beg, stare) ἐπίμονα. ~ by κοντά. be ~ at it ἐργάζομαι ἐντατικά. be ~ pressed πιέζομαι. be ~ put to it δυσκολεύομαι. be ~ up δέν ἔχω λεφτά, be ~ up for δυσκολεύομαι νά βρῶ. follow ~ on the heels of ἀκολουθῶ κατά

πόδας. ~-bitten a. σκληραγωγημένος. ~-boiled a. (egg) σφιχτός, (person) σκληρός.
harden v.t. & i. σκληραίνω. (v.t.) (inure) σκληραγωγῶ. ~ed to crime πωρωμένος. ~ed steel βαμμένο σίδερο.
hardihood s. θράσος n.
hardiness s. τόλμη f. σκληραγωγία f. ἀνθεκτικότης f. (see hardy).
hardly adv. μόλις, σχεδόν. we've ~ got time μόλις πού ἔχομε καιρό. I ~ know him δέν τόν γνωρίζω σχεδόν. I need ~ tell you περιττόν νά σᾶς πῶ. they can ~ have arrived yet δέν μπορεῖ νά ἔφτασαν ἀκόμα. I have ~ enough to pay the bill ἔχω μόλις καί μετά βίας νά πληρώσω τό λογαριασμό. I have ~ begun μόλις ἄρχισα. see scarcely.
hardy a. (bold) τολμηρός, (robust) σκληραγωγημένος, (of plants) ἀνθεκτικός.
hare s. λαγός m. ~-brained a. ἀνόητος.
harem s. χαρέμι n.
haricot-bean s. φασόλι n.
hark v. ~! ἄκου! (iron.) ~ at him! ἄκου-σον-ἄκουσον! ~ back to ἐπανέρχομαι σέ.
harlequin s. ἀρλεκίνος m.
harlot s. πόρνη f. ~ry s. πορνεία f.
harm s. κακό n. (damage) ζημία f. do ~ (to) βλάπτω. come to (or suffer) no ~ δέν παθαίνω τίποτα. there's no ~ in asking δέν βλάπτει σέ τίποτα ἄν (or νά) ρωτήσωμε. there's no ~ in him δέν ἔχει κακία μέσα του. out of ~'s way ἐκτός κινδύνου. (v.) βλάπτω. ~ful a. βλαβερός, ἐπιβλαβής, ἐπιζήμιος. ~less a. (drug, experiment) ἀβλαβής, (person, animal, joke) ἄκακος. ~lessly adv. χωρίς ζημία.
harmon|ic, ~ious a. ἁρμονικός. ~iously adv. ἁρμονικά.
harmonium s. ἁρμόνιον n.
harmon|y s. ἁρμονία f. ~ize v.t. (mus. & fig.) ἐναρμονίζω. (v.i.) (agree) συμφωνῶ.
harness s. (beast's) σαγή f., χάμουρα n.pl. (fig., straps) λουριά n.pl. in ~ δουλεύοντας. (v.) ζεύω. (fig., utilize for power) τιθασσεύω.
harp s. ἄρπα f.
harp v. ~ on ἀναμασῶ, ἐπαναλαμβάνω διαρκῶς.
harpoon s. καμάκι n. (v.) καμακώνω.
harpy s. ἄρπυια f.
harridan s. μέγαιρα f.
harrow s. σβάρνα f. (v.) σβαρνίζω, (fig.) σπαράζω. ~ing a. σπαρακτικός.
harry v. παρενοχλῶ, (pester) κυνηγῶ.
harsh a. (severe) σκληρός, (rough) τραχύς.

~ly *adv.* σκληρά. ~ness *s.* σκληρότης *f.* τραχύτης *f.*

harum-scarum *a.* ἐλαφρόμυαλος.

harvest *s.* *(crops)* συγκομιδή *f.*, σοδειά *f.* *(vintage)* τρύγος *m.* *(season)* θέρος *m.*, θερισμός *m.* *(v.)* θερίζω, τρυγῶ. ~er *s.* θεριστής *m.* *(machine)* θεριστική μηχανή.

has-been *s.* *(fam.)* ξοφλημένος *a.*

hash *s.* ξαναμαγειρεμένο κρέας. *(fig.)* make a ~ of it τά κάνω σαλάτα. *(v.)* λιανίζω.

hashish *s.* χασίσι *n.*

hassock *s.* μαξιλλάρι γονυκλισίας.

haste *s.* σπουδή *f.*, βία *f.*, βιασύνη *f.* be in ~ βιάζομαι, ἐπείγομαι. make ~ σπεύδω, κάνω γρήγορα, βιάζομαι. make ~! κάνε γρήγορα, βιάσου! *(v.)* *see* hasten.

hasten *v.t.* *(an event)* ἐπισπεύδω, *(an activity)* ἐπιταχύνω. they ~ed him away τόν ἔβγαλαν ἀρον-ἀρον ἔξω. *(v.i.)* σπεύδω, κάνω γρήγορα.

hast|y *a.* βιαστικός. ~y-tempered ὀξύθυμος. ~ily *adv.* βιαστικά, ἐσπευσμένως. ~iness *s.* βιασύνη *f.*

hat *s.* καπέλλο *n.*, πῖλος *m.* ~ in hand *(fig.)* παρακαλώντας. raise one's ~ ἀποκαλύπτομαι. *(fig.)* I take off my ~ to him τοῦ βγάζω τό καπέλλο, τόν ἀναγνωρίζω. pass round the ~ κάνω ἔρανο. keep it under one's ~ τό κρατῶ μυστικό. talk through one's ~ λέω μπούρδες. at the drop of a ~ χωρίς παρακάλια. a bad ~ παλιάνθρωπος *m.* old ~ ξεπερασμένος *a.* my ~! Κύριε ἐλέησον! I'll eat my ~ (if) νά μοῦ τρυπᾶς τή μύτη (ἄν).

hatch *v.t.* ἐκκολάπτω, *(fig.)* *(contrive)* μηχανεύομαι. *(v.i.)* ἐκκολάπτομαι. ~ery *s.* λιβάρι *n.*

hatchet *s.* μπαλ(ν)τᾶς *m.* *(fig.)* bury the ~ συμφιλιώνομαι.

hate *v.* μισῶ, σιχαίνομαι. I ~ him τόν μισῶ. I ~ quarrelling *(or* rice-pudding) σιχαίνομαι τούς καβγάδες *(or* τό ριζόγαλο). I ~ bothering you λυποῦμαι πού σᾶς ἐνοχλῶ. *(s.)* μῖσος *n.* ~ful *a.* *(person)* μισητός, *(job, weather)* σιχαμερός.

hatpin *s.* καρφίτσα τοῦ καπέλλου.

hatred *s.* μῖσος *n.*

hatstand *s.* καλόγερος *m.*

hatter *s.* καπελλᾶς *m.*

haught|y *a.* *(person)* ὑπερόπτης, *(behaviour)* ὑπεροπτικός. ~iness *s.* ὑπεροψία *f.*

haul *v.t.* ἕλκω, τραβῶ, σύρω. *(tow)* ρυμουλκῶ. ~ down ὑποστέλλω. *(s.)* *(act)*

τράβηγμα *n.* *(of fish)* ψαριά *f.* *(spoils)* λεία *f.* ~age *s.* μεταφορά *f.* *(charges)* μεταφορικά *n.pl.* ~ier *s.* ἐργολάβος μεταφορῶν.

haunch *s.* μπούτι *n.* on one's ~es ἀνακούρκουδα.

haunt *v.* *(pursue)* καταδιώκω, *(possess)* κατέχω. ~ed στοιχειωμένος. it is ~ed by pickpockets συχνάζεται ἀπό λωποδύτες. *(s.)* *(in town)* στέκι *n.* *(in country)* λημέρι *n.* it is a ~ of nightingales εἶναι γεμᾶτο ἀηδόνια.

have anomalous *v.* you ~ been there, ~n't you? ἔχετε πάει ἐκεῖ, ἔτσι; yes, I ~ ναί, ἔχω πάει.

have *v.t.* *(possess)* ἔχω. *(a walk, bath, party, go)* κάνω. *(tea, one's medicine)* παίρνω. ~ a fight μαλλώνω, ~ lunch γευματίζω, ~ a tooth out βγάζω ἕνα δόντι, ~ a suit made ράβω κοστούμι. ~ *(sthg.)* done *see* get *(v.t.)*. we had a puncture μᾶς ἔπιασε λάστιχο. I'll ~ that one θά πάρω ἐκεῖνο. I won't ~ it *(allow)* δέν τό ἐπιτρέπω. what did you ~ to eat? τί φάγατε; we had them to dinner τούς εἴχαμε τραπέζι. let me ~ it back δῶσ' μου το πίσω. has he had measles? ἔβγαλε ἱλαρά; I've been had *(tricked)* μοῦ τήν ἔφτιαξαν. ~ it your own way! ὅπως ἀγαπᾶς. let 'em ~ it! δῶσ' του! ~ it out with ἐξηγοῦμαι μέ. ~ to do with *(relate to)* ἔχω σχέση μέ, *(mix with)* ἔχω σχέσεις μέ. rumour has it that... διαδίδεται ὅτι. *(v.i.)* ~ to *(must)* I shall ~ to leave tomorrow πρέπει νά φύγω αὔριο. they had to get up early ἔπρεπε νά ξυπνήσουν νωρίς. you don't ~ to stay δέν εἶσαι ὑποχρεωμένος *(or* ἀναγκασμένος) νά μείνης.

have on *v.t.* *(be wearing)* φορῶ, what did she ~ ? τί φοροῦσε; *(be doing)* I have nothing on tonight εἶμαι ἐλεύθερος ἀπόψε. *(tease)* δουλεύω.

have up *v.t.* be had up *(get summons)* παίρνω κλῆσιν, *(get arrested)* συλλαμβάνομαι.

haven *s.* λιμάνι *n.* *(fig.)* καταφύγιον *n.*

haversack *s.* σακκίδιον *n.* *(soldier's)* γυλιός *m.*

haves *s.* *(fam.)* ~ and have nots οἱ ἔχοντες καί οἱ μή ἔχοντες.

havoc *s.* θραῦσις *f.* καταστροφή *f.*

hawk *s.* γεράκι *n.*

hawk *v.t.* πουλῶ ἀπό πόρτα σέ πόρτα. *(news)* διαδίδω. ~er *s.* γυρολόγος *m.*

hawser *s.* παλαμάρι *n.*

hay s. σανός m. (fig.) make ~ of it τά κάνω σαλάτα. make ~ while the sun shines ἐπωφελοῦμαι τῆς περιστάσεως. ~**cock** s. θημωνιά f. ~-**fever** s. πυρετός τοῦ χόρτου. ~-**stack** s. θημωνιά f.

haywire adv. (fam.) go ~ πάω στραβά.

hazard s. (chance) τύχη f. (risk) κίνδυνος m. (v.) διακινδυνεύω, παίζω. ~**ous** a. ἐπικίνδυνος.

haz|e s. καταχνιά f. (fig.) σύγχυσις f. ~**y** a. ἀμυδρός, (fig.) ἀβέβαιος.

hazel s. (nut) φουντούκι n. (tree) φουντουκιά f. (a.) ~ eyes ἀνοικτά καστανά μάτια.

he pron. αὐτός, ἐκεῖνος. there ~ is! νά τος, νά τον.

head s. κεφάλι m. κεφαλή f. (of cattle) κεφάλια n.pl. (of water, steam) στήλη f. (of nail, tool) κεφάλι n. (of list, page) κορυφή f. (of state, church, procession) κεφαλή f. (leader) ἀρχηγός m. (director) διευθυντής m. (of department) προϊστάμενος m. (promontory) ἀκρωτήριον n. bed ~ κεφαλάρι n. ~ of stairs κεφαλόσκαλο n. (on beer) κολλάρο n. per ~ κατ' ἄτομον. ~s or tails κορώνα γράμματα. from ~ to foot ἀπ' τήν κορφή ὥς τά νύχια. ~ first μέ τό κεφάλι. at the ~ (of) (in front, in charge) ἐπί κεφαλῆς (with gen.). go ~ over heels κουτρουβαλώ. come to a ~ φτάνω σέ κρίσιμο σημεῖο, (of a boil) ὡριμάζω. things are coming to a ~ ἔφτασε ὁ κόμπος στό χτένι. have a good ~ for ἔχω μυαλό γιά. give (person) his ~ δίδω ἐλευθερίαν εἰς. keep one's ~ διατηρῶ τήν ψυχραιμία μου. keep one's ~ above water ἐπιπλέω, κατορθώνω νά σωθῶ. lose one's ~ χάνω. he's off his ~ τοῦ ἔστριψε, τρελλάθηκε. he's not right in the ~ δέν τά ἔχει σωστά. turn the ~ of ξεμυαλίζω. it went to his ~ τόν χτύπησε στό κεφάλι, πῆραν τά μυαλά του ἀέρα. he's got it into his ~ (that) τοῦ μπῆκε στό μυαλό (ὅτι), he took it into his ~ (to) τοῦ κατέβηκε or τοῦ κάπνισε (νά). the idea never entered my ~ οὔτε μοῦ πέρασε ἡ ἰδέα. I can't make ~ or tail of it δέν μπορῶ νά βγάλω ἄκρη.

head v.t. (govern) διευθύνω, (lead) ἡγοῦμαι, εἶμαι ἐπί κεφαλῆς (both with gen.). ~ the list, poll, etc. βγαίνω πρῶτος. ~ off κόβω τό δρόμο (with gen.), (fig.) ἀποτρέπω. (v.i.) ~ for τραβῶ γιά, κατευθύνομαι πρός.

head a. πρῶτος. ~ gardener ἀρχικηπου-

ρός m. ~ waiter μαίτρ m. ~ post-office κεντρικόν ταχυδρομεῖον. ~**ache** s. πονοκέφαλος m. ~**band** s. κεφαλόδεσμος m. ~**dress** s. μεταμφίεσις τῆς κεφαλῆς. ~**er** s. (dive) βουτιά f. ~**gear** s. κάλυμμα τῆς κεφαλῆς. ~**ing**, ~**line** s. ἐπικεφαλίς f., τίτλος m. ~**lamp** s. προβολεύς m. ~**long** a. ὁρμητικός. (adv.) μέ τό κεφάλι. ~**man** s. φύλαρχος m. ~**master** s. διευθυντής m. (secondary) γυμνασιάρχης m. ~**mistress** s. διευθύντρια f. (secondary) γυμνασιάρχης f. ~-**on** a. μετωπικός. (adv.) κατά μέτωπον. ~**phones** s. ἀκουστικά κεφαλῆς. ~**quarters** s. (of firm) ἕδρα f. (operational) στρατηγεῖον n. ~**sman** s. δήμιος m. ~**strong** a. ἰσχυρογνώμων. ~**way** s. πρόοδος f. make ~way προοδεύω. ~-**wind** s. ἀέρας κόντρα. ~**word** s. λῆμμα n. ~**y** a. μεθυστικός.

heal v.t. θεραπεύω, γιατρεύω. (v.i.) ἐπουλώνομαι, γιαίνω. ~**er** s. θεραπευτής m. ~**ing** s. θεραπεία f. (a.) θεραπευτικός.

health s. ὑγεία f. (administrative domain) ὑγιεινή f. be in bad ~ δέν εἶμαι καλά στήν ὑγεία μου. enjoy the best of ~ χαίρω ἄκρας ὑγείας. (a.) (officer, regulations, etc.) ὑγειονομικός, ~ certificate πιστοποιητικόν ὑγείας. ~**y** a. (in good ~ & fig.) ὑγιής, (good for ~) ὑγιεινός. have a ~y appetite τρώω μέ ὄρεξη.

heap s. σωρός m., στοίβα f. (fam.) I've got ~s ἔχω ἕνα σωρό. (v.t.) στοιβάζω, (collect) μαζεύω. ~ with (load) φορτώνω, γεμίζω.

hear v. ἀκούω. (law, try) δικάζω. I have ~d of it τό ἔχω ἀκούσει, τό ἔχω ἀκουστά. ~ from παίρνω νέα ἀπό. ~ out ἀκούω μέχρι τέλους. I won't ~ of it δέν θέλω νά ἀκούσω λέξη γιά αὐτό. he could hardly be ~d μόλις ἀκουγότανε. ~ ~! μπράβο! ~**er** s. ἀκροατής m. ~**say** s. φήμη f. from ~say ἐξ ἀκοῆς.

hearing s. (sense) ἀκοή f. be hard of ~ βαρυακούω. within ~ εἰς ἀκουστήν ἀπόστασιν, in my ~ μπροστά μου. (audience) ἀκρόασις f. gain a ~ γίνομαι δεκτός εἰς ἀκρόασιν. be condemned without a ~ καταδικάζομαι ἀναπολόγητος. (law) the case is due for ~ shortly ἡ ὑπόθεσις θά δικασθῆ προσεχῶς. ~-**aid** s. ἀκουστικόν n.

hearken v. ἀκούω.

hearse s. νεκροφόρα f.

heart s. καρδιά f. (fig., essence) οὐσία f. after my own ~ τῆς ἀρεσκείας μου. in my ~ of ~s στά κατάβαθα τῆς καρδιᾶς μου. to my ~'s content ὅσο τραβάει ἡ καρδιά μου. I have it at ~ τὸχω βάλει μέσ' στήν καρδιά μου. I have set my ~ on it ἔχει κολλήσει ἡ καρδιά μου σ' αὐτό. ~ and soul ὁλοψύχως, at ~ κατά βάθος, by ~ ἀπ' ἔξω, learn by ~ ἀποστηθίζω. take ~ παίρνω κουράγιο, take to ~ παίρνω κατάκαρδα, take *(person)* to one's ~ ἔχω στήν καρδιά μου. lose ~ ἀποθαρρύνομαι, lose one's ~ to ἐρωτεύομαι, wear one's ~ on one's sleeve δείχνω τά αἰσθήματά μου. it was enough to break one's ~ ἦταν νά σπαράξῃ ἡ καρδιά τοῦ ἀνθρώπου. *(at cards)* κούπα *f. (a.) (of the ~)* καρδιακός. ~ache *s.* καημός *m.,* μαράζι *n.* ~beat *s.* παλμός *m.* ~breaking *a.* σπαρακτικός. ~broken *a.* περίλυπος μέχρι θανάτου. ~burn *s.* καούρα *f.* ~-burning *s.* πικρία *f.* ~en *v.* ἐμψυχώνω. ~ening *a.* ἐνθαρρυντικός. ~-failure *s.* συγκοπή *f.* ~felt *a.* βαθύς. ~less *a.* ἄσπλαχνος. ~lessness *s.* σκληρότης *f.* ~-rending *a.* σπαρακτικός. ~-searching *s.* βαθειά αὐτοεξέτασις. ~strings *s.* play on his ~strings θίγω τίς εὐαίσθητες χορδές του. ~-throb *s. (fam.)* βάσανο *n.* ~-to-~ *a.* χωρίς προσχήματα.

hearth *s.* τζάκι *n. (fig.)* ~ and home οἰκογενειακή ἑστία.

heart|y *a. (cordial)* ἐγκάρδιος, θερμός, *(hale)* σφριγηλός, *(support, etc.)* ἔνθερμος. a ~y eater γερό πηρούνι. ~ily *adv.* θερμά, *(with zest)* μέ ὄρεξη. laugh ~ily γελῶ μέ τήν καρδιά μου. I am ~ily sick of it τό ἔχω βαρεθῆ μέχρις ἀηδίας.

heat *s.* ζέστη *f. (phys.)* θερμότης *f. (fervour)* θέρμη *f. (anger, excitement)* ἔξαψις *f.,* παραφορά *f. (fever)* πυρετός *m. (rut)* ὀργασμός *m. (in sports)* προκριματικός ἀγών. ~ wave κῦμα καύσωνος. *(v.t.)* ζεσταίνω, θερμαίνω. ~er *s. (stove)* θερμάστρα *f. (of water)* θερμοσίφων *m.*

heated *a. (with emotion, wine)* ξαναμμένος, *(angry)* ὀργισμένος. get ~ ἐξάπτομαι, ξανάβω. ~ly *adv.* ὀργισμένα.

heath *s. (place)* χερσότοπος *m. (plant)* ρείκι *n.*

heathen *a.* εἰδωλολάτρης. *(fig.)* βάρβαρος.

heather *s.* ρείκι *n.*

heating *s. (system, provision of heat)* θέρμανσις *f. (making sthg. hot)* ζέσταμα *n. (a.)* θερμαντικός.

heave *v.t. (throw)* ρίχνω, *(raise)* σηκώνω, *(haul)* τραβῶ. ~ a sigh βγάζω στεναγμό, ἀναστενάζω. *(v.i.) (of ship, etc.)* ταλαντεύομαι, *(gently)* λικνίζομαι. her bosom

~d with emotion κοντανάσαινε ἀπ' τι συγκίνηση. ~ to σταματῶ. *(s.)* τράβηγμα *n.*

heaven *s.* οὐρανός *m.* move ~ and eartl χαλῶ τόν κόσμο. ~ knows! Κύριος οἶδε good ~s! Κύριε ἐλέησον! for ~'s sake γιά ὄνομα τοῦ Θεοῦ, πρός Θεοῦ. ~ly *a.* οὐράνιος. *(fam.)* we had a ~ly time περάσαμε μούρλια *(or* ὄνειρο).

heav|y *a.* βαρύς, *(difficult)* δύσκολος, *(tiring)* κουραστικός, *(big)* μεγάλος, *(strong, intense)* δυνατός. make ~y weather *(fig.)* δυσκολεύομαι. be a ~y drinker πίνω πολύ. find it ~y going προχωρῶ μέ δυσκολία. time hangs ~y ὁ χρόνος περνάει ἀργά. ~ily *adv.* βαρέως, *(very, much)* πολύ, *(strongly)* δυνατά. ~iness *s.* βάρος *n.* ~y-handed *a.* καταπιεστικός *(awkward)* ἀδέξιος. ~y-laden *a.* βαρυφορτωμένος. ~yweight *a. & s.* βαρέων βαρῶν.

Hebrew *a.* ἑβραϊκός. *(person)* Ἑβραῖος.

heckl|e *v.* παρενοχλῶ. ~ing *s.* παρενόχλησις *f.*

hectare *s.* ἑκτάριον *n.*

hectic *a. (flushed)* ἀναμμένος. *(fig.)* πυρετώδης, γεμάτος δραστηριότητα.

hector *v.t.* φέρνομαι δεσποτικά σέ. ~ing *a.* δεσποτικός.

hedge *s.* φράκτης ἀπό θάμνους. *(v.t.)* περιφράσσω. *(v.i.)* ἀπαντῶ μέ ὑπεκφυγάς.

hedgehog *s.* σκαντζόχοιρος *m.*

hedon|ism *s.* ἡδονισμός *m.* ~ist *s.* ἡδονιστής *m.*

heed *v. (also pay ~ to)* προσέχω. *(s.)* προσοχή *f.* ~ful *a.* προσεκτικός. ~less *a.* ἀπρόσεκτος, be ~less of δέν προσέχω. ~lessly *adv.* ἀπρόσεκτα.

heel *s.* φτέρνα *f. (of shoe)* τακούνι *n.* at one's ~s *(close)* κατά πόδας. come to ~ πειθαρχῶ. take to one's ~s τό βάζω στά πόδια. down at ~ κουρελής. *(fam.)* well ~ed πλούσιος.

heel *v.i.* γέρνω.

hefty *a. (big)* μεγάλος, *(strong)* δυνατός. *(of object, bulky)* ὀγκώδης.

hegemony *s.* ἡγεμονία *f.*

heifer *s.* δαμαλίδα *f.*

height *s.* ὕψος *n. (stature)* ἀνάστημα *n. (high ground)* ὕψωμα *n. (acme)* ἀκμή *f.* the ~ of fashion ἡ τελευταία λέξη τῆς μόδας.

heighten *v.t. (lift)* ὑψώνω, *(increase)* αὐξάνω, *(intensify)* ἐπιτείνω.

heinous *a.* στυγερός.

heir *s.* ~ess *s.* κληρονόμος *m.f.* be ~ to

κληρονομῶ. ~ to throne διάδοχος *m.f.*
~**loom** *s.* κειμήλιον *n.*
ιelicopter *s.* ἑλικόπτερον *n.*
ιelium *s.* ἥλιον *n.*
ιell *s.* κόλασις *f.* *(fam.)* raise ~ χαλάω
τόν κόσμο. to ~ with it! στό διάολο. be
~-bent on *(doing sthg.)* θέλω σώνει καί
καλά νά. ~**ish** *a.* διαβολικός, *(fam.)*
διαβολεμένος.
Hellen|e *s.* Ἕλλην *m.*, Ἑλληνίς *f.* ~**ic** *a.*
ἑλληνικός. *(person)* see H~e. ~**ism** *s.*
ἑλληνισμός *m.* ~**ize** *v.t.* ἐξελληνίζω.
Hellenist *s.* Ἑλληνιστής *m.* ~**ic** *a.* ἑλληνι-
στικός.
hello *int.* see hallo.
helm *s.* πηδάλιον *n.* ~**sman** *s.* πηδαλιοῦ-
χος *m.*
helmet *s.* κράνος *n.*, κάσκα *f.* *(warrior's)*
περικεφαλαία *f.* crash ~ κάσκα *f.*
helot *s.* εἵλωτας *m.*
help *v.* βοηθῶ. *(remedy, avoid)* it can't be
~ed δέν γίνεται ἀλλιῶς, I couldn't ~
agreeing with him δέν μποροῦσα νά μή
συμφωνήσω μαζί του. don't stay longer
than you can ~ νά μείνης ὅσο τό δυνα-
τόν λιγώτερο. *(serve food)* I ~ him to
potatoes τοῦ βάζω *(or* σερβίρω*)* πατάτες.
~ oneself to *(take)* παίρνω μόνος μου,
(steal) βουτῶ.
help *s.* βοήθεια *f.* be of ~ *(to)* βοηθῶ.
(helper) βοηθός *m.f.* ~**er** *s.* βοηθός *m.f.*
~**ful** *a.* ἐξυπηρετικός, χρήσιμος. ~**ing** *s.*
μερίδα *f.* *(a.)* give a ~ing hand δίδω
χεῖρα βοηθείας. ~**less** *a.* *(powerless)* ἀνί-
σχυρος, *(incapacitated)* ἀδύναμος, ἀνήμ-
πορος. be ~**less** *(unable)* ἀδυνατῶ.
~**mate** *s.* σύντροφος *m.f.*
helter-skelter *adv.* προτροπάδην.
hem *s.* στρίφωμα *n.* *(v.)* στριφώνω. *(fig.)*
~ in περικλείω, περικυκλώνω.
hemisphere *s.* ἡμισφαίριον *n.*
hemlock *s.* κώνειον *n.*
hemp *s.* καννάβι *n.* ~**en** *a.* ἀπό καννάβι.
hen *s.* κόττα *f.* *(fam.)* ~ party γυναικο-
παρέα *f.*
hence *adv.* *(from here)* ἀπό δῶ, *(from
now)* ἀπό τώρα, *(as a result)* ἐκ τούτου,
γιά αὐτό. ~**forth**, ~**forward** *adv.* ἐφεξῆς.
henchman *s.* ὀπαδός *m.*
henna *s.* χέννα *f.*
henpecked *a.* he is ~ τόν σέρνει ἀπ' τή
μύτη ἡ γυναῖκα του.
hepatitis *s.* ἡπατῖτις *f.*
heptagon *s.* ἑπτάγωνον *n.*
her *pron.* I saw ~ τήν εἶδα, for ~ γιά
ἐκείνη, ~ house τό σπίτι της, I gave it

to ~ τῆς τό ἔδωσα. ~**self** see self.
herald *s.* κήρυξ *m.* *(fig.)* προάγγελος *m.*
(v.) προαγγέλλω. ~**ry** *s.* ἐραλδική *f.*
herb *s.* βεδψΰ. ~**age** *s.* βοσκή *f.* ~**al** *a.*
ἀπό βότανα.
herbaceous *a.* *(border)* μέ πολυετῆ φυτά.
herbivorous *a.* χορτοφάγος.
herculean *a.* ἡράκλειος.
herd *s.* ἀγέλη *f.* vulgar ~ ἀγελαῖον πλῆ-
θος, ~ instinct ἀγελαῖον ἔνστικτον. *(v.t.)*
(tend) φυλάω, *(fig.)* ~ together μαζεύω
κοπαδιαστά. ~**sman** *s.* βοσκός *m.*, βου-
κόλος *m.*
here *adv.* ἐδῶ, ἐνταῦθα. ~ we are! νά
μας. ~ you are *(offering)* ὁρίστε. over ~
ἀπό δῶ, πρός τά ἐδῶ. ~ lies *(buried)*
ἐνθάδε κεῖται. ~**abouts** *adv.* ἐδῶ γύρω.
~**after** *adv.* στό μέλλον. ~**by** *adv.* διά
τοῦ παρόντος. ~**tofore** *adv.* μέχρι τοῦδε.
~**upon** *adv.* κατόπιν τούτου. ~**with** *adv.*
μέ τό παρόν, διά τῆς παρούσης.
heredit|ary *a.* κληρονομικός. ~**y** *s.* κληρο-
νομικότης *f.*
here|sy *s.* αἵρεσις *f.* ~**tic** *s.*, ~**tical** *a.* αἱ-
ρετικός.
heritage *s.* κληρονομία *f.*
hermaphrodite *a.* & *s.* ἑρμαφρόδιτος.
hermetically *adv.* ἑρμητικῶς.
hermit *s.* ἐρημίτης *m.* ἀναχωρητής *m.*
~**age** *s.* ἐρημητήριον *n.*
hernia *s.* κήλη *f.*
hero *s.* ἥρωας *m.* ~**ine** *s.* ἡρωίδα *f.* ~**ism**
s. ἡρωισμός *m.*
heroic *a.* ἡρωικός. ~**s** *(fam.)* μεγάλα λό-
για. ~**ally** *adv.* ἡρωικά.
heroin *s.* ἡρωίνη *f.*
herring *s.* ρέγγα *f.* *(fig.)* red ~ παραπλα-
νητικόν ἐπιχείρημα. ~**-bone** *s.* *(pattern)*
ψαροκόκκαλο *n.*
hers *pron.* δικός της.
hesit|ant *a.* διστακτικός. ~**ancy** *s.* διστα-
κτικότης *f.*
hesitat|e *v.* διστάζω. ~**ion** *s.* δισταγμός *m.*
hessian *s.* καννάβάτσο *n.*
heterodox *a.* ἑτερόδοξος.
heterogeneous *a.* ἀνομοιογενής.
heterosexual *a.* ἑτεροφυλόφιλος.
hew *v.* κόβω, πελεκῶ.
hexagon *s.* ἑξάγωνον *n.*
hexameter *s.* ἑξάμετρον *n.*
heyday *s.* μεσουράνημα *n.*
hiatus *s.* χασμωδία *f.*
hibernation *s.* χειμερία νάρκη.
hibiscus *s.* ἰβίσκος *m.*
hiccup *s.* λόξυγγας *m.* have the ~**s** ἔχω
λόξυγγα.

hidden *a.* κρυφός, κρυμμένος.

hide *s.* τομάρι *n.,* δορά *f. (leather)* δέρμα *n.* ~**bound** *a. (fig.)* στενόμυαλος.

hide *v.t.* κρύβω. *(v.i.)* κρύβομαι. ~**-and-seek** *s.* κρυφτό *n.* ~**out** *s.* κρησφύγετον *n.*

hideous *a.* εἰδεχθής, ἀπαίσιος. ~**ly** *adv.* φρικτά. ~**ness** *s.* εἰδέχθεια *f.*

hiding *s.* be *(or* go) into ~ κρύβομαι. *(fam.) (beating)* ξύλο *n.,* ξυλοκόπημα *n.* get a ~ τρώω ξύλο. ~**-place** *s.* κρυψώνας *m.*

hierarchy *s.* ἱεραρχία *f.*

hieroglyphics *s.* ἱερογλυφικά *n.pl.*

hi-fi *a.* ὑψηλής πιστότητος.

higgledy-piggledy *adv.* φύρδην-μίγδην.

high *a.* ψηλός, *(elevated, exalted)* ὑψηλός. it is 10 metres ~ ἔχει δέκα μέτρα ὕψος. *(fam., drunk)* μεθυσμένος. *(meat)* πολύ σιτεμένος. *(wind)* δυνατός. H~ Court Ἀνώτατον Δικαστήριον, H~ Commissioner Ὕπατος Ἁρμοστής. ~ jump ἅλμα εἰς ὕψος. ~ life μεγάλη ζωή, ~ living καλοπέραση *f.* at ~ noon μέσ' στό καταμεσήμερο, ντάλα μεσημέρι. ~ opinion καλή ἰδέα. ~ praise μεγάλοι ἔπαινοι. ~ school γυμνάσιον *n.* ~ seas διεθνή ὕδατα. ~ spirits κέφι *n.* ~ spots ἀξιοθέατα *n.pl.* ~ tide φουσκονεριά *f., (see* tide). ~ treason ἐσχάτη προδοσία. ~ words θυμωμένα λόγια. it is ~ time εἶναι καιρός πιά *(with* νά). have a ~ (old) time τό ρίχνω ἔξω, ξεφαντώνω. have a ~ colour ἔχω κόκκινο πρόσωπο. be left ~ and dry μένω στά κρύα τοῦ λουτροῦ. ~**-born** *a.* ὑψηλής καταγωγής. ~**brow** *a.* σοβαρός, ὑψηλοῦ ἐπιπέδου. ~**-class** *a.* ἀνωτέρας ποιότητος. ~**er** *a. (in rank)* ἀνώτερος. ~**est** *a.* ἀνώτατος, ὕψιστος. ~**-falutin** *a.* σπουδαιοφανής. ~**-flown** *a.* ὑπερβολικός. ~**-frequency** *a.* ὑψηλῆς συχνότητος. ~**-handed** *a.* αὐταρχικός. ~**-hat** *a.* περιφρονητικός. ~**lands** *s.* ὀρεινή περιοχή. ~**light** *v. (fig.)* ὑπογραμμίζω, ἐξαίρω. *(s.)* κορύφωμα *n.* ~**-minded** *a.* ὑψηλόφρων. ~**ness** *s.* ὑψηλότης *f.* ~**-pitched** *a.* ψιλός. ~**-spirited** *a.* γενναῖος, ψυχωμένος, *(lively)* ζωηρός. ~**-water mark** *s.* ἀνωτάτη στάθμη ὕδατος. ~**way** *s.* δημοσιά *f.* ~**wayman** *s.* ληστής *m.*

high *adv. (also* ~ up) ψηλά. ~ and low παντοῦ, on ~ στόν οὐρανό.

highly *adv. (much, very)* πολύ. he is ~ paid πληρώνεται πολύ καλά, I think ~ of him τόν ἐκτιμῶ πολύ, he is ~ thought of χαίρει μεγάλης ἐκτιμήσεως. ~

-coloured *a. (fig.)* ὑπερβολικός. ~**-strung** *a.* ὑπερευαίσθητος.

hijack *v.* κλέβω. ~**er** *s. (of plane)* ἀεροπειρατής *m.*

hik|e, ~**ing** *s.* πεζοπορία *f.* ~**er** *s.* πεζοπόρος *m.*

hilari|ous *a.* κεφάτος, εὔθυμος. ~**ty** *s.* ἱλαρότης *f.*

hill *s.* λόφος *m.* ~**ock** *s.* λοφίσκος *m.* ~**-side** *s.* πλαγιά *f.* ~**y** *a. (country)* λοφώδης, *(road)* πάνω σέ λόφους.

hilt *s.* λαβή *f. (fig.)* up to the ~ πέρα γιά πέρα.

him *pron.* I saw ~ τόν εἶδα, I gave ~ a book τοῦ ἔδωσα ἕνα βιβλίο, for ~ γιά ἐκεῖνον. ~**self** *pron. see* self.

hind *s. (deer)* ἐλαφίνα *f.*

hind *a.* ὀπίσθιος, πισινός. ~**most** *a.* τελευταῖος. ~**quarters** *s.* καπούλια *n.pl.* ~**sight** *s.* by ~sight ἐκ τῶν ὑστέρων.

hind|er *v.* ἐμποδίζω. ~**rance** *s.* ἐμπόδιο *n.*

hinge *s.* μεντεσές *m.,* ρεζές *m. (v.i.) (fig.)* ~ upon ἐξαρτῶμαι ἀπό.

hint *s.* ὑπαινιγμός *m. (trace)* ἴχνος *n. (advice)* συμβουλή *f.* drop a ~ ρίχνω ἕνα πόντο, he took the ~ μπῆκε μέ τήν πρώτη. *(v.)* ~ at ὑπονοῶ, ὑπαινίσσομαι.

hinterland *s.* ἐνδοχώρα *f.*

hip *s.* ἰσχίον *n.,* γοφός *m.*

Hippocratic *a.* ἱπποκράτειος.

hippopotamus *s.* ἱπποπόταμος *m.*

hire *v.* μισθώνω, νοικιάζω, *(an employee)* προσλαμβάνω. ~ out ἐκμισθώνω. *(s.)* μίσθωσις *f.,* ἐνοικίασις *f.* πρόσληψις *f. (pay)* ἀμοιβή *f.* ~**ling** *s.* πληρωμένος *a.* ~**-purchase** *s.* on ~εὲμ?e oseiw.

hirsute *a.* μαλλιαρός.

his *pron.* ~ book τό βιβλίο του, is it ~? εἶναι δικό του;

hiss *v. (also* ~ at) σφυρίζω. *(s.)* σφύριγμα *n.*

histology *s.* ἱστολογία *f.*

histor|y *s.* ἱστορία *f.* ~**ian** *s.* ἱστορικός *m.* ~**ic,** ~**ical** *a.* ἱστορικός. ~**ically** *adv.* ἱστορικῶς.

histrionic *a.* θεατρινίστικος. ~**s** *s.* θεατρινίστικα καμώματα.

hit *v.* χτυπῶ, *(target)* βρίσκω. you've ~ it *(succeeded)* τό πέτυχες, he was ~ *(by missile)* ἐβλήθη, χτυπήθηκε. ~ one's head on a post χτυπῶ τό κεφάλι μου σέ μία κολόνα. they don't ~ it off δέν τά πᾶνε καλά. ~ on βρίσκω κατά τύχην. ~ out at ἐπιτίθεμαι κατά *(with gen.).* ~ hard πλήττω. *(s.)* χτύπημα *n. (success)* ἐπιτυχία *f.*

itch s. ἐμπόδιο n. it went off without a ~ πῆγε ὁμαλά, πῆγε ῥολόι.

itch v. (attach) προσδένω. ~ up (raise) σηκώνω. (fam.) ~ a ride κάνω ὠτοστόπ. **~-hiking** s. ὠτοστόπ n.

ither adv. (πρός τά) ἐδῶ. ~to adv. μέχρι τοῦδε.

it-or-miss a. στήν τύχη.

ive s. κυψέλη f. (fig.) ~ off (v.t.) ἀποχωρίζω, (v.i.) ἀποχωρίζομαι.

ioard s. θησαυρός m. (v.) μαζεύω καί κρύβω.

ioarding s. (billboard) ψηλός ξύλινος φράκτης (γιά διαφημίσεις).

ioarfrost s. πάχνη f.

ioarse a. βραχνός. **~ness** s. βραχνάδα f.

ioary a. ἄσπρος, (fig.) πανάρχαιος.

ioax s. φάρσα f. (v.t.) παίζω φάρσα σέ.

iob s. μάτι κουζίνας.

iobble v.i. (limp) κουτσαίνω. (v.t.) (bind) πεδικλώνω. (s.) πέδικλον n.

iobbledehoy s. μαντράχαλος m.

iobby s. χόμπυ n. **~-horse** s. (fam.) βίδα f., μανία f.

iobgoblin s. καλλικάντζαρος m.

iobnailed a. μέ καρφιά.

iobnob v. ~ with συναναστρέφομαι.

iobo s. ἀλήτης m.

iocus-pocus a. ἀπάτη f.

iod s. πηλοφόρι n.

ioe s. σκαλιστήρι n. (v.) σκαλίζω.

iog s. χοῖρος m. (fig.) go the whole ~ φτάνω στά ἄκρα. **~wash** s. (fam.) μπούρδες f.pl.

ioist v. ὑψώνω, ἀνεβάζω. (s.) τράβηγμα n. (machine) ἀναβατήρας m.

iold v.t. κρατῶ, (possess) ἔχω, (support) βαστῶ, (contain) περιέχω, (have room for) χωράω, παίρνω. (restrain) συγκρατῶ, (consider) θεωρῶ. (a post) κατέχω, (a meeting) κάνω, ὀργανώνω. be held (take place) γίνομαι. ~ water (be logical) στέκομαι. ~ one's own (or one's ground) κρατῶ γερά. ~ one's peace (or one's tongue) σωπαίνω. ~ one's hand (not act) καθυστερῶ τή δράση μου. they were ~ing hands κρατιόνταν ἀπό τό χέρι. (v.i.) (endure) ἀντέχω, (last out) κρατῶ. ~ fast, firm, tight κρατιέμαι. ~ (good) (be valid) ἰσχύω. ~ forth (talk) μακρηγορῶ.

iold back v.t. (restrain) συγκρατῶ, (hinder) ἐμποδίζω, (hide) κρύβω. (v.i.) ἐπιφυλάσσομαι, διστάζω.

iold by v.t. (stick to) παραμένω πιστός εἰς.

hold down v.t. (repress) καταπιέζω, (a job) κρατῶ.

hold in v.t. συγκρατῶ.

hold off v.t. κρατῶ εἰς ἀπόστασιν. (v.i.) παραμένω εἰς ἀπόστασιν, ἀπέχω. the rain held off δέν ἔβρεξε.

hold on v.i. (resist) ἀνθίσταμαι. ~ on! (stop) στάσου! ~ to (keep securely) κρατῶ καλά, (for support) πιάνομαι ἀπό. (v.t.) (keep in place) κρατῶ.

hold out v.t. (προ)τείνω, (give) δίνω. (v.i.) (resist) ἀντέχω, (insist) ἐπιμένω, (contain oneself) κρατιέμαι.

hold over v.t. (defer) ἀναβάλλω.

hold to v. (stick to) κρατῶ, παραμένω πιστός εἰς. I held him to his promise τόν ὑποχρέωσα νά τηρήση τήν ὑπόσχεσή του.

hold up v.t. (raise) σηκώνω, (as example) παρουσιάζω, (interrupt) διακόπτω, (delay) καθυστερῶ, (rob) ληστεύω.

hold-up s. διακοπή f. (robbery) ληστεία f.

hole s. τρύπα f., ὀπή f. make a ~ in ἀνοίγω τρύπα σέ, τρυπῶ. go into ~s τρυπῶ. in ~s τρύπιος. pick ~s in βρίσκω τρωτά σέ. be in a ~ (fig.) βρίσκομαι σέ δύσκολη θέση. **~-and-corner** a. μυστικός.

holiday s. (public) ἀργία f. (feast-day) ἑορτή f. (leave) ἄδεια f. ~s διακοπές f.pl. **~-maker** s. (in summer) παραθεριστής m. (excursionist) ἐκδρομεύς m.

holiness s. ἁγιότης f.

hollo, ~a v.i. φωνάζω.

hollow a. κούφιος, κοῖλος, (sunken) βαθουλός, (of sound) σπηλαιώδης. (false) ἀπατηλός, (fig., empty) κενός. (s.) (depression) βαθούλωμα n. (of tree, tooth) κουφάλα f. (v.t.) βαθουλώνω, ~ out σκάβω. (adv.) (fam.) beat (person) ~ νικῶ κατά κράτος.

holly s. λιόπρινο n.

holm-oak s. πρινάρι n.

holocaust s. ὁλοκαύτωμα n.

holy a. ἅγιος. (Gospel, Office, Synod, ground, war) ἱερός. ~ man ἅγιος m. ~ water ἁγιασμός m. H~ Land οἱ Ἅγιοι Τόποι, H~ Week Μεγάλη Ἑβδομάς, H~ of Holies Τά Ἅγια τῶν Ἁγίων.

homage s. do (or pay) ~ δηλῶ ὑποτέλειαν, (fig.) ἀποτίω φόρον τιμῆς.

home s. (house) σπίτι n. (country) τόπος m., πατρίδα f. give a ~ to (accommodate) φιλοξενῶ, feel at ~ αἰσθάνομαι ἄνετα, make oneself at ~ φέρομαι σάν στό σπίτι μου. be at ~ (receive visits) δέχομαι. Sailors' H~ Οἶκος τοῦ Ναύτου.

(nursing, etc.) κλινική *f.* ~-**coming** *s.* γυρισμός *m. (of emigrant)* παλινόστησις *f.* ~**land** *s.* πατρίδα *f.* ~**ly** *a. (simple)* άπλός, *(warm)* ζεστός, *(like* ~*)* σπιτικός. ~-**made** *a.* σπιτήσιος, σπιτικός. ~**sick** *a.* feel ~sick έχω νοσταλγία. ~**spun** *a. (fig.)* άπλός. ~**stead** *s.* άγρόκτημα *n.* ~**ward(s)** *a.* & *adv.* πρός τό σπίτι. ~**work** *s. (formal)* κατ' οίκον έργασία, *(fam.)* μαθήματα *n.pl.*

home *a. (of household)* οίκιακός, τοΰ σπιτιοΰ. *(of country: products)* έγχώριος, ντόπιος, *(affairs)* έσωτερικός. *(of family)* οίκογενειακός. ~ town γενέτειρα *f.* ~ rule αύτοδιοίκησις *f.* ~ team *or* side ντόπιοι *n.pl.* H~ Office 'Υπουργεΐον 'Εσωτερικών.

homicide *s.* άνθρωποκτονία *f.*

homily *s.* κήρυγμα *n.*

homoeopathy *s.* όμοιοπαθητική *f.*

homogene|ous *a.* όμοιογενής. ~**ity** *s.* όμοιογένεια *f.*

homograph *s.* όμόγραφος λέξις.

homophone *s.* όμώνυμος λέξις.

homosexual *a.* & *s.* όμοφυλόφιλος.

hone *s.* άκόνι *n. (v.)* άκονίζω.

honest *a.* τίμιος, έντιμος. *(frank)* είλικρινής. ~**ly** *adv.* τίμια, είλικρινά. ~**y** *s.* τιμιότης *f.*, έντιμότης *f.*

honey *s.* μέλι *n.* of *or* like ~ μελένιος. ~**comb** *s.* κηρήθρα *f.* ~**ed** *a.* μελιστάλακτος, όλο μέλι. ~**moon** *s.* μήν τοΰ μέλιτος. ~**suckle** *s.* άγιόκλημα *n.*

honorarium *s.* άμοιβή *f.*

honor|ary *a. (person)* έπίτιμος, *(degree, etc.)* τιμητικός. ~**ific** *a.* τιμητικός.

honour *v.t.* τιμώ. *(a bill, etc.)* πληρώνω, έξοφλώ.

honour *s.* τιμή *f. (esteem)* έκτίμησις *f. (uprightness)* έντιμότης *f.*, τιμιότης *f. (mark of distinction)* τιμητική διάκρισις *f.* affair of ~ μονομαχία *f.* guard of ~ τιμητική φρουρά, word of ~ λόγος τιμής, maid of ~ δεσποινίς έπί τών τιμών. make it a point of ~ φιλοτιμοΰμαι. be in ~ bound έχω ήθική ύποχρέωση. do the ~s περιποιοΰμαι τούς καλεσμένους. in ~ of πρός τιμήν *(with gen.).* ~**able** *a.* έντιμος, τίμιος. ~**ably** *adv.* τίμια.

hood *s.* κουκούλα *f.* ~**ed** *a.* μέ κουκούλα.

hoof *s.* όπλή *f.*, νύχι *n.*

hook *s. (for hanging up, grappling)* γάντζος *m. (small)* γαντζάκι *n. (fish)* άγκίστρι *n. (meat)* τσιγκέλι *n. (reaping)* δρεπάνι *n.* ~-**and-eye** fastener κόπιτσα *f.* by ~ or by crook όπωσδήποτε, on one's

own ~ μόνος μου. sling one's ~ στρίβω ~ line and sinker τελείως. *(v.t.)* γαν τζώνω, *(fasten dress, etc.)* κουμπώνω *(fig.) (inveigle)* τυλίγω, 6ουτώ. get ~e on κυριεύομαι άπό τό πάθος *(with gen.,* ~ it στρίβω. ~**ed** *a.* γαμψός. ~-**nosed** *a* μέ γαμψή μύτη.

hookah *s.* ναργιλές *m.*

hooligan *s.* ταραχοποιός *m.*

hoop *s.* στεφάνη *f.*, τσέρκι *n.* put *(person* through the ~ ύποβάλλω είς δοκιμασίαν

hoopoe *s.* έποψ *m.*, τσαλαπετεινός *m.*

hooray *int.* μπράβο, ζήτω.

hoot *v.i. (of owl)* σκούζω, *(of motor)* κοϱ νάρω, *(of siren)* σφυρίζω. *(v.t.* & *i. (jeer)* γιουχαΐζω. *(s.) (also* ~ing) σκού ξιμο *n.* κορνάρισμα *n.* γιουχαϊσμός *m* ~**er** *s.* σειρήν *f.*

hop *v.* πηδώ *(στό ένα πόδι). (fam.)* ~ ι στρίβω. *(s.)* πήδημα *n. (fam., dance)* χο ρός *m.* you caught me on the ~ μέ όρή κες άπροετοίμαστο.

hope *s.* έλπίς, έλπίδα *f. (v.) (also* ~ for έλπίζω, *(expect)* περιμένω.

hopeful *a.* be ~ έχω έλπίδα, έλπίζω *(optimistic)* αίσιόδοξος, *(causing hope,* έλπιδοφόρος, the situation seems more ~ ή κατάστασις παρέχει μεγαλύτερες έλπί δες. *(fam.)* young ~ φέρελπις νεανίας ~**ly** *adv.* έχοντας έλπίδες, αίσιόδοξα.

hopeless *a. (despairing)* άπελπισμένος, *(de spaired of)* άπελπιστικός. *(fam.)* it *(or* he) is ~ *(or* a ~ case) είναι άπελπισία. ~**ly** *adv.* άπελπισμένα. ~**ness** *s.* άπελπι στική κατάστασις.

hoplite *s.* όπλίτης *m.*

hopper *s. (in mill)* χωνί *n.*

hop-scotch *s.* κουτσό *n.*, καλόγερος *m.*

horde *s.* όρδή *f.*

horizon *s.* όρίζων *m.* ~**tal** *a.* όριζόντιος. ~**tally** *adv.* όριζοντίως.

hormone *s.* όρμόνη *f.*

horn *s. (animal's)* κέρας *n.*, κέρατο *n. (substance)* κέρατο *n. (mus.)* κόρνο *n. (motor)* κόρνο *n.*, κλάξον *n.* sound one's ~ κορνάρω. shoe-~ κόκκαλο *n. (snail's)* άντένα *f.* draw in one's ~s ύποχωρώ. on the ~s of a dilemma πρό διλήμματος. ~ of plenty κέρας τῆς 'Αμαλθείας. Golden H~ Κεράτειος Κόλπος, Χρυσοῦν Κέρας. *(a.)* κοκκάλινος, άπό κόκκαλο. ~**ed** *a.* κερασφόρος, μέ κέρατα. ~**y** *a.* κερατοειδής, *(gnarled)* ροζιάρικος.

hornet *s.* σκοῦρκος *m. (fig.)* stir up a ~'s nest δημιουργώ φασαρίες γιά τόν έαυτό μου.

ornpipe s. χορός ναυτῶν.

oroscope s. ὡροσκόπιον n.

orrendous a. ἀνατριχιαστικός.

orrib|le a. φοβερός, φρικτός. **~ly** adv. φοβερά, φρικτά.

orrid a. ἀποκρουστικός, ἀντιπαθέστατος.

orrific a. φρικιαστικός, φρικαλέος.

orrify v. προκαλῶ φρίκη σέ. **~ing** a. φρικιαστικός, φρικαλέος.

orror s. φρίκη f. I have a ~ of it μοῦ προκαλεῖ φρίκη. **~-struck** a. be **~-struck** φρίσσω.

ors-d'oeuvre s. ὀρεκτικόν n.

orse s. ἄλογο n., ἵππος m. (cavalry) ἱππικόν n. (vaulting) ἐφαλτήριον n. (clothes) καλόγερος m. white **~s** (on waves) ἀρνάκια n.pl. **~back** s. on **~back** ἔφιππος a., καβάλλα adv. **~-chesnut** s. ἀγριοκαστανιά f. **~flesh** s. (to eat) ἀλογήσιο κρέας, (horses) ἄλογα n.pl. **~fly** s. ἀλογόμυγα f. **~hair** a. ἀπό τρίχες ἀλόγου. **~man** s. καβαλλάρης m., ἱππεύς m. **~-play** s. θορυβῶδες παιγνίδι. **~-power** s. ἱπποδύναμις f. 12 **~-power** δώδεκα ἵππων. **~-radish** s. χράνο n. **~-sense** s. κοινός νοῦς. **~-shoe** s. πέταλο n. **~whip** v. μαστιγώνω. (s.) καμτσίκι n. **~woman** s. ἱππεύτρια f.

ortatory a. παραινετικός.

orticultur|e s. φυτοκομία f. **~ist** s. φυτοκόμος m.

os|e s. (apparel) κάλτσες f.pl. **~iery** s. ἀνδρικά εἴδη.

ose, ~pipe s. λάστιχο n., σωλήν ποτίσματος. (v.t.) καταβρέχω μέ τό λάστιχο.

ospice s. (travellers') ξενών m. (for sick) ἄσυλον n.

ospitab|le a. φιλόξενος. **~ly** adv. φιλόξενα.

ospital s. νοσοκομεῖον n.

ospitality s. φιλοξενία f.

ost s. οἰκοδεσπότης m. (of inn) ξενοδόχος m. (eccl.) Η~ ὄστια f. (biol.) ξενιστής m. (multitude) πλῆθος n. (army) στρατιά f.

ostage s. ὅμηρος m.

ostel s. οἰκοτροφεῖον n. (of university) οἶκος φοιτητῶ. youth ~ ξενών νεότητος.

ostess s. οἰκοδέσποινα f. air ~ ἱπταμένη f., ἀεροσυνοδός f.

ostil|e a. ἐχθρικός. **~ity** s. ἐχθρικότης f. **~ities** ἐχθροπραξίες f.pl.

ot a. ζεστός, θερμός, (peppery) καυτερός, ~ springs θερμαί πηγαί. it is ~ (weather) κάνει ζέστη. get (or feel) ~ ζεσταίνομαι. I went ~ all over ἔπαθα ἔξαψη. (fam.)

get ~ under the collar ἀνάβω, ἐξάπτομαι, μέ πιάνει θυμός. ~ on the scent ἐπί τά ἴχνη. get into ~ water ἔχω μπλεξίματα. blow ~ and cold ἀλλάζω συνεχῶς γνώμη. he is ~ on Bach εἶναι εἰδικός στόν Μπάχ. (fig.) ~ air μποῦρδες f.pl. **~bed** s. (fig.) ἑστία f. **~blooded** a. θερμόαιμος. **~foot** adv. ὁλοταχῶς. **~head** s., **~headed** a. αὐθόρμητος. **~house** s. θερμοκήπιον n. **~ly** adv. (angrily) θυμωμένα, (with drive) μέ πάθος. **~plate** s. (of stove) μάτι n. **~pot** s. ραγκού n. **~-tempered** a. εὐέξαπτος. **~-waterbottle** s. θερμοφόρα f.

hot v.t. ~ up ξαναζεσταίνω. (v.i.) ~ up ξαναζεσταίνομαι. (fig.) things are **~ting** up παρουσιάζεται κίνησις.

hotch-potch s. συνονθύλευμα n.

hotel s. ξενοδοχεῖον n. **~ier** s. ξενοδόχος m.

hound s. λαγωνικό n. (v.) καταδιώκω.

hour s. ὥρα f. for ~s ἐπί ὥρες, μέ τίς ὥρες. ~ hand (of clock) ὡροδείκτης m. **~glass** s. ἀμμόμετρον n. **~ly** a. ὡριαῖος. (adv.) κάθε ὥρα, (by the ~) μέ τήν ὥρα.

houri s. οὐρί n.

house s. σπίτι n. (business, royal, God's) οἶκος m. (of Parliament) Βουλή f. private ~ μονοκατοικία f. keep ~ κρατῶ τό σπίτι, move ~ μετακομίζω, set up ~ ἐγκαθίσταμαι. full ~ πλήρης αἴθουσα, ~ of cards χάρτινος πύργος. it brought down the ~ χάλασε ὁ κόσμος. we get on like a ~ on fire τά πᾶμε μία χαρά. (v.) στεγάζω, (put up) φιλοξενῶ, (store) ἀποθηκεύω. **~agent** s. κτηματομεσίτης m. **~boat** s. πλωτό σπίτι. **~breaker** s. διαρρήκτης m. **~keeper** s. οἰκονόμος m.f. **~keeping** s. νοικοκυριό n. **~maid** s. ὑπηρέτρια f. **~warming** s. ἐγκαίνια τοῦ σπιτιοῦ. **~wife** s., **~wifely** a. νοικοκυρά f. **~work** s. δουλειές τοῦ σπιτιοῦ.

household s. οἶκος m., σπιτικό n. (a.) οἰκειακός, τοῦ σπιτιοῦ. ~ gods ἐφέστιοι θεοί. ~ word πασίγνωστος a. **~er** s. νοικοκύρης m.

housing s. στέγασις f. ~ question στεγαστικό ζήτημα.

hovel s. τρώγλη f.

hover v. ζυγίζομαι, (waver) ταλαντεύομαι.

how adv. πῶς, ~ much πόσο, (a.) πόσος. ~ far πόσο μακριά, ~ old πόσο χρονῶν. ~ wide is it? τί (or πόσο) φάρδος ἔχει; ~ often do the trains run? κάθε πόσο ἔχει τραῖνο; ~ long did you stay there? πόσον καιρό μείνατε ἐκεῖ; ~ long does it take? πόση ὥρα θέλει; ~ nice! τί ὡραῖα!

however *adv.* *(nevertheless)* ὅμως. ~ much it may rain ὅσο καί νά βρέχη. *(in whatever manner)* μέ ὁποιονδήποτε τρόπο. ~ you please ὅπως σᾶς ἀρέσει.

howitzer *s.* ὀβιδοβόλον *n.*

howl *v.* οὐρλιάζω, ὠρύομαι. *(s.)* *(also* ~ing) οὐρλιασμα *n.*

hoyden *s.* τρελλοκόριτσο *n.*

hub *s.* πλήμνη *f.* *(fig.)* κέντρον *n.*

hubble-bubble *s.* ναργιλές *m.*

hubbub *s.* ὀχλοβοή *f.*, χάβρα *f.*

huckster *s.* γυρολόγος *m.*

huddle *v.i.* *(also* be ~d) στρυμώχνομαι, σφίγγομαι, *(nestle)* κουλουριάζομαι. be ~d *(of village, house)* εἶμαι χωμένος. *(s.)* *(pile)* σωρός *m.* go into a ~ συσκέπτομαι κρυφά.

hue *s.* χρῶμα *n.* ~ and cry *(pursuit)* γενική καταδίωξις, *(outcry)* κατακραυγή *f.*

huff *s.* in a ~ προσβεβλημένος. ~y *a.* μυγιάγγιχτος.

hug *v.* σφίγγω στήν ἀγκαλιά μου, *(fig.*, cling to)* προσκολλῶμαι εἰς, *(of garment)* σφίγγω, *(the coast, etc.)* περνῶ σύρριζα σέ. *(s.)* σφιχταγκάλιασμα *n.*

huge *a.* πελώριος, τεράστιος, *(esp. in height)* θεόρατος. ~ly *adv.* λίαν, πάρα πολύ.

hulk *s.* *(pej.)* *(ship)* σαπιοκάραβο *n.* *(person, also* ~ing *a.)* μπατάλικος.

hull *s.* *(ship's)* σκάφος *n.*, κουφάρι *n.*

hull *s.* *(shuck)* φλοιός *m.* *(v.)* ξεφλουδίζω.

hullabaloo *s.* χάβρα *f.*, σαματᾶς *m.* cause a ~ χαλάω τόν κόσμο.

hullo *int.* see hallo.

hum *v.* βουΐζω, βομβῶ, *(of person)* μουρμουρίζω. ~ and haw τά μασῶ. *(the office, etc.)* is ~ming with activity σφύζει ἀπό δραστηριότητα.

human *a.* ἀνθρώπινος. ~ being ἀνθρώπινον ὄν.

humane *a.* γεμᾶτος ἀνθρωπιά, *(classical)* κλασσικός. ~ly *adv.* μέ ἀνθρωπιά.

human|ism *s.* ἀνθρωπισμός *m.* ~ist *a.* ἀνθρωπιστής *m.*

humanitarianism *s.* φιλανθρωπισμός *m.*

humanit|y *s.* *(mankind)* ἀνθρωπότης *f.* *(humaneness)* ἀνθρωπιά *f.* ~ies *(classics)* κλασσικές σπουδές.

humanize *v.* ἐξανθρωπίζω.

humb|le *a.* ταπεινός. *(v.)* ταπεινώνω. ~ly *adv.* ταπεινά. ~ly born ταπεινῆς καταγωγῆς.

humbug *s.* *(sham)* μποῦρδες *f.pl.*, κοροϊδία *f.* *(person)* τσαρλατάνος *m.*

humdrum *a.* μονότονος, τῆς ἀράδας.

humid *a.* ὑγρός. ~ity *s.* ὑγρασία *f.*

humiliat|e *v.* ταπεινώνω. ~ion *s.* ταπείνωσις *f.*

humility *s.* ταπεινοφροσύνη *f.*

humorist *s.* χιουμορίστας *m.*

humorous *a.* ἀστεῖος. *(drawing, etc)* χιουμοριστικός. he is very ~ ἔχει πολ\> χιοῦμορ. ~ly *adv.* μέ χιοῦμορ.

humour *s.* *(temper)* διάθεσις *f.* be in good ~ εἶμαι στίς καλές μου, ἔχω κέφι. *(bein\> funny)* χιοῦμορ sense of ~ αἴσθησις το\> χιοῦμορ. *(v.t., a person)* τοῦ κάνω τ\> κέφια, πάω μέ τά νερά του.

hump *s.* ὕβος *m.*, καμπούρα *f.* *(ba\> mood)* have the ~ εἶμαι κακόκεφος. ~\ε *a.* καμπουρωτός.

hunch *v.* καμπουριάζω. *(s.)* *(premonitio\> προαίσθησις *f.* ~back *s.* καμπούρης *a.*

hundred *num.* ἑκατό(ν). ~s ἑκατοντάδε\> *f.pl.* two ~ *(a.)* διακόσιοι. ~-drachm\> note ἑκατοστάρι(κο) *n.* *(fig.)* a ~ an\> one χίλια δύο. ~th *a.* ἑκατοστό\> ~weight *s.* στατήρ *m.*

hunger *s.* πεῖνα *f.* *(fig.)* δίψα *f.* *(v.)* ~ fc\> *(fig.)* διψῶ γιά.

hungry *a.* πεινασμένος, *(fig.)* διψασμένο\> *(γιά).* be *or* feel ~ πεινῶ.

hunk *s.* κομματάρα *f.*

hunt *v.t. & i.* κυνηγῶ. *(search, also* \> for)* ψάχνω, γυρεύω, ἀναζητῶ. ~ dow\> καταδιώκω. *(s.)* κυνήγι *n.*, θήρα *j\> *(search)* ψάξιμο *n.* ~er *s.* κυνηγός *m\> ~ress *s.* κυνηγός *f.* *(Diana)* Κυνηγέτις *j\>*

hunting *s.* κυνήγι *n.*, θήρα *f.* *(a.)* κυνηγε\> τικός. ~ ground κυνηγότοπος *m.*, *(fig\> good *(or* happy)* ~ ground παράδεισο\> *m.*

huntsman *s.* κυνηγός *m.*

hurdle *s.* καλαμωτή *f.* *(in race & fig.)* ἐμ\> πόδιον *n.*

hurdy-gurdy *s.* ρομβία *f.*

hurl *v.* ρίχνω, πετῶ, τινάζω, *(also fig.\> ἐκτοξεύω. ~ oneself ρίχνομαι, ὁρμῶ.

hurly-burly *s.* φασαρία *f.*

hurrah *int.* ζήτω, μπράβο.

hurricane *s.* λαῖλαψ *f.*

hurried *a.* βιαστικός. ~ly *adv.* βιαστικά\> ἐσπευσμένως.

hurry *s.* σπουδή *f.*, βία *f.*, βιασύνη *f.* b\> in a ~ βιάζομαι, ἐπείγομαι. *(se\> hurried).

hurry *v.t.* *(also* ~ along, on, up) *(a\> event)* ἐπισπεύδω, *(an activity)* ἐπιτα\> χύνω. *(send quickly)* στέλνω βιαστικά. \> him up τόν κάνω νά βιαστῆ. the\>

hurried him away τόν ἔβγαλαν ἀρον-άρον ἔξω. *(v.i.) (also* ~ *up)* σπεύδω, κάνω γρήγορα, βιάζομαι. ~ up! κάνε γρήγορα, βιάσου! ~ away *or* off φεύγω βιαστικά.

urt *v.t. & i. (feel or cause pain)* my foot ~s (me) (μέ) πονάει τό πόδι μου. he ~ himself χτύπησε, he ~ his foot χτύπησε τό πόδι του. *(harm)* βλάπτω, *(offend)* θίγω. *(trouble, matter)* πειράζω. be ~ *(in accident)* πληγώνομαι. *(come to harm)* the plant won't ~ if it's left in the sun τό φυτό δέν θά πάθη τίποτα ἄν μείνη στόν ἥλιο. *(s.)* βλάβη *f.,* ζημία *f.,* κακό *n. (a.) (injured)* πληγωμένος, *(offended)* πειραγμένος. ~**ful** *a.* βλαβερός, ἐπιβλαβής. *(to feelings)* πειρακτικός.

urtle *v.i.* ὁρμῶ, *(through air)* ἐκσφενδονίζομαι, *(down)* κατρακυλῶ.

usband *s.* ἄνδρας *m.,* σύζυγος *m. (v.t.)* οἰκονομῶ.

usband|man *s.* καλλιεργητής *m.* ~**ry** *s.* γεωργία *f. (fig.)* οἰκονομία *f.*

ush *v.t. & i. (stop talking)* σωπαίνω, *(make or become quiet)* ἡσυχάζω. ~ up ἀποσιωπῶ. in ~ed tones χαμηλοφώνως. *(s.)* σιωπή *f. (of night)* σιγαλιά *f. (int.)* σιωπή! *(a.)* ~-~ μυστικός. ~-**money** *s.* δωροδοκία *f.*

usk *s.* φλοιός *m. (v.)* ξεφλουδίζω.

usk|y *a. (hoarse)* βραχνός, *(strong)* γεροδεμένος. ~**iness** *s.* βραχνάδα *f.* ρωμαλεότης *f.*

ussy *s.* ἀναιδής *a.*

ustings *s.* προεκλογική κίνησις. *(platform)* ἐξέδρα *f.*

ustle *v.t. (push)* σπρώχνω, *(hasten)* ἐπισπεύδω. *(v.i.)* βιάζομαι. *(s.)* βιασύνη *f.*

hut *s.* καλύβα *f. (army, etc.)* παράπηγμα *n.* ~**ment** *s.* παραπήγματα *n.pl.*

hutch *s.* κουμάσι γιά κουνέλια.

hyacinth *s.* ζουμπούλι *n.*

hybrid *a.* νοθογενής. *(s.)* διασταύρωσις *f.*

hydra *s.* ὕδρα *f.*

hydrangea *s.* ὀρτανσία *f.*

hydrant *s.* ὑδροστόμιον *n.*

hydraulic *a.* ὑδραυλικός.

hydrocephalous *a.* ὑδροκέφαλος.

hydrochloric *a.* ὑδροχλωρικός.

hydro-electric *a.* ὑδροηλεκτρικός.

hydrogen *s.* ὑδρογόνον *n.*

hydrophobia *s.* ὑδροφοβία *f.*

hydrostatic *a.* ὑδροστατικός.

hyena *s.* ὕαινα *f.*

hygien|e *s.* ὑγιεινή *f.* ~**ic** *a.* ὑγιεινός. ~**ically** *adv.* ὑγιεινῶς.

hymn *s.* ὕμνος *m. (v.)* ὑμνῶ.

hyper- ὑπερ-.

hyperbole *s.* ὑπερβολή *f.*

hyper-critical *a.* ὑπερβολικά αὐστηρός.

hyper-sensitive *a.* ὑπερευαίσθητος.

hypertension *s.* ὑπέρτασις *f. (fam.)* πίεσις *f.*

hyphen *s.* ἑνωτικόν *n.*

hypno|sis *s.* ὕπνωσις *f.* ~**tic** *a. (drug)* ὑπνωτικός, *(gaze)* πού σέ ὑπνωτίζει. ~**tism** *s.* ὑπνωτισμός *m.* ~**tist** *s.* ὑπνωτιστής *m.* ~**tize** *v.* ὑπνωτίζω.

hypochondria *s.* ὑποχονδρία *f.* ~**c** *s.* ὑποχονδριακός *m.*

hypocri|sy *s.* ὑποκρισία *f.* ~**te** *s.* ὑποκριτής *m.* ~**tical** *a.* ὑποκριτικός.

hypodermic *a.* ὑποδόριος.

hypotenuse *s. (math.)* ὑποτείνουσα *f.*

hypothe|sis *s.* ὑπόθεσις *f.* ~**tical** *a.* ὑποθετικός.

hyster|ia *s.* ὑστερία *f.* ~**ical** *a.* ὑστερικός. ~**ically** *adv.* ὑστερικά. ~**ics** *s.* have ~ics μέ πιάνει κρίσις νεύρων.

I

I *pron.* ἐγώ.

iambic *a.* ἰαμβικός.

Iberian *a.* ἰβηρικός.

ice *s.* πάγος *m. (confection)* παγωτό *n.* ~ age περίοδος τῶν παγετώνων. *(fig.)* cut no ~ with δέν ἐντυπωσιάζω. skate on thin ~ εἰσέρχομαι εἰς ἐπικίνδυνον ἔδαφος. *(v.t. & i.) (also* ~ over) παγώνω. ~**d** παγωμένος. ~**berg** *s.* παγόβουνο *n.* ~**box** *s.* παγωνιέρα *f.* ~-**cream** *s.* παγωτό *n.*

Icelandic *a.* ἰσλανδικός.

ichor *s.* ἰχώρ *m.*

icicle *s.* παγοκρύσταλλος *m.*

icily *adv.* ψυχρῶς.

icing *s.* γκλασάρισμα *n.*

icon *s. (ἁγία)* εἰκών *f.,* εἰκόνισμα *n.*

iconocl|asm *s.* εἰκονοκλασία *f.* ~**ast** *s.* εἰκονοκλάστης *m.* ~**astic** *a.* εἰκονοκλαστικός.

icy *a. (attitude)* παγερός, *(thing)* παγωμένος.

idea *s.* ἰδέα *f.*

ideal *a.* ἰδανικός, ἰδεώδης. *(s.)* ἰδανικόν

*n., *ἰδεῶδες *n. ~ly *adv. ~ly I should like
to... τό ἰδεῶδες θά ἦταν νά.
ideal|ism *s.* ἰδεαλισμός *m.* ~ist *s.* ἰδεαλι-
στής *m.* ~istic *a.* ἰδεαλιστικός.
identical *a.* ὁ ἴδιος.
identification *s.* διαπίστωσις ταυτότητος.
~ paper(s) ταυτότης *f.*
identify *v.t.* *(establish identity of)* διαπι-
στώνω τήν ταυτότητα *(with gen.).* *(reco-*
gnize) ἀναγνωρίζω. *(treat as identical)*
ταυτίζω, ~ oneself with ταυτίζομαι μέ.
identity *s.* *(also ~ card)* ταυτότης *f.*
ideolog|y *s.* ἰδεολογία *f.* ~ical *a.* ἰδεολογι-
κός.
idiocy *s.* ἠλιθιότης *f.,* βλακεία *f.*
idiom *s.* *(language)* ἰδίωμα *n.* *(peculiar*
form) ἰδιω(μα)τισμός *m.* ~atic *a.* ἰδιω-
ματικός.
idiosyncra|sy *s.* *(fam.)* ἰδιομορφία *f.* ~tic
a. ἰδιόμορφος.
idiot *s.,* ~ic *a.* ἠλίθιος, ἀνόητος. ~ically
adv. ἠλίθια, ἀνόητα.
idle *a.* *(lazy)* ὀκνηρός, τεμπέλης. *(not*
working) ἀργός, *(machine)* σταματημένος,
(capital) νεκρός. *(worthless)* μάταιος.
~ness *s.* τεμπελιά *f.*
idle *v.i.* *(be ~)* τεμπελιάζω, χασομερῶ.
(v.t.) ~ away χάνω. ~r *s.* χασομέρης *a.*
idly *adv.* *(slowly)* ἀργά, μέ τό πάσσο μου.
(vainly) ματαίως. *(doing nothing)* μέ
σταυρωμένα χέρια.
idol *s.* εἴδωλον *n.* *(admired person)* ἴν-
δαλμα *n.* ~ize *v.* θαυμάζω μέχρις εἰδω-
λολατρείας.
idolat|er *s.* εἰδωλολάτρης *m.* ~rous *a.* εἰ-
δωλολατρικός. ~ry *s.* εἰδωλολατρεία *f.*
idyll *s.* εἰδύλλιον *n.* ~ic *a.* εἰδυλλιακός.
if *conj.* ἄν, ἐάν. even ~ καί νά, ἀκόμα
κι'ἄν. as ~ σά νά *(with indicative).* ~
only the weather would improve! μακάρι
νά ἔφτιαχνε ὁ καιρός. ~ only it wasn't
so far! νά μήν ἦταν μόνο τόσο μακριά. I
should like to go ~ only for a few days
θά ἤθελα νά πάω ἔστω καί γιά λίγες
μέρες. *(I wouldn't do it)* — not even ~
you paid me ἀκόμα καί νά μέ πλήρωνες.
ignit|e *v.t. & i.* ἀνάβω. ~ion *s.* ἀνάφλεξις
f.
ignob|le *a.* ἐπαίσχυντος, ντροπιαστικός.
~ly *adv.* αἰσχρά.
ignomin|y *s.* ἀτίμωσις *f.* ~ious *a.* ἀτιμωτι-
κός. ~iously *adv.* κατά ἐπαίσχυντον
τρόπον.
ignoramus *s.* ἀμαθής *a.,* ζῷον *n.*
ignor|ance *s.* ἀμάθεια *f.* *(unawareness)*
ἄγνοια *f.* ~ant *a.* *(pej.)* ἀμαθής.

(unaware) ἀνίδεος, be ~ant of *(no*
know) ἀγνοῶ.
ignore *v.* *(danger, etc.)* ἀψηφῶ, *(overlook*
παραβλέπω. *(take no notice of, snub*
ἀγνοῶ.
ikon *s.* see icon.
ilex *s.* πρινάρι *n.*
ill *a.* *(sick)* ἄρρωστος, ἀσθενής. be ~ ἀσ
θενῶ, fall or make ~ ἀρρωσταίνω. *(bad*
κακός. ~ feeling ἔχθρα *f.* ~ fortune *o*
luck κακοτυχία *f.* *(s.)* κακό *n.* ~s *(mis*
fortunes) κακά *n.pl.,* κακοτυχίες *f.p*
(adv.) κακῶς ~ at ease στενοχωρημένος
~-advised *a.* ἀσύνετος. ~-assorted *a*
ἀταίριαστος. ~-behaved *a.* ἀνάγωγος
(child) κακομαθημένος. ~-bred *a.* κο
κοαναθρεμμένος. ~-breeding *s.* κακ
ἀνατροφή. ~-disposed *a.* κακῶς διατε
θειμένος. ~-fated *a.* *(person)* κακότυχος
δύσμοιρος, *(action)* μοιραῖος. ~-favou
a. δυσειδής. ~-gotten *a.* παράνομος
~-humoured *a.* κακότροπος. ~-mannere
a. ἀνάγωγος. ~-judged *a.* ἀσύνετος, *(in*
discreet) ἀδιάκριτος. ~-matched *a.* ἀται
ριαστος. ~-natured *a.* κακός. ~-omene
a. see ill-fated. ~-starred *a.* see ill-fated
~-tempered *a.* κακότροπος. ~-timed *a*
ἄκαιρος.
ill-|treat, ~use *v.* κακομεταχειρίζομα
~treatment, ~use *s.* κακομεταχείρισις *f*
illegal *a.* παράνομος. ~ity *s.* παρανομία *f*
~ly *adv.* παρανόμως.
illegible *a.* δυσανάγνωστος.
illegimacy *s.* *(irregularity)* ἀνορθοδοξία *f*
(of birth) on account of his ~ λόγω το
ὅτι εἶναι νόθος.
illegitimate *a.* ἀνορθόδοξος, *(by birth*
ἐξώγαμος.
illiberal *a.* ἀνελεύθερος.
illicit *a.* ἀθέμιτος. ~ly *adv.* ἀθεμίτως.
illiter|ate *a.* ἀγράμματος. ~acy *s.* ἀναλφα
βητισμός *m.*
illness *s.* ἀρρώστ(ε)ια *f.,* ἀσθένεια *f.*
illogical *a.* he is ~ δέν εἶναι λογικός. ~l
adv. ἐνάντια στή λογική.
illuminat|e *v.* *(light)* φωτίζω, *(festively*
φωταγωγῶ. *(fig., make clear)* διαφωτίζω
(decorate) διακοσμῶ. ~ion *s.* *(festive*
φωταψία *f.* *(enlightenment)* φώτιση *f.*
illusion *s.* ψευδαίσθησις *f.* *(false idea)* h
is under the ~ that ζεῖ μέ τήν αὐταπάτ
ὅτι. *(hallucination)* παραίσθησις *f.* optica
~ ὀπτική ἀπάτη.
illusory *a.* ἀπατηλός.
illustrat|e *v.t.* *(a scene or book)* εἰκονο
γραφῶ, *(by example)* ἐπεξηγῶ. ~ion *s*

picture) εἰκόνα *f.* *(act)* εἰκονογράφησις *. (example)* παράδειγμα *n.* ~**ive** *a.* ἐπεξηγηματικός.

ustrious *a.* ἔνδοξος.

1age *s.* ὁμοίωμα *n.*, εἴδωλον *n.* *(also mental)* εἰκών *f.* the very ~ of his father ρτυστός ὁ πατέρας του. ~**ry** *s.* παραπτατικόν ὕφος.

1aginable *a.* διανοητός. the greatest mistake ~ τό μεγαλύτερο λάθος πού μπορεῖς νά φαντασθῆς.

1aginary *s.* φανταστικός.

1agination *s.* φαντασία *f.*

1aginative *a.* be ~ ἔχω φαντασία. over-~ εὐφάνταστος.

1agine *v.* φαντάζομαι.

1am *s.* ἰμάμης *m.*

1balance *s.* δυσαναλογία *f.*

1becil|e *a.* & *s.* ἠλίθιος. ~**ity** *s.* ἠλιθιότης *f.*

1bibe *v.* ἀπορροφῶ.

1broglio *s.* ἀνακατωσούρα *f.*

1bue *v.* ἐμποδίζω.

1itat|e *v.* (ἀπο)μιμοῦμαι. ~**ion** *s.* ἀπομίμησις *f.* in ~ion of κατά μίμησιν *(with gen.)*. *(a.)* ψεύτικος, ἰμιτασιόν. ~**ive** *a.* μιμητικός. ~**or** *s.* μιμητής *m.*

1maculate *a.* ἄψογος. *(eccl.)* I~ Conception Ἄμωμος Σύλληψις. ~**ly** *adv.* ἄψογα.

1manent *a.* ἐνυπάρχων.

1material *a.* ἄυλος. *(not important)* it is ~ δέν ἔχει σημασία.

1matur|e *a.* ἀνώριμος. ~**ity** *s.* ἀνωριμότης *f.*

1measurab|le *a.* ἄμετρος. ~**ly** *adv.* ἀσυγκρίτως.

1mediate *a.* ἄμεσος. ~**ly** *adv.* *(at once)* ἀμέσως. *(conj., as soon as)* μόλις.

1memorial *a.* *(customs)* προαιώνιος, *(trees, etc.)* αἰωνόβιος. from time ~ ἀπό ἀμνημονεύτων χρόνων.

1mens|e *a.* *(in extent)* ἀπέραντος, *(in bulk)* τεράστιος. ~**ely** *adv.* πάρα πολύ. ~**ity** *s.* μέγεθος *n.*

1mers|e *v.* βουτῶ, βυθίζω. ~**ed** in thought βυθισμένος σέ σκέψεις. ~**ion** *s.* βούτηγμα *n.*

1migr|ant *s.* μετανάστης *m.* ~**ate** *v.* ἔρχομαι ὡς μετανάστης. ~**ation** *s.* μετανάστευσις *f.*

1minent *a.* ἐπικείμενος. be ~ ἐπίκειμαι.

1mobil|e *a.* ἀκίνητος. ~**ity** *s.* ἀκινησία *f.* ~**ize** *v.* ἀκινητοποιῶ.

1moderate *a.* ὑπερβολικός. ~**ly** *adv.* ὑπερβολικά.

immodest *a.* ἄσεμνος. ~**ly** *adv.* ἄσεμνα. ~**y** *s.* ἔλλειψις σεμνότητος.

immolat|e *v.* θυσιάζω. ~**ion** *s.* θυσία *f.*

immoral *a.* ἀνήθικος, *(dissolute)* ἔκλυτος. ~**ity** *s.* ἀνηθικότης *f.* *(debauchery)* ἀκολασία *f.*

immortal *a.* ἀθάνατος. ~**ity** *s.* ἀθανασία *f.* ~**ize** *v.* ἀπαθανατίζω.

immovab|le *a.* ἀκίνητος, *(of purpose)* ἀκλόνητος. ~**ly** *adv.* *(fixed)* μονίμως.

immun|e *a.* ἀπρόσβλητος, *(exempt)* ἀπηλλαγμένος. *(med.)* be ~e ἔχω ἀνοσία. ~**ity** *s.* *(exemption)* ἀπαλλαγή *f.* *(diplomatic)* ἀσυλία *f.* *(med.)* ἀνοσία *f.*

immuniz|e *v.* ἀνοσοποιῶ. ~**ation** *s.* ἀνοσοποίησις *f.*

immure *v.* ἐγκλείω.

immutable *a.* ἀμετάβλητος.

imp *s.* *(joc.)* διαβολάκι *n.*

impact *s.* πρόσκρουσις *f.* *(effect)* ἐπίδρασις *f.*

impair *v.* βλάπτω, *(reduce)* μειώνω.

impale *v.* παλουκώνω.

impalpable *a.* *(to mind)* ἀσύλληπτος, *(to senses)* ἀνεπαίσθητος.

imparisyllabic *a.* περιττοσύλλαβος.

impart *v.* *(give)* δίδω, δίνω, *(convey)* μεταδίδω.

impartial *a.* ἀμερόληπτος. ~**ity** *s.* ἀμεροληψία *f.* ~**ly** *adv.* ἀμερολήπτως.

impassable *a.* ἀδιάβατος.

impassioned *a.* φλογερός, *(esp. of love)* περιπαθής.

impassiv|e *a.* ἀπαθής. ~**ely** *adv.* μέ ἀπάθεια. ~**ity** *s.* ἀπάθεια *f.*

impatience *s.* ἀνυπομονησία *f.*

impatient *a.* ἀνυπόμονος. be *or* get ~ ἀνυπομονῶ, *(anxiously)* ἀδημονῶ. be ~ of δέν ἀνέχομαι. ~**ly** *adv.* ἀνυπομόνως.

impeach *v.* *(motives)* ἀμφισβητῶ. *(person for high crimes)* παραπέμπω μέ κατηγορία. ~**ment** *s.* παραπομπή *f.*

impeccab|le *a.* ἄψογος. ~**ly** *adv.* ἄψογα.

impecunious *a.* ἀπέντερος.

impede *v.* ἐμποδίζω.

impediment *s.* ἐμπόδιο *n.* have an ~ in one's speech δυσκολεύομαι στήν ὁμιλία. ~**a** *s.* ἀποσκευαί *f. pl.*

impel *v.* ὠθῶ, *(provoke)* παρακινῶ.

impending *a.* ἐπικείμενος. be ~ ἐπίκειμαι.

impenetrab|le *a.* ἀδιαπέραστος. ~**ility** *s.* *(phys.)* ἀδιαχώρητον *n.*

impenitent *a.* ἀμετανόητος.

imperative *a.* ἐπιτακτικός, *(duty, etc.)* ἐπιβεβλημένος. *(s., gram.)* προστακτική *f.*

imperceptib|le *a.* ἀνεπαίσθητος. **~ly** *adv.* ἀνεπαισθήτως.
imperfect *a.* ἀτελής, ἐλαττωματικός. *(badly done)* πλημμελής. *(s., gram.)* παρατατικός *m.* **~ly** *adv.* ἐλαττωματικά. **~ion** *s.* ἀτέλεια *f. (fault)* ἐλάττωμα *n.*
imperial *a.* αὐτοκρατορικός. **~ism** *s.* ἰμπεριαλισμός *m.* **~ist** *s.* ἰμπεριαλιστής *m.* **~istic** *a.* ἰμπεριαλιστικός.
imperil *v.* ἐκθέτω εἰς κίνδυνον.
imperious *a.* αὐταρχικός.
imperishable *a.* ἄφθαρτος.
impermanent *a.* παροδικός.
impermeable *a.* ἀδιάβροχος.
impersonal *a.* ἀπρόσωπος. **~ly** *adv.* ἀπροσώπως.
impersonat|e *v.* ὑποδύομαι, *(mimic)* μιμοῦμαι. **~ion** *s.* μίμησις *f.* **~or** *s.* a good **~or** καλός μῖμος.
impertin|ence *s.* ἀναίδεια *f.* **~ent** *a.* ἀναιδής. **~ently** *adv.* ἀναιδῶς.
imperturbab|le *a.* ἀτάραχος. **~ility** *s.* ἀταραξία *f.*
impervious *a.* *(person)* ἀνεπηρέαστος, *(material)* ἀδιαπέραστος, *(to air, water)* στεγανός.
impetu|ous *a.* ὁρμητικός. **~ously** *adv.* ὁρμητικῶς. **~osity** *s.* ὁρμητικότης *f.*
impetus *s.* *(momentum)* φόρα *f.* *(thrust)* ὤθησις *f.*
impiety *s.* ἀνευλάβεια *f.*
impinge *v.* *(on senses)* γίνομαι αἰσθητός *(with σέ)*. *(fam., encroach on)* καταπατῶ *(with acc.)*.
impious *a.* ἀνευλαβής.
impish *a.* σκανταλιάρης.
implacable *a.* ἀμείλικτος.
implant *v.* ἐμφυτεύω.
implausible *a.* ἀπίθανος.
implement *s.* σύνεργο *n.*, ἐργαλεῖο *n.*,
implement *v.* ἐφαρμόζω. **~ation** *s.* ἐφαρμογή *f.*
implicat|e *v.* ἀναμιγνύω, μπλέκω. **~ion** *s.* *(involvement)* ἀνάμιξις *f.* *(import)* ἔννοια *f.*, σημασία *f.*
implicit *a.* *(implied)* ὑπονοούμενος, it is **~** ὑπονοεῖται. *(absolute)* πλήρης, ἀπόλυτος. **~ly** *adv.* πλήρως, ἀπόλυτα.
implore *v.* ἐκλιπαρῶ.
imply *v.* ὑπονοῶ, *(presuppose)* προϋποθέτω.
impolite *a.* ἀγενής. **~ness** *s.* ἀγένεια *f.*
impolitic *a.* ἀσύμφορος.
imponderable *a.* ἀστάθμητος. *(s.)* **~s** ἀστάθμητοι παράγοντες.
import *v.* *(bring in)* εἰσάγω. *(mean)*

σημαίνω. *(s.)* εἰσαγωγή *f.* σημασία *f.* ἔννοια *f.* **~ation** *s.* εἰσαγωγή *f.* **~er** *s.* εἰσαγωγεύς *m.*
import|ant *a.* σημαντικός, σπουδαῖος. it **~ant** ἔχει σημασία. **~ance** *s.* σημασία *f.* σπουδαιότης *f.* person of **~ance** σημαίνον πρόσωπον.
importun|e *v.* φορτώνομαι. **~ate** *a.* φορτικός. **~ity** *s.* φορτικότης *f.*
impose *v.t.* ἐπιβάλλω. he **~d** himself on our company μᾶς κόλλησε. *(v.i.)* **~** on *(people)* ἐκμεταλλεύομαι, *(kindness)* καταχρῶμαι *(both with acc.)*.
imposing *a.* ἐπιβλητικός.
imposition *s.* *(act)* ἐπιβολή *f.* *(burden)* βάρος *n.* *(trick)* ἀπάτη *f.* *(punishment)* τιμωρία *f.*
impossibility *s.* it is an **~** εἶναι ἀδύνατο owing to the **~** of λόγω τοῦ ὅτι εἶναι ἀδύνατο νά.
impossib|le *a.* ἀδύνατος. *(fam.)* he is **~le** εἶναι ἀνοικονόμητος *(or* ἀνυπόφορος*)* **~ly** *adv.* *(fam.)* ἀφάνταστα.
impost *s.* δασμός *m.*
impost|or *s.* ἀπατεώνας *m.* **~ure** *s.* ἀπάτη *f.*
impot|ent *a.* ἀνίκανος. **~ence** *s.* ἀνικανότης *f.*
impoverish *v.* *(also* become **~**ed*)* φτωχαίνω. **~ed** gentlewoman ξεπεσμένη ἀρχόντισσα.
impracticable *a.* ἀνεφάρμοστος, *(road)* ἀδιάβατος.
impractical *a.* it is **~** δέν εἶναι πρακτικό.
imprecation *s.* ἀναθεματισμός *m.*
impregnable *a.* ἀπόρθητος.
impregnate *v.* γονιμοποιῶ, *(saturate)* διαποτίζω, *(imbue)* ἐμποτίζω.
impress *v.* ἐντυπωσιάζω, κάνω ἐντύπωση σέ. I **~ed** upon him that... τοῦ τόνισα ὅτι. *(s.)* σφραγίς *f.*
impression *s.* ἐντύπωσις *f.* *(of book)* ἔκδοσις *f.* **~able** *a.* πού ἐντυπωσιάζεται εὔκολα.
impression|ism *s.* ἰμπρεσσιονισμός *m.* **~is** *s.* ἰμπρεσσιονιστής *m.* **~istic** *a.* ὄχι ἐμπεριστατωμένος.
impressive *a.* ἐντυπωσιακός.
imprint *v.* *(ἀπο)τυπώνω, *(on the mind)* ἐντυπώνω. *(s.)* ἀποτύπωμα *n.*
imprison *v.* φυλακίζω. **~ment** *s.* φυλάκισις *f.*
improbab|le *a.* ἀπίθανος. **~ility** *s.* ἀπιθανότης *f.*
impromptu *a.* πρόχειρος, αὐτοσχέδιος *(adv.)* ἐκ τοῦ προχείρου.

nproper *a.* *(unseemly)* ἀπρεπής. *(inaccurate)* λανθασμένος, ὄχι σωστός. ~ use κατάχρησις *f.* **~ly** *adv.* ἀπρεπῶς, ὄχι σωστά, *(of linguistic usage)* καταχρηστικῶς.

mpropriety *s.* ἀπρέπεια *f.*

mprov|e *v.t.* βελτιώνω. *(v.t.&i.)* καλυτερεύω. *(develop, exploit)* ἐκμεταλλεύομαι, ~e on *(surpass)* ξεπερνῶ. **~ing** *a.* *(morally)* ἠθοπλαστικός.

mprovement *s.* βελτίωσις *f.*, καλυτέρευσις *f.* it is an ~ on εἶναι καλύτερο ἀπό, ξεπερνάει.

mprovid|ent *a.* ἀπρονόητος. **~ence** *s.* ἀπρονοησία *f.*

mprovis|e *v.* αὐτοσχεδιάζω. **~ed** *a.* αὐτοσχέδιος. **~ation** *s.* αὐτοσχεδιασμός *m.*

mprud|ence *s.* ἔλλειψις συνέσεως. **~ent** *a.* ἀσύνετος. **~ently** *adv.* ἀσύνετα.

mpud|ence *s.* θρασύτης *f.*, θράσος *n.*, ἀναίδεια *f.* **~ent** *a.* θρασύς, ἀναιδής. **~ently** *adv.* ἀναιδῶς.

mpugn *v.* ἀμφισβητῶ.

mpulse *s.* *(thrust)* ὤθησις *f.* *(urge)* παρόρμησις *f.* I had an ~ to μοῦ ἦρθε νά. on ~ αὐθόρμητα. on the ~ of the moment μέ τήν ἔμπνευση τῆς στιγμῆς.

mpulsive *a.* αὐθόρμητος. **~ly** *adv.* αὐθόρμητα.

mpunity *s.* ἀτιμωρησία *f.* with ~ ἀτιμωρητί.

mpur|e *a.* ἀκάθαρτος, *(unchaste)* ἀσελγής, *(adulterated)* νοθευμένος. **~ity** *s.* ἀκαθαρσία *f.* *(moral)* ἀσέλγεια *f.*

mput|e *v.* ἀποδίδω, καταλογίζω. **~ation** *s.* κατηγορία *f.*, καταλογισμός *m.*

n *adv.* μέσα. be ~ *(at home)* εἶμαι (στό) σπίτι, get ~ *(arrive)* φτάνω, come ~! ἐμπρός! narrow trousers are ~ τά στενά παντελόνια εἶναι τῆς μόδας, my luck is ~ ἡ τύχη μέ εὐνόησε, whatever government is ~ ὁποιαδήποτε κυβέρνησις καί νά εἶναι στήν ἀρχή *(or* στά πράματα). in order to keep one's hand *(or* eye) ~ γιά νά μήν ξεχνῶ τήν τέχνη μου. all ~ *(inclusive)* ὅλα μαζί, *(exhausted)* ἐξαντλημένος. day ~ day out μέρα μπαίνει μέρα βγαίνει, go ~ and out μπαινοβγαίνω. ~s and outs τά μέσα καί τά ἔξω. we are ~ for a difficult time ἔχομε νά περάσωμε *(or* μᾶς περιμένουν) δύσκολες ὧρες. be ~ on *(take part in)* συμμετέχω *(with gen.).* be ~ with *(on good terms)* τά ἔχω καλά μέ.

in *prep.* 1. *(place, time)* σέ, εἰς, μέσα σέ,

etc. ~ the room (μέσα) στό δωμάτιο, ~ this direction πρός τά ἐδῶ. ~ two years σέ δύο χρόνια, ~ spring τήν ἄνοιξη, ~ April τόν Ἀπρίλιο, ~ the evening τό βράδυ. we arrived ~ good time φτάσαμε ἐγκαίρως *(or* μέ τήν ὥρα μας *or* στήν ὥρα μας). fruit ~ season φροῦτα τῆς ἐποχῆς. ~ the time *or* reign of ἐπί *(with gen.).* 2. *(manner, condition)* say it ~ Greek πές το ἑλληνικά. what's that ~ Greek? πῶς λέγεται αὐτό στά ἑλληνικά; he said it ~ fun τό εἶπε στά ἀστεῖα. ~ fashion στή μόδα *or* τῆς μόδας. she was dressed ~ black ἦταν ντυμένη στά μαῦρα. the girl ~ black τό κορίτσι μέ τά μαῦρα. ~ pencil μέ μολύβι, ~ a loud voice μέ δυνατή φωνή. I'm not going out ~ this weather δέν βγαίνω ἔξω μέ τέτοιο καιρό. they flocked ~ thousands συνέρρεαν κατά χιλιάδες. *(walk)* ~ twos δύο-δύο, *(break)* ~ two στά δύο. ~ order *(correct)* ἐν τάξει, ~ use ἐν χρήσει, ~ all ἐν συνόλω. ~ case of need ἐν *(or* στήν) ἀνάγκη, ~ cash τοῖς μετρητοῖς. ~ a hurry βιαστικός *(a.),* βιαστικά *(adv.).* ~ a rage ὠργισμένος, ~ secret κρυφά, ~ love ἐρωτευμένος. 3. *(respect)* be interested ~ ἐνδιαφέρομαι γιά. the best ~ the world ὁ καλύτερος τοῦ κόσμου *(or* στόν κόσμο). blind ~ one eye στραβός ἀπ' τό ἔνα μάτι. the way ~ which he spoke ὁ τρόπος πού *(or* μέ τόν ὁποῖον) μιλοῦσε. it is 10 metres ~ diameter ἔχει διάμετρο δέκα μέτρα. he doesn't see it ~ this light δέν τό βλέπει ὑπό αὐτό τό πρίσμα. a country rich ~ tradition μία χώρα πλουσία σέ παραδόσεις. the thing ~ itself τό πρᾶγμα αὐτό καθ' ἑαυτό. that, ~ so far as καθ' ὅσον, ἐφ' ὅσον.

inability *s.* he informed me of his ~ to be present μέ πληροφόρησε ὅτι δέν τοῦ ἦταν δυνατόν νά παρευρεθῆ.

inaccessible *a.* ἀπρόσιτος.

inaccur|ate *a.* ἀνακριβής. **~acy** *s.* ἀνακρίβεια *f.*

inact|ion *s.* ἀπραξία *f.* **~ive** *a.* *(not functioning)* ἀδρανής, ἐν ἀδρανεία. be ~ive ἀδρανῶ. *(indolent)* νωθρός.

inadequ|ate *a.* ἀνεπαρκής. **~acy** *s.* ἀνεπάρκεια *f.*

inadmissible *a.* ἀπαράδεκτος.

inadvert|ence *s.* ἀπροσεξία *f.* **~ent** *a.* *(person)* ἀπρόσεκτος, *(act)* ἀθέλητος. **~ently** *adv.* ἀθελά μου.

inalienable *a.* ἀναπαλλοτρίωτος.

inan|e *a.* ἀνόητος. **~ity** *s.* ἀνοησία *f.*

inanimate *a. (dead)* νεκρός. *(lifeless, lit. & fig.)* ἄψυχος.

inanition *s.* ἀσιτία *f.*

inapplicable *a.* ἀνεφάρμοστος.

inappropriate *a.* ἀκατάλληλος.

inapt *a.* ἀδέξιος. *(not suitable)* ἀκατάλληλος.

inarticulate *a. (speech)* ἄναρθρος. *(person) (from surprise)* ἄναυδος. he is ~ δέν μπορεῖ νά ἐκφραστῆ καλά.

inartistic *a.* ὄχι καλλιτεχνικός.

inasmuch *adv.* ~ as ἐφ' ὅσον.

inattent|ion *s.* ἀπροσεξία *f.* ~ive *a.* ἀπρόσεκτος, *(neglectful)* ἀμελής

inaudible *a.* be ~ δέν ἀκούομαι.

inaugural *a.* ἐναρκτήριος.

inaugurat|e *v.* ἐγκαινιάζω. ~ion *s.* ἐγκαίνια *n.pl.*

inauspicious *a.* δυσοίωνος.

inborn *a.* ἔμφυτος.

inbred *a.* ἔμφυτος. *(of kinship)* they were ~ παντρεύονταν μέσα στήν ἴδια τους τήν οἰκογένεια.

inbreeding *s.* ἐνδογαμία *f.*

incalculable *a. (untold)* ἀνυπολόγιστος, *(unpredictable)* πού δέν μπορεῖ νά προβλεφθῆ.

incandescent *a.* πυρακτωμένος.

incantation *s.* μαγική ἐπίκλησις.

incapable *a.* ἀνίκανος. *(not admitting of)* ἀνεπίδεκτος *(with gen.).*

incapacit|y *s.* ἀνικανότης *f.* ~ate *v.* καθιστῶ ἀνίκανον, ἀχρηστεύω.

incarcerat|e *v.* φυλακίζω. ~ion *s.* φυλάκισις *f.*

incarnat|e *v.* ἐνσαρκώνω. *(a.)* ἐνσαρκωμένος. ~ion *s.* ἐνσάρκωσις *f.*

incautious *a.* ἀπρόσεκτος.

incendiary *a.* ἐμπρηστικός.

incense *s.* λιβάνι *n.*

incense *v.* ἐξοργίζω.

incentive *a.* ἐλατήριον *n.,* κίνητρον *n.*

inception *s.* ἔναρξις *f.*

incessant *a.* ἀκατάπαυστος. ~ly *adv.* ἀκατάπαυστα.

incest *s.* αἱμομιξία *f.* ~uous *a.* αἱμομικτικός.

inch *s.* ἴντσα *f.* ~ by ~ σπιθαμήν πρός σπιθαμήν. *(v.)* ~ forward προχωρῶ σπιθαμήν πρός σπιθαμήν.

incidence *s. (occurrence)* συχνότης ἐμφανίσεως, *(of tax, etc.)* καταμερισμός *m. (phys.)* πρόσπτωσις *f.*

incident *s.* ἐπεισόδιον *n.,* συμβάν *n.*

incidental *a. (chance)* τυχαῖος ~ to πού εἶναι τό ἀκολούθημα *(with gen.).* ~ly

adv. παρεμπιπτόντως. *(to introduce re mark)* ἀλήθεια.

incinerate *v.* ἀποτεφρώνω.

incipient *a.* πρωτοεμφανιζόμενος.

incis|e *v.* χαράσσω, ἐγχαράσσω. ~ion *s* τομή *f.,* ἐγκοπή *f.* ~ive *a.* κοφτερό ὀξύς.

incite *v.* ὑποκινῶ. ~ment *s.* ὑποκίνησις *s*

incivility *s.* ἀγένεια *f.*

inclem|ent *a.* σκληρός, *(weather)* κακό ~ency *s.* σκληρότης *f.*

inclination *s. (leaning, lit. & fig.)* κλίσις *s (disposition)* διάθεσις *f. (tendency)* τάσις *s*

incline *v.t. & i. (lean, bend)* κλίνω. *(v.i (tend)* τείνω, ἔχω τάση. I am ~d to thin τείνω νά πιστέψω. I am ~d to prefer th first plan ἀποκλίνω ὑπέρ τοῦ πρώτο σχεδίου. *(be disposed)* be favourably ~ διάκειμαι εὐμενῶς, εἶμαι καλά διατεθε μένος. I feel ~d to drop the whole bus ness ἔτσι μοῦσχεται νά ἐγκαταλείψω ὅλ τήν ὑπόθεση. *(s.)* κλίσις *f.*

include *v.* (συμ)περιλαμβάνω.

including *prep.* μαζί μέ. ~ the tip συμπε ριλαμβανομένου καί τοῦ φιλοδωρήματος καί τό φιλοδώρημα μαζί.

inclusion *s.* a good feature of this diction ary is the ~ of many new technica terms αὐτό τό λεξικό ἔχει τό καλό ὅτ περιλαμβάνει πολλούς νέους τεχνικού ὅρους.

inclusive *a. & adv.* it cost thirty pound ~ κόστισε τριάντα λίρες ὅλα μαζί.

incognito *a., adv., s.n.* ἰνκόγνιτο.

incoher|ent *a.* ἀσυνάρτητος. ~ence *s.* ἀσυ ναρτησία *f.*

incombustible *a.* ἄκαυστος, ἄφλεκτος.

income *s.* εἰσόδημα *n.* ~ tax φόρος εἰσο δήματος.

incoming *a.* εἰσερχόμενος.

incommensurate *a.* δυσανάλογος.

incommode *v.* ἐνοχλῶ, βάζω σέ κόπο.

incommunicado *a.* εἰς ἀπομόνωσιν.

incomparab|le *a.* ἀσύγκριτος. ~ly *adv* ἀσυγκρίτως.

incompatible *a. (thing, state)* ἀσυμβίβα στος, *(persons)* ἀταίριαστος.

incompetence *s.* ἀνικανότης *f.*

incompetent *a.* ἀνίκανος, *(work, worker* ἄτεχνος. be ~ to δέν εἶμαι ἱκανός νά ~ly *adv.* ὄχι ἱκανοποιητικά, ἄτεχνα.

incomplete *a. (not finished)* ἡμιτελής *(partial)* μερικός, *(with part missing)* ἐλ λιπής.

incomprehensible *a.* ἀκατανόητος.

inconceivab|le *a. (beyond the limits o*

thought) ἀσύλληπτος, *(very strange)* ἀδιανόητος. *(fam.)* ἀπίστευτος. ~ly *adv.* ἀφάνταστα, ἀπίστευτα.

conclusive *a.* ὄχι ἀποφασιστικός.

congruous *a.* γελοῖος.

consequent *a.* ἀσυνεπής.

considerable *a.* ἀσήμαντος.

considerate *a.* ἀστόχαστος. ~ness *s.* ἀστοχασιά *f.*

consist|ent *a.* ἀσυνεπής. ~ency *s.* ἀσυνέπεια *f.*

consolable *a.* ἀπαρηγόρητος.

conspicuous *a.* *(unnoticed)* ἀπαρατήρητος. be ~ *(not easily seen)* δέν διακρίνομαι εὔκολα.

const|ant *a.* ἀσταθής, ἄστατος. *(person only)* ἄπιστος. ~ancy *s.* ἀστάθεια *f.* ἀπιστία *f.*

contestable *a.* ἀναμφισβήτητος.

contin|ent *a.* ἀκρατής. ~ence *s.* ἀκράτεια *f.*

controvertible *a.* ἀναμφισβήτητος.

convenience *s.* ἐνόχλησις *f.*, μπελᾶς *m.* *(v.t.)* ἐνοχλῶ, 6άζω σέ μπελᾶ.

convenient *a.* ἄ6ολος. at an ~ time σέ ἀκατάλληλη ὥρα. it is ~ for me to see him now δέν μέ 6ολεύει *(or* δέν μοῦ εἶναι 6ολικό) νά τόν δῶ τώρα.

ncorporat|e *v.t.* ἐνσωματώνω. ~ion *s.* ἐνσωμάτωσις *f.*

corporeal *a.* ἄυλος.

ncorrect *a.* *(inaccurate)* ἀνακριβής, *(mistaken)* λανθασμένος. *(of manners)* ἀπρεπής. ~ly *adv.* ἀνακριβῶς, λανθασμένα. *(of manners)* ὄχι σύμφωνα μέ τούς τύπους.

ncorrigible *a.* ἀδιόρθωτος.

ncorruptible *a.* ἀδιάφθορος ξψέ *v.t.&i.* αὐξάνω. *(s.)* αὔξησις *f.* ~ingly *adv.* ὅλο καί περισσότερο.

ncredib|le *a.* ἀπίστευτος. ~ly *adv.* ἀπίστευτα.

ncredul|ous *a.* δύσπιστος. ~ity *s.* δυσπιστία *f.*

ncrement *s.* προσαύξησις *f.*

ncriminat|e *v.t.* ἐνοχοποιῶ. ~ing *a.* ἐνοχοποιητικός. ~ion *s.* ἐνοχοποίησις *f.*

ncubat|e *v.* ἐπωάζω, ἐκκολάπτω. ~ion *s.* ἐπώασις *f.* ~or *s.* ἐκκολαπτήριον *n.*

ncubus *s.* *(fig.)* ἐφιάλτης *m.*

nculcate *v.* ἐμφυτεύω.

nculpate *v.* ἐνοχοποιῶ.

ncumbent *a.* it is ~ on us εἶναι καθῆκον μας. *(s.)* κάτοχος *m.*

ncur *v.t.* *(debt)* εσνάπτω, *(loss)* ὑφίσταμαι, *(hostility)* ἐπισύρω.

incurab|le *a.* ἀνίατος, *(incorrigible)* ἀδιόρθωτος. ~ly *adv.* ~ly lazy ἀδιόρθωτος τεμπέλης.

incurious *a.* ἀδιάφορος.

incursion *s.* ἐπιδρομή *f.*

indebted *a.* ὑπόχρεως, ὑποχρεωμένος.

indecen|t *a.* ἄσεμνος, αἰσχρός. ~cy *s.* αἰσχρότης *f.*

indecipherable *a.* δυσανάγνωστος.

indecis|ion *s.* ἀναποφασιστικότης *f.* ~ive *a.* ἀναποφάσιστος.

indeclinable *a.* ἄκλιτος.

indecor|ous *a.* ἀπρεπής. ~um *s.* ἀπρέπεια *f.*

indeed *adv.* πράγματι, μάλιστα, στ' ἀλήθεια. *(int.)* ἀλήθεια!

indefatigable *a.* ἀκούραστος, ἄοκνος.

indefensible *a.* *(town)* εὐάλωτος, *(action, etc.)* ἀδικαιολόγητος.

indefinable *a.* ἀπροσδιόριστος.

indefinite *a.* ἀόριστος. ~ly *adv.* *(time)* ἐπ' ἀόριστον.

indelible *a.* ἀνεξίτηλος.

indelic|ate *a.* χοντρός. ~acy *s.* χοντράδα *f.*

indemni|fy *v.* ἀποζημιώνω. ~ty *s.* *(security)* ἐγγύησις *f.* *(compensation)* ἀποζημίωσις *f.*

indent *v.t.* *(a line)* ἀρχίζω πιό μέσα. *(v.i.)* ~ for *(order)* παραγγέλλω, ~ed *a.* ὀδοντωτός, *(coastline)* δαντελωτός.

indenture *s.* σύμβασις μαθητείας.

independ|ence *s.* ἀνεξαρτησία *f.* ~ent *a.* ἀνεξάρτητος. ~ently *adv.* ἀνεξαρτήτως.

indescribab|le *a.* ἀπερίγραπτος. ~ly *adv.* ἀπερίγραπτα.

indestructible *a.* ἀκατάλυτος.

indeterminate *a.* ἀκαθόριστος.

index *s.* *(pointer)* δείκτης *m.* *(list)* εὑρετήριον *n.* *(v.t.)* *(an item)* 6άζω στόν κατάλογο.

Indian *a.* ἰνδικός. *(person)* Ἰνδός, *(American)* Ἰνδιάνος. ~ corn καλαμπόκι *n.* ~ summer γαϊδουροκαλόκαιρο *n.*

india-rubber *s.* γόμμα *n.*, λάστιχο *n.*

indicat|e *v.* δείχνω, ἐνδεικνύω. ~ion *s.* ἔνδειξις *f.* ~or *s.* δείχτε *m.*

indicative *a.* ἐνδεικτικός. *(s., gram.)* ὁριστική *f.*

indict *v.* κατηγορῶ. ~ment *s.* κατηγορία *f.*

indifference *s.* ἀδιαφορία *f.*

indifferent *a.* ἀδιάφορος, *(poor)* μέτριος. ~ly *adv.* *(poorly)* μέτρια, ἔτσι κι' ἔτσι. *(just the same)* τό ἴδιο.

indig|ence *s.* ἔνδεια *f.* ~ent *a.* ἐνδεής.

indigenous *a.* αὐτόχθων.

indigest|ible *a.* δύσπεπτος. ~ion *s.* δυσπεψία *f.*, 6αρυστομαχιά *f.*

indign|ant *a.* ἀγανακτισμένος. **~antly** *adv.* μέ ἀγανάκτηση. **~ation** *s.* ἀγανάκτησις *s.*

indignity *s.* προσβολή *f.*

indigo *s.* λουλάκι *n.*

indirect *a.* ἔμμεσος, πλάγιος. **~ly** *adv.* ἐμμέσως.

indiscipline *s.* ἀπειθαρχία *f.*

indiscreet *a.* (ill-judged) ἀδιάκριτος, (blabbing secrets) ἀκριτόμυθος.

indiscretion *s.* ἀδιακρισία *f.* (blabbing) ἀκριτομυθία *f.*

indiscriminate *a.* (person) ὄχι ἐκλεκτικός. deal ~ blows μοιράζω ἀδιακρίτως γροθιές. **~ly** *adv.* ἀδιακρίτως.

indispensable *a.* ἀπαραίτητος.

indisposed *a.* (unwell) ἀδιάθετος. (unwilling) he is ~ δέν εἶναι διατεθειμένος.

indisposition *s.* ἀδιαθεσία *f.* (disinclination) ἀπροθυμία *f.*

indisputab|le *a.* ἀναμφισβήτητος. **~ly** *adv.* ἀναμφισβητήτως.

indissolub|le *a.* ἀδιάρρηκτος. **~ly** *adv.* ἀδιαρρήκτως.

indistinct *a.* (to senses) δυσδιάκριτος, (to mind) συγκεχυμένος, (to both) ἀμυδρός. **~ly** *adv.* ἀμυδρῶς. speak ~ly δέν μιλῶ καθαρά.

indistinguishable *a.* (to senses) δυσδιάκριτος. they are ~ (from each other) δέν ξεχωρίζουν.

individual *a.* ἀτομικός, (characteristic) ἰδιαίτερος, δικός μου. (s.) ἄτομον *n.* **~ly** *adv.* (separately) χωριστά. he spoke to each child **~ly** μίλησε μέ κάθε παιδί προσωπικά (or ἕνα ἕνα).

individual|ist *s.* ἀτομικιστής *m.* **~ity** *s.* (separateness) ἀτομικότης *f.* (character) προσωπικότης *f.*

indivisib|le *a.* ἀδιαίρετος. **~ility** *s.* ἀδιαίρετον *n.*

indoctrinat|e *v.* ἐμποτίζω, κατηχῶ. **~ion** *s.* ἐμποτισμός *m.*, κατήχησις *f.* **~or** *s.* καθοδηγητής *m.*

Indo-European *a.* ἰνδοευρωπαϊκός.

indol|ence *s.* νωθρότης *f.* **~ent** *a.* νωθρός.

indomitable *a.* ἀδάμαστος.

indoor *a.* τοῦ σπιτιοῦ, (sports) κλειστοῦ χώρου. **~s** *adv.* μέσα (στό σπίτι).

indubitab|le *a.* ἀναμφίβολος. **~ly** *adv.* ἀναμφιβόλως.

induce *v.* (persuade) πείθω, (bring on) προκαλῶ. **~ment** *s.* κίνητρον *n.*, δέλεαρ *n.*

induction *s.* (logic, electric) ἐπαγωγή *f.*

indulge *v.t.* (person) κάνω τά χατήρια

(with gen.), (desires) ἱκανοποιῶ. (v.i.) in ἀπολαμβάνω (with acc.).

indulg|ence *s.* (enjoyment) ἀπόλαυσις (leniency) ἐπιείκεια *f.* **~ent** *a.* ἐπιεικής be ~ent to χαρίζομαι σέ.

industrial *a.* βιομηχανικός. **~ist** *s.* βιομ χανος *m.*

industrializ|e *v.* ἐκβιομηχανίζω. **~ation** ἐκβιομηχάνισις *f.*

industrious *a.* φιλόπονος, ἐργατικός.

industry *s.* βιομηχανία *f.* (diligence) φιλι πονία *f.*, ἐργατικότης *f.*

inebriat|e *v.t.* (also get ~ed) μεθῶ. ~ι μεθυσμένος. (s.) μέθυσος *m.* **~ion** μέθη *f.*

inedible *a.* it is ~ δέν τρώγεται.

ineffab|le *a.* ἀνείπωτος. **~ly** *adv.* ἀνε πωτα.

ineffect|ive **~ual** *a.* (without desired effec ἀτελεσφόρητος. see inefficient.

ineffici|ent *a.* (person) ὄχι ἱκανός, (thin ὄχι ἀποτελεσματικός. **~ency** *s.* ἀνικαν της *f.* ἀνεπάρκεια *f.*

inelegant *a.* ἄκομψος.

ineligible *a.* (unsuitable) ἀκατάλληλος, (fι election) ὄχι ἐκλέξιμος.

inept *a.* ἄτοπος.

inequality *s.* ἀνισότης *f.* (of surface) ἀνι μαλία *f.*

inequit|able *a.* ἄδικος. **~y** *s.* ἀδικία *f.*

ineradicable *a.* ἀνεκρίζωτος.

inert *a.* ἀδρανής. **~ia** *s.* ἀδράνεια *f.*

inescapable *a.* ἀναπόφευκτος.

inessential *a.* ἐπουσιώδης.

inestimable *a.* ἀνεκτίμητος.

inevitab|le *a.* μοιραῖος. **~ly** *adv.* μοιραίως

inexact *a.* ἀνακριβής. **~itude** *s.* ἀνακρί βεια *f.*

inexcusable *a.* ἀσυγχώρητος.

inexhaustible *a.* ἀνεξάντλητος.

inexorable *a.* ἀδυσώπητος.

inexpedient *a.* ἀσύμφορος.

inexpensive *a.* φτηνός, οἰκονομικός. **~ļ** *adv.* οἰκονομικά.

inexperience *s.* ἀπειρία *f.* **~d** *a.* ἄπειρος

inexpert *a.* ἀδέξιος.

inexplicable *a.* ἀνεξήγητος.

inexpressible *a.* ἀνέκφραστος.

inextinguishable *a.* ἄσβεστος.

inextricably *adv.* I am ~ involved εἶμα ἀνακατωμένος ἔτσι πού δέν μπορῶ νό ξεμπλέξω.

infallib|le *a.* ἀλάθητος. **~ility** *s.* ἀλάθητο *n.*

infam|y *s.* ὄνειδος *n.*, αἰσχύνη *f.* **~ous** *a.* βδελυρός.

infancy s. νηπιακή ἡλικία. in one's (or its) ~ νηπιώδης, σέ νηπιώδη κατάστασῃ.

infant s. νήπιον n.; βρέφος n. ~ school νηπιαγωγεῖον n. ~ prodigy παιδί θαῦμα. (a.) νηπιακός.

infantile a. (of infants) παιδικός, (puerile) παιδαριώδης.

infantry s. πεζικόν n. ~man s. φαντάρος m., ὁπλίτης m.

infatuat|**e** v. ξετρελλαίνω, ~ed ξετρελλαμένος. ~ion s. τρελλό πάθος.

infect v. μολύνω, ~ed μολυσμένος. ~ion s. μόλυνσις f.

infectious a. (disease, humour) μεταδοτικός, κολλητικός. (person) don't go near him — he's ~ μήν πᾶς κοντά του — θά κολλήσης.

infer v. συμπεραίνω. ~ence s. συμπέρασμα n.

inferior a. κατώτερος. this one is far ~ to yours τύφλα νἄχη αὐτό μπροστά στό δικό σου. ~ity s. κατωτερότης f.

infernal a. (regions) καταχθόνιος. (fam., wretched) σιχαμένος, (hellish) διαβολεμένος. ~ly adv. (fam.) it's ~ly cold κάνει ἔνα κρύο τοῦ διαβόλου.

inferno s. κόλασις f.

infertil|**e** a. (land) ἄγονος, (female) στεῖρος. ~ity s. στειρότης f.

infest v. γεμίζω. ~ed with γεμάτος ἀπό.

infidel a. ἄπιστος. ~ity s. ἀπιστία f.

infiltrat|**e** v. (go into) διεισδύω εἰς. ~ion s. διείσδυσις f.

infinite a. ἄπειρος. ~ly adv. ἀπείρως. ~simal a. ἀπειροελάχιστος.

infinitive a. (gram.) ἀπαρέμφατον n.

infinity s. ἄπειρον n.

infirm a. (step) ἀσταθής, (person) ἀδύναμος. ~ity s. ἀδυναμία f. (of old age) ἀναπηρία f.

infirmary s. νοσοκομεῖον n.

inflame v. (excite) ἐξάπτω. get ~d ἐξάπτομαι, (red) ἐρεθίζομαι.

inflamm|**able** a. εὐφλεκτος. ~ation s. φλεγμονή f. ~atory a. ἐμπρηστικός.

inflat|**e** v. φουσκώνω. ~ion s. φούσκωμα n. (fin.) πληθωρισμός m. ~ionary a. πληθωριστικός.

inflect v. (voice) χρωματίζω. (gram.) κλίνω.

inflexib|**le** a. ἄκαμπτος. ~ly adv. ἀκάμπτως. ~ility s. ἀκαμψία f.

inflexion s. (of voice) διακύμανσις f. (gram.) κλίσις f.

inflict v. (penalty, one's presence) ἐπιβάλλω, (suffering) προκαλῶ. ~ wounds

on πληγώνω. ~ion s. (imposition) ἐπιβολή f. (trouble) ἐνόχλησις f., πληγή f.

influence v. ἐπηρεάζω. ἐπιδρῶ ἐπί (with gen.). (s.) ἐπιρροή f., ἐπίδρασις f. (fam., string-pulling) μέσα n.pl.

influential a. be ~ ἔχω ἐπιρροή, ἔχω μέσα. (play a part) παίζω ρόλο, ἐπιδρῶ εὐνοϊκά.

influenza s. γρίππη f.

influx s. εἰσροή f.

inform v. πληροφορῶ. ~ against καταγγέλλω. keep (person) ~ed κρατῶ ἐνήμερο. ~er s. καταδότης m. (fam.) χαφιές m.

informat|**ion** s. πληροφορίες f. pl. piece of ~ion πληροφορία f. ~ive a. (book, talk, etc.) διαφωτιστικός. he was very ~ive μοῦ εἶπε πολλά.

infra-dig a. (fam.) ἀναξιοπρεπής.

infra-red a. ~ rays ὑπέρυθροι ἀκτῖνες.

infrequent a. σπάνιος. ~ly adv. σπανίως.

infringe v. (break) παραβαίνω, (encroach on) καταπατῶ. ~ment s. παράβασις f. καταπάτησις f.

infuriate v. φουρκίζω. get ~d (fam.) γίνομαι θαπόρι.

infus|**e** v. ἐνσταλάζω. ~ion s. ἐνστάλαξις f. (of herbs, tea) ἀφέψημα n.

ingen|**ious** a. (person) πολυμήχανος, (device) ἔξυπνος. ~uity s. (of person) ἐφευρετικότης f. (of device) ἐξυπνάδα f.

ingenuous a. ἀφελής. ~ness s. ἀφέλεια f.

ingle-nook s. γωνία τοῦ τζακιοῦ.

inglorious a. ἄδοξος.

ingoing a. εἰσερχόμενος.

ingot s. ράβδος f.

ingrained a. ριζωμένος.

ingratiat|**e** v. ~e oneself with καλοπιάνω. ~ing a. κολακευτικός.

ingratitude s. ἀγνωμοσύνη f.

ingredient s. συστατικόν n.

ingress s. εἴσοδος f.

inhabit v. κατοικῶ. ~able a. κατοικήσιμος. ~ant s. κάτοικος m.f.

inhale v. εἰσπνέω, (smoke) ρουφῶ.

inherent a. ἐνυπάρχων, (vested) ἀνήκων. ~ly adv. ἐκ φύσεως.

inherit v. κληρονομῶ. ~ed a. κληρονομικός. ~or s. κληρονόμος m.f.

inheritance s. κληρονομία f. by ~ κληρονομικῶς.

inhibit v. ἀναστέλλω. ~ed a. (person) μέ ψυχολογικές ἀναστολές. ~ion s. ψυχολογική ἀναστολή.

inhospitable a. ἀφιλόξενος.

inhuman *a.* ἀπάνθρωπος. ~ity *s.* ἀπανθρωπιά *f.*

inimical *a.* ἐχθρικός, *(harmful)* ἐπιβλαβής.

inimitable *a.* ἀμίμητος.

iniquit|ous *a.* εἰς τό ἔπακρον ἄδικος. *(fam.)* ἐξωφρενικός. ~y *s.* μεγάλη ἀδικία.

initial *a.* πρῶτος, ἀρχικός. ~ly *adv.* ἀρχικῶς.

initial *v.* μονογραφῶ. ~s *s.* ἀρχικά *n.pl.* *(as signature)* μονογραφή *f.*

initiate *v.* *(start)* ἀρχίζω, *(into mysteries, etc.)* μυῶ. ~d μεμυημένος. *(s.)* μύστης *m.*

initiation *s.* *(starting)* ἔναρξις *f.* *(of persons)* μύησις *f.*

initiative *s.* πρωτοβουλία *f.*

inject *v.* ἐγχέω, *(fig.)* εἰσάγω. *(med.)* ~ morphia κάνω ἔνεση μορφίνης. ~ion *s.* ἔνεσις *f.* have *or* give an ~ion κάνω ἔνεση.

injudicious *a.* ἀσύνετος.

injunction *s.* ἐντολή *f.*

injure *v.* *(wound)* τραυματίζω, *(harm)* βλάπτω, *(wrong)* ἀδικῶ, *(offend)* θίγω.

injur|y *a.* *(wound)* τραῦμα *n.* *(harm)* βλάβη *f.*, ζημία *f.* *(wrong)* ἀδικία *f.* ~ious *a.* ἐπιβλαβής, *(to interests)* ἐπιζήμιος.

injustice *s.* ἀδικία *f.* do ~ to ἀδικῶ.

ink *s.* μελάνι *n.* ~-pot, ~-well *s.* μελανοδοχεῖον *n.* (v.) ~-stain *s.* μελανιά *f.* ~y *a.* ~y darkness πίσσα σκοτάδι, ~y fingers δάχτυλα ὅλο μελάνια.

inkling *s.* have an ~ of ἔχω μία ἰδέα γιά.

inland *a.* *(away from sea)* μεσόγειος. *(domestic)* ἐσωτερικός.

in-laws *s.* πεθερικά *n. pl.*

inlay *s.* *(wood)* μαρκετερί *n.*

inlet *s.* *(of sea)* κολπίσκος *m.*

inmate *s.* τρόφιμος *m.*

inmost *a.* βαθύτερος. ~ parts *(depths)* ἐνδότερα *n.pl.*

inn *s.* πανδοχεῖον *n.*, χάνι *n.* ~keeper *s.* πανδοχεύς *m.*

innards *s.* *(fam.)* ἐντόσθια *n. pl.*

inner *a.* ἐσωτερικός. ~ circle στενός κύκλος. ~ tube σαμπρέλα *f.* ~most *a.* *see* inmost.

innings *s.* σειρά *f.*

innoc|ent *a.* ἀθῶος, *(harmless)* ἀβλαβής, *(simple)* ἀφελής. ~ently *adv.* ἀθώως, ἀφελῶς. ~ence *s.* ἀθωότης *f.* ἀφέλεια *f.*

innocuous *a.* ἀβλαβής.

innovat|e *v.* νεωτερίζω. ~ion *s.* νεωτερισμός *m.* ~or *s.* νεωτεριστής *m.*

innuendo *s.* ὑπαινιγμός *m.*, ὑπονοούμενο *n.*

innumerable *a.* ἀναρίθμητος.

inoculat|e *v.* ἐμβολιάζω. ~ion *s.* ἐμβολιασμός *m.*

inoffensive *a.* ἄκακος.

inoperative *a.* be ~ δέν ἰσχύω.

inopportune *a.* παράκαιρος.

inordinate *a.* ὑπερβολικός, ὑπέρογκος.

inorganic *a.* ἀνόργανος.

in-patient *s.* ἐσωτερικός *a.*

input *s.* εἴσοδος *f.*, εἰσαγωγή *f.*

inquest *a.* ἀνάκρισις *f.*, ἔρευνα *f.*

inquir|e *v.* ρωτῶ, ζητῶ πληροφορίες. ~ into κάνω ἔρευνες γιά. ~er *s.* ζητῶν πληροφορίες. ~ing *a.* *(curious,* περίεργος, *(questioning)* ἐρωτηματικός.

inquiry *s.* *(question)* ἐρώτησις *f.* *(investigation)* ἀνάκρισις *f.*, ἔρευνα *f.*

Inquisition *s.* *(eccl.)* Ἱερά Ἐξέτασις.

inquisitive *a.* περίεργος, *(nosey)* ἀδιάκριτος. ~ness *s.* περιέργεια *f.*

inquisitor *s.* ἱεροεξεταστής *m.* ~ial *a.* ἱεροεξεταστικός.

inroad *s.* *(attack)* ἐπιδρομή *f.* make ~s on *(time, resources)* τρώω.

inrush *s.* εἰσροή *f.*

insalubrious *a.* ἀνθυγιεινός.

insan|e *a.* παράφρων, τρελλός. become ~e παραφρονῶ. ~ity *s.* παραφροσύνη *f.*

insanitary *a.* ἀνθυγιεινός.

insatiab|le *a.* ἀκόρεστος, ἄπληστος. ~ility *s.* ἀπληστία *f.*

insatiate *a.* ἀκόρεστος.

inscribe *v.* *(write)* γράφω, *(carve)* χαράσσω, *(dedicate)* ἀφιερώνω.

inscription *s.* *(entry)* ἐγγραφή *f.* *(on stone, etc.)* ἐπιγραφή *f.* *(dedication)* ἀφιέρωσις *f.*

inscrutable *a.* ἀνεξιχνίαστος.

insect *s.* ἔντομον *n.*, *(tiny)* ζωΰφιον *n.* ~icide *s.* ἐντομοκτόνον *n.*

insecur|e *a.* *(not certain)* ὄχι σίγουρος, *(weak)* ἐπισφαλής. ~ity *s.* ἔλλειψις σιγουριάς, ἀνασφάλεια *f.*

inseminat|e *v.* γονιμοποιῶ. ~ion *s.* γονιμοποίησις *f.*

insensate *a.* παράλογος.

insensibility *s.* ἀναισθησία *f.*

insensib|le *a.* *(unconscious, unfeeling)* ἀναίσθητος, *(not knowing)* ἀγνοῶν, *(imperceptible)* ἀνεπαίσθητος. ~ly *adv.* ἀνεπαίσθητα.

insensitiv|e *a.* *(aesthetically)* χωρίς εὐαισθησία, *(unfeeling)* ἀναίσθητος. ~ity *s.* ἔλλειψις εὐαισθησίας, ἀναισθησία *f.*

inseparable *a.* ἀχώριστος.

insert *v.* εἰσάγω, θάζω. *(in newspaper)* καταχωρῶ. ~**ion** *s.* εἰσαγωγή *f.*, θάλσιμο *n.* καταχώρησις *f.*

inset *s. (photo, table, etc.)* ἐντός πλαισίου.

inshore *a.* παράκτιος. *(adv.)* πρός τήν ἀκτήν.

inside *adv.* μέσα. ~ out τό μέσα ἔξω, ἀνάποδα. turn ~ out *(room, etc.)* κάνω ἄνω κάτω, *(garment)* γυρίζω μέσα ἔξω. know ~ out ξέρω ἀπόξω κι' ἀνακατωτά. **inside** *prep.* ἐντός *(with gen.)*, μέσα σέ *(with acc.)* ~ my coat κάτω ἀπό τό παλτό μου. from ~ the house ἀπό μέσα ἀπ' τό σπίτι.

inside *s.* ἐσωτερικόν *n.*, μέσα *n.* the ~ of the road τό μέσα μέρος τοῦ δρόμου. on the ~ ἀπό μέσα. *(fam., belly)* κοιλιά *f.*, *(bowels)* ἄντερα *n. pl.*

insider *s.* μεμυημένος *a.*

insidious *a.* δόλιος, ὕπουλος.

insight *s.* διεισδυτικότης *f.* get an ~ into παίρνω μία ἰδέα γιά.

insignia *s.* ἐμβλήματα *n. pl.*

insignific|ant *a.* ἀσήμαντος. ~**ance** *s.* ἀσημαντότης *f.*

insincer|e *a.* ἀνειλικρινής. ~**ity** *s.* ἀνειλικρίνεια *f.*

insinuat|e *v. (hint)* ὑπαινίσσομαι. ~**e** oneself χώνομαι, γλιστρῶ. ~**ion** *s.* ὑπαινιγμός *m.*

insipid *a.* ἄνοστος ~**ity** *s.* ἀνοστιά *f.*

insist *v.* ἐπιμένω. ~ on *(demand)* ἀπαιτῶ. ~**ence** *s.* ἐπιμονή *f.* ~**ent** *a.* ἐπίμονος. ~**ently** *adv.* ἐπίμονα.

insol|ent *a.* θρασύς. ~**ence** *s.* θρασύτης *f.* ~**ently** *adv.* ἀναιδῶς.

insoluble *a. (substance)* ἀδιάλυτος, *(problem)* ἄλυτος.

insolv|ent *a.* ἀφερέγγυος. ~**ency** *s.* ἀφερεγγυότης *f.*

insomnia *s.* ἀϋπνία *f.*

insouci|ant *a.* ἀμέριμνος. ~**ance** *s.* ἀμεριμνησία *f.*

inspect *v.* ἐπιθεωρῶ, ἐλέγχω. *(look at)* ἐξετάζω. ~**ion** *s.* ἐπιθεώρησις *f.* ἔλεγχος *m.* ἐξέτασις *f.*

inspector *s. (school, police)* ἐπιθεωρητής *m. (ticket)* ἐλεγκτής *m. (tax)* ἔφορος *m.* ~**ate** *s.* ἐπιθεώρησις *f.*

inspiration *s.* ἔμπνευσις *f.*

inspir|e *v.* ἐμπνέω. it ~es him with fear τοῦ ἐμπνέει φόβον. ~**ed** *a.* ἐμπνευσμένος. ~**ing** *a.* it is ~ing σέ ἐμπνέει.

instability *s.* ἀστάθεια *f.*

install *v.* ἐγκαθιστῶ. ~**ation** *s.* ἐγκατάστασις *f.*

instalment *s. (of payment)* δόσις *f. (of publication)* τεῦχος *n. (of story)* συνέχεια *f.*

instance *s. (example)* παράδειγμα *n. (case)* περίπτωσις *f.* for ~ παραδείγματος χάριν. in the first ~ κατά πρῶτον. court of first ~ πρωτοδικεῖον *n.* at the ~ of τῆ αἰτήσει *(with gen.)*. *(v.t.)* ἀναφέρω.

instant *s.* στιγμή *f.*

instant *a.* ἄμεσος, *(food)* στιγμιαῖος. *(urgent)* ἐπείγων. *(date)* of the 3rd ~ τῆς τρίτης τρέχοντος. ~**ly** *adv.* ἀμέσως.

instantaneous *a.* στιγμιαῖος, ἀκαριαῖος. ~**ly** *adv.* ἀκαριαίως.

instead *adv.* he was ill so I came ~ ὁ ἴδιος ἦταν ἄρρωστος καί στή θέση του ἦρθα ἐγώ. ~ of *(with s.)* ἀντί γιά, *(with v.)* ἀντί νά. ~ of studying he sits doing nothing δέν μελετάει παρά κάθεται καί χαζεύει.

instep *s.* κουτουπιές *m.*, ταρσός *m.*

instigat|e *s.* ὑποκινῶ. ~**ion** *s.* ὑποκίνησις *f.* ~**or** *s.* ὑποκινητής *m.*

instil *v.* ἐνσταλάζω.

instinct *a. (charged)* ἐμποτισμένος, γεμᾶτος.

instinct *s.* ἔνστικτον *n. (as psychological term)* ὁρμέμφυτον *n.* ~**ive** *a.* ἐνστικτώδης. ~**ively** *adv.* ἐνστικτωδῶς.

institute *v. (found)* ἱδρύω, *(set up)* συνιστῶ, *(start)* προβαίνω εἰς. *(a custom, rules)* καθιερώνω. *(s.)* ἰνστιτοῦτον *n.,* ἴδρυμα *n.*

institution *s. (setting up)* καθιέρωσις *f. (starting)* ἔναρξις *f. (custom, regular thing)* θεσμός *m. (society)* ἴδρυμα *n.*

instruct *v. (teach)* διδάσκω, *(direct)* δίδω ἐντολήν εἰς, *(inform)* πληροφορῶ. ~**or** *s.* δάσκαλος *m.,* ἐκπαιδευτής *m.*

instruction *s.* διδασκαλία *f. (order)* ἐντολή *f.* ~**s** *(guidance)* ὁδηγίες *f. pl.* ~**al** *a.* μορφωτικός.

instructive *a.* διαφωτιστικός.

instrument *s.* ὄργανον *n. (surgical)* ἐργαλεῖον *n.*

instrumental *a. (mus.)* ἐνόργανος. be ~ in συντελῶ εἰς. ~**ist** *s.* ὁ παίζων μουσικόν ὄργανον. ~**ity** *s.* through the ~ity of μέ τή μεσολάβηση *(with gen.)*.

insubordinat|e *a.* ἀπειθάρχητος. ~**ion** *s.* ἀπειθαρχία *f.*

insufferable *a.* ἀφόρητος, ἀνυπόφορος.

insuffici|ency *s.* ἀνεπάρκεια *f.* ~**ent** *a.* ἀνεπαρκής.

insular *a. (fig.)* περιορισμένων ἀντιλήψεων. ~**ity** *s.* στενότης ἀντιλήψεων.
insulat|e *v.* μονώνω. ~**ing** *a.* μονωτικός. ~**ion** *s.* μόνωσις *f.*
insult *v.* προσβάλλω. *(s.)* προσβολή *f.* ~**ing** *a.* προσβλητικός.
insuperable *a.* ἀνυπέρβλητος.
insupportable *a.* ἀφόρητος, ἀνυπόφορος.
insurance *s.* ἀσφάλεια *f. (act of insuring)* ἀσφάλισις *f.* ~ policy ἀσφαλιστήριον *n.* ~ premium ἀσφάλιστρα *n. pl.* take out ~ ἀσφαλίζομαι. *(a.)* ἀσφαλιστικός.
insure *v.t.* ἀσφαλίζω. *(v.i.)* ἀσφαλίζομαι. ~**r** *s.* ἀσφαλιστής *m.*
insurgent *a.* ἐπαναστατικός. *(s.)* ἀντάρτης *m.*
insurmountable *a.* ἀνυπέρβλητος.
insurrection *s.* ἐξέγερσις *f.*
intact *a.* ἄθικτος, ἀκέραιος.
intake *s.* εἰσαγωγή *f.*
intangible *a.* ἀκαθόριστος, πού δέν συλλαμβάνεται. ~ assets ἄυλα ἀγαθά.
integer *s.* ἀκέραιος ἀριθμός.
integral *a.* ~ part ἀναπόσπαστον μέρος. *(math.)* ὁλοκληρωτικός.
integrat|e *v.* ὁλοκληρώνω. ~**ion** *s.* ὁλοκλήρωσις *f.*
integrity *s.* ἀκεραιότης *f.*
intellect *s.* διάνοια *f.* ~**ual** *a.* διανοητικός, πνευματικός. *(s.)* διανοούμενος *m.,* ἄνθρωπος τοῦ πνεύματος.
intelligence *s.* νοημοσύνη *f.,* εὐφυΐα *f. (fam.)* ἐξυπνάδα *f. (information)* πληροφορίες *f.pl.*
intelligent *a.* νοήμων, εὐφυής. *(fam.)* ἔξυπνος. ~**ly** *adv.* εὐφυῶς, *(sensibly)* λογικῶς.
intelligentsia *s.* ἰντελλιγκέντσια *f.*
intelligib|le *a.* νοητός, καταληπτός, εὐνόητος. ~**ly** *adv.* σαφῶς. ~**ility** *s.* σαφήνεια *f. (distinctness)* εὐκρίνεια *f.*
intemper|ance *s.* ἀκράτεια *f.* ~**ate** *a.* ἄκρατής, ὑπερβολικός. ~**ately** *adv.* ὑπερβολικά.
intend *v.t. (destine)* προορίζω, *(mean)* ἐννοῶ. *(v.i., purpose)* ἔχω σκοπό, σκοπεύω, θέλω.
intended *a. (to be)* μελλοντικός, *(on purpose)* σκόπιμος. *(s.) (future spouse)* μνηστήρ *m.,* μνηστή *f.*
intense *a. (vivid)* ἔντονος, *(strong)* δυνατός, *(violent)* σφοδρός, *(charged)* ἠλεκτρισμένος. ~**ly** *adv.* ἐντόνως, *(very)* τρομερά. it was ~ly cold ἔκανε τρομερό κρύο.
intens|ify *v.* ἐντείνω. ~**ity** *s.* ἔντασις *f.*

(violence) σφοδρότης *f.* ~**ive** *a.* ἐντατικός. ~**ively** *adv.* ἐντατικά.
intent *a. (engrossed)* προσηλωμένος, *(determined)* ἀποφασισμένος. *(of though. gaze)* ἔντονος. ~**ly** *adv.* ἐντόνως.
intent *s.* πρόθεσις *f.* to all ~s and put poses κατ' οὐσίαν.
intention *s.* πρόθεσις *f.,* σκοπός *m.* we ~**ed** μέ καλές προθέσεις, καλοπροαίρε τος.
intentional *a.* σκόπιμος. ~**ly** *adv.* σκοπ μως, ἐπίτηδες.
inter *v.* ἐνταφιάζω. ~**ment** *s.* ἐνταφιασμό *m.*
interact *v.i.* ἀλληλεπιδρῶ. ~**ion** *s.* ἀλληλε πίδρασις *f.*
interbreed *v.t.* διασταυρώνω. *(v.i.)* διο σταυρώνομαι.
intercalary *a.* ἐμβόλιμος.
intercede *v.* ἐπεμβαίνω, μεσολαβῶ.
intercept *v. (arrest)* συλλαμβάνω, *(the en emy)* ἀναχαιτίζω, *(a message)* ὑποκλέ πτω, *(a letter, messenger)* σταματῶ.
interception *s.* σύλληψις *f.* ἀναχαίτισις *ζ* ὑποκλοπή *f.* σταμάτημα *n.*
intercession *s.* μεσολάβησις *f.*
interchange *v.* ἀνταλλάσσω. *(s.)* ἀνταλλαγ *f.* ~**able** *a.* ἀνταλλάξιμος.
intercom *s.* ἐσωτερικό τηλέφωνο.
intercommunal *a.* διακοινοτικός.
intercommunicat|e *v.* ἀλληλεπικοινωνῶ ~**ion** *s.* ἀλληλεπικοινωνία *f.*
intercontinental *a.* διηπειρωτικός.
intercourse *s.* ἐπικοινωνία *f.,* σχέσεις *f.pl* sexual ~ συνουσία *f.*
interdepend|ent *a.* ἀλληλένδετος. ~**enc** ἀλληλεξάρτησις *f.*
interdict *s.* ἀπαγόρευσις *f.*
interest *s.* ἐνδιαφέρον *n. (advantage* συμφέρον *n. (influence)* ἐπιρροή *f.* hav an ~ in *(business)* μετέχω εἰς. *(fin.)* τό κος *m.,* with ~ *(fig.)* μέ τό παραπάνω rate of ~ ἐπιτόκιον *n.*
interest *v.* ἐνδιαφέρω. ~**ed** ἐνδιαφερόμε νος. be ~**ed** in ἐνδιαφέρομαι *(with νά ο* γιά).
interesting *a.* ἐνδιαφέρων. *(fam.)* in an ~ condition σ' ἐνδιαφέρουσα. ~**ly** *adv.* he talked ~ly on that topic ἡ ὁμιλία τοι ἀπάνω σ' ἐκεῖνο τό θέμα ἦταν ἐνδιαφέ ρουσα.
interfer|e *v.i.* ἐπεμβαίνω, ἀνακατεύομαι ~**e** with *(obstruct)* ἐμποδίζω, *(tamper,* πειράζω. ~**ence** *s.* ἐπέμβασις *f.,* ἀνάμιξιç *f. (radio)* παράσιτα *n.pl.* ~**ing** *a.* ποὺ χώνει τή μύτη του παντοῦ.

nterim *a.* προσωρινός. *(s.)* in the ~ ἐν τῷ μεταξύ.

nterior *a.* ἐσωτερικός, *(feelings)* ἐνδόμυχος. *(s.)* ἐσωτερικόν *n.* Minister of I~ Ὑπουργός Ἐσωτερικῶν.

nterject *v.* παρεμβάλλω. ~ion *s. (gram.)* ἐπιφώνημα *n.*

nterlac|e *v.t.* συμπλέκω. *(v.i.)* συμπλέκομαι. ~ing branches κλαδιά πλεγμένα τό ἕνα μέσ' στό ἄλλο.

nterlard *v.* ποικίλλω.

nterlinked *a.* ἀλληλένδετος.

nterlock *v.t.* συνδέω. *(v.i.)* συνδέομαι.

nterlocutor *s.* συνομιλητής *m.*

nterloper *s.* παρείσακτος *a.*

nterlude *s.* διάλειμμα *n.*

nntermarr|iage *s.* ἐπιγαμία *f.* ~y *v.i.* they ~y παντρεύονται μεταξύ τους.

ntermediary *s.* μεσολαβητής *m.*

ntermin|able *a.* ἀτελείωτος. ~ably *adv.* ἀτελείωτα.

nterming|le *v.t.* ἀναμιγνύω. *(v.i.)* ἀναμιγνύομαι. ~ling *s.* ἀνάμιξις *f.*

ntermission *s.* διάλειμμα *n.*

ntermittent *a.* διαλείπων. *(occasional)* περιοδικός, σποραδικός. ~ly *adv.* κατά περιόδους, σποραδικά.

ntern *v.* θέτω ὑπό περιορισμόν. ~ee *s.* κρατούμενος *m.* ~ment *s.* περιορισμός *m.*

ntern(e) *s.* ἐσωτερικός *a.*

nternal *a.* ἐσωτερικός. ~ly *adv.* ἐσωτερικῶς.

nternational *a.* διεθνής. ~ly *adv.* διεθνῶς. ~ize *v.* διεθνοποιῶ.

nternecine *a.* ~ struggle *or* war ἀλληλοσφαγή *f.*

nterpellation *s.* ἐπερώτησις *f.*

nterplay *s.* ἀμοιβαία ἐπίδρασις.

nterpolat|e *v.* παρεισάγω. ~ion *s. (sthg. added)* παρεμβολή *f.*

nterpose *v.t. (a veto, etc.)* προβάλλω. *(v.i.)* παρεμβαίνω.

nterpret *v.t.* ἑρμηνεύω. *(v.i.)* διερμηνεύω. ~ation *s.* ἑρμηνεία *f.* ~ing *s.* διερμηνεία *f.*

nterpreter *s. (expounder, performer)* ἑρμηνευτής *m.*, ἑρμηνεύτρια *f. (translator)* διερμηνεύς *m.f.*

nterregnum *s.* μεσοβασιλεία *f.*

nterrogat|e *v.* ἀνακρίνω. ~ion *s.* ἀνάκρισις *f.* ~or *s.* ὁ ἀνακρίνων.

nterrogat|ive, ~ory *a.* ἐρωτηματικός.

nterrupt *v.* διακόπτω. ~er *s.* ὁ διακόπτων. ~ion *s.* διακοπή *f.*

nntersect *v.t.* τέμνω. *(v.i.)* τέμνομαι. ~ion *s.* διασταύρωσις *f.*

intersperse *v. (diversify)* ποικίλλω. ~d with trees μέ σκόρπια δέντρα.

interstices *s.* μικρά διάκενα.

intertwined *a.* περιπλεγμένος.

interval *s. (break)* διάλειμμα *n. (space)* διάστημα *n.*

interven|e *v.i. (occur, mediate)* μεσολαβῶ, *(interfere, mediate)* ἐπεμβαίνω. ~tion *s.* μεσολάβησις *f.* ἐπέμβασις *f.*

interview *s.* συνέντευξις *f.* *(v.) (of reporter)* παίρνω συνέντευξη ἀπό. *(of employer, etc.)* βλέπω.

inter|weave *v.* συνυφαίνω. ~woven *a.* συνυφασμένος.

intestate *a.* ἀδιάθετος.

intestin|e *s.* ἔντερον *n.* ~al *a.* ἐντερικός.

intimacy *s.* οἰκειότης *f.*, στενές σχέσεις. *(fam., coition)* συνουσία *f.*

intimat|e *v.* γνωστοποιῶ. ~ion *s.* γνωστοποίησις *f.*

intimate *a. (close)* στενός, *(familiar)* οἰκεῖος, *(private)* ἀπόκρυφος. *(of knowledge)* βαθύς. be ~ with συνδέομαι στενά μέ. *(s.)* ~s οἰκεῖοι *m.pl.* ~ly *adv. (closely)* στενά, *(inside out)* ἀπόξω κι' ἀνακατωτά.

intimidat|e *v.* ἐκφοβίζω. ~ion *s.* ἐκφοβισμός *m.*

into *prep.* σέ, εἰς, μέσα σέ *(all with acc.).* come ~ *(inherit)* κληρονομῶ.

intolerab|le *a.* ἀνυπόφορος. ~ly *adv.* ἀνυπόφορα.

intoler|ance *a.* ἔλλειψις ἀνεκτικότητος. ~ant *a.* be ~ant δέν ἔχω ἀνεκτικότητα.

inton|ation *s. (of voice)* διακύμανσις τῆς φωνῆς. *(eccl.)* ψάλσιμο *n.* ~e *v.* ψάλλω.

intoxic|ant *s.* οἰνοπνευματῶδες ποτόν. ~ate *v. (also get ~ated)* μεθῶ. ~ated μεθυσμένος.

intoxicat|ing *a.* μεθυστικός. ~ion *s.* μέθη *f.*

intractable *a.* δύσκολος, *(child)* σκληρός, *(material)* δυσκολομεταχείριστος.

intransig|ence *s.* ἀδιαλλαξία *f.* ~ent *a.* ἀδιάλλακτος.

intransitive *a. (gram.)* ἀμετάβατος.

in-tray *s.* εἰσερχόμενα *n.pl.*

intrepid *a.* ἀτρόμητος. ~ity *s.* παλληκαριά *f.*

intricac|y *s. (of design)* λεπτότης *f.* ~ies of the law οἱ δαίδαλοι τοῦ νόμου.

intricate *a.* περίπλοκος, μπερδεμένος. *(of design)* λεπτοδουλεμένος.

intrigu|e *s.* μηχανορραφία *f. (amour)* μπλέξιμο *n. (v.i.) (plot)* μηχανορραφῶ. *(v.t.) (interest)* it ~es me μέ βάζει σέ περιέργεια. ~ing *a.* μυστηριώδης.

intrinsic *a.* οὐσιαστικός. ~**ally** *adv.* οὐσιαστικῶς.

introduce *v.* (*persons*) συνιστῶ. (*bring in*, *insert*) εἰσάγω.

introduct|ion *s.* σύστασις *f.* εἰσαγωγή *f.* letter of ~ion συστατική ἐπιστολή. ~**ory** *a.* εἰσαγωγικός.

introspect|ion *s.* ἐνδοσκόπησις *f.* ~**ive** *a.* ἐνδοσκοπικός.

introvert *s.* ἐσωστρεφής *a.*

intrude *v.i.* (*of person*) ἔρχομαι σέ ἀκατάλληλη ὥρα, γίνομαι ἐνοχλητικός. ~ on ταράσσω, ἐνοχλῶ. ~**r** *s.* παρείσακτος, ἀπρόσκλητος *a.*

intrus|ion *s.* ἐνόχλησις *f. see* intrude. ~**ive** *a.* παρείσακτος, (*gram.*) παρεισφρητικός.

intuition *s.* διαίσθησις *f.*, ἐνόρασις *f.*

intuitive *a.*, ~**ly** *adv.* ἐκ διαισθήσεως. be ~ ἔχω διαίσθησιν.

inundat|e *v.* κατακλύζω, πλημμυρίζω. get ~ed with κατακλύζομαι *or* πλημμυρίζω ἀπό. ~**ion** *s.* κατακλυσμός *m.*, πλημμύρα *f.*

inured *a.* ψημένος.

invade *v.* εἰσβάλλω εἰς, (*disturb*) ταράσσω, (*encroach on*) καταπατῶ. ~**r** *s.* εἰσβολεύς *m.*

invalid *s.* ἀσθενής, ἄρρωστος *a.* (*v.*) (*mil.*) ~ out ἀποστρατεύω λόγω ἀναπηρίας.

invalid *a.* (*not valid*) ἄκυρος, ἀνίσχυρος. ~**ate** *v.* ἀκυρῶ. ~**ation** *s.* ἀκύρωσις *f.*

invaluable *a.* ἀνεκτίμητος.

invariab|le *a.* ἀμετάβλητος, (*regular*) τακτικός. ~**ly** *adv.* πάντα, τακτικά.

invasion *s.* εἰσβολή *f.*

invective *s.* (*abuse*) ὕβρεις *f.pl.* (*violent attack*) φιλιππικός *m.*

inveigh *v.i.* ~ against καταφέρομαι ἐναντίον (*with gen.*).

inveigle *v.* παραπείθω.

invent *v.* ἐφευρίσκω, (*fabricate*) ἐπινοῶ, πλάθω. ~**ion** *s.* ἐφεύρεσις *f.* (*false tale*) μύθευμα *n.* ~**ive** *a.* ἐπινοητικός, ~ive mind θηλυκό μυαλό. ~**or** *s.* ἐφευρέτης *m.*

inventory *s.* ἀπογραφή *f.*

inverse *a.* ἀντίστροφος. in ~ ratio κατ' ἀντίστροφον λόγον. ~**ly** *adv.* ἀντιστρόφως.

inversion *s.* ἀντιστροφή *f.* (*mus.*, *chem.*) ἀναστροφή *f.*

invert *v.* ἀναστρέφω. (*turn upside down*) ἀναποδογυρίζω. ~**ed** *a.* ἀναστραμμένος. ~ed commas εἰσαγωγικά *n.pl.*

invertebrate *a.* ἀσπόνδυλος.

invest *v.t.* (*besiege*) πολιορκῶ. (*fin.*) τοποθετῶ. (*fam.*) ~ in (*buy*) ἀγοράζω. ~ (*person*, *thing*) with (*quality*) προσδίδω σέ, (*authority*) ἀναθέτω σέ. ~**ment** *s.* (*fin.*) ἐπένδυσις *f.* (*also fig.*) τοποθέτησις *f.* ~**or** *s.* μέτοχος *m.*

investigat|e *v.* ἐρευνῶ, ἐξετάζω. ~**ion** *s.* ἔρευνα *f.*, ἐξέτασις *f.*, under ~ion ὑπό ἐξέτασιν. ~**or** *s.* ἐρευνητής *m.*

investiture *s.* τελετή ἀπονομῆς ἀξιώματος.

inveterate *a.* (*person*) μανιώδης, ἀδιόρθωτος. (*deep-rooted*) βαθιά ῥιζωμένος.

invidious *a.* προσβλητικός, (*task*) δυσάρεστος.

invigilat|e *v.i.* ἐπιβλέπω. ~**or** *s.* ὁ ἐπιβλέπων, ἐπιτηρητής *m.*

invigorat|e *v.* ἀναζωογονῶ. ~**ing** *a.* ἀναζωογονητικός. ~**ion** *s.* ἀναζωογόνησις *f.*

invincib|le *a.* ἀήττητος, ἀκαταμάχητος. ~**ly** *adv.* ἀηττήτως.

inviolab|le *a.* ἀπαράβατος. ~**ility** *s.* ἀπαραβίαστον *n.*

inviolate *a.* ἀπαραβίαστος, ἄθικτος.

invisib|le *a.* ἀόρατος. (*of person who does not appear*) ἄθεατος. (*exports*, *etc.*) ἀδηλος. ~le ink συμπαθητική μελάνη. it is ~le δέν διακρίνεται. ~**ly** *adv.* ἔτσι ποῦ νά μή διακρίνεται.

invit|e *v.* (*προσ*)καλῶ, (*encourage*) προκαλῶ. ~**ing** *a.* ἑλυστικός. ~**ation** *s.* πρόσκλησις *f.*

invocation *s.* ἐπίκλησις *f.*

invoice *s.* τιμολόγιον *n.*

invoke *v.* ἐπικαλοῦμαι.

involuntary *a.* ἀθέλητος.

involve *v.t.* (*entail*) συνεπάγομαι, (*require*) θέλω, (*implicate*) ἀναμιγνύω, μπλέκω. get ~d ἀναμιγνύομαι, μπλέκω. ~**d** *a.* (*complicated*) περιπεπλεγμένος. ~**ment** *s.* ἀνάμιξις *f.*

invulnerable *a.* ἄτρωτος.

inward *a.* ἐσωτερικός, ἐνδόμυχος. (*incoming*) εἰσερχόμενος, (*towards the inside*) πρός τά μέσα. ~ voyage ταξίδι τοῦ γυρισμοῦ. ~(**s**) *adv.* πρός τά μέσα (*or* τό ἔσω). ~**ly** *adv.* μέσα μου, κρυφά.

iodine *s.* ἰώδιον *n.*

Ionic *a.* ἰωνικός.

iota *s.* ἰῶτα *n.* (*fig.*, *jot*) ἴχνος *n.*

IOU *s.* γραμμάτιον *n.*

irascible *a.* ὀξύθυμος.

irate *a.* ὠργισμένος.

ire *s.* ὀργή *f.*

iridesc|ent *a.* be ~ent ἰριδίζω. ~**ence** *s.* ἰριδισμός *m.*

iris *s.* (*eye*, *plant*) ἴρις *f.*

rish *a.* ἰρλανδικός. *(person)* Ἰρλανδός *m.*, Ἰρλανδέζα *f.*

rk *v.* ἐνοχλῶ. **~some** *a.* ἐνοχλητικός.

ron *s.* σίδηρος *m.*, σίδερο *n.* *(things made of ~)* σιδερικά *n. pl.* *(flat-~)* σίδερο *n.* **~s** *(fetters)* σίδερα *n. pl.* strike while the ~ is hot στή θράση κολλάει τό σίδερο. have too many ~s in the fire κυνηγῶ πολλούς λαγούς.

ron *a.* σιδερένιος. *(curtain, Chancellor, etc.)* σιδηροῦς.

ron *v.* σιδερώνω. ~ out *(fig.)* ἐξομαλύνω. **~ing** *s.* σιδέρωμα *n.*

ronic, **~al** *a.* εἰρωνικός. **~ally** *adv.* εἰρωνικά.

ronmonger *s.* ἔμπορος εἰδῶν κιγκαλερίας. **~y** *s.* εἴδη κιγκαλερίας.

ronwork *s.* σιδερικά *n. pl.* **~s** *s.* σιδηρουργεῖον *n.*

rony *s.* εἰρωνεία *f.*

rradiate *v.* φωτίζω.

rrational *a.* *(devoid of reason)* ἄλογος, *(against reason)* παράλογος. **~ly** *adv.* παράλογα.

rreconcilable *a.* *(persons)* ἄσπονδος, *(ideas)* ἀσυμβίβαστος.

rrecoverable *a.* *(expense)* ἀγύριστος.

rredeemable *a.* ἀδιόρθωτος, *(fin.)* μή ἀποσβεννύμενος.

rredentism *s.* ἀλυτρωτισμός *m.*

rreducible *a.* the ~ minimum τό ἐλαχιστότατον.

rrefutable *a.* ἀκαταμάχητος.

rregular *a.* *(against rules, practice)* ἀντικανονικός. *(uneven & gram.)* ἀνώμαλος. *(disorderly & mil.)* ἄτακτος. *(shape, features, intervals)* ἀκανόνιστος. *(pulse)* ἄρρυθμος. be ~ in one's attendance δέν πηγαίνω τακτικά.

rregularity *s.* ἀνωμαλία *f.*, ἀταξία *f.*, ἀρρυθμία *f.* **~ly** *adv.* ἀντικανονικῶς, ἀνώμαλα, ἄτακτα, ἄρρυθμα.

rrelevant *a.* ἄσχετος. it is ~ δέν ἔχει σχέση.

rreligious *a.* ἐχθρικός πρός τήν θρησκείαν.

rremediable *a.* ἀδιόρθωτος.

rreparable *a.* ἀνεπανόρθωτος.

rreplaceable *a.* ἀναντικατάστατος.

rrepressible *a.* ἀκατάσχετος.

rreproachable *a.* ἄμεμπτος.

rresistible *a.* *(force, argument)* ἀκαταμάχητος, *(delightful)* τρομερά ἑλκυστικός.

rresolute *a.* ἀναπόφασιστος.

rrespective *a.* *(as adv.)* ~ of ἀνεξάρτητα ἀπό, ἀνεξαρτήτως *(with gen.)*.

irresponsible *a.* *(person)* πού δέν ἔχει τό αἴσθημα τῆς εὐθύνης. **~ility** *s.* ἐπιπολαιότης *f.*

irretrievable *a.* ἀνεπανόρθωτος.

irreverent *a.* ἀνευλαβής. **~ence** *s.* ἀνευλάβεια *f.*

irreversible *a.* ἀμετάκλητος.

irrevocable *a.* ἀμετάκλητος. **~ly** *adv.* ἀμετακλήτως.

irrigate *v.* ἀρδεύω. **~ion** *s.* ἄρδευσις *f.*

irritable *a.* εὐερέθιστος. be ~le νευριάζω εὔκολα. **~ly** *adv.* νευριασμένα.

irritant *a.* ἐρεθιστικός.

irritate *v.t.* *(body, temper)* ἐρεθίζω, *(temper)* ἐκνευρίζω. get ~d ἐρεθίζομαι, νευριάζω.

irritating *a.* ἐρεθιστικός, ἐκνευριστικός. **~ion** *s.* ἐρεθισμός *m.* ἐκνευρισμός *m.*

irruption *s.* εἰσβολή *f.*

is *v.* εἶναι.

Islam *s.* Ἰσλάμ *n.* **~ic** *a.* ἰσλαμικός.

island *s.* νησί *n.*, νῆσος *f.* *(traffic-~)* νησίς *f.* desert ~ ἐρημονήσι *n.* *(a.)* νησιώτικος. **~er** *s.* νησιώτης *m.*

isle *s.* νησί *n.* **~t** *s.* νησάκι *n.*

isobar *s.* ἰσοβαρής καμπύλη.

isolate *v.* ἀπομονώνω. **~ed** *a.* ἀπομονωμένος. **~ion** *s.* ἀπομόνωσις *f.*

isolationism *s.* ἀπομονωτισμός *m.* **~ist** *s.* ὀπαδός τοῦ ἀπομονωτισμοῦ.

isotope *s.* ἰσότοπον *n.*

issue *v.i.* *(come out)* βγαίνω, ἐξέρχομαι, *(flow out)* ἐκρέω, *(result from)* προέρχομαι (ἀπό), *(end in)* καταλήγω (εἰς). *(v.t.)* *(give forth)* βγάζω, *(distribute)* διανέμω, *(publish, circulate)* ἐκδίδω.

issue *s.* *(way out)* διέξοδος *f.* *(outflow)* ἐκροή *f.* *(outcome)* ἔκβασις *f.* *(offspring)* τέκνα *n. pl.* *(distribution)* διανομή *f.* *(publication)* ἔκδοσις *f.* *(number, instalment)* τεῦχος *n.*, ἀριθμός *m.* *(of newspaper)* φύλλο *n.* *(question)* ζήτημα, θέμα *n.* at ~ ὑπό συζήτησιν. take *or* join ~ συζητῶ.

isthmus *s.* ἰσθμός *m.*

it *pron.* αὐτό *n.* I can see ~ τό βλέπω. **~self** *pron.* see self.

italics *s.* κυρτά στοιχεῖα.

itch *s.* φαγούρα *f.* *(fig., desire)* πόθος *m.* *(v.)* I am ~ing ἔχω φαγούρα. my neck ~es μέ τρώει ὁ λαιμός μου. *(fig.)* he is ~ing to tell *(a secret)* τόν τρώει ἡ γλῶσσα του. he is ~ing to get away δέν βλέπει τήν ὥρα νά φύγη.

item *s.* *(of performance)* νούμερο *n.* *(of expenditure)* κονδύλιον *n.* *(article,*

goods) εἶδος *n.* *(piece)* κομμάτι *n.*
(thing) πράμα *n.*, ἀντικείμενο *n.* *(job)*
δουλειά *f.* *(of news)* εἴδησις *f.* *(on
agenda)* θέμα *n.*
itemize *v.* καταγράφω ἀναλυτικά.
iterat|e *v.* ἐπαναλαμβάνω. ~**ion** *s.* ἐπανά-
ληψις *f.*
itinerant *a.* πλανόδιος.
itinerary *s.* δρομολόγιον *n.*
its *pron.* I like ~ colour μ' ἀρέσει τό
χρῶμα του.
ivory *s.* ἐλεφαντοστοῦν *n.*, φίλντισι *n.*
ivory *a.* *(made of ~)* ἀπό ἐλεφαντόδοντα.
(like ~) φιλντισένιος. *(fig.)* living in an
~ tower ἀποτραβηγμένος σ' ἕνα δικό
μου κόσμο.
ivy *s.* κισσός *m.*

J

jab *v.t.* *(thrust)* μπήγω. *(give a ~ to)*
σκουντῶ. *(s.)* σκούντημα *n.* *(fam., injec-
tion)* ἔνεσις *f.*
jabber *v.i.* ἀεροκοπανίζω. *(s.)* φλυαρία *f.*
jack *s.* *(lifting)* γρύλλος *m.* *(at cards)* βα-
λές *m.*, φάντης *m.* ~ of all trades πολυ-
τεχνίτης *m.* *(v.t.)* ~ up σηκώνω μέ
γρύλλο.
jackal *s.* τσακάλι *n.*
jackanapes *s.* μορφονιός *m.*
jackass *s.* *(fig.)* κουτεντές *m.*
jackdaw *s.* κάργια *f.*
jacket *s.* σακκάκι *n.* *(cover)* κάλυμμα *n.*
jack-in-office *s.* μικρομανδαρίνος *m.*
jack-in-the-box *s.* διαβολάκι *n.*
jack-knife *s.* σουγιᾶς *m.* *(v.i., fam.)* γίνο-
μαι φυσαρμόνικα.
jackpot *s.* *(fam.)* hit the ~ πιάνω τήν
καλή.
Jacobin *s.* Ἰακωβῖνος *m.*
jade *s.* *(stone)* νεφρίτης *m.* *(horse)* παλιά-
λογο *n.* *(woman)* κατεργάρα *f.*
jaded *a.* *(person)* ἀηδιασμένος, *(appetite)*
κομμένος.
jag *v.t.* σχίζω. ~**ged** *a.* μυτερός.
jail *s.* φυλακή *f.* *(v.)* φυλακίζω. ~**er** *s.*
δεσμοφύλαξ *m.*
jam *s.* *(edible)* μαρμελάδα *f.* *(fam.)* money
for ~ εὔκολο κέρδος.
jam *v.t.* *(thrust)* χώνω, *(wedge)* σφηνώνω,

(squeeze) στρυμώχνω. the streets were
~med with people οἱ δρόμοι ἦταν πή-
χτρα ἀπό κόσμο. *(v.i.)* *(also get ~med)*
φρακάρω, *(of works)* παθαίνω ἐμπλο-
κή.
jam *s.* *(congestion)* συμφόρησις *f.* *(traffic)*
μποτιλιάρισμα *n.* *(in machinery)* ἐμπλοκή
f. *(difficulty)* μπλέξιμο *n.* ~**ming** *s.*
(radio) παρεμβολή παρασίτων.
jamb *s.* παραστάτης *m.*
jam-packed *a.* τίγκα *adv.*
jangle *v.i.* κουδουνίζω δυσάρεστα. *(v.t.)*
(keys, etc.) παίζω. ~d nerves τεντωμένα
νεῦρα.
janissary *s.* γενίτσαρος *m.*
janitor *s.* θυρωρός *m.*
January *s.* Ἰανουάριος, Γενάρης *m.*
japan *s.* λάκα *f.*
Japanese *a.* ἰαπωνικός. *(person)* Ἰάπων
m., Ἰαπωνέζα *f.*
jape *s.* ἀστεῖο *n.*
jar *v.t.* *(strike)* χτυπῶ, *(jolt, shake, upset)*
τραντάζω, κλονίζω. *(v.i.)* ~ (on) χτυπῶ
ἄσχημα (σέ). ~ with δέν ταιριάζω μέ.
~ring note παραφωνία *f.* *(s.)* τράνταγμα
n.
jar *s.* *(vessel for oil, etc.)* πιθάρι *n.*
(glass) γυάλα *f.* *(small)* βάζο *n.*
jargon *s.* κορακίστικα *n.pl.*
jasmine *s.* γιασεμί *n.*
jaundice *s.* ἴκτερος *m.* *(v.)* take a ~d view
τά βλέπω ὅλα μαῦρα.
jaunt *s.* ἐκδρομή *f.*
jaunt|y *a.* καμαρωτός. at a ~y angle λο-
ξοδαλμένος. ~**ily** *adv.* καμαρωτά.
javelin *s.* ἀκόντιον *n.*
jaw *s.* σαγόνι *n.* *(fig.)* from the ~s of
death ἀπό τοῦ χάρου τά δόντια. *(fam.,
talk)* λίμα *f.* *(v.i.)* λιμάρω. ~-**bone** *s.*
γνάθος *f.*
jazz *s.* τζάζ *f.* *(v., fam.)* ~ up ζωηρεύω.
~y *a.* φανταχτερός.
jealous *a.* ζηλιάρης. be ~ (of) ζηλεύω.
~y *s.* ζήλεια *f.*
jeer *v.* *(also* ~ at) *(mock)* κοροϊδεύω,
(boo) γιουχαΐζω. ~**ing** *s.* κοροϊδία *f.*
γιουχάισμα *n.*
jejune *a.* ξηρός, κούφιος.
jelly *s.* ζελέ *n.* ~-**fish** *s.* μέδουσα *f.*,
τσούχτρα *f.*
jeopard|y *s.* κίνδυνος *m.* be in ~y κινδυ-
νεύω. ~**ize** *v.t.* διακινδυνεύω.
jerk *s.* τίναγμα *n.* *(twitch)* σπασμός *m.*
physical ~s γυμναστικές ἀσκήσεις. *(v.t.)*
τινάζω, τραβῶ ἀπότομα. *(v.i.)* τράνταζο-
μαι.

jerk|y *a.* σπασμωδικός. ~**ily** *adv.* σπασμωδικά, μέ τραντάγματα.

jerry-built *a.* ψευτοκτισμένος.

jersey *s. (sailor's, sportsman's)* φανέλλα *f. (material)* ζέρσεϋ *n.*

jest *s.* ἀστεϊσμός *m. (v.)* ἀστεΐζομαι. ~**er** *s.* γελωτοποιός *m.*

jesuitical *a.* ἰησουϊτικός.

jet *s. (of fountain)* πῖδαξ *m. (flame)* γλῶσσα *f. (of burner)* μπέκ *n. (aero.)* τζέτ *n.* ~-**propelled** *a.* ἀεριωθούμενος.

jet *s. (mineral)* γαγάτης *m.* ~-**black** *a.* κατάμαυρος.

jetsam *s.* ἔκβρασμα *n.*

jettison *v.* ρίχνω στή θάλασσα, *(fig.)* ἐγκαταλείπω.

jetty *s.* προβλήτα *f.*

jewel *s.* κόσμημα *n. (fig.)* θησαυρός *m.* ~**ler** *s.* κοσμηματοπώλης *m.* ~**ry** *s.* κοσμήματα *n. pl.*

Jewish *a.* ἑβραϊκός, ἑβραίϊκος. *(person)* Ἑβραῖος, Ἰουδαῖος.

jib *s. (naut.)* φλόκος *m. (fig.)* cut of one's ~ σουλούπι *n.*

jib *v.i. (of horse)* κωλώνω. *(fig.)* ἀντιτίθεμαι, ἀρνοῦμαι.

jiffy *s. (fam.)* in a ~ στό πῖ καί φῖ, ἀμέσως.

jig *s. (mus.)* ζίγκ *n. (v.i.)* χοροπηδῶ.

jiggery-pokery *s.* ματσαράγκες *f.pl.*

jilt *v.* ἐγκαταλείπω.

jingle *v.i. & t.* κουδουνίζω. *(s.)* κουδούνισμα *n.*

jingoism *s.* σωβινισμός *m.*

jinks *s.* high ~s γλέντι τρελλό.

jitter|s *s.* have the ~s κατέχομαι ἀπό φόβο καί νευρικότητα. ~**y** *a.* φοβισμένος.

Job *s.* patience of ~ ἰώβειος ὑπομονή.

job *s.* δουλειά *f. (post)* θέσις *f. (household repair)* μερεμέτι *n.* odd ~ μικροδουλειά *f.* do a ~ *(with tools)* μαστορεύω. that's a good ~! ἔτσι μπράβο! it's a good ~ that... καλά πού. it's quite a ~ εἶναι ὁλόκληρη ἐπιχείρησις. I had a ~ to find the house ταλαιπωρήθηκα *(or* εἶδα κι' ἔπαθα *or* μοῦ βγῆκε ἡ πίστη ἀνάποδα)* νά βρῶ τό σπίτι.

jobbery *s.* ρουσφετολογία *f.*

job-work *s.* ἐργασία κατ' ἀποκοπήν.

jockey *s.* τζόκεϋ *m. (v.)* μανουβράρω.

jocose *a.* φιλοπαίγμων.

jocular *a.* εὔθυμος.

jog *v.t.* σπρώχνω, *(memory)* φρεσκάρω. *(v.i.)* ~ along προχωρῶ σιγά-σιγά, *(make do)* τά φέρνω βόλτα.

joggle *v.t.* ταρακουνῶ. *(v.i.)* ταρακουνιέμαι.

join *v.t. (unite)* ἑνώνω, *(tie, connect)* συνδέω, *(splice)* ματίζω, *(meet)* συναντῶ. *(a party)* προσχωρῶ εἰς, *(a club)* γίνομαι μέλος *(with gen.), (the ladies)* πάω νά βρῶ. *(~ the company of)* κάνω παρέα μέ. *(merge with)* ἑνώνομαι μέ. ~ on a piece *(of material)* κάνω τσόντα. they ~ed hands πιάστηκαν ἀπό τά χέρια. *(v.i.)* ἑνώνομαι, *(meet)* συναντῶμαι. ~ in παίρνω μέρος *(σέ).* ~ up κατατάσσομαι, ~ with συνεργάζομαι μέ. *(s.)* ἕνωσις *f.*

joiner *s.* ξυλουργός *m.* ~**y** *s.* ξυλουργική *f.*

joint *s.* ἄρθρωσις *f. (anat.)* κλείδωσις *f. (woodwork)* ἕνωσις *f. (masonry)* ἁρμός *m.* ~ of meat κομμάτι κρέας γιά ψητό. out of ~ ἐξαρθρωμένος. ~**ed** *a.* ἀρθρωτός, μέ ἀρθρώσεις.

joint *a.* κοινός, ὁμαδικός, *(operations, staff, etc.)* συνδεδυασμένος. ~ owner συνιδιοκτήτης *m.* ~-stock company μετοχική ἑταιρία. ~**ly** *adv.* ἀπό κοινοῦ.

joist *s.* πατόξυλο *n.*, καδρόνι *n.*

jok|e *s.* ἀστεῖο *n.* practical ~e φάρσα *f. (v.)* ἀστειεύομαι. ~**er** *s. (at cards)* μπαλαντέρ *m.* ~**ingly** *adv.* ἀστεῖα.

jollification *s.* γλέντι *n.*

jollity *s.* εὐθυμία *f.*

jolly *a. (person)* κεφάτος, πρόσχαρος, *(occasion)* χαρούμενος, εὐχάριστος. *(adv., fam.)* πολύ. *(v.t.)* καλοπιάνω.

jolt *v.t.* τραντάζω, *(fig., shock)* ξαφνιάζω. *(v.i.)* τραντάζομαι. *(s.)* τράνταγμα *n.*, ξάφνιασμα *n.*

Jonah *s. (fig.)* γρουσούζης *m.*

jost|le *v.t.* σπρώχνω, στρυμώχνω. get ~led συνωστίζομαι. ~**ling** *s.* συνωστισμός *m.*, στρύμωγμα *n.*

jot *s.* not a ~ οὔτε ἴχνος.

jot *v.t.* ~ down σημειώνω. ~**tings** *s.* σημειώματα *n. pl.*

journal *s.* ἡμερολόγιον *n. (paper)* ἐφημερίς *f. (periodical)* περιοδικόν *n.* ~**ism** *s.* δημοσιογραφία *f.* ~**ist** *s.* δημοσιογράφος *m.f.* ~**istic** *a.* δημοσιογραφικός.

journey *s.* ταξίδι *n.* three hours' ~ διαδρομή τριῶν ὡρῶν. *(v.)* ταξιδεύω.

journeyman *s.* μεροκαματιάρης *m.*

joust *s.* κονταροχτύπημα *n.*

Jove *s.* Δίας *m. (int.)* by ~ it's cold! πώ πώ τί κρύο! by ~ you're right! ἔχεις δίκιο μά τήν ἀλήθεια!

jowl *s.* σαγόνι *n.*

joy *s.* χαρά *f.* ~-**ride** *s.* αὐτοκινητάδα *f.*

joy|ful, ~**ous** *a.* καταχαρούμενος, *(news,*

bells) χαρμόσυνος. ~**fully**, ~**ously** *adv*. μέ χαρά.
jubil|ant *a*. be ~ant πανηγυρίζω, ἀγαλλιῶ. ~**ation** *s*. πανηγυρισμός *m*., ἀγαλλίασις *f*.
jubilee *s*. ἰωβηλαῖον *n*. diamond ~ ἐξηκοστή ἐπέτειος.
Judaism *s*. ἰουδαϊσμός *m*.
Judas *s*. Ἰούδας *m*. ~**-tree** *s*. κουτσουπιά *f*.
judge *s*. κριτής *m*. *(law)* δικαστής *m*. *(v.)* κρίνω, *(law)* δικάζω. *(reckon)* ὑπολογίζω, *(consider)* θεωρῶ.
judgement *s*. *(faculty, opinion)* κρίσις *f*. *(law)* ἀπόφασις *f*. *(view)* γνώμη *f*. *(divine retribution)* θεία δίκη. Last J~ ἡμέρα τῆς Κρίσεως.
judicature *s*. δικαιοσύνη *f*. *(judges)* δικαστικόν σῶμα.
judicial *a*. *(of courts)* δικαστικός, *(of mind)* ἔχων εὐθυκρισία.
judiciary *s*. δικαστικόν σῶμα.
judicious *a*. γνωστικός. ~**ly** *adv*. γνωστικά.
judo *s*. τζούντο *n*.
jug *s*. κουμάρι *n*., κανάτι *n*. *(large)* κανάτα *f*. *(fam.)* in ~ στό φρέσκο. ~**ged** *a*. *(cooked)* στή στάμνα.
juggle *v.i.* κάνω ταχυδακτυλουργίες. ~**r** *s*. ταχυδακτυλουργός *m*.
juic|e *s*. χυμός *m*. *(of body)* ὑγρόν *n*. ~**y** *a*. χυμώδης, ζουμερός. *(scandalous)* γαργαλιστικός.
jujube-tree *s*. τζιτζιφιά *f*.
Julian *a*. ἰουλιανός.
July *s*. Ἰούλιος *m*.
jumble *v.t.* ἀνακατώνω. *(s.)* ἀνακατωσούρα *f*.
jump *v.i. & t.* πηδῶ, *(rise)* ἀνεβαίνω. *(be startled)* ξαφνιάζομαι, you made me ~ μέ ξάφνιασες. ~ the rails ἐκτροχιάζομαι, ~ the fence πηδῶ πάνω ἀπό τό φράχτη. ~ about χοροπηδῶ, ~ up πετάγομαι ὄρθιος. he ~ed out at me πετάχτηκε μπροστά μου. he ~ed at it *(of opportunity)* τό δέχτηκε μέ ἐνθουσιασμό.
jump *s*. πήδημα *n*. *(rise)* ἄνοδος *f*. high *(or* long) ~ ἄλμα εἰς ὕψος *(or* εἰς μῆκος). ~**er** *s*. *(who* ~s) ἅλτης *m*. *(garment)* καζάκα *f*. *(knitted)* τρικό *n*., πλεχτό *n*. ~**y** *a*. νευρικός.
junction *s*. *(union)* ἕνωσις *f*., σύνδεσις *f*. *(place)* διακλάδωσις *f*., κόμβος *m*.
juncture *s*. at the present ~ στό σημεῖο πού βρίσκεται ἡ ὑπόθεσις.
June *s*. Ἰούνιος *m*.
jungle *s*. ζούγκλα *f*.

junior *a. & s*. νεώτερος, *(in rank)* κατώτερος.
junk *s*. παλιάτσες *f. pl*. ~**-shop** *s*. παλιο τζήδικο *n*.
junketing *s*. γλεντοκόπι *n*.
Junoesque *a*. μέ ἡγεμονικό παράστημα.
junta *s*. χούντα *f*.
juridical *a*. δικανικός.
jurisdiction *s*. δικαιοδοσία *f*.
jurisprudence *s*. νομική *f*.
jurist *s*. νομομαθής *m*.
juror *s*. ἔνορκος *m*.
jury *s*. *(law)* ἔνορκοι *m. pl. (of contest* κριτική ἐπιτροπή. ~**man** *s*. ἔνορκος *m*.
just *adv*. *(exactly)* ἀκριβῶς. ~ as it wa ἔτσι ὅπως ἦταν. ~ as I was leavin home καθώς *(or* τήν ὥρα πού *or* πάν πού) ἔφευγα ἀπ' τό σπίτι. it is ~ a good as mine εἶναι ἐξ ἴσου καλό μέ τ δικό μου. only ~ μόλις. we ~ had en ough *(money, etc.)* ἥρθαμε· ἴσα-ἴσα. ~ now *(a moment ago)* τώρα, μόλις, πρ ὀλίγου. *(merely)* ἁπλῶς, did you come ~ for that? ἥρθες μόνο καί μόνο γιά αὐτό it is ~ lovely εἶναι πραγματικά ὡραῖο ~ wait a moment γιά περίμενε λίγο.
just *a*. δίκαιος, *(right)* ὀρθός, σωστός. ~l *adv*. δικαίως, δίκαια, ὀρθῶς.
justice *s*. δικαιοσύνη *f*. to do him ~ *(w must admit that…)* γιά νά εἴμαστε δί καιοι ἀπέναντί του. do oneself ~ φαίνο μαι ἀντάξιος τοῦ ἑαυτοῦ μου. do ~ t the meal τιμῶ δεόντως τό φαγητό. J~ o the Peace εἰρηνοδίκης *m*.
justif|y *v*. *(vindicate)* δικαιώνω, *(excuse defend)* δικαιολογῶ. the end ~ies th means ὁ σκοπός ἁγιάζει τά μέσο ~**ication** *s*. δικαίωσις *f*. δικαιολογία *f*.
jut *v.i. (also* ~ out) προεξέχω.
jute *s*. τζούτα, γιούτα *f*.
juvenile *a. (youthful)* νεανικός, *(childrens' παιδικός, *(childish)* παιδαριώδης. *(s. παιδί *n*. *(minor)* ἀνήλικος *a*.
juxtapos|e *v.t.* ἀντιπαραθέτω. ~**ition** *s ἀντιπαράθεσις *f*. in ~ition πλάι-πλάι.

K

kale *s*. κατσαρό λάχανο.
kaleidoscop|e *s*. καλειδοσκόπιον *n*. ~**ic** * σάν καλειδοσκόπιον.

angaroo s. καγκουρώ n.

ebab s. σουβλάκια n.pl.

eel s. καρίνα f., τρόπις f. on an even ~ σταθερός. (v.) ~ over ἀναποδογυρίζω.

een a. (edge) κοφτερός, (wind) τσουχτερός. (mind, senses) ὀξύς. (eager) ἐνθουσιώδης. he is ~ on her τῆς ἔχει ἀδυναμία. I am a ~ fisherman μοῦ ἀρέσει πολύ τό ψάρεμα. ~ly adv. (hard) σκληρά, (eagerly) ζωηρά. ~ness s. (enthusiasm) ἐνθουσιασμός m. (of senses) ὀξύτης f. (of blade) αἰχμηρότης f.

eep s. earn one's ~ βγάζω τό ψωμί μου. for ~s γιά πάντα. (of castle) ἀκροπύργιον n.

eep v.t. (have, run, maintain, have in stock) ἔχω. (protect, put aside) φυλάγω. (prevent) ἐμποδίζω. (continue to have, cause to do or be) κρατῶ. (a shop, a promise) κρατῶ. ~ the books or accounts κρατῶ τά βιβλία. it ~s me going μέ κρατάει στή ζωή. it ~s me busy μέ ἀπασχολεῖ. ~ him waiting τόν ἔχω καί περιμένει. ~ apart (prevent from meeting) κρατῶ χωρισμένους, (separate) χωρίζω.

eep v.i. (remain good) διατηροῦμαι. butter doesn't ~ in hot weather τό βούτυρο δέν διατηρεῖται μέ τή ζέστη. (continue to be) ~ cool (fig.) μένω ψύχραιμος, ~ quiet κάθομαι ἥσυχος. is he ~ing well? εἶναι καλά ἀπό ὑγεία; (continue doing) he ~s ringing up τηλεφωνεῖ συνέχεια. she ~s scolding me ὅλο μέ μαλώνει. ~ going ἐξακολουθῶ νά ἐργάζωμαι (of person) or νά λειτουργῶ (of institution, machine).

eep at v. ~ it ἐπιμένω. keep him at it δέν τόν ἀφήνω νά ἡσυχάση.

eep away v.t. κρατῶ μακριά. (v.i.) κρατιέμαι μακριά, δέν πάω κοντά.

eep back v.t. (emotion) συγκρατῶ. (hide) κρύβω, (withhold) κρατῶ. (v.i.) κρατιέμαι μακριά, μένω πίσω.

keep down v.t. (oppress, curb) καταστέλλω, (limit) περιορίζω. (one's head) κρατῶ χαμηλά. (v.i.) (hide) κρύβομαι.

eep from v.t. (prevent) ἐμποδίζω. (hide) he kept the truth from me μοῦ ἔκρυψε τήν ἀλήθεια. (v.i.) I couldn't ~ laughing δέν μποροῦσα νά κρατηθῶ καί νά μή γελάσω.

keep in v.t. (detain) κρατῶ μέσα. he got kept in (at school) ἔμεινε τιμωρία. to keep my hand in γιά νά μή χάσω τή

φόρμα μου. (v.i.) ~ with διατηρῶ φιλικές σχέσεις μέ.

keep off v.t. (avert) ἀποτρέπω, ἐμποδίζω. keep the rain off (oneself) προφυλάσσομαι ἀπό τή βροχή. (v.i.) (abstain from) κόβω, ἀποφεύγω. (not go near) κρατιέμαι μακριά ἀπό. (not mention) δέν θίγω. (not happen) if the rain keeps off ἄν δέν πιάση βροχή. ~! μακριά!

keep on v.t. (not take off) δέν βγάζω. (keep in place) κρατῶ στή θέση του, συγκρατῶ. (fam.) keep your hair (or shirt) on! μήν ἐξάπτεσαι. (v.i.) (continue to) ἐξακολουθῶ νά. it keeps on raining βρέχει συνέχεια. ~ at (nag) τρώω, γίνομαι φόρτωμα σέ.

keep out v.t. κρατῶ ἔξω. ~ the cold προφυλάσσομαι ἀπό τό κρύο. (v.i.) ~ of (avoid) ἀποφεύγω, (not enter) δέν μπαίνω μέσα σέ, (not get involved in) δέν ἀνακατεύομαι σέ.

keep to v.i. (observe) τηρῶ, (follow) ἀκολουθῶ, (limit oneself to) περιορίζομαι σέ. ~ the left κρατῶ τήν ἀριστερά. (v.t.) (restrict) περιορίζω. keep (oneself) to oneself ἀποφεύγω τίς παρέες.

keep under v.t. (subject peoples) καταπιέζω, (fire) καταστέλλω.

keep up v.t. (custom, courage, contact) διατηρῶ. (property) συντηρῶ. (keep doing) συνεχίζω, ἐξακολουθῶ. ~ one's singing ἐξακολουθῶ τό τραγούδι. keep one's end up δέν τό βάζω κάτω. ~ appearances κρατῶ τά προσχήματα. keep your chin (or pecker) up! κουράγιο! (v.i.) ~ with (do as well as) φτάνω, (in speed) προφτάνω, (both) παρακολουθῶ. (stay in contact) ἐξακολουθῶ νά ἔχω σχέσεις μέ. ~ with the Joneses κοιτάζω νά μήν πέσω μικρότερος ἀπό τούς γείτονες.

keeper s. (guard) φύλαξ m. (owner) ἰδιοκτήτης m. (overseer) ἐπιστάτης m.

keeping s. (observance) τήρησις f. (charge) in my ~ ὑπό τήν φύλαξίν μου. (of pets, etc.) διατήρησις f. it is worth ~ ἀξίζει νά φυλαχτῆ. (harmony) in ~ with σύμφωνος μέ. be in ~ συμφωνῶ, ταιριάζω.

keepsake s. ἐνθύμιον n.

keg s. βαρελάκι n.

ken s. it is beyond my ~ ξεπερνᾶ τίς γνώσεις μου.

kennel s. σπιτάκι σκύλου. ~s κυνοτροφεῖον n.

kerb s. κράσπεδον πεζοδρομίου.

kerchief s. τσεμπέρι n., μαντήλι n.

kernel s. πυρήν m.

kerosene s. πετρέλαιον n.

kerseymere s. κασμήρι n.

kestrel s. κιρκινέζι n.

ketch s. καΐκι n.

kettle s. δοχεῖο μέ ράμφος γιά βράσιμο νεροῦ. (fam.) pretty ~ of fish! ὡραῖο μπλέξιμο! a different ~ of fish ἄλλη παράγραφος. ~-drum s. τύμπανον n.

key s. κλειδί n., κλείς f. (of piano, typewriter) πλῆκτρον n. (mus.) κλειδί n., (fig., tone, style) τόνος m. pass-~ ἀντικλείδι n. ~ money ἀέρας m. ~board s. κλαβιέ n. ~hole s. κλειδαρότρυπα f. ~note s. (mus.) τονική f. (fig.) κεντρική ἰδέα. ~stone s. κλείς ἀψίδος. (fig.) βάσις f.

key a. (basic) βασικός, (vital) ζωτικός. ~ man κλειδί n. (v.) ~ed up σέ κατάσταση ὑπερεντεταμένης ἀναμονῆς.

khaki a. & s. χακί.

khan s. (inn) χάνι n.

kick v. κλωτσῶ, λακτίζω. ~ one's heels χάνω τόν καιρό μου. ~ up one's heels τό ρίχνω ἔξω. ~ against the pricks ἀντιστέκομαι ματαίως. ~ up a row κάνω φασαρία (or καβγὰ). (fam.) ~ off ἀρχίζω. ~ the bucket τά τινάζω.

kick s. κλωτσιά f., λάκτισμα n. (fam.) get a ~ out of it μοῦ δίνει εὐχαρίστηση. for ~s (excitement) γιά τή συγκίνηση, (fun) γιά τήν πλάκα.

kickshaw s. (toy) μπιχλιμπίδι n. (dish) λιχουδιά f.

kid s. (goat) κατσικάκι n., τραγί n., (newborn) ἐρίφιον n. (child) παιδάκι n.

kid a. ~ gloves γάντια ἀπό σεβρό. (fig.) handle (person) with ~ gloves φέρομαι μέ τό γάντι σέ, (thing) μεταχειρίζομαι προσεκτικά.

kidnap v. ἀπάγω. ~per s. ἀπαγωγεύς m. ~ping s. ἀπαγωγή f.

kidney s. νεφρό n., νεφρός m. ~-shaped σέ σχῆμα νεφροῦ. ~-bean s. φασόλι n.

kill v. σκοτώνω, (plants) καίω. ~ off ξεκαθαρίζω, ξεκάνω. ~ two birds with one stone μ' ἕνα σμπάρο δύο τρυγόνια. my corn is ~ing me ὁ κάλος μου μέ πεθαίνει (or μέ ἀφανίζει). she was dressed up to ~ τό φόρεμά της ἔκαψε καρδιές.

kill s. θανάτωσις f., σκότωμα n., be in at the ~ παρευρίσκομαι στήν τελική θριαμβευτική ἔκβαση τοῦ ἀγῶνος.

killer s. δολοφόνος m.

killing s. σκοτωμός m. he made a ~ out of it τοῦ ἀπέφερε μεγάλο κέρδος.

killing a. (fam.) (funny) ἀστεῖος, (exhausting) ἐξουθενωτικός.

killjoy s. he is a ~ σοῦ χαλάει τό κέφ

kiln s. κάμινος f.

kilo s. κιλό n. ~gram s. χιλιόγραμμον ~metre s. χιλιόμετρον n. ~watt s. κιλ βάτ n.

kilt s. πλισσέ φούστα σκωτσέζικη.

kin s. συγγενεῖς m.pl. next of ~ πλησ στερος συγγενής.

kind s. (sort) εἶδος n. something of the ~ κάτι τέτοιο. nothing of the ~! (not at all) καθόλου. what ~ of person? τί δους (or τί λογῆς) ἄνθρωπος; τί εἶδ ἀνθρώπου; all ~s of books κάθε εἶδο (or κάθε λογῆς or λογιῶ-λογιῶ or ὅλ τῶν εἰδῶν) βιβλία. I had a ~ of prem nition εἶχα κάποια προαίσθηση. pay ~ πληρώνω εἰς εἶδος.

kind a. καλόκαρδος, καλός, ἀγαθός. (ac letter, etc.) εὐγενικός. ~-hearted περσ χρυσός ἄνθρωπος, μάλαμα n. ~ness s καλωσύνη f.

kindergarten s. νηπιαγωγεῖον n.

kind|le v.t. & i. ἀνάβω. (v.t.) (provok προκαλῶ, κινῶ. ~ling s. προσάναμμα r

kindly adv. εὐγενικά. will you ~ tell m ἔχετε τήν καλωσύνη νά μοῦ πῆτε; (a see kind a.

kindred s. & a. (persons) συγγενεῖς m.p (a., similar) συγγενικός. ~ spirit ἀδελφ ψυχή.

kine s. ἀγελάδες (f.pl.)

king s. βασιλεύς, βασιλιᾶς m. (at card ρήγας, παπᾶς m. ~'s son βασιλόπουλ n. ~ly a. βασιλικός. ~-pin s. (fig.) κιν τήριος μοχλός. ~ship s. βασιλεία f.

kingdom s. βασίλειον n. (fam.) ~ com ὁ ἄλλος κόσμος.

kingfisher s. ἀλκυών f.

kink s. στρίψιμο n. (mental) βίδα f. ~ a. (fam.) ἐκκεντρικός.

kinship s. συγγένεια f.

kins|man, ~**woman** s. συγγενής m.f.

kiosk s. κιόσκι n., περίπτερον n.

kipper s. καπνιστή ρέγγα.

kirk s. ἐκκλησία f.

kiss s. φιλί n., φίλημα n. (v.t.) φιλῶ ἀσπάζομαι. (v.i.) φιλιέμαι.

kit s. (soldier's) ἐξάρτυσις f., σκευή f (tools, equipment) σύνεργα n.pl. ~bag s γυλιός m.

kitchen s. κουζίνα f., μαγειρεῖον n. ~ garden s. λαχανόκηπος m.

kite s. (toy) ἀϊτός m., χαρταετός m. (fig. fly a ~ κάνω βολιδοσκοπήσεις.

ith s. ~ and kin φίλοι καί συγγενείς.

itten s. γατάκι n., γατούλα f.

itty s. (joint fund) ταμείο n.

leptomania s. κλεπτομανία f. **~c** s. κλεπτομανής a.

nack s. (ability) ταλέντο n. (trick) κόλπο n.

napsack s. σακκίδιον n.

nav|e s. ἀπατεώνας m. (cards) δαλές, φάντης m. **~ery** s. ἀπάτη f. **~ish** a. (person) ἀπατεώνας m. ~ish tricks κατεργαρίες (f.pl.)

nead v. ζυμώνω, (rub) μαλάζω. **~ing** s. ζύμωμα n.

nee s. γόνατο n. bow the ~ κλίνω τό γόνυ. **~-deep** a. μέχρι τό γόνατο.

neel v. γονατίζω.

nell s. πένθιμη κωδωνοκρουσία. (fig.) προμήνυμα συμφοράς.

nickers s. (boys') κοντά παντελόνια. (women's) κυλότα f., δρακί n.

nick-knack s. μπιχλιμπίδι n.

nife s. μαχαίρι n. (fig.) get one's ~ into καταδιώκω. (v.) μαχαιρώνω. **~-grinder** s. ἀκονιστής m.

night s. ἱππότης f. **~ly** a. ἱπποτικός.

nit v.t. πλέκω, (brow) ζαρώνω. (v.t. & i.) (join) δένω. **~ted** a. πλεκτός. **~ting** s. πλέξιμο n.

nob s. (handle) πόμολο n. (switch) κουμπί n. (piece) κομμάτι n. (protuberance) ἐξόγκωμα n.

nobbly a. (knee) κοκκαλιάρικος, (stick) μέ ρόζους.

nock s. χτύπημα n., χτύπος m. (loss) ζημιά f. (reverse) ἀναποδιά f. there was a ~ at the door χτύπησε ἡ πόρτα.

nock v.t. χτυπῶ, κρούω. (sthg. off or out of) πετῶ, ρίχνω. ~ a hole in ἀνοίγω μία τρύπα σέ. I **~ed** (my leg, head, etc.) against the door χτύπησα (or ἔπεσα) πάνω στήν πόρτα. ~ at the door χτυπῶ τήν πόρτα.

nock about v.t. (ill-use) κακομεταχειρίζομαι, (damage) στραπατσάρω. (v.i.) he has knocked about a lot ἔχει γυρίσει παντοῦ, (lived a full life) ἔχει ζήσει τή ζωή του.

nock back v.t. (fam., drink) πίνω.

nock down v.t. ρίχνω κάτω, (buildings) γκρεμίζω. (at auction) κατακυρώνω.

nock off v.t. (make, do) σκαρώνω. (deduct) κόδω. (fam.) I'll knock his head off θά τοῦ σπάσω τό κεφάλι. (v.i.) (stop work) σταματῶ, σχολάω.

nock out v.t. (boxing) ρίχνω νοκάουτ. get

knocked out δγαίνω νοκάουτ. (fig.) he was knocked out (by news) ἔμεινε κόκκαλο. (defeat) νικῶ, (put out of action) ἀχρηστεύω.

knock-out s. νοκάουτ n.

knock up v.t. (make) σκαρώνω, (waken) ξυπνῶ, (exhaust) ἐξαντλῶ.

knocker s. χτυπητήρι n.

knock-kneed a. στραβοκάνης.

knoll s. λοφίσκος m.

knot v.t. (tie) δένω. **~ted** hair μπλεγμένα μαλλιά.

knot s. κόμπος m. (also naut.) κόμβος m. (in wood) ρόζος m. Gordian ~ γόρδιος δεσμός. **~ty** a. (wood) ροζιάρικος, (problem) δύσκολος.

know v.t. & i. ξέρω, γνωρίζω. (experience, make acquaintance of) γνωρίζω. (learn) μαθαίνω. he ~s English ξέρει ἀγγλικά, γνωρίζει τά ἀγγλικά. he has ~n better days ἔχει γνωρίσει καλύτερες μέρες. I got to ~ him last year τόν γνώρισα πέρσι. I got to ~ (of) it by chance τό ἔμαθα τυχαίως. do you ~ how to do it? ξέρεις πῶς νά τό κάνης; do you ~ of a good tailor? ξέρεις ἕνα καλό ράφτη; do you ~ anything about plumbing? ξέρεις (τίποτα) ἀπό ὑδραυλικά; I ~ nothing about their plans δέν ξέρω τίποτα γιά τά σχέδιά τους. I ~ all about that τά ξέρω ὅλα γιά αὐτό. you ought to have ~n better ἔπρεπε νά ἔχης περισσότερη γνώση. he made himself ~n to me μοῦ συστήθηκε ὁ ἴδιος. his insolence ~s no bounds ἡ αὐθάδειά του δέν γνωρίζει ὅρια. as far as I ~ ἀπ' ὅ,τι ξέρω. not that I ~ of καθ' ὅσον ξέρω, ὄχι. there's no ~ing κανείς δέν ξέρει. let (person) ~ πληροφορῶ. ~ by heart ξέρω ἀπ' ἔξω. be in the ~ εἶμαι μέσα (or μπασμένος). ~ thyself! γνῶθι σαυτόν.

know-all s. (iron.) he is a ~ τά ξέρει ὅλα.

know-how s. (fam.) ἀπαιτούμενες γνώσεις.

knowing a. (smart) ἔξυπνος, (sly) πονηρός. **~ly** adv. (slyly) πονηρά. (consciously) ἐν γνώσει μου.

knowledge s. (knowing) γνῶσις f. (what a person knows) γνώσεις (f.pl.) have no ~ of ἀγνοῶ, δέν ξέρω. it came to my ~ περιῆλθε εἰς γνῶσιν μου, ἔφτασε στά αὐτιά μου, πληροφορήθηκα. without his father's ~ χωρίς νά τό ξέρη ὁ πατέρας του, ἐν ἀγνοία τοῦ πατρός του. have a good ~ of history ἔχω καλές γνώσεις ἱστορίας. to the best of my ~ ἀπ' ὅ,τι ξέρω.

knowledgeable *a.* be ~ ἔχω καλές γνώσεις, εἶμαι καλῶς πληροφορημένος, εἶμαι μπασμένος.

known *a.* γνωστός. make ~ γνωστοποιῶ. well-~ πασίγνωστος. as is (well) ~ ὡς γνωστόν.

knuckle *s.* κλείδωσις τοῦ δακτύλου.

knuckle *v.* he ~d down to the job στρώθηκε στή δουλειά. ~ under τό βάζω κάτω.

Koran *s.* Κοράνιον *n.*

kowtow *v.* (fig.) κάνω τοῦμπες.

kudos *s.* δόξα *f.*

L

lab *s.* ἐργαστήριο *n.*

label *s.* ἐτικέττα *f.* (fig.) χαρακτηρισμός *m.* (v.t.) κολλῶ ἐτικέττα σέ, χαρακτηρίζω.

labial *a.* χειλικός.

laboratory *s.* ἐργαστήριον *n.*

laborious *a.* (task) κοπιαστικός, (style) δύσκολος. ~ly *adv.* μέ κόπο.

labour *s.* (work) ἐργασία *f.*, δουλειά *f.* (toil) κόπος *m.*, μόχθος *m.* (workers) ἐργάται *m.pl.*, ἐργατικά χέρια. (of Hercules) ἆθλος *m.* ~s of childbirth ὠδῖνες τοῦ τοκετοῦ, in ~ ἐπίτοκος. hard ~ καταναγκαστικά ἔργα. Ministry of L~ Ὑπουργεῖον Ἐργασίας. L~ Party Ἐργατικόν Κόμμα. (a.) (also member of ~ party) ἐργατικός.

labour *v.i.* κουράζομαι, κοπιάζω, μοχθῶ. (of ship) παραδέρνω. ~ in vain ματαιοπονῶ. he ~s under the idea that... τοῦ ἔχει καρφωθῆ ἡ ἰδέα ὅτι. (v.t.) (insist on) ἐπεκτείνομαι ἐπί (with gen.). ~ed *a.* δύσκολος. ~er *s.* ἐργάτης *m.*

labyrinth *s.* λαβύρινθος *m.*

lace *s.* νταντέλα *f.* (of shoe) κορδόνι *n.* (v.t.) (fasten) δένω.

lacerat|e *v.* ξεσχίζω, σπαράσσω. ~ion *s.* ξέσχισμα *n.*

lachrymose *a.* κλαψιάρης.

lack *s.* ἔλλειψις *f.* for ~ of food ἐλλείψει τροφῆς. I feel the ~ of it μοῦ λείπει. (v.t.) I ~ food στεροῦμαι τροφῆς, δέν ἔχω τροφή, μοῦ λείπει τροφή. (v.i.) be ~ing (missing, absent) λείπω, δέν

ὑπάρχω. be ~ing in (personal quali▮ ὑστερῶ σέ.

lackadaisical *a.* (person) νωθρός, ἀδιάφ ρος.

lackey *s.* λακές *m.*

laconic *a.* λακωνικός.

lacquer *s.* βερνίκι *n.*, λάκα *f.* (v.) βερν κώνω μέ λάκα.

lad *s.* ἀγόρι *n.*, παιδί *n.*

ladder *s.* σκάλα *f.* (fig.) κλῖμαξ *f.* rope ἀνεμόσκαλα *f.* (v.i.) my stocking is ~▮ μοῦ ἔφυγαν πόντοι.

laden *a.* φορτωμένος.

la-di-da *a.* σνόμπ.

lading *s.* bill of ~ φορτωτική *f.*

lady *s.* κυρία *f.* (of title) λαίδη *f.* Our L ἡ Παναγία. ~'s man γαλάντης *m.* ~bi▮ παπαδίτσα *f.* ~-killer *s.* καρδιοκατακτ▮ τής *m.* ~like *a.* κυρία *f.* ~like behavio συμπεριφορά κυρίας.

lag *v.i.* (be slow) βραδυπορῶ, καθυστερ▮ μένω πίσω. (s.) καθυστέρησις *f.* time χρονική ὑστέρησις. ~gard *a.* & *s.* βρ▮ δυκίνητος. (fam.) ἀργοκίνητο καράβι.

lagging *s.* θερμομονωτικόν περίβλημα.

lagoon *s.* λιμνοθάλασσα *f.*

lair *s.* φωλιά *f.*

laird *s.* Σκωτσέζος κτηματίας.

laity *s.* λαϊκοί *m.pl.*

lake *s.* λίμνη *f.*

lama *s.* λάμα(ς) *m.*

lamb *s.* ἀρνάκι *n.*, (also eccl.) ἀμνό *m.*

lambent *a.* λάμπων, (wit) σπινθηροβόλος

lame *a.* κουτσός, χωλός, (excuse) ἀδύνα τος. be ~ κουτσαίνω, χωλαίνω. (v.t. κουτσαίνω. ~ly *adv.* ἀδύνατα, ὄχι πε▮ στικά.

lament *v.i.* ὀδύρομαι, (v.t. & i.) θρηνῶ (the dead) μοιρολογῶ. (s.) (also ~ation ὀδυρμός *m.*, θρῆνος *m.* ~able *a.* ἀξιο θρήνητος. ~ed *a.* πολυθρήνητος.

lamp *s.* λάμπα *f.*, λαμπτήρ *m.* (with olive oil) λύχνος *m.*, λυχνάρι *n.* (votive) κα▮ τήλα *f.* (of vehicle, etc.) φανός *m.*, φα νάρι *n.* ~-post *s.* στῦλος *m.* ~-shade s ἀμπαζούρ *n.*

lampoon *s.* σάτιρα *f.* (v.) σατιρίζω.

lance *s.* λόγχη *f.* ~-corporal *s.* ὑποδεκα νεύς *m.*

lance *v.t.* (prick) ἀνοίγω. ~t *s.* νυστέρι *n.*

land *s.* γῆ *f.* (dry ~) ξηρά *f.* (country χώρα *f.* (estate) κτῆμα *n.* by ~ κατά ξη ράν. (breeze) off the ~ ἀπόγειος. ~ed *a* ~ed property κτηματική περιουσία, ~e▮ proprietor γαιοκτήμων *m.*

nd v.t. & i. (from ship) ξεμπαρκάρω, v.t.) ἀποβιβάζω. (v.i.) ἀποβιβάζομαι, aero.) προσγειώνομαι. (fam.) he ~ed he job κατόρθωσε νά πάρη τή θέση. he got ~ed in jail βρέθηκε στή φυλακή. I ~ed him a blow τοῦ κατάφερα μιά.

nding s. (act) ἀποβίβασις f. (aero.) προσγείωσις f. (of stairs) πλατύσκαλο n. ~-craft s. ἀποβατικόν σκάφος. ~-stage s. ἀποβάθρα f.

nd|lady s. σπιτονοικοκυρά f. ~lord s. σπιτονοικοκύρης m. (of inn) ξενοδόχος n.

ndlocked a. περιβαλλόμενος ἀπό ξηράν.

ndmark s. σημεῖον προσανατολισμοῦ, fig.) σταθμός m.

ndmine s. νάρκη ξηράς.

ndowner s. κτηματίας m. (of cultivable and) γαιοκτήμων m.

ndscape s. τοπ(ε)ίον n.

ndslide s. κατολίσθησις f.

ndsman s. στεριανός a.

ne s. δρομάκι n. (of traffic) λουρίδα f.

nguage s. γλῶσσα f. (a.) γλωσσικός.

nguid a. χαῦνος, νωθρός, ἄτονος. μαραίνομαι, λειώνω. ~ing looks λιγω μένα μάτια.

nguor s. νωθρότης f., ἀτονία f. ~ous a. λιγωμένος.

nky a. (limbs) ξερακιανός. ~ fellow κρεμανταλᾶς m.

ntern s. φανός m., φανάρι n.

p s. ἀγκαλιά f., ποδιά f. (knees) γόνατα n.pl. (stage) στάδιον n. (of race) γῦρος n. live in the ~ of luxury κολυμπῶ στή χλιδή.

p v.t. (wrap) περιτυλίγω. (drink) ρουφῶ, fig.) ~ up χάφτω. (v.i.) (of waves) φλοισβίζω ~ping s. (of water) φλοῖσβος m.

pel s. πέτο n.

pse v.i. (die out) χάνομαι, (of privilege) παραγράφομαι. (backslide) ὀλισθαίνω, into coma, etc.) περιπίπτω, (of time) παρέρχομαι. (s.) (mistake) λάθος n. (moral) ὀλίσθημα n. (of time) πάροδος f. ~ of memory διάλειψις μνήμης.

arceny s. κλοπή f.

rd s. λαρδί n.

rder s. κελλάρι n.

rge a. μεγάλος. at ~ (free) ἐλεύθερος, (in general) ἐν γένει. ~ly adv. κατά μέγα μέρος. ~-minded a. γενναιόφρων. ~-scale a. μεγάλης κλίμακος.

rgesse s. μοίρασμα δώρων μέ ἁπλοχεριά.

rk s. (bird) κορυδαλλός m. (fun) ἀστεῖο

n. we had a ~ κάναμε πλάκα, διασκε δάσαμε.

larva s. κάμπια f.

laryn|x s. λάρυγξ m. ~gitis s. λαρυγγῖτις f.

lascivious a. λάγνος. ~ness s. λαγνεία f.

lash v.t. (tie) δένω, (whip) μαστιγώνω, (tail, etc.) χτυπῶ. (v.i.) ~ out at ἐπιτίθε μαι βιαίως κατά (with gen.). (s.) (stroke of whip) καμτσικιά f. (of eye) βλεφαρίς f., ματόκλαδο n., τσίνουρο n.

lass s. κορίτσι n.

lassitude s. ἀτονία f.

lasso s. λάσσο n.

last s. (shoemaker's) καλαπόδι n. stick to one's ~ περιορίζομαι στίς δουλειές πού ξέρω.

last a. & s. (final, conclusive) τελικός, τε λευταῖος, (most recent) τελευταῖος. (of dates, seasons) περασμένος. it happened ~ Tuesday ἔγινε τήν περασμένη Τρίτη. ~ year πέρσι. ~ night (during the night) ἀπόψε, (yesterday evening) χτές τό βράδυ. ~ but one προτελευταῖος. L~ Supper Μυστικός Δεῖπνος. breathe one's ~ πνέω τά λοίσθια. at ~ (στό) τέλος, ἐπί τέλους. to the ~ μέχρι τέλους. the ~ of my money τά τελευταῖα μου λεφτά. I hope we've seen the ~ of him ἐλπίζω νά μήν τόν ξαναδοῦμε. we shall never hear the ~ of it θά βαρεθοῦμε νά ἀκοῦμε γιά αὐτό.

last adv. γιά τελευταία φορά, τελευταῖα. he spoke ~ μίλησε τελευταῖος. ~ly adv. τέλος, τελικά.

last v. κρατῶ, διαρκῶ, βαστῶ. he won't ~ out the night δέν θά βγάλη τή νύχτα. the coat will ~ me out till spring τό παλτό θά μοῦ κρατήση ὡς τήν ἄνοιξη. ~ing a. διαρκής, μόνιμος.

latch s. μπετούγια f. (v.t.) κλείνω. (fam.) ~ on to (understand) καταλαβαίνω. ~-key s. κλειδί n.

late a. (of maturing fruit, etc.) ὄψιμος, (deceased) μακαρίτης. (delayed: use v. or adv.) be ~ ἀργῶ, καθυστερῶ. they are ~ ἄργησαν. the train was an hour ~ τό τραῖνο καθυστέρησε μία ὥρα (or εἶχε μία ὥρα καθυστέρηση). it is (getting) ~ εἶναι ἀργά. in the ~ afternoon ἀργά τό ἀπόγευμα. in ~ March κατά τά τέλη Μαρτίου. of ~ see lately. ~r a. μεταγε νέστερος.

late adv. ἀργά. ~r (on) ἀργότερα. ~ly adv. τελευταίως, προσφάτως.

latent a. λανθάνων. be ~ λανθάνω.

lateral *a.* πλάγιος. ~**ly** *adv.* πλαγίως.
latest *a.* τελευταῖος. at the ~ τό ἀργότερον.
lath *s.* πῆχυς *m.*
lathe *s.* τόρνος *m.* turn on the ~ τορνεύω.
lather *s.* *(soapy)* σαπουνάδα *f.* *(sweaty)* ἀφρός *m.* *(v.t.)* σαπουνίζω. *(v.i.)* *(of soap)* πιάνω, *(of horse)* ἀφρίζω, *(of water)* κάν, σαπουνάδα.
Latin *a.* λατινικός. *(s.)* λατινικά *n.pl.*
latitude *s.* *(geographic)* πλάτος *n.* ~s περιοχαί *f.pl.* *(freedom)* ἐλευθερία *f.* *(margin)* περιθώριο *n.*
latrine *s.* ἀποχωρητήριον *n.*
latter *a.* τελευταῖος. *(s.)* the ~ ὁ δεύτερος.
lattice *s.* δικτυωτό *n.*, καφασωτό *n.*
laud *v.* ἐξαίρω. ~**able** *a.* ἀξιέπαινος. ~**atory** *a.* ἐπαινετικός.
laugh *v.i.* γελῶ, *(mock)* κοροϊδεύω. I ~ at his jokes γελῶ μέ τά ἀστεῖα του. ~ it off τό ρίχνω στό ἀστεῖο. ~ one's head off ξεκαρδίζομαι στά γέλια. *(s.)* γέλιο *n.*, γέλως *m.* I had the ~ of him τοῦ τήν ἔφερα, τόν κανόνισα. ~**able** *a.* *(funny)* ἀστεῖος, *(absurd)* γελοῖος, γιά γέλια.
laughing-stock *s.* περίγελως *m.*, κορόιδο *n.*
laughter *s.* γέλιο *n.* be bursting with ~ σκάω στά γέλια.
launch *v.t.* *(a ship)* καθελκύω, *(a fashion)* λανσάρω, *(a rocket)* ἐκτοξεύω. *(set going)* βάζω ἐμπρός, προωθῶ. *(v.i.)* ~ out *(into activity)* μπαίνω, *(ambitiously)* ξανοίγομαι. *(s.)* *(act)* καθέλκυσις *f.* *(boat)* ἄκατος *f.*
laund|er *v.* πλένω καί σιδερώνω. ~**ress** *s.* πλύστρα *f.*
laundry *s.* *(place)* πλυντήριον *n.*, πλυσταριό *n.* *(clothes)* ροῦχα γιά πλύσιμο.
laureate *a.* δαφνοστεφής.
laurel *s.* δάφνη *f.* look to one's ~s φροντίζω νά μή χάσω τήν ὑπεροχή μου.
lava *s.* λάβα *f.*
lavatory *s.* *(wash-basin)* νιπτήρ *m.* *(w.c.)* καμπινές *m.*, μέρος *n.*, ἀποχωρητήριο *n.*, ἀπόπατος *m.* ~**-pan** *s.* λεκάνη *f.*
lavender *s.* λεβάντα *f.*
lavish *a.* σπάταλος, ἀφειδής, *(sumptuous)* πλούσιος. *(v.)* ἐπιδαψιλεύω. ~**ly** *adv.* ἀφειδῶς, πλούσια.
law *s.* *(general)* νόμος *m.* *(jurisprudence)* νομική *f.* *(legal studies)* νομικά *n.pl.* make ~s νομοθετῶ. go to ~ πάω στά δικαστήρια. lay down the ~ ἀποφαίνομαι δογματικῶς. take the ~ into one's

own hands καταφεύγω εἰς χειροδικίο be a ~ unto oneself ἐφαρμόζω δικο' μου νόμους. civil *(or criminal or mar time)* ~ ἀστικόν *(or ποινικόν or ναυτ κόν)* δίκαιον. ~**-abiding** *a.* νομοταγή νομιμόφρων. ~**-court** *s.* δικαστήριον ~**ful** *a.* νόμιμος. ~**giver** *s.* νομοθέτης *ι* ~**less** *a.* ἄνομος. ~**lessness** *s.* ἀνομία ~**suit** *s.* δίκη *f.* ~**yer** *s.* δικηγόρο *m.f.*
lawn *s.* πελούζα *f.*
lax *a.* *(loose)* χαλαρός, *(negligent)* ἀμελή ~**ative** *a.* καθαρτικός. ~**ity** *s.* χαλαρότι *f.*, ἀμέλεια *f.*
lay *s.* *(song)* τραγούδι *n.*
lay *a.* λαϊκός. ~ figure ἀνδρείκελον *n.*
lay *v.t.* *(put)* βάζω, *(rest, lean)* ἀκουμπῖ *(place in position)* τοποθετῶ, *(impos* ἐπιβάλλω, *(allay)* κατευνάζω, *(a ghos* ἐξορκίζω, *(eggs)* γεννῶ, *(a carpet, floo* στρώνω, *(bets)* βάζω, *(a trap)* στήνι *(plans)* καταστρώνω, *(table, plates, etc* βάζω, *(a case, facts)* ἐκθέτω, *(inform* *tion, wreath)* καταθέτω. ~ concrete ς χνω πλάκα. the scene is laid in Englar ἡ σκηνή γίνεται στήν Ἀγγλία. ~ ba ἀποκαλύπτω, ~ low ρίχνω κάτω, waste ἐρημώνω. ~ oneself open ἐκτίθ μαι. ~ hands on *(find)* βρίσκω, *(seiz* ἁρπάζω, *(assault)* σηκώνω χέρι σέ. ι laid to the charge of βαρύνω. ~ tl dust κάνω νά κατακαθίση ἡ σκόνη.
lay about *v.i.* ~ one μοιράζω χτυπήματ ἀδιακρίτως.
layabout *s.* ἀλήτης *m.*
lay aside *v.t.* *(keep)* βάζω στή μπάντι *(give up)* ἀφήνω, ἐγκαταλείπω, παραμ ρίζω.
lay by *v.t.* βάζω στή μπάντα.
lay-by *s.* πάρκινγκ *n.*
lay down *v.t.* *(put down)* βάζω κάτω, *(r linquish)* παραιτοῦμαι ἀπό, *(arms)* κατ θέτω. *(sacrifice)* θυσιάζω. *(rules, etc* καθορίζω, *(see also* law). *(a ship)* βάζ στά σκαριά.
lay in *v.t.* ἐφοδιάζομαι μέ, προμηθεύομ
lay off *v.t.* *(dismiss)* ἀπολύω, *(discontinu* κόβω. *(v.i.)* σταματῶ. ~! *(fam.)* μακρο
lay on *v.t.* *(water, gas, etc.)* βάζω, *(org* nize) ὀργανώνω. *(fam.)* lay it on *(thicl* τά φουσκώνω, τά παραλέω.
lay out *v.t.* *(prepare)* ἐτοιμάζω, *(exhib* ἐκθέτω, *(spend)* ξοδεύω, *(plan)* σχεδιάζι *(knock down)* ρίχνω κάτω, *(sprea* ἁπλώνω. lay oneself out καταβάλλω κά προσπάθεια.

yout s. σχέδιο n., διάταξις f., διαρρύθμισις f.

y up v.t. (store) ἐναποθηκεύω. (a ship) παροπλίζω. the vessel is laid up τό πλοῖο εἶναι δεμένο. (a car) κλείνω στό γκαράζ. laid up (of person) κρεββατωμένος, κλινήρης.

yer s. στρῶμα n. (of plant) καταβολάδα f.

yman s. (not clergy) λαϊκός a. (not expert) ὁ μή εἰδήμων.

zaretto s. λαζαρέτο n.

zle v.i. τεμπελιάζω. ~iness s. τεμπελιά f. ~y a. τεμπέλης. ~ybones s. τεμπελχανᾶς m.

ad s. (metal) μόλυβδος m., μολύβι n. (naut.) βολίς f.

ad, ~en a. μολύβδινος, μολυβένιος. ~en (fig.) βαρύς, σκοῦρος.

ad v.t. & i. (of guide, road, action, etc.) ὁδηγῶ, (bring) φέρνω. (be ~er of) ἡγοῦμαι (with gen.). (excel) ὑπερέχω (with gen.), (come first) προηγοῦμαι, (at cards) παίζω πρῶτος. ~ a life διάγω βίον. ~ astray (mislead) γελῶ, (into wrong) παρασύρω, παραπλανῶ. ~ by the nose σέρνω ἀπ' τή μύτη. ~ off (begin) ἀρχίζω. ~ on (tempt) βάζω σέ πειρασμό. ~ up το καταλήγω σέ.

ead s. (example) παράδειγμα n. (superiority) ὑπεροχή f. take (or be in) the ~ προηγοῦμαι, εἶμαι πρῶτος. which country has the ~ in technology? ποιά χώρα ἔχει τήν πρωτοπορία στήν τεχνολογία; take the ~ (in campaign, revolt) πρωτοστατῶ. (conduit) ἀγωγός m. (dog's) λουρί n.

ader s. ἡγέτης m., ἀρχηγός m. (of movement, revolt) πρωτουργός m., πρωτοστάτης m. (in paper) κύριον ἄρθρον. ~ship s. ἡγεσία f. (faculty) ἡγετικές ἱκανότητες.

eading a. (first) πρῶτος, (chief) κύριος, (in excellence) κορυφαῖος. ~ light ἐξοχότης f. ~ article κύριον ἄρθρον, ~ question παραπειστική ἐρώτησις. play a ~ part παίζω πρωτεύοντα ρόλο.

eaf s. φύλλο n. (fig.) take a ~ from (person's) book ἀντιγράφω. turn over a new ~ διορθώνομαι. (v.) ~ through φυλλομετρῶ, ξεφυλλίζω. ~less a. ἄφυλλος. ~y a. πυκνόφυλλος, γεμᾶτος φύλλα.

eaflet s. ἔντυπον n., φυλλάδιον n.

eague s. (distance) λεύγα f., τρία μίλια.

eague s. (compact) σύνδεσμος m. L~ of Nations Κοινωνία τῶν Ἐθνῶν. in ~ with συνεννοημένος μέ.

leak v.i. (of liquid, tap, utensil, roof, etc.) τρέχω, στάζω. (of ship) κάνω νερά. ~ out (of gas, news) διαρρέω. (v.t., information) ἀποκαλύπτω.

leak, ~age s. διαρροή f., διαφυγή f. (loss) ἀπώλεια f. (hole) τρύπα f.

lean a. ἰσχνός, (meat) ἄπαχος. (s.) ψαχνό n. ~ness s. ἰσχνότης f.

lean v.t. & i. κλίνω, (against sthg.) ἀκουμπῶ. (v.i.) (for support) στηρίζομαι, (be tilted or bent) γέρνω, (stoop) σκύβω. (tend) ρέπω, κλίνω (with πρός). ~ing s. τάσις f.

leap v.i. & t. (also ~ over) πηδῶ. ~ up (also of heart) ἀναπηδῶ. ~ at (offer) δέχομαι μέ ἐνθουσιασμό. the dog ~t at me τό σκυλί ὥρμησε ἐπάνω μου. (s.) πήδημα n. by ~s and bounds ἁλματωδῶς. ~-frog s. καβάλλες f.pl. ~-year s. δίσεκτον ἔτος.

learn v.t. & i. μαθαίνω. (get news of) μαθαίνω (with γιά or ὅτι), πληροφορούμαι (with acc. or ὅτι). ~ by heart μαθαίνω ἀπ' ἔξω, ἀποστηθίζω. (teach) μαθαίνω. ~ed a. σοφός, πολυμαθής, (of writings) λόγιος. ~er s. μαθητής m. (novice) μαθητευόμενος. he's a ~er μαθαίνει. ~ing s. μάθησις f., γνώσεις f.pl.

lease s. μίσθωσις f. (fam., as contract) συμβόλαιο n. (fig.) take a new ~ of life ξαναγιώνω. (v.t.) (of tenant) μισθώνω, (of owner) ἐκμισθώνω, (of both) (ἐ)νοικιάζω. ~hold a. μέ μακροχρόνια μίσθωση. ~holder s. κάτοχος ἰδιοκτησίας μέ μακροχρόνια μίσθωση.

leash s. λουρί n. (fig.) hold in ~ χαλιναγωγῶ. strain at the ~ δέν βλέπω τήν ὥρα νά ἐλευθερωθῶ.

least a. ἐλάχιστος, ὁ λιγώτερος. (slightest) παραμικρός. not in the ~ καθόλου. at the ~ τουλάχιστον. to say the ~ γιά νά μήν ποῦμε τίποτα χειρότερο. (adv.) λιγώτερο. I don't want to offend anybody, ~ of all Mary δέν θέλω νά προσβάλω κανέναν καί κυρίως τή Μαρία.

leather s. δέρμα n., πετσί n. (a.) δερμάτινος, πέτσινος. ~y a. σάν πετσί.

leave s. ἄδεια f. take ~ of (person, etc.) ἀποχαιρετῶ. take ~ of one's senses τρελλαίνομαι. take French ~ φεύγω χωρίς ἄδεια. without so much as by your ~ μέ τό ἔτσι θέλω.

leave v.t. ἀφήνω, (give up) παρα(ι)τῶ. ~ me alone ἀφῆστε με ἥσυχο. ~ behind δέν παίρνω μαζί μου, (forget) ξεχνῶ, (outdistance) ἀφήνω πίσω, ξεπερνῶ.

'off *(stop)* παύω, σταματῶ *(with acc. or* νά). ~ out παραλείπω. be left (ἀπο)μένω, be left over περισσεύω. *(v.i., depart)* φεύγω.

leaven *s.* προζύμι *n. (v.) (fig.)* ἐλαφρύνω.

leavings *s.* ἀπομεινάρια *n.pl.*

lecher *s.*, ~**ous** *a.* λάγνος. ~**y** *s.* λαγνεία *f.*

lecture *s.* διάλεξις *f.* give a ~ κάνω διάλεξη. *(fam., scolding)* κατσάδα *f. (v.i.)* ~ on *(teach)* διδάσκω. *(v.t.) (scold)* κατσαδιάζω. ~**r** *s.* ὁμιλητής *m. (university)* ὑφηγητής *m.*

ledge *s. (sill)* περβάζι *n.*, ποδιά *f. (of rock in sea)* ξέρα *f. (projection)* προεξοχή *f.*

ledger *s.* κατάστιχον *n.*, καθολικόν *n.*

lee *n. see* leeward.

leech *s.* βδέλλα *f.*

leek *s.* πράσο *n.*

leer *s.* πονηρό βλέμμα. *(v.)* ~ at κοιτάζω πονηρά. ~**y** *a.* πονηρός.

lees *s.* κατακάθι *n.* to the ~ μέχρι τρυγός.

leeward *a.* ὑπήνεμος. *(adv.)* to ~ ὑπηνέμως.

leeway *s. (fig., margin)* περιθώριο *n.* make up ~ *(fig.)* καλύπτω καθυστέρηση.

left *a.* ἀριστερός. *(s.) (hand, wing)* ἀριστερά *f.* on *or* to the ~ *(of)* ἀριστερά *(with gen.).* ~**-handed** *a.* ἀριστερός, ἀριστερόχειρ, ζερβοχέρης. ~**ist** *s.* ἀριστερίζων *m.* ~**wards** *adv.* πρός τά ἀριστερά.

leg *s.* πόδι *n.*, σκέλος *n. (fam.)* γάμπα *f. (of meat)* μπούτι *n. (of trousers)* μπατζάκι *n.* pull the ~ of δουλεύω. on one's last ~s στά τελευταῖα μου.

legacy *s.* κληρονομία *f.*

legal *a.* νομικός, *(lawful)* νόμιμος. ~**ly** *adv.* νομικώς, νομίμως. ~**ity** *s.* νομιμότης *f.*

legaliz|e *v.* νομιμοποιῶ. ~**ation** *s.* νομιμοποίησις *f.*

legate *s. (papal)* νούντσιος *m.*

legatee *s.* κληρονόμος *m.*

legation *s.* πρεσβεία *f.*

legend *s. (inscription)* ἐπιγραφή *f. (caption)* λεζάντα *f. (tale)* θρῦλος *m.* ~**ary** *a.* θρυλικός.

legerdemain *s.* ταχυδακτυλουργία *f.*

legib|le *a.* εὐανάγνωστος. ~**ility** *s.* εὐανάγνωστον *n.*

legion *s.* λεγεών *m.f. (fig.)* they are ~ εἶναι ἀναρίθμητοι.

legislat|e *v.* νομοθετῶ. ~**ion** *s.* νομοθεσία *f.* ~**ive** *a.* νομοθετικός. ~**or** *s.* νομοθέτης *m.* ~**ure** *s.* νομοθετικόν σῶμα.

legitim|ate *a.* νόμιμος, *(proper)* εὔλογος.

(child) γνήσιος. ~**acy** *s.* νομιμότης *f.* γνησιότης *f. (rightness)* ὀρθότης *f.* ~**ize** *v.* νομιμοποιῶ.

legum|e *s.* ὄσπριον *n.* ~**inous** *a.* ὀσπριοειδής.

leisure *s.* ἐλεύθερες ὦρες. be at ~ ἔχω ἐλεύθερο καιρό. at one's ~ μέ τήν ἡσυχία μου. ~**ly** *a.* ἀβίαστος, ἄνετος, χωρίς βιασύνη. at a ~ly pace χωρίς νά βιάζομαι.

lemon *s.* λεμόνι *n.* ~ tree λεμονιά *f.* ~**ade** *s.* λεμονάδα *f.* ~**-squeezer** *s.* λεμονοστύφτης *m.*

lend *v.* δανείζω, *(impart)* προσδίδω. it doesn't ~ itself to... δέν εἶναι κατάλληλο γιά. ~ a hand δίδω χεῖρα βοηθείας, δίνω ἕνα χέρι. ~ a favourable ear τείνω εὐήκοον οὖς. ~**er** *s.* δανειστής *m.*

lending-library *s.* δανειστική βιβλιοθήκη.

length *s.* μάκρος *n.*, μῆκος *n. (duration)* διάρκεια *f.*, χρονικό διάστημα *n.*, μάκρος *n. (of book)* μέγεθος *n. (piece)* τεμάχιον *n.*, dress ~ κομμάτι γιά φόρεμα. be a metre in ~ ἔχω μήκος ἕνα μέτρο. go to any ~s μετέρχομαι πᾶν μέσον, μεταχειρίζομαι κάθε μέσον. at ~ *(finally)* ἐπί τέλους, *(in detail)* διά μακρῶν. keep *(person)* at arm's ~ κρατῶ σέ ἀπόσταση. *(lying)* at full ~ φαρδύς-πλατύς.

lengthen *v.t.* & *i.* μακραίνω. *(v.t.)* (ἐπι)μηκύνω. ~**ing** *s.* μάκρεμα *n. (extension in space)* ἐπέκτασις *f.*, (ἐπι)μήκυνσις *f.*

lengthways *adv.* κατά μήκος.

lengthy *a.* ἐκτενής, ἐκτεταμένος.

lenien|t *a.* ἐπιεικής. ~**cy** *s.* ἐπιείκεια *f.*

lens *s.* φακός *m.*

Lent *s.* Σαρακοστή *f.* ~**en** *a.* σαρακοστιανός.

lentil *s.* φακή *f.*

lentisk *s.* μαστιχιά *f.*

leonine *a.* σά λιοντάρι.

leopard *s.* λεοπάρδαλις *f.*

leper *s.* λεπρός *a.* ~**-colony** *s.* λεπροκομεῖον *n.*

lepr|osy *s.* λέπρα *f.* ~**ous** *a.* λεπρός.

lesbian *s.* λεσβία *f.*

lese-majesty *s.* ἔγκλημα καθοσιώσεως.

lesion *s. (med.)* βλάβη *f.*

less *a.* (ὀ)λιγώτερος. *(adv.)* λιγώτερο, ὀλιγώτερον. none the ~ παρ' ὄλα αὐτά. it was nothing ~ than a miracle ἦταν στ' ἀλήθεια θαῦμα. no ~ than *(at least)* τουλάχιστον. no ~! *(if you please!)* ἄν ἀγαπᾶτε.

less *adv. (minus)* μεῖον.

essee s. μισθωτής m.

essen v.t. & i. λιγοστεύω. (v.t.) μειώνω.

essor a. μικρότερος.

esson s. μάθημα n. let it be a ~ to you νά σοῦ γίνη μάθημα.

essor s. ἐκμισθωτής m.

est conj. μή(ν), μή τυχόν, μήπως.

et s. without ~ or hindrance ἐλευθέρως.

et v.t. (grant for rent) (ἐ)νοικιάζω, ἐκμισθώνω. «to ~» ἐνοικιάζεται, (such notice) ἐνοικιαστήριον n. (s.) (also ~ting) νοίκιασμα n.

let v. imper. ~'s go for a walk πᾶμε (ἔνα) περίπατο; ~'s see γιά νά δοῦμε. ~ me think στάσου νά σκεφθῶ. ~ him do what he likes ἄς κάνη ὅ,τι θέλει. don't ~'s quarrel ἄς μή μαλλώνουμε. ~ there be no mistake δέ θέλω παρεξηγήσεις.

let v.t. (allow, enable) ἀφήνω, ἐπιτρέπω σέ. ~ (sthg.) go or slip ἀφήνω. ~ (person) know εἰδοποιῶ. ~ me alone! ἀφῆστε με ἥσυχο. ~ it alone! (don't touch) ἄς το, (don't interfere) μήν ἀνακατεύεσαι. ~ well alone! μή θίγετε τά καλῶς κείμενα. ~ alone (not to mention) (γιά) νά μήν ἀναφέρω. ~ blood κάνω ἀφαίμαξη.

let down v.t. (lower) κατεβάζω, (hair) λύνω, ἀφήνω κάτω, (garment) μακραίνω, (disappoint) ἀφήνω στά κρύα τοῦ λουτροῦ.

let-down s. ἀπογοήτευσις f.

let in v.t. (a visitor, the wet) μπάζω, (a garment) στενεύω. let oneself in (to house) ἀνοίγω τήν πόρτα. I let myself in (or got ~) for a lawsuit βρέθηκα μπλεγμένος μέ δικαστήρια. I was ~ for £1,000 μπῆκα μέσα χίλιες λίρες.

let into v.t. I let him into the secret τόν ἔμπασα στό μυστικό. ~ a wall (of plaque, etc.) ἐντοιχίζω. let a piece into a garment φαρδαίνω ἕνα ροῦχο προσθέτοντας τσόντα.

let off v.t. (not punish) συγχωρῶ, (release) ἀπαλλάσσω. I got ~ lightly φτηνά τή γλύτωσα. he ~ the gun ἔρριξε μέ τό ὅπλο. they let him off the fine τοῦ χάρισαν τό πρόστιμο.

let on v.i. ~ about (tell) ξεφουρνίζω, μαρτυρῶ. don't ~! μή σοῦ ξεφύγη.

let out v.t. (from custody) ἀπολύω. (a visitor) συνοδεύω στήν πόρτα, (a garment) φαρδαίνω, (the cat, air, etc.) βγάζω, (a rope) ἀμολάω, (a cry, etc.) ἀφήνω. ~ the bath-water ἀδειάζω τό μπάνιο. (for hire) νοικιάζω. let me out! ἀφῆστε με νά βγῶ. he ~ the secret, he let the cat out of the bag τοῦ ξέφυγε τό μυστικό. (v.i.) ~ at (attack) ρίχνομαι ἐναντίον (with gen.).

let-out s. εὐκαιρία γιά ξεγλίστρημα.

let up v.i. (slacken) λασκάρω, (stop) σταματῶ, (of rain, etc.) κόβω.

let-up s. διακοπή f.

lethal a. θανατηφόρος, (weapon) φονικός.

letharg|y s. (med.) λήθαργος m. (sluggishness) νωθρότης f. (sleepiness) ὑπνηλία f. ~ic a. ληθαργικός, νωθρός.

letter s. (symbol) γράμμα n., στοιχεῖον n. (message) γράμμα n., ἐπιστολή f. to the ~ κατά γράμμα. man of ~s ἄνθρωπος τῶν γραμμάτων. ~-box s. γραμματοκιβώτιον n. ~ed a. (person) διαβασμένος. ~ing s. γράμματα n.pl.

lettuce s. μαρούλι n.

levant v.i. (fam.) τό σκάω (χωρίς νά πληρώσω).

Levant s. ἀνατολική Μεσόγειος. ~ine a. φραγκολεβαντίνος.

level s. ἐπίπεδον n. (of water) στάθμη f. (instrument) ἀλφάδι n., στάθμη f. on a ~ with (in height) στό ἴδιο ὕψος μέ, (in value) στό αὐτό ἐπίπεδο μέ. (fam.) on the ~ ἐν τάξει.

level a. (flat, straight) ἐπίπεδος, ἴσ(ι)ος, ὁμαλός, (equal) ἰσόπαλος. ~ spoonful κοφτή κουταλιά. ~ crossing ἰσόπεδος διάβασις. he drew ~ with me μέ ἔφτασε, he drew ~ with the church (came abreast of) ἔφτασε στό ὕψος τῆς ἐκκλησίας. ~-headed a. ἰσορροπημένος, λογικός.

level v. ἰσοπεδώνω, ἐξομαλύνω. (raze) κατεδαφίζω, ρίχνω. ~ling s. ἰσοπέδωσις f. κατεδάφισις f.

lever s. μοχλός m., λεβιέ n. ~age s. (fig.) bring ~age to bear on βρίσκω τρόπο νά ἐπηρεάσω.

leviathan s. (fig.) μεγαθήριον n.

levity s. ἐλαφρότης f.

levy s. (of money) ἐπιβολή φορολογίας. (of troops) στρατολογία f. (v.) ἐπιβάλλω, στρατολογῶ.

lewd a. ἀσελγής. ~ness s. ἀσέλγεια f.

lexicographer s. λεξικογράφος m.f.

lexicon s. λεξικόν n.

liabilit|y s. (responsibility) εὐθύνη f. (obligation) ὑποχρέωσις f. (tendency) τάσις f. ~ies (fin.) παθητικόν n. limited ~y company ἑταιρία περιωρισμένης εὐθύνης.

liable a. (responsible) ὑπεύθυνος, (subject)

ὑποκείμενος. be ~ (to) ὑπόκειμαι (εἰς), ἔχω τάση (νά).

liaison s. (amour) δεσμός m. (mil.) σύνδεσμος m.

liar s. ψεύτης m., ψεύτρα f.

libation s. σπονδή f.

libel s. λίβελλος m. (as legal offence) δυσφήμησις f. (v.t.) δυσφημῶ. ~lous a. δυσφημιστικός.

liberal a. φιλελεύθερος, (generous) γενναιόδωρος, (abundant) ἄφθονος, (~-minded) ἐλευθερόφρων. ~ly adv. γενναιόδωρα, ἄφθονα. ~ity s. γενναιοδωρία f. (of mind) ἐλευθεροφροσύνη f.

liberal|ism s. φιλελευθερισμός m. ~ize v. φιλελευθεροποιῶ.

liberat|e v. ἀπελευθερώνω. ~ion s. ἀπελευθέρωσις f. ~or s. ἀπελευθερωτής m.

libertine s. ἔκλυτος a.

libert|y s. ἐλευθερία f. take the ~y of λαμβάνω τό θάρρος νά. take ~ies παίρνω θάρρος, (with text) παρερμηνεύω (v.t.).

libidinous a. λάγνος.

librar|y s. βιβλιοθήκη f. ~ian s. βιβλιοθηκάριος m.

licence s. ἄδεια f. (misuse of freedom) κατάχρησις ἐλευθερίας, ἀσυδοσία f.

license v.t. (a person) χορηγῶ ἄδεια σέ.

licentious a. ἀκόλαστος.

lichen s. λειχήν m.

lick v. γλείφω, λείχω. (fam., excel) τρώω. ~ one's lips γλείφομαι, ~ the dust τρώω χῶμα. ~ (person) into shape στρώνω. (s.) (also ~ing) γλείψιμο n. (fam.) get a ~ing τρώω ξύλο.

lid s. κάλυμμα n., καπάκι n.

lie s. ψέμα n., ψεῦδος n., ψευτιά f. give the ~ to διαψεύδω. (v.i.) ψεύδομαι, λέω ψέμματα.

lie v.i. (be) εἶμαι, (stay) μένω, (be situated) κεῖμαι, εὑρίσκομαι, βρίσκομαι. (be spread out) ἁπλώνομαι. ~ heavy on βαραίνω. ~ down ξαπλώνω, ξαπλώνομαι, πλαγιάζω. he is lying down πλαγιάζει, εἶναι πλαγιασμένος (or ξαπλωμένος). it ~s with you (to decide) σέ σένα ἀπόκειται. see how the land ~s ἐρευνῶ τό ἔδαφος.

liege s. ὑποτελής a.

lieu s. in ~ of ἀντί (with gen.).

lieutenant s. (naut.) ὑποπλοίαρχος m. (mil.) ὑπολοχαγός m. ~-commander s. πλωτάρχης m. ~-colonel s. ἀντισυνταγματάρχης m. ~-general s. ἀντιστράτηγος m.

life s. ζωή f., βίος m. for ~ διά βίου, ἐφ' ὅρου ζωῆς. bring or come to ~ ζωντανεύω. have the time of one's ~ περνῶ ὡραῖα ὅσο ποτέ ἄλλοτε. true to ~ παρμένος ἀπ' τή ζωή. as large as ~ μέ σάρκα κι' ὀστᾶ. not on your ~! ἀμ' δέ ~ imprisonment ἰσόβια δεσμά. ~-belt s σωσίβιον n. ~-boat s. ναυαγοσωστικόν λέμβος. ~-giving a. ζωογόνος. ~-less a νεκρός, (fig.) ψόφιος. ~-like a. σάν ζωντανός. ~-size(d) a. σέ φυσικό μέγεθος ~-time s. ζωή f.

lift v.t. σηκώνω, (a ban) αἴρω. (fam. steal) ξαφρίζω. (v.i.) (of fog, etc.) δια λύομαι. ~ing s. σήκωμα n.

lift s. (elevator) ἀσανσέρ n., ἀνελκυστή m. (fam.) I gave him a ~ τόν πῆρα στό ἀμάξι. give a ~ to (spirits) ἀνα πτερώνω.

ligament s. σύνδεσμος m.

ligature s. (med.) ἀπολίνωσις f.

light s. φῶς n. (for smoker) φωτιά f (window) παράθυρο n. ~ and shade κιά ρο-σκοῦρο n. come to ~ ἀνακαλύπτο μαι. throw (new) ~ on ρίχνω (νέο) φῶ σέ. see in a different ~ βλέπω ὑπό ἄλλ πρῖσμα. see in a favourable ~ βλέπω μ εὐνοϊκό μάτι. in the ~ of what you have said παίρνοντας ὑπ' ὄψιν ὅσα εἴπατε according to his ~s σύμφωνα μέ τίς ἱκα νότητές του. traffic ~s φανάρια (τῆς τροχαίας).

light v.t. (set burning) ἀνάβω, (give ligh to) φωτίζω. ~ up (as decoration) φωτα γωγῶ. (v.i.) (come alight) ἀνάβω. ~ up (shine) λάμπω. (find) ~ upon βρίσκω κατά τύχην. ~ed a. ἀναμμένος, φωτισμέ νος.

light a. (well lit) φωτεινός, (of colour) ἀνοικτός, (not heavy) ἐλαφρός. make ~ of ἀψηφῶ, περιφρονῶ. make ~ work of κάνω χωρίς κόπο. (adv.) (tread, sleep) ἐλαφρά. (travel) μέ λίγες ἀποσκευές. ~-fingered a. be ~-fingered δέν ἔχω καθαρό χέρι. ~-headed a. ζαλισμένος. ~-hearted a. ξέγνοιαστος. ~-house s. φά ρος m. ~ly adv. ἐλαφρῶς, (dismissively) περιφρονητικά. he got off ~ly φτηνά τή γλύτωσε. ~ness s. ἐλαφρότης f. ~-weight s. (fig., person) μετριότης f. ~-well s. φωταγωγός m. ~-year s. ἔτος φωτός.

lighten v.t. & i. (make or get bright) φω τίζω. (get lighter in colour) ἀνοίγω. (make or get less heavy) ἐλαφρώνω, ἐλαφρύνω. (v.i.) (there is lightning) it ~s ἀστράφτει.

ighter *s. (boat)* μαούνα *f. (for cigar, etc.)* ἀναπτήρ *m.*

ightning *s.* ἀστραπή *f.* like ~ *(a.)* ἀστραπιαῖος, *(adv.)* ἀστραπιαίως. **~-conductor** *s.* ἀλεξικέραυνον *n.*

ights *s. (organ)* πλεμόνι *n.*

ignite *s.* λιγνίτης *m.*

ike *v.t. & i. (a person)* συμπαθῶ, μοῦ ἀρέσει. I ~ beer μοῦ ἀρέσει ἡ μπίρα. my sister didn't ~ it δέν ἄρεσε τῆς ἀδελφῆς *(or* στήν ἀδελφή*)* μου. I should ~ to go θά ἤθελα νά πάω. would you ~ an ouzo? *(fam.)* πίνεις ἕνα οὖζο; I ~ that one best προτιμῶ ἐκεῖνο. if you ~ ἄν θέλεις.

ike *s. (equal, match)* ταίρι *n.* we shall never see the ~ of it again ποτέ δέν θά δοῦμε παρόμοιο *(or* τέτοιο*)* πρᾶγμα. *(fam.)* the ~s of us ἄνθρωποι σάν κι' ἐμᾶς. and the ~ καί τά παρόμοια. ~s and dislikes γοῦστα *n.pl.*

ike *a. & adv. (alike)* ὅμοιος, παρόμοιος. be ~ μοιάζω *(with* μέ *or gen.)*, he's ~ his brother μοιάζει τοῦ ἀδελφοῦ *(or* μέ τόν ἀδελφό*)* του. they are ~ each other μοιάζουν. I feel ~ a cigarette ἡ καρδιά μου τραβάει τσιγαράκι. I don't feel ~ working δέν ἔχω διάθεση γιά δουλειά. something ~ this κάτι τέτοιο. what's he ~? τί εἶδος ἄνθρωπος εἶναι; what's your apple ~? πῶς εἶναι τό μῆλο σου; what does she look ~? πῶς εἶναι; it looks ~ rain τό πάει γιά βροχή. he looks ~ winning (σά νά) φαίνεται πώς θά κερδίση. it looks ~ it *(is probable)* ἔτσι φαίνεται. *(general)* what did it seem *(or* feel, sound, taste, *etc.)* ~? πῶς ἦταν;

like *prep.* σάν, ὅπως. he thinks ~ me σκέπτεται ὅπως ἐγώ *(or* σάν κι' ἐμένα*)*. he behaves ~ a madman κάνει σάν τρελλός. ~ this ἔτσι. *(fam.)* ~ anything πολύ.

ikelihood *s.* πιθανότης *f.*

ikely *a.* πιθανός. are you ~ to go there? εἶναι πιθανόν νά πᾶς ἐκεῖ; it is ~ (that) ἐνδέχεται (νά).

like-minded *a.* be ~ ἔχω τήν ἴδια γνώμη.

liken *v.* παρομοιάζω.

likeness *s.* ὁμοιότης *f. (portrait)* πορτραῖτο *n.* it is a good ~ μοιάζει πολύ.

likewise *adv.* παρομοίως. *(conj., also)* ἐπίσης.

liking *s. (for people, animals)* συμπάθεια *f.* be to one's ~ εἶναι τῆς ἀρεσκείας μου. *see* like *v.*

lilac *s.* πασχαλιά *f. (a.)* λιλά.

lilliputian *a.* λιλλιπούτειος.

lilting *a.* λικνιστικός.

lily *s.* κρίνος *m.,* κρίνον *n.*

limb *s.* μέλος *n. (bough)* κλαδί *n. (fig.)* out on a ~ ἐκτεθειμένος.

limber *a.* εὐλύγιστος. *(v.)* ~ up *(v.t.)* γυμνάζω, *(v.i.)* γυμνάζω τούς μῦς μου.

limbo *s.* be in ~ ἔχω περιπέσει εἰς λήθην.

lime *s.* ἀσβέστης *m.,* ἄσβεστος *f.* **~-stone** *s.* ἀσβεστόλιθος *m.* **~-twig** *s.* ξόβεργα *f.*

limelight *s.* προβολεύς *m. (fig.)* in the ~ στό φῶς τῆς δημοσιότητος.

limit *s.* ὅριον *n.* that is the ~ ὡς ἐδῶ καί μή παρέκει. know no ~s δέν ἔχω ὅρια. you're the ~! εἶσαι ἀνυπόφορος. *(v.t.)* περιορίζω. **~less** *a.* ἀπεριόριστος.

limitation *s.* περιορισμός *m.* his ~s τά ὅρια τῶν δυνατοτήτων του.

limp *a.* πλαδαρός, *(of plants, etc.)* μαραμένος.

limp *v.* κουτσαίνω, χωλαίνω.

limpet *s.* πεταλίδα *f.* **~-mine** *s.* νάρκη βεντούζα.

limpid *a.* διαυγής. **~ity** *s.* διαύγεια *f.*

linchpin *s.* παραξόνιον *n. (fig.)* κεντρικός μοχλός.

line *s.* γραμμή *f. (company)* ἑταιρία *f. (row)* ἀράδα *f.,* σειρά *f.* toe the ~ ὑπακούω. ~ of march κατεύθυνσις *f.* range in ~ παρατάσσω. *(verse)* στίχος *m. (rope)* σχοινί *n. (fishing)* ὁρμιά *f. (on face)* ρυτίδα *f. (goods)* εἶδος *n.* drop a ~ *(write)* στέλνω δύο λόγια. hard ~s ἀτυχία *f.* I draw the ~ at that δέν φτάνω ὡς ἐκεῖ, we must draw a ~ somewhere πρέπει νά τεθῆ ἕνα ὅριον. ~s *(method)* τρόπος *m.,* σύστημα *n.* on the ~s of σύμφωνα μέ. on English ~s κατά τό ἀγγλικό σύστημα. *(read)* between the ~s ἀνάμεσα στίς γραμμές. what's his ~? τί δουλειά κάνει; he's in the building ~ ἀσχολεῖται μέ οἰκοδομικές ἐργασίες. it's not in my ~ δέν εἶναι τῆς εἰδικότητός μου. come into ~ with συμμορφώνομαι *(or* εὐθυγραμμίζομαι*)* μέ. in ~ with σύμφωνα μέ. get a ~ on *(fam.)* μαθαίνω γιά.

line *v. (clothes, curtains)* φοδράρω, *(box, drawer)* στρώνω. *(fig., fill)* γεμίζω. *see* lined.

lineage *s.* καταγωγή *f.*

lineaments *s.* χαρακτηριστικά *n.pl.*

linear *a.* γραμμικός.

lined *a. (clothes)* φοδραρισμένος. *(drawer)* στρωμένος. *(face, paper)* χαρακωμένος.

(with wood panelling) μέ ἐπένδυση ξύλου. well ~ *(full)* γεμᾶτος.

linen *s.* λινόν *n.* *(~ articles)* ἀσπρόρρουχα *n.pl.* *(fig.)* wash one's dirty ~ in public βγάζω τά ἄπλυτά μου στή φόρα. *(a.)* λινός.

liner *s.* ὑπερωκεάνιον *n.*

linger *v.* *(stay)* μένω, *(dawdle)* χρονοτριβῶ, *(drag on)* παρατραβῶ, δέν λέω νά τελειώσω. ~ing *a.* *(slow)* ἀργός, *(long drawn out)* μακρόσυρτος.

linguist *s.* γλωσσομαθής *m.* *(philologist)* γλωσσολόγος *m.* ~ic *a.* γλωσσικός. ~ics *s.* γλωσσολογία *s.*

lining *s.* *(clothes)* φόδρα *f.* *(other)* ἐπένδυσις *f.*

link *s.* κρίκος *m.* cuff ~s μανικετόκουμπα *n.pl.* *(v.t.)* συνδέω. they ~ed arms πιάστηκαν ἀγκαζέ. ~ing *a.* συνδετικός.

linoleum *s.* μουσαμᾶς *m.*

linseed-oil *s.* λινέλαιον *n.*

lint *s.* ξαντό *n.*

lintel *s.* ὑπέρθυρον *n.*

lion *s.* λιοντάρι *n.*, λέων *m.* ~'s share μερίδα τοῦ λέοντος. ~'s skin λεοντῆ *f.* ~ess *s.* λέαινα *f.* ~ize *v.t.* περιποιοῦμαι ὡς διασημότητα.

lip *s.* χείλι *n.*, χεῖλος *n.* ~-service *s.* κούφιος ἔπαινος. ~stick *s.* κραγιόν *n.*

liquefy *v.t.* ρευστοποιῶ. ~action *s.* ρευστοποίησις *f.*

liqueur *s.* λικέρ *n.*, ἡδύποτον *n.*

liquid *a.* ρευστός, ὑγρός. *(s.)* ὑγρόν *n.* ~ate *v.t.* διαλύω, *(debt)* ἐξοφλῶ. *(kill off)* καθαρίζω. ~ation *s.* *(fin.)* go into ~ation χρεοκοπῶ. ~ity *s.* ρευστότης *f.*

liquor *s.* *(liquid)* ὑγρόν *n.* *(alcoholic)* οἰνοπνευματώδη ποτά. *(indulgence in ~)* πιοτό *n.*

liquorice *s.* γλυκόρριζα *f.*

lira *s.* *(money)* λιρέττα *f.*

lisp *v.* τσευδίζω. ~ing *a.* τσευδός.

list *s.* κατάλογος *m.* *(v.t.)* (κατα)γράφω.

list *v.i.* *(of ship)* γέρνω. *(s.)* κλίσις *f.*

listen *v.* *(also ~ to)* ἀκούω. he won't ~ to reason δέν παίρνει ἀπό λόγια. ~er *s.* ἀκροατής *m.*

listless *a.* ἄτονος.

lists *s.* enter the ~ λαμβάνω μέρος εἰς τόν ἀγῶνα.

litany *s.* παρακλήσεις *f.pl.*

literal *a.* κυριολεκτικός. *(translation)* λέξιν πρός λέξιν. ~ly *adv.* κυριολεκτικῶς. don't take it ~ly μήν τά παίρνης τοῖς μετρητοῖς.

literary *a.* λογοτεχνικός, φιλολογικός. ~

man *(writer)* λογοτέχνης *m.*, *(scholar)* λόγιος *m.*

literate *a.* ἐγγράμματος.

literature *s.* λογοτεχνία *f.* *(study of ~)* φιλολογία *f.*

lithe *a.* λυγερός, εὔκαμπτος ~ness *s.* εὐκαμψία *f.*

lithograph, ~y *s.* λιθογραφία *f.*

litigant *s.* διάδικος *m.f.*

litigate *v.* καταφεύγω στά δικαστήρια ~ion *s.* προσφυγή σέ δικαστήριο, δίκη *f.*

litigious *a.* φιλόδικος.

litre *s.* λίτρον *n.*

litter *s.* *(couch)* φορεῖον *n.* *(new-born animals)* μικρά *n.pl.* *(rubbish)* σκουπίδια *n.pl.* *(untidy state)* ἀκαταστασία *f.* *(beasts' bedding)* στρωματιά *f.*, ἄχυρο *n.*

litter *v.t.* they ~ed the street with rubbish λέρωσαν τό δρόμο μέ σκορπισμένα σκουπίδια.

little *a.* *(size)* μικρός, *(quantity)* *(also* a ~) (ὀ)λίγος. *(also by suffix)* ~ house σπιτάκι *n.* ~ John Γιαννάκης *m.* ~ cat γατίτσα, γατούλα *f.* it makes ~ difference *(whether we stay or go)* εἶναι τό ἴδιο. ~ ~ οὐκ ὀλίγος.

little *s.* ὀλίγον *n.*, λίγο *n.* I got ~ out o it δέν ἀπεκόμισα πολλά. I see ~ of him δέν τόν βλέπω συχνά. from what ~ know ἀπό τά λίγα πού ξέρω. ~ or no thing σχεδόν τίποτα. he says ~ μιλάει λίγο. he is satisfied with ~ ἱκανοποιεῖτο μέ λίγα.

little *adv.* λίγο, ὀλίγον. ~ by ~ λίγο λίγο very ~ ἐλάχιστα, πολύ λίγο. it is ~ bet ter than robbery εἶναι καθαρή κλεψιά. ~ does he suspect οὔτε πού βάζει ὁ νοῦ του. a ~ *(somewhat)* λίγο, λιγάκι, κά πως. not a ~ οὐκ ὀλίγον. let's wait a ~ ᾶς περιμένωμε λίγο *(or* λιγάκι). I'm a ~ better εἶμαι λίγο *(or* κάπως) καλύτερο would you like a ~ more soup? θέλετ ἀκόμα λίγη σούπα;

live *a.* ζωντανός. ~ coals ἀναμμένα κάρ βουνα. ~ shots ἔνσφαιρα πυρά, ~ wir *(fig.)* δυναμικόν πρόσωπον. *(adv., o transmission)* ἀπ' εὐθείας.

live *v.i.* ζῶ, *(dwell)* μένω, κατοικῶ, κάθο μαι. ~ well καλοζῶ, ~ like a lord περνί μπέικα. long ~ England ζήτω ἡ Ἀγγλίο ~ with *(cohabit)* συζῶ μέ, *(endure)* ὑπο φέρω, ἀνέχομαι. ~ on *(survive)* ἐπιζῶ. on one's pay ζῶ ἀπό τό μισθό μου. h ~s on milk τρέφεται μέ γάλα. ~ on ca pital τρώω τό κεφάλαιό μου. ~ by one wits ζῶ ἀπό κομπίνες. ~ up to one 'inciples δέν ὑπολείπομαι τῶν ἀρχῶν ɔʋ. *(v.t.)* *(experience)* ~ an easy life ζῶ ʼον ἄνετον. we ~d through the occupaɔn. ζήσαμε τήν κατοχή. ~ down the andal ἐπιζῶ καί κάνω νά ξεχαστῆ τό κάνδαλο.

lihood *s.* πόροι ζωῆς, μέσα συντηρήἐως, τά πρός τό ζῆν.

:long *a.* the ~ day ὁλημερίς *(adv.)*.

:lly *a.* ζωηρός. **~liness** *s.* ζωηρότης *f.*

:n *v.t. & i.* ζωηρεύω.

:r *s.* συκώτι *n.*, ἧπαρ *n.*

:ry *s.* *(dress)* λιβρέα *f.*

:stock *s.* ζῶα κτηνοτροφίας.

id *a.* πελιδνός. *(fam., furious)* πράσινος π' τό θυμό μου.

ing *a.* ζῶν, ζωντανός. *(animate)* ἔμψυɔς.

ing *s.* earn one's ~ κερδίζω τή ζωή ɔʋ. scrape a ~ ἀποζῶ. he makes a ~ y trade ζῆ ἐμπορευόμενος. easy ~ καɔζωία *f.* good ~ καλοφαγία *f.* standard f ~ βιωτικόν ἐπίπεδον. ~ is cheap ζωή εἶναι φθηνή. what does he do for ~? τί ἐργασία κάνει; *(eccl.)* see benece. **~-room** *s.* σαλόνι *n.*

ard *s.* σαύρα *f.*

ma *s.* λάμα *f.*

int. ἰδού!

id *s.* φορτίον *n.* *(amount carried)* φόρ-ωμα *n.* *(fig., burden)* βάρος *n.* *(fam.)* ~s *(of)* ἕνα σωρό. *(v.t. & i)* φορτώνω. *,.t.)* *(gun)* γεμίζω. **~ing** *s.* φόρτωσις *f.*, όρτωμα *n.*

af *s.* ψωμί *n.* *(round, square)* καρβέλι *n.* *ong)* φραντζόλα *f.* *(ring-shaped)* κου-ούρα *f.*

af *v.i.* χασομερῶ, χαζεύω. **~er** *s.* χασο-έρης *a.*

an *s.* δάνειον *n.* on ~ δανεικά *(adv.)*. *v.)* δανείζω.

a)th *a.* ἀπρόθυμος. nothing ~ πρόθυ-ος.

ath|e *v* σιχαίνομαι, ἀποστρέφομαι. **~ing** *.* σιχαμάρα *f.* **~some** *a.* σιχαμερός.

oby *s.* *(entrance)* εἴσοδος *f.* *(ante-room)* κροθάλαμος *m.* *(political)* ὁμάς ὑποστη-ικτῶν ὡρισμένων συμφερόντων πού ξασκεῖ πίεση στά κυβερνητικά παρα-κήνια. *(v.t.)* ~ one's M.P. μιλῶ στό ʼουλευτή μου.

bster *s.* ἀστακός *m.*

cal *a.* τοπικός. *(born or produced ~ly)* τόπιος. the ~ butcher ὁ χασάπης τῆς ειτονιᾶς. ~ colour τοπικό χρῶμα. ~ ,overnment τοπική αὐτοδιοίκησις. **~ly**

adv. στή γειτονιά. **~ism** *s.* τοπικισμός *m.* **~ize** *v.* *(restrict)* ἐντοπίζω.

locality *s.* *(position)* τοποθεσία *f.* *(district)* περιοχή *f.*, γειτονιά *f.* *(fam.)* have a good bump of ~ ἔχω καλό προσανατολισμό.

locat|e *v.t.* *(place)* τοποθετῶ, *(find)* βρίσκω. be ~ed βρίσκομαι. **~ion** *s.* τοποθεσία *f.* **~ive** *s.* *(gram.)* τοπική *f.*

loch *s.* λίμνη *f.*

lock *s.* *(of door)* κλειδαριά *f.*, κλεῖθρον *n.* *(on canal)* ὑδατοφράκτης *m.* *(of hair)* μπούκλα *f.* *(grip)* λαβή *f.* *(v.t. & i.)* *(also* ~ up) κλειδώνω. *(grip)* σφίγγω. **~er** *s.* ντουλαπάκι *n.*

locket *s.* μενταγιόν *n.*

locksmith *s.* κλειδαρᾶς *m.*

locomot|ion *s.* μετακίνησις *f.* **~ive** *a.* κινητήριος. *(s)* μηχανή *f.*

locum *s.* ~ *(tenens)* ἀναπληρωτής ἰατρός.

locus *s.* *(math.)* τόπος *m.*

locust *s.* ἀκρίδα *f.* ~ bean χαρούπι *n.* ~ tree χαρουπιά *f.*

lode *s.* φλέβα *f.* **~star** *s.* πολικός ἀστήρ. **~stone** *s.* μαγνήτης *m.*

lodge *s.* *(porter's)* θυρωρεῖον *n.* *(hunting)* περίπτερον *n.* *(masonic)* στοά *f.*

lodge *v.t.* *(house)* στεγάζω, φιλοξενῶ. *(stick)* κολλῶ, *(deposit)* καταθέτω, *(submit)* ὑποβάλλω. *(v.i.)* *(stay)* μένω, *(stick)* κολλῶ. **~r** *s.* νοικάρης *m.*, νοικάρισσα *f.* take ~rs νοικιάζω δωμάτια.

lodging *s.* κατάλυμα *n.* ~s νοικιασμένα δωμάτια. let ~s νοικιάζω δωμάτια.

loft *s.* ὑπερῶον *n.*, σοφίτα *f.*

loft|y *a.* ὑψηλός, *(disdainful)* ἀκατάδεκτος. **~ily** *adv.* περιφρονητικά. **~iness** *s.* *(of sentiments)* εὐγένεια *f.* *(disdain)* ἀκαταδεξία *f.*

log *s.* κούτσουρο *n.* *(ship's)* παρκέτα *f.* *(v.)* *(enter)* καταγράφω. **~-book** *s.* ἡμερολόγιον *n.*

logarithm *s.* λογάριθμος *m.*

loggerheads *s.* they are at ~ εἶναι μαλωμένοι.

logic *s.* λογική *f.* **~al** *a.* λογικός. **~ally** *adv.* λογικά.

logistics *s.* διοικητική μέριμνα.

loins *s.* ὀσφύς *f.*, λαγόνες *f.pl.*

loiter *v.* χασομερῶ. **~er** *s.* χασομέρης *a.*

loll *v.i.* *(hang)* κρέμομαι, *(lean)* ἀκουμπῶ, *(lie)* εἶμαι ξαπλωμένος.

lone *a.* μοναχικός, μόνος. play a ~ hand ἐνεργῶ χωρίς βοήθεια.

lone|ly *a.* *(place)* ἀπομονωμένος. feel ~ly αἰσθάνομαι μοναξιά. have a ~ly life είμαι πολύ μόνος. ~liness s. μοναξιά f.

lonesome a. see lonely.

long v. ~ for λαχταρώ. ~ to λαχταρώ νά, τό έχω καημό νά. ~ing s. λαχτάρα f., καημός m. ~ingly adv. μέ λαχτάρα.

long a. μακρύς, (time) πολύς, (book) μεγάλος. a ~ journey ταξίδι μεγάλης διαρκείας. it was a ~ operation ή έγχείρησις διήρκεσε πολύ. how ~ is your holiday? πόσο θά διαρκέσουν οί διακοπές σας; it is 20 metres ~ έχει μήκος είκοσι μέτρα. in the ~ run τελικά. he won't be ~ δέν θά άργήση. ~-distance a. (bus, phonecall) ύπεραστικός. ~-haired a. μακρομάλλης. ~-hand s. in ~-hand μέ τό χέρι. ~-legged a. μακροκάνης. ~-range a. (gun) μεγάλου βεληνεκούς, (plane) μεγάλης ἀκτίνος δράσεως. ~-term a. μακράς διαρκείας, (fin.) μακροπρόθεσμος. ~-winded a. (speech) μακροσκελής, (person) φλύαρος.

long s. it won't take ~ δέν θά πάρη πολλή ώρα. will you be away for ~? θά λείψετε καιρό; before ~ ἐντός ὀλίγου.

long adv. πολύ, ~ ago πρό πολλοῦ, not ~ ago τώρα τελευταία. be ~ (in doing sthg.) ἀργῶ (with νά). how ~ is it since you saw them? πόσον καιρό ἔχεις νά τούς δῆς; as (or so) ~ as (provided that) ἀρκεῖ νά, ὑπό τήν προϋπόθεσιν ὅτι. as ~ as you like ὅσο καιρό θέλεις. ~-drawn-out a. παρατεταμένος. ~-lived a. μακρόβιος. ~-standing a. παλαιός, ὑφιστάμενος ἀπό μακροῦ.

longer adv. I'm not staying any ~ δέν θά μείνω ἄλλο (or περισσότερο). he's no ~ in charge of the department δέν εἶναι πιά ἐπί κεφαλῆς τοῦ τμήματος. how much ~ will you be? πόση ὥρα θά κάνης ἀκόμα;

longevity s. μακροζωία f.

longitude s. μήκος n.

longshoreman s. λιμενεργάτης m.

longways adv. κατά μήκος.

look s. (glance) βλέμμα n., ματιά f. (appearance) ὄψις f., ἐμφάνισις f. take (or have) a ~ ρίχνω μία ματιά. have a good ~ at κοιτάζω καλά. have good ~s εἶμαι ὄμορφος. black ~s ἐχθρικά βλέμματα. by the ~ of things ὅπως φαίνεται. his ~s have improved ή ὄψις (or ή ἐμφάνισίς) του ἔχει φτιάξει. she has lost her ~s ἔχει χαλάσει.

look v. (also ~ at) κοιτάζω. (appear, seem) φαίνομαι. ~ like (resemble)

μοιάζω (see like). it ~s as if it's going rain σάμπως θά βρέξη. ~ here! γιά κ ταξε, κοίταξε νά δῆς! ~ sharp! κου σου! she ~s her best in blue τήν κο κεύουν τά μπλέ. he ~s himself again ξ συνέλθει. he ~s the part τοῦ ταιριάζε ρόλος.

look about v.i. ψάχνω. ~ one κοιτό γύρω μου.

look after v.t. (tend) φροντίζω, πε ποιοῦμαι, κοιτάζω, προσέχω. (see abo φροντίζω γιά.

look back v.i. ~ at or on (recollect) ἀ πολῶ, ξαναθυμοῦμαι. he never loo back διαρκῶς πρόδευε.

look down v.i. ~ on (despise) περιφροι

look for v.t. (seek) ζητῶ, γυρεύω, ψάχ γιά. (expect) ζητῶ, περιμένω νά βρῶ. looking for trouble πάω γυρεύοντας.

look forward v.i. ~ to (with pleasu προσμένω μέ χαρά, ἀνυπομονῶ νά, : ριμένω ἀνυπόμονα. ~ to (await) πε μένω, (foresee) προβλέπω.

look in v.i. (pay a call) περνῶ. ~ at chemist's περνῶ ἀπ' τό φαρμακεῖο. I ~ on you tomorrow θά περάσω νά δῶ αὔριο.

look-in s. he won't get a ~ δέν ἔχει πίδα ἐπιτυχίας.

look into v.t. (investigate) ἐξετάζω.

look on (v.i.) (be onlooker) παρακολου ~ to (of aspect) βλέπω πρός. (v.t.) (gard) θεωρῶ.

look out v.i. (be on watch) προσέχω, ξ τό νοῦ μου. ~ on or over (of aspe βλέπω πρός. ~! (threat) ἔννοια σι (take care) πρόσεχε! (v.t.) (select) δ λέγω.

look-out s. (post) σκοπιά f. (sentinel) σι πός m. be on the ~ for ἔχω τά μά' μου ἀνοιχτά γιά, (lie in wait for) πα μονεύω.

look round v. (turn one's head) γυρίζω κεφάλι μου. (survey the scene) κοιτό γύρω, ἐρευνῶ.

look up v.t. (a word, etc.) ψάχνω νά β (a friend) περνῶ νά δῶ, ἐπισκέπτομαι. to (respect) σέβομαι. (v.i.) σηκώνω μάτια μου. (get better) πάω πρός τό κ λύτερο.

looking-glass s. καθρέφτης m.

loom s. ἀργαλειός m.

loom v.i. ξεπροβάλλω, (dimly) διαφαί' μαι, (darkly) μαυρίζω. ~ large (in on thoughts, etc.) κατέχω μεγάλη θέση.

loon, ~y s. & a. (fam.) τρελλός.

p s. θηλειά f. (v.) προσδένω μέ θηλειά.
ero.) ~ the ~ κάνω λούπιγκ.
phole s. πολεμίστρα f. (fig.) παραθυ-
ίχι n.
se a. (not tied up) (dog) λυτός, (hair)
ιτός, χυτός. (not tight) χαλαρός,
nstable) ἀσταθής. (scattered) σκόρπιος,
ot in package) χύμα (adv.). (vague)
ϱαφής, (disjointed) ξεκάρφωτος, (not
eral) ἐλεύθερος. (on the) ~ (at large)
ιεύθερος, (morally) ἐλευθερίων ἠθῶν. ~
oney ψιλά n.pl. it is ~ (tooth, brick)
ϱυνάει, (floorboard, handle) παίζει,
arment, shoe) εἶναι φαρδύς. work ~
ἐβιδώνομαι, χαλαρώνομαι. get ~
scape) ξεφεύγω. let ~ (dog) λύνω, (an
tack) ἐξαπολύω. be at a ~ end δέν
ϗω τί νά κάνω. go on the ~ ξεφαν-
ύνω. have a screw ~ ἔχω βίδα.
sely adv. χαλαρά, (vaguely) ἀσαφῶς. ~
anslated κατά ἐλευθέραν μετάφρασιν.
sen v.t. & i. λασκάρω. (v.t.) χαλαρώνω,
elt, screw) ξεσφίγγω. ~ up (muscles)
αλαρώνω.
t s. λάφυρα n.pl. λεία f., πλιάτσικο n.
.) λαφυραγωγῶ, λεηλατῶ. ~ing s. λεη-
ασία f., πλιάτσικο n.
v. κλαδεύω.
e v. προχωρῶ πηδώντας.
quac|ious a. φλύαρος, πολυλογᾶς. ~ity
φλυαρία f., πολυλογία f.
quat s. μούσμουλο n.
d s. λόρδος m. (God) Κύριος m. (feu-
al, etc.) ἀφέντης m. (v.) ~ it φέρομαι
εσποτικά,
dly a. (haughty) ὑπεροπτικός, (splendid)
εγαλοπρεπής.
dship s. his ~ ἡ ἐξοχότης του.
e s. (traditions) παραδόσεις f.pl.
ry s. φορτηγό n.
e v. χάνω, get lost χάνομαι. ~ sight of
άνω ἀπό τά μάτια μου, (fig.) we
nustn't ~ sight of that δέν πρέπει νά
ᾶς διαφεύγη. ~ one's head χάνω τό
υαλό μου. lost in thought βυθισμένος σέ
κέψεις.
er s. χαμένος m. he is a bad ~ τό
έρνει βαρέως ὅταν χάνει.
ss s. ἀπώλεια f., χάσιμο n. (material)
ημία f. sell at a ~ πουλῶ μέ ζημία. cut
ne's ~es περιορίζω τίς ζημίες μου. be
t a ~ for words δέν βρίσκω (or δυσκο-
εύομαι νά βρῶ) τά κατάλληλα λόγια.
t s. (thing drawn) λαχνός m., κλῆρος m.
ast or draw ~s βάζω κλῆρο. (one's fate)
οῖρα f. it fell to my ~ μοῦ ἔπεσε νά...

throw in one's ~ with συμμερίζομαι τήν
τύχη (with gen.). (fam.) a bad ~ κά-
θαρμα n., χαμένος m.
lot s. (for building) οἰκόπεδο n. (batch,
consignment) παραλαβή f., παρτίδα f.
(piece, item) κομμάτι n.
lot s. & a. (quantity) ~s or a ~ (of) πο-
λύς, ἕνα σωρό. the ~ of you ὅλοι σας.
that's the ~ αὐτά εἶναι ὅλα. it's a ~ of
nonsense εἶναι ὅλο βλακεῖες. (adv.) a ~
πολύ. a ~ I care! πολύ πού μέ νοιάζει.
loth a. see loath.
lotion s. λοσιόν f.
lottery s. λαχεῖον n.
lotus s. λωτός m. (fig.) be a ~-eater ἀπο-
λαμβάνω μία γαλήνια ζωή τεμπελιάζον-
τας.
loud a. δυνατός, (colour) χτυπητός,
(behaviour) χυδαῖος. (adv.) (out) ~ δυ-
νατά. ~ly adv. δυνατά, χτυπητά. ~-
mouthed a. φωνακλᾶς m. ~ness s. δύνα-
μις f.
lounge s. σαλόνι n. (v.i.) (idle) τεμπε-
λιάζω, (lean) ἀκουμπῶ, (recline) εἶμαι
ξαπλωμένος. ~-suit s. κοστούμι n.
lous|e s. ψεῖρα f. ~y a. ψειριασμένος.
(fig.) (of bad quality) ἐλεεινός, χάλια. (as
abusive epithet) βρωμο-.
lout s. γουρούνι n.
lovable a. ἀξιαγάπητος.
love v. ἀγαπῶ. I ~ singing μοῦ ἀρέσει
πολύ τό τραγούδι. I should ~ to go θά
μοῦ ἄρεσε πολύ νά πάω.
love s. ἀγάπη f. (tender solicitude) στοργή
f., (physical) ἔρως m. fall in ~ (with)
ἐρωτεύομαι. in ~ ἐρωτευμένος. make ~
to κάνω κόρτε σέ. not for ~ or money
μέ κανένα τρόπο. there is no ~ lost
between them δέν χωνεύονται. ~-affair
s. εἰδύλλιο n. ~-letter s. ἐρωτικό
γράμμα. ~-lorn, ~-sick a. πού μαραζώ-
νει ἀπό ἔρωτα. ~-match s. γάμος ἀπό
ἔρωτα. ~-story s. ρομάντζο n.
love|ly a. (beautiful) πολύ ὄμορφος,
ἀπολύτατος. (delightful) ὑπέροχος, πολύ
ὡραῖος, θαυμάσιος. ~liness s. ὀμορφιά
f., ὡραιότης f.
lover s. ἐραστής m. (of things, animals)
φίλος m. (of person) ἀγαπητικός m. ~s
ἐρωτευμένοι m. pl. pair of ~s ζευγαράκι
n. (paramour) ἐραστής m., ἐρωμένος m.
low v. (of cattle) μυκάομαι.
low a. (position, sound, price) χαμηλός,
(birth, station) ταπεινός, (quality) εὐτε-
λής, (speed, number, visibility) μικρός,
(comedy) χοντρός, (company) πρόστυχος.

in ~ spirits κακόκεφος. run ~ ἐξαντλοῦμαι, lay ~ ρίχνω κάτω, lie ~ παραμένω κρυμμένος. (adv.) χαμηλά. ~-born a. ταπεινῆς καταγωγῆς. ~brow s. μέ κοινά γοῦστα. ~-down s. (fam.) get the ~-down πληροφοροῦμαι. ~-key(ed) a. συγκρατημένος. ~land(s) s. κάμπος m.
lower a. κατώτερος, (sound, height) χαμηλότερος. the ~ floors τά κάτω πατώματα. (adv.) πιό κάτω, χαμηλότερα.
lower v. χαμηλώνω, (let down) κατεβάζω, (lessen, degrade) μειώνω. ~ing s. χαμήλωμα n., κατέβασμα n., μείωσις f.
lowly a. ταπεινός.
loyal a. (of subjects, friends) πιστός, (of troops, political followers, etc.) νομιμόφρων. (devoted) ἀφοσιωμένος. ~ly adv. πιστά. ~ist s. κυβερνητικός a. ~ty s. πίστις f. νομιμοφροσύνη f.
lozenge s. παστίλια γιά τό λαιμό. ~-shaped a. ρομβοειδής.
lubricant s. λιπαντικόν n.
lubricat|e v. λιπαίνω. ~ion s. λίπανσις f.
lubric|ious a. ἀσελγής. ~ity s. ἀσέλγεια f.
lucid a. διαυγής, σαφής, καθαρός. ~ interval φωτεινόν διάλειμμα. ~ity s. διαύγεια f.
Lucifer s. Ἑωσφόρος m.
luck s. τύχη f. in ~ τυχερός. good ~ (wish) καλή ἐπιτυχία, (omen of this) γούρι n. bad ~ ἀτυχία, κακοτυχία f., (omen of this) γουρσουζιά f. worse ~! δυστυχῶς. good ~ in your new home! καλορρίζικο τό καινούργιο σπίτι. bad ~ to him κακό χρόνο νἄχη! ~less a. ἀτυχής.
luck|y a. τυχερός. (of person bringing %) γουρλῆς, (of thing) γουρλήδικος. ~ily adv. εὐτυχῶς.
lucrative a. ἐπικερδής.
lucre s. (pej.) κέρδος n., χρῆμα n.
Lucullan a. λουκούλλειος.
ludicrous a. γελοῖος.
lug v. (drag) τραβῶ, (carry) κουβαλῶ.
luggage s. ἀποσκευές f.pl. ~-van s. σκευοφόρος f.
lugubrious a. μελαγχολικός.
lukewarm a. χλιαρός.
lull s. there was a ~ in the conversation ἡ κουβέντα ἔπεσε.
lull v.t. (calm) καθησυχάζω. (to sleep) νανουρίζω, (delude) δαυκαλίζω, (both) ἀποκοιμίζω. ~aby s. νανούρισμα n.
lumbago s. ὀσφυαλγία f., λουμπάγκο n.
lumber s. (wood) ξυλεία f. (useless objects) παλιοέπιπλα n.pl. (v.t.) φορτώνω.

(v.i.) (move heavily) μετακινοῦμαι ρ/ ριά.
luminous a. φωτεινός.
lump s. (piece) κομμάτι n. (of earth, cl. etc.) βῶλος, σβῶλος m. (on head) ὶ ρούμπαλο n. (on body) ἐξόγκωμα βῶλος m. (in throat) κόμπος m. ~ s ἐφάπαξ (adv. as s.n.).
lump v.t. ~ together βάζω μαζί. (far ~ it τό καταπίνω. ~y a. σβωλιασμέν become ~y σβωλιάζω.
lunacy s. φρενοβλάβεια f. (also fi τρέλλα f.
lunar a. σεληνιακός.
lunatic s. φρενοβλαβής, παράφρων a. asylum φρενοκομεῖον n. (a.) τρελλός.
lunch, ~eon s. μεσημεριανό (γεῦμα) n.
lung s. πνεύμων m.
lunge s. ἀπότομο χτύπημα, (with swo ξιφισμός m. (v.) ~ at χτυπῶ ἀπότο ἐφορμῶ κατά (with gen.).
lurch v.i. τρικλίζω, (of ship) μποτζάζ (s.) τρίκλισμα n. μπότζι n. leave (pers in the ~ ἀφήνω μπουκάλα.
lure s. δέλεαρ n. (v.) δελεάζω, (lead ι παρασύρω.
lurid a. (red) φλογερός, (glaring) χτυ τός, (hair-raising) ἀνατριχιαστικός.
lurk v. κρύβομαι.
luscious a. (juicy, lit. & fig.) ζουμερ (music, art) αἰσθησιακός.
lush a. ὀργιώδης, πλούσιος.
lust s. σαρκική ἐπιθυμία, (also fig.) πό m. (v.) ~ for ποθῶ. ~ful a. λάγνος.
lustily adv. δυνατά.
lust|re s. (shine) γυαλάδα f., λάμψις (glory) αἴγλη f. ~rous a. γυαλιστερ (eyes) λαμπερός.
lusty a. (person) ρωμαλέος, (action) δυ τός.
lute s. λαοῦτο n.
luxe a. de ~ πολυτελείας.
luxuriant a. ὀργιώδης, πλούσιος, ἄφθον ~ly adv. ἄφθονα.
luxuriate v. ~ in ἀπολαμβάνω.
luxurious a. πολυτελής. ~ly adv. πολι λῶς.
luxury s. (state, item) πολυτέλεια f. goods εἴδη πολυτελείας. (pampe living) εὐμάρεια f. in the lap of ~ χλιδή.
lye s. ἀλισίβα f.
lying s. (telling lies) τό ψεύδεσθαι. (a. ~ scoundrel παλιάνθρωπος ψεύτης.
lying s. (reclining) ~ down ξάπλωμα (a.) ~ down πλαγιαστός, ξαπλωμέν

~-in s. τοκετός m. ~-in-state s. λαϊκόν προσκύνημα.
mphatic a. λυμφατικός.
anch v.t. λυντσάρω.
nx s. λύγξ m.
re s. λύρα f.
ric, ~al a. λυρικός. (s.) ~s (words of song) στίχοι m.pl.

M

aa s. (fam.) μαμά f.
aa'am s. κυρία f.
aacabre a. μακάβριος.
aacadam s. μακαντάμ n. ~ized a. σκυροστρωμένος.
aacaroni s. μακαρόνια n.pl.
aacaroon s. ἀμυγδαλωτό n.
aace s. ἐμβληματική ράβδος.
aachiavellian a. μακιαβελλικός.
aachinations s. μηχανορραφίες f.pl.
aachine s. μηχανή f. (of party, etc.) μηχανισμός m. (v.t.) (sew) ράβω στή μηχανή. ~-gun s. πολυβόλον n. ~-made a. μηχανοποίητος. ~-tool s. μηχανικόν ἐργαλεῖον.
aachinery s. (machines) μηχανές f.pl. (works) μηχανισμός m.
aackerel s. σκουμπρί n., κολιός m.
aackintosh s. ἀδιάβροχο n.
aad a. τρελλός. drive ~ τρελλαίνω, go ~ τρελλαίνομαι, be ~ on τρελλαίνομαι γιά. like ~ σάν τρελλός. ~ dog λυσσασμένο σκυλί. (angry) θυμωμένος. ~cap s. τρελλάρας m. ~den v. τρελλαίνω. it's ~dening εἶναι νά τρελλαθῆς. ~ly adv. μέχρι τρέλλας, σάν τρελλός. ~ness s. τρέλλα f.
aadam s. κυρία f. (of bordello) τσατσά f.
aade part. καμωμένος, φτιαγμένος, (manufactured) κατασκευασμένος. he is a ~ man ἡ ἐπιτυχία του εἶναι ἐξασφαλισμένη. he is ~ for the job εἶναι κομμένος καί ραμμένος γιά τή δουλειά. see also make v.
Madonna s. Παναγία f.
aadrigal s. μαδριγάλιον n.
Maecenas s. Μαικήνας m.
aaelstrom s. δίνη f.
aaenad s. μαινάς f.

maestro s. μαέστρος m.
mafia s. μαφία f.
magazine s. (journal) περιοδικό n. (powder) πυριτιδαποθήκη f. (of gun) γεμιστήρ m.
maggot s. σκουλήκι n. ~y a. σκουληκιασμένος.
magic s. μαγεία f. like ~ ὡς διά μαγείας. (a.) (also ~al) μαγικός. ~ian s. μάγος m. (entertainer) θαυματοποιός m.
magisterial a. ἐπιβλητικός.
magistrate s. εἰρηνοδίκης m. examining ~ ἀνακριτής m.
magnanim|ous a. μεγαλόψυχος. ~ity s. μεγαλοψυχία f.
magnate s. μεγιστάν m.
magnesia ·s. μαγνησία f.
magnesium s. μαγνήσιον n.
magnet s. μαγνήτης m. ~ic a. μαγνητικός. ~ism s. μαγνητισμός m. ~ize v. μαγνητίζω.
magneto s. μανιατό n.
magnific|ence s. μεγαλεῖον n. ~ent a. μεγαλοπρεπής. (fam.) θαῦμα n. ~ently adv. μεγαλοπρεπῶς. (fam.) θαυμάσια.
magni|fy v. μεγεθύνω, (exaggerate) μεγαλοποιῶ, (extol) μεγαλύνω. ~fying glass μεγεθυντικός φακός. ~fication s. μεγέθυνσις f.
magniloquent a. μεγαλόστομος.
magpie s. καρακάξα f., κίσσα f.
mahogany s. μαόνι n.
maid s. (girl) κόρη f. (servant) ὑπηρεσία f. old ~ γεροντοκόρη f.
maiden s. κόρη f., παρθένος f. (a.) παρθενικός, ~ name πατρικόν ὄνομα. ~head s. παρθενιά f.
mail s. (armour) πανοπλία f. (fig.) ~ed · fist σιδηρᾶ πυγμή.
mail s. (post) ταχυδρομεῖον n. (letters) ἀλληλογραφία f., γράμματα n.pl. (a.) ταχυδρομικός. (v.) στέλνω ταχυδρομικῶς.
maim v. ἀκρωτηριάζω.
main s. (chief) κύριος. the ~ chance προσωπικόν συμφέρον. by ~ force μέ τό ζόρι. (s.) in the ~ κατά τό πλεῖστον. ~ly adv. κυρίως.
main s. (pipe) κεντρικός ἀγωγός. ~s (system) δίκτυον n. ~ water νερό τῆς βρύσης. (sea) πέλαγος n.
mainland s. στερεά f.
mainspring s. κύριον ἐλατήριον, (fig.) κίνητρον n.
mainstay s. (fig.) στυλοβάτης m.
mainstream s. (fig.) ἐπικρατοῦσα τάσις.

maintain *v.t. (keep)* διατηρῶ, *(support, keep in condition)* συντηρῶ. *(v.i.) (assert)* ἰσχυρίζομαι, λέω.

maintenance *s.* συντήρησις *f.*

maisonnette *s.* διαμέρισμα μέ δύο ὀρόφους.

maize *s.* καλαμπόκι *n.*, ἀραβόσιτος *m.*

majestic *a.* μεγαλοπρεπής. ~**ally** *adv.* μεγαλοπρεπῶς.

majesty *s.* μεγαλεῖον *n.* His M~ ἡ Αὐτοῦ Μεγαλειότης.

major *a. (greater)* μεγαλύτερος, *(chief)* κυριότερος, *(higher)* ἀνώτερος. *(premise & mus.)* μείζων. ~ operation *(enterprise)* σοβαρόν ἐγχείρημα, *(med.)* σοβαρή ἐγχείρησις.

major *s. (mil.)* ταγματάρχης *m.* ~-general ὑποστράτηγος *m.*

majority *s. (of votes)* πλειο(νο)ψηφία *f.* *(of people, things)* πλειονότης *f. (manhood)* reach one's ~ ἐνηλικιώνομαι.

make *s. (way sthg. is made)* κατασκευή *f.* *(brand, type)* μάρκα *f.*, τύπος *m.* be on the ~ εἶμαι τυχοθήρας.

make *v.t. & i. (general)* κάνω, *(construct)* κάνω, φτιάνω. *(earn)* κερδίζω. ~ the beds στρώνω τά κρεββάτια. ~ into *(convert)* μετατρέπω σέ. have a suit made ράβω ἕνα κοστούμι. be made γίνομαι. what is it made of? ἀπό τί εἶναι (καμωμένο); wine is made from grapes τό κρασί γίνεται ἀπό σταφύλια. what do you ~ of it? πῶς σᾶς φαίνεται; ~ it a rule τό ἔχω ὡς κανόνα. ~ a success of πετυχαίνω σέ. ~ a habit of συνηθίζω νά. ~ light of δέν δίνω σημασία σέ. ~ sure *(or* certain) of ἐπιβεβαιώνω. ~ the best of it τό παίρνω ἀπόφαση. I can't ~ sense of it δέν μπορῶ νά βγάλω νόημα. ~ it known that καθιστῶ γνωστόν ὅτι. I made him angry τόν θύμωσα, τόν ἔκανα νά θυμώση. what time do you ~ it? τί ὥρα λέει τό ρολόι σου; ~ public δημοσιεύω. ~ good *(v.i. succeed)* πετυχαίνω, *(v.t., rectify)* ἐπανορθώνω, *(compensate for)* ἀποζημιώνω γιά. ~ do τά φέρνω βόλτα. ~ do with ἀρκοῦμαι εἰς. ~ it *(succeed)* τά καταφέρνω, *(get there)* φθάνω ἐγκαίρως. ~ oneself ridiculous γίνομαι γελοῖος. ~ oneself useful γίνομαι χρήσιμος. ~ oneself scarce ἐξαφανίζομαι. ~ believe that... κάνω πώς, *(imagine)* φαντάζομαι ὅτι. *see also* made.

make away with *v.t.* βγάζω ἀπ' τή μέση, *(kill)* καθαρίζω.

make for *v.t. (proceed to)* κατευθύνομαι

πρός, τραβῶ γιά. *(contribute to)* συμβάλλω εἰς, βοηθῶ (σέ).

make off *v.i.* στρίβω, τό σκάω. ~ with κλέβω.

make out *v.t. (a bill, etc.)* κάνω. *(discern)* διακρίνω. *(understand)* καταλαβαίνω, βγάζω. ~ a case for ἀποδεικνύω ὅτι *(v.i.) (assert)* ἰσχυρίζομαι. *(get on)* how are you making out? πῶς τά πᾶς;

make over *v.t. (convert)* μετατρέπω. *(property)* he made over the house to his son ἔγραψε τό σπίτι στό γιό του.

make up *v.t. (complete)* συμπληρώνω *(invent)* κατασκευάζω, πλάθω. *(constitute)* ἀποτελῶ, ἀπαρτίζω. *(prepare)* ἑτοιμάζω, *(a prescription)* ἐκτελῶ. *(cloth fc garment)* ράβω. *(one's face)* βάφω. make it up συμφιλιώνομαι. *(v.i.) (use cosmetics)* βάφομαι, φτιάνομαι. ~ to κολ. κεύω, καλοπιάνω. ~ for ἀποζημιώνω γιά. ~ for lost time ἀνακτῶ τό χαμέν χρόνο.

make-up *s. (cosmetic)* μακιγιάζ *n. (con position)* σύστασις *f. (temperamen.* ψυχοσύνθεσις *f.*

make-believe *s.* φαντασία *f.* land of χώρα ὀνείρου. *(pej.)* προσποίησις *f.*

maker *s.* κατασκευαστής *m.* M~ Πλάστη *m.*

makeshift *a.* πρόχειρος.

makeweight *s.* συμπλήρωμα βάρους, *(ι meat)* κατμάς *m.*

making *s.* history in the ~ ἱστορία ἐν τ γίγνεσθαι. his troubles are none of my ἐγώ δέν φταίω γιά τά βάσανά του. will be the ~ of him θά τοῦ βάλ μυαλό, θά τόν δημιουργήση. it has th ~s of... ἔχει ὅ,τι χρειάζεται γιά νά γίν they do a lot of music-~ παίζουν πολ μουσική.

maladjusted *a.* ἀπροσάρμοστος.

maladroit *a.* ἀνεπιτήδειος.

maladministration *s.* κακή διαχείρισις.

malady *s.* νόσος *f.*, πάθησις *f.*

malaise *s.* δυσφορία *f.*

malaria *s.* ἑλονοσία *f.*

malcontent *s.* δυσαρεστημένος *a.*

male *a. & s.* ἀρσενικός, ἄρρην. *(man's, (men)* ἀνδρικός. ~ nurse νοσοκόμος *m* ~ sex ἀνδρικόν φῦλον.

malediction *s.* κατάρα *f.*

malefactor *s.* κακοποιός *m.*

malevolent *a.* κακεντρεχής. ~**ence** κακεντρέχεια *f.*

malform|ed *a.* δύσμορφος. ~**ation** *s.* δυς μορφία *f.*

malic|e s. κακία f., κακοβουλία f. ~ious a. κακός, κακόβουλος. ~iously adv. μέ κακία.

malign v. κακολογῶ. (a.) βλαβερός.

malignant a. κακεντρεχής. (med.) κακοήθης.

malinger v. προσποιοῦμαι (or κάνω) τόν ἄρρωστο.

mallard s. ἀγριόπαπια f.

malleable a. μαλακός, εὔπλαστος.

mallet s. ξύλινη σφῦρα.

mallow s. μολόχα f.

malmsey s. δυνατό γλυκό κρασί.

malnutrition s. ὑποσιτισμός m.

malodorous a. δύσοσμος.

malpractice s. κατάχρησις ἐξουσίας.

malt s. βύνη f.

maltreat v. κακομεταχειρίζομαι. ~ment s. κακομεταχείρισις f.

malversation s. κατάχρησις χρημάτων.

mamma s. μαμά f.

mammal s. θηλαστικόν n.

mammoth s. μαμμούθ n.

man s. (male) ἄνδρας, ἄντρας m. (human) ἄνθρωπος m. ~ in the street ὁ μέσος ἄνθρωπος. best ~ κουμπάρος m. no ~'s land οὐδετέρα ζώνη. ~ of the world ἄνθρωπος τοῦ κόσμου. ~ about town κοσμικός τύπος. inner ~ (belly) κοιλιά f. to a ~ (all) μέχρις ἑνός. see also man's. ~-eater s. ἀνθρωποφάγος a. ~-handle v. (move) μεταφέρω μέ τά χέρια, (ill-treat) κακομεταχειρίζομαι. ~hole s. ἀνθρωποθυρίς f. ~-hunt s. ἀνθρωποκυνηγητό n. ~-made a. τεχνητός. ~-of-war s. (naut.) πολεμικόν n. ~power s. (men) ἄνδρες m. shortage of ~power ἔλλειψις ἐργατικῶν χειρῶν. ~slaughter s. ἀνθρωποκτονία f.

man v.t. (provide men for) ἐπανδρώνω, (stand to) παίρνω θέση σέ.

manacles s. χειροπέδες f.pl.

manage v.t. (direct) διαχειρίζομαι, διευθύνω, (handle) χειρίζομαι. (v.i.) (succeed) καταφέρνω, κατορθώνω. how did you ~? πῶς τά κατάφερες; I can't ~ without your help δέν μπορῶ νά τά βγάλω πέρα χωρίς τή βοήθειά σου.

manageable a. (thing) εὐκολομεταχείριστος, (person) εὔκολος.

management s. (direction, directors) διαχείρισις f., διεύθυνσις f. (handling) χειρισμός m.

manager s. διευθυντής m. ~ess s. διευθύντρια f. ~ial a. τῶν μάνατζερ.

mandarin s. μανδαρίνος m.

mandat|e s. ἐντολή f. ~ory a. ὑποχρεωτικός.

mandible s. σιαγών f.

mandoline s. μαντολίνο n.

mane s. χαίτη f.

manful a. ἀντρίκιος. ~ly adv. ἀντρίκια.

manganese s. μαγγάνιον n.

mang|e s. ψώρα f. ~y a. ψωριάρης.

manger s. φάτνη f.

mangle s. μάγγανο n.

mangle v. κατακρεουργῶ. (fig., spoil) σκοτώνω.

manhood s. ἀνδρική ἡλικία. (men) ἄνδρες m.pl. (quality) ἀνδρισμός m.

mani|a s. μανία f. ~ac, ~acal a. & s. μανιακός.

manicure s. μανικιούρ n. (v.) ~ one's nails φτιάνω (or κάνω) τά νύχια μου.

manifest a. ἔκδηλος. (v.) ἐκδηλώνω. (s.) (naut.) δηλωτικόν n. ~ation s. ἐκδήλωσις f. ~ly adv. καταφανῶς.

manifesto s. διακήρυξις f., μανιφέστο n.

manifold a. πολλοί καί διάφοροι.

manikin s. ἀνθρωπάκι n.

manipulat|e χειρίζομαι, (influence) ἐπηρεάζω. ~ion s. χειρισμός m.

mankind s. ἀνθρωπότης f.

man|ly a. ἀντρίκιος, λεβέντικος. ~liness s. ἀνδρισμός m., λεβεντιά f.

manna s. μάννα n.

mannequin s. μαννεκέν n. (dummy) κούκλα f.

manner s. (way) τρόπος m. (sort) εἶδος n. (artistic style) τεχνοτροπία f. ~s behaviour) τρόποι m.pl., συμπεριφορά f., (customs) συνήθειες f.pl. all ~ of κάθε λογῆς (or εἴδους). in a ~ of speaking σά νά ποῦμε.

mannered a. ἐπιτηδευμένος. ill-~ κακότροπος, well-~ καλότροπος.

mannerism s. ἰδιομορφία f. (art) μανιερισμός m.

mannish a. ἀνδροπρεπής.

manoeuvre s. μανούβρα f., ἑλιγμός m. ~s (mil., naut.) ἀσκήσεις f.pl. (v.) μανουβράρω.

manor s. φέουδον n.

man's a. (consider sthg.) from a ~ point of view ἀπό ἀνθρική πλευρά. men's clothes ἀνδρικά ροῦχα. men's changing-room ἀποδυτήριον ἀνδρῶν.

mansion s. μέγαρον n., μεγαλοπρεπές οἴκημα.

mantelpiece s. πλαίσιο τοῦ τζακιοῦ.

mantle s. μανδύας m. (gas) ἀμίαντο n. (v.) σκεπάζω.

manual s. ἐγχειρίδιον n., ὁδηγός m.
manual a. (work) χειρωνακτικός. (operated by hand) χειροκίνητος. ~ly adv. μέ τό χέρι.
manufacture v. κατασκευάζω. (fam., invent) τεχνάζομαι. (s.) κατασκευή f. (industry) βιομηχανία f. ~s (goods) βιομηχανικά εἴδη. ~r s. βιομήχανος m., κατασκευαστής m.
manu|mit v. χειραφετῶ. ~mission s. χειραφέτησις f.
manure s. κοπριά f. (v.t.) λιπαίνω.
manuscript s. χειρόγραφον n. (a.) (in) ~ χειρόγραφος.
many a. πολλοί. how ~ πόσοι. so ~ τόσοι. a great ~ πάρα πολλοί. a good ~ ἀρκετοί. as ~ as you like ὅσα θέλεις.
many-coloured a. πολύχρωμος.
many-sided a. (question) πολυμερής, πολύπλευρος. (person) μέ πολλές ἱκανότητες.
map s. χάρτης m. off the ~ ἀπόμερος. (v.t.) χαρτογραφῶ. ~ out (fig.) κανονίζω, σχεδιάζω.
maple s. σφένδαμνος f.
maquis s. (wartime Resistance) ἀντίστασις f.
mar v. χαλῶ.
marathon s. μαραθώνιος m.
marauder s. ληστής m.
marble s. μάρμαρο n. ~s (game) βῶλοι m.pl. (a.) μαρμάρινος, μαρμαρένιος.
March s. Μάρτιος, Μάρτης m.
march v.i. βαδίζω, κάνω πορεία. ~ past παρελαύνω. (v.t.) they ~ed him off to the police-station τόν πῆγαν στό τμῆμα.
march s. πορεία f. ~ past παρέλασις f. steal a ~ on προλαμβάνω. (mus.) ἐμβατήριον n.
marches s. σύνορα n.pl.
mare s. φοράδα f. (fig.) ~'s nest τζίφος m.
margarine s. μαργαρίνη f.
margin s. περιθώριο n. (of lake) ὄχθη f. (of road) ἄκρη f. ~al a. (small) μικρός, (in the ~) στό περιθώριο. ~ally adv. κάπως.
marine a. (that grows in sea) ἐνάλιος. (of shipping) ναυτικός. ~ artist θαλασσογράφος m.
marine s. (soldier) πεζοναύτης m. merchant or mercantile ~ ναυτιλία f., ἐμπορικόν ναυτικόν.
mariner s. ναύτης m. master ~ πλοίαρχος τοῦ ἐμπορικοῦ ναυτικοῦ.
marionette s. μαριονέττα f.

marital a. συζυγικός.
maritime a. (power) θαλάσσιος. (law) ναυτικός. (province) παραθαλάσσιος.
marjoram s. μαντζουράνα f.
mark s. σημάδι n. trade ~ σῆμα κατατεθέν. (indication) ἔνδειξις f., σημάδι n. (trace) ἴχνος n. (target) στόχος m., σημάδι n. hit the ~ βρίσκω τό στόχο, miss the ~ ἀστοχῶ. beside (or wide of) the ~ ἄστοχος. (at school) βαθμός m. post-~ σφραγίδα f. punctuation ~s σημεῖα τῆς στίξεως. make one's ~ διακρίνομαι. not feel up to the ~ δέν αἰσθάνομαι καλά. it doesn't come up to the ~ δέν εἶναι ὅ,τι πρέπει.
mark v. (make ~s on) σημαδεύω, κάνω σημάδια σέ. (indicate) σημειώνω. (observe) προσέχω. (give ~s to) βαθμολογῶ. ~ off ξεχωρίζω. ~ out (trace) χαράσσω, (destine) προορίζω. ~ time κάνω βῆμα σημειωτόν, (fig.) δέν προχωρῶ.
marked a. (clear) καταφανής, φανερός. ~ man (suspect) σταμπαρισμένος, (promising) μέ καλές προοπτικές γιά τό μέλλον. ~ly adv. καταφανώς.
marker s. (indicator) σημάδι n.
market s. ἀγορά f. put (or come) on the ~ βγάζω (or βγαίνω) στήν ἀγορά. play the ~ παίζω στό χρηματιστήριο. ~ value ἐμπορική ἀξία. street ~ λαϊκή ἀγορά. (v.t.) (sell) πουλῶ. ~able a. ἐμπορεύσιμος.
marking s. (at school) βαθμολογία f. (animals', etc.) διακριτικός χρωματισμός.
marksman s. σκοπευτής m.
marmalade s. μαρμελάδα νεράντζι.
marmoreal a. μαρμαρένιος.
maroon v. ἐγκαταλείπω. (s.) (signal) συναγερμός m. (a.) (colour) μαρόν.
marquee s. μεγάλη σκηνή.
marquetry s. μαρκετερί n.
marquis s. μαρκήσιος m.
marriage s. γάμος m. give in ~ παντρεύω. ~ of convenience γάμος ἐκ συμφέροντος, arranged ~ γάμος ἐκ συνοικεσίου. (relation) by ~ ἐξ ἀγχιστείας. ~able a. τῆς παντρειάς.
married a. ἔγγαμος, παντρεμένος.
marrow s. (of bone) μυελός m., μεδούλι n. (vegetable) κολοκύθι n. (fig.) to the ~ μέχρι τό κόκκαλο. (essence) οὐσία f.
marry v.t. & i. (also get married) παντρεύομαι. (v.t.) (of priest, sponsor) παντρεύω. (fig.) (match) ταιριάζω, (splice) ματίζω.

Marseillaise s. Μασσαλιῶτις f.

marsh s. βάλτος m., ἕλος n. ~y a. βαλτώδης.

marshal s. (of ceremonies) τελετάρχης m. (mil.) στρατάρχης m.

marshal v. τακτοποιῶ, (mil.) παρατάσσω. (conduct) ὁδηγῶ. ~ling yard σταθμός συνθέσεως συρμῶν.

mart s. ἀγορά f.

martial a. πολεμικός. ~ law στρατιωτικός νόμος.

martinet s. πολύ αὐστηρός.

martyr s. μάρτυς m. ~'s μαρτυρικός. be a ~ to headaches βασανίζομαι ἀπό πονοκεφάλους. (v.) be ~ed μαρτυρῶ. ~dom s. μαρτύριον n. those who suffered ~dom οἱ μαρτυρήσαντες.

marvel v. (also ~ at) θαυμάζω, μοῦ προκαλεῖ ἔκπληξη. (s.) θαύμα n. ~lous a. θαυμάσιος. ~lously adv. θαυμάσια.

marxist a. (ideas) μαρξιστικός. (s.) μαρξιστής m.

mascot s. μασκότ f.

masculin|e a. ἀρρενωπός. (gram.) ἀρσενικός. ~ity s. ἀρρενωπρέπεια f.

mash v. πολτοποιῶ. ~ed potato πατάτες πουρέ.

mask s. προσωπίς f., μάσκα f. (fig.) προσωπεῖον n. (v.t.) καλύπτω. ~ed ball μπάλ μασκέ.

masoch|ism s. μαζοχισμός m. ~ist s. μαζοχιστής m.

mason s. χτίστης m. (also freemason) τέκτων m. ~ic a. τεκτονικός, μασονικός. ~ry s. (of building) λιθοδομή f.

masquerade v.i. ~ as ἐμφανίζομαι ὡς. (s.) ὑπόκρισις f.

mass s. (eccl.) θεία λειτουργία.

mass s. (bulk) ὄγκος m., μάζα f. (heap) σωρός m. (crowd) πλῆθος n. (abundance) ἀφθονία f. ~es of πάρα πολλοί. a ~ of (full of) γεμάτος ἀπό. the ~es οἱ μάζες. (v.t.) συγκεντρώνω. (v. i.) συγκεντρώνομαι, μαζεύομαι.

mass a. μαζικός. ~ production μαζική παραγωγή. ~ produced τῆς σειρᾶς. ~ media μέσα μαζικῆς ἐνημερώσεως.

massacre v. κατασφάζω. (s.) σφαγή f.

massage v.t. κάνω μασσάζ σέ.

massive a. ὀγκώδης, (features) βαρύς. (substantial) δυνατός.

mast s. ἱστός m., κατάρτι n. at half ~ μεσίστιος.

master s. κύριος m. (ship's) καπετάνιος m. (boss) ἀφέντης m., ἀφεντικό n. (school) καθηγητής m., (δι)δάσκαλος m.

(expert) ἄσσος m. ~ of house οἰκοδεσπότης m. old ~ μεγάλος ζωγράφος τῆς 'Αναγεννήσεως. be one's own ~ εἶμαι ἀνεξάρτητος. be ~ of one's trade εἶμαι κάτοχος τῆς τέχνης μου.

master v. (difficulties) ὑπερνικῶ. (a subject, trade) γίνομαι κάτοχος (with gen.) (hold in check) κυριαρχῶ (with gen.), συγκρατῶ. (get possession of) κυριεύω.

master a. ~ hand ἀριστοτέχνης m. ~ key ἀντικλείδι n. ~ mind ἐγκέφαλος m. ~ stroke ἐμπνευσμένο στρατήγημα. ~ switch γενικός διακόπτης. ~ craftsman (artist) ἀριστοτέχνης m.

masterful a. αὐταρχικός.

masterly a. (work) ἀριστοτεχνικός.

masterpiece s. ἀριστούργημα n.

mastery s. κυριαρχία f. (skill) δεξιοτεχνία f. (of subject) βαθεῖα γνῶσις.

mastic s. μαστίχα f.

masticat|e v. μασῶ. ~ion s. μάσημα n.

masturbation s. αὐνανισμός m.

mat a. μάτ.

mat s. (door) ψάθα (or τσουλάκι) τῶν ποδιῶν. (table) σου-πλά n. (fam.) on the ~ ὑπό κατηγορίαν.

mat v. see matted.

match s. (for lighting) σπίρτο n. ~box s. σπιρτόκουτο n. ~wood s. it was broken to ~wood ἔγινε κομμάτάκια.

match s. (game) μάτς n.

match s. (equal) ταίρι n. meet one's ~ βρίσκω τό ταίρι μου. he has not his ~ εἶναι ἐκτός συναγωνισμοῦ. he is no ~ for them δέν τά βγάζει πέρα μαζί τους. they are a perfect ~ ταιριάζουν περίφημα.

match s. (marriage) γάμος m. they made a ~ of it παντρεύτηκαν. he is a good ~ (eligible) εἶναι καλός γαμπρός. ~maker s. προξενήτρα f.

match v.t. & i. ταιριάζω. none can ~ him δέν ἔχει τό ταίρι του. handbag and gloves to ~ τσάντα καί γάντια ἀσορτί. ~less a. ἀπαράμιλλος, πού δέν ἔχει τό ταίρι του.

mat|e s. σύντροφος m.f. (of animal, etc.) ταίρι n. (naut.) first ~e ὑποπλοίαρχος m. (v.t.) ζευγαρώνω. (v.i.) ζευγαρώνομαι. ~ing s. ζευγάρωμα n.

material s. ὑλικόν n., ὕλη f. raw ~s πρῶται ὕλαι. writing ~s γραφική ὕλη. building ~s ὑλικά οἰκοδομῶν. (cloth) ὕφασμα n.

material a. ὑλικός, (essential) οὐσιώδης,

(relevant) σχέσιν έχων. ~ly adv. ούσιωδώς.

material|ism s. ύλισμός m. ~ist s. ύλιστής m. ~istic a. ύλιστικός.

materialize v. πραγματοποιοῦμαι.

matern|al a. μητρικός. ~ity s. μητρότης f. ~ity hospital μαιευτήριον n.

matey a. φιλικός.

mathemat|ical a. μαθηματικός. ~ician s. μαθηματικός. ~ics s. μαθηματικά n.pl.

matinée s. άπογευματινή f.

matins s. (eccl.) ὄρθρος m.

matriarch s. γυναῖκα άρχηγός οἰκογενείας. ~y s. μητριαρχία f.

matriculat|e v.i. ἐγγράφομαι σέ πανεπιστήμιο n. ~ion s. ἐγγραφή σέ πανεπιστήμιο.

matrimon|y s. κοινωνία γάμου. ~ial a. συζυγικός.

matrix s. μήτρα f., καλούπι n.

matron s. κυρία f. (of hospital) προϊσταμένη f. (of school) οἰκονόμος f. ~ly a. (figure) εὐτραφής.

matted a. πυκνός καί μπερδεμένος.

matter s. (affair) ὑπόθεσις f., δουλειά f., θέμα n., πρᾶγμα n. (question) ζήτημα n. (substance) ὕλη f., οὐσία f. (pus) πύον n. printed ~ ἔντυπα n.pl. how do ~s stand? πῶς εἶναι τά πράγματα; as a ~ of course φυσικά. as a ~ of fact τό γεγονός εἶναι, ἐδῶ πού τά λέμε. for that ~ καί μάλιστα. (importance) no ~ δέν πειράζει. no ~ how difficult it is ὄσο δύσκολο κι' ἄν εἶναι. no ~ what you say ὅ,τι καί νά πῆς. (wrong) what's the ~? τί συμβαίνει; what's the ~ with you? τί σοῦ συμβαίνει; τί ἔχεις; there is something the ~ with my watch κάτι ἔχει (or κάτι δέν πάει καλά μέ) τό ρολόι μου.

matter v. it ~s πειράζει, ἔχει σημασία.

matter-of-fact a. θετικός, προσγειωμένος.

matting s. ψαθί n.

mattock s. τσάπα f.

mattress s. στρῶμα n.

matur|e v.i. ὡριμάζω, (of bill) λήγω. (a.) ὥριμος. ~ity s. ὡριμότης f.

maudlin a. κλαψιάρης.

maul v. τραυματίζω. (fig., of reviewer) ξετινάζω.

mausoleum s. μαυσωλεῖον n.

mauve a. μώβ.

maverick s. (fig.) ἀνυπότακτος a.

maw s. στομάχι n. (jaws) σιαγόνες f.pl.

mawkish a. ἀνούσιος.

maxim s. γνωμικόν n.

maximize v. αὐξάνω στόν ἀνώτατο βαθμό.

maximum a. ἀνώτατος. (s.) μάξιμουμ n., ἀνώτατον ὄριον.

May s. Μάιος, Μάης m. ~ day πρωτομαγιά f.

may v. you ~ be right μπορεῖ νά ἔχετε δίκιο. they ~ not have come μπορεῖ (or ἐνδέχεται) νά μήν ἔχουν ἔρθει. we ~ as well begin μπορούμε νά άρχίσωμε, δέν ἀρχίζουμε; ~ I sit down? μπορῶ (or ἐπιτρέπεται) νά καθήσω; ~ all go well with you εὔχομαι νά σᾶς πάνε ὅλα καλά. see also might v.

maybe adv. ἴσως.

mayonnaise s. μαγιονέζα f.

mayor s. δήμαρχος m.

maypole s. ~ dance γαϊτανάκι n.

maze s. λαβύρινθος m.

me pron. (ἐ)μένα, μέ. for ~ γιά μένα, he saw ~ μέ εἶδε.

meadow s. λειβάδι n.

meagre a. ἰσχνός, πενιχρός. ~ly adv. φτωχικά. ~ness s. πενιχρότης f.

meal s. φαγητό n., γεῦμα n. (flour) ἀλεύρι n.

mealy-mouthed a. be ~ ἀποφεύγω νά μιλῶ ντόμπρα.

mean a. (poor) φτωχικός, ταπεινός, χαμηλός. (unworthy) ἀνάξιος, (stingy) τσιγγούνης. ~ly adv. πενιχρῶς, ἄσχημα, κακῶς. ~ness s. τσιγγουνιά f.

mean a. (average) μέσος. (s.) μέσος ὄρος.

mean v. (signify) σημαίνω, (of persons only) ἐννοῶ. what does this ~? τί σημαίνει (or τί θά πῆ) αὐτό; (intend) σκοπεύω, θέλω. ~ well ἔχω καλές προθέσεις. I didn't ~ to offend him δέν ἤθελα νά τόν προσβάλω. ~ business δέν ἀστιεύομαι. I ~t it for a joke τά εἶπα γιά ἀστεῖο. (destine) he wasn't ~t for politics δέν ἦταν κομμένος γιά πολιτικός.

meander v. περιπλανῶμαι, (of river) ἑλίσσομαι.

means s. μέσον n., μέσα n.pl. (resources) πόροι m.pl. he has ~ (money) ἔχει τόν τρόπο του. beyond my ~ ἐκτός τῶν δυνάμεών μου. he is by no ~ a fool δέν εἶναι καθόλου κουτός. it can't be done by any ~ δέν γίνεται μέ κανένα τρόπο. by all ~ (willingly) εὐχαρίστως. (he got in) by ~ of a ladder μέ τή βοήθεια μίας σκάλας. this event was the ~ of our reconciliation αὐτό ἔγινε ἡ αἰτία νά συμφιλιωθοῦμε.

mean|time, ~while adv. στό (or ἐν τῷ) μεταξύ.

measles s. ἱλαρά f.

measly *a. (fam.)* μίζερος.

measurab|le *a.* within ~le distance κοντά. ~**ly** *adv.* αἰσθητά.

measure *s.* μέτρον *n.* tape ~ μεζούρα *f.* get the ~ of *(fig.)* ἀναμετρῶ. beyond ~ ἀφάνταστα. in large ~ κατά μέγα μέρος. for good ~ ἐπί πλέον, ἀπό πάνω. made to ~ ἐπί μέτρω.

measure *v.* μετρῶ, *(weigh up)* ἀναμετρῶ. ~ one's strength ἀναμετροῦμαι. ~ up to *(correspond with)* ἀνταποκρίνομαι σέ, *(qualify for)* ἔχω τά ἀπαιτούμενα προσόντα γιά. ~**d** *a.* μετρημένος, μελετημένος.

measureless *a. (number)* ἄμετρος, *(space)* ἀπέραντος.

measurement *s.* μέτρησις *f.* ~**s** μέτρα *n. pl.*

meat *s.* κρέας *n.* ~ ball κεφτές *m.* ~**less** *a.* ~less day ἡμέρα ἀκρεοφαγίας. ~**safe** *s. (hanging)* φανάρι *n.* ~**y** *a. (fig.)* γεμᾶτος οὐσία.

mechanic *s.* μηχανικός *m.*, τεχνίτης *m.*

mechanical *a.* μηχανικός. ~**ly** *adv.* μηχανικῶς.

mechanics *s. (science)* μηχανική *f. (how sthg. works)* μηχανισμός *m.*

mechan|ism *s.* μηχανισμός *m.* ~**ize** *v.* μηχανοποιῶ. ~**ization** *s.* μηχανοποίησις *f.*

medal *s.* μετάλλιον *n.*

medallion *s.* μενταγιόν *n.*

meddle *v. i.* ἀνακατεύομαι. ~**r** *s.*, ~**some** *a.* πολυπράγμων.

media *s. (means)* μέσα *n.pl. see* mass *a.*

medial *a.* μεσαῖος.

median *a.* μέσος, (ἐν)διάμεσος.

mediat|e *v.* μεσολαβῶ. ~**ion** *s.* μεσολάβησις *f.* ~**or** *s.* μεσολαβητής *m.*, ὁ μεσάζων.

medical *a.* ἰατρικός. ~ student φοιτητής τῆς ἰατρικῆς. ~**ly** *adv.* ἰατρικῶς, ἀπό ἰατρικῆς ἀπόψεως.

medicament *s.* φάρμακο *n.*

medicat|ed *a.* φαρμακευτικός. ~**ion** *s.* it needs ~ion θέλει φάρμακα.

medicinal *a.* φαρμακευτικός.

medicine *s. (physic)* γιατρικό *n.*, φάρμακο *n. (science)* ἰατρική *f. (fam.)* take one's ~ like a man δέχομαι τήν τιμωρία μου γενναῖα. get a dose of one's own ~ πληρώνομαι μέ τό ἴδιο νόμισμα. ~**-man** *s.* μάγος-ἰατρός *m.*

medieval *a.* μεσαιωνικός.

mediocr|e *a.* μέτριος. ~**ity** *s.* μετριότης *f.*

meditat|e *v.i. (think)* συλλογίζομαι. *(v.t.) (plan)* μελετῶ, σχεδιάζω. ~**ion** *s.*

στοχασμός *m.* ~**ive** *a.* συλλογισμένος.

medium *s. (means)* μέσον *n.* happy ~ ὀρθόν μέτρον. *(spiritualist)* μέντιουμ *n. (a.)* μέσος. of ~ height μετρίου ἀναστήματος. ~ wave μεσαῖον κῦμα.

medlar *s.* μούσμουλο *n.*

medley *s.* σύμφυρμα *n. (colours)* ἀνακάτωμα *n. (writing, music)* συνονθύλευμα *n.*

meek *a. (submissive)* ὑποτακτικός, *(gentle)* πρᾶος.

meet *a. (right)* ἁρμόζων.

meet *v.t.* συναντῶ, ἀνταμώνω. *(make acquaintance of)* γνωρίζω. have you met my sister? ἔχετε γνωρισθῆ μέ τήν ἀδελφή μου; *(satisfy)* ἱκανοποιῶ, συμμορφώνομαι πρός. it ~s the case εἶναι κατάλληλο. *(of bargaining)* I met him half-way μοιράστήκαμε τή διαφορά. *(v.i.)* συναντιέμαι, *(in session)* συνεδριάζω. *(become joined)* ἑνώνομαι. make both ends ~ τά φέρνω βόλτα. ~ with *(find)* βρίσκω, συναντῶ, *(suffer)* ὑφίσταμαι, παθαίνω. he met with an accident τοῦ ἔτυχε *(or* τοῦ συνέβη) ἕνα δυστύχημα. ~ with losses ἔχω ζημιές.

meeting *s. (individuals)* συνάντησις *f. (group)* συνέλευσις *f. (political)* συγκέντρωσις *f.*

megalithic *a.* μεγαλιθικός

megalomania *s.* μεγαλομανία *f.*

megaphone *s.* τηλεβόας *m.*, χωνί *n.*

melancholy *s.* μελαγχολία *f. (a.)* μελαγχολικός.

mêlée *s.* συμπλοκή *f.*

mellifluous *a.* μελίρρυτος.

mellow *a. (ripe)* ὥριμος, *(soft)* ἁπαλός. *(wine)* παλαιός. *(v.)* ὡριμάζω.

melodious *a.* γλυκός.

melodrama *s.* μελόδραμα *n.* ~**tic** *a.* μελοδραματικός.

melod|y *s.* μελωδία *f.* ~**ic** *a.* μελωδικός.

melon *s.* πεπόνι *n.* water ~ καρπούζι *n.*

melt *v.t. & i.* λειώνω, λυώνω, *(fig.)* μαλακώνω. *(v.i., of metal)* τήκομαι. ~ down *(v.t.)* λειώνω, τήκω. ~ away *(v. i.)* διαλύομαι, χάνομαι.

melting *a. (look)* τρυφερός, *(tune)* γλυκός. ~**-point** *s.* σημεῖον τήξεως. ~**-pot** *s.* χωνευτήριον *n.*

member *s.* μέλος *n.* ~**ship** *s. (members)* μέλη *n.pl.*

membrane *s.* μεμβράνη *f.*

memento *s.* ἐνθύμιον *n.*

memoir *s.* μελέτη *f.* ~**s** ἀπομνημονεύματα *n.pl.*

memorable *a.* ἀλησμόνητος. *(of historic occasion)* μνημειώδης.

memorandum *s.* ὑπόμνημα *n.*

memorial *a.* ἀναμνηστικός. *(s.) (monument)* μνημεῖον *n.*

memorize *v.* ἀποστηθίζω.

memory *s.* μνήμη *f.* *(recollection)* ἀνάμνησις *f.* from ~ ἀπό μνήμης. in ~ of εἰς μνήμην *(or* εἰς ἀνάμνησιν) *(with gen.).* within living ~ στήν ἐποχή μας. it escaped my ~ μοῦ διέφυγε.

menac|e *v.* ἀπειλῶ. *(s.)* ἀπειλή *f.* ~**ing** *a.* ἀπειλητικός.

menagerie *s.* θηριοτροφεῖον *n.*

mend *v.t.* ἐπισκευάζω, φτιάνω, ἐπιδιορθώνω. *(patch)* μπαλώνω. ~ one's ways διορθώνομαι. *(v.i.)* βελτιώνομαι, φτιάνω.

mendac|ious *a.* ψευδής, ἀναληθής. *(person)* ψευδολόγος. ~**ity** *s.* ψευδολογίες *f.pl.*

mendicant *s.* ζητιάνος *m.*

menial *a.* ~ work χονδρές δουλειές. *(s.)* ὑπηρέτης *m.*

meningitis *s.* μηνιγγίτις *f.*

menopause *s.* ἐμμηνόπαυσις *f.*

men|ses *s.* ἔμμηνα *n.pl.* ~**struation** *s.* ἐμμηνόρροια *f.*

mensuration *s.* μέτρησις *f.*

mental *a.* διανοητικός. *(fam., mad)* τρελλός. ~ hospital ψυχιατρεῖον *n.* ~ arithmetic ὑπολογισμοί μέ τό μυαλό. ~**ly** *adv.* διανοητικῶς.

mentality *s.* νοοτροπία *f.*

mention *v.* ἀναφέρω. don't ~ it! παρακαλῶ. *(s.)* make no ~ of δέν ἀναφέρω. honourable ~ εὔφημος μνεία.

mentor *s.* μέντωρ *m.*

menu *s.* κατάλογος φαγητῶν.

mercantile *a.* ἐμπορικός. see marine.

mercenary *a.* συμφεροντολόγος. *(s.)* μισθοφόρος *m.*

merchandise *s.* ἐμπόρευμα *n.*, ἐμπορεύματα *pl.*

merchant *s.* ἔμπορος *m.* *(a.)* ἐμπορικός. ~**man** *s.* ἐμπορικόν πλοῖον.

merciful *a.* ἐπιεικής, *(eccl.)* ἐλεήμων. ~**ly** *adv.* ἐπιεικῶς. *(fam., luckily)* εὐτυχῶς.

merciless *a.* ἀνηλεής. ~**ly** *adv.* ἀνηλεῶς.

mercurial *a.* *(fig.)* ζωηρός, σπιρτόζος.

mercury *s.* ὑδράργυρος *m.*

mercy *s.* ἐπιείκεια *f.* *(eccl.)* ἔλεος *n.* at the ~ of the waves εἰς τό ἔλεος τῶν κυμάτων. Lord have ~ Κύριε ἐλέησον.

mere *s.* λίμνη *f.*

mere *a.* ἁπλός. a ~ trifle ἕνα τίποτα. the ~ thought of it makes me laugh καί μόνο πού τό σκέπτομαι γελάω. it was the ~st accident ἦταν τελείως τυχαῖο. a ~ glance will tell you καί μία ἁπλή ματιά θά σᾶς δείξη. ~**ly** *adv.* μόνο, ἁπλῶς.

meretricious *a.* ἐπιδεικτικός.

merge *v. t.* συγχωνεύω. *(v. i.)* συγχωνεύομαι. ~**r** *s.* συγχώνευσις *f.*

meridian *s.* μεσημβρινός *m.*

meringue *s.* μαρέγγα *f.*

merit *s.* ἀξία *f.* *(v.t.)* ἀξίζω. his appointment was well ~ed πῆρε τή θέση ἐπαξίως *(or* μέ τήν ἀξία του).

meritocracy *s.* ἀξιοκρατία *f.*

meritorious *a.* ἀξιέπαινος.

mermaid *s.* γοργόνα *f.*

merr|y *a.* εὔθυμος, κεφᾶτος. make ~y γλεντῶ. ~**ily** *adv.* χαρούμενα, εὔθυμα. ~**iment** *s.* εὐθυμία *f.*, κέφι *n.* ~**ymaking** *s.* χαρές καί πανηγύρια.

merry-go-round *s.* ἀλογάκια *n. pl.*

mesh *v.t.* *(catch)* πιάνω. *(v.i.)* *(mech.)* ἐμπλέκομαι. *(s.)* πλέγμα *n.* *(single space)* θηλειά *f.* *(mech.)* ἐμπλοκή *f.* ~es δίκτυα *n.pl.*

mesmer|ism *s.* μεσμερισμός *m.* ~**ize** *v.* ὑπνωτίζω.

mess *s.* *(common table)* συσσίτιον *n.* *(v.i.)* συσσιτῶ.

mess *s.* *(disorder)* ἀκαταστασία *f.* *(dirt)* ἀκαθαρσία *f.* *(trouble)* be in a ~ ἔχω τράβαλα. make a ~ of it τά κάνω θάλασσα *(or* σαλάτα).

mess *v.i.* ~ about *(idle)* χάνω τήν ὥρα μου, χασομερῶ. ~ about with *(tinker)* πασπατεύω, πειράζω. *(v.t.)* ~ up *(muddle)* κάνω ἄνω κάτω, *(dirty)* λερώνω, *(spoil)* χαλ(ν)ῶ, *(an object)* βγάζω τά μάτια *(with gen.).*

message *s.* μήνυμα *n.*, παραγγελία *f.* *(written)* σημείωμα *n.* send a ~ to μηνῶ, εἰδοποιῶ.

messenger *s.* ἀγγελιαφόρος *m.*

messy *a.* *(untidy)* ἀκατάστατος, *(dirty)* βρώμικος. ~ work δουλειά πού κάνει ἀκαταστασία *(or* πού λερώνει).

metabolism *s.* μεταβολισμός *m.*

metal *s.* μέταλλον *n.* ~s *(railway)* ράγιες *f.pl.* *(a.)* μετάλλινος. ~**led** *a. (road)* σκυροστρωμένος. ~**lic** *a.* μεταλλικός. ~**lurgy** *s.* μεταλλουργία *f.*

metamorphosis *s.* μεταμόρφωσις *f.*

metaphor *s.* μεταφορά *f.* ~**ical** *a.* μεταφορικός.

metaphysic|s *s.* μεταφυσική *f.* ~**al** *a.* μεταφυσικός.

mete *v.* ~ out ἀπονέμω, *(punishment)* ἐπιβάλλω.

eteor s. μετέωρον n. ~**ic** a. μετεωρικός.
~**ite** s. ἀερόλιθος m.
eteorology s. μετεωρολογία f.
eter s. μετρητής m., ρολόι n.
ethod s. μέθοδος f. ~**ical** a. μεθοδικός.
~**ically** adv. μεθοδικῶς.
ethodism s. μεθοδισμός m.
eticulous a. πολύ ἀκριβής καί προσεκτικός. ~**ly** adv. μέ μεγάλη ἀκρίβεια στίς λεπτομέρειες.
etre s. μέτρον n.
etric, ~**al** a. μετρικός. ~**ally** adv. μετρικῶς.
etro s. μετρό n.
etropol|is s. μητρόπολις f. ~**itan** a. μητροπολιτικός, τῆς μητροπόλεως. s., eccl.) μητροπολίτης m.
ettle s. καρδιά f., ψυχή f. (of horse) σφρῖγος n. be on one's ~ φιλοτιμοῦμαι. show one's ~ δείχνω ποιός εἶμαι. put person) on his ~ παρακινῶ τό φιλότιμό του.
ettlesome a. ψυχωμένος.
ew v. νιαουρίζω.
ews s. στάβλοι ἀρχοντόσπιτων.
ezzo-soprano s. μεσόφωνος.
iaow v. νιαουρίζω. (s.) νιαούρισμα n.
iasma s. μίασμα n.
ichaelmas s. ἑορτή τοῦ Ἁγίου Μιχαήλ.
icrobe s. μικρόβιον s.
icrocosm s. μικρόκοσμος m.
icrophone s. μικρόφωνον n
icroscop|e s. μικροσκόπιον n. ~**ic** a. μικροσκοπικός.
id a. in ~ May στά μέσα τοῦ Μαΐου. in ~ week μεσοβδόμαδα, in ~ air στόν ἀέρα.
idday s. μεσημέρι n. (a.) μεσημεριανός.
idden s. σωρός σκουπιδιών.
iddle s. μέση f. in the ~ of the street στή μέση τοῦ δρόμου. in the ~ of March στά μέσα τοῦ Μαρτίου. he phoned me when I was in the ~ of washing up μέ πῆρε τήν ὥρα ἀκριβῶς πού ἔπλενα τά πιάτα.
iddle a. μεσαῖος, μέσος. ~ class μεσαία τάξις. ~ age μέση ἡλικία, ~-aged μεσήλιξ, μεσόκοπος. M~ Ages μεσαίων m. ~-of-the-road policy μετριοπαθής πολιτική.
iddleman s. τά ἐνδιάμεσα χέρια.
iddling a. μέτριος.
idge s. σκνίπα f.
idget s. νάνος m. (a.) μίνι.
idland a. κεντρικός.
idnight s. μεσάνυχτα n.pl. (a.) μεσονύ-

κτιος. burn the ~ oil ξενυχτῶ ἐργαζόμενος διανοητικῶς.
midriff s. διάφραγμα n. (fam.) στομάχι n.
midshipman s. δόκιμος m.
midst s. in the ~ of (activity) πάνω πού, (place) μέσα σέ. in our ~ ἀνάμεσά μας.
midsummer s. καρδιά τοῦ καλοκαιριοῦ. ~ day τοῦ Ἁη-Γιαννιοῦ.
midway adv. εἰς τό μέσον τῆς διαδρομῆς.
midwife s. μαῖα f., μαμμή f. ~**ry** s. μαιευτική f.
mien s. ὄψις f.
might v. he ~ have been saved θά μποροῦσε νά εἶχε σωθῆ. we ~ never have met μπορεῖ νά μήν εἴχαμε γνωριστῆ ποτέ. (they worked hard) so that their children ~ have a better life γιά νά ζήσουν καλύτερα τά παιδιά τους. see also may.
might s. δύναμις f.
mighty a. πανίσχυρος, (huge) πελώριος, (vast) ἀπέραντος. (adv., fam.) πολύ.
migraine s. ἡμικρανία f.
migrant s. μετανάστης m.
migrat|e v. μεταναστεύω. ~**ion** s. μετανάστευσις f., ἀποδημία f. ~**ory** a. μεταναστευτικός, ἀποδημητικός.
mild a. (lenient) ἐπιεικής, (slight) ἐλαφρός. (weather, person) ἤπιος, μαλακός. (penalty, flavour, drink) ἐλαφρός. draw it ~! μήν τά παραλές.
mildly adv. μαλακά, ἐλαφρῶς. to put it ~ γιά νά μήν ποῦμε τίποτα χειρότερο.
mildew s. μούχλα f. (bot.) περονόσπορος m. become ~ed μουχλιάζω.
mile s. μίλι n. (fam.) ~s better ἑκατό φορές καλύτερος.
mileage s. ἀπόστασις σέ μίλια. what's your ~? πόσα μίλια ἔχεις κάνει;
milestone s. πέτρινος δείκτης πού σημειώνει τά μίλια. (fig.) σταθμός m.
milieu s. περιβάλλον n.
milit|ant a. ἀγωνιστικός. (s.) μαχητικός a. ~**ancy** s. ἀγωνιστικότης f.
militarism s. μιλιταρισμός m.
military a. στρατιωτικός. ~ goverment στρατοκρατία f.
militate v. ~ against ἐπενεργῶ δυσμενῶς ἐπί (with gen.).
militia s. πολιτοφυλακή f.
milk s. γάλα n. it's no use crying over spilt ~ ὅ,τι ἔγινε ἔγινε. ~ and water (fig.) ἀνούσιος, νερόβραστος. (v.t.) (lit. & fig.) ἀρμέγω. ~**maid** s. κοπέλλα πού ἀρμέγει τίς ἀγελάδες. ~**man** s. γαλατᾶς

m. ~**sop** *s.* μαμμόθρεπτος *a.* ~**y** *a.* γαλακτώδης. M~y Way Γαλαξίας *m.*

mill *s.* *(to grind, pump)* μύλος *m.* *(factory)* ἐργοστάσιον *n.* *(fig.)* go through the ~ ὑφίσταμαι δοκιμασίες. run-of-the-mill τῆς ἀράδας. *(v.t.) (grind)* ἀλέθω. *(v.i.)* they ~ around *or* about πηγαινοέρχονται σά μυρμήγκια. ~**er** *s.* μυλωνᾶς *m.* ~**-pond** *s.* *(fig.)* sea like a ~pond θάλασσα λάδι *(or* γυαλί*).* ~**-stone** *s.* μυλόπετρα *f.* *(fig.)* βάρος *n.* ~**-wheel** *s.* τροχός τοῦ ὑδρομύλου.

millennium *s.* χιλιετία *f.*

millet *s.* κεχρί *n.*

millimetre *s.* χιλιοστόμετρον *n.*

milliner *s.* καπελλοῦ *f.* ~**y** *s.* γυναικεῖα καπέλλα.

million *s.* ἑκατομμύριον *n.* ~**aire** *s.* ἑκατομμυριοῦχος *m.*

mime *s.* μιμική *f.* *(v.t.)* ἐκφράζω μέ μιμική.

mimic *a.* πλαστός. *(s.)* μῖμος *m.* *(v.t.)* μιμοῦμαι.

mimicry *s.* μιμητική ἱκανότης. *(in nature)* μιμητισμός *m.*

minaret *s.* μιναρές *m.*

minatory *a.* ἀπειλητικός.

mince *v.t.* κάνω κιμᾶ. not ~ one's words δέν μασῶ τά λόγια μου.

mincemeat *s.* *(meat)* κιμᾶς *m.* *(fig.)* I made ~ of him τόν ἔκανα κιμᾶ.

mince-pie *s.* χριστουγεννιάτικο σκαλτσούνι.

mincing *a.* ~ machine κρεατομηχανή *f.* ~ gait κουνήματα *n.pl.*

mind *s.* νοῦς *m.*, μυαλό *n.* presence of ~ ἑτοιμότης *f.*, *(coolness)* ψυχραιμία *f.* absence of ~ ἀφηρημάδα *f.* to my ~ κατά τή γνώμη μου. bear *or* keep in ~ θυμᾶμαι, ἔχω ὑπ'ὄψιν. call to ~ *(remember)* θυμᾶμαι, *(remind of)* θυμίζω. change one's ~ ἀλλάζω γνώμη, μετανοῶ. give one's ~ to στρέφω τήν προσοχή μου σέ. have a (good) ~ to λέω νά. make up one's ~ ἀποφασίζω. set one's ~ on βάζω στό μυαλό μου νά. keep one's ~ on προσέχω. take one's ~ off ἀποσπῶ τή σκέψη μου ἀπό. *(do sthg. to)* take one's ~ off one's worries ξεδίνω. I've got him on my ~ μέ ἀπασχολεῖ. he knows his own ~ ξέρει τί θέλει. be out of one's ~ *or* not be in one's right ~ δέν εἶμαι στά καλά μου. be in two ~s ἀμφιταλαντεύομαι. be of the same ~ συμφωνῶ. I gave him a piece of my ~ τοῦ τά εἶπα ἔξω ἀπ' τά δόντια. great ~s

think alike τά μεγάλα πνεύματα συνεννῶνται.

mind *v.t. & i.* *(take care, look after)* προσέχω, κοιτάζω. ~ you don't fall πρόσεχε νά μήν πέσης. ~ out! πρόσεχε! who ~ing the baby? ποιός προσέχει *(or* κοιτάζει*)* τό μωρό; ~ one's own business κοιτάω τή δουλειά μου. ~ one's P's and Q's προσέχω τή συμπεριφορά μου. *(in)* ~ you... ξέρεις. *(worry, object)* I don't (it) δέν μέ πειράζει *(or* νοιάζει*).* never ~! ἔννοια σου, δέν πειράζει. don't about that μήν ἀνησυχῆς γιά αὐτό would you ~? *(doing sthg.)* θά εἴχατε τήν καλωσύνη νά ...; *(if)* θά σᾶς ἐνοχλοῦσε ἄν...; I shouldn't ~ a cigar θά κάπνιζα εὐχαρίστως *(or* δέν θά ἔλεγα ὄχι γιά*)* ἕνα ποῦρο.

minded *a.* διατεθειμένος. be mathematically ~ ἔχω μαθηματικό μυαλό. *(fam.)* be fashion-~ δίνω πολλή σημασία στή μόδα.

mindful *a.* be ~ of προσέχω, ἔχω ὑπ' ὄψιν.

mine *pron.* δικός μου.

mine *v.t.* *(dig up)* ἐξορύσσω. *(lay* ~es *)* ναρκοθετῶ, ποντίζω νάρκες σέ.

mine *s.* *(coal, etc.)* ὀρυχεῖον *n.,* μεταλλεῖον *n.* *(explosive)* νάρκη *f.* *(tunnel)* ὑπόνομος *m.f.* ~**field** *s.* ναρκοπέδιον *n.* ~**layer** *s.* *(naut.)* ναρκοθέτις *f.* ~**sweeper** *s.* *(naut.)* ναρκαλιευτικόν *n.*

miner *s.* μεταλλωρύχος *m.* *(coal)* ἀνθρακωρύχος *m.*

mineral *a.* ὀρυκτός. ~ water μεταλλικό νερό. *(s.)* ὀρυκτόν *n.* ~**ogy** *s.* ὀρυκτολογία *f.*

mingle *v.t.* ἀναμιγνύω, ἑνώνω. *(v.i.)* ἀναμιγνύομαι, ἑνώνομαι. ~**ing** *s.* ἀνάμιξις

miniature *s.* μινιατούρα *f.* *(a.)* μικροῦ σχήματος, ἐν μικρογραφίᾳ.

minimal *a.* ἐλάχιστος. ~**ly** *adv.* ἐλάχιστα

minimize *v.* μειώνω εἰς τό ἐλάχιστον.

minimum *a.* ἐλάχιστος. *(s.)* μίνιμουμ *n.* κατώτατον ὅριον.

minions *s.* τσιράκια *n.pl.*

minister *s.* ὑπουργός *m.* Prime M~ πρωθυπουργός *m.* *(eccl.)* πάστωρ *m.* *(v.i.)* to ὑπηρετῶ, φροντίζω. ~**ial** *a.* ὑπουργικός.

ministration *s.* παροχή βοήθειας, περ ποίησις *f.*

ministry *s.* *(department)* ὑπουργεῖον *(body)* ὑπουργικόν συμβούλιον. *(eccl.)* enter the ~ γίνομαι παπᾶς.

mink *s.* βιζόν *n.*

inoan a. μινωικός.

inor a. (lesser) ἐλάσσων. (small) μικρός, secondary) δευτερεύων, (operation) δευερεύούσης σημασίας. (mus.) ἐλάσσων. s.) (not of age) ἀνήλικος a.

inority s. (of votes) μειο(νο)ψηφία f. of people, things) μειονότης f.

instrel s. ἀοιδός m.

int s. (herb) δυόσμος m.

int s. (for coining) νομισματοκοπεῖον n. fig.) a ~ of money πολλά λεφτά. in ~ ondition ὁλοκαίνουργος. (v.t.) ~ money ΄όπτω νομίσματα, (fam., make a lot) ΄όβω μονέδα.

inuet s. μενουέτο a.

inute s. λεπτόν n. (moment) στιγμή f. he ~ he comes ἀμέσως μόλις ἔρθη. note) σημείωμα n. ~s (of meeting) πρα΄τικά n.pl.

inute a. μικροσκοπικός. (detailed) λεττομερής. ~ly adv. λεπτομερῶς.

inutiae s. μικρολεπτομέρειες f.pl.

inx s. τσαχπίνα f., ζωηρό κορίτσι.

irac|le s. θαῦμα n. ~ulous a. θαυμαΌουργός. have a ~ulous escape σώζομαι ὡς ἐκ θαύματος. (incredible) καταπληΌτικός.

irage s. ἀντικατοπτρισμός m.

ir|e s. λάσπη f. ~y a. λασπώδης, (boots, ΄tc.) λασπωμένος.

irror s. καθρέφτης m. (v.) καθρεφτίζω.

irth s. φαιδρότης f. ~ful a. φαιδρός.

isadventure s. ἀτύχημα n.

isalliance s. ἀταίριαστος γάμος.

isanthrop|e s., ~ic a. μισάνθρωπος.

isapply v. (funds) καταχρῶμαι.

isapprehen|d v. παρεξηγῶ. ~sion s. παΌρεξήγησις f.

isappropriat|e v. (funds) καταχρῶμαι. ~ion s. κατάχρησις f.

isbehav|e v. φέρομαι ἀπρεπῶς. (of child) ΄άνω ἀταξίες. ~iour s. κακή συμπεριΌφορά f. ἀταξίες f.pl.

iscalculat|e v.i. πέφτω ἔξω. ~ion s. ΅ακός ὑπολογισμός m.

iscarriage s. ἀποβολή f. ~ of justice κα΅οδικία f.

iscarry v.i. (of woman) ἀποβάλλω. (fail) ἀποτυγχάνω, ναυαγῶ. (of letter) χάνομαι.

iscast a. ἀκατάλληλος.

iscellan|y s. ποικιλία f., συνονθύλευμα ΅. ~eous a. ποικίλος, διάφορος.

ischance s. ἀτυχία f. by ~ ἀπό κακή Όύμπτωση.

ischief s. (damage) βλάβη f. (harm) ΅ακό n. do ~ to βλάπτω, ζημιώνω.

make ~ βάζω λόγια. get up to ~ κάνω ἀνοησίες. (fun) σκανταλιά f. (slyness) πονηριά f. ~-maker s. ἀνακατωσούρης m.

mischievous a. (bad) ἄσχημος, κακός. (playful) σκανταλιάρης, ἄτακτος. (sly) πονηρός. ~ly adv. μέ κακή πρόθεση. (slyly) πονηρά.

misconceive v.t. ἔχω ἐσφαλμένη ἰδέα γιά.

misconduct v.t. διαχειρίζομαι κακῶς. ~ oneself φέρομαι ἀπρεπῶς. (s.) κακή συμπεριφορά, παράπτωμα n.

miscon|strue v. παρερμηνεύω. ~struction s. παρερμηνεία f.

miscount v. κάνω λάθος στό μέτρημα.

miscreant s. κάθαρμα n.

misdeed s. ἀδίκημα n.

misdemeanour s. πταῖσμα n.

misdirect v. (person, energies) δίνω λανθασμένη κατεύθυνση σέ, (letter) βάζω λάθος διεύθυνση σέ.

miser s., ~ly a. φιλάργυρος, τσιγγούνης.

miserab|le a. (bad) ἄθλιος, ἀξιοθρήνητος. (unhappy) δυστυχισμένος. (mean) μίζερος, ἐλεεινός, τῆς κακιᾶς ὥρας. ~ly adv. ἄθλια, δυστυχισμένα, ἐλεεινά.

misery s. ἀθλιότης f. δυστυχία f. μιζέρια f.

misfire v.i. (of gun) παθαίνω ἀφλογιστία. (of engine) δέν παίρνω. (fig.) πέφτω στό κενό.

misfit s. (person) ἀπροσάρμοστος a. (garment) it is a ~ δέν ἐφαρμόζει καλά.

misfortune s. ἀτυχία f., κακή τύχη.

misgiving s. (apprehension) κακό προαίσθημα, (doubt) ἐνδοιασμός m.

misgovern v. κακοδιοικῶ. ~ment s. κακοδιοίκησις f.

mishandle v. χειρίζομαι κακῶς.

mishap s. ἀναποδιά f.

misinform v. δίνω λανθασμένη πληροφορία σέ.

misinterpret v. παρερμηνεύω. ~ation s. παρερμηνεία f.

misjudge v.t. πέφτω ἔξω (or γελιέμαι) στήν κρίση μου γιά.

mislay v. I have mislaid it δέν ξέρω ποῦ τό ἔβαλα.

mislead v. παραπλανῶ. ~ing a. παραπλανητικός.

mismanage v. διαχειρίζομαι κακῶς. ~ment s. κακή διαχείρισις.

misnomer s. ἀταίριαστη ὀνομασία.

misogynist s. μισογύνης m.

misplaced a. (trust, etc.) ἀδικαιολόγητος.

misprint s. τυπογραφικό λάθος.

mispron|ounce v. προφέρω ἐσφαλμένως.
~unciation s. ἐσφαλμένη προφορά.
misquot|e v. παραθέτω ἐσφαλμένως.
~ation s. λάθος στήν παραπομπή.
misrepresent v. παραποιῶ. **~ation** s.
παραποίησις f.
misrule s. ἀναρχία f.
miss s. (title) δεσποινίς f.
miss s. (failure to hit) ἄστοχος βολή. give
(sthg.) a ~ παραλείπω. score a near ~
παρά λίγο νά πετύχω, (see also nearly).
miss v.t. (fail to get, find, etc.) δέν πετυ-
χαίνω, χάνω. you haven't ~ed anything
δέν ἔχασες τίποτα. ~ one's aim ἀστοχῶ.
~ the point δέν μπαίνω στό νόημα. ~
out (omit) παραλείπω. ~ out on χάνω.
(fail to perform) I ~ed my lesson ἔχασα
(or ἔλειψα ἀπό) τό μάθημά μου. he
never ~es going to see me every each
week δέν παραλείπει νά ἐπισκέπτεται τή
μαμά του κάθε ἑβδομάδα. he narrowly
~ed being killed παρά λίγο νά σκοτωθῆ
(see also nearly). (notice absence of) I ~
them μοῦ λείπουν, μοῦ ἔλειψαν. I never
~ed my purse till I got home ἀντιλήφ-
θηκα ὅτι ἔλειπε τό πορτοφόλι μου μόνον
ὅταν ἔφτασα σπίτι μου.
missal s. σύνοψις f.
misshapen a. κακοφτιαγμένος, στραβωμέ-
νος.
missile s. βλῆμα n.
missing a. (lost) χαμένος. (soldier, etc.)
ἀγνοούμενος. be ~ λείπω.
mission s. ἀποστολή f. **~ary** s. ἱεραπό-
στολος m.
missis s. κυρία f.
missive s. ἐπιστολή f.
misspelt a. ἀνορθόγραφος.
misspend v. χαραμίζω. he had a misspent
youth τά νειάτα του πῆγαν ἄδικα.
misstatement s. ἀνακρίβεια f.
mist s. ὁμίχλη f., καταχνιά f. (v.t. & i.)
~ (over) (of eyes, mirror, etc.) θολώνω,
θαμπώνω. (of scenery, v.i.) σκεπάζομαι
ἀπό ὁμίχλη.
mistake s. λάθος n., σφάλμα n. by ~
κατά λάθος. make a ~ κάνω λάθος,
σφάλλομαι. it's hot and no ~! ξέστη μιά
φορά! (or κάνει ζέστη, ὄχι ἀστεῖα).
mistake v.t. (misinterpret) παρανοῶ. I
mistook him for someone else τόν παρα-
γνώρισα. I mistook him for his brother
τόν πῆρα γιά τόν ἀδελφό του.
mistaken a. ἐσφαλμένος, λανθασμένος. be
~ κάνω λάθος, σφάλλομαι, ἀπατῶμαι.
~ly adv. ἐσφαλμένως.

mister s. κύριος m.
mistimed a. ἄκαιρος.
mistletoe s. γκί n.
mistranslat|e v. μεταφράζω λάθος. **~ion**
λανθασμένη μετάφρασις.
mistress s. κυρία f. (of house) οἰκοδ-
σποινα f. (school) καθηγήτρια f., (δι)δ-
σκάλισσα f. (paramour) ἐρωμένη f., μα-
τρέσσα f.
mistrial s. δικαστικό λάθος.
mistrust v. δέν ἔχω ἐμπιστοσύνη σ
(s.) ἔλλειψις ἐμπιστοσύνης. **~ful** a. δύ
πιστος. **~fully** adv. μέ δυσπιστία.
misunderstand v. (person) παρεξηγ
(thing) παρανοῶ. (both) δέν καταλ
βαίνω καλά. **~ing** s. παρεξήγησις f.
misuse s. κακή χρῆσις. (of funds, powe
κατάχρησις f. (v.) κάνω κακή χρής
(with gen.), καταχρῶμαι. (ill-treat) κακ
μεταχειρίζομαι.
mite s. (offering) ὀβολός m. (tiny chil
animal) τόσος δά, τοσούτσικος a.
mitigat|e v. μειώνω. (pain, anger) κατ
πραΰνω, καλμάρω. (penalty) μετριάζ
~ing circumstances ἐλαφρυντικαί πε
στάσεις. **~ion** s. μείωσις f. μετρίασ
f.
mitre s. (eccl.) μίτρα f.
mitten s. γάντι χωρίς δάκτυλα.
mix v.t. ἀνακατεύω, ἀνακατώνω, ἀναμ
γνύω. ~ (up) (confuse) μπερδεύω. g
~ed up (involved) ἀνακατεύομαι, (
mind) μπερδεύομαι. (v.i.) (go well tog
ther) ταιριάζω. ~ with (associate) συν
ναστρέφομαι (with acc.).
mixed a. μικτός. (assorted) ἀνάμικτο
διάφορος. ~ (up) (confused) ἀνακατεμ
νος, μπερδεμένος. ~ motives ποικίλ
ἐλατήρια.
mixer s. good ~ κοινωνικός ἄνθρωπος.
mixing s. (stirring) ἀνακάτωμα n. (co
tact) ἀνάμιξις f.
mixture s. μίγμα n.
mix-up s. σαλατοποίησις f., ἀνακατ
σούρα f.
moan v. στενάζω, βογγῶ. (fam., grumbl
γκρινιάζω. (s.) (also ~ing) στεναγμ
m., βογγητό n. γκρίνια f.
moat s. τάφρος m.
mob s. ὄχλος m. ~ rule ὀχλοκρατία
(v.) πολιορκῶ, συνωστίζομαι γύρω ἀπ
mobil|e a. κινητός, (features) ἐκφραστικ
~ity s. εὐκινησία f.
mobiliz|e v. κινητοποιῶ, ἐπιστρατεύ
~ation s. κινητοποίησις f. ἐπιστράτευσ
f.

ck v. κοροϊδεύω, χλευάζω. *(a.)* ψεύτι-
ος. **~ery** s. κοροϊδία *f.*, χλεύη *f. (trave-*
y) παρωδία *f.* **~ing** *a.* κοροϊδευτικός.
-up s. πρόχειρο ὁμοίωμα.
dal *a. (gram.)* ἐγκλιτικός.
de s. *(way & mus.)* τρόπος *m.*
ashion) μόδα *f.*
del s. *(example)* ὑπόδειγμα *n.*, πρότυ-
ov *n. (representation, sthg. for copying,*
annequin, dress, car) μοντέλο *n.*
del *a. (exemplary)* ὑποδειγματικός,
ρότυπος. ~ pupil πρότυπον μαθητοῦ, ~
oat ὁμοίωμα πλοίου.
del v. *(mould)* πλάθω. ~ oneself on
αίρνω ὡς ὑπόδειγμα. well ~led *(feat-*
res) εὐγραμμος, λαξευτός.
derate v.t. μετριάζω, περιορίζω. *(v.i.)*
ετριάζομαι, κόβω.
derate *a.* μέτριος, *(in opinions)* μετριο-
αθής. *(temperate)* μετρημένος. *(price)*
ογικός. **~ly** adv. μετρίως, μέτρια.
deration s. μετριοπάθεια *f.* in ~ μέ
έτρο, ἐν μέτρῳ.
dern *a.* σύγχρονος, μοντέρνος, νεώτε-
ος. ~ Greek *(a.)* νεοελληνικός. **~ize** v.
κσυγχρονίζω, ἐκμοντερνίζω. **~ization** s.
κσυγχρονισμός *m.*
dest *a. (chaste)* σεμνός, *(simple)* ἀπλός,
πέριττος. *(unassuming)* μετριόφρων. *(of*
eans) μέτριος. **~ly** adv. μέ σεμνότητα.
πλά, ἀπέριττα.
desty s. σεμνότης *f.* μετριοφροσύνη *f.*
dicum s. a ~ of λίγος.
dif|y v. *(change)* τροποποιῶ. *(lessen)*
ετριάζω. **~ication** s. τροποποίησις *f.*
ετριασμός *m.*
dish *a.* τῆς μόδας.
dulat|e v.t. *(radio)* διαμορφώνω. *(one's*
oice) χρωματίζω. **~ion** s. *(mus.)* μετα-
ροπία *f. (of voice)* χρωματισμός *m.*,
ιακύμανσις *f.*
dus s. ~ operandi τρόπος ἐνεργείας.
~ vivendi προσωρινός διακανονισμός.
ohammedan s. Μωαμεθανός *m.*
ist *a.* ὑγρός. **~en** v. ὑγραίνω. **~ure** s.
γρασία *f.*
lar s. τραπεζίτης *m.*
le s. *(on skin)* ἐλιά *f.*
le s. *(animal)* τυφλοπόντικας *m.*
le s. *(breakwater)* μῶλος *m.*
lecule s. μόριον *n.*
lest v. παρενοχλῶ. *(ill-treat)* κακοποιῶ.
llify v. μαλακώνω.
llusc s. μαλάκιον *n.*
llycoddle v. παραχαϊδεύω. *(s.)* μαμμό-
ρεπτος *a.*

molten *a.* λειωμένος.
moment s. στιγμή *f.* at any ~ ὅπου
νᾶναι. the ~ he arrives ἀμέσως μόλις
φτάση. *(importance)* σημασία *f.*
momentar|y *a. (brief)* στιγμιαῖος. *(at every*
moment) ἀπό στιγμή σέ στιγμή. **~ily**
adv. γιά μία στιγμή.
momentous *a.* βαρυσήμαντος.
momentum s. κεκτημένη ταχύτης. gain ~
παίρνω φόρα.
monarch s. μονάρχης *m.* **~ic** *a.*, **~ist** s.
μοναρχικός. **~ism** s. μοναρχισμός *m.*
~y s. μοναρχία *f.*
monast|ery s. μοναστήρι *n.*, μονή *f.* **~ic** *a.*
μοναστικός, *(of monks)* μοναχικός.
Monday s. Δευτέρα *f.*
monetary *a.* νομισματικός.
money s. χρῆμα *n.*, χρήματα *pl.*, λεφτά
n.pl. (currency) νόμισμα *n.* ready ~ με-
τρητά *n.pl.* **~-box** s. κουμπαρᾶς *m.*
~-changer s. σαράφης *m.* **~ed** *a.* ~ed
man λεφτᾶς *m.* **~-lender** s. τοκογλύφος
m., τοκιστής *m.* **~-order** s. ταχυδρομική
ἐπιταγή.
mongrel s. σκύλος ὄχι ἐκλεκτῆς ράτσας.
monitor v. ἐλέγχω, παρακολουθῶ. *(s.)*
(listener) ὁ παρακολουθῶν, *(device)*
ἀνιχνευτής *m.*
monk s. μοναχός *m.*, καλόγερος *m.*
monkey s. μαϊμοῦ *f.* make a ~ of ρεζι-
λεύω. *(fam.)* get one's ~ up ὀργίζομαι.
~ business κατεργαριές *f.pl. (v.)* ~ with
πειράζω, πασπατεύω. **~-nut** s. ἀράπικο
φυστίκι.
monocle s. μονόελος *m.* μονόκλ *n.*
monogamy s. μονογαμία *f.*
monogram s. μονόγραμμα *n.*
monograph s. μονογραφία *f.*
monolithic *a.* μονολιθικός.
monologue s. μονόλογος *m.*
monopol|y s. μονοπώλιον *n.* **~ize** v. μονο-
πωλῶ.
monosyllable s. μονοσύλλαβος λέξις.
monotone s. speak in a ~ μιλῶ χωρίς
ἀλλαγή τοῦ ὕψους τοῦ τόνου.
monoton|y s. μονοτονία *f.* **~ous** *a.* μονό-
τονος. **~ously** adv. μονότονα.
monsoon s. μουσσῶν *m.*
monster s. τέρας *n. (a.)* τεράστιος.
monstrosity s. τερατούργημα *n.*
monstrous *a. (huge)* τεράστιος, *(also*
atrocious) τερατώδης. **~ly** adv. τερατω-
δῶς.
month s. μῆνας *m.*, μήν *m.* **~ly** *a.* μη-
νιαῖος. **~ly** wage μηνιάτικο *n. (adv.)* μη-
νιαίως, κατά μήνα.

monument *s.* μνημεῖον *n.* ~**al** *a.* μνημειώδης. ~**al** mason μαρμαράς *m.*

moo *v.* μουγκανίζω. *(s.)* μουγκανητό *n.*

mooch *v.* ~ about ἀλητεύω.

mood *s.* διάθεσις *f.* good ~ κέφι *n.* bad ~ κακοκεφιά *f.* he's in a good ~ εἶναι στά κέφια *(or* στίς καλές) του. be in the ~ for ἔχω διάθεση *(or* κέφι *or* ὄρεξη) γιά. *(gram.)* ἔγκλισις *f.* ~**y** *a.* κατσούφης, κακόκεφος.

moon *v.i.* ~ about χαζεύω. ~**y** *a.* χαζός.

moon *s.* φεγγάρι *n.,* σελήνη *f.* full ~ πανσέληνος *f. (fam.)* promise *(person)* the ~ τάζω λαγούς μέ πετραχήλια. once in a blue ~ στή χάση καί στή φέξη. ~**less** *a.* ἀφέγγαρος. ~**lit** *a.* φεγγαρόλουστος. ~**shine** *s. (fam.)* παραμύθια *n.pl.* ~**struck** *a.* νεραϊδοπαρμένος.

moonlight *s.* σεληνόφως *n.* by ~ μέ τό φεγγάρι, one ~ night μιά βραδυά μέ φεγγάρι. *(v.i.) (fam.)* κάνω κι' ἄλλη δουλειά ἐκτός ἀπό τήν κανονική μου γιά νά ζήσω.

moor, ~**land** *s.* ῥεικότοπος *m.*

moor *v.t.* & *i.* ἀράζω. *(v.t.)* δένω. ~**ings** *s.* ἀγκυροβόλιον *n.*

Moorish *a.* μαυριτανικός.

moot *v.* ἀνακινῶ. *(a.)* ἀμφισβητήσιμος.

mop *v.* *(also* ~ up) σφουγγίζω, σφουγγαρίζω. *(absorb)* ἀπορροφῶ. *(fig.)* ~ up *(rout)* κατατροπώνω.

mop *s.* σφουγγαρίστρα *f. (fam., hair)* πυκνά μαλλιά.

mope *v.i.* μέ κατέχει ἀκεφιά καί μελαγχολία.

moral *a.* ἠθικός. ~ resources ψυχικός κόσμος. ~ support συμπαράστασις *f. (s., of tale)* ἐπιμύθιον *n.* ~**ize** *v.* ἠθικολογῶ. ~**ly** *adv.* ἠθικῶς.

morale *s.* ἠθικόν *n.*

morality *s.* ἠθική *f.* ~ play θρησκευτικό δράμα.

morals *s.* ἠθική *f.,* ἤθη *n.pl.,* ἠθικαί ἀρχαί. without ~ ἀνήθικος.

morass *s.* τέλμα *n.*

moratorium *s.* χρεωστάσιον *n.*

morbid *a.* ἀρρωστημένος, νοσηρός. *(med.)* παθολογικός.

mordant *a.* δηκτικός.

more *a.* & *pron. (in measure, degree)* περισσότερος, *(additional)* ἄλλος. it needs ~ effort θέλει περισσότερη προσπάθεια. two ~ books ἄλλα *(or* ἀκόμα) δύο βιβλία. bring some ~ wine φέρε κι' ἄλλο *(or* ἀκόμα λίγο) κρασί. there isn't any ~ δέν ἔχει ἄλλο. I have no ~ money left

δέν μοῦ ἔχουν μείνει πιά ἄλλα λεφτά it's a pity we didn't see ~ of each oth κρίμα πού δέν βλεπόμαστε περισσότε *(or* πιό συχνά). we saw no ~ of the δέν τούς ξαναείδαμε.

more *adv.* περισσότερο, πιό πολύ. powerful δυνατότερος, πιό δυνατός. easily πιό εὔκολα. ~ and ~ ὅλο καί π ρισσότερο. ~ or less πάνω-κάτω, λίγ πολύ, κατά τό μᾶλλον ἤ ἧττον. once ἄλλη *(or* ἀκόμα) μιά φορά. what's ~ κ μάλιστα. all the ~ so *(because...)* τ σούτω μᾶλλον. the ~ you try the eas it gets ὅσο πιό πολύ προσπαθεῖ κανε τόσο εὐκολώτερο γίνεται. he's had than two glasses of wine ἔχει πιεῖ πάν ἀπό δύο ποτήρια κρασί. he worries than I do στενοχωριέται περισσότε ἀπό μένα. *(with neg.)* πιά. be no ~ δ ὑπάρχω πιά. we don't see them any δέν τούς βλέπομε πιά. there were not than ten of them δέν ἦταν πάνω ἀ δέκα. she's little ~ than a servant λί ἀπέχει ἀπ' τό νά εἶναι ὑπηρέτρια. no do I οὔτε ἐγώ. nothing ~ τίποτ' ἄλλο.

morello *s.* βύσσινο *n.*

moreover *adv.* ἐξ ἄλλου, ἄλλωστε, ἐ πλέον.

mores *s.* ἤθη *n.pl.*

morganatic *a.* μοργανατικός.

morgue *s.* νεκροτομεῖον *n.*

moribund *a.* ἑτοιμοθάνατος.

morning *s.* πρωί *n.,* πρωινό *n.* good καλημέρα. this ~ σήμερα τό πρωί. fi thing in the ~ πρωί-πρωί. *(a.)* πρω νός.

moron *s.,* ~**ic** *a. (fam.)* βλακόμετρο *n.*

morose *a.* κατσούφης.

morph|**ia,** ~**ine** *s.* μορφίνη *f.*

morphology *s.* μορφολογία *f.*

morrow *s.* what has the ~ in store for u τί μᾶς ἐπιφυλάσσει ἡ αὔριον *(or* τό α ριο);

morse *a.* ~ code μορσικός κῶδιξ.

morsel *s.* μπουκιά *f.,* κομματάκι *n.*

mortal *a. (man)* θνητός. *(injury)* θανατ φόρος, θανάσιμος. *(sin, enemy, hatre* θανάσιμος. *(fam.)* every ~ thing πάντα. ~**ly** *adv.* θανασίμως.

mortality *s. (mortal condition)* θνητότης *(death rate)* θνησιμότης *f.*

mortar *s. (substance)* κονίαμα *n.,* λάσ *f. (bowl)* γουδί *n. (mil.)* ὅλμος *m.*

mortgage *s. (to raise money)* ὑποθήκη *(to buy house)* στεγαστικόν δάνειον. *(v* ὑποθηκεύω.

ıortification s. ντρόπιασμα n. (med.) γάγγραινα f.

ıortif|y v.t. feel ~ied ντροπιάζομαι. ~y **ıhe** flesh αὐτοτιμωροῦμαι πρός ἐξαγνισμόν. (v.i., med.) γαγγραινιάζω.

ıortuary s. νεκροτομεῖον n.

ıosaic s. ψηφιδωτόν n., μωσαϊκόν n.

ıoslem a. μουσουλμανικός. (person) Μουσουλμάνος m.

ıosque s. τζαμί n.

ıosquito s. κουνούπι n. ~-net s. κουνουπιέρα f.

ıoss s. μούσκλι n. ~y a. χορταριασμένος.

ıost a. & s. ὁ περισσότερος, ὁ πιό πολύς. the ~ beautiful woman ἡ πιό ὡραία (or ἡ ὡραιότερη) γυναῖκα. ~ people ὁ πολύς κόσμος, οἱ περισσότεροι ἄνθρωποι. at ~ τό (πολύ) πολύ. (for) ~ of the year τό μεγαλύτερο μέρος τοῦ χρόνου. for the ~ part ὡς ἐπί τό πλεῖστον. make the ~ of (present favourably) παρουσιάζω ὅσο μπορῶ καλύτερα, (benefit from) ἐπωφελοῦμαι (with gen.).

ıost adv. περισσότερο (ἀπό κάθε τί ἄλλο). ~ often ὡς ἐπί τό πλεῖστον. ~ of all πάνω ἀπ' ὅλα, πρό παντός, πρό πάντων. (very) πάρα πολύ.

ıostly adv. (mainly) κυρίως, κατά τό πλεῖστον. (usually) συνήθως.

ıote s. μόριον σκόνης. (fig., in brother's eye) κάρφος n.

ıoth s. πεταλουδίτσα (τῆς νύχτας) f. (in clothes) σκῶρος m. ~-balls s. ναφθαλίνη f. ~-eaten a. σκωροφαγωμένος.

ıother s. μητέρα f. (fam.) μάνα f. M~ of God Θεομήτωρ f. (a.) μητρικός. ~ country πατρίδα f. (v.t.) περιποιοῦμαι σάν μητέρα. ~hood s. μητρότης f. ~-in-law s. πεθερά f. ~-of-pearl s. σιντέφι n., (fam.) φίλντισι n. ~less a. ὀρφανός ἀπό μητέρα.

ıotherly a. (love) μητρικός. (woman) πού ξεχειλίζει ἀπό μητρική καλωσύνη.

ıotif s. μοτίφ n. (mus.) μοτίβο n.

ıotion s. (movement) κίνησις f. set in ~ θέτω εἰς κίνησιν. (proposal) πρότασις f. pass a ~ (of bowels) ἐνεργοῦμαι. ~less a. ἀκίνητος.

ıotion v. (make sign) γνέφω, κάνω νόημα.

ıotivat|e v. be ~ed by ἔχω ὡς κίνητρον. ~ion s. κίνητρα n.pl.

ıotive s. κίνητρον n., ἐλατήριον n. (a.) κινητήριος.

ıotley a. (colour) πολύχρωμος, (crowd,

etc.) ἀνακατεμένος. (s.) στολή γελωτοποιοῦ.

motor s. μηχανή f., κινητήρ m. (car) αὐτοκίνητο n. ~-boat s. βενζινάκατος f., μπενζίνα f. ~-coach s. πούλμαν n. ~-cycle s. μοτοσυκλέτα f. ~ing s. τό ὁδηγεῖν, αὐτοκινητισμός m. ~ist s. αὐτοκινητιστής m. ~ized a. μηχανοκίνητος. ~way s. αὐτοκινητόδρομος m.

mottled a. διάστικτος, (skin) μέ λεκέδες.

motto s. ρητόν n. (maxim) ἀρχή f.

mould v. φορμάρω, (clay) πλάθω, (character) διαπλάθω.

mould s. (form) φόρμα f., καλούπι n. (earth) χῶμα n. (fungus) μούχλα f. ~y a. μουχλιασμένος. (fam., wretched) τῆς κακιᾶς ὥρας.

moulder v.i. ἀποσυντίθεμαι. (bones) λειώνω, (leaves) σαπίζω. (walls) μουχλιάζω, καταρρέω.

moulding s. κορνίζα f.

moult v. μαδῶ.

mound s. σωρός m. (burial) τύμβος m.

mount v.t. ~ the stairs ἀνεβαίνω τή σκάλα. ~ the ladder ἀνεβαίνω στή σκάλα. (horse) καβαλλικεύω, (a jewel) δένω, (a play) ἀνεβάζω. (v.i.) (also ~ up) ἀνεβαίνω.

mount s. ὄρος n. Mt Olympus ὁ Ὄλυμπος. (of picture) χαρτόνι n. (horse) ἄλογο n. (base) βάσις f. (gun-carriage) κιλλίβας m. (of jewel) δέσιμο n.

mountain s. βουνό n., ὄρος n. (a.) βουνήσιος, ὀρεινός. ~eer s. ὀρειβάτης m. ~ous a. ὀρεινός, (huge) σάν βουνό.

mountebank s. τσαρλατάνος m., κομπογιαννίτης m.

mourn v.t. & i. πενθῶ, κλαίω. ~er s. πενθῶν, (τε)θλιμμένος a. ~ful a. πένθιμος, λυπηρός.

mourning s. πένθος n. be in ~ μαυροφορῶ. (a.) πένθιμος.

mouse s. ποντικός m., ποντίκι n. ~-trap s. φάκα f.

moustache s. μουστάκι n.

mousy a. (timid) ντροπαλός.

mouth v.t. ἀπαγγέλλω στομφωδῶς.

mouth s. στόμα n. (of bottle) στόμιον n. (of river) ἐκβολή f. (of cannon, harbour) μπούκα f. (of cave, harbour) εἴσοδος f. by word of ~ προφορικῶς, διά ζώσης. down in the ~ ἀποκαρδιωμένος. ~ful s. μπουκιά f. ~-organ s. φυσαρμόνικα f. ~piece s. ἐπιστόμιον n. (fig.) φερέφωνον n.

movable a. κινητός.

move *v.t.* κινῶ, κουνῶ. *(shift)* μετακινῶ, *(transport)* μεταφέρω. *(affect)* συγκινῶ. *(impel)* ὠθῶ. *(cause to change attitude)* κλονίζω. *(transfer to new post)* μεταθέτω. ~ a resolution ὑποβάλλω πρότασιν. ~ one's chair nearer πάω τήν καρέκλα μου πιό κοντά. *(v.i.)* κινοῦμαι. *(stir, be unstable)* κουνῶ, κουνιέμαι. *(shift)* μετακινοῦμαι. *(circulate)* κυκλοφορῶ. *(change residence)* μετακομίζω. *(go)* πηγαίνω. ~ forward, along, on προχωρῶ. ~ back κάνω πίσω. ~ away ἀπομακρύνομαι. ~ in *(settle)* ἐγκαθίσταμαι. ~ out *(leave)* φεύγω, *(of house)* μετακομίζω. ~ up *(make room)* κάνω θέση, *(rise)* ἀνεβαίνω.
move *s.* κίνησις *f.* *(action)* ἐνέργεια *f.* *(step)* βῆμα *n.* *(initiative)* πρωτοβουλία *f.* on the ~ ἐν κινήσει. make a ~ *(act)* κινοῦμαι, *(leave)* ξεκινῶ. get a ~ on! κουνήσου.
movement *s.* κίνησις *f.* *(political, etc.)* κίνημα *n.* *(mechanism)* μηχανισμός *m.* *(mus.)* μέρος *n.* *(of bowels)* κένωσις *f.*
mover *s.* prime ~ κινητήριος δύναμις.
movie *s.* ταινία *f.* ~s κινηματογράφος *m.*
moving *a.* συγκινητικός.
mow *v.t.* *(grass)* κουρεύω, *(hay)* θερίζω. ~ down *(fig.)* θερίζω.
much *a.* πολύς. how ~ πόσος. so ~ τόσος. as ~ as you like ὅσο θέλεις. he's not ~ of a singer δέν εἶναι σπουδαῖος τραγουδιστής. think ~ of ἔχω σέ μεγάλη ἐκτίμηση. make ~ of *(exaggerate)* ἀποδίδω μεγάλη σημασία σέ, *(fuss over)* περιποιοῦμαι. I couldn't make ~ of it δέν κατάλαβα καλά.
much *adv.* πολύ. very *or* too ~ πάρα πολύ. ~ to my surprise πρός μεγάλη μου ἔκπληξη. ~ as I should like to go παρ' ὅλο πού θά ἤθελα νά πάω. ~ the same σχεδόν ὁ ἴδιος. *(fam.)* ~ of a ~ness σχεδόν τά ἴδια.
mucilage *s.* κόλλα *f.*
muck *s.* *(dung)* κοπριά *f.* *(filth)* βρώμα *f.* *(v.t.)* ~ up χαλ(ν)ῶ, κάνω μούσκεμα, *(dirty)* λερώνω. *(v.i.)* ~ about χάνω τήν ὥρα μου. ~ about with πειράζω. ~-raking *s.* σκανδαλοθηρία *f.* ~y *a.* βρώμικος.
muc|us *s.* βλέννα *f.* *(nasal, fam.)* μύξα *f.* *(of eyes, fam.)* τσίμπλα *f.* ~ous *a.* βλεννώδης.
mud *s.* λάσπη *f.* throw ~ at *(fig.)* συκοφαντῶ. his name is ~ εἶναι ὑπό δυσμέ-

νειαν. ~-brick *s.* πλίθ(ρ)α *f.* ~guard φτερό *n.*
muddle *s.* *(disorder)* ἀκαταστασία *f.* in ~ μπερδεμένος, *(dazed)* ζαλισμένος. *(v.t.)* μπερδεύω, ἀνακατώνω. *(v.i.)* through τά κουτσοβολεύω. ~r *s.* be a ~ *(or* ~-headed*)* δέν κόβει τό μυαλό μου.
muddy *a.* *(road)* λασπώδης, *(shoes, etc)* λασπωμένος.
muezzin *s.* μουεζίνης *m.*
muff *s.* *(for hands)* μανσόν *n.* *(duffe* ἀτζαμής *a.* *(v.)* ~ it ἀποτυγχάνω.
muffin *s.* ψημένο τσουρεκάκι.
muffle *v.* *(wrap)* κουκουλώνω, τυλίγω. ~ voice πνιχτή φωνή. ~r *s.* κασκόλ *n.*
mufti *s.* in ~ μέ πολιτικά.
mug *s.* *(cup)* κούπα *f.* *(fam., face)* μούτρα *n.*, *(fool)* κορόιδο *n.* ~'s game πεταμένος κόπος.
mug *v.* ~ up μελετῶ ἐντατικά.
mug *v.* *(rob)* ἐπιτίθεμαι καί ληστεύω. ~ging *s.* ἐπίθεσις μέ πρόθεσιν ληστεία.
muggy *a.* ἀποπνικτικός.
mulberry *s.* μοῦρο *n.* *(tree)* μουριά *f.*
mulatto *s.* μιγάς *m.f.*
mul|e *s.* ἡμίονος *m.f.*, μουλάρι *n.* ~ete *s.* ἀγωγιάτης *m.* ~ish *a.* ξεροκέφαλος.
mull *v.* *(wine)* ζεσταίνω. ~ over *(ponde* συλλογίζομαι.
mullet *s.* κέφαλος *m.* red ~ μπαρμπού
mullion *s.* χώρισμα παραθύρου.
multifarious *a.* πολλῶν εἰδῶν.
multimillionaire *s.* πολυεκατομμυριοῦχο *m.*
multiple *a.* πολλαπλός. *(s.)* πολλαπλάσιο *n.*
multiplication *s.* πολλαπλασιασμός *m.*
multiplicity *s.* πολλαπλότης *f.* a ~ duties πλῆθος καθηκόντων.
multiply *v.t.* πολλαπλασιάζω. *(v.i.)* πολ λαπλασιάζομαι.
multitud|e *s.* πλῆθος *n.* ~inous *a.* πολι πληθής.
mum *s.* *(fam.)* μαμά *f.*
mum *a.* *(silent)* keep ~ τό βουλλώνω. ~ the word! μιλιά! τσιμουδιά! μόκο!
mumble *v.i.* τρώω τά λόγια μου.
mumbo jumbo *s.* ἀκατάληπτη γλῶσσα *(fraud)* ἀπάτη *f.*
mummery *s.* παντομίμα *f.* *(pej.)* καραγ κιοζλίκι *n.*
mumm|y *s.* μούμια *f.* *(fam., mother)* μαμ *f.* ~ify *v.* ταριχεύω.
mumps *s.* μαγουλάδες *f.pl.*
munch *v.* μασουλίζω.

mundane *a.* ἐγκόσμιος. *(dull)* ~ job δουλειά ρουτίνα.

municipal *a.* δημοτικός, τοῦ δήμου. ~ity δῆμος *m.*

munific|ent *a.* γενναιόδωρος. ~ence *s.* γενναιοδωρία *f.*

muniments *s.* τίτλοι *m.pl.*

munitions *s.* πολεμοφόδια *n.pl.*

mural *s.* τοιχογραφία *f.*

murder *s.* φόνος *m.*, δολοφονία *f. (v.)* φονεύω, δολοφονῶ. ~er *s.* φονιᾶς *m.*, δολοφόνος *m.* ~ess *s.* φόνισσα *f.*

murderous *a. (weapon, etc.)* φονικός. with ~ intent μέ δολοφονικές προθέσεις. he gave me a ~ glance μέ κοίταξε μ' ἕνα βλέμμα σά νά μέ μαχαίρωνε.

murky *a.* σκοτεινός, μαῦρος.

murmur *v.* μουρμουρίζω. *(s.)* μουρμουρητό *n.* without a ~ χωρίς παράπονο.

muscatel *s.* μοσχᾶτο *n.*

muscle *s.* μῦς *m.*, ποντίκι *n. (fig.)* ρώμη *f. (v.) (fam.)* ~ in on *(person's business)* ἐκτοπίζω κάποιον καί τοῦ παίρνω τίς δουλειές.

muscular *a. (of muscles)* μυϊκός, *(strong)* μυώδης.

muse *s.* μοῦσα *f.*

muse *v.* ρεμβάζω, συλλογίζομαι.

museum *s.* μουσεῖον *n.*

mushroom *s.* μανιτάρι *n. (v.i., spread)* ξεφυτρώνω παντοῦ.

mushy *a. (soft)* it's gone all ~ ἔγινε νιανιά *(or* πολτός*). (fig.)* γλυκανάλατος.

music *s.* μουσική *f.* set to ~ μελοποιῶ. ~-hall *s.* βαριετέ *n.* ~-stand *s.* ἀναλόγιον *n.*

musical *a.* μουσικός, *(melodious)* μελωδικός. is he ~? τοῦ ἀρέσει ἡ μουσική; ~ly *adv.* μουσικῶς, μελωδικά.

musician *s.* μουσικός *m.f.* ~ly *a.* μουσικός, γεμάτος μουσικότητα. ~ship *s.* μουσικότης *f.*

musk *s.* μόσχος *m.*

musket *s.* μουσκέτο *n.*

muslin *s.* μουσελίνα *f.*

mussel *s.* μύδι *n.*

must *s. (juice)* γλεῦκος *n.*, μοῦστος *m.*

must *v.* I ~ go there πρέπει νά πάω ἐκεῖ. they ~ have arrived θά ἔχουν *(or* πρέπει νά ἔχουν)* φτάσει. it ~ have been raining all night θά ἔβρεχε *(or* πρέπει νά ἔβρεχε)* ὅλη νύχτα. I ~ say ὁμολογῶ ὅτι...

mustard *s.* μουστάρδα *f.*

muster *v.t.* συγκεντρώνω. *(v.i.)* συγκεντρώνομαι. *(s.)* συγκέντρωσις *f.* it will pass ~ θά περάσῃ, θά κάνη τή δουλειά του.

musty *a.* μουχλιασμένος. it smells ~ μυρίζει μούχλα.

mutab|le *a.* ἀσταθής. ~ility *s.* ἀστάθεια *f.*

mutation *s.* μετάλλαξις *f. (gram.)* vowel ~ μεταφωνία *f.*

mute *a.* βουβός, ἀμίλητος *(also gram.)* ἄφωνος. ~ly *adv. (use a.).*

mutilat|e *v.* ἀκρωτηριάζω. ~ion *s.* ἀκρωτηριασμός *m.*

mutin|y *s.* στάσις *f. (v.i.)* κάνω στάσιν, στασιάζω. ~eer *s.* στασιαστής *m.* ~ous *a. (action)* στασιαστικός, *(man)* στασιαστής *m.*

mutter *v.* μουρμουρίζω. ~ing *s.* μουρμούρα *f.*

mutton *s.* ἀρνί *n.*, ἀρνήσιο κρέας. dead as ~ τελείως νεκρός. ~-headed *a.* κουτός.

mutual *a. (reciprocal)* ἀμοιβαῖος, *(in common)* κοινός. ~ aid ἀλληλεγγύη *f.* ~ly *adv.* ἀμοιβαίως.

muzzle *s. (snout)* ρύγχος *n.*, μουσούδι *n. (appliance)* φίμωτρον *n. (of gun)* μπούκα *f. (v.)* φιμώνω.

muzzy *a. (dazed)* οὔργιος, ζαλισμένος, *(blurred)* θολός.

Mycenean *a.* μυκηναϊκός.

my *pron.* ~ house τό σπίτι μου. oh ~! πώ πώ!

myop|ia *s.* μυωπία *f.* ~ic *a.* μύωψ.

myriad *s.* μυριάς *f.*

myrmidons *s. (fig.)* τσιράκια *n.pl.*

myrtle *s.* μυρτιά *f.*

myself *see* self.

mysterious *a.* μυστηριώδης. ~ person μυστήριος ἄνθρωπος. ~ly *adv.* μυστηριωδῶς.

mystery *s.* μυστήριον *n.* it's a ~! μυστήριο πράμα!

mystic *s.* μυστικιστής *m.*

mystic, ~al *a.* μυστικός. ~ism *s.* μυστικισμός *m.*

mystif|y *v.* I was ~ied by his reply ἔμεινα ἔκπληκτος μέ τήν ἀπάντησή του. ~ication *s.* ἔκπληξις *f.*

mystique *s. (of institution)* μυστηριακή ἀκτινοβολία. *(of art)* μυστικόν *n.*

myth *s.* μῦθος *m. (sthg. untrue)* μύθευμα *n.* ~ical *a.* μυθικός.

mytholog|y *s.* μυθολογία *f.* ~ical *a.* μυθολογικός.

N

nab v. (fam., catch) τσιμπῶ, τσακώνω.
nabob s. μεγιστάν m.
nadir s. ναδίρ n.
nag s. (pej.) παλιάλογο n.
nag v.t. & i. γκρινιάζω. (v.i.) τρώω, (of pain) τυραννῶ. ~**ger** s. γκρινιάρης m., γκρινιάρα f. ~**ging** s. μουρμούρα f., γκρίνια f.
naiad s. ναϊάς f.
nail s. (on body) νύχι n., ὄνυξ m. (implement) καρφί n., πρόκα f., ἧλος m. hit the ~ on the head πετυχαίνω διάνα. hard as ~s πολύ σκληρός. on the ~ ἀμέσως. ~-**brush** s. βούρτσα τῶν νυχιῶν.
nail v.t. (also ~ up or down) καρφώνω. (fig.) (one's eyes) προσηλώνω, (a person) καθηλώνω, (a lie) ξεσκεπάζω.
naive a. ἀγαθός, ἀφελής. ~**ty** s. ἀφέλεια f.
naked a. γυμνός. with the ~ eye διά γυμνοῦ ὀφθαλμοῦ. ~**ness** s. γύμνια f.
namby-pamby a. γλυκανάλατος.
name s. ὄνομα n., ὀνομασία f. (surname) ἐπώνυμον, ἐπίθετο n. Christian ~ μικρό ὄνομα. full ~ ὀνοματεπώνυμον n. by the ~ of Peter ὀνόματι Πέτρος. in the ~ of the law ἐν ὀνόματι τοῦ νόμου. he has made a ~ for himself ἔβγαλε ὄνομα. what's his ~? πῶς ὀνομάζεται; πῶς τόν λένε; ~ day ὀνομαστική ἑορτή. it is my ~ day ἔχω τό ὄνομά μου. call (person) ~s βρίζω. (v.) ὀνομάζω, (set, appoint) ὁρίζω.
nameless a. (unknown) ἄγνωστος, (awful) ἀκατονόμαστος.
namely adv. δηλαδή, ἤτοι.
nameplate s. ταμπέλα f.
namesake s. συνονόματος a.
nanny s. νταντά f.
nanny-goat s. κατσίκα f. (old) γκιόσα f.
nap s. (of cloth) πέλος n.
nap s. (sleep) have a ~ παίρνω ἕνα ὑπνάκο. (fig.) he was caught ~**ping** τόν ἔπιασαν στόν ὕπνο.
nape s. ~ of neck σβέρκος m., αὐχήν m.
naphtha s. νάφθα f.
napkin s. πετσέτα f. (baby's) πάνα f.

nappy s. πάνα f.
narcissus s. νάρκισσος m.
narcotic a. ναρκωτικός. (s.) ναρκωτικόν
nark s. (fam.) χαφιές m.
narrat|e v. ἀφηγοῦμαι. ~**or** s. ἀφηγητή m. ~**ion** s. see narrative.
narrative s. (general) ἀφήγησις f. (particular) ἀφήγημα n. (a.) ἀφηγηματικός.
narrow a. στενός, (limited) περιορισμένο ~ gauge (a.) στενῆς γραμμῆς. I had a escape (or squeak) φτηνά τή γλύτωσ (s.) ~s στενά n.pl. (v.i.) στενεύω. ~ adv. μόλις. see nearly. ~-**minded** a. στ νόμυαλος. ~-**mindedness** s. στενομυαλι f. ~**ness** s. στενότης f.
nasal a. ρινικός. (also gram.) ἔρρινος.
nascent a. ἐν τῷ γίγνεσθαι.
nastiness s. (of food, weather) χάλι n. (c person) κακιά f.
nast|y a. ἄσχημος, (dirty) βρωμερός, (di ficult) δύσκολος. (in temper) κακός. smells ~y μυρίζει ἄσχημα. ~y piece work (fam., person) κάθαρμα n., βρω μάνθρωπος m. ~**ily** adv. κακῶς.
nation s. ἔθνος n. leader of the ~ ἐθνάρ χης m.
national a. ἐθνικός. ~ assembly ἐθνοσυν λευσις f. ~ debt δημόσιον χρέος. (s (subject) ὑπήκοος m.f. ~**ly** adv. ἐθνικῶ καθ' ὅλην τήν χώραν.
nationalism s. ἐθνικισμός m.
nationalist s. ἐθνικιστής m. ~**ic** a. ἐθν κόφρων.
nationality s. (by race) ἐθνικότης f. (b allegiance) ὑπηκοότης f. (by birth ἰθαγένεια f.
nationaliz|e v. ἐθνικοποιῶ. ~**ation** s. ἐθν κοποίησις f.
native a. & s. ἰθαγενής. a ~ of Londo Λονδρέζος γέννημα καί θρέμμα. spea like a ~ μιλῶ σάν νά ἔχω γεννηθῆ στ χώρα. ~ land πατρίδα f. ~ language μι τρική γλώσσα. (a.) (local) ἐγχώριο ντόπιος. (natural) φυσικός. go ~ ο κειοποιοῦμαι τόν τρόπο ζωῆς τῶν ντό πιων.
nativity s. γέννησις τοῦ Χριστοῦ.
natty a. κομψός, (hat) σκερτζόζικο (device, gadget) ἔξυπνος.
natural a. φυσικός, (innate) ἔμφυτος. (wit innate ability) γεννημένος ~ child ἐξά γαμον τέκνον. ~**ly** adv. φυσικά, (by na ure) ἐκ φύσεως. ~**ness** s. φυσικότης f.
naturalist s. φυσιοδίφης m.
naturaliz|e v. πολιτογραφῶ. ~**ation** s πολιτογράφησις f.

nature s. φύσις f. (sort) εἶδος n. good ~ καλωσύνη f. in a state of ~ γυμνός, by ~ ἐκ φύσεως. something in the ~ of a vase κάτι σάν βάζο, ἕνα εἶδος βάζου.

naught s. μηδέν n., τίποτα n. set at ~ ἀψηφῶ.

naught|y a. (child) ζωηρός, ἄτακτος, σκανταλιάρικος. (improper) σόκιν. ~y boy! (joc.) κακό παιδί. be ~y κάνω ἀταξίες. ~iness s. ἀταξία f.

nause|a a. ναυτία f. (fig.) ἀηδία f. ~ate v. it ~ates me μοῦ φέρνει ἀναγούλα. ~ous a. ἀηδιαστικός.

nautical a. ναυτικός.

naval a. ναυτικός. ~ battle ναυμαχία f. ~ dockyard ναύσταθμος m. ~ officer ἀξιωματικός τοῦ ναυτικοῦ.

nave s. κεντρικόν κλίτος.

navel s. ὀμφαλός m. ~ orange ὀμφαλοφόρον πορτοκάλι.

navigable a. (river) πλωτός, (boat) πλόιμος.

navigat|e v.t. (ship) κυβερνῶ, (seas) διαπλέω. (fig.) πιλοτάρω. ~ion s. (science) ναυτική f. (shipping) ναυτιλία f. (voyaging) ναυσιπλοΐα f. ~or s. (voyager) θαλασσοπόρος m. (officer) ἀξιωματικός πορείας.

navvy s. σκαφτιᾶς m.

navy s. ναυτικόν n. ~ blue μπλέ μαρέν.

nay adv. ὄχι. (or rather) ἢ μᾶλλον.

near adv. & prep. κοντά, πλησίον. ~ me κοντά μου, ~ the house κοντά στό σπίτι. ~ here ἐδῶ κοντά. come ~ to (in performance) φθάνω, πλησιάζω. Christmas is drawing ~ κοντεύουν τά χριστούγεννα. we are getting ~ the station κοντεύομε στό σταθμό. I am getting ~ the end of the book βρίσκομαι σχεδόν στό τέλος τοῦ βιβλίου, κοντεύω νά τελειώσω τό βιβλίο. we've nowhere ~ finished πολύ ἀπέχομε ἀπ' τό νά τελειώνωμε. ~ by κοντά. (v.) πλησιάζω. see also above.

near a. κοντινός. ~ relative στενός συγγενής. N~ East ἐγγύς Ἀνατολή. ~ side (of vehicle) πλευρά πρός τό πεζοδρόμιο. the ~ future τό ἐγγύς μέλλον. ~ly adv. be ~ly related ἔχω στενή συγγένεια.

nearby a. κοντινός.

nearest a. κοντινότερος, πλησιέστερος. (most direct) συντομώτερος.

nearly adv. (almost) σχεδόν. not ~ καθόλου. the building is ~ finished τό κτίριο εἶναι σχεδόν τελειωμένο. I am ~ fifty κοντεύω (or πλησιάζω) τά πενήντα. it's ~ three o'clock κοντεύουν τρεῖς. we are

~ there (or ready or finished) κοντεύομε. it is ~ time to start κοντεύει ἡ ὥρα νά (or πού θά) ξεκινήσωμε. he ~ choked κόντεψε (or λίγο ἔλειψε or παρά λίγο) νά πνιγῆ, λίγο ἀκόμα καί πνιγόταν, ὀλίγου (or μικροῦ) δεῖν ἐπνίγετο. it is not ~ enough δέν φθάνει καθόλου.

neat a. (tidy) τακτικός, (well shaped) καλλίγραμμος, (felicitous) εὔστοχος, ἐπιτυχημένος. (in dress) καλοβαλμένος. (drink) σκέτος. ~ly adv. τακτικά, εὔστοχα. ~ness s. (order) τάξις f. (of appearance) περιποιημένη ἐμφάνισις.

nebul|a s. νεφέλωμα n. ~ous a. νεφελώδης, (fig.) ἀκαθόριστος.

necessarily adv. κατ' ἀνάγκην, ἀπαραιτήτως.

necessary a. ἀναγκαῖος, ἀπαραίτητος. it is ~ χρειάζεται. if ~ ἐν ἀνάγκη.

necessit|y s. ἀνάγκη f. make a virtue of ~y κάνω τήν ἀνάγκη φιλοτιμία. ~ies τά ἀναγκαῖα, τά ἀπαραίτητα. ~ate v. ἀπαιτῶ, ἐπιβάλλω, χρειάζομαι. (entail) συνεπάγομαι. ~ous a. ἄπορος.

neck s. λαιμός m. ~ and ~ ἰσόπαλοι. ~ or nothing ὅλα γιά ὅλα. break one's ~ σκοτώνομαι. stick one's ~ out ἐκτίθεμαι. he got it in the ~ τήν ἔπαθε. he was turned out ~ and crop τόν πέταξαν ἔξω. he was breathing down my ~ (following) μέ ἀκολουθοῦσε κατά πόδας, (watching) στεκόταν πάνω ἀπ' τό κεφάλι μου. ~lace s. περιδέραιον n. κολλιέ n. ~line s. ντεκολτέ n. ~-tie s. γραβάτα f., λαιμοδέτης m.

nectar s. νέκταρ n.

née a. (Mrs Jones) ~ Smith τό γένος Σμίθ.

need s. ἀνάγκη f., χρεία f. be in ~ of χρειάζομαι, ἔχω ἀνάγκη ἀπό. there is no ~ of δέν χρειάζεται (with νά or nom.), δέν ὑπάρχει ἀνάγκη (with νά or ἀπό). in case of ~ σέ περίπτωση ἀνάγκης, χρείας τυχούσης.

need v. χρειάζομαι (with νά or acc.), ἔχω ἀνάγκη (with νά or ἀπό). I ~ it τό χρειάζομαι, μοῦ χρειάζεται, τό ἔχω ἀνάγκη. ~ I go? χρειάζεται (or πρέπει) νά πάω; it ~s repairing χρειάζεται (or θέλει) διόρθωμα. it ~ not be done yet δέν χρειάζεται (or δέν εἶναι ἀνάγκη) νά γίνη ἀκόμα. you ~ not have said so δέν χρειαζόταν (or δέν ἦταν ἀνάγκη) νά τό πῆς. I didn't ~ to go (so I didn't) δέν χρειάστηκε νά πάω.

needful a. what is ~ ὅ,τι χρειάζεται, τά

ἀπαιτούμενα. (fam., money)) τό παραδάκι.

needle s. βελόνα f. look for a ~ in a haystack ζητῶ ψύλλους στά ἄχυρα. (v.t.) (goad) κεντῶ, τσιγκλῶ. ~**work** s. ἐργόχειρο n. (sewing) ράψιμο n.

needless a. ἄχρηστος, περιττός. ~ to say περιττόν νά λεχθῆ. ~**ly** adv. χωρίς λόγο.

needy a. ἄπορος.

ne'er-do-well s. ἀνεπρόκοπος a.

nefarious a. κακοήθης.

negation s. ἄρνησις f.

negative v.t. (proposal) ἀπορρίπτω, (theory) ἀνατρέπω.

negative a. ἀρνητικός. (s.) (photo) ἀρνητικόν n. ~**ly** adv. (also in the ~) ἀρνητικά.

neglect v. παραμελῶ. (s.) (leaving undone) παραμέλησις f. state of ~ κατάστασις ἐγκαταλήψεως. ~**ful** a. ἀμελής.

negligent a. ἀμελής, ἀπρόσεκτος. ~**ence** s. ἀμέλεια f., ἀπροσεξία f. ~**ible** a. ἀσήμαντος, ἀμελητέος.

negotiable a. (transferable) μεταβιβάσιμος. (passable) βατός. (of terms) διαπραγματεύσιμος.

negotiate v.t. (also ~e about) διαπραγματεύομαι. (pass) περνῶ. (fin.) μεταβιβάζω. ~**ions** s. διαπραγματεύσεις f.pl. ~**or** s. διαπραγματευτής m.

negress s. ἀραπίνα f., νέγρα f., μαύρη f.

negro s. ἀράπης m., νέγρος m., μαῦρος m. (a.) (of things) τῶν νέγρων, τῶν μαύρων.

neigh v. χλιμιντρῶ. (s.) χλιμίντρισμα n.

neighbour s. γείτονας m., γειτόνισσα f. my ~ (fellow man) ὁ πλησίον μου. (v.) ~ (upon) γειτονεύω, γειτνιάζω. ~**hood** s. γειτονιά f. ~**ing** s. γειτονικός.

neighbourly a. (act) φιλικός, (person) καλός γείτονας. ~**liness** s. φιλική διάθεσις πρός τούς γείτονες.

neither adv. οὔτε. ~ do I οὔτε ἐγώ. ~... nor οὔτε... οὔτε. (pron.) οὔτε ὁ ἕνας οὔτε ὁ ἄλλος. ~ of the two κανένας ἀπ' τούς δύο.

nemesis s. νέμεσις f.

neo-Hellenist s. νεοελληνιστής m.

neolithic a. νεολιθικός.

neologism s. νεολογισμός m.

neon s. ~ light λάμπα μέ νέον.

neophyte s. νεοφώτιστος a.

nephew s. ἀνεψιός m. ~s and nieces ἀνίψια n.pl.

nepotism s. νεπωτισμός m.

nerve s. νεῦρον n. (courage) θάρρος n.

(cheek) θράσος n. it gets on my ~s μ[ε] δίνει στά νεῦρα, μέ ἐκνευρίζει. fit of ~ νευρική κρίσις. in a state of ~s σέ κ[ε] τάσταση νευρικής ταραχής. he lost his ἔχασε τό θάρρος του. (v.) ~ ones[ε] ὁπλίζομαι μέ θάρρος. ~**-racking** a. τρ[ο] μακτικός.

nervous a. νευρικός, (timid) φοβητσιάρη[ς] (sinewy, vigorous) νευρώδης. ~ disea[se] νευροπάθεια f. ~ breakdown νευρικ[ό] κλονισμός. ~**ly** adv. νευρικά, (timidl[y]) φοβισμένα. ~**ness** s. νευρικότης [,] (timidity) ἀτολμία f.

nervy a. νευρικός.

nest s. φωλιά f. feather one's ~ κάνω τ[ή]ν μπάζα μου. (v.i.) φωλιάζω, (build ~) χτίζω φωλιά. ~**egg** s. (fig.) κομπόδε[μα] n. ~**ling** s. νεοσσός m.

nestle v. φωλιάζω, μαζεύομαι. the hou[se] ~s in a hollow τό σπίτι εἶναι φωλι[α] σμένο σέ μία κοιλάδα.

net a. (fin.) καθαρός.

net s. δίχτυ n. δίκτυον n. (tennis, ha[ir]) φιλές m. (tulle) τούλι n.

net s. (catch) πιάνω (στό δίχτυ). (cove[r]) σκεπάζω μέ δικτυωτόν. (gain) κερδίζω[ω]

nether a. ~ world ὁ κάτω κόσμος.

netting s. δικτυωτόν n. wire ~ συρματ[ο] πλεγμα n.

nettle s. τσουκνίδα f. (fig.) grasp the ~ ἁρπάζω τόν ταῦρο ἀπό τά κέρατ[α] (v.) ἐρεθίζω.

network s. δίκτυον n.

neuralgia s. νευραλγία f.

neurasthenia s. νευρασθένεια f.

neuritis s. νευρῖτις f.

neurology s. νευρολογία f. ~**ist** s. νευρ[ο] λόγος m.

neurosis s. νεύρωσις f. ~**otic** a. νευρωτ[ι] κός.

neuter a. οὐδέτερος. (v.t.) εὐνουχίζω.

neutral a. οὐδέτερος. ~ gear νεκρ[ό] σημεῖον. ~**ity** s. οὐδετερότης f.

neutralize v. ἐξουδετερώνω. ~**ation** ἐξουδετέρωσις f.

never adv. ποτέ, οὐδέποτε. ~ in my l[ife] ποτέ μου. it ~ occurred to me οὔτε μ[ου] πέρασε ἀπ' τό νοῦ. ~ mind! δέν πειρ[ά] ζει, ἔννοια σου! well I ~! γιά φαντάσο[υ] (fam.) on the ~ ~ (hire purchase) δόσεις. ~**-ending** a. ἀτελείωτος. ~**-to-b[e]** forgotten a. ἀλησμόνητος.

nevertheless adv. ὅμως, ἐν τούτοις, πα[ρ'] ὅλα αὐτά.

new a. νέος, καινούργιος. (fresh) φρέσκο[ς] N~ World νέος κόσμος. N~ Testame[nt] καινή Διαθήκη. N~ Year νέον ἔτος, ...αινούργιος χρόνος. N~ Year's Day ...ρωτοχρονιά f. ~ suit καινούργιο κο-...τούμι, ~ bread φρέσκο ψωμί. ~est fa-hion τελευταία λέξις τῆς μόδας. ~-born ... νεογέννητος. ~comer s. νεοφερμένος, ...αινούργιος a. ~-fangled a. καινοφανής. ~-laid a. φρέσκος, τῆς ἡμέρας.

wly adv. ἄρτι, νεωστί, προσφάτως. ~ ...uilt νεόκτιστος, νεόδμητος. ~ painted ...ρεσκοβαμμένος. ~ married νεόνυμφος. ...fam.) ~-weds νιόπαντροι m.pl. ~ ...ublished book ἄρτι ἐκδοθέν βιβλίον.

...wness a. τό καινούργιο. (inexperience) ...πειρία f.

...ws s. νέα n.pl. (bulletin) εἰδήσεις f.pl. ...iece of ~ ἕνα νέο.

...wspaper s. ἐφημερίδα f. ~-seller s. ...ἐφημεριδοπώλης m.

...xt a. ἄλλος, ἑπόμενος. ~ day τήν ἄλλη ...ιέρα, τήν ἑπομένην. ~ Monday τήν ἑπο-...ιένη Δευτέρα, ~ Monday week τήν ἄλλη ...Δευτέρα. ~ door (adv.) δίπλα. ~-door a. ...τλαϊνός. ~-of-kin s. ὁ πιό κοντινός συγ-...γενής.

...xt adv. & prep. ἔπειτα, μετά, ὕστερα, ...κατόπιν, ἀκολούθως. what ~! τί ἄλλο ...ἀκόμα; what comes ~? τί ἀκολουθεῖ; τί ...ἔρχεται μετά; who's ~? ποιός ἔχει σειρά; ...when ~ (or ~ time) you come this way ...ὅταν θά ξαναπεράσης ἀπό δῶ. (prep.) ~ ...ο (also ~ door to) δίπλα σέ, πλάι σέ, ...in order of choice) μετά ἀπό, ὕστερα ...ἀπό. live on ~ to nothing ζῶ μέ τό τί-...ποτα. she eats ~ to nothing δέν τρώει ...σχεδόν τίποτα.

...ib s. πεννάκι n.

...ibble v. ροκανίζω, (at bait) τσιμπῶ.

...ibs s. (iron.) his ~ ἡ ἀφεντιά του.

...ice a. καλός, ὄμορφος, ὡραῖος. (person) ...καλός, συμπαθητικός, εὐγενικός. (fine, ...subtle) λεπτός, (fastidious) ἐκλεπτυσμέ-...νος, (fussy) δύσκολος. we had a ~ time ...εὐχαριστηθήκαμε, περάσαμε ὡραῖα. ~ly ...adv. ὄμορφα, ὡραῖα.

...icety s. ἀκρίβεια f. to a ~y στήν ἐντέ-...λεια. ~ies λεπτομέρειες f.pl.

...iche s. κόγχη f. (fam., position) βολική ...θέση.

...ick s. (cut) μικρό κόψιμο. in the ~ of ...time πάνω στήν ὥρα. (fam., prison) in ...the ~ στό φρέσκο. (v.) (cut) κόβω. ...(fam., steal, arrest) τσιμπῶ.

...ickel s. νικέλιον n.

...ickname n. παρατσούκλι n.

...icotine s. νικοτίνη f.

niece s. ἀνεψιά f.

nifty a. (fam.) (smart) κομψός, (quick) σβέλτος.

niggardly a. (person) τσιγγούνης, (amount) μίζερος.

nigger s. ἀράπης m. (fig.) ~ in the wood-pile μελανόν σημεῖον.

niggling a. (fam.) ἀσήμαντος.

night s. νύχτα f. ~ and day μέρα νύχτα. spend the ~, stay up or open all ~ δια-νυκτερεύω. be overtaken by ~ νυχτώνο-μαι. ~ falls νυχτώνει. by ~ νύχτα. (a.) νυκτερινός. ~-bird s. νυχτοπούλι n. ~dress, ~gown s. νυχτικό n. ~fall s. σούρουπο n. ~ly adv. κάθε βράδυ, κάθε νύχτα. (a.) νυκτερινός. ~mare s. ἐφιάλ-της m., βραχνᾶς m. ~-school s. φροντι-στήριον n. ~-work s. νυχτέρι n.

nightingale s. ἀηδόνι n.

nihilism s. μηδενισμός m. ~ist s. μηδενι-στής m.

nil s. μηδέν n.

nimble a. σβέλτος. (mentally) εὔστροφος. ~ly adv. σβέλτα.

nincompoop s. κουτορνίθι n.

nine num. ἐννέα, ἐννιά. dressed up to the ~s ντυμένος στήν τρίχα. ~ hundred ἐννιακόσιοι a. ~pins s. τσούνια n.pl.

nineteen num. δεκαεννέα. ~th a. δέκατος ἔνατος.

ninety num. ἐνενήντα. ~ieth a. ἐνενηκο-στός.

ninny s. κουτορνίθι n.

ninth a. ἔνατος.

nip v. τσιμπῶ. ~ in the bud καταπνίγω ἐν τῇ γενέσει. I'll ~ round to the baker's θά πεταχτῶ στό φοῦρνο. (s.) τσίμπημα n.

nipper s. (claw) δαγκάνα f. (fam., child) πιτσιρίκος m. ~s (tool) τσιμπίδα f.

nipple s. ρώγα f., θηλή f.

nitre s. νίτρον n. ~ic a. νιτρικός.

nitrogen s. ἄζωτον n.

no (negative response) ὄχι. (a.) κανένας. ~ buses come this way ἀπό δῶ δέν περ-νάει κανένα λεωφορείο. there's ~ water δέν ἔχει νερό. there's ~ knowing δέν ξέ-ρει κανείς. there's ~ going back now τώρα πιά δέ χωρεῖ ὑποχώρησις. he's ~ better (in health) δέν εἶναι καλύτερα. ~ admittance! ἀπαγορεύεται ἡ εἴσοδος. (I'm going out) rain or ~ rain βρέχει ξε-βρέχει, εἴτε βρέχει εἴτε ὄχι. ~ mans land οὐδετέρα ζώνη.

nob s. (fam.) ἀριστοκράτης m. (head) κεφάλα f.

nobble v.t. (fam.) (acquire) βουτῶ. (person) ψήνω.

nobility s. εὐγένεια f. (of character) ὑψηλοφροσύνη f. (splendour) μεγαλοπρέπεια f. the ~ οἱ εὐγενεῖς.

nob|le a. (rank) εὐγενής, (character) ὑψηλόφρων, (deed) γενναῖος. (splendid) μεγαλοπρεπής. ~leman s. εὐγενής m. ~ly adv. ὑψηλοφρόνως, γενναίως, μεγαλοπρεπῶς.

nobody pron. κανείς, κανένας. (s.) μηδενικό n., τιποτένιος ἄνθρωπος.

nocturn|e s. νυκτερινόν n. ~al a. νυκτερινός. (of ~al habits) νυκτόβιος.

nod v.i. γνέφω, νεύω, (drowsily) κουτουλῶ. (in assent) κάνω ναί μέ τό κεφάλι. have a ~ding acquaintance with (a subject) ξέρω λίγο ἀπό, ἔχω μία ἰδέα ἀπό. (s.) γνέψιμο n., νόημα n.

noise s. (particular or general) θόρυβος m. (particular & loud) κρότος m. (sound) ἦχος m. make a ~ θορυβῶ, (fig.) κάνω κρότο. (v.t.) ~ abroad διαδίδω.

noiseless a. ἀθόρυβος. ~ly adv. ἀθόρυβα.

noisome a. ἀηδής, (noxious) βλαβερός. (ill-smelling) βρώμιος.

nois|y a. θορυβώδης. ~ily adv. θορυβωδῶς.

nomad s. νομάς m. ~ic a. νομαδικός.

nomenclature s. ὀνοματολογία f.

nominal a. κατ' ὄνομα, ὀνομαστικός. ~ly adv. κατ' ὄνομα, ὀνομαστικῶς.

nominat|e v. (appoint) διορίζω, (propose) ὑποδεικνύω. ~ion s. διορισμός m. ὑπόδειξις f.

nominative s. (gram.) ὀνομαστική f.

nominee s. ὁ ὑποδειχθείς ὑποψήφιος.

non- prefix μή. ~-appearance ἡ μή ἐμφάνισις. ~-smokers οἱ μή καπνίζοντες. also by ἀ(ν)-, ~-existent ἀνύπαρκτος.

non-aggression s. ~ pact συμφωνία μή ἐπιθέσεως.

nonce s. for the ~ γιά τήν ὥρα.

nonchal|ant a. ψύχραιμος. ~ance s. ψυχραιμία f.

non-combatant a. ἄμαχος.

non-commissioned a. ~ officer ὑπαξιωματικός.

non-committal a. ἐπιφυλακτικός.

nonconform|ist a. & s. ἀνορθόδοξος, ἀνεξάρτητος. ~ity s. ἀνεξαρτησία f.

nondescript a. ἀκαθόριστος.

none pron. & adv. (no one) κανείς, κανένας, (not any) καθόλου. ~ of them κανένας ἀπ' αὐτούς, ~ of us κανένας μας. (he was money but) I have ~ ἐγώ

δέν ἔχω καθόλου. ~ but the best μόνο τό καλύτερο. ~ of your tricks! ἄσε ἀστεῖα! ~-the-less παρ' ὅλα αὐτά.

nonentity s. μηδενικό n.

non-intervention s. ἡ μή ἐπέμβασις.

nonplus v.t. (also be ~sed) σαστίζω.

nonsense s. ἀνοησία f., μποῦρδες f.pl. κολοκύθια n.pl. stand no ~ δέν χαρίζω κάστανα.

non sequitur s. παράλογον ἐπιχείρημα.

non-starter s. χωρίς πιθανότητα ἐπιτυχίας.

non-stop adv. συνεχῶς, χωρίς διακοπή (a.) (vehicle) χωρίς σταθμούς.

nook s. γωνιά f.

noon s. μεσημέρι n. at high ~ ντάλα μεσημέρι. ~day a. μεσημβρινός.

no-one pron. κανείς, κανένας.

noose s. βρόχος m., θηλειά f.

nor conj. οὔτε.

norm s. τό κανονικό.

normal a. κανονικός. (natural) φυσιολογικός. ~ school διδασκαλεῖον n. ~ity τό κανονικό. ~ly adv. κανονικά.

north s. βορρᾶς, βοριᾶς m. to the ~ Athens πρός βορράν (or βορείως) τῶ Ἀθηνῶν. ~ wind βοριᾶς m.

north, ~ern, ~erly a. βόρειος, βορεινός.

north-east a. βορειοανατολικός. ~ wind γραῖγος m.

northward(s) adv. βορείως.

north-west a. βορειοδυτικός. ~ wind μαΐστρος m.

Norwegian a. νορβηγικός. (person) Νορβηγός.

nose v.t. (smell) μυρίζομαι. ~ out ξετρυπώνω. (v.i.) ~ into χώνω τή μύτη μου σέ. ~ forward προχωρῶ σιγά-σιγά.

nose s. μύτη f. show one's ~ ξεμυτίζω. lead by the ~ σέρνω ἀπ' τή μύτη. I pay through the ~ for it μοῦ κόστισε κούκκος ἀηδόνι. under his very ~ μέσα στή μύτη του. turn up one's ~ at περιφρονῶ. look down one's ~ at κοιτάζω περιφρονητικά. ~-bag s. ντορβᾶς m. ~-dive s. (fig.) βουτιά f. ~gay s. μπουκέτο n. ~y a. πολυπράγμων.

nostalg|ia s. νοσταλγία f. ~ic a. νοσταλγικός. I feel ~ic (for home) νοσταλγῶ (τό σπίτι μου).

nostril s. ρουθούνι n.

nostrum s. γιατροσόφι n., πανάκεια f.

not adv. δέν, μή(ν), ὄχι. 1. (negativing verbs) he isn't here δέν εἶναι ἐδῶ. if he doesn't come ἄν δέν ἔρθη. (tag questions) don't they? won't it? couldn't you? etc. ἔ; δέν εἶν' ἔτσι; (after ἄς, νά let's ~ waste time ἄς μή χασομεροῦμε. I told him ~ to leave τοῦ εἶπα νά μή φύγη. ~ to mention (γιά) νά μήν ἀναφέρω. (with participle) ~ knowing what had occurred μή ξέροντας τά διατρέξαντα. those ~ having tickets οἱ μή ἔχοντες εἰσιτήρια. 2. (not negativing verbs) ~ here ὄχι ἐδῶ. if ~ ἄν ὄχι. whether... or ~ εἴτε... εἴτε ὄχι. will you come or ~? θά ἔρθης ναί ἤ ὄχι; it may or it may ~ μπορεῖ ναί μπορεῖ ὄχι. I hope ~ ἐλπίζω ὄχι. ~ at all καθόλου. ~ even οὔτε. ~ even John would do that κι' ὁ Γιάννης ἀκόμα δέν θά τὄκανε αὐτό. 3. (commands) don't! μή! don't laugh μή γελᾶς. ~ on the grass! μή στό γρασίδι! ~ a word! μιλιά!

notab|le a. ἀξιόλογος. (s.) (important person) διασημότης f., σημαῖνον πρόσωπον. ~ly adv. ἰδιαιτέρως.

notary s. συμβολαιογράφος m.

notation s. σημειογραφία f.

notch s. ἐγκοπή f. (v.) (fam.) ~ up σημειώνω.

note s. (letter) σημείωμα n. (written record) σημείωσις f. (diplomatic) νότα f. of ~ σπουδαῖος. make a ~ of σημειώνω, κρατῶ σημείωση (with gen. or γιά). (mus.) νότα f., φθόγγος m. (tone of voice) τόνος m. jarring ~ παραφωνία f. (heed) take ~ (of) προσέχω. compare ~s ἀνταλλάσσω ἀπόψεις. (money) χαρτονόμισμα n. ~book s. σημειωματάριον n. ~case s. πορτοφόλι n.

note v. σημειώνω, λαμβάνω ὑπ' ὄψιν. it is to be ~d that... σημειωτέον ὅτι. ~d a. ὀνομαστός. ~worthy a. ἀξιοσημείωτος.

nothing s. τίποτα, (zero) μηδέν n. next to ~ σχεδόν τίποτα. ~ but! κι' ἄλλο τίποτα! for ~ (free) τζάμπα, (in vain) ἄδικα. our efforts went for ~ (or came to ~) οἱ κόποι μας πήγαν χαμένοι. ~ doing! δέν γίνεται. that has ~ to do with it αὐτό δέν ἔχει καμμία σχέση. have ~ to do with him! μήν ἔχης νταραβέρια μαζί του. there's ~ like home-made bread τίποτα δέν φτάνει τό σπιτήσιο ψωμί. he's ~ like his brother δέν μοιάζει καθόλου μέ τόν ἀδελφό του. he is ~ like as clever as she is δέν τή φτάνει καθόλου στήν ἐξυπνάδα.

notice s. (advice) εἰδοποίησις f. (attention) προσοχή f. (announcement) ἀγγελία f. take no ~ of it! μήν τοῦ δίνης προσοχή (or σημασία). I gave them ~ of my arrival τούς εἰδοποίησα γιά τήν ἄφιξή

μου. I gave him ~ (of dismissal) τοῦ κοινοποίησα ἀπόλυσιν, τόν εἰδοποίησα ὅτι ἀπολύεται. at short ~ σέ σύντομο χρονικό διάστημα. (review) κριτική f. ~-board πίναξ ἀνακοινώσεων.

notice v. προσέχω, παρατηρῶ, ἀντιλαμβάνομαι.

noticeab|le a. (perceptible) αἰσθητός, (evident) καταφανής. be ~le (stand out) ξεχωρίζω. ~ly adv. αἰσθητῶς.

notif|y v.t. (person) εἰδοποιῶ. (declare) δηλώνω. ~iable a. δηλωτέος. ~ication s. εἰδοποίησις f. δήλωσις f.

notion s. ἰδέα f. ~al a. ὑποθετικός.

notori|ety s. κακή φήμη. ~ous a. διαβόητος.

notwithstanding conj. παρ' ὅλο πού, μ' ὅλο πού, μολονότι. (adv.) μολαταῦτα. (prep.) παρά (with acc.).

nougat s. μαντολάτο n.

nought s. (figure O) μηδέν n. (nothing) τίποτα n. set at ~ ψηφῶ.

noun s. ὄνομα n., οὐσιαστικόν n.

nourish v. τρέφω. ~ing a. θρεπτικός. ~ment s. τροφή f.

nous s. (fam.) κοινός νοῦς.

nouveau riche a. (person) νεόπλουτος, (thing) νεοπλουτίστικος. ~ ways νεοπλουτισμός m.

novel a. πρωτότυπος, καινοφανής. (s.) μυθιστόρημα n. ~ist s. μυθιστοριογράφος m.f.

novelty s. (strangeness) τό καινοφανές. (innovation) καινοτομία f. (new invention) νέα ἐφεύρεσις. (novel or fancy item) νεωτερισμός m. this is quite a ~ αὐτό εἶναι κάτι καινούργιο.

November s. Νοέμβριος, Νοέμβρης m.

novice s. πρωτάρης m. (eccl.) δόκιμος μοναχός.

now adv. τώρα. up to ~ ἕως τώρα. from ~ on ἀπό τώρα κι' ἐμπρός. ~ and then πού καί πού. just ~ μόλις τώρα. ~ then! λοιπόν. ~ this way ~ that μιά ἀπό δῶ, μιά ἀπό κεῖ. (as conj.) ~ (that) he's gone τώρα πού ἔφυγε.

nowadays adv. σήμερα, τή σημερινή ἐποχή.

nowhere adv. πουθενά. ~ near as good κατά πολύ ὑποδεέστερος. see also nothing like.

noxious a. βλαβερός.

nozzle s. στόμιον n.

nuance s. ἀπόχρωσις f.

nubile a. τῆς παντρειᾶς.

nucle|us s. πυρήν m. ~ar a. πυρηνικός.

nud|e *a.* γυμνός. **~ist** *s.* γυμνιστής *m.*
~ity *s.* γύμνια *f.*
nugget *s.* ~ of gold ἀκατέργαστος βῶλος χρυσοῦ.
nuisance *s.* μπελᾶς *m.* he is a ~ εἶναι ἐνοχλητικός.
null *a.* *(void)* ἄκυρος. **~ify** *v.* ἀκυρώνω. **~ity** *s.* ἀκυρότης *f.*
numb *a.* μουδιασμένος. get *or* be ~ μουδιάζω. my fingers are ~ μούδιασαν τά δάχτυλά μου. *(v.t.)* μουδιάζω. **~ness** *s.* μούδιασμα *n.*
number *s.* ἀριθμός *m.* a ~ of μερικοί, ἀρκετοί. any ~ of πολλοί. one of their ~ ἕνας ἀπ᾽ αὐτούς. twenty in ~ εἴκοσι τόν ἀριθμόν. without ~ ἀμέτρητος. *(item, act)* νούμερο *n.* *(of journal)* τεῦχος *n.* *(fam.)* his ~ is up πάει αὐτός. *(fam.)* look after ~ one ἀπάνω ἀπ᾽ ὅλα ὁ ἑαυτούλης μου. **~less** *a.* ἀμέτρητος, ἀναρίθμητος. **~-plate** *s.* πινακίδα *f.*
number *v.t.* ἀριθμῶ. *(include)* συγκαταλέγω. *(v.i.)* *(amount to)* ἀνέρχομαι εἰς.
numeral *s.* ἀριθμός *m.*
numerator *s.* ἀριθμητής *m.*
numerical *a.* ἀριθμητικός. **~ly** *adv.* ἀριθμητικῶς.
numerous *a.* πολυάριθμος.
numismatics *s.* νομισματική *f.*
nun *s.* καλογραία, καλόγρια *f.* **~nery** *s.* μονή καλογραιῶν.
nuptial *a.* γαμήλιος.
nurse *s.* *(for the sick)* νοσοκόμος *m.f.*, νοσοκόμα *f.* *(child's)* νταντά *f.* *(wet-~)* παραμάννα *f.*, *(also fig.)* τροφός *f.*
nurse *v.t.* *(patients)* νοσηλεύω, *(suckle)* θηλάζω, *(clasp)* κρατῶ στήν ἀγκαλιά μου. *(fig.)* τρέφω. **~ling** *s.* βυζανιάρικο *n.*
nursery *s.* δωμάτιον τῶν παιδιῶν. *(of plants & fig.)* φυτώριον *n.* **~man** *s.* ἀνθοκόμος *m.*
nurture *s.* ἀνατροφή *f.* *(v.)* ἀνατρέφω. *(fig.)* τρέφω. he was ~d in the School of Paris γαλουχήθηκε ἀπό τή Σχολή τοῦ Παρισιοῦ.
nut *s.* *(edible)* ξηρός καρπός. *(see* walnut, *etc.).* *(implement)* παξιμάδι *n.* *(fam.)* a hard ~ δύσκολο πρόβλημα. *(fam., head)* κεφάλι *n.* ~s *(mad)* τρελλός.
nutcrackers *s.* καρυοθραύστης *m.*
nutmeg *s.* μοσχοκάρυδο *n.*
nutriment *s.* τροφή *f.*
nutrition *s.* θρέψις *f.* **~al** *a.* διαιτητικός.
nutrit|ious, ~ive *a.* θρεπτικός.
nutshell *s.* καρυδότσουφλο *n.* *(fig.)* in a ~ μέ λίγα λόγια, ἐν συντομία.

nutty *a.* ἀπό καρύδια, σάν καρύδι.
nuzzle *v.t.* χαϊδεύομαι ἀπάνω σέ.
nylon *s.* νάυλον *n.*
nymph *s.* νύμφη *f.*
nymphomaniac *a.* & *s.* νυμφομανής.

O

O *int.* *(with vocative)* ὤ.
oaf *s.* γουρούνι *n.*
oak *s.* δρῦς *f.*, βαλανιδιά *f.* *(a.)* *(als* ~en) δρύινος.
oakum *s.* στουπί *n.*
oar *s.* κουπί *n.* *(fig.)* put one's ~ in ἀνα κατεύομαι. **~sman** *s.* κωπηλάτης *m.*
oasis *s.* ὄασις *f.*
oast-house *s.* κλίβανος λυκίσκου.
oaten *a.* ἀπό βρώμη.
oath *s.* ὅρκος *m.* put on ~ ὁρκίζω, tak an ~ ὁρκίζομαι. on ~ *(sworn)* ἔνορκο *(adv.)* ἐνόρκως. *(swear-word)* βλαστήμι *f.* string of ~s βρισίδι *n.*
oatmeal *s.* ἀλεύρι ἀπό βρώμη.
oats *s.* βρώμη *f.* sow one's wild ~ γλεντ τά νιάτα μου.
obdurate *a.* πεισματάρης.
obedi|ent *a.* ὑπάκουος, εὐπειθής. **~ence** *s* ὑπακοή *f.*, εὐπείθεια *f.* **~ently** *adv* εὐπειθῶς.
obeisance *s.* *(bow)* ὑπόκλισις *f.* do ~ t προσκυνῶ.
obelisk *s.* ὀβελίσκος *m.*
obes|e *a.* παχύσαρκος. **~ity** *s.* παχυσαρκία
obey *v.t.* ὑπακούω, *(the law)* σέβομα *(comply with)* συμμορφώνομαι πρός.
obituary *s.* νεκρολογία *f.*
object *s.* *(of pity, comment, etc. & gram.* ἀντικείμενον *n.* *(thing)* ἀντικείμενο πρᾶγμα *n.* ~ lesson παράδειγμα *n (purpose)* σκοπός *m.* *(pej.)* what an ~ h looks! εἶναι γελοιογραφία. distance no ~ δέν ἐνδιαφέρει ἡ ἀπόστασις.
object *v.i.* *(be opposed)* ἀντιτίθεμαι, ἔχ ἀντίθετη γνώμη, φέρω ἀντίρρηση. ~ t δέν ἐγκρίνω, εἶμαι ἐναντίον *(with gen.)* ~ that *(sthg. is the case)* παρατηρῶ ὅτι.
objection *s.* ἀντίρρησις *f.* raise an ~ φέρ ἀντίρρηση. he took ~ to my tie δέν τοί ἄρεσε ἡ γραβάτα μου. *(difficulty, snag* ἐμπόδιο *n.*

bjectionab|le a. (unacceptable) ἀπαράδεκτος, (nasty) δυσάρεστος. (person) ἀντιπαθητικός. ~ly adv. ἀπρεπῶς, ἄσχημα.

bjectiv|e a. ἀντικειμενικός. (s.) ἀντικειμενικός σκοπός. ~ely adv. ἀντικειμενικά. ~ity s. ἀντικειμενικότης f.

bjector s. ὁ ἔχων ἐναντίαν γνώμην, ὁ ἀντιτιθέμενος, ὁ ἐνάντιος.

bligat|e v. ὑποχρεώνω. ~ory a. ὑποχρεωτικός.

bligation s. ὑποχρέωσις f. be under an ~ εἶμαι ὑποχρεωμένος.

blige v.t. (require, do favour to) ὑποχρεώνω. be ~d εἶμαι ὑποχρεωμένος. could you ~ me by...? θά εἴχατε τήν καλωσύνη (or θά μοῦ κάνατε τή χάρη) νά... much ~d! καλωσύνη σας. ~ (person) greatly σκλαβώνω.

bliging a. ὑποχρεωτικός, πρόθυμος. ~ly adv. πρόθυμα.

blique a. λοξός, πλάγιος. ~ly adv. λοξά, πλαγίως. ~ness s. λοξότης f.

bliquity s. (moral) ὑπουλότης f.

bliterat|e v. ἐξαλείφω, σβήνω. ~ion s. ἐξάλειψις f., σβήσιμο n.

blivi|on s. λήθη f., λησμονιά f. ~ous a. ~ous of one's surroundings μή ἔχων συναίσθησιν τοῦ περιβάλλοντος.

blong a. ἐπιμήκης.

bloquy s. δυσφήμησις f.

bnoxious a. ἀπεχθής, δυσάρεστος.

boe s. ὄμποε n.

bol s. ὀβολός m.

bscen|e a. αἰσχρός. ~ity s. αἰσχρότης f.

bscurant|ism s. σκοταδισμός m. ~ist s. σκοταδιστής m.

bscur|e a. σκοτεινός. (not well known) ἄσημος, ἄγνωστος. (v.t.) σκιάζω, σκεπάζω. ~ity s. σκοτεινότης f., σκοτάδι n. ἀσημότης f., ἀφάνεια f.

bsequies s. κηδεία f.

bsequious a. κόλαξ m.

bservable a. αἰσθητός.

bservance s. (keeping up) τήρησις f. ~s (rites) τύποι m.pl.

bservant a. παρατηρητικός.

bservation s. (watching) παρατήρησις f. (being observant) παρατηρητικότης f. (remark) παρατήρησις f., σχόλιο n. keep under ~ παρακολουθῶ.

bservatory s. ἀστεροσκοπεῖον n.

bserve n. (keep) τηρῶ. (notice, remark) παρατηρῶ. (keep watch on) παρακολουθῶ. (see) βλέπω, προσέχω. ~r s. παρατηρητής m.

obsess v. κατέχω. ~ion s. μονομανία f. ~ive a. ἔμμονος.

obsolescent a. πού τείνει νά ἐκλείψη.

obsolete a. πεπαλαιωμένος.

obstacle s. ἐμπόδιο n.

obstetr|ician s. μαιευτήρ m. ~ics s. μαιευτική f.

obstinacy s. πεῖσμα n.

obstinate a. πείσμων, πεισματάρης. ~ly adv. ἐπιμόνως, μέ πεῖσμα.

obstreperous a. ζόρικος, βάναυσος.

obstruct v. ἐμποδίζω. (road, way) κλείνω, (pipe) βουλλώνω.

obstruction s. (act) παρεμπόδισις f., παρακώλυσις f. (thing) ἐμπόδιο n. (of pipe) βούλλωμα n.

obstructive a. be ~ ἀκολουθῶ τακτική παρακωλύσεως.

obtain v.t. (acquire) ἀποκτῶ, (procure) βρίσκω, προμηθεύομαι. (v.i.) (be in observance) κρατῶ. ~able a. be ~able βρίσκομαι.

obtrude v.t. ἐπιβάλλω. (v.i.) γίνομαι φορτικός.

obtrusive a. ἐνοχλητικός, φορτικός.

obtuse a. ἀμβλύς. ~ness s. ἀμβλύτης f.

obviate v.t. ἀποτρέπω, παρακάμπτω, προλαμβάνω.

obvious a. προφανής, φανερός. ~ly adv. προφανῶς.

occasion s. (cause) ἀφορμή f., λόγος m. (juncture, opportunity) εὐκαιρία f. (circumstance) περίπτωσις, περίστασις f. for every ~ γιά κάθε περίπτωση. as ~ demands ἀναλόγως τῆς περιστάσεως. if ~ arises ἄν παραστῆ ἀνάγκη. equal to the ~ ἀντάξιος τῶν περιστάσεων. on the ~ of ἐπί τῆ εὐκαιρία (with gen.). (v.t.) προξενῶ, προκαλῶ.

occasional a. (sporadic) σποραδικός. (not frequent) ἀραιός, κατά διαστήματα. he pays us ~ visits μᾶς ἔρχεται πού καί πού. ~ly adv. see above.

occident s. δύσις f. ~al a. δυτικός.

occult a. ἀπόκρυφος.

occulting a. (light) ἐκλείπων.

occupant s (of premises) ἔνοικος m. (of seat) κάτοχος m.

occupation s. (holding, possession) κατοχή f. (what one does) ἀπασχόλησις f. (calling) ἐπάγγελμα n. ~al a. ἐπαγγελματικός.

occupier s. see occupant.

occup|y v. (position, country) κατέχω, (seize) καταλαμβάνω, (inhabit) κατοικῶ, (person's attention) ἀπασχολῶ, (take up, fill) παίρνω. it ~ies a lot of space παίρνει πολύ τόπο.

occur v. (happen) συμβαίνω, γίνομαι. (be found) βρίσκομαι, ἀπαντῶμαι. it ~red to me μοῦ πέρασε ἡ ἰδέα, μοῦ πέρασε ἀπ' τό μυαλό.

occurrence s. (event) γεγονός n., συμβάν n., περιστατικόν n. it is of rare ~ συμβαίνει σπάνια.

ocean s. ὠκεανός m. ~-going, beyond the ~ ὑπερωκεάνιος. ~ic a. ὠκεάνιος.

ochre s. ὤχρα f.

o'clock adv. at 3 o'clock στίς τρεῖς ἡ ὥρα.

octagon s. ὀκτάγωνον n.

octave s. (mus.) ὀκτάβα f.

October s. 'Οκτώβριος, 'Οχτώβρης m.

octogenarian s. ὀγδοντάρης m.

octopus s. ὀκτάπους m. χταπόδι n.

ocular a. I had ~ proof of it τό διεπίστωσα μέ τά μάτια μου.

oculist s. ὀφθαλμίατρος m.

odalisque s. ὀδαλίσκη f.

odd a. (number) μονός, περιττός. twenty ~ εἴκοσι καί κάτι. ~ man out ὁ ἀποκλεισθείς. (occasional) ~ jobs μικροδουλιές f.pl. at ~ moments κάπου-κάπου. (not matching) παράταιρος. (strange) παράξενος, περίεργος.

oddity s. (strangeness) παράξενον n. (funny habit) παραξενιά f. (funny thing) κάτι τό παράξενο.

oddly adv. παράξενα. ~ enough τό παράξενο εἶναι ὅτι...

oddment s. ἀπομεινάρι n. (remnant of cloth) ρετάλι n.

odds s. (likelihood) πιθανότητες f.pl. (betting) στοιχήματα n.pl. the ~ are in their favour οἱ πιθανότητες εἶναι ὑπέρ αὐτῶν. what are the ~ on the favourite? τί στοιχήματα ἔχει τό φαβορί; fight against heavy ~ μάχομαι ἐναντίον ἰσχυροτέρων δυνάμεων. it makes no ~ δέν ἔχει καμμία σημασία. they are at ~ εἶναι τσακωμένοι. ~ and ends διάφορα μικροπράματα.

ode s. ὠδή f.

odi|ous a. ἀπεχθής, ἀντιπαθέστατος. ~um s. ἀντιπάθεια f.

odorous a. εὔοσμος.

odour s. μυρωδιά f., ὀσμή f. he is in bad ~ with the government ἡ κυβέρνησις δέν τόν βλέπει μέ καλό μάτι. ~less a. ἄοσμος.

odyssey s. ὀδύσσεια f.

oecumenical a. οἰκουμενικός.

of prep. the city ~ Athens ἡ πόλις τᾶ 'Αθηνῶν. on the 1st ~ July τήν πρώτ 'Ιουλίου. the corner ~ the street ἡ γων τοῦ δρόμου. a boy ~ ten ἕνα ἀγό δέκα χρονῶν. what sort ~ person is he τί εἶδος ἄνθρωπος (or ἀνθρώπου) εἶνα a box ~ matches ἕνα κουτί σπίρτα. th room was full ~ people τό δωμάτιο ἦτο γεμᾶτο κόσμο. I have need ~ you α ἔχω ἀνάγκη, (with you stressed) ἔχ ἀνάγκη ἀπό σένα. it is made ~ wood εἶ ναι (καμωμένο) ἀπό ξύλο. what did h die ~? ἀπό τί πέθανε; a lot ~ mone πολλά λεφτά. a heart ~ gold χρυσ καρδιά. a friend ~ mine ἕνας φίλος μο the south ~ England ἡ νότιος 'Αγγλί to the west ~ London δυτικῶς τοῦ Λο δίνου. what do you think ~ Peter? ι ἰδέα ἔχεις γιά τόν Πέτρο; a jug ~ h water μία κανάτα μέ ζεστό νερό. ho kind ~ you! πολύ εὐγενικό ἐκ μέρου σας. what ~ it? καί τί μ' αὐτό; free ~ charge δωρεάν.

off adv. ~ with you, be ~! φύγε, φεύγα I must be ~ πρέπει νά φύγω. I had day ~ εἶχα μία ἐλεύθερη μέρα (or μι μέρα ἄδεια). the milk is ~ (or has gon ~) τό γάλα ξίνισε. the switch is ~ διακόπτης εἶναι κλειστός. the light is τό φῶς εἶναι σβηστό. the marriage is ὁ γάμος διελύθη. the brake is ~ τ φρένο δέν εἶναι βαλμένο. he had his coa ~ εἶχε βγαλμένο τό σακκάκι. be well ~ βαστιέμαι καλά. be badly ~ ἔχω φτώ χιες. he is badly ~ for company τοῦ λεί πει συντροφιά. how are you ~ for mo ney? πῶς τά πᾶς ἀπό λεφτά; that re mark was a bit ~ ἡ κουβέντα δέν ἦτα πολύ ἐν τάξει. 5 miles ~ σέ ἀπόστασ πέντε μιλίων. ~ and on κάθε τόσο.

off prep. he took it ~ the table τό πῆρ ἀπό τό τραπέζι. two miles ~ Cape Sou nion, δύο μίλια ἔξω ἀπ' τό Σούνιο. jus ~ the main road δύο βήματα ἀπό τό κεντρικό δρόμο. I'm ~ smoking ἔκοψ τό τσιγάρο. I'm ~ my food δέν ἀπολαμ βάνω τό φαγητό μου. be ~ colour δέ εἶμαι στά καλά μου.

off a. on the ~ chance στήν τύχη. the ~ side (of vehicle) ἡ ἀντίθετος πρός τό πε ζοδρόμιο πλευρά. an ~ day (when thing go badly) μία ἀνάποδη μέρα.

offal s. (rubbish) ἀπορρίμματα n.pl (meat) ἐντόσθια n.pl.

off-beat a. (fam.) ἀνορθόδοξος, ἐξεζητη μένος.

offence s. (infringement) παράβασις f. (wrongful deed) ἀδίκημα n. (hurting) προσβολή f. give ~ to προσβάλλω. take ~ προσβάλλομαι, θίγομαι. no ~ taken μηδέν παρεξήγησις. (attack) ἐπίθεσις f.

offend v. (hurt) προσβάλλω, θίγω. ~ against παραβαίνω. be ~ed προσβάλλομαι, θίγομαι.

offender s. (guilty person) ὑπαίτιος a., φταίχτης m. (contravener) παραβάτης m.

offensive a. (offending) προσβλητικός, (aggressive) ἐπιθετικός, (disagreeable) δυσάρεστος. (s.) ἐπίθεσις f. take the ~ ἐπιτίθεμαι.

offer v.t. προσφέρω, (one's hand) τείνω, (resistance) προβάλλω. (v.i.) προσφέρομαι, (occur) παρουσιάζομαι, (propose) προτείνω.

offer s. προσφορά f. (proposal) πρότασις f. ~ing s. ἀφιέρωμα f. (contribtion) ἔρανος m.

off-hand a. (abrupt) ἀπότομος. (adv.) προχείρως.

office s. (post) θέσις f., (high) ἀξίωμα n. take ~ ἀναλαμβάνω ὑπηρεσία. be in ~ (of government) εἶμαι στήν ἀρχή. (duties, functions) καθήκοντα n.pl. (room) γραφεῖον n. (premises) γραφεῖα pl. (Ministry) Ὑπουργεῖον n. domestic ~s βοηθητικοί χῶροι. good ~s ἐξυπηρέτησις f.

officer s. (armed forces) ἀξιωματικός m. (employee) ὑπάλληλος m. (of society) μέλος τῆς ἐπιτροπῆς.

official s. ὑπάλληλος m., λειτουργός m. (high) ἀξιωματοῦχος m.

official a. ἐπίσημος. (pertaining to ~ duties) ὑπηρεσιακός. ~dom s. (fam.) γραφειοκρατία f. ~ly adv. ἐπισήμως.

officiate v. ~ as chairman ἐκτελῶ τά χρέη τοῦ προέδρου. (eccl.) ἱερουργῶ, χοροστατῶ.

officious a. (too eager) ἐνοχλητικά πρόθυμος. (obstructive) ἐπιμένων σέ γραφειοκρατικές λεπτομέρειες. ~ness s. ὑπέρμετρος ζῆλος.

offing s. (fig.) in the ~ ἐπικείμενος.

off-licence s. ἄδεια πωλήσεως οἰνοπνευματωδῶν ποτῶν πρός κατανάλωσιν ἐκτός τοῦ καταστήματος.

off-print s. ἀνάτυπον n.

off-putting a. ἀπωθητικός.

offset v. ἀντισταθμίζω.

offshoot s. παρακλάδι n.

off-shore a. (island, etc.) κοντά στή στεριά. ~ wind ἀπόγειο n., στεριανός ἀέρας.

offspring s. βλαστός m, γόνος m. (fam., children) παιδιά n.pl.

off-white a. ὑπόλευκος.

oft adv. συχνά.

often adv. συχνά. how ~ have I told you? πόσες φορές σοῦ εἶπα; how ~ do the trains run? κάθε πόσο ἔχει τραῖνο; every so ~ κάθε τόσο. as ~ as not συνήθως.

ogle v. γλυκοκοιτάζω. (s.) ματιά f.

ogre s. δράκος m.

oh int. ὤχ, ἄχου.

oil s. (edible) λάδι n., ἔλαιον n. (lubricating) λάδι n. (mineral) ὀρυκτέλαιον, πετρέλαιον n. ~s (paint) ἐλαιοχρώματα n.pl. strike ~ (fig.) πλουτίζω. (dish) cooked with ~ λαδερός. (v.t.) λαδώνω. ~-can s. λαδωτήρι n. ~cloth s. μουσαμάς m. ~-driven a. πετρελαιοκίνητος. ~-lamp s. (with olive-~) λυχνάρι n. (with paraffin) λάμπα τοῦ πετρελαίου. ~-paint s. ἐλαιόχρωμα n., λαδομπογιά f. ~-painting s. ἐλαιογραφία f. he is no ~-painting εἶναι τέρας ἀσχημίας. ~-press s. ἐλαιοπιεστήριον n. λιοτριβιό n. ~-rig s. ἐξέδρα ἀντλήσεως πετρελαίου. ~skins s. μουσαμαδιά f. ~-tanker s. δεξαμενόπλοιον n. ~-well s. πετρελαιοπηγή f.

oily a. (substance) ἐλαιώδης, λαδερός. (covered in oil) λαδωμένος, ἀπό λάδια. (unctuous) γλοιώδης.

ointment s. ἀλοιφή f.

okay adv. καλά, ἐν τάξει. (v.t.) ἐγκρίνω.

okra s. μπάμιες f.pl.

old a. παλαιός, παλιός. (ancient) ἀρχαῖος. (animal, tree) γέρικος. (person) ἡλικιωμένος. ~ woman γραῖα, γριά f. ~ man γέρων, γέρος m., (gaffer) μπάρμπας m. how ~ are you? πόσω χρονῶν εἶστε; how ~ is the house? πόσο παλιό εἶναι τό σπίτι; grow ~ γερνῶ, γηράσκω. ~ age γεράματα n.pl., γῆρας n. ~ age pension σύνταξις γήρατος. an ~ hand πεπειραμένος. ~ hat (fam.) ξεπερασμένος. ~ people's home γηροκομεῖον n. in the ~ days τόν παλιό καιρό. any ~ thing ὁποιοδήποτε πράμα. ~-fashioned a. τοῦ παλιοῦ καιροῦ, (person) παλαιῶν ἀρχῶν, (clothes) ντεμοντέ. ~-maidish a. γεροντοκορίστικος.

olden a. παλαιός.

oleaginous a. ἐλαιώδης.

oleander s. πικροδάφνη f.

oligarch s., ~ic a. ὀλιγαρχικός.

olive s. (also ~-tree) ἐλαιά, ἐλιά f. ~-branch s. κλάδος ἐλαίας. ~-grove s. ἐλαιών(ας) m. ~-press s. see oil-press.

olympian *a.* ὀλύμπιος.
Olympic *a.* Ὀλυμπιακός. ~ Games Ὀλυμπιακοί Ἀγῶνες, *(fam.)* Ὀλύμπια *n.pl.* ~ victor Ὀλυμπιονίκης *m.f.*
omelet *s.* ὀμελέτα *f.*
omen *s.* οἰωνός *m.* of good ~ εὐοίωνος.
ominous *a.* δυσοίωνος. ~ly *adv.* ἀπειλητικά.
omission *s.* παράλειψις *f.*
omit *v.* παραλείπω.
omnibus *s.* λεωφορεῖον *n.* *(a.)* ~ volume μεγάλος τόμος μέ διάφορα ἔργα.
omnipot|ent *a.* παντοδύναμος. ~ence *s.* παντοδυναμία *f.*
omnisci|ent *a.* παντογνώστης *m.* ~ence *s.* παντογνωσία *f.*
omnivorous *a.* παμφάγος.
on *adv.* *(forward)* ἐμπρός, μπρός. *(continuity)* walk ~ προχωρῶ. work ~ ἐξακολουθῶ νά ἐργάζομαι. he talked ~ and ~ μιλοῦσε καί μιλοῦσε χωρίς σταματημό. later ~ ἀργότερα. and so ~ καί οὕτω καθ' ἑξῆς. what's ~? *(at theatre)* τί παίζει; have nothing ~ *(be naked)* δέν φορῶ τίποτα, *(be at leisure)* εἶμαι ἐλεύθερος. he had his coat ~ φοροῦσε τό παλτό του. is the milk ~? *(to boil)* εἶναι τό γάλα πάνω στή φωτιά; the light is ~ τό φῶς εἶναι ἀναμμένο. the tap is ~ ἡ βρύση εἶναι ἀνοικτή. the brake is ~ τό φρένο εἶναι βαλμένο. the strike is still ~ ἐξακολουθεῖ ἀκόμα ἡ ἀπεργία. the party's ~ τό πάρτυ θά γίνῃ. it's not ~ *(fam.)* δέν γίνεται.
on *a.* ~ side *(of vehicle)* ἡ πρός τό πεζοδρόμιο πλευρά. *(of switch, etc.)* in the «~» position στό «ἀνοικτός».
on *prep.* 1. *(place)* σέ, εἰς *(with acc.),* ἐπί *(with gen.),* ~ the table στό τραπέζι, ἐπί τῆς τραπέζης. ~ the radio στό ραδιόφωνο. ~ my right στά δεξιά μου. a village ~ Pelion ἕνα χωριό στό Πήλιο. I g.. ~ to the roof ἀνέβηκα στή στέγη. I got ~ to him ~ the phone τόν πῆρα στό τηλέφωνο. ~ the spot *(there)* ἐπί τόπου. ~ earth ἐπί τῆς γῆς. 2. *(date)* ~ Tuesday τήν Τρίτη. ~ the twentieth *(of month)* στίς εἴκοσι. ~ a day in spring μία μέρα τῆς ἀνοίξεως. ~ my birthday στά γενέθλιά μου. 3. *(concerning)* γιά *(with acc.),* ~ business γιά δουλειές. a lecture ~ Plato μία διάλεξη γιά τόν Πλάτωνα. an expert ~ painting εἰδικός στή ζωγραφική. be mad ~ ἔχω μανία μέ. 4. *(circumstance)* ἐπί *(with dat.),* ~ a charge of theft ἐπί κλοπῇ. ~ no account ἐπ' οὐ-

δενί λόγῳ. ~ the occasion of your birthday ἐπί τῇ εὐκαιρίᾳ τῶν γενεθλίων σας. ~ the advice of my lawyer κατά συμβουλήν τοῦ δικηγόρου μου. ~ my arrival home ὅταν ἔφτασα σπίτι. ~ his retirement ὅταν πῆρε τή σύνταξή του. ~ the coming of spring μέ τόν ἐρχομό τῆς ἄνοιξης. ~ turning my head *(I saw...)* στρέφοντας τό κεφάλι μου. 5. *(various)* be ~ sale πουλιέμαι. be ~ fire καίομαι. be ~ time εἶμαι στήν ὥρα μου. be ~ trial δικάζομαι. be ~ leave ἔχω ἄδεια. be away ~ holiday λείπω σέ διακοπές. ~ purpose ἐπίτηδες. ~ the sly (στά) κρυφά. ~ the cheap μέ λίγα λεφτά.
once *adv.* *(one time)* μία φορά, ἅπαξ. *(formerly)* μιά φορά, κάποτε. ~ upon a time μιά φορά κι' ἕναν καιρό. at ~ ἀμέσως. ~ and for all μιά γιά πάντα, μιά καί καλή. ~ in a while κάπου-κάπου. ~ more ἀκόμα μία φορά. ~ or twice μία δύο φορές. all at ~ *(suddenly)* ξαφνικά, *(together)* ὅλοι μαζί, *(at one go)* μονομιᾶς. *(conj.)* ~ they find out μόλις *(or* μιά καί*)* τό μάθουν.
once-over *s.* *(fam.)* give *(sthg.)* the ~ ρίχνω μιά ματιά σέ.
oncoming *s.* προσέγγισις *f.*
one *num.* ἕνα. the number ~ topic of conversation τό ὑπ' ἀριθμόν ἕνα θέμα συζητήσεως. *see also* number.
one *a., s. & pron.* ἕνας *m.,* μία *f.,* ἕνα *n.* ~ of my friends ἕνας ἀπ' τούς φίλους μου. ~ by ~ *or* ~ at a time ἕνας-ἕνας. ~ or two κάνα-δυό, μερικοί. as ~ man σάν ἕνας ἄνθρωπος. they love ~ another ἀγαπιοῦνται, ἀγαπάει ὁ ἕνας τόν ἄλλον. for ~ thing πρῶτα-πρῶτα. ~ and all ὅλοι. it is all ~ to me τό ἴδιο μοῦ κάνει. be at ~ with συμφωνῶ μέ. ~ in a million ἕνας στό ἑκατομμύριο. be ~ up *(have advantage)* προηγοῦμαι. this ~ αὐτός, that ~ ἐκεῖνος. absent ~s οἱ ἀπόντες, little ~s τά μικρά. the ~ with gold teeth ἐκεῖνος μέ τά χρυσά δόντια. like ~ possessed σάν τρελλός. the ~s who survived ἐκεῖνοι πού ἐπέζησαν, οἱ ἐπιζήσαντες. the ~ who wins ὅποιος κερδίσῃ, ὁ κερδισμένος. he's not ~ to be taken in δέν εἶναι κανένας πού θά πιανόταν κορόιδο. ~ must be careful what ~ says πρέπει κανείς νά προσέχῃ τά λόγια του. I for ~ disagree ἐγώ προσωπικῶς διαφωνῶ. what with ~ thing and another μέ τό ἕνα καί μέ τό ἄλλο the English are ~ thing, the Greeks are

another ἄλλο οἱ Ἄγγλοι, ἄλλο οἱ Ἕλληνες. ~ after another ἀπανωτός, ἀλλεπάλληλος.

one-armed *a.* μονόχειρ.

one-eyed *a.* μονόφθαλμος.

one-legged *a.* μονοπόδαρος.

onerous *a.* βαρύς.

oneself *pron. see* self.

one-sided *a.* μονομερής, μονόπλευρος.

one-time *a.* πρώην *(adv.)*.

one-track *a.* he has a ~ mind τό μυαλό του στρέφεται διαρκῶς στό ἴδιο θέμα.

one-way *a.* ~ ticket ἁπλό εἰσιτήριο. ~ street μονόδρομος *m.*

onion *s.* κρεμμύδι *n.* *(fam.)* know one's ~s ξέρω τή δουλειά μου.

onlooker *s.* θεατής *m.*

only *a.* μόνος. ~ child μοναχοπαίδι *n.* ~ son μοναχογιός *m.* one and ~ μοναδικός.

only *adv.* μόνο(ν), μονάχα. we were ~ just in time μόλις πού προφτάσαμε. I shall be ~ too pleased to help you μέ πολλή εὐχαρίστηση θά σᾶς βοηθήσω. if ~ I could! νά μποροῦσα μόνο. ~ yesterday χθές ἀκόμα. *see also* if.

only *conj.* we like it, ~ it's too expensive μᾶς ἀρέσει, μόνο πού εἶναι πολύ ἀκριβό.

onomatopoeia *s.* ὀνοματοποιία *f.*

onrush *s.* ὁρμή *f.*

onset *s.* *(attack)* ἐπίθεσις *f.* *(start)* ἀρχή *f.* *(of malady)* εἰσβολή *f.*

onshore *a.* ~ breeze θαλασσία αὖρα, μπάτης *m.*

onslaught *s.* σφοδρά ἐπίθεσις.

onto *prep. see* on.

onus *s.* εὐθύνη *f.*, βάρος *n.*

onward *a. & adv.*, ~s *adv.* (πρός τά) ἐμπρός.

ooze *v.i.* *(leak)* διαρρέω, *(drip)* στάζω. *(v.t., drip with)* στάζω. *(s.)* βοῦρκος *m.*

opacity *s.* ἀδιαφάνεια *f.*

opal *s.* ὀπάλιον *n.*

opaque *a.* ἀδιαφανής.

open *v.t. & i.* ἀνοίγω, *(begin)* ἀρχίζω. ~ out *(v.t., spread)* ἀνοίγω, ξεδιπλώνω, *(v.i.)* *(of bud)* ἀνοίγω, *(of person)* ξανοίγομαι, *(of view)* ἀνοίγομαι, ἁπλώνομαι. ~ up *(v.t.)* ἀνοίγω, *(set in being)* βάζω μπρός. ~ on to βγάζω σέ.

open *a.* ἀνοικτός. *(frank)* εἰλικρινής, *(free)* ἐλεύθερος. *(unsettled)* ἐκκρεμής. *(undisguised)* ἀπροκάλυπτος. ~ secret κοινό μυστικό. with ~ arms μέ ἀνοικτάς ἀγκάλας. ~ country ὕπαιθρος *f.* in the ~

(air) στό ὕπαιθρον. on the ~ sea στά ἀνοικτά. come out into the ~ ἀποκαλύπτω τίς προθέσεις μου. be ~ to offers δέχομαι προσφοράς. lay oneself ~ to ἐκτίθεμαι σέ. keep an ~ mind δέν εἶμαι προκατειλημμένος. ~**-air** *a.* ὑπαίθριος. ~**-ended** *a.* ἀπεριόριστος. ~**-eyed** *a.* ἀνοιχτομάτης. ~**-handed** *a.* ἀνοιχτοχέρης. ~**-hearted** *a.* ἀνοιχτόκαρδος. ~**-minded** *a.* ἀπροκατάληπτος. ~**-mouthed** *a.* μέ ἀνοιχτό τό στόμα.

opener *s.* *(for can, etc.)* ἀνοιχτήρι *n.*

opening *a.* *(first)* πρῶτος. *(s.)* *(gap)* ἄνοιγμα *n.*, ὀπή *f.* *(beginning)* ἔναρξις, ἀρχή *f.* *(opportunity)* εὐκαιρία *f.*

openly *adv.* φανερά, ἀπροκαλύπτως.

openness *s.* εἰλικρίνεια *f.*

opera *s.* ὄπερα *f.*, μελόδραμα *n.* ~**tic** *a.* τοῦ μελοδράματος, τῆς ὄπερας. ~**-glasses** *s.* κιάλια *n.pl.*

operable *a.* *(workable)* πού δουλεύει. *(med.)* ἐγχειρήσιμος.

operate *v. i.* *(be active)* δρῶ, *(be in force)* ἰσχύω, *(function, go)* ἐργάζομαι, λειτουργῶ. *(med.)* ~ on ἐγχειρίζω. *(v. t.)* *(an appliance, machine)* χειρίζομαι, *(cause mechanical part to move)* κινῶ, θέτω εἰς κίνησιν. *(have, run)* ἔχω.

operating-theatre *s.* χειρουργεῖον *n.*

operation *s.* *(working)* λειτουργία *f.* *(strategic)* ἐπιχείρησις *f.* *(med.)* ἐγχείρισις *f.* ~**al** *a.* *(of operations)* ἐπιχειρήσεων. *(ready for action)* εἰς κατάστασιν δράσεως.

operative *a.* *(working)* ἐν λειτουργία. *(essential)* οὐσιώδης. *(s., worker)* τεχνίτης *m.*

operator *s.* χειριστής *m.* *(phone)* τηλεφωνητής *m.*, τηλεφωνήτρια *f.*

operetta *s.* ὀπερέττα *f.*

ophthalm|ia *s.* ὀφθαλμία *f.* ~**ic** *a.* ὀφθαλμικός.

opiate *s.* ναρκωτικόν *n.*

opine *v.* φρονῶ.

opinion *s.* γνώμη *f.* in my ~ κατά τή γνώμη μου. what is your ~ of them? τί γνώμη ἔχετε γιά αὐτούς; have a good ~ of ἔχω καλή ἰδέα γιά, *(esteem)* ἐκτιμῶ. ~ poll σφυγμομέτρησις τῆς κοινῆς γνώμης.

opinionated *a.* ἰσχυρογνώμων.

opium *s.* ὄπιον *n.*

opponent *s.* ἀντίπαλος *m.*

opportune *a.* *(event)* ἐπίκαιρος, *(time)* κατάλληλος. ~**ly** *adv.* ἐγκαίρως, πάνω στήν ὥρα.

opportun|ism s. καιροσκοπία f. ~ist s. καιροσκόπος m.f.

opportunity s. εὐκαιρία f.

oppose v. (put forward in opposition) ἀντιτάσσω. (be against) ἀντιτίθεμαι εἰς, ἐναντιώνομαι σέ. (combat) καταπολεμῶ. they were ~d by superior enemy forces βρέθηκαν ἀντιμέτωποι μέ ἰσχυρότερες ἐχθρικές δυνάμεις.

opposed a. (opposite) ἀντίθετος. be ~ to see oppose. as ~ to κατ' ἀντίθεσιν πρός (with acc.).

opposite a. (contrary) ἀντίθετος. they went in ~ directions πῆραν ἀντίθετους δρόμους. (facing) ἀντικρυνός. on the ~ bank (of river) στήν ἀντικρυνή (or στήν ἀπέναντι) ὄχθή. (corresponding) ἀντίστοιχος. (s.) ἀντίθετον n.

opposite adv. & prep. ἀπέναντι. the house ~ τό ἀπέναντι (or τό ἀντικρυνό) σπίτι. ~ the church ἀπέναντι ἀπό τήν ἐκκλησία.

opposition s. (contrast) ἀντίθεσις f. (resistance) ἀντίστασις f. (political party) ἀντιπολίτευσις f., be in ~ ἀντιπολιτεύομαι.

oppress v. (keep under) καταδυναστεύω, καταπιέζω. (weigh down) πιέζω, καταθλίβω. ~ion s. καταπίεσις f. ~ive a. (hard, unjust) καταπιεστικός, (atmosphere) καταθλιπτικός.

opprobri|um s. αἶσχος n. ~ous a. ὑβριστικός.

opt v.i. ~ for διαλέγω. ~ out of ἀποσύρομαι ἀπό.

optative s. (gram.) εὐκτική f.

optic, ~al a. ὀπτικός. ~al illusion ὀφθαλμαπάτη f. ~ian s. ὀπτικός m. ~s s. ὀπτική f.

optimism s. αἰσιοδοξία f.

optimist s., ~ic a. αἰσιόδοξος. ~ically adv. μέ αἰσιοδοξία.

optimum a. καλύτερος, βέλτιστος. ~ conditions οἱ πιό εὐνοϊκές συνθήκες.

option s. (choice) ἐκλογή f. (right of choice) δικαίωμα ἐκλογῆς. (commercial) ὀψιόν, πρίμ n. with ~ of purchase μέ δικαίωμα ἀγορᾶς. I have no ~ but to... δέν μπορῶ παρά νά. ~al a. προαιρετικός.

opul|ence s. πλοῦτος n. ~ent a. πλούσιος.

or conj. ἤ, (after neg.) οὔτε. either... ~ ἤ... ἤ, εἴτε... εἴτε. whether... ~ εἴτε... εἴτε. ~ else (otherwise) εἰδάλλως, εἰδεμή. five ~ six πέντε-ἔξη. in a week ~ so σέ καμμιά ἐβδομάδα περίπου. rain ~ no

rain I shall go βρέχει ξεβρέχει θά πάω. whether he likes it ~ not he must eat it θέλει δέ θέλει θά τό φάη.

orac|le s. (place) μαντεῖον n. (response) χρησμός m. (iron., person) Πυθία f. ~ular a. μαντικός.

oral a. προφορικός. (s., exam.) προφορικά n.pl. ~ly adv. (spoken) διά ζώσης, προφορικῶς. (taken) διά τοῦ στόματος.

orange s. πορτοκάλι n. ~-tree πορτοκαλιά f.

orange a. (colour) πορτοκαλής. (s.) πορτοκαλί n.

orangeade a. πορτοκαλάδα f.

orang-outang s. ὀραγκουτάγκος m.

oration s. ἀγόρευσις f.

orator s. ῥήτωρ m. ~ical a. ῥητορικός. ~y s. ῥητορική f.

oratorio s. ὀρατόριο n.

orb s. σφαῖρα f.

orbit s. τροχιά f. (v.t.) περιστρέφομαι περί (with acc.).

orchard s. κῆπος ὀπωροφόρων δένδρων, περιβόλι n.

orchestr|a s. ὀρχήστρα f. ~al a. ὀρχήστρας. ~ate v. ἐνορχηστρώνω.

orchid s. ὀρχιδέα f.

ordain v. (order) ὁρίζω, διατάσσω. (eccl.) χειροτονῶ.

ordeal s. δοκιμασία f.

order s. (calm or proper state, system of things) τάξις f. (condition) κατάστασις f. (biol. & social class) τάξις f. (priestly, of chivalry) τάγμα n. (decoration) παράσημον n. (archit.) ῥυθμός m. (sequence) σειρά f. (command) διαταγή f., ἐντολή f. (for goods, service) παραγγελία f. (money) ἐπιταγή f. put or set in ~ τακτοποιῶ, βάζω τάξη σέ. in ~ (correct) ἐν τάξει, is everything in ~? εἶναι ὅλα ἐν τάξει; is it in ~? (permitted) ἐπιτρέπεται; in good (or working) ~ σέ καλή κατάσταση. out of ~ (not working) χαλασμένος, (against rules) ἐκτός κανονισμοῦ. get out of ~ χαλῶ, δέν εἶμαι ἐν τάξει. keep ~ τηρῶ τήν τάξιν. she keeps her children in ~ ἔχει τά παιδιά της πειθαρχημένα. call to ~ ἐπαναφέρω εἰς τήν τάξιν. the usual ~ of things ἡ συνήθης κατάστασις πραγμάτων. (qualities) of a high ~ ὑψηλοῦ ἐπιπέδου. take (holy) ~s περιβάλλομαι τό ἱερατικόν σχῆμα. in ~ of seniority κατά σειράν ἀρχαιότητος. give ~s διατάσσω. the ~ of the day ἡμερησία διάταξις, (fam., in fashion) τῆς μόδας. by ~ of κατά διαταγήν (with *gen.).* *(made)* to ~ ἐπί παραγγελία. *(fam.)* a tall ~ δύσκολη δουλειά. *(purpose)* in ~ to *(or* that) γιά νά, διά νά.

rder *v.* *(command)* διατάσσω. *(goods, etc.)* παραγγέλλω. *(arrange)* τακτοποιῶ, κανονίζω. he ~ed his men to advance διέταξε τούς ἄνδρες του νά προχωρήσουν. he ~ed the prisoner to be brought before him διέταξε νά προσκομισθῆ ὁ αἰχμάλωτος *(or* νά προσκομίσουν τόν αἰχμάλωτο) μπροστά του. he was ~ed to leave the country διετάχθη νά φύγη ἀπό τή χώρα. ~ people about δίνω διαταγές.

rderliness *s.* τάξις *f.*

rderly *a.* τακτικός, μεθοδικός. in an ~ way τακτικά, μέ τάξη.

rderly *s.* *(mil.)* ὀρντινάντσα *f.*, στρατιώτης-ὑπηρέτης *m.* ~ officer ἀξιωματικός ὑπηρεσίας.

rdinal *a.* *(number)* τακτικός.

rdinance *s.* διάταξις *f.*

rdinary *a.* *(usual)* συνήθης, συνηθισμένος. *(plain)* κοινός. in the ~ way συνήθως. out of the ~ ἀσυνήθιστος, διαφορετικός.

rdination *s.* χειροτονία *f.*

rdnance *s.* *(guns)* πυροβολικόν *n.* *(department)* ὑπηρεσία ὑλικοῦ πολέμου. O~ Survey χαρτογραφική ὑπηρεσία.

rdure *s.* ἀκαθαρσίες *f.pl.*

re *s.* μετάλλευμα *n.*

rgan *s.* ὄργανον *n.* ~ grinder λατερνατζής *m.*

rganic *a.* ὀργανικός. ~ally *adv.* ὀργανικῶς, *(fundamentally)* κατά βάσιν.

rganism *s.* ὀργανισμός *m.*

rganization *s.* *(organizing, being organized, organized body, e.g. trade union)* ὀργάνωσις *f.* *(system or service, e.g. United Nations, Tourist)* ὀργανισμός *m.*

rganiz|**e** *v.* ὀργανώνω. ~**er** *s.* ὀργανωτής *m.*

rgasm *s.* ὀργασμός *m.*

rg|**y** *s.* ὄργιον *n.* hold ~ies ὀργιάζω.

rient *s.* ἀνατολή *f.* *(v.t.)* προσανατολίζω. ~**al** *a.* τῆς Ἄπω Ἀνατολῆς.

rientat|**e** *v.* προσανατολίζω. ~**ion** *s.* προσανατολισμός *m.*

rifice *s.* στόμιον *n.*

origin *s.* *(first cause)* ἀρχική αἰτία, *(provenance)* προέλευσις *f.* *(descent)* καταγωγή *f.*

original *a.* *(first)* ἀρχικός. *(not copied, creative)* πρωτότυπος. *(s.)* πρωτότυπον

n. ~**ity** *s.* πρωτοτυπία *f.* ~**ly** *adv.* στήν ἀρχή, μέ πρωτοτυπία.

originate *v.t.* *(cause)* γεννῶ, προκαλῶ. *(think of)* ἐπινοῶ, συλλαμβάνω. *(v.i.)* προέρχομαι, ξεκινῶ.

originator *s.* who was the ~ of this scheme? ποιός συνέλαβε αὐτό τό σχέδιο;

ornament *s.* *(also* ~ation) διακόσμησις *f.* *(vase, etc.)* κομψοτέχνημα *n.* *(piece of decoration, also fig.)* κόσμημα *n.* *(v.t.)* διακοσμῶ, στολίζω, ποικίλλω.

ornamental *a.* διακοσμητικός.

ornate *a.* βαριά *(or* πλούσια) διακοσμημένος. *(verbally)* περίκομψος.

ornithology *s.* ὀρνιθολογία *f.*

orphan *s.* ὀρφανός *a.* be ~ed, become an ~ ὀρφανεύω. ~**age** *s.* *(condition)* ὀρφάνια *f.* *(home)* ὀρφανοτροφεῖον *n.*

orthodox *a.* ὀρθόδοξος. ~**y** *s.* ὀρθοδοξία *f.*

orthograph|**y** *s.* ὀρθογραφία *f.* ~**ic** *a.* ὀρθογραφικός.

orthopedic *a.* ὀρθοπεδικός. ~**s** *s.* ὀρθοπεδική, ὀρθοπεδία *f.*

oscillat|**e** *v.i.* ταλαντεύομαι. ~**ion** *s.* *(phys.)* ταλάντωσις *f.*

osier *s.* λυγαριά *f.*

oss|**ify** *v.i.* ἀποστεούμαι. ~**uary** *s.* ὀστεοφυλάκιον *n.*

ostensibly *adv.* δῆθεν.

ostentat|**ion** *s.* ἐπίδειξις *f.* ~**ious** *a.* ἐπιδεικτικός.

osteopath *s.* χειροπράκτωρ *m.* ~**y** *s.* χειροπρακτική *f.*

ostrac|**ize** *v.* ἐξοστρακίζω. ~**ism** *s.* ἐξοστρακισμός *m.*

ostrich *s.* στρουθοκάμηλος *f.*

other *a.* & *pron.* *(different)* ἄλλος, διαφορετικός. *(additional)* ἄλλος. every ~ day μέρα παρά μέρα. the ~ day τίς προάλλες. some day or ~ κάποια μέρα. ~ things being equal ἄν ἐπιτρέπουν οἱ περιστάσεις. on the ~ hand ἀπ' τήν ἄλλη (μεριά). have they any ~ children? ἔχουν ἄλλα παιδιά;

otherwise *adv.* διαφορετικά, ἀλλοιῶς. *(in other respects)* κατά τά ἄλλα.

otiose *a.* περιττός.

otter *s.* ἐνυδρίς *f.*

Ottoman *a.* ὀθωμανικός. *(person)* Ὀθωμανός.

ottoman *s.* κασέλλα-ντιβάνι *f.*

ought *v.* I ~ to go and see him πρέπει *(or* θά ἔπρεπε) νά πάω νά τόν δῶ. I ~ to have bought it ἔπρεπε νά τό εἶχα ἀγοράσει. I ~ not to have bought it δέν ἔπρεπε νά τό ἀγοράσω. fish ~ to be eaten fresh τό ψάρι πρέπει νά τρώγεται φρέσκο.

ounce s. οὐγγιά f.

our pron. ~ house τό σπίτι μας. ~ own, ~s δικός μας. ~**selves** see self.

oust v. ἐκδιώκω.

out adv. ἔξω. ~ with it! λέγε! he is ~ (not at home) λείπει, εἶναι ἔξω. be ~ (in calculation) πέφτω ἔξω, I wasn't far ~ δέν ἔπεσα πολύ ἔξω. have a tooth ~ βγάζω ἕνα δόντι. have it out (with) ἐξηγοῦμαι, I had it ~ with my brother ἐξηγηθήκαμε μέ τόν ἀδελφό μου. he is ~ (or is going all ~) for the governorship ἔχει βαλθῆ νά γίνη κυβερνήτης. take, get or put ~ βγάζω. come, go or turn ~ βγαίνω. it is ~ (of light) εἶναι σβησμένο, (of secret) βγῆκε στή μέση, (of sun) λάμπει. the trees are ~ in bloom τά δένδρα ἔχουν ἀνθίσει. an ~ and ~ liar ἕνας ψεύτης πέρα γιά πέρα. he was ~ and away the best ἦταν κατά πολύ καλύτερος.

out of prep. ἀπό, ἔξω ἀπό, μέσα ἀπό, ἐκτός. drink ~ the bottle πίνω ἀπό τό μπουκάλι. look ~ the window κοιτάζω ἔξω ἀπό τό παράθυρο. take it ~ the box τό παίρνω μέσα ἀπ' τό κουτί. from ~ the sea μέσα ἀπ' τή θάλασσα. ~ Athens ἐκτός Ἀθηνῶν. ~ danger ἐκτός κινδύνου. ~ season ἐκτός ἐποχῆς. ~ stock or print ἐξαντλημένο. (made) ~ bits of wood ἀπό κομμάτια ξύλο. ~ curiosity ἀπό περιέργεια. ~ bed σηκωμένος. one person ~ ten ὁ ἕνας στούς δέκα. feel ~ it νοιώθω σάν παραμελημένος. get ~ the way φεύγω ἀπ' τή μέση. put ~ the way βγάζω ἀπ' τή μέση. we are (or we have run) ~ petrol μείναμε ἀπό βενζίνη.

outback s. ἐνδοχώρα τῆς Αὐστραλίας.

outbid v.t. I ~ him ξεπέρασα τήν προσφορά του.

outboard a. (motor) ἐξωλέμβιος.

outbreak s. (of violence) ἔκρηξις f. (of disease) ἐκδήλωσις f.

outbuilding s. ὑπόστεγον n.

outburst s. ξέσπασμα n.

outcast s. ἀπόβλητος a.

outclass v.t. ὑπερτερῶ.

outcome s. ἔκβασις f.

outcry s. κατακραυγή f.

outdated a. ξεπερασμένος.

outdistance v. ξεπερνῶ.

outdo v. ξεπερνῶ.

outdoor a. (activities) ὑπαίθριος, τῆς ὑπαίθρου. (clothes) γιά ἔξω.

outdoors adv. ἔξω.

outer a. ἐξωτερικός, ἔξω. ~**most** a. (furthest) πιό μακρινός, ἀκραῖος. the ~most layer τό ἐπάνω-ἐπάνω στρῶμα.

outfit s. (clothes) ἱματισμός m. (tools, etc.) σύνεργα n.pl. (camping, etc.) ἐξοπλισμός m. ~**ters** men's ~ters κατάστημα ἀνδρικῶν εἰδῶν.

outflank v. ὑπερφαλαγγίζω.

outflow s. ἐκροή f.

outgeneral v. ὑπερτερῶ εἰς τήν στρατηγικήν.

outgoing a. (person) ἀποχωρῶν, (papers) ἐξερχόμενος. (fam., sociable) κοινωνικός. (s.) ~s ἔξοδα n.pl.

outgrow v. (a habit, in stature) ξεπερνῶ ~ one's clothes μεγαλώνω καί τά ροῦχα μου πέφτουν μικρά.

outhouse s. ὑπόστεγον n.

outing s. ἐκδρομή f.

outlandish a. παράξενος.

outlast v.t. διαρκῶ περισσότερο ἀπό. (of person) ἐπιζῶ (with gen.).

outlaw s. ἐπικηρυγμένος a., ἐκτός νόμου. (v.) ἐπικηρύσσω, θέτω ἐκτός νόμου.

outlay s. ἔξοδα n.pl.

outlet s. ἐκροή f. (fig.) διέξοδος f.

outline s. περίγραμμα n. (summary) περίληψις f. in ~ περιληπτικῶς, ἐν περιλήψει.

outlive v. he ~d the war ἐπέζησε τοῦ πολέμου. he ~d his brothers ἔζησε περισσότερο ἀπ' τούς ἀδελφούς του. he won't ~ the night δέν θά βγάλη τή νύχτα. it has ~d its usefulness ἔπαψε νά εἶναι χρήσιμο.

outlook s. (view) θέα f. (mental) ἀντίληψις f. (prospect) προοπτική f., πρόβλεψις f.

outlying a. ἀπόμερος.

outmanoeuvre v. see outgeneral.

outmoded a. ξεπερασμένος.

outnumber v., they ~ed us ἦταν περισσότεροι ἀπό μᾶς.

out-of-date a. ξεπερασμένος.

out-of-door a. ὑπαίθριος, τῆς ὑπαίθρου. ~s adv. ἔξω.

out-of-the-way a. (place) ἀπόμερος. ~ information πληροφορίες ἔξω ἀπ' τίς κοινές.

out-patient s. ἐξωτερικός ἀσθενής.

outpost s. προφυλακή f.

outpouring s. ξεχείλισμα n.

output s. (produce) παραγωγή f. (energy, etc.) ἀπόδοσις f.

outrage s. (offence) προσβολή f. (scandal) αἶσχος n., σκάνδαλο n. (v.t.) προσβάλλω, σκανδαλίζω.

outrageous a. αἰσχρός, σκανδαλώδης. ~ly adv. σκανδαλωδῶς. (fam.) τρομερά.

outrider s. ἔφιππος συνοδός.

outright a. (frank) ντόμπρος, (sheer) καθαρός, πέρα γιά πέρα.

outright adv. (straight off) ἀμέσως. (point-blank) κατηγορηματικῶς. the shot killed him ~ ἡ σφαῖρα τόν ἄφησε στόν τόπο.

outrun v.t. (competitors, allotted time) ξεπερνῶ. (fig.) προτρέχω (with gen.).

outset s. ἀρχή f.

outshine v. ἐπισκιάζω, ὑπερέχω (with gen.).

outside adv. ἔξω. (prep.) ἐκτός (with gen.), ἔξω ἀπό.

outside a. ἐξωτερικός. an ~ chance ἀμυδρή πιθανότης. get ~ help καταφεύγω σέ ξένο χέρι. (s.) ἐξωτερικόν n.

outsider s. (one from outside) ξένος m. (pej.) ἐκτός τοῦ κατεστημένου κύκλου. (horse) χωρίς πιθανότητες.

outsmart v. ξεγελῶ.

outspoken a. ντόμπρος. ~ly adv. ντόμπρα. ~ness s. ντομπροσύνη f.

outspread a. ἁπλωμένος.

outstanding a. (eminent) διαπρεπής. (qualities) ξεχωριστός. (special) ἐξαιρετικός. (noteworthy) σημαντικός. (unsettled) ἐκκρεμής. be ~ (of object, person) ξεχωρίζω, ἐξέχω. ~ly adv. ἐξαιρετικά.

outstay v. he ~ed his welcome παρέμεινε μέχρι φορτικότητος.

outstretched a. (body) ξαπλωμένος. (arms) ἁπλωμένος, τεντωμένος.

outstrip v. ξεπερνῶ.

out-tray s. ἐξερχόμενα n.pl.

out-turned a. στραμμένος πρός τά ἔξω.

outvote v.t. (reject proposal) καταψηφίζω, (beat at polls) πλειοψηφῶ (with gen.).

outward a. (outer) ἐξωτερικός. (direction) πρός τά ἔξω. ~ journey πηγαιμός m. ~ly adv. ἐξωτερικῶς, φαινομενικῶς.

outward(s) adv. πρός τά ἔξω.

outwear v. (last longer than) κρατῶ περισσότερο ἀπό. I have outworn these shoes πάλιωσαν τά παπούτσια μου, see outworn.

outweigh v.t. ζυγίζω περισσότερο ἀπό. (fig.) ὑπερτερῶ (with gen.).

outwit v. ξεγελῶ.

outwork s. προκεχωρημένο ὀχυρόν.

outworn a. (fig.) ξεφτισμένος.

ouzo s. οὖζο n.

oval a. ὠοειδής.

ovary s. ὠοθήκη f.

ovation s. be given an ~ ἐπευφημοῦμαι.

oven s. φοῦρνος m. (small furnace) κλίβανος m. ~ful s. φουρνιά f.

over adv. ~ here ἐδῶ πέρα. ~ there ἐκεῖ πέρα. ~ and ~ ἐπανειλημμένως. (all) ~ again ξανά. it's ~ (finished, stopped) τελείωσε, (past) πέρασε. get, go or come ~ περνῶ, διαβαίνω. come ~ and see us πέρασε ἀπ' τό σπίτι νά μᾶς δῆς. fall ~ πέφτω κάτω. brim or boil ~ ξεχειλίζω. turn ~ (the page, in bed) γυρίζω. have a bit (left) ~ μοῦ ἔχει μείνει κάτι. my shoes are all ~ mud τά παπούτσια μου εἶναι γεμάτα λάσπες. I was trembling all ~ ἔτρεμα σύσσωμος (or ὅλος). that's George all ~ τέτοιος εἶναι ὁ Γιῶργος.

over prep. (on top of) πάνω σέ. (above, more than) πάνω ἀπό. (going across) a bridge ~ the Thames γεφύρι πάνω ἀπό τόν Τάμεση. (extent) ~ a wide area σέ μία μεγάλη περιοχή. all ~ the world σ' ὅλο τόν κόσμο. all ~ the place παντοῦ. (duration) ~ the past six months στό (or κατά τό) τελευταῖο ἑξάμηνο. (about) they quarrelled ~ money μάλωσαν γιά λεφτά. we had trouble ~ that affair εἴχαμε φασαρίες μ' ἐκείνη (or πάνω σ' ἐκείνη) τήν ὑπόθεση.

over- ὑπερ-, παρα-.

overall a. συνολικός. (adv.) συνολικά.

overall s. ποδιά f. ~s φόρμα f.

overawe v. ἐπιβάλλομαι σέ.

overbalance v.i. χάνω τήν ἰσορροπία μου. (v.t.) ἀνατρέπω.

overbearing a. αὐταρχικός.

overblown a. (bloom) πολύ ἀνοιγμένος. (fig., inflated) φουσκωμένος.

overboard adv. στή θάλασσα. throw ~ (fig.) ἐγκαταλείπω.

overburden v. παραφορτώνω.

overcast a. συννεφιασμένος.

overcharge v. he ~d me μοῦ φούσκωσε τό λογαριασμό, μοῦ πῆρε παραπάνω (λεφτά).

overcoat s. παλτό n., πανωφόρι n.

overcome v. ὑπερνικῶ. (fig.) be ~ by (temptation) ὑποκύπτω σέ, (emotion) συγκινοῦμαι ἀπό. he was ~ by fear κατατρόμαξε. he was ~ by fatigue ἦταν ψόφιος στήν κούραση. he was ~ by the heat τόν εἶχε ἀποκάμει ἡ ζέστη. he is ~ by grief τόν ἔχει καταβάλει ἡ λύπη.

overcrowd v. παραφορτώνω.

overdo v. παρακάνω.

overdue *a. (payment)* ἐκπρόθεσμος. be ~ *(late)* ἔχω καθυστέρηση. *(of reforms, etc.)* it was long ~ ἔπρεπε νά εἶχε γίνει πρό πολλοῦ.

overestimate *v.* ὑπερεκτιμῶ.

overflow *v.* ξεχειλίζω. *(s.)* ~ pipe σωλήν ὑπερχειλίσεως.

overgrown *a. (covered)* σκεπασμένος. *(too tall)* he is ~ ἔχει πρόωρη ἀνάπτυξη.

overhang *v.t.* κρέμομαι πάνω ἀπό. ~ing *a.* πού κρέμεται στό κενό. *(fig.)* ἐπικρεμάμενος.

overhaul *v. (examine)* ἐξετάζω λεπτομερῶς. *(catch up with)* προφταίνω, *(pass)* ξεπερνῶ.

overhaul, ~ing *s.* λεπτομερής ἐξέτασις. *(repairs)* ἐπισκευή *f.*

overhead *a. (cable, etc.)* ἐναέριος. *(adv.)* πάνω ἀπ' τό κεφάλι μας *(or τους, etc.).* the flat ~ τό ἀπό πάνω διαμέρισμα. *(s.)* ~s *(expenses)* γενικά ἔξοδα.

overhear *v.* ἀκούω τυχαίως. I ~d them saying that... πῆρε τό αὐτί μου νά λένε ὅτι.

overjoyed *a.* καταχαρούμενος.

overland *adv. & a.* κατά ξηράν, διά ξηρᾶς.

overlap *v.i. (of visits, duties)* συμπίπτω. *(v.t.) (of objects)* καβαλλικεύω, σκεπάζω μερικῶς.

overlay *v.t.* ἐπιστρώνω. *(s.)* ἐπίστρωμα *n.*

overleaf *adv.* ὄπισθεν.

overlie *v.t.* σκεπάζω.

overload *v.* παραφορτώνω. *(s.) (electric)* ὑπερφόρτισις *f.*

overlook *v. (have view over)* βλέπω πρός. *(supervise)* ἐπιβλέπω. *(condone)* παραβλέπω. *(not notice)* I ~ed it μοῦ διέφυγε.

overlord *s.* φεουδάρχης *m.*

overmastering *a.* ἀκαταμάχητος.

overnight *adv. (for the night)* τή νύχτα. *(in the night)* κατά τή νύχτα. *(in one night)* σέ μιά νύχτα. *(fig., of sudden development)* ἀπό τή μιά μέρα στήν ἄλλη. I put them to soak ~ τά ἔβαλα νά μουσκέψουν ἀπόβραδίς. *(a.)* βραδινός.

overplay *v.* ~ one's hand *(fig.)* ἐνεργῶ τολμηρά ὑπερεκτιμῶντας τίς δυνατότητές μου.

overpower *v. (in war)* κατανικῶ. *(in hand-to-hand struggle)* καταβάλλω. *(subdue)* δαμάζω. ~ing *a. (force, desire)* ἀκαταμάχητος, *(heat, fumes)* ἀποπνικτικός.

overrate *v.* ὑπερτιμῶ. be ~d ἔχω ὑπέρ τό δέον ἐπαινεθῆ.

overreach *v.* ξεγελῶ. ~ oneself τό παρακάνω στήν προσπάθειά μου καί ἀποτυγχάνω.

overrid|e *v. (prevail over)* ὑπερισχύω *(with gen.). (set aside)* ἀνατρέπω. *(go against)* παραβαίνω. of ~ing importance κεφαλαιώδους σημασίας.

overrule *v. (an act, decision)* ἀνατρέπω. *(law)* ἀκυρῶ.

overrun *v.t.* κατακλύζω, *(allotted time)* ξεπερνῶ. we are ~ with mice μᾶς ἔχουν κατακλύσει τά ποντίκια. the country is ~ by bandits. τή χώρα τή λυμαίνονται λησταί.

oversea(s) *a. (expedition, possessions)* ὑπερπόντιος. *(trade, etc.)* ἐξωτερικός. *(adv.)* στό ἐξωτερικό.

oversee *v.* ἐπιστατῶ. ~r *s.* ἐπιστάτης *m.*

overshadow *v.* ἐπισκιάζω.

overshoot *v.* ὑπερβαίνω.

oversight *s.* παράλειψις *f.* by ~ ἐκ παραδρομῆς.

oversleep *v.* I overslept μέ πῆρε ὁ ὕπνος.

overstate *v.* μεγαλοποιῶ. ~ment *s.* ὑπερβολή *f.*

overstay *f. see* outstay.

overstep *v.* ~ the mark ὑπερβαίνω τά ἐσκαμμένα.

over-strain *s.* ὑπερέντασις *f.*

overstrung *a. (nervous)* μέ τεντωμένα τά νεῦρα.

overt *a.* ἔκδηλος, φανερός. ~ly *adv.* στά φανερά, ἐκδήλως.

overtake *v.t. (pass)* ξεπερνῶ, *(of cars)* προσπερνῶ. *(of disaster)* πλήττω. we were ~n by night μᾶς ἔπιασε *(or μᾶς βρῆκε)* ἡ νύχτα, νυχτωθήκαμε.

overtax *v.* ~ one's strength ὑπερεντείνω τάς δυνάμεις μου.

overthrow *v.* ἀνατρέπω, ρίχνω. *(s.)* ἀνατροπή *f.*

overtime *s.* ὑπερωρία *f.* work ~ κάνω ὑπερωρίες.

overtone *s. (fig.)* κάποιος τόνος.

overture *s. (offer)* πρότασις *f. (mus.)* εἰσαγωγή *f.*

overturn *v.& i.* ἀναποδογυρίζω.

overweening *a.* ὑπερφίαλος.

overweight *a.* βαρύτερος τοῦ κανονικοῦ.

overwhelm *v. (flood)* κατακλύζω, *(with kindness)* κατασκαβώνω. be ~ed *(by enemy, grief, disaster)* συντρίβομαι, *(with work)* πνίγομαι. ~ing *a.* συντριπτικός ~ingly *adv.* συντριπτικά.

overwork *v.t.* παρακουράζω, *(person only)* παραφορτώνω μέ δουλειά. *(use too* *often)* κάνω κατάχρηση *(with gen.). (v.i.)* παρακουράζομαι. *(s.)* ὑπερκόπωσις *f.*

verwrought *a.* be ~ βρίσκομαι εἰς ὑπερδιέγερσιν.

v|um *s.* ὠάριον *n.* ~**iparous** *a.* ὠοτόκος.

we *v.* ὀφείλω, χρωστῶ. I ~ him a grudge τοῦ κρατῶ κακία, ἔχω πίκα μαζί του.

wing *a.* there is £10 ~ ὀφείλονται δέκα λίρες. *(prep.)* ~ to λόγω, ἐξ αἰτίας *(both with gen.).*

wl *s.* κουκουβάγια *f.*, γλαῦξ *f.*

wn *a.* one's ~ δικός μου *(or* του, *etc.).* for reasons of one's ~ γιά προσωπικούς λόγους. a room of her ~ ἕνα δωμάτιο καταδικό της *(or* ὅλο δικό της). on one's ~ μόνος μου. hold one's ~ δέν ὑποχωρῶ, ἀμύνομαι. come into one's ~ *(be recognized)* ἀναγνωρίζομαι, *(show merits)* δείχνω τίς ἱκανότητές μου. get one's ~ back παίρνω πίσω τό αἷμα μου. with my ~ eyes μέ τά ἴδια μου τά μάτια.

wn *v.* ἔχω, κατέχω, εἶμαι κάτοχος *(with gen.).* who ~s the house? σέ ποιόν ἀνήκει τό σπίτι; ποιός εἶναι ὁ ἰδιοκτήτης τοῦ σπιτιοῦ; *(recognize, admit)* ἀναγνωρίζω. *(admit, also* ~ up) ὁμολογῶ.

wner *s.* ἰδιοκτήτης *m.,* ἰδιοκτήτρια *f.,* κάτοχος *m.f.* ~**ship** *s.* ἰδιοκτησία *f.,* κυριότης *f.*

x *s.* βόδι *n.* ~**en** βόδια *pl.*

xalic *a.* ὀξαλικός.

xide *s.* ὀξείδιον *n.*

xidiz|e *v.t.* ὀξειδῶ. ~**ation** *s.* ὀξείδωσις *f.*

xy-acetylene *a.* ~ welding ὀξυγονοκόλλησις *f.*

xygen *s.* ὀξυγόνον *n.*

yster *s.* στρείδι *n.*

zone *s.* ὄζον *n.*

P

⋅ *s.* mind one's ~'s and Q's προσέχω τή συμπεριφορά μου.

a *s.* μπαμπᾶς *m.*

ace *s. (step)* βῆμα *n. (gait)* βηματισμός *m. (speed)* ταχύτης *f.,* ρυθμός *m.* quicken the ~ ἐπιταχύνω τό βῆμα. keep ~ συμβαδίζω. set the ~ καθορίζω τό ρυθμό. put *(person)* through his ~s δοκιμάζω. at a good ~ μέ γοργό ρυθμό.

pace *v.* ~ up and down βηματίζω. ~ out μετρῶ μέ βήματα.

pacemaker *s. (med.)* βηματοδότης *m.*

pachyderm *s.* παχύδερμον *n.*

pacific *a.* εἰρηνικός. ~**ation** *s.* εἰρήνευσις *f.*

pacif|ism *s.* εἰρηνισμός *m.* ~**ist** *s.* εἰρηνιστής *m. (a.)* εἰρηνιστικός. ~**y** *v.* εἰρηνεύω.

pack *s. (bundle)* δέμα *n. (knapsack)* σακκίδιον *n. (hounds)* κυνηγετική ἀγέλη. ~ of lies σωρός ψέματα. ~ of cards τράπουλα *f. (packet)* πακέτο *n.*

pack *v.t. (merchandise)* συσκευάζω. *(fill)* γεμίζω, *(cram)* στοιβάζω. ~ one's bags φτιάνω τίς βαλίτσες μου. ~ off, send ~ing ξαποστέλνω. *(v.i.) (squeeze into)* χώνομαι. ~ up, ~ it in σταματῶ. it has ~ed up χάλασε.

package *s.* δέμα *n. (v.)* συσκευάζω.

pack-animal *s.* ὑποζύγιον *n.*

packed *a.* γεμάτος.

packet *s.* πακέτο *n. (postal)* δέμα *n.*

packing *s.* συσκευασία *f.,* πακετάρισμα *n.* ~**-case** κασόνι *n.*

pact *s.* συνθήκη *f.,* σύμφωνον *n.*

pad *s.* μαξιλλαράκι *n. (paper)* μπλόκ *n. (for inking)* ταμπόν *n. (v.t.) (put padding into)* βάζω βάτα σέ, *(fig.)* παραγεμίζω. *(v.i.)* ~ along ἀλαφροπατῶ.

padding *s.* βάτα *f. (fig.)* παραγέμισμα *n.*

paddle *s.* κουπί τοῦ κανό. *(v.) (row)* κωπηλατῶ, *(walk in water)* τσαλαβουτῶ στό νερό.

paddock *s.* λειβάδι γιά ἄλογα.

padlock *s.* λουκέτο *n. (v.)* κλείνω μέ λουκέτο.

paean *s.* παιάν *m.*

paederasty *s.* παιδεραστία *f.*

paediatrics *s.* παιδιατρική *f.*

pagan *a.* εἰδωλολατρικός. *(s.)* εἰδωλολάτρης *m.* ~**ism** *s.* εἰδωλολατρεία *f.*

page *s. (paper)* σελίς *f.*

page *s. (boy)* νεαρός ἀκόλουθος. *(v.t., call)* καλῶ.

pageant *s.* θεαματική ἱστορική παράστασις. ~**ry** *s.* θεαματικότης *f.*

paid *a.* πληρωμένος. put ~ to *(fig.)* χαντακώνω.

pail *s.* κουβᾶς *m.,* κάδος *m.*

pain *s.* πόνος *m.* have a ~ in one's leg μέ *(or* μοῦ) πονάει τό πόδι μου. *(fam.)* he's a ~ in the neck μοῦ ἔχει γίνει στενός κορσές. does he feel much ~? πονεῖ πολύ; on ~ of ἐπί ποινῇ *(with gen.).*

pain *v.* it ~s me to see him πονῶ *(or*

ὑποφέρω) νά τόν βλέπω. your attitude ~s me ή στάσις σου μέ στενοχωρεῖ. ~ed στενοχωρημένος.
painful a. ὀδυνηρός, (sad) θλιβερός. ~ly adv. μέ κόπο. (fam., very) φοβερά.
painless a. ἀνώδυνος. ~ly adv. ἀνωδύνως.
pains s. κόπος m. take great ~ καταβάλλω μεγάλους κόπους (or μεγάλες προσπάθειες).
painstaking a. (work) κοπιαστικός, (person) ἐπιμελής.
paint s. χρῶμα n., μπογιά f.
paint v. βάφω, μπογιαντίζω. (a picture) ζωγραφίζω. (fig., depict) ἀπεικονίζω, (describe) περιγράφω. (med.) κάνω ἐπάλειψιν. ~ the town red ξεφαντώνω.
painter s. (decorator) μπογιατζῆς m., ἐλαιοχρωματιστής m. (artist) ζωγράφος m.f.
painting s. βάψιμο n. (art) ζωγραφική f. (picture) ζωγραφικός πίναξ.
pair s. ζεῦγος n., ζευγάρι n. ~ of scissors ψαλίδι n. ~ of trousers παντελόνι n. in ~s κατά ζεύγη. (v.t.) (mate) ζευγαρώνω. ~ off (v.i.) ζευγαρώνω.
pal s. φίλος m. (v.) ~ up with πιάνω φιλίες μέ.
palace s. παλάτι n. (royal only) ἀνάκτορα n.pl.
palaeography s. παλαιογραφία f.
palaeolithic a. παλαιολιθικός.
palaeontology s. παλαιοντολογία f.
palatable a. εὔγευστος, fig.) εὐκολοχώνευτος.
palatal a. (gram.) οὐρανισκόφωνος.
palate s. οὐρανίσκος m. (fig.) have a good ~ εἶμαι γνώστης.
palatial a. σάν παλάτι.
palaver s. συζήτησις f.
pale s. (stake) πάσσαλος m. (fig.) beyond the ~ ἀνυπόφορος, (of impossible person) ἀνοικονόμητος.
pale a. χλωμός, (also fig.) ὠχρός. (colour) ἀνοιχτός. (complexion only) κίτρινος. (v.i.) (become ~) χλωμιάζω, κιτρινίζω. (also ~ into insignificance) ὠχριῶ. ~ly adv. ὠχρά. ~ness s. χλωμάδα f., ὠχρότης f.
palette s. παλέτα f.
palindrome s. καρκίνος m.
paling s. φράκτης ἀπό πασσάλους.
palisade s. πασσαλωτός φράκτης.
pall s. ὑφασμάτινο ἐπικάλυμμα φερέτρου. (fig., mantle) πέπλος m. ~ bearer ὁ ἀκολουθῶν τήν σορόν.
pall v. it ~s on me τό βαριέμαι.

pall|et, ~**iasse** s. (bed) ἀχυρόστρωμα n.
palliat|e v. ἐλαφρύνω. ~**ive** s. καταπραϋτικόν n.
pallid a. ὠχρός. ~**ly** adv. ὠχρά. ~**ness** ὠχρότης f.
pally a. φιλικός.
palm s. (tree) φοινικιά f. (eccl.) ~ branches βάγια n. pl. P~ Sunday Κυριακ τῶν Βαΐων. (fig.) bear the ~ εἶμαι ὑπ ράνω ὅλων.
palm s. (of hand) παλάμη f. (fam.) grea the ~ of λαδώνω. (v.) ~ off πασσάρο ~**istry** s. χειρομαντεία f.
palmy a. in his (or its) ~ days στ δόξες του.
palpab|le a. ψηλαφητός, (clear) φανερό ~**ly** adv. ψηλαφητῶς, φανερά.
palpitat|e v. σπαρταρῶ. ~**ion** s. χτυπ κάρδι n.
pals|ied a. παραλυτικός. ~**y** s. παράλυσ f.
paltry a. τιποτένιος, μηδαμινός.
pamper v. παραχαϊδεύω.
pamphlet s. φυλλάδιον n.
pan s. (saucepan) κατσαρόλα f. (pot) χύ τρα f., τέντζερες m., (frying) τηγάνι n (baking) ταψί n. (w.c.) λεκάνη f.
pan v.i. (for gold πλένω. (fig.) ~ out we ἔχω καλή ἔκβαση.
panacea s. πανάκεια f.
panache s. with ~ μέ ἀέρα.
pancake s. εἶδος τηγανίτας.
pandemonium s. πανδαιμόνιον n.
pander s. μαστροπός m. (v., fig.) ~ t ὑποθάλπω.
pane s. τζάμι n.
panegyric s. πανηγυρικός m.
panel s. (group) ὁμάς f. (list) κατάλογο m. control ~ ταμπλό n. (of door) ταμ πλάς m. (of ceiling) φάτνωμα n. ~**led** a ντυμένος μέ ξύλο. ~**ling** s. (wood) ξυλε πένδυσις f.
pang s. (pain) πόνος m. ~s of childbirt ὠδῖνες f. pl. ~s of remorse τύψεις f. p
panic s. πανικός m. (v.i.) πανικοβάλλο μαι. ~**-stricken** a. πανικόβλητος.
panjandrum s. (joc.) μεγάλη προσωπικό της.
pannier s. καλάθι n.
panoply s. πανοπλία f.
panoram|a s. πανόραμα n. ~**ic** a. πανο ραματικός.
pansy s. πανσές m.
pant v. λαχανιάζω, ἀσθμαίνω. ~ fo ποθῶ. ~**ing** λαχανιασμένος.
pantheism s. πανθεϊσμός m.

anther *s.* πάνθηρ *m.*

antomime *s.* (*dumb show*) παντομίμα *f.*

antry *s.* ὀφφίς *n.* (*larder*) κελλάρι *n.*

ants *s.* (*men's*) σώβρακο *n.* (*women's*) παντελόνι *n.*, κυλότα *f.*

ap *s.* (*nipple*) θηλή *f.* (*food*) χυλός *m.*

apa *s.* μπαμπάς *m.*

ap|acy *s.* (*system*) παπισμός *m.* ~al *a.* παπικός.

aper *s.* χάρτης *m.*, χαρτί *n.* (*news*) ἐφημερίς *f.* (*exam*) θέματα γραπτῆς ἐξετάσεως. ~s (*documents*) χαρτιά *n.pl.* (*a.*) χάρτινος, χαρτένιος. (*v.*) (*wall*) ἐπενδύω μέ ταπετσαρία. ~ over καλύπτω. ~-backed *a.* ἄδετος. ~-clip *s.* συνδετήρ *m.* ~-knife *s.* χαρτοκοπτήρ *m.* ~-mill *s.* ἐργοστάσιον χαρτοποιίας. ~-weight *s.* πρές-παπιέ *n.*

apier-maché *s.* πεπιεσμένος χάρτης.

apist *s.* παπιστής *m.*

apyrus *s.* πάπυρος *m.*

ar *s.* (*fin.*) ἰσοτιμία *f.* above ~ ἄνω τοῦ ἀρτίου. (*fig.*) feel below ~ δέν αἰσθάνομαι πολύ καλά. on a ~ with ἰσάξιος μέ.

arable *s.* παραβολή *f.*

arabola *s.* παραβολή *f.*

arachut|e *s.* ἀλεξίπτωτον *n.* ~ist *s.* ἀλεξιπτωτιστής *m.*

arade *s.* (*mil.*) παράταξις *f.* (*march past*) παρέλασις *f.* ~ ground πεδίον ἀσκήσεων. (*showing off*) ἐπίδειξις *f.* (*v.i.*) παρατάσσομαι, παρελαύνω. (*v.t.*) κάνω ἐπίδειξη (*with gen.*), ἐπιδεικνύω.

aradigm *s.* παράδειγμα *n.*

aradise *s.* παράδεισος *m.* fool's ~ ἀπατηλή εὐδαιμονία. bird of ~ παραδείσιον πτηνόν.

aradox *s.* παράδοξον *n.* (*figure of speech*) παραδοξολογία *f.* ~ical *a.* παράδοξος. ~ically *adv.* παραδόξως.

araffin *s.* (*fuel*) φωτιστικόν πετρέλαιον. (*med.*) παραφινέλαιον *n.*

aragon *s.* ~ of virtue ὑπόδειγμα ἀρετῆς.

aragraph *s.* παράγραφος *f.*

arallel *a* & *s.* παράλληλος. draw a ~ between κάνω παραλληλισμόν μεταξύ (*with gen.*). without ~ ἄνευ προηγουμένου.

araly|se *v.* (*also* become ~sed) παραλύω. ~sed παράλυτος. ~sis *s.* παράλυσις *f.* ~tic *a.* παραλυτικός.

aramount *a.* of ~ importance ὑψίστης σημασίας. of ~ necessity ὑπερτάτης ἀνάγκης. duty is ~ τό καθῆκον εἶναι ὑπεράνω ὅλων.

aramour *s.* ἐρωμένος *m.* ἐρωμένη *f.*

paranoi|a *s.* παράνοια *f.* ~ac *a.* παρανοϊκός.

paranormal *a.* ἐκτός τῆς ἀκτῖνος τῶν ἐπιστημονικῶν γνώσεων.

parapet *s.* στηθαῖον *n.*, παραπέτο *n.*

paraphernalia *s.* καλαμπαλίκια *n.pl.*

paraphrase *v.* παραφράζω. (*s.*) παράφρασις *f.*

parasite *s.* παράσιτον *n.*

parasol *s.* παρασόλι *n.*

paratrooper *s.* ἀλεξιπτωτιστής *m.*

paratyphoid *s.* παράτυφος *m.*

parcel *s.* δέμα *n.* (*v.*) ~ out διαμοιράζω.

parch *v.* ξεραίνω. ~ed ξεραμένος. I feel ~ed ξεράθηκε τό στόμα μου.

parchment *s.* περγαμηνή *f.*

pardon *v.* συγχωρῶ. (*s.*) συγγνώμη *f.* beg ~ ζητῶ συγγνώμη, I beg your ~ μέ συγχωρεῖτε. (*for crime*) χάρις *f.* grant a ~ to ἀπονέμω χάριν εἰς.

pardonab|le *a.* δικαιολογημένος. ~ly *adv.* δικαιολογημένα.

pare *v.* κόβω, (*peel*) ξεφλουδίζω.

parent *s.* γονιός *m.* (*pl.*) γονιοί, γονεῖς.

parentage *s.* of unknown ~ ἀγνώστων γονέων. of humble ~ ἀπό ταπεινή οἰκογένεια.

parental *a.* πατρικός.

parenthesis *s.* παρένθεσις *f.* in ~ ἐν παρενθέσει.

parenthetic *a.* παρενθετικός. ~ally *adv.* παρενθετικῶς.

par excellence *adv.* κατ' ἐξοχήν.

pariah *s.* παρίας *m.*

parings *s.* ἀποκόμματα *n.pl.* (*skin*) φλοῦδες *f.pl.*

parish *s.* ἐνορία *f.* ~ioner *s.* ἐνορίτης *m.*

parity *s.* ἰσότης *f.*

park *s.* κῆπος *m.*, πάρκο *n.* car ~ χῶρος σταθμεύσεως αὐτοκινήτων. (*v.i.*) (*of car*) σταθμεύω. (*v.t.* & *i.*) παρκάρω. ~ing *s.* στάθμευσις *f.*

parlance *s.* γλῶσσα *f.*, ὁμιλία *f.*

parley *v.* διαπραγματεύομαι. (*s.*) διαπραγμάτευσις *f.*

parliament *s.* κοινοβούλιον *n.*, βουλή *f.* ~ary *a.* κοινοβουλευτικός.

parlour *s.* σαλόνι *n.*

parlous *a.* ἐπικίνδυνος.

parochial *a.* ἐνοριακός, (*fig.*) περιορισμένος. ~ism *s.* περιορισμένα ἐνδιαφέροντα.

parody *s.* παρωδία *f.* (*v.*) παρωδῶ.

parole *s.* on ~ ἐπί λόγῳ.

paroxysm *s.* παροξυσμός *m.*

parquet *s.* παρκέτο *n.*, παρκέ *n.*

parricide s. *(act)* πατροκτονία f. *(person)* πατροκτόνος m.f.

parrot s. παπαγάλος m. *(v.i.)* παπαγαλίζω.

parry v. ἀποκρούω.

parse v. τεχνολογῶ.

parsimon|ious a. τσιγγούνης. ~y s. τσιγγουνιά f.

parsley s. μαϊντανός m.

parson s. ἐφημέριος m. ~age s. σπίτι τοῦ ἐφημερίου.

part s. μέρος n. *(bit)* κομμάτι n. *(role)* ῥόλος m. *(instalment)* τεῦχος n. spare ~ ἀνταλλακτικόν n. in ~(s) ἐν μέρει, μερικῶς. in great ~ κατά μέγα μέρος. for the most ~ ὡς ἐπί τό πλεῖστον. for my ~ ὅσο γιά μένα. on the ~ of ἐκ μέρους *(with gen.)*. take ~ λαμβάνω μέρος. I take his ~ παίρνω τό μέρος του. take it in good ~ τό παίρνω ἀπό τήν καλή του πλευρά. three ~s *(full, etc.)* κατά τά τρία τέταρτα. *(man)* of many ~s μέ πολλές ἱκανότητες.

part v.t. & i. *(separate)* χωρίζω. ~ from *(leave)* χωρίζω μέ, *(only after meeting)* χωρίζομαι ἀπό. ~ company χωρίζω, *(disagree)* δέν συμφωνῶ. ~ with ἀποχωρίζομαι ἀπό.

partake v. ~ of συμμετέχω εἰς, *(eat)* παίρνω, τρώγω.

Parthian a. ~ shot πάρθιον βέλος.

partial a. *(in part)* μερικός, *(biased)* μεροληπτικός. *(fond)* he is ~ to lobster τοῦ ἀρέσει ὁ ἀστακός, he is ~ to blondes ἔχει ἀδυναμία στίς ξανθές. ~ly adv. μερικῶς, ἐν μέρει. ~ity s. *(bias)* μεροληψία f. *(liking)* ἀδυναμία f., συμπάθεια f.

participant s. συμμετέχων m.

participat|e v. συμμετέχω. ~ion s. συμμετοχή f.

participle s. μετοχή f.

particle s. *(chem.)* σωματίδον n., μόριον n. *(dust, sand, truth)* κόκκος m. *(evidence)* ἴχνος n. *(gram.)* μόριον n. he doesn't take a ~ of interest δέν δείχνει οὔτε τό παραμικρό ἐνδιαφέρον.

particoloured a. ποικιλόχρωμος.

particular a. εἰδικός, ἰδιαίτερος, συγκεκριμένος. *(exact)* ἀκριβής, *(careful)* προσεκτικός, *(demanding)* ἀπαιτητικός, *(hard to please)* δύσκολος. for a ~ reason γιά ἕνα εἰδικό λόγο. this is a ~ interest of mine ἐνδιαφέρομαι εἰδικῶς γιά αὐτό. I'm not ~ δέν ἔχω ἰδιαίτερη προτίμηση. nothing (in) ~ τίποτα τό ἰδιαίτερο. in this ~ case σ' αὐτή τή συγκεκριμένη

περίπτωση. I am not referring to any person δέν ἀναφέρομαι σέ κανένα συγκεκριμένο πρόσωπο. a ~ friend of mine ἕνας ἀπ' τούς καλούς φίλους μου.

particular|ize v.i. *(go into details)* ἐπεκτείνομαι σέ λεπτομέρειες. ~ly adv. εἰδικῶς ἰδιαιτέρως, συγκεκριμένως.

particulars s. *(details)* λεπτομέρειες f.pl. *(personal)* στοιχεῖα n.pl. *(information)* πληροφορίες f.pl. *(what happened)* τ καθέκαστα n.pl.

parting s. χωρισμός m. *(hair)* χωρίστρα f

partisan s. ὀπαδός m. *(guerrilla)* παρτιζάνος m. in a ~ spirit μέ μεροληψία.

partition s. *(act)* διχοτόμησις f. *(of Poland)* διαμελισμός m. *(thing)* χώρισμα n *(v.t.)* διχοτομῶ. ~ off χωρίζω.

partly adv. μερικῶς, ἐν μέρει.

partner s. *(companion)* σύντροφος m., *(collaborator)* συνεργάτης m.f. *(business)* συνέταιρος m.f. *(dance)* καβαλιέρος m. ντάμα f. *(cards, game)* συμπαίκτης m *(v.t.)* *(dance)* χορεύω μέ, *(game)* παίζω μέ.

partnership s. *(bond)* σύνδεσμος m. *(collaboration)* συνεργασία f. go int *(business)* ~ συνεταιρίζομαι, ἱδρύω ἑταιρίαν.

partridge s. πέρδικα f.

part-time a. have a ~ job ἐργάζομαι ἀπασχολούμενος μερικῶς.

parturition s. τοκετός m.

party s. *(political)* κόμμα n. *(group)* ὁμάς f. *(company)* παρέα f. *(reception)* δεξίωσις f., πάρτυ n. evening ~ ἑσπερίς third ~ τρίτος m. parties *(to contract)* ο συμβαλλόμενοι, *(to lawsuit)* οἱ διάδικοι be a ~ to συμμετέχω εἰς.

party-wall s. μεσοτοιχία f.

parvenu s. νεόπλουτος m.

pasha s. πασᾶς m.

pass s. *(mountain)* δίοδος f., στενόν n. *(permit)* ἄδεια f., πάσσο n. *(state of affairs)* κατάστασις f. come to ~ συμβαίνω. come to such a ~ that ... φθάνω σέ τέτοιο σημεῖο πού. make a ~ at ῥίχνομαι σέ.

pass v.t. *(go past)* περνῶ, *(leave behind)* προσπερνῶ, *(approve)* ἐγκρίνω, *(spend time)* περνῶ, *(give, hand)* δίνω, *(place, send, put)* περνῶ. *(a bill, resolution)* ψηφίζω, περνῶ, ἐγκρίνω. *(a candidate)* περνῶ. ~ the exam περνῶ στίς ἐξετάσεις. ~ sentence on καταδικάζω. ~ judgement ἐκδίδω ἀπόφασιν, *(non-legal)* κρίνω. ~ the hat round βγάζω δίσκο.

a remark κάνω παρατήρηση. ~ water
ουρώ.
ass v.i. (go past, be successful or ap-
proved) περνώ. she ~es for beautiful
περνάει γιά ωραία. (at cards, etc.) πάω
πάσσο.
ass away v. (cease) περνώ, (die) πε-
θαίνω.
ass by v.t. περνώ (κοντά) από, (ignore)
αγνοώ. (v.i.) περνώ.
ass off v.t. (palm off) πασσάρω. (of indi-
scretion) ~ it off τά μπαλώνω. pass
oneself off as an expert παριστάνω τόν
ειδικό. (v.i.) (cease) περνώ. (take place)
γίνομαι, λαμβάνω χώραν.
ass on v.t. (news, disease) μεταδίδω,
(order, message) διαβιβάζω, (tradition)
μεταβιβάζω. (v.i., die) πεθαίνω.
ass out v.i. (of cadet) αποφοιτώ, (faint)
λυποθυμώ.
ass through v.t. (traverse) διασχίζω,
περνώ από. pass a thread through the
needle περνώ μία κλωστή στή βελόνα. ~
a phase περνώ μία φάση.
ass up v.t. (neglect) αφήνω νά μού ξε-
φύγη.
passab|le a. (road) διαβατός, (fair) ύπο-
φερτός, μέτριος. ~ly adv. καλούτσικα.
passage s. (act, place) διάβασις f., πέρα-
σμα n. (of time) πέρασμα n. (journey)
ταξίδι n. (way through) δρόμος m. (cor-
ridor) διάδρομος m. (alley) στενό n. (of
book) χωρίον n. (of words) κουβέντα f.,
(hostile) (also ~ of arms) διαξιφισμός m.
pass-book s. βιβλιάριον καταθέσεων.
passenger s. επιβάτης m. (a.) επιβατικός.
~ ship επιβατηγόν n.
passer-by s. διαβάτης m., περαστικός a.
passing a. περαστικός. (s.) πέρασμα n.
(disappearance) εξαφάνισις f.
passion s. πάθος n. (rage) οργή f. have a
~ for έχω πάθος μέ. get in a ~ εξοργί-
ζομαι. charged with ~ παθητικός. P~ (of
Christ) τά Πάθη.
passionate a. (ardent) θερμός, (love, pa-
triotism, appeal) φλογερός, (love, anger)
παράφορος, (voice, music) παθητικός,
(embrace) θερμός, περιπαθής. ~ly adv.
μέ πάθος.
passive a. (person) απαθής. (attitude &
gram.) παθητικός. ~ly adv. απαθώς.
pass-key s. πασπαρτού n.
passport s. διαβατήριον n.
password s. σύνθημα n.
past prep. (beyond) πέρα από. go ~ (v.i.)
περνώ. go ~ the church περνώ έξω από

τήν εκκλησία. it is ~ ten o'clock είναι
περασμένες δέκα. it is ten ~ two είναι
δύο καί δέκα. I am ~ caring έπαψα νά
ενδιαφέρομαι. the coat is ~ repair(ing)
τό παλτό δέν σηκώνει πιά άλλη επι-
σκευή. I wouldn't put it ~ him to ... τόν
θεωρώ ικανόν νά. be ~ one's prime έχω
περάσει τά καλύτερα χρόνια μου. ~
endurance ανυπόφορος.
past a. περασμένος. for some time ~ από
καιρό. (s.) παρελθόν n.
pasta s. ζυμαρικά n.pl.
paste s. (for pastry) ζυμάρι n. (sticking)
κόλλα f. (v.) κολλώ.
pastel s. παστέλ n.
pasteurized a. παστεριωμένος.
pastiche s. απομίμησις f.
pastille s. παστίλλια f.
pastime s. διασκέδασις f.
pastor s. πάστωρ m. ~al a. (eccl.) ποι-
μαντορικός. (scene) βουκολικός.
pastry s. πάστα f., σφολιάτα f., ζυμάρι n.
(very thin) φύλλο n. (a cake) πάστα
f., γλυκό n. ~cook s. ζαχαροπλάστης
m.
pasture s. (land) λειβάδι n., βοσκοτόπι n.
(also herbage) βοσκή f. (v.) βόσκω.
pasty s. κρεατόπηττα f.
pat v. χτυπώ ελαφρά. (fig.) pat (person)
on the back επιδοκιμάζω. (s.) ελαφρό
χτύπημα.
pat adv. στό τσάκ, αμέσως. stand ~ δέν
αλλάζω γνώμη.
patch v. μπαλώνω. ~ up επιδιορθώνω
προχείρως. (fig.) ~ up a quarrel συμφι-
λιώνομαι.
patch s. (for mending) μπάλωμα n. (plas-
ter) λευκοπλάστης m. (spot, area) ση-
μείον n. (piece, bit) κομμάτι n. (stain)
λεκές m. (fam.) not be a ~ on δέν
πιάνω μπάζα μπροστά σέ.
patchy a. (uneven) ανομοιγενής, (blotchy)
μέ λεκέδες.
patent s. προνόμιον εύρεσιτεχνίας, πα-
τέντα f. (v.) πατεντάρω.
patent a. (plain) προφανής. ~ leather
λουστρίνι n. (special) ειδικός, (clever)
πρωτότυπος. ~ly adv. προφανώς.
paterfamilias s. οικογενειάρχης m.
paternal a. πατρικός. ~ism s. πατερνα-
λισμός m. ~istic a. πατερναλιστικός.
paternity s. πατρότης f.
path s. μονοπάτι n. (pavement) πεζο-
δρόμιον n. (of star, bullet) τροχιά f.
(way, also fig.) δρόμος m. the beaten
~ περπατημένη f.

pathetic *a.* ἀξιολύπητος, οἰκτρός. his state was ~ ἦταν νά τόν κλαῖς.

pathology *s.* παθολογία *f.*

pathos *s.* πάθος *n.*

pathway *s.* δρόμος *m.* *(pavement)* πεζοδρόμιο *n.*

patience *s.* ὑπομονή *f.* ~ of Job Ἰώβειος ὑπομονή. be out of ~ ἔχω χάσει τήν ὑπομονή μου. *(cards)* πασιέντζα *f.*

patient *s.* ἀσθενής *m.f.* *(client)* πελάτης *m.*

patient *a.* ὑπομονητικός. ~**ly** *adv.* ὑπομονητικά.

patois *s.* τοπική διάλεκτος.

patriarch *s.* σεβάσμιος πρεσβύτης. *(eccl.)* πατριάρχης *m.* ~**al** *a.* πατριαρχικός.

patrician *a.* & *s.* πατρίκιος.

patricide *see* parricide.

patrimony *s.* κληρονομία *f.*

patriot *s.* πατριώτης *m.* ~**ic** *a.* πατριωτικός, *(person)* πατριώτης *m.* ~**ism** *s.* πατριωτισμός *m.*

patrol *s.* *(activity)* περιπολία *f.* *(party)* περίπολος *f.* *(v.i.)* περιπολῶ.

patron *s.* προστάτης *m.* *(rich)* ~ of arts Μαικήνας *m.* ~ saint προστάτης ἅγιος, *(of city)* πολιοῦχος *a.* *(customer)* πελάτης *m.*, *(of café, etc.)* θαμών *m.*

patronage *s.* προστασία *f.* *(custom)* πελατεία *f.*

patronize *v.* *(support)* ὑποστηρίζω, *(go regularly to)* πηγαίνω τακτικά σέ. *(condescend to)* μεταχειρίζομαι μέ προσβλητικά προστατευτικό ὕφος.

patter *(talk)* φλυαρία *f.* *(noise)* ἀλαφροχτύπημα *n.* *(v.)* φλυαρῶ, ἀλαφροχτυπῶ.

pattern *s.* *(model)* πρότυπον *n.*, ὑπόδειγμα *n.* *(sample)* δεῖγμα *n.* *(design)* σχέδιον *n.* *(dress)* πατρόν *n.* *(v.)* σχεδιάζω.

paucity *s.* σπάνις *f.*

paunch *s.* κοιλιά *f.* *(fat)* κοιλάρα *f.* ~**y** *a.* κοιλαρᾶς *m.*

pauper *s.* ἄπορος *a.*

pause *s.* διακοπή *f.* *(mus.)* παῦσις *f.* *(v.)* σταματῶ.

pave *v.* πλακοστρώνω. *(fig.)* ~ the way ἀνοίγω *(or* προλειαίνω*)* τό δρόμο.

paved *a.* *(slabs, tiles)* πλακόστρωτος, *(stones)* λιθόστρωτος.

pavement *s.* πεζοδρόμιον *n.*

pavilion *s.* περίπτερον *n.*

paving-stone *s.* πλάκα *f.*

paw *s.* πόδι *n.* *(fam.)* ~s off! μάζεψε τά ξερά σου! *(v.t.)* *(handle)* πασπατεύω. ~ the ground χτυπῶ τό ἔδαφος.

pawn *s.* *(chess & fig.)* πιόνι *n.* *(thing*

pledged) ἐνέχυρον *n.* *(v.)* ~ one's watc βάζω τό ρολόι μου ἐνέχυρο. ~**broker** *s* ἐνεχυροδανειστής *m.*

pay *s.* ἀμοιβή *f.*, μισθός *m.*

pay *v.t.* & *i.* *(also* ~ for*)* πληρώνω. ~ visit κάνω μία ἐπίσκεψη. ~ attentio προσέχω. ~ down *(in part)* προκατα βάλλω. ~ back *or* off *(debt, creditor* ξεπληρώνω, ἐξοφλῶ. I shall ~ him ou *(or* back*)* for it *(punish)* θά τοῦ τό πλη ρώσω, θά μοῦ τό πληρώση. he didn't ~ me for it δέν μοῦ τό πλήρωσε, δέν μ πλήρωσε γιά αὐτό. he paid through th nose for it τοῦ κόστισε ὁ κοῦκος ἀη δόνι.

pay in *v.t.* *(deposit)* καταθέτω.

pay off *v.i.* *(succeed)* ἐπιτυγχάνω. *(v.t. (dismiss)* ἀπολύω, *(a debt, creditor)* se pay.

pay-off *s.* *(fam.)* ὥρα τῆς πληρωμῆς.

pay out *v.t.* *(money)* καταβάλλω, *(rope* ἀμολάω, *(a person)* ἐκδικοῦμαι.

payable *a.* πληρωτέος.

payee *s.* δικαιοῦχος *m.* *(of draft)* ἀποδέ κτης *m.*

payment *s.* πληρωμή *f.*

pay-roll *s.* μισθολόγιον *n.* be on the ~ ε μισθοδοτοῦμαι ἀπό.

pea *s.* μπιζέλι *n.* ~s ἀρακᾶς *m.* sweet μοσχομπίζελο *n.*

peace *s.* εἰρήνη *f.* *(quiet)* ἡσυχία *f.* *(order* τάξις *f.* hold one's ~ σωπαίνω. keep th ~ τηρῶ τήν τάξιν. make ~ *(of bellige rents)* συνάπτω εἰρήνην. make one's ~ συμφιλιώνομαι, τά φτιάνω. he gives m πο ~ δέν μ' ἀφήνει ἥσυχον.

peaceable *a.* εἰρηνικός.

peaceful *a.* *(not violent)* εἰρηνικός, *(calm* ἥρεμος, γαλήνιος. ~**ly** *adv.* εἰρηνικά ἥρεμα.

peach *s.* ροδάκινο *n.* *(tree)* ροδακινιά *f (fam., sthg. excellent)* ὄνειρο *n.* a ~ c a girl κορίτσι νά τό πιῆς στό ποτήρι.

peacock *s.* παγώνι *n.*

peak *s.* *(top)* κορυφή *f.* *(of achievemen* κορύφωμα *n.* *(of intensity)* αἰχμή *f.* period περίοδος αἰχμῆς. *(of cap)* γεῖσο *n.*

peal *s.* *(of bells)* κωδωνοκρουσία *f.* ~ c laughter ξέσπασμα γέλιων. ~ of thunde μπουμπουνητό *n.* *(v.i.)* καμπανίζω, ἠχῶ

peanut *s.* ἀράπικο φιστίκι.

pear *s.* ἀχλάδι *n.* *(tree)* ἀχλαδιά *f.* wild γκορτσιά *f.*

pearl *s.* μαργαρίτης *m.*, μαργαριτάρι *n (a.)* *(also* ~y*)* μαργαριτένιος.

easant s. χωρικός, χωριάτης m.. χωριάτισσα f. (a.) χωριάτικος. ~ry s. χωρικοί m.pl.

ease-pudding s. φάβα f.

eat s. τύρφη f.

ebb|le s. δότσαλο n. ~ly a. μέ δότσαλα.

eccadillo s. μικροπαράπτωμα n.

eck s. (fam.) ~ of troubles πολλά βάσανα.

eck v. τσιμπῶ. (s.) τσίμπημα n.

eculation s. κατάχρησις f.

eculiar a. (own, special) ἰδιαίτερος, εἰδικός. (strange) παράξενος, περίεργος, ἀλλόκοτος. ~ly adv. ἰδιαιτέρως, περίεργα, ἀλλόκοτα.

eculiarity s. (special feature) ἰδιότης f. (strangeness) περίεργον n. (eccentricity) παραξενιά f.

ecuniary a. χρηματικός.

edagogic, ~al a. παιδαγωγικός.

edal s. πετάλι n. (mus.) πεντάλ n.

edant s., ~ic a. σχολαστικός. ~ically adv. σχολαστικά.

eddle v.t. πουλῶ στή γύρα. ~r s. γυρολόγος m., πραματευτής m.

ederasty s. παιδεραστία f.

edestal s. δάθρον n.

edestrian s. & a. πεζός m. ~ crossing διάβασις πεζῶν.

ediatrics s. παιδιατρική f.

edigree s. γενεαλογικόν δένδρον. ~ dog σκύλος ράτσας.

ediment s. ἀέτωμα n.

edlar s. γυρολόγος m., πραματευτής m.

eek v. ~ at κρυφοκοιτάζω.

eel s. φλοιός m., φλούδι n. (v.t. & i.) (fruit, walls, skin) ξεφλουδίζω, (fruit) καθαρίζω. ~ off (unstick) ξεκολλῶ.

eep s. λαθραῖο βλέμμα. (v.) ~ at κρυφοκοιτάζω. ~ out of δγαίνω (or ξεπετιέμαι or ξεμυτίζω) μέσα ἀπό. ~ing Tom ἡδονοβλεψίας m. ~-hole s. ὀπή παρατηρήσεως, (in front door) ματάκι n.

eer v. ~ at κοιτάζω προσεκτικά.

eer s. (one's equal) ταίρι n. (lord) ὁμότιμος a., λόρδος m.

eerage s. (rank) ἀξίωμα λόρδου. (body) λόρδοι m.pl.

eeress s. γυναῖκα ὁμότιμος, (peer's wife) σύζυγος λόρδου.

eerless a. ἀπαράμιλλος.

eeve v. (also be ~d) νευριάζω.

eevish a. γουρσούζης. ~ness s. γκρίνια f.

eg s. γόμφος m., ξυλόπροκα f. (stake) παλούκι n. (clothes) μανταλάκι n. ~s

(for hanging) κρεμαστάρι n. off the ~ (ready made) ἕτοιμος. take (person) down a ~ κόδω τόν ἀέρα σέ. (fig., ground, pretext) ἀφορμή f.

peg v. στερεώνω μέ γόμφους (or μέ παλλούκια). (clothes) πιάνω, (prices) καθηλώνω. ~ down (fig., restrict) περιορίζω. ~ away ἐργάζομαι ἐπιμόνως. ~ out (die) πεθαίνω.

pejorative a. ὑποτιμητικός.

pelf s. παραδάκι n.

pelican s. πελεκάνος m.

pellet s. (pill) δισκίον n. (shot) σκάγι n. (ball) δωλαράκι n.

pell-mell adv. διαστικά.

pellucid a. διαυγής, λαγαρός.

pelt s. δορά f., τομάρι n.

pelt v.t. (shower) δομβαρδίζω. he was ~ed with stones τοῦ ἔρριξαν πέτρες. (v.i.) it ~ed with rain ἔδρεξε καταρρακτωδῶς. (s.) at full ~ ὁλοταχῶς, δρομαίως.

pen s. (for writing) πέννα f. (v.) γράφω.

pen s. (animals') μάνδρα f., μαντρί n. (v., lit. & fig.) μαντρώνω.

penal a. ποινικός. ~ servitude καταναγκαστικά ἔργα.

penalize v. τιμωρῶ. (fig.) be ~d φέρομαι εἰς μειονεκτικήν θέσιν.

penalty s. ποινή f. pay the ~ τιμωροῦμαι. on ~ of ἐπὶ ποινῇ (with gen.).

penance s. αὐτοτιμωφία ὡς μετάνοια.

pence s. πέννες f.pl.

pencil s. μολύδι n. (v.) γράφω μέ μολύδι. delicately ~led καλογραμμένος.

pendant s. (of necklace) παντατίφ n. (of chandelier) κρεμαστός κρύσταλλος.

pending a. the decision is ~ ἡ ἀπόφασις ἀναμένεται. (prep.) (until) ἐν ἀναμονῇ (with gen.), (during) κατά (with acc.).

pendulous a. κρεμασμένος, κρεμαστός.

pendulum s. ἐκκρεμές n.

penetrable a. διαπερατός.

penetrate v. διαπερνῶ, διεισδύω εἰς. (also of idea) εἰσχωρῶ εἰς. (pierce) διατρυπῶ, (imbue) ἐμποτίζω.

penetrating a. (voice, glance, cold) διαπεραστικός. (mind) ὀξύς, διορατικός.

penetration s. διείσδυσις f., εἰσχώρησις f. (mental) διορατικότης f.

penguin s. πιγκουῖνος m.

penicillin s. πενικιλλίνη f.

peninsula s. χερσόνησος f.

penis s. πέος n.

penitence s. μετάνοια f.

penitent a. be ~ μετανοῶ. (words, etc.),

γεμᾶτος μετάνοια. (s.) μετανοῶν a. ~ial a. τῆς μετανοίας.
penitentiary s. φυλακή f.
penknife s. σουγιᾶς m.
penmanship s. καλλιγραφία f.
pen-name s. ψευδώνυμον n.
pennant s. ἐπισείων m.
penniless a. ἀπέντορος.
pennon s. (ship's) ἐπισείων m. (on lance) παράσειον n.
penny s. πέννα f. not a ~ οὔτε μία πεντάρα. a pretty ~ πολλά λεφτά. turn an honest ~ βγάζω τίμια τό ψωμί μου. the ~ has dropped (I understand) μπῆκα. I'm not a ~ the wiser δέν κατάλαβα τίποτα. (fam.) spend a ~ πάω στό μέρος.
penology s. ἐγκληματολογία f.
pension s. (lodging) πανσιόν f.
pension s. (pay) σύνταξις f. ~er s. συνταξιοῦχος m.f.
pensive a. συλλογισμένος. ~ly adv. συλλογισμένα.
pent a. κλεισμένος. ~ up συγκρατημένος.
pentagon s. πεντάγωνον n.
Pentecost s. Πεντηκοστή f.
penthouse s. (shed) ὑπόστεγον n. (top flat) ρετιρέ n.
penultimate a. προτελευταῖος. (gram.) ~ syllable παραλήγουσα f.
penur|ious a. φτωχός. ~y a. ἔνδεια f.
people s. (nation, populace) λαός m. (persons) ἄνθρωποι m.pl., (in general) κόσμος m. my ~ (family, followers) οἱ δικοί μου. young ~ οἱ νέοι, ἡ νεολαία. the common ~ κοσμάκης m. what will ~ say? τί θά πῆ ὁ κόσμος; ~'s (party, etc.) λαϊκός. (v.t.) (inhabit) κατοικῶ, (fill) γεμίζω.
pep s. ζωντάνια f. ~ talk ἐνθαρρυντικά λόγια. (v.t.) ~ up ζωντανεύω.
pepper s. (condiment) πιπέρι n. (vegetable, tree) πιπεριά f. ~ pot πιπεριέρα f. (v.t.) (fig., throw) ρίχνω, (cover) γεμίζω.
peppermint s. μέντα f.
peppery a. πιπεράτος, (person) εὐέξαπτος.
peptic a. (system) πεπτικός.
per prep. (by, via) διά (with gen.). ~ annum κατ᾽ ἔτος. ~ cent τοῖς ἑκατόν. ~ capita ἀνά κεφαλήν. ~ kilo τό κιλό. as ~ κατά, συμφώνως πρός (both with acc.).
peradventure adv. ἴσως. (after if, lest) τυχόν.
perambulat|e v. περιφέρομαι. ~ion s. περιοδεία f., βόλτα f. ~or s. καρροτσάκι n.

perceive v. (see) διακρίνω, (understand) ἀντιλαμβάνομαι.
percentage s. ποσοστόν n.
perceptib|le a. αἰσθητός, ἀντιληπτός, ~l adv. αἰσθητῶς.
perception s. ἀντίληψις f. organs of ~ αἰσθητήρια ὄργανα.
perceptive a. ἀντιληπτικός. ~ly adv. μ ἀντιληπτικότητα. ~ness s. ἀντιληπτικό της f.
perch s. κούρνια f. (v.i.) κάθομαι. (v.t. βάζω. a house ~ed on a rock σπίτ σκαρφαλωμένο σ' ἕνα βράχο.
perchance adv. ἴσως. (after if) τυχόν, κατι τύχην.
percolat|e v.t. & i. περνῶ. (of news) ~ through διοχετεύομαι. ~or s. καφετιέρι μέ φίλτρο.
percussion s. ἐπίκρουσις f. (mus.) κρουστ ὄργανα.
perdition s. ὄλεθρος m.
peregrination s. περιπλάνησις f.
peremptory a. κατηγορηματικος.
perennial a. αἰώνιος, (plant) πολυετής.
perfect a. τέλειος, (full) πλήρης, (excellen θαυμάσιος. (utter) a ~ fool σωστός βλά κας. (gram.) παρακείμενος m., future ~ τετελεσμένος μέλλων. (v.) τελειοποιῶ.
perfection s. (state) τελειότης f. (act) τε λειοποίησις f.
perfectly adv. (to perfection) τέλεια, (cor pletely) τελείως.
perfid|ious a. δόλιος, ἄπιστος. ~y s. δο λιότης f., ἀπιστία f.
perforat|e v. διατρυπῶ. ~ed a. διάτρητο (paper) μέ τρύπες. ~ion s. διάτρησις (in paper) τρύπες f.pl.
perforce adv. κατ᾽ ἀνάγκην.
perform v. (carry out) ἐκτελῶ. (pla) παίζω, παριστάνω.
performance s. ἐκτέλεσις f., παράστασις (functioning) ἀπόδοσις f. (in games, etc. ἐπίδοσις f. (fam., business) ὑπόθεσις f.
performer s. ἐκτελεστής m. (actor) ἠθο ποιός m.f.
perfume s. ἄρωμα n., μυρωδιά f. (v ἀρωματίζω. be ~d with violets μοσχ βολῶ μενεξέ.
perfunctory a. τυπικός, (showing no inte est) ἀδιάφορος.
pergola s. κρεββατίνα f.
perhaps adv. ἴσως, πιθανῶς.
peril s. κίνδυνος m. ~ous a. ἐπικίνδυνο
perimeter s. περίμετρος f.
period s. περίοδος f. (age, era) ἐποχή f (costume, etc.) of the ~ τῆς ἐποχῆς.

ι. περιοδικός. ~ically adv. περιοδικῶς.
eriodical s. περιοδικόν n.
eripatetic a. περιπατητικός.
eripher|al a. περιφερικός, περιφερειακός. ~y s. περιφέρεια f.
eriphras|is s. περίφρασις f. ~tic a. περιφραστικός.
eriscop|e s. περισκόπιον n. ~ic a. περισκοπικός.
erish v. (die) πεθαίνω, (in natural disaster) χάνομαι. (wear out) φθείρομαι. (fam.) be ~ing (or ~ed with) cold πεθαίνω ἀπ' τό κρύο. it is ~ing cold κάνει ψόφο. ~ the thought! Θεός φυλάξοι!
erishable a. (beauty, etc.) φθαρτός, (goods) ἀλλοιώσιμος, πού χαλάει.
erjure v. ~ oneself ψευδορκῶ.
erjur|ed a., ~er s. ψεύδορκος. ~y s. ψευδορκία f.
erk v.t. ~ up (lift) σηκώνω, (v.t. & i.) (revive) ξαναζωντανεύω.
erks s. (fam.) τυχερά n.pl.
erky a. ζωηρός, κεφᾶτος. (hat) σκερτζόζικος.
erm s. (fam.) περμανάντ f.
ermanen|ce s. μονιμότης f. ~cy s. (job, etc.) μόνιμος a.
ermanent a. μόνιμος, (exhibition) διαρκής. ~ly adv. μονίμως.
ermeable a. διαπερατός.
ermeate v. διαπερνῶ, διεισδύω εἰς. (fill) γεμίζω.
ermissible a. ἐπιτρεπτός. is it ~? ἐπιτρέπεται;
ermission s. ἄδεια f.
ermissive a. (laws) ἐπιτρεπτικός. ~ society ἀνεκτική κοινωνία. ~ness s. ἀνεκτικότης f.
ermit v. ἐπιτρέπω (with acc. of thing, σέ of person). ~ of ἐπιδέχομαι. (s.) ἄδεια f.
ermutation s. μετάθεσις f.
ernicious a. βλαβερός.
ernickety a. (fussy) δύσκολος, (ticklish) λεπτός.
eroration s. κατακλείς τῆς ἀγορεύσεως.
eroxide s. ὑπεροξείδιον n. ~ of hydrogen ὀξυγονοῦχον ὕδωρ, (fam.) ὀξυζενέ n.
erpendicular a. κάθετος.
erpetrat|e v. διαπράττω. ~ion s. διάπραξις f. ~or s. δράστης m.
erpetual a. διαρκής, ἀέναος, ἀδιάκοπος. ~ motion ἀεικίνητον n. ~ly adv. διαρκῶς.
erpetuate v. διαιωνίζω.
erpetuity s. in ~ εἰς τό διηνεκές.

perplex v. μπερδεύω, σαστίζω. ~ed a. ἀμήχανος. ~ity s. ἀμηχανία f.
perquisites s. τυχερά n.pl.
persecut|e v. καταδιώκω. ~ion s. διωγμός n. ~ion complex μανία καταδιώξεως. ~or s. διώκτης m.
persever|ance s. ἐπιμονή f. ~ing a. ἐπίμονος. ~e v. ἐπιμένω.
Persian a. περσικός. (person) Πέρσης m., Περσίς f.
persiflage s. ἀστεϊσμοί m.pl.
persist v. (not give up) ἐπιμένω. (continue to be) ἐξακολουθῶ.
persistent a. ἐπίμονος, ἐξακολουθητικός. ~ly συνεχῶς.
person s. πρόσωπον n., ἄνθρωπος m., ἄτομον n. in ~ αὐτοπροσώπως. any ~s wishing to take part οἱ ἐπιθυμοῦντες νά λάβουν μέρος.
persona s. ~ non grata ἀνεπιθύμητον πρόσωπον.
personable a. ἐμφανίσιμος.
personage s. πρόσωπον n., προσωπικότης f.
personal a. (affairs, use, appearance, remarks, pronoun) προσωπικός. (rights, servant) ἀτομικός. ~ity s. προσωπικότης f.
personally adv. (for oneself) προσωπικῶς, (in person) αὐτοπροσώπως.
person|ification s. προσωποποίησις f. ~ify v. προσωποποιῶ.
personnel s. προσωπικόν n.
perspective s. προοπτική f. (fig.) see it in its right ~ τό βλέπω ἀπό τή σωστή του ὄψη.
perspicac|ious a. διορατικός. ~ity s. διορατικότης f.
perspicu|ity s. σαφήνεια f. ~ous a. σαφής.
perspir|ation s. (sweating) ἵδρωμα n. (sweat) ἱδρώτας m. ~e v. ἱδρώνω.
persuade v. πείθω, (coax) καταφέρνω. ~d πεπεισμένος.
persuasion s. πειθώ f. (conviction) πεποίθησις f. (religion) θρήσκευμα n.
persuasive a. πειστικός. ~ly adv. μέ πειστικότητα.
pert a. (person) προπετής.
pertain v. ~ to ἀφορῶ.
pertinac|ious a. ἐπίμονος. ~ity s. ἐπιμονή f.
pertinent a. σχετικός, σχέσιν ἔχων.
perturb v. ἀνησυχῶ. ~ation s. ἀνησυχία f.
perus|al s. ἀνάγνωσις f. ἐξέτασις f. ~e v. διαβάζω, ἐξετάζω.
pervade v. (prevail in) ἐπικρατῶ εἰς, (fill) γεμίζω.

pervasive *a.* πού ἐπικρατεῖ παντοῦ.

perverse *a.* ἀνάποδος. ~ person *(fam.)* κέρατο *n.* ~ness *s.* ἀναποδιά *f.*

perversion *s.* διαστροφή *f.*

perversity *s.* ἀναποδιά *f.*

pervert *s.* διεστραμμένος *a.*

pervert *v.t.* διαστρέφω, *(morally)* διαφθείρω. ~ed *a. (twisted)* στραβός, *(sexually)* διεστραμμένος.

pessimism *s.* ἀπαισιοδοξία *f.*

pessimist *s.*, ~ic *a.* ἀπαισιόδοξος.

pest *s. (nuisance)* πληγή *f.*

pester *v.* ἐνοχλῶ. *(fam.)* he ~ed me μοῦ ἔγινε τσιμπούρι.

pestilence *s.* λοιμός *m.*, πανώλης *f.*

pestilent, ~ial *a.* λοιμώδης, *(fam.)* σιχαμένος.

pestle *s.* κόπανος *m.*, γουδοχέρι *n.*

pet *v.* χαϊδεύω, κανακεύω.

pet *s. (animal)* κατοικίδιο ζῶο. *(s. & a.) (favourite)* ἀγαπημένος, *(spoilt)* χαϊδεμένος, κανακάρης. my ~! χρυσό μου! ~ name χαϊδευτικό ὄνομα. my ~ aversion ἡ ἀντιπάθειά μου.

pet *s. (temper)* be in a ~ ἔχω νευράκια.

petal *s.* πέταλον *n.*

petard *s.* he was hoist with his own ~ πιάστηκε στήν παγίδα πού εἶχε στήσει γιά ἄλλους.

peter *v.* ~ out σβήνω, χάνομαι.

petit *a.* ~ bourgeois μικροαστός *m.* ~ four πτιφούρ *n.*

petite *a.* μικροκαμωμένη.

petition *s.* αἴτησις *f. (v.i.)* αἰτοῦμαι, ὑποβάλλω αἴτησιν. ~er *s.* αἰτῶν *m.*, αἰτοῦσα *f.*

petrel *s. (fig.)* he is a stormy ~ ἡ παρουσία του προσιωνίζεται ἔριδα.

petri|faction *s.* ἀπολίθωσις *f.* ~fy *v.t.* πετρώνω, ἀπολιθώνω. *(v.i.)* πετρώνω, ἀπολιθώνομαι.

petrol *s.* βενζίνη *f.* ~ station πρατήριον βενζίνης.

petroleum *s.* πετρέλαιον *n.*

petticoat *s.* μεσοφόρι, μισοφόρι *n.* ~ government γυναικοκρατία *f.*

pettifogging *a.* λεπτολόγος, στρεψόδικος.

pettiness *s.* μικροπρέπεια *f.*

pettish *see* peevish.

petty *a.* ἀσήμαντος, μικρο-. *(person)* μικροπρεπής. ~ cash μικροέξοδα *n.pl. (naut.)* ~ officer ὑπαξιωματικός *m.* chief ~ officer κελευστής *m.*

petul|ance *s.* νεῦρα *n.pl.* ~ant *a.* νευρικός.

pew *s.* στασίδι *n.*

phalanx *s.* φάλαγξ *f.*

phall|ic *a.* φαλλικός. ~us *s.* φαλλός *m.*

Phanariot *s.* Φαναριώτης *m.*

phantasm *s.* ψευδαίσθησις *f.* ~agoria *s* φαντασμαγορία *f.*

phantom *s.* φάντασμα *n.*

Pharaoh *s.* Φαραώ *m.*

pharisaic, ~al *a.* φαρισαϊκός.

pharisee *s.* φαρισαῖος *m.*

pharmaceutical *a.* φαρμακευτικός.

pharmacology *s.* φαρμακολογία *f.*

pharmacopoeia *s.* φαρμακοποιία *f.*

pharmacy *s. (dispensing)* φαρμακευτική *f (shop)* φαρμακεῖον *n.*

pharynx *s.* φάρυγξ *m.*

phase *s.* φάσις *f. (v.)* ~ in *(or* out) εἰ σάγω *(or* καταργῶ) σταδιακῶς.

pheasant *s.* φασιανός *m.*

phenomenal *a.* φαινομενικός. *(fam.)* (pro digious)* καταπληκτικός. ~ly *adv.* κατα πληκτικά.

phenomenon *s.* φαινόμενον *n.*

phial *s.* φιαλίδιον *n.*

philander *v.* φλερτάρω. ~er *s.* κορτάκια *m.*

philanthrop|ic *a.* φιλανθρωπικός. ~ist *s* φιλάνθρωπος *m.* ~y *s.* φιλανθρωπία *f.*

philatel|ist *s.* φιλοτελιστής *m.* ~y *s.* φιλο τελισμός *m.*

philhellen|e *s.* φιλέλλην *m.* ~ic *a.* φιλελ ληνικός. ~ism *s.* φιλελληνισμός *m.*

philippic *s.* φιλιππικός *m.*

philistine *s.* φιλισταῖος *m.*

philolog|ical *a.* γλωσσολογικός. ~ist *s* γλωσσολόγος *m.* ~y *s.* γλωσσολογία *f.*

philosopher *s.* φιλόσοφος *m.*

philosophical *a.* φιλοσοφικός, *(resigned* φιλόσοφος *m.* ~ly *adv.* φιλοσοφικά, σάν φιλόσοφος.

philosoph|ize *v.* κάνω τό φιλόσοφο. ~y *s.* φιλοσοφία *f.*

philtre *s.* φίλτρον *n.*

phlegm *s. (mucus)* φλέμα *n. (calm,* φλέγμα *n.* ~atic *a.* φλεγματικός.

phobia *s.* φοβία *f.*

Phoenician *a.* φοινικικός, *(person)* Φοίνιξ.

phoenix *s.* φοίνιξ *m.*

phone *see* telephone.

phonetic *a.* φωνητικός. ~ian *s.* φωνητικός ἐπιστήμων. ~s *s.* φωνητική *f.*

phoney *a. (fam.)* ψεύτικος, δῆθεν.

phonic *a.* φθογγικός.

phonograph *s.* γραμμόφωνον *n.*

phosphate *s.* φωσφορικόν ἅλας.

phosphoresc|ence *s.* φωσφορισμός *m.* ~en *a.* φωσφορίζων.

phosphorus *s.* φωσφόρος *m.*

photo 235 **piece**

photo s. φωτογραφία f.

photocopy s. φωτοαντίγραφο n.

photogenic a. φωτογενής.

photograph s. φωτογραφία f. ~**er** s. φωτογράφος m. ~**ic** a. φωτογραφικός. ~**y** s. φωτογραφία f.

photostat s. φωτοτυπία f.

phrase s. (expression) ἔκφρασις f. (gram. & mus.) φράσις f. (v.) ἐκφράζω.

phraseology s. φρασεολογία f.

phrasing s. (mus.) φρασάρισμα n.

phrenetic a. φρενήρης.

phut adv. (fam.) go ~ χαλῶ.

phylloxera s. φυλλοξήρα f.

physic s. (medicine) γιατρικό n. (v.) δίνω γιατρικό σέ.

physical a. φυσικός, (bodily) σωματικός. ~ education (or jerks) γυμναστική f. ~**ly** adv. φυσικῶς, σωματικῶς.

physician s. ἰατρός παθολόγος.

physic|s s. φυσική f. ~**ist** s. φυσικός m.

physiognomy s. φυσιογνωμία f.

physiolog|ical a. φυσιολογικός. ~**ist** s. φυσιολόγος m. ~**y** s. φυσιολογία f.

physiotherap|ist s. φυσιοθεραπευτής m. ~**y** s. φυσιοθεραπεία f.

physique s. σωματικὴ διάπλασις, κρᾶσις f.

pianist s. πιανίστας m.

piano s. πιάνο n. grand ~ πιάνο μέ οὐρά. ~**forte** s. κλειδοκύμβαλον n.

piastre s. γρόσι n.

picaresque a. (story) μέ περιπέτειες τυχοδιωκτῶν.

pick s. (also ~-axe) ἀξίνα f.

pick s. (best part) ἀφρόκρεμα f., ὅ,τι ἐκλεκτόν. take one's ~ διαλέγω τό καλύτερο.

pick v.t. (cut, pluck) κόβω, μαζεύω. (peck) τσιμπῶ. (select) διαλέγω, (take, remove) βγάζω. (a bone) γλείφω, (one's teeth, nose, a lock) σκαλίζω. ~ holes in βρίσκω τρωτά σέ. ~ a quarrel στήνω καβγά. ~ one's way βαδίζω προσεκτικά. ~ and choose διαλέγω καί παίρνω μόνο τό καλύτερο. I had my pocket ~ed μοῦ βούτηξαν τό πορτοφόλι. I've got a bone to ~ with you θά σοῦ δώσω λόγο.

pick at v.t. (eat) τσιμπῶ χωρίς ὄρεξη.

pick off v.t. (kill)· σκοτώνω ἕνα ἕνα, (remove) βγάζω.

pick out v.t. (choose) διαλέγω, (distinguish) ξεχωρίζω, (remove) βγάζω, (underline) τονίζω.

pick up v.t. (sthg. dropped, laid down) μαζεύω. (lift) σηκώνω, παίρνω στά χέρια μου. (get) βρίσκω, (learn) μαθαίνω, (unearth) ξετρυπώνω. (collect, call for) παίρνω. (make casual acquaintance of) ψωνίζω. (a habit) ἀποκτῶ. (v.i.) (get better, of person) συνέρχομαι, ἀναλαμβάνω, παίρνω ἀπάνω μου. (of conditions) βελτιώνομαι.

pickaback adv. στήν πλάτη.

picked a. (choice) διαλεχτός, ἐπίλεκτος.

picker s. συλλέκτης m.

picket s. (mil.) προφυλακή f. (strikers') σκοποί m.pl. (v.t.) βάζω σκοπούς μπροστά σέ.

picking s. (of fruit, etc.) συγκομιδή f. ~**s** τσιμπολογήματα n.pl.

pickle s. (edible) τουρσί n. (brine) ἄλμη f. in a ~ (fam.) μπλεγμένος. I have a rod in ~ for him ἔχω ράμματα γιά τή γούνα του. (v.t.) κάνω τουρσί.

pick-me-up s. τονωτικό n.

pickpocket s. πορτοφολᾶς m.

picnic s. πικνίκ n. it's no ~ δέν εἶναι παΐξε-γέλασε. (v.) πάω γιά πικνίκ.

pictorial a., ~**ly** adv. μέ εἰκόνες.

picture s. εἰκών, εἰκόνα f. (on wall) πίναξ m. (film) ταινία f., ~**s** κινηματογράφος m. (fig., beautiful scene) ζωγραφιά f. the ~ of health ἡ προσωποποίησις τῆς ὑγείας. put (person) in the ~ ἐνημερώνω. ~ gallery πινακοθήκη f. ~ postcard κάρτα f. (v.t.) ἀπεικονίζω. ~ to oneself φαντάζομαι.

picturesque a. γραφικός. ~**ly** adv. γραφικά. ~**ness** s. γραφικότης f.

piddling a. τιποτένιος.

pidgin s. (fam.) it's not my ~ δέν εἶναι τῆς ἁρμοδιότητός μου. ~ English παρεφθαρμένα ἀγγλικά τῆς ῎Απω ᾽Ανατολῆς.

pie s. (cheese, meat) πήττα f. fruit ~ γλύκισμα μέ φροῦτο καί σφολιάτα. have a finger in the ~ εἶμαι ἀνακατεμένος. eat humble ~ ρίχνω τά ἀφτιά μου. easy as ~ πολύ εὔκολο.

piebald a. μέ ἄσπρες καί μαῦρες κηλίδες.

piece s. κομμάτι n., τεμάχιον n. ~ of advice συμβουλή f. ~ of furniture ἔπιπλο n. 10-drachma ~ δεκάρικο n. nice ~ (fam., woman) κόμματος m. they are all of a ~ μοιάζουν, ταιριάζουν. take to ~**s** ξηλώνω. pull or tear to ~**s** κομματιάζω. come to ~**s** διαλύομαι. break to ~**s** (v.i.) γίνομαι κομμάτια. go to ~**s** (fig.) καταρρέω, διαλύομαι. I gave him a ~ of my mind τοῦ τά εἶπα ἀπ᾽ τήν καλή. (v.t.) ~ together συναρμολογῶ.

piecemeal *adv.* κομμάτι-κομμάτι, τμηματικῶς.

pied *a.* ποικιλόχρωμος.

pier *s. (landing)* ἀποβάθρα *f. (of arch)* ἀψιδοστάτης *m.*, ποδαρικό *n.*

pierc|e *v.* διατρυπῶ. *(penetrate)* διεισδύω εἰς, διαπερνῶ, *(the heart)* σχίζω. **~ing** *a.* διαπεραστικός.

pierrot *s.* πιερότος *m.*

piety *s.* εὐσέβεια *f. (duty)* σέβας *n.*

piff|le *s.* ἀνοησίες *f.pl.* **~ling** *a.* ἀσήμαντος.

pig *s.* χοῖρος *m.*, γουρούνι *n.*

pigeon *s.* περιστέρι *n. (young)* πιτσούνι *n.*

pigeon-hole *s.* θυρίς *f. (v.)* ταξινομῶ, *(put aside)* βάζω στό χρονοντούλαπο.

piggish *a. (greedy)* λαίμαργος, *(dirty)* βρώμικος.

piggy *s.* γουρουνάκι *n.* ~ bank κουμπαρᾶς *m.*

pigheaded *a.* ξεροκέφαλος.

pig-iron *s.* χυτοσίδηρος *m.*

pigment *s.* χρωστική *f.* **~ation** *s.* χρωματισμός *m.*

pigmy *a. & s.* πυγμαῖος.

pike *s. (spear)* κοντάρι *n. (toll)* διόδια *n.pl.*

pikestaff *s.* plain as a ~ ὁλοφάνερος.

pilaf *s.* πιλάφι *n.*

pilaster *s.* πιλάστρι *n.*

pile *s. (beam)* πάσσαλος *m. (of carpet)* πέλος *n.*

pile *s. (heap)* σωρός *m.*, στοίβα *f. (electric)* στήλη *f. (funeral)* πυρά *f.* make one's ~ κάνω τήν μπάζα μου.

pile *v.t. (heap) (also* ~ up) στοιβάζω. *(load)* φορτώνω. ~ up *(v.t.) (accumulate)* συσσωρεύω, *(money)* μαζεύω, *(v.i.)* συσσωρεύομαι, μαζεύομαι, *(collide)* τρακάρω, *(run aground)* ἐξοκέλλω. ~ into στριμώχνομαι μέσα σέ. ~ it on τά παραλέω.

piles *s.* αἱμορροΐδες *f.pl.*

pilfer *v.* κλέβω, βουτῶ. **~er** *s.* κλέφτης *m.* **~ing** *s.* κλέψιμο *n.*

pilgrim *s.* προσκυνητής *m.* **~age** *s.* προσκύνημα *n.*

pill *s.* χάπι *n.*

pillage *v.* λεηλατῶ. *(s.)* λεηλασία *f.*

pillar *s.* κίων *m.*, στῦλος *m.*, κολόνα *f. (fig.)* στῦλος, στυλοβάτης *m.* be driven from ~ to post δέν μ' ἀφήνουν σέ χλωρό κλαδί. **~-box** *s.* γραμματοκιβώτιον *n.*

pillion *s.* ride ~ *(horse)* κάθομαι πισωκάπουλα, *(motorcycle)* κάθομαι ἀπό πίσω.

pillory *v. (fig.)* διαπομπεύω.

pillow *s.* μαξιλλάρι *n.*, προσκέφαλον *n (v.)* ἀκουμπῶ. **~-case** *s.* μαξιλλαροθήκ *f.*, κλίφι *n.*

pilot *s. (naut.)* πιλότος *m.*, πλοηγός *n (aero.)* πιλότος *m. (fig., guide)* ὁδηγό *m. (a., experimental)* δοκιμαστικός. *(v.* ὁδηγῶ. **~-boat** *s.* πιλοτίνα *f.* **~-burner** *s* ὁδηγός καυστήρ *m.*

pimp *s.* μαστροπός *m. (v.)* μαστροπεύω.

pimpl|e *s.* σπυρί *n.* get ~es βγάζω σπυ ριά. **~y** *a.* σπυριασμένος.

pin *s.* καρφίτσα *f.* I don't care a ~ καρφ δέν μοῦ καίγεται. get ~s and needle μουδιάζω. for two ~s I'd punch his nos μόλις κρατιέμαι νά μή τοῦ σπάσω τ μοῦτρα.

pin *v.* καρφιτσώνω, πιάνω μέ καρφίτσ *(one's hopes)* στηρίζω. ~ *(blame)* ο φορτώνω σέ. ~ down *(immobilize)* καθη λώνω, *(beneath wreckage)* πλακώνω. h won't be ~ned down δέν θέλει νά δε σμευθῆ.

pinafore *s.* ποδιά *f.*

pincers *s.* λαβίς *f. (lobster's)* δαγκάνε *f.pl.*

pinch *s.* τσιμπιά *f. (of salt, etc.)* πρέζα *f* at a ~ στήν ἀνάγκη. feel the ~ τά ἔχ στενά.

pinch *v.t.* τσιμπῶ, *(one's finger)* μαγγώνω *(of shoe)* πιάνω, *(fig.)* that's where th shoe ~es ἐκεῖ εἶναι ἡ σφίξη. *(v.i.)* ~ an scrape σφίγγω τό ζωνάρι μου.

pinchbeck *a. (fig.)* ψεύτικος.

pin-cushion *s.* μαξιλλάρι γιά καρφίτσες.

pine *s.* πεῦκο *n.*

pine *v.* λειώνω, μαραζώνω. ~ for *(desire* λαχταρῶ.

pineapple *s.* ἀνανᾶς *m.*

pine-cone *s.* κουκουνάρι *n.*

ping-pong *s.* πίγκ-πόγκ *n.*

pinion *s. (wing)* φτερούγα *f. (v., bind* δένω.

pink *a.* ρόζ. *(s.) (flower)* γαρύφαλλο *n.* i the ~ of condition εἰς ἀρίστην κατάστα σιν he's in the ~ εἶναι θηρίο.

pink *v.i. (of engine)* χτυπῶ.

pin-money *s.* χαρτζιλίκι *n.*

pinnace *s.* ἄκατος *f. (steam)* ἀτμάκατο *f.*

pinnacle *s. (peak)* κορυφή *f. (on roof* βέλος *n. (of fame)* κολοφών *m.*

pinpoint *v.* ἐπισημαίνω ἐπακριβῶς.

pinprick *s.* μικροενόχλησις *f.*

pint *s.* πίντα *f.*

pioneer *s.* πρωτοπόρος *m. (mil.)* σκαπο

νεύς m. (v.i.) καινοτομῶ. (v.t.) εἰσάγω.
~ing a. ρηξικέλευθος.
~ious a. εὐσεβής, θρῆσκος. (dutiful) φερόμενος μετά σεβασμοῦ. ~ly adv. εὐσεβῶς.
~ip s. (seed) κουκούτσι n. (fam.) have the ~ εἶμαι στίς κακές μου.
~ipe s. σωλήν m. (mus.) αὐλός m. (bucolic) φλογέρα f., (Pan's) σύριγξ f. (whistle, note) σφύριγμα n. (smoker's) πίπα f., τσιμπούκι n.
~ipe v.t. (convey liquid) διοχετεύω. (play) παίζω. (v.i.) (whistle) σφυρίζω. ~ up πετάγομαι καί λέω. ~ down μαζεύομαι.
~iped a. (edged) μέ φιτίλι. ~ water τρεχούμενο νερό.
~ipeline s. (oil) πετρελαιαγωγός m. (fig.) in the ~ (supplies) καθ' ὁδόν, (plans) ὑπό ἐπεξεργασίαν.
~iper s. αὐλητής m. (fig.) you must pay the ~ τό ἤθελες – θά τό πληρώσης.
~iping s. (edging) φιτίλι n. (system of pipes) σωληνώσεις f.pl. six foot of ~ σωλήν μήκους ἕξη ποδιῶν. (a.) ~ hot καυτός.
~iquancy s. νοστιμάδα f. ~ant a. πικάντικος.
~ique s. πίκα f. (v.t.) (stir) κεντρίζω. ~d κακοφανισμένος.
~iqué a. πικέ.
~iracy s. πειρατεία f.
~irate s. πειρατής m. (a.) πειρατικός. (v.) κλέβω, (books) ἀνατυπώνω παρανόμως. ~ical a. πειρατικός.
~istachio s. φιστίκι n. (tree) φιστικιά f.
~istol s. πιστόλι n.
~iston s. ἔμβολον n., πιστόνι n.
~it s. λάκκος m. (mine) ὀρυχεῖον n. (scar) σημάδι n.
~it v. (set against) βάζω ἐναντίον (with gen.). ~ oneself against ἀνταγωνίζομαι. be ~ted against ἔχω ὡς ἀντίπαλον.
~itch s. (tar) πίσσα f. (for game) γήπεδο n. (trader's) στέκι n. (degree) βαθμός m. (slope) κλίσις f. (of tone) ὕψος n., ~ black κατάμαυρος, ~ dark θεοσκότεινος.
~itch v.t. (throw) ρίχνω, (set up) στήνω, (relate) λέω. (v.i.) (of ship) σκαμπανεβάζω. ~ on διαλέγω. ~ into (work) ρίχνομαι σέ, (food) πέφτω μέ τά μοῦτρα σέ, (opponent) ἐπιτίθεμαι εἰς. ~ed battle μάχη ἐκ παρατάξεως.
~itcher s. στάμνα f.
~itchfork s. δικράνι n. (v.) χώνω, βάζω.
~iteous a. οἰκτρός, θλιβερός. ~ly adv. θλιβερά.
~itfall s. παγίδα f.

pith s. ψίχα f. (essence) οὐσία f. ~ily adv. ἀποφθεγματικῶς, ~y a. νευρώδης, λιτός καί ζουμερός.
pithead s. εἴσοδος ὀρυχείου.
pitiable a. ἐλεεινός, ~ly adv. ἐλεεινά.
pitiful a. (state) ἐλεεινός, (feeling pity) σπλαχνικός. ~ly adv. ἐλεεινά, σπλαχνικά.
pitiless a. ἀνηλεής. ~ly adv. ἀνηλεῶς.
pittance s. γλίσχρος μισθός. for a mere ~ γιά ἕνα κομμάτι ψωμί.
pitted a. (scarred) σημαδεμένος.
pity s. οἶκτος m., ἔλεος n. have ~ on λυπᾶμαι. a ~ (regrettable) κρῖμα n. it's a ~ you didn't see him κρῖμα πού δέν τόν εἴδατε.
pity v.t. λυπᾶμαι. he is to be pitied εἶναι ἀξιολύπητος, εἶναι νά τόν λυπᾶσαι.
pivot s. ἄξων m. (v.i.) περιστρέφομαι. ~al a. (fig.) βασικός.
placard s. πλακάτ n.
placate v. ἐξευμενίζω.
place s. μέρος n. (position, rank) θέσις f. (site, locality, spot) τόπος n, all over the ~ παντοῦ. in the first ~ πρῶτα-πρῶτα. out of ~ (remark) ἐκτός τόπου, (dress) ἀταίριαστος. take ~ γίνομαι, λαμβάνω χώραν. take the ~ of ἀντικαθιστῶ. in ~ of ἀντί (with gen.), ἀντί γιά (with acc.).
place v. βάζω, τοποθετῶ, (an order) δίδω. (classify) κατατάσσω. you know how I am ~d ξέρετε τήν κατάστασή μου.
placenta s. (med.) πλακοῦς m.
placid a. ἥρεμος, πρᾶος, ~ity s. ἠρεμία f., πραότης f.
plage s. πλάζ f.
plagiarism s. λογοκλοπία f. ~ist s. λογοκλόπος m. ~ize v. κλέβω.
plague s. πανώλης f. (annoyance) πληγή f. (v.) βασανίζω.
plaid s. σκωτσέζικο ὕφασμα.
plain s. πεδιάδα f., κάμπος m.
plain a. (evident) ξεκάθαρος, ὁλοφάνερος. (comprehensible) καθαρός. (simple, ordinary) ἁπλός, (unadorned) ἀπέριττος. (with nothing added) σκέτος. (in looks) ὄχι ὡραῖος, τοῦ σωροῦ. ~ truth καθαρή ἀλήθεια. ~ dealing ἐντιμότης f. it was ~ sailing δέν ὑπῆρχαν δυσκολίες. ~-spoken ντόμπρος.
plainly adv. (clearly) ὁλοφάνερα, καθαρά. (simply) ἁπλά, (frankly) ντόμπρα. speak ~! μίλα ρωμαίικα.
plainness s. (clarity) σαφήνεια f. (simplicity) ἁπλότης f. (frankness) εἰλικρίνεια f.
plainsong s. γρηγοριανόν μέλος.

plaint s. παράπονο n. (law) ἀγωγή f. ~iff s. ἐνάγων m.

plaintive a. παραπονετικός, (music) κλαψιάρικος.

plait s. πλεξούδα f. (v.) κάνω πλεξούδα.

plan v.t. σχεδιάζω, μελετῶ. (arrange) σχεδιάζω, προγραμματίζω. (v.i., intend) προτίθεμαι, λέω. ~ned (intentional) προμελετημένος. (s.) σχέδιον n., σχεδιάγραμμα n. (arrangements) σχέδιον n. draw up the ~s (of building, etc.) κάνω τή μελέτη. ~ning s. προγραμματισμός m.

plane s. (level) ἐπίπεδον n., πλάνο n. (aero.) ἀεροπλάνο n.

plane s. (tool) ροκάνι n. (v.) ροκανίζω.

plane s. (tree) πλάτανος m.

planet s. πλανήτης m.

plangent a. κλαψιάρικος.

plank s. σανίδα f. (v.) (fam.) ~ down πετῶ κάτω.

plant s. φυτόν n. (installations) ἐγκαταστάσεις f.pl. (fam., swindle) μηχανή f. (a.) (of plants) φυτικός.

plant v. φυτεύω. (place) βάζω, (a blow) καταφέρω, (a sharp instrument) καρφώνω. (conceal) κρύβω. ~ oneself (take up position) στέκομαι, (comfortably) θρονιάζομαι, στρώνομαι.

plantation s. φυτεία f.

planter s. καλλιεργητής m.

plaque s. πλάξ f.

plash s. (of fountain) κελάρυσμα n. (v.) κελαρύζω.

plasma s. πλάσμα n.

plaster s. (for wolls) σοβᾶς m. ~ of Paris γύψος m. ~ cast γύψινον ἐκμαγεῖον. ~ board γυψοσανίς f. (med.) ἔμπλαστρον n. sticking ~ λευκοπλάστης m.

plaster v.t. (cover with ~) σοβαντίζω. (cover) σκεπάζω, γεμίζω. (stick) κολλῶ. (fam.) ~ed (drunk) σουρωμένος. ~er s. σοβατζῆς m.

plastic a. (malleable) εὔπλαστος, (arts, surgery & synthetic) πλαστικός. (s.) πλαστικόν n. ~ity s. πλαστικότης f.

plate s. (for food) πιάτο n. (silverware) ἀσημικά n.pl. brass ~ πινακίδα f. (of metal) ἔλασμα n., φύλλον n. dental ~ μασέλλα f. (illustration) εἰκών f. (engraving, photo) πλάξ f.

plate v. (with armour) θωρακίζω, (with gold) ἐπιχρυσώνω, (with silver) ἐπαργυρώνω. ~d ἐπάργυρος.

plateau s. ὀροπέδιον n.

platform s. (speaker's) βῆμα n. (railway) ἀποβάθρα f.

platinum s. πλατίνα f.

platitud|e s. κοινοτοπία f. ~inous a. τετριμμένος.

Platonic a. πλατωνικός.

platoon s. (mil.) διμοιρία f.

platter s. πιατέλλα f.

plaudits s. χειροκροτήματα n.pl.

plausible a. ἀληθοφανής. he is ~ τ λόγια του εἶναι ἀληθοφανή.

play ·v. παίζω. (of sunlight) παιχνιδίζε (of fountain) λειτουργῶ. ~ a trick ο σκαρώνω μία φάρσα σέ. ~ the fool σε χλαμαρίζω. ~ the man φέρομαι σάν ἄν δρας. ~ fair φέρομαι τίμια. ~ the gam δέν κάνω ζαβολιές. ~ (person) fals προδίδω. ~ second fiddle παίζω δευτι ρεύοντα ρόλο. ~ it cool ἐνεργῶ μέ ψι χραιμία. ~ fast and loose with κάνω κο τάχρηση (with gen). ~ into the hands ο one's opponent παίζω τό παιχνίδι το ἀντιπάλου μου.

play s. (recreation, games) παιχνίδι ι (style, quality of playing) παίξιμο n. on words λογοπαίγνιον n. bring (ο come) into ~ θέτω (or τίθεμαι) εἰς ἐνέρ γειαν. give more ~ to (rope) λασκάρε (imagination, etc.) ἀφήνω πιό ἐλεύθερο (drama) (θεατρικόν) ἔργον.

play down v.t. μειώνω τή σπουδαιότητ (or τή σοβαρότητα) (with gen.). (v.i.) ~ to him περιορίζομαι εἰς τό διανοητικ του ἐπίπεδο.

play off v.t. play one off against the othe κάνω νά διάκεινται ἐχθρικῶς ὁ ἕνα πρός τόν ἄλλον, παρακινῶ τήν ἐχθρικ τητα τοῦ ἑνός πρός τόν ἄλλον.

play on v.t. (exploit) ἐκμεταλλεύομαι.

play out v. played out (exhausted) ἐξαν τλημένος, (out of date) ξεπερασμένος.

play up v.t. (exaggerate) ὑπερβάλλ (torment) ταλαιπωρῶ, she plays him u τόν σέρνει ἀπ' τή μύτη. (v.i.) ~ κολακεύω.

play-acting s. (fig.) προσποίησις f.

player s. παίκτης m. (actor) ἠθοποιός m

playful a. παιχνιδιάρης.

playground s., (school) αὐλή f. (public παιδική χαρά. (fig.) τόπος ἀναψυχῆς.

playhouse s. θέατρο n.

playing s. (performance) παίξιμο ι ~-card s. παιγνιόχαρτον n.

playmate s. σύντροφος m. f.

plaything s. παιχνίδι n. (fig.) ἄθυρμα n.

playwright s. θεατρικός συγγραφεύς.

plea s. ἔκκλησις f. (excuse) πρόφασις f.

plead v. κάνω ἔκκλησιν, (offer as excuse

προφασίζομαι. (law) ὑποστηρίζω. ~
guilty (or not guilty) ὁμολογῶ (or ἀρνοῦμαι) τήν ἐνοχήν μου. ~ing a. παρακλητικός.

leasant a. εὐχάριστος, (person) εὐγενικός, συμπαθητικός. ~ly adv. εὐχάριστα, εὐγενικά.

leasantry s. ἀστεῖο n.

lease v. (gratify) εὐχαριστῶ, δίνω εὐχαρίστηση σέ. (be to liking of) ἀρέσω σέ. ~ yourself, do as you ~ κάνε ὅ,τι θέλεις (or ὅπως σοῦ ἀρέσει). (if you) ~ (request) παρακαλῶ. if you ~! (iron.) ἄν ἀγαπᾶτε! be ~d (satisfied) εἶμαι εὐχαριστημένος, (glad) χαίρομαι.

leasing a. εὐχάριστος.

leasur|able a. εὐχάριστος. ~ably adv. εὐχάριστα.

leasure s. εὐχαρίστησις f, (sensual) ἡδονή f. take ~ in βρίσκω εὐχαρίστηση σέ. with ~ εὐχαρίστως.

leat s. πιέτα f. (v.) κάνω πιέτες σέ, πλισσάρω. ~ing s. πλισσές m.

lebeian a. πληβεῖος.

lebiscite s. δημοψήφισμα n.

lectrum s. πέννα f.

ledge s. (promise) ὑπόσχεσις f. (guarantee) ἐγγύησις f. (token) τεκμήριον n. (v.) (pawn) βάζω ἐνέχυρον. ~ oneself ὑπόσχομαι.

leiades s. Πούλια f.

lenary a. πλήρης, in ~ session ἐν ὁλομελεία.

lenipotentiary a. & s. πληρεξούσιος.

lenteous a. ἄφθονος. ~ness s. ἀφθονία f.

lentiful a. ἄφθονος. ~ly adv. ἄφθονα.

lenty s. ἀφθονία f. in ~ ἐν ἀφθονία. ~ of ἄφθονος, μπόλικος.

leonastic a. πλεοναστικός.

lethora s. ὑπεραφθονία f.

leurisy s. πλευρῖτις f.

liab|ility s. εὐκαμψία f. ~le a. εὔκαμπτος, (person) ἐνδοτικός.

liant see pliable.

liers s. τανάλια f.

light s. (difficulty) δύσκολη θέσις, (sorry state) χάλι n.

light v. ~ oneself (or one's word) ὑπόσχομαι.

limsolls s. πάνινα παπούτσια μέ λαστιχένιες σόλες.

linth s. βάσις f.

lod v. σέρνομαι. (fig.) ~ on μοχθῶ.

lonk s. (thud) γδοῦπος m. (v.t.) ~ down τετῶ κάτω.

lop v.i. ~ down πέφτω κάτω.

plosive a. (gram.) στιγμιαῖος.

plot s. (of land) κόμματι n. (for building) οἰκόπεδον n. (of play) πλοκή f., ὑπόθεσις f. (conspiracy) συνωμοσία f.

plot v.t. (mark out) χαράσσω, (plan) σχεδιάζω, (reckon) ὑπολογίζω. (v.i.) (conspire) συνωμοτῶ. ~ter s. συνωμότης m.

plough s. ἄροτρον n., ἀλέτρι n. (v.i.) ζευγαρώνω. (v.t.) ὀργώνω. ~ one's way (fig.) προχωρῶ μέ κόπο. (in exam) κόβω. ~man s. ζευγᾶς m. ~share s. ὑνί n.

plover s. βροχοπούλι n.

ploy s. ἑλιγμός m.

pluck s. κουράγιο n. ~y a. γενναῖος, θαρραλέος.

pluck v. (bird & fig.) μαδῶ, (pick) κόβω, (pull, twitch) τραβῶ. ~ out βγάζω. ~ up courage παίρνω κουράγιο. (in exam) κόβω.

plug s. βούλλωμα n., τάπα f. (electric) πρίζα f. (of motor) μπουζί n. pull the ~ τραβῶ τό καζανάκι.

plug v.t. βουλλώνω, ταπώνω. (advertise) διαφημίζω. ~ in βάζω στήν πρίζα. ~ away μοχθῶ.

plum s. δαμάσκηνο n., κορόμηλο n. (mirabell) μπουρνέλα f. (fam., best job) καλύτερη θέσις.

plumage s. πτέρωμα n.

plumb v. βολιδοσκοπῶ. (s.) βαρίδι n. ~-line, νῆμα τῆς στάθμης. out of ~ κεκλιμένος. (adv.) ἀκριβῶς.

plumb|er s. ὑδραυλικός m. ~ing s. ὑδραυλικά n.pl.

plume s. φτερό n. (of helmet) λοφίον n. (of smoke) τολύπη f. borrowed ~s δανεικά στολίδια. (v.) ~ oneself καμαρώνω.

plummet s. βαρίδι n. (v.) πέφτω σάν βολίδα.

plump a. παχουλός, (person only) στρουμπουλός.

plump v.t. (make round) ἀναφουφουλιάζω, (put down) πετῶ κάτω. (v.i.) ~ for διαλέγω, παίρνω ἀπόφαση γιά.

plunder v. λεηλατῶ. (s.) (act) λεηλασία f., (things) λάφυρα n.pl., λεία f., (both) πλιάτσικο n.

plunge v.t. βυθίζω, (only into liquid) βουτῶ. (v.i.) βυθίζομαι, βουτῶ. (fall abruptly) καταπίπτω.

plunge s. βουτιά f. take the ~ παίρνω σοβαρή ἀπόφαση.

plunger s. ἔμβολον n.

pluperfect a. (gram.) ὑπερσυντέλικος.

plural s. (gram.) πληθυντικός m.

plus *(math.)* σύν.

plush *a. (fam.) (also ~y)* πολυτελείας.

plutocracy *s.* πλουτοκρατία *f.*

plutocrat *s.* πλουτοκράτης *m.* **~ic** *a.* πλουτοκρατικός.

plutonium *s.* πλουτώνιον *n.*

ply *s.* three-~ wool τρίκλωνο μαλλί. **~-wood** κοντραπλακέ *n.*

ply *v.t. (wield)* χειρίζομαι. ~ the oar κωπηλατῶ. *(a trade)* ἀσκῶ. ~ with questions ταράζω στίς ἐρωτήσεις. he plied me with food μοῦ ἔδωσε νά φάω πολύ. *(v.i.)* κάνω τή διαδρομή.

pneumatic *a. (worked by compressed air)* πεπιεσμένου ἀέρος, *(springy)* ἐλαστικός. ~ drill κομπρεσέρ *n.*

pneumonia *s.* πνευμονία *f.*

poach *v.* κυνηγῶ παρανόμως. *(trespass on)* καταπατῶ.

poached *a.* ποσέ.

poacher *s.* λαθροθήρας *m.*

pocket *s.* τσέπη *f.* be in ~ βγαίνω κερδισμένος. be out of ~ βγαίνω χαμένος. *(under eyes)* σακκούλα *f. (of air)* κενόν *n. (mil.)* θύλαξ *m. (a.)* τῆς τσέπης. *(v.t.)* τσεπώνω. ~ one's pride τό καταπίνω. **~-book** *s.* πορτοφόλι *n.* **~-knife** *s.* σουγιᾶς τῆς τσέπης. **~-money** *s.* χαρτζιλίκι *n.*

pock-marked *a.* βλογιοκομμένος.

pod *s.* λοβός *m.*, λουβί *n.*

podgy *a.* κοντόχοντρος.

podium *s.* ἐξέδρα *f.*

poem *s.* ποίημα *n.*

poet *s.* ποιητής *m.*

poetic, ~al *a.* ποιητικός. **~ally** *adv.* μέ ποίηση.

poetry *s.* ποίησις *f.*

pogrom *s.* πογκρόμ *n.*

poignant *a.* ὀδυνηρός, σπαρακτικός.

point *s. (in space, development, measurement)* σημεῖον *n. (moment)* στιγμή *f. (in scoring)* βαθμός *m. (theme, matter)* θέμα *n.*, ζήτημα *n. (item, particular)* σημεῖον *n. (of weapon, knife)* αἰχμή *f. (of needle, pencil, umbrella, land)* μύτη *f. (of star)* ἀκτίνα *f.* good ~ *(merit)* προσόν *n.* ~ of view ἄποψις *f.* boiling ~ σημεῖον βρασμοῦ. get the ~ ἀντιλαμβάνομαι. beside the ~ ἐκτός θέματος. to the ~ ἐπί τοῦ θέματος. up to a ~ μέχρις ἑνός σημείου. when it came to the ~ ὅταν ἦρθε ἡ ὥρα. in ~ of fact στήν πραγματικότητα. what is the ~ of *(doing)?* τί ὠφελεῖ νά...; I can't see the ~ of δέν βλέπω γιά ποιό λόγο νά. make

a ~ of θεωρῶ ἀπαραίτητο νά. make it a ~ of honour τό φιλοτιμοῦμαι νά. I was on the ~ of phoning you ὅ,τι πήγαινα νά σοῦ τηλεφωνήσω. on the ~ of death ἑτοιμοθάνατος. on the ~ of collapse *(structure)* ἑτοιμόρροπος. it is not my strong ~ δέν διακρίνομαι γιά αὐτό.

point *v.* ~ to *or* at *(indicate)* δείχνω. ~ out ὑποδεικνύω, *(stress)* τονίζω.

point-blank *adv. (range)* ἐκ τοῦ σύνεγγυς, *(straight out)* ὀρθά-κοφτά.

pointed *a.* μυτερός, *(clear)* σαφής. ~ remark καμπανιά *f.* **~ly** *adv.* σαφῶς.

pointer *s.* δείκτης *m. (indication)* ἔνδειξις *f.*

points *s. (railway)* κλειδί *n.*

poise *s. (balance)* ἰσορροπία *f. (of body)* στάσις *f. (ease)* ἄνεσις *f. (v. t.) (hold)* κρατῶ. *(v. i.) (hover, of bird)* ζυγίζομαι. **~d** *a. (ready)* ἕτοιμος, *(at ease)* μέ ἄνεση.

poison *s.* δηλητήριον *n. (v.)* δηλητηριάζω. **~ing** *s.* δηλητηρίασις *f.* **~ous** *a.* δηλητηριώδης. *(fig.)* ἀπεχθής.

poke *s. (sack)* buy a pig in a ~ ἀγοράζω γουρούνι στό σακκί. *(thrust)* σπρωξιά *f.*

poke *v. t. (sthg. into sthg.)* χώνω, *(nudge)* σκουντῶ, *(fire, etc.)* σκαλίζω. ~ fun at κοροϊδεύω. ~ about *(v.i.) (potter)* χασομερῶ, *(rummage)* σκαλίζω. ~ out *(v.t.)* βγάζω, *(v.i.)* ξεπροβάλλω.

poker *s. (game)* πόκερ *n.*

poky *a.* ~ place *or* room τρύπα *f.*

polar *a.* πολικός. **~ity** *s.* πολικότης *f.*

polariz|ation *s.* πόλωσις *f.* **~e** *v.t.* πολῶ *(fig.)* διαιρῶ εἰς δύο ἀντίθετα στρατόπεδα.

pole *s. (point)* πόλος *m.* ~s apart ἐκ διαμέτρου ἀντίθετοι.

pole *s. (post)* κοντάρι *n.*, στῦλος *m. (punt)* σταλίκι *n. (jumping)* κοντός *m. (fam.)* be up the ~ ἔχω μπλέξει ἄσχημα.

pole-axe *v.* σφάζω.

polemic *s.* πολεμική *f.* **~al** *a.* ἐριστικός.

police *s.* ἀστυνομία *f.* ~ constable ἀστυφύλαξ *m.* ~ inspector ἀστυνόμος *m.* ~ court αὐτόφωρο *n.* ~ station τμῆμα *n. (a.)* ἀστυνομικός. *(v.t.)* τηρῶ ὑπό ἔλεγχον. **~man** *s.* ἀστυνομικός *m.*

policy *s.* πολιτική *f. (tactic)* τακτική *f. (insurance)* ἀσφαλιστήριον *n.*

polio *s.* πολιομυελίτις *f.*

polish *v.* γυαλίζω, στιλβώνω, λουστράρω *(fig., refine)* ἐκλεπτύνω. ~ up *(speech etc.)* χτενίζω. ~ off *(finish)* τελειώνω γρήγορα, *(food)* ξεκαθαρίζω, *(kill* καθαρίζω, *(put paid to)* χαντακώνω. ~ floors κάνω παρκέ.

polish *s. (effect)* γυαλάδα *f. (substance)* λούστρο *n.*, βερνίκι *n. (fig.)* ραφινάρισμα *n. ~ed a.* γυαλισμένος. *(fig.)* ραφιναρισμένος.

polite *a.* εὐγενικός. ~ society καλός κόσμος. ~ly *adv.* εὐγενικά. ~ness *s.* εὐγένεια *f.*

politic *a. (expedient)* σκόπιμος. body ~ πολιτεία *f.*

political *a.* πολιτικός. ~ly *adv.* πολιτικῶς.

politician *s.* πολιτευτής *m.*, πολιτικός *m.*, πολιτευόμενος *m.*

politics *s.* πολιτική *f.*, πολιτικά *n.pl.*

poll *s. (head)* κεφάλι *n.* ~-tax κεφαλικός φόρος.

poll *s. (voting)* ψηφοφορία *f.* go to the ~s πάω νά ψηφίσω. head the ~ ἔρχομαι πρῶτος στίς ἐκλογές. *)survey of opinion)* σφυγμομέτρησης τῆς κοινῆς γνώμης. *(v.i., vote)* ψηφίζω. *(v.t., receive votes)* συγκεντρώνω.

pollard *v.* κλαδεύω.

pollen *s.* γῦρις *f.*

pollinat|e *v.* ἐπικονιάζω. ~ion *s.* ἐπικονίασις *f.*

pollut|e *v.* μολύνω, ρυπαίνω. ~ed μολυσμένος. ~ion *s.* μόλυνσις *f.*, ρύπανσις *f.*

polonaise *s.* πολωνέζα *f.*

poltergeist *s.* θορυβοποιόν δαιμόνιον.

poltroon *s.* δειλός *a.*

polyandry *s.* πολυανδρία *f.*

polychrome *a.* πολύχρωμος.

polygam|ous *a.* πολύγαμος. ~y *s.* πολυγαμία *f.*

polyglot *a.* πολύγλωσσος.

polygon *s.* πολύγωνον *n.*

polymath *s.* πολυμαθής *a.*

polyp, ~us *s.* πολύπους *m.*

polyphony *s.* πολυφωνία *f.*

polysyllabic *a.* πολυσύλλαβος.

polytechnic *s.* πολυτεχνεῖον *n.*

polytheism *s.* πολυθεΐα *f.*

pomade *s.* μυραλοιφή *f.*

pomegranate *s.* ρόδι *n. (tree)* ροδιά *f.*

pommel *s. (sword)* λαβή *f. (saddle)* μπροστάρι *n.*

pomp *s.* μεγαλεῖον *n.* ~ous *a.* πομπώδης.

pompon *s.* φούντα *f.*

ponce *s.* νταβατζῆς *m.*

pond *s.* λιμνούλα *f.*

ponder *v.t. & i.* συλλογίζομαι. *(v.t)* ζυγίζω.

ponderous *a.* βαρύς. ~ly *adv.* βαρειά.

poniard *s.* ἐγχειρίδιον *n.*

pontiff *s.* Supreme P~ Μέγας Ποντίφιξ.

pontifical *a.* ποντιφικός. *(fig.)* μέ ὕφος ποντίφικος.

pontificate *v.* ἀποφαίνομαι δογματικῶς.

pontoon *s.* πάκτων *m.* ~ bridge πλωτή γέφυρα.

pony *s.* πόνεϋ *m.*

poodle *s.* κανίς *m.*

pooh-pooh *v.* ἐκδηλώνω περιφρόνηση γιά.

pool *s. (water)* λιμνούλα *f. (swimming)* πισίνα *f.*

pool *s. (at cards)* πότ *n. (business)* κοινοπραξία *f. (common supply)* κοινόχρηστος ὑπηρεσία. *(v.t.)* συγκεντρώνω εἰς κοινόν ταμεῖον.

poop *s.* πρύμνη *f.*

poor *a.* φτωχός, *(unfortunate)* κακομοίρης, καημένος. *(health)* λεπτός. *(bad)* κακός. *(weak, unskilled)* ἀδύνατος. ~ quality *(goods)* δεύτερο πρᾶμα. there was a ~ attendance οἱ παρόντες ἦταν λίγοι.

poorly *a.* ἀδιάθετος. *(adv.) (badly)* ἄσχημα, *(not richly)* φτωχικά. ~ lighted κακοφωτισμένος.

pop *s. (noise)* πάφ *n. (drink)* γκαζόζα *f.*

pop *v.i. (go ~)* κάνω πάφ. *(v.t., put)* βάζω, ~ out βγάζω. ~ the question κάνω πρόταση γάμου. *(v.i.) (into bed)* πέφτω. ~ out, round, *etc.*, *(on errand)* πετάγομαι, πετιέμαι. ~ up *(spring)* πετάγομαι. ~ off *(leave)* φεύγω, *(die)* πεθαίνω. his eyes ~ped out γούρλωσε τά μάτια του.

popcorn *s.* ψημένο καλαμπόκι.

pope *s.* πάπας *m.* ~ry *s.* παπισμός *m.*

pop-eyed *a.* γουρλομάτης *m.*

popinjay *s.* μορφωνιός *m.*

poplar *s.* λεύκη *f.*

poplin *s.* ποπλίνα *f.*

poppet *s.* κούκλα *f.*

poppy *s.* παπαρούνα *f.*

poppycock *s. (fam.)* μποῦρδες *f.pl.*

populace *s.* λαός *m.*

popular *a. (of the people)* λαϊκός, *(common)* κοινός, *(frequented)* πολυσύχναστος. *(in fashion)* τῆς μόδας, *(favoured product)* τῆς προτιμήσεως. *(liked) (person)* δημοφιλής, *(pastime, resort)* λαοφιλής. ~ly *adv.* γενικῶς.

popularity *s.* δημοτικότης *f.*

popularize *v. (simplify)* ἐκλαϊκεύω, *(promote)* προωθῶ.

populat|e *v.* κατοικῶ. ~ion *s.* πληθυσμός *m.* ~ion statistics δημογραφία *f.*

populist *a.* λαϊκός.

populous *a.* πυκνοκατοικημένος.

porcelain s. πορσελάνη f.

porch s. σκεπαστή είσοδος.

porcupine s. ἀκανθόχοιρος m.

pore s. πόρος m.

pore v. ~ over εἶμαι σκυμμένος ἀπάνω σέ.

pork s. χοιρινό n.

pornograph|ic a. πορνογραφικός. ~y s. πορνογραφία f.

por|osity s. πορῶδες n. ~ous a. πορώδης.

porpoise s. φώκαινα f.

porridge s. (fam.) κουάκερ n.

port s. (sea) λιμάνι n., λιμήν m. (a.) λιμενικός.

port s. & a. (side) ἀριστερά f. to ~ ἀριστερά.

portable a. φορητός.

portal s. πυλών m.

portcullis s. καταρρακτή f.

Porte s. Sublime ~ Ὑψηλή Πύλη.

portend v. προμηνεύω.

portent s. οἰωνός m. (prodigy) θαῦμα n. ~ous a. (ominous) δυσοίωνος, (pompous) πομπώδης.

porter s. ἀχθοφόρος m., χαμάλης m. (hall-~) θυρωρός m. ~age s. (charge) ἀχθοφορικά n. pl.

portfolio s. χαρτοφυλάκιον n.

porthole s. φιλιστρίνι n.

portico s. πρόστοον n.

portion s. (share) μερίδιον n. (dowry) προῖκα f. (part) μέρος n. (of food) μερίδα f. (fate) μοῖρα f. (v.t.) μοιράζω, (dower) προικίζω.

portly a. σωματώδης.

portmanteau s. βαλίτσα f.

portrait s. προσωπογραφία f. πορτραῖτο n.

portray v. ἀπεικονίζω, δείχνω. ~al s. ἀπεικόνισις f.

Portuguese a. πορτογαλικός. (person) Πορτογάλος m., Πορτογαλίδα f.

pose v.t. (question) θέτω, (problem) δημιουργῶ. (place) τοποθετῶ. (v.i.) (sit, put on airs) ποζάρω. ~ as (pretend to be) παριστάνω. (s.) πόζα f.

poser s. δύσκολη ἐρώτησις.

poseur s. be a ~ παίρνω πόζες.

posh a. (fam.) (things) πολυτελείας, (people) σπουδαῖος.

position s. (place, job) θέσις f. (of house, city, etc.) τοποθεσία f. (circumstances) θέσις f., κατάστασις f. (attitude) στάσις f. (v.) τοποθετῶ.

positive a. (not negative) θετικός, (certain) βέβαιος, (explicit) ρητός. (real, out-and-

out) πραγματικός. (cocksure) δογματικός. ~ly adv. θετικῶς, ἀπολύτως, πραγματικῶς.

positivism s. θετικισμός m.

posse s. ἀπόσπασμα n.

possess v. κατέχω. ~ oneself of (obtain) ἀποκτῶ, (seize) καταλαμβάνω. be ~ed of ἔχω. ~ed (of devils) δαιμονισμένος.

possession s. (keeping) κατοχή f. take ~ of γίνομαι κάτοχος (with gen.). be in ~ of ἔχω, κατέχω, ἔχω στήν κατοχή μου. (thing owned) ἀπόκτημα n. my ~s τά ὑπάρχοντά μου. (territorial) κτῆσις f.

possessive a. (gram.) κτητικός. she is a ~ mother ἐπιβάλλεται πλέον τοῦ δέοντος στά παιδιά της.

possibility s. δυνατότης f. (chance) ἐνδεχόμενον n. there is a ~ that ἐνδέχεται (or ὑπάρχει πιθανότης) νά.

possib|le a. δυνατός, μπορετός. a ~le solution μία πιθανή λύσις. ~le survivors οἱ ἐνδεχομένως ἐπιζῶντες. as many as ~le ὅσο τό δυνατόν περισσότεροι. ~ly adv. (perhaps) ἐνδεχομένως, πιθανῶς. I can't ~ly μοῦ εἶναι ἀδύνατον.

post s. (stake) πάσσαλος m. (lamp. etc.) κολόνα f., στῦλος m. (position, job) θέσις f. (station) σταθμός m. (mil.) forward ~ ἐμπροσθοφυλακή f.

post s. (mail) ταχυδρομεῖον n. has the ~ come? πέρασε ὁ ταχυδρόμος; ~ office ταχυδρομεῖον n.

post v.t. (place) τοποθετῶ, (on walls) τοιχοκολλῶ. (letters) ταχυδρομῶ, ρίχνω. ~ up (ledger) ἐνημερώνω. keep (person) ~ed κρατῶ ἐνήμερον. (v.i., hasten) σπεύδω.

post- prefix μετα-.

postage s. ταχυδρομικά τέλη. what is the ~? πόσο εἶναι τό γραμματόσημο; ~ stamp γραμματόσημον n.

postal a. ταχυδρομικός. ~ order ταχυδρομική ἐπιταγή.

postbox s. γραμματοκιβώτιον n.

postcard s. ταχυδρομικόν δελτάριον, (picture) κάρτα f.

post-chaise s. ταχυδρομική ἄμαξα.

post-date v.t. μεταχρονολογῶ.

poster s. ἀφίσσα f.

poste restante s. πόστ ρεστάντ n.

posterior a. (place) ὀπίσθιος, (time) μεταγενέστερος. (s.) ὀπίσθια n.pl.

posterity s. οἱ μεταγενέστεροι.

postern s. παραπόρτι n.

postgraduate a. μεταπτυχιακός.

post-haste adv. ὁλοταχῶς.

posthumous *a.* ~ works ἔργα ἐκδοθέντα μεταθανατίως.

postiche *s.* πρόσθετα μαλλιά.

postman *s.* ταχυδρόμος *m.*

post-mortem *s. (med.)* νεκροψία *f.*

postmark *s.* σφραγίς *f.*

postmaster *s.* διευθυντής ταχυδρομείου. P~ General Ὑπουργός Ταχυδρομείων.

postpone *v.* ἀναβάλλω. ~ment *s.* ἀναβολή *f.*

postprandial *a.* ἐπιδόρπιος.

postscript *s.* ὑστερόγραφον *n.*

postulate *s.* ἀξίωμα *n.*, προϋπόθεσις *f. (v.)* ἀξιῶ, θέτω ὡς προϋπόθεσιν.

posture *s.* στάσις *f. (v.)* παίρνω πόζες.

posy *s.* μπουκέτο *n.*

pot *s. (general)* δοχεῖο *n. (chamber)* καθήκι *n. (cooking)* χύτρα *f.*, *(earthen)* τσουκάλι *n.*, *(metal)* τέντζερες *m. (flower)* γλάστρα *f.* take ~ luck τρώω ὅ,τι βρεθῆ. ~s of money λεφτά μέ οὐρά. go to ~ πάω κατά διαβόλου.

pot *v. (plants)* βάζω σέ γλάστρα. *(shoot)* χτυπῶ. ~ted *(meat, fish)* διατηρημένος σέ βάζο, *(abridged)* συνεπτυγμένος.

potable *a.* πόσιμος.

potash *s.* ποτάσα *f.*

potations *s.* πιοτί *n.*, τσούξιμο *n.*

potato *s.* πατάτα *f.*

pot-bellied *a.* κοιλαράς *m.*, κοιλαροῦ *f.*

pot-boiler *s.* ἔργον μικρῆς καλλιτεχνικῆς ἀξίας γινόμενον πρός βιοπορισμόν.

poten|cy *s.* δύναμις *f.* ~t *a.* δυνατός, ἰσχυρός.

potentate *s.* ἡγεμών *m.*

potential *a. (latent)* λανθάνων, *(possible)* ἐνδεχόμενος, πιθανός. *(s.)* δυναμικόν *n.* ~ity *s.* δυνατότης *f.* ~ly *adv.* ἐνδεχομένως, πιθανῶς.

pot-hole *s.* γούβα *f.*

pot-house *s.* καπηλειό *n.*

potion *s. (philtre)* φίλτρον *n.*

potsherd *s.* ὄστρακον *n.*

pottage *s.* σούπα *f.* for a mess of ~ ἀντί πινακίου φακῆς.

potter *v.i.* πηγαινοέρχομαι χασομερώντας.

potter *s.* ἀγγειοπλάστης *m.*

pottery *s. (art)* ἀγγειοπλαστική *f.*, κεραμική *f. (products)* εἴδη κεραμικῆς.

potty *a. (insignificant)* ἀσήμαντος, *(mad)* τρελλός.

pouch *s.* σακκούλα *f. (bag)* τσαντάκι *n. (marsupial's)* μάρσιπος *m.*

poulterer *s.* ἔμπορος πουλερικῶν.

poultice *s.* κατάπλασμα *n.*

poultry *s.* πουλερικά *n.pl.*

pounce *v.* ~ on ὁρμῶ ἐπάνω σέ. *(s.)* πήδημα *n.*

pound *s. (money)* λίρα *f. (weight)* λίβρα *f. (enclosure)* μάντρα *f.*

pound *v.t.* κοπανῶ. *(v.t. & i)* χτυπῶ.

pour *v.t.* χύνω, ρίχνω. ~ out *(drinks)* βάζω, σερβίρω. *(v.i.)* χύνομαι. ~ out *or* forth ξεχύνομαι. *(run)* τρέχω, ρέω. *(throng, flock)* συρρέω. it's ~ing with rain ρίχνει γενναία βροχή. ~ cold water on ὑποδέχομαι χωρίς ἐνθουσιασμό.

pout *v.* σουφρώνω τά χείλια μου.

poverty *s.* φτώχεια *f.*, ἔνδεια *f.*, πενία *f.* ~-stricken *a. (person)* πενόμενος, *(home, etc.)* ἄθλιος.

powder *v.t. (reduce to ~)* κάνω σκόνη, κονιορτοποιῶ. *(one's face)* πουδράρω. *(v.i.) (become ~)* γίνομαι σκόνη, κονιορτοποιοῦμαι. ~ed milk γάλα σκόνη.

powder *s.* σκόνη *f. (cosmetic)* πούδρα *f. (gun)* μπαρούτι *n.* ~-magazine *s.* πυριτιδαποθήκη *f.*

power *s.* δύναμις *f. (moral force, validity)* ἰσχύς *f. (authority, sway)* ἐξουσία *f. (of lens, etc.)* ἰσχύς *f.* ~s *(mental)* ἱκανότητες *f.pl.*, *(bodily)* δυνάμεις *f.pl.*, *(competency)* ἁρμοδιότητες *f.pl.* the ~s that be αἱ ὑφιστάμεναι ἀρχαί. in ~ *(political)* στήν ἐξουσία, στά πράματα. high ~ed *(engine)* μεγάλης ἰσχύος, *(person)* δυναμικός. *(law)* ~ of attorney πληρεξουσιότης *f.* ~ cut διακοπή ρεύματος. ~ politics πολιτική ἰσχύος. ~-driven *a.* μηχανοκίνητος. ~-house *s. (fig.)* ἑστία δυναμισμοῦ. ~less *a.* ἀνίσχυρος. ~-station *s.* ἐργοστάσιον παραγωγῆς ἠλεκτρισμοῦ.

powerful *a.* δυνατός, ἰσχυρός. ~ly *adv.* δυνατά, ἰσχυρῶς.

pow-wow *s.* συζήτησις *f.*

pox *s.* σύφιλις *f.*

practical *a.* πρακτικός, θετικός. ~ joke φάρσα *f.* ~ly *adv.* θετικά, *(almost)* σχεδόν.

practice *s. (not theory)* πρᾶξις *f. (habitual action)* συνήθεια *f. (exercise)* ἄσκησις *f.*, ἐξάσκησις *f. (patients, clients)* πελατεία *f.* in ~ στήν πράξη. put into ~ θέτω εἰς τήν πράξιν, ἐφαρμόζω. it is the ~ συνηθίζεται. make a ~ of συνηθίζω νά. be out of ~ μοῦ λείπει ἡ ἄσκησις. sharp ~ βαγαποντιά *f.*

practise *v. (apply)* ἐφαρμόζω, *(follow)* ἀκολουθῶ. *(profession)* ἀσκῶ. *(exercise oneself)* ἀσκοῦμαι. ~ the piano ἀσκοῦμαι στό πιάνο.

practised *a.* ἔμπειρος, πεπειραμένος.

practitioner s. (med.) general ~ παθολό-
γος m.

praetorian a. πραιτωριανός.

pragmat|ic a. πρακτικός. ~ism s. πραγμα-
τισμός m.

prairie s. πεδιάς f., κάμπος m.

praise v. ἐπαινῶ, (God) δοξάζω. (s.) ἔπαι-
νος m. sing ~s of ἐξυμνῶ.

praiseworthy a. ἀξιέπαινος.

pram s. καρροτσάκι n.

prance v. χοροπηδῶ. (of horse) ὀθρώνομαι
στά πίσω πόδια.

prank s. σκανταλιάρικο παιγνίδι.

prate v. σαλιαρίζω.

prattle v. φλυαρῶ.

prawn s. γαρίδα f.

pray v.i. προσεύχομαι. (v.t.) (beg person)
παρακαλῶ, ἐκλιπαρῶ.

prayer s. δέησις f., προσευχή f. ~-book s.
προσευχητάριον n.

pre- prefix προ-.

preach v. κηρύσσω, (fig.) κάνω κήρυγμα.
~er s. ἱεροκήρυξ m.

preamble s. προοίμιον n.

prearranged a. προσχεδιασμένος.

precarious a. (chancy) ἐπισφαλής, (peril-
ous) ἐπικίνδυνος.

precaution s. προφύλαξις f. take ~s λαμ-
βάνω τά μέτρα μου.

preced|e v. προηγοῦμαι (with gen.). ~ing
προηγούμενος. ~ence s. προβάδισμα n.
take ~ence προηγοῦμαι. ~ent s. προη-
γούμενον n.

precept s. ἀρχή f., κανών m. ~or s.
διδάσκαλος m.

precinct, ~s s. (area) περιοχή f.,
(boundaries) ὅρια n. pl. (of church,
school, etc.) περίβολος m.

preciosity s. ἐπιτήδευσις f.

precious a. (valuable) πολύτιμος, (affected)
ἐπιτηδευμένος. (fam.) we have ~
little time μᾶς μένει πολύ λίγος καιρός.
(iron.) you and your ~ theories! ἐσύ μέ
τίς περίφημες θεωρίες σου!

precipice s. γκρεμός m.

precipitate v.t. (throw) γκρεμίζω, ρίχνω.
(hasten) ἐπισπεύδω. (chem.) κατακρη-
μνίζω. (s.) (chem.) καθίζημα n. (a.) δια-
στικός. ~ly adv. βιαστικά.

precipitation s. (chem.) καθίζησις f.
(haste) βία f.

precipitous a. ἀπόκρημνος. ~ly adv. ἀπό-
τομα.

précis s. περίληψις f.

precise a. ἀκριβής. ~ly adv. ἀκριβῶς.

precision s. ἀκρίβεια f.

preclude v. ἀποκλείω.

precocious a. (plant) πρώιμος, (child) μέ
πρόωρη πνευματική ἀνάπτυξη.

preconception s. προκατάληψις f.

precursor s. πρόδρομος m.

predator s. ἁρπακτικόν ζῶον. ~y a.
ἁρπακτικός.

predecease v.t. πεθαίνω πρίν ἀπό.

predecessor s. προηγούμενος a. (previous
holder) προκάτοχος m.

predestin|ation s. προορισμός m. ~e v.
προορίζω.

predetermine v. προκαθορίζω.

predicament s. δύσκολη θέσις.

predicate v. ἰσχυρίζομαι. (s., gram.) κατη-
γόρημα n.

predict v. προβλέπω, προλέγω. ~able a.
πού μπορεῖ νά προβλεφθῆ. ~ion s. πρό-
βλεψις f.

predilection s. προτίμησις f.

predispose v. προδιαθέτω. be ~d (men-
tally) εἶμαι προδιατεθειμένος, (physically)
ἔχω προδιάθεση.

predominance s. ἐπικράτησις f.

predominant a. ἐπικρατῶν. ~ly adv.
κυρίως.

predominate v. ἐπικρατῶ.

preeminent a. be ~ (over) ὑπερέχω (with
gen.), ~ly adv. κυρίως, κατά κύριον
λόγον.

preempt v. ἀποκτῶ πρῶτος. ~ive a. προ-
ληπτικός.

preen v.t. (of bird) σιάζω. (of person)
~ oneself (tidy) φτιάχνομαι, (be proud)
ὑπερηφανεύομαι.

preexist s. προϋπάρχω. ~ence s. προΰ-
παρξις f.

prefabricated a. προκατασκευασμένος.

preface s. πρόλογος m. (v.) προλογίζω.

prefatory a. προεισαγωγικός.

prefect s. (governor) νομάρχης m. (school)
ἐπιμελητής m. ~ure s. (area) νομός m.
(office) νομαρχία f.

prefer v. προτιμῶ, (submit) ὑποβάλλω.

preferab|le a. προτιμότερος, προτιμητέος.
~ly adv. προτιμότερα, κατά προτίμησιν.

prefer|ence s. προτίμησις f. ~ential a.
προνομιακός.

preferment s. προαγωγή f.

prefigure v. προεικονίζω.

prefix ω. (to book, etc.) προτάσσω. (s.)
πρόθεμα n.

pregnant a. ἔγκυος, (significant) βαρυσή-
μαντος. (fig.) be ~ with (fraught) ἐγκυ-
μονῶ.

prehensile a. συλληπτήριος.

prehistor|ic *a.* προϊστορικός. **~y** *s.* προϊστορία *f.*

prejudge *v.* προδικάζω.

prejudice *s.* *(bias)* προκατάληψις *f.* *(law)* to the ~ of πρός ζημίαν *(with gen.).* without ~ to μέ πᾶσαν ἐπιφύλαξιν *(with gen.).*

prejudic|e *v.* *(influence)* προδιαθέτω δυσμενῶς, *(harm)* παραβλάπτω. **~ed** προκατειλημμένος. **~ial** *a.* ἐπιζήμιος, *(or use v.).*

prelate *s.* ἀνώτερος κληρικός, ἱεράρχης *m.*

preliminary *a.* προκαταρτικός, *(remarks)* προεισαγωγικός, *(contest)* προκριματικός.

prelude *s.* προοίμιον *n.* *(mus.)* πρελούντιο *n.* *(v.t.)* *(precede)* προηγοῦμαι *(with gen.)* *(preface)* προλογίζω.

premarital *a.* προγαμιαῖος.

premature *a.* πρόωρος. **~ly** *adv.* προώρως.

premeditate *v.* προμελετῶ. **~ed** *(crime)* ἐκ προμελέτης.

premier *a.* πρῶτος. *(s.)* πρωθυπουργός *m.* **~ship** *s.* πρωθυπουργία *f.*

première *s.* πρεμιέρα *f.*

premise *s.* πρότασις *f.* *(v.)* ἀναφέρω.

premises *s.* κτίριον *n.* on the ~ ἐντός τοῦ κτιρίου.

premium *s.* *(insurance)* ἀσφάλιστρα *n. pl.* *(fee, reward)* ἀμοιβή *f.* put a ~ on ἐπιβραβεύω. petrol is at a ~ *(fig.)* ὑπάρχει μεγάλη ζήτηση βενζίνης.

premonition *s.* προαίσθημα *n.*

preoccupation *s.* *(care)* ἔννοια *f.* *(absorption)* ἀπορρόφησις *f.*

preoccupied *a.* ἀπασχολημένος, *(distrait)* ἀφηρημένος.

preordain *v.* προορίζω.

prep *s.* *see* homework.

preparation *s.* *(act)* ἑτοιμασία *f.,* προετοιμασία *f.,* προπαρασκευή *f.* *(product)* παρασκεύασμα *n.* be in ~ ἑτοιμάζομαι. *see* prepare.

preparatory *a.* προπαρασκευαστικός. ~ to πρό *(with gen.).*

prepare *v.t.* *(breakfast, room, etc.)* ἑτοιμάζω, *(for action)* προετοιμάζω. *(v.i.)* ἑτοιμάζομαι, προετοιμάζομαι.

prepared *a.* *(ready to cope)* προετοιμασμένος, *(willing)* διατεθειμένος, *(made ready)* ἕτοιμος. *(of product)* παρασκευασμένος.

prepay *v.* προπληρώνω.

preponder|ance *s.* ὑπεροχή *f.* **~antly** *adv.* σέ μεγαλύτερο βαθμό. **~ate** *v.i.* ὑπερέχω, ἐπικρατῶ.

preposition *s.* *(gram.)* πρόθεσις *f.*

prepossess *v.* I was ~ed by his manners μέ ἐντυπωσίασαν οἱ τρόποι του.

preposterous *a.* ἐξωφρενικός.

prerequisite *s.* be a ~ προαπαιτοῦμαι.

prerogative *s.* προνόμιον *n.*

presage *s.* προμήνυμα *n.* *(v.)* προμηνύω.

presbytery *s.* πρεσβυτέριον *n.*

prescribe *v.* *(lay down)* καθορίζω, *(medicine)* δίνω.

prescription *s.* συνταγή *f.*

prescriptive *a.* καθοδηγητικός.

presence *s.* παρουσία *f.* *(appearance)* παρουσιαστικόν *n.* ~ of mind *(wits)* ἑτοιμότης *f.,* *(coolness)* ψυχραιμία *f.* in the ~ of παρουσία *(with gen.).*

present *a.* παρών, those ~ οἱ παρόντες. the ~ writer ὁ γράφων. *(current)* τωρινός, σημερινός. at the ~ time στή σημερινή ἐποχή. the ~ mayor ὁ τωρινός *(or* ὁ νῦν) δήμαρχος.

present *s.* *(time)* παρόν *n.* *(gram.)* ἐνεστώς *m.* at ~ τώρα, σήμερον. for the ~ πρός τό παρόν, γιά τήν ὥρα. up to the ~ ἕως τώρα.

present *s.* *(gift)* δῶρον *n.* make a ~ of χαρίζω.

present *v.t.* *(offer)* προσφέρω, *(submit)* ὑποβάλλω, *(introduce, exhibit)* παρουσιάζω. *(a weapon)* προτείνω. ~ arms παρουσιάζω ὅπλα. ~ oneself παρουσιάζομαι.

presentable *a.* ἐμφανίσιμος, παρουσιάσιμος.

presentation *s.* *(manner of presenting)* παρουσίασις *f.* *(thing offered)* προσφορά *f.* *(payable)* on ~ ἐπί τῇ ἐμφανίσει.

presentiment *s.* προαίσθησις *f.*

presently *adv.* *(soon)* σέ λίγο, προσεχῶς, ἐντός ὀλίγου.

preservation *s.* διατήρησις *f.* in a good state of ~ καλῶς διατηρημένος. *(escape from harm)* διάσωσις *f.* *(protection)* προστασία *f.*

preservative *s.* συντηρητικόν *n.*

preserv|e *v.* *(keep in being, from loss or decay)* διασώζω, *(in good condition)* διατηρῶ, συντηρῶ. *(protect)* προστατεύω. *(s.)* *(jam)* μαρμελάδα *f.* *(fig.)* σφαῖρα δικαιοδοσίας. *(for game, etc.)* περιοχή προστασίας. **~er** *s.* σωτήρ *m.*

preside *v.* *(as chairman)* προεδρεύω. ~ over *(as head)* προΐσταμαι *(with gen.).*

presidency *s.* προεδρία *f.*

president *s.* πρόεδρος *m.f.* **~ial** *a.* προεδρικός.

press v.t. πιέζω, (a button) πατώ. (squeeze) σφίγγω, (thrust) χώνω, (stick, fasten) κολλώ, (iron) σιδερώνω. be ~ed for time μού λείπει καιρός. (v.i.) (insist) ἐπιμένω. ~ on pen (or nerve) πιέζω τήν πέννα (or τό νεῦρο). ~ down on (afflict) καταπιέζω. ~ on προχωρώ. ~ on with συνεχίζω.

press s. (urgency) φόρτος m. (of crowd) συνωστισμός m. (squeeze) σφίξιμο n. (machine) πιεστήριον n. (newspapers) τύπος m. printing-~ τυπογραφεῖον n., in the ~ ὑπό ἐκτύπωσιν.

press-fastener s. σούστα f.

pressing a. (need, task) ἐπείγων, (attitude) ἐπίμονος, (invitation) θερμός. ~ly adv. μέ ἐπιμονή.

pressure s. πίεσις f. put ~ on πιέζω. ~ gauge μανόμετρον n. ~ cooker χύτρα ταχύτητος.

pressurized a. μέ τεχνητή ἀτμοσφαιρική πίεση.

prestidigitation s. ταχυδακτυλουργία f.

prestige s. γόητρον n. ~ious a. πού προσδίδει γόητρον.

presumably adv. πιθανῶς.

presume v. (suppose) ὑποθέτω, (venture) τολμῶ. (take liberties) ξεθαρρεύομαι. ~ upon καταχρῶμαι (with gen.).

presumption s. ὑπόθεσις f. (boldness) θράσος n.

presumptive a. κατά συμπερασμόν. (heir) πιθανός.

presumptuous a. θρασύς.

presuppose v. προϋποθέτω. ~ition s. προϋπόθεσις f.

pretence s. πρόσχημα n. (claim) φιλοδοξία f. by false ~s δι᾽ ἀπάτης.

pretend v. προσποιοῦμαι. ~ that κάνω πώς. ~ to be mad κάνω τόν τρελλό. ~ to (claim) ἔχω ἀξιώσεις γιά (or ὅτι). ~ed a. προσποιητός. ~er s. (claimant) μνηστήρ m.

pretension s. (claim) ἀξίωσις f. see also pretentiousness.

pretentious a. μέ ἀδικαιολόγητες ἀξιώσεις, (showy) ἐπιδεικτικός. ~ness s. ἀδικαιολόγητες ἀξιώσεις.

preterite a. (gram.) ἀόριστος.

preternatural a. ὑπερφυσικός.

pretext s. πρόφασις f., ἀφορμή f.

prettification s. φτηνή διακόσμησις.

prettily adv. ὄμορφα.

prettiness s. ὀμορφιά f.

pretty a. νόστιμος, ὄμορφος, ὡραῖος. (iron.) ὡραῖος. (adv.) (fairly) ἀρκετά,

(almost) ~ well σχεδόν. (fam.) be sitting ~ τἄχω βολέψει καλά.

prevail v. ἐπικρατῶ. ~ against ὑπερισχύω, ἐπικρατῶ (with gen.). ~ upon πείθω, καταφέρνω. ~ing a. (wind) ἐπικρατῶν, (idea) κρατῶν.

prevalence s. ἐπικράτησις f. ~ent a. διαδεδομένος.

prevaricate v. τά στριφογυρίζω. ~ion s. ὑπεκφυγή f., στριφογύρισμα n.

prevent v. ἐμποδίζω, (avert) ἀποτρέπω, προλαμβάνω.

prevention s. πρόληψις f. (of war, etc.) προληπτικά μέτρα. (hygienic) προφύλαξις f. ~ of cruelty to animals προστασία ζώων.

preventive a. προλητικός, προφυλακτικός.

preview s. προκαταρκτική παρουσίασις.

previous a. προηγούμενος. ~ to πρίν ἀπό. ~ly adv. πρίν, πρωτύτερα, προηγουμένως.

pre-war a. προπολεμικός.

prey s. (as food) βορά f. (also fig.) θῦμα n. (bird, beast) of ~ ἀρπακτικός. (v.) ~ on (of animals) καταδιώκω. (plunder) λυμαίνομαι, (torment) βασανίζω.

price s. τιμή f. cost ~ κόστος n. at any ~ πάση θυσία. not at any ~ μέ κανένα τρόπο. put a ~ on the head of ἐπικηρύσσω. beyond ~ ἀνεκτίμητος. what ~ ...? (iron.) τί νά πῆ κανείς γιά...; (v.) ὁρίζω τήν τιμήν (with gen.). be ~d at (cost) τιμῶμαι, κοστίζω.

priceless a. ἀνεκτίμητος. (fam.) (joke) ξεκαρδιστικός, (situation) ἀνεκδιήγητος, (event, person) κωμωδία f.

price-list s. τιμοκατάλογος m.

pricey a. ἀλμυρός.

prick v. κεντῶ, τσιμπῶ. (pierce) τρυπῶ. my conscience ~s me μέ τύπτει ἡ συνείδησίς μου. ~ up one's ears τεντώνω τά αὐτιά μου. (s.) κέντημα n. (of conscience) τύψις f.

prickle s. ἀγκάθι n. (v.) τσιμπῶ.

prickly a. (plant) γεμάτος ἀγκάθια. have a ~ feeling (oneself) μυρμηγκιάζω. (fig., touchy) εὐερέθιστος. ~ pear φραγκόσυκο n.

pride s. περηφάνεια f. (proper) ~ (self-respect) φιλότιμο n. (air or object of ~) καμάρι n. false ~ ματαιοδοξία f. take ~ in ὑπερηφανεύομαι γιά, καμαρώνω (γιά). take ~ of place ἔχω ἐξέχουσα θέση. (v.) ~ oneself on, see pride s.

priest s. ἱερεύς m. παπᾶς m. ~'s wife παπαδιά f. ~ess s. ἱέρεια f.

▸riestly *a.* ἱερατικός.

▸rig *s.* ~gish *a.* αὐτάρεσκος καί σχολαστικός.

▸rim *a. (prudish)* σεμνότυφος, *(stiff)* σφιγμένος. ~ly *adv.* αὐστηρά.

▸rimacy *s.* πρωτεῖα *n.pl.*

▸rima facie *a. & adv.* ἐκ πρώτης ὄψεως.

▸rimal *a.* πρῶτος, κύριος.

▸rimar|y *a.* πρῶτος, πρωταρχικός, κύριος, *(colour)* βασικός. ~y school δημοτικόν σχολεῖον. of ~y importance πρωτίστης σημασίας. ~ily *adv.* κυρίως.

▸rimate *s. (eccl.)* ἀρχιεπίσκοπος *m. (zoology)* ~s πρωτεύοντα *n.pl.*

▸rime *s.* ἀκμή *f.* ~ of life ἄνθος τῆς ἡλικίας.

▸rime *a. (chief)* κύριος, *(best)* ἐκλεκτός. *(necessity)* πρωταρχικός, *(number)* πρῶτος. ~ mover *(fig.)* πρωτεργάτης *m.* P~ Minister Πρωθυπουργός *m.*

▸rime *v. (gun, pump)* γεμίζω, *(instruct)* δασκαλεύω, *(with drink)* ποτίζω. *(with paint, etc.)* ἀσταρώνω.

▸rimer *s. (book)* ἀλφαβητάριο *n. (paint)* ἀστάρι *n.*

▸rimeval *a.* ἀρχέγονος.

▸riming *s. (of gun)* γόμωσις *f. (of surface)* ἀστάρωμα *n. (of person)* δασκάλεμα *n.*

▸rimitive *a.* πρωτόγονος.

▸rimogeniture *s.* rights of ~ πρωτοτόκια *n.pl.*

▸rimordial *a.* ἀρχέγονος.

▸rimrose *s.* πρίμουλα *f. (fig.)* take the ~ path παίρνω στραΦό δρόμο.

▸rimula *s.* πρίμουλα *f.*

▸rince *s.* πρίγκηψ *m. (king's son only)* βασιλόπουλο *n. (of Peace, Darkness)* Ἄρχων *m. (fig., magnate)* μεγιστάν *n.* ~ly *a.* πριγκηπικός, *(lavish)* πλούσιος.

▸rincess *s.* πριγκήπισσα *f. (king's daughter only)* βασιλοπούλα *f.*

▸rincipal *s. (head)* διευθυντής *m. (actor)* πρωταγωνιστής *m. (capital sum)* κεφάλαιον *n. (a.)* κύριος. ~ity *s.* πριγκηπάτον *n.* ~ly *adv.* κυρίως.

▸rinciple *s.* ἀρχή *f.* in ~ κατ᾿ ἀρχήν. on ~ ἐκ πεποιθήσεως. ~d μέ ἀρχές. moral ~s ἠθικός ἐξοπλισμός.

▸rink *v.* ~ (oneself up) καλλωπίζομαι.

▸rint *s. (trace, mark)* ἀποτύπωμα *n. (letters)* στοιχεῖα *n. pl. (copy)* ἀντίτυπον *n. (engraving)* γκραβούρα *f. (fabric)* ἐμπριμέ *n.* in ~ τυπωμένος, ἐκδοθείς, out of ~ ἐξαντλημένος.

▸rint *v.* τυπώνω, ἐκτυπώνω. *(impress & fig.)* ἀποτυπώνω. ~ed *a.* τυπωμένος,

ἔντυπος. ~er *s.* τυπογράφος *m.*

printing *s. (art)* τυπογραφία *f. (act)* ἐκτύπωσις *f.* ~ press τυπογραφεῖον *n.*

prior *a.* πρότερος. have a ~ claim ἔχω προτεραιότητα, προηγοῦμαι. ~ to πρό *(with gen.).* ~ity *s.* προτεραιότης *f.*

prior *s. (eccl.)* ἡγούμενος ·*n.* ~ess *s.* ἡγουμένη *f.*

prise *v.* see prize *(force).*

prism *s.* πρῖσμα *n.* ~atic *a.* πρισματικός.

prison *s.* φυλακή *f.*

prisoner *s.* φυλακισμένος *m.,* κρατούμενος *m. (esp. fig.)* δεσμώτης *m.* ~ of war αἰχμάλωτος *m.* take ~ αἰχμαλωτίζω.

pristine *a.* παλαιός, ἀρχικός.

privacy *s. (peace)* ἡσυχία *f.* they don't respect my ~ δέν μ᾿ ἀφήνουν ἥσυχο.

private *a.* ἰδιωτικός, *(individual)* ἀτομικός. *(secret)* μυστικός, *(confidential)* ἰδιαίτερος. ~ citizen ἁπλοῦς πολίτης. ~ affairs προσωπικές ὑποθέσεις. ~ house μονοκατοικία *f.* ~ parts γεννητικά ὄργανα. ~ secretary ἰδιαιτέρα *f.* by ~ arrangement δι᾿ ἰδιωτικῆς συμφωνίας. in ~ ἰδιαιτέρως, *(of wedding, etc.)* σέ στενό οἰκογενειακό κύκλο.

privateer *s.* κουρσάρικο *n.*

privately *adv.* ἰδιαιτέρως, σέ στενό κύκλο.

privation *s.* στέρησις *f. (destitution)* στερήσεις *f.pl.*

privilege *s.* προνόμιον *n.* ~d *a.* προνομιοῦχος.

privily *adv.* κρυφά.

privy *a.* be ~ to ἔχω γνῶσιν *(with gen.).* P~ Council Ἀνακτοβούλιον *n.* P~ Purse βασιλική χορηγία.

privy *s.* ἀπόπατος *m.*

prize *s. (award)* βραβεῖον *n.,* ἔπαθλον *n. (booty)* λάφυρον *n.,* λεία *f. (sthg. valued)* ἀγαθόν *n.*

prize *a.* βραβευθείς. *(fam.)* ~ idiot βλάκας μέ περικεφαλαία.

prize *v. (value)* ἐκτιμῶ. *(force)* ~ open ἀνοίγω διά τῆς βίας.

pro *s.* ἐπαγγελματίας *m.*

pro *prep.* ὑπέρ *(with gen.),* ~s and cons τά ὑπέρ καί τά κατά. ~ tem προσωρινῶς. ~-English ἀγγλόφιλος, ὑπέρ τῆς Ἀγγλίας.

probability *s.* πιθανότης *f.*

probab|le *a.* πιθανός. ~ly *adv.* πιθανῶς.

probate *s.* ἐπικύρωσις *f.* grant *or* take out ~ of ἐπικυρῶ.

probation *s.* δοκιμασία *f.* ~ary period περίοδος δοκιμασίας. ~er *s.* δόκιμος *a.*

probe *s. (instrument)* μήλη *f. (v.)* ἐξετάζω.

probity s. ἐντιμότης f.

problem s. πρόβλημα n. (issue) ζήτημα n. ~atic a. προβληματικός.

procedure s. διαδικασία f.

proceed v. (advance) προχωρῶ, (take steps) προβαίνω. ~ from προέρχομαι ἀπό. ~ with συνεχίζω.

proceeding s. (activity) ἐνέργεια f. (act) πρᾶξις f. ~s (events) συμβάντα n.pl., (report) πεπραγμένα n.pl. take legal ~s πάω στά δικαστήρια.

proceeds s. εἰσπράξεις f.pl.

process s. (functioning) λειτουργία f. (procedure) διαδικασία f. (course) πορεία f. (of manufacture, operating) μέθοδος f., τρόπος m. it is a slow ~ δέν γίνεται γρήγορα. in ~ of construction ὑπό κατασκευήν. in the ~ of time μέ τήν πάροδον τοῦ χρόνου.

process v.t. (materials) ἐπεξεργάζομαι. (v.i., go by) παρελαύνω. ~ing s. ἐπεξεργασία f. ~ion s. παρέλασις f.

proclaim v. (views) διακηρύσσω, (king, etc.) ἀνακηρύσσω. (reveal) ἀποκαλύπτω.

proclamation s. διακήρυξις, ἀνακήρυξις f.

proclivity s. τάσις f.

proconsul s. (fig.) κυβερνήτης ἀποικίας.

procrastinat|e v. ἀναβάλλω. ~ion s. ἀναβλητικότης f.

procur|e v. προμηθεύομαι, βρίσκω. ~er s. μαστροπός m.

prod v. σκουντῶ, σπρώχνω. (s.) σπρώξιμο n.

prodigal a. ἄσωτος, σπάταλος. ~ son ἄσωτος υἱός. ~ity s. (plenty) ἀφθονία f. (waste) σπατάλη f.

prodigious a. (wonderful) καταπληκτικός, (huge) τεράστιος. ~ly adv. καταπληκτικά.

prodigy s. θαῦμα n.

produc|e v. (present) παρουσιάζω, βγάζω. (cause) προκαλῶ, δημιουργῶ. (crops, etc.) παράγω, βγάζω, κάνω. (return, yield) ἀποδίδω. (bring forth, create) παράγω. (s.) προϊόντα n.pl. ~er s. παραγωγός m. (stage) σκηνοθέτης m.

product s. προϊόν n. (math.) γινόμενον n.

production s. παραγωγή f. (stage) σκηνοθεσία f. (work) ἔργον n.

productiv|e a. παραγωγικός. ~ity s. παραγωγικότης f.

profanation s. βεβήλωσις f.

profane v. βεβηλώνω. (a.) (not sacred) κοσμικός, (impious) ἀνίερος. (blasphemer) βλαστημάρης.

profanity s. ἀνιερότης f. (words) βλαστήμιες f.pl.

profess v.t. (believe in) πρεσβεύω, (teach) διδάσκω. (v.i.) (declare) δηλώνω, (claim) φιλοδοξῶ. ~ed a. (acknowledged) δεδηλωμένος, (alleged) δῆθεν.

profession s. (calling) ἐπάγγελμα n. (declaration) ὁμολογία f.

professional a. (matter) ἐπαγγελματικός. ~ man ἐπαγγελματίας m. ~ writer ἐξ ἐπαγγέλματος συγγραφεύς. ~ player ἐπαγγελματίας παίκτης. ~ism s. (quality) ἐπαγγελματική ἱκανότης. ~ly adv. ἐπαγγελματικῶς.

professor s. καθηγητής m. καθηγήτρια f.

proffer v. προσφέρω.

profici|ency s. ἱκανότης f. ~ent a. ἱκανός, ἐντριβής. ~ent in English κάτοχος τῆς ἀγγλικῆς.

profile s. κατατομή f., προφίλ n.

profit s. (gain) κέρδος n. (benefit) ὄφελος n. make a ~ ἀποκομίζω κέρδος. (v.t.) ὠφελῶ, χρησιμεύω σέ. (v.i.) κερδίζω, ὠφελοῦμαι.

profitab|le a. ἐπικερδής, ἐπωφελής. ~ly adv. ἐπικερδῶς, ἐπωφελῶς.

profiteer v.i. κερδοσκοπῶ. (s.) κερδοσκόπος m. ~ing f. κερδοσκοπία f.

profitless a. ἀνωφελής.

proflig|acy s. ἀνηθικότης f., ἀσωτεία f. ~ate a. ἀνήθικος, ἄσωτος.

profound a. βαθύς, (erudite) ἐμβριθής. ~ly adv. βαθύτατα, (absolutely) τελείως.

profundity s. βαθύτης f. ἐμβρίθεια f.

profuse a. ἄφθονος, ὑπερβολικός. be ~ in εἶμαι σπάταλος σέ, (apologies, etc.) ἀναλύομαι εἰς. ~ly adv. ἄφθονα, ὑπερβολικά.

profusion s. ἀφθονία f.

progenitor s. πρόγονος m.

progeny s. ἀπόγονοι m. pl.

prognosis s. πρόγνωσις f.

prognostic s. προγνωστικόν n. ~ate v. προβλέπω, προμαντεύω. ~ation s. πρόβλεψις f.

programme s. πρόγραμμα n. (v.) προγραμματίζω.

progress s. πρόοδος f. (course) πορεία f. (of army) προέλασις f. make ~ σημειώνω πρόοδον. be in ~ γίνομαι, (negotiations) διεξάγομαι, (works) ἐκτελοῦμαι.

progress v. προοδεύω, προχωρῶ. (army) προελαύνω. ~ion s. κίνησις f. (math.) πρόοδος f. ~ive a. προοδευτικός.

prohibit v. ἀπαγορεύω (with acc. of thing

σέ of person). (prevent) ἐμποδίζω. ~ion s. ἀπαγόρευσις f. (of drink) ποταπαγόρευσις f. ~ive a. ἀπρόσιτος. ~ory a. ἀπαγορευτικός.

project v.t. (plan) σχεδιάζω. (hurl) ρίπτω, (cast, extend) προβάλλω. (make known, put across) διαφημίζω, προβάλλω. (v.i., stick out) προεξέχω. (s.) σχέδιον n.

projection s. (act & geom.) προβολή f. (thing) προεξοχή f.

projector s. προβολεύς f.

proletar|ian a. προλετάριος. ~iat s. προλεταριάτον n.

proliferat|e v.i. πολλαπλασιάζομαι. ~ion s. πολλαπλασιασμός m.

prolific a. γόνιμος, παραγωγικός.

prolix a. μακρήγορος. ~ity s. μακρηγορία f.

prologue s. πρόλογος m.

prolong v. παρατείνω, (a line) προεκτείνω. ~ed παρατεταμένος. ~ation παράτασις f. προέκτασις f.

promenade s. (walk, place) περίπατος m. (v.i.) κάνω βόλτα. (v.t.) (display) ἐπιδεικνύω.

prominence s. give ~ to ἀποδίδω σημασίαν εἰς. come into ~ (thing) ἀποκτῶ σημασίαν, (person) γίνομαι γνωστός.

prominent a. (bones, etc.) προεξέχων. (on ground) ἐμφανής, δεσπόζων. (leading) ἐξέχων, (important) σημαντικός.

prominently adv. figure ~ (play large part) παίζω σημαντικό ρόλο, (be easily seen) διακρίνομαι εὔκολα.

promiscu|ity s. (esp.) ἐλεύθερες σεξουαλικές σχέσεις. ~ous a. (casual) τυχαῖος, (mixed) ἀνακατωμένος. ~ously adv. στήν τύχη.

promise s. ὑπόσχεσις f. land of ~ γῆ τῆς ἐπαγγελίας. show ~ ὑπόσχομαι πολλά. (v.) ὑπόσχομαι, (foretell) προμηνύω. he ~s well ὑπόσχεται πολλά.

promising a. the future looks ~ τό μέλλον προμηνύεται καλόν.

promissory a. ~ note χρεωστικόν ὁμόλογον.

promontory s. ἀκρωτήριον n.

promot|e v. προάγω, προωθῶ. (in rank) προβιβάζω. ~ion s. προαγωγή f., προώθησις f. προβιβασμός m.

prompt a. γρήγορος, πρόθυμος, ἄμεσος. (v.) ὠθῶ, κάνω, ἐμπνέω. (actor) ὑποβάλλω εἰς. ~er s. ὑποβολεύς m. ~ing s. ὑποβολή f.

promptitude s. ταχύτης f., προθυμία f.

promptly adv. ἀμέσως.

promulgat|e v. (law) δημοσιεύω, (ideas) διαδίδω. ~ion s. δημοσίευσις f. διάδοσις f.

prone adv. (face down) μπρούμυτα. (a.) (liable) ὑποκείμενος. be ~ to ὑπόκειμαι εἰς (or νά). ~ness s. τάσις f.

prong s. δόντι n.

pronoun s. ἀντωνυμία f.

pronounce v.t. (articulate) προφέρω, (judgement) ἐκδίδω. (declare) κηρύσσω. (v.i.) ~ on ἀποφαίνομαι ἐπί (with gen.). ~d a. ἔντονος, αἰσθητός. ~ment s. δήλωσις f.

pronunciation s. προφορά f.

proof s. ἀπόδειξις f. (printer's) δοκίμιον n.

proof a. ~ against ἀνθεκτικός εἰς.

prop s. στήριγμα n. (v.) στηρίζω.

propaganda s. προπαγάνδα f.

propagat|e v. ἀναπαράγω, (fig.) διαδίδω. ~ion s. ἀναπαραγωγή f. διάδοσις f.

propel v. προωθῶ. ~lant s. προωθητικόν n.

propeller s. ἕλιξ f., προπέλλα f.

propensity s. ροπή f.

proper a. (right) σωστός, ὀρθός. (seemly) πρέπων, (suitable) κατάλληλος. (competent, of officials) ἁρμόδιος. (respectable) καθώς πρέπει. in the ~ way σωστά, ὅπως πρέπει. the ~ man (for post) ὁ ἐνδεδειγμένος. a ~ fool σωστός βλάκας. ~ name κύριον ὄνομα. Greece ~ ἡ κυρίως Ἑλλάς.

properly adv. σωστά, καλά, πρεπόντως, ὅπως πρέπει. ~ speaking κυρίως εἰπεῖν. we got ~ beaten μᾶς νίκησαν κατά κράτος.

property s. (esp. immovable) ἰδιοκτησία f. (building) ἀκίνητον n. (land) κτῆμα n. (wealth) περιουσία f. (effects) ὑπάρχοντα n.pl., ἀγαθά n.pl. (attribute) ἰδιότης f. common ~ (known to all) κοινό μυστικό.

prophecy s. προφητεία f.

prophesy v. προφητεύω.

prophet s. προφήτης m. ~ic a. προφητικός. ~ically adv. προφητικά.

prophyl|actic a. προφυλακτικός. ~axis s. προφύλαξις f.

propinquity s. ἐγγύτης f.

propitiat|e v. ἐξευμενίζω. ~ion s. ἐξευμενισμός m. ~ory a. ἐξευμενιστικός.

propitious a. εὐνοϊκός. ~ly adv. εὐνοϊκά.

proportion s. (part) μέρος n. (relation) ἀναλογία f. in ~ ἀνάλογος. out of ~ δυσανάλογος. in ~ to ἀνάλογα μέ, ἀναλόγως *(with gen.)*. well ~ed μέ καλές ἀναλογίες.

proportional *a*. ἀνάλογος. ~ representation ἀναλογικόν ἐκλογικόν σύστημα. ~ly *adv*. ἀναλόγως.

proportionate *a*. ἀνάλογος. ~ly *adv*. ἀναλόγως.

proposal *s*. πρότασις *f*.

propose *v*. προτείνω, *(a motion, measure)* εἰσηγοῦμαι. *(intend)* σκοπεύω, προτίθεμαι. ~ a toast κάνω πρόποσιν. ~ marriage κάνω πρότασιν γάμου.

proposition *s*. πρότασις *f*. *(fam., matter)* ὑπόθεσις *f*., δουλειά *f*.

propound *v*. εἰσηγοῦμαι.

proprietary *a*. *(owner's)* τοῦ ἰδιοκτήτου. *(of ownership)* ἰδιοκτησίας. ~ medicine σπεσιαλιτέ *n*.

proprietor *s*. ἰδιοκτήτης *m*.

propriety *s*. *(rightness)* ὀρθότης *f*. *(decorum)* εὐπρέπεια *f*. ~ies τύποι *m. pl.*

propuls|ion *s*. προώθησις *f*. ~ive *a*. προωθητικός.

prorogue *v*. διακόπτω.

prosaic *a*. πεζός. ~ally *adv*. πεζά.

proscenium *s*. προσκήνιον *n*.

proscr|ibe *v*. προγράφω. ~iption *s*. προγραφή *f*.

prose *a*. πεζογραφία *f*., πεζός λόγος. *(as a.)* πεζός. ~ writer πεζογράφος *m*.

prosecute *v*. *(continue)* συνεχίζω, *(at law)* διώκω.

prosecution *s*. *(at law)* δίωξις *f*. *(prosecuting side)* κατηγορία *f*. *(of duties)* ἄσκησις *f*.

prosecutor *s*. κατήγορος *m*. Public P~ εἰσαγγελεύς *m*.

proselyt|e *s*. προσήλυτος *m.f.* ~ize *v*. προσηλυτίζω.

prosody *s*. μετρική *f*.

prospect *s*. *(view)* θέα *f*. *(of outcome)* προοπτική *f*. *(hope)* ἐλπίδα *f*. there is no ~ δέν ὑπάρχει πιθανότης. have brilliant ~s ἔχω λαμπρό μέλλον μπροστά μου. in ~ ἐν ὄψει.

prospect *v*. ἐρευνῶ.

prospective *a*. *(to be)* μέλλων, *(likely)* πιθανός, *(would-be)* ὑποψήφιος. *(development, works)* ἀναπτυκτικός.

prospectus *s*. φυλλάδιον *n*., μπροσούρα *f*.

prosper *v*. προκόβω, πάω καλά, εὐδοκιμῶ. ~ity *s*. εὐημερία *f*.

prosperous *a*. ἐπιτυχημένος, εὐημερῶν. be ~ εὐημερῶ.

prostate *s*. *(anat.)* προστάτης *m*.

prostitut|e *s*. πόρνη *f*. *(v.)* ἐκπορνεύω. ~e

oneself πορνεύομαι, πουλιέμαι. ~ion *s*. πορνεία *f*.

prostrate *a*. *(face down)* πεσμένος μπρούμυτα. *(overcome)* τσακισμένος, ἐξαντλημένος.

prostrate *v*. ρίχνω χάμω, *(overcome)* τσακίζω, ἐξαντλῶ. ~ oneself πέφτω μπρούμυτα, *(kowtow)* προσπέφτω.

prostration *s*. ἐξάντλησις *f*., κατάπτωσις *f*.

prosy *a*. πεζός.

protagonist *s*. πρωταγωνιστής *m*.

protect *v*. *(care for)* προστατεύω, *(guard)* προφυλάσσω.

protection *s*. προστασία *f*. προφύλαξις *f*. ~ism *s*. προστατευτισμός *m*.

protective *a*. προστατευτικός, προφυλακτικός.

protector *s*. προστάτης *m*. *(device)* προφυλακτήρ *m*.

protégé *s*. προστατευόμενος *m*.

protein *s*. προτεΐνη *f*.

protest *v.i.* *(object)* διαμαρτύρομαι, *(assert)* ἰσχυρίζομαι *(with ὅτι)*. *(s.)* διαμαρτυρία *f*.

protestant *a*. & *n*. διαμαρτυρόμενος. ~ism *s*. προτεσταντισμός *m*.

protestation *s*. βεβαίωσις *f*.

protocol *s*. πρωτόκολλον *n*., ἐθιμοτυπία *f*.

prototype *s*. πρωτότυπον *n*.

protract *v*. παρατείνω. ~ed παρατεταμένος.

protractor *s*. *(geom.)* ἀναγωγεύς *m*.

protrud|e *v.t.* βγάζω ἔξω. *(v.i.)* βγαίνω ἔξω, προεξέχω. ~ing *a*. *(eyes)* γουρλωμένος, *(teeth, ears)* πεταχτός.

protrusion *s*. προεξοχή *f*.

protuber|ance *s*. ἐξόγκωμα *n*. ~ant *a*. προεξέχων.

proud *a*. περήφανος. be ~ *(of)* ὑπερηφανεύομαι *(γιά)*, καμαρώνω. *(glorious)* ἔνδοξος, *(in bearing)* καμαρωτός, *(disdainful)* ἀκατάδεκτος. be ~ to... θεωρῶ τιμή μου νά. *(fam.)* do *(person)* ~ περιποιοῦμαι ἰδιαιτέρως. ~ly *adv*. μέ περηφάνεια, καμαρωτά.

prove *v.t.* *(show)* ἀποδεικνύω, *(verify)* ἐπαληθεύω, *(test)* δοκιμάζω. *(v.i.)* *(turn out to be)* ἀποδεικνύομαι, φαίνομαι. it ~d useful to me μοῦ φάνηκε χρήσιμο.

proven *a*. ἀποδεδειγμένος.

provenance *s*. προέλευσις *f*.

provender *s*. τροφή *f*.

proverb *s*. παροιμία *f*. ~ial *a*. παροιμιώδης ~ially *adv*. they are ~ially brave ἡ ἀνδρεία τους εἶναι παροιμιώδης.

provide *v*. παρέχω, *(supply)* ἐφοδιάζω. ~

for *(make provision)* προβλέπω, ἐξασφαλίζω, *(support)* συντηρῶ. ~ against λαμβάνω τά μέτρα μου ἐναντίον *(with gen.)*.
rovided *conj.* ~ *(that)* ἀρκεῖ νά, ὑπό τόν ὅρον ὅτι.
rovidence *s.* πρόνοια *f.*
rovident *a.* οἰκονόμος. ~ society ταμεῖον προνοίας. ~**ly** *adv.* προνοητικά.
rovidential *a.* have a ~ escape σώζομαι ὡς ἐκ θαύματος.
rovider *s.* ὁ παρέχων.
rovince *s.* *(general)* ἐπαρχία *f.*, χώρα *f.* *(administrative region of Greece)* διαμέρισμα *n.* the ~s *(fig.)* ἡ ἐπαρχία. *(fig., area)* σφαῖρα *f.* *(competency)* ἁρμοδιότης *f.*
▸rovincial *a.* ἐπαρχιακός. *(fig., unrefined)* ἐπαρχιώτικος, *(person)* ἐπαρχιώτης *m.* ~**ism** *s.* ἐπαρχιωτισμός *m.*
rovision *s.* παροχή *f.*, ἐφοδιασμός *m.* ~s *(food)* τρόφιμα *n.pl.*
▸rovisional *a.* προσωρινός. ~**ly** *adv.* προσωρινῶς.
▸rovisionment *s.* ἀνεφοδιασμός *m.*
roviso *s.* ὅρος *m.* with the ~ that ὑπό τόν ὅρον ὅτι.
rovocation *s.* *(act)* πρόκλησις *f.* *(annoyance)* ἐνόχλησις *f.* at the least ~ μέ τό τίποτα, γιά ψύλλου πήδημα.
rovocative *a.* προκλητικός.
▸rovok|e *v.* *(cause)* προκαλῶ, *(make)* κάνω. *(vex)* ἐνοχλῶ. ~**ing** *a.* ἐνοχλητικός.
▸rovost *s.* *(of college)* διευθυντής *m.* *(Scottish mayor)* δήμαρχος *m.*
▸row *s.* πλώρη *f.*
▸rowess *s.* *(valour)* ἀνδρεία *f.* *(skill)* ἱκανότης *f.*
▸rowl *v.* τριγυρίζω μέ ὕποπτους σκοπούς.
▸roximity *s.* ἐγγύτης *f.* in the ~ *(of)* κοντά *(σέ)*.
▸roxy *s.* *(person)* πληρεξούσιος *m.* by ~ διά πληρεξουσίου.
▸rude *a.* σεμνότυφος *a.*
▸rudence *s.* σωφροσύνη *f.*, φρόνησις *f.*
▸rudent *a.* σώφρων, γνωστικός. ~**ly** *adv.* μέ γνώση, μέ φρόνηση.
rud|ery *s.* σεμνοτυφία *f.* ~**ish** *a.* σεμνότυφος.
▸rune *s.* δαμάσκηνο *n.*
▸run|e *v.* κλαδεύω, *(fig.)* ψαλιδίζω. ~**ing** *s.* κλάδεμα *n.* ψαλίδισμα *n.* ~**ing-hook** *s.* κλαδευτήρι *n.*
▸ruri|ence *s.* λαγνεία *f.* ~**ent** *a.* λάγνος.
▸ry *v.* ~ into χώνω τή μύτη μου σέ. ~**ing** *a.* ἀδιάκριτος.
▸salm *s.* ψαλμός *m.*

psalter *s.* ψαλτήριον *n.*
pseudo- ψευδο-.
pseudonym *s.* ψευδώνυμον *n.*
psyche *s.* ψυχή *f.*
psychiatr|ist *s.* ψυχίατρος *m.* ~**y** *s.* ψυχιατρική *f.*
psychic, ~al *a.* ψυχικός.
psychoanaly|se *v.* κάνω ψυχανάλυση σέ. ~**sis** *s.* ψυχανάλυσις *f.* ~**st** *s.* ψυχαναλυτής *m.*
psychological *a.* ψυχολογικός. ~**ly** *adv.* ψυχολογικῶς.
psycholog|ist *s.* ψυχολόγος *m.* ~**y** *s.* ψυχολογία *f.*
psychopath *s.*, ~**ic** *a.* *(person)* ψυχοπαθής, *(condition)* ψυχοπαθητικός.
psychosis *s.* ψύχωσις *f.*
ptomaine *s.* πτωμαΐνη *f.*
pub *s.* ταβέρνα *f.*
puberty *s.* ἥβη *f.*
pubic *a.* ἡβικός.
public *a.* δημόσιος, *(state-controlled)* κρατικός. ~ holiday ἑορτή *f.* ~ house ταβέρνα *f.* ~ opinion κοινή γνώμη. ~ school *(UK)* ἰδιωτικόν σχολεῖον μέσης ἐκπαιδεύσεως. ~ spirit μέριμνα γιά τό κοινό συμφέρον. *(s.)* the ~ τό κοινόν. in ~ δημοσία.
publican *s.* ταβερνιάρης *m.*
publication *s.* *(making known)* δημοσίευσις *f.* *(of book)* ἔκδοσις *f.* *(book)* βιβλίο *n.*
publicist *s.* πολιτικός σχολιαστής.
public|ity *s.* *(being known)* δημοσιότης *f.* *(advertising)* διαφήμισις *f.* ~**ize** *v.* δίδω δημοσιότητα σέ, διαφημίζω.
publish *v.* *(of publisher)* ἐκδίδω, *(of writer, also make known)* δημοσιεύω. ~**ing** house ἐκδοτικός οἶκος. ~**er** *s.* ἐκδότης *m.*
puce *a.* καστανέρυθρος.
pucker *v.* ζαρώνω.
puckish *a.* σκανταλιάρικος.
pudding *s.* πουτίγγα *f.*
puddle *s.* *(pool)* λακκούβα *f.* *(v.i.)* *(dabble)* τσαλαβουτῶ.
pudgy *a.* κοντόχοντρος.
puer|ile *a.* παιδαριώδης. ~**ility** *s.* *(act, utterance)* παιδαριωδία *f.* *(quality)* παιδαριώδης νοοτροπία.
puff *s.* φύσημα *n.* *(of smoke)* τολύπη *f.* *(of wind)* ριπή *f.* *(at cigar, etc.)* ρουφηξιά *f.* *(praise)* ρεκλάμα *f.*
puff *v.i.* *(pant)* *(also* ~ and blow) ξεφυσῶ, ἀσθμαίνω, φουσκώνω. *(of engine)* βγάζω καπνό. *(v.t.)* *(give out)* βγάζω, *(swell*

out) φουσκώνω. (cigar, etc.) τραβῶ μία ρουφηξιά ἀπό. (praise) ρεκλαμάρω. ~ oneself up φουσκώνω.

puffed a. (hair, dress) φουσκωτός, (panting) λαχανιασμένος. ~ up (proud) φουσκωμένος.

puffy a. (swollen) πρησμένος.

pugil|ism s. πυγμαχία f. ~ist s. πυγμάχος m. ~istic a. πυγμαχικός.

pugnacious a. μέ ἐριστική διάθεση. ~ly adv. βιαίως.

pugnacity s. ἐριστική διάθεσις.

puissant a. δυνατός.

puke v. ξερνῶ.

pukka a. γνήσιος.

pulchritude κάλλος n.

puling a. κλαψιάρικος.

pull s. τράβηγμα n. (at pipe, etc.) ρουφηξιά f. (attraction) ἕλξις f. (influence) μέσα n.pl. (advantage) πλεονέκτημα n. **pull** v.t. & i τραβῶ. (v.t.) σέρνω, σύρω. ~ to pieces (fig.) κάνω σκόνη. ~ (person's) leg πειράζω. ~ one's weight βάζω τά δυνατά μου. ~ a long face κατεβάζω τά μοῦτρα. ~ strings βάζω μέσα. have strings to ~ ἔχω μέσα.

pull about v.t. τραβολογῶ.

pull ahead v.i. ἀποσπῶμαι.

pull at v.t. τραβῶ. (pipe, bottle) τραβῶ μία ρουφηξιά ἀπό.

pull back v.i. ἀποσύρομαι.

pull down v.t. (lower) κατεβάζω, (demolish) γκρεμίζω, (overthrow) ἀνατρέπω, (weaken) τσακίζω.

pull in v.t. (crowd, nets) τραβῶ, (money) μαζεύω. (v.i.) (arrive) φτάνω, (to side) τραβῶ στήν ἄκρη.

pull off v.t. (remove), βγάζω, (achieve) πετυχαίνω.

pull on v.t. (gloves, etc.) βάζω.

pull out v.t. (extract) βγάζω, (open) ἀνοίγω. (v.i.) (start off) ξεκινῶ. (in driving) βγαίνω ἀπό τή γραμμή. ~ of ἀποχωρῶ ἀπό.

pull over v.i. (in driving) τραβῶ στήν ἄκρη τοῦ δρόμου.

pullover s. πουλόβερ n.

pull round v.t. (revive) συνεφέρνω. (v.i.) συνέρχομαι.

pull through v.t. & i. γλυτώνω.

pull together v.t. (rally) συγκεντρώνω. (revive) συνεφέρνω, (of nourishment) στηλώνω. (v.i.) συμφωνῶ, συνεργάζομαι. pull oneself together ἀνακτῶ τό ἠθικόν μου, μαζεύομαι.

pull up v.t. (raise) σηκώνω, ἀνεβάζω,

(uproot) ξερριζώνω. (v.t. & i) (stop) σταματῶ.

pullet s. κοτόπουλο n., πουλάδα f.

pulley s. τροχαλία f., καρούλι n.

pullulate v.i. πολλαπλασιάζομαι. ~ wi βρίθω (with gen.).

pulmonary a. πνευμονικός.

pulp s. πολτός m. (of fruit) σάρξ f. (v πολτοποιῶ. ~ing s. πολτοποίησις f.

pulpit s. ἄμβων' n.

pulsat|e v. (beat) πάλλω, κτυπῶ, (fig., b vibrant) σφύζω. ~ing a. παλμικός. ~io s. παλμός m.

pulse s. (beat) σφυγμός m. (v.i.) σφύζω κτυπῶ.

pulse s. (edible) ὄσπρια n. pl.

pulverize v. κονιοποιῶ, (fig.) κάνω σκόν

pumice s. ἐλαφρόπετρα f.

pummel v. γρονθοκοπῶ.

pump v.t. ἀντλῶ, τρομπάρω. ~ οι βγάζω, ἀδειάζω. ~ up φουσκώνω. (fig (question) ψαρεύω, (instil) ἐμφυσῶ. (s ἀντλία f., τρόμπα f. (for inflating τρόμπα f.

pump s. (woman's shoe) γόβα f. (man' λουστρίνι n.

pumpkin s. κολοκύθα f.

pun s. λογοπαίγνιο n.

punch s. (tool) ζουμπᾶς m. (small) τρυπη τήρι n. (v.) τρυπῶ, ἀνοίγω τρύπες σέ.

punch s. (blow) γροθιά f. (fig., vigou δύναμις f. not pull one's ~es μιλᾶ ἔξω ἀπ' τά δόντια. (v.) δίνω γροθιά σ (repeatedly) γρονθοκοπῶ.

punch s. (drink) πόντς n.

Punch s. Φασουλῆς m. as pleased as κατευχαριστημένος.

punctili|o s. τύποι m. pl. ~ous a. be ~οι προσέχω τούς τύπους.

punctual a. ἀκριβής. ~ity s. ἀκρίβεια ~ly adv. ἐγκαίρως, στήν ὥρα μου.

punctuat|e v. (interrupt) διακόπτω. ~ion στίξις f. (marks) σημεῖα στίξεως.

puncture s. τρύπημα n. (med.) παρακέ τησις f. (fam.) I got a ~ (in tyr μ' ἔπιασε λάστιχο. (v.) τρυπῶ.

pundit s. αὐθεντία f.

pungency s. δριμύτης f.

pungent a. δριμύς, καυστικός, καυτερό ~ smell σπιρτάδα f.

punish v. τιμωρῶ, (maltreat) κακομεταχε ρίζω. (fam.) they ~ed the victuals ταρ ξανε τά φαγιά. ~able a. ἀξιόποινο ~ment s. τιμωρία f.

punitive a. πρός τιμωρίαν. ~ taxatic βαρυτάτη φορολογία.

innet s. καλαθάκι n.

int s. λέμβος ποταμοῦ προωθουμένη μέ σταλίκι.

int v. (bet) ποντάρω. ~**er** s. πονταδόρος n.

iny a. καχεκτικός. (fig.) ἀσήμαντος.

ip s. κουτάβι n. (fam.) be sold a ~ πιάνομαι κορόιδο.

ipil s. μαθητής m., μαθήτρια f. (of eye) κόρη f.

ippet s. ἀνδρείκελον n. ~ show κουκλο-θέατρο n.

ippy s. σκυλάκι n. (fig.) ὁμορφονιός m.

urblind a. (fig.) ὅλάξ.

urchase s. ἀγορά f. ~s ψώνια n. pl. (hold) get a (good) ~ on ἀδράχνω, πιά-νομαι γερά ἀπό. (v.) ἀγοράζω. ~**r** s. ἀγοραστής m.

urdah s. be in ~ (of women) κρατοῦμαι περιορισμένη μακριά ἀπό τά ἀνδρικά μάτια.

ure a. (clean, unmixed) καθαρός. (unad-ilterated, chaste) ἁγνός. (mere, also ~ and simple) καθαρός, σκέτος. (science) ἀφῃρημένος. ~**ly** adv. ἁπλῶς, καθαρῶς.

urée s. πολτός m. (tomato) μπελτές m. (potato, etc.) πουρές m.

urgative s. καθαρτικόν n.

urgatory s. καθαρτήριον n. (fig.) μαρτύ-ριο n.

urge v. (clean) καθαρίζω. (rid) ἐκκαθα-ρίζω, (get rid of) ἀποβάλλω, (sins) ἀπο-πλύνω. (s.) ἐκκαθάρισις f.

urification s. καθάρισμα n. (feast of Candlemas, 2nd Feb.) Ὑπαπαντή f.

urify v. καθαρίζω.

urist s. ἐκλεκτικός a. (advocate of puri-stic Gk.) καθαρευουσιάνος m. ~**ic** a. ~ic Greek καθαρεύουσα f.

uritan s. ~**ical** a. (person) πουριτανός m. (idea, etc.) πουριτανικός.

urity s. καθαρότης f., ἁγνότης f.

url v. κελαρύζω.

urlieus s. περίχωρα n. pl.

urloin v. κλέβω.

urple s. (fig.) πορφύρα f. (colour) πορ-φυροῦν χρῶμα. (a.) βαθυκόκκινος. get ~ in the face κοκκινίζω. (fig.) ~ patch πα-θητικό ἀπόσπασμα.

urport v.i. (to be) φιλοδοξῶ. (s.) ἔν-νοια f.

urpose s. σκοπός m. (resolution) ἀποφα-σιστικότης f. on ~ σκοπίμως, ἐπίτηδες. to the ~ χρήσιμος, σχετικός. to good ~ ἀποτελεσματικά. to no ~ ἄδικα, ἀδίκως, εἰς μάτην. (v.) σκοπεύω. ~**fully** adv. μέ

ἀποφασιστικότητα. ~**ly** adv. σκοπίμως, ἐπίτηδες.

purr v. ρονρονίζω, (of engine) βουΐζω. (s.) ρονρόνισμα n. βουή f.

purse s. (lady's) πορτοφόλι n. (also fig.) πουγγί n. hold the ~-strings βαστῶ τό ταμεῖον.

purser s. λογιστής m.

pursuance s. in ~ of (accordance) συμφώ-νως πρός, (execution) εἰς ἐκτέλεσιν (with gen.).

pursue v. (chase) κυνηγῶ, καταδιώκω. (go on with) συνεχίζω, (aim at) ἐπιδιώκω. ~**r** s. διώκτης m.

pursuit s. (chasing) καταδίωξις f. (of happiness, wealth) κυνήγι n., ἐπιδίωξις f. (occupation) ἐργασία f., ἀπασχόλησις f. they went in hot ~ of him τόν πῆραν κυνήγι.

purulent a. πυώδης.

purvey v. προμηθεύω. ~**or** s. προμηθευτής m. ~**ance** s. προμήθεια f.

pus s. πύον n., ἔμπυο n.

push s. σπρωξιά f., σπρώξιμο n. (attack) ἐπίθεσις f. give the bell a ~ χτυπῶ τό κουδούνι. have plenty of ~ εἶμαι ἀπο-φασισμένος νά ἐπιτύχω. (fam.) get the ~ παύομαι, at a ~ στήν ἀνάγκη.

push v. σπρώχνω, (insert) χώνω. (exert pressure on) πιέζω. (button) πατῶ, (claims) διεκδικῶ, (wares) διαφημίζω, προωθῶ, (drugs) πλασάρω. ~ oneself forward προβάλλομαι. ~ one's way through the crowd περνῶ παραμερίζον-τας τό πλῆθος. be ~ed for time μοῦ λεί-πει καιρός.

push along v.i. I must ~ πρέπει νά πηγαίνω.

push around v.t. σέρνω ἀπό δῶ κι' ἀπό κεῖ.

push aside v.t. παραμερίζω.

push away, back v.t. ἀπωθῶ.

push forward v.i. προχωρῶ. (v.t.) ~ one-self forward (αὐτο)προβάλλομαι.

push off v.i. (go) στρίβω.

push on v.i. προχωρῶ. ~ with συνεχίζω. (v.t.) προωθῶ, σπρώχνω.

push over v.t. ρίχνω κάτω, ἀνατρέπω.

push-over s. (fam.) εὔκολη ἐπιτυχία.

push through v.t. & i. περνῶ.

push up v.t. ἀνεβάζω.

push-cart s. χειράμαξα f.

pusher s. ἀρριβίστας m.

pushful a. be ~ προβάλλομαι ἀναιδῶς.

pushing s. σπρώξιμο n. (a.) see pushful.

pusillanimous a. δειλός.

puss *s.* γατούλα *f.*

pussy-cat *s.* ψιψίνα *f.*

put *v.* *(general)* βάζω. *(say, express)* λέω, ἐκφράζω, *(explain, set out)* ἐκθέτω, *(estimate)* ὑπολογίζω. *(invest)* τοποθετῶ. ~ right *or* straight *or* in order κανονίζω, τακτοποιῶ. ~ a question θέτω μία ἐρώτηση. ~ an end to θέτω τέρμα σέ. ~ one in mind of θυμίζω. ~ one's foot in it κάνω μία γκάφα. ~ in hand βάζω μπροστά, καταπιάνομαι μέ. ~ on trial δικάζω. ~ to shame ντροπιάζω. ~ to death θανατώνω. ~ to the test δοκιμάζω. ~ to sleep *(child)* κοιμίζω, *(animal)* δίνω κάτι νά ψοφήσῃ. be hard ~ to it δυσκολεύομαι. I ~ it to him that τοῦ ὑπέδειξα ὅτι.

put about *v.t.* *(circulate)* διαδίδω, *(trouble)* ἐνοχλῶ. *(v.i., of ship)* ὀρτσάρω.

put across *v.t.* *(convey)* μεταδίδω.

put aside *v.t.* *(save)* βάζω στή μπάντα, *(on one side)* βάζω κατά μέρος. *(leave)* ἀφήνω.

put away *v.t.* κρύβω, βάζω στή θέση του. *(give up)* ἐγκαταλείπω, *(confine)* ἐγκλείω. *(kill)* καθαρίζω.

put back *v.t.'* βάζω πίσω, *(delay)* καθυστερῶ. *(v.i., of ship)* ἐπαναπλέω.

put by *v.t.* βάζω στή μπάντα.

put down *v.t.* ἀφήνω κάτω. *(window, passenger)* κατεβάζω, *(money)* καταβάλλω, *(umbrella)* κλείνω. *(suppress)* καταστέλλω, *(humble)* ταπεινώνω. *(write)* γράφω, σημειώνω. *(attribute)* ἀποδίδω. ~ one's foot down πατῶ πόδι. *(v.i.)* *(of plane)* προσγειώνομαι.

put forth *v.t.* βγάζω, *(exert)* καταβάλλω.

put forward *v.t.* *(submit)* ὑποβάλλω, *(propose)* προτείνω. *(clock, date)* βάζω μπρός.

put in *v.t.* βάζω *(μέσα)*. *(do)* κάνω, *(submit)* ὑποβάλλω. ~ a good word λέω μία καλή κουβέντα. ~ for *(post)* ἐκθέτω ὑποψηφιότητα γιά. *(v.i., of ship)* ~ at πιάνω σέ.

put off *v.t.* *(postpone)* ἀναβάλλω, *(get rid of)* βγάζω, *(distract)* ἐκνευρίζω, *(with excuse)* ξεφορτώνομαι. *(dissuade)* ἀποτρέπω. *(offend)* φέρνω ἀηδία σέ. *(make hostile)* προδιαθέτω δυσμενῶς. *(v.i.)* ξεκινῶ.

put on *v.t.* βάζω. *(clothes)* φορῶ, βάζω. *(light, gas)* ἀνάβω, *(clock)* βάζω μπρός. *(a play)* ἀνεβάζω *(weight, airs)* παίρνω,

(speed) αὐξάνω. *(add)* προσθέτω, *(feign)* προσποιοῦμαι.

put out *v.t.* βγάζω *(ἔξω)*. *(light, fire)* σβήνω. *(extend)* ἁπλώνω. *(dislocate)* ἐξαρθρώνω. *(vex)* πειράζω, στενοχωρῶ *(in order)* to put him out of his pain γι νά ἀνακουφισθῆ ἀπό τούς πόνους. *(v.i of ship)* ἀνάγομαι.

put over *v.t.* *(convey)* μεταδίδω.

put through *v.t.* *(effect)* φέρω εἰς πέρα *(connect)* συνδέω. put *(person)* through ὑποβάλλω σέ σκληρή δοκιμασία, το βγάζω τό λάδι.

put together *v.t.* *(parts)* συναρμολογῶ *(thoughts)* συγκεντρώνω, *(things)* μαζεύω

put up *v.t.* ἀνεβάζω. *(hair, hands, game* σηκώνω, *(building)* ἀνεγείρω, *(ten* στήνω, *(umbrella)* ἀνοίγω, *(money)* βάζω *(guest)* φιλοξενῶ. *(resistance)* προβάλλω *(proposal)* προτείνω. *(pack)* συσκευάζω *(get ready)* ἑτοιμάζω. *(to auction)* βγάζω ~ for sale πουλῶ. *(instigate)* βάζω. π *(person's)* back up πικάρω. *(v.i.)* *(lodge* μένω. ~ with *(be content)* ἀρκοῦμαι εἰ *(endure)* ἀνέχομαι. ~ for *(election)* ὑπο βάλλω ὑποψηφιότητα γιά. a put-up jo ἀπάτη *f.*

put upon *v.t.* *(exploit)* ἐκμεταλλεύομαι.

putative *a.* ὑποτιθέμενος.

putre|fy *v.i.* σαπίζω, σήπομαι. ~fied σε πιος. ~**faction** *s.* σῆψις *f.*

putresc|ent *a.* σάπιος. ~**ence** *s.* σαπίλα *f* **putrid** *a.* σάπιος. *(fam.)* βρωμερός.

puttee *s.* γκέττα *f.*

putty *s.* στόκος *m.*

puzzle *s.* αἴνιγμα *n.*, πρόβλημα *n.* *(game* γρῖφος *m.* *(v.t.)* μπερδεύω, σαστίζω. out *(solve)* ξεδιαλύνω. *(v.i.)* σπάζω τ κεφάλι μου. ~**ment** *s.* ἀπορία *f.*

puzzling *a.* *(difficult)* δύσκολος. h conduct is ~ δέν μπορῶ νά καταλάβω τ συμπεριφορά του.

pygmy *a.* & *s.* πυγμαῖος.

pyjamas *s.* πυτζάμα *f.*

pylon *s.* στῦλος *m.*

pyramid *s.* πυραμίς *f.*

pyre *s.* πυρά *f.*

pyrotechnics *s.* *(fig.)* ἐντυπωσιακό ρητο ρικό ὕφος.

Pyrrhic *a.* ~ victory πύρρειος νίκη.

python *s.* πύθων *m.*

Pythoness *s.* Πυθία *f.*

pyx *s.* *(eccl.)* ἀρτοφόριον *n.*

Q

s. *(fam.)* on the Q.T. κρυφά.

ua *conj.* ὡς.

ıack *v.* κάνω κουά-κουά.

ıack *s.* ἀγύρτης *m.*, κομπογιαννίτης *m.* *doctor)* πρακτικός ἰατρός. ~ remedy γιατροσόφι *n.* ~ery *s.* ἀγυρτεία *f.*

ıad *s.* 1. *(of college)* αὐλή *f.* 2. *see* quadruplet.

ıadrang|le *s.* *(geom.)* τετράπλευρον *n.* *of college)* αὐλή *f.* ~ular *a.* τετράπλευρος.

ıadratic *a.* δευτεροβάθμιος.

ıadrille *s.* καντρίλλιες *f.pl.*

ıadruped *s.* τετράποδον *n.*

ıadruple *a.* τετραπλάσιος. *(v.t.)* τετραπλασιάζω. *(v.i.)* τετραπλασιάζομαι.

ıadruplet *s.* τετράδυμο *n.*

ıaff *v.* πίνω μέ μεγάλες ρουφηξιές.

ıagmire *s.* βάλτος *m.*

ıail *s.* ὀρτύκι *n.*

ıail *v.* δειλιάζω, *(of courage)* λυγίζω.

ıaint *a.* *(picturesque)* γραφικός, *(unusual)* περίεργος. ~ly *adv.* γραφικά, μέ περίεργο τρόπο.

ıake *v.* τρέμω, *(shiver)* τρεμουλιάζω.

ıuaker *s.* κουάκερος *m.* ~ oats κουάκερ *n.*

ıalification *s.* *(reservation)* ἐπιφύλαξις *f.* *(description)* χαρακτηρισμός *m.* ~s προσόντα *n.pl.*

ıualif|y *v.t.* *(limit)* περιορίζω, *(describe)* χαρακτηρίζω. *(give the right)* it does not ~y him to... δέν τοῦ δίνει τό δικαίωμα νά. be ~ied *(for post)* ἔχω τά προσόντα. I am not ~ied *(to give opinion, etc.)* δέν εἶμαι σέ θέση (νά). *(v.i., have the right)* δικαιοῦμαι *(with* νά).

ıalified *a.* *(limited)* περιορισμένος. give ~ approval (to) ἐγκρίνω μέ ἐπιφυλάξεις. *(having diploma)* διπλωματοῦχος, πτυχιοῦχος.

ıalitative *a.* ποιοτικός.

ıuality *s.* *(kind)* ποιότης *f.* *(attribute)* ἰδιότης *f.* *(ability)* ἱκανότης *f.* *(worth)* ἀξία *f.* good ~ προτέρημα *n.* bad ~ ἐλάττωμα *n.*

ıualm *s.* ἐνδοιασμός *m.* ~s of conscience

τύψεις *f.pl.* *(sick feeling)* ἀναγούλα *f.*

quandary *s.* δίλημμα *n.*

quantitative *a.* ποσοτικός.

quantit|y *s.* ποσότης *f.* ~ies of πολλοί, ἀφθονία *f.* *(with gen.).* unknown ~y *(math.)* ἄγνωστον μέγεθος, *(fig.)* ἀστάθμητος παράγων.

quantum *s.* *(phys.)* κβάντουμ *n.* ~ theory κβαντική θεωρία.

quarantine *s.* καραντίνα *f.*

quarrel *v.* μαλώνω, καβγαδίζω, τσακώνομαι. we have ~led εἴμαστε μαλωμένοι *(or* τσακωμένοι). ~ with τά βάζω μέ, *(disagree)* διαφωνῶ μέ, *(complain of)* παραπονοῦμαι γιά.

quarrel *s.* μάλωμα *n.*, καβγᾶς *m.* ~some *a.* φιλόνεικος, καβγατζής.

quarry *s.* *(hunted beast)* θήραμα *n.*, κυνήγι *n.* *(human)* ὁ (κατα)διωκόμενος.

quarry *s.* *(for stone)* λατομεῖον *n.*, νταμάρι *n.* *(fig., source)* πηγή *f.* *(v.t.)* *(dig out)* ὀρύσσω, βγάζω, *(fig.)* ψάχνω. ~ing *s.* ἐξόρυξις, λατόμησις *f.*

quart *s.* τέταρτον τοῦ γαλονιοῦ.

quarter *s.* *(fourth part)* τέταρτον *n.* *(time)* a ~ to one μία παρά τέταρτο, a ~ past one μία καί τέταρτο. *(of year)* τρίμηνο *n.*, τριμηνία *f.* *(source)* πηγή *f.* *(district)* συνοικία *f.* *(colony of residents)* παροικία *f.* in every ~ of the globe σ' ὅλα τά μέρη τοῦ κόσμου. from every ~ ἀπό παντοῦ. in high ~s στούς ἀνωτέρους κύκλους. at close ~s κοντά, *(fighting)* ἐκ τοῦ συστάδην. *(mercy)* they gave no ~ δέν ἐφείσθησαν οὐδενός. ask for ~ ζητῶ χάρη.

quarter *v.t.* *(lodge)* βρίσκω κατάλυμα γιά. ~s *s.* *(residence)* κατοικία *f.* *(for crew, servants)* διαμερίσματα *n.pl.* *(billet, lodging)* κατάλυμα *n.*

quarter|deck *s.* *(fig.)* οἱ ἀξιωματικοί. ~-master *s.* *(mil.)* ἀξιωματικός ἐπιμελητείας.

quarterly *a.* τριμηνιαῖος.

quartet *s.* κουαρτέτο *n.*

quartz *s.* χαλαζίας *m.*

quash *v.* *(annul)* ἀκυρῶ, *(suppress)* καταπνίγω.

quasi- *prefix* οἱονεί.

quatrain *s.* τετράστιχον *n.*

quaver *s.* *(mus.)* ὄγδοον *n.*

quaver *v.* *(of voice)* τρεμουλιάζω. ~ing *a.* τρεμουλιαστός.

quay *s.* προκυμαία *f.*

queasy *s.* feel ~, have a ~ stomach αἰσθάνομαι ἀναγούλα.

queen *s.* βασίλισσα *f. (at cards)* ντάμα *f.*
~ mother βασιλομήτωρ *f. (v., fam.)* ~ it
κάνω τή βασίλισσα. ~ly *a.* βασιλικός.
queer *a. (strange)* ἀλλόκοτος, παράξενος.
(unwell) ἀδιάθετος. he's a bit ~ in the
head εἶναι ἐλαφρῶς βλαμμένος. *(fam.)* be
in Q~ street ἔχω χρέη, ἔχω μπλεξίματα.
(s., fam.) ὁμοφυλόφιλος *a. (v.t., spoil)*
χαλῶ. they ~ed my pitch μοῦ ἔκαναν
χαλάστρα. ~ly *adv.* παράξενα. ~ness *s.*
παραξενιά *f.*
quell *v.* καταπνίγω.
quench *v.* σβήνω. ~less *a.* ἄσβηστος.
querulous *a.* παραπονιάρης. ~ly *adv.*
παραπονιάρικα. ~ness *s.* γκρίνια *f.*
query *s.* ἐρώτημα *n. (question-mark)* ἐρω-
τηματικόν *n. (v.i., ask)* ρωτῶ. *(v.t., call
in question)* ἀμφισβητῶ.
quest *s.* ἀναζήτησις *f. (v.)* ~ for ἀναζητῶ.
question *s.* ἐρώτημα *n., (also gram.)* ἐρώ-
τησις *f. (matter, problem)* ζήτημα *n.
(doubt)* ἀμφιβολία *f.* the case in ~ ἡ
προκειμένη ὑπόθεσις. out of the ~ ἐκτός
συζητήσεως, ἀδύνατος. without *(or
beyond)* ~ ἀναμφισβητήτως. there is no
~ of it *(it is certain)* οὔτε συζήτησις. it
is out of the ~ ἀποκλείεται.
question *v. (interrogate)* ἀνακρίνω, ἐξε-
τάζω. *(express doubt about)* ἀμφιβάλλω
γιά, ἀμφισβητῶ. *(v.i., wonder)* διερωτῶ-
μαι. ~er *s.* ὁ ἐρωτῶν. ~ing *a.* ἐρωτημα-
τικός.
questionable *a. (statement)* ἀμφισβητήσι-
μος. of ~ value ἀμφιβόλου ἀξίας.
questionnaire *s.* ἐρωτηματολόγιον *n.*
queue *s.* οὐρά *f. (v.)* ~ (up) κάνω οὐρά.
quibble, ~ing *s. (evasion)* ὑπεκφυγή *f.* ~e
v.i. (split hairs) ψιλολογῶ γιά ἀσήμαντα
πράγματα. ~er *s.* ψιλολόγος ἀντιρρη-
σίας.
quick *a. (rapid)* γρήγορος, ταχύς, *(nimble)*
σβέλτος. at a ~ pace μέ γοργό ρυθμό. be
~! βιάσου, κάνε γρήγορα! *(hurried)* δια-
στικός. *(lively, intelligent)* ἔξυπνος. he
has a ~ mind *(or* eye*)* κόβει τό μυαλό
του *(or* τό μάτι του*).* ~ly *adv.* γρήγορα.
~ness *s.* γρηγοράδα *f.,* ταχύτης *f. (of
mind)* ἀντίληψις *f.*
quick *s.* cut *(person)* to the ~ θίγω και-
ρίως.
quicken *v.t. (pace)* ἐπιταχύνω, *(stir, liven)*
κεντρίζω. *(v.i.)* ἐπιταχύνομαι, ζωντα-
νεύω.
quicksand *s.* κινούμενη ἄμμος.
quickset *a.* ~ hedge φράκτης ἀπό θά-
μνους.

quicksilver *s.* ὑδράργυρος *m.*
quick-tempered *a.* be ~ θυμώνω μέ τό ╎
ποτα.
quick-witted *a.* ξύπνιος. ~ person σπίρ╎
μονάχο. ~ness *s.* ἑτοιμότης *f.*
quid *s. (tobacco)* κομμάτι κάπνου γιά μ╎
σήμα. *(fam., pound)* λίρα *f.*
quiescent *a.* ἀκίνητος.
quiet *a.* ἥσυχος, *(noiseless)* ἀθόρυβος, *(n╎
speaking)* ἀμίλητος, *(simple, not gaud╎
ἁπλός. on the ~ κρυφά, keep it ~ ╎
κρατῶ μυστικό. *(s.)* ἡσυχία, ἠρεμία, γ╎
λήνη *f.* ~ly *adv.* ἥσυχα, ἀθόρυβα, ἁπλ╎
quiet, ~en *v.t. & i.* ἡσυχάζω, καλμάρω
quiet|ness, ~ude *s.* ἠρεμία *f.,* γαλήνη *f.*
quiff *s.* ἀφέλεια *f.*
quill *s. (feather)* φτερό *n. (pen)* πέννα
(of animal) ἀγκάθι *n.*
quilt *s.* πάπλωμα *n.* ~ed *a.* καπιτονέ.
quin *s. (fam.)* πεντάδυμο *n.*
quince *s.* κυδώνι *n. (tree)* κυδωνιά *f.*
quinine *s.* κινίνη *f.*
quintessence *s.* πεμπτουσία *f.*
quintet *s.* κουϊντέτο *n.*
quintuplet *s.* πεντάδυμο *n.*
quip *s.* ἀστεϊσμός *m. (v.)* ἀστειεύομαι.
quire *s.* δεσμίς εἴκοσι τεσσάρων φύλλω
χαρτιοῦ γραψίματος.
quirk *s.* ἐκκεντρικότης *f.*
quisling *s. (fam.)* δοσίλογος *m.*
quit *v.t. (leave)* ἀφήνω, φεύγω ἀπό. *(sto╎
σταματῶ. *(v.i., depart)* φεύγω. *(a.)* be
of ξεφορτώνομαι.
quite *adv. (completely)* τελείως, ἐντελῶ╎
ὅλως διόλου. *(rather, fairly)* ἀρκετ╎
μᾶλλον. ~ (so)! ἀκριβῶς. not ~ δ╎
ἀκριβῶς. *(indeed, truly)* ὄντως, πραγμα
τικά. ~ evident ὁλοφάνερος, ~ straig╎
ὁλόϊσιος, ~ white κάτάσπρος. I am
well again *(after illness)* ἔγινα περδίκι.
quits *a.* we are ~ εἴμαστε πάτσι. I'll be
with you θά σ' ἐκδικηθῶ.
quittance *s.* ἐξόφλησις *f.*
quiver *s. (archer's)* φαρέτρα *f.*
quiver *v.* τρέμω, *(of eyelid)* παίζω. *(s╎
τρεμούλα *f.*
qui vive *s.* on the ~ ἐν ἐπιφυλακῇ.
quixot|ic *a.* δογκιχωτικός. ~ry *s.* δογκιχ╎
τισμός *m.*
quiz *v. (tease)* πειράζω, *(look at)* κοιτάζ╎
εἰρωνικά, *(question)* ἐξετάζω. *(s.)* σει╎
ἐρωτήσεων. ~zical *a.* εἰρωνικός.
quoit *s.* κρίκος *m.* ~s παιγνίδι μέ κ╎
κους.
quondam *a.* πρώην *adv.*
quorum *s.* ἀπαρτία *f.*

uota s. ἀναλογοῦν n., ποσοστόν n. (per-
mitted number) ἐπιτρεπόμενος ἀριθμός.
uotation s. (passage) ἀπόσπασμα n.
(estimate) προσφορά f. ~ marks εἰσαγω-
γικά n.pl. (fin.) τρέχουσα τιμή.
uote v. (a passage) παραθέτω, (mention)
ἀναφέρω. (a price) δίνω.
uoth v. εἶπα, εἶπε.
uotidian a. καθημερινός.
uotient s. (math.) πηλίκον n.

R

abbi s. ραββῖνος m.
abbit s. κουνέλι n.
abble s. συρφετός m., ὄχλος m. ~-rous-
ing a. δημαγωγικός.
abid a. λυσσασμένος. (fig.) φανατικός.
(politically) θαμμένος.
abies s. λύσσα f. ~ clinic λυσσιατρεῖον
n.
ace s. (breed) φυλή f., ράτσα f. human
~ ἀνθρώπινον γένος. (a.) φυλετικός.
ace s. (on foot) ἀγὼν δρόμου, (horse,
car) κούρσα f. the ~s ἱπποδρομίες f. pl.
obstacle ~ δρόμος μετ' ἐμποδιῶν. (fig.,
effort to be in time) ἀγώνας m.
ace v.i. συναγωνίζομαι στὴν ταχύτητα,
(go fast) τρέχω. ~course s. ἱπποδρόμιον
n. ~horse s. ἄλογο κούρσας.
acial a. φυλετικός. ~ism s. φυλετισμός
m.
acing s. κοῦρσες f.pl.
ack s. (holder) ράφι n., κρεμάστρα f.,
θήκη f. ~-railway s. ὀδοντωτὸς σιδηρό-
δρομος.
ack s. (torture) βασανιστήριον n. go to
~ and ruin ρημάζω, πάω κατὰ διαβό-
λου. (v.t.) βασανίζω. ~ one's brains
σπάζω τὸ κεφάλι μου.
acket s. (din) θόρυβος m. (fuss) φασαρία
f. (roguery) λοβιτούρα f., κομπίνα f. (of
gangs) γκαγκστερικὴ ἐπιχείρησις. (tennis)
ρακέτα f.
acy a. ζωηρός, πικάντικος.
adar s. ραντάρ n.
addled a. φτιασιδωμένος.
adiant a. be ~ant (with) ἀκτινοβολῶ
(ἀπό). ~ance s. λάμψις f.
adiate v.t. ἐκπέμπω, διαχέω. (v.i.) (of

light) ἀκτινοβολῶ. (of streets, etc.)
ἐκτείνομαι ἀκτινοειδῶς. ~ion s. ἀκτινο-
βολία f.
radical a. ριζικός, (of opinions) ριζοσπα-
στικός. (s.) ριζοσπάστης m. ~ly adv. ρι-
ζικῶς.
radio s. (wireless) ἀσύρματος m. (set) ρα-
διόφωνον n. (a.) ραδιοφωνικός. ~-active
a. ραδιενεργός. ~-gram(ophone) s. ρα-
διογραμμόφωνον n. ~logy s. ἀκτινολογία
f. ~-telegram s. ραδιο(τηλε)γράφημα n.
~-therapy s. ἀκτινοθεραπεία f.
radish s. ραπανάκι n.
radium s. ράδιον n.
radius s. ἀκτίς f.
raffish a. ἄσωτος, ἔκδοτος.
raffle s. λοταρία f. (v.t.) βάζω στὴ λοτα-
ρία.
raft s. σχεδία f.
rafter s. καδρόνι n.
rag s. κουρέλι n., ράκος n. (fam., news-
paper) πατσαβούρα f. (fam.) glad ~s
γιορτινά n.pl.
rag v.t. (tease) πειράζω. (v.i.) κάνω φάρ-
σες. (s.) (lark) φάρσα f.
ragamuffin s. κουρελής m.
rag-bag s. (fig.) συνονθύλευμα n.
rage s. ὀργή f. get in a ~ ἐξοργίζομαι,
(fam.) γίνομαι βαπόρι (or ἔξω φρενῶν).
it's all the ~ χαλάει κόσμο. (v.i.) μα-
νιάζω, λυσσομανῶ.
ragged a. (material) κουρελιασμένος, (per-
son) ρακένδυτος, κουρελής. (uneven)
ἀνώμαλος.
raging a. μανιασμένος, (pain) φρικτός.
ragtag s. (fam.) ~ and bobtail ἡ σάρα καί
ἡ μάρα.
raid s. ἐπιδρομή f. (sudden) αἰφνιδιασμός
m. (v.i.) κάνω ἐπιδρομὴ κατά (with
gen.). (rob) ληστεύω. ~er s. ἐπιδρομεύς
m. ληστής m.
rail s. ἄγκελο n. (for curtain) βέργα f.
(hand-~) κουπαστή f. (of track) ράβδος
f., ράγια f. by ~ σιδηροδρομικῶς.
run off the ~s (lit. & fig.) ἐκτροχιάζο-
μαι.
rail v.t. (enclose) περιφράσσω. ~ed off
περιφραγμένος. ~ing(s) s. κιγκλίδωμα n.
rail v.i. ~ at τὰ βάζω μέ, βρίζω. ~ing s.
φωνές f.pl., γκρίνια f.
raillery s. πείραγμα n.
rail|road, ~way s. σιδηρόδρομος m. (a.)
(also ~wayman) σιδηροδρομικός.
raiment s. ἐνδυμασία f.
rain v.i. it ~s βρέχει. (fall like ~) πέφτω
βροχή. (v.t.) ~ gifts upon προσφέρω

άφθονα δώρα σέ. it ~s cats and dogs βρέχει μέ τό τουλούμι.

rain s. βροχή f. ~**bow** s. ουράνιο τόξο. colours of the ~bow χρώματα τής ίριδος. ~**coat** s. αδιάβροχο n. ~**fall** s. βροχόπτωσις f.

rainwater s. όμβρια ύδατα, (as opposed to tap-water) βρόχινο νερό. ~ pipe υδρορρόη f.

rainy a. βροχερός. (fig.) for a ~ day γιά τίς δύσκολες μέρες.

raise v. (head, eyes, dust, anchor) σηκώνω. (building, question, point) εγείρω. (glass, flag, voice) υψώνω. (price, morale, window) ανεβάζω. (hat) βγάζω, (siege) αίρω, (wreck) ανελκύω, (loan) δανείζομαι, (objection) προβάλλω. family) μεγαλώνω, (cattle, etc.) εκτρέφω, (crops) καλλιεργώ. (in rank) προάγω, (increase) αυξάνω, (provoke) προξενώ. (find, obtain) πορίζομαι, βρίσκω. ~ Cain or hell or the roof χαλώ τόν κόσμο.

raisin s. σταφίδα f.

rake s. (implement) τσουγκράνα f. (slope) κλίσις f. (roué) παραλυμένος a. ~**d** a. (sloping) επικλινής.

rake v.t. τσουγκρανίζω, (with shots) καταιγίζω, (scan) περισκοπώ. (command view of) δεσπόζω (with gen.). (fig.) ~ up σκαλίζω, ξεθάβω.

rakish a. (ship) αεροδυναμικός. (hat) at a ~ angle λοξοφορεμένος. (dissolute) παραλυμένος.

rally s. συναγερμός m. (demonstration) συλλαλητήριο n. (motor) ράλλυ n.

rally v.t. (troops, etc.) ανασυντάσσω. ~ one's spirits αναθαρρεύω. ~ one's strength ανακτώ δυνάμεις. (chaff) πειράζω. (v.i.) ανασυντάσσομαι. (recover) συνέρχομαι. they ~ round him συσπειρώνονται γύρω του.

ram s. κριάρι n. (battering ~) κριός m. (ship's) έμβολον n.

ram v.t. (thrust) μπήγω, χώνω, (compress) συμπιέζω. (collide with) συγκρούομαι μέ.

ramble v. (stroll) σεργιανίζω, (roam) γυρίζω. (straggle) απλώνομαι ακατάστατα, (in speech) πολυλογώ. (s.) ~s (travels) περιπλανήσεις f. pl.

rambling a. (speech) ασυνάρτητος, (building) λαβυρινθοειδής.

ramification s. διακλάδωσις f.

ramp s. (incline) ράμπα f. (swindle) απάτη f.

ramp v.i. (act boisterously) τρεχοβολώ.

rampage v.i. αποχαλινώνομαι.

rampant a. (heraldry) ορθός. be ~ (vege tation, vice) οργιάζω, (disease) εχ φουντώσει.

ramparts s. επάλξεις f. pl.

ramrod s. εμβολεύς m. erect as a ~ ντο ρος.

ramshackle a. ξεχαρβαλωμένος.

rancid a. ταγγός.

ranc|our s. μνησικακία f. ~**orous** a. μν σίκακος.

random a. τυχαίος. at ~ στήν τύχη, στ κουτουρού.

randy a. (noisy) θορυβώδης, (lustful) λ γνος.

range v.t. (set in line) παρατάσσω. oneself with συντάσσομαι μέ. (v.i.) (war der) περιφέρομαι, (extend) εκτείνομα (vary) ποικίλλω, κυμαίνομαι. ~**r** s. δο σοφύλαξ m.

range s. (line, row) σειρά f. (choice, va riety) ποικιλία f., εκλογή f. (extent) π δίον n., έκτασις f. firing ~ πεδίον βο λής. (of gun) βεληνεκές n. (radius) ακτ f. at a ~ of 10 miles είς ακτίνα δέ μιλίων. at long ~ από μεγάλης αποστό σεως. long-~ (plane) μακράς ακτίνο δράσεως, (gun) μεγάλου βεληνεκού ~-**finder** s. τηλέμετρον n.

rank s. (line) γραμμή f. (of soldiers) ζυγ m. ~s τάξεις f.pl. ~ and file άπλο στρατιώτες, (fig.) κοσμάκης m. (grade βαθμός m. (station) τάξις f. (v.t.) κατ τάσσω. (v.i., be counted) κατατάσσομα θεωρούμαι.

rank a. (in growth) θεριεμένος, (in smel βρωμερός. (absolute) σωστός, καθαρός.

rankle v.i. αφήνω πικρία.

ransack v. (search) κάνω άνω κάτ (plunder) λεηλατώ.

ransom s. λύτρα n.pl. hold to ~ ζητώ λύ τρα γιά (v.) λυτρώνω.

rant v. μεγαληγορώ.

rap s. χτύπημα f. not give a ~ δέν δίν δεκάρα. (v.) χτυπώ.

rapaci|ous a. αρπακτικός. ~**ty** s. αρπακτι κότης f.

rape s. (abduction) αρπαγή f. (violation βιασμός m. (v.) βιάζω.

rapid a. ταχύς, γρήγορος. (s.) ~s καταρ ράκτης m. ~**ity** s. ταχύτης f. ~**ly** adv ταχέως, γρήγορα.

rapier s. ξίφος n. (fig.) ~ thrust πνευμα τώδης αντεπίθεσις.

rapine s. διαρπαγή f.

rapport s. ψυχική επαφή.

rapporteur s. εισηγητής m.

rapprochement s. προσέγγισις f.

rapscallion s. μασκαρᾶς m.

rapt a. (absorbed) ἀπορροφημένος, (attention) τεταμένος.

raptur|e s. ἔκστασις f. ~ous a. ἐκστατικός.

rare a. σπάνιος, (thin) ἀραιός. ~ly adv. σπανίως.

raref|y v.t. & i. ἀραιώνω. ~action s. ἀραίωσις f.

rarity s. σπανιότης f. (rare thing) σπάνιο πρᾶγμα.

rascal s. (rogue) ἀπατεώνας m. (scamp) μασκαρᾶς m.

rash s. ἐξάνθημα n.

rash a. παράτολμος. ~ness s. παρατολμία f.

rasher s. φέτα μπέικον.

rasp s. ῥάσπα f. (v.) λιμάρω, (fig.) ἐρεθίζω. ~ing a. (voice) τραχύς.

raspberry s. σμέουρο n.

rat s. ποντικός m. (fig.) smell a ~ μυρίζομαι κάτι ὕποπτο. (v.) ~ on προδίδω.

ratchet s. ὀδοντωτός τροχός.

rate s. (speed) ταχύτης f. (of growth, production) ρυθμός m. (cost) τιμή f. (percentage) ποσοστόν n. (scale of charges) τιμολόγιον n. birth ~ ποσοστόν γεννήσεων. first ~ πρώτης τάξεως. at any ~ ὁπωσδήποτε. ~s δημοτικός φόρος. ~able a. φορολογήσιμος.

rat|e v.t. (reckon) ὑπολογίζω, (consider) θεωρῶ. (v.i., rank) θεωροῦμαι. ~ing s. ἐκτίμησις f.

rat|e v.t. (scold) κατσαδιάζω. ~ing s. κατσάδα f.

rather adv. μᾶλλον. ~ good μᾶλλον (or ἀρκετά) καλός. ~ tired κάπως κουρασμένος. I would ~ resign than do what you ask θά προτιμοῦσα νά παραιτηθῶ παρά νά κάνω αὐτό πού μοῦ ζητᾶτε. would you ~ have studied medicine? θά προτιμοῦσες νά εἶχες σπουδάσει ἰατρική;

ratif|y v. (ἐπι)κυρώνω. ~ication s. (ἐπι)κύρωσις f.

ratio s. ἀναλογία f.

ration s. μερίς f. day's ~ σιτηρέσιον n. ~s τρόφιμα n. pl. (v.) κατανέμω μέ δελτίον. (restrict) περιορίζω.

rational a. λογικός. ~ly adv. λογικῶς.

rational|ism s. ὀρθολογισμός m. ~ist s. ὀρθολογιστής m.

rationaliz|e v. (behaviour) αἰτιολογῶ. (industry, etc.) ὀργανώνω πιό λογικά. ~ation s. λογική ἐξήγησις. ὀρθολογιστική ὀργάνωσις.

rattle s. κρόταλον n., ροκάνα f. (baby's) κουδουνίστρα f. (noise) κροτάλισμα n. death-~ ρόγχος m.

rattle v. (make or cause to make a noise) χτυπῶ, (frighten) τρομοκρατῶ. ~ off (recite or play quickly) ἀπαγγέλλω (or ἐκτελῶ) τροχάδην.

rattlesnake s. κροταλίας m.

raucous a. βραχνός.

ravage v. ἐρημώνω, καταστρέφω. (the body) σακατεύω. (plunder) λεηλατῶ. (s.) ~s καταστροφαί f.pl., (of time) φθοραί f.pl.

rav|e v. μαίνομαι. ~e about (praise) ἐκθειάζω. ~ing a. παράφρων. (s.) τρελλά λόγια.

ravel v. (fray) ξεφτίζω. ~ out ξεμπερδεύω.

raven s. κόραξ m. (a., black) κατάμαυρος.

ravenous a. λιμασμένος.

ravish v. (carry off) ἀπάγω, ἁρπάζω, (rape) βιάζω. (enrapture) καταγοητεύω. ~ing a. (woman) πεντάμορφος. (music, etc.) πού σέ καταγοητεύει.

raw a. ὠμός. (unworked) ἀκατέργαστος, ~ material πρώτη ὕλη. (unskilled) ἄβγαλτος. ~ recruit (fam.) Γιαννάκης m. (wound) ἀνοιχτός, (weather) ψυχρός. ~ deal ἄδικη μεταχείρισις. touch him on the ~ θίγω τό εὐαίσθητον σημεῖον του.

ray s. ἀκτίς f., ἀχτίδα f.

rayah s. ραγιάς m.

rayon s. ραιγιόν n.

raze v. ἰσοπεδώνω.

razor s. ξυράφι n. (safety) ξυριστική μηχανή. on the ~'s edge στήν κόψη τοῦ ξυραφιοῦ. ~-blade s. λάμα f., ξυραφάκι n.

re prep. ἀναφορικῶς πρός (with acc.).

re- (prefix) ἀνα-, ξανα-, ἐπαν-. (as adv.) ξανά, ἐκ νέου.

reach v.t. (arrive at) φθάνω σέ. (touch with hand, etc.) φθάνω. ~ out (one's hand) for ἁπλώνω τό χέρι μου γιά. can you ~ me the cigarettes? μπορεῖς νά μοῦ πιάσης τά τσιγάρα; (v.i.) φθάνω, as far as the eye can ~ ὅσο (or ὥσπου) φτάνει τό μάτι.

reach s. within ~ (near) κοντά, (accessible) προσιτός. out of ~ (far) μακριά, (inaccessible) ἀπρόσιτος. (of river) ἔκτασις f.

react v. ἀντιδρῶ. ~ion s. ἀντίδρασις f. ~ionary a. & s. ἀντιδραστικός.

read v. διαβάζω, (for degree) σπουδάζω.

it ~s as follows λέει τά ἑξῆς. ~ between the lines διαβάζω ἀνάμεσα στίς γραμμές. you ~ too much into it τοῦ δίνεις ἀδικαιολόγητη ἑρμηνεία. ~ up μελετῶ. well-~ διαβασμένος, well-~ in history δυνατός στήν ἱστορία.

reader s. ἀναγνώστης m. (university teacher) καθηγητής m. (textbook) ἀναγνωστικόν n.

readily adv. (easily) εὔκολα, (willingly) πρόθυμα.

readiness s. ἑτοιμότης f. (willingness) προθυμία f.

reading s. διάβασμα n. (of parliamentary bill & as lesson) ἀνάγνωσις f. (matter) ἀνάγνωσμα n. (interpretation) ἑρμηνεία f. (of MS) γραφή f. (of instrument) ἔνδειξις f. ~-**room** s. ἀναγνωστήριον n.

readjust v.t. ἐπαναρρυθμίζω, ἀναπροσαρμόζω. ~**ment** s. ἀναπροσαρμογή f.

ready a. ἕτοιμος. ~ money μετρητά n.pl. make or get ~ (v.t.) (dinner, room, etc.) ἑτοιμάζω, (for action) προετοιμάζω, (v.i.) ἑτοιμάζομαι, προετοιμάζομαι. ~-**made** a. ἕτοιμος. ~-**reckoner** s. τυφλοσύρτης m.

reaffirm v. δηλώνω ξανά.

reafforestation s. ἀναδάσωσις f.

real a. πραγματικός. ~ estate ἀκίνητος περιουσία. ~**ly** adv. πραγματικά. ~ly? ἀλήθεια; ~**ity** s. πραγματικότης f.

real|ism s. ρεαλισμός m. ~**ist** s. ρεαλιστής m. ~**istic** a. ρεαλιστικός.

realiz|e v. (plans, hopes) πραγματοποιῶ, (a price) πιάνω. (understand) καταλαβαίνω. ~**ation** s. s. πραγματοποίησις f. (understanding) ἀντίληψις f.

realm s. βασίλειον n. (fig.) σφαῖρα f., τομεύς m.

reap v. θερίζω. ~ the fruits (of) δρέπω τούς καρπούς. ~**er** s. (human) θεριστής m. (machine) θεριστική μηχανή.

reappear v. ἐπανεμφανίζομαι, ξαναπαρουσιάζομαι.

rear v.t. (set up) ἐγείρω, (lift) σηκώνω. (bring up) ἀνατρέφω, (animals) ἐκτρέφω. (v.i.) (of horse) ἀνορθώνομαι στά πισινά μου πόδια.

rear s. (back part) ὀπίσθιον (or πίσω) μέρος. at or in the ~ (of) πίσω (ἀπό). bring up the ~ ἔρχομαι τελευταῖος. (a.) the ~ door ἡ πίσω πόρτα. ~-**admiral** s. ὑποναύαρχος m. ~-**guard** s. ὀπισθοφυλακή f. ~guard action μάχη ὑποχωρήσεως.

rearm v.t. ἐπανεξοπλίζω. (v.i.) ἐπανεξοπλίζομαι. ~**ament** s. ἐπανεξοπλισμός m.

rearrange v. ἀναδιαρρυθμίζω, τακτοποιῶ διαφορετικά. (plans) τροποποιῶ. ~**ment** s. ἀναδιαρρύθμισις f. τροποποίησις f. ἀλλαγή f.

reason s. λόγος m. (cause) αἰτία f. (sense) λογική f. (sanity) λογικά n.pl. (intellect) νόησις f. it stands to ~ εἶναι κατάδηλον he won't listen to ~ δέν παίρνει ἀπό λόγια. by ~ of ἐξ αἰτίας (with gen.). he doesn't like driving at night, and with good ~ δέ θέλει νά ὁδηγῆ νύχτα, καί δικαιολογημένα (or μέ τό δίκιο του). with all the more ~ κατά μείζονα λόγον.

reason v.i. (think) σκέπτομαι, συλλογίζομαι. ~ with (person) προσπαθῶ νά λογικέψω. ~ that (maintain) ὑποστηρίζω ὅτι (v.t.) ~ out βρίσκω τή λύση. ~**ing** s. τρόπος τῆς σκέψεως.

reasonab|le a. λογικός. ~**ly** adv. λογικά.

reassur|e v. καθησυχάζω. ~**ance** s. καθησύχασις f. ~**ing** a. καθησυχαστικός.

rebate s. ἔκπτωσις f.

rebel s. ἐπαναστάτης m., ἀντάρτης m (v.) ἐπαναστατῶ.

rebell|ion s. ἀνταρσία f. ~**ious** a. (child lock of hair) ἀνυπότακτος. ~ious troop στρατεύματα τῶν στασιαστῶν.

rebirth s. ἀναγέννησις f.

rebound v. (of ball) κάνω γκέλ. (fig.) ἐπιστρέφω. (s.) (fig.) on the ~ ἀπό ἀντίδραση.

rebuff v. ἀποκρούω. (s.) ἀπότομη ἄρνησις.

rebuke s. παρατήρησις f. (v.t.) κάνω παρατήρηση σέ.

rebut v. διαψεύδω. ~**tal** s. διάψευσις f.

recalcitrant a. ἀπείθαρχος.

recall v. (summon back) ἀνακαλῶ. (remember) θυμᾶμαι, ἀνακαλῶ στή μνήμη (remind one of) (ξανα)θυμίζω. (s. (summons) ἀνάκλησις f. (fig.) those year are beyond ~ ἐκεῖνα τά χρόνια πᾶνε πιά καί δέν ξαναγυρίζουν.

recant v.t. ἀποκηρύσσω. ~**ation** s. ἀποκήρυξις f.

recapitulat|e v. ἀνακεφαλαιώνω. ~**ion** s ἀνακεφαλαίωσις f.

recapture v. ξαναπιάνω, (fig.) ξαναζωντανεύω.

recede v. ὑποχωρῶ.

receipt s. (act) παραλαβή f., λήψις f (statement) ἀπόδειξις f. (recipe) συνταγ f. ~s (takings) εἰσπράξεις f. pl.

receive v. (take delivery of) παραλαμβάνω (a blow, guests) δέχομαι. (greet, lit. & fig.) ὑποδέχομαι. (get) παίρνω, λαμβάνω *(undergo)* ὑφίσταμαι. **~d** *a. (usual)* παραδεδεγμένος.

receiver *s.* παραλήπτης *m. (part of apparatus)* δέκτης *m.*, *(of phone)* ἀκουστικόν *n. (of stolen goods)* κλεπταποδόχος *m.*

recent *a.* πρόσφατος. **~ly** *adv.* προσφάτως.

receptacle *s.* δοχεῖον *n.*

reception *s.* ὑποδοχή *f. (party)* δεξίωσις *f. (of hotel)* ρεσεψιόν *f. (of signals)* λῆψις *f.*

receptive *a. (person)* μέ ἀνοικτό μυαλό. be ~ το δέχομαι εὔκολα.

recess *s. (break)* διακοπή *f. (niche)* κόγχη *f. (place set back)* ἐσοχή *f.* **~es** *(of mind, etc.)* μύχια *n. pl.*

recession *s. (economic)* κάμψις *f.*

recherché *a.* ἐξεζητημένος.

recipe *s.* συνταγή *f.*

recipient *s.* παραλήπτης *m.*

reciprocal *a.* ἀμοιβαῖος. *(gram.)* ἀλληλοπαθής. **~ly** *adv.* ἀμοιβαίως.

reciprocat|e *v.* ἀνταποδίδω. **~ing** *a. (mech.)* παλινδρομικός. **~ion** *s.* ἀνταπόδοσις *f.*

recital *s. (tale)* ἐξιστόρησις *f. (mus.)* ρεσιτάλ *n.*

recitation *s.* ἀπαγγελία *f.*

recite *v. (tell)* ἐξιστορῶ. *(declaim)* ἀπαγγέλλω.

reckless *a.* ἀπερίσκεπτος. **~ly** *adv.* ἀπερίσκεπτα. **~ness** *s.* ἀπερισκεψία *f.*

reckon *v.* λογαριάζω, ὑπολογίζω. *(think)* νομίζω. ~ on βασίζομαι σέ.

reckoning *s. (calculation)* ὑπολογισμός *m. (bill)* λογαριασμός *m.* his day of ~ ἡ ἡμέρα πού θά δώση λόγον.

reclaim *v. (waste land)* ἐκχερσώνω, *(drain)* ἀποξηραίνω. *(persons)* ἐπαναφέρω στόν ἴσιο δρόμο.

reclamation *s. (of land)* βελτίωσις *f. (moral)* μεταβολή ἐπί τό καλύτερον.

reclin|e *v.i.* ξαπλώνω. **~ing** seat ἀνακλινόμενον κάθισμα.

recluse *s.* ἀποτραβηγμένος ἀπό τόν κόσμο.

recognition *s.* ἀναγνώρισις *f.*

recognizance *s.* ὑποχρέωσις *f.*

recogniz|e *v.* ἀναγνωρίζω. **~able** *a.* he is not ~able δέν τόν ἀναγνωρίζει κανείς.

recoil *v.i. (gun)* κλωτσῶ. *(person)* κάνω πίσω. *(rebound)* ἐπιστρέφω. *(s.)* ἀνάκρουσις *f.*

recollect *v.* ἀναπολῶ, θυμᾶμαι. **~ion** *s.* ἀνάμνησις *f.*

recommend *v.t.* συνιστῶ, *(entrust)* ἐμπιστεύομαι.

recommendation *s.* σύστασις *f.* **~s** *(of committee, etc.)* ὑποδείξεις *f.pl. (good point)* προσόν *n.* letter of ~ συστατική ἐπιστολή.

recompense *v.* ἀνταμείβω. *(s.)* ἀνταμοιβή *f.*

reconcil|e *v.* συμβιβάζω. become **~ed** *(make it up)* συμφιλιώνομαι, *(submit to)* ὑποτάσσομαι εἰς. **~iation** *s.* συμφιλίωσις *f.*

recondite *a.* βαθύς.

recondition *v.* ἐπισκευάζω.

reconnaissance *s.* ἀναγνώρισις *f.*

reconnoitre *v.* ἀνιχνεύω, κάνω ἀναγνώριση.

reconstruct *v. (building)* ἀνοικοδομῶ, *(events)* κάνω ἀναπαράστασιν *(with gen.).* **~ion** *s.* ἀνοικοδόμησις *f.* ἀναπαράστασις *f.*

record *s. (account)* ἀναγραφή *f. (mention)* μνεία *f. (disc)* δίσκος *m.*, πλάκα *f. (achievement)* ρεκόρ *n.* R**~s** ἀρχεῖα *n.pl. (personal file)* φάκελλος *m.*, *(police ~)* ποινικόν μητρῶον. have a bad ~ ἔχω κακόν ἱστορικόν. off the ~ ἀνεπισήμως.

record *v.* ἀναγράφω, *(relate)* ἀναφέρω. *(on disc, tape)* ἠχογραφῶ. **~ing** *s.* ἐγγραφή *f.*, ἠχογράφησις *f.*

record-player *s.* πικάπ *n.*

recount *v. (tell)* ἀφηγοῦμαι, *(count again)* ξαναμετρῶ. *(s., at election)* νέα καταμέτρησις.

recoup *v. (person)* ἀποζημιώνω. ~ one's losses βγάζω τά χαμένα.

recourse *s. (expedient)* διέξοδος *f.* have ~ to see resort *v.*

recover *v.t.* ἀνακτῶ, ξαναβρίσκω. *(v.i.)* συνέρχομαι. **~y** *s.* ἀνάκτησις *f. (of health, etc.)* ἀποκατάστασις *f.*

recreation *s.* ψυχαγωγία *f.* **~al** *a.* ψυχαγωγικός.

recrimination *s.* ἀλληλοκατηγορία *f.*

recrudescence *s.* νέο ξέσπασμα.

recruit *s. (mil.)* νεοσύλλεκτος *m. (fig.)* νέος ὀπαδός *m.* *(v.)* στρατολογῶ. **~ment** *s.* στρατολογία *f.*

rectang|le *s.* ὀρθογώνιον *n.* **~ular** *a.* ὀρθογώνιος.

rectif|y *v.* διορθώνω. **~ication** *s.* διόρθωσις *f.*

rectilinear *a.* εὐθύγραμμος.

rectitude *s.* εὐθύτης *f.*

rector *s. (of university)* πρύτανις *m. (priest)* ἐφημέριος *m.*

rectum *s.* ὀρθόν *n.*

recumbent *a.* ξαπλωμένος, πλαγιασμένος.

recuperat|e v.i. ἀναρρωνύω. ~ion s. ἀνάρρωσις f.

recur v. (happen again) ἐπαναλαμβάνομαι, (to mind) ἐπανέρχομαι. ~rence s. ἐπανάληψις f. ~ent a. ἐπαναλαμβανόμενος. (med.) ὑπόστροφος.

red a. κόκκινος, (Cross, Sea, etc.) ἐρυθρός. in the ~ χρεωμένος. paint the town ~ τό ρίχνω ἔξω. see ~ γίνομαι θηρίο. go or become ~ κοκκινίζω. ~ carpet (fam.) ἐπίσημη ὑποδοχή. ~ tape γραφειοκρατία f. ~ lead μίνιον n. ~den v. κοκκινίζω. ~dish a. κοκκινωπός. ~-haired a. κοκκινομάλλης. ~-handed a. ἐπ' αὐτοφώρω. ~-hot a. πυρακτωμένος, (fig.) ἔνθερμος. ~-letter a. ~-letter day ἀλησμόνητη μέρα. ~skin s. ἐρυθρόδερμος m.

redeem v. (pay off) ἐξοφλῶ, (fulfil) ἐκπληρῶ. (save) λυτρώνω, σώζω. (make up for) ἀντισταθμίζω. ~er s. λυτρωτής m.

redemption s. λύτρωσις f. past ~ ἀνεπανόρθωτος.

redo v.t. ξαναφτιάνω, ξανακάνω.

redolent a. be ~ of μυρίζω, ἀποπνέω, (fig.) θυμίζω.

redouble v. διπλασιάζω.

redoubtable a. τρομερός.

redound v.i. συμβάλλω.

redress v. (a wrong) ἐπανορθώνω, (the balance) ἀποκαθιστῶ. (s.) ἱκανοποίησις f.

reduce v.t. μειώνω, ἐλαττώνω. (subdue) ὑποτάσσω. (math.) ἀνάγω. be ~d to (in circumstance) καταντῶ. ~ (person) to (make, compel) φέρω σέ, ἀναγκάζω νά. (v.i.) (fam.) κάνω δίαιτα.

reduction s. μείωσις f. (of price) ἔκπτωσις f.

redund|ant a. (worker) ὑπεράριθμος, (word) περιττός. ~ancy s. περίσσευμα n.

reduplication s. ἀναδιπλασιασμός m.

reecho v. ἀντιλαλῶ.

reed s. κάλαμος m., καλάμι n.

reef s. (below surface) ὕφαλος f. (above) σκόπελος m. (both) ξέρα f.

reek v. (also ~ of) βρωμῶ. (s.) μπόχα f., βρώμα f.

reel s. (dance) σκωτσέζικος χορός.

reel s. καρούλι n. (of thread) κουβαρίστρα f.

reel v.t. (wind) τυλίγω. ~ off (recite) ἀραδιάζω. (v.i., stagger) παραπαίω, (fig.) κλονίζομαι.

refectory s. τραπεζαρία f. (monastery) τράπεζα f.

refer v.t. (send on) παραπέμπω, (ascribe) ἀποδίδω. (v.i.) ~ to (allude) ἀναφέρομαι εἰς, (resort) προσφεύγω εἰς. ~ee s. διαιτητής m.

reference s. παραπομπή f. ἀναφορά f. (mention) μνεία f. (testimonial) σύστασις f. (connection) σχέσις f. terms of ~ ἁρμοδιότης f. with ~ to σχετικά μέ.

referendum s. δημοψήφισμα n.

refill s. ἀνταλλακτικόν n.

refine v. ραφινάρω, (manners) ἐκλεπτύνω (oil) διυλίζω. ~d a. ραφινάτος. ~ment s φινέτσα f., λεπτότης f. ~ry s. διυλιστήριον n.

refit s. (naut.) ἐπισκευή f.

reflect v.t. ἀντανακλῶ, (of mirror & fig.) καθρεφτίζω. (v.i.) (also ~ about) συλλογίζομαι. ~ on (badly) ζημιώνω.

reflection s. ἀντανάκλασις f. (of images) ἀντικαθρέφτισμα n. (image) εἰκών f. (thought) σκέψις f. (discredit) it is a ~ on his honour θίγει τήν τιμή του.

reflective a. στοχαστικός.

reflex a. ἀνακλαστικός. (s.) ἀνακλαστικόν n.

reflexive a. (gram.) αὐτοπαθής.

reform v.t. (laws, conditions) μεταρρυθμίζω. (morally) she has ~ed him τόν ἔχει κάνει ἄλλο ἄνθρωπο. (v.i.) he has ~ed ἔχει γίνει ἄλλος ἄνθρωπος, ἔχει διορθωθῆ. (s.) μεταρρύθμισις f.

reformation s. μεταρρύθμισις f.

reformatory s. ἀναμορφωτήριον n.

refract v. διαθλῶ. ~ion s. διάθλασις f.

refractory a. ἀνυπότακτος.

refrain s. ἐπωδός f.

refrain v. ~ from ἀποφεύγω (with acc. or νά).

refresh v. (repose) ξεκουράζω, (cool) δροσίζω. (freshen up) φρεσκάρω, ~ oneself (with food, drink) παίρνω κάτι. ~ing a. δροσιστικός, (welcome) εὐπρόσδεκτος.

refreshment s. ξεκούρασμα n. take ~ τρώω κάτι. ~s (cold drinks, ices) ἀναψυκτικά n.pl., (meal) ἐλαφρό γεῦμα.

refrigerat|ion s. ψῦξις f. (deep) κατάψυξις f. ~ed a κατεψυγμένος. ~or s. ψυγεῖον n.

refuel v.t. ἀνεφοδιάζω. (v.i.) ἀνεφοδιάζομαι. ~ling s. ἀνεφοδιασμός m.

refuge s. (abstract) καταφυγή f. (place of ~) καταφύγιον n. (both) ἄσυλον n. take ~ in καταφεύγω σέ.

refugee s. πρόσφυξ m.

refund v. ἐπιστρέφω. (s.) get a ~ οἱ παίρνω πίσω.

refuse s. ἀπορρίμματα n.pl.
refus|e v. ἀρνοῦμαι, (reject) ἀπορρίπτω.
~al s. ἄρνησις f. ἀπόρριψις f. (right of deciding) δικαίωμα ἐκλογῆς.
refut|e v. διαψεύδω, ἀντικρούω. ~ation s. διάψευσις f.
regain v. ἀνακτῶ, ξαναβρίσκω. (get back to) γυρίζω σέ.
regal a. βασιλοπρεπής.
regale v. (with wine, etc.) περιποιοῦμαι, (with stories, etc.) ψυχαγωγῶ. ~ oneself εὐωχοῦμαι.
regalia s. ἐμβλήματα n.pl.
regard v. (consider) θεωρῶ, ἔχω. (heed) προσέχω, (concern) ἀφορῶ, (look at) κοιτάζω. as ~s ὅσον ἀφορᾶ.
regard s. (esteem) ὑπόληψις f., ἐκτίμησις f. hold in high ~ ἔχω σέ μεγάλη ὑπόληψη. pay ~ to δίνω σημασία σέ, προσέχω, λογαριάζω. have ~ for (proprieties, feelings) σέβομαι. have no ~ for ἀδιαφορῶ γιά. (kind) ~s χαιρετίσματα n.pl. with ~ to ὅσον ἀφορᾶ. ~ing prep. σχετικά μέ.
regardless a. ~ of danger ἀψηφώντας τούς κινδύνους, ~ of consequences ἀδιαφορώντας γιά τίς συνέπειες.
regatta s. λεμβοδρομίες f.pl.
regency s. ἀντιβασιλεία f.
regenerat|e v. ἀναγεννῶ. ~ion s. ἀναγέννησις f.
regent s. ἀντιβασιλεύς m.
regicide s. (act) βασιλοκτονία f. (person) βασιλοκτόνος m.
régime s. (form of government) πολίτευμα n. (prevailing, established) καθεστώς n. (fam.) see regimen.
regimen s. (med.) ἀγωγή f. (diet) δίαιτα f.
regiment s. (mil.) σύνταγμα n. ~al a τοῦ συντάγματος.
regiment v. ὑποβάλλω σέ αὐστηρή πειθαρχία. ~ation s. αὐστηρή ὀργάνωσις.
region s. περιοχή f. in the ~ of (about) περίπου. ~al a. τοπικός.
register s. (official list) μητρῶον n. (of correspondence) πρωτόκολλον n. (of voters) κατάλογος m. (of voice, etc.) ἔκτασις f.
register v.t. (enter) καταχωρῶ, (enrol) ἐγγράφω, (show) δείχνω. (v.i.) (enrol oneself) ἐγγράφομαι. ~ed letter συστημένο γράμμα. (with police, etc.) παρουσιάζομαι.
registration s. καταχώρησις f. ἐγγραφή f. (of birth, etc.) δήλωσις f.
registrar s. ληξίαρχος m.

registry s. ~-office s. ληξιαρχεῖον n.
regress v. ὀπισθοδρομῶ. ~ion s. ὀπισθοδρόμησις f. ~ive a. ὀπισθοδρομικός.
regret v.t. λυποῦμαι γιά, (repent) μετανοῶ. do you ~ not having had a child? τόχεις καημό πού δέν ἔκανες παιδί; (s.) λύπη f. ~fully adv. μέ λύπη.
regrettab|le a. δυσάρεστος, λυπηρός. ~ly adv. δυστυχῶς.
regular a. (consistent, habitual) τακτικός, (proper, usual) κανονικός. (even) ὁμαλός. (customary) συνηθισμένος. (fam., thorough) σωστός. ~ity s. (of habit) τακτικότης f. (of features) κανονικότης f. (punctuality) ἀκρίβεια f. ~ly adv. τακτικά, κανονικά.
regularize v. τακτοποιῶ.
regulat|e v. κανονίζω, ρυθμίζω. ~ion s. (adjustment) ρύθμισις f. (rule) κανονισμός m. (a.) κανονικός. ~or s. ρυθμιστής m.
regurgitate v.t. ἐξεμῶ. (v.i.) ἀναρρέω.
rehabilitat|e v. ἀποκαθιστῶ. ~ion s. ἀποκατάστασις f. (of lands, resources) ἀνασυγκρότησις f.
rehash v. ξαναμαγειρεύω. (s.) ἀναμασήματα n.pl.
rehears|e v. κάνω δοκιμή, (tell) ἐξιστορῶ. ~al s. δοκιμή f., πρόβα f.
reign v. βασιλεύω. (s.) βασιλεία f.
reimburse v. (money) ἐπιστρέφω, (person) ἀποζημιώνω.
rein s. ἡνίον n. (fig.) give free ~ to ἀφήνω ἐλεύθερο. give ~ to one's anger ἀφήνω τό θυμό μου νά ξεσπάσῃ. keep a tight ~ σφίγγω τά λουριά (with σέ). (v.) ~ in χαλιναγωγῶ.
reincarnation s. μετενσάρκωσις f.
reinforce v. ἐνισχύω. ~d concrete μπετόν ἀρμέ. ~ment s. ἐνίσχυσις f.
reinstate v. ἀποκαθιστῶ.
reiterate v. ἐπαναλαμβάνω.
reject v. ἀπορρίπτω. ~ion s. ἀπόρριψις f.
rejoic|e v.t. προξενῶ χαρά σέ. (v.i.) ἀναγαλλιάζω. ~ing s. ἀναγάλλια f., ξέσπασμα χαρᾶς.
rejoin v. (come back to) ἐπανέρχομαι σέ. (answer) ἀνταπαντῶ. ~der s. ἀπάντησις f.
rejuvenat|e v. ξανανιώνω. ~ion s. ξανάνιωμα n.
relapse s. ξανακυλῶ. (s.) ὑποτροπή f.
relate v.t. (tell) ἀφηγοῦμαι, (connect) συνδέω. (v.i., refer) ἀναφέρομαι, ἔχω σχέση.
related a. σχετικός, (in family) συγγενής. be ~ to συγγενεύω μέ.

relation *s. (connection)* σχέσις *f. (kinship)* συγγένεια *f. (kinsman)* συγγενής *m.* ~s *(kin)* συγγενολόι *n.* have ~s *(dealings)* with ἔχω πάρε-δῶσε μέ. ~**ship** *s.* σχέσις *f.* συγγένεια *f.*

relative *a.* σχετικός. *(gram.)* ἀναφορικός. *(s.)* συγγενής. ~**ly** *adv.* σχετικά.

relativity *s.* σχετικότης *f.*

relax *v.t.* χαλαρώνω, *(esp. rope, etc.)* λασκάρω *(v.i.) (of muscles, severity)* χαλαρώνομαι. *(of person)* ἀφήνω τόν ἑαυτό μου, *(take it easy)* ξεκουράζομαι, ἀναπαύομαι. ~**ed** *(calm)* ἤρεμος. ~**ing** *a. (climate)* ἀποχαυνωτικός.

relaxation *s.* χαλάρωσις *f.* ξεκούραση *f.* ἀνάπαυσις *f. (recreation)* ψυχαγωγία *f.*

relay *v.* ἀναμεταδίδω. *(s.) (radio)* ἀναμετάδοσις *f. (gang)* βάρδια *f.* ~ race σκυταλοδρομία *f.*

release *v. (deliver)* ἀπαλλάσσω, *(let loose)* ἀπολύω, ἀμολάω, *(let go of)* ἀφήνω. *(make available)* θέτω εἰς κυκλοφορίαν. *(s.)* ἀπαλλαγή *f. (esp. of prisoner)* ἀπόλυσις *f.* ~ button κουμπί ἀποσυμπλοκῆς.

relegate *v.* ὑποβιβάζω.

relent *v.* κάμπτομαι. ~**less** *a.* ἀδυσώπητος, ἀνένδοτος. ~**lessly** *adv.* ἀνηλεῶς, ἀνενδότως.

relevan|t *a.* σχετικός. ~**ce** *s.* σχέσις *f.*

reliab|le *a. (person, news)* ἀξιόπιστος, *(machine, service)* δοκιμασμένος, καλός. ~**ility** *s.* ἀξιοπιστία *f.*

reli|ance *s.* ἐμπιστοσύνη *f.* ~**ant** *a.* be ~ant on βασίζομαι σέ, ἔχω πεποίθησιν εἰς.

relic *s. (eccl.)* λείψανον *n. (fig.)* ὑπόλειμμα *n.*

relief *s.* ἀνακούφισις *f. (help)* βοήθεια *f. (mil.)* ἐπικουρία *f.pl. (variety)* ποικιλία *f. (welfare work)* περίθαλψις *f. (replacement)* ἀντικατάστασις *f. (archit.)* ἀνάγλυφον *n. (fig.)* bring into ~ ἐξαίρω, τονίζω.

relieve *v. (pain, person)* ἀνακουφίζω, ξαλαφρώνω. *(person of burden, anxiety)* ἀπαλλάσσω. *(the guard, watch)* ἀντικαθιστῶ. *(monotony)* σπάω, ποικίλλω. *(help)* βοηθῶ. *(dismiss from post)* ἀπολύω. *(make stand out)* τονίζω. ~ one's feelings ξεθυμαίνω. ~ oneself ἀνακουφίζομαι, ξαλαφρώνω.

religion *s.* θρησκεία *f.*

religious *a.* θρησκευτικός, *(person)* θρῆσκος. ~**ly** *adv. (fam.)* μέ θρησκευτική ἀκρίβεια.

relinquish *v. (a hope, custom)* ἐγκατα-

λείπω. *(a rope)* παρατῶ. *(a post, attempt)* παραιτοῦμαι *(with gen.). (hand over)* παραδίδω. ~ one's hold of *(fig.)* ἀφήνω ἀπ' τά χέρια μου.

reliquary *s.* λειψανοθήκη *f.*

relish *v.* ἀπολαμβάνω, νοστιμεύομαι. don't ~ *(the idea, etc.)* δέν μοῦ πολυαρέσει. *(s.) (zest)* ὄρεξις *f. (piquancy)* νοστιμιά *f. (tit-bit)* μεζές *m.*

reluctance *s.* ἀπροθυμία *f.*

reluctant *a.* ἀπρόθυμος. ~**ly** *adv.* μέ τό ζόρι, μέ τό στανιό.

rely *v.* βασίζομαι, στηρίζομαι *(both with* σέ).

remain *v.* μένω. *(be left)* ἀπομένω, ὑπολείπομαι. *(continue to be)* παραμένω. ~**der** *s.* ὑπόλοιπον *n.* ~**ing** *a.* ὑπόλοιπος.

remains *s. (ruins)* ἐρείπια *n.pl. (mortal)* λείψανα *n.pl. (food on plate)* ἀποφάγια *n.pl.* the ~ of the money τά ὑπόλοιπα λεφτά.

remake *v.* ξαναφτιάνω.

remand *v.* προφυλακίζω.

remark *v.* παρατηρῶ. *(s.)* παρατήρησις *f.* ~**able** *a.* ἀξιοσημείωτος. ~**ably** *adv.* ἐξαιρετικά, πολύ.

remedy *s.* θεραπεία *f.,* γιατρειά *f. (redress)* ἀποζημίωσις *f. (medicine)* φάρμακο *n. (v.) (put right)* διορθώνω, *(cure,* γιατρεύω.

remember *v.* θυμᾶμαι. ~ me to your brother τά σέβη μου *(or* χαιρετίσματα) στόν ἀδελφό σας.

remembrance *s.* ἀνάμνησις *f.*

remind *v.* θυμίζω. it ~s one of Italy θυμίζει τήν Ἰταλία. ~ me to write θύμισέ μου νά γράψω. ~**er** *s.* ὑπόμνησις *f.*

reminiscence *s.* ἀνάμνησις *f.*

reminiscent *a.* be ~ of θυμίζω.

remiss *a.* ἀμελής.

remission *s. (of sins)* ἄφεσις *f. (of fees,* ἀπαλλαγή *f. (abatement)* ὕφεσις *f.*

remit *v. (debt, penalty)* χαρίζω, *(lessen)* μειώνω, *(send)* ἐμβάζω. ~**tance** *s.* ἔμβασμα *n.*

remnant *s.* ὑπόλειμμα *n. (of cloth)* ρετάλι *n. (of food)* ἀπομεινάρι *n.*

remonstr|ance *s.* διαμαρτυρία *f.* ~**ate** *v.* διαμαρτύρομαι.

remorse *s.* μεταμέλεια *f.* ~**ful** *a.* μετανοητικός, *(person)* μετανοιωμένος. ~**less** *a.* ἀμείλικτος.

remote *a.* ἀπόμακρος, μακρινός. *(out-of-the-way)* ἀπόκεντρος, *(dim)* ἀμυδρός. he hasn't got the ~st chance, δέν ἔχει

(οὔτε) τήν παραμικρή ἐλπίδα.
removal s. *(taking away)* ἀφαίρεσις f., βγάλσιμο n. *(moving house)* μετακόμισις f.
remove v.t. ἀφαιρῶ, βγάζω. *(furniture)* μετακομίζω.
remunerat|e v. ἀνταμείβω. ~**ion** s. ἀνταμοιβή f.
renaissance s. ἀναγέννησις f.
rend v. σχίζω.
render v.t. *(tribute)* ἀποδίδω, *(in exchange)* ἀνταποδίδω. *(offer, give)* προσφέρω, *(perform, express)* ἀποδίδω. ~ (down) *(melt)* λειώνω. *(make)* καθιστῶ. ~**ing** s. ἀπόδοσις f.
rendezvous s. ραντεβού n.
renegade s. ἀρνησίθρησκος m. *(turncoat)* ἀποστάτης m.
renew v. ἀνανεώνω. ~**al** s. ἀνανέωσις f.
renounce v. *(disavow)* ἀποκηρύσσω, *(give up)* ἀπαρνοῦμαι.
renovat|e v. ἀνακαινίζω. ~**ion** s. ἀνακαίνισις f.
renown s. φήμη f. ~**ed** a. φημισμένος. be ~ed for φημίζομαι γιά.
rent s. *(tear)* σχίσιμο n.
rent s. *(money)* ἐνοίκιον, νοῖκι n., μίσθωμα n. *(v.t.)* *(of tenant)* μισθώνω, *(of owner)* ἐκμισθώνω, *(of both)* (ἐ)νοικιάζω. ~-**control** s. ἐνοικιοστάσιον n.
rental s. ἐνοίκιον n., μίσθωμα n.
rentier s. εἰσοδηματίας m.
renunciation s. *(disavowal)* ἀποκήρυξις f. *(giving up)* ἀπάρνησις f.
reopen v.t. & i. ξανανοίγω, *(begin again)* ξαναρχίζω.
repair v.t. *(mend)* ἐπισκευάζω, *(error, etc.)* ἐπανορθώνω. *(v.i., go)* μεταβαίνω.
repair s. ἐπισκευή f. in good ~ σέ καλή κατάσταση. beyond ~ *(adv.)* ἀνεπανόρθωτα. ~ shop *or* party συνεργεῖον n.
reparation s. ἐπανόρθωσις f.
repartee s. πνευματώδης ἀπάντησις.
repast s. γεῦμα n.
repatriat|e v. ἐπαναπατρίζω. ~**ion** s. ἐπαναπατρισμός m.
repay v. *(debt, creditor)* ξεπληρώνω, *(requite)* ἀνταποδίδω. ~**ment** s. *(of debt)* ἐξόφλησις f. *(return)* ἐπιστροφή f. *(requital)* ἀνταπόδοσις f.
repeal v. ἀκυρῶ. *(s.)* ἀκύρωσις f.
repeat v.t. ἐπαναλαμβάνω. *(recite)* ἀπαγγέλω. *(s.)* ἐπανάληψις f. ~**ed** a. ἐπανειλημμένος. ~**edly** adv. ἐπανειλημμένως.
repel v. ἀποκρούω. ~**lent** a. ἀποκρουστικός.

repent v. μετανοῶ, μετανοιώνω. ~**ance** s. μετάνοια f. ~**ant** a. μετανοῶν, μετανοιωμένος.
repercussion s. ἀντίκτυπος m.
repert|oire, ~ory s. ρεπερτόριο n.
repetit|ion s. ἐπανάληψις f. ~**ious** a. μονότονος. ~**ive** a. ἐπαναληπτικός.
repine v. στενοχωροῦμαι.
replace v. *(put back)* ἀποκαθιστῶ, ξαναβάζω. *(fill place of)* ἀντικαθιστῶ, ἀναπληρώνω.
replacement s. *(person)* ἀναπληρωτής m. *(act)* ἀντικατάστασις f. *(spare part)* ἀνταλλακτικόν n. I will get a ~ for it θά τό ἀντικαταστήσω.
replenish v. ξαναγεμίζω, συμπληρώνω.
replet|e a. γεμᾶτος. ~**ion** s. κορεσμός m.
replica s. πανομοιότυπον n.
reply v. ἀπαντῶ. *(s.)* ἀπάντησις f.
report v.t. & i. ἀναφέρω. *(submit a ~)* ὑποβάλλω ἔκθεσιν. it is ~ed *(that)* μεταδίδεται, ἀναφέρεται (ὅτι). *(v. i.)* *(present oneself)* παρουσιάζομαι.
report s. ἀναφορά f., ἔκθεσις f. *(school)* ἔλεγχος m.f. *(piece of news)* πληροφορία f. *(rumour)* διάδοσις f. *(repute)* ὄνομα n., φήμη f. *(bang)* κρότος m. ~**age** s. ρεπορτάζ n.
reporter s. δημοσιογράφος m., ρεπόρτερ m.
repose v.t. *(lay)* ἀκουμπῶ, *(give rest to)* ἀναπαύω, *(base)* στηρίζω. *(v.i.)* *(enjoy rest)* ἀναπαύομαι, *(be based)* στηρίζομαι. *(be, lie)* βρίσκομαι. *(s.)* *(rest)* ἀνάπαυσις f. *(calm)* γαλήνη f., ἠρεμία f. ~**ful** a. γαλήνιος, ἤρεμος.
repository s. ἀποθήκη f. *(fig., of information, etc.)* θησαυρός m.
reprehen|d v. κατακρίνω. ~**sible** a. ἀξιοκατάκριτος.
represent v. *(depict)* παριστάνω, ἀναπαριστῶ, ἀπεικονίζω. *(act for, typify)* ἐκπροσωπῶ, ἀντιπροσωπεύω. *(assert)* διατείνομαι, *(point out)* τονίζω.
representation s. ἀναπαράστασις f. ἀπεικόνισις f. ἀντιπροσώπευσις f. ~s παραστάσεις f.pl.
representative s. ἐκπρόσωπος m., ἀντιπρόσωπος m. *(a.)* ἀντιπροσωπευτικός *(or use v.).*
repress v. καταστέλλω. ~**ion** s. κατάπνιξις f. *(psychology)* ἀπώθησις f. ~**ive** a. κατασπιεστικός.
reprieve s. ἀναβολή f. *(v.)* παρέχω ἀναβολή σέ.
reprimand v. ἐπιτιμῶ. *(s.)* ἐπιτίμησις f.

reprisal *s.* ἀντεκδίκησις *f.* ~s ἀντίποινα *n.pl.* take ~s καταφεύγω εἰς ἀντίποινα.

reproach *v.* κατηγορῶ. *(s.)* κατηγορία *f.*, παράπονο *n. (shame)* ντροπή *f.* beyond ~ ἄψογος. ~**ful** *a.* παραπονετικός.

reprobate *s.* ἀνήθικος *a. (v.)* ἀποδοκιμάζω.

reproduce *v.t. (copy)* ἀντιγράφω, *(represent)* ἀναπαριστῶ. *(biol.)* ἀναπαράγω, *(v.i.)* πολλαπλασιάζομαι.

reproduct|ion *s.* ἀντίγραφον *n.* ἀναπαράστασις *f.* ἀναπαραγωγή *f.* ~**ive** *a.* ἀναπαραγωγικός.

reproof *s.* παρατήρησις *f.*

reprove *v.* κάνω παρατηρήσεις σέ.

reptile *s.* ἑρπετόν *n.*

republic *s.* δημοκρατία *f.* ~**an** *a. & s.* δημοκρατικός.

repudiat|e *v. (disavow)* ἀπαρνοῦμαι, *(disown)* ἀποκηρύσσω. ~**ion** *s.* ἀπάρνησις *f.* ἀποκήρυξις *f.*

repugn|ance *s.* ἀπέχθεια *f.* ~**ant** *a.* ἀπεχθής.

repuls|e *v.* ἀπωθῶ. *(s.)* ἀπώθησις *f.* ~**ion** *s.* ἀποστροφή *f.* ~**ive** *a.* ἀποκρουστικός.

reputable *a.* εὐυπόληπτος.

reputation *s.* ὄνομα *n.*, ὑπόληψις *f.* make a ~ βγάζω ὄνομα.

repute *s.* ὄνομα *n. (v.)* be ~d to be θεωροῦμαι. ~**d** *a.* θεωρούμενος, ὑποθετικός. ~**dly** *adv.* ὑποθετικῶς.

request *v.t. (person)* παρακαλῶ, ζητῶ ἀπό. *(thing)* ζητῶ. *(s.)* αἴτησις *f.* at the ~ of κατ' αἴτησιν *or* τῇ αἰτήσει *(with gen.).* be in ~ ἔχω ζήτηση, εἶμαι περιζήτητος.

requiem *s.* μνημόσυνον *n.*

require *v. (need) (also* be ~d) χρειάζομαι. *(demand)* ἀπαιτῶ. ~**d** *a.* ἀπαιτούμενος.

requirement *s.* ἀπαίτησις *f.* ~s *(things needed)* ἀπαιτούμενα *n.pl.*

requisite *a.* ἀπαιτούμενος.

requisition *s.* ἐπίταξις *f. (v.)* ἐπιτάσσω. ~**ed** *a.* ἐπίτακτος.

requit|e *v. (repay)* ἀνταποδίδω, *(avenge)* ἐκδικοῦμαι. ~**al** *s.* ἀνταπόδοσις *f.* ἐκδίκησις *f.*

rescind *v.* ἀκυρῶ.

rescue *v.* διασῴζω, γλυτώνω. *(s.)* διάσωσις *f.* ~**r** *s.* σωτήρ *m.*

research *s.* ἔρευνα *f. (v.)* ἐρευνῶ, κάνω ἔρευνα σέ.

resembl|e *v.* ὁμοιάζω πρός, μοιάζω (μέ). they ~e each other μοιάζουν. ~**ance** *s.* ὁμοιότης *f.*

resent *v.* I ~ it μοῦ κακοφαίνεται. ~**ful**

a. κακοφανισμένος. ~**ment** *s.* κακοφανισμός *m.*

reservation *s. (of rights, mental)* ἐπιφύλαξις *f. (of seats)* make a ~ κρατῶ θέση *(area)* περιοχή *f.*

reserve *v. (keep)* κρατῶ, *(hold in store)* ἐπιφυλάσσω. *(seats)* κρατῶ.

reserve *s. (store)* ἀπόθεμα *n. (limitation, condition)* ἐπιφύλαξις *f. (caution, restraint)* ἐπιφυλακτικότης *f. (mil.)* ἐφεδρεία *f.* have in ~ ἔχω κατά μέρος, ἔχω ρεζέρβα. *(a.)* ἐφεδρικός.

reserved *a. (in manner)* συγκρατημένος *(cautious)* ἐπιφυλακτικός. *(taken)* κρατημένος.

reservist *s.* ἔφεδρος *m.*

reservoir *s.* δεξαμενή *f.*

resettle *v.t.* μετοικίζω. *(v.i.)* μετοικῶ. ~**ment** *s.* μετοίκισις *f.*

reshuffle *v. (fig.)* ἀνασχηματίζω.

reside *v.* διαμένω. ~ in *(belong to)* ἀνήκω σέ.

residence *s.* διαμονή *f. (house)* κατοικία *f.*

resident *a. (permanent)* μόνιμος, *(internal)* ἐσωτερικός. *(s.)* κάτοικος *m. f.* ~**ial** *a.* μέ κατοικίες.

residu|e *s.* ὑπόλειμμα *n. (dregs)* κατακάθι *n.* ~**al** *a.* ὑπολειμματικός.

resign *v.t. (hand over)* παραχωρῶ. ~ oneself ὑποτάσσομαι. ~ oneself to it τό παίρνω ἀπόφαση. *(v.i.)* παραιτοῦμαι ~**ed** *a.* be ~ed to it τό ἔχω πάρει ἀπόφαση.

resignation *s. (act)* παραίτησις *f.* with ~ ἀδιαμαρτύρητα.

resili|ent *a.* ἐλαστικός. ~**ence** *s.* ἐλαστικότης *f.*

resin *s.* ρητίνη *f.*, ρετσίνι *n.* ~ated wine ρετσίνα *f.* ~**ous** *a.* ρητινώδης.

resist *v.t.* ἀνθίσταμαι, ἀντιστέκομαι *(both with* εἰς). ~**ant** *a.* ἀνθεκτικός. ~**less** *a.* ἀκαταμάχητος.

resistance *s.* ἀντίστασις *f. (strength)* ἀνθεκτικότης *f.* take the line of least ~ κοιτάζω νά βρῶ τόν εὐκολώτερο τρόπο.

resolute *a.* ἀποφασιστικός, *(bold)* ἄφοβος. ~**ly** *adv.* ἀποφασιστικά, ἄφοβα. ~**ness** *s.* ἀποφασιστικότης *f.*

resolution *s. (decision)* ἀπόφασις *f. (by vote)* ψήφισμα *n. (of problem)* λύσις *f. (being resolute)* ἀποφασιστικότης *f.*

resolve *v.i. (decide)* ἀποφασίζω. *(v.t.) (solve, end)* λύω, *(break up)* διαλύω, *(convert)* μετατρέπω. *(s.)* ἀπόφασις *f.* ~**d** *a.* ἀποφασισμένος.

resonan|t *a.* ἠχηρός. **~ce** *s.* ἀντήχησις *f.* *(loudness)* ἠχηρότης *f.*

resonator *s.* συνηχητής *m.*

resort *v.* ~ to *(course)* καταφεύγω εἰς, *(person)* προσφεύγω εἰς.

resort *s.* *(recourse)* προσφυγή *f.* it was our last ~ ἦταν τό τελευταῖο μας καταφύγιο. in the last ~ ἐλλήψει ἄλλου μέσου. summer ~ θέρετρον *n.*

resound *v.* ἀντηχῶ. **~ing** *a.* ἠχηρός.

resource *s.* *(inventiveness)* ἐπινοητικότης *f.* **~s** πόροι *m.pl.* μέσα *n.pl.* **~ful** *a.* ἐπινοητικός. he is ~ful κόβει τό μυαλό του.

respect *v.* *(honour)* ἐκτιμῶ. *(concern)* ἔχω σχέση μέ.

respect *s.* ἐκτίμησις *f.*, σεβασμός *m.* pay one's ~s ὑποβάλλω τά σέβη μου. in certain ~s ἀπό ὡρισμένες ἀπόψεις. in ~ of σχετικά μέ, ὅσον ἀφορᾶ.

respectability *s.* εὐπρέπεια *f.* καθωσπρεπισμός *m.*

respectab|le *a.* *(honest)* ἔντιμος, *(decent)* τῆς προκοπῆς. *(person)* καθώς πρέπει. a ~le sum σεβαστόν ποσόν. **~ly** *adv.* εὐπρεπῶς.

respectful *a.*, **~ly** *adv.* μέ σεβασμό.

respecting *prep.* σχετικά μέ.

respective *a.* we sat down in our ~ seats καθίσαμε ὁ καθένας στή θέση του. **~ly** *adv.* ἀντιστοίχως.

respirat|ion *s.* ἀναπνοή *f.* **~or** *s.* ἀναπνευστήρ *m.* **~ory** *a.* ἀναπνευστικός.

respite *s.* *(rest)* ἀνάπαυλα *f.* *(delay)* ἀναβολή *f.*

resplendent *a.* ἀπαστράπτων.

respond *v.* *(answer)* ἀποκρίνομαι, ἀπαντῶ. *(to feelings)* ἀνταποκρίνομαι, ἀντιδρῶ θετικά. *(react)* ἀντιδρῶ. ~ to *(obey)* ἀκούω σέ.

respons|e *s.* *(answer)* ἀπάντησις *f.* *(to feelings)* ἀνταπόκρισις *f.* *(reaction)* ἀντίδρασις *f.* **~ive** *a.* *use* respond.

responsib|le *a.* ὑπεύθυνος, *(trustworthy)* ἐμπιστοσύνης. **~ility** *s.* εὐθύνη *f.* **~ly** *adv.* μέ εὐθύνη, ὑπεύθυνα.

rest *v.t.* *(put)* βάζω. *(lean)* ἀκουμπῶ, *(support)* ὑποστηρίζω. *(give repose to)* ἀναπαύω, ξεκουράζω. *(v.i.)* *(be)* εἶμαι. *(lean)* ἀκουμπῶ, *(be supported)* στηρίζομαι. *(repose)* ἀναπαύομαι, ξεκουράζομαι. *(lie)* κεῖμαι, *(remain)* (παρα)μένω. it ~s with you σέ σᾶς ἐναπόκειται. ~ upon *(of glance, etc.)* πέφτω ἀπάνω σέ.

rest *s.* *(repose)* ἀνάπαυσις *f.* *(between shifts)* ῥεπό *n.* have a ~ ξεκουράζομαι.

set at ~ καθησυχάζω. be at ~ *(not worried)* ἡσυχάζω. come to ~ σταματῶ. *(support)* στήριγμα *n.* *(mus.)* παῦσις *f.*

rest *s.* *(remainder)* ὑπόλοιπον *n.* the ~ of the fruit τά ὑπόλοιπα φροῦτα. for the ~ of the time τόν ὑπόλοιπο καιρό. the ~ *(others)* οἱ ὑπόλοιποι, οἱ ἄλλοι.

restaurant *s.* ἐστιατόριον *n.*

restful *a.* ~ holiday ξεκούραστες διακοπές. a ~ colour χρῶμα πού ξεκουράζει τά μάτια.

restitution *s.* ἀποκατάστασις *f.* make ~ παρέχω ἀποζημίωσιν.

restive *a.* ἀτίθασος.

restless *a.* ἀνήσυχος.

restoration *s.* ἀποκατάστασις *f.* *(of régime)* παλινόρθωσις *f.* *(archaeological)* ἀναστήλωσις *f.*

restorative *a.* δυναμωτικός.

restore *v.* ἀποκαθιστῶ. *(repair)* ἐπισκευάζω. *(a monument)* ἀναστηλώνω. *(bring back)* ἐπαναφέρω. *(return)* ἐπιστρέφω.

restrain *v.* συγκρατῶ. ~ oneself κρατιέμαι, μαζεύομαι.

restraint *s.* *(moderation)* μετριοπάθεια *f.* *(restriction)* περιορισμός *m.* with ~ συγκρατημένα. without ~ *(freely)* ἐλεύθερα. we admired their ~ θαυμάσαμε τό πόσο συγκρατημένοι ἦταν. put a ~ on *(limit)* περιορίζω.

restrict *v.* περιορίζω. **~ion** *s.* περιορισμός *m.* **~ive** *a.* περιοριστικός.

result *v.* ~ in *(of the cause)* ἔχω ὡς ἀποτέλεσμα *(with νά or acc.).* ~ from *(of the effect)* ἀπορρέω, προκύπτω, προέρχομαι *(all with ἀπό).*

result *s.* ἀποτέλεσμα *n.* **~ant** *a.* προερχόμενος, ἐπακόλουθος.

resume *v.* *(go on with)* ἐπαναλαμβάνω. *(regain)* ἀνακτῶ. *(recapitulate)* συγκεφαλαιώνω. ~ one's seat ἐπιστρέφω στή θέση μου.

résumé *s.* περίληψις *f.*

resumption *s.* ἐπανάληψις *f.*

resurgence *s.* ἀναζωπύρησις *f.*

resurrect *v.* *(fig.)* ξεθάβω. *(lit.)* be ~ed ἀνίσταμαι. **~ion** *s.* ἀνάστασις *f.*

resuscitat|e *v.* ξαναζωντανεύω. **~ion** *s.* ξαναζωντάνεμα *n.*

retail *a.* λιανικός. *(v.t.)* *(sell)* πουλῶ λιανικῶς. *(tell)* ἀφηγοῦμαι.

retain *v.* *(keep)* κρατῶ, *(keep in place)* συγκρατῶ. *(preserve)* διατηρῶ. *(a lawyer)* βάζω. **~er** *s.* *(servant)* ὑπηρέτης *m.* *(fee)* προκαταβολή *f.*

retaliat|e ν. καταφεύγω εἰς ἀντίποινα. ~ion s. ἀντεκδίκησις f.

retard v. καθυστερῶ. ~ed a. καθυστερημένος.

retch v.i. ἀναγουλιάζω.

retent|ion s. συγκράτησις f. ~ive a. (memory) στεγανός, (soil) πού κρατάει τό νερό.

retic|ent a. ἐπιφυλακτικός. ~ence s. ἐπιφυλακτικότης f.

retinue s. ἀκολουθία f.

retire v.i. ἀποτραβιέμαι, ἀποσύρομαι. (on pension) παίρνω σύνταξη. ~d a. συνταξιοῦχος. ~d officer ἀπόστρατος m.

retirement s. τό νά πάρη κανείς σύνταξη. (of officers) ἀποστρατεία f. (seclusion) in ~ ἀπομονωμένος.

retiring a. ντροπαλός, μαζεμένος.

retort ν. ἀπαντῶ. (s.) ἀπάντησις f.

retouch ν. ρετουσάρω.

retrace ν. (mentally) ξαναθυμοῦμαι. ~ one's steps ξαναγυρίζω πίσω.

retract v.t. (take back) παίρνω πίσω, (pull in) μαζεύω.

retreat ν. ὑποχωρῶ, ὀπισθοχωρῶ. (s.) ὑποχώρησις, ὀπισθοχώρησις f. (place of refuge) καταφύγιο n.

retrench v.i. περικόπτω τά ἔξοδά μου. ~ment s. περικοπή ἐξόδων.

retribution s. τιμωρία f., ἐκδίκησις f.

retrieve ν. (get back) ἐπανακτῶ, (save) διασώζω.

retrograde a. ὀπισθοδρομικός.

retrospect s. look at in ~ ἀνασκοπῶ. in ~ ἀνασκοπώντας τά περασμένα. ~ive a. (law, etc.) ἀναδρομικός. ~ively adv. ἀναδρομικῶς.

return ν. (give back) ἐπιστρέφω, (come back) γυρίζω, ἐπιστρέφω. (elect) βγάζω, (declare) δηλώνω.

return s. ἐπιστροφή f. γυρισμός m., ἐπάνοδος f. (yield) ἀπόδοσις f. (declaration) δήλωσις f. (report) ἔκθεσις f., (ticket) μετ' ἐπιστροφῆς. many happy ~s χρόνια πολλά. in ~ (exchange) εἰς ἀντάλλαγμα.

reunion s. (after absence) ξανασμίξιμο n. (gathering) συγκέντρωσις f.

reunite ν. be ~d ξανασμίγω.

revalue ν. ἐπανεκτιμῶ.

revamp ν. (patch up) μπαλώνω. (freshen up) ξαναφρεσκάρω.

reveal ν. ἀποκαλύπτω.

reveille s. ἐγερτήριον n.

revel ν. (make merry) ξεφαντώνω. ~ in (fig.) ἀπολαμβάνω. (s.) διασκέδασις f. ~ry s. ξεφάντωμα n.

revelation s. ἀποκάλυψις f.

revenge s. ἐκδίκησις f. take ~ (on) ἐκδικοῦμαι. have one's ~ παίρνω τό αἷμα μου πίσω.

revenge ν. (also ~ oneself on) ἐκδικοῦμαι. ~ful a. ἐκδικητικός.

revenue s. εἰσόδημα n. (public) ἔσοδα n. pl. ~ department ἐφορία f.

reverberat|e ν. ἀντηχῶ. ~ion s. ἀντήχησις f.

rever|e ν. εὐλαβοῦμαι. ~ence s. εὐλάβεια f. ~ent a. εὐλαβής. ~ently adv. εὐλαβῶς.

reverie s. ρεμβασμός m.

revers s. ρεβέρ n.

reversal s. ἀντιστροφή f. ἀναποδογύρισμα n. (of character, policy, etc.) μεταστροφή f. (change) ριζική μεταβολή f.

reverse v.t. ἀντιστρέφω. (change) μεταβάλλω ριζικά. (annul) ἀνατρέπω. (v.i.) (in driving) κάνω ὄπισθεν.

reverse s. (opposite) ἀντίθετον n. (other side) ἀνάποδη f. (setback) ἀτύχημα n. (a.) ἀντίστροφος.

reversible a. (mechanism) ἀναστρεφόμενος, (cloth) ντούμπλ-φάς.

reversion s. ἐπάνοδος f.

revert ν. ἐπανέρχομαι.

review s. (survey) ἀνασκόπησις f. (revision) ἀναθεώρησις f. (journal, inspection) ἐπιθεώρησις f. (critical) κριτική f. (v.) ἀνασκοπῶ, ἀναθεωρῶ, ἐπιθεωρῶ, κρίνω.

revile ν. ἐξυβρίζω.

revis|e ν. (review) ἀναθεωρῶ, (correct) διορθώνω. ~ion s. ἀναθεώρησις f. διόρθωσις f. ~ionist s. ρεβιζιονιστής m.

revival s. ἀναζωογόνησις f. (rebirth) ἀναγέννησις f. (religious) ἀφύπνισις f.

revive v.t. ἀναζωογονῶ, (bring to) συνεφέρνω. (freshen) φρεσκάρω, (bring back) ἐπαναφέρω. (v.i.) ξαναζωντανεύω, (come to) συνέρχομαι.

revivify ν. ἀναζωογονῶ.

rev|oke v.t. ἀνακαλῶ. ~ocation s. ἀνάκλησις f.

revolt s. ἐξέγερσις f., ξεσήκωμα n. (armed) ἀνταρσία f. (v.i.) ἐξεγείρομαι, ἐπαναστατῶ, ξεσηκώνομαι. (v.t., sicken) ἀηδιάζω.

revolting a. (in revolt) ξεσηκωμένος. (sickening) ἀηδιαστικός, (abhorrent) ἀποκρουστικός.

revolution s. ἐπανάστασις f. (turn) (περι)στροφή f. ~ize ν. ἀλλάζω ριζικά.

revolutionary a. ἐπαναστατικός. ~ ideas καινά δαιμόνια. (s.) ἐπαναστάτης m.

revolv|e v.t. περιστρέφω, (in mind) σταθμίζω. (v.i.) περιστρέφομαι. ~ing a. περιστροφικός, περιστρεφόμενος.

revolver s. περίστροφον n.

revue s. ἐπιθεώρησις f.

revulsion s. (reaction) μεταστροφή f. (disgust) ἀηδία f.

reward v. ἀνταμείβω. (s.) ἀνταμοιβή f.

rhapsody s. ραψωδία f. ~ic a. ραψωδικός. ~ize v. ~ize over ἐξυμνῶ.

rhetoric s. ρητορική f. (pej.) στόμφος m. ~al a. ρητορικός, στομφώδης.

rheumatic a. ρευματικός. be ~ic ὑποφέρω ἀπὸ ρευματισμούς. ~ism s. ρευματισμός m.

rhinoceros s. ρινόκερως m.

rhombus s. ρόμβος m.

rhyme s. ὁμοιοκαταληξία f. without ~e or reason χωρὶς κανένα λόγο. (v.i.) ριμάρω. ~ed, ~ing a. ὁμοιοκατάληκτος.

rhythm s. ρυθμός m. ~ic(al) a. ρυθμικός.

rib s. πλευρό n.

ribald a. κοροϊδευτικός. ~ry s. κοροϊδία f.

ribbon s. κορδέλλα f. (of order) ταινία f. tear to ~s κάνω κουρέλια.

rice s. ρύζι n.

rich a. πλούσιος, (soil) εὔφορος, (food) παχύς. (luxurious) πολυτελής. grow or make rich πλουτίζω. ~es s. πλούτη n.pl.

richly adv. πλούσια. he ~ deserved his punishment ἔλαβε τά ἐπίχειρα τῆς κακίας του.

richness s. πλοῦτος m. (luxury) πολυτέλεια f.

rick s. θημωνιά f.

rick v. στραμπουλίζω.

rickets s. ραχίτις f. ~ety a. (person) ραχιτικός, (object) ξεχαρβαλωμένος, (régime) ἑτοιμόρροπος.

ricochet s. ἐποστρακισμός m. (v.) ἐποστρακίζομαι.

rid v. ἀπαλλάσσω. get ~ of ἀπαλλάσσομαι ἀπό, ξεφορτώνομαι, (dismiss) διώχνω, (throw away) πετῶ. ~dance s. good ~ance! καλά ξεκουμπίδια.

riddle s. αἴνιγμα n.

riddle v. κάνω κόσκινο.

ride v.t. καβαλλικεύω. ~ a bicycle πηγαίνω μέ ποδήλατο. (v.i.) (go riding) κάνω ἱππασία. (be conveyed) πηγαίνω. ~ up ἀνεβαίνω.

ride s. (jaunt) περίπατος m., βόλτα f. take for a ~ (deceive) κοροϊδεύω.

rider s. ἱππεύς m.

ridge s. (of hill) ράχη f. (of furrow) πτυχή f. (of roof) κορφιάς m.

ridicule s. ἐμπαιγμός m., κοροϊδία f. (v.) περιγελῶ, κοροϊδεύω. ~ous a. γελοῖος.

riding s. ἱππασία f.

rife a. διαδεδομένος. ~ with γεμᾶτος.

riff-raff s. ἡ σάρα καί ἡ μάρα.

rifle v. (search) ψάχνω, (rob) λεηλατῶ.

rifle s. τουφέκι n. ~-range s. σκοπευτήριον n. ~-shot s. τουφεκιά f.

rifling s. ραβδώσεις f.pl.

rift s. σχισμή f., ρωγμή f. (fig.) σχίσμα n.

rig v. (ship) ἐξοπλίζω. (falsify) φτιάνω, (ballot) νοθεύω. ~ up στήνω. ~ out ντύνω.

rig s. (of ship) ἐξαρτισμός m. (fam., dress) ντύσιμο n., in full ~ μέ μεγάλη στολή.

rigging s. (ship's) (ἐ)ξάρτια n.pl. (of ballot) νόθευσις f.

right a. (not left) δεξιός. ~ hand or side δεξιά f. (adv.) (also on or to the ~) δεξιά. ~-handed a. δεξιός. ~-wing a. δεξιός.

right s. (justice) δίκαιον n. (what is proper) ὀρθόν n. (entitlement) δικαίωμα n. set or put to ~s ἐπανορθώνω.

right v. ἐπανορθώνω. (correct position of) ἰσορροπῶ, ξαναφέρνω σέ ἰσορροπία.

right a. (just) δίκαιος, (correct, proper) σωστός, ὀρθός. (suitable) κατάλληλος, (exact) ἀκριβής. be ~ (of person) ἔχω δίκιο. put ~ διορθώνω. do what is ~ κάνω ὅ,τι πρέπει. just at the ~ moment πάνω στήν ὥρα. the ~ side (of cloth, etc.) ἡ καλή. (fam.) get on the ~ side of καλοπιάνω. in one's ~ mind μέ τά σωστά μου. be all ~ εἶμαι ἐν τάξει. (fam.) a bit of all-~ μπουκιά καί συχώριο. ~ angle ὀρθή γωνία.

right adv. (correctly) σωστά, (exactly) ἀκριβῶς. ~ round γύρω-γύρω, ὁλόγυρα. ~ in the middle καταμεσῆς. ~ away ἀμέσως. it serves you ~ καλά νά πάθης. all ~ (correctly) σωστά, (duly) καλά, ἐν τάξει. ~-angled a. ὀρθογώνιος. ~-thinking a. ὀρθόφρων.

right int. (also all ~, ~ oh, ~ you are) καλά, ἐν τάξει.

righteous a. δίκαιος. ~ly adv. δικαίως.

rightful a. νόμιμος. ~ly adv. νομίμως.

rightly adv. δικαίως, σωστά. he ~ refused μέ τό δίκιο του ἀρνήθηκε.

rigid a. ἄκαμπτος. ~ity s. ἀκαμψία f.

rigmarole s. (nonsense) κουραφέξαλα n.pl. (long story) συναξάριον n.

rigorous a. (strict) αὐστηρός, (harsh) σκληρός.

rigour s. αὐστηρότης f. σκληρότης f.
rile v. ἐκνευρίζω.
rill s. ρυάκι n.
rim s. (of vessel, crater) χεῖλος n. (of wheel) ζάντα f. ~s (of spectacles) σκελετός m.
rime s. (frost) πάχνη f.
rind s. (fruit) φλούδι n. (bacon) πέτσα f.
ring s. κρίκος m., δακτύλιος m. (circle) κύκλος m. (for finger) δαχτυλίδι n. (halo) φωτοστέφανος m. (sound) ἦχος m. (round fugitive) κλοιός m. (for sports) ρίγκ n. (gang) σπεῖρα f. there is a ~ at the bell χτυπάει τό κουδούνι.
ring v.t. (bell, etc.) χτυπῶ, κρούω. (surround) περικυκλώνω. (fig.) it ~s a bell θυμίζει κάτι. ~ in ἀναγγέλλω. (v.i.) χτυπῶ, κουδουνίζω. (resound) ἠχῶ. ~ off κλείνω. (v.t. & i.) ~ up τηλεφωνῶ (with σέ).
ringing a. ἠχηρός.
ringing s. κουδούνισμα n. (in ears) βούισμα n. ~ of bells κωδωνοκρουσία f.
ringleader s. ἀρχηγός m., πρωταίτιος m.
ringlet s. κατσαρό n.
rink s. πίστα f.
rinse v. ξεπλένω. (s.) ξέπλυμα n.
riot s. ὀχλαγωγία f., ταραχές f.pl. (of colour, etc.) ὄργιον n. run ~ ἀποχαλινώνομαι, (of plants) ὀργιάζω. (v.) στασιάζω. ~er s. ταραξίας m. ~ing s. see riot. ~ous a. θορυβώδης, (in revolt) ξεσηκωμένος. (of party, binge) τρικούβερτος.
rip v. (tear) σχίζω. ~ off or out ἀποσπῶ, βγάζω. ~ open ἀνοίγω, (disembowel) ξεκοιλιάζω. (v.i.) let ~ (attack) δίνω ἕνα τράκο. I let ~ at him τοῦδωσα καί κατάλαβε. let her ~ (drive fast & fig.) πατῶ γκάζι.
rip s. (tear) σχίσιμο n. (rake) παραλυμένος a. ~-off s. (fam.) ἀπάτη f.
riparian a. παραποτάμιος.
ripe a. ὥριμος. ~ness s. ὡριμότης f.
ripen v. ὡριμάζω. ~ing s. ὡρίμανσις f.
riposte s. (fig.) εὔστοχος ἀπάντησις.
ripple s. ρυτίδα f. (of sound) κελάρυσμα f. (of hair) κατσάρωμα n.
rippl|e v.t. (ruffle) ρυτιδώνω. (v.i.) (purl) κελαρύζω. ~ing s. (of surface) ρυτίδωσις f. (noise) κελάρυσμα n.
rise v. (get up) σηκώνομαι, (of sun, etc.) ἀνατέλλω. (from dead) ἀνίσταμαι. (go up) ἀνεβαίνω. (of ground) ἀνηφορίζω, (of building) ὑψώνομαι. (in degree, rank)

ἀνέρχομαι. (in revolt) ἐξεγείρομαι. (have origin) πηγάζω. (get louder, stronger) δυναμώνω. (adjourn) διακόπτω. ~ to (bait) τσιμπῶ.
rise s. (upward slope) ἀνηφοριά f. (high ground) ὕψωμα n. (upward progress) ἄνοδος f. (increase) αὔξησις f. ~ in price ἀνατίμησις f. give ~ to προκαλῶ. take a ~ out of δουλεύω.
rising s. (of sun, etc.) ἀνατολή f. (revolt) ἐξέγερσις f.
risk v. (one's life) διακινδυνεύω, (doing sthg.) κινδυνεύω νά. (stake) παίζω.
risk s. κίνδυνος m. one who takes ~s ριψοκίνδυνος. at the ~ of μέ κίνδυνο νά. at one's own ~ ὑπό ἰδίαν εὐθύνην. ~y a. ἐπικίνδυνος.
risqué a. τολμηρός, σόκιν.
rissole s. κεφτές m.
rite s. τελετή f.
ritual a. τυπικός, (customary) καθιερωμένος. (s.) (abstract) τυπικόν n., (a ceremony) ἱεροτελεστία f. ~ism s. προσήλωσις εἰς τάς ἱεροτελεστίας.
rival a. ἀντίζηλος. (s.) ἀντίπαλος m. (v.t.) συναγωνίζομαι, ἁμιλλῶμαι. ~ry s. ἀντιζηλία f. ἅμιλλα f.
river s. ποτάμι n. (also fig.) ποταμός m. ~side s. ἀκροποταμιά f.
rivulet s. ρυάκι n.
road s. δρόμος m., ὁδός f. (a.) ὁδικός. ~side s. ἄκρη τοῦ δρόμου. ~-making s. ὁδοποιία f.
road|s, ~ stead s. ἀγκυροβόλιον n.
roam v. περιπλανῶμαι. ~er s. πλάνης a. ~ing s. περιπλάνησις f.
roar v. βρυχῶμαι. (fig.) (of people) οὐρλιάζω, (of elements) μουγγρίζω. ~ with laughter σκάω στά γέλια. do a ~ing trade κάνω χρυσές δουλειές.
roast v. ψήνω, (coffee, etc.) καβουρντίζω. (a.) ψητός, στό φοῦρνο. (s.) ψητό n. ~ing s. ψήσιμο n. καβούρντισμα n.
rob v. ληστεύω, (deprive) ἀποστερῶ. ~ber s. ληστής m. ~bery s. ληστεία f.
robe s. (woman's) ρόμπα f. ~s (of office) στολή f., (eccl.) ἄμφια n.pl. (v.t.) ἐνδύω, περιβάλλω. (v.i.) ἐνδύομαι. ~d a. ντυμένος.
robin s. κοκκινολαίμης m.
robot s. ρομπότ n.
robust a. εὔρωστος. ~ly adv. γερά. ~ness s. εὐρωστία f.
rock s. βράχος m. run on the ~s (lit. & fig.) ναυαγῶ. (fam.) on the ~s (broke) ἀπένταρος, (with ice) μέ παγάκια.

rock *v.t.* *(gently)* κουνώ, λικνίζω. *(violently)* σείω, κλονίζω. *(v.i.)* κουνιέμαι. σείομαι, κλονίζομαι. ~**ing-chair** *s.* κουνιστή πολυθρόνα.

rock-bottom *s.* touch ~ πέφτω πολύ χαμηλά, φτάνω στό κατώτατο σημείο.

rocket *s.* πύραυλος *m.* *(v.i.)* πηγαίνω στά ουράνια.

rocky *a.* βραχώδης.

rod *s.* ράβδος *f.* *(fishing)* καλάμι *n.* *(curtain, stair)* βέργα *f.*

rodent *s.* τρωκτικόν *n.*

roe *s.* *(beast)* ζαρκάδι *n.* *(edible)* hard ~ αὐγά ψαριοῦ, soft ~ γάλα ψαριοῦ.

rogu|e *s.* κατεργάρης *m.* ~**ery** *s.* κατεργαριά *f.* ~**ish** *a.* κατεργάρικος, *(mischievous)* τσαχπίνικος.

roisterer *s.* γλεντζές *m.*

role *s.* ρόλος *m.*

roll *s.* *(paper)* ρολό *n.* *(cloth)* τόπι *n.* *(bread)* ψωμάκι *n.* *(list)* κατάλογος *m.* *(thunder)* βροντή *f.* *(drum)* τυμπανοκρουσία *f.* *(of ship)* μπότζι *n.* walk with a ~ σειέμαι.

roll *v.t.* *(along or over)* κυλῶ. *(pastry)* ἀνοίγω, *(cigarette)* στρίβω. ~ up *(paper, umbrella, etc.)* κάνω ρολό, *(wrap)* τυλίγω, *(coil)* κουλουριάζω, *(into a ball)* κουβαριάζω. ~ oneself up *(in blanket, etc.)* τυλίγομαι. ~ up one's sleeves ἀνασκουμπώνομαι. *(v.i.)* *(down, along or by)* κυλῶ, *(wallow)* κυλιέμαι. *(walk with a ~)* σειέμαι. *(of ship)* κάνω μπότζι. *(of thunder)* βροντῶ. ~ up *(coil)* κουλουριάζομαι, *(of blind, etc.)* ἀνεβαίνω, *(fam., arrive)* καταφθάνω.

roll-call *s.* προσκλητήριον *n.*

roller *s.* *(garden)* κύλινδρος *m.* *(for hair)* μπικουτί *n.* ~**-skate** *s.* τροχοπέδιλον *n.*

rollicking *a.* ζωηρός. have a ~ time γλεντοκοπῶ.

rolling *a.* κυλιόμενος. *(country)* see undulating. be ~ in money κολυμπῶ στά λεφτά. *(fig.)* ~ stone ἀνεπρόκοπος *a.* ~**-pin** *s.* πλάστης *m.* ~**-stock** *s.* τροχαῖον ὑλικόν σιδηροδρόμου.

roly-poly *a.* στρουμπουλός.

Romaic *s.* *(demotic Gk.)* ρωμαίικα *n.pl.*

Roman *a.* ρωμαϊκός. *(person)* Ρωμαῖος *m.*

Roman Catholic *a.* & *s.* ρωμαιοκαθολικός.

romance *a.* *(language)* ρωμανικός.

romance *s.* *(story)* ρομάντζο *n.* *(love-affair)* εἰδύλλιο *n.* *(mus.)* ρωμάντζα *f.* *(romantic quality)* ρωμαντική ἀτμόσφαιρα, κάτι τό ρωμαντικό.

Romanesque *a.* ρωμανικός.

romantic *a.* ρωμαντικός. ~**ism** *s.* ρωμαντισμός *m.*

romp *v.* παίζω. *(s.)* παιγνίδι *n.*

rood *s.* *(eccl.)* 'Εσταυρωμένος *m.*

roof *s.* στέγη *f.* *(cover)* σκεπή *f.* flat ~ ταράτσα *f.* *(of cave)* θόλος *m.* ~ of mouth οὐρανίσκος *m.* *(v.)* στεγάζω.

rook *s.* *(bird)* κουρούνα *f.*

rook *v.* *(fam., overcharge)* γδέρνω, μαδῶ.

room *s.* *(space)* χῶρος *m.* make ~ κάνω τόπο. there is not ~ for us δέν χωράμε, δέν ἔχει τόπο γιά μᾶς. is there ~ for us in the car? μᾶς χωράει τό αὐτοκίνητο;

room *s.* *(in house)* δωμάτιο *n.*, κάμαρα *f.* *(large)* αἴθουσα *f.* ~s *(lodging)* διαμέρισμα *n.* ~**y** *a.* εὐρύχωρος.

roost *s.* κούρνια *f.* *(fig.)* rule the ~ κάνω κουμάντο. *(v.)* κουρνιάζω.

root *s.* ρίζα *f.* ~ and branch σύρριζα. *(v.t.)* become ~ed ριζώνω. ~ out ξερριζώνω. *(fix)* καρφώνω. *(v.i., search)* ψάχνω.

rope *s.* σχοινί *n.* *(fig.)* give ~ *(to)* δίδω ἐλευθερίαν κινήσεων. know the ~s ξέρω τά κουμπιά.

rope *v.* ~ *(together)* δένω μέ σχοινί. ~ in *(fig.)* ἐπιστρατεύω. ~**y** *a.* *(fam.)* τῆς κακιᾶς ὥρας.

rosary *s.* κομποσκοίνι *n.*

rose *s.* ρόδον *n.*, τριαντάφυλλο *n.* ~**-tree** τριανταφυλλιά *f.* *(sprinkler)* τρυπητόν *n.* ~**-petal** *s.* ροδόφυλλο *n.* ~**-water** *s.* ροδόσταμα *n.*

rose *a.* ροδόχρους, ρόζ. ~**-coloured** *(lit. & fig.)* ρόδινος.

rosemary *s.* δεντρολίβανο *n.*

rosette *s.* ροζέτα *f.* *(archit.)* ρόδαξ *m.*

rosin *s.* ρητίνη *f.*

roster *s.* κατάλογος *m.*

rostrum *s.* βῆμα *n.*

rosy *a.* ρόδινος.

rot *v.t.* & *i.* σαπίζω. *(s.)* σαπίλα *f.* *(fam.)* σαχλαμάρες *f.pl.*

rotat|e *v.t.* περιστρέφω. *(v.i.)* περιστρέφομαι. ~**ion** *s.* in ~ion ἐκ περιτροπῆς.

rote *s.* by ~ ἀπ' ἔξω.

rotten *a.* σάπιος, *(fam.)* χάλια. ~**ness** *s.* σαπίλα *f.*

rotund *a.* στρογγυλός, *(voice)* ἠχηρός.

roué *s.* ἀκόλαστος *a.*

rouge *s.* κοκκινάδι *n.*

rough *a.* *(violent)* βίαιος, *(manner, voice)* τραχύς, *(road)* ἀνώμαλος, *(sea)* κυματώδης. *(hard)* σκληρός, *(uncouth)* ἄξεστος, *(unrefined)* χονδρός, *(unwrought)* ἀκατέργαστος. *(improvised)* πρόχειρος, *(dif-*

ficult) δύσκολος. ~ and ready χοντροκαμωμένος, πρόχειρος. ~ly *adv.* βιαίως, τραχιά, πρόχειρα. *(about)* περίπου.

rough *v.* ~ up *(hair)* ἀνακατώνω, *(maltreat)* κακοποιῶ. ~ in *(or* out) σχεδιάζω πρόχειρα. ~ it περνῶ χωρίς ἀνέσεις.

rough *adv. (violently)* βιαίως. sleep ~ κοιμᾶμαι ὅπου νἆναι. cut up ~ θυμώνω.

rough-and-tumble *s.* συνωστισμός *m.*

roughen *v.t. & i.* τραχύνω, ἀγριεύω.

rough-hewn *a.* χοντροπελεκημένος.

rough-house *s.* καβγᾶς *m.*

roughness *s.* τραχύτης *f. (violence)* βία *f.*

roulette *s.* ρουλέτα *f.*

round *a. (shape, words, sum)* στρογγυλός, *(in a circle)* κυκλικός. ~ trip ταξίδι μέ ἐπιστροφή. at a ~ pace μέ γοργό βῆμα. ~ness *s.* καμπυλότης *f.*

round *s. (slice)* φέτα *f. (series)* σειρά *f. (cycle)* κύκλος *m. (of visits, boxing, etc.)* γῦρος *m.* daily ~ ρουτίνα *f., (drudgery)* μαγγανοπήγαδο *n. (cartridge)* φυσίγγι *n.* fire ten ~s πυροβολῶ δέκα φορές. do *(or* go *or* make) the ~s (of) κάνω τό γῦρο *(with gen.).., (of doctor)* κάνω σειρά ἐπισκέψεων. in the ~ *(sculpture)* ὁλόγλυφος.

round *adv.* γύρω. all *or* right ~ ὁλόγυρα, γύρω-γύρω. turn *or* go ~ γυρίζω. I'll go *(or* pop *or* slip) ~ to the grocer's θά πεταχτῶ στόν μπακάλη. go ~ *(deviously)* πάω γύρω, *(be enough)* φτάνω γιά ὅλους. come ~ συνέρχομαι. hand *(sthg.)* ~ περνῶ γύρω.

round *prep.* γύρω σέ *or* ἀπό *(with acc.).* go ~ the shops κάνω τό γῦρο τῶν μαγαζιῶν. I'll show you ~ the garden θά σᾶς δείξω τόν κῆπο. ~ about noon γύρω στίς δώδεκα. get ~ *(v.t.) (pass)* παρακάμπτω, *(persuade)* φέρνω βόλτα.

round *v.t. (make ~)* στρογγυλεύω. *(get ~)* παρακάμπτω. ~ off στρογγυλεύω. ~ up μαζεύω, *(arrest)* συλλαμβάνω. *(v.i.)* ~ on *or* upon ρίχνομαι σέ.

roundabout *s. (at fair)* ἀλογάκια *n.pl. (traffic)* κόμβος *m. (a.)* say it in a ~ way τά λέω περιφραστικῶς *(or* ἀπό σπόντα).

rounded *a.* στρογγυλεμένος, καμπύλος.

roundly *adv. (tell)* ρητά, *(curse)* ἀπ' τήν καλή.

round-up *s.* συγκέντρωσις *f. (arrest)* σύλληψις *f.*

rouse *v.t. (waken)* ξυπνῶ, *(excite)* ἐξεγείρω. ~e oneself κουνιέμαι. ~ing *a.* ζωηρός.

rout *v. (defeat)* κατατροπώνω. ~ out ξετρυπώνω. *(s.)* κατατρόπωσις *f.*

route *s.* δρόμος *m.* the quickest ~ ὁ πιό σύντομος δρόμος. *(of procession)* διαδρομή *f. (itinerary)* what ~ will you take? τί δρομολόγιο θά ἀκολουθήσετε; the nearest bus ~ ἡ πιό κοντινή γραμμή λεωφορείων.

routine *s.* ρουτίνα *f. (a.)* συνηθισμένος.

rove *v.* περιπλανῶμαι. have a ~ing eye γλυκογυρίζω τά μάτια. ~ing commission ἀποστολή πού συνεπάγεται περιοδεία. ~er *s.* περιπλανώμενος *a.*

row *s. (line)* σειρά *f.* all in a ~ ἀράδα ἀράδα.

row *s. (quarrel)* καβγᾶς *m. (noise)* θόρυβος *m. (fuss)* φασαρία *f. (v.i.)* καβγαδίζω.

row *v.i. (with oars)* κάνω κουπί. ~ing *s.* κωπηλασία *f.*

rowdy *a.* θορυβώδης.

royal *a.* βασιλικός. ~ist *a.* βασιλόφρων, βασιλικός.

royalty *s. (quality)* βασιλεία *f. (persons)* μέλη τῆς βασιλικῆς οἰκογενείας. ~ties *(author's)* συγγραφικά δικαιώματα.

rub *v.t.* τρίβω. *(v.i.)* τρίβομαι. ~ out σβήνω. ~ it in τό κοπανάω. ~ along τά καταφέρνω, *(agree)* τά πάω καλά. ~ shoulders with ἔρχομαι σέ ἐπαφή μέ.

rubber *s.* λάστιχο *n.,* καουτσούκ *n. (india-~)* γόμμα *f.,* λάστιχο *n.*

rubber *a.* λαστιχένιος. ~ band λαστιχάκι *n.,* ~ stamp σφραγίδα *f.* ~y *a.* σάν λάστιχο.

rubbing *s.* τρίψιμο *n.*

rubbish *s.* σκουπίδια *n.pl. (nonsense)* ἀνοησίες *f.pl.* ~y *a.* τιποτένιος.

rubble *s.* μπάζ(ι)α *n.pl.*

rubicund *a.* κοκκινοπρόσωπος.

ruby *s.* ρουμπίνι *n.*

ruck *s.* δίπλα *f.*

rucksack *s.* σάκκος *m.*

ructions *s.* φασαρία *f.*

rudder *s.* τιμόνι *n.* ~less *a.* ἀκυβέρνητος.

ruddy *a.* κόκκινος.

rude *a. (roughly made)* χοντροφτιαγμένος *(impolite)* ἀγενής. *(unpolished)* ἀγροῖκος *(sudden, jarring)* βίαιος, ἀπότομος. ~ly *adv. (not skilfully)* ἄτεχνα, *(not politely)* μέ ἀγένεια, *(suddenly)* βίαια, ἀπότομα. ~ness *s.* ἀγένεια *f.*

rudiments *s.* στοιχεῖα *n.pl.* ~ary *a.* στοιχειώδης, *(sketchy)* ὑποτυπώδης.

rue *v.t.* μετανοιῶ γιά. ~ful *a.* ἀπόθαρρωμένος.

ruffian *s.* κακοῦργος *m.* *(hired)* μπράβος *m.*

ruffle *v.* *(disturb)* διαταράσσω. ~ hair of ἀναμαλλιάζω. *(annoy)* πειράζω.

rug *s.* χαλί *n.*, τάπης *m.* *(wrap)* κουβέρτα *f.*

rugged *a.* ἄγριος. *(of face)* χαρακωμένος, ὀργωμένος. *(hard)* σκληρός.

ruin *s.* *(destruction)* καταστροφή *f.* *(of building)* ρημάδι *n.*, *(also fig.)* ἐρείπιο *n.* ~ation *s.* καταστροφή *f.*

ruin *v.* καταστρέφω, ρημάζω. ~ed *a.* κατεστραμμένος, *(building)* ἐρειπωμένος. ~ous *a.* καταστρεπτικός, ὀλέθριος.

rule *s.* *(principle)* ἀρχή *f.* *(what is laid down)* κανών *m.* *(sway)* ἐξουσία *f.* *(measure)* μέτρον *n.* as a ~ κατὰ κανόνα, against the ~s ἀντικανονικός. ~ of thumb ἐμπειρικός κανών.

rule *v.* *(also ~ over)* κυβερνῶ. *(hold sway)* κυριαρχῶ. *(lay down)* διατάσσω. ~ out ἀποκλείω. *(lines)* χαρακώνω.

ruler *s.* *(lord)* ἄρχων *m.* the ~s of Europe οἱ κυβερνῶντες τήν Εὐρώπη. *(implement)* χάρακας *m.*

ruling *s.* ἀπόφασις *f.*

ruling *a.* ~ class ἰθύνουσα τάξις. ~ passion κυριαρχοῦν πάθος.

rum *s.* ρούμι *n.*

rum *a.* *(event)* παράξενος, *(person)* μυστήριος.

Rumanian *a.* ρουμανικός. *(person)* Ρουμάνος *m.*, Ρουμανίδα *f.*

rumble *v.i.* *(thunder)* μπουμπουνίζω, *(belly)* γουργουρίζω. ~ past *or* by περνῶ μέ πάταγο. *(s.)* μπουμπουνητό *n.* γουργούρισμα *n.* *(of waggon, etc.)* πάταγος *m.*

ruminant *s.* μηρυκαστικόν *n.*

ruminat|e *v.* *(chew cud)* μηρυκάζω. *(ponder)* συλλογίζομαι. ~ive *a.* συλλογισμένος.

rummage *v.* σκαλίζω.

rummy *s.* *(cards)* ραμί *n.*

rumour *s.* φήμη *f.* *(v.)* it is ~ed φημολογεῖται, διαδίδεται.

rump *s.* καπούλια *n.pl.* *(fig.)* ὑπόλειμμα *n.* ~ steak κόντρα φιλέτο.

rumpus *s.* *(fuss)* φασαρία *f.* *(noise)* σαματᾶς *m.*

run *s.* τρέξιμο *n.* go for a ~ πάω νά τρέξω. *(trip)* βόλτα *f.*, γύρος *m.* an hour's ~ μίας ὥρας διαδρομή. *(series)* σειρά *f.* *(demand)* ζήτησις *f.* *(mus.)* σκάλα *f.*, *(vocal)* λαρυγγισμός *m.* chicken ~ κοτέτσι *n.* have the ~ of the house

ἔχω τό ἐλεύθερο στό σπίτι, ἔχω τό σπίτι στή διάθεσή μου. have a good ~ for one's money ἔχω ἀντάλλαγμα γιά τούς κόπους μου. the usual ~ of events ἡ συνηθισμένη ρουτίνα. out of the common ~ ἄνω τοῦ μετρίου. have a long ~ κρατῶ πολύ. in the long ~ τελικά. ~-of-the-mill τῆς ἀράδας. be on the ~ *(busy)* εἶμαι στό πόδι, *(fugitive)* κρύβομαι. at a ~ τρέχοντας.

run *v.i.* *(go fast, flow, drip, leak, etc.)* τρέχω, *(extend)* ἐκτείνομαι, *(pass, go)* περνῶ. *(of life, events)* κυλῶ. *(of machinery)* δουλεύω. *(of buses, etc.)* λειτουργῶ. *(of play)* παίζομαι. *(of colour)* βγάζω. *(of words)* it ~s as follows ἔχει ὡς ἐξῆς. *(seek election)* θέτω ὑποψηφιότητα, *(see ~ for).* *(of stitches)* see ladder. be ~ning with εἶμαι γεμάτος ἀπό. it ~s in the family ὑπάρχει στήν οἰκογένεια. the tune is ~ning in my head ὁ σκοπός γυρίζει στό μυαλό μου. it has six months to ~ ἰσχύει γιά *(or* λήγει μετά*)* ἕξη μῆνες. how often do the trains ~? κάθε πότε ἔχει τραῖνο; ~ before the wind οὐριοδρομῶ. also ran ἀποτυχών.

run *v.t.* *(manage)* διαχειρίζομαι. *(a business)* διευθύνω, *(a house)* κρατῶ, *(a car)* συντηρῶ. *(convey)* πηγαίνω, *(put)* βάζω, *(pass)* περνῶ. *(operate bus service, etc.)* θέτω εἰς κυκλοφορίαν. *(a blockade)* διασπῶ. ~ *(person)* close ἀκολουθῶ κατά πόδας. ~ risk of κινδυνεύω νά. ~ to earth ξετρυπώνω. the illness will ~ its course ἡ ἀσθένεια θά κάνη τήν πορεία της.

run across *v.t.* *(meet)* πέφτω ἀπάνω σέ. the roads ~ the plain οἱ δρόμοι διασχίζουν τήν πεδιάδα.

run after *v.t.* κυνηγῶ.

run away *v.i.* φεύγω, *(flee)* τρέπομαι εἰς φυγήν, *(fam.)* τό σκάω. don't ~ with the idea μή σοῦ περάση ἀπ' τό μυαλό. he lets his imagination ~ with him παρασύρεται ἀπό τή φαντασία του.

runaway *s.* φυγάς *m.* *(a.)* ~ horse ἀφηνιασμένο ἄλογο.

run down *v.t.* *(denigrate)* κακολογῶ. *(collide with)* συγκρούομαι μέ. *(v.i.)* *(of clock)* ξεκουρδίζομαι, *(of battery)* ἀδειάζω. feel ~ εἶμαι ἐξαντλημένος.

run for *v.* ~ Parliament πάω γιά βουλευτής.

run in *v.t.* *(engine, etc.)* στρώνω, *(arrest)* συλλαμβάνω.

run into *v.* *(meet, collide with)* πέφτω

ἀπάνω σέ. *(amount to)* ἀνέρχομαι εἰς.
run off *v.i. see* run away. ~ with *(steal)*
κλέβω. *(v.t.) (empty)* ἀδειάζω, *(print)*
τραβῶ, *(write)* γράφω στά πεταχτά.
run on *v.i. (talk)* he will ~ ἡ γλῶσσα του
πάει ροδάνι. *(continue)* συνεχίζομαι.
run out *v.i.* the bread has ~ τό ψωμί τε-
λείωσε. we have ~ of bread μείναμε ἀπό
ψωμί. ~ on ἐγκαταλείπω.
run over *v.t. (recapitulate)* ἀνακεφα-
λαιώνω. *(knock down)* πατῶ. *(v.i.) (over-
flow)* ξεχειλίζω.
run through *v.t. (lit. & examine)* δια-
τρέχω. *(use up)* σπαταλῶ. a shiver runs
through my body ῥῖγος διατρέχει τό
σῶμα μου. *(pierce)* διατρυπῶ.
run to *v. (afford)* I can't ~ that ἡ τσέπη
μου δέν τό ἐπιτρέπει. ~ seed ξεπέφτω,
φαίνομαι παραμελημένος.
run up *v.t. (raise)* ὑψώνω, *(put together)*
σκαρώνω. ~ bills χρεώνομαι. *(v.i.)* ~
against *(person)* πέφτω ἀπάνω σέ,
(problem) ἀντιμετωπίζω.
runner *s.* δρομεύς *m. (carpet)* διάδρομος
m. (of sledge, etc.) ὀλισθητήρ *m.*
runner-up *s. (in exam)* ὁ ἐπιλαχών, *(in
contest)* ὁ δεύτερος.
running *s.* τρέξιμο *n. (in race)* δρόμος *m.*
(functioning) λειτουργία *f. (management)*
διεύθυνσις *f.* be in the ~ ἔχω ἐλπίδες.
running *a.* ~ water τρεχούμενο νερό. ~
commentary περιγραφή (ἀγῶνος) ἐπί τό-
που. ~ fire συνεχές πῦρ. three days ~
τρεῖς ἐπανωτές μέρες.
runt *s. (person)* κοντοστούμπης *a.*
runway *s.* διάδρομος προσγειώσεως.
rupture *s.* ῥῆξις *f. (med.)* κήλη *f. (v.t.)*
διαρρηγνύω.
rural *a. (not urban)* ἀγροτικός, *(countri-
fied)* ἐξοχικός.
ruse *s.* τέχνασμα *n.,* κόλπο *n.*
rush *s. (plant)* βοῦρλο *n. (of baskets)*
ψάθα *f.*
rush *v.i.* ὁρμῶ, χυμῶ. *(v.t.) (send quickly)*
ἀποστέλλω ἐν μεγάλῃ σπουδῇ. they ~ed
him to hospital ἔσπευσαν νά τόν πᾶνε
στό νοσοκομεῖο. *(capture)* καταλαμβάνω
ἐξ ἐφόδου. ~ *(sthg.)* through περνῶ βια-
στικά. *(press, urge)* βιάζω. be ~ed εἶμαι
πνιγμένος στή δουλειά.
rush *s. (onrush)* ὁρμή *f.* the ~ of modern
life ὁ βιαστικός ῥυθμός τῆς σημερινῆς
ζωῆς. there was a ~ for tickets τά εἰσι-
τήρια ἔγιναν ἀνάρπαστα. I had a ~ to
get here on time σκοτώθηκα *(or* τσακί-
στηκα) νά φτάσω ἐγκαίρως. why such a

~? γιατί τόση βία; ~ hour ὥρα αἰχμῆς.
rusk *s.* παξιμάδι *n.*
russet *a.* κατακόκκινος.
Russian *a.* ῥωσσικός. *(person)* Ρῶσσος *m.*
Ρωσσίδα *f.*
rust *s.* σκουριά *f. (v.)* σκουριάζω. ~**less**
a. ἀνοξείδωτος. ~**y** *a.* σκουριασμένος.
rustic *a.* χωριάτικος, *(décor)* ρουστίκ
(s.) χωριάτης *m.*
rustle *s.* θρόισμα *n. (v.)* θροΐζω.
rustler *s.* ζωοκλέφτης *m.*
rut *s. (in ground)* αὐλακιά *f. (fig.)* ἐπαχ-
θής ρουτίνα, get into a ~ ἀποτελματώ-
νομαι.
rut *s. (sexual)* βαρβατίλα *f.* ~**tish** *a.* βαρ-
βάτος.
ruthless *a.* ἀνηλεής, ἀλύπητος. ~**ly** *adv.*
ἀνηλεῶς, ἀλύπητα.
rye *s.* σίκαλη *f.*

S

sabbath *s.* σάββατον *n. (Sunday)* Κυριακή
f. ~**atical** *a.* σαββατικός.
sable *a.* μαῦρος. *(s.) (animal)* σαμούρι *n.*
sabot *s.* τσόκαρο *n.*
sabotage *s.* δολιοφθορά *f.,* σαμποτάζ *f.*
(v.) σαμποτάζω. ~**eur** *s.* δολιοφθορεύς *m.*
sabre *s.* σπάθη *f.*
saccharin *s.* σακχαρίνη *f.*
sacerdotal *a.* ἱερατικός.
sack *s. (large)* τσουβάλι *n.,* σακκί *n.*
(small) σακκούλι *n.* ~**cloth** *s.* σακκόπανο
n. in ~cloth and ashes ἐν σάκκῳ καί
σποδῷ.
sack *v.* λεηλατῶ. *(fam., dismiss)* ἀπολύω.
sacrament *s.* μυστήριον *n.*
sacred *a.* ἱερός. *(writings, etc.)* θρησκευτι-
κός.
sacrifice *s.* θυσία *f. (v.)* θυσιάζω.
sacrilege *s.* ἱεροσυλία *f.* ~**ious** *a.* βέβηλος.
sacristan *s.* νεωκόρος *m.*
sacrosanct *a.* ἀπαραβίαστος.
sad *a. (person)* λυπημένος, *(thing)* λυπη-
ρός. *(deplorable)* ἐλεεινός. ~**den** *v.* λυπῶ.
~**ly** *adv.* λυπημένα. ~**ness** *s.* λύπη *f.,*
θλίψις *f.*
saddle *s.* σέλλα *f.,* σαμάρι *n. (v.)* σελ-
λώνω. *(burden)* φορτώνω. ~**bag** *s.* δι-
σάκκι *n.*

sad|ism s. σαδισμός m. **~ist** s. σαδιστής m. **~istic** a. σαδιστικός.

safe s. (for money) χρηματοκιβώτιον n. (for food) φανάρι n. **~-deposit** s. (locker) θυρίδα f.

safe a. (harmless) ἀβλαβής, (of toy, animal, etc.) ἀκίνδυνος. (unharmed) σῶος. (cautious) προσεκτικός. (secure, sure) ἀσφαλής. ~ and sound σῶος καί ἀβλαβής. **~-conduct** s. πάσσο n. **~guard** v. ἐξασφαλίζω, (s.) ἐγγύησις f. **~keeping** s. (custody) διαφύλαξις f. for ~keeping γιά ἀσφάλεια. **~ly** adv. ἀσφαλῶς. we arrived ~ly φτάσαμε αἰσίως.

safety s. ἀσφάλεια f. (a.) ἀσφαλείας. **~-catch** s. ἀσφάλεια f. **~-pin** s. παραμάννα f.

saffron s. ζαφορά f.

sag v. (give way) βουλιάζω, (droop) κρέμομαι. **~ging** a. βουλιαγμένος, κρεμασμένος.

saga s. ἔπος n.

sagac|ious a. ἀγχίνους. **~ity** s. ἀγχίνοια f.

sage a. & s. σοφός. **~ly** adv. σοφῶς.

sage s. (herb) φασκόμηλο n.

sail s. πανί n., ἱστίον n. (of mill) πανί n. set ~ ἀποπλέω, κάνω πανιά. **~-cloth** s. καραβόπανο n.

sail v.i. πλέω, (set ~) κάνω πανιά. (v.t.) (traverse) διαπλέω. (be in command of) κυβερνῶ. ~ up (river) ἀναπλέω, ~ down καταπλέω, ~ round περιπλέω. ~ into (fam., attack) ρίχνομαι σέ.

sailing s. (sport) ἱστιοπλοΐα f. (departure) ἀπόπλους m. **~-vessel** s. ἱστιοφόρον n.

sailor s. ναύτης m. (seafaring man) ναυτικός m. (fig.) be a bad (or good) ~ (δέν) μέ πιάνει ἡ θάλασσα.

saint s. & a. ἅγιος m., ἁγία f. **~hood** s. ἁγιοσύνη f. **~ly** a. ἅγιος.

sake s. for the ~ of χάριν (with gen.), γιά (νά). for your ~ πρός χάριν σας, γιά τό χατίρι σου.

salac|ious a. λάγνος. **~ity** s. λαγνεία f.

salad s. σαλάτα f. (fam.) ~ days νεανικά χρόνια.

salamander s. σαλαμάνδρα f.

salami s. σαλάμι n.

salar|y s. μισθός m. **~ied** a. μισθωτός.

sale s. πώλησις f. (clearance) there is a ~ on ἔχει ἐκπτώσεις. (auction) πλειστηριασμός m. it is for ~ πωλεῖται, πουλιέται.

salep s. σαλέπι n.

sales|man s. πωλητής m. **~woman** s. πωλήτρια f.

salient a. ἐξέχων.

saline a. ἁλατοῦχος.

saliv|a s. σάλιο n., σάλια pl. **~ate** v. σαλιάζω.

sallow a. κιτρινιάρης.

sally s. ἐξόρμησις f. (of wit) εὐφυολόγημα n. (v.) ~ out (make a ~) ἐξορμῶ, (fam., set out) ξεκινῶ.

salmon s. σολομός m.

saloon s. σαλόνι n.

salt s. ἁλάτι n. (pl. ἅλατα). (fam.) old ~ θαλασσόλυκος m. take it with a grain of ~ δέν τά χάφτω. (v.) ἁλατίζω. **~-cellar** s. ἁλατιέρα f. **~-pan** s. ἁλυκή f.

salt, **~y** a. ἁλμυρός. **~ness** s. ἁλμύρα f.

saltpetre s. νίτρον n.

salubrious a. ὑγιεινός.

salutary a. ὠφέλιμος.

salut|e s. χαιρετισμός m. (v.) χαιρετίζω, χαιρετῶ. **~ation** s. χαιρετισμός m.

salvage s. (naut.) ναυαγιαιρεσία f. (payment) σῶστρα n.pl. (a., vessel, etc.) ναυαγοσωστικός. (v.) διασώζω. ~d goods διασωθέντα πράγματα.

salvation s. σωτηρία f.

salve s. ἀλοιφή f. (v.) (fig.) ~ one's conscience ἐλαφρύνω τή συνείδησή μου. (salvage) διασώζω.

salvo s. ὁμοβροντία f.

same a. & pron. ὁ ἴδιος. it's all the ~ to me τό ἴδιο μοῦ κάνει. the ~ to you! ἐπίσης. at the ~ time (all together) ὅλοι μαζί, (simultaneously) συγχρόνως, (yet) μολοταῦτα. all the ~ κι' ὅμως. the ~ people (whom) we saw yesterday οἱ ἴδιοι ἄνθρωποι πού εἴδαμε χθές. he goes to the ~ school as I do πάει στό ἴδιο σχολεῖο μέ μένα. I caught the ~ bus as last time πῆρα τό ἴδιο λεωφορεῖο ὅπως καί τήν ἄλλη φορά. it's the ~ old story (fam.) τά αὐτά τοῖς αὐτοῖς.

sameness s. ὁμοιομορφία f.

samovar s. σαμοβάρι n.

sample s. δεῖγμα n. (v.) δοκιμάζω.

sanatorium s. σανατόριον n.

sanctify v. καθιερώνω.

sanctimonious a. (person) φαρισαῖος m. (fam.) he is a ~ fellow κάνει τόν ἅγιο Ὀνούφριο.

sanction v. ἐπιτρέπω, ἐγκρίνω. (s.) (approval, penalty) κύρωσις f.

sanctity s. ἱερότης f.

sanctuary s. (eccl.) ἱερόν n. (asylum) ἄσυλον n.

sanctum s. (fam.) ἰδιαίτερο δωμάτιο.

sand s. ἄμμος m.f. stretch of ~ (by sea) ἀμμουδιά f. **~bag** s. ἀμμόσακκος m.

~bank s. σύρτις f. ~-dune s. ἀμμόλοφος m. ~paper s. γυαλόχαρτο m. ~stone s. ἀμμόπετρα f. ~y a. ἀμμώδης.

sandal s. πέδιλον n.

sandwich s. σάντουϊτς n. (v.) (squeeze) σφίγγω, στρυμώχνω.

sane a. ὑγιής τόν νοῦν. (sensible) λογικός.

sang-froid s. ψυχραιμία f.

sanguine a. (hopeful) αἰσιόδοξος, (redfaced) ἐρυθροπρόσωπος.

sanitary a. (of sanitation) ὑγειονομικός, (clean) καθαρός, ὑγιεινός.

sanitation s. (protection of health) ὑγειονομικά μέτρα. (drainage) ἀποχέτευσις f. (hygiene) ὑγιεινή f.

sanity s. πνευματική ὑγεία. lose one's ~ χάνω τά λογικά μου. (sense) λογική f.

Santa Claus s. ὁ Ἅη-Βασίλης.

sap s. (juice) ὀπός m. ~less a. ἄζουμος. ~ling s. νεοφύτευτον δενδρύλλιον. ~py a. ὀπώδης.

sap s. (tunnel) λαγούμι n. (v.) ὑπονομεύω. ~per s. (mil.) σκαπανεύς m.

Sapphic a. σαπφικός.

sapphire s. σάπφειρος m., ζαφείρι n. (a.) ζαφειρένιος.

Saracen s. Σαρακηνός m.

sarc|asm s. σαρκασμός m. ~astic a. σαρκαστικός.

sarcophagus s. σαρκοφάγος f.

sardine s. σαρδέλλα f.

sardonic a. σαρδόνιος.

sartorial a. ραπτικός. ~ elegance φροντισμένο ντύσιμο.

sash s. ζώνη f.

sash-window s. συρόμενο παράθυρο (καθέτως).

Satan s. σατανᾶς m. ~ic a. σατανικός.

satchel s. τσάντα f.

satellite s. δορυφόρος m.

sate v. see satiate.

satiat|e v. χορταίνω. ~ed χορτάτος, κορεσμένος. I am ~ed χόρτασα.

satiety s. χορτασμός m., κορεσμός m. to ~ κατά κόρον.

satin s. ἀτλάζι n., σατέν n.

satir|e s. σάτιρα f. ~ical a. σατιρικός. ~ize v. σατιρίζω.

satisfact|ion s. ἱκανοποίησις f. ~ory a. ἱκανοποιητικός.

satis|fy v. ἱκανοποιῶ, (convince) πείθω. I am ~fied with little χορταίνω μέ λίγο. ~fying a. ἱκανοποιητικός, (filling) χορταστικός.

satrap s. σατράπης m.

saturat|e v. (also get ~ed) μουσκεύω,

διαποτίζω. ~ion s. διαπότισις f. ~ion point σημεῖον κορεσμοῦ.

Saturday s. σάββατο n.

saturnine a. κατσούφης.

satyr s. σάτυρος m.

sauce s. σάλτσα f. (cheek) αὐθάδεια f.

saucepan s. κατσαρόλα f.

saucer s. πιατάκι n.

saucy a. αὐθάδης, (fam., smart) σκερτσόζικος.

saunter v. σεργιανίζω. (s.) σεργιάνι n.

sausage s. λουκάνικο n. (in general) ἀλλαντικά n.pl.

savage a. ἄγριος. ~ly adv. ἄγρια. ~ness s. ἀγριότης f.

savant s. σοφός m.

save v.t. (rescue, preserve) σώζω, γλυτώνω. (keep) φυλάω, (husband) οἰκονομῶ. ~ up (money) βάζω στή μπάντα (expend less time) κερδίζω. (avoid) ἀπο φεύγω, γλυτώνω. (relieve) ἀπαλλάσσω they ~d trouble and expense by doing i themselves γλιτώσανε καί κόπο κα ἔξοδα κάνοντάς το μόνοι τους. it will ~ you having to cook θά σέ ἀπαλλάξη ἀπ τό μαγείρεμα. ~ one's skin σώζω τ σαρκίον μου. (v.i.) ~ up κάνω οἰκονο μίες.

sav|e, ~ing prep. ἐκτός ἀπό, ἐκτός (wit gen.). ~e that... ἐκτός τοῦ ὅτι.

saving a. ~ clause ἐπιφύλαξις f. he ha the ~ grace of... ἔχει τουλάχιστον τ καλό ὅτι.

saving s. οἰκονομία f. ~s οἰκονομίες f. pl ~s bank ταμιευτήριον n.

saviour s. σωτήρ m.

savoir-faire s. τάκτ n.

savour s. γεῦσις f. (fig.) νοστιμιά f. (v (relish) ἀπολαμβάνω. (fig.) ~ of μυρίζω ~less a. ἄνοστος.

savour|y a. γευστικός, (not sweet) πικάν τικος. ~iness s. νοστιμάδα f.

saw s. (saying) λόγιον n.

saw s. (tool) πριόνι n. (v.) πριονίζω κόβω. ~dust s. πριονίδια n.pl. ~-mill s πριονιστήρι n. ~yer s. πριονιστής m.

saxophone s. σαξόφωνο n.

say v. λέγω, λέω. I ~! (for attention) v σοῦ πῶ, (surprise) μή μοῦ πῆς! let us ~ ἄς ποῦμε. I dare ~ κατά πᾶσαν πιθανό τητα. I must ~ (own) ὁμολογῶ. (supposing) they refused πές πώς ἀρνή θηκαν. not to ~ γιά νά μήν πῶ. to ~ nothing of χωρίς νά ἀναφέρωμε. tha goes without ~ing αὐτό νά λέγεται. the re's no ~ing δέν μπορεῖ νά πῆ κανεί he looked at me as much as to ~ μέ κοίταξε σά νάλεγε. (s.) you have no ~ (in the matter) δέν σοῦ πέφτει λόγος.

aying s. ρητόν n.

cab s. (crust) κά(ρ)καδο n. (itch) ψώρα f. **~by** a. ψωραλέος.

cabbard s. θηκάρι n.

cabies s. ψώρα f.

cabrous s. (fig.) σκαμπρόζικος.

caffold s. ἰκρίωμα n. **~ing** s. σκαλωσιά f. **cald** v. (also be ~ing hot) ζεματίζω. (s.) ζεμάτισμα n. **~ing** a. ζεματιστός.

cale s. (of fish) λέπι n. (fur) πουρί n. **(v.t.)** (fish) ξελεπίζω, (teeth) καθαρίζω. **(v.i.)** ~ off ξεφλουδίζομαι. **(v.t.)** (climb) σκαφφαλώνω ἀπάνω σέ. (fig.) ἀνέρχομαι εἰς.

cale s. (graded system) κλῖμαξ f. (v.) ~ up αὐξάνω, ~ down μειώνω.

cale s. (of balance) δίσκος m. **~s** ζυγαριά f. turn the **~(s)** (fig.) κλίνω τήν πλάστιγγα, (weigh) ζυγίζω. hold the **~s** even κρίνω δίκαια.

callop s. (fish) χτένι n. **~s** (ornament) φεστόνι n. **~ed** a. μέ ὀδοντώσεις.

callywag s. παλιόπαιδο n.

calp s. δέρμα τοῦ κεφαλιοῦ.

caly a. λεπιδωτός.

camp s. παλιόπαιδο n.

camp v. ~ one's work τσαλαβουτῶ.

camper v. τρέχω.

can v.t. (look at) κοιτάζω, ἐξετάζω. (glance at) ρίχνω μία ματιά σέ. (mechanically) ἀνιχνεύω. (v.i.) (of verse) ἔχω καλό μέτρο.

candal s. σκάνδαλο n. (gossip) κουτσομπολιό n. **~-monger** s. κουτσομπόλης m., σκανδαλοθήρας m.

candal|ize v. σκανδαλίζω. **~ous** a. σκανδαλώδης, (tongue, etc.) κακός. **~ously** adv. σκανδαλωδῶς.

Scandinavian a. σκανδιναυϊκός. (person) Σκανδιναυός.

scansion s. μετρική ἀνάλυσις.

scant a. λιγοστός. pay ~ attention δέν δίνω ἀρκετή προσοχή. be ~ of breath μοῦ κόβεται ἡ ἀναπνοή. (v.) φείδομαι (with gen.).

scant|y a. ἀνεπαρκής. **~ily** adv. ἀνεπαρκῶς. **~iness** s. ἀνεπάρκεια f.

scapegoat s. ἀποδιοπομπαῖος τράγος.

scapegrace s. τρελλόπαιδο n.

scar s. σημάδι n., οὐλή f. (v.t.) ἀφήνω σημάδια σέ. **~red** a. σημαδεμένος.

scarab s. σκαραβαῖος m.

scarce a. (rare) σπάνιος. be ~ (rare, not

enough) σπανίζω, δέν βρίσκομαι. make oneself ~ ἐξαφανίζομαι.

scarcely adv. μόλις, σχεδόν. I ~ had time to eat μόλις πρόφτασα νά φάω. you will ~ believe it οὔτε καί θά τό πιστέψης. ~ ever σχεδόν ποτέ. she can ~ have done that δέν μπορεῖ νά τό ἔκανε αὐτό. ~ anybody knew him σχεδόν κανείς δέν τόν ἤξερε. I had ~ got out of the house when it started raining δέν εἶχα βγῆ καλά καλά ἀπ' τό σπίτι καί ἄρχισε νά βρέχη. see hardly.

scare v. ξαφνιάζω, τρομάζω. (s.) (alarm) πανικός m. **~crow** s. σκιάχτρο n.

scarf s. (big) σάρπα f. (small) κασκόλ n.

scarify v. (fig.) καυτηριάζω.

scarlet a. ἄλικος, κατακόκκινος. ~ fever ὀστρακιά f.

scathing a. δριμύς. **~ly** adv. δριμέως.

scatter v. (δια)σκορπίζω. **~ed** a. σκόρπιος. **~-brained** a. κοκορόμυαλος.

scavenger a. σκουπιδιάρης m.

scenario s. σενάριο n.

scene s. σκηνή f. come on the ~ παρουσιάζομαι. change of ~ ἀλλαγή περιβάλλοντος. behind the **~s** εἰς τά παρασκήνια. behind-the-scenes παρασκηνιακός.

scenery s. (natural) φύσις f. (stage) σκηνικά n.pl.

scenic a. (natural) φυσικός, (stage) σκηνογραφικός.

scent s. μυρωδιά f. (perfume) ἄρωμα n. (animal's sense of smell) ὄσφρησις f. (track) ἴχνη n.pl. on the ~ ἐπί τά ἴχνη. put off the ~ παραπλανῶ.

scent v. (perfume) ἀρωματίζω. (discern) μυρίζομαι. **~ed** a. (sweet-smelling) ἀρωματικός.

sceptic s. **~al** a. σκεπτικιστής m. **~ism** s. σκεπτικισμός m.

sceptre s. σκῆπτρον n.

schedule s. πρόγραμμα n.

scheme s. (arrangement) διάταξις f. (of colours) συνδυασμός m. (plan) σχέδιον n., (dishonest) φάμπρικα f., κομπίνα f. (v.i.) μηχανορραφῶ. **~er** s., **~ing** a. μηχανορράφος, δολοπλόκος.

schism s. σχίσμα n. **~atic** a. σχισματικός.

scholar s. ἐπιστήμων m. f. **~ly** a. (of work) ἐπιστημονικός.

scholarship s. (learning) ἐπιστήμη f. (scholarly ability) ἐπιστημοσύνη f. (award) ὑποτροφία f.

scholastic a. (of schools) ἐκπαιδευτικός, (dry) σχολαστικός.

school s. σχολεῖον n. (of university, arts,

vocational) σχολή *f.* of the old ~ τῆς παλαιᾶς σχολῆς. come *(or* let) out of ~ σχολάζω. *(v.) (teach)* μαθαίνω, *(curb)* χαλιναγωγῶ.

school *a. (book, doctor, etc.)* σχολικός. ~ days μαθητικά χρόνια. ~ desk μαθητικό θρανίο. **~boy** *s.* μαθητής *m.* **~fellow** *s.* συμμαθητής *m.*, συμμαθήτρια *f.*, **~girl** *s.* μαθήτρια *f.* **~ing** *s.* ἐκπαίδευσις *f.* **~master** *s. (primary)* δάσκαλος, *(secondary)* καθηγητής *m.* **~mistress** *s.* δασκάλα, καθηγήτρια *f.*

schooner *s.* σκούνα *f.*

sciatica *s.* ἰσχιαλγία *f.*

science *s.* ἐπιστήμη *d.* natural *or* physical ~ θετικές ἐπιστῆμες. social ~ κοινωνιολογία *f.*

scientific *a.* ἐπιστημονικός. **~ally** *adv.* ἐπιστημονικά.

scientist *s.* θετικός ἐπιστήμων.

scintillat|e *v.* σπινθηροβολῶ. **~ing** *a.* σπινθηροβόλος.

scion *s.* βλαστός *m.*

scissors *s.* ψαλίδι *n.*

scoff *v. (also* ~ at) κοροϊδεύω. **~ingly** *adv.* κοροϊδευτικά.

scoff *v. (devour)* καταβροχθίζω.

scold *v.* μαλώνω, κατσαδιάζω. I gave him a **~ing** *(fam.)* τόν ἔψαλα. *(s.)* στρίγγλα *f.*

sconce *s.* ἀπλίκα *f. (fam., head)* κούτρα *f.*

scone *s.* μικρό ἀφράτο ψωμάκι.

scoop *s.* σέσουλα *f. (journalist's)* λαβράκι *n. (v.)* ~ up μαζεύω, *(excavate)* σκάβω.

scoot *v.* τρέχω. **~er** *s.* motor ~er βέσπα *f.*

scope *s. (prospect, outlet)* προοπτική *f.* *(range of activity)* πεδίον δράσεως. beyond his ~ ἐκτός τῶν δυνατοτήτων του. outside the ~ of the committee ἐκτός τῆς ἁρμοδιότητος τῆς ἐπιτροπῆς. it falls within the ~ of the undertaking ἐμπίπτει ἐντός τοῦ πλαισίου τῆς ἐπιχειρήσεως.

scorch *v.* καίω, *(in ironing)* τσιρώνω. be **~ing** hot ζεματῶ. *see* singe.

score *s. (twenty)* εἰκοσαριά *f.* **~s** of πάμπολλοι.

score *v. (win)* κερδίζω. ~ a goal πετυχαίνω γκώλ. *(v.i.)* ~ off βάζω κάτω. *(s.) (points won)* σκόρ *n. (debt)* settle old **~s** παίρνω τό αἷμα μου πίσω.

score *s. (mus.)* νότες *f.pl. (conductor's)* παρτιτούρα *f.*

score *v. (cut, rule)* χαράζω. ~ out σβήνω. *(s.) (scratch)* χαρακιά *f.*

scorn *v.* περιφρονῶ. *(s.)* περιφρόνησις *f.* **~ful** *a.* περιφρονητικός. **~fully** *adv.* περιφρονητικά.

scorpion *s.* σκορπιός *m.*

scot *s.* go ~ free βγαίνω λάδι.

Scot|ch, ~tish *a.* σκωτσέζικος. *(person)* Σκωτσέζος *m.*, Σκωτσέζα *f.*

scoundrel *s.* παλιάνθρωπος *m.*

scour *v. (rub)* τρίβω, *(search through)* τρι-γυρίζω, *(dig)* σκάβω. **~ing** *s. (rubbing)* τρίψιμο *n.*

scourge *s.* μάστιξ *f. (v.)* μαστιγώνω.

scout *s.* πρόσκοπος *m. (v.)* ~ around for ψάχνω γιά.

scout *v. (reject)* ἀπορρίπτω.

scowl *v. (also* ~ at) ἀγριοκοιτάζω. *(s.* ἄγριο βλέμμα.

scraggy *a.* κοκκαλιάρης, πετσί καί κόκκαλο.

scramble *v.i.* σκαρφαλώνω, *(jostle)* συνω-στίζομαι. *(v.t.) (a message)* μπερδεύω. **~d** eggs αὐγά χτυπητά στό τηγάνι.

scrap *s. (bit)* κομματάκι *n. (iron)* παλιοσί-δερα *n.pl.* **~s** *(uneaten food)* ἀποφάγι *n.pl.* there's not a ~ left δέν ἔμεινε ἴχνος. they had a ~ *(fight)* ἦρθαν στ χέρια.

scrap *v.t. (throw away)* πετῶ. *(v.i., qua rel)* καβγαδίζω.

scrape *v. (rub)* ξύνω, *(dig)* σκάβω, *(graze* γδέρνω. ~ off *or* out θάζω. ~ up ι together μαζεύω. ~ along, ~ a livin περνῶ στενά, φυτοζωῶ. ~ through (*narrow place)* περνῶ ξυστά, *(jus succeed)* μόλις τά καταφέρνω.

scrape *s. (escapade, iron.)* κατόρθωμα ι get into a ~ βρίσκω τόν μπελᾶ μου.

scraper *s.* ξύστρα *f.*

scrap-heap *s.* throw on the ~ πετῶ στ σκουπίδια.

scraping *s. (act)* ξύσιμο *n.* **~s** ξύσματ *n.pl.* there was bowing and ~ δούλεψ ὑπόκλισις.

scrappy *a. (ill organized)* ἀκατάρτιστος.

scratch *v.t.* γδέρνω, ξύνω. *(one's body* ξύνω. *(of cat, bramble)* γρατσουνίζω. oneself ξύνομαι. *(scrape the ground* σκαλίζω. ~ out ξύνω.

scratch *s.* γδάρσιμο *n. (by cat, bramble* γρατσουνιά *f.* start from ~ ἀρχίζω ἀϛ τό μηδέν. come up to ~ ἀνταποκρίνομα ἐπαξίως.

scratch *a.* πρόχειρος. we had a ~ mea φάγαμε ἐκ τῶν ἐνόντων.

scratchy *a. (bad quality)* τῆς κακιᾶς ὥρα *(that scratches)* πού γρατσουνίζει.

scrawl *s.* ὀρνιθοσκαλίσματα *n.pl. (v.t.)* γράφω βιαστικά.

scrawny *a.* πετσί καί κόκκαλο. *(person only)* ξερακιανός.

scream *v.* ξεφωνίζω. ~ with laughter ξεκαρδίζομαι στά γέλια. *(s.)* ξεφωνητό *n. (fam.)* a perfect ~ κάτι τό ξεκαρδιστικό.

screech *v.* στριγγλίζω. *(s.)* στριγγλιά *f.*

screen *s.* προπέτασμα *n. (furniture)* παραβάν *n. (eccl.)* εἰκονοστάσιον *n. (cinema)* ὀθόνη *f. (sieve)* κόσκινο *n.*

screen *v. (hide)* προκαλύπτω, κρύβω. *(protect)* προστατεύω. *(sift)* κοσκινίζω. ~ off χωρίζω μέ παραβάν. *(investigate)* he is being ~ed ἐρευνοῦν τό παρελθόν του.

screw *s.* βίδα *f. (propeller)* ἕλιξ *f. (pay)* μισθός *m.* ~ of paper χωνάκι *n.* turn of the ~ σφίξιμο τῆς βίδας. he has a ~ loose *(fam.)* τοῦ ἔστριψε ἡ βίδα. put the ~s on *(person)* ἀσκῶ πίεση σέ.

screw *v.t. (also* ~ down, in, on) βιδώνω. ~ up *(tighten)* σφίγγω, *(wrinkle)* ζαρώνω. ~ up one's courage κάνω κουράγιο. have one's head ~ed on the right way τά ἔχω τετρακόσια. ~ed *(fam.)* μεθυσμένος. *(v.i.)* βιδώνω.

screwdriver *s.* κατσαβίδι *n.*

screwy *a. (fam.)* παλαβός.

scribble *v. (write hastily)* γράφω στό γόνατο. *(s.)* ὀρνιθοσκαλίσματα *n.pl.* ~r *s. (iron.)* μουντζουροχάρτης *m.*

scribe *s.* καλαμαρᾶς *m.*

scrimmage *s.* συμπλοκή *f. (v.i.)* συνωστίζομαι.

scrip *s. (fin.)* σκρίπ *n.*

script *s. (writing)* γραφή *f. (text)* γραπτά *n.pl.*

scripture *s.* Ἁγία Γραφή.

scrofulous *a.* χοιραδικός. *(fig.)* βρώμικος.

scroll *s.* κύλινδρος *m. (ornament)* ἕλιξ *f.*

scrotum *s.* ὄσχεον *n.*

scrounge *v. (steal)* βουτῶ, *(cadge)* διακονεύω. ~er *s.* σελέμης *m.* be a ~er ζῶ μέ τήν ἀμάκα.

scrub *v.* τρίβω, σφουγγαρίζω. ~bing *s.* τρίψιμο *n.,* σφουγγάρισμα *n.*

scrub *s. (brushwood)* χαμόκλαδα *n.pl.* ~by *a. (ground)* θαμνώδης, *(chin)* ἀξύριστος.

scruff *s.* by the ~ of the neck ἀπ' τό σβέρκο.

scruffy *a.* βρώμικος. ~iness *s.* βρώμικη κατάστασις.

scruple *s.* ἠθικός δισταγμός, ἠθικό ἐνδοιασμός. *(v.)* διστάζω.

scrupulous *a. (person)* εὐσυνείδητος,

(honesty) σχολαστικός, ὑπερβολικός. ~ly *adv. (very)* εἰς ἄκρον. ~ness *s.* εὐσυνειδησία *f.*

scrutinize *v.* ἐξονυχίζω, ἐξελέγχω, ἐξετάζω λεπτομερῶς. ~y *s.* λεπτομερής ἐξέτασις.

scud *v.* τρέχω, *(naut.)* οὐριοδρομῶ.

scuffle *s.* συμπλοκή *f. (v.)* συμπλέκομαι.

scull *v.* κουπί *n.*

scullion *s.* λαντζιέρης *m..*

sculpt, ~ure *v.* γλύφω, σκαλίζω, λαξεύω. *(make statue of)* κάνω τό ἄγαλμα *(with gen).* ~ured *a.* γλυπτός.

sculptor *s.* γλύπτης *m.*

sculpture *s. (art)* γλυπτική *f. (piece)* γλυπτόν *n.* ~al *a.* γλυπτικός.

scum *s. (lit.)* ἀφρός *m. (lit. & fig.)* ἀπόβρασμα *n.*

scupper *v. (also* be ~ed, *lit. & fig.)* βουλιάζω. *(s.)* ~s μπούνια *n.pl.*

scurf *s.* πιτυρίδα *f.*

scurrilous *a. (person)* βωμολόχος, *(words)* ὑβριστικός. ~ity *s.* βωμολοχία *f.*

scurry *v.* τρέχω.

scurvy *s. (med.)* σκορβοῦτον *n. (a.)* ~y trick βρωμοδουλειά *f.* ~y fellow βρωμόμουτρο *n.* ~ily *adv.* αἰσχρά.

scuttle *v.t. (sink)* βουλιάζω. *(v.i.) (run)* τρέχω, *(make off)* τό σκάω.

scythe *s.* δρεπάνι *n. (v.)* θερίζω.

sea *s.* θάλασσα *f.* Aegean S~ Αἰγαῖον Πέλαγος. Black S~ Εὔξεινος Πόντος, Μαύρη Θάλασσα. heavy ~ θαλασσοταραχή *f.* calm ~ μπουνάτσα *f.* put out to ~ ἀνάγομαι εἰς τό πέλαγος, ἀποπλέω. *(journey)* by ~ διά θαλάσσης. *(situated)* by the ~ παραθαλάσσιος. on the open ~ στά ἀνοικτά. beyond the ~s ὑπερπόντιος. under the ~ ὑποβρύχιος. command of the ~s θαλασσοκρατία *f. (fig.)* feel all at ~ ἀμηχανῶ.

sea *a.* θαλάσσιος, θαλασσινός. ~-breeze *s.* μπάτης *m.* ~-board *s.* ἀκτή *f.* ~-captain *s.* καπετάνιος *m.* ~-dog *s.* θαλασσόλυκος *m.* ~-faring *a.* ναυτικός, θαλασσινός. ~-fight *s.* ναυμαχία *f.* ~-front *s.* παραλία *f.* ~-girt *a.* περιβρεχόμενος ἀπό θάλασσα. ~-going *a.* ποντοπόρος. ~-green *a.* γαλαζοπράσινος. ~-gull *s.* γλάρος *m.* ~-legs *s.* find one's ~-legs συνηθίζω στήν κίνηση τοῦ πλοίου. ~-level *s.* στάθμη τῆς θαλάσσης. ~-loving *a.* θαλασσοχαρής. ~-man *s.* ναύτης *m.* good ~-man καλός ναυτικός. ~-manship *s.* ναυτική τέχνη. ~-monster *s.* κῆτος *n.* ~-plane *s.* ὑδροπλάνον *n.* ~-power *s.*

ναυτική δύναμις. ~scape s. θαλασσο-
γραφία f. ~-shell s. κοχύλι n. ~-shore s.
παραλία f., γιαλός m., ακρογιάλι n. by
or along the ~-shore παραλιακός. ~sick
a. feel or be ~-sick μ' έχει πιάσει ή θά-
λασσα. ~sickness s. ναυτία f. ~side a.
παραθαλάσσιος, παραλιακός. (s.) to (or
at) the ~side (κοντά) στή θάλασσα.
~-urchin s. αχινός m. ~weed s. φύκια
n.pl. ~worthiness s. πλοϊμότης f. ~wor-
thy a. πλόιμος.
seal s. (animal) φώκια f.
seal s. (on document) σφραγίδα f. under
~ ενσφράγιστος. (v.) σφραγίζω, (stop
up) βουλλώνω. ~ off αποκλείω. his fate
is ~ed ή τύχη του εκρίθη. ~ing-wax s.
βουλλοκέρι n.
seam s. ραφή f. (in rock) φλέβα f. ~ed
(marked) σημαδεμένος. ~stress s. ράφτρα
f.
seamy a. (fig.) ~ side κακή πλευρά.
sear v. καίω, (cauterize) καυτηριάζω.
(fig.) σκληραίνω.
search v.t. & i. ψάχνω. ~ high and low
for αναζητώ. (conduct ~ of) ερευνώ. (s.)
αναζήτησις f., έρευνα f. (of ships) νηο-
ψία f. ~er s. ερευνητής m.
searching s. ψάξιμο n. (a.) (detailed) λε-
πτομερής, (penetrating) διαπεραστικός.
searchlight s. προβολεύς m.
season v.t. (flavour) αρτύνω, (mature)
ωριμάζω, (temper) μετριάζω. ~ed a.
(experienced) ψημένος, (wood) τραβηγμέ-
νος. ~ing s. άρτυμα n.
season s. εποχή f. (social) σαιζόν f.
(space of time) διάστημα n. in ~ στήν
εποχή του, (timely) επίκαιρος. ~al a.
εποχιακός.
seasonable a. (timely) επίκαιρος, (weather)
τής εποχής.
season-ticket s. διαρκές εισιτήριο.
seat s. κάθισμα n. (bench) παγκάκι n.
(place in vehicle, theatre, etc.) θέσις f.
(of office-holder, institution) έδρα f. (of
trouble, disease) εστία f. (of body, gar-
ment) πισινός m. country ~ πύργος m.
seat v. (place) καθίζω, (have room for)
παίρνω, χωρώ. ~ oneself κάθομαι.
~ed a. καθιστός. ~ing s. θέσεις f.pl.
secede v. αποχωρώ.
secession s. αποχώρησις f.
seclude v. απομονώνω. ~d a. (quiet) ήσυ-
χος, (out-of-the-way) αποτραβηγμένος.
seclusion s. (quiet) ησυχία f. (isolation)
απομόνωσις f.
second a. δεύτερος. on March 2nd στίς

δύο Μαρτίου. he is ~ to none δέν τοῦ
βγαίνει κανείς. come off ~ best βγαίνω
χαμένος. play ~ fiddle παίζω δευτε-
ρεύοντα ρόλο. have ~ thoughts μετα-
νοιώνω. on ~ thoughts κατόπιν ωριμω-
τέρας σκέψεως. ~ in command υπαρχη-
γός m., (naut.) ύπαρχος m. in one's ~
childhood ξεμωραμένος. he has ~ sight
μπορεί νά προβλέπη τό μέλλον. ~ly adv.
δεύτερον.
second s. (time) δευτερόλεπτο n. (in duel)
μάρτυς m. (in boxing) βοηθός m.
second v.t. (a proposal) υποστηρίζω. (an
officer, official) αποσπώ. ~ed αποσπα-
σμένος. ~ment s. απόσπασις f.
secondary a. δευτερεύων. ~ education
μέση εκπαίδευσις.
second-hand a. μεταχειρισμένος, (also a
~) από δεύτερο χέρι. ~ dealer παλαιο-
πώλης m.
second-rate a. (article) δεύτερο πράμα
(person) δευτέρας σειράς, μετριότης f.
secrecy s. μυστικότης f.
secret a. μυστικός, (hidden) κρυφός. ~ly
adv. μυστικά, κρυφά.
secret s. μυστικό n. open ~ κοινό μυ-
στικό. make no ~ of δέν κρύβω. be in
the ~ είμαι μπασμένος στό μυστικό
in ~ see ~ly.
secretariat s. γραμματεία f.
secretary s. γραμματεύς m.f. private ~
ιδιαίτερος m., ιδιαιτέρα f. ~ general γε-
νικός γραμματεύς. S~ of State Υπουρ-
γός m.
secret|e v. (hide) κρύβω (med.) εκκρίνω
~ion s. έκκρισις f.
secretive a. κρυψίνους. ~ness s. κρυψί
νοια f.
sect s. αίρεσις f. ~arian a. αιρετικός.
section s. (part) τμήμα n. (geom.) τομή f
~al a. (fitted together) λυόμενος. ~a
interests ιδιαίτερα συμφέροντα.
sector s. τομεύς m.
secular a. κοσμικός. (music) μή εκκλησια
στικός.
secure a. ασφαλής. (guaranteed) εξασφα
λισμένος. ~ly adv. ασφαλώς.
secure v. (make firm or safe) ασφαλίζω
(loan, etc.) εξασφαλίζω. (obtain) εξα
σφαλίζω.
securit|y a. ασφάλεια f. (guarantee) εγ
γύησις f. stand ~y for εγγυώμαι γιά
~ies (fin.) τίτλοι m.pl.
sedate a. σοβαρός, μετρημένος.
sedative a. ηρεμιστικός.
sedentary a. καθιστικός.

diment s. ἵζημα n.

diti|on s. στάσις f. ~**ous** a. στασιαστικός.

duc|e v. ἀποπλανῶ. ~**tion** s. ἀποπλάνησις f. (charm) σαγήνη f. ~**tive** a. σαγηνευτικός.

dulous a. ἀκούραστος.

e v. βλέπω. (understand) καταλαβαίνω. (escort) συνοδεύω, I saw her home τήν πῆγα σπίτι. ~ for oneself διαπιστώνω ὁ ἴδιος. there was nothing to be ~n τίποτα δέν φαινότανε. I saw him come out of the house τόν εἶδα νά βγαίνη (or πού ἔβγαινε) ἀπ' τό σπίτι. ~ to or about deal with) κοιτάζω or φροντίζω γιά. ~ (to it) that... (make sure) κοιτάζω or προσέχω νά. it remains to be ~n θά δοῦμε. ~ing that... μιά καί, ἔχοντας ὑπ' ὄψιν ὅτι. ~ (person) off ξεπροβοδίζω. ~ (person) through (aid) (παρα)στέκομαι (with σέ or gen.). ~ (business) through φέρω εἰς πέρας. ~ through (a fraud) μυρίζομαι.

ee s. (eccl.) ἐπισκοπή f., ἕδρα f.

ed s. σπόρος m. (offspring) σπέρμα n. have gone to ~ (fig.) ἔχω κατάντια. (v.i.) (make ~s) σποριάζω. ~**ling** s. φιντάνι ἀπό σπόρο.

eedy a. (ill) ἀδιάθετος, (shabby) ἄθλιος.

ek v. ζητῶ, (try) προσπαθῶ, (have as ambition) ἐπιδιώκω. sought after περιζήτητος.

eem v. φαίνομαι. we ~ to have arrived φαίνεται πώς φτάσαμε.

eeming a. φαινομενικός. ~**ly** adv. φαινομενικά.

eem|ly a. καθώς πρέπει, εὐπρεπής. ~**liness** s. εὐπρέπεια f.

eep v. διαρρέω. ~**age** s. διαρροή f.

eer s. μάντις m.

ee-saw s. τραμπάλα f. (v.) τραμπαλίζομαι.

eethe v. βράζω.

egment s. τμῆμα n. (v.) διαιρῶ σε τμήματα.

egregat|e v. διαχωρίζω, (isolate) ἀπομονώνω. ~**ion** s. διαχωρισμός m. ἀπομόνωσις f.

eigneur s. φεουδάρχης m.

eine s. τράτα f.

eism|ic a. σεισμικός. ~**ology** s. σεισμολογία f.

eize v.t. (grab) ἁρπάζω. (take possession of) καταλαμβάνω, (impound) κατάσχω. (v.i.) ~ up μαγγώνω.

eizure s. ἁρπαγή f. (capture) σύλληψις f.

(distraint) κατάσχεσις f. (med.) προσβολή f.

seldom adv. σπανίως.

select v. ἐπιλέγω, διαλέγω. (a.) ἐπίλεκτος, διαλεχτός. ~**ion** s. (choosing) ἐπιλογή f. (~ed examples) ἐκλογή f. ~**or** s. ἐπιλογεύς m.

selectiv|e a. (choosy) ἐκλεκτικός. (mil.) ~e service εἰδικές κατηγορίες. ~**ity** s. (of radio) διαχωριστικότης f.

self, selves pron. 1. (intensive) ὁ ἴδιος. I my~ ἐγώ ὁ ἴδιος, we our~ ἐμεῖς οἱ ἴδιοι. he did it by him~ (unaided) τόκανε (ἀπό) μόνος του. she lives by her~ ζεῖ μοναχή της. 2. (reflexive) (i) τόν ἑαυτό (with gen. personal pron.), they wanted it for them~ τό θέλανε γιά τόν ἑαυτό τους. take care of your~ πρόσεχε τόν ἑαυτό σου. she said to her~ εἶπε μέσα της (or μέ τό νοῦ της). he talks to him~ μιλάει μέ τόν ἑαυτό του, ὁμιλεῖ καθ' ἑαυτόν. between our~ μεταξύ μας. (ii) (by passive v.) defend one~ ἀμύνομαι, cross one~ σταυροκοπιέμαι. aren't you ashamed of your~? δέν ντρέπεσαι; (by active v.) I enjoyed my~ διασκέδασα, he hurt him~ χτύπησε. (iii) (by αὐτο-.) admire one~ αὐτοθαυμάζομαι.

self- αὐτ-, αὐτο-.

self-centred a. ἐγωκεντρικός.

self-confidence s. αὐτοπεποίθησις f.

self-conscious a. (shy) ντροπαλός.

self-contained a. αὐτοτελής.

self-control s. αὐτοκυριαρχία f.

self-deception s. αὐταπάτη f.

self-defence s. in ~ ἐν ἀμύνη.

self-denial s. αὐταπάρνησις f.

self-determination s. αὐτοδιάθεσις f.

self-employed a. ἐπαγγελματίας m.

self-esteem s. αὐταρέσκεια f.

self-evident a. αὐτόδηλος.

self-government s. αὐτοδιοίκησις f.

self-important a. σπουδαιοφανής.

self-indulgent a. ῥέπων πρός τάς ἀπολαύσεις.

self-interest s. ἰδιοτέλεια f., συμφεροντολογία f.

selfish a. ἐγωιστής m., ἐγωίστρια f. ~**ness** s. ἐγωισμός m.

self-knowledge s. τό γνῶθι σαυτόν.

selfless a. ἀνιδιοτελής.

self-made a. αὐτοδημιουργητος.

self-possessed a. (bold) θαρρετός, (cool) ψύχραιμος.

self-preservation s. αὐτοσυντήρησις f.

self-reliant *a.* be ~ στηρίζομαι στόν ἑαυτό μου.

self-respect *s.* αὐτοσεβασμός *m.*

self-righteous *a.* φαρισαῖος.

self-sacrifice *s.* αὐτοθυσία *f.*

self-satisfied *a.* αὐτάρεσκος.

self-seeking *a.* συμφεροντολόγος. *(s.)* συμφεροντολογία *f.,* ἐγωισμός *m.*

self-service *s.* αὐτοεξυπηρέτησις *f.*

self-starter *s. (mech.)* μίζα *f.*

self-styled *a.* αὐτοκαλούμενος.

self-sufficient *a.* αὐτάρκης.

self-supporting *a.* αὐτοσυντήρητος.

self-taught *a.* αὐτοδίδακτος.

self-willed *a.* ἰσχυρογνώμων.

sell *v.t.* πουλῶ. ~ off ξεπουλῶ. «to be sold» *(notice)* πωλεῖται. we are sold out ξεπουλήσαμε. everything is sold out ὅλα ἐξαντλήθηκαν. I've been sold *(cheated)* μοῦ τή σκάσανε. he got sold up *(by distraint)* τοῦ τά βγάλανε στό σφυρί. *(v.i.)* *(be sold)* πουλιέμαι. ~er *s.* πωλητής *m.*

sell *s. (fam., let-down)* ἀπογοήτευσις *f.*

selvage *s.* οὔγια *f.*

semantics *s.* σημασιολογία *f.*

semblance *s.* ἐμφάνισις *f.*

semen *s.* σπέρμα *n.*

semicirc|le *s.* ἡμικύκλιον *n.* ~**ular** *a.* ἡμικύκλιος.

semicolon *s.* ἄνω τελεία.

seminal *a. (idea, etc.)* γονιμοποιός.

semi-official *a.* ἡμιεπίσημος.

Semitic *a.* σημιτικός.

semitone *s.* ἡμιτόνιον *n.*

semivowel *s.* ἡμίφωνον *n.*

senat|e *s. (university, Roman)* σύγκλητος *f.* *(upper house)* γερουσία *f.* ~**or** *s.* γερουσιαστής *m.*

send *v.* στέλνω. ~ *(person)* packing ξαποστέλνω. ~ away διώχνω. ~ down κατεβάζω, *(student)* ἀποβάλλω. ~ for *(summon)* καλῶ, φωνάζω. ~ forth *or* out βγάζω. ~ up ἀνεβάζω, *(mock)* κοροϊδεύω.

sender *s.* ἀποστολεύς *m.*

senil|e *a.* ξεμωραμένος. ~**ity** *s.* γεροντική ἄνοια.

senior *a. & s. (in years)* μεγαλύτερος, *(in rank)* ἀνώτερος. ~**ity** *s. (of rank)* ἀρχαιότης *f.*

sensation *s. see* feeling. ~ of cold αἴσθησις τοῦ κρύου. I had a ~ of falling εἶχα τήν ἐντύπωση πώς ἔπεφτα. *(stir)* make a ~ προκαλῶ αἴσθηση, κάνω ντόρο. go in search of new ~s ἐπιδιώκω νέες συγκινήσεις.

sensational *a.* ἐντυπωσιακός, *(trial, scandal)* πολύκροτος. *(journal, writer)* πο ἐπιδιώκει νά κάνη θόρυβο.

sense *s. (bodily faculty)* αἴσθησις *f.* th five ~s αἱ πέντε αἰσθήσεις. *(right mind* he has taken leave of his ~s δέν εἶνε στά λογικά του. come to one's ~s σ νέρχομαι. ~ of beauty αἴσθησις το ὡραίου. ~ of injustice αἴσθημα τῆς ἀδ κίας. ~ of duty συνείδησις τοῦ καθήκον τος. *(practical wisdom)* λογική *f.* talk μιλῶ λογικά. there's no ~ in it δέν ἔχ νόημα. *(meaning)* ἔννοια *f.,* σημασία the word has many ~s ἡ λέξις ἔχει πο λές ἔννοιες *(or* σημασίες). I can't mak ~ of it δέν βγάζω νόημα. *(v.)* αἰσθάνε μαι.

senseless *a. (foolish)* ἀνόητος, *(uncon scious)* ἀναίσθητος.

sensibility *s.* αἰσθαντικότης *f.,* συναισθη ματικός κόσμος.

sensib|le *a. (reasonable)* λογικός, *(perso only)* γνωστικός, *(gift, clothes)* πρακτι κός. *(perceptible)* αἰσθητός. be ~ of ἔχ ἐπίγνωσιν *(with gen.)*. ~**ly** *adv.* λογικι πρακτικά, αἰσθητά.

sensitive *a. (mentally)* εὐαίσθητος, *(phys. cally)* εὐπαθής. *(of instrument)* λεπτό ~**ly** *adv.* μέ εὐαισθησία. ~**ness** *s.* se sensitivity. *(of instrument)* λεπτότης *f.*

sensitivity *s.* εὐαισθησία *f. (bodily)* εὐπά θεια *f.*

sensual *a.* αἰσθησιακός, *(person)* φιλήδο νος. ~**ity** *s.* ἡδυπάθεια *f.*

sensuous *a.* αἰσθησιακός.

sentence *s. (law)* καταδίκη *f. (gram.)* πρό τασις *f. (v.) (law)* καταδικάζω.

sententious *a. (person)* ἠθικολόγος *m.* ~ *adv.* speak ~ly ἠθικολογῶ. ~**ness** *s.* ἠθι κολογία *f.*

sentient *a.* ~ beings ὄντα μέ αἰσθήσει καί ἀντιδράσεις.

sentiment *s. (feeling)* αἴσθημα *n. (collec ively)* συναισθήματα *n.pl.* ~s *(views* ἀπόψεις *f.pl.*

sentimental *a.* αἰσθηματικός, συναισθημα τικός. ~**ity** *s.* (συν)αισθηματικότης *f.*

sentinel *s.* φρουρός *m.*

sentry *s.* φρουρός *m.* ~**-box** *s.* σκοπι *f.*

separable *a.* πού χωρίζεται.

separate *v.t. & i.* χωρίζω.

separat|e *a.* χωριστός. *(private, of one' own)* ἰδιαίτερος. ~**ely** *adv.* χωριστά, χώ ρια. ~**ion** *s.* χωρισμός *m.*

sepsis *s.* σῆψις *f.*

September s. Σεπτέμβριος, Σεπτέμβρης m.
septic a. σηπτικός.
septuagenarian s. ἑβδομηντάρης m.
sepulch|re s. τάφος m. ~ral a. (voice) σπηλαιώδης.
sequel s. συνέχεια f.
sequence s. διαδοχή f., σειρά f.
sequestered a. ἀποτραβηγμένος, ἥσυχος.
sequestrat|e v. κατάσχω. ~ion s. κατάσχεσις f.
sequin s. (coin) τσεκίνι n. (ornament) πούλια f.
seraglio s. σεράι n.
Serbian a. σερβικός. (person) Σέρβος.
serenade s. σερενάτα f.
seren|e a. γαλήνιος. ~ity s. γαλήνη f.
serf s. δουλοπάροικος m. ~dom s. δουλοπαροικία f.
sergeant s. (mil.) λοχίας m. (aero.) σμηνίας m. (gendarmerie) νωματάρχης m. ~-major s. ἐπιλοχίας m.
serial a. ~ number αὔξων ἀριθμός. in ~ form σέ συνέχειες. (s.) (newspaper) ἐπιφυλλίς f. (T.V.) σήριαλ n.
series s. σειρά f.
serious a. σοβαρός. grow ~ (of person) σοβαρεύομαι. ~ly adv. σοβαρά. take it ~ly τό παίρνω στά σοβαρά. ~ness s. σοβαρότης f.
sermon s. κήρυγμα n. ~ize v.i. κάνω κήρυγμα.
serpent s. φίδι n., ὄφις m. ~ine a. φιδωτός, ὀφιοειδής.
serrated a. πριονωτός, ὀδοντωτός.
serried a. πυκνός.
serum s. ὀρ(ρ)ός m.
servant s. ὑπηρέτης m., ὑπηρέτρια f. (fam.) ὑπηρεσία f. civil ~ δημόσιος ὑπάλληλος.
serve v.t. & i. (as servant, official, soldier, etc.) ὑπηρετῶ. (v.t.) (provide with facilities) ἐξυπηρετῶ. (treat, use) μεταχειρίζομαι, it ~s him right καλά νά πάθη. (~ food) σερβίρω. (law) ~ a sentence ἐκτίω ποινήν, ~ a summons κοινοποιῶ κλῆσιν. (v.i.) (be suitable) χρησιμεύω, κάνω. it didn't ~ δέν ἔκανε. (at tennis) σερβίρω.
service s. (condition, branch of employment) ὑπηρεσία f. enter domestic ~ πάω ὑπηρέτης. (act of assistance) ἐξυπηρέτησις f. do (person) a ~ ἐξυπηρετῶ. of ~ (a.) ἐξυπηρετικός. at your ~ στή διάθεσή σας. the three fighting ~s τά τρία ὅπλα. on active ~ ἐν ἐνεργείᾳ. military ~ θητεία f. (church) λειτουργία f. (set of

dishes) σερβίτσιο n. (upkeep of car, etc.) συντήρησις f., (fam.) σέρβις n. (tip) φιλοδώρημα n. (transport) a frequent bus ~ πυκνή συγκοινωνία μέ τό λεωφορεῖο. (a.) ὑπηρεσιακός.
servic|e v.t. (or have ~ed) κάνω σέρβις σέ. it needs ~ing θέλει σέρβις.
serviceable a. πρακτικός.
serviette s. πετσέτα f.
servil|e a. δουλοπρεπής. ~ity s. δουλοπρέπεια f.
serving s. (act) σερβίρισμα n. (portion) μερίδα f.
servitude s. δουλεία f.
sesame s. σουσάμι n. (fig.) open ~ κάτι πού σοῦ ἀνοίγει ὅλες τίς πόρτες.
session s. (meeting) συνεδρίασις f. (term, period) σύνοδος f. be in or go into ~ συνεδριάζω.
set s. (of tools) τακίμι n. (of stamps, novels, etc.) σειρά f. toilet ~ σειρά εἰδῶν τουαλέτας. wireless ~ ραδιόφωνο n. (people) smart ~ κοινωνικοί κύκλοι. I don't belong to their ~ δέν εἶμαι τοῦ κόσμου τους. (of person's head, dress, etc.) κόψη f. make a dead ~ at (attack) see set on.
set a. (arranged, fixed) ὡρισμένος, καθωρισμένος. (permanent) μόνιμος. all ~ (ready) ἕτοιμος. be ~ upon (keen to) εἶμαι ἀποφασισμένος νά.
set v.i. (sun) βασιλεύω, δύω. (limb, fruit, jelly) δένω, (harden) πήζω. (of tide, opinion) στρέφομαι, (of body, character) σχηματίζομαι. he ~ to work βάλθηκε στή δουλειά.
set v.t. (put) βάζω. he ~ them laughing τούς ἔκανε νά γελάσουν. (instruct or cause to do sthg.) βάζω. (regulate) ρυθμίζω. (conditions, exam) ὁρίζω. (example) δίνω, (trap, scene) στήνω, (teeth) σφίγγω, (bone) βάζω στή θέση του. (jewel) δένω, (table) στρώνω. ~ sail ἀποπλέω. ~ free ἐλευθερώνω. ~ to music μελοποιῶ. ~ to rights ἐπανορθώνω. ~ in order τακτοποιῶ. ~ at rest καθησυχάζω. ~ a price on (head of) ἐπικηρύσσω. ~ (up) type στοιχειοθετῶ.
set about v.t. (start) ἀρχίζω. (attack) see set on.
set aside v.t. (money, etc.) βάζω κατά μέρος (or στή μπάντα). (disregard) παραμερίζω, (annul) ἀκυρῶ.
set back v.t. (hinder) ἐμποδίζω.
set-back s. ἀναποδιά f.
set down v.t. (passenger) κατεβάζω,

(write) γράφω, *(attribute)* ἀποδίδω, *(consider)* θεωρῶ.

set forth *v.t.* ἐκθέτω. *(v.i.)* ξεκινῶ.

set in *v.i.* ἀρχίζω.

set off *v.i.* ξεκινῶ. *(v.t.) (explode)* ἀνάβω, *(show up)* δείχνω. *(cause person to do sthg.)* κάνω νά.

set on *v. (attack)* ἐπιτίθεμαι ἐναντίον *(with gen.). (instigate)* βάζω.

set out *v.i.* ξεκινῶ. *(v.t., present)* ἐκθέτω, *(arrange)* τακτοποιῶ, ἁπλώνω.

set to *v.i. (get going: past tense only)* he ~ *(work)* βάλθηκε στή δουλειά, *(eating)* στρώθηκε στό φαΐ.

set-to *s.* have a ~ τσακώνομαι.

set up *v.t. (erect)* στήνω, *(provide for)* ἀποκαθιστῶ. *(start)* ἀρχίζω. ~ house ἀνοίγω σπίτι. set oneself up as an expert παριστάνω τόν εἰδικό. *(v.i.)* ~ as a doctor γίνομαι γιατρός. well ~ *(a.)* καλοφτιαγμένος.

set-up *s.* κατάστασις πραγμάτων.

settee *s.* καναπές *m.*

setting *s. (environment)* περιβάλλον *n. (of sun)* δύσις *f. (of jewel)* δέσιμο *n. (of hair)* μιζαμπλί *n.*

settle *v.i. (take up residence)* ἐγκαθίσταμαι, *(alight)* κάθομαι. *(sink)* κατακαθίζω. *(decide)* ἀποφασίζω. ~ for *(accept)* δέχομαι. ~ in τακτοποιοῦμαι. ~ up τακτοποιῶ τό λογαριασμό. *(v.t.) (colonize)* ἀποικίζω. *(a dispute, affair, bill)* κανονίζω. *(the dust)* κάνω νά καθίση. *(make comfortable)* βολεύω. *(property on person)* γράφω σέ.

settle down *v.i. (become serious)* στρώνω. *(to task)* στρώνομαι. *(marry, etc.)* νοικοκυρεύομαι. *(get into routine)* συνηθίζω. *(in armchair, etc.)* βολεύομαι. *(grow calm)* καταλαγιάζω. *(become quiet)* ἡσυχάζω.

settled *a. (fixed)* σταθερός, *(paid)* ἐξωφλημένος.

settlement *s. (agreement)* συμφωνία *f. (of debt)* ἐξόφλησις *f. (colonizing)* ἀποίκισις *f. (colony)* ἀποικία *f. (of refugees: process)* ἀποκατάστασις *f., (place)* συνοικισμός *m.* marriage ~ προικοσύμφωνον *n.*

settler *s.* ἄποικος *m.*

seven *num.* ἑπτά, ἑφτά. ~ hundred ἑπτακόσιοι. ~th *a.* ἕβδομος.

seventeen *num.* δεκαεπτά. ~th *a.* δέκατος ἕβδομος.

seventy *num.* ἑβδομήντα. ~ieth *a.* ἑβδομηκοστός.

sever *v.t. (cut)* κόβω, *(divide)* χωρίζω. *(v.i.)* σπάζω.

several *a.* μερικοί. ~ times κάμποσες φορές. ~ of us μερικοί ἀπό μᾶς. they gave their ~ opinions ὁ καθένας ἔδωσε τή γνώμη του.

severe *a. (person, style)* αὐστηρός, *(injury)* σοβαρός, *(weather)* δριμύς. ~ly *adv.* αὐστηρά, σοβαρά.

severity *s.* αὐστηρότης *f.* σοβαρότης *f.* δριμύτης *f.*

sew *v. (also* ~ on *or* up) ῥάβω. ~ing *s. (art)* ῥαπτική *f. (act)* ῥάψιμο *n.* ~ing machine ῥαπτομηχανή *f.*

sew|age *s.* νερά τῶν ὑπονόμων. ~er *s.* ὑπόνομος *m.f.*

sewn *a.* ῥαμμένος.

sex *s.* φῦλον *n.* ~ual *a.* γενετήσιος. ~y *a.* προκλητικά ἑλκυστικός.

sextant *s.* ἑξᾶς *m.*

sexton *s.* νεωκόρος *m.*

shabby *a. (object)* φθαρμένος, *(person)* φτωχοντυμένος. *(behaviour)* πρόστυχος, αἰσχρός.

shack *s.* καλύβι *n.*

shackle *v.* δένω. *(fig.)* δεσμεύω. ~s *s.* δεσμά *n.pl.*

shade *s.* σκιά *f.*, ἴσκιος *m. (of lamp)* ἀμπαζούρ *n.* put in the ~ *(fig.)* ἐπισκιάζω. *(gradation of colour, opinion, etc.)* ἀπόχρωσις *f. (ghost)* σκιά *f.* the ~s *(underworld)* ἄδης *m. (fam.)* a ~ better λιγάκι καλύτερα.

shad|e *v.t.* σκιάζω. *(v.i.)* ~e off into πηγαίνω πρός *(with acc.).* ~ing *s.* φωτοσκίασις *f.*

shaded *a. (shady)* σκιερός. *(drawing)* μέ φωτοσκιάσεις.

shadow *s.* σκιά *f.*, ἴσκιος *m. (of doubt, etc.)* ἴχνος *n. (fig.)* be under a ~ εἶμαι ὑπό δυσμένειαν. *(v.t.)* παρακολουθῶ. ~-theatre *s.* καραγκιόζης *m.* ~y *a.* σκιώδης.

shady *a. (giving or in shade)* σκιερός. *(suspect)* ὕποπτος. ~ deal *(fam.)* λοβιτούρα *f.*

shaft *s. (of spear)* ξύλο *n. (of tool)* μανίκι *n. (of cart)* τιμόνι *n. (of column)* κορμός *m. (of well, mine)* φρέαρ *n. (of light)* ἀκτίς *f. (mech.)* ἄξων *m. (arrow & fig.)* βέλος *n.*

shaggy *a.* δασύς καί ἀτίθασος. *(dog)* μαλλιαρός.

shah *s.* σάχης *m.*

shake *v.t.* σείω, κουνῶ. *(mop, rug, etc.)* τινάζω, *(bottle)* ταράσσω, κουνῶ. *(jolt)* τραντάζω. *(rock, weaken)* κλονίζω. *(shock)* συγκλονίζω. ~ oneself τινάζομαι. ~ hands κάνω χειραψία. ~ one's head *(denial)* γνέφω ὄχι. ~ off ἀπαλλάσσομαι ἀπό, ἀποτινάσσω. ~ up ἀνακατεύω, *(rouse)* κουνῶ, *(a pillow)* ἀναφουφουλιάζω. *(v.i.)* κουνιέμαι, *(tremble)* τρέμω. *(be jolted)* τραντάζομαι. *(in explosion, etc.)* σείομαι.

shake s. κούνημα n. *(of hand)* χειραψία f.

shaky a. ἀσταθής.

shall v. I ~ write to him θά τοῦ γράψω. ~ I write to him? νά τοῦ γράψω; ~ we go for a walk? πᾶμε ἕνα περίπατο; you ~ have your wish θά γίνη τό κέφι σου.

shallow a. *(lit. & fig.)* ῥηχός. *(fig.)* ἐπιπόλαιος, κούφιος. (s.) ~s ῥηχά n.pl.

sham v. ~ sickness προσποιοῦμαι τόν ἄρρωστο. he is ~ming ὑποκρίνεται.

sham, ~**ming** s. προσποίησις f. *(a.)* προσποιητός, ψεύτικος.

shamble v. σέρνομαι.

shambles s. μακελλειό n. *(fig., mess)* κυκεών m.

shame s. *(feeling)* ντροπή f., αἰδώς f. *(infamy)* αἶσχος n. feel ~ ντρέπομαι. put to ~, bring ~ on ντροπιάζω. ~ on you! ντροπή σου, δέν ντρέπεσαι! *(v.t.)* ντροπιάζω. ~**-faced** a. ντροπιασμένος. ~**ful** a. ντροπιαστικός, ἐπαίσχυντος. ~**fully** adv. αἰσχρῶς.

shameless a. ξεδιάντροπος. ~**ly** adv. ἀναιδῶς. ~**ness** s. ξεδιαντροπιά f.

shampoo v. λούζω. (s.) λούσιμο n. *(substance)* σαμπουάν n.

shamrock s. τριφύλλι n.

shank s. *(stem)* στέλεχος n. *(of anchor)* ἄτρακτος m.f. *(fam.)* ~s *(legs)* κανιά n.pl.

shanty s. παράγκα f. ~**-town** s. παραγκούπολις f.

shape s. *(configuration)* σχῆμα n. *(form, guise)* μορφή f. in the ~ of a triangle μέ σχῆμα τριγώνου, in human ~ μέ ἀνθρώπινη μορφή. give ~ to διαμορφώνω. take ~ διαμορφώνομαι. knock into ~ σουλουπώνω. get out of ~ ξεφορμάρομαι. *(fig.)* be in good ~ πάω καλά.

shape v.t. διαμορφώνω, *(mould)* πλάθω. *(v.i.)* ~ well *(fig.)* πάω καλά, προοδεύω.

shapeless a. ἄμορφος. *(ill-shaped)* ἀσουλούπωτος.

shapely a. κομψός, τορνευτός. *(esp. body)* καλλίγραμμος.

share v.t. ~ *(out)* *(as distributor)* μοιράζω. ~ *(in)* *(as recipient)* μοιράζομαι.

(a person's grief, views, etc.) συμμερίζομαι. *(have a ~ in)* συμμετέχω.

share s. *(portion)* μερίδιον n. lion's ~ μερίδα τοῦ λέοντος. fair ~ τό δικαιούμενον. it fell to my ~ περιῆλθε εἰς τό μερίδιόν μου, μοῦ ἔπεσε. go ~s in μοιράζομαι. see share v.

share s. *(fin.)* μετοχή f. ~**-holder** s. μέτοχος m.f.

share-cropper s. σέμπρος m., κολλήγας m.

share-out s. μοιρασιά f.

shark s. καρχαρίας m.

sharp a. *(cutting)* κοφτερός. *(pointed)* μυτερός. *(clear-cut)* καθαρός. *(abrupt)* ἀπότομος. *(acute)* ὀξύς. *(clever)* ἔξυπνος, ἀτσίδα f. ~ practice ἀπάτη f. *(adv.)* look ~! κουνήσου! at 10 o'clock ~ στίς δέκα ἀκριβῶς.

sharp s. *(mus.)* δίεσις f.

sharpen v. *(whet)* ἀκονίζω, *(a pencil)* ξύνω. *(wits, etc.)* ὀξύνω. ~**er** s. ξύστρα f.

sharper s. ἀπατεώνας m. card-~ χαρτοκλέφτης m.

sharp|ly adv. *(abruptly)* ἀπότομα, *(distinctly)* καθαρά.

shatter v. θραύω, *(fig.)* συντρίβω. ~**ing** a. συντριπτικός.

shave v.t. ξυρίζω. *(v.i.)* ξυρίζομαι. *(v.t.)* *(graze)* ξύνω, *(nearly graze)* περνῶ ξυστά ἀπό. ~ off *(pare)* κόβω ψιλά-ψιλά.

shave s. ξύρισμα n. I had a narrow ~ φτηνά τή γλύτωσα.

shaving-brush s. πινέλο τοῦ ξυρίσματος.

shavings s. ροκανίδια n.pl.

shawl s. σάλι n.

she pron. αὐτή, ἐκείνη f.

sheaf s. *(corn)* δεμάτι n. *(papers)* δέσμη f.

shear v. κουρεύω. shorn κουρεμένος. shorn of *(fig.)* ἀπογυμνωμένος ἀπό.

shears s. ψαλίδα f.

sheath s. θηκάρι n. ~**e** v. βάζω στή θήκη. *(cover)* ἐπενδύω. ~ed in gold μέ χρυσή ἐπένδυση.

shed s. ὑπόστεγον n.

shed v. *(leaves)* ῥίχνω, *(tears, blood, light)* χύνω, *(clothes)* βγάζω. *(fig., get rid of)* ξεφορτώνομαι. ~ hair μαδῶ. ~ leaves or petals φυλλοροῶ.

sheen s. γυαλάδα f.

sheep s. πρόβατο n., πρόβατα pl. ~'s milk πρόβιο γάλα, ~'s head *(to eat)* ἀρνίσιο κεφαλάκι. ~**dog** s. τσοπανόσκυλο n. ~**fold** s. στάνη f. ~**ish** a. ἀμήχανος. ~**skin** s. προβιά f.

sheer a. *(absolute)* καθαρός. *(fine)* διαφανής. *(steep)* ἀπόκρημνος, κατακόρυφος.

by his ~ will-power μέ τή θέλησή του καί μόνο. (adv.) κατακόρυφα.
sheer v. ~ off στρίβω, (of vessel) παρεκκλίνω.
sheet s. (bed) σεντόνι n. (paper, metal) φύλλο n. (ice) στρῶμα n. (glass) κομμάτι n. (flames) παραπέτασμα n. (rain) in ~s μέ τό τουλούμι. ~-iron s. λαμαρίνες f.pl.
sheik s. σεΐχης m.
shekels s. (fam.) παράδες m.pl.
shelf s. ράφι n.
shell s. (of nut, crustacean) κέλυφος n. (of nut, egg) τσόφλι n. (of tortoise, snail) καβούκι n. (sea-~) ἀχηβάδα f. (of building) σκελετός m. (mil.) ὀβίς f. come out of one's ~ βγαίνω ἀπ' τό καβούκι μου.
shell v.t. (open) καθαρίζω, ξεφλουδίζω, (mil.) βομβαρδίζω. ~ out (fam.) σκάζω.
shellfish s. θαλασσινά n.pl.
shelter s. καταφύγιον n. (also abstract) ἄσυλον n. (v.t.) προφυλάσσω. (v.i.) προφυλάσσομαι. ~ed a. προφυλαγμένος.
shelv|e v.t. (put off) βάζω στό χρονοντούλαπο. (v.i., slope) κατηφορίζω. ~ing a. κατηφορικός.
shepherd s. βοσκός m., τσοπάνης m. (eccl.) ποιμήν m. (v.t.) ὁδηγῶ. ~ess s. βοσκοπούλα f.
sherbet s. σερμπέτι n.
shibboleth s. ἀπαρχαιωμένο δόγμα.
shield s. ἀσπίδα f. (in machinery, etc.) προφυλακτήρ m. (v.) προστατεύω.
shift v.t. μετατοπίζω. (v.i.) μετατοπίζομαι. v.t. & i. (change) ἀλλάζω. ~ for oneself τά βγάζω πέρα μόνος μου. ~ one's ground ἀλλάζω θέσι.
shift s. (change) ἀλλαγή f. (relay) βάρδια f. make ~ τά βολεύω.
shiftless a. ἀνεπρόκοπος.
shifty a. ὕπουλος, ὕποπτος.
shilling s. σελίνι n.
shilly-shally v. ἀμφιταλαντεύομαι.
shimmer v. λαμπυρίζω.
shin s. καλάμι n.
shindy s. φασαρία f.
shin|e v.i. λάμπω, (be shiny) γυαλίζω. (give light) φέγγω. (fig., excel) διαπρέπω. ~e (a light) on φωτίζω. (v.t.) (polish) γυαλίζω. (s.) γυαλάδα f. ~ing a. λαμπερός, γυαλιστερός.
shingle s. βότσαλα n.pl. (of wood) ταβανοσάνιδο n.
shingles s. (med.) ἔρπης ζωστήρ.
shiny a. γυαλιστερός. the trousers are ~ τό παντελόνι γυαλίζει.

ship s. πλοῖο n., καράβι n., σκάφος n. on ~-board ἐπί τοῦ πλοίου. ~'s biscuit γαλέτα f.
ship v.t. (send) ἀποστέλλω, (load) φορτώνω. (v.t. & i.) (take or go aboard) μπαρκάρω.
shipbuild|er s. ναυπηγός m. ~ing s. (science) ναυπηγική f. (industry) ναυπηγεῖα n.pl.
shipload s. φορτίον n.
shipment s. (despatch) ἀποστολή f. (load) φορτίον n. (loading) φόρτωσις f.
shipowner s. ἐφοπλιστής m.
shipper s. (sender) ἀποστολεύς m. (importer) εἰσαγωγεύς m.
shipping s. ναυτιλία f. (a.) ναυτιλιακός.
shipshape a. νοικοκυρεμένος.
shipwreck s. ναυάγιον n. be ~ed ναυαγῶ. ~ed sailor ναυαγός m.
shipyard s. ναυπηγεῖον n.
shire s. κομητεία f.
shirk v. ἀποφεύγω. ~er s. φυγόπονος a.
shirt s. πουκάμισο n. in one's ~-sleeves χωρίς σακκάκι. ~y a. (fam.) θυμωμένος.
shiver v.t. (break) θραύω. (v.i.) θραύομαι.
shiver s. (also ~ing) ρῖγος n. (v.i.) ριγῶ, τουρτουρίζω. ~y a. feel ~y αἰσθάνομαι ρῖγος.
shoal s. (shallows) ρηχά n.pl. (of fish) κοπάδι n.
shock s. κλονισμός m. (earthquake) δόνησις f. (nervous) σόκ n. get a ~ (surprise) τρομάζω, (electric) τινάζομαι.
shock v.t. (distress) συναράσσω, συγκλονίζω. (scandalize) σοκάρω. it ~ed me (disapproval) μοῦ προξένησε χειρίστη ἐντύπωσι.
shock s. ~ of hair φουντωτά μαλλιά. ~-headed a. ἀναμαλλιασμένος.
shocking a. συνταρακτικός. (scandalous) σκανδαλώδης. (fam.) φρικτός. ~ly adv. (fam.) φρικτά.
shock-treatment s. (med.) ἠλεκτροσόκ n.
shod a. see shoe, well-shod.
shoddy a. πρόστυχος, ψευτοκαμωμένος, δεύτερο πράμα.
shoe s. παπούτσι n. (court) γόβα f. (patent) λουστρίνι n. (woman's lace-up) σκαρπίνι n. (wooden) τσόκαρο n. I'd not like to be in his ~s δέν θά ἤθελα νά ἤμουνα στή θέση του, οὔτε ψύλλος στόν κόρφο του. (v.t.) (a horse) πεταλώνω. be well shod φορῶ καλά παπούτσια. ~black s. λοῦστρος m. ~horn s. κόκκαλο n. ~lace s. κορδόνι n. ~maker s. παπου-

τσῆς *m.* ~**string** *s.* live on a ~string περνῶ μέ τό τίποτα.

hoo *v.* διώχνω.

hoot *s.* *(plant)* 6λαστάρι *n.* *(v.i.)* 6λαστάνω.

hoot *v.i.* *(move quickly)* τρέχω. ~ ahead ξεπετιέμαι μπροστά, *(surpass others)* ἀφήνω πίσω τούς ἄλλους. ~ past περνῶ σάν 6ολίδα. ~ up ἀναπηδῶ, *(in stature)* ξεπετιέμαι. ~ out πετιέμαι. go ~ing πάω κυνήγι. ~ at πυρο6ολῶ ἐναντίον *(with gen.).* he shot at me μοῦ ἔρριξε. *(v.t.)* *(throw, fire)* ρίχνω. *(kill with gun)* *(person)* τουφεκίζω, *(game)* χτυπῶ. he shot me in the leg μοῦ ἔρριξε στό πόδι. ~ down καταρρίπτω. ~ing pain σου6λιά *f.* ~ing star διάττων ἀστήρ.

hooting *s.* *(in war)* πυρο6ολισμός *m.* *(sport)* κυνήγι *n.* *(killing, execution)* τ(ο)υφεκισμός *m.*

hop *s.* μαγαζί *n.*, κατάστημα *n.* *(often as derivative, e.g.)* butcher's ~ χασάπικο *or* κρεοπωλεῖον *n.*, barber's ~ κουρεῖον *n.*

hop *v.i.* κάνω ψώνια. go ~ping πάω γιά ψώνια. go ~ping for food πάω νά ψωνίσω τρόφιμα. ~**per** *s.* ἀγοραστής *m.*

hop-assistant *s.* ὑπάλληλος *m.f.*, πωλητής *m.*, πωλήτρια *f.*

hop-keeper *s.* καταστηματάρχης *m.*

hoplifter *s.* κλέφτης *m.*

hopping *s.* *(purchases)* ψώνια *n.pl.* *see* shop *v.*

hop-window *s.* 6ιτρίνα *f.*

hore *s.* *(sea)* ἀκτή *f.* *(lake)* ὄχθη *f.* on ~ στήν ξηρά. go on ~ ἀπο6ι6άζομαι.

hore *v.* ~ up ἀντιστυλώνω, ὑποστηρίζω. *(s.)* ἀντιστύλι *n.*

hort *a.* *(duration)* μικρός, σύντομος. *(height, length)* κοντός. *(prosody, wave)* 6ραχύς. *(curt)* ἀπότομος. for a ~ time γιά λίγο, γιά λίγη ὥρα. the ~est way ὁ συντομώτερος δρόμος. in ~ μέ λίγα λόγια. take a ~ cut through the vineyard κό6ω μέσ' ἀπό τό ἀμπέλι. give ~ weight κλέ6ω στό ζύγι. we are £2 ~ μᾶς λείπουν δύο λίρες. I am *(or* have run) ~ of oil ἔμεινα ἀπό λάδι. go ~ of στερούμαι, fall ~ of εἶμαι κατώτερος *(both with gen.).* ~ circuit 6ραχυκύκλωμα *n.* ~ sight μυωπία *f.* have a ~ memory ἔχω ἀδύνατη μνήμη.

hort *adv.* *(suddenly)* ἀπότομα. cut ~ διακόπτω. the oil is running ~ τελειώνει τό λάδι. ~ of *(except)* πλήν, ἐκτός *(with gen.).* it is little ~ of a miracle λίγο ἀπέχει ἀπ' τό θαῦμα.

shortage *s.* ἔλλειψις *f.*

short-change *v.t.* κλέ6ω στά ρέστα.

short-circuit *v.t.* *(fig.)* παρακάμπτω.

shortcoming *s.* ἐλάττωμα *n.*

short-dated *a.* *(fin.)* 6ραχυπρόθεσμος.

shorten *v.t.* *(length, height)* κονταίνω, *(duration)* συντομεύω. *(v.i., of days)* μικραίνω. ~**ing** *s.* κόντεμα *n.* συντόμευσις *f.*

shorthand *s.* στενογραφία *f.* ~ typist στενοδακτυλογράφος *m.f.*

short-handed *a.* be ~ μοῦ λείπουν ἐργατικά χέρια.

short-lived *a.* ἐφήμερος.

shortly *adv.* *(soon)* προσεχῶς. ~ afterwards λίγο ὕστερα. *(briefly)* μέ λίγα λόγια. *(curtly)* κοφτά.

short-range *a.* *(forecast)* γιά τό ἄμεσον μέλλον. *(gun)* μικροῦ 6εληνεκοῦς. *(plane, etc.)* μικρῆς ἀποστάσεως.

short-sighted *a.* *(person, lit. & fig.)* μύωψ, κοντόφθαλμος. *(policy, etc.)* μυωπικός, κοντόφθαλμος.

short-tempered *a.* εὐέξαπτος.

short-term *a.* *(temporary)* προσωρινός. *(fin.)* 6ραχυπρόθεσμος.

short-winded *a.* be ~ ἔχω κοντή ἀναπνοή.

shot *s.* *(discharge of gun)* πυρο6ολισμός *m.* pistol ~ πιστολιά *f.* rifle ~ τουφεκιά *f.* within rifle-~ ἐντός 6ολῆς τουφεκιοῦ. small ~ σκάγια *n. pl.* *(in games)* ριξιά *f.* *(attempt)* δοκιμή *f.* *(person)* σκοπευτής *m.* like a ~ σάν ἀστραπή. ~-**gun** *s.* κυνηγετικόν ὅπλον.

should *v.* I ~ go *(if I had the time)* θά πήγαινα, *(ought to)* πρέπει νά πάω. why ~ I go? γιατί νά πάω; *(if)* ~ he refuse ἄν *(or* σέ περίπτωση πού θά) ἀρνηθῆ.

shoulder *s.* ὦμος *m.* *(fig.()* straight from the ~ ὀρθά-κοφτά. give him the cold ~ τοῦ στρέφω τά νῶτα. *(v.t.)* *(lit. & fig.)* ἐπωμίζομαι. ~-**blade** *s.* ὠμοπλάτη *f.* ~-**strap** *s.* *(mil.)* ἀορτήρ *m.* *(woman's)* μπρετέλλα *f.*

shout *v.* φωνάζω. ~ down προγκίζω. *(s.)* φωνή *f.* ~**ing** *s.* φωνές *f.pl.*

shove *v.* σπρώχνω, *(put)* χώνω. *(s.)* σπρωξιά *f.*

shovel *s.* φτυάρι *n.* *(v.)* φτυαρίζω.

show *s.* *(exhibition)* ἔκθεσις *f.* they are on ~ ἐκτίθενται. *(theatre)* θέατρο *n.* *(ostentation)* ἐπίδειξις *f.* a brave ~ μία ἐντυπωσιακή ἐμφάνισις. make a ~ of repentance κάνω πώς μετανοῶ. make a ~ κάνω φιγούρα. make a poor ~ κάνω φτωχή ἐντύπωση. on a ~ of hands δι' ἀνατάσεως τῶν χειρῶν. (fam., affair, business) ὑπόθεσις f. run the ~ διευθύνω, ἔχω τό πρόσταγμα. steal the ~ προσελκύω τό μεγαλύτερο ἐνθουσιασμό. good ~! μπράβο! ~-case s. βιτρίνα f. ~-down s. ἀναμέτρησις f. ~-room s. αἴθουσα ἐκθέσεων.

show v.t. δείχνω, (as exhibit) ἐκθέτω. ~ oneself (be present) ἐμφανίζομαι. ~ oneself to be ἀποδεικνύομαι. (v.i.) (be visible) φαίνομαι.

show in v.t. ὁδηγῶ μέσα.

show off v.t. ἐπιδεικνύω. (v.i.) κάνω ἐπίδειξη.

show out v.t. ὁδηγῶ ἔξω.

show up v.t. ἀποκαλύπτω. (v.i.) διακρίνομαι. (fam., turn up) κάνω τήν ἐμφάνισή μου.

shower v.t. (make wet) καταβρέχω. (throw) ρίχνω. we were ~ed with invitations μᾶς ἦρθαν βροχή οἱ προσκλήσεις. (v.i.) ~ (down) πέφτω βροχή.

shower s. ἐλαφρή μπόρα. (fig., stones, gifts) βροχή f. ~-bath s. ντούς n. ~y a. βροχερός.

showing s. make a poor ~ κάνω φτωχή ἐντύπωση. on his own ~ ἀπό τά λεγόμενά του.

showman s. (fig.) ρεκλαμαδόρος m.

showy a. (appearance) θεαματικός, (behaviour) ἐπιδεικτικός.

shred s. κουρέλι n. cut or tear to ~s κάνω κομμάτια, κομματιάζω, (fig.) κουρελιάζω. it is worn to ~s ἔχει γίνει κουρέλια. not a ~ οὔτε ἴχνος. (v.) κατακομματιάζω.

shrew s. (scold) στρίγγλα f. ~ish a. στρίγγλα f. ~ishness s. στριγγλιά f.

shrewd a. ἔξυπνος. (well aimed) εὔστοχος. I have a ~ suspicion πολύ ὑποπτεύομαι. ~ly adv. ἔξυπνα, εὔστοχα. ~ness s. ἐξυπνάδα f.

shriek v. ξεφωνίζω. (s.) ξεφωνητό n.

shrift s. give (person) short ~ (treat severely) μεταχειρίζομαι αὐστηρά.

shrill a. διαπεραστικός. ~ cry στριγγλιά f.

shrimp s. γαρίδα f.

shrine s. (pagan) τέμενος n. (Christian) ἱερός τόπος. (wayside, etc.) εἰκονοστάσι(ον) n.

shrink v.i. (of cloth) μπαίνω, μαζεύω. (draw back) (ἀπο)τραβιέμαι, διστάζω. ~age s. μάζεμα n.

shrive v. ἐξομολογῶ.

shrivel v.t. & i. ζαρώνω.

shroud s. σάβανο n. (v.) σαβανώνω, (fig.) καλύπτω.

Shrove Tuesday s. Καθαρή Τρίτη.

shrub s. θάμνος m.

shrug v.t. ~ one's shoulders σηκώνω τούς ὤμους. ~ off ἀψηφῶ. (s.) ~ of the shoulders σήκωμα τῶν ὤμων. ~ of despair κίνηση ἀπελπισίας.

shudder v. ριγῶ. (s.) ρῖγος n.

shuffle v. ~ (one's feet) σέρνω τά πόδια μου. (at cards) ἀνακατεύω. (s.) σύρσιμο τῶν ποδιῶν.

shun v. ἀποφεύγω.

shunt v. μετακινῶ.

shut v.t. (also ~ down, in, off, up) κλείνω. ~ out ἐμποδίζω, κλείνω ἀπ' ὄξω. ~ (person) up (cause to be silent) κάνω νά τό βουλλώση. (v.i.) κλείνω. ~ up (fam.) τό βουλλώνω. ~ up! βούλλωσέ το! σκάσε!

shut a. (fastened) κλειστός, κλεισμένος (enclosed) κλεισμένος.

shutter s. παραθυρόφυλλο n., παντζούρι n. drop-~ ρολό n. (slatted) γρίλλια f ~ed a. μέ κλειστά τά παντζούρια.

shutting s. κλείσιμο n.

shuttle s. σαΐτα f. (v.i.) (fig.) πηγαινοέρχομαι.

shy v.i. (of horse) σκιάζομαι. (v.t.) (throw, ρίχνω. (s.) (throw) ριξιά f. have a ~ (attempt) δοκιμάζω.

shy a. ντροπαλός. feel ~ ντρέπομαι. fight ~ of ἀποφεύγω. be ~ (of doing sthg.) διστάζω (νά), (of animals: lie low) λουφάζω. ~ly adv. ντροπαλά. ~ness s ντροπαλοσύνη f.

sibilant a. συριστικός.

sibling s. ἀμφιθαλής a.

sibyl s. σίβυλλα f.

sick a. (ill) ἄρρωστος, fall ~ ἀρρωσταίνω be ~ (vomit) κάνω ἐμετό. (fig.) be ~ o βαριέμαι, βαργεστίζω.

sicken v.t. ἀηδιάζω. (v.i.) ἀρρωσταίνω, be ~ing for κλωσσῶ. ~ing a. ἀηδιαστικός how ~ing! εἶναι ἀηδία.

sickle s. δρεπάνι n.

sickly a. (delicate) ἀρρωστιάρης. (smile, ἀσθενικός, (taste, etc.) ἀναγουλιαστικός

sickness s. ἀρρώστια f. (vomiting) ἐμετός m.

side s. (general) πλευρά f. (of coin, question) ὄψις f. (of cloth) right ~ ἡ καλή wrong ~ ἡ ἀνάποδη. he is on the tall ~ εἶναι μᾶλλον ψηλός. ~ by ~ πλάι-πλάι by or at the ~ of δίπλα σέ. from all ~s ἀπό παντοῦ. on this ~ of the street στήν ἀπό δῶ μεριά (or πλευρά) τοῦ δρόμου take ~s μερολημπτῶ. I take his ~ παίρνω τό μέρος του. I take him on one ~ τόν παίρνω κατά μέρος. put on one ~ βάζω κατά μέρος. (fam.) put on ~ κορδώνομαι.

side v. ~ with παίρνω τό μέρος (with gen.).

side a. πλαϊνός. **~board** s. μπουφές m. **~-effect** s. παρενέργεια f. **~-issue** s. δευτερεῦον ζήτημα. **~light** s. throw a ~light on ρίχνω λίγο φῶς σέ. **~-line** s. πάρεργον n. **~-long** a. λοξός. **~-road** s. πάροδος f. **~-show** s. (fig.) πάρεργος ἀσχολία. **~-step** v. (fig.) παρακάμπτω. **~-track** v. (fig.) (person) ἐκτρέπω, (matter) παραμερίζω. **~walk** s. πεζοδρόμιο n. **~ways** adv. πλαγίως.

siding s. γραμμή ἑλιγμῶν.

sidle v. περπατῶ δειλά.

siege s. πολιορκία f. lay ~ to πολιορκῶ.

siesta s. μεσημεριανός ὕπνος.

sieve s. κόσκινο n. (v.) κοσκινίζω.

sift v. κοσκινίζω. (fig.) ἐξετάζω.

sigh v. ἀναστενάζω m. (v.) ἀναστενάζω, (of wind) μουγγρίζω. ~ for λαχταρῶ, νοσταλγῶ. **~ing** s. ἀναστεναγμοί m.pl. μουγγρητό n.

sight s. (faculty) ὅρασις f. (thing seen) θέα f. (spectacle) θέαμα n. the ~s τά ἀξιοθέατα. catch ~ of διακρίνω. lose ~ of χάνω ἀπ' τά μάτια μου. come into ~ γίνομαι ὁρατός. vanish from ~ χάνομαι. in ~ ἐν ὄψει. out of ~ κρυμμένος. at first ~ ἐκ πρώτης ὄψεως. love at first ~ κεραυνοβόλος ἔρως. (v.t.) διακρίνω.

sightless a. ἀόμματος.

sightseeing v. go ~ ἐπισκέπτομαι τά ἀξιοθέατα.

sign s. (nod, gesture) νεῦμα, νόημα n. make a ~ κάνω νόημα, γνέφω. (of rain, progress, wealth, etc.) ἔνδειξις f. (of recognition, danger, Cross, times, life, etc.) σημεῖον n. (trace) ἴχνος n. (password) σύνθημα n. (of shop, etc.) ἐπιγραφή f., πινακίς f. (traffic) σῆμα n. (math.) σύμβολον n.

sign v.t. (letter, etc.) ὑπογράφω. (v.i.) (make a ~) γνέφω. ~ on or up (v.t.) προσλαμβάνω, (v.i.) προσλαμβάνομαι, (enrol) ἐγγράφομαι.

signal s. σῆμα n. give the ~ δίνω τό σῆμα, κάνω τό σινιάλο. (mil.) corps of ~s σῶμα διαβιβάσεων. (v.i.) κάνω σῆμα. (v.t., announce) ἀγγέλλω. **~ize** v. διακρίνω.

signal-box s. φυλάκιον σηματοδοσίας.

signalling s. σηματοδοσία f.

signator|y s. ὁ ὑπογράψας. **~ies** οἱ συμβαλλόμενοι.

signature s. ὑπογραφή f.

sign-board s. ἐπιγραφή f.

signet-ring s. δαχτυλίδι σφραγίδα.

significance s. σημασία f.

significant a. (important) σημαντικός. very ~ μεγάλης σημασίας. ~ of ἐνδεικτικός (with gen.).

signification s. νόημα n.

signify v.t. σημαίνω, (intimate) ἐκφράζω, (show) δείχνω. (v.i.) it doesn't ~ δέν ἔχει σημασία.

signpost s. πινακίδα f.

silence s. σιωπή, σιγή f. (v.) (a person) ἐπιβάλλω σιωπή σέ, κάνω νά σωπάση. (in argument) ἀποστομώνω.

silent a. σιωπηλός, (not noisy) ἀθόρυβος. (film) βουβός. keep or become ~ σωπαίνω. **~ly** adv. σιωπηλά, ἀθόρυβα.

silhouette s. σιλουέττα f.

silk s. μετάξι n. (material) μεταξωτόν n. (a.) μεταξωτός. **~en, ~y** a. μεταξένιος. **~worm** s. μεταξοσκώληξ m.

sill s. ποδιά f.

sill|y a. ἀνόητος, κουτός. **~iness** s. ἀνοησία f., κουταμάρα f.

silo s. σιλό n.

silt s. ἰλύς f. (v.i.) ~ up γεμίζω λάσπη.

silver s. ἄργυρος m., ἀσήμι n. (ware) ἀσημικά n. pl. (a.) ἀργυροῦς, ἀσημένιος. ~ paper ἀσημόχαρτο n. **~-plated** a. ἐπάργυρος. **~y** a. ἀσημένιος, (laugh) ἀργυρόηχος.

simian a. πιθηκοειδής.

similar a. παρόμοιος. **~ity** s. ὁμοιότης f.

simile s. παρομοίωσις f.

simmer v. σιγοβράζω.

simper v. χαμογελῶ κουτά.

simple s. βότανο n.

simple a. ἁπλός. (artless) ἀφελής, (unadorned) ἀπέριττος, (frugal) λιτός, (easy) εὔκολος. **~ton** s. μωρόπιστος a.

simplicity s. ἁπλότης f.

simplif|y v. ἁπλοποιῶ. **~ication** s. ἁπλοποίησις f.

simply adv. ἁπλά, ἀπέριττα, λιτά. (only) μόνο, (just) ἁπλῶς, ἁπλούστατα. (indeed) ἀληθινά, ἀσφαλῶς.

simulat|e v. προσποιοῦμαι. (imitate) ἀπομιμοῦμαι. **~ion** s. προσποίησις f. ἀπομίμησις f.

simultaneity n. ταυτόχρονον n.

simultaneous a. ταυτόχρονος. **~ly** adv. ταυτοχρόνως.

sin s. ἁμαρτία f. (~ful act) ἁμάρτημα n. (v.i.) ἁμαρτάνω. ~ful a. ἁμαρτωλός. ~ner s. ἁμαρτωλός a.

since adv. ἔκτοτε, ἀπό τότε. (later on) ἀκολούθως. many years ~ (ago) πρίν ἀπό πολλά χρόνια. (conj.) (ever) ~ I came here ἀπό τότε πού ἦρθα ἐδῶ. it is a year ~ I saw him ἔχω νά τόν δῶ ἕνα χρόνο. (prep.) ἀπό (with acc.). we have lived in this house ~ 1975 ζοῦμε σ' αὐτό τό σπίτι ἀπό τό 1975. (causal) ἀφοῦ.

sincer|e a. εἰλικρινής. ~ely adv. εἰλικρινῶς. ~ity s. εἰλικρίνεια f.

sinecure s. ἀργομισθία f.

sine qua non s. ἐκ τῶν ὧν οὐκ ἄνευ.

sinew s. νεῦρον n. ~y a. νευρώδης.

sing v. ἄδω, τραγουδῶ. (of birds) κελαϊδῶ. ~ praises of ἐξυμνῶ. ~ us a song δέν μᾶς τραγουδᾶς κάτι;

singe v. τσουρουφλίζω.

singer s. τραγουδιστής m., τραγουδίστρια f.

singing s. τραγούδι n. (of birds) κελάδημα n.

single a. (not doqble) μονός. (sole) μόνος, μοναδικός. not a ~ book οὔτε ἕνα βιβλίο. ~ ticket ἁπλό εἰσιτήριο. (unmarried) ἀνύπαντρος. in ~ file ἐφ' ἑνός ζυγοῦ. (v.) ~ out ξεχωρίζω. ~-breasted s. μονόπετος. ~-handed a. μόνος μου. ~-minded a. ἀφοσιωμένος στό σκοπό μου.

singleness s. ~ of purpose ἀφοσίωσις σ' ἕνα σκόπο καί μόνο.

singly adv. ἕνας-ἕνας, χωριστά.

singlet s. φανέλα f.

singsong s. ὁμαδικό τραγούδι παρέας. (a.) in a ~ manner τραγουδιστά.

singular a. (strange) παράξενος, (rare) σπάνιος. (gram.) ἑνικός. ~ly adv. ἐξαιρετικά.

sinister a. σκοτεινός, ἀπειλητικός.

sink s. νεροχύτης m.

sink v.i. βυθίζομαι, βουλιάζω. (of ground, dregs) κατακαθίζω. (give way) κάμπτομαι. (fall) πέφτω, (into coma, decay) περίπτωτω. (of star) γέρνω, δύω. ~ in (of liquid) ποτίζω, (get stuck) κολλῶ. (I told him but) it didn't ~ in δέν τό συνέλαβε. (v.t.) βυθίζω, βουλιάζω. (bury) θάβω. (a well) ἀνοίγω, (one's teeth) χώνω, (money) ῥίχνω, (differences) παραμερίζω. (fam.) I'm sunk! χάηκα! ~ing-fund s. χρεωλυτικόν ταμεῖον.

sinuous a. (body) φιδίσιος, (road) φιδωτός.

sinusitis s. ἰγμορίτις f.

sip s. γουλιά f. (v.) πίνω γουλιά-γουλιά.

siphon s. σιφόνι n. (v.) μεταγγίζω διά σίφωνος.

sir s. (vocative) κύριε.

sire s. πατέρας m. (animal) ἐπιβήτωρ m. (vocative) Μεγαλειότατε. (v.) γεννῶ.

siren s. σειρήν f.

sirloin s. κοντραφιλέτο n.

sirocco s. σορόκος m.

sissy a. & s. θηλυπρεπής.

sister s. ἀδελφή f.

sister-in-law s. (brother's wife) νύφη f. (spouse's sister) κουνιάδα f. (husband's brother's wife) συννυφάδα f.

sit v.t. καθίζω. (v.i.) κάθομαι. be ~ting εἶμαι καθισμένος, (be in session) συνεδριάζω. (fam.) be ~ting pretty τήν ἔχω καλά. (of clothes) it ~s well πέφτει καλά. ~ still κάθομαι ἥσυχος. ~ tight δέν τό κουνάω.

sit back v.i. (in armchair) ξαπλώνω. (do nothing) κάθομαι.

sit down v.i. κάθομαι (κάτω). ~ under (insult) καταπίνω.

sit for v.t. (represent) ἀντιπροσωπεύω. (exam) δίνω, (portrait) ποζάρω γιά.

sit in v.i. ~ for ἀντικαθιστῶ. ~ on παρακολουθῶ ὡς παρατηρητής.

sit on v.t. (eggs) κλωσσῶ, (committee) μετέχω (with gen.). (fam., squash) (a proposal) ἀπορρίπτω, (a person) ἀποπαίρνω.

sit out v.t. (stay to end of) παρακολουθῶ μέχρι τέλους.

sit up v.i. (at night) ξενυχτῶ. (after lying flat) ἀνακάθομαι. ~ and beg στέκομαι σούζα. (fam.) make (person) ~ ταράζω.

site s. τοποθεσία f., θέσις f. building ~ οἰκόπεδο n., (with work in progress) γιαπί n. on ~ ἐπί τόπου. (v.) τοποθετῶ.

sitter s. (artist's) μοντέλο f. (fam., easy job) παιγνίδι n.

sitting s. (meeting) συνεδρίασις f. (for portrait) ποζάρισμα n. at a ~ (one go) μονορρούφι. ~-room s. σαλόνι n., καθιστικό n.

situate v.t. τοποθετῶ. ~d (topographically) κείμενος. be ~d βρίσκομαι. (of person) be awkwardly ~d βρίσκομαι σέ δύσκολη θέση. whereabouts is it ~d? κατά ποῦ πέφτει;

situation s. (location) τοποθεσία f., θέσις f. (state of affairs) κατάστασις f., θέσις f. (job) θέσις f.

six num. ἕξ, ἕξη. ~ hundred ἑξακόσιοι.

(fam.) at ~es and sevens ἄνω κάτω. ~th
a. ἔκτος.

sixteen num. δεκαέξη. ~th a. δέκατος
ἔκτος.

sixty num. ἑξήντα. ~ieth a. ἑξηκοστός.

size s. μέγεθος n. (dimensions) διαστάσεις
f.pl. (of clothing) ἀριθμός m., νούμερο
n. (v.) ~ up ἐκτιμῶ.

size s. (for glazing) κόλλα f.

siz(e)able a. μεγαλούτσικος.

sizzle v.i. τσιτσυρίζω.

skate s. παγοπέδιλον n., πατίνι n. (v.)
πατινάρω. ~ing s. πατινάζ n.

skein s. κούκλα f., μάτσο n.

skeleton s. σκελετός m. ~ key ἀντικλείδι
n. (fig.) ~ in the cupboard κρυφή
ντροπή τῆς οἰκογενείας.

sketch s. σκαρίφημα n., σκίτσο n. (v.)
σκιαγραφῶ, σκιτσάρω. ~y a. (rough)
πρόχειρος, (incomplete) ἐλλιπής.

skew a. λοξός, στραβός.

skewer s. σουβλάκι n. (v.) σουβλίζω.

ski s. σκί n. (v.) κάνω σκί. ~ing s. σκί
n.

skid v. ντεραπάρω. (s. ντεραπάρισμα n.

skiff s. λέμβος f.

skilful a. ἐπιδέξιος, μάστορας m. ~ly adv.
μέ ἐπιδεξιότητα.

skill s. ἐπιδεξιότης f., (a ~) τέχνη f. ~ed
a. ἔμπειρος. ~ed workman εἰδικευμένος
ἐργάτης.

skim v.t. (milk, etc.) ξαφρίζω. (surface,
etc.) περνῶ ξυστά ἀπό, ~ through
(book) ξεφυλλίζω. ~med milk ἀποβουτυ-
ρωμένο γάλα.

skimp v.t. τσιγγουνεύομαι, λυπᾶμαι. (v.i.)
we shall have to ~ πρέπει νά σφιχτοῦμε.

skin s. πετσί n. (esp. human) δέρμα n. (of
fruit) φλούδα f. (crust) κρούστα f. (ves-
sel) ἀσκί n. thick-~ned χοντρόπετσος,
thin-~ned μυγιάγγιχτος. (worn) next to
the ~ κατάσαρκα. fear for one's ~ φο-
βᾶμαι γιά τό πετσί (or τό τομάρι) μου. I
caught the train by the ~ of my teeth
μόλις καί μετά βίας πρόφτασα (or παρά
τρίχα νά χάσω) τό τραῖνο. ~-deep a.
ξώπετσος. ~flint s. τσιγγούνης a. ~ny a.
κοκκαλιάρης. ~-tight a. κολλητός.

skip v.i. χοροπηδῶ. (with rope) πηδῶ
σχοινάκι. (v.i. & t.) (move quickly, omit)
πηδῶ.

skipper s. καπετάνιος m.

skirmish s. ἀψιμαχία f. (v.) ἀκροβολίζο-
μαι.

skirt s. φούστα f. (fam.) bit of ~ θηλυκό
n.

skirt v. (follow edge of) πάω γύρω γύρω
ἀπό. ~ing s. πασαμέντο n.

skit s. σατυρικό νούμερο.

skittish a. ζωηρός, παιγνιδιάρης.

skittles s. τσούνια n.pl.

skulk v. (lie low) λουφάζω, (lie in wait)
παραμονεύω.

skull s. κρανίον n. (as emblem) νεκροκε-
φαλή f. ~-cap s. καλόττα f.

skunk s. (fur) σκόνξ n. (fam.) βρωμό-
σκυλο n.

sky s. οὐρανός m. praise to the skies ἀνε-
βάζω στά οὐράνια. ~-blue a. οὐρανής.
~lark s. κορυδαλλός m. (v.i.) παίζω.
~light s. φεγγίτης m. ~line s. ὁρίζων m.
~scraper s. οὐρανοξύστης m.

slab s. πλάκα f.

slack a. (loose) χαλαρός, (sluggish) ἀδρα-
νής, (lazy) τεμπέλης, (negligent) ἀμελής.
~ season νεκρά ἐποχή. business is ~
ὑπάρχει νέκρα (or κεσάτι) στήν ἀγορά.
~ness s. χαλαρότης f. τεμπελιά f.

slack v.i. τεμπελιάζω. (v.t.) ~ (off) (loo-
sen) λασκάρω. ~er s. τεμπέλης a. ~ing
s. τεμπελιά f.

slacken v.t. & i. (loosen) λασκάρω, (les-
sen) λιγοστεύω, κόβω. (v.i., abate) κο-
πάζω. ~ing s. λασκάρισμα n. λιγόστεμα
n. κάμψις f.

slag s. σκουριά f.

slain a. the ~ οἱ σκοτωμένοι.

slake v. σβήνω.

slam v. (shut) κλείνω βιαίως. ~ down
βροντῶ.

slander v. συκοφαντῶ, δυσφημῶ. (s.) συ-
κοφαντία f. δυσφήμησις f. ~er s. συκο-
φάντης m. ~ous a. συκοφαντικός.

slang s. σλάνγκ n. (v.t.) βρίζω.

slant s. λόξα f. on the ~ λοξά. (point of
view) ἄποψις f.

slant v.i. (slope) γέρνω, κλίνω. (fall obli-
quely) πέφτω λοξά. (v.t.) (send obliquely)
ρίχνω λοξά, (news, etc.) διαστρέφω.
~ing a. λοξός.

slap s. χτύπημα n. (on face) χαστούκι n.
(on head) καρπαζιά f. (v.) χτυπῶ. (on
face) μπατσίζω, (on head) καρπαζώνω.

slap-dash a. (person) τσαπατσούλης,
(work) τσαπατσούλικος.

slap-up a. πρώτης τάξεως, σπουδαῖος.

slash s. (wound) κοψιά f. (slit) σχισμή f.
(with whip) καμτσικιά f.

slash v. (with blade) χαράσσω. (slit)
σχίζω. (lash, lit. & fig.) μαστιγώνω.

(reduce) περικόπτω. ~**ed** *a.* σχιστός.
~**ing** *a.* *(of censure)* δριμύς.
slat *s.* πήχη *f.* *(of shutter)* γρίλλια *f.*, περσίς *f.*
slate *s.* σχιστόλιθος *m.* *(of roof, scholar's)* πλάκα *f.* *(fig.)* clean the ~ διαγράφω τά περασμένα.
slate *v.t.* *(censure)* ἐπικρίνω.
slattern *s.* κατσιβέλα *f.*
slaughter *s.* σφαγή *f.* *(v.)* σφάζω. ~**-house** *s.* σφαγεῖον *n.*
Slav *a.* σλαβικός. *(person)* Σλάβος.
slave *s.* δοῦλος *m.*, σκλάβος *m.* *(v.i.)* *(also* ~ away) σκοτώνομαι. ~**-traffic** *s.* δουλεμπόριον *n.* white ~-traffic σωματεμπορία *f.*
slaver *v.i.* σαλιάζω. *(s.)* σάλιο *n.*
slavery *s.* δουλεία *f.*, σκλαβιά *f.*
slavish *a.* *(condition)* δουλικός, *(imitation)* τυφλός. ~**ly** *adv.* τυφλά.
slay *v.* σφάζω. ~**er** *s.* φονεύς *m.*
sleazy *a.* βρώμικος.
sled, ~**ge** *s.* ἕλκηθρον *n.*
sledge-hammer *s.* βαριά *f.*
sleek *a.* γυαλιστερός, στιλπνός. *(of person's appearance)* καλοζωισμένος.
sleep *s.* ὕπνος *m.* go to ~ ἀποκοιμοῦμαι. drop off to ~ τόν παίρνω. put to ~ κοιμίζω. *(v.)* κοιμοῦμαι, κοιμᾶμαι.
sleeper *s.* κοιμώμενος *m.* *(of railway track)* τραβέρσα *f.*
sleeping-car *s.* κλινάμαξα *f.*
sleeping-pill *s.* ὑπνωτικό χάπι.
sleepless *a.* ~ night λευκή νύχτα. ~**ness** *s.* ἀϋπνία *f.*
sleep-walk|er *s.* ὑπνοβάτης *m.* ~**ing** *s.* ὑπνοβασία *f.*
sleep|y *a.* νυσταγμένος. feel ~y νυστάζω. ~**ily** *adv.* νυσταλέως. ~**iness** *s.* νύστα *f.*, νυσταγμός *m.* *(inordinate desire of sleep)* ὑπηλία *f.*
sleet *s.* νερόχιονο *n.*
sleeve *s.* μανίκι *n.* *(fig.)* have *(surprise, etc.)* up one's ~ ἔχω ἐν ἐφεδρεία.
sleigh *s.* ἕλκηθρον *n.*
sleight-of-hand *s.* ταχυδακτυλουργία *f.*
slender *a.* λεπτός, λιγνός. *(scanty)* ἰσχνός. *(hope)* ἀμυδρός.
sleuth *s.* λαγωνικό *n.*
slew *v.i.* στρίβω βιαίως.
slice *s.* φέτα *f.* *(v.)* κόβω *(σέ)* φέτες.
slick *s.* ~ of oil κηλίδα πετρελαίου.
slick *a.* *(dextrous)* ἐπιδέξιος, *(person only)* ἐπιτήδειος. *(rapid)* γρήγορος. ~**ly** *adv.* ἐπιτηδείως.
slide *v.t. & i.* γλιστρῶ, *(push, glide)*

τσουλάω. *(v.t.)* *(slip, put)* γλιστρῶ, χώνω let things ~ ἀφήνω τά πράγματα κι ὅ,τι βγῆ.
slide *s.* *(act)* γλίστρημα *n.* *(icy track,* τσουλήθρα *f.* *(chute)* τσουλίστρα *f. (photo)* διαφάνεια *f.* *(microscope)* πλάξ *f.* ~**-rule** *s.* λογαριθμικός κανών.
sliding *a.* *(door)* συρτός, συρόμενος *(scale)* κινητός. *(mech.)* ὀλισθαίνων.
slight *a.* *(slender)* ἀδύνατος, *(small in de gree)* ἐλαφρός. ~est παραμικρός, at the ~est thing μέ τό παραμικρό. not in the ~est καθόλου. ~**ly** *adv.* ἐλαφρῶς, λίγο.
slight *v.t.* ἀμελῶ. *(s.)* προσβολή *f.* ~**ingly** *adv.* περιφρονητικά.
slim *a.* λεπτός, λιγνός. *(scanty)* ἰσχνός *(hope)* ἐλάχιστος.
slim|e *s.* γλίτσα *f.* ~**y** *a.* γλοιώδης, *(per son)* σιχαμερός.
sling *s.* *(weapon)* σφενδόνη *f.* *(for hoist ing)* περιλάβειον *n.*, σαμπάνιο *n.* *(fo arm)* κούνια *f.* *(over shoulder)* ἀορτήι *m.* *(v.t.)* *(throw)* ἐκσφενδονίζω, *(hang* κρεμῶ. ~ out πετῶ ἔξω.
slink *v.* γλιστρῶ. ~ off φεύγω στή ζούλα ~**y** *a.* *(gait)* φιδίσιος, *(dress)* κολλητός.
slip *s.* *(fall)* γλίστρημα *n.*, *(also fig.)* ὀλίσ θημα *n.* *(mistake)* λάθος *n.* *(of tongue* παραδρομή *f.* *(small piece)* κομματάκι *n* ~ of a girl ἀνυπόστπουλο *n.* *(petticoat* μεσοφόρι *n.* *(drawers)* σλίπ *n.* ~s *(thea tre)* παρασκήνια *n.pl.*, *(naut.)* see slip way. give *(person)* the ~ ξεφεύγω ἀπό.
slip *v.i.* *(fall, move easily)* γλιστρῶ. *(run pop)* πετιέμαι. the knife ~ped τό μαχαίρι ξέφυγε. he let it ~ out *(revealed it)* το ξέφυγε. let ~ *(lose)* χάνω. ~ up κάνω λάθος. ~ by *(of time)* κυλῶ.
slip *v.t.* *(put)* γλιστρῶ. *(of clothes)* ~ οι φορῶ, ~ off βγάζω. *(escape)* it ~ped m mind μοῦ διέφυγε. the dog ~ped its col lar ὁ σκύλος ἔβγαλε τή λαιμαριά τοι ~**-knot** *s.* συρτοθηλειά *f.* ~**way** *s.* βάζι n.pl.
slipper *s.* παντόφλα *f.*
slippery *a.* γλιστερός, *(also fig.)* ὀλισθηρ ρός. *(fam.)* ~ customer μάρκα *f.*
slipshod *a.* τσαπατσούλικος.
slit *s.* σχισμή *f.* *(v.t. & i.)* σχίζω. *(v.t. (throat)* κόβω. ~ open ἀνοίγω. *(a.)* σχι στός.
slither *v.* γλιστρῶ.
sliver *s.* σχίζα *f.* *(of food)* φελί *n.*
slobber *v.* σαλιάζω.
slog *v.t.* κοπανάω. *(v.i.)* ~ away δουλεύω σκληρά.

slogan *s. (political)* σύνθημα *n. (catchword)* σλόγκαν *n.*

sloop *s.* σλούπ *n.*

slop *v.t.* χύνω. *(v.i.)* ξεχειλίζω. ~ about τσαλαβουτῶ.

slop *s. (fig., nonsense)* σάλια *n.pl.* ~s *(waste)* βρωμόνερα *n.pl., (in teacup)* κατακάθια *n.pl., (diet)* ὑγρά τροφή.

slope *s.* κλίσις *f. (side of hill)* πλαγιά *f. (uphill)* ἀνήφορος *m. (downhill)* κατήφορος *m.*

slope *v.i. (lean)* κλίνω, γέρνω. *(go uphill)* ἀνηφορίζω, *(go downhill)* κατηφορίζω. *(of sun)* γέρνω. *(mil.)* ~ arms! ἐπ' ὤμου ἄρμ! *(fam.)* ~ off τό σκάω.

sloping *a. (not level)* ἐπικλινής, *(not vertical* κεκλιμένος, λοξός. ~ handwriting πλαγία γραφή.

sloppy *a. (full of puddles)* μέ λακκούβες γεμάτες νερά. ~ food νερομπούλι *n. (slovenly)* τσαπατσούλικος. *(insipid)* γλυκανάλατος.

slops *s. see* slop *s.*

slosh *v.t. (throw)* ρίχνω. *(hit)* I ~ed him one τοῦ κοπάνησα μιά. *(v.i.)* ~ about τσαλαβουτῶ. *(fam.)* ~ed τύφλα στό μεθύσι. *(s.) see* slush.

slot *s.* σχισμή *f.*, χαραμάδα *f.*, τρύπα *f.* ~ted *a.* μέ ἐγκοπές. ~**machine** *s.* κερματοδέκτης *m.*

sloth *s.* νωθρότης *f.* ~**ful** *a.* νωθρός.

slouch *v. (walk)* σέρνομαι. ~ed in a chair σωριασμένος σέ μιά καρέκλα.

slough *s. (swamp)* βαλτοτόπι *n. (fig.)* ~ of despond ἄβυσσος τῆς ἀπελπισίας.

slough *s. (snake's)* φιδοπουκάμισο *n. (v.t.) (also* ~ off) ἀποβάλλω.

slovenly *a. (work)* τσαπατσούλικος, *(person)* τσαπατσούλης. *(in habits)* ἀτημέλητος.

slow *a.* ἀργός, βραδύς. *(~-moving)* ἀργοκίνητος. *(business, etc.)* ἀδρανής. *(tedious)* πληκτικός. be ~ ἀργῶ, *(of clock)* πάω πίσω. in ~ motion στό ραλαντί. ~**coach** *s.* ἀργοκίνητο καράβι. ~**ness** *s.* ἀργοπορία *f.*, βραδύτης *f.* ~**witted** *a.* βραδύνους.

slow *adv.* ἀργά, βραδέως. go ~ πηγαίνω σιγά, *(delay)* καθυστερῶ.

slow *v. (also* ~ down *or* up) *(v.t.)* ἐπιβραδύνω. *(v.i.)* κόβω ταχύτητα.

slug *s.* γυμνοσάλιαγκος *m.*

sluggard *s.* τεμπελχανάς *m.*

sluggish *a.* νωθρός. *(river, pulse)* ἀργός. ~ liver ἀνεπάρκεια τοῦ ἥπατος. ~**ly** *adv.* νωθρά, ἀργά.

sluice *s.* ὑδροφράκτης *m.* ~**-gate** θάννα *f. (v.) (send water over)* περιχύνω.

slum *s.* βρώμικη φτωχική συνοικία.

slumber *s.* ὕπνος *m. (v.)* κοιμοῦμαι.

slump *v.i. (of person)* σωριάζομαι. *(fin.)* πέφτω. *(s.)* κάμψις *f.*

slur *v.t. (speech)* δέν προφέρω καθαρά. *(mus.)* ἑνώνω. ~ over ἀντιπαρέρχομαι. *(s.)* στίγμα *n. (mus.)* σύζευξις *f.*

slush *s.* λασπόχιονο *n. (fig.)* σαχλαμάρες *f.pl.* ~**y** *a.* λασπερός, *(fig.)* σαχλός.

slut *s.* τσούλα *f.*

sly *a.* πανοῦργος, πονηρός. on the ~ κρυφά. ~**ly** *adv.* πονηρά. ~**ness** *s.* πονηρία *f.*

smack *v.t.* χτυπῶ, *(on face)* μπατσίζω. *(one's lips)* πλαταγίζω. *(v.i.)* ~ of μυρίζω.

smack *s.* χτύπημα *n. (on face)* μπάτσος *m. (on head)* καρπαζιά *f. (fig.)* ~ in the eye ψυχρολουσία *f. (fam.)* have a ~ at δοκιμάζω (νά).

smacking *s.* get a ~ τρώω ξύλο.

small *a.* μικρός. make *or* get ~er μικραίνω. ~ change ψιλά *n.pl.* a ~ eater λιγόφαγος *a.* a ~ shopkeeper μικρέμπορος *m.* not the ~est chance οὔτε ἡ παραμικρή ἐλπίδα. feel ~ αἰσθάνομαι ταπεινωμένος. ~**holding** *s.* μικρόν ἀγροτεμάχιον. ~**ish** *a.* μικρούτσικος. ~**minded** *a.* μικροπρεπής. ~**ness** *s.* μικρότης *f.* ~**pox** *s.* βλογιά *f.* ~**time** *a. (fam.)* ἀσήμαντος.

small *s.* ~ of the back ἡ μέση μου. *(fam.)* ~s ἐσώρρουχα *n.pl.*

smarmy *a.* γλοιώδης.

smart *v.i. (physically)* τσούζω, *(mentally)* ὑποφέρω. I'll make him ~ for it θά τόν κάνω νά πληρώση γιά αὐτό.

smart *a. (brisk)* γοργός, *(severe)* δυνατός, *(clever)* ἔξυπνος. *(in appearance, dress)* κομψός. look ~! βιάσου! ~**ly** *adv.* γοργά, κομψά. ~**ness** *s.* ἐξυπνάδα *f.* κομψότης *f.*

smarten *v.t. (pace)* ἐπιταχύνω. ~ up *(v.t.)* φρεσκάρω, *(v.i.) (become smarter)* κομψαίνω, *(wash and brush up, etc.)* φρεσκάρομαι.

smash *v.t. (break)* σπάζω, κάνω κομμάτια. *(hit)* χτυπῶ. *(v.i.) (break)* σπάζω, γίνομαι κομμάτια. ~ into προσκρούω σέ, πέφτω ἐπάνω σέ. ~**ing** *a. (fam.)* περίφημος.

smash *s. (noise)* I heard a ~ ἄκουσα σπασίματα. *(collision)* τρακάρισμα *n.*, σύγκρουσις *f. (blow)* χτύπημα *n. (fin.)*

κράχ *n.*, go ~ φαλλίρω. ~ hit *(fam.)* μεγάλη ἐπιτυχία.

smattering *s.* πασάλειμμα *n.* get a ~ of πασαλείδομαι μέ.

smear *v.* πασαλείδω, *(smudge)* μουντζουρώνω. *(fig., defame)* δυσφημῶ. *(s.)* κηλίδα *f.* *(fig.)* συκοφαντία *f.*

smell *s.* *(sense)* ὄσφρησις *f.* *(odour)* ὀσμή *f.*, μυρωδιά *f.* take a ~ at μυρίζομαι. there is a ~ of coffee μυρίζει καφέ. bad ~ δυσοσμία *f.*, βρῶμα *f.*

smell *v.i.* *(also* ~ of) μυρίζω. it ~s good/of paint μυρίζει ὡραῖα/μπογιά. can fish ~? ἔχουν τά ψάρια ὄσφρηση; *(v.t.)* μυρίζω. come and ~ the roses ἔλα νά μυρίσης τά τριαντάφυλλα. can you ~ gas? σοῦ μυρίζει γκάζι; *(scent, lit. & fig.)* μυρίζομαι, ὀσφραίνομαι. ~ out *(fig.)* ἀνακαλύπτω.

smelly *a.* δυσώδης, βρωμερός. be ~ βρωμῶ.

smelt *v.* ἐκκαμινεύω. ~ing *s.* ἐκκαμίνευσις *f.*

smil|e *s.* χαμόγελο *n.* μειδίαμα *n.* *(v.)* χαμογελῶ, μειδιῶ. ~ing *a.* χαμογελαστός.

smirch *v.* κηλιδώνω.

smirk *v.* χαμογελῶ κουτά.

smit|e *v.* *(hit)* χτυπῶ, *(fig.)* πλήττω, *(of conscience)* τύπτω. be ~ten *(with desire, etc.)* μέ πιάνει, κατέχομαι ἀπό, *(with blindness)* τυφλώνομαι, *(with love)* εἶμαι τσιμπημένος.

smith *s.* σιδηρουργός *m.* ~y *s.* σιδηρουργεῖον *n.*

smithereens *s.* σμπαράλια *n.pl.*

smock *s.* μπλούζα *f.*

smoke *s.* καπνός *m.* *(v.)* καπνίζω. ~ out βγάζω. ~-bomb *s.* καπνογόνος βόμβα. ~-screen *s.* προπέτασμα καπνοῦ. ~-stack *s.* φουγάρο *n.*

smoker *s.* καπνιστής *m.*

smoking *s.* κάπνισμα *n.*

smoky *a.* γεμάτος καπνούς. ~ chimney καμινάδα πού καπνίζει.

smooth *v.* λειαίνω, *(stroke)* στρώνω. ~ down *or* away *or* over ἐξομαλύνω. ~ the way προλειαίνω τό δρόμο.

smooth *a.* *(surface)* λεῖος, *(ground, events)* ὁμαλός, *(sea)* γαλήνιος, *(wine)* γλυκόπιοτος. *(plausible)* γαλίφης. ~ly *adv.* ὁμαλά, κανονικά. ~ness *s.* ὁμαλότης *f.*

smother *v.* *(cover)* σκεπάζω, *(stifle)* καταπνίγω ~ed in mud γεμάτος λάσπες.

smoulder *v.i.* σιγοκαίω, *(fig.)* ὑποβόσκω, *(of person)* βράζω μέσα μου.

smudge *s.* μουντζούρα *f.* *(v.t.)* μουντζουρώνω.

smug *a.* αὐτάρεσκος. ~ness *s.* αὐταρέσκεια *f.*

smuggl|e *v.t.* περνῶ λαθραίως. ~er *s.* λαθρέμπορος *m.* ~ing *s.* λαθρεμπόριο *n.*

smut *s.* μουντζούρα *f.* *(obscenities)* βρωμιές *f.pl.* ~ty *a.* βρώμικος.

snack *s.* κολατσιό *n.*

snag *s.* ἐμπόδιο *n.* that's the ~ ἐδῶ εἶναι ὁ κόμπος.

snail *s.* σάλιαγκας *m.*, σαλιγκάρι *n.*

snake *s.* φίδι *n.* *(fig.)* ~ in the grass δόλιος ἄνθρωπος. *(v.)* ~ along πηγαίνω φιδωτά.

snaky *a.* *(road)* φιδωτός, *(hair)* φιδίσιος, *(treacherous)* δόλιος.

snap *v.t.* & *i.* *(break)* σπάζω, *(close, shut)* κλείνω. *(v.i.)* *(make ~ping noise)* κάνω κράκ. *(speak angrily)* κακομιλῶ. ~ at *(bite at)* ἁρπάζω, δαγκώνω, *(fig.)* *(accept eagerly)* ἁρπάζω. they were ~ped up ἔγιναν ἀνάρπαστα. ~ one's fingers at *(fig.)* δέν δίνω δεκάρα γιά.

snap *s.* *(noise)* κράκ *n.* *(with jaws)* δαγκανιά *f.* *(fastener)* σούστα *f.* cold ~ ξαφνικό κρύο. *(a., sudden)* αἰφνιδιαστικός.

snappish *a.* ὀξύθυμος.

snappy *a.* *(quick)* γρήγορος, *(smart)* κομψός.

snapshot *s.* στιγμιότυπο *n.*

snare *s.* παγίδα *f.* *(v.)* παγιδεύω.

snarl *v.t.* & *i*, *(tangle)* μπλέκω. *(v.i., of dog)* γρυλλίζω.

snatch *v.* ἁρπάζω, *(fig., steal)* κλέβω. *(s., small bit)* κομματάκι *n.* by ~es διακεκομμένα.

sneak *v.i.* *(creep)* γλιστρῶ. *(v.t.)* *(steal)* βουτῶ. *(s.)* μαρτυριάρης *m.* ~ing *a.* *(secret, furtive)* κρυφός. *(mean)* ποταπός.

sneer *v.i.* γελῶ περιφρονητικά. ~ at περιφρονῶ.

sneeze *v.* φτερνίζομαι. *(fam.)* not to be ~d at ὄχι εὐκαταφρόνητος. *(s.)* φτέρνισμα *n.*

snide *a.* περιφρονητικός.

sniff *v.i.* ρουφῶ τή μύτη μου. *(v.t.)* *(inhale)* εἰσπνέω, ρουφῶ, *(smell)* μυρίζω. ~ at *(reject)* περιφρονῶ.

sniff *s.* ρούφηγμα *n.* get a ~ of fresh air ἀναπνέω λίγο φρέσκο ἀέρα.

snigger *v.* κρυφογελῶ. *(s.)* κρυφόγελο *n.*

snip *v.* κόβω. *(s.)* *(act)* κοψιά *f.* *(bit)* ἀπόκομμα *n.* *(bargain)* εὐκαιρία *f.*

snipe *s.* μπεκατσίνι *n.*

snipe *v.* *(also* ~ at) πυροβολῶ ἐξ ἐνέδρας. ~r *s.* ἐλεύθερος σκοπευτής.

snippet s. κομματάκι n.

snivel v. μυξοκλαίω. ~**ling** a. κλαψιάρης.

snob s., ~**bish** a. σνόμπ. ~**bery** s. σνομπισμός m.

snoop v. χώνω τή μύτη μου.

snooty a. ψηλομύτης.

snooze s. have a ~ παίρνω έναν ὑπνάκο.

snore v. ροχαλίζω. (s.) ροχαλητό n.

snort v. ρουθουνίζω. (s.) ρουθούνισμα n.

snot s. μύξα f.

snout s. ρύγχος n.

snow s. χιόνι n. (v.) it ~s χιονίζει. (fig.) ~ed under κατακλυσμένος. ~**drift** s. χιονοστιβάς f. ~**fall** s. χιονοπτώσεις f.pl. ~**flake** s. νιφάς f. ~**man** s. χιονάνθρωπος m. ~-**plough** s. ἐκχιονιστήρ m. ~**storm** s. χιονοθύελλα f. ~-**white** a. χιονάτος.

snowball s. χιονόσφαιρα, χιονιά f. (v.i., fig.) ὅλο καί αὐξάνομαι. ~**ing** s. χιονοπόλεμος m.

snowy a. (covered in snow) χιονισμένος. ~ weather χιονιά f.

snub s. προσβολή f. (v.) I ~**bed** him τοῦ φέρθηκα περιφρονητικά.

snub-nosed a. μέ ἀνασηκωμένη μύτη.

snuff s. ταμπάκος m. (v.) ~ out σβήνω.

snuffle v. ρουφῶ τή μύτη μου.

snug a. ἀναπαυτικός, βολικός. (warm) ζεστός.

snuggle v.i. ~ down χώνομαι. ~ up to σφίγγομαι ἀπάνω σέ. (v.t.) σφίγγω.

so adv. (of degree) τόσο. ~ ... as (comparative) she is not ~ young as she seems δέν εἶναι τόσο νέα ὅσο φαίνεται. they're not ~ silly as to get taken in δέν εἶναι τόσο βλάκες ὥστε (or πού) νά γελαστοῦν. be ~ kind as to tell me ἔχετε τήν καλωσύνη νά μοῦ πῆτε; ~ much (a.) τόσος, τόσο πολύς, (adv.) τόσο πολύ. it is ~ much nonsense εἶναι πραγματική ἀνοησία. ~ much for the financial aspect of the case ὡς ἐδῶ γιά τήν οἰκονομική ἄποψη τῆς ὑποθέσεως. he didn't ~ much as look at me οὔτε κἄν μέ κοίταξε.

so adv. (of manner) (thus) ἔτσι, (in such a way) κατά τέτοιο τρόπο. ~ that, ~ as to ὥστε νά, ἔτσι πού νά. we have arranged things ~ that someone is always at home κανονίσαμε ἔτσι ὥστε κάποιος νά εἶναι πάντοτε σπίτι. stand by the window ~ that I can see you νά σταθῆς κοντά στό παράθυρο ὥστε (or ἔτσι πού) νά σέ βλέπω. he parked his car ~ as to block the entrance παρκάρισε κατά τέτοιο τρόπο ὥστε νά κλείνη τήν εἴσοδο. it ~ happened that the train was late συνέβη ὥστε ν'ἀργήση τό τραῖνο. I fear ~ τό φοβᾶμαι. I told you ~ σοῦ τό εἶπα. ~ do I κι' ἐγώ ἐπίσης. forty or ~ περίπου σαράντα. and ~ on καί οὕτω καθ' ἑξῆς. if ~ ἄν ναί. ~ to speak οὕτως εἰπεῖν. ~-and-~ (person) ὁ τάδε, ὁ δεῖνα. just ~ (yes) ἀκριβῶς, (all in order) στήν ἐντέλεια.

so conj. (that is why) κι' ἔτσι, ἐπομένως, γι' αὐτό. (exclamatory) ~ you're not coming? ὥστε δέν θἄρθης; ~ what? ἔ καί;

soak v.t. & i. μουσκεύω. (v.t.) ~ up ἀπορροφῶ. (v.i.) ~ in or through διεισδύω. ~ into διαποτίζω. (fig.) ~ oneself in ἐμποτίζομαι ὑπό (with gen.).

soap s. σαπούνι n. (v.) σαπουνίζω, ~-**bubble** s. σαπουνόφουσκα f. ~-**flakes** s. τριμμένο σαπούνι. ~**y** a. ἀπό σαπούνι. (like ~) σαπουνοειδής. ~**y** water σαπουνάδα f.

soar v. ὑψώνομαι, ἀνέρχομαι.

sob s. ἀναφυλλητό n., λυγμός m. (v.i.) κλαίω μέ λυγμούς.

sober a. (not drunk) νηφάλιος, (restrained) ἐγκρατής, σοβαρός. (colour) μουντός. (v.i.) ~ down σοβαρεύομαι, ~ up ξεμεθῶ. ~**ly** adv. σοβαρά.

sobriety s. ἐγκράτεια f.

sociab|le a. κοινωνικός. ~**ility** s. κοινωνικότης f.

social a. κοινωνικός. ~ activities κοσμική κίνησις. ~ science κοινωνιολογία f.

social|ism s. σοσιαλισμός m. ~**ist** a. & s. (thing, idea) σοσιαλιστικός, (person) σοσιαλιστής m. ~**ize** v. κοινωνικοποιῶ.

society s. (community) κοινωνία f. (companionship) συντροφιά f. (people of fashion) ὁ καλός κόσμος. (organization) ἑταιρία f.

sociology s. κοινωνιολογία f.

sock s κάλτσα f. (inside shoe) πάτος m.

sock v.t. (fam., hit) I ~**ed** him (one) τοῦ ἔδωσα μιά.

socket s. (eye) κόγχη f. (light bulb) ντουΐ n. (plug) πρίζα f, ὑποδοχή f.

sod s. λωρίς χορταριασμένης γῆς (πρός μεταφύτευσιν).

soda s. (also ~ water) σόδα f.

sodden a. διάβροχος, μουσκεμένος. (dough) λασπωμένος. (with drink) σουρωμένος. get ~ (wet) γίνομαι μούσκεμα.

sodium s. νάτριον n.

sodom|ite s. σοδομίτης m. ~**y** s. σοδομία f.

sofa s. καναπές m.

soft *a. (not hard, gentle, lenient)* μαλακός, *(to the touch)* ἁπαλός. *(colour, light, sound, breeze)* ἁπαλός. *(tender)* τρυφερός. *(effeminate)* μαλθακός. *(barmy)* χαζός. *(footstep)* ἐλαφρός. *(job, option)* εὔκολος. ~ drinks ἀναψυκτικά *n.pl.* have a ~ spot for ἔχω ἀδυναμία σέ. he is ~ on her εἶναι τσιμπημένος μαζί της. ~-boiled *a.* μελᾶτος. ~-pedal *v.i. (fig.)* ἁπαλύνω τή στάση μου. ~-soap *v.t.* κολακεύω. ~-spoken *a.* γλυκομίλητος.

soften *v.t. & i.* μαλακώνω, ἁπαλύνω. ~ing *s.* μαλάκωμα *n. (of brain)* μαλάκυνσις *f.*

softly *adv.* μαλακά, ἁπαλά, τρυφερά, ἐλαφρά.

softness *s.* μαλακότης *f.* ἁπαλότης *f.* τρυφερότης *f.*

soggy *a.* κάθυγρος, *(bread, etc.)* λασπωμένος.

soil *s. (ground)* ἔδαφος *n.*, γῆ *f. (earth)* χῶμα *n.*

soil *v.t.* λερώνω. ~-pipe *s.* ἀποχετευτικός σωλήν ἀποχωρητηρίου.

sojourn *v.* διαμένω. *(s.)* διαμονή *f.*

solace *s.* παρηγορία *f. (v.)* παρηγορῶ.

solar *a.* ἡλιακός.

solder *s.* καλάι *n. (v.)* συγκολλῶ.

soldier *s.* στρατιώτης *m.* foot-~ ὁπλίτης, φαντάρος *m.* ~ of fortune μισθοφόρος *m. (v.i.)* ~ on δέν τό βάζω κάτω. ~ly *a.* γενναῖος.

soldiery *s.* στρατιῶτες *m.pl. (troops)* στρατεύματα *n.pl.*

sole *s. (fish)* γλῶσσα *f.*

sole *s. (of foot, shoe)* πέλμα *n. (of shoe)* σόλα *f. (v.t., a shoe)* σολιάζω.

sole *a.* μόνος, μοναδικός. *(exclusive)* ἀποκλειστικός. ~ly *adv.* μόνον, ἀποκλειστικά.

solecism *s.* σολοικισμός *m. (faux pas)* γκάφα *f.*

solemn *a. (ritual)* ἐπίσημος, *(grave)* σοβαρός. ~ity *s.* ἐπισημότης *f.*, σοβαρότης *f.* ~ly *adv.* ἐπισήμως, σοβαρῶς.

solemnize *v.* τελῶ.

solicit *v.* ζητῶ. ~ation *s.* παράκλησις *f.* ~ing *s. (by prostitute)* ψώνιο *n.*

solicitor *s.* δικηγόρος *m.f.*

solicitous *a.* be ~ ἐνδιαφέρομαι. ~ly *adv.* μέ φροντίδα.

solicitude *s.* φροντίδα *f.*

solid *a.* στερεός. *(not hollow)* συμπαγής. *(alike all through)* ἀτόφιος, μασσίφ. *(strong)* ἰσχυρός. *(unanimous)* ὁμόφωνος. a ~ hour μία ὁλόκληρη ὥρα. ~ity *s.* στερεότης *f.* ~ly *adv.* στερεά, ὁμοφώνως.

solidarity *s.* ἀλληλεγγύη *f.*

solidify *v.i.* στερεοποιοῦμαι.

soliloqu|y *s.* μονόλογος *m.* ~ize *v.i.* μονολογῶ.

solitary *a. (person)* μονήρης, *(thing)* μοναχικός. *(secluded)* παράμερος. not a ~ tree οὔτε ἕνα δέντρο.

solitude *s.* μοναξιά *f.*

solo *s. & adv.* σόλο *n.* ~ist *s.* σολίστ *m.f.*, σολίστας *m.*

solstice *s.* ἡλιοστάσιον *n.*

solub|le *s.* διαλυτός. ~ility *s.* διαλυτότης *f.*

solution *s. (dissolving)* διάλυσις *f. (liquid)* διάλυμα *n. (solving)* λύσις *f.*

solve *v.* λύω, λύνω.

solv|ent *a.* διαλυτικός. *(fin.)* ἀξιόχρεος. *(s.)* διαλύτης *m.*, διαλυτικόν *n.* ~ency *s.* ἀξιόχρεον *n.*

sombre *a.* σκοῦρος, σκοτεινός. *(outlook, etc.)* ζοφερός.

some *a. & pron. (partitive article, often omitted)* λίγος, μερικοί. would you like ~ wine? θέλετε (λίγο) κρασί; I bought ~ apples πῆρα (μερικά) μῆλα. *(one unspecified)* κάποιος, κανένας. ~ friend gave it to him κάποιος φίλος τοῦ τὅδωσε. ~ day καμμιά μέρα. *(several unspecified)* μερικοί, ~ people say μερικοί λένε. ~ ... others ἄλλοι ... ἄλλοι. *(a fair amount of)* ἀρκετός, κάμποσος. I waited for ~ time περίμενα ἀρκετή *(or* κάμποση) ὥρα. *(approximately)* κάπου, περίπου. it lasted ~ three hours βάσταξε κάπου *(or* περίπου) τρεῖς ὥρες.

some|body, ~one *pron.* κάποιος. *see also* anybody.

somehow *adv.* κάπως, μέ κάποιο τρόπο.

somersault *s.* τούμπα *f.*

something *pron.* κάτι. ~ of the sort κάτι τέτοιο. I gave him ~ to eat τοῦ ἔδωσα (κάτι) νά φάη.

sometime *adv.* κάποτε. *(formerly, former)* πρώην.

sometimes *adv.* κάποτε, καμμιά φορά. ~ ... ~ πότε...πότε.

somewhat *adv.* κάπως.

somewhere *adv.* κάπου.

somnambul|ism *s.* ὑπνοβασία *f.* ~ist *s.* ὑπνοβάτης *m.*

somnolent *a.* μισοκοιμισμένος.

son *s.* γιός, υἱός *m.* ~-in-law *s.* γαμπρός *m.*

sonant *a. (gram.)* ἠχηρός.

sonata *s.* σονάτα *f.*

song *s.* τραγούδι *n.*, ἆσμα *n. (of birds)* κελάδημα *n. (fig.)* make a ~ (and dance) φέρνω τόν κατακλυσμό. for a ~ (cheap) γιά ἕνα κομμάτι ψωμί.

songster s. τραγουδιστής m.

sonic a. ἠχητικός.

sonnet s. σονέτο n.

sonny s. ἀγοράκι μου.

sonor|ous a. ἠχηρός. ~ity s. ἠχηρότης f.

soon adv. (shortly) σύντομα, σέ λίγο, προσεχῶς. (early) γρήγορα, νωρίς. it will ~ be three years since they left κοντεύουν τρία χρόνια ἀπό τότε πού ἔφυγαν. ~ after three o'clock λίγο μετά τίς τρεῖς. he came an hour too ~ ἦρθε μία ὥρα νωρίτερα. how ~ can it be done? πόσο γρήγορα μπορεῖ νά γίνη; as ~ as possible τό γρηγορώτερο. as ~ as (or no ~er had) they got home μόλις γύρισαν σπίτι. ~er or later ἀργά ἤ γρήγορα. no ~er said than done ἅμ' ἔπος ἅμ' ἔργον. I would ~er go hungry κάλλιο (or προτιμότερον) νά πεινάσω. I would (just) as ~ stay at home δέν θά μ' ἔνοιαζε ἄν ἔμενα σπίτι.

soot s. καπνιά f. ~y a. γεμάτος καπνιά.

sooth|e v. (pain) καταπραΰνω, (person) ἡσυχάζω. ~ing a. καταπραϋντικός, (emollient) μαλακτικός.

soothsayer s. μάντης m.

sop s. (fig.) ἐξιλαστήριον δῶρον. (v.) ~ up σφουγγίζω.

sophist|ical a. σοφιστικός. ~ry s. σοφιστεία f.

sophisticated a. (person) μπασμένος στά τοῦ κόσμου. (taste) ἐκλεπτυσμένος, (ideas) ἐξελιγμένος, (machinery) ὑπερσύγχρονος.

soporific a. ὑπνωτικός.

sopping a. μουσκεμένος.

soprano s. ὑψίφωνος f., σοπράνο f.

sorcer|er s. μάγος m. ~ess s. μάγισσα f. ~y s. μαγεία f.

sordid a. ἄθλιος.

sore a. (hurting) πονεμένος, ἐρεθισμένος. (annoyed) χολωμένος. (great, grievous) μεγάλος, ὀδυνηρός. be ~ (hurting) πονῶ. ~ throat πονόλαιμος m. ~ point εὐαίσθητον σημεῖον. (s.) πληγή f. ~ly adv. σοβαρά, πολύ. ~ness s. πόνος m.

sorrow s. θλῖψις f., λύπη f. to my ~ πρός λύπην μου. ~s δεινά, βάσανα n.pl. ~ful a. θλιμμένος, (causing ~) θλιβερός.

sorry a. λυπημένος. be ~ (regret) λυποῦμαι, λυπᾶμαι. (repent) μετανοῶ, μετανοιώνω. I am ~ for him τόν λυπᾶμαι. ~! (asking pardon) συγγνώμη! (deplorable) ἐλεεινός.

sort s. εἶδος n. all ~s of people ὅλων τῶν εἰδῶν (or κάθε λογῆς) ἄνθρωποι. that ~ of people τέτοιοι (or τέτοιου εἴδους) ἄνθρωποι, something of the ~ κάτι τέτοιο. nothing of the ~! καθόλου! a meal of ~s ἕνα εἶδος γεύματος ἅς ποῦμε. in a ~ of way κατά κάποιο τρόπο. he's not my ~ δέν εἶναι ὁ τύπος μου. out of ~s ἀδιάθετος. see also kind.

sort v. (arrange) ταξινομῶ. ~ out (select) ξεδιαλέγω, (settle) κανονίζω, ξεδιαλύνω, διευθετῶ.

sortie s. ἔξοδος f. make a ~ ἐξορμῶ.

SOS s. ἒς ὄ ἒς n.

so-so adv. ἔτσι κι' ἔτσι.

sot s., ~tish a. μπέκρας m.

soul s. ψυχή f. the ~ of honour ἡ ἐντιμότης προσωποποιημένη. ~ful a. παθητικός. ~less a. ἀπάνθρωπος. ~-stirring a. συναρπαστικός.

sound s. (strait) πορθμός m.

sound s. ἦχος m. within ~ of the sea σέ ἀπόσταση πού ἀκούγεται ἡ θάλασσα. (a.) (pertaining to ~) ἠχητικός. ~-barrier s. φράγμα τοῦ ἤχου. ~-proofing s. ἠχομόνωσις f. ~-waves s. ἠχητικά κύματα n.pl.

sound v.t. (pronounce) προφέρω. (on trumpet) σαλπίζω. (strike, ring, etc.) χτυπῶ. ~ chest of ἀκροάζομαι. (test depth of & fig.) βολιδοσκοπῶ. (v.i.) ἠχῶ, χτυπῶ. (seem) φαίνομαι, μοιάζω. ~ings s. take ~ings βυθομετρῶ.

sound a. (healthy) γερός, ὑγιής. (in good condition, capable, thorough) γερός, (right) σωστός, ὀρθός. (reliable) ἀξιόπιστος. (sleep) βαθύς. ~ly adv. γερά, καλά, βαθιά.

soup s. σούπα f. (fam.) I'm in the ~ ἔμπλεξα ἄσχημα. ~-kitchen s. συσσίτιον n.

sour a. ξινός. make or become ~ ξινίζω. ~ grapes ὄμφακες εἰσίν. ~ness s. ξινίλα f.

source s. πηγή f.

soused a. (salted) ἁλίπαστος. (drenched) καταβρεγμένος. (fam., drunk) σκνίπα.

south s. νότος m., νοτιά f. μεσημβρία f. to the ~ of Athens νοτίως τῶν Ἀθηνῶν.

south, ~erly, ~ern a. νότιος, μεσημβρινός. ~ wind νοτιᾶς m., ὄστρια f.

south-east a. νοτιοανατολικός. ~ wind σιρόκος m.

southward(s) adv. νοτίως.

south-west a. νοτιοδυτικός. ~ wind γαρμπῆς m.

souvenir s. ἐνθύμιον n.

sovereign a. κυρίαρχος, ὑπέρτατος. (re-

medy) ἀσφαλής. (s.) (monarch) μονάρχης *m. (pound)* λίρα *f.* ~ty *s.* κυριαρχία *f.*
sow *s.* γουρούνα *f.*
sow *v.* σπέρνω, *(fig.)* ἐνσπείρω. ~er *s.* σποριᾶς *m.* ~ing *s.* σπορά *f.,* σπάρσιμο *n.*
sozzled *a. (fam., drunk)* σκνίπα.
spa *s.* λουτρά *n.pl. (town)* λουτρόπολις *f.*
spac|e *s.* διάστημα *n. (void)* κενόν *n. (room)* χῶρος *m.* take up ~e πιάνω τόπο. there isn't enough ~e for it δέν χωράει. *(v.)* ~e out ἀραιώνω, *(events)* κλιμακώνω. ~e-ship *s.* διαστημόπλοιον *n.*
spacing *s. (distance)* ἀπόστασις *f.* in single *(or* double*)* ~ σέ μονό *(or* διπλό*)* διάστημα.
spacious *a.* εὐρύχωρος.
spade *s.* φτυάρι *n. (cards)* μπαστούνι *n.,* πίκα *f.* ~-work *s.* προκαταρκτική ἐργασία.
spaghetti *s.* σπαγέτο *n.*
span *s. (of hand)* σπιθαμή *f. (of bridge, wing)* ἄνοιγμα *n. (of time)* διάστημα *n. (of life)* διάρκεια *f. (v.) (in space)* περνῶ, *(in time)* καλύπτω.
spangles *s.* πούλιες *f.pl.*
Spanish *a.* ἰσπανικός. *(person)* Ἰσπανός *m.,* Ἰσπανίδα *f.*
spank *v.t. (smack)* χτυπῶ μέ τή παλάμη. *(v.i.)* ~ along τρέχω.
spanking *s.* ξύλο *n. (a.) (quick)* γοργός, *(showy)* φανταχτερός, *(first rate)* θαυμάσιος.
spanner *s.* κλειδί *n. (adjustable)* κάβουρας *m.,* παπαγάλος *m. (fig.)* ~ in the works σαμποτάζ *n.*
spar *s. (naut.)* ἀντενοκάταρτο *n.*
spar *v.i.* ἐρίζω.
spare *a. (lean)* ἰσχνός, *(scanty)* λιτός. *(not needed)* διαθέσιμος, *(in reserve)* ρεζέρβα. ~ parts ἀνταλλακτικά *n.pl.* ~ly adv. λιτά.
spare *v. (show mercy to, be frugal with)* φείδομαι *(with gen.). (afford)* διαθέτω. I cannot ~, I have none to ~ δέν μοῦ περισσεύει. ~ *(person)* the trouble of ... ἀπαλλάσσω ἀπό τόν κόπο νά. enough and to ~ περίσσιος. ~ the rod and spoil the child τό ξύλο βγῆκε ἀπ' τόν παράδεισο.
sparing *a.* φειδωλός. be ~ of, go ~ly with φείδομαι *(with gen.).* ~ly adv. μέ οἰκονομία.
spark *s.* σπίθα *f. (fig., trace)* ἴχνος *n. (v.)* ~ off προκαλῶ. ~ing-plug *s.* μπουζί *n.*
spark|le *v.* σπιθοβολῶ, ἀστράφτω. *(s.)*

σπιθοβόλημα *n.* ~ling *a.* σπινθηροβόλος, ἀστραφτερός. *(eye)* λαμπερός, *(wine)* ἀφρώδης. ~ling cleanliness ἀπαστράπτουσα καθαριότης.
sparrow *s.* σπουργίτης *m.*
sparse *a.* ἀραιός. ~ly adv. ἀραιά.
Spartan *s.* σπαρτιατικός.
spasm *s.* σπασμός *m.*
spasmodic *a.,* ~ally adv. μέ διαλείμματα.
spastic *a.* σπαστικός.
spate *s.* πλημμύρα *f.* be in ~ πλημμυρίζω.
spatial *a.* διαστηματικός.
spatter *v.* πιτσιλίζω.
spatula *s.* σπάτουλα *f.*
spawn *s.* αὐγά *n.pl. (also fig.)* γόνος *m. (v.)* ὠοτοκῶ. *(fig.)* γεννοβολῶ.
speak *v.i.* ὁμιλῶ, μιλῶ. *(in public)* ἀγορεύω. ~ out *or* up μιλῶ ἔξω ἀπ' τά δόντια. ~ up μιλῶ πιό δυνατά. ~ up for μιλῶ ὑπέρ *(with gen.).* it ~s for itself μιλάει μόνο του. nothing to ~ of τίποτε τό ἄξιον λόγου. so to ~ οὕτως εἰπεῖν. *(v.t.)* λέω, ~ English μιλῶ ἀγγλικά. *(fig.)* ~ volumes λέω πολλά.
speaker *s.* ὁμιλητής *m.* S~ *(of Parliament)* Πρόεδρος *m.*
speaking *s.* τό ὁμιλεῖν. public ~ τό ἀγορεύειν. they are not on ~ terms δέν μιλοῦνται. *(a.) (expressive)* ἐκφραστικός. English-~ ἀγγλόφωνος.
spear *s.* δόρυ *n. (v.)* καρφώνω. ~head *s.* αἰχμή *f. (v.t.)* ἀποτελῶ τήν αἰχμή *(with gen.).*
spec *s.* on ~ στήν τύχη. ~s *s.* γυαλιά *n.pl.*
special *a.* εἰδικός, ἰδιαίτερος. *(exceptional)* ἔκτακτος. ~ly adv. εἰδικῶς, ἰδιαιτέρως.
special|ist *s.* εἰδικός *a.* she is a ~ist in economics εἶναι εἰδική στά οἰκονομολογικά *or* εἰδικός οἰκονομολόγος. ~ity *s.* εἰδικότης *f.*
specializ|e *v.* ~e in εἰδικεύομαι σέ. ~ation *s.* εἰδίκευσις *f.*
species *s.* εἶδος *n.* human ~ ἀνθρώπινον γένος.
specific *a. (precise)* σαφής, συγκεκριμένος, εἰδικός. *(order)* ῥητός. *(s.)* εἰδικόν φάρμακον. ~ally adv. συγκεκριμένως.
specifications *s. (of work to be done)* συγγραφή ὑποχρεώσεων, προδιαγραφή *f. (of car, etc.)* χαρακτηριστικά *n.pl.*
specify *v.* καθορίζω.
specimen *s.* δεῖγμα *n. (fam., type)* τύπος *m.*
specious *a.* εὔσχημος.
speck *s.* κόκκος *m. (tiny distant object)* κουκκίδα *f.* not a ~ οὔτε ἴχνος.

speckled *a.* πιτσιλωτός.

spectacle *s.* θέαμα *n.* ~s *s. (glasses)* γυαλιά *n.pl.* see things through rose-coloured ~s τά βλέπω ὅλα ρόδινα.

spectacular *a.* θεαματικός.

spectator *s.* θεατής *m.*

spectre *s.* φάσμα *n.*

spectrum *s.* φάσμα *n. (fig.)* ἔκτασις *f.*, κλῖμαξ *f.*

speculat|e *v.* κάνω ὑποθέσεις. *(fin.)* κερδοσκοπῶ. ~**ion** *s.* ὑποθέσεις *f.pl. (fin.)* κερδοσκοπία *f.* ~**ive** *a.* ὑποθετικός, κερδοσκοπικός. ~**or** *s.* κερδοσκόπος *m.*

speech *s. (faculty)* λόγος *m. (manner, process)* ὁμιλία *f. (address)* λόγος *m.* make a ~ βγάζω λόγο. ~**less** *a.* ἄναυδος. ~**-training** *s.* ὀρθοφωνία *f.*

speed *s.* ταχύτης *f.*, γρηγοράδα *f.* at full ~ ὁλοταχῶς. *(v.i.)* σπεύδω, *(drive fast)* τρέχω. *(v.t.)* ~ up ἐπιταχύνω, ἐπισπεύδω. ~**y** *a.* ταχύς, γρήγορος.

speedometer *s.* κοντέρ *n.*

spell *s. (sorcerer's)* μάγια *n.pl.* put a ~ on κάνω μάγια σέ. *(fascination)* γοητεία *f.* under the ~ of μαγεμένος ἀπό.

spell *s. (period)* περίοδος *f. (of duty)* βάρδια *f.* for a ~ γιά λίγο.

spell *v.* γράφω. he can ~ ξέρει ὀρθογραφία. ~ out συλλαβίζω, *(fig.)* ἐπεξηγῶ. ~**ing** *s.* ὀρθογραφία *f. (a.)* ὀρθογραφικός.

spend *v.t. (pay out, consume)* ξοδεύω, *(pass)* περνῶ. ~**thrift** *s.* σπάταλος *a.*

spent *a.* ἐξαντλημένος.

sperm *s.* σπέρμα *n.* ~**atozoa** *s.* σπερματοζωάρια *n.pl.*

spew *v.* ξερνῶ. ~**ing** *s.* ξέρασμα *n.*

spher|e *s.* σφαῖρα *f. (surroundings)* κύκλος *m.*, περιβάλλον *n.* ~**ical** *a.* σφαιρικός.

sphinx *s.* σφίγξ *f.*

spic|e *s.* μπαχαρικό *n. (v.t.)* καρικεύω. ~**y** *a.* πικάντικος.

spick *a.* ~ and span στήν τρίχα, νοικοκυρεμένος.

spider *s. (also* ~'s web) ἀράχνη *f.* ~**y** *a. (writing)* μέ μακριές λεπτές γραμμές.

spigot *s.* τάπα *f.*

spik|e *s.* μύτη *f. (on shoe)* καρφί *n. (of plant)* στάχυς *m. (v.t.)* καρφώνω. ~**e** *(person's)* guns ματαιώνω τά σχέδια του. ~**y** *a.* μυτερός.

spill *v.t. (liquid, powder)* χύνω, *(small objects, rider)* ρίχνω, *(overturn)* ἀνατρέπω. *(v.i.)* χύνομαι. *(s.)* πέσιμο *n.*

spin *v.t. & i. (turn)* στροβιλίζω, στριφογυρίζω. *(v.t.) (form into thread)* κλώθω,

γνέθω. *(fam.)* ~ a yarn λέω μία ἱστορία. ~ out παρατείνω. he spun round γύρισε ἀπότομα. send *(thing, person)* ~ning τινάζω μακριά. *(s.)* περιδίνησις *f. (ride)* βόλτα *f. (fam.)* flat ~ πανικός *m.*

spinach *s.* σπανάκι *n.*

spinal *a.* σπονδυλικός. ~ cord νωτιαῖος μυελός.

spindl|e *s. (for spinning)* ἀδράχτι *n. (pivot)* ἄξων *m.* ~**y** *a.* ~**y** legs πόδια ὀδοντογλυφίδες.

spine *s.* σπονδυλική στήλη, ραχοκοκκαλιά *f. (thorn)* ἄκανθα *f.*, ἀγκάθι *n.* ~**less** *a. (fig.)* λαπᾶς *m.*

spinner *s.* κλώστης *m.*, κλώστρα *f.*

spinney *s.* δασύλλιον *n.*

spinning *s.* κλωστική *f.* ~**-wheel** *s.* ροδάνι *n.*

spinster *s.* ἄγαμος γυναῖκα.

spiny *a.* ἀγκαθωτός.

spiral *a.* ἑλικοειδής. *(s.)* ἕλιξ *f.*, σπεῖρα *f. (v.i.)* ἀνέρχομαι σπειροειδῶς. prices are ~ling οἱ τιμές ὅλο ἀνέρχονται.

spire *s.* βέλος *n.*

spirit *s.* πνεῦμα *n. (of the dead)* ψυχή *f. (mettle)* ψυχή *f. (vigour)* ζωή *f.* be in good ~s ἔχω κέφι. be in low ~s δέν εἶμαι στά κέφια μου. moving ~ πρωτεργάτης *m.* take it in the wrong ~ τό παίρνω στραβά. *(liquor)* σπίρτο *n.*, ~s οἰνοπνευματώδη ποτά. *(v.)* be ~ed away ἐξαφανίζομαι. ~**-lamp** *s.* καμινέτο *n.* ~**-level** *s.* ἀλφάδι *n.*

spirited *a.* θαρραλέος, γεμᾶτος ψυχή. *(horse)* θυμοειδής. high-~ ζωηρός, low-~ ἄθυμος.

spiritless *a.* ψόφιος.

spiritual *a.* ψυχικός, *(of the church)* ἐκκλησιαστικός. *(s.)* τραγούδι νέγρων τῆς Ἀμερικῆς. ~**ly** *adv.* ψυχικῶς.

spiritual|ism *s.* πνευματισμός *m.* ~**ist** *s.* πνευματιστής *m.*

spirituous *a.* πνευματώδης.

spit *s. (spike)* ὀβελός *m.*, σοῦβλα *f. (of land)* γλῶσσα *f. (v.t.)* ὀβελίζω, σουβλίζω.

spit *v. (from mouth) (also* ~ on *or* out) φτύνω. *(s.)* φτύμα *n. (fam.)* the very ~ *(and image)* of his father φτυστός ὁ πατέρας του. ~**ting** *s.* φτύσιμο *n.* ~**tle** *s.* φτύμα *n.*

spite *s.* κακία *f. (grudge)* I have a ~ against him τοῦ κρατῶ κακία. in ~ of παρά *(with acc.). (v.t.)* σκάω. he does it to ~ her τό κάνει γιά νά τήν πεισματώση.

spiteful *a.* κακός. ~**ly** *adv.* μέ κακία. ~**ness** *s.* κακία *f.*

spiv s. (fam.) μάγκας m.

splash v.t. & i. (spatter) πιτσιλίζω. (v.t.) (scatter) σκορπίζω, ρίχνω. (v.i.) (of waves, fountain) παφλάζω. ~ about τσαλαβουτῶ.

splash s. πιτσιλιά f. παφλασμός m. make a ~ (fam.) κάνω στράκες. ~ of colour κηλίδα χρώματος.

splay v. πλαταίνω. (a.) ~ feet πόδια γυρισμένα πρός τά ἔξω.

spleen s. (organ) σπλήνα f. (fig.) κακία f.

splendid a. μεγαλοπρεπής, (excellent) ὑπέροχος. ~ly adv. μεγαλοπρεπῶς, (well) ὑπέροχα, λαμπρά.

splendour s. μεγαλοπρέπεια f. (brilliance) λαμπρότης f.

splice v. ματίζω. (s.) μάτισμα n.

splint s. (med.) νάρθηξ m.

splinter s. θραῦσμα n. (of wood) σχίζα f. (fig.) they formed a ~ group ἀποσχίσθηκαν. (v.i.) θραύομαι, σπάζω.

split v.t. & i. σχίζω, (divide) χωρίζω. ~ hairs τά ψιλολογῶ. ~ one's sides with laughter ξεκαρδίζομαι. let us ~ the difference ἄς μοιραστοῦμε τή διαφορά. I have a ~ting headache τό κεφάλι μου πάει νά σπάση. ~ the atom διασπῶ τό ἄτομον. (v.i.) ~ up (become divided) διασπῶμαι. ~ on (person) μαρτυρῶ.

split s. σχισμή f. (rupture) ῥῆξις f. (disagreement) διάσπασις f. do the ~s κάνω γκράντ ἐκάρ.

split a. σχιστός. (in disagreement) the government was ~ (on this issue) ἡ κυβέρνησις διεσπάσθη.

splutter v.i. μπερδεύω τά λόγια μου. (hiss) συρίζω.

spoil v.t. & i. χαλῶ, χαλνῶ. (v.t.) (children) κακομαθαίνω, (cosset) χαϊδεύω. (rob) ληστεύω. (v.i.) be ~ing for a fight ἔχω ὄρεξη γιά καβγά.

spoil, ~s λάφυρα n.pl. ~s of office ἀπορρέοντα ὀφέλη τοῦ ἀξιώματος. ~s system ρουσφέτια n.pl.

spoil-sport s. γρουσούζης m.

spoilt a. χαλασμένος. (child, etc.) κακομαθημένος, χαϊδεμένος.

spoke s. ἀκτίνα f.

spokesman s. ἐκπρόσωπος m.

spoliation s. λεηλασία f.

spondee s. σπονδεῖος m.

spong|e s. σφουγγάρι n. throw in (or up) the ~e ἐγκαταλείπω τόν ἀγῶνα. (v.) σφουγγίζω. (fig.) ~e on ἀρμέγω. ~er s. σελέμης m. ~y a. σπογγώδης.

sponsor s. ἀνάδοχος m.f. stand ~ to

(child) βαφτίζω. (v.t.) ἀναδέχομαι.

spontane|ity s. αὐθόρμητον n. ~ous a. αὐθόρμητος. ~ous combustion αὐτοανάφλεξις f. ~ously adv. αὐθόρμητα.

spoof v. γελῶ. (s.) φάρσα f.

spook s. φάντασμα n. ~y a. στοιχειωμένος.

spool s. πηνίον n., μπομπίνα f.

spoon s. κουτάλι n. (v.t.) παίρνω μέ κουτάλι. ~-feed v. (fig.) τά δίνω μασημένα σέ. ~ful s. κουταλιά f.

spooning s. (fam.) γλυκοκουβεντιάσματα n.pl.

spoor s. ἴχνη n.pl.

sporadic a. σποραδικός.

spore s. σπόριον n.

sport s. (amusement) παιγνίδι n. (games) σπόρ n.pl. make ~ of κοροϊδεύω. (v.i.) (play) παίζω. (v.t.) (wear) φορῶ.

sporting a. (of sport) ἀθλητικός. (fair) τίμιος. with ~ interests φίλαθλος. he has a ~ chance of winning ἔχει κάποια πιθανότητα ἐπιτυχίας.

sportive a. παιγνιδιάρης.

sportsman s. (who shoots, hunts) κυνηγός m. (who plays games) σπόρτσμαν m. (fig.) τίμιος παίκτης. ~ship s. τίμιο παιγνίδι.

spot s. (place) τόπος m. (point) σημεῖο n. on the ~ (at the place in question) ἐπί τόπου. put on the ~ (embarrass) βάζω σέ δύσκολη θέση, (kill) ξεκάνω. tender ~ ἀδύνατο σημεῖο. I found his weak ~ τοῦ βρῆκα τό κουμπί. ~ check αἰφνιδιαστικός ἔλεγχος.

spot v.t. & i. (stain) λεκιάζω. it is ~ting with rain ψιχαλίζει. (v.t.) (discern) διακρίνω, (guess) μαντεύω, (find) βρίσκω. ~ter s. παρατηρητής m.

spot s. (mark, stain) λεκές m. (pimple) σπυρί n. (dot) βοῦλλα f. (drop) στάλα f. (fam.) a ~ of λίγος. see also speck. ~less a. πεντακάθαρος, (morally) ἄσπιλος. ~ted a. (with ~s) μέ βοῦλλες, ~ted with διάστικτος μέ. ~ty a. (face) μέ σπυριά, (object) λεκιασμένος.

spotlight s. προβολεύς m.

spouse s. σύζυγος m.f.

spout s. (of teapot, gutter) στόμιον n.

spout v.t. ξεχύνω, (verbally) ἀπαγγέλλω. (v.i.) ξεχύνομαι, (of whale) ἐκτοξεύω νερό.

sprain v. στραμπουλίζω. (s.) στραμπούλισμα n.

sprat s. ψαράκι n.

sprawl v.i. (of person) ξαπλώνομαι ἄχαρα

(of town) ἀπλώνομαι χωρίς σχέδιο. send *(person)* ~ing τινάζω μακριά.

spray *s. (of flower)* κλαδάκι *n. (of sea)* ἀφρός *m. (vaporizer)* ψεκαστήρ *m. (aerosol)* ἀεροζόλ *n. (v.t.)* ραντίζω. ~ing *s.* ράντισμα *n.*

spread *v.t. (open or lay out)* ἀπλώνω. *(tar, manure, gravel, etc.)* ρίχνω. *(scatter)* σκορπίζω. *(table)* στρώνω. *(smear)* ἀλείβω, ~ butter on the bread ἀλείβω τό ψωμί μέ βούτυρο. *(news, rumour, knowledge)* διαδίδω, *(illness)* μεταδίδω. *(extend, make go further)* ἐπεκτείνω. ~ out *(at wider intervals)* ἀραιώνω, *(one's fingers)* ἀνοίγω.

spread *v.i.* ἀπλώνω, ξαπλώνω, ἀπλώνομαι, ἐκτείνομαι. *(go further)* ἐπεκτείνομαι. *(be transmitted)* μεταδίδομαι. *(of news)* διαδίδομαι, *(of butter)* ἀλείβομαι. *(be scattered)* σκορπίζομαι. the plain ~s as far as the eye can see ἡ πεδιάδα ἀπλώνεται *(or ἐκτείνεται)* ὅσο βλέπει τό μάτι. the branches of the apple-tree ~ right over the pavement τά κλαδιά τῆς μηλιᾶς ἀπλώνονται πάνω ἀπ' τό πεζοδρόμιο. the fire ~ quickly ἡ πυρκαϊά ξάπλωσε *(or ἐπεκτάθηκε)* γρήγορα, it ~ to the nearby school μεταδόθηκε στό διπλανό σχολεῖο.

spread *s. (expanse)* ἔκτασις *f. (extension)* ἐπέκτασις *f. (diffusion)* διάδοσις *f. (transmission)* μετάδοσις *f. (fam., feast)* τσιμπούσι *n.*

spread-eagled *a.* ξαπλωμένος ἀνάσκελα.

spreading *s.* ἄπλωμα *n.* see also spread *s.*

spree *s.* go on the ~ τό ρίχνω ἔξω.

sprig *s.* κλαδάκι *n. (fig.)* βλαστάρι *n.*

sprightly *a.* ζωντανός, σβέλτος.

spring *s. (season)* ἄνοιξη *f. (water)* πηγή *f. (jump)* πήδημα *n. (of clock, vehicle)* ἐλατήριον *n. (of seat)* σούστα *f.* ~-mattress *s.* στρωματέξ *n.*

spring *a. (seasonal)* ἀνοιξιάτικος, ἐαρινός. *(of water)* πηγαῖος. ~-cleaning *s.* γενικές καθαριότητες.

spring *v.i. (originate)* πηγάζω, *(jump)* (ἀνα)πηδῶ. ~ up *(jump)* πετάγομαι, *(sprout, pop up)* ξεφυτρώνω, *(of wind, etc.)* σηκώνομαι, *(develop)* δημιουργοῦμαι, γεννιέμαι. it ~s to the mind ἔρχεται στό μυαλό. be sprung from κατάγομαι ἀπό. *(v.t.)* ~ a surprise on κάνω ἔκπληξη σέ. ~-board *s.* βατῆρας *m.*

springe *s.* θηλειά *f.*

springy *a.* ἐλαστικός, μαλακός.

sprinkl|e *v.* ραντίζω. ~er *s.* ψεκαστήρ *m.*

~ing *s.* ράντισμα *n. (few)* λίγοι, a fair ~ing of κάμποσοι.

sprint *v.* τρέχω.

sprite *s.* νεράιδα *f.*

sprout *v.i.* βλαστάνω. *(get taller)* ρίχνω μπόι. *(v.t.)* βγάζω. *(s.)* βλαστάρι *n.*

spruce *a.* κομψός. *(v.)* ~ oneself up καλοντύνομαι.

spry *a.* ζωντανός, σβέλτος.

spud *s. (fam.)* πατάτα *f.*

spume *s.* ἀφρός *m.*

spunk *s. (fam.)* θάρρος *n.*

spur *s.* σπιρούνι *n. (fig.)* κίνητρον *n. (of hill)* ἀντέρεισμα *n.* on the ~ of the moment αὐθορμήτως. *(v.t.)* σπιρουνίζω, *(fig.)* παρακινῶ.

spurious *a.* κίβδηλος, πλαστός.

spurn *v.* ἀπορρίπτω περιφρονητικά.

sputter *v.i.* συρίζω.

sputum *s.* πτύελον *n.*

spy *s.* κατάσκοπος *m.* σπιούνος *m. (v.) (also* ~ on) κατασκοπεύω, *(clap eyes on)* ματιάζω. ~ out *(land)* ἐξερευνῶ. ~ing *s.* κατασκοπεία *f.*

squabble *s.* καβγάς *m. (v.)* καβγαδίζω.

squad *s.* ὁμάδα *f.*

squadron *s. (naut., aero.)* μοῖρα *f. (cavalry)* ἴλη *f. (tanks)* ἐπιλαρχία *f.* ~-leader *s. (aero.)* ἐπισμηναγός *m.*

squal|id *a.* βρωμερός, ἄθλιος. ~or *s.* βρώμα *f.,* κακομοιριά *f.*

squall *s. (wind)* σπιλιάδα *f. (rain)* μπόρα *f.* ~y *a.* θυελλώδης.

squall *v.i.* στριγγλίζω.

squander *v.* σπαταλῶ. ~er *s.* σπάταλος *a.*

square *s. (geom.)* τετράγωνον *n. (of city)* πλατεῖα *f.* T-square γνώμων *m. (fam.)* back to ~ one φτού κι' ἀπ' τήν ἀρχή.

square *v.t.* τετραγωνίζω. *(balance)* ἰσοσκελίζω, *(bribe)* λαδώνω. *(v.i.) (agree)* συμφωνῶ. ~ up *(settle accounts)* λογαριάζομαι. ~ up *(to)* παίρνω ἐπιθετική στάση.

square *a.* τετράγωνος. *(metre, root, etc.)* τετραγωνικός. ~ deal δικαία μεταχείρισις. on the ~ ἔντιμος. get ~ with πατσίζω μέ, we are all ~ εἴμαστε πάτσι. have a ~ meal τρώω ἀρκετά. *(adv.)* καθαρά, ντόμπρα.

squarely *adv. (honestly)* ἐντίμως, *(positively)* καθαρά, *(straight)* ἴσια. ~ in the eye κατάματα.

squash *v.* ζουλῶ, *(in crowd)* στρυμώχνω. *(s.)* στρύμωγμα *n.*

squat *v.* κάθομαι ἀνακούρκουδα. *(occupy*

premises illegally) ἐγκαθίσταμαι παρανόμως.

squat *a.* κοντόχοντρος. *(object)* κοντός καί πλατύς.

squawk *v.* κρώζω. *(s.)* κρωγμός *m.*

squeak *v.* τσιρίζω, *(of machinery, 'shoe)* τρίζω. *(s.)* τσίρισμα *n.,* τρίξιμο *n.* ~y *a.* ~y shoes παπούτσια πού τρίζουν.

squeal *v.* σκληρίζω. *(fam., inform)* ξερνάω. *(s.)* σκλήρισμα *n.*

squeamish *a.* σιχασιάρης. *(fig.)* λεπτεπίλεπτος.

squeeze *v.t.* *(squash)* ζουλῶ, *(clasp)* σφίγγω. *(mop, sponge, lemon)* στύβω. *(jostle)* στρυμώχνω. *(one's hand in door, etc.)* μαγγώνω. ~ *(out)* *(extract)* βγάζω. *(v.i.)* ~ in *or* into στρυμώχνομαι, χώνομαι μέσα σέ.

squeez|e, ~ing *s.* σφίξιμο *n.* στύψιμο *n.* στρύμωγμα *n.*

squelch *v.i.* κάνω πλάτς-πλούτς.

squib *s.* τρακατρούκα *f.* *(fig.)* σάτιρα *f.* damp ~ φιάσκο *n.*

squid *s.* καλαμάρι *n.*

squint *v.* ἀλλοιθωρίζω. *(s.)* στραβισμός *m.* *(fam., glance)* have a ~ at ρίχνω μιά ματιά σέ.

squire *s.* πυργοδεσπότης *m.* *(fam., escort)* καβαλιέρος *m.*

squirm *v.* συστρέφομαι. *(fig.)* ντροπιάζομαι.

squirrel *s.* σκίουρος *m.*

squirt *v.t.* ἐκτοξεύω. *(v.i.)* ἐκτοξεύομαι. they ~ed water all over me μέ περιχύσανε μέ νερό.

stab *v.* μαχαιρώνω. *(s.)* μαχαιριά *f.* *(fam.)* have a ~ at it κάνω μία προσπάθεια.

stability *s.* εὐστάθεια *f.,* σταθερότης *f.*

stabiliz|e *v.* σταθεροποιῶ. ~ation *s.* σταθεροποίησις *f.*

stable *a.* σταθερός, εὐσταθής.

stable *s.* σταῦλος *m.*

stack *s.* *(pile)* στοίβα *f.,* σωρός *m.* *(hay, corn)* θημωνιά *f.* *(chimney)* καπνοδόχος *f.* *(fam.)* ~s of πολλοί. *(v.)* στοιβάζω.

stadium *s.* στάδιον *n.*

staff *s.* *(stick)* ράβδος *f.* *(fig. support)* στήριγμα *n.* *(flag, etc.)* κοντός *m.,* κοντάρι *n.* *(personnel)* προσωπικόν *n.* *(mil.)* General S~ ἐπιτελεῖον *n.* Chief of S~ ἐπιτελάρχης *m.* *(v.t.)* βρίσκω προσωπικό γιά.

stag *n.* ἐλάφι *n.*

stage *v.t.* *(a play)* ἀνεβάζω, *(also fig.)* σκηνοθετῶ. *(organize)* ὀργανώνω.

stage *s.* *(of theatre)* σκηνή *f.,* the ~ *(fig.)*

θέατρον *n.* go on the ~ βγαίνω στι σκηνή. *(platform)* ἐξέδρα *f.* *(step, poin reached)* στάδιον *n.* *(phase)* φάσις *f.* b ~s σταδιακῶς, κλιμακωτά. ~-**fright** *s* τράκ *n.* ~-**production** *s.* σκηνοθεσία *f* ~-**scenery** *s.* σκηνογραφία *f.,* σκηνικι *n.pl.*

stagger *v.i.* παραπαίω, τρικλίζω. *(v.t.* συγκλονίζω. *(working hours, etc.)* κλιμα κώνω. ~ing *a.* συγκλονιστικός.

stagnant *a.* στάσιμος. be ~ λιμνάζω.

stagnat|e *v.* *(fig.)* ἀποτελματώνομαι. ~io s. ἀποτελμάτωσις *f.* *(of affairs)* στασιμό της *f.*

staid *a.* σεμνός.

stain *s.* κηλίδα *f.* *(dye)* βαφή *f.* *(v.t.)* κη λιδώνω, *(dye?* βάφω. ~**less** *a.* ἀκηλίδω τος, *(steel)* ἀνοξείδωτος.

stair *s.* σκαλοπάτι *n.* ~s σκάλα *f.* ~**cas** *s.* κλιμακοστάσον *n.*

stake *s.* *(post)* παλούκι *n.,* πάσσαλος *m* *(money)* μίζα *f.* *(interest)* ἐνδιαφέρον *n* be at ~ διακυβεύομαι. play for high ~ διακυβεύω μεγάλα ποσά.

stake *v.* *(place* ~s*)* βάζω πασσάλους *(wager)* ποντάρω, *(risk)* διακυβεύω *(both)* παίζω.

stale *a.* *(food)* μπαγιάτικος, get ~ μπαγια τεύω, *(fig., of person)* ἔχω χάσει. *(old* παλιός. ~**ness** *s.* μπαγιατίλα *f.*

stalemate *s.* ἀδιέξοδον *n.*

stalk *s.* στέλεχος *n.,* κοτσάνι *n.,* μίσχο *m.*

stalk *v.t.* κυνηγῶ, παρακολουθῶ. *(v.i.* βαδίζω μέ ἀργά βήματα. ~**ing-horse** *s* *(fig.)* πρόσχημα *n.*

stall *s.* *(booth)* μπάγκος *m.* *(in church* στασίδι *n.* *(for cattle)* σταῦλος *m.* ~ *(theatre)* πλατεία *f.*

stall *v.i.* *(of engine)* σταματῶ, *(not reply* ἀποφεύγω νά ἀπαντήσω. *(v.t.)* ~ ol ἀποτρέπω. ~**ing** *s.* ὑπεκφυγές *f.pl.*

stallion *s.* βαρβάτο ἄλογο.

stalwart *s.* παλληκάρι *n.*

stamina *s.* ἀντοχή *f.*

stammer *v.* τραυλίζω, ~**er** *s.* τραυλός *a.*

stamp *v.i.* *(with feet)* χτυπῶ τά πόδι μου. ~ on ποδοπατῶ. *(v.t.)* *(a document letter)* σφραγίζω. *(imprint)* ἐντυπώνω *(characterize)* χαρακτηρίζω. ~ out *(stifle* καταπνίγω, *(uproot)* ξερριζώνω.

stamp *s.* *(die, mark, & fig.)* σφραγίδα *f* *(mould)* καλούπι *n.* *(postage)* γραμματό σημον *n.* *(for* ~-*duty)* χαρτόσημον *n* ~-**collecting** *s.* φιλοτελισμός *m.* ~-**duty** *s* χαρτόσημον *n.*

stampede *s. (rush)* ὁρμή *f. (flight)* φευγάλα *f.,* ἄτακτος φυγή. *(v.i.)* ὁρμῶ. *(v.t.)* πανικοβάλλω.

stance *s.* στάσις *f.*

stanch *v.* σταματῶ.

stand *s. (to ~ things on)* βάσις *f. (plinth)* ὑπόβαθρον *n. (for hats, etc.)* καλόγερος *m. (with seats)* ἐξέδρα *f. (booth, kiosk, pavilion)* περίπτερον *n.* make a ~ λαμβάνω ἀμυντική θέση. take one's ~ on βασίζομαι σέ. he took his ~ by the window στάθηκε κοντά στό παράθυρο.

stand *v.t. (set, put)* ἀκουμπῶ, στήνω, βάζω. *(be resistant to)* ἀντέχω σέ, *(put up with)* ἀνέχομαι. *(treat to)* κερνῶ. ~ a chance ἔχω ἐλπίδες.

stand *v.i.* στέκομαι (ὄρθιος). *(get up)* σηκώνομαι. *(stay)* παραμένω. *(be, be situated)* ὑπάρχω, βρίσκομαι, how *(or* where) do we ~? ποῦ βρισκόμαστε; the matter ~s thus ἡ ὑπόθεσις ἔχει ὡς ἑξῆς. it ~s ten metres high ἔχει δέκα μέτρα ὕψος. ~ to lose κινδυνεύω νά χάσω. it ~s to reason εἶναι προφανές. ~ fast *or* firm κρατῶ. ~ back *or* clear στέκομαι μακριά. ~ back! μήν πλησιάζετε! ~ aside παραμερίζω, *(yield)* ὑποχωρῶ.

stand by *v.t. (support)* ὑποστηρίζω, *(keep to)* ἐμμένω εἰς. *(v.i.) (be ready)* εἶμαι ἐν ἐπιφυλακῇ. *(take no part)* μένω ἀμέτοχος.

stand-by *s.* ἀποκούμπι *n.,* στήριγμα *n.* as a ~ γιά ὥρα ἀνάγκης. be on ~ εἶμαι ἐν ἐπιφυλακῇ.

stand down *v.i.* ἀποσύρομαι.

stand for *v. (mean)* σημαίνω, *(represent)* ἀντιπροσωπεύω. *(put up with)* ἀνέχομαι, he won't ~ it δέν τό σηκώνει. ~ Parliament πάω γιά βουλευτής.

stand in *v.i.* ~ with ἑνώνομαι μέ. ~ for ἀντικαθιστῶ.

stand-in *s.* ἀντικαταστάτης *m.*

stand off *v.i.* μένω παράμερα. *(v.t., dismiss)* ἀπολύω προσωρινά.

stand-offish *a.* be ~ κρατῶ ἀπόσταση. **~ness** *s.* ἀκαταδεξία *f.*

stand out *v.i. (resist)* ἀντιστέκομαι, *(be prominent)* ξεχωρίζω.

stand over *v.i.* παραμένω ἐκκρεμής. let it ~ τό ἀναβάλλω. *(v.t., supervise)* στέκομαι πάνω ἀπ' τό κεφάλι *(with gen.).*

stand to *v.t. (man)* παίρνω θέση σέ *(v.i.) (be on alert)* παραμένω ἐν ἐπιφυλακῇ.

stand-to *s.* συναγερμός *m.*

stand up *v.i.* σηκώνομαι (ὄρθιος). ~ for ὑποστηρίζω, παίρνω τό μέρος *(with*

gen.). ~ to *(resist)* ἀνθίσταμαι εἰς, *(be resistant)* ἀντέχω σέ.

standard *s. (flag)* σημαία *f. (measure)* μέτρον *n.,* κανών *m. (level)* ἐπίπεδον *n.,* στάθμη *f.* moral ~ μέτρον τῆς ἠθικῆς. ~ of living βιωτικόν ἐπίπεδον. gold ~ χρυσοῦς κανών.

standard *a. (regular)* κανονικός, *(usual)* συνηθισμένος. *(work, authority)* κλασσικός, παραδεδεγμένος. *(measure)* ἐπίσημος. ~ English τά σωστά ἀγγλικά. ~ lamp λαμπαντέρ *n.*

standardiz|e *v.* τυποποιῶ. **~ation** *s.* τυποποίησις *f.*

standing *s.* be in good ~ ἔχω καλό ὄνομα. person of ~ σημαῖνον πρόσωπον. of high social ~ ἀνωτέρας κοινωνικῆς θέσεως. friendship of long ~ παλιά φιλία.

standing *a.* ὄρθιος, *(permanent)* μόνιμος.

standpoint *s.* ἄποψις *f.*

standstill *s.* σταμάτημα *n.* bring *or* come to a ~ σταματῶ.

stanza *s.* στροφή *f.*

staple *s.* συνδετήρ *m. (v.t.)* συνδέω μέ συνδετήρα.

staple *a. (chief)* κύριος. ~ commodity κύριον προϊόν.

star *s.* ἀστήρ *m.,* ἄστρον, ἀστέρι *n. (of stage)* βεντέτα *f.* ~ turn κυριώτερο νούμερο. S~s and Stripes 'Αστερόεσσα *f. (fam.)* see ~s βλέπω τόν οὐρανό σφοντύλι. *(v.i.) (play lead)* πρωταγωνιστῶ. **~-crossed** *a.* κακότυχος. **~fish** *s.* ἀστερίας *m.* **~-gazer** *s. (fig.)* ὀνειροπόλος *a.* **~light** *s.* ἀστροφεγγιά *f.*

starboard *s.* δεξιός. to ~ δεξιά.

starch *s.* ἄμυλον *n.,* κόλλα *f. (v.)* κολλάρω. **~y** *a.* ἀμυλώδης, *(prim)* τυπικός.

star|e *v.* ~e at καρφώνω τά μάτια μου ἐπάνω σέ. why are you ~ing at me so? γιατί μέ κοιτᾶς ἔτσι ἐπίμονα; ~e in surprise μένω κατάπληκτος. *(of mislaid object)* it's ~ing you in the face εἶναι κάτω ἀπ' τή μύτη σου. *(s.)* βλέμμα *n.* **~ing** *a. (colour)* χτυπητός, *(eyes)* γουρλωμένος. be (stark) ~ing mad εἶμαι (τρελλός) γιά δέσιμο.

stark *a. (stiff)* ἄκαμπτος, *(bare)* γυμνός. *(utter)* πλήρης. *(adv.)* τελείως. ~ naked θεόγυμνος, ~ mad γιά δέσιμο.

starling *s.* μαυροπούλι *n.,* ψαρόνι *n.*

starry *a.* ξάστερος, ἔναστρος. ~ night ξαστεριά *f.* **~-eyed** *a.* οὐτοπιστής.

start *v.i. (begin)* ἀρχίζω. *(set out, depart)* ξεκινῶ, φεύγω, ἀναχωρῶ. *(of motor)* παίρνω μπρός. *(jump)* τινάζομαι, *(come* *loose)* ἀνοίγω. his eyes ~ed out of his head γούρλωσε τά μάτια του. ~ up *(arise)* ἀνακύπτω, *(rise suddenly)* πετάγομαι. ~ in on, ~ out *(to)* ἀρχίζω. he ~ed out to learn English βάλθηκε νά μάθη ἀγγλικά. to ~ with πρῶτα πρῶτα, *(at the beginning)* στήν ἀρχή.

start *v.t.* ἀρχίζω. *(chat, work, friendship)* πιάνω. *(motor, scheme)* βάζω μπρός. it has ~ed me thinking μ' ἔβαλε σέ σκέψεις.

start *s. (beginning)* ἀρχή *f. (jump)* τίναγμα *n.* give *(person)* a ~ ξαφνίζω. get the ~ of ξεπερνῶ.

starter *s. (of race)* ἀφέτης *m. (of motor)* μίζα *f.*

starting|-point, ~**-post** *s.* ἀφετηρία *f.*

start|le *v.* τρομάζω, ξαφνιάζω. be ~led τρομάζω, ξαφνιάζομαι. ~**ling** *a.* τρομακτικός.

starvation *s.* πείνα *f.*

starv|e *v.i.* πεινῶ. ~e to death πεθαίνω ἀπό πείνα. be ~ing for πεθαίνω γιά. *(v.t.)* they ~ed us μᾶς τάραξαν στήν πείνα.

starv|ing *a.,* ~**eling** *s.* πειναλέος.

state *s. (condition)* κατάστασις *f. (political)* πολιτεία *f.* the S~ τό κράτος. *(civil power)* τό δημόσιον. *(ceremony, pomp)* ἐπισημότης *f.,* in ~ ἐπισήμως. lying-in-~ λαϊκόν προσκύνημα. *(fam.)* be in a ~ *(worried)* ἀνησυχῶ.

state *a.* κρατικός, *(ceremonial)* ἐπίσημος.

state *v.t.* δηλώνω, *(expound)* ἐκθέτω. ~**ment** *s.* δήλωσις *f.* ἔκθεσις *f. (by witness)* κατάθεσις *f. (fin.)* κατάστασις *f.*

stately *a.* ἐπιβλητικός, *(distinguished)* ἀρχοντικός.

statesman *s.* πολιτικός ἀνήρ. ~**ship** *s.* πολιτική ἱκανότης.

static *a.* στατικός.

station *s.* σταθμός *m. (police)* τμῆμα *n. (naval)* βάσις *f. (place)* θέσις *f. (rank)* κοινωνική θέσις. *(v.t.)* τοποθετῶ.

stationary *a. (not changing)* στάσιμος, *(not movable)* μόνιμος, *(having stopped)* σταθμεύων, ἐν στάσει.

station|er *s.* χαρτοπώλης *m.* ~**er's** *s.* χαρτοπωλεῖον *n.* ~**ery** *s.* εἴδη χαρτοπωλείου, χαρτοφάκελλα *n.pl.*

statistical *a.* στατιστικός. ~**ly** *adv.* στατιστικῶς.

statistic|s *s.* στατιστική *f.* ~**ian** *s.* στατιστικός *m.*

statu|e *s.* ἄγαλμα *n. (only of person)* ἀνδριάς *m.* ~**ary** *s.* ἀγάλματα *n.pl.*

~**esque** *a.* ἀγαλματένιος, σάν ἄγαλμα. ~**ette** *s.* ἀγαλματάκι *n.*

stature *s.* ἀνάστημα *n.,* μπόι *n.*

status *s. (legal)* κατάστασις *f. (official)* ἰδιότης *f. (social)* θέσις *f.* ~ quo καθεστώς *n.*

statute *s.* θέσπισμα *n.,* νόμος *m.* ~s *(of corporation, etc.)* καταστατικόν *n.*

statutory *a.* προβλεπόμενος ὑπό τοῦ νόμου.

staunch *a.* πιστός. ~**ly** *adv.* πιστά.

staunch *v.* σταματῶ.

stave *s. (of barrel)* ντούγια *f. (stanza)* στροφή *f. (mus.)* πεντάγραμμον *n.*

stave *v.* ~ off ἀποσοβῶ. ~ in τρυπῶ σπάζω.

stay *v.i. (remain)* μένω, *(wait)* περιμένω, *(sojourn)* διαμένω, *(continue to be)* παραμένω. ~ put μένω στήν ἴδια θέση. ~ up *(at night)* κοιμᾶμαι ἀργά. *(v.t.)* *(stop)* σταματῶ, *(delay)* ἀναστέλλω. ~ the course ἀντέχω ὥς τό τέλος. ~ one's hunger κόβω τήν πείνα μου. ~**-at-home** *s.* σπιτόγατος *m.* ~**ing-power** *s.* ἀντοχή *f.*

stay *s. (sojourn)* διαμονή, παραμονή *f. (delay)* ἀναστολή *f.*

stay *s. (support)* στήριγμα *n.* ~s κορσές *m. (v.t.)* ~ (up) στηρίζω.

stead *s.* in his ~ στή θέση του. I acted in his ~ τόν ἀντικατέστησα. it stood me in good ~ μοῦ φάνηκε πολύ χρήσιμο.

steadfast *a.* σταθερός, πιστός.

stead|y *a.* σταθερός. *(regular)* κανονικός, *(continuous)* συνεχής. *(in habits)* μετρημένος. *(v.t.)* σταθεροποιῶ. ~**ily** *adv.* σταθερά, *(all the time)* ὅλο.

steak *s.* φιλέτο *n.*

steal *v.t.* κλέβω. ~ a march on προλαβαίνω. *(v.i.)* *(creep)* γλιστρῶ. ~**ing** *s.* κλέψιμο *n.,* κλεψιά *f.*

stealth *s.* by ~ λαθραίως, κρυφά. ~**y** *a. (glance)* κρυφός, *(silent)* ἀθόρυβος.

steam *v.i.* βγάζω ἀτμό, ἀχνίζω. *(sail, plew. (v.t.)* *(apply ~ to)* ἀχνίζω, *(cook)* ψήνω στόν ἀχνό. *(fig.)* get ~ed up ἐκνευρίζομαι. the window is ~ed up τό παράθυρο θόλωσε.

steam *s.* ἀτμός *m.,* ἀχνός *m.* at full ~ ὁλοταχῶς. let off ~ ξεθυμαίνω. under one's own ~ μέ τίς ἴδιες μου τίς δυνάμεις. ~**er,** ~**boat,** ~**ship** *s.* ἀτμόπλοιον *n.* ~**-engine** *s.* ἀτμομηχανή *f.* ~**-navigation** *s.* ἀτμοπλοΐα *f.* ~**-roller** *s.* ὁδοστρωτήρας *m.*

steed *s.* ἄτι *n.*

teel s. χάλυψ m., ἀτσάλι n. (a.) χαλύβδινος, ἀτσαλένιος. (v.t.) χαλυβ(δ)ώνω, σκληραίνω. ~ one's heart χαλυβώνω τήν ψυχή μου. ~y a. σκληρός.

teep a. ἀπότομος, (fig.) ὑπερβολικός. ~ly adv. ἀπότομα. ~ness s. ἀπότομον n.

teep v. μουσκεύω. ~ed a. (fig.) ἐμποτισμένος, (in vice, ignorance) βουτηγμένος.

teeple s. καμπαναρειό μέ βέλος.

teeplechase s. δρόμος μετ' ἐμποδίων.

teer s. βόδι n.

teer v.t. κυβερνῶ, ὁδηγῶ. (v.i., in ship) κρατῶ τό πηδάλιον. ~ clear of ἀποφεύγω. ~ing-wheel s. τιμόνι n. ~sman s. τιμονιέρης m.

teerage s. travel ~ ταξιδεύω τρίτη θέση (or κατάστρωμα).

tellar a. ἀστρικός.

tem s. στέλεχος n., μίσχος m., κοτσάνι n. (of glass) πόδι n. (gram.) θέμα n. from ~ to stern ἀπό πλώρη σέ πρύμνη.

tem v.t. (check) συγκρατῶ, βάζω φράγμα σέ. (fig.) ἀναχαιτίζω. (v.i.) ~ from προέρχομαι ἀπό.

tench s. μπόχα f.

tencil s. (for duplicating) μεμβράνη πολυγράφου, στένσιλ n. (for design) ἀχνάρι n.

tenograph|er s. στενογράφος m.f. ~y s. στενογραφία f.

tentorian a. στεντόρειος.

tep s. βῆμα n. (foot~) πάτημα n. (action taken) διάβημα n. (stair) σκαλί, σκαλοπάτι n. ~s (of entrance, etc.) σκάλες f.pl. pair of ~s σκάλα f. take ~s λαμβάνω μέτρα. watch one's ~ προσέχω. keep ~ with συμβαδίζω μέ. ~ by ~ βῆμα πρός βῆμα.

tep v.i. (walk) περπατῶ, (take a ~) κάνω ἕνα βῆμα. ~ on πατῶ, (fam.) ~ on it πατῶ γκάζι, κάνω γρήγορα. ~ in (fig.) ἐπεμβαίνω, μπαίνω στή μέση. ~ down (fig.) παραιτοῦμαι. ~ out ἀνοίγω τό βῆμα. (v.t.) ~ up αὐξάνω, ἐντείνω.

tep|brother s. ἐτεροθαλής ἀδελφός. ~child s. προγονός m. ~father s. πατρυιός m. ~mother s. μητρυιά f. ~sister s. ἐτεροθαλής ἀδελφή.

teppe s. στέππη f.

tereoscopic a. στερεοσκοπικός.

tereotyped a. στερεότυπος.

teril|e a. ἄγονος, στεῖρος. ~ity s. στειρότης f. ~ize v. ἀποστειρώνω. ~ization s. ἀποστείρωσις f.

terling s. (fin.) στερλίνα f. (fig.) γνήσιος.

tern a. αὐστηρός. ~ly adv. αὐστηρά. ~ness s. αὐστηρότης f.

stern s. πρύμνη f.

stertorous a. ρογχώδης.

stethoscope s. στηθοσκόπιον n.

stevedore s. φορτοεκφορτωτής m.

stew v.t. & i. σιγοβράζω. (s.) ἐντράδα f., ραγού n. (fam.) get in a ~ γίνομαι ἄνω κάτω. ~ed a. βραστός, ~ed fruit κομπόστα f. ~-pot s. τσουκάλι n., χύτρα f.

steward s. οἰκονόμος m. (at function) ἐπιμελητής m. (naut.) καμαρότος m. ~ship s. διαχείρισις f.

stick s. (bit of wood) ξύλο n. (walking) μπαστούνι n., ραβδί n. (piece) κομμάτι n. (fig.) in a cleft ~ σέ δίλημμα. get hold of the wrong end of the ~ καταλαβαίνω στραβά.

stick v.t. (thrust) χώνω, μπήζω. (transfix) καρφώνω. (put) βάζω, (endure) ἀνέχομαι, (fix, fasten) κολλῶ. ~ it out ἀντέχω ὥς τό τέλος. ~ it on (overdo it) τά παρακάνω. (v.i.) (also get stuck) κολλῶ. ~ together παραμένομε ἡνωμένοι. ~ at nothing εἶμαι ἱκανός γιά ὅλα. it ~s in my throat μοῦ κάθεται στό λαιμό. ~ing-plaster s. λευκοπλάστης m. ~-in-the-mud s. ρουτινιέρης m.

stick out v.t. βγάζω, ἁπλώνω. (v.i.) προεξέχω. ~ for ἐπιμένω εἰς.

stick to v. (friends) μένω πιστός σέ. (abide by) ἐμμένω εἰς.

stick up v.i. προεξέχω. ~ for ὑποστηρίζω.

stickler s. be a ~ for... εἶμαι σχολαστικός σέ.

sticky a. it is ~ κολλάει.

stiff a. σκληρός, (with cold) ξυλιασμένος, (of muscles) πιασμένος. (formal) τυπικός, (difficult) δύσκολος, (strong) δυνατός. I have a ~ neck πιάστηκε ὁ λαιμός μου. ~ly adv. (of movement) ἀλύγιστα, σάν πιασμένος. (of manner) ψυχρά.

stiffen v.t. & i. σκληραίνω, (with cold) ξυλιάζω. (intensify) δυναμώνω. (v.i.) (of muscles) πιάνομαι.

stiffness s. σκληρότης f. (of body) δυσκαμψία f., πιάσιμο n. (manner) ψυχρότης f.

stifl|e v.t. πνίγω, (fig.) καταπνίγω. (v.i.) πνίγομαι. ~ing a. ἀποπνικτικός, πνιγηρός.

stigma s. στίγμα n. ~tize v. στιγματίζω.

still s. λαμβίκος m.

still adv. ἀκόμα. (but) ~ (nevertheless) ὅμως, ὡστόσο.

still a. (unmoving) ἀκίνητος, (calm) ἤρεμος. keep or stand ~ κάθομαι ἥσυχος, δέν κουνιέμαι. ~ life νεκρά φύσις. ~

waters run deep (αὐτός εἶναι) σιγανό ποτάμι. (v.t.) καθησυχάζω. ~ness s. ἠρεμία f.

still-born a. the baby was ~ τό μωρό γεννήθηκε νεκρό. (fig., plan, etc.) θνησιγενής.

stilts s. ξυλοπόδαρα n.pl.

stilted a. προσποιητός, ἐπιτηδευμένος.

stimulant s. διεγερτικόν n.

stimulat|e v. διεγείρω, κεντρίζω, ἐρεθίζω. ~ing a. τονωτικός. ~ion s. διέγερσις f.

stimulus s. κίνητρον n. (physiological) ἐρέθισμα n.

sting s. (organ) κεντρί n. (wound, pain) κέντημα n. (v.t.) κεντρίζω, (fig., overcharge) γδέρνω. (v.i., smart) τσούζω.

sting|y a. τσιγγούνης. ~iness s. τσιγγουνιά f.

stink s. μπόχα f., βρώμα f. (v.) σκυλοβρωμάω. (also fig.), (also ~ of) βρωμάω. ~ing a. βρωμερός.

stint v.t. (food, etc.) τσιγγουνεύομαι, oneself of στεροῦμαι (with acc. or gen.).

stint s. without ~ ἀφειδῶς. (amount of work) ἀνατιθεμένη ἐργασία. I did my ~ ἔκανα τό ἀναλογοῦν μου.

stipend s. μισθός m. ~iary a. ἔμμισθος.

stipple s. πουαντιγέ n.

stipulat|e v. ὁρίζω ρητῶς. ~ion s. ὅρος m.

stir v.i. σαλεύω, (bestir oneself) κουνιέμαι. (v.t.) σαλεύω, κινῶ. (rouse) ἐγείρω, (excite, move) συγκινῶ. (mix) ἀνακατώνω. ~ up (trouble, etc.) ὑποκινῶ. (s.) (commotion) σάλος m. ~ring a. (adventure) συναρπαστικός, (speech) συγκινητικός.

stirrup s. ἀναβολεύς m.

stitch s. βελονιά f. (knitting) πόντος m. (of wound) ράμμα n. (pain) σουβλιά f. (v.) ράβω. ~ing s. ράψιμο n.

stoat s. νυφίτσα f.

stock s. (supply) παρακαταθήκη f., ἀπόθεμα n. (in shop) στόκ n. it is out of ~ ἐξαντλήθηκε. take ~ of ἐκτιμῶ. (handle) λαβή f. (of rifle) κοντάκι n. (of anchor) τσίπος m. (beasts) ζῶα n.pl. (liquor) ζωμός m. (flower) βιόλα f. (breed) γένος n., σόι n. he comes of English ~ κατάγεται ἀπό Ἄγγλους. (fin.) μετοχές f.pl., τίτλοι m.pl., ἀξίαι f.pl. his ~ is going up (fig.) οἱ μετοχές του ἀνεβαίνουν. (shipbuilding & fig.) on the ~s στά σκαριά. ~s and stones ἄψυχα ἀντικείμενα.

stock v.t. (equip, fill) ἐφοδιάζω, γεμίζω. (have, keep) ἔχω. (v.i.) ~ up with ἐφοδιάζομαι μέ, ἀποθηκεύω.

stockade s. πασσαλόπηγμα n.

stock-breeding s. κτηνοτροφία f.

stockbroker s. χρηματιστής m.

stock-exchange s. χρηματιστήριον n.

stocking s. κάλτσα f.

stock-in-trade s. σύνεργα n.pl. (fig.) παρακαταθήκη f.

stockpile s. ἀποθέματα n.pl.

stock-still a. τελείως ἀκίνητος.

stock-taking s. ἀπογραφή f.

stocky a. γεροδεμένος.

stockyard s. μάντρα f.

stodgy a. δυσκολοχώνευτος, βαρύς.

stoic s., ~al a. στωικός. ~ally adv. στωικά. ~ism s. στωικότης f.

stoke v. τροφοδοτῶ. ~r s. θερμαστής m.

stole s. (eccl.) πετραχήλι n. (woman's) σάρπα f.

stolid a. φλεγματικός.

stomach s. στομάχι n. (fig.) (appetite) ὄρεξις f., (courage) θάρρος n. (v.t.) ἀνέχομαι. (a.) στομαχικός.

stone v. λιθοβολῶ, πετροβολῶ. (remove ~ of) ξεκουκουτσιάζω. ~d a. μέ βγαλμένα τά κουκούτσια. (fam., drunk) σκνίπα.

stone s. λίθος m.f., πέτρα f. (of fruit, κουκούτσι n. throw ~s see stone v leave no ~ unturned βάζω λυτούς κα δεμένους. a ~'s throw δυό βήματα. (a. λίθινος, πέτρινος. ~-breaker s. λιθοκόπος m. ~-built a. λιθόκτιστος. ~-cold a παγωμένος. ~-deaf a. θεόκουφος. ~-mason s. λιθοξόος m. ~-pine s. κουκουναριά f. ~-wall v.i. κωλυσιεργῶ. ~work s λιθοδομή f.

stony a. (ground) πετρώδης. (fig.) σκληρός. ~-broke a. (fam.) μπατίρης.

stooge s. (fam.) ὑποτελής a.

stool s. σκαμνί n. (faeces) κενώσεις f.pl go to ~ ἀποπατῶ.

stoop v. σκύβω, (deign) καταδέχομαι.

stop s. (stopping, stopping-place) στάσις f come to a ~ σταματῶ. put a ~ to θέτω τέρμα εἰς, τερματίζω. (punctuation) ση μεῖον στίξεως. (gram.) ~ consonant στιγμιαῖον n.

stop v.t. (fill up, block) κλείνω, βουλλώνω φράζω. (withhold) κόβω. (halt) σταματῶ (break off) διακόπτω, (prevent) ἐμπο δίζω. (v.i.) (cease) σταματῶ, παύω (stand still) σταματῶ, στέκομαι, (of bus etc.) κάνω στάση. (stay, reside) μένω. ~ off or over διακόπτω τό ταξίδι μου ~-cock s. γενικός διακόπτης τοῦ νεροῦ ~-gap s. προσωρινή λύσις. ~-press s. εἰ δήσεις ἐπί τοῦ πιεστηρίου. ~-watch s χρονόμετρον μέ διακόπτην.

toppage s. σταμάτημα n. διακοπή f. στάσις f.

topper s. πῶμα n.

topping s. (of tooth) σφράγισμα n.

storage s. (act) ἀποθήκευσις f. (place) ἀποθήκη f. (space) χῶρος γιά ἀποθήκευση. in cold ~ στήν κατάψυξη.

store s. (stock) ἀπόθεμα n. (~house) ἀποθήκη f. (shop) κατάστημα n. ~s (supplies) ἐφόδια n.pl. προμήθειαι f.pl. in ~ (stored) ἀποθηκευμένος, (to come) what the future has in ~ τό τί μᾶς ἐπιφυλάσσει τό μέλλον. set ~ by ἀποδίδω σημασίαν εἰς. (v.t.) ἀποθηκεύω, βάζω στήν ἀποθήκη. ~-keeper s. ἀποθηκάριος m.

torey s. ὄροφος m., πάτωμα n., two-~ed διόροφος, δίπατος.

toried a. θρυλικός.

tork s. πελαργός m., λελέκι n.

torm s. (lit. & fig.) θύελλα f. (at sea) φουρτούνα, τρικυμία f. (uproar) θόρυβος m. ~ in a teacup μεγάλο κακό γιά τό τίποτα. (v.i.) λυσσομανῶ. he ~ed in ὥρμησε μέσα ἀποθηρυωμένος. (v.t., capture) καταλαμβάνω ἐξ ἐφόδου. ~-tossed a. be ~-tossed θαλασσοδέρνομαι. ~y a. θυελλώδης, (sea) τρικυμιώδης.

tory s. ἱστορία f. (esp. literary) διήγημα n. (fib) παραμύθι n.

tout a. (brave) θαρραλέος, (fattish) γεμᾶτος, (strongly made) γερός, ἀντοχῆς. ~ly adv. θαρραλέως, γερά. (insistently) ἐπιμόνως.

tove s. (heating) σόμπα f., θερμάστρα f. (cooking) κουζίνα f. (paraffin) γκαζιέρα f. ~-pipe s. μπουρί n.

stow v.t. τακτοποιῶ, βάζω. ~away s. λαθρεπιβάτης m.

straddle v.i. στέκομαι μέ τά πόδια ἀνοικτά. (v.t.) (sit astride) καβαλλικεύω, (span) περνῶ, (a target) περιβάλλω.

straggl|e v.i. (spread untidily) ἁπλώνομαι ἀκατάστατα, (drop behind) βραδυπορῶ. ~er s. βραδυπορῶν m. ~ing a. σκορπισμένος.

straight a. (not crooked) ἴσιος, (erect) ὀρθός, ἴσιος. (direct) εὐθύς, (honest) εὐθύς, ἴσιος. (unmixed) σκέτος. (in good order) τακτοποιημένος. ~ line εὐθεῖα f. ~ face σοβαρή ἔκφραση.

straight adv. (also ~ ahead) ἴσια. (directly) κατ' εὐθεῖαν. ~ away ἀμέσως. put ~ see straighten. keep or go ~ μπαίνω στόν ἴσιο δρόμο.

straighten v.t. ἰσιώνω. (settle, tidy) (also

~ out) τακτοποιῶ, σιάζω. (v.i.) σιάζω. ~ up τεντώνομαι.

straightforward a. (simple) ἁπλός, (honest) εὐθύς.

straightway adv. ἀμέσως.

strain s. (mech.) πίεσις f. (nervous) ὑπερέντασις f. (hard work, trouble) κόπος m. (burden) ἐπιβάρυνσις f. the ~ of modern life ὁ ἐντατικός ρυθμός τῆς σύγχρονης ζωῆς. (tendency) τάσις f., φλέβα f. (tone, style) ὕφος n. ~s (of music) ἦχοι m.pl. (stock, race) σόι n., ράτσα f.

strain v.t. (stretch) τεντώνω, (tire) κουράζω, (sprain) στραμπουλίζω. (filter) στραγγίζω, σουρώνω. (patience) ἐξαντλῶ, (meaning, etc.) παρατραβῶ. (v.i.) (make effort) σφίγγομαι. ~ on or at (pull) τραβῶ. ~ after (seek) κυνηγῶ, ἐπιδιώκω. ~ed a. (manner) ἀφύσικος, (relations) τεταμένος, (nerves) σέ ὑπερέντασῃ. ~er s. τρυπητό, σουρωτήρι n.

strait s. (geographical) στενόν n. ~s, ~ened circumstances δυσχέρειες f. pl. ~-jacket s. ζουρλομανδύας m. ~-laced a. σεμνότυφος.

strand v.t. (run aground) ρίχνω ἔξω. (fig.) be ~ed βρίσκομαι χωρίς πόρους.

strand s. (thread) νῆμα n. (shore) ἀκτή f.

strange a. (alien, not one's own) ξένος, (unfamiliar) ἀσυνήθιστος, (peculiar) παράξενος, περίεργος. ~ly adv. περίεργα. ~ness s. the ~ness of his surroundings τό ἀσυνήθιστο τοῦ περιβάλλοντός του.

stranger s. ξένος m. he is a ~ to me μοῦ εἶναι ἄγνωστος. be no ~ to (know all about) ξέρω ἀπό.

strangle v. στραγγαλίζω, πνίγω. ~hold s. have a ~hold on κρατῶ ἀπ' τό λαιμό.

strangulation s. στραγγαλισμός m.

strap s. ἱμάς m., λουρί n. (v.) δένω μέ λουρί.

strapping a. γεροδεμένος.

stratagem s. στρατήγημα n.

strateg|y s. στραγηγική f. ~ic a. στρατηγικός.

stratification s. στρωμάτωσις f.

stratosphere s. στρατόσφαιρα f.

stratum s. στρῶμα n.

straw s. ἄχυρο n. (woven) ψάθα f. (for drinking) καλαμάκι n. (a.) ἀχυρένιος, ψάθινος.

strawberry s. φράουλα f.

stray (v.) (of animals) ξεφεύγω. (lose the way) χάνω τό δρόμο, (morally) παραστρατῶ. (a.) (animal, bullet) ἀδέσποτος, (scattered) σκόρπιος. (chance) τυχαῖος.

streak s. γραμμή f. (stripe) ρίγα f. (of light) ἀχτίδα f. (trace) φλέβα f. (v.i.) περνῶ ἀστραπιαίως. ~ed, ~y a. ριγωτός.

stream s. (current) ρεῦμα n. (river) ποτάμι n. (brook) ρυάκι n. (fig., people) κῦμα n. ~ of abuse ὑβρεολόγιον n.

stream v.i. (pour) τρέχω. ~ in εἰσρέω, ~ out ξεχύνομαι. (in the wind) κυματίζω. ~er s. σερπαντίνα f.

streamline v. (fig.) ἐκσυγχρονίζω. ~d a. (vehicle) ἀεροδυναμικός.

street s. δρόμος m., ὁδός f. ~ musician πλανόδιος μουσικός. ~ market λαϊκή ἀγορά.

strength s. δύναμις f., ἰσχύς f. (esp. moral, physical) σθένος n. on the ~ of (relying) βασιζόμενος σέ. ~en v.t. & i. δυναμώνω. (v.t.) ἐνισχύω.

strenuous a. ἐντατικός, σκληρός, (effort, denial) ἐπίμονος. ~ly adv. σκληρά, ἐπιμόνως.

stress s. (pressure) πίεσις f. (mech.) τάσις f. (emotional) ἔντασις f. (emphasis) ἔμφασις f. (accent) τόνος m. (accentuation) τονισμός m. (v.t.) τονίζω, ὑπογραμμίζω.

stretch v.t. τεντώνω. ~ out (hand, etc.) ἐκτείνω, ἁπλώνω. ~ one's legs (fig.) πάω νά ξεμουδιάσω. ~ a point κάνω μία παραχώρηση.

stretch v.i. ~ (oneself) τεντώνομαι. ~ (oneself) out ξαπλώνομαι. (extend) ἁπλώνομαι, ἐκτείνομαι. (of materials) ἀνοίγω.

stretch s. (land, water) ἔκτασις f. (time) διάστημα n. (of fingers, etc.) ἄνοιγμα n. at a ~ (continuously) μονοκοπανιά.

stretcher s. φορεῖον n.

strew v. (cover) στρώνω, (scatter) σκορπίζω.

stricken a. (with grief) συντετριμμένος, (by disease) προσβεβλημένος, (by misfortune, love) χτυπημένος. ~ in years προχωρημένης ἡλικίας.

strict a. αὐστηρός, (absolute) ἀπόλυτος. ~ly adv. αὐστηρῶς, ~ly speaking γιά νά εἴμαστε ἀκριβεῖς. ~ness s. αὐστηρότης f.

stricture s. ἐπίκρισις f. pass ~s on ἐπικρίνω.

stride v. βαδίζω μέ μεγάλα βήματα. (s.) μεγάλο βῆμα, δρασκελιά f. take it in one's ~ τό κάνω χωρίς δυσκολία.

strident a. τραχύς.

strife s. διαμάχη f.

strike s. (raid) ἐπιδρομή f. (find) εὕρημα

n. (refusal to work) ἀπεργία f. go on ~ ἀπεργῶ.

strike v.t. (hit, cause to hit) χτυπῶ. (impress) ἐντυπωσιάζω. how does it ~ you? πῶς σοῦ φαίνεται; it ~s me (I think) νομίζω. (a blow) καταφέρω. ~ a blow for (fig.) ἀγωνίζομαι γιά. (a match) ἀνάβω, (sparks) βγάζω, (coins) κόβω. (a flag) κατεβάζω, (a tent) ξεστήνω. ~ terror into τρομοκρατῶ. ~ a bargain κλείνω συμφωνία. ~ an attitude παίρνω πόζα.

strike v.i. (attack) ἐπιτίθεμαι, χτυπῶ. (o clock) χτυπῶ, βαρῶ. (of match) ἀνάβω (stop work) ἀπεργῶ. ~ into or across (traverse) διασχίζω.

strike down v.t. πλήττω.

strike in v.i. (intervene) πετιέμαι.

strike off v.t. (cut off) κόβω, (remove διαγράφω, (print) τυπώνω.

strike out v.t. (erase) σβήνω. (v.i.) (giv blows) γρονθοκοπῶ. (swim) κολυμπῶ. (i enterprise) ἁπλώνομαι. ~ for (proceed βάζω μπρός (or τραβῶ) γιά.

strike up v.t. ~ a song ἀρχίζω νά τρα γουδῶ. ~ a friendship πιάνω φιλίες.

striker s. ἀπεργός m.

striking a. ἐντυπωσιακός. ~ly adv. ἐκπλη κτικά.

string s. (twine) σπάγγος m. (row, se quence) σειρά f. (of bow, heart, mus. χορδή f., ~s ἔγχορδα n.pl. (onions, lies ὁρμαθός m. ~ of beads κομπολόι n. pu the ~s (of puppets & fig.) κρατῶ τά νή ματα. pull ~s (use influence) βάζω μέσο without ~s χωρίς ὅρους. have two ~s t one's bow τό ἔχω δίπορτο. ~ed a. ἔγ χορδος. ~y a. ἰνώδης.

string v.t. (beads, etc.) περνῶ. (hang κρεμῶ. ~ together (words) συντάσσω. ~ out ἀραιώνω.

stringen|t a. αὐστηρός. ~cy s. αὐστηρότη f.

strip s. λουρίδα f., ταινία f. ~ cartoo κόμικς n. ~ lighting λαμπτήρες φθορι σμοῦ.

strip v.t. (remove by stripping) βγάζω (person) γδύνω. ~ (of) (rob, deprive ἀπογυμνώνω (with gen. or ἀπό). he wa ~ped of his powers τόν ἀπογύμνωσα ἀπό τίς ἐξουσίες του. (v.i.) (undress γδύνομαι.

stripe s. ρίγα f. (mil.) γαλόνι n. ~s (o animal) ραβδώσεις f.pl. ~d a. ριγωτός ριγέ. (animal) μέ ραβδώσεις.

stripling s. νεανίσκος m.

strive v.i. (try) πασχίζω. (struggle) παλεύω, πολεμῶ. ~e after ἐπιδιώκω. ~ing s. πάλη f.

stroke s. (blow) χτύπημα n. (movement) κίνησις f. (in swimming) ἁπλωτή f. (of clock) χτύπημα n. (of hammer) σφυριά f. ~ of luck εὐτύχημα n., λαχεῖο n. brush-~ πινελιά f. I haven't done a ~ of writing δέν ἔβαλα μία πεννιά. (illness) συμφόρησις f. at one ~ μέ μιᾶς.

stroke v. (caress) χαϊδεύω. (s.) χάδι n.

stroll v.i. σουλατσάρω. s. go for a ~ κάνω μία βόλτα.

strong a. δυνατός, ἰσχυρός. (vivid, intense) ἔντονος. (durable) γερός. ~ point or suit φόρτε n. he is going ~ βαστιέται καλά. ~-box s. χρηματοκιβώτιον n. ~ly adv. δυνατά, ἰσχυρῶς, γερά.

stronghold s. φρούριον n. (fig.) προπύργιον n.

strop v. ἀκονίζω στό λουρί.

structural a. (alteration, etc.) δομικός. ~ly adv. δομικά.

structure s. (way thing is made) κατασκευή f. (building) οἰκοδόμημα n.

struggle v. παλεύω, πολεμῶ. (s.) πάλη f.

strum v. (fam.) γρατσουνάω.

strumpet s. πόρνη f.

strut s. (support) ὑποστήριγμα n.

strut v.i. περπατῶ καβρωμένος.

stub s. (counterfoil) στέλεχος n. (bit left) ὑπόλειμμα n. (of cigarette) γόπα f.

stub v.t. ~ out σβήνω. ~ one's toe σκοντάφτω.

stubble s. καλαμιές f. pl.

stubborn a. πεισματάρης, (insistent) ἐπίμονος. ~ly adv. μέ πεῖσμα, ἐπιμόνως. ~ness s. πεῖσμα n., ἐπιμονή f.

stuck a. κολλημένος. ~-up a. ψηλομύτης.

stud s. (fastener) κουμπί n. (in boot, road) καρφί n. (for breeding) ἱπποτροφεῖον n. (v.) ~ded with γεμᾶτος (ἀπό).

student s. σπουδαστής m., σπουδάστρια f. (university) φοιτητής m. φοιτήτρια f.

studied a. μελετημένος, ἐσκεμμένος.

studious a. μελετηρός, (deliberate) μελετημένος. ~ly adv. ἐπιμελῶς.

study v. (learn) σπουδάζω. (examine, make a ~ of) μελετῶ. (care for) φροντίζω γιά. he is ~ing to be a doctor σπουδάζει γιατρός.

study s. μελέτη f., σπουδή f. (room) γραφεῖον n. (written work) μελέτη f. (painting) σπουδή f. (music) ἐτύντ n.

stuff s. ὑλικό n. (cloth) ὕφασμα n. (of character) πάστα f. (thing) πράμα n. ~ and nonsense μποῦρδες f.pl.

stuff v.t. (cushion, fowl) (παρα)γεμίζω, (with food) μπουκώνω. (preserve) ταριχεύω, (thrust) χώνω. ~ (up) (block) βουλλώνω. (v.i., overeat) τρώω τόν περίδρομο. ~ed (food) γεμιστός.

stuffing s. γέμιση f.

stuffy a. it is ~ μυρίζει κλεισούρα. (fam., person) στενόμυαλος.

stultify v. ἀχρηστεύω.

stumble v. σκοντάφτω. (in speech) μπερδεύω τά λόγια μου. ~le on πέφτω ἀπάνω σέ. ἐμπόδιο n.

stump s. (of tree) κούτσουρο n. (bit left) ὑπόλειμμα n. ~y a. κοντόχοντρος.

stump v.i. (walk) περπατῶ βαριά. (v.t.) be ~ed δέν γνωρίζω τήν ἀπάντηση. ~ up πληρώνω.

stun v. ζαλίζω. ~ning a. καταπληκτικός.

stunt s. διαφημιστικό κόλπο.

stupefy v. (amaze) καταπλήσσω, (fuddle) ἀποβλακώνω. ~action s. κατάπληξις f. ἀποβλάκωσις f. ~ied a. κατάπληκτος, ἀποβλακωμένος.

stupendous a. τεράστιος, καταπληκτικός.

stupid a. κουτός, ἠλίθιος. ~ity s. κουταμάρα f. ἠλιθιότης f., βλακεία f. ~ly adv. κουτά, ἠλίθια.

stupor s. χαύνωσις f.

sturdy a. γερός. ~iness s. ρώμη f., δύναμις f.

stutter v. τραυλίζω.

sty s. (pigs') γουρουνοστάσιο n. (on eye) κριθαράκι n.

style s. (manner, way of writing, etc.) ὕφος n. (art) ρυθμός m. (fashion) στύλ n. life-~ τρόπος τοῦ ζεῖν. live in ~ κάνω μεγάλη ζωή. (title) τίτλος m.

stylish a. κομψός, (performer) be ~ ἔχω στύλ. ~ly adv. μέ κομψότητα.

stylist s. be a ~ ἔχω στύλ. ~ic a. τοῦ ὕφους.

stylized a. στυλιζαρισμένος.

styptic a. στυπτικός.

suave a. γλυκομίλητος, ἁβρός. ~ity s. ἁβρότησ ̣φ.

subaltern s. κατώτερος ἀξιωματικός.

subconscious s. ὑποσυνείδητον n. ~ly adv. ὑποσυνειδήτως.

subdivide v. ὑποδιαιρῶ. ~ision s. ὑποδιαίρεσις f.

subdue v. ὑποτάσσω. ~d a. ἥσυχος, (sound) χαμηλός.

subhuman a. ~ person ὑπάνθρωπος m.

subject s. (citizen) ὑπήκοος m. f. (topic)

θέμα n. (for experiment) & gram.) ὑποκείμενον n. (matter under discussion, point) προκείμενον n. (theme for play, etc.) ὑπόθεσις f. (lesson) μάθημα n. ~-matter s. περιεχόμενον n.

subject a. & adv. (not independent) ὑποτελής. be ~ to ὑπόκειμαι εἰς. ~ to ὑποκείμενος εἰς, (conditionally on) ὑπό τόν ὅρον ὅτι.

subject v. (subdue) ὑποτάσσω, (cause to undergo) ὑποβάλλω. ~ion s. (state) ὑποταγή f. ~ive a. ὑποκειμενικός.

subjoin v. προσθέτω.

sub judice a. (law) ἐκκρεμής. the case is ~ ἡ ὑπόθεσις τελεῖ ὑπό διάσκεψιν.

subjugat|e v. ὑποδουλώνω. ~ion s. ὑποδούλωσις f.

subjunctive s. (gram.) ὑποτακτική f.

sublet v. ὑπεκμισθώνω.

sub-lieutenant s. (naut.) ἀνθυποπλοίαρχος m.

sublimate v. (fig.) ἐξιδανικεύω.

sublime a. θεῖος, θεσπέσιος. S~ Porte Ὑψηλή Πύλη.

subliminal a. ὑπό τό κατώφλιον τῆς συνειδήσεως.

submarine s. ὑποβρύχιον n. (a.) ὑποβρύχιος.

submerge v.t. (flood) κατακλύζω, (sink) βυθίζω. (v.i., dive) καταδύομαι.

submiss|ion s. (obedience) ὑποταγή f. (law) ἰσχυρισμός m. ~ive a. ὑπάκουος.

submit v.i. (surrender) ἐνδίδω. ~ to ἀνέχομαι. (v.t.) (present) ὑποβάλλω, (suggest) προτείνω.

subnormal a. κάτω τοῦ κανονικοῦ.

subordinat|e v. ὑποτάσσω. (a. & s.) ὑφιστάμενος, κατώτερος. (gram.) ὑποτεταγμένος. ~e clause δευτερεύουσα πρότασις. ~ion s. (gram.) ὑπόταξις f.

suborn v. δεκάζω.

subpoena s. (law) κλῆσις ἐκ μέρους τοῦ δικαστηρίου.

subscribe v. (sign) ὑπογράφω. (to journal) εἶμαι συνδρομητής, (to fund) συνεισφέρω. ~ to (opinion) ἐγκρίνω.

subscript a. (gram.) iota ~ ὑπογεγραμμένη f.

subscription s. συνδρομή f.

subsequent a. μεταγενέστερος. ~ly adv. κατόπιν.

subservient a. ὑποκείμενος, (servile) δουλοπρεπής.

subsid|e v. (sink, settle) βουλιάζω, παθαίνω καθίζηση. (abate) κοπάζω. (of floods) ὑποχωρῶ. ~ence s. καθίζησις f.

subsidiary a. (secondary) δευτερεύων, (company) θυγατρικός.

subsid|y s. ἐπιχορήγησις f. ~ize v. ἐπιχορηγῶ.

subsist v. συντηροῦμαι, ζῶ. ~ence s. συντήρησις f.

subsoil s. ὑπέδαφος n.

substance s. (essence) οὐσία f. (material) ὕλη f. (wealth) περιουσία f. (content) περιεχόμενον n.

sub-standard a. κατώτερος.

substantial a. οὐσιαστικός. (considerable) σημαντικός, ἀξιόλογος. (strong) γερός. ~ly adv. οὐσιωδῶς, γερά.

substantiate v. ἀποδεικνύω τό βάσιμον (with gen.).

substantive a. οὐσιαστικός. (s.) οὐσιαστικόν n.

substitut|e v.t. ~e A for B ἀναπληρώνω (or ἀντικαθιστῶ) τό B μέ τό A. (v.i.) ~e for (act for) ἀναπληρώνω. (s.) (person) ἀναπληρωτής m. (thing) ὑποκατάστατον n. ~ion s. ἀναπλήρωσις f. ἀντικατάστασις f.

substratum s. ὑπόστρωμα n.

subterfuge s. ὑπεκφυγή f.

subterranean a. ὑπόγειος.

subt|le a. λεπτός, φίνος. (clever) δαιμόνιος. ~lety s. λεπτότης f. (cleverness) ὀξύνοια f. ~ly adv. (cleverly) ἐντέχνως.

subtract v. ἀφαιρῶ. ~ion s. ἀφαίρεσις f.

suburb s. προάστειο n. ~an a. τῶν προαστείων, (pej.) μικροαστικός.

subvention s. ἐπιχορήγησις f.

subvers|ion s. ἀνατροπή f. ~ive a. ἀνατρεπτικός.

subvert v. ἀνατρέπω.

subway s. ὑπόγειος διάβασις. (USA) ὑπόγειος σιδηρόδρομος.

succeed v. πετυχαίνω, ἐπιτυγχάνω. (come after) διαδέχομαι. ~ to (title) κληρονομῶ.

success s. ἐπιτυχία f. a ~ see successful. ~ful a. πετυχημένος. ~fully adv. μέ ἐπιτυχία, ἐπιτυχῶς.

succession s. διαδοχή f. (series) σειρά f. in ~ διαδοχικῶς, ἀπανωτά.

successive a. διαδοχικός, ἀλλεπάλληλος. ~ly adv. διαδοχικῶς, ἀπανωτά.

successor s. διάδοχος m.

succinct a. περιληπτικός. ~ly adv. περιληπτικά.

succour s. συνδρομή f. (v.) συντρέχω.

succulent a. ζουμερός, εὔχυμος. (plant) χυμώδης.

succumb v. ὑποκύπτω.

such *a. & pron.* τέτοιος, παρόμοιος, *(with adjective)* τόσο. ~ a hero (ἕνας) τέτοιος ἥρωας. some ~ thing κάτι τέτοιο. I said no ~ thing δέν εἶπα τέτοιο πρᾶμα. ~ big houses τόσο μεγάλα σπίτια. we had ~ a nice time περάσαμε τόσο ὡραῖα. in a city ~ as Athens σέ μιά πόλη σάν τήν Ἀθήνα (*or* ὅπως ἡ Ἀθήνα). in ~ and ~ a street στόν τάδε δρόμο. I was in ~ a hurry that I left without money τόσο πολύ βιαζόμουνα πού ἔφυγα χωρίς λεφτά. the weather is not ~ as to prevent us going out ὁ καιρός δέν εἶναι τέτοιος πού νά μᾶς ἐμποδίση νά βγοῦμε. *(you can use my car)* ~ as it is ἄν καί δέν εἶναι τῆς προκοπῆς.

suchlike *a.* παρόμοιος.

suck *v. (draw in)* ρουφῶ, *(lick)* γλείφω. *(hold in mouth)* πιπιλίζω. *(blood, honey)* ἀπομυζῶ, *(breast)* βυζαίνω. ~ up ἀπορροφῶ. *(fam.)* ~ up to κωλογλείφω. *(s.)* ρουφηξιά *f.*

sucker *s. (plant)* παραφυάς *f. (fam.)* κορόιδο *n.*, χάπι *n.*

sucking-pig *s.* γουρουνόπουλο τοῦ γάλακτος.

suck||le *v.* βυζαίνω. ~ling *s.* βυζανιάρικο *n.*

suction *s.* ἀναρρόφησις *f.*

sudden *a.* αἰφνίδιος, ξαφνικός, ἀπότομος. ~ly *adv. (also* all of a ~*)* ξαφνικά.

suds *s.* σαπουνάδα *f.*

sue *v.t. (law)* ἐνάγω. *(v.i.)* ~ for ζητῶ.

suede *s.* σουέντ *n. (fam.)* καστόρι *n.*

suet *s.* λίπος *n.*

suffer *v.* πάσχω, *(also* tolerate) ὑποφέρω. *(allow)* ἐπιτρέπω. *(undergo)* ὑφίσταμαι, παθαίνω.

sufferance *s.* on ~ κατ' ἀνοχήν.

sufferer *s.* ~s from rheumatism οἱ πάσχοντες *(or* ὑποφέροντες) ἀπό ρευματισμούς.

suffering *s.* δοκιμασία *f.* ~s βάσανα, πάθη *n.pl.*

suffice *v.i.* ἐπαρκῶ.

suffici||ent *a.* ἐπαρκής, ἀρκετός. ~ency *s.* ἐπάρκεια *f.* ~ently *adv.* ἀρκετά.

suffix *s. (gram.)* ἐπίθημα *n.*

suffocat||e *v.t.* πνίγω. *(v.i.)* πνίγομαι, ἀσφυκτιῶ. ~ing *a.* ἀσφυκτικός. ~ion *s.* ἀσφυξία *f.*

suffrag||e *s. (vote)* ψῆφος *m. f. (right to vote)* δικαίωμα ψήφου. ~ette *s.* σουφραζέτα *f.*

suffuse *v.* βάφω, πλημμυρίζω, χύνομαι σέ.

sugar *s.* ζάχαρη *f. (chem.)* σάκχαρον *n.*

(v.t.) βάζω ζάχαρη σέ. *(fig.)* ~ the pill χρυσώνω τό χάπι. ~-beet *s.* σακχαρότευτλον *n.* ~-cane *s.* σακχαροκάλαμον *n.* ~y *a.* ζαχαρωμένος. *(fig.) (the music)* is too ~y παραεῖναι γλυκιά.

suggest *v. (propose)* προτείνω. *(bring to mind)* θυμίζω, *(hint)* ὑπαινίσσομαι, *(indicate)* δείχνω. ~ion *s.* πρότασις *f. (psychological)* ὑποβολή *f. (trace)* ὑποψία *f.*

suggestive *a.* be ~ of φέρνω στό νοῦ. ~ joke ἀστεῖο μέ ὑπονοούμενα.

suicide *s.* αὐτοκτονία *f.* commit ~ αὐτοκτονῶ.

suicidal *a.* feel ~ ἔχω τάση πρός αὐτοκτονία. a ~ policy σωστή αὐτοκτονία.

suit *s. (men's)* κοστούμι *n. (women's)* ταγιέρ *n.* ~ of armour πανοπλία *f. (request)* αἴτησις *f. (law)* ἀγωγή *f. (cards)* χρῶμα *n.* follow ~ κάνω τό ἴδιο.

suit *v. (be satisfactory to)* ἱκανοποιῶ, *(be convenient to)* βολεύω, *(requirements)* ἀνταποκρίνομαι εἰς. the coat ~s you τό παλτό σοῦ πάει. *(adapt)* προσαρμόζω. ~ the action to the word ἅμ' ἔπος ἅμ' ἔργον. be ~ed *(to, for)* εἶμαι κατάλληλος. a couple who are ~ed to each other ἕνα ταιριαστό ζευγάρι.

suitab||le *a.* κατάλληλος. it isn't ~le δέν κάνει, δέν πάει, δέν ταιριάζει. ~ly *adv.* καταλλήλως, ὅπως πρέπει.

suit-case *s.* βαλίτσα *f.*

suite *s. (retinue)* συνοδία *f. (rooms)* διαμέρισμα *n.* drawing-room ~ ἔπιπλα σαλονιοῦ, σαλόνι *n. (mus.)* σουίτα *f.*

suitor *s.* μνηστήρ *m.*

sulk *v.* κάνω μούτρα. ~y *a.* μουτρωμένος.

sullen *a.* σκυθρωπός.

sully *v.* κηλιδώνω.

sulphate *s.* θειικόν ἅλας.

sulphur *s.* θεῖον, θειάφι *n.* ~ic *a.* θειικός.

sultan *s.* σουλτάνος *m.* ~a *s.* σουλτάνα *f.*

sultana *s. (fruit)* σουλτανίνα *f.*

sultry *a.* ~ weather *(with cloud)* κουφόβραση *f.*, συννεφόκαμα *f. (fig.)* φλογερός.

sum *s. (amount)* ποσόν *n. (total)* σύνολον *n.* ~ total ἄθροισμα *f.* good at ~s καλός στήν ἀριθμητική. in ~ ἐν συνόψει. *(v.)* ~ up συνοψίζω, *(weigh up)* ζυγίζω, ἀναμετρῶ.

summar||ize *v.* συνοψίζω. ~y *s.* περίληψις *f. (a.)* συνοπτικός.

summer *s.* καλοκαίρι *n.*, θέρος *n.* Indian ~ γαϊδουροκαλόκαιρο *n. (a.)* καλοκαιρινός, θερινός. ~ time *(of clock)* θερινή ὥρα. (v.i.) παραθερίζω. ~y a. καλοκαιρινός.

summit s. κορυφή f.

summon v. (call) καλῶ, (convoke) συγκαλῶ. ~ up συγκεντρώνω.

summons s. κλῆσις f. serve a ~ on (law) κλητεύω.

sumptuous a. πολυτελέστατος, (meal) λουκούλλειος.

sun s. ἥλιος m. ~'s ἡλιακός. ~-blind s. τέντα f. ~-drenched a. ἡλιόλουστος. ~-dried a. λιαστός. ~-glasses s. μαῦρα γυαλιά.

sunbaked a. ἡλιοψημένος.

sunbath|e v. κάνω ἡλιοθεραπεία. ~ing s. ἡλιοθεραπεία f.

sunbeam s. ἡλιαχτίδα f.

sunburnt a. ἡλιοκαμένος.

Sunday s. Κυριακή f. (a.) κυριακάτικος.

sunder v. χωρίζω.

sundial s. ἡλιακόν ὡρολόγιον.

sundown s. see sunset.

sundr|y a. διάφοροι. all and ~y ὅλος ὁ κόσμος. (s.) ~ies διάφορα n.pl.

sunflower s. ἥλιος m.

sunken a. (hollow) βαθουλωμένος. (ship) βουλιαγμένος. (let in to floor, etc.) χωνευτός.

sunless a. ἀνήλιος.

sun|light s. ἡλιακόν φῶς. ~lit a. ἡλιοφώτιστος.

sunny a. (getting the sun) εὐήλιος, προσηλιακός. (disposition) χαρούμενος. a ~ day μέρα μέ λιακάδα.

sunset s. ἡλιοβασίλεμα n., δύσις τοῦ ἡλίου.

sunshade s. ὀμπρέλλα f.

sunshine s. λιακάδα f. bathed in ~ ἡλιόλουστος.

sunstroke s. ἡλίασις f.

sup v. δειπνῶ.

super s. (actor) κομπάρσος m. (a., fam.) ὑπέροχος.

super- ὑπερ-, ἐπι-.

superabund|ant a. ὑπεράφθονος. ~ance s. ὑπεραφθονία f.

superannuat|ed a. (fam.) ἀπαρχαιωμένος. ~ion s. συνταξιοδότησις f. ~ion fund ταμεῖον συντάξεων.

superb a. ἐξαίσιος. ~ly adv. ἐξαίσια.

supercilious a. (person) ψηλομύτης, (manner) ὑπεροπτικός.

superficial s. (on surface) ἐπιφανειακός. (of people, ideas) ἐπιπόλαιος. ~ity s. ἐπιπολαιότης f.

superfine a. ὑπερεκλεκτός, ἔξτρα.

superflu|ous a. περιττός. ~ity s. περίσσεια f.

superhuman a. ὑπεράνθρωπος.

superimpose v. ὑπερθέτω, βάζω ἀπὸ πάνω.

superintend v. ἐπιθεωρῶ. ~ent s. ἐπιθεωρητής m.

superior a. & s. ἀνώτερος (with gen.). (in office) προϊστάμενος m. (supercilious ὑπεροπτικός. ~ity s. ἀνωτερότης f.

superlative a. ἐξαίσιος, (fam.) ἀριστούργημα m. (gram.) ὑπερθετικός. ~ly adv. ~ly well ἀριστουργηματικά.

superman s. ὑπεράνθρωπος m.

supermarket s. ὑπεραγορά f.

supernatural a. ὑπερφυσικός.

supernumerary a. ὑπεράριθμος.

superscription s. ἐπιγραφή f.

supersede v. ἀντικαθιστῶ.

supersonic a. ὑπερηχητικός.

superstit|ion s. πρόληψις f., δεισιδαιμονίς f. ~ious a. προληπτικός.

superstructure s. ὑπερκατασκευή f.

supervene v. ἐπακολουθῶ.

supervis|e v. ἐπιστατῶ. ~ion s. ἐπιστασίς f. ~or s. ἐπιστάτης m.

supine a. (on one's back) ἀνάσκελς (adv.). (lazy) νωθρός.

supper s. δεῖπνον n. have ~ δειπνῶ ~less a. νηστικός.

supplant v. ὑποσκελίζω.

supple a. εὔκαμπτος, εὐλύγιστος.

supplement s. συμπλήρωμα n. (of publication) παράρτημα n. (v.) συμπληρώνω ~ary a. συμπληρωματικός.

suppli(c)ant s. ἱκέτης m.

supplicat|e v. ἱκετεύω. ~ion s. ἱκεσία f.

supplier s. προμηθευτής m.

supply v. (things) προμηθεύω, (people ἐφοδιάζω. (with fuel, services) τροφοδοτῶ. (provide) παρέχω. (make up for συμπληρώνω.

suppl|y s. (stock) παρακαταθήκη f., ἀπόθεμα n. (in shop) στόκ n. (act of ~ying προμήθεια f., ἐφοδιασμός m. (of fuel services) παροχή f. ~ies ἐφόδια n.pl. ~ and demand προσφορά καί ζήτησις. lay in a ~y of προμηθεύομαι.

support v. (prop up) στηρίζω, (back up) ὑποστηρίζω. (confirm) ἐνισχύω. (dependants) συντηρῶ.

support s. (prop) στήριγμα n., ἔρεισμα n. (backing) ὑποστήριξις f. (confirmation, ἐνίσχυσις f. (maintenance) συντήρησις f.

suppos|e v. ὑποθέτω. he is ~ed to come tomorrow ὑποτίθεται ὅτι θά ἔρθη αὔριο we're not ~ed to smoke in here δέν ἐπιτρέπεται τό κάπνισμα ἐδῶ μέσα. *(think)* θεωρῶ, νομίζω. *(imply)* προϋποθέτω. ~e *(or ~ing)* you won? πές πῶς κέρδισες. ~e we have a drink? τί θά ἔλεγες γιά ἕνα ποτό;

supposed *a.* ὑποτιθέμενος, δῆθεν. ~ly *adv.* δῆθεν.

supposition *s.* ὑπόθεσις *f.*

suppository *s.* ὑπόθετον *n.*

suppress *v. (quell)* καταπνίγω. *(hush up)* συγκαλύπτω, *(hide)* κρύβω, σκεπάζω. *(stop)* παύω, *(ban)* ἀπαγορεύω. ~ion *s.* κατάπνιξις *f.* συγκάλυψις *f.* παῦσις *f.* ἀπαγόρευσις *f.*

supremacy *s.* ὑπεροχή *f.*, κυριαρχία *f.*

supreme *a. (authority)* ἀνώτατος. *(happiness, good, Being)* ὑπέρτατος. ~ly *adv.* εἰς τό ἔπακρον.

surcharge *s. (extra charge)* πρόσθετον τέλος. *(overprint)* ἐπισήμασμα *n.*

sure *a. (stable, steady)* σταθερός. *(proven, reliable)* ἀσφαλής, *(certain)* βέβαιος, σίγουρος. make ~ *(of, that)* βεβαιώνομαι *(with γιά or ὅτι).* it is ~ to rain ἀσφαλῶς θά βρέξη. they are ~ to be late ἀσφαλῶς θά ἀργήσουν. *(adv.) (indeed)* ἀσφαλῶς. ~ enough πράγματι. I don't know for ~ δέν ξέρω στά σίγουρα. ~-**footed** *a.* be ~-footed ἔχω σταθερό πόδι. ~**ness** *s.* βεβαιότης *f.* σταθερότης *f.*

surely *adv.* ἀσφαλῶς, σίγουρα, δίχως ἄλλο. ~ you're not leaving yet? μή μοῦ πῆς πώς θά φύγης ἀπό τώρα! ~ that isn't right βεβαίως δέν εἶναι σωστό.

surety *s. (person)* ἐγγυητής *m.* stand ~ for μπαίνω ἐγγυητής γιά.

surf *s.* σπάσιμο κυμάτων μέ ἀφρό.

surface *s.* ἐπιφάνεια *f. (v.i.) (also break ~)* ἀναδύομαι. *(v.t.) (road, etc.)* στρώνω. *(a.) (also on the ~)* ἐπιφανειακός.

surfeit *s.* πληθώρα *f. (v.)* be ~ed with χορταίνω, μπουχτίζω. ~ed χορτασμένος, μπουχτισμένος.

surge *v.* ξεχύνομαι, ὁρμῶ. ~ up *(of anger)* πλημμυρίζω, *(of blood)* ἀνεβαίνω. *(s.) (people)* συρροή *f. (water, anger, etc.)* πλημμύρα *f. (waves)* φουσκοθαλασσιά *f.*

surgeon *s.* χειρουργός *m.*, *(fam.)* χειροῦργος *m.*

surg|ery *s. (science)* χειρουργική *f. (room)* ἰατρεῖον *n.* ~**ical** *a.* χειρουργικός.

surl|y *a.* σκαιός. ~**iness** *s.* σκαιότης *f.*

surmise *v.* εἰκάζω. *(s.)* εἰκασία *f.*

surmount *v.* ὑπερπηδῶ. ~ed by a dome μ' ἕνα τροῦλλο ἀπό πάνω.

surname *s.* ἐπώνυμον *n.*

surpass *v.* ξεπερνῶ, ὑπερβαίνω. ~**ingly** *adv.* ἀνυπέρβλητα.

surplus *s.* περίσσευμα *n. (a.)* πλεονάζων.

surprise *s.* ἔκπληξις *f. (taking by ~)* αἰφνιδιασμός *m.* to my ~ πρός ἔκπληξίν μου. *(a.) (unexpected)* αἰφνιδιαστικός.

surprise *v.* ἐκπλήσσω. *(also take by ~)* αἰφνιδιάζω. *(take aback)* ξαφνιάζω. I shouldn't be ~d if he got married δέν θά παραξενευτῶ ἄν παντρευτῆ.

surprising *a.* ἐκπληκτικός.

surreal|ism *s.* σουρρεαλισμός *m.* ~**ist** *s.* σουρρεαλιστής *m.*

surrender *v.t.* παραδίδω, *(relinquish)* παραχωρῶ. *(v.i.)* παραδίδομαι, ἐνδίδω. *(s.)* παράδοσις *f.*

surreptitious *a.* κρυφός. he gave me a ~ wink μοῦ ἔκλεισε μέ τρόπο τό μάτι. ~**ly** *adv.* κρυφά.

surrogate *s. see* substitute.

surround *v.* περιβάλλω, *(stand round)* περιστοιχίζω, *(encircle)* περικυκλώνω. *(s.)* with a wood ~ μέ ξύλο γύρω γύρω.

surrounding *a.* the ~ mountains τά γύρω βουνά. *(s.)* ~s περιβάλλον *s.*

surveillance *s.* under ~ ὑπό ἐπιτήρησιν.

survey *v. (view)* ἐπισκοπῶ, *(review)* ἀνασκοπῶ. *(of surveyor: buildings)* ἐξετάζω, *(land)* καταμετρῶ. *(s.)* ἀνασκόπησις *f.* ἐξέτασις *f.* καταμέτρησις *f.*

surveyor *s. (of buildings)* πολιτικός μηχανικός. *(of land)* τοπογράφος μηχανικός. *(of weights & measures)* ἐπόπτης *m.*

surviv|e *v.* ἐπιζῶ *(with gen.).* ~**al** *s.* ἐπιβίωσις *f.* ~**or** *s. (of species)* ὁ ἐπιζῶν, *(of accident)* ὁ ἐπιζήσας.

susceptible *a. (impressionable)* αἰσθαντικός. ~ to *(colds)* ἐπιρρεπής *(or ὑποκείμενος)* εἰς, *(charms)* εὐαίσθητος εἰς. be ~ of ἐπιδέχομαι.

susceptibilit|y *s.* εὐαισθησία *f.* ~**ies** *s.* εὐαίσθητα σημεῖα.

suspect *v.t. & i.* ὑποψιάζομαι, ὑποπτεύομαι. *(a. & s.)* ὕποπτος.

suspend *v.t. (hang)* κρεμῶ. *(put a stop to)* ἀναστέλλω, *(defer)* ἀναβάλλω. *(from office)* θέτω εἰς διαθεσιμότητα. be ~ed *(hang)* κρέμομαι.

suspenders *s.* ζαρετιέρες *f.pl. (USA)* τιράντες *f.pl.*

suspense *s. (anxiety)* ἀγωνία *f.* in ~ *(unsettled)* ἐκκρεμής.

suspension *s. (springs)* ἀνάρτησις *f. (dismissal)* ἀπόλυσις *f. (chem.)* αἰώρημα *n.* ~-**bridge** *s.* κρεμαστή γέφυρα.

suspicion s. ὑποψία f.

suspicious a. (suspect) ὕποπτος, (mistrustful by nature) καχύποπτος. feel ~ about ὑποπτεύομαι.

suspiciously adv. ὑπόπτως, (with mistrust) μέ καχυποψία. it looks ~ like... μοιάζει πολύ μέ.

sustain v. (hold, hold up) κρατῶ, βαστῶ, (effort, life, etc.) συντηρῶ. (objection, etc.) κάνω δεκτόν. (undergo) ὑφίσταμαι. ~ing a. (food) θρεπτικός.

sustenance s. τροφή f.

suzerainty s. κυριαρχία f.

svelte a. λυγερόκορμος.

swab s. (med.) βύσμα n. take a ~ λαμβάνω ἔκκριμα. (v.) σφουγγαρίζω.

swadd||le v. φασκιώνω. ~ling-clothes s. φασκιές f. pl.

swag s. (fam.) λεία f.

swagger v. παίρνω πόζες. ~ along περπατῶ κορδωμένος.

swain s. her ~ ὁ καλός της.

swallow s. (bird) χελιδόνι n.

swallow v.t. (lit. & fig.) καταπίνω, (fig.) χάφτω. ~ up καταβροχθίζω. ~-hole s. καταβόθρα f.

swamp s. τέλμα n. ~y a. τελματώδης.

swamp v.t. κατακλύζω.

swan s. κύκνος m. ~-song s. κύκνειον ἆσμα.

swank s. ἐπίδειξις f. (v.) κάνω ἐπίδειξη, (boast) καυχιέμαι. ~y a. λούξ.

swarm s. (people) τσοῦρμο n. (things) πλῆθος n. (esp. birds, insects) σμῆνος n.

swarm v.i. (of bees) ξεσμαρίζω. (fig.) συρρέω, ξεχύνομαι. ~ up (climb) ἀναρριχῶμαι εἰς. be ~ing with εἶμαι γεμᾶτος ἀπό. ~ing s. (of bees) ξεσμάρισμα n.

swarthy a. μελαψός.

swash v.i. παφλάζω. ~ing noise παφλασμός m.

swashbuckler s. φανφαρόνος m.

swastika s. ἀγκυλωτός σταυρός.

swat v. χτυπῶ.

swath s. δρεπανιά f.

swathe s. τυλίγω.

sway v.t. κουνῶ, σείω. (influence) ἐπηρεάζω. (v.i.) κουνιέμαι, σείομαι, ταλαντεύομαι. (s.) (rule) κυριαρχία f. hold ~ κυριαρχῶ. (movement, also ~ing) ταλάντευσις f.

swear v.i. ὁρκίζομαι. (curse, also ~ at) βρίζω. ~ on or by ὁρκίζομαι σέ or στό ὄνομα (with gen.). (v.t.) ~ in ὁρκίζω. ~ing s. βλαστήμιες f.pl. ~-word s. βλαστήμια f.

sweat v. ἱδρώνω. (s.) ἱδρώτας m. ~ing s. ἵδρωμα n. ἐφίδρωσις f. (a.) ἱδρωμένος. ~y a. ἱδρωμένος. (work) κοπιαστικός.

sweater s. πουλόβερ n.

Swedish a. σουηδικός. (person) Σουηδός m., Σουηδέζα f.

sweep s. (act of ~ing) σάρωμα n., σκούπισμα n. (of arm) κίνησις f. (of weapon) χτύπημα n. (of oar) κουπιά f. (curve) καμπύλη f. (tract) ἔκτασις f. make a clean ~ of ξεφορτώνομαι.

sweep v.i. (along, over, etc., of crowd, flood) ξεχύνομαι. ~ in καταφθάνω. (v.t.) (brush) σκουπίζω. (of wind, wave, plague) σαρώνω. (with eyes, telescope) ψάχνω. ~ along (drag) παίρνω σβάρνα. ~ up μαζεύω. ~ off or away παρασύρω. be swept off one's feet παρασύρομαι. ~ down on πέφτω ἀπάνω σέ. ~ clean or clear of καθαρίζω ἀπό. ~ the board τινάζω τήν μπάγκα, (fig.) κερδίζω ὅλα τά βραβεῖα. ~ all before one γράφω ἐποποιΐαν. ~ing a. (reform, etc.) ριζικός. ~ing statement ὑπερβολή f. ~ings s. σκουπίδια n.pl.

sweet a. γλυκός, γλυκύς. at one's own ~ will ὅπως καί ὅποτε μοῦ καπνίση. he is ~ on Mary πονεῖ τό δόντι του γιά τή Μαρία. have a ~ tooth εἶμαι γλυκατζῆς. ~breads s. γλυκάδια n. pl. ~-corn s. καλαμπόκι n. ~heart s. ἀγαπημένος m., ἀγαπημένη f. ~meat s. ζαχαρωτό n. ~ly adv. γλυκά. ~-smelling a. εὔοσμος.

sweet s. (pudding) γλύκισμα m. (bonbon) καραμέλα f. ~s καραμέλες pl., (fig., pleasures) ἀπολαύσεις f. pl.

sweeten v. γλυκαίνω, (add sugar to) βάζω ζάχαρη σέ. ~ing s. γλυκαντικόν n.

sweetish-sour a. γλυκόξινος.

sweetness s. γλύκα, γλυκάδα f., γλυκύτης f.

swell v.t. & i. φουσκώνω, (intensify) δυναμώνω. (v.i.) (of face, leg, etc.) πρήζομαι. ~ing s. πρήξιμο n.

swell s. (of sea) φουσκοθαλασσιά f. (fam., big shot) μεγαλουσιάνος m. (toff) δανδής m. (a., high-life) τοῦ καλοῦ κόσμου.

swelter v. σκάω ἀπό τή ζέστη. ~ing heat λάβρα f.

swerve v. παρεκκλίνω.

swift a. γρήγορος, ταχύς. ~ly adv. γρήγορα, ταχέως. ~ness s. γρηγοράδα f., ταχύτης f.

swig s. μεγάλη ρουφηξιά f. (v.) ρουφῶ.

swill s. (slops) ἀπόπλυμα n. (rinse) ξέπλυμα n. (v.) (wash) ξεπλένω. (drink) ρουφῶ.

swim *v.i.* κολυμπῶ. *(v.t.)* ~ (across) διασχίζω κολυμπώντας. my head is ~ming τό κεφάλι μου γυρνάει. *(s.)* go for a ~ πάω νά κολυμπήσω, κάνω μπάνιο. *(fam.)* in the ~ ἐνήμερος. ~**mer** *s.* κολυμπητής *m.*

swimming *s.* κολύμπι *n.* ~**ly** *adv.* μιά χαρά. ~**-bath**, ~**-pool** *s.* πισίνα *f.*

swindle *v.* ἐξαπατῶ. *(s.)* ἀπάτη *f.* ~**r** *s.* ἀπατεών(ας) *m.*

swin|e *s.* χοῖρος *m. (pl.* χοῖροι). *(pej.)* γουρούνι *n.* ~**eherd** *s.* χοιροβοσκός *m.* ~**ish** *a.* γουρουνήσιος.

swing *v.i.* αἰωροῦμαι. *(hang)* κρεμιέμαι. ~ round στρέφομαι, γυρίζω. *(of opinion, etc.)* μεταστρέφομαι, γυρίζω. ~ along βαδίζω μέ μπρίο. *(v.t.)* κουνῶ, *(turn)* στρέφω. ~ public opinion κάνω τήν κοινή γνώμη νά μεταστραφῆ. ~**ing** *a.* ρυθμικός.

swing *s. (seat)* αἰώρα *f.*, κούνια *f. (movement)* αἰώρησις *f.*, μεταστροφή *f. (rhythm)* ρυθμός *m.* it went with a ~ *(of party, etc.)* εἶχε σουξέ. in full ~ στό φόρτε, εἰς τό ἀποκορύφωμα. get into the ~ of συνηθίζω.

swingeing *a.* τεράστιος.

swipe *v.* κοπανῶ. *(fam., steal)* σουφρώνω.

swirl *v.i.* περιδινοῦμαι. *(s.)* δίνη *f.*

swish *s. (noise)* θρόισμα *n. (movement)* κούνημα *n.*

Swiss *a.* ἑλβετικός. *(person)* Ἑλβετός *m.*, Ἑλβετίδα *f.*

switch *s. (rod)* βέργα *f.*, βίτσα *f. (railway)* κλειδί *n. (electric)* διακόπτης *m. (change)* ἀλλαγή *f.*

switch *v.t. (shift, change)* στρέφω, γυρίζω. *(pull)* τραβῶ. *(a train, tram)* μεταφέρω. ~ on *(light)* ἀνάβω, *(radio)* ἀνοίγω. ~ off *(light)* σβήνω, *(radio)* κλείνω. *(v.t. & i.)* ~ over ἀλλάζω.

switchback *s.* τραινάκι σέ λούνα-πάρκ πού ἀνεβοκατεβαίνει. *(fig.)* ~ road δρόμος πού ἀνεβοκατεβαίνει.

switchboard *s.* ταμπλό *n. (exchange)* (τηλεφωνικόν) κέντρον *n.*

swivel *v.i.* περιστρέφομαι. *(s.)* στροφεῖον *n.* ~**-chair** *s.* περιστρεφομένη καρέκλα.

swollen *a.* φουσκωμένος, *(limb)* πρησμένος.

swoon *v.* λιποθυμῶ. *(s.)* λιποθυμία *f.*

swoop *v.i.* ἐφορμῶ, ἐπιπίπτω. *(s.)* ἐφόρμησις *f.* at one (fell) ~ μέ ἕνα ξαφνικό χτύπημα.

swop *v.* ἀνταλλάσσω.

sword *s.* σπαθί *n.* cross ~s διαξιφίζομαι.

put to the ~ σφάζω. ~**fish** *s.* ξιφίας *m.*

sworn *a. (given under oath)* ἔνορκος. *(bound by oath)* ὁρκισθείς, ὁρκωτός. ~ enemy ἄσπονδος ἐχθρός.

swot *v.* σπάω στό διάβασμα. *(s.)* σπασίλας *m.*

sybarit|e *s.* συβαρίτης *m.* ~**ic** *a.* συβαριτικός.

sycophant *s.* τσανακογλείφτης *m.* ~**ic** *a.* δουλοπρεπής.

syllab|le *s.* συλλαβή *f.* ~**ification** *s.* συλλαβισμός *m.*

syllabus *s.* πρόγραμμα *n.*

syllogism *s.* συλλογισμός *m.*

sylph *s.* συλφίς *f.*

sylvan *a.* τῶν δασῶν, εἰδυλλιακός.

symbol *s.* σύμβολον *n.* ~**ic(al)** *a.* συμβολικός. ~**ically** *adv.* συμβολικά.

symbol|ism *s.* συμβολισμός *m.* ~**ize** *v.* συμβολίζω. ~**ization** *s.* συμβολισμός *m.*

symmetr|y *s.* συμμετρία *f.* ~**ical** *a.* συμμετρικός.

sympathetic *a. (nerve, ink)* συμπαθητικός. *(full of sympathy)* συμπονετικός, γεμάτος συμπάθεια. ~**ally** *adv.* μέ συμπάθεια.

sympathize *v.* ~ with συμπονῶ, *(share views, etc.)* συμμερίζομαι. *(express sorrow)* ἐκφράζω τή λύπη μου. ~**r** *s.* ὀπαδός *m.*

sympathy *s.* συμπάθεια *f. (compassion)* συμπόνια *f. (condolences)* συλλυπητήρια *n.pl.* be in ~ with εὐνοῶ.

symphon|y *s.* συμφωνία *f.* ~**ic** *a.* συμφωνικός.

symposium *s. (meeting)* συνέδριον *n.*

symptom *s.* σύμπτωμα *n.*, ἔνδειξις *f.* ~**atic** *a.* ἐνδεικτικός.

synagogue *s.* συναγωγή *f.*, χάβρα *f.*

synchronize *v.t.* συγχρονίζω. *(v.i.)* συμπίπτω.

syncopat|ed *a. (mus.)* κοντρατέμπο. ~**ion** *s.* συγκοπή *f.*

syndicate *s.* συνδικᾶτον *n.*

syndrome *s.* σύνδρομον *n.*

synod *s.* σύνοδος *f.*

synonym *s.* συνώνυμον *n.* ~**ous** *a.* συνώνυμος.

synop|sis *s.* σύνοψις *f.* ~**tic** *a.* συνοπτικός.

syntax *s.* συντακτικόν *n.*

synthe|sis *s.* σύνθεσις *f.* ~**tic** *a.* συνθετικός.

syphil|is *s.* σύφιλις *f.* ~**itic** *a.* συφιλιδικός.

syphon *see* siphon.

syringe *s.* σύριγξ *f. (garden)* ψεκαστήρ *m.*, τρόμπα *f. (enema)* κλύσμα *n. (v.t.)* πλένω μέ σύριγγα, *(plants)* ραντίζω.

syrup *s.* σιρόπι *n.* ~y *a.* σοροποειδής. ~y music *(fam.)* σοϱόπια *n.pl.*

system *s.* σύστημα *n. (network)* δίκτυον *n. (bodily)* οϱγανισμός *m.*

systematic *a.* συστηματικός. ~ally *adv.* συστηματικώς.

systematiz|e *v.* συστηματοποιώ. ~ation *s.* συστηματοποίησις *f.*

T

T *s.* ~-square γωνιόμετϱον *n.* it suits me to a ~ μού πάει κουτί.

tab *s.* γλωσσάκι *n. (with name)* ἐτικέτα *f. (loop)* θηλειά *f. (fam.)* keep ~s on παϱακολουθῶ.

tabby *s. (cat)* τιγϱάκι *n.*

tabernacle *s. (biblical)* Σκηνή *f. (church)* ἐκκλησία *f.*

table *s. (furniture)* τϱαπέζι *n. (list)* πίναξ *m.* turn the ~s παίϱνω τό ἐπάνω χέϱι. *(a., wine, etc.)* ἐπιτϱαπέζιος. *(v., a motion)* καταθέτω. ~cloth *s.* τϱαπεζομάντηλο *n.* ~land *s.* ὀϱοπέδιον *n.* ~-napkin *s.* πετσέτα *f.* ~spoon *s.* κουτάλι τῆς σούπας.

tablet *s.* πλάξ *f. (soap, etc.)* πλάκα *f. (med.)* δισκίον *n.*

tabloid *a. (fig.)* in ~ form συνοπτικός.

taboo *s. & a.* ταμπού *n.*

tabular *a.* in ~ form εἰς πίνακας.

tabulate *v.* κατατάσσω εἰς πίνακας.

tacit *a.* σιωπηϱός. ~ly *adv.* σιωπηϱῶς.

taciturn *a.* (ὀ)λιγόλογος.

tack *s. (nail)* καϱφάκι *n. (stitch)* τϱύπωμα *n.* hard ~ γαλέτα *f.* be on the right ~ εἴμαι στό σωστό δϱόμο. *(v.) (nail)* καϱφώνω, *(stitch)* τϱυπώνω. *(naut.)* παίϱνω βόλτα. ~ on πϱοσθέτω.

tackle *v. (job)* καταπιάνομαι μέ. *(seize)* ἁϱπάζω, *(confront)* ἀντιμετωπίζω.

tackle *s. (gear)* ἐξαϱτήματα *n.pl.*

tacky *a.* be ~ κολλῶ.

tact *s.* τάκτ *n.* ~ful *a.,* ~fully *adv.* μέ τάκτ.

tactic(s) *s.* τακτική *f.*

tactical *a.* τακτικός.

tactician *s.* εἰδικός εἰς τήν τακτικήν.

tactile *a.* τῆς ἀφῆς.

tadpole *s.* γυϱῖνος *m.*

taffeta *s.* ταϱτᾶς *m.*

tag *s. (label)* ἐτικέτα *f. (of shoelace)* σιδεϱάκι *n. (saying)* ϱητόν *n.*

tag *v. (attach)* πϱοσθέτω. ~ along ἀκολουθῶ.

tail *s.* οὐϱά *f.* turn ~ τό βάζω στά πόδια, στϱίβω. keep one's ~ up δέν ἀποθαϱϱύνομαι. heads or ~s κοϱώνα γϱάμματα.

tail *(v.t., follow)* ἀκολουθῶ ἀπό κοντά. *(v.i.)* ~ off *(disperse)* ἀϱαιώνω, *(fade)* σβύνω. ~-coat *s.* φϱάκο *n.* ~-end *s.* ἄκϱον *n.,* οὐϱά *f.*

tailor *s.* ϱάφτης *m. (v.)* ϱάβω. well ~ed καλοϱαμμένος. ~-made ἐπί μέτϱω.

taint *v.t.* μολύνω. become ~ed σαπίζω, χαλῶ. *(s.) (of corruption)* στίγμα *n. (of bias)* ἴχνος *n.*

take *v. (general)* παίϱνω. *(convey)* πηγαίνω, *(construe)* ἐκλαμβάνω. *(bath, walk)* κάνω, *(room, job)* πιάνω, *(lesson, prize)* παίϱνω, *(photo)* βγάζω. ~ an exam δίνω ἐξετάσεις. ~ a note *(or message)* κϱατῶ μία σημείωση. ~ your time μή βιάζεσαι, μέ τήν ἡσυχία σου. it ~s two men *(to do job)* χϱειάζονται δύο ἄνθϱωποι. it took us *(or we took)* an hour to get here κάναμε *(or μᾶς πῆϱε)* μία ὥϱα νἀρθοῦμε ἐδῶ. what do you ~ me for? γιά ποιόν μέ παίϱνεις; I took her for the maid τήν πῆϱα γιά τήν καμαϱιέϱα. ~ it that *(suppose)* ὑποθέτω ὅτι. ~ to pieces *(v.t.)* λύνω, *(v.i.)* λύνομαι. ~ place γίνομαι, λαμβάνω χώϱαν. ~ hold of πιάνω.

take aback *v.t.* ξαφνιάζω.

take after *v.t.* does he ~ his father? ἔχει πάϱει ἀπό τόν πατέϱα του;

take apart *v.t.* λύνω, ξεμοντάϱω. *(v.i.)* λύνομαι.

take away *v.t.* παίϱνω. *(subtract, deprive person of)* ἀφαιϱῶ. *(withdraw)* ἀποσύϱω, ἀποτϱαβῶ. ~ from *(diminish)* μειώνω.

take back *v.t.* παίϱνω πίσω, *(convey)* πάω πίσω.

take down *v.t.* κατεβάζω *(write)* γϱάφω, σημειώνω. I took him down a peg τοῦ ἔκοψα τό βήχα *(or τόν ἀέϱα). (dismantle) see* take apart.

take in *v.t. (receive)* παίϱνω, *(include)* πεϱιλαμβάνω, *(understand)* καταλαβαίνω. *(make smaller)* μαζεύω, it needs taking in θέλει μάζεμα. *(trick)* γελῶ. ~ lodgers νοικιάζω δωμάτια.

take off *v.t.* βγάζω. *(mimic)* μιμοῦμαι χιουμοϱιστικά. I could not take my eyes off her τά μάτια μου δέν ξεκολλοῦσαν ἀπό πάνω της. *(v.i.)* ἀπογειώνομαι.

take-off *s.* χιουμοριστική μίμησις. *(aero.)* ἀπογείωσις *f.*

take on *v.t.* *(assume)* παίρνω, ἀποκτῶ. *(undertake)* ἀναλαμβάνω, *(engage)* προσλαμβάνω. *(a wager)* δέχομαι, *(at game)* παίζω. *(v.i.)* *(become popular)* πιάνω. *(make a fuss)* κάνω φασαρία.

take out *v.t.* βγάζω. *(insurance)* κάνω. take it out of *(tire)* κουράζω. take it out on ξεσπάω *(or* ξεθυμαίνω*)* πάνω σέ.

take over *v.t.* ἀναλαμβάνω, *(by force)* καταλαμβάνω. I'll take you over the house θά σέ πάω νά σοῦ δείξω τό σπίτι. *(v.i.)* *(in new office)* παραλαμβάνω ὑπηρεσίαν.

take to *v.t.* *(start)* ἀρχίζω *(νά)*. *(like)* συμπαθῶ, μοῦ ἀρέσει. ~ the hills *(as outlaw)* βγαίνω στό κλαρί. ~ one's heels τό βάζω στά πόδια.

take up *v.t.* *(pick up)* παίρνω. *(start)* ἀρχίζω νά ἀσχολοῦμαι μέ. ~ the carpets ξεστρώνω. ~ room πιάνω τόπο. it takes up all my time μοῦ τρώει ὅλο τόν καιρό μου. *(absorb)* ἀπορροφῶ, *(continue)* συνεχίζω. take *(sthg.)* up *(complain)* κάνω παράπονα *(or* ζητῶ ἐξηγήσεις*)* γιά. be taken up with ἐνδιαφέρομαι γιά.

take upon *v.* ~ oneself ἀναλαμβάνω.

taken *a.* *(occupied)* πιασμένος. be ~ ill ἀρρωσταίνω.

taking *s.* *(of decision, drug, etc.)* λῆψις *f.* *(of city, etc.)* πάρσιμο *n.* ~s εἰσπράξεις *f.pl.* *(a.)* ἑλκυστικός.

talc *s.* τάλκ *n.*

tale *s.* ἱστορία *f.* *(literary)* διήγημα *n.* tell ~s κουτσομπολεύω.

talent *s.* *(money)* τάλαντον *n.* *(ability)* ταλέντο *n.* ~ed μέ ταλέντο.

talisman *s.* φυλαχτό *n.*

talk *s.* ὁμιλία *f.*, κουβέντα *f.* *(discussion)* συζήτησις *f.*, συνδιάλεξις *f.*

talk *v.* (ὁ)μιλῶ, κουβεντιάζω. ~ it over τό συζητῶ. ~ *(person)* round πείθω. ~ *(person)* into it καταφέρνω, ~ *(person)* out of it μεταπείθω. he ~ed down to them τούς μίλησε μέ περιφρονητική συγκατάβαση. ~ative *a.* ὁμιλητικός. ~er *s.* ὁμιλητής *m.* *(loquacious)* φλύαρος *a.* ~ing-to *s.* *(fam.)* κατσάδα *f.*

tall *a.* ψηλός. how ~ is he? τί ὕψος ἔχει; ~ order δύσκολο πρᾶμα, ~ stories παραμύθια *n.pl.*

tallow *s.* ξύγκι *n.* ~ candle στεατοκήριον *n.*

tally *v.i.* συμφωνῶ. *(s.)* τσέτουλα *f.* *(token)* μάρκα *f.* keep ~ of σημειώνω.

talon *s.* νύχι *n.*

tambourine *s.* ντέφι *n.*

tame *a.* ἥμερος, *(dull)* ἀνούσιος. *(v.)* δαμάζω, ἐξημερώνω. ~ly *adv.* *(without spirit)* ψόφια, *(dully)* ἀνούσια.

tamper *v.* ~ with πειράζω, σκαλίζω καί χαλῶ, *(falsify)* παραποιῶ, *(bribe)* λαδώνω.

tan *s.* *(complexion)* μαύρισμα *n.*, μπρούντζινο χρῶμα. ~ leather καφέ δέρμα.

tan *s.* *(hides & fig.)* ἀργάζω. *(v.t. & i.)* *(of complexion)* μαυρίζω.

tandem *adv.* ὁ ἕνας πίσω ἀπό τόν ἄλλον.

tang *s.* *(freshness)* δροσιά *f.* *(piquancy)* ἀψάδα *f.*

tangent *s.* *(geom.)* ἐφαπτομένη *f.* *(fig.)* go off at a ~ φεύγω ἀπό τό θέμα.

tangerine *s.* μανταρίνι *n.*

tangible *a.* ἁπτός. ~ly *adv.* ἁπτῶς.

tangle *v.t.* μπερδεύω. *(v.i.)* μπερδεύομαι. *(s.)* *(state)* ἀνακατωσούρα *f.* *(things)* μπερδεμένη μάζα. in a ~ μπερδεμένος.

tango *s.* ταγκό *n.*

tank *s.* ντεπόζιτο *n.* *(w.c.)* καζανάκι *n.* *(mil.)* ἅρμα μάχης, τάνκ *n.*

tankard *s.* κύπελλον *n.*

tanker *s.* *(ship)* δεξαμενόπλοιον *n.* *(motor)* βυτιοφόρον *n.*

tanned *a.* *(leather)* κατειργασμένος, *(face)* ἡλιοκαμένος.

tanner *s.* βυρσοδέψης *m.* ~ery *s.* βυρσοδεψεῖον *n.* ~ing *s.* βυρσοδεψία *f.*

tantalize *v.* *(tempt)* δελεάζω, *(torment)* βασανίζω. ~ing *a.* δελεαστικός, γαργαλιστικός.

tantamount *a.* it is ~ to saying εἶναι σά νά λές.

tantrum *s.* νευράκια *n.pl.*

tap *s.* *(knock)* ἐλαφρό κτύπημα. *(v.)* κτυπῶ ἐλαφρά.

tap *s.* *(for liquid)* βρύση *f.* *(of barrel)* κάνουλα *f.* *(gas)* κουμπί *n.* on ~ *(beer)* τοῦ βαρελιοῦ, *(fig.)* ἕτοιμος.

tap *v.* *(open)* ἀνοίγω, *(draw)* τραβῶ, *(intercept)* ὑποκλέπτω. *(fam.)* I ~ped him for £5 τοῦ τράκαρα πέντε λίρες.

tape *s.* ταινία *f.* red ~ γραφειοκρατία *f.* *(v.)* *(tie)* δένω, *(record)* ἠχογραφῶ. I've got him ~d τόν ἔχω ζυγίσει.

tape-measure *s.* μεζούρα *f.*, μέτρο *n.*

taper *v.i.* λεπτύνομαι.

taper *s.* λεπτό κερί γιά ἄναμμα.

tapestry *s.* γκομπελέν *n.*

tape-worm *s.* ταινία *f.*

tar s. πίσσα f., κατράμι n. (v.) στρώνω μέ πίσσα. ~red with the same brush ίδια φάρα.

tard|y a. αργός, βραδύς. ~ily adv. αργά. ~iness s. καθυστέρησις f.

target s. στόχος m. (fig.) σκοπός m.

tariff s. δασμολόγιον n. (price-list) τιμοκατάλογος m.

tarmac s. ασφαλτος f.

tarn s. λιμνούλα τῶν βουνῶν.

tarnish v.t. & i. μαυρίζω, θαμπώνω. get ~ed (fig.) αμαυρώνομαι.

tarpaulin s. μουσαμάς m.

tarry v. αργῶ.

tart a. ξινός, (remark) ξερός.

tart s. (pastry) τάρτα f. (woman) τσούλα f. (v.) ~ up στολίζω φτηνά.

tartan s. σκωτσέζικο ύφασμα.

tartar s. (in teeth) πουρί n.

Tartar s. Τάταρος m. (fig.) αγριάνθρωπος m.

task s. καθῆκον n., δουλειά f. take to ~ μαλώνω, βάζω μπροστά. ~-force s. τακτική δύναμις. ~-master s. hard ~-master σκληρός εργοδότης.

tassel s. φούντα f., θύσανος m.

taste s. (sense, flavour) γεύσις f. (aesthetic) γούστο n. good ~ καλαισθησία f. to my ~ τοῦ γούστου μου, in bad ~ κακόκουστος, in good ~ καλόγουστος. just a ~ μία ιδέα. get a ~ of δοκιμάζω, give me a ~ of your wine δῶσε μου νά δοκιμάσω από τό κρασί σου. have a ~ for έχω αδυναμία σέ, μοῦ αρέσει. it leaves a bad ~ (fig.) κάνει κακή εντύπωση.

taste v.t. (sample) δοκιμάζω, (perceive taste of) αισθάνομαι, can you ~ the cinnamon? αισθάνεσαι τήν κανέλα; (v.i.) it ~s good έχει ωραία γεύση. it ~s of almonds έχει γεύση αμυγδάλου.

tatter|s s. κουρέλια n.pl. be ~ed or in ~s έχω γίνει κουρέλι, (of reputation) έχω στραπατσαριστή.

tattle v. κουτσομπολεύω. (s.) κουτσομπολιό n.

tattoo s. (marking) τατουάζ n. (drumming) τυμπανοκρουσία f. (fig.) beat a ~ παίζω ταμπούρλο.

tatty a. εφθαρμένος.

taunt v. χλευάζω, βρίζω. (s.) χλευασμός m., ύβρις f.

taut s. (nerves) τεταμένος, (rope) τεντωμένος. ~en v.t. τεντώνω, τεζάρω.

tautology s. ταυτολογία f.

tavern s. καπηλειό n.

tawdr|iness s. ψεύτικη πολυτέλεια. ~y a. ψευτοπολυτελής.

tawny a. κοκκινόξανθος.

tax s. φόρος m. (burden) βάρος n. free of ~ ατελής. (v.) φορολογῶ. (make demands on) δοκιμάζω. ~ (person) with κατηγορῶ γιά. ~able a. φορολογήσιμος. ~ation s. φορολογία f. ~-collector s. εισπράκτωρ φόρων.

taxi, ~-cab s. ταξί n. ~-driver s. ταξιτζῆς m. ~-rank s. πιάτσα f., σταθμός ταξί.

taxidermy s. βαλσάμωμα ζώων.

tea s. τσάι n. (fam.) it's not my cup of ~ δέν είναι τῆς προτιμήσεώς μου. ~-caddy s. κουτί τοῦ τσαγιοῦ. ~-cup s. φλυτζάνι τοῦ τσαγιοῦ. ~-pot s. τσαγιέρα f. ~-spoon s. κουταλάκι τοῦ τσαγιοῦ.

teach v. διδάσκω, (person only) μαθαίνω. ~able a. (subject) πού διδάσκεται, (person) επιδεκτικός μαθήσεως.

teacher s. (general) διδάσκαλος m. (primary) (δι)δάσκαλος m., (δι)δασκάλισσα f., δασκάλα f. (secondary & higher) καθηγητής m., καθηγήτρια f.

teaching s. διδασκαλία f. ~s διδάγματα n.pl. (a.) διδακτικός.

team s. ομάς f. (beasts) ζευγάρι n. ~ spirit πνεῦμα συνεργασίας. ~ work ομαδική εργασία. (v.t.) ζεύω. (v.i.) ~ up συνεργάζομαι.

tear s. (drop) δάκρυ n. I found her in ~s τή βρῆκα νά κλαίη (or κλαμένη).

tear v.t. (rend) (also ~ up) σχίζω, (hair) τραβῶ, (snatch) αρπάζω, αποσπῶ. ~ off βγάζω, αποσπῶ. ~ up (uproot) ξερριζώνω. ~ to pieces καταξεσχίζω. be torn between αμφιταλαντεύομαι μεταξύ (with gen.). I couldn't ~ myself away δέν μπορούσα νά ξεκολλήσω. (v.i.) it ~s easily σχίζεται εύκολα. (s.) σχίσιμο n.

tear v.i. (rush) ορμῶ.

tearful a. δακρυσμένος.

tear-gas s. δακρυγόνα αέρια.

tearing a. (fam.) (row) τρικούβερτος. in a ~ hurry τρομερά βιαστικός.

teas|e v. πειράζω. (s., person) πειραχτήρι n. ~er s. δύσκολο πρόβλημα. ~ing s. άκακον πείραγμα.

teat s. θηλή f.

technical a. τεχνικός. ~ity s. τεχνική λεπτομέρεια. ~ly adv. από τεχνικής απόψεως.

technician s. τεχνίτης m., τεχνικός m.

technique s. τεχνική f.

technocrat s. τεχνοκράτης m.

technolog|ical a. τεχνολογικός. ~ist s.

τεχνολόγος *m*. ~y *s*. τεχνολογία *f*.

Te Deum *s*. *(eccl.)* δοξολογία *f*.

tedi|ous *a*. ἀνιαρός. ~**um** *s*. ἀνία *f*.

teem *v*. ἀφθονῶ. ~ with βρίθω *(with gen.)*. it ~ed with rain ἔβρεξε καταρρακτωδῶς.

teenager *s*. νέος *(or* νέα *f.)* δεκατριῶν μέχρι δεκαεννέα ἐτῶν.

teens *s*. ἐφηβική ἡλικία.

teeter *v*. τρικλίζω.

teething *s*. πρώτη ὀδοντοφυΐα. ~ troubles *(fig.)* δυσχέρειες τοῦ ἀρχικοῦ σταδίου.

teetotaller *s*. ὁ ἀπέχων ἀπό τά οἰνοπνευματώδη.

telecommunications *s*. τηλεπικοινωνία *f*.

telegram *s*. τηλεγράφημα *n*.

telegraph *s*. τηλέγραφος *m*. *(v.)* τηλεγραφῶ. ~**ic** *a*. τηλεγραφικός.

telepath|ic *a*. τηλεπαθητικός. ~**y** *s*. τηλεπάθεια *f*.

telephone *s*. τηλέφωνο *n*. *(v.)* τηλεφωνῶ.

telephon|e, ~**ic** *a*. τηλεφωνικός. ~e call τηλεφώνημα *n*. ~e operator τηλεφωνητής *m*., τηλεφωνήτρια *f*.

teleprinter *s*. τηλέτυπον *n*.

telescop|e *s*. τηλεσκόπιον *n*. *(v.i.)* πτύσσομαι. ~**ic** *a*. *(sliding)* πτυσσόμενος.

television *s*. τηλεόρασις *f*. *(a.)* τηλεοπτικός.

tell *v.t. & i*. λέω, λέγω. *(relate)* ἀφηγοῦμαι. *(distinguish)* ξεχωρίζω. ~ me the news πές μου τά νέα. I told him I was coming τοῦ εἶπα πώς θά ἔρθω. I told him to come τοῦ εἶπα νά ἔρθη. *(v.i.)* *(know)* ξέρω, καταλαβαίνω. *(count, have effect)* δείχνω, φαίνομαι. his age is beginning to ~ on him τοῦ φάνηκαν τά χρόνια του. ~ against ἐπιβαρύνω. ~ on *(report)* μαρτυρῶ. ~ off μαλώνω. all told συνολικά.

teller *s*. *(bank)* ταμίας *m*.

telling *a*. ἀποτελεσματικός.

telltale *s*. μαρτυριάρης *m*. *(a., fig.)* ἀποκαλυπτικός, πού λέει πολλά.

temerity *s*. τόλμη *f*.

temper *s*. *(humour)* ψυχική διάθεσις, *(anger)* θυμός *m*. lose one's ~ χάνω τήν ψυχραιμία μου. get in a ~ θυμώνω, ἀνάβω. good-~ed μειλίχιος, bad-~ed δύστροπος.

temper *v*. *(metal)* στομώνω. *(mitigate)* μετριάζω.

temperament *s*. ἰδιοσυγκρασία *f*., ταμπεραμέντο *n*. ~**al** *a*. be ~al ἔχω ἰδιοτροπίες.

temperance *s*. ἐγκράτεια *f*.

temperate *a*. ἐγκρατής, *(climate)* εὔκρατος.

temperature *s*. θερμοκρασία *f*. have a ~ ἔχω πυρετό. take *(person's)* ~ θερμομετρῶ.

tempest *s*. θύελλα *f*. *(at sea)* φουρτούνα *f*. ~**uous** *a*. θυελλώδης.

temple *s*. *(church)* ναός *m*. *(anat.)* κρόταφος *m*.

tempo *s*. ρυθμός *m*.

temporal *a*. *(of time)* χρονικός. *(worldly)* ἐγκόσμιος, *(not spiritual)* κοσμικός.

temporar|y *a*. προσωρινός. ~**ily** *adv*. προσωρινά.

temporize *v*. ἐπιφυλάσσομαι νά δώσω θετική ἀπάντηση.

tempt *v*. δελεάζω, βάζω σέ πειρασμό. *(lead on)* παρασύρω, *(persuade)* καταφέρνω. ~**ation** *s*. πειρασμός *m*. ~**ing** *a*. δελεαστικός.

ten *num*. δέκα. ~ to one *(bet)* δέκα πρός ἕνα.

tenable *a*. *(argument)* ὑποστηρίξιμος, *(office)* ἰσχύων.

tenacious *a*. ἐπίμονος. ~**ly** *adv*. ἐπίμονα.

tenacity *s*. ἐπιμονή *f*.

tenant *s*. ἐνοικιαστής, νοικάρης *m*.

tend *v*. *(lean)* τείνω, ἔχω τάση. *(watch)* περιποιοῦμαι, φυλάω. ~**ency** *s*. τάσις *f*.

tendentious *a*. μεροληπτικός.

tender *a*. τρυφερός, *(sensitive)* εὐαίσθητος. ~**ly** *adv*. τρυφερά.

tender *v*. *(offer)* προσφέρω, *(submit)* ὑποβάλλω. *(for contract)* κάνω προσφοράν. *(s.)* προσφορά *f*.

tender *s*. *(vessel, wagon)* ἐφοδιοφόρον *n*.

tendon *s*. τένων *m*.

tendril *s*. ἕλιξ *f*.

tenement *s*. ~-house πολυκατοικία *f*.

tenet *s*. ἀρχή *f*.

tennis *s*. τέννις *n*.

tenor *s*. *(mus.)* τενόρος *m*. *(drift)* νόημα *n*.

tense *s*. *(gram.)* χρόνος *m*.

tense *a*. τεταμένος. *(v.)* σφίγγω.

tension *s*. ἔντασις *f*. *(voltage)* τάσις *f*. *(nervous)* ἐκνευρισμός *m*.

tent *s*. σκηνή *f*.

tentacle *s*. πλοκάμι *n*.

tentative *a*. *(trial)* δοκιμαστικός, *(provisional)* προσωρινός.

tenterhooks *s*. be on ~ κάθομαι στά καρφιά.

tenth *a*. δέκατος.

tenuous *a*. λεπτός, *(evidence, etc.)* ἰσχνός.

tenure *s*. κατοχή *f*.

tepid *a*. χλιαρός.

tergiversation s. ὑπεκφυγή f.
term s. (period) περίοδος f. (duration) διάρκεια f. school ~ σχολική περίοδος. (of loan, etc.) προθεσμία f. long-~ μακροπρόθεσμος, short-~ βραχυπρόθεσμος.
term s. (expression, condition, limit) ὅρος m. come to ~s with συμβιβάζομαι μέ. we are on good ~s τά ἔχουμε καλά, βρισκόμαστε σέ φιλικές σχέσεις. on equal ~s ἐπί ἴσοις ὅροις. they are not on speaking ~s δέν μιλιοῦνται. in ~s of ὅσον ἀφορᾶ. in flattering ~s μέ κολακευτικά λόγια.
term v. ὀνομάζω, καλῶ.
terminal a. τελευταῖος. (s.) τέρμα n. (electric) ἀκροδέκτης m.
terminate v.t. θέτω τέρμα εἰς, λύω. (v.i.) λήγω.
terminology s. ὀρολογία f.
terminus s. τέρμα n.
termite s. τερμίτης m.
terrace s. (on hillside) πεζούλι n. (houses) σειρά ὁμοιόμορφων σπιτιῶν. (walk) ἐπιχωματωμένη περιοχή πού παρέχει θέα καί περίπατο.
terracotta s. ὀπτή γῆ.
terra firma s. στερεά f.
terrain s. ἔδαφος n.
terrestrial a. γήινος.
terrib|le a. τρομερός, φρικτός. ~ly adv. τρομερά.
terrific a. τρομακτικός, (great) τρομερός, (amazing) καταπληκτικός. ~ally adv. τρομερά.
terrify v. κατατρομάζω. ~ing a. τρομακτικός.
territorial a. ἐδαφικός. ~ army πολιτοφυλακή f. ~ waters χωρικά ὕδατα.
territory s. (land) ἔδαφος n. (area) περιοχή f.
terror s. τρόμος m., τρομάρα f., φόβος m. reign of ~ τρομοκρατία f. have a ~ of τρέμω. (fam.) he's a ~ εἶναι τρομερός. ~-struck a. τρομοκρατημένος.
terror|ism s. τρομοκρατία f. ~ist s. τρομοκράτης m. ~ize v. τρομοκρατῶ.
terse a. σύντομος.
terylene s. τερυλέν n.
test s. (esp. of machine) δοκιμή f. (esp. of character) δοκιμασία f. (examination) ἐξέτασις f. (a.) ~ flight δοκιμαστική πτῆσις. (v.) δοκιμάζω, ἐξετάζω.
testament s. διαθήκη f.
testicle s. ὄρχις f.
testify v. μαρτυρῶ.
testimonial s. πιστοποιητικόν n.

testimony s. μαρτυρία f.
test|iness s. δυστροπία f. ~y a. δύστροπος.
tetanus s. τέτανος m.
tetchy a. δύστροπος.
tête-à-tête s. τετατέτ n.
tether v. δένω. (s.) σχοινί n. be at the end of one's ~ δέν ἀντέχω πιά.
text s. κείμενον n. ~book s. ἐγχειρίδιον n.
textile a. ~ industry ὑφαντουργία f. (s.) ~s ὑφαντουργικά προϊόντα.
texture s. ὑφή f. close ~d μέ πυκνή ὑφή.
than conj. ἀπό, παρά. Helen is prettier ~ Mary ἡ Ἑλένη εἶναι πιό ὄμορφη ἀπ' τή Μαρία. he is older ~ me εἶναι πιό μεγάλος ἀπό μένα (or μεγαλύτερός μου). it is cheaper to buy one ~ make it yourself συμφέρει καλύτερα νά τό ἀγοράσης παρά νά τό φτιάσης μόνος σου. I would rather go by train ~ fly προτιμῶ νά πάω σιδηροδρομικῶς παρά ἀεροπορικῶς. no sooner had I gone out ~ it started to rain μόλις βγῆκα (or δέν πρόφτασα νά βγῶ καί) ἄρχισε νά βρέχη. it is later ~ I thought εἶναι ἀργότερα ἀπ' ὅ,τι νόμιζα.
thank v. εὐχαριστῶ. ~ God δόξα τῷ Θεῷ.
thankful a. εὐγνώμων. ~ly adv. εὐγνωμόνως. ~ness s. εὐγνωμοσύνη f.
thankless a. ἀχάριστος.
thanks s. εὐχαριστίες f.pl. ~! εὐχαριστῶ. ~ to χάρη σέ.
that pron. (demonstrative) ἐκεῖνος. ~ house ἐκεῖνο μτό σπίτι. (relative) πού, the book ~ you were reading τό βιβλίο πού διάβαζες.
that conj. ὅτι, πώς. I heard ~ he is coming tomorrow ἔμαθα ὅτι (or πώς) φτάνει αὔριο. (after so much, etc.) πού, I arrived so late ~ I couldn't find a room ἔφτασα τόσο ἀργά πού δέν μποροῦσα νά βρῶ δωμάτιο. so ~ (result) ὤστε, in order ~ γιά νά.
thatch s. ἀχυρένια στέγη.
thaw v.t. & i. λειώνω. (s.) λειώσιμο τοῦ χιονιοῦ. (fig.) ὕφεσις f.
the article ὁ m., ἡ f., τό n.
theatr|e s. θέατρο n. ~ical a. θεατρικός.
theft s. κλοπή f., κλεψιά f.
their, ~s pron. (δικός) τους.
the|ism s. θεϊσμός m. ~ist s. θεϊστής m.
them pron. αὐτούς m., αὐτές f., αὐτά n.
theme s. θέμα n.
themselves see self.

hen adv. (at that time, therefore) τότε. (next) ἔπειτα, μετά. (also) ἐκτὸς ἀπ' αὐτό.

hence adv. (from there) ἀπὸ κεῖ, (for that reason) συνεπῶς, γιά αὐτό.

hence|forth, **~forward** adv. ἔκτοτε, ἀπὸ τότε (κι' ἔπειτα).

heocr|acy s. θεοκρατία f. **~atic** a. θεοκρατικός.

heodolite s. θεοδόλιχος m.

theolog|ian s. θεολόγος m. **~ical** a. θεολογικός. **~y** s. θεολογία f.

heorem s. θεώρημα n.

theoretical a. θεωρητικός. **~ly** adv. θεωρητικά.

heor|etician, **~ist** s. θεωρητικός m.

heor|ize v. κάνω θεωρίες. **~y** s. θεωρία f.

therap|eutic a. θεραπευτικός. **~y** s. θεραπευτικ|ή/ὑγωγή.

here adv. ἐκεῖ. over ~ ἐκεῖ πέρα. ~ is ἔχει, ὑπάρχει. ~ are ἔχει, ὑπάρχουν. ~ doesn't seem to be a solution δέν φαίνεται νά ὑπάρχει λύσις. ~ was a knock at the door χτύπησε ἡ πόρτα. ~'s Mary! νά ἡ Μαρία! ~ she is! νά την. ~ are (fine) apples for you! νά κάτι μῆλα! (fam.) he's not all ~ εἶναι χαζός.

thereabouts adv. (place) ἐκεῖ γύρω, (roughly) πάνω κάτω.

thereafter adv. κατόπιν, ἔπειτα.

thereby adv. ἔτσι.

therefore adv. γιά αὐτό, ἑπομένως, ἄρα.

therein adv. ἐκεῖ (μέσα).

thereupon adv. ὁπότε, συνεπείᾳ τούτου.

therm s. θερμίς f. **~al** a. **~al** springs θέρμαι f.pl.

thermodynamics s. θερμοδυναμική f.

thermometer s. θερμόμετρον n.

thermonuclear a. θερμοπυρηνικός.

thermos s. (also ~ flask) θερμός n.

thermostat s. θερμοστάτης m.

thesaurus s. λεξικόν συνωνύμων καί συγγενικῶν.

these pron. αὐτοί, τοῦτοι. ~ houses αὐτά (or τοῦτα) τά σπίτια.

thesis s. (theme) θέμα n. (for degree) διατριβή f.

thick a. χονδρός, χοντρός. (dense, bushy) πυκνός. (of wall, layer) παχύς, a wall 30 cm. ~ τοῖχος μέ πάχος τριάντα ἑκατοστῶν. (fluid) πηχτός. he's rather ~ (dull) δέν εἶναι σοβαρός. that's a bit ~ αὐτό παραεῖναι (or πάει πολύ). he stood by me through ~ and thin στάθηκε στό πλευρό μου καί στίς καλές καί στίς κακές περιστάσεις. they are very ~ (or as

~ as thieves) (intimate) εἶναι κῶλος καί βρακί. we are in the ~ of it (activity) εἴμαστε στή βράση τῆς δουλειᾶς.

thicken v.t. κάνω πιό παχύ. (v.t. & i.) πυκνώνω. (v.i.) (of liquid) πήζω, δένω, (of plot) περιπλέκομαι.

thicket s. λόχμη f.

thick-headed a. ξεροκέφαλος.

thickly adv. (densely) πυκνά. (lying) σέ πυκνό στρῶμα, (spread) σέ παχύ στρῶμα.

thickness s. (of book, tree-trunk, etc.) ὄγκος m. (of wall, layer) πάχος n. (density) πυκνότης f.

thickset a. πυκνός, (sturdy) γεροδεμένος.

thick-skinned a. χοντρόπετσος.

thief s. κλέφτης m.

thieve v. κλέβω.

thiev|ing, **~ish** a. (person) κλεφταρᾶς m. (animal) κλέφτικος.

thigh s. μηρός m., μπούτι n.

thimble s. δαχτυλήθρα f. **~ful** a. (fig.) μία σταγόνα.

thin a. (not thick) λεπτός, ψιλός. (not dense) ἀραιός, (of liquid) ἀραιός. (person) λεπτός, λιγνός, ἀδύνατος. (of poor quality) φτωχός. you've got ~ner (of person) ἀδυνάτισες, λέπτυνες. we had a ~ time δέν εὐχαριστηθήκαμε. (v.t. & i.) ἀραιώνω.

thing s. πρᾶγμα n., πρᾶμα n. the poor ~! ὁ καημένος! the very (or just the) ~ ὅ,τι χρειάζεται. the ~ is τό ζήτημα εἶναι. for one ~ ἀφ' ἑνός, πρῶτα πρῶτα. it's not the ~ δέν ἐπιτρέπεται, εἶναι ἀπαράδεκτον. it's the usual (or quite the) ~ συνηθίζεται. the latest ~ (fashion) ἡ τελευταία λέξις τῆς μόδας. what with one ~ and another μέ τό ἕνα καί μέ τό ἄλλο. he doesn't know a ~ about music δέν ἔχει ἰδέα (or δέν σκαμπάζει or ἔχει μεσάνυχτα) ἀπό μουσική. the ~ I should like best αὐτό πού θά προτιμοῦσα.

thingummy s. (fam.) (person) ὁ τέτοιος, (thing) μαραφέτι n.

think v.i. & t. (reflect) (also ~ of, about) σκέφτομαι, συλλογίζομαι. (opine) νομίζω, μοῦ φαίνεται ὅτι. (expect, imagine) φαντάζομαι. ~ of (remember) θυμᾶμαι, (entertain project) σκέφτομαι νά, λέω νά. (entertain possibility of) διανοοῦμαι, I should never ~ of doing such a thing θά μποροῦσα ποτέ νά διανοηθῶ (or δέν θά περνοῦσε ποτέ ἀπ' τό νοῦ μου) νά κάνω τέτοιο πρᾶμα. (get the idea of) σκέφτομαι, who first thought of this plan? ποιός πρωτοσκέφθηκε αὐτό τό σχέδιο; ~ highly (or much) of ἔχω περί πολλοῦ. ~ out μελετῶ, (a plan) καταστρώνω. ~ over μελετῶ, σκέφτομαι. ~ up ἐπινοῶ. it is thought that πιστεύεται ὅτι.

thinkable a. νοητός.

thinker s. στοχαστής m.

thinking s. σκέψις f. to my ~ κατά τή γνώμη μου. (a.) ~ people οἱ σοβαρῶς σκεπτόμενοι ἄνθρωποι.

third a. τρίτος. ~ party τρίτος m. ~ degree, ἀνάκρισις τρίτου βαθμοῦ. (s.) τρίτον n. ~-rate a. κακῆς ποιότητος.

thirst s. δίψα f. (v.) διψῶ.

thirsty a. διψασμένος. feel ~ διψῶ.

thirteen (num.) δεκατρία. (a.) δεκατρεῖς. ~th a. δέκατος τρίτος.

thirt|y (num.) τριάντα. ~ieth a. τριακοστός.

this pron. αὐτός, τοῦτος. ~ house αὐτό (or τοῦτο) τό σπίτι. like ~ ἔτσι. with ~ and that μέ τό ἕνα καί μέ τό ἄλλο.

thistle s. γαϊδουράγκαθο n.

thither adv. ἐκεῖ.

thong s. ἱμάς m.

thorax s. θώραξ m.

thorn s. ἀγκάθι n. (fig.) ~ in one's flesh κακός μπελᾶς. ~y a. ἀκανθώδης.

thorough a. (treatment) καλός, γερός. (worker) καλός, εὐσυνείδητος. (knowledge) πλήρης. (out-and-out) τέλειος, πέρα γιά πέρα.

thoroughbred a. καθαρόαιμος.

thoroughfare s. ἀρτηρία f. no ~ ἀπαγορεύεται ἡ δίοδος.

thorough-going a. see thorough.

thoroughly adv. τελείως, καλά, ἀπολύτως.

those pron. ἐκεῖνοι. ~ houses ἐκεῖνα τά σπίτια.

thou pron. ἐσύ.

though conj. μολονότι, ἄν καί, μ' ὅλο πού, παρ' ὅλο πού. strange ~ it may seem ὅσο καί νά φαίνεται παράξενο. as ~ σά νά (with indicative), as ~ he wanted to speak σά νά ἤθελε νά μιλήση. it looks as ~ they're not coming σά νά μοῦ φαίνεται πώς δέ θἄρθουν. (adv., yet, however) ὅμως, ὡστόσο.

thought s. σκέψις f. (idea) ἰδέα f. (concern) μέριμνα f. take ~ for νοιάζομαι γιά. at the mere ~ of it καί μόνο μέ τή σκέψη. on second ~s κατόπιν ὡριμωτέρας σκέψεως.

thoughtful a. (pensive) σκεπτικός, (kind)

εὐγενικός, (not superficial) σοβαρός. ~ness s. εὐγένεια f. σοβαρότης f.

thoughtless a. ἀπερίσκεπτος. ~ness s. ἀπερισκεψία f.

thousand n. a ~ χίλιοι, two ~ δύο χιλιάδες. one in a ~ ἕνας στούς χίλιους. ~th a. χιλιοστός.

thrall s. (slave) δοῦλος m. held in ~ ὑποδουλωμένος. see enthral.

thrash v. μαστιγώνω, δέρνω. (defeat) κατατροπώνω. ~ out συζητῶ λεπτομερῶς.

thrashing s. δάρσιμο n. get a ~ τρώω ξύλο.

thread s. κλωστή f. (also fig.) νῆμα n. (of screw) βόλτες f.pl. (v.) (needle, beads, etc.) περνῶ. ~ one's way through περνῶ ἀνάμεσα σέ.

threadbare a. τριμμένος, λειωμένος. (fig.) τετριμμένος.

threat s. ἀπειλή f.

threaten v. ἀπειλῶ. ~ing a. ἀπειλητικός.

three (num.) τρία. (a.) τρεῖς. ~ hundred τριακόσιοι. (s.) (at cards) τριάρι n.

three-cornered a. τριγωνικός. ~ hat τρίκωχο n.

threefold a. τριπλάσιος.

three-legged a. ~ stool τρίποδο n.

three-ply a. (thread) τρίκλωνος.

three-quarters adv. κατά τά τρία τέταρτα.

three-score a. ἑξήντα.

thresh v. ἁλωνίζω. ~ing floor ἁλώνι n.

threshold s. κατώφλι n.

thrice adv. τρεῖς φορές, τρίς.

thrift s. οἰκονομία f. ~less a. σπάταλος. ~y a. οἰκονόμος.

thrill s. (tremor) τρεμούλα f., ἀνατριχίλα f. (emotion) συγκίνησις f. (v.t.) συγκινῶ, συναρπάζω. (v.i.) συγκινοῦμαι. ~er s. ἀστυνομικό n. ~ing a. συγκινητικός, συναρπαστικός.

thrive v. πάω καλά, εὐδοκιμῶ. he ~s on work ἡ ἐργασία τόν τρέφει.

thriving a. ~ be ἀκμάζω, πάω περίφημα.

throat s. λαιμός m. have a sore ~ πονάει ὁ λαιμός μου. he rammed his ideas down our ~s μᾶς ἔπρηξε μέ τά κηρύγματά του. it stuck in my ~ (fig.) δέν μπόρεσα νά τό ξεκινέψω.

throaty a. (hoarse) βραχνός, (deep) τοῦ λάρυγγος.

throb v. χτυπῶ, πάλλομαι. (fig.) σφύζω (s.) χτύπος m., παλμός m.

throes s. ~ of childbirth ὠδῖνες f.pl. we are in the ~ of the election εἴμαστ πάνω στήν ἀναστάτωση τῶν ἐκλογῶν.

thrombosis s. θρόμβωσις f.

hron|e s. θρόνος m. ~ed (fig.) θρονιασμένος.

hrong s. πλῆθος n. (great) κοσμοσυρροή f. (v.i.) συρρέω. (v.t.) πλημμυρίζω.

hrottle v. πνίγω. (fig.) καταπνίγω. ~ down (engine) κόβω ταχύτητα.

hrough prep. (across) διά μέσου (with gen.), μέσα ἀπό. he got in ~ the window μπῆκε ἀπ' τό παράθυρο. he was shot ~ the heart ἡ σφαῖρα διαπέρασε τήν καρδιά του. (time) all ~ the winter ὅλο τό χειμώνα, κατά τή διάρκεια τοῦ χειμώνα. (agency) I got to know him ~ my brother τόν γνώρισα ἀπό τόν ἀδελφό μου. I got the job ~ my father-in-law πῆρα τή θέση μέσω τοῦ πεθεροῦ μου. (as a result of) ~ carelessness ἀπό ἀμέλεια, see also from.

hrough adv. go or get or let ~ περνῶ. read it ~ τό διαβάζω μέχρι τέλους. ~ and ~ ὥς τό κόκκαλο, πέρα γιά πέρα. all the way ~ (performance, etc.) καθ' ὅλη τή διάρκεια. be ~ with (finished) ἔχω τελειώσει, (fed up) ἔχω βαρεθῆ. (without break of journey) κατ' εὐθεῖαν. ~ ticket εἰσιτήριο συνεχείας.

hroughout prep. (space) σ' ὅλο τό διάστημα, (time) καθ' ὅλη τή διάρκεια (both with gen.). ~ the country σ' ὁλόκληρη τή χώρα. (adv.) (house) close-carpeted ~ στρωμένο ὅλο (or ἀπό ἄκρη σ' ἄκρη) μέ μοκέτα.

hrow s. ριξιά f. a stone's ~ δύο βήματα.

hrow v.t. (general) ρίχνω, (esp. objects) πετῶ. ~ open (premises) ἀνοίγω. ~ a glance ρίχνω μία ματιά. ~ light on ρίχνω φῶς σέ. ~ into confusion προκαλῶ σύγχυσιν εἰς. ~ oneself on or into ρίχνομαι σέ. ~ oneself on (mercy, etc.) καταφεύγω σέ. they were ~n out of work ἔμειναν ἄνεργοι. we were ~n together by chance ἡ τύχη μᾶς ἔκανε νά γνωριστοῦμε. get ~n about (jolted) τραντάζομαι.

hrow away v.t. πετῶ. this is to be thrown away αὐτό εἶναι γιά πέταμα. my words were thrown away (wasted) τά λόγια μου πῆγαν χαμένα.

hrow back v.t. πετῶ πίσω. (repel) ἀπωθῶ, (shoulders) τεντώνω. be thrown back on ἀναγκάζομαι νά καταφύγω σέ.

throw-back s (biol.) παράδειγμα προγονισμοῦ.

throw in v.t. (a remark) πετῶ. (add) δίνω ἐπί πλέον. ~ one's hand παραιτοῦμαι.

throw off v.t. (get rid of) ξεφορτώνομαι,

γλυτώνω ἀπό. (clothes) βγάζω, (poem, etc.) σκαρώνω.

throw out v.t. (eject) πετῶ ἔξω, (reject) ἀπορρίπτω. (radiate) ἐκπέμπω, (confuse) μπερδεύω, (a suggestion) πετῶ.

throw over v.t. ἐγκαταλείπω.

throw up v.t. (vomit) κάνω ἐμετό, βγάζω. (cast ashore) βγάζω ἔξω, (give up) παρατῶ. (build) σκαρώνω στά γρήγορα, (produce) βγάζω. (show up) προβάλλω. (raise) σηκώνω.

throwing s. ρίξιμο n. (in athletics) ρῖψις f.

thrush s. τσίχλα f.

thrust v.t. χώνω. (knife, etc.) καρφώνω, μπήγω. ~ aside σπρώχνω κατά μέρος. ~ out (head, tongue) βγάζω. ~ (duty) upon φορτώνω σέ. ~ oneself forward (fig.) προβάλλομαι. be ~ing προβάλλομαι ἀναιδῶς. (s.) σπρωξιά f. ὤθησις f. (with sword) ξιφισμός m. (attack in war) διείσδυσις f.

thud s. γδοῦπος m. (v.) βροντῶ ὑπόκωφα.

thug s. κακοῦργος m.

thumb v. (book) φυλλομετρῶ. ~ one's nose at κοροϊδεύω. ~ a lift κάνω ὠτοστόπ.

thumb s. ἀντίχειρ m. he is under her ~ εἶναι ὑποχείριός της. by rule of ~ ἐμπειρικά. ~-nail sketch σύντομη περιγραφή. give the ~s up ἐγκρίνω, give the ~s down ἀπορρίπτω.

thump v. χτυπῶ, βαράω. (s.) χτύπημα n.

thunder s. βροντή f. ~ and lightning ἀστραπόβροντο n. (fig.) steal ~ of προλαμβάνω. (v.) βροντῶ. ~bolt s. κεραυνός m. ~clap s. μπουμπουνητό n. ~ing a. (fam.) δυνατός, πελώριος. ~ous a. βροντώδης. ~struck a. ἐμβρόντητος. ~y a. the weather looks ~y ὁ καιρός προμηνύει καταιγίδα.

Thursday s. Πέμπτη f.

thus adv. ἔτσι.

thwart v. χαλῶ, φέρνω ἐμπόδια σέ.

thy pron. δικός σου.

thyme s. θυμάρι n.

tiara s. τιάρα f.

tic s. τίκ n.

tick v. (of clock) κάνω τικ-τάκ. (mark) τσεκάρω. ~ (person) off μαλώνω. (fam.) what makes him ~ τί σόι ἄνθρωπος εἶναι. ~ing over στό ραλαντί.

tick s. (noise) τικ-τάκ n. (fam.) in a ~ σέ δύο λεπτά, on the ~ στό τσάκ. (mark) σημάδι ἐλέγχου. (credit) I got it on ~ τό πῆρα βερεσέ.

ticker s. (fam.) (heart) καρδιά f. (watch)

ϱολόι n. ~ tape ταινία τηλετύπου.

ticket s. εἰσιτήριο n. (label) ἐτικέτα f. ~ office θυρίδα f.

tickle v. γαργαλάω. (amuse) διασκεδάζω. ~lish a. be ~lish γαργαλιέμαι. (difficult) λεπτός, δύσκολος.

tidal a. πού ἐπηρεάζεται ἀπό τήν παλίρροια. ~ wave παλιρροϊκόν κῦμα.

tide s. παλίρροια f. high ~ πλημμυρίς f. low ~ ἄμπωτις f. the ~ is in ἡ θάλασσα εἶναι ἔξω. the ~ is out ἡ θάλασσα εἶναι μέσα. it was washed up by the ~ τό ἔχει ἐκβράσει ἡ θάλασσα. (fig., trend) κῦμα, ϱεῦμα n. the turn of the ~ ἡ μεταστροφή τῆς τύχης.

tide v. ~ over a difficult spell ξεπερνῶ μία δύσκολη περίπτωση.

tidings s. νέα n.pl.

tidy v. (also ~ up) συγυρίζω, σιάζω, τακτοποιῶ. ~ oneself up σιάζομαι.

tidy a. (person) τακτικός, (room) τακτοποιημένος, νοικοκυρεμένος. a ~y sum σεβαστό ποσό. a ~y way (distance) ἀρκετά μακριά. ~iness s. τάξις f.

tie v.t. (lit. & fig.) δένω. (come equal) ἔρχομαι ἰσοπαλία. be ~d (down) to the house εἶμαι καρφωμένος στό σπίτι. ~ in with συμφωνῶ μέ. ~ up (parcel, ship) δένω, (funds) δεσμεύω. be ~d up (occupied) εἶμαι πιασμένος or ἀπασχολημένος, (connected) συνδέομαι.

tie s. (attachment) δεσμός m. (coming equal) ἰσοπαλία f. (neck) γραβάτα f.

tier s. σειρά f. in ~s κλιμακωτός.

tiff s. καβγαδάκι n.

tiger s. τίγρις f.

tight a. (cord) τεντωμένος, (clothes) στενός. (embrace, knot, lips) σφιχτός. my shoes are ~ μέ σφίγγουν τά παπούτσια μου. in a ~ corner or spot σέ δύσκολη θέση. air-~, water-~ στεγανός. (fam., drunk) σουρωμένος. it was a ~ squeeze for us in the taxi ἤμασταν στριμωγμένοι στό ταξί. (adv.) σφιχτά, καλά. sit ~ δέν τό κουνάω. ~-fisted a. σφιχτός. ~-fitting a. ἐφαρμοστός. ~ly adv. σφιχτά, καλά.

tighten v.t. & i. σφίγγω, τεντώνω, (bonds) συσφίγγω. ~ing s. σφίξιμο n., τέντωμα n.

tightrope s. τεντωμένο σχοινί. ~ walker σχοινοβάτης m.

tights s. καλσόν n.

tile s. (roof) κεραμίδι n. (floor, wall) πλακάκι n. (fam.) go out on the ~s ξενυχτῶ γλεντῶντας.

till prep. ὥς, μέχρι (with acc.). ~ now ὥς τώρα, μέχρι τοῦδε. (conj.) I shall wait ~ you come θά περιμένω ὥσπου νά (or ὡσότου νά or μέχρις ὅτου) ἔρθης.

till s. ταμεῖο n.

till v. καλλιεργῶ.

tiller s. (of soil) καλλιεργητής m. (helm) λαγουδέρα f., δοιάκι n.

tilt v.t. & i. (lean) γέρνω. (v.i.) ~ at (fig.) ἐπιτίθεμαι ἐναντίον (with gen.). (s.) (slant) κλίσις f. (combat) κονταροχτύπημα n. at full ~ ὁρμητικά.

timber s. ξυλεία f. (piece) δοκάρι n. (fig.) he is of presidential ~ ἔχει τά προσόντα νά γίνη πρόεδρος.

timbre s. τέμπρο n., ποιόν n.

time s. χρόνος m., καιρός m. (of day) ὥρα f. (occasion) φορά f. (date, period) καιρός m., ἐποχή f. one at a ~ ἕνας-ἕνας. how many ~s? πόσες φορές; what's the time? τί ὥρα εἶναι; on ~ στήν ὥρα μου. in (or at the right) ~ ἐγκαίρως. at the same ~ συγχρόνως. at ~s, from ~ to ~ πότε πότε, κάπου κάπου. all the ~ διαρκῶς, συνέχεια. half the ~ τό μισό καιρό. for a ~ γιά κάμποσο καιρό, γιά ἕνα διάστημα. for a long ~ (days, years) πολύν καιρό, (hours) πολλή ὥρα. at one ~, once upon a ~ μία φορά. some ~ κάποτε. another ~, ~ and again ἐπανειλημμένος, after ~, ~ and again ἐπανειλημμένως. for the ~ being γιά τήν ὥρα. in no ~ στό πῖ καί φῖ. this ~ last year πέρσι τέτοια ἐποχή. at the best of ~s ὑπό τίς καλύτερες προϋποθέσεις. lose ~ χασομερῶ. waste ~ (act in vain) χάνω τόν καιρό μου. beat ~ κρατῶ τό χρόνο. keep (in) ~ εἶμαι στό χρόνο. in old ~s τόν παλιό καιρό, τά παλιά χρόνια. in my ~ στόν καιρό μου. he was before my ~ δέν τόν ἔφτασα. signs of the ~s σημεῖα τῶν καιρῶν. be behind the ~s ἔχω μείνει πίσω. have a good ~ περνῶ ὡραῖα, (as wish) καλή διασκέδαση! it i[s] high ~ that... εἶναι καιρός πιά νά. b[y] the ~ we got there ὥσπου νά φτάσουμε ἐκεῖ. you've been a long ~ coming ἔκα[νες] πολλή ὥρα νάρθης. we took a lon[g] ~ to get there μᾶς πῆρε πολλή ὥρα ν[ά] φτάσουμε ἐκεῖ. I haven't seen him for long ~ ἔχω πολύν καιρό νά τόν δῶ. h[e] takes his ~ over his work ἐργάζεται μ[ὲ] τό πάσσο του (or μέ τήν ἡσυχία του[).] it's three ~s the size of yours εἶναι τρε[ῖς] φορές πιό μεγάλο ἀπ' τό δικό σου (ε[ἶναι] τριπλάσιο τοῦ δικοῦ σου).

time v. (measure) χρονομετρῶ, (arrange[)]

κανονίζω. ill ~d ἄκαιρος. it was well ~d
ἔγινε ὅταν ἔπρεπε (*or* στήν ὥρα του).
ime-consuming *a.* πού σοῦ τρώει χρόνο.
ime-honoured *a.* καθιερωμένος ἀπό τό
χρόνο.
ime-lag *s.* χρονική ὑστέρησις.
imeless *a.* αἰώνιος.
ime-limit *s.* χρονικόν ὅριον, (*term*) προ-
θεσμία *f.*
imely *a.* ἔγκαιρος.
imepiece *s.* ρολόι *n.*
ime-saving *a.* πού σέ βοηθάει νά οἰκονο-
μήσης χρόνο.
ime-server *s.* καιροσκόπος *a.*
imetable *s.* (*trains*) δρομολόγιον *n.* (*work*)
ὡρολόγιον *n.*
imid *a.* ἄτολμος, δειλός, (*shy*) ντροπαλός.
(*animal*) φοβισμένος. ~**ity** *s.* ἀτολμία *f.*,
δειλία *f.* ντροπαλοσύνη *f.* ~**ly** *adv.*
δειλά.
iming *s.* (*of words, actions*) ἐκλογή τοῦ
κατάλληλου χρόνου. (*regulating*) ρύθμι-
σις *f.* (*of race*) χρονομέτρησις *f.*
imorous *see* timid.
tin *s.* (*metal*) κασσίτερος *m.* (*container*)
τενεκές *m.* (*gallon-size*) μπιντόνι *n.*, (*lit-
tle*) κουτί *n.* (*baking*) ταψί *n.*, νταβᾶς *m.*
(*cake*) φόρμα *f.* (*a.*) τενεκεδένιος. (*v.*)
~ned τοῦ κουτιοῦ. ~ned food κονσέρβα
f.
tincture *s.* (*med.*) βάμμα *n.*
tinder *s.* προσάναμμα *n.* ~-**box** *s.* τσακ-
μάκι *n.*
tine *s.* δόντι *n.*
tinfoil *s.* ἀσημόχαρτον *n.*
tinge *s.* ἀπόχρωσις *f.* (*trace*) ἴχνος *n.* (*v.*)
χρωματίζω. ~d with sadness μέ ἐλαφρά
ἀπόχρωση θλίψεως.
tingle *v.i.* τσούζω, (*have pins & needles*)
μυρμηγκιάζω. ~**ing** *s.* τσούξιμο *n.* μυρ-
μήγκιασμα *n.*
tinker *s.* γανωτζῆς *m.*, γανωματᾶς *m.* (*v.*)
~ with μαστορεύω.
tinkle *v.t. & i.* κουδουνίζω. (*s.*) κουδού-
νισμα *n.* (*fam.*) τηλεφώνημα *n.*
tinny *a.* τενεκεδένιος.
tinsel *s.* φανταχτερή φτηνή διακόσμησις.
tint *s.* (*shade*) ἀπόχρωσις *f.* (*hair dye*)
βαφή *f.* (*v.*) χρωματίζω ἐλαφρά, (*hair*)
βάφω.
tiny *a.* πολύ μικρός, μικροσκοπικός.
tip *s.* (*end*) ἄκρη *f.* (*point*) μύτη *f.* (*fig.*)
to one's finger-~s πέρα γιά πέρα.
(*advice*) πληροφορία *f.* (*dump*) σωρός
ἀπορριμμάτων. (*money*) φιλοδώρημα *n.*,
πουρμπουάρ *n.*

tip *v.t.* (*tilt*) γέρνω, (*discharge*) ἀδειάζω.
(*give money to*) δίνω πουρμπουάρ σέ.
~ off προειδοποιῶ. ~ out ἀδειάζω. (*v.t.*
& *i.*) ~ over ἀναποδογυρίζω. (*v.i.*, *of*
lorry) ~ up ἀνατρέπομαι.
tip-and-run *a.* (*raid*) αἰφνιδιαστικός.
tipple *v.i.* μπεκρουλιάζω. ~**r** *s.* μπεκρῆς
m.
tipsy *a.* στό κέφι, ζαλισμένος.
tiptoe *adv.* on ~ ἀκροποδητί, στίς μύτες
τῶν ποδιῶν.
tip-top *a.* πρώτης τάξεως.
tirade *s.* κατηγορητήριο *n.*
tire *v.t.* κουράζω. (*v.i.*) ~ of βαριέμαι.
tired *a.* κουρασμένος. get ~ κουράζομαι.
get ~ of βαριέμαι. ~ out κατακουρα-
σμένος, ψόφιος στήν κούραση. ~**ness** *s.*
κόπωσις *f.*
tireless *a.* ἀκούραστος.
tiresome *a.* ἐνοχλητικός.
tiro *s.* ἀρχάριος *m.*
tissue *s.* (*fabric*) ὕφασμα *n.* (*biol.*) ἱστός
m. ~ paper τσιγαρόχαρτο *n.* ~ of non-
sense κομβολόγιον ἀνοησιῶν.
tit *s.* give ~ for tat ἀνταποδίδω τά ἴσα.
titanic *a.* τιτάνιος.
titbit *s.* μεζές *m.*
tithe *s.* δεκάτη *f.*, ἐκκλησιαστικός φόρος.
titillat|e *v.* γαργαλίζω. ~**ing** *a.* γαργαλι-
στικός.
titivate *v.i.* φτιάνομαι.
title *s.* τίτλος *m.* ~**d** *a.* εὐγενής.
titter *v.* γελῶ πνιχτά. (*s.*) πνιχτό γέλιο.
tittle *s.* not a ~ οὔτε ἴχνος. ~-**tattle** *s.*
κουτσομπολιό *n.*
to (*prep.*) (*direction*) εἰς, σέ, (*towards*)
πρός, (*as far as*) μέχρι, ὥς (*all with*
acc.). (*compared with*) μπροστά σέ, ἐν
συγκρίσει μέ. (*purpose*) (γιά) νά. (*with*
infinitive) νά. I gave it ~ John τό ἔδωσα
στό Γιάννη (*or* τοῦ Γιάννη). I gave it ~
him τοῦ τό ἔδωσα. the man I gave mo-
ney ~ ἐκεῖνος στόν ὁποῖον ἔδωσα
λεφτά. the man I sat next ~ ἐκεῖνος πού
κάθησα κοντά του. he was the first ~
volunteer ἦταν ὁ πρῶτος πού προσφέρ-
θηκε. I want you ~ help me θέλω νά μέ
βοηθήσης. I'm ready ~ go εἶμαι ἕτοιμος
νά φύγω. (*as substantival infinitive*) his
motto is ~ live dangerously πιστεύει εἰς
τό ζῆν ἐπικινδύνως. (*various*) ~ a man
ὅλοι ἀνεξαιρέτως. ~ the last man μέχρι
ἑνός. ~ the end μέχρι τέλους. it is five
~ six (*o'clock*) εἶναι ἕξη παρά πέντε.
from two ~ three (*o'clock*) δύο μέ τρεῖς.
ten ~ one (*wager*) δέκα μέ ἕνα. back ~

back πλάτη μέ πλάτη. it is similar ~
mine μοιάζει μέ τό δικό μου. private se-
cretary ~ the minister ἰδιαιτέρα τοῦ
ὑπουργοῦ. he fell ~ the ground ἔπεσε
κατά γῆς. so ~ say οὕτως εἰπεῖν. a joy
~ behold χάρμα ἰδέσθαι. (adv.) ~ and
fro πέρα δῶθε. come ~ (recover) συνέρ-
χομαι. push the door ~ γέρνω τήν
πόρτα.
toad s. βάτραχος m.
toady s. κόλαξ m. (v.) κολακεύω.
toast s. piece of ~ φρυγανιά f. (fam.)
have (person) on ~ στρυμώχνω. (v.t.)
κάνω φρυγανιά. (fig. warm) ψήνω.
toast s. (drunk) πρόποσις f. the ~ of the
evening (person) ἡ ἀτραξιόν τῆς βρα-
διᾶς. (v.t.) προπίνω εἰς, πίνω στήν ὑγεία
(with gen.).
tobacco s. καπνός m. ~nist s. καπνοπώ-
λης m. ~nist's s. καπνοπωλεῖον n.
toboggan s. τόμπογκαν n.
tocsin s. κώδων κινδύνου.
today adv. σήμερα. ~ week σήμερα ὀχτώ.
of ~, ~'s (a.) σημερινός.
toddle v. κάνω στράτα. ~r s. νήπιον n.
to-do s. (fam.) φασαρία f.
toe s. δάχτυλο τοῦ ποδιοῦ. (of shoe) μύτη
f. on one's ~s (fig.) ἕτοιμος πρός δρᾶ-
σιν. (fig.) tread on (person's) ~s θίγω,
πατῶ τόν κάλο (with gen.). from top to
~ ἀπό τήν κορφή ὥς τά νύχια. (v.) ~
the line (fig.) ὑπακούω.
toff s. (fam.) σπουδαῖο πρόσωπο, (dandy)
δανδῆς m.
toffee s. καραμέλα τοῦ γάλακτος.
tog v. (fam.) ντύνω. (s.) ~s ροῦχα n.pl.
toga s. τήβεννος f.
together adv. μαζί. we put our heads ~
συσκεφτήκαμε. gather ~ (v.t.) μαζεύω,
(v.i.) μαζεύομαι. tie ~ δένω.
toil v. μοχθῶ. (s.) μόχθος m., κόπος m.
toilet s. (dress, dressing) τουαλέττα f.
(w.c.) μέρος n. ~-**paper** s. χαρτί ὑγείας.
toils s. δίχτυα n.pl.
toilsome a. κουραστικός.
token s. (of surrender, office) σῆμα n. (of
esteem) δεῖγμα n., ἔνδειξις f. (counter)
μάρκα f. (a.) ~ payment συμβολική
πληρωμή.
tolerab|le a. ὑποφερτός, ἀνεκτός. ~**ly** adv.
ἀρκετά.
tolerance s. ἀνοχή f.
tolerant a. ἀνεκτικός. ~**ly** adv. μέ ἀνεκτι-
κότητα.
tolerat|e v. ἀνέχομαι, ὑποφέρω. ~**ion** s.
ἀνοχή f., ἀνεκτικότης f.

toll s. διόδια n.pl. (fig.) take heavy ~
προξενῶ σοβαρές ἀπώλειες.
toll v.i. (of bell) χτυπῶ πένθιμα.
tom s. (cat) γάτος m.
tomato s. ντομάτα f.
tomb s. τάφος m. (ancient) τύμβος m.
~**stone** s. ταφόπετρα f.
tomboy s. ἀγοροκόριτσο n.
tome s. χοντρό βιβλίο.
tomfoolery s. ἀνόητη συμπεριφορά.
tomorrow adv. αὔριο. day after ~ μεθαύ-
ριο. ~'s, of ~ (a.) αὐριανός.
ton s. τόννος m. (fam.) ~s of ἕνα σωρό.
~s of money λεφτά μέ οὐρά.
tonal a. τονικός. ~**ity** s. τονικότης f.
tone s. τόνος m. (character) ἀτμόσφαιρα
f. ~**less** a. ἄτονος.
tone v.t. ~ down (soften) μαλακώνω,
(curb) μετριάζω. ~ up τονώνω. (v.i.) ~
in with ἐναρμονίζομαι μέ.
tongs s. λαβίς f., τσιμπίδα f.
tongue s. γλῶσσα f. (of bell) γλωσσίδι n.
hold one's ~ δέν μιλῶ. have a ready ~
ἔχω λυτή τή γλῶσσα μου. have one's ~
in one's cheek ἀστειεύομαι.
tongue-tied a. he was ~ τόν ἔπιασε γλωσ-
σοδέτης.
tongue-twister s. γλωσσοδέτης m.
tonic a. (of sounds) τονικός. (bracing)
τονωτικός. (s.) τονωτικόν n.
tonight adv. ἀπόψε.
tonnage s. χωρητικότης f.
tonsil s. ἀμυγδαλή f.
tonsure s. ξυρισμένο κεφάλι μοναχοῦ,
κουρά f.
too adv. (also) καί, ἐπίσης. me ~ κι'
ἐμένα. ~ much πλέον τοῦ δέοντος, you
gave me ~ much gravy μοῦβαλες πολλή
σάλτσα. it's ~ late for her to go out εἶ-
ναι πολύ ἀργά πιά γιά νά βγῆ ἔξω. we
are one ~ many (to be accommodated)
ἕνας περισσεύει.
tool s. ἐργαλειον n. (fig., pawn) ὄργανον
n.
toot v.t. (fam.) (horn) κορνάρω. (s.) κορ-
νάρισμα n.
tooth s. δόντι n., ὀδούς m. have a ~ out
βγάζω δόντι. false teeth μασέλλα f. ~
and nail ἀγρίως. in the teeth of ἐνάντια
σέ. have a sweet ~ μοῦ ἀρέσουν τά
γλυκά. ~**ache** s. πονόδοντος m. ~**brush**
s. ὀδοντόβουρτσα f. ~**paste** s. ὀδοντό-
παστα f. ~**pick** s. ὀδοντογλυφίδα f.
~**some** a. ὀρεκτικός.
top s. (toy) σβούρα f. I slept like a ~
κοιμήθηκα μονορρούφι.

top *s.* *(summit)* κορυφή *f.* *(upper part of building, bus, etc.)* ἐπάνω μέρος. on (the) ~ of ἐπάνω σέ. at the ~ *(of trunk, drawer, etc.)* πάνω-πάνω. be at the ~ *(of one's profession)* εἶμαι κορυφή. at the ~ of his form *(school)* πρῶτος στήν τάξη του, *(performance)* στήν πιό καλή του φόρμα. at the ~ of his voice μέ ὅλη τή δύναμη τῆς φωνῆς του.

top *a.* *(highest)* ἀνώτατος, *(leading)* κορυφαῖος. ~ floor τελευταῖο πάτωμα. ~ button τό ἐπάνω κουμπί. ~ dog *(fam.)* νικητής *m.* ~ hat ψηλό καπέλλο. out of the ~ drawer καλῆς κοινωνικῆς τάξεως. ~-coat *s.* παλτό *n.* ~-heavy *a.* ἀσταθής. ~most *a.* ὁ πιό ψηλός.

top *v.t.* *(plants)* κορφολογῶ, *(surpass)* ξεπερνῶ. ~ the list ἔρχομαι πρῶτος. ~ up γεμίζω.

toper *s.* μπεκρῆς *m.*

topic *s.* θέμα *n.* ~al *a.* ἐπίκαιρος.

topography *s.* τοπογραφία *f.*

topple *v.i.* πέφτω. *(v.t.)* ἀνατρέπω.

topsy-turvy *adv.* μαλλιά-κουβάρια, ἄνω-κάτω.

torch *s.* *(brand)* δάς *f.*, δαυλός *m.*, πυρσός *m.* *(electric)* φακός *m.*, ἠλεκτρικό φαναράκι. ~-bearer *s.* μεταλαμπαδευτής *m.*

torment *v.* βασανίζω, τυραννῶ. *(s.)* μαρτύριο *n.* ~er *s.* βασανιστής *m.*

tornado *s.* λαῖλαψ *f.*

torpedo *s.* τορπίλλη *f.* *(v.)* τορπιλλίζω. ~-boat *s.* τορπιλλοβόλον *n.*

torpid *a.* *(numbed)* ναρκωμένος, *(sluggish)* νωθρός.

torpor *s.* νάρκη *f.* νωθρότης *f.*

torrent *s.* *(also* ~-bed) *(lit. & fig.)* χείμαρρος *m.* *(lit.)* ρέμα *n.* ~ial *a.* καταρρακτώδης.

torrid *a.* ~ heat *or* passion φωτιά καί λάβρα. ~ zone διακεκαυμένη ζώνη.

torso *s.* κορμός *m.*

tortoise *s.* χελώνα *f.* ~-shell *s.* ταρταρούγα *f.*

tortuous *a.* *(path)* σκολιός. *(fig.)* περιπεπλεγμένος.

torture *v.* βασανίζω. *(s.)* *(infliction)* βασανισμός *m.*, *(means)* βασανιστήριο *n.* ~er *s.* βασανιστής *m.*

tosh *s.* ἀνοησίες *f.pl.*

toss *v.t.* *(throw)* ρίχνω, πετῶ, *(the head)* τινάζω. be ~ed *(by waves)* κλυδωνίζομαι. *(v.i., of ship)* σκαμπανεβάζω. ~ up παίζω κορώνα-γράμματα. ~ off *(poem)* σκαρώνω, *(drink)* πίνω μονορρούφι.

tot *s.* *(child)* μικρό παιδί, *(dram)* δαχτυλάκι *n.*

tot *v.t.* ~ up ἀθροίζω. *(v.i.)* συμποσοῦμαι.

total *a.* *(entire)* ὁλικός, συνολικός. *(absolute)* τέλειος, πλήρης. *(s.)* σύνολον *n.*, ἄθροισμα *n.* *(v.i.)* ἀνέρχομαι εἰς. ~ly *adv.* ἐξ ὁλοκλήρου, τελείως, πλήρως.

total|ity *s.* ὁλότης *f.* ~itarian *a.* ὁλοκληρωτικός.

tote *v.* κουβαλῶ.

totem *s.* τοτέμ *n.*

totter *v.* τρικλίζω, *(of régime)* καταρρέω.

touch *s.* *(sense)* ἀφή *f.* *(act of* ~ing) ἄγγιγμα *n.* *(contact)* ἐπαφή *f.* *(mus.)* τουσέ *n.* *(of painter's brush)* πινελιά *f.* *(small quantity)* δόσις *f.*, ἴχνος *n.* just a ~ μία ἰδέα. be in ~ with ἔχω ἐπαφή μέ.

touch *v.t.* ἀγγίζω, *(move)* συγκινῶ, *(concern)* ἀφορῶ. *(come up to, reach)* φτάνω. *(of ship, put in at)* πιάνω σέ. no one can ~ him at chess δέν τοῦ βγαίνει κανείς στό σκάκι. ~ bottom βρίσκω πάτο. ~ wood χτύπα ξύλο. *(be in contact with)* ἐφάπτομαι *(with gen.)*, *(of land, properties)* συνορεύω μέ. *(v.i.)* ~ on θίγω.

touch down *v.i.* *(aero.)* προσγειώνομαι.

touch off *v.t.* *(fig.)* ἀνάβω, προκαλῶ.

touch up *v.t.* ρετουσάρω.

touch-and-go *a.* it was ~ whether he survived παρά τρίχα νά πεθάνη.

touched *a.* *(a bit mad)* βλαμμένος.

touching *a.* *(moving)* συγκινητικός. *(in contact)* they are ~ ἀκουμπᾶνε, ἐφάπτονται. *(prep.)* *(about)* σχετικά μέ.

touchstone *s.* κριτήριον *n.*

touch|y *a.* εὔθικτος. ~iness εὐθιξία *f.*

tough *a.* *(hard)* σκληρός, *(strong)* γερός. *(inured)* σκληραγωγημένος. *(difficult)* δύσκολος. ~ luck! τί κρίμα! *(s.)* τραμπούκος *m.*, ἀλήτης *m.*

tough|en *v.* σκληραίνω, *(person)* σκληραγωγῶ. ~ness *s.* σκληρότης *f.*

toupée *s.* περούκα *f.*

tour *s.* γῦρος *m.*, περιήγησις *f.* *(on business)* περιοδεία *f.* *(v.)* ~ through περιηγοῦμαι, περιοδεύω.

tour de force *s.* κατόρθωμα *n.*

tour|ing *s.* τουρισμός *m.* ~ist *s.* τουρίστας *m.* *(a.)* τουριστικός.

tournament *s.* *(medieval)* γιόστρα *f.* *(sports)* πρωτάθλημα *n.*

tousled *a.* with ~ hair ξεμαλλιασμένος.

tout *s.* κράχτης *m.* *(v.)* κυνηγῶ πελατεία.

tow *s.* *(fibre)* στουπί *n.*

tow *v.* ρυμουλκώ. *(fig.)* have *(person)* in ~ συνοδεύομαι ἀπό.

towards *prep. (place)* πρός, *(time)* κατά, περί *(all with acc.).* England's attitude ~ America ἡ στάσις τῆς 'Αγγλίας ἔναντι τῆς 'Αμερικῆς. his feelings ~ me τά αἰσθήματά του ἀπέναντί μου *(or* γιά μένα).

towel *s.* πετσέτα *f. (fig.)* throw in the ~ παραιτοῦμαι.

tower *s.* πύργος *m. (v.i.)* ὑψώνομαι. ~ above *(fig.)* ὑπερέχω *(with gen.),* ~ing *a.* πανύψηλος. be in a ~ing rage μαίνομαι.

town *s.* πόλις *f. (fam.)* go to ~ *(on spree)* τό ρίχνω ἔξω, *(act enthusiastically)* πέφτω μέ τά μοῦτρα. ~ council δημοτικόν συμβούλιον. ~ crier ντελάλης *m.* ~ hall δημαρχεῖον *n. (a.)* τῆς πόλεως, *(urban)* ἀστικός.

town-planning *s.* πολεοδομία *f.* ~ authority σχέδιον πόλεως.

township *s.* κωμόπολις *f.*

townsman *s.* ἀστός *m.*

toxic *a.* τοξικός.

toy *s.* παιγνίδι *n. (a.)* ~ train σιδηροδρομάκι *n. (v.)* ~ with παίζω μέ.

trace *s. (mark)* ἴχνος *n. (fam.)* kick over the ~s ἐπαναστατῶ.

trac|e *v. (find)* βρίσκω, ἀνακαλύπτω. *(follow)* παρακολουθῶ. *(draw)* σχεδιάζω, *(copy)* ξεσηκώνω. ~ing-paper *s.* χαρτί ξεσηκώματος.

track *v.* ἀνιχνεύω, ψάχνω νά βρῶ. *(hunt)* κυνηγῶ. ~ down ἀνακαλύπτω.

track *s. (path)* μονοπάτι *n. (racing)* στίβος *m. (of wheel, comet)* τροχιά *f. (railway)* σιδηροτροχιά *f.,* γραμμές *f.pl.,* single ~ μονή γραμμή. the beaten ~ ἡ πεπατημένη. keep ~ of παρακολουθῶ. be on the right (wrong) ~ ἀκολουθῶ σωστό (ἐσφαλμένο) δρόμο. ~s ἴχνη, ἀποτυπώματα *n.pl.* make ~s for κατευθύνομαι πρός.

track *s. (of tank)* ἑρπύστρια *f.* ~ed vehicle ἑρπυστριοφόρον *n.*

tracker *s.* κυνηγός *m.* ~ dog ἰχνηλάτης κύων.

tract *s. (written)* φυλλάδιον *n.*

tract *s. (area)* ἔκτασις *f. (anat.)* ὁδός *f.* digestive ~ πεπτικός σωλήν.

tractable *a.* εὐπειθής, *(material)* εὔχρηστος.

traction *s.* ἕλξις *f.*

tractor *s.* τρακτέρ *n.*

trade *v.t. & i. (also* ~ in) ἐμπορεύομαι, *(exchange)* ἀνταλλάσσω. ~ in an old car

δίνω παλιό αὐτοκίνητο ἔναντι μέρους τῆς τιμῆς νέου. ~ on *(exploit)* ἐκμεταλλεύομαι.

trade *s.* ἐμπόριο *n. (calling)* ἐπάγγελμα *n. (work)* δουλειά *f. (a.)* ἐμπορικός. ~mark *s.* σῆμα κατατεθέν.

trader *s.* ἐμπορευόμενος *m.*

tradesman *s.* ἔμπορος λιανικῆς πωλήσεως.

trade-union *s.* ἐργατικόν συνδικᾶτον.

trade-wind *s.* ἀληγής ἄνεμος.

trading *s.* ἐμπόριο *n. (a.)* ἐμπορικός.

tradition *s.* παράδοσις *f.*

traditional *a.* παραδοσιακός. ~ist *s.* ὀπαδός τῆς παραδόσεως. ~ly *adv.* κατά παράδοσιν.

traduce *v.* δυσφημῶ.

traffic *s. (trading)* συναλλαγή *f.,* ἐμπόριο *n. (movement)* κίνησις *f.,* κυκλοφορία *f.* ~ police τροχαία *f. (v.)* ~ in ἐμπορεύομαι.

tragedian *s. (playwright)* τραγικός *m. (actor)* τραγωδός *m.*

tragedy *s.* τραγωδία *f. (sad event)* πλῆγμα *n.,* τραγικό συμβάν.

tragic *a.* τραγικός. ~ally *adv.* τραγικά.

tragi-comedy *s.* ἱλαροτραγωδία *f.*

trail *s. (path)* μονοπάτι *n. (marks)* ἴχνη *n.pl. (of smoke, people)* οὐρά *f.* leave a ~ of destruction ἀφήνω καταστροφή στό πέρασμά μου.

trail *v.t. (drag)* σέρνω, *(follow)* παρακολουθῶ. *(v.i.)* σέρνομαι, *(of plant)* ἕρπω.

train *s. (suite)* ἀκολουθία *f. (of dress,* οὐρά *f. (of thought)* εἱρμός *m. (of people, objects, events)* σειρά *f.* in their ~ *(behind them)* στό πέρασμά τους. *(railway)* τραῖνο *n.,* ἁμαξοστοιχία *f.,* συρμός *m.* in ~ ἕτοιμος.

train *v.t. (ἐκ)γυμνάζω, ἀσκῶ. *(sports)* προπονῶ. *(direct)* κατευθύνω. *(v.i.)* (ἐκ)γυμνάζομαι, ἀσκοῦμαι, προπονοῦμαι. ~er *s.* ἐκγυμναστής *m. (sports)* προπονητής *m.*

training *s.* ἐκγύμνασις *f.* προπόνησις *f.* in ~ *(fit)* σέ φόρμα. ~-college *s.* διδασκαλεῖον *n.*

traipse *v.i.* σέρνομαι.

trait *s.* χαρακτηριστικόν *n.*

traitor *s.* προδότης *m.* ~ous *a. (deed)* προδοτικός.

trajectory *s.* τροχιά *f.*

tram *s.* τράμ *n.*

trammels *s.* ἐμπόδια *n.pl.*

tramp *v.i.* περπατῶ βαρειά, *(on long walks)* πεζοπορῶ. *(v.t.)* διασχίζω πεζῆ.

tramp *s. (steps)* βήματα *n.pl. (a walk*

περίπατος *m.* *(vagrant)* ἀλήτης *m.*
(steamer) τράμπ *n.*

ample *v.* ~ down *or* on ποδοπατῶ, *(fig.)*
θίγω, προσβάλλω.

ance *s.* κατάστασις ὑπνώσεως, *(ecstasy)*
ἔκστασις *f.*

anquil *a.* γαλήνιος, ἤρεμος. ~lity *s.*
γαλήνη *f.*, ἠρεμία *f.* ~lizer *s.* ἠρεμιστι-
κόν *n.*

ansact *v.* διεξάγω. ~ion *s.* *(doing)* διε-
ξαγωγή *f.* *(thing done)* συναλλαγή *f.*,
πρᾶξις *f.* *(of learned society)* ~s πε-
πραγμένα *n.pl.*

ansatlantic *a.* ὑπερατλαντικός.

anscend *v.t.* ὑπερβαίνω τά ὅρια *(with
gen.).* *(excel)* ξεπερνῶ.

anscendent *a.* ὕψιστος. ~al *a.* ὑπερβατι-
κός.

anscontinental *a.* διηπειρωτικός.

anscribe *v.* μεταγράφω.

anscript *s.* μεταγραφημένον ἀντίγραφον.
~ion *s.* μεταγραφή *f.*

ansept *s.* πτέρυξ *f.*

ansfer *s.* *(removal, conveyance)* μετα-
φορά *f.* *(of employee)* μετάθεσις *f.*, *(of
property)* μεταβίβασις *f.* *(design)* χαλκο-
μανία *f.*

ansfer *v.t.* μεταφέρω, *(employee)* μετα-
θέτω. *(make over)* μεταβιβάζω. *(v.i.)* με-
ταφέρομαι. *(change conveyance)* ἀλλάζω,
κάνω ἀχταρμᾶ.

ansferable *a.* μεταβιβάσιμος. non-~ ἀμε-
ταβίβαστος.

ansfigur|ation *s.* μεταμόρφωσις *f.* ~e *v.*
μεταμορφώνω.

ansfix *v.* διαπερῶ, *(fig., with gaze)* καρ-
φώνω. he was ~ed ἔμεινε μάρμαρο.

ansform *v.* μεταμορφώνω. *(convert)* με-
τατρέπω, *(alter)* μεταβάλλω. ~ation *s.*
μεταμόρφωσις *f.* μετατροπή *f.* μεταβολή
f. ~er *s.* μετασχηματιστής *m.*

ansfus|e *v.* μεταγγίζω. ~ion *s.* μετάγγισις
f.

ansgress *v.* παραβιάζω, παραβαίνω.
~ion *s.* παράβασις *f.* *(sin)* ἁμάρτημα *n.*
~or *s.* παραβάτης *m.*

ansient *a.* παροδικός, περαστικός, ἐφή-
μερος.

ansistor *s.* τρανζίστορ *n.*

ansit *s.* μεταφορά *f.* in ~ ὑπό διαμετα-
κόμισιν. ~ camp στρατόπεδον διερχομέ-
νων.

ansition *s.* μετάβασις *f.* ~al *a.* μεταβα-
τικός.

ansitive *a.* *(gram.)* μεταβατικός.

ansitory *a.* παροδικός, ἐφήμερος.

translat|e *v.* μεταφράζω. ~ion *s.* μετάφρα-
σις *f.* ~or *s.* μεταφραστής *m.*

transliterate *v.* μεταγράφω μέ στοιχεῖα ἄλ-
λου ἀλφαβήτου.

translucent *a.* ἡμιδιαφανής.

transmigration *s.* *(of souls)* μετεμψύχωσις
f.

transmission *s.* μετάδοσις *f.*, ἐκπομπή *f.*

transmit *v.* μεταδίδω, ἐκπέμπω. ~ter *s.*
(radio) πομπός *m.*

transmute *v.* μεταστοιχειώνω.

transpar|ent *a.* διαφανής, *(obvious)* κατα-
φανής. ~ency *s.* διαφάνεια *f.*

transpire *v.* it ~d that κατέστη γνωστόν
ὅτι. *(fam., happen)* συμβαίνω.

transplant *v.* μεταφυτεύω. *(med.)* μεταμο-
σχεύω. *(s.)* μεταμόσχευσις *f.*

transport *s.* μεταφορά *f.* *(means of ~)*
συγκοινωνία *f.*, μεταφορικά μέσα. *(ship)*
μεταγωγικόν *n.* *(of emotion)* παραφορά *f.*

transport *v.* μεταφέρω, *(exile)* ἐκτοπίζω.
be ~ed with joy γίνομαι ἔξαλλος ἀπό
χαρά. ~ation *s.* *(of prisoner)* ἐκτόπισις *f.*
~er *s.* μεταφορεύς *m.*

transpos|e *v.* ἀντιμεταθέτω, *(mus.)* μετα-
φέρω. ~ition *s.* μετάθεσις *f.*

transubstantiation *s.* μετουσίωσις *f.*

transverse *a.* ἐγκάρσιος.

trap *s.* παγίδα *f.* *(for small game)* δόκανο
n. *(for mice)* φάκα *f.* *(in pipe)* σιφόνι *n.*
(cart) σοῦστα *f.* set a ~ στήνω παγίδα.
(v.) παγιδεύω, *(retain)* συγκρατῶ. get
~ped *(in lift, etc.)* κλείνομαι. ~-door *s.*
καταπακτή *f.*

trapeze *s.* τραπέζιον *n.*

trapper *s.* κυνηγός *m.*

trappings *s.* *(fig.)* σύμβολα καί στολίδια
ἀξιώματος.

traps *s.* *(fam.)* μπαγκάζια *n.pl.*

trash *s.* *(goods)* ψευτοπράματα *n.pl.* *(non-
sense)* σαχλαμάρες *f.pl.* *(rubbish)* σκου-
πίδια *n.pl.* ~y *a.* φτηνός, *(novel, etc.)*
τῆς πεντάρας.

trauma *s.* τραῦμα *n.* ~tic *a.* τραυματικός.

travail *s.* ὠδῖνες *f.pl.*

travel *s.* *(also ~s)* ταξ(ε)ίδια *n.pl.* ~
agency γραφεῖον ταξ(ε)ιδίων. *(a.)*
ταξ(ε)ιδιωτικός.

travel *v.i.* ταξ(ε)ιδεύω. *(go)* πηγαίνω,
τρέχω, κινοῦμαι. ~ back *(mentally)* ἀνα-
τρέχω. ~led *a.* ταξ(ε)ιδεμένος, κοσμογυ-
ρισμένος.

traveller *s.* ταξ(ε)ιδιώτης *m.* *(for pleasure)*
περιηγητής *m.* fellow ~ συνοδοιπόρος
m.

travelling *a.* *(mobile)* κινητός. *(for travel)*

ταξ(ε)ιδιωτικός, ταξ(ε)ιδίου. *(s.)* ταξ(ε)ίδια *n.pl.*

traverse *v.* διασχίζω.

travesty *v.* κοροϊδεύω, παραποιῶ. *(s.)* κοροϊδία *f.*, παραποίησις *f.*

trawl, ~**er** *s.* τράτα *f.*,

tray *s.* δίσκος *m.* in-~ εἰσερχόμενα *n.pl.* out-~ ἐξερχόμενα *n.pl.*

treacherous *a. (person)* προδότης *(m.)*, ἄπιστος. *(deed)* προδοτικός, μπαμπέσικος, ἄτιμος, δόλιος. *(weather)* ὕπουλος. ~**ly** *adv.* προδοτικά, δολίως.

treachery *s.* προδοσία *f.*, μπαμπεσιά *f.*, δόλος *m.*

treacly *a.* λιγωτικός.

tread *v.i. (also* ~ on) πατῶ. *(walk)* περπατῶ. ~ on toes of *(fig.)* θίγω. *(s.)* πάτημα *n.*, βῆμα *n. (of tyre)* πέλμα *n.*

treadmill *s. (fig.)* μαγγανοπήγαδο *n.*

treason *s.* (high) ~ (ἐσχάτη) προδοσία *f.* ~**able** *a.* προδοτικός.

treasure *s.* θησαυρός *m. (v.)* φυλάω ὡς κόρην ὀφθαλμοῦ. *(esteem)* ἐκτιμῶ. ~**d** πολύτιμος.

treasur|er *s.* ταμίας *m.* ~**y** *s.* θησαυροφυλάκιον *n. (fig.)* θησαυρός *m.*

treat *s.* ἀπόλαυσις *f.*

treat *v.t. (behave to)* μεταχειρίζομαι, φέρομαι σέ. *(use)* μεταχειρίζομαι. *(construe)* θεωρῶ, ἐκλαμβάνω. *(handle topic)* χειρίζομαι. *(process)* ἐπεξεργάζομαι. *(patients)* κουράρω, *(illness)* θεραπεύω. *(entertain)* I ~ed him to a beer τοῦ κέρασα μία μπύρα. *(v.i.)* ~ of πραγματεύομαι. ~ with διαπραγματεύομαι μέ.

treatise *s.* πραγματεία *f.*

treatment *s. (use)* μεταχείρισις *f. (of patient)* κούρα *f.*, ἰατρική ἀγωγή. *(processing)* ἐπεξεργασία *f.*

treaty *s.* συνθήκη *f.*

treble *a.* τριπλάσιος. *(v.t.)* τριπλασιάζω.

treble *s. (mus.)* πρίμο *n.*

tree *s.* δέντρο *n.*, δένδρον *n. (for boots)* καλαπόδι *n.*

trefoil *s.* τριφύλλι *n.*

trek *v. (fig.)* ὁδοιπορῶ.

trellis *s.* καφασωτός φράκτης γιά ἀναρριχητικά φυτά.

trembl|e *v.* τρέμω. ~**ing** *s.* τρεμούλα *f.*

tremendous *a. (huge)* τεράστιος, πελώριος. *(remarkable)* τρομερός. ~**ly** *adv.* ἀφάνταστα, τρομερά.

tremor *s. (body)* τρεμούλα *f. (earth)* δόνησις *f.*

tremulous *a.* τρεμουλιαστός.

trench *s. (irrigation)* αὐλάκι *n. (mil.)*

χαράκωμα *n.* ~ coat τρενσκότ *n.*

trenchant *a.* ἀπερίφραστος, κοφτός. ~**ly** *adv.* ὀρθά-κοφτά.

trencher *s.* ξύλινο πιάτο. ~**man** *s.* goo ~man γερό πηρούνι.

trend *s.* κατεύθυνσις *f.*, τάσις *f.* set the ~ λανσάρω τή μόδα. ~**y** *a.* ὑπερμοντέρνος.

trepidation *s.* ἀνησυχία *f.*

trespass *v.i.* ~ on καταπατῶ, *(abuse* καταχρῶμαι. *(s.)* καταπάτησις *f. (sin* ἁμάρτημα *n.* ~**er** *s.* καταπατητής *m.*

tress *s.* πλόκαμος *m.* ~es μαλλιά *n.pl.*

trestle *s.* στρίποδο *n.*

trial *s. (testing)* δοκιμή *f.* on ~ ὑπό δοκι μήν. *(contest)* ἀγών *m. (painful test)* δο κιμασία *f. (trouble)* βάσανο *n.*, μαρτύρι *n. (law)* δίκη *f.* bring to ~ δικάζω, stan ~ δικάζομαι. *(a.)* δοκιμαστικός.

triang|le *s.* τρίγωνον *n.* ~**ular** *a.* τριγωνι κός.

trib|e *s.* φυλή *f.* ~**al** *a.* τῆς φυλῆς.

tribulation *s.* δοκιμασία *f.*, βάσανο *n.*

tribunal *s.* δικαστήριον *n.*

tribune *s. (person)* δημαγωγός *m. (plat form)* βῆμα *n.*

tributary *a.* ὑποτελής. *(s., river)* παραπό ταμος *m.*

tribute *s. (exacted)* φόρος ὑποτελείας. *(o_ respect)* φόρος τιμῆς.

trice *s. (fam.)* in a ~ στό πῖ καί φῖ.

trick *s. (device, knack)* τέχνασμα *n.* κόλπο *n. (deceit)* ἀπάτη *f. (habit)* συνή θεια *f. (joke)* φάρσα *f. (at cards)* χαρτω σιά *f.* three-card ~ παπᾶς *m.* it did th ~ ἦταν ἀποτελεσματικό. *(v.)* κοροϊδεύω ἐξαπατῶ. ~ out στολίζω. ~**ery** *s.* ἀπάτ *f.*

trickle *v.t. & i. (drip)* στάζω *(v.i., roll* κυλῶ.

trickster *s.* ἀπατεώνας *m.*

tricky *a. (wily)* πονηρός, *(difficult)* δύσκο λος.

tricycle *s.* τρίκυκλο *n.*

trident *s.* τρίαινα *f.*

tried *a.* δοκιμασμένος.

triennial *a.* τριετής.

trifle *s.* μικρό *(or* ἀσήμαντο) πράμα. a the merest ~ μέ τό παραμικρό. a ~ *(adv.)* λιγάκι. *(v.)* παίζω. ~ away σπα ταλῶ.

trifling *a.* ἀσήμαντος.

trigger *s.* σκανδάλη *f. (v.)* ~ off προ καλῶ.

trigonometry *s.* τριγωνομετρία *f.*

trilby *s. (hat)* ρεπούμπλικα *f.*

trill *s.* τρίλλια *f..*

rilogy s. τριλογία f.

rim a. κομψός, περιποιημένος, τακτικός. (s.) (of hair) ψαλίδισμα n., (balance) ίσορροπία f. in good ~ σέ καλή κατάσταση.

rim v. (tree) κλαδεύω, (beard) ψαλιδίζω. (decorate) γαρνίρω, (balance) ίσορροπῶ. ~ one's sails to the wind πηγαίνω ὅπως φυσάει ὁ ἄνεμος. ~**mer** s. καιροσκόπος m. ~**ming** s. γαρνιτούρα f.

rinity s. τριάς f.

rinket s. φτηνό κόσμημα.

rio s. τριάς f. (mus.) τρίο n.

rip s. ἐκδρομή f., ταξ(ε)ίδι n.

rip v.i. (walk) περπατῶ μέ ἐλαφρό βῆμα. (stumble) σκοντάφτω. (v.t.) I ~ped him (up) τόν ἔκανα νά σκοντάψῃ, (fig.) τόν τσάκωσα.

ripartite a. τριμερής.

ripe s. πατσᾶς m.

riple a. τριπλοῦς. (v.t.) τριπλασιάζω. ~**t** s. (child) τρίδυμον n. (mus.) τρίηχον n.

riplicate s. in ~ είς τριπλοῦν.

ripod s. τρίποδο n.

ripper s. ἐκδρομεύς m.

riptych s. τρίπτυχον n.

rite a. τετριμμένος.

riumph s. θρίαμβος m. (v.) θριαμβεύω. ~ over ὑπερνικῶ. ~**al** a. ~al arch ἁψίς θριάμβου.

riumphant a. θριαμβευτικός, (person) θριαμβευτής m. ~**ly** adv. θριαμβευτικά.

rivet s. πυροστιά f.

rivial a. ἀσήμαντος, ἐπιπόλαιος. ~**ity** s. ἐπιπολαιότης f. (thing) ἀσήμαντο πράμα.

Γrojan a. τρωικός. (person) Τρώς m. (pl.) Τρῶες. ~ horse δούρειος ἵππος. work like a ~ δουλεύω ἀκούραστα.

roll v. τραγουδῶ.

rolley s. καρροτσάκι n. (of tram) τρολές m. ~**-bus** s. τρόλλεϋ n.

rollop s. τσούλα f.

rombone s. τρομπόνι n.

roop s. (people) ὁμάδα f. (friends) παρέα f. (mil.) ~ of cavalry, etc. οὐλαμός m. ~s στρατεύματα n.pl. (v.i.) ~ in εἰσέρχομαι ὁμαδικῶς. ~**-ship** s. ὁπλιταγωγόν n.

rophy s. τρόπαιον n. (prize) βραβεῖον n.

ropic s. ~s τροπικές χῶρες. ~**al** a. τροπικός.

rot v.i. τροχάζω. (v.t.) ~ out παρουσιάζω. (s.) τροχασμός m. be on the ~ εἶμαι στό πόδι.

roth s. πίστις f.

roubadour s. τρο(υ)βαδοῦρος m.

trouble v.t. (annoy) ἐνοχλῶ, (inconvenience) βάζω σέ κόπο. (worry) στενοχωρῶ, ἀνησυχῶ. (v.i.) (take pains) κοπιάζω. (worry, care) νοιάζομαι, σκοτίζομαι. don't ~ about that μή σέ νοιάζη (or μή νοιάζεσαι) γιά αὐτό. fish in ~d waters ψαρεύω σέ θολά νερά.

trouble s. (pains) κόπος m. take ~ μπαίνω σέ κόπο. (unrest) φασαρίες f.pl. (worries) ἔννοιες f.pl., βάσανα n.pl., σκοτοῦρες f.pl. (nuisance) μπελᾶς m. be in ~ ἔχω φασαρίες (or τράβαλα). get into ~ βρίσκω τόν μπελᾶ μου. be looking for ~ πάω γυρεύοντας γιά καβγάδες. ~**-maker** s. ταραχοποιός m. ~**-shooter** s. (in disputes) συμφιλιωτής m. (engineering) εἰδικός δι' ἐπιδιόρθωσιν μηχανικῶν βλαβῶν. ~**some** a. ἐνοχλητικός, (difficult) δύσκολος.

trough s. σκάφη f. (of wave) κοῖλον n.

trounce v. δέρνω.

troupe s. θίασος m.

trouser|s s. παντελόνι n. ~**-leg** s. μπατζάκι n.

trousseau s. προικιά f.

trout s. πέστροφα f.

trowel s. μυστρί n.

tru|ancy s. σκασιαρχεῖο n. ~**ant** s. σκασιάρχης m. play ~ant τό σκάω.

truce s. ἐκεχειρία f.

truck s. (railway) βαγόνι n. (lorry) φορτηγό n. (fam.) have no ~ with δέν ἔχω δοσοληψίες μέ.

truckle v.i. ~ to ὑποτάσσομαι σέ.

truculent a. μέ ἐριστική διάθεση. ~**ly** adv. βιαίως.

trudge v. βαδίζω μέ κόπο.

true a. ἀληθινός, ἀληθής (actual) πραγματικός, (exact) ἀκριβής, (faithful) πιστός. ~ to life παρμένος ἀπ' τή ζωή. come ~ ἐπαληθεύομαι, βγαίνω ἀληθινός. is it ~ that...? εἶναι ἀλήθεια ὅτι..; (adv.) σωστά. ~**-blue** a. ἀπολύτως ἔντιμος. ~**-born** a. γνήσιος.

truffle s. τρούφα f.

truism s. κοινοτοπία f.

truly adv. ἀληθινά, ἀληθῶς, πραγματικά.

trump s. ἀτού n. (fam., person) ἐν τάξει ἄνθρωπος. turn up ~s δείχνομαι ἐν τάξει. (v.) παίρνω μέ ἀτού. ~ up σκαρώνω, ~ed up κατασκευασμένος.

trumpery a. τῆς κακιᾶς ὥρας, εὐτελής.

trumpet s. σάλπιγξ f. blow one's own ~ παινεύομαι. (v.) διαφημίζω. ~**er** s. σαλπιγκτής m.

truncate v. κουτσουρεύω.

truncheon s. γκλόμπ n.

trundle v.t. & i. κυλῶ.

trunk s. (tree, body) κορμός m. (box) μπαοῦλο n. (elephant's) προβοσκίς f. ~s (garment) παντελονάκι n.

trunk a. ~ call ὑπεραστικόν τηλεφώνημα. ~ road κυρία ὁδική ἀρτηρία.

truss s. (hay) δεμάτι n. (med.) κηλεπίδεσμος m. (v.) δένω.

trust v.t. ἐμπιστεύομαι, (believe) δίνω πίστη σέ. I wouldn't ~ him with my car δέν θά τοῦ ἐμπιστευόμουνα τό αὐτοκίνητό μου. (v.i., hope) ἐλπίζω.

trust s. ἐμπιστοσύνη f. on ~ καλῆ τῆ πίστει. (responsibility) εὐθύνη f. (fin.) καταπίστευμα n. (business) τράστ n.

trustee s. ἐπίτροπος m.

trust|ful, ~ing a. ἔχων ἐμπιστοσύνη.

trust|worthy, ~y a. (person) ἔμπιστος, (news, etc.) ἀξιόπιστος.

truth s. ἀλήθεια f.

truthful a. (person) φιλαλήθης, (story) ἀληθινός. ~ly adv. μέ εἰλικρίνεια.

try v. (attempt) προσπαθῶ. (sample, test) (also ~ on, out) δοκιμάζω. ~ for πάω γιά. (tire) κουράζω. (law) δικάζω. ~ one's best βάζω τά δυνατά μου. (s.) προσπάθεια f.

trying a. κουραστικός, ἐκνευριστικός.

try-on s. ἀπόπειρα f., δοκιμή f.

tryst s. ραντεβού n.

tsar s. τσάρος m.

tub s. (barrel) βαρέλι n. (bath) μπάνιο n. (wash-~) σκάφη f. (fam., boat) σκυλοπνίχτης m.

tubby a. κοντόχοντρος.

tube s. σωλήν m. (for medicament) σωληνάριον n.

tubercul|ar a. φυματικός. ~osis s. φυματίωσις f.

tubular a. σωληνοειδής.

tuck v.t. (thrust) χώνω, (stow) κρύβω. ~ up (in bed) σκεπάζω. (v.i.) ~ in (fam.) τρώω μέ ὄρεξη.

Tuesday s. Τρίτη f.

tuft s. θύσανος m. (hair) τούφα f.

tug v. τραβῶ. (s.) τράβηγμα n. (boat) ρυμουλκόν n. ~ of war διελκυστίνδα f.

tuition s. διδασκαλία f. (fees) δίδακτρα n.pl.

tulip s. τουλίπα f.

tulle s. τούλι n.

tumble v.i. πέφτω, (of tumbler) κάνω τοῦμπες. (fam.) ~ to καταλαβαίνω. (v.t.) ρίχνω. (s.) τούμπα f.

tumbledown a. ἑτοιμόρροπος.

tumbler s. (acrobat) ἀκροβάτης m. (glass) ποτήρι n.

tumid a. πρησμένος. (fig.) στομφώδης.

tummy s. κοιλίτσα f.

tumour s. ὄγκος m.

tumult s. ὀχλοβοή f., χάβρα f. ~uous a. θορυβώδης.

tune s. σκοπός m. sing out of ~ φαλτσάρω. (fig.) in ~ with the times προσαρμοσμένος στούς καιρούς. his same old ~ τό βιολί του. change one's ~ ἀλλάζω χαβά. ~ful a. μελωδικός.

tune v. (instrument) κουρδίζω, (engine) ρυθμίζω. ~ in to (radio) πιάνω, (become receptive) προσαρμόζομαι σέ.

tuning s. κούρδισμα n. ρύθμισις f. ~ fork διαπασῶν f.

tunic s. χιτών m. (mil.) χιτώνιον n.

tunnel s. σήραγξ f. (v.) ἀνοίγω σήραγγα.

tunny s. τόννος m.

turban s. τουρμπάνι n.

turbid a. θολός.

turbine s. στρόβιλος m.

turbot s. ρόμβος m.

turbul|ence s. στροβιλισμός m. (ἀνα)ταραχή f. ~ent a. (air) στροβιλώδης, (crowd) θορυβώδης, (times, water) ταραγμένος.

turd s. (fam.) κουράδα f.

tureen s. (soup) σουπιέρα f. (gravy) σαλτσιέρα f.

turf s. (grass) χλόη f. (sod) κομμένη λουρίδα χλόης. (fig.) κοῦρσες f.pl.

turgid a. στομφώδης.

turkey s. γάλλος m., διάνος m.

Turkish a. τουρκικός. (person) Τοῦρκος m. Τουρκάλα f. ~ delight λουκούμι n. ~ bath χαμάμ(ι) n.

turmoil s. ἀναστάτωσις f.

turn s. (movement, bend) στροφή f. (of circumstances) τροπή f. (change) ἀλλαγή f. (inclination) κλίσις f. (occasion) σειρά f. (stroll) βόλτα f. take a ~ for the better πάω καλύτερα. do a good ~ to ἐξυπηρετῶ. it will serve my ~ μοῦ κάνει you gave me a ~ μέ τρόμαξες. each in ~ ὁ καθένας μέ τή σειρά του. by ~ περιτροπῆς, μιά ὁ ἕνας μιά ὁ ἄλλος. at every ~ συνεχῶς. to a ~ στήν ἐντέλεια ὅ,τι πρέπει.

turn v.t. (tap, head, eyes, steering-wheel, γυρίζω, στρέφω, στρίβω. (rotate) περιστρέφω. (page, key, car, conversation, mattress, garment) γυρίζω. (attention, στρέφω. (shape, on lathe & fig.) τορνεύω. (cause to be, make) κάνω *(change, convert)* μετατρέπω *(with σέ).* *(get round)* καβαντζάρω, *(outflank)* ὑπερκερῶ. ~ inside out *or* upside down ἀναποδογυρίζω. ~ loose ἀφήνω ἐλεύθερον. ~ the corner, στρίβω τή γωνία. ~ one's back στρέφω τά νῶτα. ~ to good use κάνω καλή χρήση *(with gen.).* ~ one's hand to ἀναλαμβάνω. it ~ed his head τοῦ πῆρε τά μυαλά. it ~ed my stomach μοῦ χάλασε τό στομάχι. he didn't ~ a hair ἔμεινε ἀτάραχος. he's ~ed forty ἔκλεισε τά σαράντα. it's ~ed six o'clock εἶναι περασμένες ἕξη.

urn *v.i.* γυρίζω, στρίβω, στρέφομαι. *(rotate)* περιστρέφομαι. *(become)* γίνομαι, *(be converted)* μετατρέπομαι. *(of milk)* κόβω. ~ red γίνομαι κόκκινος, κοκκινίζω. the weather's ~ed cold ὁ καιρός γύρισε στό κρύο, ὁ καιρός κρύωσε.

urn about *v.i.* γυρίζω, κάνω μεταβολή.

urn against *v.i.* *(become hostile to)* στρέφομαι ἐναντίον *(with gen.).* *(v.t.)* they turned him against me τόν ἔστρεψαν ἐναντίον μου.

urn aside *v.i.* ἀλλάζω δρόμο, ἐκτρέπομαι, παρεκκλίνω. *(v.t.)* ἐκτρέπω.

urn away *v.t.* *(one's face)* ἀποστρέφω, *(people)* διώχνω. *(v.i.)* γυρίζω τήν πλάτη.

urn back *v.i.* παίρνω τό δρόμο τῆς ἐπιστροφῆς. *(v.t.)* κάνω νά ὑποχωρήση.

urn down *v.t.* *(fold)* διπλώνω, *(lower)* χαμηλώνω, *(reject)* ἀπορρίπτω.

urn in *v.t.* *(give back)* ἐπιστρέφω. *(v.i.)* *(go to bed)* πάω γιά ὕπνο.

urn off *v.t.* *(water, radio)* κλείνω, *(light, oven)* σβήνω.

urn on *v.* *(water, radio)* ἀνοίγω, *(light)* ἀνάβω. *(attack)* στρέφομαι ἐναντίον *(with gen.).* *(depend on)* ἐξαρτῶμαι ἀπό.

turn out *v.t.* *(expel)* διώχνω, *(empty)* ἀδειάζω. *(light)* σβήνω. *(produce)* παράγω, βγάζω. *(v.i.)* βγαίνω. *(be revealed as)* ἀποδεικνύομαι, it turns out that... φαίνεται ὅτι. it turned out well for me μοῦ βγῆκε σέ καλό.

turn-out *s.* there was a large ~ μαζεύτηκε πολύς κόσμος.

turn over *v.t.* γυρίζω, *(think about)* σκέπτομαι, *(give)* παραδίδω. *(v.i.)* γυρίζω. *(be upset)* ἀναποδογυρίζομαι.

turnover *s.* *(fin.)* τζίρος *m.*

turn round *v.t.* γυρίζω. *(v.i.)* γυρίζω, στρέφομαι. *(look round)* γυρίζω τό κεφάλι μου.

turn to *v.* *(address oneself to)* ἀποτείνο-

μαι εἰς, στρέφομαι πρός. *(get busy)* στρώνομαι στή δουλειά.

turn up *v.t.* *(raise)* σηκώνω, *(find)* ξεθάβω. *(gas, radio)* δυναμώνω. ~ one's nose at περιφρονῶ. *(v.i.)* παρουσιάζομαι, ἐμφανίζομαι. *(of people, unexpectedly)* πλακώνω. *(be found)* βρίσκομαι.

turn-up *s.* *(of trousers)* ρεβέρ *n.*

turn upon *v.* ἐξαρτῶμαι ἀπό.

turncoat *s.* ἀποστάτης *m.*

turncock *s.* νεροκράτης *m.*

turner *s.* τορνευτής *m.*

turning *s.* *(action)* γύρισμα, στρίψιμο *n.* *(bend)* στροφή *f.* *(road)* δρόμος *m.* ~-point *s.* κρίσιμο σημεῖο.

turnip *s.* ρέβα *f.*

turnkey *s.* δεσμοφύλαξ *m.*

turnpike *s.* δρόμος μέ διόδια.

turnstile *s.* περιστροφικόν φράγμα εἰσόδου.

turpentine *s.* τερεβινθέλαιον *n.*, νέφτι *n.*

turpitude *s.* κακοήθεια *f.*

turquoise *s.* τουρκουάζ *n.*

turret *s.* πυργίσκος *m.*

turtle *s.* χελώνα *f.* turn ~ μπατάρω, τουμπάρω. ~-dove *s.* τρυγόνι *n.*

tusk *s.* χαυλιόδους *m.*

tussle *v.* παλεύω. *(s.)* πάλη *f.*

tutelage *s.* κηδεμονία *f.*

tutelary *a.* προστατευτικός.

tutor *s.* παιδαγωγός *m.* *(university)* καθηγητής *m.* *(v.)* *(train)* διαπαιδαγωγῶ, ἐκπαιδεύω. *(teach)* διδάσκω, *(prime)* δασκαλεύω.

twaddle *s.* ἀνοησίες *f.pl.*

twain *s.* δύο.

twang *s.* *(of string)* ἦχος παλλομένης χορδῆς. *(speech)* ἔρρινος τόνος. *(v.t.)* χτυπῶ. *(v.i.)* ἠχῶ.

tweak *v.* τσιμπῶ, τραβῶ.

tweed *s.* τουΐντ *n.*

tweezers *s.* τσιμπιδάκι *n.*

twelfth *a.* δωδέκατος.

twelve *num.* δώδεκα. ~month *s.* δωδεκάμηνον *n.*

twent|y *num.* εἴκοσι. ~ieth *a.* εἰκοστός.

twice *adv.* δίς, δύο φορές. ~ as much *(or* big) as διπλάσιος *(with gen.).* he's ~ my age ἔχει τά διπλά μου χρόνια. think ~ σκέπτομαι καλά.

twiddle *v.t.* στριφογυρίζω. ~ one's thumbs παίζω *(μέ)* τά δάχτυλά μου.

twig *s.* κλαδάκι *n.* *(v., fam.)* καταλαβαίνω.

twilight *s.* *(dusk)* λυκόφως *n.* *(dawn)* λυκαυγές *n.*

twill s. βαμβακερό ὕφασμα μέ ὕφανση καμπαρντίνας.

twin a. δίδυμος. (s.) ~s δίδυμα n.pl.

twine v.t. τυλίγω, πλέκω. (v.i.) τυλίγομαι. (s.) σπάγγος m.

twinge s. (pain) σουβλιά f. (conscience) τύψις f.

twink|le v. λαμπυρίζω. in the ~ling of an eye ἐν ῥιπῆ ὀφθαλμοῦ. (s.) λαμπύρισμα n.

twirl v.t. στριφογυρίζω. (v.i.) στροβιλίζομαι.

twist v.t. (turn) στρίβω, (twine) τυλίγω, (distort) διαστρεβλώνω, (sprain) στραμπουλῶ. ~ (person's) arm ζορίζω. she can ~ him round her little finger τόν κάνει ὅ,τι θέλει. (v.i.) (coil) τυλίγομαι, (of road) ἔχω στροφές. (s.) (movement) στρίψιμο n. (bend) στροφή f. ~er s. κατεργάρης m.

twisted a. (crooked) στραβός, (mixed up) μπερδεμένος, (smashed) στρεβλωμένος.

twit v. δουλεύω. (s., fam.) ὄρνιο n., μπούφος m.

twitch v.t. (jerk) τινάζω, (pull) τραβῶ, (contract) συσπῶ. (v.i.) συσπῶμαι. (s.) τίναγμα n. τράβηγμα n. (spasm) σπασμός m., τίκ n.

twitter v. τερετίζω. (s.) τερετισμός m.

two num. δύο. (at cards) δυάρι n. fold in ~ διπλώνω στά δύο. put ~ and ~ together βγάζω τά συμπεράσματά μου. ~ hundred διακόσιοι.

two-edged a. (lit & fig.) δίκοπος.

two-faced a. (fig.) διπρόσωπος.

twofold a. διπλάσιος.

two-legged a. δίπους.

twopenny-ha'penny a. (fam.) τῆς πεντάρας.

two-stroke a. (engine) δίχρονος.

two-way a. (street) διπλῆς κατευθύνσεως. (switch) ἀλέ-ρετούρ, δύο θέσεων.

tycoon s. μεγιστάν m.

type s. (sort) τύπος m., εἶδος n. (print) τύπος m., (letters) στοιχεῖα n.pl. (v.) δακτυλογραφῶ.

typescript s. δακτυλογραφημένο κείμενο.

typesetting s. στοιχειοθεσία f.

typewriter s. γραφομηχανή f.

typhoid a. τυφοειδής.

typhoon s. τυφών m.

typhus s. ἐξανθηματικός τῦφος m.

typical a. χαρακτηριστικός. ~ly adv. (as usual) ὡς συνήθως. he is ~ly English εἶναι ὁ ἀντιπροσωπευτικός τύπος τοῦ Ἄγγλου.

typify v. ἀντιπροσωπεύω. εἶμαι ὁ τύπος (with gen.)

typing s. δακτυλογραφία f.

typist s. δακτυλογράφος m.f.

typograph|ical a. τυπογραφικός. ~y s. τυπογραφία f.

tyrannical a. τυραννικός. ~ly adv. τυραννικῶς.

tyrann|ize v. (also ~ over) καταδυναστεύω. ~y s. τυραννία f.

tyrant s. τύραννος m.

tyre s. λάστιχο n.

tyro s. ἀρχάριος m.

U

ubiquitous a. πανταχοῦ παρών.

udder s. μαστάρι n.

ugl|y a. ἄσχημος, (threatening) ἀπειλητικός. ~iness s. ἀσχημία f.

ukase s. οὐκάζιον n.

ulcer s. ἕλκος n.

ulterior a. ἀπώτερος.

ultimate a. τελικός, (basic) βασικός. ~ly adv. τελικῶς, σέ τελευταία ἀνάλυση.

ultimatum s. τελεσίγραφον n.

ultra- ὑπερ-.

ululat|e v. οὐρλιάζω. ~ion s. οὐρλιασμα n.

umbilical a. ~ cord ὀμφάλιος λῶρος.

umbrage s. take ~ προσβάλλομαι, θίγομαι.

umbrella s. ὀμπρέλλα f.

umpire s. διαιτητής m. (v.) διαιτητεύω.

umpteen a. (fam.) ~ times δέν ξέρω πόσες φορές. for the ~th time γιά πολλοστή φορά.

un- (privative) ἀ-, ἀν-, ἀντι-, ξε-.

unabashed a. he was ~ δέν ἵδρωσε τἀφτί του.

unabated a. ἀμείωτος.

unable a. be ~ δέν μπορῶ, δέν δύναμαι, ἀδυνατῶ, δέν μοῦ εἶναι δυνατόν.

unacceptable a. ἀπαράδεκτος.

unaccountable a. ἀνεξήγητος, (not responsible) ἀνεύθυνος.

unaccounted a. he is ~ for (missing) ἀγνοεῖται ἡ τύχη του. (in invoice, etc.) there are £10 ~ for παρουσιάζεται διαφορά δέκα λιρῶν.

unaccustomed a. (thing, person) ἀσυνήθιστος.

unaffected *a. (natural)* ἀπροσποίητος, *(uninfluenced)* ἀνεπηρέαστος.
unafraid *a.* χωρίς φόβο.
unaided *a.* ἀβοήθητος, χωρίς βοήθεια.
unalloyed *a. (happiness)* ἀνέφελος.
unalterable *a.* ἀμετάβλητος.
unanim|ous *a.* ὁμόφωνος. ~ity *s.* ὁμοφωνία *f.*
unapproachable *a.* ἀπλησίαστος.
unarmed *a.* ἄοπλος.
unassailable *a.* ἀπρόσβλητος.
unattached *a.* ἀδέσμευτος.
unattainable *a.* ἀνέφικτος.
unattended *a. (not guarded)* ἀφύλαχτος. *(not accompanied)* ἀσυνόδευτος. ~ to *(neglected)* παραμελημένος.
unavailing *a.* μάταιος.
unavoidab|le *a.* ἀναπόφευκτος. ~ly *adv.* ἀναποφεύκτως.
unaware *a.* I was ~ of the situation ἤμουν ἐν ἀγνοίᾳ τῆς καταστάσεως, ἀγνοοῦσα τήν κατάστασιν. ~s *adv.* ἐξ ἀπροόπτου.
unbalanced *a.* ἀνισόρροπος.
unbearable *a.* ἀνυπόφορος.
unbeaten *a.* ἀήττητος, *(record)* ἀξεπέραστος.
unbecoming *a. (dress, etc.)* ἀταίριαστος. *(unseemly)* ἀπρεπής.
unbeknownst *adv. (fam.)* κρυφά.
unbeliev|er *s.,* ~ing *a.* ἄπιστος.
unbend *v.i.* χαλαρώνομαι. ~ing *a.* ἀλύγιστος.
unbiassed *a.* ἀμερόληπτος.
unbidden *a.* ἀκάλεστος.
unbind *v.* λύνω.
unblushing *a.* ἀναιδής.
unborn *a.* ἀγέννητος.
unbosom *v.* ~ oneself ἀνοίγω τήν καρδιά μου.
unbounded *a. (space)* ἀπέραντος, *(scope)* ἀπεριόριστος.
unbowed *a.* ἀλύγιστος.
unbreakable *a.* ἄθραυστος, *(bond)* ἄρρηκτος.
unbridled *a.* ἀχαλίνωτος.
unbroken *a. (continuous)* ἀδιάκοπος, συνεχής. *(untamed)* ἀδάμαστος. *(front)* ἄρρηκτος. *(record)* ἀξεπέραστος.
unburden *v.* ~ oneself *(of secret, etc.)* ἀνοίγω τήν καρδιά μου.
unbusinesslike *a.* ἀμεθόδευτος, χωρίς σύστημα.
unbutton *v.* ξεκουμπώνω. ~ed ξεκούμπωτος.
uncalled-for *a.* περιττός, ἀδικαιολόγητος.
uncanny *a.* ἀφύσικος, μυστηριώδης.

uncared-for *a.* παραμελημένος.
unceasing *a.* ἀκατάπαυστος.
unceremonious *a. (abrupt)* ἀπότομος, *(simple)* ἁπλός. ~ly *adv.* ἀπότομα.
uncertain *a.* ἀβέβαιος. ~ty *s.* ἀβεβαιότης *f.*
unchang|eable, ~ing *a.* ἀμετάβλητος.
uncharitable *a.* χωρίς εὐσπλαγχνία, σκληρός.
uncivil *a.* ἀγενής.
uncivilized *a.* ἀπολίτιστος, *(fig.)* βάρβαρος.
uncle *s.* θεῖος *m.*
unclean *a.* ἀκάθαρτος.
uncomfortable *a.* ἄβολος, *(embarrassing)* ἐνοχλητικός. feel ~ *(ill at ease)* δέν αἰσθάνομαι ἄνετα.
uncommitted *a.* ἀδέσμευτος.
uncommon *a.* σπάνιος. ~ly *adv.* πολύ, ἐξαιρετικά.
uncompromising *a. (severe)* αὐστηρός, *(unyielding)* ἀδιάλλακτος.
unconcerned *a. (not involved)* ἀμέτοχος *(with gen. or* εἰς). *(not caring)* ἀδιάφορος.
unconditional *a.,* ~ly *adv.* ἄνευ ὅρων.
uncongenial *a.* ἀσυμπαθής. he is ~ to me δέν ταιριάζουν τά χνῶτα μας.
unconnected *a.* ἄσχετος.
unconscionable *a.* we took an ~ time κάναμε πάρα πολλή ὥρα.
unconscious *a. (senseless)* ἀναίσθητος. *(unwitting: person)* ἀσυνείδητος, *(action)* ἀσυναίσθητος. *(s.)* ἀσυνείδητον *n.* ~ly *adv.* ἀσυναισθήτως. ~ness *a.* ἀναισθησία *f.*
unconstitutional *a.* ἀντισυνταγματικός.
uncontrollable *a.* ἀσυγκράτητος.
unconventional *a.* ἀνορθόδοξος, ἀντίθετος πρός τά καθιερωμένα.
uncork *v.* ξεβουλλώνω.
uncouth *a.* ἄξεστος.
uncover *v.t.* ξεσκεπάζω. *(v.i.) (take hat off)* ἀποκαλύπτομαι.
unct|ion *s. (chrism)* χρῖσμα *n. (pej.)* *(ψεύτικον)* κατανυκτικόν ὕφος. ~uous *a.* γλοιώδης.
uncultivated *a.* ἀκαλλιέργητος.
uncut *a. (stone)* ἀκατέργαστος. *(page, tree)* ἄκοπος, ἄκοφτος.
undaunted *a.* ἀπτόητος.
undeceive *v.* βγάζω ἀπό τήν πλάνη.
undecided *a. (person)* ἀναποφάσιστος, *(issue)* ἐκκρεμής.
undecipherable *a.* δυσανάγνωστος.
undeclared *a. (war)* ἀκήρυκτος. *(goods)* ἀδήλωτος.
undemonstrative *a.* ὄχι ἐκδηλωτικός.

undeniable *a.* ἀναμφισβήτητος.

under *prep.* 1. *(place)* κάτω ἀπό, ὑπό *(with acc.).* ~ the tree κάτω ἀπό τό δέντρο. the cat came out from ~ the table ἡ γάτα βγῆκε κάτω ἀπό τό τραπέζι. nothing new ~ the sun οὐδέν καινόν ὑπό τόν ἥλιον. 2. *(grade, rank)* κάτω *(with gen.).* ~ 10 years old κάτω τῶν δέκα ἐτῶν. ~ the rank of admiral κάτω τοῦ βαθμοῦ τοῦ ναυάρχου. 3. *(condition)* ~ the yoke ὑπό τόν ζυγόν. ~ arms ὑπό τά ὅπλα. ~ observation ὑπό παρατήρησιν. 4. *(in accordance with)* κατά, συμφώνως πρός *(both with acc.)* ~ article ten κατά τό ἄρθρον δέκα. ~ his will συμφώνως πρός τή διαθήκη του. 5. *(various)* ~ way ἐν κινήσει. ~ age ἀνήλικος. look it up ~ the letter B νά κοιτάξης στό δῆτα. in ~ two days σέ λιγώτερο ἀπό δύο μέρες. come ~ *(belong to)* ὑπάγομαι εἰς.

under *adv.* (ἀπό) κάτω. go ~ *(sink)* βυθίζομαι, *(fig.)* ἀποτυγχάνω. keep ~ *(v.t.)* *(oppress)* καταπιέζω, *(stifle)* καταπνίγω.

underbid *v.i.* μειοδοτῶ.

undercloth|es, ~**ing** *s.* ἐσώρρουχα *n.pl.*

undercoat *s.* ἀστάρι *n.*

undercover *a.* μυστικός.

undercurrent *s.* ὑποβρύχιον ρεῦμα. *(fig.)* συγκεκαλυμμένον ρεῦμα.

underdeveloped *a.* ὑποανάπτυκτος.

underdog *s.* ὁ ἀδικημένος ἀπό τή ζωή.

underdone *a.* ὄχι πολύ ψημένος.

underestimate *v.* ὑποτιμῶ.

underfoot *adv.* it is wet ~ τό ἔδαφος εἶναι ὑγρό. trample ~ ποδοπατῶ.

undergo *v.* ὑφίσταμαι, ὑποφέρω.

undergraduate *s.* φοιτητής *m.,* φοιτήτρια *f.*

underground *a.* ὑπόγειος, *(secret)* κρυφός. *(adv.)* κάτω ἀπό τή γῆ. go ~ *(fig.)* κρύβομαι. *(s.)* *(resistance movement)* ἀντίστασις *f.* *(railway)* ὑπόγειος *m.*

undergrowth *s.* χαμηλή βλάστησις.

underhand *a.* ὕπουλος.

underlie *v.t.* ἀποτελῶ τή βάση *(with gen.).* what ~s all this? τί κρύβεται κάτω ἀπό ὅλα αὐτά;

underline *v.* ὑπογραμμίζω.

underling *s.* *(pej.)* ἄνθρωπος *m.,* ὑπαλληλίσκος *m.,* τσιράκι *n.*

undermanned *a.* ἀνεπαρκῶς ἐπανδρωμένος.

undermine *v.* ὑπονομεύω.

underneath *adv.* ἀπό κάτω. *(prep.)* κάτω ἀπό *(with acc.).*

undernourishment *s.* ὑποσιτισμός *m.*

underpass *s.* ὑπόγειος διάβασις.

underpin *v.* ὑποστυλώνω.

underprivileged *a.* the ~ οἱ ἀπόκληροι τῆς τύχης.

underrate *v.* ὑποτιμῶ.

undersigned *a.* the ~ ὁ ὑπογεγραμμένος.

understaffed *a.* μέ ἀνεπαρκές προσωπικόν.

understand *v.* καταλαβαίνω, ἀντιλαμβάνομαι, ἐννοῶ. *(learn)* μαθαίνω. it is understood *(that)* ἐννοεῖται, ἐξυπακούεται. make oneself understood γίνομαι ἀντιληπτός. am I to ~ that...? ἐννόησα καλά ὅτι...;

understand|able *a.* *(book, etc.)* εὐκολονόητος. it is ~able *(that)* καταλαβαίνει κανείς (ὅτι). ~**ably** *adv.* ὡς εἶναι εὐνόητον.

understanding *s.* *(intelligence, grasp)* ἀντίληψις *f.* *(sympathetic)* κατανόησις *f.* *(agreement)* συνεννόησις *f.* reach an ~ συνεννοοῦμαι. on the ~ that ὑπό τόν ὅρον ὅτι. *(a.)* μέ κατανόηση.

understate *v.* ὑποτιμῶ. ~ one's age κρύβω τά χρόνια μου. ~**ment** *s.* that's an ~ment! δέν λές τίποτα!

understudy *s.* ἀντικαταστάτης *m.* *(v.)* ἀντικαθιστῶ.

undertak|e *v.* ἀναλαμβάνω. *(enter upon)* ἐπιχειρῶ. *(promise)* ἐγγυῶμαι (ὅτι). ~**er's** *s.* γραφεῖον κηδειῶν. ~**ing** *s.* ἐπιχείρησις *f.* ἐγγύησις *f.*

undertone *s.* in an ~ χαμηλοφώνως. *(fig.)* ~ of discontent ὑπολανθάνουσα δυσφορία.

undertow *s.* ἀντιμάχαλο *n.*

undervalue *v.* ὑποτιμῶ.

underwater *a.* ὑποβρύχιος.

underwear *s.* ἐσώρρουχα *n.pl.*

underweight *a.* *(goods)* λιποβαρής, ξίκικος. *(person)* ἔχων βάρος κάτω τοῦ κανονικοῦ.

underworld *s.* ἅδης *m.,* ὁ κάτω κόσμος. *(social)* ὑπόκοσμος *m.*

underwrite *v.* συνυπογράφω, ἐγγυῶμαι. ~**r** *s.* ἐγγυητής *m.* *(marine)* ναυτασφαλιστής *m.*

undeserved *a.* *(blame)* ἄδικος, *(praise)* παρ' ἀξίαν. ~**ly** *adv.* ἀδίκως, παρ' ἀξίαν.

undesirable *a.* ἀνεπιθύμητος.

undeveloped *a.* *(land, etc.)* ἀναξιοποίητος, *(person)* ἀνεξέλικτος.

undeviating *a.* ἀπαρέγκλιτος.

undischarged *a.* *(debt)* ἀνεξόφλητος, *(task)* ἀνεκτέλεστος.

undisciplined *a.* ἀπειθάρχητος.

undiscovered *a. (not known of)* ἄγνωστος.
undisguised *a.* ἀπροκάλυπτος.
undistinguished *a.* μέτριος.
undisturbed *a. (person)* ἀτάραχος, *(objects)* ὅπως ἦταν.
undo *v. (open)* ἀνοίγω, ξετυλίγω. *(knot)* λύνω, *(stitches)* ξηλώνω, *(hair)* λύνω, χαλῶ. *(unbutton)* ξεκουμπώνω. *(destroy)* χαλῶ. come ~ne λύνομαι, ξεκουμπώνομαι. it can't be ~ne δέν ξεγίνεται.
undoing *s. (fig.)* καταστροφή *f.*
undone *a. (task)* ἀκάμωτος, ἀπραγματοποίητος. *(rope, hair)* λυτός, λυμένος. *(lost)* χαμένος. *see* undo.
undoubtedly *adv.* ἀναμφισβητήτως.
undreamed *a.* ~-of πού δέν τό ὀνειρεύτηκε κανείς, ἀφάνταστος.
undress *v.t.* γδύνω, *(v.i.)* γδύνομαι. ~ed *a.* γδυτός. *(salad)* σκέτος, *(stone)* ἀκατέργαστος.
undrinkable *a.* it is ~ δέν πίνεται.
undue *a.* ὑπέρμετρος.
undulat|e *v. (wave)* κυματίζω. ~ing *a. (land)* κυματιστό τοπεῖο, ὅλο λοφάκια καί πεδιάδες. ~ory *a.* κυματοειδής.
undying *a.* αἰώνιος.
unearth *v.* ξεθάβω, ἀνακαλύπτω.
unearthly *a.* ὑπερφυσικός, *(frightening)* τρομακτικός, *(preposterous)* ἀπίθανος.
uneas|y *a.* ἀνήσυχος. ~iness *s.* ἀνησυχία *f.*
uneat|able *a.* πού δέν τρώγεται. ~en *a.* ἀφάγωτος.
unedifying *a.* ἐξευτελιστικός.
uneducated *a.* ἀμόρφωτος.
unemotional *a.* ἀπαθής.
unemploy|ed *a.* ἄνεργος. ~ment *s.* ἀνεργία *f.*
unending *a.* ἀτέλειωτος. ~ly *adv.* συνεχῶς, ὅλο.
unenlightened *a. (not informed)* ἀπληροφόρητος. *(backward)* μή φωτισμένος.
unenterprising *a.* be ~ δέν ἔχω ἐπιχειρηματικό δαιμόνιο.
unequal *a.* ἄνισος. he is ~ to the task δέν εἶναι ἱκανός γιά τή δουλειά. ~led *a.* ἄφθαστος. ~ly *adv.* ἀνίσως.
unequivocal *a.* κατηγορηματικός.
unerring *a.* ἀσφαλής, ἀλάθητος.
uneven *a. (irregular)* ἀκανόνιστος, *(not the same)* ἀνομοιογενής, *(unequal)* ἄνισος, *(not smooth)* ἀνώμαλος. ~ly *adv.* ἄνισα.
unexceptionable *a.* ἄψογος.
unexpected *a.* ἀπροσδόκητος, ἀπρόοπτος, ἀναπάντεχος. ~ly *adv.* ἐξ ἀπροόπτου, ἀναπάντεχα.
unexploited *a.* ἀνεκμετάλλευτος.

unfailing *a.* ἀνεξάντλητος, ἀμείωτος. ~ly *adv.* διαρκῶς.
unfair *a.* ἄδικος, ὄχι σωστός. ~ly *adv.* ἄδικα. ~ness *s.* ἀδικία *f.*
unfaithful *a.* ἄπιστος. ~ness *s.* ἀπιστία *f.*
unfamiliar *a. (not known)* ἄγνωστος, ἀσυνήθιστος. I am ~ with his works τά ἔργα του δέν μοῦ εἶναι γνωστά.
unfathomable *a.* ἀνεξιχνίαστος.
unfeeling *a.* ἀναίσθητος, ἄπονος.
unfinished *a.* ἡμιτελής, ἀτελείωτος.
unfit *a.* ἀκατάλληλος, *(person only)* ἀνίκανος. *(ill)* ἀνήμπορος.
unflagging *a.* ἀκούραστος.
unfledged *a.* ἀπουπούλιαστος. *(fig.)* ἄπειρος.
unflinching *a.* ἀπτόητος.
unfold *v.t.* ξεδιπλώνω, ξετυλίγω. *(make known)* ἀναπτύσσω. *(v.i.)* *(of events)* ἐκτυλίσσομαι, *(of landscape)* ἁπλώνομαι.
unforgettable *a.* ἀξέχαστος, ἀλησμόνητος.
unforgivable *a.* ἀσυγχώρητος.
unfortunate *a. (luckless)* ἄτυχος, *(poor)* δύστυχος, κακόμοιρος. *(circumstance)* ἀτυχής, λυπηρός. ~ly *adv.* δυστυχῶς.
unfounded *a.* ἀβάσιμος.
unfrequented *a.* ἀσύχναστος.
unfriendly *a.* μή φιλικός, ἐχθρικός. *(atmosphere)* δυσμενής.
unfruitful *a.* ἄκαρπος.
unfurl *v.* ἀνοίγω.
unfurnished *a.* χωρίς ἔπιπλα.
ungainly *a.* ἄχαρος, ἄγαρμπος.
ungentlemanly *a.* πού δέν ἁρμόζει σέ κύριο.
unget-atable *a.* ἀπρόσιτος.
ungodly *a.* ἀθεόφοβος. *(fam.)* ἀπίθανος.
ungovernable *a. (ship, country)* ἀκυβέρνητος. *(passion)* ἀσυγκράτητος. *(child)* σκληρός.
ungrateful *a.* ἀγνώμων. *(of task)* ἄχαρος. ~ness *s.* ἀγνωμοσύνη *f.*, ἀχαριστία *f.*
unguarded *a. (prisoner, camp)* ἀφρούρητος, *(words)* ἀδιάκριτος. *(careless)* ἀπρόσεκτος.
unguent *s.* ἀλοιφή *f.*
unhandy *a. (person)* ἀδέξιος, *(thing)* ἄβολος.
unhapp|y *a. (person)* δυστυχής, δυστυχισμένος. *(event, remark)* ἀτυχής. ~ily *adv.* δυστυχῶς, *(ill)* ἀτυχῶς. ~iness *s.* δυστυχία *f.*
unhealthy *a. (bad for health)* ἀνθυγιεινός. *(having bad health)* ἀρρωστιάρης.
unheard *a.* ~-of ἀνήκουστος.
unhinge *v. (derange)* διαταράσσω. his

mind is ~d ἔπαθε τό μυαλό του.
unholy a. ἀνόσιος. (fam.) τρομερός.
unhoped a. ~-for ἀνέλπιστος.
unhurt a. ἀβλαβής.
Uniat(e) s. Οὐνίτης m.
uniform s. στολή f. (a.) ὁμοιόμορφος.
~ity s. ὁμοιομορφία f.
unif|y v. ἑνοποιῶ. ~ication s. ἑνοποίησις f.
unilateral a. μονομερής.
unimpeachable a. (blameless) ἄμεμπτος, (sure) ἀσφαλής.
uninhabited a. ἀκατοίκητος.
uninhibited a. ἀδιάφορος γιά τούς τύπους. be ~ δέν ἔχω ψυχολογικές ἀναστολές.
uninitiated a. ἀμύητος.
unintelligible a. ἀκατανόητος.
unintentional a. ἀκούσιος, ἀθέλητος. ~ly adv. ἄθελα, ὄχι ἐκ προθέσεως,
uninterrupted a. ἀδιάκοπος.
uninvit|ing a. πού δέν σέ ἑλκύει. ~ed a. ἀπρόσκλητος.
union s. ἕνωσις f. (worker's) συνδικᾶτον n., σωματεῖον n.
unique a. μοναδικός.
unison s. in ~ ὁμοφώνως, ἀπό συμφώνου.
unit s. μονάς f.
unit|e v.t. ἑνώνω. (v.i.) ἑνώνομαι. U~ed Kingdom Ἡνωμένον Βασίλειον. ~y s. ἑνότης f.
universal a. γενικός, παγκόσμιος. (suffrage) καθολικός. ~ly adv. γενικῶς, παγκοσμίως.
universe s. σύμπαν n., ὑφήλιος f.
university s. πανεπιστήμιον n. (a.) (matters) πανεπιστημιακός, (persons) τοῦ πανεπιστημίου.
unjust a. ἄδικος. ~ly adv. ἄδικα.
unkempt a. ἀτημέλητος, (hair) ἀχτένιστος.
unkind a. σκληρός. be ~ to (ill-treat) κακομεταχειρίζομαι, (not show compassion) δέν δείχνω συμπάθεια σέ. ~ly adv. σκληρά, χωρίς συμπάθεια. take it ~ly μοῦ κακοφαίνεται. ~ness s. σκληρότης f.
unknowing a. ἀγνοῶν. ~ly adv. ὄντας ἐν ἀγνοία, ἐν ἀγνοία μου.
unknown a. ἄγνωστος.
unlawful a. παράνομος.
unleash v. ἀμολάω.
unleavened a. ἄζυμος.
unless conj. ἄν δέν, ἐκτός ἄν. ~ I am mistaken ἄν δέν κάνω λάθος. I'll get something ready to eat ~ you'd rather we ate out θά ἑτοιμάσω κάτι νά φᾶμε ἐκτός ἄν προτιμᾶς νά φᾶμε ἔξω.
unlettered a. ἀγράμματος.

unlike a. ἀνόμοιος, διαφορετικός. (different from) διαφορετικός ἀπό. (prep.) ὄχι ὅπως, διαφορετικά ἀπό.
unlikely a. ἀπίθανος.
unlimited a. ἀπεριόριστος. (ad lib.) κατά βούλησιν.
unload v.t. (ship, mule, cargo) ξεφορτώνω. (get rid of) ξεφορτώνομαι. ~ing s. ἐκφόρτωσις f.
unlock v. ξεκλειδώνω, (fig.) ἀνοίγω. ~ed a. ξεκλείδωτος.
unloose v. ἀμολάω.
unluck|y a. ἄτυχος, (not successful) ἀτυχής. (bringing bad luck: person) γουρσούζης, (thing) γουρσούζικος. I think it ~y (to do sthg.) τό ἔχω σέ κακό. ~ily adv. δυστυχῶς.
unmade a. ἄφτιαστος.
unman v. (shake, upset) κλονίζω τό ἠθικόν (with gen.). ~ly a. ἄνανδρος. ~ned a. (without crew) μή ἐπανδρωμένος.
unmanageable a. (object) δύσχρηστος, (child) σκληρός, (house, situation, etc.) δύσκολος.
unmannerly a. ἀγενής, ἀνάγωγος.
unmask v.t. ἀποκαλύπτω.
unmatch|able, ~ed a. ἀπαράμιλλος.
unmentionable a. ἀκατονόμαστος.
unmerciful a. ἀνηλεής, ἄσπλαγχνος.
unmerited a. (blame) ἄδικος, (praise) παρ' ἀξίαν.
unmindful a. be ~ of (forget) ξεχνῶ, (not heed) ἀδιαφορῶ γιά.
unmistakable a. σίγουρος, προφανής.
unmitigated a. πέρα γιά πέρα.
unmoved a. ἀσυγκίνητος.
unnatural a. ἀφύσικος.
unnecessar|y a. περιττός, ἄσκοπος. it was ~y δέν χρειαζότανε. ~ily adv. ἀσκόπως, ἄδικα. ~ily large μεγαλύτερος ἀπ' ὅ,τι χρειάζεται.
unnerve v. see unman.
unnoticed a. ἀπαρατήρητος.
unobtrusive a. (person) διακριτικός, (object) μή ἐμφανής.
unoccupied a. ἐλεύθερος.
unorganized a. ἀνοργάνωτος.
unorthodox a. ἀνορθόδοξος.
unpack v.t. (trunk) ἀδειάζω, ἀνοίγω. (contents) βγάζω.
unparalleled a. ἄνευ προηγουμένου, (matchless) ἀπαράμιλλος.
unpardonable a. ἀσυγχώρητος.
unpick v. ξηλώνω.
unpleasant a. δυσάρεστος. ~ness s. (trouble) δυσαρέσκειες f.pl.

unpopular *a. (politically)* ἀντιδημοτικός. become ~ *(of person)* παύω νά εἶμαι δημοφιλής. such ideas are ~ τέτοιες ἰδέες δέν ἐγκρίνονται. this line *(of goods)* is ~ today αὐτό τό εἶδος δέν εἶναι ζητημένο σήμερα. ~ity *s.* ἀντιδημοτικότης *f.*

unprecedented *a.* πρωτοφανής, ἄνευ προηγουμένου.

unprejudiced *a.* ἀμερόληπτος.

unprepared *a.* ἀπροετοίμαστος.

unprincipled *a.* χωρίς ἠθικές ἀρχές, ἀσυνείδητος.

unprofessional *a.* στερούμενος ἐπαγγελματικῆς συνειδήσεως.

unprofitable *a.* ἀσύμφορος, μή ἐπικερδής.

unpromising *a.* πού δέν ὑπόσχεται πολλά.

unpropitious *a.* δυσοίωνος.

unprotected *a. (orphan, etc.)* ἀπροστάτευτος, *(exposed)* ἐκτεθειμένος.

unproved *a. (case)* ἀναπόδεικτος, *(untested)* ἀδοκίμαστος.

unprovided *a.* ~ with χωρίς, μή ἔχων, στερούμενος *(with gen.)* ~ for *(person)* χωρίς πόρους, *(contingency)* πού δέν ἔχει προβλεφθῆ.

unprovoked *a.* ἀπρόκλητος.

unpublished *a.* ἀνέκδοτος.

unqualified *a. (without reserve)* πλήρης, ἀνεπιφύλακτος. *(for job, purpose)* ἀκατάλληλος. *(without competent authority)* ἀναρμόδιος.

unquestion|able *a.* ἀναμφισβήτητος. ~ing *a.* τυφλός.

unquiet *a.* ταραγμένος.

unquote *v. imper.* κλείσατε τά εἰσαγωγικά.

unravel *v.t. (disentangle)* ξετυλίγω, *(knitting)* ξηλώνω. *(mystery)* λύω, ξεδιαλύνω. *(v.i., get frayed)* ξεφτῶ.

unready *a.* ἀνέτοιμος.

unreal *a.* φανταστικός, ἐκτός τῆς πραγματικότητος. ~istic *a.* ἀπροσγείωτος, μακράν τῆς πραγματικότητος.

unreason|able *a.* παράλογος. he is ~able δέν εἶναι λογικός. ~ing *a.* τυφλός.

unrelenting *a. (inflexible)* ἀλύγιστος, *(incessant)* ἀδιάλειπτος.

unreliable *a.* πού δέν μπορεῖς νά βασισθῆς. *(news, witness)* ἀναξιόπιστος.

unrelieved *a. (absolute)* ἀπόλυτος, *(unvaried)* χωρίς ποικιλία. *(of plain dress)* σκέτος, ἀγαρνίριστος.

unremitting *a. (care)* ἀμείωτος, *(person)* ἀκούραστος.

unrequited *a.* ἀνανταπόδωτος.

unreservedly *adv.* ἀνεπιφυλάκτως.

unresolved *a. (problem)* ἄλυτος, *(person)* ἀναποφάσιστος.

unrest *s.* ἀναβρασμός *m.*, δυσφορία *f.*

unrestrain|ed, ~able *a.* ἀσυγκράτητος.

unrestricted *a.* ἀπεριόριστος, ἐλεύθερος.

unrighteous *a.* ἀνίερος.

unripe *a.* ἄγουρος, ἀγίνωτος. *(also fig.)* ἀνώριμος.

unrivalled *a.* ἀπαράμιλλος.

unroll *v.t.* ξετυλίγω, *(spread)* στρώνω. *(v.i.) (of events)* ἐκτυλίσσομαι.

unruffled *a.* ἀτάραχος.

unruly *a.* ἄτακτος.

unsafe *a.* ἀνασφαλής.

unsatisfactory *a.* μή ἱκανοποιητικός.

unsavoury *a.* ἀηδής, δρωμερός.

unsay *v.* ξελέω, ἀνακαλῶ.

unscathed *a.* σῶος.

unscrew *v.t. & i.* ξεβιδώνω. come ~ed ξεβιδώνομαι.

unscrupulous *a.* ἀσυνείδητος. ~ness *s.* ἀσυνειδησία *f.*

unseasonable *a. (untimely)* ἄκαιρος. *(weather)* ἀσυνήθης γιά τήν ἐποχή.

unseasoned *a. (food)* ἀκαρύκευτος, *(person)* ἄπειρος. the wood was ~ τά ξύλα δέν εἶχαν τραβήξει.

unseat *v.* ἀνατρέπω, ρίχνω.

unseaworthy *a.* μή πλόιμος. ~ boat *(fam.)* σκυλοπνίχτης *m.*

unseeml|y *a.* ἀπρεπής. ~iness *s.* ἀπρέπεια *f.*

unseen *a. (hidden)* ἀθέατος, *(unnoticed)* ἀπαρατήρητος.

unsettle *v.* ἀναστατώνω. ~d *a. (troubled)* ταραγμένος, *(weather)* ἀκατάστατος, *(matter)* ἐκκρεμής, *(bill)* ἀπλήρωτος.

unshakable *a.* ἀκλόνητος.

unshaven *a.* ἀξύριστος.

unshod *a.* ἀνυπόδητος, *(horse)* ἀπετάλωτος.

unsightly *a.* ἄσχημος, ἀντιαισθητικός.

unsigned *a.* ἀνυπόγραφος.

unskilled *a. (worker)* ἀνειδίκευτος. be ~ in δέν ξέρω ἀπό.

unsociable *a.* ἀκοινώνητος.

unsolicited *a.* μή ζητηθείς.

unsolved *a.* ἄλυτος.

unsophisticated *a.* ἀπλός, ἀφελής, he is ~ δέν εἶναι μπασμένος στά τοῦ κόσμου.

unsound *a. (erroneous)* ἐσφαλμένος, *(not safe)* ἐπισφαλής. be of ~ mind ἔχω χάσει τά λογικά μου.

unsparing *a. (lavish)* ἀφειδής, σπάταλος. *(demanding)* ἀνηλεής.

unspeakable *a.* ἀνείπωτος, *(awful)* φρικτός.

unspecified *a*. ἀπροσδιόριστος.

unspoilt *a*. ἀπείραχτος, ἀχάλαστος. *(child)* μή κακομαθημένος.

unstable *a*. ἀσταθής.

unsteady *a*. ἀσταθής.

unstick *v.t*. ξεκολλῶ. *see* unstuck.

unstinting *a*. ἀφειδής.

unstop *v*. ξεβουλλώνω.

unstuck *a*. come ~ ξεκολλῶ, *(fig.)* ναυαγῶ.

unstudied *a*. ἀνεπιτήδευτος.

unsubstantiated *a*. ἀναπόδεικτος.

unsuccessful *a*. ἀνεπιτυχής, ἀποτυχημένος. ~ly *adv*. ἀνεπιτυχῶς.

unsuit|ed, ~able *a*. ἀκατάλληλος, *(incompatible)* ἀταίριαστος.

unsung *a*. μή δοξασθείς.

unsupported *a*. *(wall, opinion)* ἀστήρικτος, *(person)* ἀνυποστήρικτος.

unsure *a*. ἀβέβαιος. I am ~ whether... δέν εἶμαι βέβαιος ἄν.

unsurpass|ed, ~able *a*. ἄφθαστος.

unsuspected *a*. κρυμμένος.

unsuspecting *a*. ἀνυποψίαστος.

unsuspicious *a*. ἀνυποψίαστος.

unswerving *a*. σταθερός.

unsympathetic *a*. *(cold)* ψυχρός, ἀδιάφορος. *(unlikeable)* ἀσυμπάθιστος.

untainted *a*. ἀμόλυντος.

untamed *a*. ἀδάμαστος.

untapped *a*. *(fig., resources)* ἀναξιοποίητος.

untaught *a*. ἀδίδακτος.

untaxed *a*. ἀφορολόγητος.

unteachable *a*. *(person)* ἀνεπίδεκτος μαθήσεως, *(subject)* πού δέν διδάσκεται.

untenable *a*. ἀστήρικτος.

unthink|able *a*. ἀδιανόητος. ~ing *a*. ἀπερίσκεπτος.

untid|y *a*. ἀκατάστατος. ~iness *s*. ἀκαταστασία *f*.

untie *v.t*. λύνω, come ~d λύνομαι.

until *prep. & conj. see* till.

untimely *a*. ἄκαιρος, *(premature)* πρόωρος.

untiring *a*. ἀκούραστος.

unto *prep. see* to.

untold *a*. *(quantity)* ἀφάνταστος, πού δέν λέγεται. *(joy, sorrow)* ἀνείπωτος. for ~ centuries δέν ξέρω ἐπί πόσους αἰῶνες.

untouchable *s*. παρίας *m*.

untoward *a*. δυσάρεστος.

untrained *a*. ἀγύμναστος. *(worker)* ἀνειδίκευτος.

untried *a*. ἀδοκίμαστος.

untrodden *a*. ἀπάτητος.

untrue *a*. ἀναληθής.

untrustworthy *a*. ἀναξιόπιστος.

untruth *s*. ψεῦδος *n*. ~ful *a*. *(person)* ψεύτης *m*. ~fulness *a*. ἀναλήθεια *f*. *(lying)* τό ψεύδεσθαι.

untutored *a*. ἀδίδακτος. *(not primed)* ἀδασκάλευτος.

untwist *v.t*. ξεστρίβω.

unusable *a*. ἄχρηστος, ἀκατάλληλος.

unused *a*. *(not in use)* ἀχρησιμοποίητος. *(new)* ἀμεταχείριστος. *(not accustomed)* I am ~ to the heat εἶμαι ἀσυνήθιστος *(or* δέν εἶμαι συνηθισμένος) στή ζέστη.

unusual *a*. ἀσυνήθης, ἀσυνήθιστος. it is ~ for him to be late δέν ἔχει τή συνήθεια *(or* δέν συνηθίζει) νά ἀργῆ, συνήθως δέν ἀργεῖ.

unutterab|le *a*. ἀπερίγραπτος. ~ly *adv*. πού δέν λέγεται.

unvarnished *a*. *(fig.)* ἁπλός. ~ truth ὠμή ἀλήθεια.

unveil *v.t*. ἀποκαλύπτω. ~ed *a*. *(fig.)* ἀσυγκάλυπτος. ~ing *s*. ἀποκαλυπτήρια *n.pl*.

unversed *a*. be ~ in δέν ξέρω ἀπό.

unviolated *a*. ἀπαραβίαστος.

unvoiced *a*. μή ἐκφρασθείς.

unwarrant|ed, ~able *s*. ἀδικαιολόγητος.

unwary *a*. ἀπρόσεκτος.

unwashed *a*. ἄπλυτος.

unwavering *a*. ἀκλόνητος.

unwed *a*. ἀνύπανδρος.

unwelcome *a*. μή εὐπρόσδεκτος.

unwell *a*. ἀδιάθετος.

unwept *a*. ἄκλαυτος.

unwholesome *a*. ἀνθυγιεινός.

unwieldy *a*. μπατάλικος, βαρύς καί δυσκίνητος, δυσκολομεταχείριστος.

unwillingly *adv*. παρά τή θέλησή μου.

unwind *v.t*. ξετυλίγω. *(v.i.)* *(fam., relax)* ἡσυχάζω.

unwitting *a*. ἀσυνείδητος. ~ly *adv*. ἄθελα, ἀσυναισθήτως.

unwomanly *a*. πού δέν ἁρμόζει σέ γυναῖκα.

unwonted *a*. ἀσυνήθης.

unworkable *a*. *(plan)* ἀνεφάρμοστος.

unworldly *a*. ἁπλός, ἀφελής.

unworn *a*. *(clothes)* ἀφόρετος.

unworth|y *a*. ἀνάξιος. ~iness *s*. ἀναξιότης *f*.

unwound *a*. ξεκουρδισμένος.

unwrap *v*. ξετυλίγω.

unwritten *a*. ἄγραφος.

unwrought *a*. ἀκατέργαστος.

unyielding *a*. ἀνένδοτος.

unyoke v. ξεζεύω.

unzip v.t. ~ it (dress, etc.) ἀνοίγω τό φερμουάρ.

up adv. & prep. (ἀ)πάνω, ἐπάνω. ~ and down ἐπάνω κάτω, walk ~ and down πηγαινοέρχομαι. ~s and downs τά πάνω καί τά κάτω. be ~ (out of bed) εἶμαι σηκωμένος. time's ~ πέρασε ἡ ὥρα. it's all ~ δέν ὑπάρχει πιά ἐλπίδα. what's ~? τί τρέχει; what's ~ with you? τί ἔχεις; ~ in arms ξεσηκωμένος. be well ~ in (a subject) κατέχω καλά. he is one ~ on me μ' ἔχει ξεπεράσει. I was ~ all night ξενύχτησα. be ~ against ἀντιμετωπίζω. ~ to (as far as) μέχρι(ς), ὥς (with acc.). ~ to now ὥς τώρα. it's ~ to you ἀπό σένα ἐξαρτᾶται. he's ~ to something κάτι μαγειρεύει. what will he be ~ to next? τί θά μᾶς παρουσιάση ἀκόμα; I don't feel ~ to it δέν ἔχω τά κότσια. his latest book isn't ~ to his first one τό τελευταῖο βιβλίο του δέν φτάνει τό πρῶτο. ~ a tree πάνω σ' ἕνα δέντρο. just ~ the street στό δρόμο πιό πάνω.

up-and-coming a. πού ὑπόσχεται πολλά.

upbraid v. μαλώνω.

upbringing s. ἀνατροφή f.

up-country adv. στό ἐσωτερικό.

update v. (accounts, etc.) ἐνημερώνω, (modernize) ἐκσυγχρονίζω.

upend v. στήνω ὀρθιον.

upgrade v. προβιβάζω. (s.) be on the ~ προοδεύω, βρίσκομαι σέ ἄνοδο.

upheaval s. ἀναστάτωσις f.

uphill a. ἀνηφορικός, (task) δύσκολος. ~ slope ἀνήφορος m. (adv.) go ~ ἀνηφορίζω.

uphold v. ὑποστηρίζω, (maintain) κρατῶ, (confirm) ἐπικυρώνω.

upholster v. ταπετσάρω, ντύνω. ~er s. ταπετσιέρης m. ~y s. ταπετσαρία f.

upkeep s. συντήρησις f.

upland s. ὑψίπεδον n.

uplift v. ἐξυψώνω. (s.) ἠθική ἐξύψωσις.

upon prep. see on. ~ my word! μά τήν ἀλήθεια!

upper s. (of shoe) ψίδι n. (fam.) on one's ~s ἀπένταρος.

upper a. ἀνώτερος, ἄνω, (ἐ)πάνω. ~ class ἀνωτέρα τάξις. U~ House Ἄνω Βουλή. U~ Egypt Ἄνω Αἴγυπτος. ~ floor τό ἐπάνω πάτωμα. get the ~ hand παίρνω τό πάνω χέρι. ~ crust (fam.) ἀφρόκρεμα τῆς κοινωνίας. ~most a. ἀνώτατος, ψηλότερος, ὁ πιό πάνω. (adv.) πάνω-πάνω, πρός τά πάνω.

uppish a. get ~ κάνω τό σπουδαῖο.

upright a. ὄρθιος. (morally) ἀκέραιος, ἴσιος.

uproar s. ὀχλαγωγία f. in an ~ ἀνάστατος. ~ious a. θορυβώδης.

uproot v. ἐκριζῶ, ξερριζώνω.

upset v.t. (trouble) στενοχωρῶ, (disorganize) ἀναστατώνω, (overturn) ἀναποδογυρίζω. the food ~ me τό φαΐ μοῦ χάλασε τό στομάχι. she ~ the tea ἔχυσε τό τσάι. (s.) (shock) κλονισμός m. (disturbance) ἀναστάτωσις f. (of vehicle) ἀνατροπή f. ~ting a. ἐνοχλητικός.

upshot s. ἀποτέλεσμα n.

upside-down adv. ἀνάποδα. turn ~ (v.t. & i.) ἀναποδογυρίζω, (v.t., fig.) κάνω ἄνω κάτω.

upstairs adv. & a. ἐπάνω.

upstanding a. εὐθυτενής. ~ fellow λεβέντης m.

upstart s. πρόσωπον σκοτεινῆς καταγωγῆς πού ἔχει ἀναρριχηθῆ σέ ἐξουσία ἤ πλούτη.

upstream adv. πρός τά ἀνάντη τοῦ ποταμοῦ.

upsurge s. σφοδρά ἐκδήλωσις.

uptake s. he is quick in the ~ εἶναι σπίρτο.

up-to-date a. (modern) σύγχρονος, μοντέρνος, (knowing the latest particulars) ἐνημερωμένος. bring ~ ἐνημερώνω, (modernize) ἐκσυγχρονίζω.

upturn s. στροφή πρός τά ἄνω (or πάνω). ~ed a. (head, etc.) γυρισμένος πρός τά πάνω. (upside-down) ἀναποδογυρισμένος.

upward a. (trend, etc.) ἀνοδικός.

upward, ~s adv. πρός τά πάνω. ~s of a thousand ἄνω τῶν χιλίων.

uranium s. οὐράνιον n.

urban a. ἀστικός, τῶν πόλεων. ~ization s. μετατροπή ἀγροτικῆς περιοχῆς εἰς ἀστικήν.

urban|e a. εὐγενής, ἁβρός. ~ity s. εὐγένεια f. ἁβροσύνη f.

urchin s. ζωηρό παιδί.

urge v. παροτρύνω, πιέζω, (advise) συμβουλεύω, (recommend) συνιστῶ. (s.) παρόρμησις f., ἐπιθυμία f.

urgen|t a. ἐπείγων. ~cy s. ἐπείγουσα ἀνάγκη. ~tly adv. ἐπειγόντως.

urin|e s. οὖρα n.pl. ~al s. οὐρητήριον n. ~ary a. οὐρητικός. ~ate v. οὐρῶ.

urn s. ὑδρία f.

us pron. ἐμᾶς, μᾶς, μας.

usage s. χρῆσις f.

use s. χρῆσις f. make ~ of κάνω χρῆσιν

(with gen.), χρησιμοποιῶ. for the ~ of πρός χρῆσιν *(with gen.)*. in ~ ἐν χρήσει. of ~ χρήσιμος. what ~ is it? σέ τί χρησιμεύει; it's no ~ our waiting longer ἄδικα περιμένομε. it's no ~ protesting δέν ὠφελοῦν οἱ διαμαρτυρίες. fall out of ~ περιπίπτω εἰς ἀχρηστίαν, ἀχρηστεύομαι.

use *v. (make use of)* χρησιμοποιῶ, μεταχειρίζομαι. *(treat)* μεταχειρίζομαι. ~ **(up)** *(consume)* καταναλίσκω, ξοδεύω, *(exhaust)* ἐξαντλῶ.

used *v.i.* I ~ to go every Sunday πήγαινα *(or* συνήθιζα νά πηγαίνω*) κάθε Κυριακή.

used *a. (not new)* μεταχειρισμένος. *(accustomed)* συνηθισμένος. get ~ to συνηθίζω *(with* νά, σέ *or* acc.*)*. I am ~ to it τό ἔχω συνηθίσει.

useful *a.* χρήσιμος. I found it ~ μοῦ φάνηκε χρήσιμο. ~**ness** *s.* χρησιμότης *f.*

useless *a.* ἄχρηστος, *(vain)* μάταιος. ~**ly** *adv.* ματαίως.

user *s.* ὁ μεταχειριζόμενος. *(consumer)* καταναλωτής *m.*

usher *v.* ὁδηγῶ. ~ in εἰσάγω, *(fig.)* ἐγκαινιάζω. *(s.)* κλητήρας *m.* ~**ette** *s.* ταξιθέτρια *f.*

usual *a.* συνήθης, συνηθισμένος. as ~ ὡς συνήθως. it is ~ *(or* the ~ thing*)* συνηθίζεται. ~**ly** *adv.* συνήθως, κανονικά. he ~ly goes to bed early συνηθίζει νά κοιμᾶται νωρίς.

usufruct *s. (law)* ἐπικαρπία *f.*

usur|er *s.* τοκογλύφος *m.* ~**y** *s.* τοκογλυφία *f.*

usurp *v.* σφετερίζομαι. ~**ation** *s.* σφετερισμός *m.* ~**er** *s.* σφετεριστής *m.*

utensil *s.* σκεῦος *n.*

uter|us *s.* μήτρα *f.* ~**ine** *a.* μητρικός.

utilitarian *a. (practical)* πρακτικός. *(s.)* ὠφελιμιστής *m.* ~**ism** *s.* ὠφελιμισμός *m.*

utility *s.* χρησιμότης *f.* public ~ ἐπιχείρησις κοινῆς ὠφελείας.

utilize *v.* χρησιμοποιῶ.

utmost *a.* with the ~ care μέ τήν πιό μεγάλη προσοχή. of the ~ importance ὑψίστης σημασίας. *(s.)* fifty at the ~ πενῆντα τό πιό πολύ. do one's ~ βάζω τά δυνατά μου.

Utopia *s.* οὐτοπία *f.* ~**n** *a.* οὐτοπικός, *(person)* οὐτοπιστής *m.*

utter *a.* πλήρης, τέλειος. ~**ly** *adv.* πλήρως, τελείως, πέρα γιά πέρα.

utter *v.* βγάζω, προφέρω. *(issue)* θέτω εἰς κυκλοφορίαν. ~**ance** *s (speaking)* ὁμιλία

f. (thing said) κουβέντα *f.* give ~ance to ἐκφράζω.

uttermost *a. see* utmost. to the ~ ends of the earth στά ἀπώτερα ἄκρα τῆς γῆς.

uvula *s.* σταφυλή *f.*

uxorious *a.* ὑπερβολικά ἀφοσιωμένος στή γυναῖκα μου.

V

vac *s. (fam.)* διακοπές πανεπιστημίου.

vacancy *s. (space)* κενόν *n. (position)* χηρεύουσα θέσις. *(lodging)* διαθέσιμο δωμάτιο.

vacant *a. (space)* κενός, ἄδειος, *(seat, etc.)* ἐλεύθερος, μή κατειλημμένος. *(look, etc.)* ἀπλανής, ἀνέκφραστος. become ~ *(of throne, post)* χηρεύω, *(of house)* ξενοικιάζομαι. ~ plot ἄχτιστο οἰκόπεδο. ~**ly** *adv.* μέ ἀνέκφραστο βλέμμα.

vacate *v.* ἀφήνω, ἀδειάζω.

vacation *s.* διακοπές *f.pl. (v.i.)* περνῶ τίς διακοπές.

vaccinat|e *v.* ἐμβολιάζω. get ~ed κάνω ἐμβόλιο. ~**ion** *s.* ἐμβολιασμός *m.*

vaccine *s.* ἐμβόλιον, μπόλι *n.,* βατσίνα *f.*

vacillat|e *v.* ἀμφιταλαντεύομαι. ~**ion** *s.* ἀμφιταλάντευσις *f.*

vacu|ous *a.* ἀνέκφραστος. ~**ity** *s.* χαζομάρα *f.*

vacuum *s.* κενόν *n.* ~ cleaner ἠλεκτρική σκούπα. ~ flask θερμός *n.*

vade-mecum *s.* ἐγκόλπιον *n.*

vagabond *a.* πλανόδιος, περιπλανώμενος. *(s.)* ἀλήτης *m.,* μπαγαπόντης *m.*

vagary *s.* ἰδιοτροπία *f.*

vagina *s.* κόλπος *m.*

vagr|ant *a.* πλανόδιος, περιπλανώμενος. *(s.)* ἀλήτης *m.* ~**ancy** *s.* ἀλητεία *f.*

vague *a. (undefined)* ἀόριστος, ἀσαφής, ἀκαθόριστος. *(dim)* ἀμυδρός. be ~ *(of person)* δέν εἶμαι θετικός. his answer was ~ ἡ ἀπάντησή του δέν ἦταν καθαρή. not have the ~st idea δέν ἔχω τήν παραμικρή ἰδέα. ~**ly** *adv.* ἀόριστα, ἀσαφῶς, ἀμυδρῶς. ~**ness** *s.* ἀοριστία *f.*

vain *a. (fruitless)* ἄκαρπος, κενός, μάταιος. in ~ ἄδικα, τοῦ κάκου, εἰς μάτην. labour in ~ ματαιοπονῶ. *(conceited)* ματαιόδοξος. be ~ of εἶμαι ὑπερήφανος γιά. ~**ly** adv. ματαίως, ἄδικα.

vainglor|y s. ματαιοδοξία f. ~**ious** a. ματαιόδοξος.

valance s. φραμπαλᾶς m.

vale s. κοιλάδα f.

valedict|ion s. ἀποχαιρετισμός m. ~**ory** a. ἀποχαιρετιστήριος.

valency s. (chem.) σθένος n.

valentine s. ἀνώνυμο ἐρωτικό γράμμα πού στέλνεται στή γιορτή τοῦ Ἁγίου Βαλεντίνου.

valet s. ὑπηρέτης κυρίου.

valetudinarian a. & s. ὑποχονδριακός.

valiant a. ἀνδρεῖος, γενναῖος. ~**ly** adv. ἀνδρείως.

valid a. ἔγκυρος, ἰσχύων. it is not ~ δέν ἰσχύει. ~**ate** v. κυρώνω. ~**ity** s. κῦρος n., ἰσχύς f. have ~ity ἰσχύω.

valise s. βαλίτσα f.

valley s. κοιλάδα f.

val|our s. ἀνδρεία f. ~**orous** a. ἀνδρεῖος, γενναῖος.

valuable a. πολύτιμος, ἀξίας. (s.) ~s ἀντικείμενα ἀξίας.

valuation s. ἐκτίμησις f.

value s. ἀξία f. be of ~ ἔχω ἀξία. it is good ~ for money ἀξίζει τά λεφτά του. (math.) τιμή f. (chem.) δείκτης m. ~s (moral) ἀξίες f.pl. (v.) ἐκτιμῶ. I ~ your help ἡ βοήθειά σας μοῦ εἶναι πολύτιμη. ~**less** a. χωρίς ἀξία.

valve s. βαλβίς f. (radio) λάμπα f., λυχνία f.

vamoose v. (fam.) τό κόβω λάσπη.

vamp s. (of shoe) ψίδι n. (woman) ξελογιάστρα f. (v.) (fam.) ~ up σκαρώνω.

vampire s. βρυκόλακας m.

van s. (vehicle) φορτηγό αὐτοκίνητο. (front) see vanguard.

vandal s. βάνδαλος m. ~**ism** s. βανδαλισμός m.

vane s. ἀνεμοδείκτης m. (also fig.) ἀνεμοδούρα f. (blade of mill, etc.) πτερύγιον n.

vanguard s. (mil.) ἐμπροσθοφυλακή f. (fig.) πρωτοπορία f.

vanilla s. βανίλια f. ~ ice παγωτό κρέμα.

vanish v.i. ἐξαφανίζομαι, χάνομαι.

vanity s. (futility) ματαιότης f. (conceit) ματαιοδοξία f.

vanquish v. κατανικῶ, (fears) ὑπερνικῶ.

vantage s. point or coign of ~ παρατηρητήριον n., (fig.) πλεονεκτική θέση.

vapid a. ἀνούσιος, σαχλός. ~**ity** s. σάχλα f.

vaporiz|e v.t. ἐξαερώνω. ~**ation** s. ἐξαέρωσις f.

vaporous a. ἀχνώδης.

vapour s. ὑδρατμός m. ~ bath ἀτμόλουτρο n. have the ~s ἔχω νεῦρα. ~**ing(s)** s. ἀερολογία f.

vari|able a. μεταβλητός, εὐμετάβλητος, ἄστατος. (s.) μεταβλητόν n. ~**ability** s. εὐμεταβλητότητα n.

variance s. we are at ~ ἔχομε διαφορές.

variant a. διαφορετικός. (s.) παραλλαγή f.

variation s. (variant, also mus.) παραλλαγή f. (change) μεταβολή f. (deviation) ἀπόκλισις f. (fluctuation) διακύμανσις f.

varicose a. ~ vein κιρσός m.

varied a. ποικίλος.

variegated a. ποικίλος, ποικιλόχρωμος.

variety s. ποικιλία f. a ~ of things διάφορα πράματα. (sort, kind) εἶδος n. (theatre) βαριετέ n.

various a. ποικίλοι, διάφοροι. ~**ly** adv. ~ly known as γνωστός ὑπό τά ποικίλα ὀνόματα...

varnish s. βερνίκι n. (v.) βερνικώνω.

vary v.t. & i. ποικίλλω. (v.t.) ἀλλάζω. (v.i.) διαφέρω.

vase s. βάζο n.

vaseline s. βαζελίνη f.

vassal a. & s. ὑποτελής.

vast a. (amount, bulk) τεράστιος, (space) ἀπέραντος, ἀχανής. ~**ly** adv. πάρα πολύ. ~**ness** s. ἀπεραντοσύνη f.

vat s. κάδος m., δεξαμενή f. (cauldron) καζάνι n.

vault s. (dome) θόλος m. (tomb) τάφος m. (cellar) ὑπόγειο n. ~**ed** a. θολωτός.

vault v. (also ~ over) πηδῶ. ~**ing** horse ἐφαλτήριον n.

vaunt v.t. & i. καυχιέμαι. (v.i.) κοκορεύομαι. ~**ingly** adv. κομπαστικά.

veal s. μοσχάρι n. (a.) μοσχαρήσιος.

veer v. γυρίζω.

vegetable s. λαχανικό n., χορταρικό n. (a.) φυτικός.

vegetarian a. & s. χορτοφάγος, (diet. etc.) χορτοφάγων. ~**ism** s. χορτοφαγία f.

vegetat|e v. διάγω μονότονη ζωή χωρίς πνευματικά ἐνδιαφέροντα. ~**ion** s. βλάστησις f., φυτεία f.

vehem|ent a. ὁρμητικός, (desire) σφοδρός, (protest) ἔντονος, βίαιος. ~**ently** adv. μέ σφοδρότητα, ἐντόνως. ~**ence** s. σφοδρότης, βιαιότης f.

vehicle s. (conveyance) ὄχημα n. (fig., means) μέσον n. (chem.) φορεύς m.

veil s. πέπλος m., βέλο n. (Moslem) φερε-

τζές *m*. *(fig.)* draw a ~ over ἀποσιωπῶ. *(v.t.)* κρύβω. ~**ed** *a*. πεπλοφόρος, *(fig.)* συγκεκαλυμμένος.
vein *s*. φλέψ, φλέβα *f*. *(mood)* in the same ~ μέ τό ἴδιο πνεῦμα.
vellum *s*. διδέλο *n*.
velocity *s*. ταχύτης *f*.
velvet *s*. δελοῦδο *n*. *(a.)* *(also* ~y) δελούδινος, δελουδένιος.
venal *a*. ἐξαγοραζόμενος. ~**ity** *s*. τό ὅτι ἐξαγοράζεται κανείς.
vend *v*. πουλῶ. ~**or** *s*. πωλητής *m*.
vendetta *s*. δεντέτα *f*.
veneer *s*. καπλαμᾶς *m*. *(fig.)* δερνίκι *n*.
venerable *a*. σεδάσμιος.
venerat|e *v*. σέδομαι. ~**ed** σεδαστός. ~**ion** *s*. σεδασμός *m*.
venereal *a*. ἀφροδίσιος. V.D. specialist ἀφροδισιολόγος *m*.
Venetian *a*. ἐνετικός, δενετσιάνικος. *(person)* Βενετός *m*. ~ blind στόρι μέ γρίλλιες.
vengeance *s*. ἐκδίκησις *f*. take ~ on ἐκδικοῦμαι. *(fam.)* it's raining with a ~! δροχή μιά φορά!
vengeful *a*. ἐκδικητικός.
venial *a*. ἐλαφρός.
venison *s*. κρέας ἐλαφιοῦ.
venom *s*. *(poison)* ἰός *m*. *(fig.)* κακία *f*., μοχθηρία *f*. ~**ous** *a*. δηλητηριώδης, *(fig.)* μοχθηρός. ~**ous** person φαρμακομύτης *m*. ~**ously** *adv*. μέ κακία.
vent *s*. *(hole)* ὀπή *f*. *(outlet)* διέξοδος *f*. *(in jacket)* σχισμή *f*. give ~ to ἀφήνω νά μοῦ ξεφύγη. *(v.)* ~ one's feelings ξεθυμαίνω.
ventilat|e *v*. ἐξαερίζω. *(make known)* φέρω στή δημοσιότητα. ~**ion** *s*. ἐξαερισμός *m*. ~**or** *s*. ἐξαεριστήρ *m*.
ventriloqu|ism *s*. ἐγγαστριμυθία *f*. ~**ist** *s*. ἐγγαστρίμυθος *m*.
venture *v.t*. *(put at risk)* διακινδυνεύω. *(v.i., dare)* τολμῶ. ~ to suggest παίρνω τό θάρρος νά προτείνω. ~ out of the house τολμῶ νά δγῶ ἔξω.
venture *s*. ἐγχείρημα *n*. *(business)* ἐπιχείρησις *f*. ~**some** *a*. τολμηρός.
venue *s*. τόπος συναντήσεως.
verac|ious *a*. φιλαλήθης. ~**ity** *s*. φιλαλήθεια *f*.
veranda(h) *s*. σκεπασμένη δεράντα τοῦ ἰσογείου.
verb *s*. ῥῆμα *n*. ~**al** *a*. *(of verbs)* ῥηματικός, *(spoken)* προφορικός. ~**ally** *adv*. προφορικῶς.
verbatim *adv*. κατά λέξιν.

verbiage *s*. περιττολογία *f*.
verbos|e *a*. περιττολόγος. ~**ity** *s*. περιττολογία *f*.
verdant *a*. χλοερός.
verdict *s*. *(of court)* ἐτυμηγορία *f*. *(opinion)* γνώμη *f*.
verdigris *s*. γανίλα στά χαλκώματα.
verdure *s*. πρασινάδα *f*., χλόη *f*.
verge *s*. *(edge)* ἄκρη *f*. *(fig., brink)* χεῖλος *n*. *(of winter, bankruptcy)* πρόθυρα *n.pl*. be on the ~ of sixty κοντεύω τά ἑξήντα. on the ~ of tears ἕτοιμος νά ξεσπάσω σέ κλάματα. *(v.)* ~ on πλησιάζω, ἐγγίζω.
verger *s*. νεωκόρος *m*.
verif|y *v*. ἐξακριδώνω, ἐπαληθεύω. ~**ication** *s*. ἐπαλήθευσις *f*.
verisimilitude *s*. ἀληθοφάνεια *f*., πιθανότης *f*.
veritab|le *a*. πραγματικός. ~**ly** *adv*. πραγματικῶς.
verity *s*. ἀλήθεια *f*.
vermilion *s*. ζωηρό κόκκινο χρῶμα.
vermin *s*. *(animals)* ἐπιδλαδῆ ζῶα. *(insects)* παράσιτα *n.pl*. *(fig., of person)* κάθαρμα *n*. ~**ous** *a*. ψειριασμένος.
vermouth *s*. δερμούτ *n*.
vernacular *s*. καθομιλουμένη γλῶσσα.
vernal *a*. ἐαρινός.
versatil|e *a*. *(mind, talent)* πολύπλευρος, *(thing)* μέ πολλαπλές χρήσεις. ~**ity** *s*. *(of person)* ἰκανότης *f*.
verse *s*. *(line)* στίχος *m*. *(stanza)* στροφή *f*. *(poetry)* ἔμμετρος λόγος, ποίησις *f*.
versed *a*. ἐντριδής. be well ~ in ξέρω πολλά ἀπό, κατέχω καλά.
versification *s*. μετρική *f*.
version *s*. *(account)* ἄποψις *f*., ἐκδοχή *f*. *(translation)* μετάφρασις *f*.
versus *prep*. *(sport)* ἐναντίον, *(law)* κατά *(both with gen.)*.
vertebr|a *s*. σπόνδυλος *m*. ~**al** *a*. σπονδυλικός. ~**ate** *a*. σπονδυλωτός.
vertical *a*. κάθετος, κατακόρυφος. ~**ly** *adv*. κάθετα, κατακόρυφα.
vertig|o *s*. ἴλιγγος *m*. ~**inous** *a*. ἰλιγγιώδης.
verve *s*. ζωντάνια *f*.
very *adv*. πολύ. ~ much πάρα πολύ. at the ~ most τό πολύ πολύ. he's not so ~ young δέν εἶναι καί τόσο (πολύ) νέος. it is my ~ own εἶναι καταδικό μου. the ~ first ὁ πρῶτος πρῶτος. *(also by prefix)* ~ busy πολυάσχολος, ~ expensive πανάκριδος, ~ white κάτασπρος.
very *a*. the ~ idea frightens me καί μόνον ἡ ἰδέα μέ τρομάζει. at that ~ moment

ἐκείνη ἀκριβῶς τῇ στιγμή. it's the ~ thing I want εἶναι ἀκριβῶς αὐτό πού θέλω. at (or to) the ~ edge ἄκρη ἄκρη. her ~ words τά ἴδια τῆς τά λόγια. the ~ image of his father φτυστός (or ὁ ἴδιος) ὁ πατέρας του. the veriest babe knows that ἀκόμα κι' ἕνα μωρό παιδί τό ξέρει.

vespers s. ἑσπερινός m.

vessel s. (receptacle) δοχεῖον n. (also blood-~) ἀγγεῖον n. (ship) σκάφος n., πλοῖον n.

vest s. φανέλλα f. (waistcoat) γιλέκο n.

vest v.t. περιβάλλω. have a ~ed interest ἔχω ἴδιον συμφέρον. ~ed interests κεκτημένα δικαιώματα. be ~ed in (belong to) ἀνήκω σέ.

vestal a. ~ virgin ἑστιάς f.

vestibule s. εἴσοδος f.

vestig|e s. ἴχνος n. ~ial a. ὑποτυπώδης.

vestment s. ἄμφιον n.

vestry s. (sacristy) σκευοφυλάκιον n. (meeting) ἐνοριακή ἐπιτροπή.

vet s. κτηνίατρος m. (v.) (fam.) ἐξετάζω. (fig.) ἐλέγχω.

veteran s. παλαίμαχος. (s.) βετεράνος m.

veterinary a. κτηνιατρικός. ~ surgeon κτηνίατρος m.

veto s. ἀρνησικυρία f., βέτο n. (v.) ἀπαγορεύω.

vex v. πειράζω, ἐνοχλῶ, ἐκνευρίζω. ~ed question ἐπίμαχο θέμα. ~ation s. ἐνόχλησις f., ἐκνευρισμός m. ~atious a. ἐνοχλητικός, ἐκνευριστικός.

via prep. μέσω (with gen.).

viable a. βιώσιμος.

viaduct s. ὁδογέφυρα f.

viand s. ἔδεσμα n.

vibrant a. (resonant) ἠχηρός. (fig.) be ~ with (health, etc.) σφύζω ἀπό.

vibrat|e v.i. δονοῦμαι, σείομαι. (of voice) πάλλω. (resound) ἀντηχῶ. (of engine) κραδαίνομαι. (v.t.) δονῶ, σείω. ~ion s. δόνησις f., σείσιμο n. κραδασμός m.

vicar s. ἐφημέριος m. ~age s. κατοικία ἐφημερίου.

vicarious a. (authority) δοτός. (action) γινόμενος ὑπό ἄλλου. ~ly adv. δι' ἀντιπροσώπου.

vice s. (bad habit) βίτσιο n., ἐλάττωμα n. (depravity) φαυλότης f., κακία f., ἀνηθικότης f.

vice s. (tool) μέγγενη f.

vice-consul s. ὑποπρόξενος m.

vice-president s. ἀντιπρόεδρος m.

viceroy s. ἀντιβασιλεύς m.

vice versa adv. ἀντιστρόφως, τἀνάπαλιν.

vicinity s. γειτονιά f. in the ~ (of) κοντά (σέ).

vicious a. φαῦλος, ἀνήθικος. (spiteful) κακός. (living a depraved life) φαυλόβιος. ~ circle φαῦλος κύκλος. ~ly adv. μέ κακία. ~ness s. κακία f.

vicissitudes s. περιπέτειες f.pl.

victim s. θῦμα n., ὁ παθών. ~ of earthquake σεισμόπληκτος m. ~ize v. κατατρέχω. ~ization s. κατατρεγμός m.

victor s. νικητής m., νικήτρια f.

Victorian a. Βικτωριανός. early ~ (art, etc.) πού ἀνήκει στά πρῶτα χρόνια τῆς Βικτωριανῆς ἐποχῆς.

victor|y s. νίκη f. ~y celebrations νικητήρια n.pl. ~ious a. νικηφόρος. be ~ious νικῶ.

victual v.t. ἀνεφοδιάζω. (v.i.) ἀνεφοδιάζομαι. (s.) ~s τρόφιμα n.pl.

vide v. imper. ἴδε, βλέπε.

vie v. ~ (with) ἁμιλλῶμαι, συναγωνίζομαι.

view s. (what is seen) θέα f. (picture) εἰκόνα f. (beholding) ὄψις f. at first ~ ἐκ πρώτης ὄψεως. point of ~ ἄποψις f. (opinion) γνώμη f., ἰδέα f., ἀντιλήψεις f.pl. be put on ~ ἐκτίθεμαι. come into ~ ἐμφανίζομαι, φαίνομαι. come in ~ of ἀντικρύζω, βλέπω μπροστά μου. in full ~ of the audience μπρός στά μάτια ὅλου τοῦ ἀκροατηρίου. in ~ (prospective) ἐν ὄψει. have in ~ (be interested in) κοιτάζω, (intend) σκοπεύω. keep in ~ ἔχω ὑπ' ὄψιν. in ~ of what happened yesterday ἔχοντας ὑπ' ὄψιν τό τί συνέβη χθές (or τά χθεσινά συμβάντα). with a ~ to μέ προοπτική νά.

view v. βλέπω, κοιτάζω. (examine) ἐξετάζω. ~er s. θεατής m. ~point s. ἄποψις f.

vigil s. ἀγρυπνία f. keep ~ ἀγρυπνῶ. ~ance s. ἐπαγρύπνησις f. ~ant a. ἄγρυπνος. be ~ant γρηγορῶ. ~antly adv. ἀγρύπνως.

vignette s. βινιέτα f. (description) σκιαγράφησις f.

vigorous a. δυνατός, ῥωμαλέος, γερός, ἐνεργητικός. (forcible) ἔντονος. ~ly adv. δυνατά, γερά, ἔντονα.

vigour s. δύναμις f., ῥώμη f. (youthful) σφρῖγος n. (vitality) ζωτικότης f. (activeness) ἐνεργητικότης f.

Viking s. Βίκιγκ m.

vile a. ἀχρεῖος, βδελυρός. (fam., awful) ἀπαίσιος, ἐλεεινός, ἄθλιος. ~ly adv. ἀπαίσια. ~ness s. ἀχρειότης f. the ~ness of the weather ὁ ἀπαίσιος καιρός.

vilif|y v. δυσφημῶ. ~**ication** s. δυσφήμησις f.

villa s. ἔπαυλις f., βίλλα f.

village s. χωριό n. (a.) χωρικός. ~**r** s. χωρικός, χωριανός m.

villain s. παλιάνθρωπος m. κακοήθης, ἀχρεῖος a. (joc.) κατεργάρης m. (of drama) ὁ κακός. ~**ous** a. κακοήθης, ἀχρεῖος. (fam., awful) ἀπαίσιος, ἐλεεινός. ~**y** s. κακοήθεια f.

vim s. (fam.) ἐνεργητικότης f.

vindicat|e v. δικαιώνω. ~**ion** s. δικαίωσις f.

vindictive a. ἐκδικητικός. ~**ness** s. ἐκδικητικότης f.

vine s. κλῆμα n., ἄμπελος m. ~-**arbour** s. κληματαριά f. ~-**leaf** s. κληματόφυλλο n. ~**yard** s. ἀμπέλι n., ἀμπελών m.

vinegar s. ξύδι n., ὄξος n. ~**y** a. (taste) ξιδάτος, (temper) ξινισμένος.

vintage s. τρύγος m. ~ wine κρασί καλῆς χρονιᾶς. (fig.) ~ model παλαιοῦ τύπου.

vintner s. οἰνοπώλης m.

viola s. (mus.) βιόλα f.

violat|e v. (infringe) παραβιάζω, (rape) βιάζω, (desecrate) βεβηλώνω. ~**ion** s. παραβίασις f. βιασμός m. βεβήλωσις f.

violence s. βία f., βιαιότης f. σφοδρότης f. do ~ to παραβιάζω.

violent a. βίαιος, (storm, etc.) σφοδρός, (feeling) ἔντονος. become ~ ἐξαγριώνομαι. ~**ly** adv. βιαίως, σφοδρῶς, ἔντονα, μέ βία.

violet s. βιολέττα f., μενεξές m. (a.) ἰόχρους, μενεξεδένιος.

violin s. βιολί n. ~**ist** s. βιολιστής m.

violoncello s. βιολοντσέλλο n.

viper s. ὀχιά f., ἔχιδνα f.

virago s. μέγαιρα f.

virgin s. παρθένος, παρθένα f. (a.) (modesty, etc.) παρθενικός, (soil, forest, snow) παρθένος. ~**al** a. παρθενικός. ~**ity** s. παρθενιά f.

viril|e a. ἀνδρικός, (style) ἀρρενωπός. ~**ity** s. ἀνδρισμός m.

virtual a. οὐσιαστικός. ~**ly** adv. στήν οὐσία, κατ' οὐσίαν.

virtue s. ἀρετή f. (morality) ἠθικότης f. (power, property) ἰδιότης f. (advantage) it has the ~ (of being) ἔχει τό πλεονέκτημα (or τό προσόν or τό καλό) (with νά, ὅτι, πού). of easy ~ ἐλαφρῶν ἠθῶν. make a ~ of necessity κάνω τήν ἀνάγκη φιλοτιμία. by ~ of δυνάμει, βάσει (with gen.).

virtuos|o s. δεξιοτέχνης m. ~**ity** s. δεξιοτεχνία f.

virtuous a. ἐνάρετος, ἠθικός. (smug) αὐτάρεσκος. ~**ly** adv. (morally) ἠθικά, (smugly) μέ αὐταρέσκεια.

virul|ent a. (toxic) τοξικός. (bitter) δριμύς, κακεντρεχής. ~**ence** s. τοξικότης f. δριμύτης f., κακεντρέχεια f.

virus s. ἰός m.

visa s. βίζα f., θεώρησις f. (v.t.) θεωρῶ.

visage s. πρόσωπο n.

vis-à-vis adv. ὁ ἕνας ἀπέναντι στόν ἄλλον. (prep.) σχετικῶς μέ, ἔναντι (with gen.).

viscera s. σπλάχνα n.pl.

viscount s. ὑποκόμης m. ~**ess** s. ὑποκόμησσα f.

visc|ous a. γλοιώδης. ~**osity** s. τό γλοιώδες.

visib|le a. ὁρατός, θεατός. (evident) καταφανής. ~**ly** adv. καταφανῶς. ~**ility** s. ὁρατότης f.

vision s. (faculty) ὅρασις f. (apparition) ὅραμα n., ὀπτασία f. (clear-sightedness) διορατικότης f. ~**ary** a. (unreal) χιμαιρικός. (s.) ὀραματιστής m.

visit s. ἐπίσκεψις f., βίζιτα f. pay a ~ κάνω ἐπίσκεψη. (v.t.) ἐπισκέπτομαι. ~**ing** card ἐπισκεπτήριον n. ~**or** s. ἐπισκέπτης m. we have ~ors ἔχομε ἐπισκέψεις.

visitant s. ἐπισκέπτης m.

visitation s. ἐπίσημη ἐπίσκεψις. (divine) θέλημα Θεοῦ. (scourge) πληγή f. V~ (eccl. feast) Ἀσπασμός m.

visor s. (of helmet) προσωπίς f. (of cap) γεῖσον n.

vista s. (view) θέα f. (fig.) προοπτική f.

visual a. ὀπτικός. ~**ly** adv. ὀπτικῶς. ~**ize** v. φαντάζομαι, βλέπω μέ τό νοῦ μου.

vital a. ζωτικός. ~ importance ζωτικότης f. ~ spot καίριον σημεῖον, ~ statistics δημογραφική στατιστική, (joc.) σωματικές ἀναλογίες γυναικός. (s.) ~s ζωτικά ὄργανα.

vitality s. ζωτικότης f.

vitalize v. τονώνω, ζωογονῶ.

vitally adv. ζωτικῶς, ~ important ζωτικῆς (or ὑψίστης) σημασίας.

vitamin s. βιταμίνη f.

vitiate v. (spoil) χαλῶ, μολύνω. (an argument) καταστρέφω. (law) ἀκυρῶ.

vitreous a. ὑαλώδης.

vitriol s. βιτριόλι n. ~**ic** a. φαρμακερός.

vituperat|e v. βρίζω. ~**ion** s. βρισιές f.pl. ~**ive** a. ὑβριστικός.

viva v.t. ἐξετάζω προφορικῶς. (s.) προφορική ἐξέτασις. (adv.) ~ voce προφορικῶς.

vivac|ious *a.* ζωηρός, ζωντανός. **~ity** *s.* ζωηρότης, ζωντάνια *f.*

vivid *a. (colour, memories)* ζωηρός, *(picture, description)* ζωντανός. *(flash)* ἐκθαμβωτικός. **~ly** *adv.* ζωηρά, *(description)* μέ περιγραφικότητα.

vivisection *s.* ζωοτομία *f.*

vixen *s.* θηλυκιά ἀλεποῦ. *(fig., also* ~ish*)* στρίγλα *f.*

viz *adv.* δηλαδή, τουτέστι.

vizier *s.* βεζίρης *m.*

vocabulary *s.* λεξιλόγιον *n.*

vocal *a. (of the voice)* φωνητικός. be ~ *(about sthg.)* ἐκφράζομαι ἐντόνως. **~ly** *adv.* ἀπό φωνητική ἀποψη. **~ic** *a. (of vowels)* φωνήεντος. **~ist** *s.* τραγουδιστής *m.*

vocation *s. (call)* ἀποστολή *f. (calling)* ἐπάγγελμα *n. (inclination)* κλίσις *f.* **~al** *a.* ἐπαγγελματικός.

vocative *s. (gram.)* κλητική *f.*

vocifer|ate *v.* κραυγάζω. **~ous** *a.* κραυγαλέος.

vogue *s.* μόδα *f.* in ~ τῆς μόδας.

voice *s.* φωνή *f.* give ~ to ἐκφράζω. I lost my ~ πιάστηκε ἡ φωνή μου. he has no ~ in the matter δέν τοῦ πέφτει λόγος. *(v.)* ἐκφράζω. **~d** *a. (phonetics)* ἠχηρός. **~less** *a.* ἄφωνος.

void *a. (empty)* κενός, *(not valid)* ἄκυρος. ~ of ἐστερημένος, ἄνευ *(both with gen.).* *(s.)* κενόν *n.* *(v.t.) (invalidate)* ἀκυρῶ, *(discharge)* βγάζω.

volatile *a. (chem.)* αἰθέριος, πτητικός. *(person)* ἀσταθής.

volcan|o *s.* ἡφαίστειον *n.* **~ic** *a.* ἡφαιστειογενής, *(fig.)* ἡφαιστειώδης.

vole *s.* ἀρουραῖος *m.*

volition *s.* βούλησις *f.*, θέλησις *f.* of one's own ~ θεληματικά.

volley *s. (missiles, applause)* ὁμοβροντία *f. (stones, abuse)* βροχή *f.* **~-ball** *s.* βόλλεϋ *n.*

voltage *s.* τάσις *f.*, βολτάζ *n.*

volte-face *s. (fig.)* μεταστροφή *f.*

volub|le *a.* φλύαρος. **~ility** *s.* φλυαρία *f.*

volume *s. (mass)* ὄγκος *m. (capacity)* χωρητικότης *f. (loudness)* ἔντασις *f.*, *(of tone)* πλάτος *n. (book)* τόμος *m.* speak ~s for λέω πολλά γιά.

voluminous *a. (work)* ὀγκώδης, *(writings)* πολύτομος, *(writer)* πολυγράφος, *(clothing)* πολύπτυχος.

voluntar|y *a.* ἐθελοντικός, ἑκούσιος, θεληματικός. **~ily** *adv.* ἐθελοντικῶς, ἑκουσίως, θεληματικά.

volunteer *s.* ἐθελοντής *m. (v.i.)* προσφέρομαι ἐθελοντικῶς. *(v.t.)* he ~ed information προσεφέρθη νά δώση πληροφορίες.

voluptu|ary *s.* ἡδυπαθής, φιλήδονος *a.* **~ous** *a.* αἰσθησιακός, γεμᾶτος ἡδονές.

volute *s.* ἕλιξ *m.f.*

vomit *v.t.* & *i.* ξερνῶ, κάνω ἐμετό. **~ing** *s.* ἐμετός *m.*, ξέρασμα *n.*

vorac|ious *a.* ἀδηφάγος, ἀχόρταγος. **~ity** *s.* ἀδηφαγία *f.*, βουλιμία *f.*

vortex *s.* δίνη *f.*

votary *s.* θιασώτης *m.*

vote *s.* ψῆφος *m.f.* put to the ~ θέτω εἰς ψηφοφορίαν. solicit ~s ψηφοθηρῶ. win equal number of ~s ἰσοψηφῶ. ~ *(of censure* πρότασις μομφῆς. *(v.)* ψηφίζω, *(propose)* προτείνω, *(declare)* ἀναγνωρίζω. ~ against *or* down καταψηφίζω. ~ for *(ὑπερ)*ψηφίζω. **~er** *s.* ψηφοφόρος *m.*

voting *s.* ψηφοφορία *f.*

votive *a.* ~ offering τάμα *n.*, ἀνάθημα *n.*

vouch *v.* ~ for ἐγγυῶμαι γιά.

voucher *s.* κουπόνι *n.*, δελτίον *n.*

vouchsafe *v.i.* καταδέχομαι, εὐδοκῶ.

vow *s.* ὅρκος *m. (as act of piety)* τάμα *n. (v.i.)* ὁρκίζομαι, τάζομαι. I have ~ed to make a pilgrimage τό ἔχω τάμα νά πάω προσκύνημα. *(v.t.) (an offering)* τάζω.

vowel *s.* φωνῆεν *n.*

voyage *s.* (θαλασσινό) ταξίδι *n. (v.)* ταξιδεύω. **~r** *s.* θαλασσοπόρος *m.*

voyeur *s.* ἡδονοβλεψίας *m.*

vulcanize *v.* βουλκανιζάρω.

vulgar *a.* χυδαῖος, πρόστυχος. *(tongue, fraction, error)* κοινός. **~ian** *s.* χυδαῖος, πρόστυχος *a.* **~ism** *s.* χυδαϊσμός *m.* **~ity** *s.* χυδαιότης *f.*, προστυχιά *f.*

vulgariz|e *v.* ἐκχυδαΐζω. **~ation** *s.* ἐκχυδαϊσμός *m.*

vulnerab|le *a.* τρωτός, εὐπρόσβλητος. **~ility** *s.* τρωτόν *n.*

vulture *s.* γύψ *m. (fig., person)* ἁρπακτικό ὄρνιο.

vying *s.* συναγωνισμός *m.* see **vie**.

W

wad *s. (paper, notes)* μάτσο *n. (soft material)* ταμπόν(ι) *n.* **~ding** *s.* βάτα *f.*

waddle *v.* περπατῶ κουνιστά *(or* σάν πάπια).

wade v.i. ~ across the stream διασχίζω τό
ουάκι περπατώντας. (fig.) ~ through
(book, etc.) τελειώνω μέ κόπο. ~ into
(opponent) ἐπιτίθεμαι κατά (with gen.),
(task) ρίχνομαι σέ, πέφτω μέ τά μοῦτρα
σέ.

wafer s. γκοφρέτα f. (thin piece) πολύ
λεπτό κομμάτι. (eccl.) ὄστια f.

waffle s. (nonsense) σαλιάρισμα n. (v.i.)
σαλιαρίζω.

waft v. be ~ed σκορπίζομαι ἁπαλά ἀπό
τό ἀεράκι.

wag v.t. κουνῶ. (v.i.) (fig.) tongues are
~ging τό κουτσομπολιό παίρνει καί
δίνει.

wag s. ἀστειολόγος m. ~gish a. ἀστεῖος.

wage v.t. διεξάγω, κάνω.

wage, ~s s. μισθός m. a day's ~ μεροκά-
ματο n., ἡμερομίσθιον n. ~-earner s.
μισθοσυντήρητος, μεροκαματιάρης m.

wager s. στοίχημα n. (v.) στοιχηματίζω.

waggle v.t. σείω, κουνῶ.

waggon s. τετράτροχο κάρρο. (railway)
βαγόνι n. water ~ βυτίον n. (joc.) go on
the ~ ἀπέχω ἀπό οἰνοπνευματώδη.

waif s. πεντάρφανος a.

wail v.i. ὀλοφύρομαι, ὀδύρομαι. (of baby,
wind, etc.) οὐρλιάζω. (s.) (also ~ing)
ὀδυρμός m. οὐρλιαχτό n.

wainscot s. ξύλινη ἐπένδυσις κάτω μέρους
τοίχου.

waist s. μέση f. ~band s. ζωνάρι n. ~coat
s. γιλέκο n.

wait v. (also ~ for) περιμένω. ~ on
(serve) ὑπηρετῶ. ~ upon (visit) ἐπισκέ-
πτομαι. ~ at table σερβίρω. we must ~
and see πρέπει νά περιμένωμε νά δοῦμε.
I kept him ~ing two hours τόν εἶχα καί
περίμενε δύο ὧρες.

wait s. we had a long ~ περιμέναμε πολύ.
lie in ~ παραμονεύω, παραφυλάω. they
lay in ~ for the coach παραφύλαξαν
ὥσπου νά φανῆ ἡ ἄμαξα.

waiting s. ἀναμονή f. lady-in-~ κυρία ἐπί
τῶν τιμῶν. ~ list κατάλογος προτεραιό-
τητος. ~ room αἴθουσα ἀναμονῆς.

wait|er s. γκαρσόνι n., σερβιτόρος m.
~ress s. σερβιτόρα f.

waive v. (forgo) παραιτοῦμαι ἀπό. (set
aside) βάζω κατά μέρος.

wake s. (for dead) ἀγρυπνία παρά τό
πλευρόν νεκροῦ.

wake s. (of ship) ἀπόνερα n.pl. (fig.) in
the ~ of πίσω ἀπό.

wake, ~n v.t. & i. (also ~ up) ξυπνῶ.
~ up to (realize) καταλαβαίνω. (v.t.)

(rouse) ἐγείρω. ~ memories of φέρνω
στό νοῦ, ἐνθυμίζω.

wakeful a. ἄγρυπνος, ~ night νύχτα
ἀϋπνίας. ~ness s. ἀγρυπνία f.

waken v. see wake. ~ing s. ξύπνημα n.

waking a. ξύπνιος.

walk v.i. περπατῶ. (go on foot) πάω μέ
τά πόδια. ~ away with (contest) κερδίζω
εὔκολα. ~ off with (take) βουτῶ,
παίρνω. ~ into (meet, collide with)
πέφτω ἀπάνω σέ, (a trap) πέφτω σέ. he
~ed out σηκώθηκε κι' ἔφυγε. ~ out on
παρατῶ. ~ up to πλησιάζω. (v.t.) (cover
on foot) περπατῶ. ~ the streets γυρίζω
στούς δρόμους. they ~ed him off to the
police station τόν πῆγαν στό τμῆμα. (s.)
περίπατος m., βόλτα f. (gait) βάδισμα n.
people from all ~s of life κάθε εἴδους
ἄνθρωποι. ten minutes' ~ δέκα λεπτά μέ
τά πόδια.

walk|er s. πεζοπόρος m. ~ing s. πεζοπο-
ρία f., περπάτημα n.

walkie-talkie s. φορητός πομποδέκτης.

walk-over s. εὔκολη νίκη.

wall s. (of building) τοῖχος m., ντουβάρι
n. (of city, fortress) τεῖχος n. (of garden,
etc.) μάντρα f. (inner surface of vessel
or organ) τοίχωμα n. (fig.) go to the ~
παραμερίζομαι. he has his back to the ~
τόν κόλλησαν στόν τοῖχο. (v.t.) περιτοι-
χίζω. ~ up (close) κλείνω, (a victim)
χτίζω. ~paper s. ταπετσαρία f.

wallet s. πορτοφόλι n.

wallflower s. (fam., at dance) κορίτσι πού
δέν τό ζητοῦν νά χορέψη.

wallop v. ξυλοκοπῶ. (s.) ξυλοκόπημα n.

wallow v. κυλιέμαι. (fig.) be ~ing in
money κολυμπάω στά λεφτά.

walnut s. καρύδι n. (tree, wood) καρυδιά
f.

walrus s. θαλάσσιος ἵππος.

waltz s. βάλς n. (v.) βαλσάρω.

wan a. ὠχρός.

wand s. ράβδος f.

wander v. περιπλανῶμαι, περιφέρομαι
γυρίζω. ~ from the subject φεύγω ἀπό
τό θέμα. (have one's thoughts elsewhere)
ἀφαιροῦμαι, τά ἔχω χαμένα. ~er s. πε-
ριπλανώμενος a. ~ings s. περιπλανήσεις
f.pl.

wan|e v. ἐλαττώνομαι, (of glory) δύω. the
moon is ~ing (or on the ~e) τό φεγγάρι
εἶναι στή χάση του.

wangle v. (fam., get) καταφέρνω νά
πάρω, πετυχαίνω. (fix) μαγειρεύω.

want s. (lack) ἔλλειψις f., στέρησις f

(need) ἀνάγκη *f. (penury)* ἔνδεια *f. (desire)* ἐπιθυμία *f.* for ~ of money ἐλλήψει χρημάτων. I am in ~ of money μοῦ λείπουν χρήματα.

vant *v. (desire)* θέλω, ἐπιθυμῶ. *(require, ought to have)* χρειάζομαι. *(lack, not have)* she will not ~ for anything δέν θά τῆς λείψη τίποτα. *see also* need.

vanting *a.* be ~ *(missing)* λείπω. he is ~ in tact τοῦ λείπει τό τακτ. be found ~ ἀποδεικνύομαι ὑστερῶν.

vanton *a. (licentious)* ἀκόλαστος. *(extravagant)* ἐξωφρενικός. ~ act ἀδικαιολογήτως κακόβουλος πρᾶξις.

var *s.* πόλεμος *m.* state of ~ ἐμπόλεμος κατάστασις. make ~ on *(fig.)* πολεμῶ. *(a.)* πολεμικός. *(v.)* πολεμῶ. ~ring states ἐμπόλεμα κράτη. ~**cry** *s.* πολεμική κραυγή, *(fig.)* σύνθημα *n.* ~**fare** *s.* πόλεμος *m.* ~**horse** *s. (fig.)* παλαίμαχος πολεμιστής. ~**like** *a.* ἀρειμάνιος. ~**monger** *s.* πολεμοκάπηλος *m.* ~**path** *s.* be on the ~-path ἔχω λυμένο τό ζωνάρι μου γιά καβγά. ~**ship** *s.* πολεμικόν *n.*

warble *v.* κελαϊδῶ.

ward *s. (person under guardian)* κηδεμονευόμενος *m. (guardianship)* κηδεμονία *f. (of hospital)* θάλαμος *m. (district)* περιοχή *f.*

ward *v.* ~ off *(avert)* ἀποτρέπω, *(an attack)* ἀποκρούω, *(illness)* προλαμβάνω.

warden *s. (principal)* διευθυντής *m. (guard)* φύλαξ *m.*

warder *s.* δεσμοφύλαξ *m.*

wardrobe *s. (cupboard)* ἱματιοθήκη *f. (clothes)* ροῦχα *n.pl., (also theatrical)* γκαρνταρόμπα *f.*

ware *s. (in compounds)* silver~ ἀσημικά *n.pl.* glass~ γυαλικά *n.pl.* ~**s** *s.* ἐμπορεύματα *n.pl.*

warehouse *s.* ἀποθήκη *f.*

warm *a.* ζεστός. the weather is ~ ἔχομε εὐχάριστα ζεστό καιρό. I feel ~ αἰσθάνομαι ζεστά. *(of feelings)* θερμός. *(v.t.) (also* ~ up*)* ζεσταίνω. *(v.i., fig.)* ~ up ζεσταίνομαι. ~**-blooded** *a.* θερμόαιμος. ~**-hearted** *a.* καλόκαρδος. ~**ly** *adv. (dressed)* ζεστά, *(feeling)* θερμά.

warmth *s.* ζεστασιά *f. (feeling)* θερμότης *f.*

warn *v.* προειδοποιῶ. ~**ing** *s.* προειδοποίησις *f. (lesson)* μάθημα *n. (a.)* προειδοποιητικός.

warp *v.t. & i. (bend)* σκεβρώνω. *(v.t., mentally)* διαστρεβλώνω. *(s.)* σκέβρωμα *n. (in weaving)* στημόνι *n.*

warrant *s. (order)* ἔνταλμα *n. (justifica-*

tion) δικαιολογία *f. (guarantee)* ἐγγύησις *f. (v.)* ἐγγυῶμαι. ~**-officer** *s. (naut.)* ἀρχικελευστής *m. (mil.)* ἀνθυπασπιστής *m. (aero.)* ἀρχισημηνίας *m.*

warren *s.* τόπος γεμάτος κουνελοφωλιές. *(fig.)* λαβύρινθος μικρῶν δρόμων *(or* διαδρόμων*).*

warrior *s.* πολεμιστής *m.*

wart *s.* κρεατοελιά *f.*

war|y *a.* προσεκτικός. be ~y προσέχω. ~**ily** *adv.* προσεκτικά. ~**iness** *s.* ἐπιφυλακτικότης *f.*

was *v.* I ~ ἤμουν, he ~ ἦταν.

wash *v.t.* πλένω. *(v.i.)* πλένομαι. ~ one's hair λούζω τά μαλλιά μου, λούζομαι. *(of sea* ~**ing** *shores)* (περι)βρέχω. it won't ~ δέν πλένεται, *(fig.)* δέν στέκεται. ~ one's hands of it νίπτω τάς χεῖρας μου. ~ one's dirty linen in public βγάζω τά ἄπλυτά μου στή φόρα. ~ off *or* out *or* away *(remove)* καθαρίζω, βγάζω, *(come out)* καθαρίζομαι, βγαίνω. be ~ed away *(by waves)* παρασύρομαι. ~ed out *(person)* χλωμός. ~ down *(food)* κατεβάζω, *(car)* πλένω. ~ up *(cast ashore)* ἐκβράζω, *(v.i.)* πλένω τά πιάτα. ~ed up *(fig., person)* ἀπωτυχημένος.

wash *s. (act of washing)* πλύσιμο *n.* have a ~ πλένομαι. give *(sthg.)* a ~ δίνω ἕνα πλύσιμο σέ. my clothes are at *(or* in*)* the ~ τά ροῦχα μου πλένονται. *(of ship)* κύματα προξενούμενα ἀπό διερχόμενο πλοῖο.

washable *a.* be ~ πλένομαι.

washer *s. (for screw, etc.)* ροδέλλα *f.*, λαστιχάκι *n.* ~**-woman** *s.* πλύστρα *f.*

wash-house *s.* πλυσταριό *n.*

washing *s. (act)* πλύσιμο *n. (linen for* ~*)* ροῦχα γιά πλύσιμο. *(~ of linen)* μπουγάδα *f.* it's ~ day ἔχομε μπουγάδα. ~**-machine** *s.* πλυντήριο ρούχων. ~**-up** *s.* πλύσιμο πιάτων.

wash-out *s. (fam.)* φιάσκο *n.*

wash-tub *s.* σκάφη *f.*

washy *a.* νερουλός, *(fig.)* ἀνούσιος.

wasp *s.* σφήκα *f.* ~ waist πολύ λεπτή μέση. ~**ish** *a. (person)* τσούχτρα *(f.), (remark)* τσουχτερός.

wastage *s.* ἀπώλεια *f.*

waste *s.* σπατάλη *f.*, ἀπώλεια *f.* ~ of time χάσιμο χρόνου. go to ~ πάω χαμένος. *(refuse)* σκουπίδια, ἀπορρίμματα *n.pl. (barren region)* ἔρημος *f.* ~ pipe σωλήν ἀποχετεύσεως.

waste *a. (barren)* ἔρημος, ~ land χέρσον ἔδαφος. *(useless)* ἄχρηστος, γιά πέταμα.

lay ~ ἐρημώνω. ~-paper-basket κάλαθος ἀχρήστων, (fam.) καλάθι n.

wast|e v.t. σπαταλῶ, (time, opportunity) χάνω. ~e one's breath χάνω τά λόγια μου. it's ~ed on him πάει χαράμι. (v.i.) πάω χαμένος. ~e away φθίνω, λειώνω. ~eful a. σπάταλος.

wast|er, ~rel s. ἀνεπρόκοπος a.

watch s. (timepiece) ρολόι n. ~-maker ρολογᾶς m.

watch s. (guard) βάρδια f. keep ~ κάνω βάρδια, ἀγρυπνῶ. be on the ~ προσέχω, ἔχω τά μάτια μου τέσσερα.

watch v.t. (look at) κοιτάζω, (mind) προσέχω, (follow, observe) παρακολουθῶ. (v.i.) ~ over φυλάω. ~ out προσέχω, ἔχω τό νοῦ μου. ~dog s. (fig.) κέρβερος m. ~ful a. ἄγρυπνος, προσεκτικός. ~man s. φύλαξ m. (night) νυκτοφύλαξ m. ~-tower s. βίγλα f. ~word s. σύνθημα n.

water s. νερό n., ὕδωρ n. in Greek ~s στά ἑλληνικά ὕδατα. make ~ κάνω τό νερό μου, (of ship) κάνω νερά. of the first ~ ἀρίστης ποιότητος, it won't hold ~ (fig.) δέν στέκεται. be in low ~ ἔχω ἀναπαραδιές. get into deep ~(s) τά βρίσκω μπαστούνια. get into hot ~ βρίσκω τόν μπελᾶ μου. pour cold ~ on ὑποδέχομαι χωρίς ἐνθουσιασμό.

water v.t. ποτίζω, (wine, milk, etc.) νερώνω. ~ down μετριάζω. (v.i.) (of eyes) δακρύζω. my mouth ~s τρέχουν τά σάλια μου, (of ship, etc.) παίρνω νερό. ~ed a. (silk) μουαρέ, (milk) νερωμένος.

water-bottle s. (soldier's) παγούρι n.

water-cart s. (sprinkler) καταβρεκτήρ m. (for drinking) ὑδροφόρον βυτίον.

water-closet s. ἀποχωρητήριο n.

water-colour s. νερομπογιά f. (picture) ἀκουαρέλλα f.

water-conduit s. ὑδραγωγεῖον nn.

water-cooled a. ὑδρόψυκτος.

watercourse s. (brook) ρυάκι n. (torrent) ρέμα n.

water-driven a. ὑδροκίνητος.

waterfall s. καταρράκτης m.

waterfront s. παραλία f.

water-ice s. γρανίτα f.

watering s. πότισμα n. ~-can s. ποτιστήρι n. ~-place s. (spa) λουτρόπολις f. (seaside) παραθαλάσσιον θέρετρον. (for beasts) ποτίστρα f.

water-key s. ὑδρονομεύς m.

waterless a. ἄνυδρος.

water-level s. ὑδροστάθμη f.

waterlily s. νούφαρο n.

waterline s. ἴσαλος f.

waterlogged s. πλημμυρισμένος.

water-main s. κύριος ὑδραγωγός.

watermark s. φιλιγκράν n.

watermelon s. καρπούζι n.

water-mill s. νερόμυλος m.

water-nymph s. νηρηΐς f.

waterproof a. ἀδιάβροχος.

water-pump s. ὑδραντλία f.

watershed s. ὑδροκρίτης m. (fig.) διαχωριστική γραμμή.

waterspout s. (at sea) σίφουνας m.

water-supply s. ὕδρευσις f.

watertight a. ὑδατοστεγής, στεγανός. (fig. in ~ compartments χωριστά.

waterway s. πλωτή δίοδος.

waterworks s. μηχανοστάσιον ὑδρεύσεως.

watery a. νερουλός, (eyes) πού τρέχουν (moon, etc.) πού προμηνύει βροχή. ~ pap νερομπούλι n.

watt s. βάτ n.

wattle s. πλέγμα ἀπό κλαδιά. ~ hu τσαρδάκι n.

wave s. κῦμα n. (in hair) σκάλα f. heat ~ κῦμα καύσωνος. (of hand) κούνημα n ~-length s. μῆκος κύματος.

wave v.t. κουνώ, ἀνεμίζω. (brandish) κρα δαίνω. (v.i.) κυματίζω, ἀνεμίζω. (giv sign) κάνω νόημα, γνέφω. he ~d to u μᾶς χαιρέτησε κουνώντας τό χέρι.

waver v. (hesitate) ἀμφιταλαντεύομαι, (o courage) κλονίζομαι. (of flame) τρεμου λιάζω. ~er s. ἀναποφάσιστος a.

wavy v. κυματοειδής, (hair) σκαλωτός.

wax s. κερί n. (a.) κέρινος. (v.t.) κερώνω.

wax v.i. (grow) the moon is ~ing τό φεγ γάρι εἶναι στή γέμισή του. (become γίνομαι.

way s. 1. (road, route) δρόμος m. ~ i εἴσοδος f. ~ out ἔξοδος f. this ~ ἀπι δῶ. a long ~ μακριά. half ~ στά μισι τοῦ δρόμου. on the ~ καθ' ὁδόν, (com ing now) he's on the ~ ἔρχεται. a (along) the ~ καθ' ὅλη τή διαδρομή. g the right ~ πάω σωστά. by ~ of Athen μέσω 'Αθηνῶν. lead the ~ (lit. & fig. προπορεύομαι. make one's ~ προχωρῶ out-of-the-~ (remote) ἀπόμερος, (rare σπάνιος. parting of the ~s σταυροδρόμι n. go ones' own ~ κάνω τοῦ κεφαλιο μου. by the ~ (int.) ἀλήθεια. 2. (manner τρόπος m. this ~ ἔτσι. the right ~ σω στά, καλά. the wrong ~ ὄχι σωστά, λά θος. in such a ~ as to ἔτσι πού νά. I di it the ~ you said τό ἔκανα ὅπως μο εἶπες. the wrong ~ up *(or* round*)* ἀνάποδα. the right ~ up ὀρθιος. be in a bad ~ πάω ἄσχημα. get one's own ~ μοῦ περνάει τό δικό μου. have it your own ~ κάνε ὅ,τι θέλεις. 3. *(habit)* συνήθεια *f.* his little ~s οἱ ἰδιοτροπίες του. mend one's ~s διορθώνομαι. 4. *(point of view)* in many ~s ἀπό πολλές ἀπόψεις. 5. *(impetus)* gather ~ παίρνω φόρα. under ~ *(ship)* ἐν κινήσει, *(work)* ὑπό ἐκτέλεσιν. 6. *(free passage)* make ~ κάνω τόπο. give ~ *(collapse, yield)* ὑποχωρῶ. get out of the ~ φεύγω ἀπ' τή μέση. it's in the ~ ἐμποδίζει. right of ~ *(passage)* δουλεία ὁδοῦ, *(priority)* προτεραιότης *f.*

wayfarer *s.* ὁδοιπόρος *m.*

waylay *v.* κάνω καρτέρι σέ.

wayside *s.* by the ~ ἀπάνω στό δρόμο.

wayward *a.* πεισματάρης.

we *pron.* ἐμεῖς.

weak *a.* ἀδύνατος, *(powerless)* ἀνίσχυρος. *(memory)* ἀσθενής, *(tea, coffee)* ἐλαφρός, *(argument)* φτωχός. ~er sex ἀσθενές φῦλον. *(fig.) (person's)* ~ point σφυγμός *m.* ~ly *adv. (of will)* ἀναπολόφάσιστα, *(of voice)* μέ ἀδύνατη φωνή. ~ness *s.* ἀδυναμία *f.* have a ~ness for ἔχω ἀδυναμία σέ.

weaken *v.t.* ἐξασθενίζω. *(v.i.)* ἐξασθενῶ, *(in intensity)* πέφτω. ~ing *s.* ἐξασθένισις *f.* πέσιμο *n.*

weak-kneed *a. (fig.)* δειλός.

weakling *s.* ἀδύναμος *a. (fam., contemptuous)* ψοφίμι *n.*

weal *s. (mark)* σημάδι ἀπό μαστίγωμα. *(good)* the general ~ τό κοινόν καλόν.

wealth *s.* πλοῦτος *m.,* πλούτη *n.pl.* ~y *a.* πλούσιος, πάμπλουτος.

wean *v.* ἀποκόβω.

weapon *s.* ὅπλον *n.*

wear 1. *(v.t.) (clothes)* φορῶ. she ~s her hair in a bun κάνει *(or* ἔχει*)* τά μαλλιά της κότσο. *(impair, also* ~ away, down, out*)* τρώω, χαλῶ, φθείρω, *(resistance)* κάμπτω. *(make disappear)* σβήνω, ἐξαλείφω. ~ out *(tire)* ἐξαντλῶ. 2. *(v.i.) (last)* ~ well *(of person)* κρατιέμαι καλά, *(of material)* ἀντέχω. *(become impaired, also* ~ away, down, out*)* τρώγομαι, χαλῶ, φθείρομαι, *(of resistance)* κάμπτομαι, *(disappear)* σβήνω, ἐξαλείφομαι. *(continue)* time ~s on τά χρόνια κυλᾶνε. *(pass away)* the pain wore off ὁ πόνος πέρασε. ~ing *s.* κουραστικός.

wear *s. (clothing)* winter ~ χειμωνιάτικα ροῦχα. mens' ~ ἀνδρικά εἴδη. *(resis-*

tance) there's still some ~ left in this suit αὐτό τό κοστούμι φοριέται ἀκόμα. *(use)* the carpet gets a lot of hard ~ τό χαλί πατιέται πολύ. *(damage, also* ~ and tear*)* φθορά *f.* the worse for ~ στραπατσαρισμένος.

wear|y *v.t.* κουράζω. *(v.i.)* κουράζομαι, ἀποκάνω. *(a.)* κουρασμένος, ἀποκαμωμένος. ~iness *s.* κούρασις *f.* ~isome *a.* κουραστικός

weasel *s.* νυφίτσα *f.*

weather *s.* καιρός *m.* good ~ καλοκαιρία *f.* bad ~ κακοκαιρία *f.* in cold ~ ὅταν κάνει κρύο. under the ~ ἀδιάθετος. make heavy ~ of κάνω ἀδικαιολόγητη φασαρία γιά. *(a.)* ~ conditions καιρικές συνθῆκες. ~ forecast πρόγνωσις καιροῦ. ~beaten *a.* ψημένος ἀπό τόν ἥλιο καί τόν ἀέρα. ~cock, ~vane *s.* ἀνεμοδείκτης *m.* ~proof *a.* στεγανός.

weather *v.t. (come through)* καβαντζάρω, ξεπερνῶ. ~ed *a. (worn)* φαγωμένος, *(faded)* ξεθωριασμένος. *(of wood)* τραβηγμένος.

weav|e *v.t.* ὑφαίνω. *(garland, basket, romance)* πλέκω, *(plot)* ἐξυφαίνω. *(v.i.)* ~e in and out of ἑλίσσομαι μέσα ἀπό. *(s.)* ὕφανσις *f.* ~er *s.* ὑφαντής *m.* ~ing *s.* ὕφανσις *f.*

web *s.* ἱστός *m. (fig., network)* δίκτυον *n.* ~-footed *a.* στεγανόπους.

webbing *s.* ἐνισχυτική ταινία γιά ταπετσαρία ἐπίπλων.

wed *v.t. (of priest)* παντρεύω, *(of spouse)* παντρεύομαι. *(fig., unite)* ἐνώνω. be ~ded to *(idea, etc.)* εἶμαι προσηλωμένος *(or* προσκολλημένος*)* σέ.

wedding *s.* γάμος *m.* silver ~ ἀργυροί γάμοι. *(a.) (present, ceremony)* γαμήλιος. ~ ring βέρα *f.* ~ dress νυφικό φόρεμα.

wedge *s.* σφήνα *f. (slice)* φέτα *f. (fig.)* thin end of the ~ ἀπαρχή ἀπαιτήσεων. *(v.t.)* σφηνώνω.

wedlock *s.* γάμος *m.* born out of ~ ἐξώγαμος.

Wednesday *s.* Τετάρτη *f.* Ash ~ Καθαρά Τετάρτη.

wee *a.* μικροσκοπικός. ~ bit λιγουλάκι.

weed *s.* ἀγριόχορτο *n.* ζιζάνιο *n. (fam., tobacco)* καπνός *m. (person)* see weedy. *(v.)* ξεχορταριάζω. *(fig.)* ~ out ξεχωρίζω, βγάζω. ~y *a. (person)* ψηλός καί ἀδύνατος.

weeds *s.* widow's ~ πένθιμα ροῦχα χηρείας.

week *s.* ἑβδομάδα *f.* today ~ σήμερα

ὀκτώ. on Monday ~ τήν ἄλλη Δευτέρα.
~**day** s. καθημερινή f. ~**end** s. σαββατοκύριακο n. ~**ly** a. ἑβδομαδιαῖος.
weep v. (also ~ for) κλαίω. ~**ing** s. κλάψιμο n., κλάματα n.pl.
weigh v.t. (also ~ up, out) ζυγίζω ~ down (oppress) βαραίνω. ~ anchor σαλπάρω. (v.i.) ζυγίζω. ~ on βαραίνω. it ~s with me ἔχει σημασία γιά μένα. ~ in (at contest) ζυγίζομαι, (in debate) ρίχνομαι στή συζήτηση. ~**ing-machine** s. ζυγαριά f.
weight s. βάρος n. (gravity) βαρύτης f. (authority) κῦρος n. under ~ (goods) λιποβαρής, λειψός, (person) κάτω τοῦ κανονικοῦ βάρους. carry ~ βαρύνω. throw one's ~ about κάνω τόν καμπόσο. by ~ μέ τό ζύγι. ~s (for weighing) σταθμά, ζύγια n.pl. (of clock, net, etc.) βαρίδια n.pl. ~**lessness** s. ἔλλειψις βαρύτητος.
weighty a. βαρύς, (momentous) βαρυσήμαντος, (authoritative) βαρύνων.
weir s. φράγμα n.
weird a. παράξενος, ἀλλόκοτος.
welcome s. καλωσόρισμα n. (reception) ὑποδοχή f. (v.) καλωσορίζω. (receive) ὑποδέχομαι. ~! καλῶς ὁρίσατε! I ~ the opportunity χαίρομαι πού μοῦ δίνεται ἡ εὐκαιρία.
welcome a. εὐπρόσδεκτος. you are ~ to use my car ἔχεις τό ἐλεύθερο (or μπορεῖς ἐλεύθερα) νά χρησιμοποιήσης τό αὐτοκίνητό μου. (iron.) you are ~ to it νά τό χαίρεσαι.
weld v. συγκολλῶ. (fig.) συνδέω. ~**ing** s. ὀξυγονοκόλλησις f.
welfare s. (good) καλόν n., συμφέρον n. (social work) πρόνοια f. ~ state κράτος προνοίας.
well s. (water, oil) πηγάδι n., (also of lift) φρέαρ n. light~ φωταγωγός m.
well v.i. ἀναβλύζω.
well adv. καλά, καλῶς. pretty ~ (nearly) σχεδόν. very ~ (agreement) καλά, σύμφωνοι, ἐν τάξει. all is ~ ὅλα εἶναι ἐν τάξει. all being ~ ἄν ὅλα πάνε βολικά. that's all very ~ (but...) καλά καί ἅγια ὅλα αὐτά. do ~ πάω καλά, (make good) προκόβω. do oneself ~ ζῶ καλά, καλοπερνῶ. do ~ out of κερδίζω ἀπό. do ~ by φέρομαι καλά σέ. be ~ up in (know) κατέχω καλά, εἶμαι μπασμένος σέ. ~ before nightfall ἀρκετά πρίν νυχτώση. he is ~ over forty εἶναι ἀρκετά πάνω ἀπό τά σαράντα. as ~ (too) ἐπίσης. as ~ as (and also) καθώς καί. he's keen on

music as ~ as painting ἔχει πάθος μέ τή μουσική καθώς καί μέ τή ζωγραφική. it would be as ~ to... καλό θά ἦταν νά. it may ~ be that he was away πιθανόν νά ἔλειπε. it was just as ~ I didn't go καλά πού δέν πῆγα. you did ~ to come καλά ἔκανες καί ἦρθες. I couldn't very ~ refuse δέν ἦταν εὔκολο νά ἀρνηθῶ. we might (or may) as ~ stay here μποροῦμε (or θά μπορούσαμε) νά μείνωμε ἐδῶ. let ~ alone μή θίγετε τά καλῶς κείμενα! ~ on (advanced) προχωρημένος.
well int. (resumptive, introductory) λοιπόν. (surprised) ~! τί λές; ~ I never (did)! γιά φαντάσου, μή μοῦ πῆς. (resigned, concessive) ἔ. (yes but) ναί, ἀλλά...
well-appointed a. καλοβαλμένος.
well-balanced a. ἰσορροπημένος.
well-behaved a. μέ καλούς τρόπους, (animal) ἥσυχος.
well-being s. (good) καλόν n. sense of ~ εὐεξία f.
well-born a. ἀπό σπίτι.
well-bred a. καλοαναθρεμμένος.
well-connected a. πού ἀνήκει στόν καλόν κόσμο.
well-disposed a. καλῶς διατεθειμένος.
well-founded a. βάσιμος.
well-groomed a. κομψός, καλοβαλμένος.
well-heeled a. (fam.) παραλῆς.
well-informed a. μπασμένος, καλῶς πληροφορημένος.
wellingtons s. ψηλές μπόττες ἀπό καουτσούκ.
well-known a. γνωστός.
well-made a. καλοφτιαγμένος.
well-marked a. σαφής, ἔντονος.
well-matched a. ταιριαστός.
well|-meaning, ~**-meant** a. καλοπροαίρετος.
well-nigh adv. σχεδόν.
well-off a. (rich) εὔπορος, he is ~ κρατιέται καλά. (fortunate) τυχερός.
well-preserved a. καλοδιατηρημένος.
well-rounded a. τορνευτός.
well-shod a. καλοποδεμένος.
well-spoken a. εὐγενικός στήν ὁμιλία. ~ of μέ καλό ὄνομα.
well-timed a. ἐπίκαιρος.
well-to-do a. εὐκατάστατος.
well-tried a. δοκιμασμένος.
well-turned a. τορνευτός.
well-wisher s. ὑποστηρικτής m., ὀπαδός m.
well-worn a. πολυχρησιμοποιημένος.
welsh v.i. τό σκάω χωρίς νά πληρώσω.

Weltanschauung s. κοσμοθεωρία f.

welter s. σύμφυρμα n. (v.) κυλιέμαι.

wench s. κοπέλλα f. ~**ing** s. κοριτσοκυνήγι n.

wend v. ~ one's way τραβῶ.

were v. you ~ (sing.) ἤσουν, (pl.) ἤσαστε. we ~ ἤμασταν, ἤμαστε. they ~ ἤταν.

west s. δύσις f., δυσμαί f.pl. to the ~ of Athens δυτικῶς τῶν Ἀθηνῶν.

west, ~**erly**, ~**ern** a. δυτικός. ~ wind πονέντες m.

west, ~**ward(s)** adv. δυτικῶς. he's gone ~ (fam.) πάει αὐτός.

westerniz|e v. ἐκδυτικοποιῶ. ~**ation** s. ἐκδυτικοποίησις f.

wet a. (liquid, moist) ὑγρός, (covered in water) βρεμμένος, (rainy) βροχερός. get ~ βρέχομαι, μουσκεύω. (fam., person) ψόφιος. ~ blanket κάποιος ἀνάποδος πού χαλάει τή συντροφιά. (s.) the ~ βροχή f. (v.t.) βρέχω, μουσκεύω. ~-**nurse** s. παραμάννα f. ~**ting** s. βρέξιμο n., μούσκεμα n.

whack v. κοπανάω. ~**ed** (exhausted) ἐξαντλημένος. (s.) (also ~ing) κοπάνισμα n. (share) μερίδιον n. get a ~ing τρώω ξύλο. have a ~ at δοκιμάζω.

whal|e s. φάλαινα f. (fam.) have a ~e of a time περνῶ περίφημα. ~**ebone** s. μπανέλα f. ~**ing** s. φαλαινοθηρία f.

wharf s. ἀποβάθρα f. (v.i.) πλευρίζω.

what a., pron. & adv. 1. (int.) ~! τί; πῶς; ~ a pity τί κρίμα. ~ a nice day τί ὡραία μέρα. 2. (interrogative) τί; πῶς; ~ news? τί νέα; ~'s the matter τί ἔχεις; ~ for? γιατί; so ~? καί; ~ of it? τί μ' αὐτό; ~'s it like? πῶς εἶναι; σάν τί μοιάζει; ~ book did you get? τί βιβλίο πῆρες; ~ about a drink? τί θά λέγατε γιά ἕνα ποτό; ~ about your exams? (how did you fare?) πῶς τά πῆγες (or τί ἔγινε) μέ τίς ἐξετάσεις σου; ~ does it matter? καί τί πειράζει; ~ if (supposing) he didn't come? πές πώς δέν ἦρθε. ~ on earth is that? τί εἶν' αὐτό γιά τό Θεό; I know ~'s ~ ξέρω τί μοῦ γίνεται. 3. (relative) αὐτό πού, ὅ,τι. ~ he told me αὐτό πού μοῦ εἶπε. come ~ may ὅ,τι καί νά συμβῆ. say ~ you will λέγε ὅ,τι θέλεις. ~'s more ἐπί πλέον, ἀπό πάνω. ~ with one thing and another μέ τό ἕνα καί τό ἄλλο.

whatever pron. (interrogative) τί; ~ next! μή χειρότερα! ~ will he say next? νά δοῦμε τί ἄλλο ἀκόμα θά μᾶς πῆ. (relative) ὅ,τι. ~ you may say ὅ,τι καί νά

πῆς. ~ time you like ὅ,τι ὥρα θέλεις. there is no doubt ~ δέν ὑπάρχει καμμία ἀμφιβολία. of ~ kind οἱουδήποτε εἴδους.

whatsoever pron. ὁτιδήποτε. no person ~ κανένας ἀπολύτως.

wheat s. σιτάρι n. ~**en** a. σιταρένιος.

wheedle v. καλοπιάνω.

wheel s. τροχός m., ρόδα f. (steering) τιμόνι n. (v.t.) κυλῶ, σπρώχνω. (v.i.) (turn) στρέφω, (circle) διαγράφω κύκλους. ~**ed** a. τροχοφόρος.

wheel|barrow, ~-**chair** s. καρροτσάκι n.

wheeze v. ἀσθμαίνω. (s.) (fam.) κόλπο n. ~**y** a. ἀσθματικός.

whelp s. κουτάβι n.

when adv. (interrogative) πότε; ~ do they leave? πότε θά φύγουν; (conj.) σάν, ὅταν. ~ we left σάν (or ὅταν) φύγαμε. (relative) πού. one day ~ I'm not busy μία μέρα πού δέν εἶμαι ἀπασχολημένος.

whence adv. ἀπ' ὅπου, ὅθεν.

whenever conj. ὅποτε, κάθε φορά πού.

where adv. πού; (relative) (ἐκεῖ) πού. ~ are you going? πού πᾶς; leave it ~ I told you ἄφησέ το ἐκεῖ πού σοῦ εἶπα. is this ~ you live? ἐδῶ μένετε; the district ~ I live ἡ γειτονιά πού μένω.

whereabouts adv. πού. (s.) do you know his ~? ξέρεις πού βρίσκεται;

whereas conj. ἐνῶ.

whereat adv. ἐπί τοῦ ὁποίου, ὁπότε.

wherefore conj. διατί. whys and ~s τά διατί καί τά διότι.

wherein adv. εἰς τί; (relative) εἰς τό ὁποῖον.

whereof adv. περί τοῦ ὁποίου.

whereon adv. ἐπί τοῦ ὁποίου.

whereupon adv. κατόπιν τοῦ ὁποίου, ὁπότε.

wherever adv. ὅπου. ~ you (may) go ὅπου καί νά πᾶς.

wherewithal s. τά μέσα, τά ἀναγκαῖα.

whet v. ἀκονίζω, (appetite) ἀνοίγω. ~**stone** s. ἀκόνι n.

whether conj. (if) ἄν. let me know ~ you're coming (or not) πές μου ἄν θάρθῆς (ἤ ὄχι). (in alternatives) ~ ... or... εἴτε... εἴτε. he's got to go ~ he likes it or not εἴτε τό θέλει εἴτε ὄχι (or θέλει δέ θέλει) πρέπει νά πάη. ~ it rains or not, I'm leaving tomorrow βρέχει ξεβρέχει φεύγω αὔριο.

whey s. ὀρρός m.

which pron. (interrogative) ποιός; ~ book do you want? ποιό βιβλίο θέλεις; ~

church did you go to? σέ ποιά ἐκκλησία πήγατε; (relative) πού, ὁ ὁποῖος. the letter ~ got lost τό γράμμα πού χάθηκε. the ship in ~ we travelled τό βαπόρι μέ τό ὁποῖο ταξιδέψαμε. I can't tell ~ is ~ δέν μπορῶ νά τά ξεχωρίσω.

whichever pron. ὅποιος. take ~ books you want πάρε ὅποια βιβλία θέλεις.

whiff s. (smell) μυρωδιά f. (at pipe, etc.) ρουφηξιά f. get a ~ of air παίρνω λίγο ἀέρα. I got a ~ of drains μύρισε βόθρος. (v.) ρουφῶ.

while conj. (for as long as) ὅσον καιρό, καθ' ὅλο τό διάστημα πού. (at the time when) καθώς, ἐνῶ, τήν ὥρα πού. (whereas) ἐνῶ. let us settle it now ~ we have the chance ἄς τό κανονίσωμε τώρα πού ἔχομε τήν εὐκαιρία.

while s. καιρός m. for a ~ γιά κάμποσο καιρό. after a ~ σέ λίγο. all the ~ ὅλο τόν καιρό, ὅλη τήν ὥρα. once in a ~ κάπου-κάπου. it is not worth ~ δέν ἀξίζει τόν κόπο. (v.) ~ away the time σκοτώνω τήν ὥρα.

whim s. καπρίτσιο n.

whimper v. κλαψουρίζω. (s.) (also ~ing) κλαψούρα f.

whims|y, ey s. ἰδιορρυθμία f. ~ical a. ἰδιόρρυθμος.

whin|e v. κλαψουρίζω. ~ing s. κλαψούρα f., γκρίνια f. (a.) γκρινιάρης.

whinny v. χλιμιντρίζω.

whip s. μαστίγιον n., καμ(ου)τσίκι n. (fig.) I have the ~ hand over him τόν ἔχω τοῦ χεριοῦ μου.

whip v. μαστιγώνω, δέρνω. (defeat) συντρίβω. (eggs, cream) χτυπῶ. (fam., steal) βουτῶ. ~ up (arouse) ἐξάπτω. ~ off, out, away βγάζω ἀπότομα.

whipper-snapper s. (fam.) ἀναιδόμουτρο n.

whippet s. μικρό λαγωνικό.

whipping s. μαστίγωμα n. get a ~ τρώω ξύλο.

whirl v.i. (rush) τρέχω, ὁρμῶ. (v.t.) παρασύρω. ~ round (v.i.) στροβιλίζομαι, στριφογυρίζω. (s.) a ~ of social events στρόβιλος κοινωνικῶν ἀπασχολήσεων. my mind is in a ~ τό κεφάλι μου γυρίζει.

whirligig s. (top) στρόβιλος m. (at fair) ἀλογάκια n.pl. ~ of time «τοῦ κύκλου τά γυρίσματα».

whirlpool s. ρουφήχτρα f.

whirlwind s. ἀνεμοστρόβιλος m.

whirr s. (of machinery) βούισμα n. (of

wings) φτεροκόπημα n. (v.i.) βουίζω περνῶ φτεροκοπώντας.

whisk v. (tail) κουνῶ, (eggs) χτυπῶ (convey) κουβαλῶ ἀρον-ἀρον. (s. (movement) κούνημα n. (for eggs cream) χτυπητήρι n.

whiskers s. (mens') φαβορίτες f.pl (beast's) μουστακάκια n.pl.

whisk|y, ey s. οὐίσκι n.

whisper v. ψιθυρίζω. (s.) ψίθυρος m. in ~ ψιθυριστά. ~ing s. ψιθυρισμοί m.pl.

whistl|e s. σφυρίζω. (fam.) he can ~e fo it (money) δέν θά πάρη φράγκο. (s. (instrument) σφυρίχτρα f. (vocal, als ~ing) σφύριγμα n. wet one's ~e βρέχι τό λαρύγγι μου.

whit s. not a ~ οὔτε ἴχνος, καθόλου.

white a. ἄσπρος. (race, flag, corpuscle night, House, Sea) λευκός. (pale) χλω μός. turn ~ ἀσπρίζω, (pale) χλωμιάζω all or very ~ κάτασπρος. ~ elephan (fig.) ὀγκῶδες καί ἄχρηστον ἀπόκτημ ~ heat λευκοπύρωσις f. ~ horse (waves) ἀρνάκια n.pl. ~ lie ἀθῶο ψέμα ~ paper λευκή βίβλος. ~ slave trad σωματεμπορία f. show the ~ feathe (fig.) δειλιάζω. they bled him ~ (fig. τόν ἄφησαν πανί μέ πανί.

white s. (person) λευκός m. (of eye, egg ἀσπράδι n. she was dressed in ~ φο ροῦσε ἄσπρα. ~n v.t. & i. ἀσπρίζω ~ness s. ἀσπρίλα f.

white-collar a. ~ workers ὑπαλληλικ τάξις.

white-hot a. λευκοπυρωμένος.

whitewash s. ἀσβέστης m., ὑδρόχρωμα n (v.) ἀσβεστώνω, ἀσπρίζω. (fig.) he wa ~ed τόν ἐμφάνισαν ὡς ἀθῶον καλύπτον τας τήν ἐνοχή του.

whither adv. ποῦ; (relative) πού.

whitlow s. παρωνυχίς f.

Whitsun s. Πεντηκοστή f.

whittle v. σκαλίζω. (fig.) ~ down περικό πτω.

whiz v. (rush) ὁρμῶ, (whistle) σφυρίζω. ~ past περνῶ σάν ἀστραπή. (s.) (noise σφύριγμα n.

who pron. (interrogative) ποιός; (relative ὁ ὁποῖος, πού.

whoever pron. (interrogative) ~ heard o such a thing? ποῦ ἀκούστηκε ποτέ τέτοιο πράμα; (relative) ὅποιος.

whole a. (undamaged) ἀκέραιος, γερός (full, complete) ὁλόκληρος. (attributive ὁλόκληρος, ὅλος. for a ~ week ἐπί μί ὁλόκληρη ἑβδομάδα. he talked the ~

time μιλοῦσε ὅλη τήν ὥρα. throughout the ~ house σ' ὅλο τό σπίτι.

whole s. ὅλον n., σύνολον n. the ~ of his fortune τό σύνολον τῆς περιουσίας του. as a ~ (in one lot) συνολικῶς. on the ~ γενικά. ~**heartedly** adv. ὁλοψύχως.

wholemeal a. ἀπό ἀτόφιο ἀγνό ἀλεύρι.

wholesale adv. χονδρικῶς. (fig.) (widely) δεξιά καί ἀριστερά. (a.) γενικός, μαζικός. ~**r** s. χονδρέμπορος m.

wholesome a. ὑγιεινός, (morally) ὑγιής.

wholly adv. τελείως, ἀπολύτως.

whom pron. (interrogative) ποιόν; (relative) τόν ὁποῖον, πού.

whoop s. κραυγή f. (v.) κραυγάζω. ~**ing-cough** s. κοκκύτης m.

whoopee s. make ~ γλεντῶ.

whop v. χτυπῶ. (s.) χτύπημα n. ~**per** s. (fam.) κάτι τό πελώριο. ~**ping** a. πελώριος.

whor|e s. πόρνη f. ~**ing** s. πορνεία f.

whose pron. (interrogative) ποιανοῦ; τίνος; (relative) τοῦ ὁποίου.

whosoever pron. ὁποιοσδήποτε.

why adv. γιατί; the reason ~ I didn't come ὁ λόγος πού (or γιά τόν ὁποῖον) δέν ἦρθα. (int.) ἔ!

wick s. φυτίλι n.

wicked a. κακός, κακοήθης. (a sinner) ἁμαρτωλός. ~**ness** s. κακοήθεια f. (sin) ἁμαρτία f.

wicker a. ψάθινος.

wicket s. παραπόρτι n.

wide a. φαρδύς, πλατύς, (esp. range, experience) εὐρύς. how ~ is it? τί φάρδος (or πλάτος) ἔχει; it is ten metres ~ ἔχει φάρδος δέκα μέτρων. (great) μεγάλος.

wide adv. far and ~ παντοῦ. ~ open ὀρθάνοιχτος. ~ awake ξυπνητός, ξύπνιος, (fig.) ἀνοιχτομάτης. be ~ of the mark πέφτω ἔξω.

widely adv. εὐρέως, (greatly) πολύ. ~ read (newspaper) μέ εὐρεῖα κυκλοφορία, (author) πού διαβάζεται πολύ, (scholar) πολύ διαβασμένος. ~ scattered houses ἀραιά σκορπισμένα σπίτια.

widen v.t. & i. φαρδαίνω, πλαταίνω. (v.t.) εὐρύνω. ~**ing** s. (of garment) φάρδεμα n. (of road) διεύρυνσις f.

widespread a. διαδεδομένος, γενικός.

widow s. χήρα f. grass ~ γυναῖκα τῆς ὁποίας ὁ σύζυγος λείπει. (v.) be ~**ed** χηρεύω. ~**er** s. χῆρος m. ~**hood** s. χηρεία f.

width s. φάρδος n., πλάτος n.

wield v. (pen, sword) χειρίζομαι, (sceptre) κρατῶ, (authority) ἀσκῶ.

wife s. γυναῖκα f. σύζυγος f.

wig s. περρούκα f., φενάκη f.

wigging s. (fam.) κατσάδα f., λούσιμο n.

wigwam s. σκηνή ἐρυθροδέρμων.

wild a. ἄγριος, (land) χέρσος. (angry) ἔξω φρενῶν. (mad, preposterous) ἐξωφρενικός, τρελλός. make or become ~ (fierc:. ἀγριεύω. (fam.) be ~ about τρελλαίνομαι γιά. run ~ ἀποχαλινοῦμαι, (of plants) ὀργιάζω. ~**ly** adv. (fiercely) ἄγρια, (madly) σάν τρελλός, (at random) στήν τύχη, (absolutely) τελείως.

wildfire s. like ~ ἀστραπιαίως.

wild-goose s. go on a ~ chase κάνω ἄδικο κόπο ἐπιδιώκοντας κάτι.

wilderness s. ἐρημιά f.

wilds s. ἄγριοι τόποι.

wiles s. τεχνάσματα n.pl. (flattery) γαλιφιές f.pl.

wilful a. (intentional) ἐκ προθέσεως, (stubborn) πεισματάρης.

will s. (also ~-power) θέλησις f. (volition) βούλησις f. (of God, fate) θέλημα n. free ~ ἐλευθέρα βούλησις. good ~ ἀγαθές προθέσεις. ill ~ ἔχθρα f. at ~ κατά βούλησιν. against one's ~ μέ τό ζόρι. of one's own free ~ μέ τή θέλησή μου, αὐτοβούλως. (do sthg.) with a ~ μέ τήν καρδιά μου. strong ~ed ἰσχυρᾶς θελήσεως. weak ~ed ἄβουλος.

will s. (testament) διαθήκη f.

will v. (desire, ordain) θέλω. (auxiliary) he ~ come θά ἔρθη. it won't be ready δέν θά εἶναι ἔτοιμο. the door won't shut ἡ πόρτα δέν κλείνει. they ~ have arrived by now τώρα θά ἔχουν φτάσει πιά. ~ you kindly tell me? μοῦ λέτε παρακαλῶ; (insist) he ~ have it that coffee is bad for you ἐπιμένει ὅτι ὁ καφές σέ βλάπτει. he ~ keep whistling ὅλο σφυρίζει. he won't give up smoking δέν ἐννοεῖ νά κόψη τό τσιγάρο.

willing a. πρόθυμος, (disposed) διατεθειμένος. ~**ly** adv. πρόθυμα, (without coercion) αὐτοβούλως. ~**ness** s. προθυμία f.

will-o'-the-wisp s. χίμαιρα f.

willow s. ἰτέα, ἰτιά f. ~**y** a. λυγερός.

willy-nilly adv. ἑκών ἄκων.

wilt v.t. μαραίνω. (v.i.) μαραίνομαι.

wily a. πανοῦργος, πονηρός.

win v.i. κερδίζω, νικῶ. (v.t.) κερδίζω, (prize) παίρνω, (glory, fame) ἀποκτῶ, (hearts) κατακτῶ. ~ back ἀνακτῶ. ~ over παίρνω μέ τό μέρος μου. ~ through

ὑπερνικῶ τίς δυσκολίες μου. *(s.)* νίκη *f.*,
ἐπιτυχία *f.*

wince *v.* συσπῶ τό πρόσωπό μου.

winch *s.* βαροῦλκον *n.*, βίντσι *n.*

wind *s.* ἄνεμος *m.*, ἀέρας *m.* *(med.)* ἀέρια *n.pl.* break ~ ἀφήνω ἀέρια. get ~
of παίρνω χαμπάρι, μυρίζομαι. get the
~ up *(fam.)* τά χρειάζομαι. put the ~
up *(person)* τρομάζω. raise the ~ βρίσκω
τά ἀπαιτούμενα λεφτά. what's in the ~ ?
τί μαγειρεύεται; get one's second ~ ξα-
ναβρίσκω τήν ἀναπνοή μου. sail too
close to the ~ παρά λίγο νά παραβῶ τά
ὅρια τοῦ πρέποντος. *(a.)* ~ instrument
πνευστὸν ὄργανον. **~bag** *s.* πολυλογᾶς
m. **~break** *s.* ἀνεμοφράκτης *m.* **~fall** *s.*
(fig.) ἀπροσδόκητον κέρδος. **~mill** *s.*
ἀνεμόμυλος *m.* **~pipe** *s.* τραχεῖα *f.*
~screen *s.* παρμπρίζ *n.* **~screen-wiper**
καθαριστήρ τοῦ τζαμιοῦ. **~swept** *a.* ἀνε-
μόδαρτος. **~ward** *a.* προσήνεμος. to
~ward προσηνέμως. **~y** *a.* it is **~y** φυ-
σάει. *(person)* φλύαρος.

wind *v.t.* *(deprive of breath)* κόβω τήν
ἀναπνοή *(with gen.).* *(detect)* μυρίζομαι.

wind *v.t.* *(twist, wrap)* τυλίγω, *(into a
ball)* κουβαριάζω. *(turn)* γυρίζω. *(clock)*
κουρδίζω. ~ one's arms around σφίγγω
στήν ἀγκαλιά μου. ~ one's way *(into)*
χώνομαι, γλιστρῶ. ~ up *(clock)* κουρ-
δίζω, *(hoist)* σηκώνω, *(finish)* τερματίζω,
κλείνω, *(liquidate)* διαλύω. *(v.i.)* *(of
road, river, procession)* ἑλίσσομαι, *(of
plant, snake)* τυλίγομαι. ~ up *(end up)*
καταλήγω. get wound up κουρδίζομαι.
~ing *a.* φιδωτός. **~ing** sheet σάβανον
n.

windlass *s.* βαροῦλκον *n.*

window *s.* παράθυρο *n.* *(of shop)* βιτρίνα
f. **~-dressing** *s.* *(fig.)* βιτρίνα *f.* **~-pane**
s. τζάμι *n.* **~-sill** *s.* περβάζι *n.*

wine *s.* κρασί *n.*, οἶνος *m.* *(v.t.)* ~ and
dine περιποιοῦμαι. **~-cellar** *s.* κάβα *f.*
~press *s.* ληνός *m.*, πατητήρι *n.* **~skin**
s. ἀσκί *n.*

wing *s.* *(of bird, car)* φτερό *n.* *(of plane,
army, building, party)* πτέρυξ *f.* **~s**
(theatre & fig.) παρασκήνια *n.pl.* on the
~ ἐν πτήσει. under one's ~ ὑπό τήν
προστασίαν μου. take ~ κάνω φτερά.
lend ~s to δίνω φτερά σέ. *(v.t.)* *(injure)*
τραυματίζω ἐλαφρά. ~ one's way πετῶ.
~ed *a.* πτερωτός. **~less** *a.* ἄπτερος.

wink *v.i.* κλείνω *(or* κάνω*)* τό μάτι. *(of
distant lights)* τρεμοσβήνω. ~ at it
(ignore it) κλείνω τά μάτια, κάνω

στραβά μάτια. *(fam.)* like ~ing στό πῖ
καί φῖ.

wink *s.* tip the ~ to κλείνω τό μάτι σέ.
have forty ~s παίρνω ἕνα ὑπνάκο. I
didn't sleep a ~ δέν ἔκλεισα μάτι.

winkle *v.t.* ~ out βγάζω, *(worm out)* ἐκ-
μαιεύω.

winner *s.* ὁ κερδισμένος, *(victor)* νικητής
m. *(in lottery)* ὁ τυχερός. *(horse)* γκανιάν
n.

winning *a.* *(engaging)* γοητευτικός. ~
number κερδίζων ἀριθμός. ~ team νική-
τρια ὁμάς. **~-post** τέρμα *n.* **~s** *s.* κέρδη
n.pl.

winnow *v.* λιχνίζω. *(fig.)* ξεχωρίζω. **~ing**
s. λίχνισμα *n.* **~ings** *s.* ἀπολιχνίδια
n.pl.

winsome *a.* χαριτωμένος.

winter *s.* χειμώνας *m.* spend the ~ ξεχει-
μωνιάζω. *(a.)* χειμερινός, χειμωνιάτικος.
(v.i.) παραχειμάζω.

wintry *a.* χειμωνιάτικος, *(fig.)* ψυχρός.

wipe *v.* σκουπίζω, *(sponge)* σφουγγίζω. ~
away *(tears)* σκουπίζω. ~ off *(marks)*
βγάζω. ~ out *(efface)* σβήνω, ἐξαλείφω,
(settle, kill) καθαρίζω, *(army, etc.)* ἐξο-
λοθρεύω. ~ up καθαρίζω, *(dishes)*
σκουπίζω. *(s.)* σκούπισμα, σφούγγισμα
n.

wire *s.* σύρμα *n.* *(telegram)* τηλεγράφημα
n. ~ netting, barbed ~ συρματόπλεγμα
n. live ~ *(fig.)* δυναμικόν πρόσωπον.
pull the ~s ἐνεργῶ παρασκηνιακῶς. ~
tapping ὑποκλοπή τηλεφωνικῶν συνδια-
λέξεων. *(a.)* συρμάτινος, ἀπό σύρμα.

wirelｅe *v.* *(install circuit in)* κάνω τή συρμά-
τωση σέ. *(fix)* στερεώνω μέ σύρμα. *(tele-
graph)* τηλεγραφῶ. **~ing** *s.* συρμάτωσις
f.

wireless *s.* ἀσύρματος *m.* *(set)* ραδιόφωνο
n. *(a.)* ραδιοφωνικός.

wiry *a.* *(body)* νευρώδης.

wisdom *s.* σοφία *f.* *(good sense)* γνώση *f.*
~-tooth φρονιμίτης *m.*

wise *s.* σοφός, *(sensible)* γνωστικός. I was
none the **~r** δέν διαφωτίστηκα περισσό-
τερο. get ~ to μαθαίνω. put *(person)* ~
(to) ἐνημερώνω *(γιά).* **~ly** *adv.* μέ σο-
φία, σοφά.

wise *s.* *(way)* in this ~ ἔτσι. in no ~ κα-
θόλου.

wise *adv.* *(suffix of manner, respect)* cross
~ σταυροειδῶς, crab ~ σάν τόν κά-
βουρα, clock ~ δεξιόστροφα, money ~
ἀπό ἄποψη χρημάτων.

wisecrack *s.* ἐξυπνάδα *f.*

wish s. (expression of desire, prayer) εὐχή f. (want, desire) ἐπιθυμία f.

wish v. εὔχομαι, (want) θέλω. ~ for θέλω, ἐπιθυμῶ. I ~ I had seen him μακάρι (or θά ἤθελα) νά τόν εἶχα δεῖ. I ~ I could play the piano θά ἤθελα νά ἔπαιζα (or νά μπορούσα νά παίζω) πιάνο. I ~ you were not so gullible θά ἐπιθυμοῦσα νά μήν εἶσαι τόσο εὔπιστος. I ~ you success σοῦ εὔχομαι καλή ἐπιτυχία.

wishful a. ~ θέλω. indulge in ~ thinking τά βλέπω ὅπως τά θέλω.

wisp s. (hair) τσουλούφι n. (smoke) τολύπη f. (straw) φούχτα f. ~ of a girl κοριτσούδι n.

wistaria s. γλυσίνα f.

wistful a. μελαγχολικός.

wit s. (sense) μυαλό n. (quickness of mind) ἑτοιμότης f., ὀξύνοια f. (liveliness of spirit) εὐφυΐα f., πνεῦμα n. out of ones ~s τρελλός. at one's ~s' end εἰς ἀπόγνωσιν. live by one's ~s ζῶ μέ κομπίνες. keep one's ~s about one ἔχω τά μάτια μου τέσσερα.

witch s. μάγισσα f. (fig. charmer) γόησσα f. ~craft, ~ery s. μαγεία f. ~-doctor s. μάγος m. ~-hunt s. κακόβουλος δίωξις ἀντιφρονούντων.

with prep. μέ (with acc.), μετά (with gen.). (in spite of) παρά (with acc.). I went ~ him πῆγα μαζί του. ~ difficulty μετά δίας. ~ pleasure μετά χαρᾶς. ~ all his faults παρ' ὅλα τά ἐλαττώματά του. it rests ~ you ἐξαρτᾶται ἀπό σᾶς. to cry out ~ pain ξεφωνίζω ἀπό πόνο. (a room) filled ~ people γεμᾶτο κόσμο. off ~ you! δίνε του! ~ that (thereupon) μετά τό ὁποῖο, ὁπότε. ~ child ἔγκυος.

withdraw v.t. ἀποσύρω, (revoke) ἀνακαλῶ, (take back) παίρνω πίσω. (v.i.) ἀποσύρομαι, (ἀπο)τραβιέμαι. ~al s. (of troops) ἀποχώρησις f. (of money) ἀνάληψις f. ~n a. ἀποτραβηγμένος.

wither v.t. μαραίνω. (with scorn) ξεραίνω, κατακεραυνώνω. (v.i.) μαραίνομαι, ξεραίνομαι. ~ed a. μαραμένος, ξεραμένος. ~ing a. (glance, etc.) κεραυνοβόλος.

withhold v. (conceal) κρύβω, ἀποκρύπτω. (not grant) ἀρνοῦμαι, (not pay) κρατῶ. (retain unlawfully) κατακρατῶ.

within adv. ἐντός, μέσα. (prep.) ἐντός (with gen.), μέσα σέ. ~ one's income ἐντός τῶν ὁρίων τοῦ εἰσοδήματός μου. ~ call εἰς ἀπόστασιν φωνῆς.

without adv. ἔξω. (prep.) (not having) χωρίς, δίχως (with acc.), ἄνευ (with gen.).

(outside) ἐκτός (with gen.). do or go ~ κάνω χωρίς. ~ fail χωρίς (or δίχως) ἄλλο. ~ precedent ἄνευ προηγουμένου. ~ the walls ἐκτός τῶν τειχῶν. ~ doubt ἀναμφιβόλως. ~ number ἀναρίθμητος. he left ~ saying a word ἔφυγε χωρίς νά πῆ λέξη.

withstand v. ἀντέχω σέ.

witless a. ἀνόητος.

witness s. (person) μάρτυς m. (testimony) μαρτυρία f. bear ~ to μαρτυρῶ. bear false ~ ψευδομαρτυρῶ.

witness v.t. (show) μαρτυρῶ, (see) βλέπω. (be present at) παρίσταμαι εἰς, παρακολουθῶ. (a signature) βεβαιῶ. (v.i.) (give evidence) καταθέτω.

witticism s. εὐφυολόγημα n.

wittingly adv. συνειδητῶς.

witt|y a. εὐφυής, πνευματώδης. ~ily adv. εὐφυῶς, μέ πνεῦμα.

wizard s. μάγος m. ~ry s. μαγεία f.

wizened a. ζαρωμένος.

woad s. λουλάκι n.

wobbl|e v.i. κουνιέμαι. (of voice, jelly) τρεμουλιάζω. ~y a. be ~y κουνιέμαι, τρέμω, δέν στηρίζομαι καλά.

woe s. θλῖψις f., δυστυχία f. ~s βάσανα n.pl. tale of ~ κατάλογος τῶν βασάνων. ~ betide you! ἀλλοίμονό σου! ~begone a. θλιμμένος.

woeful a. (person) θλιμμένος, (tale, ignorance) θλιβερός. ~ly adv. θλιβερά.

wold s. ὑψίπεδον n.

wolf s. λύκος m. she-~ λύκαινα f. (fig.) keep the ~ from the door ἐξασφαλίζω τά πρός τό ζῆν. cry ~ σημαίνω κίνδυνον ἀδικαιολογήτως.

woman s. γυναῖκα f. old ~ γριά f. old-~ish ἰδιότροπος. ~ doctor γιατρίνα f. ~ driver ὁδηγός f. women and children γυναικόπαιδα n.pl. women's γυναικεῖος. ~hood s. she has reached ~hood ἔγινε πιά γυναῖκα. ~ish a. (man) θηλυπρεπής. ~izer s. γυναικᾶς m. ~ly a. γυναικεῖος.

womb s. μήτρα f. (ailment) of the ~ μητρικός.

wonder s. (feeling) θαυμασμός m. (marvel) θαῦμα n. no ~ he was annoyed δέν εἶναι περίεργο πού ἐνοχλήθηκε. it's a ~ he wasn't injured εἶναι θαῦμα πῶς γλύτωσε. work ~s κάνω θαύματα. ~s will never cease! κάποιος φοῦρνος γκρέμισε!

wonder v. (ask oneself) ἀναρωτιέμαι, ἄς ἤξερα. I ~ what he is up to ἀναρωτιέμαι (or ἄς ἤξερα) τί μαγειρεύει. I ~ what we're having for supper θά ἤθελα νά

ήξερα τί θά φᾶμε τό βράδυ. ~ at *(be puzzled by)* θαυμάζω, ἀπορῶ μέ. I ~ at his indifference θαυμάζω *(or* ἀπορῶ μέ) τήν ἀδιαφορία του. can you ~ at it? εἶναι νά σοῦ φαίνεται περίεργο; I ~ he wasn't injured εἶναι ἄξιον ἀπορίας πῶς δέν τραυματίστηκε. I shouldn't ~ if he got married δέν θά μοῦ φανῆ περίεργο *(or* δέν θά παραξενευτῶ) ἄν παντρευτῆ.
wonderful *a.* θαυμάσιος. ~**ly** *adv.* θαυμάσια.
wondering *a.,* ~**ly** *adv.* μέ ἔκπληξη.
wonderland *s.* χώρα τῶν θαυμάτων.
wonderment *s.* θαυμασμός *m.,* ἔκπληξις *f.*
wondrous *a.* θαυμάσιος.
wont *s.* συνήθεια *f.*
won't *v. see* will *v.*
woo *v.* κορτάρω. *(fig.)* κυνηγῶ. ~**er** *s.* μνηστήρ *m.* ~**ing** *s.* κόρτε *n.*
wood *s. (substance)* ξύλο *n. (timber)* ξυλεία *f. (pieces of* ~) ξύλα *n.pl. (tree-covered ground)* δάσος *n. (wine)* from the ~ τοῦ βαρελιοῦ. *(fig.)* out of the ~ ἐκτός κινδύνου. touch ~! χτύπα ξύλο! *(a.)* ξύλινος, ἀπό ξύλο. ~**bine** *s.* ἀγιόκλημα *n.* ~-**carver** *s.* ξυλογλύπτης *m.* ~**cock** *s.* μπεκάτσα *f.* ~**cut** *s.* ξυλογράφημα *n.* ~**cutter** *s.* ξυλοκόπος *m.* ~**ed** *a.* δασωμένος. ~**pecker** *s.* δρυοκολάπτης *m.* ~**work** *s.* ξυλεία *f. (joinery)* ξυλουργική *f.*
wooden *a.* ξύλινος, ἀπό ξύλο. *(fig.)* δύσκαμπτος, ἀδέξιος. ~-**headed** *a.* χοντροκέφαλος.
wool *s.* μαλλί *n. (fig.)* dyed in the ~ βαμμένος. pull the ~ over *(person's)* eyes κοροϊδεύω, ξεγελῶ. be ~-gathering εἶμαι ἀφηρημένος. *(a.) (also* ~len) μάλλινος. ~lens μάλλινα *n.pl.*
woolly *a. (like wool)* σάν μαλλί, *(woollen)* μάλλινος. *(fig., unclear)* ἀσαφής.
word *s. (singly)* λέξις *f.* ~s *(in connected speech)* λόγια *n.pl. (promise)* λόγος *m.* ~ of command διαταγή *f.* send ~ μηνῶ. ~ for ~ λέξιν πρός λέξιν. in a ~ μέ λίγα λόγια. in other ~s μέ ἄλλα λόγια. by ~ of mouth διά ζώης. in the ~s of Plato κατά τόν Πλάτωνα. they had ~s τά χόντρηναν. I want a ~ with you θέλω νά σοῦ πῶ δύο λόγια. I take your ~ for it σᾶς πιστεύω. I take him at his ~ βασίζομαι στό λόγο του. be as good as one's ~ κρατῶ τό λόγο μου. ~s fail me δέν βρίσκω λόγια. he is too comic for ~s εἶναι τόσο κωμικός πού δέν περιγράφεται. his ~ is law εἶναι τό λύειν καί

δεσμεῖν. he didn't say a ~ δέν ἔβγαλε λέξη. my ~! βρέ βρέ βρέ! *(warning)* not a ~! μιλιά! μόκο! τσιμουδιά!
word *v.* διατυπώνω. ~**ing** *s.* διατύπωσις *f.*
word-perfect *a.* be ~ *(in role, lesson)* τό ξέρω ἀπ' ἔξω καί ἀνακατωτά.
wordy *a. (person)* περιττολόγος, *(text)* μακροσκελής.
work *s. (employment, what is done)* δουλειά *f.,* ἐργασία *f. (substantial achievement)* ἔργον *n. (things to be done)* δουλειές *f.pl.* it is the ~ of criminals εἶναι δουλειά ἐγκληματιῶν. *(book, painting, etc.)* ἔργον *n.* ~ of art ἔργον τέχνης. complete ~s of Solomos τά ἅπαντα τοῦ Σολωμοῦ. out of ~ ἄνεργος. make short ~ of καθαρίζω, κανονίζω. I had my ~ cut out to find it εἶδα κι' ἔπαθα γιά νά τό βρῶ. he had set to ~ to... εἶχε βαλθῆ νά.
work *v.i. (do work)* δουλεύω, ἐργάζομαι. *(function, go)* πάω, δουλεύω, λειτουργῶ. *(ferment)* βράζω. *(take effect, come off)* πιάνω. ~ together συνεργάζομαι. *(v.t.) (perform)* κάνω, *(operate)* χειρίζομαι, δουλεύω. *(exploit)* ἐκμεταλλεύομαι. *(embroider)* κεντῶ. *(fashion, knead)* δουλεύω. I ~ed it *(pulled it off)* τό πέτυχα. ~ one's passage πληρώνω τά ναῦλα μου δουλεύοντας. ~ oneself up *(get roused)* ἐξάπτομαι. he ~ed his way up from nothing κατάφερε νά ἀνέβη ἀπό τό τίποτα. ~ through *(penetrate)* διαπερνῶ. ~ loose *(v.t. & i.)* λασκάρω.
work at *v.* καταπιάνομαι μέ.
work in (into) *v.t. (introduce)* εἰσάγω. *(v.i.) (get in)* μπαίνω, εἰσχωρῶ. ~ with *(plans, etc.)* συνδυάζομαι.
work off *v.t. (get rid of)* ἀπαλλάσσομαι ἀπό, ξεφορτώνομαι. *(v.i., get detached)* βγαίνω.
work on *v.t. (influence)* ἐπηρεάζω. ~ the assumption that βασίζομαι στό ὅτι...
work out *v.t. (details, plans)* ἐπεξεργάζομαι. *(solve)* λύνω, *(find, think of)* βρίσκω, *(reckon)* ὑπολογίζω. *(v.i.) (turn out)* ἐξελίσσομαι, καταλήγω. it worked out well for me μοῦ βγῆκε σέ καλό.
work-out *s. (test)* δοκιμή *f. (practice)* ἄσκησις *f.*
work up *v.t. (create)* δημιουργῶ, *(arouse)* διεγείρω. *(prepare, fashion)* δουλεύω. get worked up ἐξάπτομαι. *(v.i.)* we're working up to an election πᾶμε γιά ἐκλογές. what is he working up to? ποῦ θέλει νά καταλήξη;

workable *a. (scheme)* πρακτικός, ἐφαρμόσιμος.

workaday *a.* καθημερινός.

worker *s.* ἐργάτης *m.* ~'s ἐργατικός.

workhouse *s.* πτωχοκομεῖον *n.*

working *a. (person)* ἐργαζόμενος. ~ day ἐργάσιμος ἡμέρα, ~ hours ὧρες ἐργασίας. ~ clothes ῥοῦχα τῆς δουλειᾶς. ~ party ἐπιτροπή πραγματογνωμόνων. hard-~ ἐργατικός. ~ class ἐργατική τάξις. ~-class district ἐργατική συνοικία. ~-class mentality νοοτροπία ἀνθρώπου τῆς ἐργατικῆς τάξεως. it is in ~ order λειτουργεῖ καλά.

working *s.* λειτουργία *f.* ~ out *(of plan, etc.)* ἐπεξεργασία *f.*

workman *s.* ἐργάτης *m.* ~like *a.* μαστορικός, καλός. ~ship *s.* δουλειά *f. (of higher quality)* ἐργασία *f.*

works *s. (mechanism)* μηχανισμός *m. (factory)* ἐργοστάσιον *n. (public, construction, artistic, etc.)* ἔργα *n.pl.*

workshop *s.* ἐργαστήριον *n.*

work-shy *a.* φυγόπονος, τεμπέλης.

world *s.* κόσμος *m.* end of the ~ συντέλεια τοῦ κόσμου. on top of the ~ *(fig.)* κεφάτος, πανευτυχής. it did me a ~ of good μέ ὠφέλησε ἀφάνταστα. what in the ~ does he want? τί στήν ὀργή *(or* στήν εὐχή) θέλει; I wouldn't do that for the ~ γιά τίποτα στόν κόσμο δέν θά τὅκανα αὐτό. she thinks the ~ of him τόν ἔχει γιά πολύ σπουδαῖο. *(a.)* παγκόσμιος. ~-wide *a.* παγκόσμιος.

worldly *a. (not spiritual)* ἐγκόσμιος, τοῦ κόσμου. *(person)* ἐνδιαφερόμενος γιά τά τοῦ κόσμου. ~ interest ἐνδιαφέρον γιά τά ὑλικά ἀγαθά. ~ goods κοσμικά ἀγαθά.

worm *s.* σκουλήκι *n. (v.)* ~ one's way σέρνομαι, χώνομαι, τρυπώνω. ~ out *(secret, etc.)* ἐκμαιεύω. ~-eaten *a.* σκωληκόβρωτος, σκουληκιασμένος.

wormwood *s. (fig.)* φαρμάκι *n.*

worn *a. (worse for wear)* φθαρμένος, φαγωμένος. *(garment)* τριμμένος, *(face)* τραβηγμένος. ~-out *a. (thing)* λειωμένος, *(idea)* ξεπερασμένος, *(person)* ἐξαντλημένος.

worr|y *s.* ἀνησυχία *f.,* ἔννοια *f.,* στενοχώρια *f.* ~ies βάσανα *n.pl.*

worr|y *v.t.* ἀνησυχῶ, στενοχωρῶ. *(bother)* ἐνοχλῶ. *(v.i.)* ἀνησυχῶ, στενοχωριέμαι. ~ied *a.* ἀνήσυχος, στενοχωρημένος. ~ying *a.* ἀνησυχητικός, *(tiresome)* ἐνοχλητικός.

worse *a.* χειρότερος. get ~ χειροτερεύω, ἐπιδεινώνομαι. the ~ for wear *see* worn. *(adv.)* χειρότερα. he is none the ~ for it δέν ἔπαθε τίποτα. be ~ off βρίσκομαι σέ χειρότερη κατάσταση.

worsen *v.t. & i.* χειροτερεύω. ~ing *s.* χειροτέρεμα *n.,* ἐπιδείνωσις *f.*

worship *v.* λατρεύω. *(s.)* λατρεία *f.* ~per *s.* λάτρης *m.*

worst *a.* ὁ χειρότερος, χείριστος. if the ~ comes to the ~ στή χειρότερη περίπτωση. get the ~ of it ἡττῶμαι. do one's ~ κάνω ὅ,τι χειρότερο μπορῶ. *(v.)* νικῶ.

worsted *s.* κασμήρι ἀπό στριμμένο μαλλί.

worth *a.* be ~ ἀξίζω. it is ~ reading ἀξίζει νά τό διαβάση κανείς. it's ~ a lot ἔχει μεγάλη ἀξία. how much is he ~? τί περιουσία ἔχει; he pulled for all he was ~ τράβηξε μέ ὅλη του τή δύναμη.

worth *s.* ἀξία *f.* thirty pounds' ~ of books βιβλία ἀξίας τριάντα λιρῶν. it wasn't a good money's ~ δέν ἄξιζε τά χρήματα πού ἔδωσα. ~less *a.* ἄνευ ἀξίας, *(person)* ἀνάξιος.

worthwhile *a.* πού ἀξίζει τόν κόπο.

worth|y *a.* ἄξιος, *(equal in ~)* ἀντάξιος. ~y of note ἀξιόλογος, ἀξιοσημείωτος. *(s.) (personage)* προεστώς *m.* ~ily *adv.* ἐπαξίως. ~iness *s.* ἀξία *f.*

would *v.* ~ you like some more? θέλετε *(or* θά θέλατε) λίγο ἀκόμα; they ~ like to live in the country θά τούς ἄρεσε νά ζοῦν στήν ἐξοχή. I ~ rather not go out yet θά προτιμοῦσα νά μή βγῶ ἀκόμα. he said he ~ come tomorrow εἶπε πώς θά ἔρθη αὔριο. he ~ insist ἐπέμενε σώνει καί καλά *(with* νά, ὅτι). he ~ have a nap every day after lunch κάθε μέρα ἔπαιρνε ἕναν ὑπνάκο μετά τό μεσημεριανό φαγητό. ~ that it were possible! μακάρι νά γινότανε!

would-be *a.* ὑποψήφιος.

wound *s.* πληγή *f. (also fig.)* τραῦμα *n. (v.)* πληγώνω, τραυματίζω. ~ed person τραυματίας *m.*

wraith *s.* φάντασμα *n.*

wrangle *v.* λογομαχῶ. *(s.)* λογομαχία *f.*

wrap *v. (also ~ up)* τυλίγω, περιτυλίγω. *(cover)* σκεπάζω. ~ oneself up κουκουλώνομαι. ~ped up in *(absorbed)* ἀπορροφημένος εἰς. *(s.) (rug, etc.)* σκέπασμα *n. (shawl)* σάλι *n.* ~per *s. (of book)* κάλυμμα *n. (of newspaper)* ταινία *f.* ~ping *s. (act)* τύλιγμα *n. (stuff)* περιτύλιγμα *n.*

wrath *s.* ὀργή *f.* ~ful *a.* ὠργισμένος.

wreak *v.* ~ havoc on καταστρέφω. ~

vengeance on ἐκδικοῦμαι. ~ one's anger on ξεσπάω τό θυμό μου σέ.

wreath s. στέφανος m. (marriage) στεφάνι n., (pl. στέφανα). (funeral) στεφάνι n., (pl. στεφάνια). (of smoke) τολύπη f.

wreathe v.t. (wrap) τυλίγω, (cover) σκεπάζω. ~ oneself (round sthg.) περιτυλίγομαι. ~d (covered) σκεπασμένος. (with flowers) στολισμένος. (face) ~d in smiles φωτισμένο μέ χαμόγελο. (v.i., of smoke) ἀνεβαίνω σέ τολύπες.

wreck s. (destruction, ~ed ship) ναυάγιο n. (vehicle, building, person) ἐρείπιο n. (the car) was a complete ~ καταστράφηκε ἐντελῶς. I feel an absolute ~ αἰσθάνομαι ράκος. (v.) ρημάζω, καταστρέφω. be ~ed (of ship, enterprise) ναυαγῶ. ~age s. συντρίμματα n.pl. (of building) ἐρείπια n.pl.

wrench v. ἀποσπῶ βιαίως, (sprain) στραμπουλίζω. (s.) ἀπότομο τράβηγμα, στραμπούλισμα n. (tool) κάθουρας m. ~ of parting πόνος (or σπαραγμός) τοῦ χωρισμοῦ.

wrest v. ἁρπάζω, (also fig.) ἀποσπῶ.

wrest|le v. παλεύω. ~ler s. παλαιστής m. ~ling s. πάλη f.

wretch s. (scoundrel) παλιάνθρωπος m. (pitiful) κακομοίρης a. (fam.) poor ~ φουκαράς m.

wretched a. (unhappy) δυστυχισμένος, (to be pitied) κακομοίρης. (mean, poor) ἄθλιος, ἐλεεινός, τῆς κακιᾶς ὥρας. be in a ~ state εἶμαι χάλια. (fam., as expletive) (person) εὐλογημένος, (thing) παλιο-. ~ly adv. δυστυχισμένα, ἐλεεινά. ~ness s. δυστυχία f. ἀθλιότης f.

wriggle v.t. κουνῶ, παίζω. (v.i.) (of fish) σπαρταρῶ, (of worm) συστρέφομαι, (of person) κουνιέμαι. (slip) γλιστρῶ, (crawl) σέρνομαι. ~ out of ξεγλιστρῶ ἀπό.

wrinkle s. ρυτίδα f., ζάρα f. (v.) (also get ~d) ρυτιδώνω, ζαρώνω.

wring v. σφίγγω, (extract) ἀποσπῶ. I'll ~ his neck θά τοῦ στρίψω τό λαρύγγι. ~ out (clothes) στύβω. ~ing wet μουσκεμένος. (s.) σφίξιμο n., στύψιμο n.

wrist s. καρπός m. ~band s. μανικέτι n. ~-watch s. ρολόι τοῦ χεριοῦ.

writ s. ἔνταλμα n. Holy W~ Ἁγία Γραφή.

write v. γράφω, (a learned work) συγγράφω. ~r s. συγγραφεύς m.

write down v.t. (note) σημειώνω. (fam., consider) ~ as θεωρῶ, παίρνω γιά.

write off v.t. ξεγράφω.

write-off s. (fam.) it is a ~ εἶναι γιά πέταμα.

write out v.t. γράφω, (copy) ἀντιγράφω. he has written himself out ἐξόφλησε.

write up v.t. (update) ἐνημερώνω. (praise) γράφω εὐνοϊκή κριτική γιά. (describe) κάνω γραπτή περιγραφή (with gen.).

write-up s. it got a good ~ εἶχε εὐνοϊκή κριτική.

writhe v.i. (in coils) συστρέφομαι, (in pain) σπαράζω.

writing s. (action) γράψιμο n. (form) γραφή f. (art, profession) τό συγγράφειν. (hand~) γράψιμο n., γραφή f. in ~ (a.) γραπτός, (adv.) γραπτῶς. this paper's got ~ on it αὐτό τό χαρτί εἶναι γραμμένο. ~ on the wall (fig.) προειδοποίησις μελλοντικῆς καταστροφῆς. ~s ἔργα n.pl.

written a. γραπτός, γραμμένος, ἔγγραφος. ~ by hand χειρόγραφος.

wrong a. & adv. 1. (out of order) go ~ χαλῶ. there is something ~ with my watch κάτι ἔχει τό ρολόι μου. there's nothing ~ with her (in health) δέν ἔχει (or δέν τῆς συμβαίνει) τίποτα. 2. (morally) κακός, (unjust) ἄδικος. be ~ (of person) ἔχω ἄδικο. it is ~ to tell lies εἶναι κακό (or δέν εἶναι σωστό) νά λέη ψέμματα κανείς. 3. (erroneous) λανθασμένος. be ~ (of person) δέν ἔχω δίκιο, ἔχω λάθος. go ~ (of plans) πηγαίνω στραβά, ἀποτυχαίνω. the ~ way round ἀνάποδα. it's the ~ colour δέν εἶναι τό χρῶμα πού πρέπει. I got the ~ number (on phone) πῆρα λάθος. I took the ~ bus πῆρα λάθος λεωφορεῖο. it's the ~ address δέν εἶναι ἡ σωστή διεύθυνσις. it's in the ~ place εἶναι σέ λανθασμένη θέση. it has come at the ~ time δέν ἦρθε ὅταν ἔπρεπε. that is where we went ~ ἐκεῖ κάναμε λάθος (or πήγαμε στραβά). get hold of the ~ end of the stick τό παίρνω στραβά. get caught on the ~ foot καταλαμβάνομαι ἀνέτοιμος. ~ side (of cloth) ἀνάποδη f.

wrong s. κακόν n., ἄδικον n. (injustice) ἀδικία f. do (person) ~ ἀδικῶ. be in the ~ σφάλλω, βρίσκομαι ἐν ἀδίκω. (v.t.) ἀδικῶ.

wrong-do|er s. παραβάτης τοῦ νόμου (legally) or τῶν ἠθικῶν ἀρχῶν (morally). ~ing s. παράβασις etc. (as above).

wrongful a. παράνομος. ~ly adv. παρανόμως.

wrong-headed a. ἀνάποδος.

wrongly adv. κακά, στραβά. (unjustly)

ἄδικα. *(mistakenly)* ἐσφαλμένως, *(fam.)* λάθος.

wroth *a.* ἐξωργισμένος.

wrought *a. (metal)* σφυρήλατος. ~ up ἀναστατωμένος.

wry *a. (crooked)* στραβός, *(ironic)* εἰρωνικός. make a ~ face στραβομουτσουνιάζω, στραβώνω τά μοῦτρα μου. ~ smile βεβιασμένο χαμόγελο. ~ly *adv.* εἰρωνικά.

X

xenophob|ia *s.* ξενοφοβία *f.* ~ic *a.* be ~ic ἔχω ξενοφοβία.

xerox *v.t.* βγάζω φωτοαντίγραφο ἀπό.

X-ray|s *s.* ἀκτῖνες Χ. ~ photograph(y) ἀκτινογραφία *f. (v.)* ~ ἀκτινοσκοπῶ. get ~ed κάνω ἀκτινοσκόπηση.

xylophone *s.* ξυλόφωνον *n.*

Y

yacht *s.* θαλαμηγός *f.*, γιώτ *n.* ~-club ναυτικός ὅμιλος. ~ing *s.* ἱστιοπλοΐα *f.*

yahoo *s.* κτηνώδης ἄνθρωπος.

yank *v.t.* τραβῶ ἀπότομα.

yap *v.* γαυγίζω, *(fig.)* φλυαρῶ. ~ping *s.* γαύγισμα *n.* φλυαρία *f.*

yard *s. (measure)* ὑάρδα *f. (naut.)* κεραία *f.* ~stick *s.* μέτρο *n.*

yard *s. (of building)* αὐλή *f. (storage, builder's)* μάντρα *f. (USA)* κῆπος *m.*

yarn *s. (thread)* νῆμα *n. (story)* ἱστορία *f.* *(v.)* λέω ἱστορίες.

yashmak *s.* γιασμάκι *n.*

yawn *v.* χασμουριέμαι, *(fig., gape open)* χαίνω, χάσκω. *(s.) (also* ~ing*)* χασμούρημα, χασμουρητό *n.*

ye *pron.* ἐσεῖς.

yea *adv.* ναί. ~s and nays οἱ ὑπέρ καί οἱ κατά.

year *s.* χρόνος *m. (pl.* χρόνια *n.),* ἔτος *n.* this ~ φέτος, this ~'s φετεινός. last ~

πέρ(υ)σι, last ~'s περσινός. next ~ τοῦ χρόνου, next ~'s τοῦ ἐρχομένου χρόνου. the ~ before last πρόπερσι. ~s ago πρό χρόνων. ten ~s old δέκα χρονῶν *(or* ἐτῶν*).* ~ in ~ out χρόνος μπαίνει χρόνος βγαίνει. the school ~ σχολικόν ἔτος. a ~'s pay χρονιάτικο *n.* New Y~'s Day πρωτοχρονιά *f.* this was a good ~ for peaches ἡ φετεινή ἦταν μία καλή χρονιά γιά τά ροδάκινα. the best pupil of his ~ ὁ καλύτερος μαθητής τῆς χρονιᾶς του. ~-**book** *s.* ἐπετηρίς *f.* ~**ling** *a.* ~ling colt πουλάρι ἑνός ἔτους.

yearly *a. (also* lasting one year*)* ἐτήσιος, ἐνιαύσιος. *(adv.)* ἐτησίως, κάθε χρόνο.

yearn *v. (also* ~ for*)* λαχταρῶ. ~**ing** *s.* λαχτάρα *f. (regret)* καημός *m.,* μεράκι *n.*

yeast *s.* μαγιά *f.*

yell *v.t. & i.* φωνάζω. *(v.i.)* ξεφωνίζω. *(s.)* ξεφωνητό *n.*

yellow *a.* κίτρινος, *(cowardly)* δειλός. turn ~ κιτρινίζω. ~**ish** *a.* κιτρινωπός.

yelp *v.* οὐρλιάζω. *(s.)* οὔρλιασμα *n.*

yeoman *s.* ἀγρότης μικροκτηματίας. *(fig.)* ~ service πολύτιμη βοήθεια σέ ὥρα ἀνάγκης.

yes *adv.* ναί, μάλιστα. *(strongly affirmative)* ἀμέ, ἀμ' πῶς! *(esp. as response to neg. question)* πῶς.

yesterday *adv.* χθές, χτές, ~ morning χθές τό πρωΐ. ~ week σά χθές ὀκτώ. ~'s χθεσινός.

yet *adv. (still)* ἀκόμα, not ~ ὄχι ἀκόμα. have you been paid ~? πληρώθηκες ἤ ἀκόμα; as ~ *(up to now)* ὥς *(or* μέχρι*)* τώρα, γιά τήν ὥρα. *(up to then)* ὥς *(or* μέχρι*)* τότε. and ~ *(nevertheless)* κι' ὅμως. nor ~ οὔτε καί. *(conj.)* ἀλλά.

yew *s.* τάξος *f.*

yield *v.t. (produce)* παράγω, ἀποδίδω, βγάζω. *(surrender)* παραδίδω. *(v.i.)* παραδίδομαι. *(give way)* ὑποχωρῶ, ἐνδίδω. *(s.)* ἀπόδοσις *f.* ~**ing** *a. (person)* ὑποχωρητικός, *(substance)* μαλακός, εὔκαμπτος.

yog(h)urt *s.* γιαούρτι *n.*

yoke *s.* ζυγός *m. (of oxen)* ζευγάρι *n. (in dressmaking)* νωμίτης *m. (v.t.)* ζεύω. ~d ζεμένος.

yokel *s.* βλάχος *m.*

yolk *s.* κρόκος *m.*

yon, ~der *adv.* ἐκεῖ πέρα. *(a.)* ἐκεῖνος.

yore *s.* in days of ~ τόν παλιό καιρό.

you *pron. (subject)* (ἐ)σύ *sing.,* (ἐ)σεῖς *pl.* *(object)* (ἐ)σένα, (ἐ)σᾶς. *(unemphatic object)* σέ, σᾶς, *(indirect)* σοῦ, σᾶς.

young *a.* νέος, νεαρός, μικρός. ~ man ἔφηβος, νέος *m.*, παλληκάρι *n.* ~ woman νεαρή γυναῖκα. ~ lady δεσποινίς *f.* ~ people νέοι *m.pl.*, ἡ νεολαία. my ~er brother ὁ μικρός μου ἀδελφός. *(s.) (offspring)* μικρά *n.pl.* with ~ ἔγκυος. ~ster *s.* παιδί *n.*

your *pron.* ~ house τό σπίτι σου *(sing.)*, σας *(pl.)*. ~ own, ~s δικός σου/σας ~self *see* self.

youth *s. (state)* νεότης *f.* ν(ε)ιᾶτα *n.pl. (young people)* νεολαία *f.*, ν(ε)ιᾶτα *n.pl. (lad)* νεανίας, νέος *m.*

youthful *a. (person)* νέος, *(appearance)* νεανικός. ~ness *s.* νεανικότης *f.*

yule, ~tide *s.* Χριστούγεννα *n.pl.*

Z

zany *a.* παλαβός.

zeal *s.* ζῆλος *m.* ~ot *s.* φανατικός *a.*

zealous *a.* ἔνθερμος, γεμάτος ζῆλο. ~ly *adv.* μέ ζῆλο.

zebra *s.* ζέβρα *f.* ~ crossing διάβασις πεζῶν.

zenith *s.* ζενίθ *n.*

zephyr *s.* ζέφυρος *m.*

zero *s.* μηδέν *n.* below ~ κάτω τοῦ μηδενός. ~ hour ὥρα μηδέν.

zest *s.* ἐνθουσιασμός *m. (gusto)* κέφι *n. (piquancy)* νοστιμάδα *f. (appetite)* ὄρεξις *f.*

zeugma *s.* ζεῦγμα *n.*

zig-zag *s.* ζίγκ-ζάγκ *n. (v.)* κάνω ζίγκ-ζάγκ. ~ down κατεβαίνω μέ ζίγκ-ζάγκ.

zinc *s.* ψευδάργυρος *m.*, τσίγκος *m.*

zionism *s.* σιωνισμός *m.*

zip *s. (noise)* σφύριγμα *n. (energy)* ἐνεργητικότης *f. (v.t.)* ~ it up *(dress, etc.)* κλείνω μέ φερμουάρ. *(v.i.)* ~ past περνῶ σάν σφαῖρα. ~-fastener *s.* φερμουάρ, ἐκλέρ *n.*

zither *s.* εἶδος σαντουριοῦ.

zodiac *s.* ζωδιακός κύκλος. sign of the ~ ζώδιον *n.*

zone *s.* ζώνη *f. (v.)* χωρίζω σέ ζῶνες.

zoo *s.* ζωολογικός κῆπος.

zoolog|y *s.* ζωολογία *f.* ~ical *a.* ζωολογικός. ~ist *s.* ζωολόγος *m.*

zoom *v.i. (rise)* ὑψώνομαι ἀπότομα. *(buzz)* βουίζω.

APPENDIX I

PLACE NAMES

Abyssinia Ἀβησσυνία f.
Adelaide Ἀδελαΐς f.
Adriatic Ἀδριατική f.
Aegean Αἰγαῖον n.
Aegina Αἴγινα f.
Africa Ἀφρική f.
Albania Ἀλβανία f.
Aleppo Χαλέπι n.
Alexandria Ἀλεξάνδρεια f.
Algeria Ἀλγερία f.
Algiers Ἀλγέρι n.
Alps Ἄλπεις f.pl.
Alsace Ἀλσατία f.
Amazon Ἀμαζόνιος m.
America Ἀμερική f.
Amsterdam Ἄμστερνταμ n.
Andes Ἄνδεις f.pl.
Ankara Ἄγκυρα f.
Antioch Ἀντιόχεια f.
Antwerp Ἀμβέρσα f.
Apennines Ἀπέννινα n.pl.
Arabia Ἀραβία f.
Arcadia Ἀρκαδία f.
Argentina Ἀργεντινή f.
Argos Ἄργος n.
Armenia Ἀρμενία f.
Asia Ἀσία f.
Asia Minor Μικρά Ἀσία f.
Assyria Ἀσσυρία f.
Athens Ἀθῆναι f.pl., (fam.) Ἀθήνα f.
Athos Ἄθως m.
Atlantic Ἀτλαντικός m.
Attica Ἀττική f.
Australia Αὐστραλία f.
Austria Αὐστρία f.

Babylon Βαβυλών f.
Bagdad Βαγδάτη f.
Balearics Βαλεαρίδες f.pl.
Balkans Βαλκάνια n.pl.
Baltic Βαλτική f.
Barcelona Βαρκελώνη f.
Basel Βασιλεία f.
Bavaria Βαυαρία f.
Belgium Βέλγιον n.
Belgrade Βελιγράδιον n.
Berlin Βερολῖνον n.
Bermudas Βερμοῦδ|αι, ~ες f.pl.
Bern Βέρνη f.

Bethlehem Βηθλεέμ f.
Beyrout Βηρυττός f.
Birmingham Μπίρμιγκχαμ n.
Biscay (Bay of) Βισκαϊκός Κόλπος m.
Black Forest Μέλας Δρυμός m.
Black Sea Μαύρη Θάλασσα f.
Boeotia Βοιωτία f.
Bohemia Βοημία f.
Bolivia Βολιβία f.
Bombay Βομβάη f.
Bonn Βόννη f.
Bosnia Βοσνία f.
Bosphorus Βόσπορος m.
Boston Βοστώνη f.
Brazil Βραζιλία f.
Bremen Βρέμη f.
Brittany Βρετάνη f.
Brussels Βρυξέλλ|αι, ~ες f.pl.
Bucarest Βουκουρέστιον n.
Budapest Βουδαπέστη f.
Bulgaria Βουλγαρία f.
Burgundy Βουργουνδία f.
Burma Βιρμανία f.
Byzantium Βυζάντιον n.

Cadiz Κάδιξ m.
Cairo Κάιρον n.
Calabria Καλαβρία f.
Calcutta Καλκούττα f.
Cambridge Καίμπριτζ n.
Canaan Χαναάν f.
Canada Καναδᾶς m.
Canberra Καμπέρρα f.
Candia Ἡράκλειον n.
Canea Χανιά n.pl.
Cape (S. Africa) Ἀκρωτήριον n.
Caribbean Καραϊβική f.
Carpathians Καρπάθια n.pl.
Carthage Καρχηδών f.
Caspian Κασπία f.
Castille Καστίλλη f.
Caucasus Καύκασος m.
Central Greece Στερεά Ἑλλάς f.
Ceylon Κεϋλάνη f.
Chaldaea Χαλδαία f.
Channel (The) Μάγχη f.
Chicago Σικάγον n.
Chile Χιλή f.
China Κίνα f.

Cologne Κολωνία *f.*
Colombia Κολομβία *f.*
Congo Κονγκό *n.*
Constantinople Κωνσταντινούπολις *f.*
Copenhagen Κοπενχάγη *f.*
Corfu Κέρκυρα *f.*
Corinth Κόρινθος *f.*
Corsica Κορσική *f.*
Crete Κρήτη *f.*
Crimea Κριμαία *f.*
Croatia Κροατία *f.*
Cuba Κούβα *f.*
Cyclades Κυκλάδες *f.pl.*
Cyprus Κύπρος *f.*
Czechoslovakia Τσεχοσλοβακία *f.*

Dalmatia Δαλματία *f.*
Damascus Δαμασκός *f.*
Danube Δούναβις *m.*
Dardanelles Δαρδανέλλια *n.pl.*
Dead Sea Νεκρά Θάλασσα *f.*
Delhi Δελχί *n.*
Delphi Δελφοί *m.pl.*
Denmark Δανία *f.*
Dodecanese Δωδεκάνησος *f.*
Dublin Δουβλίνον *n.*

Ecuador Ίσημερινός *m.*
Eden Ἐδέμ *f.*
Edinburgh Ἐδιμβοῦργον *n.*
Egypt Αἴγυπτος *f.*
Eire Δημοκρατία τῆς Ἰρλανδίας *f.*
Eleusis Ἐλευσίς *f.*
Ephesus Ἔφεσος *f.*
Epidaurus Ἐπίδαυρος *f.*
Epirus Ἤπειρος *f.*
Eritrea Ἐρυθραία *f.*
Ethiopia Αἰθιοπία *f.*
Etna Αἴτνα *f.*
Euboea Εὔβοια *f.*
Euphrates Εὐφράτης *m.*
Europe Εὐρώπη *f.*
Euxine Εὔξεινος Πόντος *m.*

Famagusta Ἀμμόχωστος *f.*
Finland Φιλλανδία *f.*
Flanders Φλαμανδία *f.*
France Γαλλία *f.*

Galilee Γαλιλαία *f.*
Gallipoli Καλλίπολις *f.*
Ganges Γάγγης *m.*
Geneva Γενεύη *f.*
Genoa Γένουα *f.*
Georgia Γεωργία *f.*
Germany Γερμανία *f.*

Gibraltar Γιβραλτάρ *n.*
Glasgow Γλασκώβη *f.*
Great Britain Μεγάλη Βρεττανία *f.*
Greece Ἑλλάς *f.*
Greenland Γροιλλανδία *f.*

Hague Χάγη *f.*
Haifa Χάιφα *f.*
Hamburg Ἁμβοῦργον *n.*
Hawaii Χαβάη *f.*
Helicon Ἑλικῶν *m.*
Hellespont Ἑλλήσποντος *m.*
Helsinki Ἑλσίνκι *n.*
Hertzegovina Ἑρζεγοβίνη *f.*
Himalayas Ἱμαλάια *n.pl.*
Holland Ὁλλανδία *f.*
Holy Land Ἁγία Γῆ *f.*
Hong Kong Χόγκ-Κόγκ *n.*
Hungary Οὑγγαρία *f.*
Hymettus Ὑμηττός *m.*

Iceland Ἰσλανδία *f.*
India, Indies Ἰνδί|αι, ~ες *f.pl.*
Indonesia Ἰνδονησία *f.*
Ionian *(Sea)* Ἰόνιον *n.*
Irak Ἰράκ *n.*
Iran Ἰράν *n.*
Ireland Ἰρλανδία *f.*
Israel Ἰσραήλ *n.*
Istambul Ἰσταμπούλ *f.*
Italy Ἰταλία *f.*

Jaffa Ἰόππη *f.*
Jamaica Ἰαμαϊκή *f. (fam.)* Ζαμάικα *f.*
Japan Ἰαπωνία *f.*
Jerusalem Ἱερουσαλήμ *f.*
Jordan *(river)* Ἰορδάνης *m.*
Jordan *(state)* Ἰορδανία *f.*
Judaea Ἰουδαία *f.*
Jura Ἰούρας *m.*

Kiev Κίεβον *n.*
Korea Κορέα *f.*
Kuweit Κοβέιτ *n.*

Latvia Λεττονία *f.*
Lausanne Λωζάννη *f.*
Lebanon Λίβανος *m.*
Leghorn Λιβόρνον *n.*
Leiden Λέυντεν *f.*
Leipzig Λειψία *f.*
Leningrad Λένινγκραντ *n.*
Liberia Λιβηρία *f.*
Libya Λιβύη *f.*
Limassol Λεμεσός *f.*
Lisbon Λισσαβών *f.*

Lombardy Λομβαρδία *f.*
London Λονδῖνον *n.*
Lorraine Λωρραίνη *f.*
Low Countries Κάτω Χῶραι *f.pl.*
Luxemburg Λουξεμβοῦργον *n.*
Lycabettus Λυκαβηττός *m.*
Lyon Λυών *f.*

Macedonia Μακεδονία *f.*
Madagascar Μαδαγασκάρη *f.*
Madrid Μαδρίτη *f.*
Malaysia Μαλαισία *f.*
Malta Μάλτα *f.*
Manchester Μάντσεστερ *n.*
Marathon Μαραθών *m.*
Marmara *(Sea of)* Προποντίς *f.*
Marseille Μασσαλία *f.*
Mecca Μέκκα *f.*
Mediterranean Μεσόγειος *f.*
Melbourne Μελβούρνη *f.*
Mesopotamia Μεσοποταμία *f.*
Mexico Μεξικόν *n.*
Milan Μιλᾶνον *n.*
Mistra Μυστρᾶς *m.*
Moldavia Μολδαυΐα *f.*
Monaco Μονακό *n.*
Mont Blanc Λευκόν Ὄρος *n.*
Montenegro Μαυροβούνι *n.*
Morea Μοριάς *m.*
Moscow Μόσχα *f.*
Munich Μόναχον *n.*
Mycenae Μυκῆναι *f.pl.*

Naples Νεάπολις *f.*
Nauplia Ναύπλιον *n.*
Nazareth Ναζαρέτ *f.*
Netherlands Κάτω Χῶραι *f.pl.*
Newfoundland Νέα Γῆ *f.*
New South Wales Νέα Νότιος Οὐαλλία *f.*
New York Νέα Ὑόρκη *f.*
New Zealand Νέα Ζηλανδία *f.*
Niagara Νιαγάρας *m.*
Nice Νίκαια *f.*
Nicosia Λευκωσία *f.*
Nigeria Νιγηρία *f.*
Nile Νεῖλος *m.*
Normandy Νορμανδία *f.*
North Sea Βόρειος Θάλασσα *f.*
Norway Νορβηγία *f.*

Oceania Ὠκεανία *f.*
Odessa Ὀδησσός *f.*
Olympia Ὀλυμπία *f.*
Olympus Ὄλυμπος *n.*
Orleans Ὀρλεάνη *f.*

Oslo Ὄσλο *n.*
Ottawa Ὀττάβα *f.*
Oxford Ὀξφόρδη *f.*

Pacific Εἰρηνικός *m.*
Pakistan Πακιστάν *n.*
Palestine Παλαιστίνη *f.*
Panama Παναμᾶς *m.*
Paraguay Παραγουάη *f.*
Paris Παρίσιοι *m.pl.*, *(fam.)* Παρίσι *n.*
Parnassus Παρνασσός *m.*
Parnes Πάρνης *m.*
Patras Πάτραι *f.pl.*, *(fam.)* Πάτρα *f.*
Pekin Πεκίνον *n.*
Peloponnese Πελοπόννησος *f.*
Pentelicon Πεντέλη *f.*
Persia Περσία *f.*
Peru Περού *n.*
Phanar Φανάριον *n.*
Philadelphia Φιλαδέλφεια *f.*
Philippines Φιλιππῖν|αι, ~ες *f.pl.*
Phoenicia Φοινίκη *f.*
Pindus Πίνδος *f.*
Piraeus Πειραιεύς *m.*, *(fam.)* Πειραιάς *m.*
Po Πάδος *m.*
Poland Πολωνία *f.*
Polynesia Πολυνησία *f.*
Pompeii Πομπηΐα *f.*
Portugal Πορτογαλλία *f.*
Prague Πράγα *f.*
Provence Προβηγκία *f.*
Prussia Πρωσσία *f.*
Pyrenees Πυρηναῖα *n.pl.*

Red Sea Ἐρυθρά Θάλασσα *f.*
Rhine Ρῆνος *m.*
Rhineland Ρηνανία *f.*
Rhodes Ρόδος *f.*
Rhodesia Ροδεσία *f.*
Rhodope Ροδόπη *f.*
Rhône Ροδανός *m.*
Rockies Βραχώδη Ὄρη *n.pl.*
Romania Ρουμανία *f.*
Rome Ρώμη *f.*
Rumeli Ρούμελη *f.*
Russia Ρωσσία *f.*

Sahara Σαχάρα *f.*
Salamis Σαλαμίς *f.*
Salonica Θεσσαλονίκη *f.*
St Helena Ἁγία Ἑλένη *f.*
St Petersburg Πετρούπολις *f.*
San Francisco Ἅγιος Φραγκίσκος *m.*
Sardinia Σαρδηνία *f.*
Saudi Arabia Σαουδική Ἀραβία *f.*

Savoy Σαβοΐα f.
Scandinavia Σκανδιναυΐα f.
Scotland Σκωτία f.
Scythia Σκυθία f.
Sebastopol Σεβαστούπολις f.
Seine Σηκουάνας m.
Senegal Σενεγάλη f.
Serbia Σερβία f.
Seychelles Σεϋχέλλ|αι, ~ες f.pl.
Shanghai Σαγγάη f.
Siam Σιάμ n.
Siberia Σιβηρία f.
Sicily Σικελία f.
Sinai Σινᾶ n.
Singapore Σιγγαπούρη f.
Smyrna Σμύρνη f.
Sodom Σόδομα n.pl.
Sofia Σοφία f.
South Africa Νότιος 'Αφρική f.
South America Νότιος 'Αμερική f.
Soviet Union Σοβιετική Ένωσις f.
Spain 'Ισπανία f.
Sparta Σπάρτη f.
Sporades Σποράδες f.pl.
Stockholm Στοχχόλμη f.
Styx Στύξ f.
Sudan Σουδάν n.
Suez Σουέζ n.
Sweden Σουηδία f.
Switzerland 'Ελβετία f.
Sydney Σίδνεϋ n.
Syracuse Συρακοῦσαι f.pl.
Syria Συρία f.

Tagus Τάγος m.
Tangiers Ταγγέρη f.
Teheran Τεχεράνη f.
Thailand Ταϋλάνδη f.
Thames Τάμεσις m.
Thebes Θῆβαι f.pl., (fam.) Θήβα f.
Thermopylae Θερμοπύλαι f.pl.
Thessaly Θεσσαλία f.
Thrace Θράκη f.
Tiber Τίβερις m.
Tibet Θιβέτ n.

Tiflis Τίφλις f.
Tigris Τίγρις m.
Tiryns Τίρυνς f.
Tokyo Τόκιο n.
Trebizond Τραπεζοῦς f.
Trieste Τεργέστη f.
Tripoli Τρίπολις f.
Troy Τροία f.
Tunis, Tunisia Τύνις f.
Turin Τουρῖνον n.
Turkey Τουρκία f.
Tuscany Τοσκάνη f.
Tyre Τυρός f.
Tyrrhenian Τυρρηνικόν n.

Ukraine Οὐκρανία f.
United Kingdom 'Ηνωμένον Βασίλειον n.
United States 'Ηνωμέν|αι Πολιτεῖ|αι, ~ες
~ες f.pl.
Urals Οὐράλια n.pl.
Uruguay Οὐρουγουάη f.

Vatican City Πόλις τοῦ Βατικανοῦ f.
Venezuela Βενεζουέλα f.
Venice Βενετία f.
Versailles Βερσαλλί|αι, ~ες f.pl.
Vesuvius Βεζούβιος m.
Vienna Βιέννη f.
Vietnam Βιετνάμ n.
Volga Βόλγας m.
Volos Βόλος m.
Vosges Βόσγια n.pl.

Wales Οὐαλλία f.
Wallachia Βλαχία f.
Warsaw Βαρσοβία f.
Washington Οὐάσιγκτον f.
Waterloo Βατερλώ n.
Wellington Οὐέλλιγκτων f.
West Indies 'Αντίλλ|αι, ~ες f.pl.

Yemen Ὑεμένη f.
Yugoslavia Γιουγκοσλαβία f.

Zion Σιών f.
Zurich Ζυρίχη f.

PERSONAL NAMES

Abraham Ἀβραάμ
Achilles Ἀχιλλεύς
Adam Ἀδάμ
Adrian Ἀδριανός
Aeneas Αἰνείας
Aeschylus Αἰσχύλος
Aesop Αἴσωπος
Agamemnon Ἀγαμέμνων
Agnes Ἁγνή
Ajax Αἴας
Albert Ἀλβέρτος
Alcestis Ἄλκηστις
Alcibiades Ἀλκιβιάδης
Alexander Ἀλέξανδρος, (fam.) Ἀλέκος
Alexandra Ἀλεξάνδρα, (fam.) Ἀλέκα
Alice Ἀλίκη
Andrew Ἀνδρέας
Andromache Ἀνδρομάχη, (fam.) Μάχη
Angelica Ἀγγελική
Ann Ἄννα
Antigone Ἀντιγόνη
Antony Ἀντώνιος, (fam.) Τώνης, Νάκος
Aphrodite Ἀφροδίτη
Apollo Ἀπόλλων
Ares Ἄρης
Ariadne Ἀριάδνη
Aristophanes Ἀριστοφάνης
Aristotle Ἀριστοτέλης
Artemis Ἄρτεμις
Athena Ἀθηνᾶ
Asclepios Ἀσκληπιός
Atreus Ἀτρεύς
Atridae Ἀτρεῖδαι
Attila Ἀττίλας
Augustine Αὐγουστίνος
Augustus Αὔγουστος

Bacchus Βάκχος
Bach Μπάχ
Baldwin Βαλδουῖνος
Barbara Βαρβάρα
Barnabas Βαρνάβας
Bartholomew Βαρθολομαῖος
Basil Βασίλειος, Βασίλης, (fam.) Βάσος
Beatrice Βεατρίκη
Beethoven Μπετόβεν
Benedict Βενέδικτος
Benjamin Βενιαμίν

Bernard Βερνάρδος
Bonaparte Βοναπάρτης
Buddha Βούδδας
Byron Βύρων

Caesar Καῖσαρ
Calliope Καλλιόπη
Calvin Καλβῖνος
Calypso Καλυψώ
Cassandra Κασσάνδρα
Catherine Αἰκατερίνη, (fam.) Κατίνα, Καίτη, Νίνα
Cecilia Καικιλία
Ceres Δημήτηρ
Cervantes Θερβάντες
Charlemagne Καρλομάγνος
Charles Κάρολος
Charon Χάρων
Chloe Χλόη
Chopin Σωπέν
Chris Χρῆστος
Christ Χριστός
Christine Χριστίνα, (fam.) Τίνα
Christopher Χριστόφορος
Churchill Τσώρτσιλ
Cicero Κικέρων
Circe Κίρκη
Clement Κλήμης
Cleopatra Κλεοπάτρα, (fam.) Πάτρα
Clytemnestra Κλυταιμνήστρα
Columbus Κολόμβος
Constance Κωνσταντίνα, (fam.) Ντίνα
Constantine Κωνσταντίνος, (fam.) Κώστας, Ντίνος
Cosmas Κοσμᾶς
Croesus Κροῖσος
Cupid Ἔρως
Cybele Κυβέλη
Cyril Κύριλλος
Cyrus Κῦρος

Damian Δαμιανός
Daniel Δανιήλ
Dante Δάντης
Daphne Δάφνη
Darius Δαρεῖος
David Δαυΐδ
Delilah Δαλιλά

Demeter Δημήτηρ
Demetrius Δημήτριος, Δημήτρης, Δημητρός, *(fam.)* Δῆμος, Μήτσος, Μίμης
Demosthenes Δημοσθένης
Dennis Διονύσιος
Desdemona Δεισδαιμόνα
Diana Ἄρτεμις
Dido Διδώ
Dionysus Διόνυσος

Edward Ἐδουάρδος
Elaine Ἑλένη
Elijah Ἠλίας
Elizabeth Ἐλισάβετ
Ellen Ἑλένη
Emil Αἰμίλιος
Emily Αἰμιλία
Emmanuel Ἐμμανουήλ
Ernest Ἐρνέστος
Eros Ἔρως
Euclid Εὐκλείδης
Eugene Εὐγένιος
Eugenia Εὐγενία
Eumenides Εὐμενίδες
Euripides Εὐριπίδης
Europa Εὐρώπη
Eurydice Εὐρυδίκη
Evangeline Εὐαγγελία, *(fam.)* Λία
Eve Εὔα

Francis Φραγκίσκος
Frederick Φρειδερῖκος
Freud Φρόυντ

Gabriel Γαβριήλ
Ganymede Γανυμήδης
George Γεώργιος, Γιώργος
Georgina Γεωργία, *(fam.)* Γωγώ
Goethe Γκαῖτε
Gregory Γρηγόριος

Hadrian Ἀδριανός
Hamlet Ἄμλετ
Hannibal Ἀννίβας
Hebe Ἥβη
Hector Ἕκτωρ
Hecuba Ἑκάβη
Helen Ἑλένη, *(fam.)* Λενιώ
Henrietta Ἑρριέττα
Henry Ἑρρῖκος
Hephaestus Ἥφαιστος
Hera Ἥρα
Hercules Ἡρακλῆς
Hermes Ἑρμῆς
Herod Ἡρώδης
Herodotus Ἡρόδοτος

Hilary Ἱλάριος
Homer Ὅμηρος
Horace Ὁράτιος
Hugh Οὖγος
Hugo *(Victor)* Οὐγκώ

Ian Γιάννης
Ibsen Ἴψεν
Icarus Ἴκαρος
Ignatius Ἰγνάτιος
Iphigenia Ἰφιγένεια
Irene Εἰρήνη
Iris Ἶρις
Isaac Ἰσαάκ
Isaiah Ἰσαΐας
Isidore Ἰσίδωρος

Jack Γιαννάκης
Jacob Ἰακώβ
James Ἰάκωβος
Jane Ἰωάννα
Jason Ἰάσων
Jehovah Ἰεχωβά
Jeremiah Ἱερεμίας
Jerome Ἱερώνυμος
Jesus Ἰησοῦς
Joan Ἰωάννα
Job Ἰώβ
Jocasta Ἰοκάστη
John Ἰωάννης, Γιάννης
Joseph Ἰωσήφ
Judas Ἰούδας
Julia Ἰουλία
Julian Ἰουλιανός
Julius Ἰούλιος
Juno Ἥρα
Jupiter Ζεῦς, Δίας
Justin Ἰουστῖνος
Justinian Ἰουστινιανός

Katherine Αἰκατερίνη, *(fam.)* Κατίνα, Καίτη, Νίνα

Laurence Λαυρέντιος
Leander Λέανδρος
Leda Λήδα
Leo Λέων
Leonard Λεονάρδος
Leonidas Λεωνίδας
Leopold Λεοπόλδος
Lewis Λουδοβῖκος
Lily Λίλη
Lucy Λουκία
Ludovic Λουδοβῖκος
Luke Λουκᾶς
Luther Λούθηρος

Lydia Λυδία
Lysias Λυσίας

Macbeth Μάκβεθ
Madeleine Μαγδαληνή
Maecenas Μαικήνας
Magdalene Μαγδαληνή
Mahomet Μωάμεθ
Manuel Μανόλης
Margaret Μαργαρίτα
Marina Μαρίνα
Marius Μάριος
Marjorie Μαργαρίτα
Mark Μάρκος
Mars Άρης
Martha Μάρθα
Mary Μαρία, *(fam.)* Μάρω, Μαριγώ
Matilda Ματθίλδη
Matthew Ματθαῖος
Medea Μήδεια
Menelaus Μενέλαος
Mercury Ἑρμῆς
Michael Μιχαήλ, Μιχάλης, *(fam.)* Μίχος
Midas Μίδας
Minerva Ἀθηνᾶ
Minos Μίνως
Moses Μωυσῆς

Nadia Νάντια
Napoleon Ναπολέων
Narcissus Νάρκισσος
Natalie Ναταλία
Nathaniel Ναθαναήλ
Nausicaa Ναυσικᾶ
Neptune Ποσειδῶν
Nero Νέρων
Nestor Νέστωρ
Newton Νεύτων
Nicholas Νικόλαος, *(fam.)* Νίκος
Nimrod Νεμρώδ
Niobe Νιόβη
Noah Νῶε

Octavius Ὀκτάβιος
Odysseus Ὀδυσσεύς
Oedipus Οἰδίπους
Olga Ὄλγα
Orpheus Ὀρφεύς
Otto Ὄθων
Ovid Ὀβίδιος

Pallas *(Athene)* Παλλάς
Pan Πάν
Patroclus Πάτροκλος
Paul Παῦλος

Pausanias Παυσανίας
Penelope Πηνελόπη
Pericles Περικλῆς
Persephone Περσεφόνη
Perseus Περσεύς
Peter Πέτρος
Pharaoh Φαραώ
Phidias Φειδίας
Philip Φίλιππος
Phoebe Φοίβη
Phoebus Φοῖβος
Pilate Πιλᾶτος
Plato Πλάτων
Pluto Πλούτων, Ἅδης
Polyphemus Πολύφημος
Poseidon Ποσειδῶν
Praxiteles Πραξιτέλης
Priam Πρίαμος
Prometheus Προμηθεύς
Psyche Ψυχή
Ptolemy Πτολεμαῖος
Pyrrhus Πύρρος
Pythagoras Πυθαγόρας

Rachel Ραχήλ
Racine Ρακίνας
Raphael Ραφαήλ
Rebecca Ρεβέκκα
Richard Ριχάρδος
Robert Ροβέρτος
Roland Ρολάνδος
Rousseau Ρουσσώ
Rudolph Ροδόλφος
Ruth Ρούθ

Samson Σαμψών
Samuel Σαμουήλ
Sappho Σαπφώ
Sarah Σάρρα
Saturn Οὐρανός
Saul Σαούλ
Scipio Σκιπίων
Scylla Σκύλλα
Sebastian Σεβαστιανός
Sergius Σέργιος
Shakespeare Σαίξπηρ
Shaw Σώ
Simon Σίμων, Σίμος
Socrates Σωκράτης
Solomon Σολομών
Sophia Σοφία
Sophocles Σοφοκλῆς
Spyridion Σπυρίδων
Stella Στέλλα
Stephen Στέφανος

Sulla Σύλλας
Susanna Σουζάννα

Tantalus Τάνταλος
Telemachus Τηλέμαχος
Thales Θαλῆς
Themistocles Θεμιστοκλῆς
Theocritus Θεόκριτος
Theodora Θεοδώρα
Theodore Θεόδωρος
Theresa Θηρεσία
Theseus Θησεύς
Thetis Θέτις
Thomas Θωμᾶς
Thucydides Θουκυδίδης

Ulysses Ὀδυσσεύς
Uranus Οὐρανός

Venus Ἀφροδίτη
Vespasian Βεσπασιανός
Vesta Ἑστία
Victor Βίκτωρ
Victoria Βικτωρία
Vincent Βικέντιος
Virgil Βιργίλιος
Voltaire Βολταῖρος
Vulcan Ἥφαιστος

William Γουλιέλμος

Xenophon Ξενοφῶν
Xerxes Ξέρξης

Zeus Ζεῦς, Δίας
Zoe Ζωή

cm 7/98
CM 7/96 56